中 国 民 间 组 织 年 志

《中国民间组织年志》编辑委员会　编

首 卷（下）

中国社会出版社

目　　录

第一部分　领导重要讲话

吴邦国同志在'96 行业管理论坛上的书面讲话……………………………………………………（3）
（1996 年 11 月 19 日）
温家宝同志在中国科协四届四次全委会议上的讲话 ……………………………………………（4）
（1994 年 2 月 27 日）
司马义·艾买提同志在听取中华慈善总会工作汇报时的讲话 …………………………………（6）
（1999 年 2 月 26 日）
王忠禹同志在'96 行业管理论坛上的讲话……………………………………………………………（9）
（1996 年 11 月 18 日）
陈俊生同志在全国社团管理工作会议上的讲话 …………………………………………………（11）
（1992 年 9 月 19 日）
民政部部长崔乃夫关于"加强社团管理，促进社会主义民主和法制建设"的讲话 ……………（13）
（1989 年 12 月 24 日）
民政部部长崔乃夫在全国性社会团体首批发证仪式上的讲话 …………………………………（14）
（1991 年 5 月 15 日）
民政部部长多吉才让在全国社团管理工作会议上的讲话"要点" …………………………………（15）
（1992 年 9 月 19 日）
民政部部长多吉才让在全国民政厅局长社会团体和民办非企业单位管理工作座谈会上的讲话 ……（16）
（1996 年 9 月 23 日）
民政部部长多吉才让在加强民间组织管理维护社会稳定工作会议上的讲话 ……………………（21）
（1998 年 11 月 21 日）
民政部部长多吉才让在加强民间组织管理工作会议上的讲话 …………………………………（28）
（1999 年 12 月 6 日）
民政部部长李学举在民政部表彰抗击"非典"先进民间组织授牌仪式上的讲话……………………（33）
（2003 年 7 月 29 日）
国务院法制办公室副主任宋大涵在宣传贯彻《社会团体登记管理条例》、《民办非企业单位登记管理暂行条例》新闻发布会上的讲话 ……………………………………………………………………（35）
（1998 年）
民政部副部长范宝俊在中国社团研究会成立大会上的讲话 ……………………………………（37）
（1989 年 8 月 25 日）
民政部副部长范宝俊关于"《认真贯彻执行（条例），做好社团管理工作"的讲话 ………………（40）
（1989 年 12 月 22 日）
民政部副部长范宝俊在上海、浙江考察社团管理工作的讲话 …………………………………（43）
（1989 年 12 月）
民政部副部长范宝俊在全国社团管理工作会议上的总结报告 …………………………………（44）
（1992 年 9 月 16 日）

民政部副部长范宝俊在全国社团管理工作会议闭幕式上的讲话 ……………………………………………… (50)
(1992 年 9 月 19 日)
民政部副部长范宝俊在中国社团研究会第二届会员代表大会上的讲话 ……………………………………… (53)
(1993 年 5 月 5 日)
民政部副部长杨衍银在北京市第三次社会团体管理工作会议上的讲话 ……………………………………… (56)
(1993 年 12 月 4 日)
民政部副部长杨衍银在部分社团业务主管部门座谈会上的讲话 ……………………………………………… (58)
(1995 年 3 月 29 日)
民政部副部长徐瑞新在全国社团管理工作座谈会上的总结讲话 ……………………………………………… (61)
(1995 年 9 月 22 日)
民政部副部长徐瑞新在部分社团负责人座谈会上的总结讲话 ………………………………………………… (65)
(1996 年 5 月 21 日)
民政部副部长徐瑞新在加强民间组织管理维护社会稳定工作会议上的讲话 ………………………………… (67)
(1998 年 11 月 22 日)
民政部副部长徐瑞新在宣传贯彻《社会团体登记管理条例》、《民办非企业单位登记管理暂行条例》
新闻发布会上的讲话 ……………………………………………………………………………………………… (71)
(1998 年)
民政部副部长徐瑞新在加强民间组织管理工作会议上的总结讲话 …………………………………………… (73)
(1999 年 12 月 8 日)
民政部副部长徐瑞新在全国民间组织管理经验交流会上的讲话 ……………………………………………… (77)
(2000 年 12 月 12 日)
民政部副部长李宝库在国务院新闻办公室记者招待会上的讲话 ……………………………………………… (85)
(1999 年 7 月 23 日)
民政部副部长姜力在"民间组织发展与管理"上海国际研讨会上的致词 ……………………………………… (87)
(2002 年 11 月 8 日)
发展社会救助性民间组织是解决困难群体问题、全面推进小康社会建设的重要途径 ……………… (90)
——民政部副部长　姜力
民政部社团管理司司长刘宝琦在社团清理整顿会议上的讲话 ………………………………………………… (95)
(1990 年 7 月 20 日)
关于全国性社会团体清理整顿工作几个问题的意见 …………………………………………………………… (98)
——民政部民间组织管理局局长　吴忠泽
(1997 年 4 月 18 日)
以党的十五大精神为指南　开创我国民间组织管理工作的新局面 ………………………………………… (102)
——民政部民间组织管理局局长　吴忠泽
按照"三个代表"要求,开创民间组织管理工作新局面 ……………………………………………………… (108)
——民政部民间组织管理局局长　李本公
民政部民间组织管理局局长李本公在全国部分大中城市民间组织管理信息工作会议上的讲话 … (113)
(2001 年 10 月 30 日)
培育发展行业协会是我们当前面临的一项重要任务 …………………………………………………………… (118)
——民政部民间组织管理局局长　李本公

民政部民间组织管理局局长李本公在民间组织管理信息宣传工作会议上的讲话 ……………… (121)
(2002 年 8 月 23 日)
民政部民间组织管理局局长李本公在全国部分大中城市民间组织管理信息工作会议上的讲话 … (128)
(2002 年 10 月 4 日)
民政部民间组织管理局局长李本公在“民间组织发展与管理”上海国际研讨会上的讲话 ……… (131)
(2002 年 11 月 8 日)
民政部民间组织管理局局长李本公在全国民间组织管理工作会议上的讲话 …………………… (134)
(2002 年 11 月 10 日)
民政部民间组织管理局李本公局长在社团分类研讨会上的讲话 ……………………………… (142)

第二部分　民间组织管理法规文件

一、建国初期

(一)、社会团体管理法规文件

社会团体登记暂行办法 ……………………………………………………………………… (145)
(1950 年 9 月 29 日,中央人民政府政务院第 52 次政务会议通过)
社会团体登记暂行办法施行细则 ………………………………………………………… (147)
(1951 年 3 月 23 日,中央人民政府内务部公布)
内务部关于社会团体印章的规定 ………………………………………………………… (148)
(1951 年,中央人民政府内务部)

二、80 年代

(一)、社会团体管理法规文件

社会团体登记管理条例 ……………………………………………………………………… (149)
(1989 年 10 月 25 日中华人民共和国国务院令第 43 号发布　自发布之日起施行)
民政部、国家物价局、财政部关于社会团体登记管理收费的通知 ……………………………… (152)
(民综字〔1989〕24 号　1989 年 3 月 8 日)
外国商会管理暂行规定 ……………………………………………………………………… (153)
(国务院令〔1989〕36 号　1989 年 6 月 14 日)
民政部办公厅关于加强全国性社会团体成立活动宣传报道管理的函 ………………………… (154)
(民办字〔1989〕157 号　1989 年 7 月 27 日)
民政部、人事部关于贯彻执行《社会团体登记管理条例》的通知 …………………………… (155)
(民社发〔1989〕57 号　1989 年 12 月 14 日)
民政部关于《社会团体登记管理条例》有关问题的通知 ……………………………………… (156)
(民社发〔1989〕59 号　1989 年 12 月 30 日)

(二)、基金会管理法规文件

基金会管理办法 …………………………………………………………………………… (158)
(国务院令〔1988〕18 号　1988 年 9 月 27 日发布施行)

三、90年代

(一)、社会团体管理法规文件

社会团体登记管理条例 ……(160)
(中华人民共和国国务院令第250号 1998年10月25日)
民政部社团管理司关于《琼崖地下学联联谊会》申请登记有关问题的复函 ……(165)
(社地字〔1990〕4号 1990年1月25日)
民政部社团管理司关于日本人在京成立日本人会事的复函 ……(166)
(社登字〔1990〕7号 1990年2月20日)
民政部关于工商业联合会登记问题的通知 ……(166)
(民社函〔1990〕54号 1990年3月28日)
民政部、中国贸促会关于中国国际贸易促进委员会各分会、支会、行业分会申请办理社会团体登记有关事项的通知 ……(167)
(民社发〔1990〕13号 1990年4月2日)
民政部关于解散"全国企事业住宅研究会"的命令 ……(167)
(民社发〔1990〕12号 1990年4月4日发布施行)
民政部关于做好社会团体统一代码赋予准备工作的通知 ……(168)
(民社函〔1990〕64号 1990年4月23日)
国务院办公厅转发民政部关于清理整顿社会团体请示的通知 ……(170)
(国办发〔1990〕32号 1990年6月9日)
民政部清理整顿社会团体工作座谈会纪要 ……(171)
(民阅〔1990〕6号 1990年8月2日)
公安部、民政部、国家工商行政管理局关于加强社会团体、企事业单位公用印章管理的通知 ……(173)
(公通字〔1990〕84号 1990年8月22日)
民政部、中国人民银行关于社会团体开立银行帐户有关问题的通知 ……(174)
(民社函〔1990〕203号 1990年9月26日)
民政部办公厅关于广东外商公会重新登记问题的复函 ……(175)
(民办函〔1990〕212号 1990年10月17日)
民政部关于社团登记管理工作若干问题的复函 ……(176)
(民社函〔1990〕230号 1990年10月17日)
民政部关于办理社会团体登记问题的复函 ……(176)
(民社函〔1990〕236号 1990年10月27日)
民政部社团管理司关于能源行业全国性社会团体复查登记有关问题的复函 ……(177)
(社登字(1990)23号 1990年11月6日)
民政部社团管理司关于中华全国手工业合作总社及各地联社登记问题的函 ……(177)
(社登字〔1990〕25号 1990年12月28日)
中宣部、民政部关于社会科学、文化艺术类社会团体业务主管部门的职责分工及委托管理的通知……(178)
(民社函〔1991〕11号 1991年1月9日)
民政部、国家科委关于委托中国科协对全国性自然科学、技术科学类社会团体管理的通知 ……(179)
(民社函〔1991〕37号 1991年2月11日)
民政部关于社会团体复查登记有关问题的通知 ……(179)
(民社函〔1991〕71号 1991年4月12日)

国务院宗教事务局、民政部关于印发《宗教社会团体登记管理实施办法》的通知 ……………………（180）
（国宗发〔1991〕110 号　1991 年 5 月 6 日）
中组部、民政部、人事部、财政部、劳动部关于全国性的社会团体编制及其有关问题的暂行规定………（182）
（民社发〔1991〕8 号　1991 年 6 月 20 日）
关于解散“中国现代诗歌学会”的命令 ……………………………………………………………（183）
（民社发〔1991〕16 号　1991 年 7 月 23 日）
关于解散“中华炎黄协会”的命令 ………………………………………………………………（183）
（民社发〔1991〕17 号　1991 年 7 月 23 日）
民政部社团管理司关于跨省、自治区、直辖市社会团体复查登记的通知 ………………………（183）
（社地字〔1991〕27 号　1991 年 8 月 6 日）
民政部办公厅关于全国性社会团体限期登记的通知 ……………………………………………（184）
（民办函（1991）195 号　1991 年 8 月 28 日）
社会团体清理整顿和结社立法会议纪要 …………………………………………………………（185）
（1991 年 9 月 9 日）
中共中央宣传部、民政部关于职工思想政治工作类社会团体委托管理的通知 …………………（188）
（民社函〔1991〕282 号　1991 年 9 月 13 日）
民政部转发国务院办公厅关于贸促会建制问题的复函的通知 …………………………………（189）
（民社函〔1991〕331 号）
民政部、中国人民对外友好协会关于地方对外友协登记问题的通知 …………………………（189）
（民社函〔1991〕399 号　1991 年 12 月 21 日）
民政部关于中华职业教育社地方机构设置等问题的通知 ……………………………………（190）
（民社函〔1992〕5 号　1992 年 2 月 10 日）
民政部关于严禁擅自扩大不登记社团范围的通知 ……………………………………………（191）
（民社发〔1992〕4 号　1992 年 2 月 18 日）
民政部关于按部门设置的社会团体复查登记问题的通知 ……………………………………（191）
（民社函〔1992〕92 号　1992 年 4 月 6 日）
民政部关于在社团清理整顿工作中对校友会问题处理的通知 ………………………………（192）
（民社函〔1992〕120 号　1992 年 4 月 21 日）
民政部关于同意委托中国老龄委作为中国老年学学会业务主管部门的通知 …………………（193）
（民社函〔1992〕134 号　1992 年 5 月 8 日）
民政部、国家计生委关于乡（镇）、城市街道计划生育协会复查登记有关问题的通知 ……………（194）
（民社函〔1992〕11 号　1992 年 6 月 3 日）
民政部、国务院侨办关于委托全国侨联对现有所属华侨类社会团体进行审查和日常管理的通知 ……（194）
（民社函〔1992〕162 号　1992 年 6 月 3 日）
民政部关于对全国性和跨省（自治区、直辖市）性社会团体在会址以外地区设立分支机构或派出机构及其管理问题的通知 ……………………………………………………………………………（195）
（民社发〔1992〕16 号　1992 年 7 月 7 日）
民政部关于非法人社会团体改为法人社会团体登记问题的复函 ………………………………（196）
（民社函（1992）220 号　1992 年 7 月 16 日）
关于立即停止“中国花卉盆景协会”一切社会活动的通知 ……………………………………（196）
（民社函〔1992〕218 号　1992 年 7 月 16 日）

民政部关于申请社会团体编制有关事项的通知 …………………………………………………… (196)
（民社函〔1992〕240 号　1992 年 7 月 27 日）
民政部、财政部关于社会团体收取会费的通知 …………………………………………………… (197)
（民社发〔1992〕27 号　1992 年 10 月 4 日发布自 1993 年 7 月 1 日起施行）
民政部关于印发全国社团管理工作会议文件的通知 ……………………………………………… (198)
（民社发〔1992〕30 号　1992 年 10 月 14 日）
全国总工会、民政部关于职工技术协会社团登记管理等有关问题的通知 ……………………… (198)
（工总技字(1993)10 号　1993 年 5 月 14 日）
司法部专业法学社会团体审批办法 ………………………………………………………………… (199)
（司法部令第 25 号　1993 年 6 月 22 日）
国家技术监督局、中央机构编制委员会办公室、国家计委、国家科委、公安部、民政部、财政部、劳动部、对外贸易经济合作部、中国人民银行、国家统计局、国家税务总局、国家信息中心关于发送《企业事业单位和社会团体代码管理办法》的通知 …………………………………………………… (201)
（技监局发(1993)14 号　1993 年 7 月 13 日）
社会团体印章管理规定 ……………………………………………………………………………… (204)
（民政部、公安部令第 1 号　1993 年 10 月 18 日）
机械工业部关于加强机械工业行业协会建设的意见 ……………………………………………… (206)
（机械政〔1993〕562 号　1993 年 10 月 23 日）
民政部关于开展全国性社会团体年度检查工作的通知 …………………………………………… (208)
（民社函(1994)8 号　1994 年 1 月 5 日）
民政部关于进行全国性社会团体收取会费标准审定工作的通知 ………………………………… (209)
（民社函〔1994〕23 号　1994 年 1 月 19 日）
民政部关于做好社会团体监督管理工作有关问题的通知 ………………………………………… (209)
（民社函〔1994〕74 号　1994 年 3 月 29 日）
国务院办公厅关于部门领导不兼任社会团体领导职务问题的通知 ……………………………… (210)
（国办发〔1994〕59 号　1994 年 4 月 13 日）
民政部关于对《国务院办公厅关于部门领导不兼任社会团体领导职务问题的通知》有关内容解释的通知 ……………………………………………………………………………………………… (211)
（民社函〔1994〕127 号　1994 年 5 月 27 日）
民政部关于基层工会登记问题的复函 ……………………………………………………………… (211)
（民社函〔1994〕229 号　1994 年 9 月 29 日）
民政部关于全国性社会团体委托管理有关问题的通知 …………………………………………… (212)
（民社发〔1994〕29 号　1994 年 10 月 10 日）
民政部、财政部、对外贸易经济合作部关于进出口商会收取会费标准问题的通知 ……………… (213)
（民社函〔1994〕274 号　1994 年 11 月 10 日发布施行）
农业部、中国科协关于加强对农民专业协会指导和扶持工作的通知 …………………………… (213)
（〔1994〕农〔经〕字第 1 号）
建设部社会团体管理办法 …………………………………………………………………………… (215)
（建人〔1994〕701 号）
建设部关于加强社会团体建设的意见 ……………………………………………………………… (217)
（建人〔1994〕718 号　1994 年 11 月 30 日）

建设部社会团体工作人员管理办法 …………………………………………………………………… (220)
(建设部　1994 年 11 月)
国内贸易部流通行业全国性社会团体管理暂行办法 …………………………………………………… (221)
(1995 年 1 月 3 日)
民政部、国家工商行政管理局关于社会团体开展经营活动有关问题的通知 ………………………… (225)
(民社发〔1995〕14 号　1995 年 7 月 10 日)
化学工业部关于加强化工行业协会建设暂行规定(试行) ……………………………………………… (226)
(化工部　1995 年 8 月 24 日)
民政部关于统一印制社会团体登记证书的通知 ………………………………………………………… (228)
(民社函〔1996〕75 号　1996 年 4 月 5 日)
民政部关于印发《社会团体年度检查暂行办法》的通知 ……………………………………………… (228)
(民社发〔1996〕10 号　1996 年 5 月 14 日)
建设部社会团体机构管理办法 …………………………………………………………………………… (230)
(1996 年 5 月 15 日)
民政部社团管理司关于转发《核定全国性的社团编制的补充意见》的通知 ………………………… (232)
(社管字(1996)19 号　1996 年 5 月 28 日)
中宣部、国家体委、卫生部、民政部、公安部、国家中医药管理局、国家工商行政管理局关于加强社会气功管理的通知 …………………………………………………………………………………………… (233)
(体武字〔1996〕065 号　1996 年 8 月 5 日)
民政部办公厅关于转发国家计委、财政部《关于调整社会团体登记收费标准的通知》的通知 …… (234)
(厅办函〔1996〕176 号　1996 年 9 月 16 日)
关于在清理整顿工作中对社会团体进行财务审计的通知 ……………………………………………… (235)
(民社函〔1997〕73 号　1997 年 4 月 15 日)
民政部关于查处非法社团组织的通知 …………………………………………………………………… (236)
(民社函〔1997〕91 号　1997 年 5 月 14 日)
民政部办公厅转发《关于对社会团体收取的会费收入不征收营业税的通知》的通知 ……………… (237)
(厅办函〔1997〕156 号　1997 年 6 月 12 日)
民政部办公厅关于对职工消费合作社及职工消费合作社协会登记问题的答复意见 ………………… (238)
(厅办函〔1997〕220 号　1997 年 8 月 21 日)
民政部、外经贸部、国家体改委、国家工商行政管理局《关于外经贸试点企业内部职工持股会登记管理问题的暂行规定》 …………………………………………………………………………………… (238)
(民社发〔1997〕28 号　1997 年 10 月 6 日)
民政部办公厅关于转发财政部、国家税务总局《关于事业单位、社会团体征收企业所得税有关问题的通知》的通知 ……………………………………………………………………………………………… (240)
(厅办函〔1997〕436 号　1997 年 12 月 3 日)
关于社团管理司更名为社会团体和民办非企业单位管理司及其职能配置、内设机构和人员编制方案的通知 …………………………………………………………………………………………………… (241)
(民人函〔1997〕137 号)
中共中央组织部、民政部关于在社会团体中建立党组织有关问题的通知 …………………………… (244)
(组通字〔1998〕6 号　1998 年 2 月 16 日)

民政部、外经贸部对《关于外经贸试点企业内部职工持股会登记管理问题的暂行规定》的补充通知 …（245）
（民社函〔1998〕118 号 1998 年 5 月 27 日）
民政部关于印发《民政部主管的社会团体管理暂行办法》的通知 ……（246）
（民社发〔1998〕6 号 1998 年 6 月 12 日）
中共中央办公厅、国务院办公厅关于党政机关领导干部不兼任社会团体领导职务的通知 ……（248）
（中办发〔1998〕17 号 1998 年 7 月 2 日）
民政部关于救灾募捐义演等有关问题的通知 ……（249）
（1998 年 9 月 30 日）
民政部关于清理整顿社会团体审定和换发证书工作的通知 ……（251）
（民社发〔1998〕13 号 1998 年 11 月 3 日）
民政部关于对《中共中央办公厅、国务院办公厅关于党政机关领导干部不兼任社会团体领导职务的通知》有关问题的解释 ……（259）
（民社函〔1998〕224 号 1998 年 11 月 3 日）
民政部办公厅转发国家税务总局关于基金会应税收入问题的通知 ……（260）
（民办函〔1999〕28 号 1999 年 3 月 16 日）
事业单位、社会团体、民办非企业单位企业所得税征收管理办法 ……（261）
（1999 年 4 月 16 日国家税务局发布）
民政部对机构改革后有关社会团体业务主管单位问题的意见 ……（265）
（民社函〔1999〕95 号 1999 年 5 月 27 日）
民政部关于社会团体清理整顿审定工作有关问题的通知 ……（266）
（民社函〔1999〕97 号 1999 年 6 月 1 日）
民政部关于社会团体清理整顿审定工作有关问题的通知 ……（267）
（民发〔1999〕6 号 1999 年 7 月 13 日）
民政部关于取缔法轮大法研究会的决定 ……（267）
（民政部 1999 年 7 月 22 日）
民政部关于印发《社会团体设立专项基金管理机构暂行规定》的通知 ……（268）
（民发〔1999〕50 号 1999 年 9 月 17 日）
中国人民银行、民政部关于做好社团基金会监管职责交接工作的通知 ……（270）
（银发〔1999〕325 号 1999 年 9 月 17 日）
国家经济贸易委员会印发《关于加快培育和发展工商领域协会的若干意见》（试行）的通知 ……（271）
（国经贸产业〔1999〕1016 号）
《社会团体登记管理条例》释义 ……（273）
（国务院法制办政法司、民政部民间组织管理局 1999 年 4 月）
（二）、民办非企业单位管理法规文件
民办非企业单位登记管理暂行条例 ……（311）
（中华人民共和国国务院令第 251 号 1998 年 10 月 25 日）
民政部办公厅关于对民办社会福利机构登记有关事宜的函 ……（315）
（厅办函（1998）103 号 1998 年 6 月 18 日）
民政部、中国人民银行关于民办非企业单位开立银行帐户有关问题的通知 ……（316）
（民发〔1999〕65 号 1999 年 10 月 9 日）

民政部办公厅转发财政部关于对明确民办非企业单位财务管理制度等问题的函的通知 ……… (317)
（民办函〔1999〕114 号　1999 年 12 月 3 日）
民办非企业单位登记暂行办法 …………………………………………………………… (318)
（民政部令第 18 号　1999 年 12 月 28 日）
民政部关于印发《民办非企业单位名称管理暂行规定》的通知 …………………………… (322)
（民发〔1999〕129 号　1999 年 12 月 28 日）
民政部办公厅转发《国家计委、财政部关于核定民办非企业单位登记收费标准有关问题的通知》的通知 …………………………………………………………………………… (323)
（民办函〔1999〕130 号　1999 年 12 月 29 日）
民政部关于印发《关于开展民办非企业单位复查登记工作意见》的通知 …………………… (324)
（民发〔1999〕133 号　1999 年 12 月 30 日）
《民办非企业单位登记管理暂行条例》释义 ………………………………………………… (327)
（国务院法制办政法司、民政部民间组织管理局　1999 年 4 月）

四、2000 年

(一)、社会团体管理法规文件

民政部办公厅关于转发中组部《关于审批中央管理的干部兼任社会团体领导职务有关问题的通知》的通知 ……………………………………………………………………………… (359)
（民办函〔2000〕27 号　2000 年 2 月 20 日）
民政部关于重新确认社会团体业务主管单位的通知 …………………………………… (360)
（民发〔2000〕41 号　2000 年 2 月 23 日）
取缔非法民间组织暂行办法 …………………………………………………………… (362)
（民政部令第 21 号　2000 年 4 月 10 日）
民政部关于申请筹备成立社会团体验资问题的通知 …………………………………… (363)
（民函〔2000〕51 号　2000 年 4 月 26 日）
民政部办公厅关于暂停对企业内部职工持股会进行社团法人登记的函 ………………… (365)
（民办函〔2000〕110 号　2000 年 7 月 6 日）
民政部关于成立以人名命名的社会团体问题的通知 …………………………………… (365)
（民发〔2000〕168 号　2000 年 7 月 21 日）
民政部办公厅关于民主党派能否作为社会团体业务主管单位问题的复函 ……………… (366)
（民办函〔2000〕150 号　2000 年 8 月 24 日）
民政部办公厅关于转发中共中央组织部《关于加强社会团体党的建设工作的意见》的通知 …… (366)
（民办函〔2000〕151 号　2000 年 10 月 10 日）
卫生部业务主管社会团体登记管理办法 ………………………………………………… (369)
（卫生部令〔2000〕13 号　2000 年 10 月 31 日发布施行）
民政部关于对部分团体免予社团登记有关问题的通知 ………………………………… (373)
（民发〔2000〕256 号　2000 年 12 月 5 日）
民政部关于对部分社团免予社团登记的通知 ………………………………………… (374)
（民发〔2000〕257 号　2000 年 12 月 5 日）
民政部、人事部关于全国性社会团体专职工作人员人事管理问题的通知 ……………… (374)
（民发〔2000〕263 号　2000 年 12 月 10 日）

(二)、民办非企业单位管理法规文件
民办非企业单位印章管理规定 …… (375)
(民政部、公安部令第20号 2000年1月19日)
民政部关于做好民办非企业单位登记管理试点工作的通知 …… (377)
(民发(2000)91号 2000年4月13日)
科技部、民政部关于印发《科技类民办非企业单位登记审查与管理暂行办法》的通知 …… (378)
(国科发政字〔2000〕209号 2000年5月24日)
体育类民办非企业单位登记审查与管理暂行办法 …… (378)
(国家体育总局、民政部令第5号 2000年11月10日)
文化部、民政部关于印发《文化类民办非企业单位登记审查管理暂行办法》的通知 …… (381)
(文人发〔2000〕60号 2000年12月4日)
民政部、卫生部关于城镇非营利性医疗机构进行民办非企业单位登记有关问题的通知 …… (383)
(民发〔2000〕253号 2000年12月5日)

五、2001年
(一)、社会团体管理法规文件
民政部关于免除全国性社会团体2000年年检的通知 …… (385)
(民发〔2001〕46号 2001年3月6日)
民政部办公厅关于工商联是否可作为其所属社会团体业务主管单位的复函 …… (385)
(民办函〔2001〕64号 2001年4月16日)
国家统计局、中央机构编制委员会办公室、民政部、财政部、国家税务总局、国家工商行政管理总局、国家质量监督检验检疫总局关于开展第二次全国基本单位普查的通知 …… (386)
(国统字〔2001〕37号 2001年6月6日)
民政部办公厅关于设立"异地商会"有关问题的通知 …… (387)
(民办函〔2001〕121号 2001年7月23日)
民政部办公厅关于"中华民族团结友好协会西南招商引资委员会"问题的复函 …… (387)
(民办函〔2001〕125号 2001年7月27日)
社会团体分支机构、代表机构登记办法 …… (388)
(民政部令第23号 2001年7月30日)
中宣部办公厅、民政部办公厅关于加强对民间组织宣传报道管理的通知 …… (390)
(民办函〔2001〕170号 2001年9月25日)
民政部关于印发《全国性社会团体分支机构代表机构复查登记工作方案》的通知 …… (391)
(民发〔2001〕298号 2001年9月30日)
民政部关于统一印制社会团体分支(代表)机构登记证书的通知 …… (394)
(民发〔2001〕325号 2001年11月8日)
(二)、民办非企业单位管理法规文件
民政部、劳动和社会保障部关于印发《职业培训类民办非企业单位登记办法》(试行)的通知 …… (394)
(民发〔2001〕297号 2001年9月29日)
民政部、教育部关于印发《教育类民办非企业单位登记办法》(试行)的通知 …… (396)
(民发〔2001〕306号 2001年10月19日)

民政部办公厅关于委托上海市民政局负责对希望义卖中心进行管理的函 ……………………… (398)
（民办函〔2001〕206 号 2001 年 12 月 4 日）

六、2002 年

(一)、社会团体管理法规文件

民政部办公厅关于社会团体兴办经济实体有关问题的复函 …………………………………… (399)
（民办函〔2002〕21 号 2002 年 2 月 4 日）

民政部办公厅关于中国保监会海口特派员办事处“能否作为海南省保险学会业务主管单位问题”的复函 ……………………………………………………………………………… (399)
（民办函〔2002〕25 号 2002 年 2 月 20 日）

民政部关于全国性社会团体异地设立分支(代表)机构问题的通知 …………………………… (400)
（民发(2002)52 号 2002 年 3 月 20 日）

民政部关于进一步做好“老乡会”“校友会”“战友会”等社团组织管理工作的通知 ……………… (400)
（民发(2002)59 号 2002 年 3 月 27 日）

民政部关于对全国性社会团体进行 2001 年年度检查的通知 ………………………………… (401)
（民函〔2002〕72 号 2002 年 4 月 19 日）

民政部关于授权中国红十字会总会作为中国红十字基金会业务主管单位的通知 ……………… (402)
（民函〔2002〕138 号）

民政部关于妥善处理未获重新登记社会团体有关问题的通知 ………………………………… (402)
（民函(2002)221 号 2002 年 12 月 23 日）

(二)、民办非企业单位管理法规文件

民政部办公厅对福建省教育类民办非企业单位复查登记工作有关问题的复函 ………………… (403)
（民办函(2002)8 号 2002 年 1 月 11 日）

民政部办公厅关于“中国社会调查事务所”处理意见的复函 ………………………………… (403)
（民办函〔2002〕11 号 2002 年 1 月 14 日）

七、2003 年

(一)、社会团体管理法规文件

民政部办公厅关于异地商会登记有关问题的意见 …………………………………………… (404)
（民办函〔2003〕16 号 2003 年 1 月 27 日）

国务院台湾事务办公室、民政部关于印发《台湾同胞投资企业协会管理暂行办法》的通知 ……… (405)
（国台发〔2003〕1 号）

民政部、财政部关于调整社会团体会费政策等有关问题的通知 ……………………………… (407)
（民发〔2003〕95 号 2003 年 7 月 30 日）

民政部民间组织管理局关于做好民间组织刻制印章管理工作的通知 ………………………… (410)
（民管函〔2003〕39 号 2003 年 10 月 28 日）

民政部关于印发《关于加强农村专业经济协会培育发展和登记管理工作的指导意见》的通知 … (410)
（民发〔2003〕148 号 2003 年 10 月 29 日）

民政部转发国家发改委、财政部关于社会团体分支(代表)机构登记费标准等有关问题的通知 …… (413)
（民函〔2003〕164 号）

《基金会管理条例释义》 …………………………………………………………………………………………… (414)
(国务院法制办政法司、民政部民间组织管理局　2004 年 8 月)
(二)、民办非企业单位管理法规文件
关于科技类民办非企业单位登记审查与管理有关问题协商的纪要 …………………………………… (464)
(国科政便字〔2003〕023 号　2003 年 7 月 15 日)
民政部关于《民办非企业单位名称管理暂行规定》有关问题的通知 ………………………………… (465)
(民函(2003)152 号　2003 年 7 月 30 日)
民政部关于对中外合作办学机构登记有关问题的通知 ………………………………………………… (466)
(民函〔2003〕263 号　2003 年 12 月 12 日)

第三部分　民间组织管理相关法律法规及规章

一、法律

中华人民共和国个人所得税法 ……………………………………………………………………………… (469)
(1980 年 9 月 10 日第五届全国人民代表大会第三次会议通过　1993 年 10 月 31 日第八届全国人大常委会第四次会议第一次修正　1999 年 8 月 30 日第九届全国人大常委会第十一次会议第二次修正)
中华人民共和国会计法 ……………………………………………………………………………………… (473)
(1985 年 1 月 21 日第六届全国人大常委会第九次会议通过　1993 年 12 月 29 日第八届全国人大常委会第五次会议第一次修正　1999 年 10 月 31 日第九届全国人大常委会第十二次会议第二次修正)
中华人民共和国著作权法 …………………………………………………………………………………… (479)
(1990 年 9 月 7 日第七届全国人大常委会第十五次会议通过　2001 年 10 月 27 日第九届全国人大常委会第二十四次会议修正)
中华人民共和国归侨侨眷权益保护法 ……………………………………………………………………… (488)
(1990 年 9 月 7 日第七届全国人大常委会第十五次会议通过　2000 年 10 月 31 日第九届全国人大常委会第十八次会议修正)
中华人民共和国税收征收管理法 …………………………………………………………………………… (490)
(1992 年 9 月 4 日第七届全国人大常委会第二十七次会议通过　1995 年 2 月 28 日第八届全国人大常委会第十二次会议第一次修正　2001 年 4 月 28 日第九届全国人大常委会第二十一次会议第二次修订)
中华人民共和国消费者权益保护法 ………………………………………………………………………… (500)
(1993 年 10 月 31 日第八届全国人大常委会第四次会议通过　中华人民共和国主席令〔1993〕11 号　1993 年 10 月 31 日公布　自 1994 年 1 月 1 日起施行)
中华人民共和国票据法 ……………………………………………………………………………………… (506)
(1995 年 5 月 10 日第八届全国人大常委会第十三次会议通过　中华人民共和国主席令〔1995〕49 号　1995 年 5 月 10 日公布　自 1996 年 1 月 1 日起施行)
中华人民共和国行政处罚法 ………………………………………………………………………………… (516)
(1996 年 3 月 17 日第八届全国人民代表大会第四次会议通过　中华人民共和国主席令〔1996〕31 号　1996 年 3 月 17 日公布　自 1996 年 10 月 1 日起施行)
中华人民共和国执业医师法 ………………………………………………………………………………… (523)
(1998 年 6 月 26 日第九届全国人大常委会第三次会议通过　中华人民共和国主席令〔1998〕5 号　1998 年 6 月 26 日公布　自 1999 年 5 月 1 日起施行)

中华人民共和国行政复议法 …………………………………………………………………… (528)
(1999 年 4 月 29 日第九届全国人大常委会第九次会议通过　中华人民共和国主席令〔1999〕16 号　1999 年 4 月 29 日公布　自 1999 年 10 月 1 日起施行)
中华人民共和国公益事业捐赠法 ……………………………………………………………… (534)
(1999 年 6 月 28 日第九届全国人大常委会第十次会议通过　中华人民共和国主席令〔1999〕19 号　1999 年 6 月 28 日公布　自 1999 年 9 月 1 日起施行)
全国人大常委会关于取缔邪教组织、防范和惩治邪教活动的决定 ……………………………… (538)
(1999 年 10 月 30 日第九届全国人大常委会第十二次会议通过)
中华人民共和国民办教育促进法 ……………………………………………………………… (539)
(2002 年 12 月 28 日第九届全国人大常委会第三十一次会议通过)
中华人民共和国行政许可法 …………………………………………………………………… (545)
(2003 年 8 月 27 日第十届全国人大常委会第四次会议通过　中华人民共和国主席令〔2003〕7 号　2003 年 8 月 27 日公布　自 2004 年 7 月 1 日起施行)

二、行政法规

中华人民共和国归侨侨眷权益保护法实施办法 ……………………………………………… (555)
(国务院令〔1993〕118 号　1993 年 7 月 19 日发布施行)
中华人民共和国个人所得税法实施条例 ……………………………………………………… (558)
(国务院令〔1994〕142 号　1994 年 1 月 28 日起施行)
社会力量办学条例 ……………………………………………………………………………… (563)
(国务院令(1997)226 号　1997 年 7 月 31 日发布　自 1997 年 10 月 1 日起施行)
国务院关于国家行政机关和企业事业单位、社会团体印章管理的规定 ………………………… (568)
(1999 年 10 月 31 日国务院发布)

三、部门规章

企业名称登记管理规定 ………………………………………………………………………… (570)
(国家工商行政管理局令〔1991〕7 号　1991 年 5 月 21 日公布　自 1991 年 9 月 1 日起施行)
社会力量办学印章管理暂行规定 ……………………………………………………………… (574)
(国家教育委员会、公安部令〔1991〕17 号　1991 年 8 月 21 日发布施行)
医疗机构管理条例 ……………………………………………………………………………… (576)
(卫生部令〔1994〕35 号　1994 年 9 月 1 日起施行)
社会福利性募捐义演管理暂行办法 …………………………………………………………… (580)
(民政部令〔1994〕2 号　1994 年 11 月 30 日发布施行)
事业单位财务规则 ……………………………………………………………………………… (582)
(财政部令〔1996〕8 号　1996 年 10 月 22 日发布自 1997 年 1 月 1 日起施行)
出版物印刷管理规定 …………………………………………………………………………… (587)
(新闻出版署令〔1997〕9 号　1997 年 8 月 18 日发布施行)
内部资料性出版物管理办法 …………………………………………………………………… (591)
(新闻出版署令〔1997〕10 号　1997 年 12 月 30 日发布　自 1998 年 1 月 1 日起施行)

社会力量设立科学技术奖管理办法 ……………………………………………………………… (593)
(科学技术部令〔1999〕3 号　1999 年 12 月 26 日发布施行)
社会福利机构管理暂行办法 ……………………………………………………………………… (595)
(民政部令〔1999〕19 号　1999 年 12 月 30 日发布施行)
中介服务收费管理办法 …………………………………………………………………………… (598)
(国家计委　2000 年 1 月 3 日)
救灾捐赠管理暂行办法 …………………………………………………………………………… (601)
(民政部令〔2000〕22 号　2000 年 5 月 12 日发布施行)
中外合资中外合作职业介绍机构设立管理暂行规定 …………………………………………… (604)
(劳动和社会保障部、国家工商行政管理总局令〔2000〕14 号　2001 年 10 月 9 日发布　自 2001 年 12 月 1 日起施行)
机关、团体、企业、事业单位消防安全管理规定 ………………………………………………… (606)
(公安部令〔2001〕61 号　2001 年 11 月 14 日发布自 2002 年 5 月 1 日起施行)
内部会计控制规范——基本规范(试行) ………………………………………………………… (613)
(财会〔2001〕41 号)
内部会计控制规范——货币资金(试行) ………………………………………………………… (616)
(财会〔2001〕41 号)

第四部分　考察报告精选

加拿大、美国结社立法情况 ……………………………………………………………………… (621)
瑞士、美国、捷克三国社团立法与管理情况 ……………………………………………………… (624)
日本社团立法及管理情况 ………………………………………………………………………… (629)
英国、意大利社团情况 …………………………………………………………………………… (624)
考察新加坡、泰国社团立法、管理情况的报告 …………………………………………………… (637)
日本民间非营利组织状况考察报告 ……………………………………………………………… (641)
美国、澳大利亚非营利组织管理工作考察报告 …………………………………………………… (644)
菲律宾 NGO 管理与发展 ………………………………………………………………………… (651)
澳大利亚 NGO 管理与发展 ……………………………………………………………………… (661)
关于对美国基金会的考察与思考 ………………………………………………………………… (668)
美国、加拿大非营利组织考察报告 ……………………………………………………………… (675)
德国民间组织管理工作考察报告 ………………………………………………………………… (681)
关于澳大利亚、印度尼西亚社团情况的考察报告 ………………………………………………… (688)
思考与建议 ………………………………………………………………………………………… (692)

附:

五十年代我国社团管理珍贵历史资料 ………………………………………………………… (697)
《中国民间组织年志》首卷(2004)刊登单位名录 ……………………………………………… (729)

第一部分

领导重要讲话

吴邦国同志在'96行业管理论坛上的书面讲话

（1996年11月18日）

同志们：

吕东同志倡导每年举行一次"行业管理论坛"，由经贸委、计委、体改委三个国家综合经济部门，还有中央编办、中国工经协会和人民日报社，共同组织有关专业经济部门、总会、总公司、工业行业协会、专家学者以及企业，对行业管理问题进行研讨，我认为是很有必要的，我很赞成。这是你们贯彻落实党的十四届三中、五中全会精神的实际行动。你们从1994年到现在，举行了三次"行业管理论坛"，研讨的问题，一次比一次深入，在许多重大问题上，通过研讨，取得了共识，向中央和国务院提出了一些很好的政策建议。同时，也引起了很好的社会反响。希望你们把"行业管理论坛"继续坚持下去，从理论与实践的结合上，不断探索社会主义市场经济条件下的行业管理问题，提出大力加强行业管理的切实可行的政策措施，逐步走出一条有中国特色的行业管理之路。

工业管理体制改革已逐步提上议事日程。但前一段研究这一改革时，工业部门的热点偏重于控股公司，而忽视行业协会，这需要加以注意。行业管理，是宏观经济管理和企业微观经济管理之间的中间管理层次，也是一种适应社会化大生产和社会主义市场经济需要的社会经济管理形式。吕东同志提出，工业行业管理是工业管理的新体制，是社会主义市场经济体制的有机组成部分。与计划经济体制相适应的工业管理体制，是部门管理；而与社会主义市场经济体制相适应的工业管理体制，则是行业管理。要实现我国今后十五年的宏伟奋斗目标，关键是实行两个具有全局意义的根本性转变，即经济体制从传统的计划经济体制向社会主义市场经济体制转变；经济增长方式从粗放型向集约型转变。这就要求工业管理体制，也要从部门管理向行业管理转变。只有建立起工业行业管理的新体制，社会主义市场经济体制才能真正建立起来。因此，大力加强和改善行业管理，对于促进政企分开、政府机构改革和职能转变、建立现代企业制度，实行"两个根本性转变"，都具有重要的地位和作用。

培育、发展和建设自主协调与自律性的行业管理组织，是加强和改善行业管理、建立工业行业管理新体制的组织保证。因此，要根据政府机构改革、政府职能转变和行业发展的需要以及中央关于清理整顿社会团体的要求，统筹规划，按照适应社会主义市场经济的需要并借鉴国外经验，进行重塑、改组、改造和提高。

大力加强和改善行业管理，要有政府部门的组织领导和支持。根据国务院对国家经贸委的"三定方案"，这是国家经贸委的一项重要工作任务。当然，其他综合经济部门也要积极支持。国家经贸委要把这项工作提到重要议事日程上来，组织工业经济协会等社会力量，从立法、政策措施和开展试点等方面，把这项工作抓紧抓好。

最后，祝贺这次"论坛"取得圆满成功！

温家宝同志在中国科协四届四次全委会议上的讲话

（1994 年 2 月 27 日）

同志们：

中国科协四届四次全委会议，是在改革开放和社会主义现代化建设的新形势下召开的。过去的一年，是全国各族人民全面贯彻党的十四大精神，沿着建设有中国特色社会主义道路胜利前进的一年。中国科协及各级科协组织，团结和依靠广大科技工作者，广泛开展国内外学术交流，热心扶持青年科技人才成长，大力促进科技成果向现实生产力转化，积极推动社会主义精神文明建设，为我国经济发展和社会进步作出了应有的贡献。在此，我代表中共中央向全国广大科技工作者表示感谢和敬意！

1994 年，是我国改革开放和现代化建设过程中非常关键的一年。党中央确定的基本方针是：以邓小平同志建设有中国特色社会主义的理论和党的基本路线为指导，全面贯彻党的十四大和十四届三中全会精神，加快建立社会主义市场经济体制，保持国民经济持续、快速、健康发展，维护政治稳定，促进社会全面进步。抓住机遇，深化改革，扩大开放，促进发展，保持稳定，是全党工作的大局。科协及其所属团体要认清这个大局，服从和服务于这个大局，更好地发挥人民团体的桥梁和纽带作用，团结和动员广大科技工作者，积极投身改革开放和各项建设，充分发挥科技第一生产力的作用，为建设有中国特色社会主义的伟大事业作出新的贡献。

改革开放和现代化建设的新形势，对科学技术提出了新要求，也为加快科技进步创造了更好的条件和机会。各级科协的工作要紧紧围绕经济建设这个中心，努力促进科技与经济的结合，促进劳动者素质的提高，促进科技事业的发展。

——开展农村科技服务。要充分发挥农村专业技术协会（研究会）的作用，积极促进农科教的结合，围绕发展“两高一优”农业、农业综合开发和发展乡镇企业，广泛开展多种形式的科技服务，大力推广农业适用技术，引导农民走科技致富的道路。

——推动企业科技进步。要办好厂矿科协，动员广大科技工作者积极参与企业技术改造和科学管理，促进国有大中型企业、高等院校和科研单位合作进行技术开发，在优化结构、提高质量、开拓市场和提高效益上，更好地发挥科学技术的作用，提高科技进步因素在经济增长中的含量。

——搞好重大建设项目的咨询服务。要充分发挥科协的学科和人才优势，搞好重大建设项目的咨询服务，努力提高咨询服务的质量和实效，在制订国家中长期发展规划和宏观科技、经济政策等方面，发挥好参谋和助手作用。

——支持基础研究和高科技研究。要认真贯彻“稳住一头，放开一片”的方针，充分发挥各类学会的作用，抓住重大科研项目，把握科技发展趋势，不断提高学术研究和学术交流水平。

——加强科普工作。要充分发挥科普工作在国家经济建设、精神文明建设和发展科技事业中的作用，在广大群众中普及科学知识，在青少年中开展科普活动，提高群众的科学文化素质，发现和培养科技人才。

党的十四届三中全会《决定》，提出了进一步改革科技体制的任务和目标。深化科技体制改革，是建立社会主义市场经济体制的重要组成部分，也是科技发展的必由之路。新的经济体制，应该是有利于科技进步的体制。新的科技体制，应该是有利于经济发展的体制。科技体制改革的目标，是建立适应社会主义市场经济发展，符合科技自身发展规律，科技与经济密切结合的新型体制，促进科技进步，攀登科技高峰，以实现经济、科技和社会的综合协调发展。科协要把推进科技体制改革作为自己的一项重要任务。要向广大科技工作者宣传解释党的十四届三中全会《决定》和各项重大改革措施，动员广大科技工作者支持改革，参加改革；要协调组织各方面的科研力量，推动开发研究、高新技术及其产业和基础性研究的发展，促进科技成果向现实生产力转化；要提倡尊重知识、尊重人才，推动大家学习科技、掌握科技；要善于发现人才，团结人才，使用人才，创造有利于拔尖人才脱颖而出的环境；要通过多种形式和途径，使科技工作者广泛地参与经济、社会决策，以主人翁的态度，为国家出主意，充分发挥他们的作用。

中国科协是我国科技工作者的群众组织，是中国共产党领导下的人体团体，是党和政府联系科技工作者的纽带和发展科技事业的助手。中国科协的这种组织形式，以及它在国民经济、科技事业和社会主义民主政治中的地位和作用，是历史形成的，是有中国特点的。中国科协与党的关系、与科技工作者的关系是经过长期考验的。发挥科协的职能和作用，最重要的是加强党对科协的领导，进一步密切科协与广大科技工作者的联系。各级科协必须从这一高度来认识科协的改革，积极探索建立适应社会主义市场经济发展，符合科技群众团体自身特点的组织体制和工作方式，不断增强凝聚力和活力，更好地发挥联系科技工作者的纽带作用和发展科技事业的助手作用。

在新的历史时期，科协的任务加重了，必须搞好自身建设，提高工作水平。要认真学习邓小平同志建设有中国特色社会主义的理论，特别是有关改革科技体制，发展科技事业的论述，学习党的科技政策，以此统一思想，指导工作；要搞好科协机关的改革，改善服务，提高效率，克服行政化倾向；要总结经验，扎实工作，坚持不懈地抓好“讲理想、比贡献”活动，组织实施“金桥工程”，办好农民专业技术协会和厂矿科协；要为科技工作者多办实事，切实解决他们的实际困难，及时反映他们的意见和要求，充分发挥科技工作者的主动性、积极性和创造性。

同志们，九十年代是新科技革命持续发展的时代，是我国科技和经济振兴的年代。科技工作是大有作为、大有前途的。广大科技工作者要以高度的时代责任感和紧迫感，认真履行自己的光荣职责，为我国社会主义现代化建设作出新的贡献！

司马义·艾买提同志
在听取中华慈善总会工作汇报时的讲话

（1999年2月26日）

同志们：

刚才听了中华慈善总会的工作汇报。慈善是中华民族的传统美德。发展慈善事业，是我们这个时代发展的需要。近几年，各地以民政部门为依托，成立了许多慈善组织，探索了一条具有鲜明时代特色的慈善事业发展的新路子。慈善事业改善了人际关系，促进了我国社会福利社会化的进程，增强了中华民族的凝聚力。我们要对慈善事业予以重视，支持慈善事业，办好慈善事业，促进社会的文明与进步。

中华慈善总会创办近5年来，在社会上大力倡导慈善意识，广泛发动社会力量，募集了许多慈善款物，援助兴办了一批安老助孤、扶贫济困等社会福利项目，取得了显著成绩。这是中华慈善总会全体工作人员辛勤工作、锐意进取的结果，是民政部正确领导的结果。尤其值得褒扬的是，在1998年抗洪救灾斗争中，中华慈善总会急灾区群众之所急，及时采取各种有效方式，展开了声势浩大的募捐活动，从海内外争取到了大量的救灾捐赠，有效地帮助了灾区群众抵御洪灾，恢复生产，重建家园。一连数月，总会的工作人员夜以继日，团结拼搏，克服困难，高效工作，为抗洪救灾作出了积极贡献，为中央分了忧，为百姓解了愁，发挥了民间组织应有的积极作用。这充分表明中华慈善总会是一个充满爱心的战斗集体。

这里，我想向中华慈善总会的同志提几点希望：首先，在召开中华慈善总会第二次会员代表大会以前，要按照新颁布的《社会团体登记管理条例》的规定认真清理工作制度，用条例去规范各项工作，在充分准备的基础上召开会议；其次，要充分发挥社会贤达的作用，吸引他们为慈善事业多做贡献，但社团领导职务的设置要符合条例的规定；第三，我国的综合国力日渐强大，人民群众的生活水平不断提高，社会上富有爱心的人越来越多，加之中华民族素有互助互爱的优良传统，慈善事业在中国前景广阔。因此，中华慈善总会要拓宽筹款渠道，可以先立项再筹款，也可以先筹款再立项，把二者结合起来，以更好地发挥慈善事业的社会作用；第四，要珍惜去年抗洪救灾中树立起来的良好社会形象，并把它维护好、保持好。工作中需要相关部委支持或需要国务院予以政策倾斜的，由民政部出面协调或向上请示。

去年，国务院召开了加强民间组织管理维护社会稳定工作会议，对我国民间组织管理工作做了客观、全面的分析，认为我国民间组织总体是好的，发展是健康的，在政治、经济、科技、文化和对外交往等方面发挥着越来越大的作用。但是由于我国目前还处于社会主义的初级阶段，民间组织发展的时间还比较短，所以，民间组织在发展过程中难免存在一些问题，如思想观念不适应，组织结构不完善，内部管理制度不健全，自律功能比较差，等等。因此，加强民间组织管理势在必行，其目的就是要更好地发挥民间组织在社会主义物质文明和精神文明建设中的积极作用。

我认为，加强社团管理必须从行政管理和社团自我管理两方面入手。这两方面的工作做好了，我国的社会团体一定会健康发展，跃上一个新台阶。

社团行政管理至关重要。党中央、国务院对此十分重视。1996 年，中央办公厅、国务院办公厅下发了《关于加强社会团体和民办非企业单位管理工作的通知》（中办发〔1996〕22 号），对我国民间组织的管理体制、管理内容、管理措施等带有方向性、根本性的问题作了明确规定。如要求业务主管单位负责社团的思想政治工作、党的建设、财务活动、人事管理等重要活动；登记管理机关负责登记审批、指导监督等工作，建立社团管理工作领导责任制。国务院新颁布的《社会团体登记管理条例》，将中央关于社团管理的具体精神法律化、系统化了。对此，各地、各部门都必须严格遵守。

民政部在社团行政管理工作中承担了双重任务，对全国性社会团体来说，是登记管理机关；对部管社团来说，又是业务主管单位。因此民政部要认认真真地贯彻中央的精神，既要加强对全国社会团体的管理，又要培育和指导好部管社团。在去年国务院机构改革中，民政部切实转变工作职能，重点培育了包括中华慈善总会在内的 5 个社团，委托它们承担了一定的行业管理任务。民政部还专门制订了对部管社团进行具体管理的文件，在部管社团的业务活动、内部制度、党组织建设、财务活动、项目实施形式等诸多方面作了明确的规定，做到既给任务，又讲要求；既抓培育，又抓管理。所有这些，都为部管社团的进一步发展打下了基础。下一步，民政部要继续抓落实，不断总结经验，优化部管社团的发展环境，使它们健康发展。

所谓社团自我管理，即社团要遵守国家法令，建立民主而又严密的内部管理制度，服从业务主管单位和登记管理机关的领导，自主、自律、自强。民政部部管社团，承担了民政部赋予的一些职能，如果在自我管理方面出了问题，不仅毁坏自身，而且也影响到民政部的形象。这里，我向民政部部管社团提几点自我管理方面的要求。

一、加强学习，更新观念。最近江泽民同志在省部级主管领导干部金融研究班上强调：学习、学习、再学习，实践、实践、再实践。我们做社团工作的同志，也要讲学习、重实践。据我所知，民政部部管社团不少同志是去年机构改革从部机关转岗的，过去在机关工作得很不错，现在到了社团新环境，就要转变思想观念和工作方式，因此迫切需要学习和实践。要进一步学习马列主义、毛泽东思想和邓小平理论，学习党的路线、方针，学习民间组织管理的法律、法规和政策，学习国内外民间组织管理理论和技能，学习民政业务。通过学习与实践，树立法制意识、改革意识、群众意识和自律意识，全面提高政治素质和业务素质，适应时代发展的需要，在新的岗位上建功立业。

二、自主活动，依法办事。民政部部管社团作为法人组织，独立享受民事权利，可以依照章程，围绕宗旨，采取灵活多样的形式，自由开展工作，其合法权益受到国家的保护。当然，社团的自主活动并不是随心所欲的，而应当遵守国家的法律和法规。国务院新颁布的《社会团体登记管理条例》对社团的政治倾向、日常活动、组织制度、机构管理、接受监督等行为作了具体规定，在这些方面出了问题，社团应承担法律责任。因此，大家要认真贯彻《社会团体登记管理条例》，领会条例的精神实质，用法律来约束自己。

去年民政部制订的部管社团管理的文件，很好地体现了中央的要求和条例的精神，大家要严格遵守。部管社团的重大活动，应事先由业务主管司（局）审核报部里批准。社团领导成员（秘书长以上）由部党组推荐，然后按社团章程民主选举，并办理手续。社团专职工作人员的工资和保障福利待遇，参照国家事业单位的有关规定执行。专职干部的考核由人事教育司负责进行。对承担的委托业务项目，要认真履行协议，精心组织实施，保质保量。近期各社团都要按照社会团体章程示范本修订社团章程，以规范自身行为。

三、建章立制，规范发展。社团的生存和发展，要靠好的内部管理制度来实现。这种制度是一门管理科学，大家要大胆探索。要按照法令、政令，按照社会主义市场经济体制的要求，按照民间组织管理规律，在社团内部建立民主制度，做到公平、公正，防止个人说了算；建立财务管理制度，获取捐赠要向社会公布，自觉接受各方面的监督和检查；建立办事制度，明确与民政部各业务司（局）的分工，明确部管各社团之间的分工，围绕民政工作社会化，按章程和民政部赋予的职能开展业务活动；建立人事制度，知人善任，奖罚分明，形成合理的用人机制。通过有效的内部管理，切实提高社团的专业化管理水平。

同志们：面对21世纪，我国民间组织职责神圣，任重道远。我希望民政部部管社团在民政部的指导下，发扬抗洪救灾精神，团结奋进，发挥才智，努力工作，成为能够有效承担政府委托职能、社会效益显著、在民政事业中发挥重要作用的社会中介组织，成为全国社会团体的楷模。

王忠禹同志在'96行业管理论坛上的书面讲话

（1996年11月18日）

同志们：

我们几家联合举办行业管理论坛今年是第三次了。政府部门、工业协会的同志和企业界人士以及专家、学者聚在一起，共同研讨行业管理问题，非常有必要，这是一件很有意义的事情。因为国家经济体制改革的问题已经客观地、迫切地摆到了我们的面前。几次论坛都得到了国务院领导和各方面的大力支持，这次国务院两位领导和薄一波同志都给会议写来了贺信和书面讲话。吕东同志前两次都亲自参加了会议并作主题报告，这次因为身体原因不能到会，但还是写来了书面报告。有关领导对论坛十分关注与支持，对此，我们表示感谢。行业管理是个很重要的问题，已引起社会各方面的关注，今天吴邦国副总理又在书面讲话中作了很明确的指示，我们要认真贯彻邦国同志的指示精神，切实把这项工作抓好。前两次论坛都取得了很好的成果，这次还要进一步研讨，借此机会我谈三点意见与大家交流。

一、深入探讨。是要在理论上进行深入的探索。理论的真正意义在于对实践有所指导。因此理论一定要正确，要科学。前两次论坛在这方面已取得了相当的成果，提出了一些很有见地的认识和观点。随着我国改革形势的发展，这方面的理论需要不断地深入研究和完善。这个理论的指导思想就是党的十四届三中、五中全会精神，尤其是五中全会，讲得更明确。我们要紧密结合我国的实际，同时借鉴外国的有益经验，逐步形成适合我国国情的一套理论。希望这次论坛能取得更好的研究成果。

二、积极实践。在建立社会主义市场经济体制的过程中，如何发挥行业协会的作用，实施行业管理，逐步建立具有中国特色的、符合社会主义市场经济要求的行业管理体制，只有通过实践才能找到答案。

我们大家都清楚，市场经济体制下的行业管理有别于传统的计划经济体制下的所谓行业管理。计划经济体制下的行业管理实则是部门管理、行政管理。而市场经济体制下的行业管理是按照市场经济规律打破地区、部门、所有制界限的一种科学管理体系。这是一个庞大的社会系统工程，解决好其中的问题和关系，只有通过实践。比如在行业管理中，政府部门和行业协会的关系，地位、职能、作用是什么，尽管十四届三中、五中全会都提出了原则性意见，但具体内容是怎样，如何运作，只有通过实践才能搞清楚。

改革不允许我们等待，不主动积极去工作就闯不出路子来。当然也不能急于求成。中国这么大，情况复杂，搞行业管理恐怕也要像搞现代企业制度试点工作那样，先从试点做起，取得一定经验，摸清一些规律后再行展开。国家经贸委办公厅正在着手试点工作，已开始在一些省市调研并和一些城市商量在适当时机进行试点。在行业管理方面，很多省市大胆探索、积极实践，已取得了一些成果。今天在座的大多数同志都是这方面的支持者和探索者，我们要携起手来，其同努力，在实践中探索我国行业管理的路子。

三、重在建设。行业协会是市场经济发展到一定阶段的产物，是行业管理的主要职能部门，应该在行业管理中发挥重要作用。大家知道，发达国家的行业协会在经济发展中扮演着很重要的角色，起着重要的作用。我们国家的行业协会应该而且也必将在行业管理和国民经济发展中发挥应有的重要作用。

为什么讲行业协会重在建设？因为我们国家的行业协会虽然已有十几年的历史，也做了大量工作，但按照社会主义市场经济的要求，还有很大的距离，这里既有客观方面的原因，也有主观方面的问题。需要很好地研究。如何搞好行业协会建设使其具有应有的地位，发挥应有的作用，我认为，一是要按照社会主义市场经济的要求和国家经济体制改革的进程规范行业协会的分类、组织结构，确立行业协会的地位，完善行业协会的职能。二是要按照党的十四届三中、五中、六中全会的要求来建设行业协会。三是要依法建设行业协会，要依法规范其行为。根据人大常委会立法规划，国家经贸委正在进一步研究商会和行业协会法，一些省市也都陆续制定实施了关于行业协会的地方法规，这是很重要的。行业协会一定要依法建设，这一点今后新组建的行业协会尤为重要。最后我再强调一点，发展行业协会是一个方向，但行业协会发展不能刮风，一定要根据体制改革的要求逐步发展，宁可少但要好，要切实保证质量，要真正能发挥作用，切不可一哄而上。

祝论坛圆满成功！

陈俊生同志
在全国社团管理工作会议上的讲话

（1992年9月19日）

同志们：

今天来参加你们的会议，很高兴。才让、宝俊同志的讲话，我都赞成。

1989年国务院发布《社会团体登记管理条例》以来，虽然只有三年时间，但社团工作形势很好。各级民政部门在党和政府的领导下，积极努力，与各有关部门密切配合，根据条例的要求和国务院的部署，在全国范围内开展了社会团体清理整顿复查登记工作，经过两年多的努力，取得了比较好的成绩，初步将社团的发展和管理纳入法制轨道。

这次会议根据小平同志南巡谈话和中央政治局全体会议的精神，进一步确立社团管理工作为经济建设服务的思想，分析研究改革开放新形势下依法管理社团的目标和措施，明确今后一个时期的主要任务，这对加强社会主义民主与法制建设，促进社会团体的健康发展，必将产生积极的作用。这是民政部接管社团管理工作以来第一次会议，会上交流了情况，制定了几个重要文件。贯彻落实好这些文件，将使社团管理工作更加完善。我代表国务院向大会表示热烈的祝贺，并殷切希望这次会议之后，全国的社团管理工作步入一个新的发展阶段。

党的十一届三中全会以来，随着我国经济的发展，民主与法制的不断完善，社会团体发展很快，已成为社会主义建设事业的重要组成部分。今后随着我国政治体制和经济体制改革的深入，广大人民群众对各种社会公益事业将产生更高层次的需求，社会团体运用民间力量兴办各类社会公益事业，对于满足人们日益增长的物质文化生活的需求，稳定社会，推动我国社会主义事业的协调发展，将发挥十分重要的作用。全社会都要充分认识社团的地位和作用。

我国政治体制改革的一个重要方向是小政府、大社会，社团的兴起就是大社会的一个重要组成部分。今后的发展方向应该是社会上的事要由社会来办，不能都由政府包下来。这是社会发展的必然趋势，也是我国逐步实现民主化、法制化的重要标志之一，是社会文明、进步的表现。随着社会的进步和发展，社团的作用将越来越明显。

社团管理工作是政府的一项重要职能，运用法律、法规对公民结社和社团活动作出规范是社团管理的主要手段。民政部门要树立社团管理工作服从于和服务于党的总任务、总目标的思想，根据党的“一个中心、两个基本点”的基本路线，一方面依法保障社会团体的合法权益，充分发挥他们建设社会主义的积极性，使小政府、大社会的社会结构逐步形成，另一方面，要避免滥设社团。管理好了会发挥重要作用，管不好也会起消极作用。有一些人没什么事干，不管社会、群众需要不需要，也托人、拉人搞这个协会、那个协会，托人情、走后门报批，以取得合法地位。民政部门要代表政府严格把关，不符合社团管理条例的，不论什么人说情，坚决不批，批了就是失职。也不应该再搞一些工作内容重复的社团。同时，要对滥用结社权利和社会团体的违法行为进行限制，为我国的改革开放创造良好的社会环境。前一段，有些企事业单位和群众反映，有些社团搞一些摊派和强拉赞助的活动，这种做法势必引起群众反感，损害社团声誉，今后一定要杜绝这种现象发生。不管什么社团向民间搞摊派，群众都有权进行抵制，政府要为民作主，不得偏袒某个社团。最近四川乐至县三个乡向群众搞摊派，农民告到法院，结果农民胜诉，农民的合法权益得到保护，这一点得到国务院的赞扬。这当然不属于社团问题，我举这个例子，是用以说明要引以为戒，要依法管理社团。不要以为只要取得社团合法权利就可以任意向群众摊派，这是绝对不允许的。在加快改革开放步伐的新形势下，社团管理工作不能有丝毫的放松，而应以更加积极的、慎重的姿态做好这项工作，以推动我国政治、经济、科学文化事业的顺利发展。

社团管理的实践表明，做好这项工作，需要有各级党政领导的重视和支持。当前改革形势发展很快，社团管理工作同样会遇到许多新情况、新问题。各级政府对社团管理工作应予足够重视，要提上重要议事日程。各级政府和民政部门，对社团管理工作要进一步加强，在人员配备、财务经费等方面给予大力支持。不能把它看成可有可无，而应认识到它是关系到我们国家政治体制改革的一个带全局性的问题。各有关部门应积极协助民政部门做好这项工作，通过全国上下各方面的共同努力，使我国的社团管理工作更加适应社会主义精神文明和物质文明建设的需要。

加强社会团体管理　促进社会主义民主和法制建设

（1989年12月24日）

民政部部长　崔乃夫

党的十一届三中全会以来，随着经济的发展和社会主义民主制度的建设，各地社会团体大量涌现。据初步调查，全国已有十万多个。这些社团大多数是好的，对于促进经济、文化、科学技术的发展，起了积极的作用。但也存在社团组织混乱的现象，有少数社团参加流通领域的活动，倒买倒卖，甚至参与动乱，急待整顿。为此，今年10月25日，国务院颁布了《社会团体登记管理条例》，明确民政部门依法行使对社会团体的登记管理职能。这是关系社会安定的一件大事。县以上民政部门要提到重要议事日程，努力搞好。

进行社团管理，首先是建立机构，培训干部。最近，民政部和人事部已联合下发文件，提出建议，为各地建立机构，充实力量提供了依据。同时各级民政部门要积极向党政领导汇报，宣传加强社团管理的意义，争取支持。由于社团管理工作政治性、政策性都很强，又是一项新的工作，所以从现在起就要选择一些政治素质好，知识面广，有一定独立工作能力的干部有计划地进行业务培训，造就这方面的骨干人才。

其次在着手作好社团登记的同时，要对现有社团的清理整顿作好准备工作。要依据《社会团体登记管理条例》，把社团工作纳入依法登记管理的轨道，扭转发展失控，多头审批，多家管理的局面。根据进一步治理整顿和深化改革的方针，中央准备清理公司的任务完成后，采用一项重要活动，在全国范围内清理整顿社团。这是一个大的举动，将由党中央、国务院作出决策，发出文件。各级民政部门要组织力量调查研究，摸清底数，为全面清理整顿社团做好前期准备工作。

行政区划、地名管理、婚姻管理、殡葬改革和收容遣送等社会行政管理工作，也都要从有利于稳定这个大局出发，加强管理，深化改革，发挥职能作用。

可以说，上述这些工作做好了，就有利于社会稳定，就是上为国家分忧，下为群众解愁，就是做了一件对国家有利、对社会有利的工作，这也是时代赋予民政部门的任务。这样，民政工作就能更好地发挥社会稳定机制作用。但是，做好这些工作，民政部门困难很大，机构不健全，关系不顺，经费短缺，尤其是基层政权建设和社团登记管理，在许多地方尚无机构和人员，影响了工作的开展。希望各级党政领导进一步重视和支持民政工作，提供必要的工作条件，切实帮助他们解决些实际问题。

（这是崔乃夫部长在全国民政厅局长座谈会上总结讲话《巩固提高、改革完善、稳步发展》中的一部分）

在全国性社会团体首批发证仪式上的讲话

（1991 年 5 月 15 日）

民政部部长　崔乃夫

各位社会团体代表、同志们：

今天，我们在这里为中国重型机械工业协会等 83 个全国性社会团体颁发《社会团体登记证书》。这是自《社会团体登记管理条例》实施后首次发证。它标志着我国社会团体工作在法制化道路上迈出了新的一步。

党的十一届三中全会以来，随着改革开放方针的逐步贯彻执行和社会主义民主政治的发展，我国公民的结社热情空前高涨，各类社会团体大量涌现。它们在各个业务领域发挥着政府联系群众的桥梁纽带作用，日益成为我国政治、经济、科技、文化生活及对外交往中的一支重要力量。

过去一个时期，由于我国社团管理的法律法规不够健全，制度不够完善，致使社团工作出现了不少问题。

一是有些社团不经批准自行成立；二是社团业务重复交叉、设置过多；三是少数社团宣扬资产阶级自由化或从事违法经营活动，损害了国家利益和经济秩序。这既不利于国家政治经济稳定，也不利于社会团体作用的发挥。1989 年 10 月 25 日，国务院颁布了《社会团体登记管理条例》，给社会团体管理工作提供了法律依据。按照《条例》的规定，成立全国性社会团体必须到民政部办理登记手续，过去成立的社会团体也应办理复查登记手续。不论是过去已有的社团，还是新成立的社团，在未向社团登记管理机关办理手续并获得核准登记前，都不得在社会上进行活动。

经国务院统一部署，民政部于 1990 年 6 月开始对全国社会团体进行了清理整顿和复查登记工作，要求在 1991 年 6 月 30 日前，在经业务主管部门审查同意条件下，必须到民政部申请登记并领取《社会团体登记证书》；原由内务部发过证的社会团体也必须办理换证手续。目前，近 2000 个全国性社会团体在有关部门的大力支持下，大部分已递交了复查登记申请书。我们将通过复查，根据社会团体的不同情况，分别给予登记、暂缓登记、合并、不予登记、命令解散或依法取缔等处理。逾期未提出申请登记的社会团体，将视为自动解散，不再予以受理，并限期停止其活动。

近期，我们还将陆续公布符合《条例》要求的社会团体，并在报纸上公告发布。

同志们，认真贯彻《社会团体登记管理条例》，做好社会团体登记发证工作，无疑将会大大加快我国社团工作法制化的进程，为社会团体在我国的社会主义物质文明和精神文明建设中发挥更加积极的作用创造条件。今天发证的社会团体，在过去的工作中，对各自的行业进步或学术进步都做出了成绩，得到了社会的承认。我代表民政部向首批获得发证的社团表示祝贺！希望大家在取得成绩的基础上，更加坚决地执行国家的法律法规和有关政策，接受社团管理机关和业务主管部门的依法管理和业务指导，遵循各自的章程积极开展活动，为促进社会进步和国家经济繁荣，实现到本世纪末国民经济翻两番的宏伟目标做出更大的贡献！

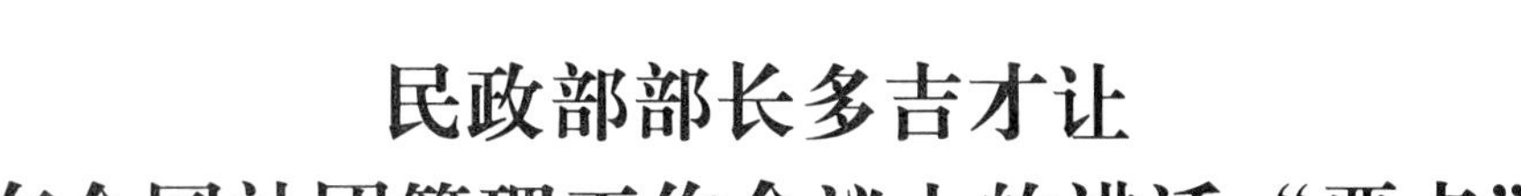

民政部部长多吉才让
在全国社团管理工作会议上的讲话“要点”

（1992年9月19日）

同志们：

这次全国社团管理工作会议，是在民政部门受领社团管理工作任务之后召开的第一次会议。在大家的共同努力下，会议开得很成功。

国务院确定由民政部门主管这项工作，至今不过四年时间。近四年来，我们已制定了一系列的政策法规，建立了机构，配备了一定数量的工作人员，还在完善自身的同时开展了社团的复查和登记工作。由于这是几十年来的第一次，工作量很大，但经过各级社团登记管理机关的辛勤努力，基本上完成了国务院交给我们的复查、登记任务。在这里，我代表民政部向大家并通过你们向全体从事社团登记管理工作的同志们表示感谢！

建国初期，内务部就负责社会团体的登记工作。其后，由于在“文革”中内务部被撤销而中断了一个时期，但一俟国家的各项工作走向正规，国务院又重新明确由民政部门负责社团的登记管理工作。因此，做好社团管理工作，是我们民政部门的职责。各级民政部门的领导同志都要十分重视这项工作，进一步理顺关系、完善机制，适应新形势下社团发展的需要。

在现代社会，社会团体已经成为社会结构的重要组成部分。在我国，社会团体和政府机关、企事业单位各司其职、互相协同互相补充。几十年来在中国共产党的统一领导下，社团在国家的政治、经济、科技、文化及社会进步与发展的各项事业中，不同程度地发挥了积极的作用，作出了一定的贡献。但在过去的产品经济条件下，很多社会工作是由政府和企事业单位包揽下来的，社会团体应有的社会功能尚未充分地发挥出来，在不少领域甚至还没有条件形成社会团体。随着改革开放的深化和社会主义市场经济体制的确立，政府的作用越来越趋于宏观指导，企业也将从大量的社会事务中解脱出来。这样，从政府、企业脱离出来的许多社会服务性工作将由社会去做，由社会团体去承担，因此，社会团体活动的领域将越来越宽广，作用也将越来越大，这是一个必然的发展趋势。

社团的作用增大以后，管理工作也应及时跟上。我们认为民政部门对社团的管理，有两方面的含义：一是规范、限制。这就是以法律和行政的手段规范社团的行为，使社团沿着正确的方向健康发展。二是保护、服务。这就是保护社团的合法权益，为社团的生存和发展创造必要的环境条件，为社团的成立、发展及其各项活动提供各种服务。这两个方面应当是统一的，不能片面地强调某一个方面。对于我们社团登记管理机关来说，重要的、大量的还是后者。因此，我们应当牢固地树立为社团服务的思想，与社会团体建立起真挚、融洽的关系。同时，社团管理工作要直接面对广大社团，非常具体地办理登记和管理的种种业务，还要与社团的业务主管部门频繁交往。所以，社团管理工作是民政部门的一个窗口，我们一定要注意工作方法，处理好各种关系，按照政策、规定办事，维护好民政部门的良好形象。今天，会议就要结束了，请同志们根据会议的精神结合你们地区的情况，在当地党委和政府的领导下，为社会团体发挥更大的作用作出新的贡献。

统一思想　提高认识
加强社会团体和民办非企业单位管理工作

——在全国民政厅局长社会团体和民办非企业单位管理工作座谈会上的讲话
（1996年9月23日）

民政部部长　多吉才让

同志们：

最近，中央政治局常委召开会议，对社会团体和民办非企业单位管理工作进行了专题研究，作出了关于加强社会团体和民办非企业单位管理工作的决定。中共中央办公厅、国务院办公厅下发了《关于加强社会团体和民办非企业单位管理工作的通知》。今天，我们召开全国民政厅局长社会团体和民办非企业单位管理工作座谈会，其主要任务就是传达贯彻中央文件精神，统一思想、提高认识，部署对社会团体的清理整顿工作，切实加强社会团体和民办非企业单位管理，为明年上半年召开全国社会团体和民办非企业单位管理工作会议作准备。首先传达两办《通知》，再讲几点意见。

一、《关于加强社会团体和民办非企业单位管理工作的通知》出台的背景及过程

党的十一届三中全会以来，随着经济的发展和社会的进步，全国各类社会团体和民办非企业单位不断增多，这些社会团体和民办非企业单位遍布社会各个领域，在我国社会、经济、科技、文化发展以及对外交往中发挥着越来越广泛的积极作用。

但是，社会团体和民办非企业单位发展中也存在不少亟待解决的问题。一是由于一些社会团体和民办非企业单位分布领域较广，吸纳人员条件宽泛，导致内部人员庞杂，开展活动超出规定范围。二是登记管理机关力量有限，而社会团体和民办非企业单位与挂靠单位和业务主管部门又关系松散，致使管理体制不顺、职责分工不明。三是对社会团体和民办非企业单位的管理工作漏洞较多，许多社会团体和民办非企业单位至今没有纳入登记管理，有些不该登记的登记了，有些随意超出登记范围。四是近年来由于有的地方、部门把关不严，一些受西方敌对势力支持操纵的社会团体和民办非企业单位乘隙窜出。有的甚至充当西方敌对势力对我进行渗透、颠覆、窃密的工具。这些为数虽然不多但能量颇大、影响很坏的民间组织，事实上已成为境内外敌对势力同我进行公开、“合法”斗争依托的阵地，起着思想渗透、组织策划、集聚力量、聚敛经费的作用，是破坏我国政治、社会稳定的重大隐患。对此，党中央、国务院和中央领导同志予以高度重视，特别是在近一个时期以来，多次强调：必须保持高度的政治警惕，采取有力措施，切实加强管理，防微杜渐，堵塞漏洞。去年11月，国务院第88次总理办公会议决定加强社会团体审批管理工作，以后凡冠以“中国、中华”等字样的全国性社会团体，民政部在登记之前，必须报国务院审批同意。同年12月20日，李鹏总理在全国政法工作会议上，强调指出：“对敌斗争中有一个新的特点，就是境内外敌对分子现在往往用经商办公司的办法，搞基金会、搞社会团体的办法，搞资助的办法，以及用宗教的办法，在种种旗号的掩护之下，企图达到‘西化’、‘分化’我们的目的，破坏我们的社会主义事业。这个事情要引起重视。民政部门对社会团体的审批要严格，不能让敌对分子钻空子。主管部门要负责。因为社会团体登记和企业登记，要有主管部门开介绍信，主管部门要真正负起责任，出了问题就要追究责任，国家政权在我们手里，我们一定要把好关。”今年1月19日，江泽民总书记在中央政法委《一个值得注意的情况》的材料上批示：“对民间学术会议一定要加强管理，在某些方面似乎我们比西方国家还要管得松，有的自由化分子乘虚而入，这是一个大问题，我经常讲要防微杜渐，这一方面是一大漏洞。”为此，中央领导同志责成中央政法委协调有关部门就社会团体和民办非企业单位管理工作提出方案。为了贯彻中央领导的批示，民政部党组向中央政法委报送了《关于加强社会团体管理工作的意见》。中央政法委牵头召开中宣部、公安部、国家安全部、民政部、文化部、国家教委、中央编办、外宣办八部委有关负责同志参加的会议，对社会团体和民办非企业单位管理工作进行了认真研究，并由中央政法委起草形成了《关于加强社会团体和民办非企业单位管理工作的方案》，进一步征求有关部门意见作出修改后，于今年7月提交中央政治局常委进行讨论。在讨论中，中央政治局常委全面透彻地分析了当前社会团体和民办非企业单位的基本状况，在肯定其积极作用的同时，指出了社会团体和民办非企业单位存在的主要问题，并从维护政治和社会稳定的高度，提出了当前管理工作必须坚持的方针、原则。

二、《关于加强社会团体和民办非企业单位管理工作的通知》的主要精神

（一）严格把关、从严审批

《通知》指出了目前有些地区、部门在审批工作中把关不严的问题，同时强调，所有的社会团体和民办非企业单位，都必须依照有关法规办理登记手续和接受年检，不得以任何理由拒不登记或不接受年检。并要求，要从严审批新的社会团体和民办非企业单位，控制数量，防止盲目发展。清理整顿期间，原则上暂停审批新的社会团体和民办非企业单位。中央的要求，进一步体现了从严审批、严格管理的精神。我们要按照中央的要求，做好审批登记工作，迅速改变目前社团、民办非企业单位发展过快，与经济、社会发展不相适应的状况。

（二）建立新的管理体制，切实加强社会团体和民办非企业单位的管理

《通知》规定我国对社会团体和民办非企业单位的管理，要实行挂靠单位、业务主管部门与登记管理机关双重负责的管理体制。挂靠单位和业务主管部门对所属社会团体和民办非企业单位的申请登记、思想政治工作、党的建设、财务活动、人事管理、召开研讨会和对外交往等重要活动安排、接受资助等事项负有领导责任，在这方面出了问题由挂靠单位和业务主管部门负责。登记管理机关主要负责社会团体和民办非企业单位的登记审批工作，研究制定有关政策规定并组织实施，负责对社会团体、民办非企业单位的活动进行指导和检查监督，依法查处违法行为。中央的决定，为我国的社会团体和民办非企业单位的管理确立了一种新的管理体制。从根本上堵塞了以往工作中由于登记管理机关与业务主管部门职责分工不明，一些社会团体处于管理失控的漏洞。我们要深刻理解这种全新体制的确立在今后加强社会团体和民办非企业单位管理中的作用，按照中央的要求，切实履行好自身的职责。

（三）通过清理整顿工作，确保社会团体和民办非企业单位的健康发展

鉴于当前社会团体和民办非企业单位发展中存在的诸多问题，《通知》明确要求，在今明两年内，分期分批对所有社会团体及民办非企业单位普遍进行一次检查、清理、整顿。

通过清理整顿对那些内外勾联，违法违纪的社会团体和民办非企业单位，要区别情况，或不予登记，或限期改正，确保社会团体和民办非企业单位的健康发展。

（四）建立健全管理制度，规范社会团体和民办非企业单位的业务活动

为切实加强社会团体和民办非企业单位的管理，堵塞管理中的漏洞，《通知》明确指出，要建立健全社会团体和民办非企业单位组织召开研讨会的备案制度；涉及重大政治、经济、理论等社会科学

方面跨组织的学术活动的审批制度，涉外学术研讨会的审批制度，承接境外组织提出的社会科学方面的研究课题和调查课题的审批制度，接受境外捐赠（救灾、扶贫等正常捐款除外）设立基金，从严把关制度。这些制度的建立不仅使社会团体的业务活动形成规范化，而且可以防微杜渐，严防境内外敌对势力利用社会团体和民办非企业单位进行渗透破坏活动。

（五）制定有关法规，把社会团体和民办非企业单位的管理工作纳入法制轨道

为适应社会团体和民办非企业单位管理工作需要，进一步将管理工作纳入法制化、规范化轨道，《通知》明确指出，要尽快对《社会团体登记管理条例》进行修订，同时尽早制定并发布《外国人社会团体登记管理条例》和《民办非企业单位登记管理条例》。

（六）确立了民政部门对社会团体和民办非企业单位统一归口登记管理的执法地位

《通知》明确社会团体和民办非企业单位统一归口由民政部门登记管理，其他任何部门无权审批和颁发证书，从而进一步确立了登记管理机关的执法地位，对于改变以往审批和管理工作中的被动局面将产生积极影响。

（七）从政治上严把舆论宣传关

《通知》要求，宣传舆论工具绝不能为敌对势力和资产阶级自由化思潮提供活动阵地。对各种研讨会的新闻报道，要由中央宣传部发一通知，统一提出严格要求。这一措施表明加强社会团体和民办非企业单位的管理是全方位的工作，从政治宣传方面把住召开研讨会新闻报道的关口，可以进一步起到防微杜渐的作用。

（八）依法打击利用社会团体和民办非企业单位进行违法活动的境内外敌对分子

《通知》要求，对于通过基金会、学会等组织，以讲学、研讨、提供项目资金等形式进行渗透、颠覆和破坏活动的境内外敌对分子，公安、国家安全机关及有关部门应密切配合，要及时、坚决予以打击。

（九）加强社会团体和民办非企业单位登记管理机关的机构建设

通知要求，各级党委、政府要采取切实可行措施，加强社会团体和民办非企业单位登记管理机关的机构建设，核定编制、充实人员、核拨必要的业务经费，强化工作手段。以切实做好对社会团体和民办非企业单位的登记、管理、监督工作。

三、《关于加强社会团体和民办非企业单位管理工作的通知》的重要意义

（一）《通知》是讲政治的具体体现，是促进稳定的重要文件

当前，全党都在讲政治，讲稳定。《通知》紧紧围绕江泽民总书记讲政治的指示精神，从维护社会稳定的高度，强调加强社会团体和民办非企业单位管理工作的重要性，并把社会团体和民办非企业单位管理工作列为全党的一项工作，必将对我国的长治久安、改革开放和现代化建设产生深远的影响。《通知》使我们清醒地认识到，在当前复杂的国际环境条件下，加强社会团体和民办非企业单位管理工作，已成为关系国家安危，社会稳定的大事；已成为与国内外敌对势力进行演变与反演变、颠覆与反颠覆政治斗争的需要，已成为能否真正发扬社会主义民主，保障人民合法权益的重要内容。那些把社会团体和民办非企业单位管理工作仅仅当作一项简单的组织管理和一个程序性工作的认识是不对的。对于这一点，我们必须有充分的认识。

（二）《通知》是现阶段确保社会团体和民办非企业单位整体健康发展的重要保证

近几年来，社会团体和民办非企业单位取得了长足的发展，但是存在的问题也是大量的，不容置疑的。如何确保社会团体和民办非企业单位整体健康发展一直是困扰着我们的难题。《通知》深刻分析了社会团体和民办非企业单位发展的现状及存在的问题，确立了新的管理体制，明确了登记管理机

关和业务主管部门的职责，提出建立健全社会团体和民办非企业单位业务活动管理制度，确定了今后一个时期社会团体和民办非企业单位管理工作任务。为社会团体和民办非企业单位管理工作的健康发展指明了方向。《通知》揭示了只有加强管理，规范行为，才能更好地发挥社会团体和民办非企业单位的中介作用的辩证关系。我们相信，只要正确贯彻《通知》的精神，认真落实《通知》的各项要求，社会团体和民办非企业单位管理工作必将提高到一个新的水平。

（三）《通知》是理顺关系，履行职责的重要依据

在以往的社会团体管理中，各级民政部门在党和政府的领导下，解放思想、转变观念、抓住机遇、深化改革，较好地履行了国家赋予的职责，并创造了许多有益的经验。但是也应看到，由于管理体制未完全理顺，登记管理机关与业务主管部门职责不明，管理法规不健全，管理力量薄弱，严重制约了管理工作的深入开展。这次《通知》中明确的许多问题，均是以往社会团体管理中的难点和焦点问题。这些问题的解决，为进一步理顺关系，切实履行民政部门的职责提供了依据，并为加强社会团体的管理工作创造了有利的条件。

中央决定将民办非企业单位登记管理统一归口到民政部门，这是国家赋予民政部门的一项新的职能，党中央、国务院布置的一项新任务。民办非企业单位属于民间性社会组织，这种组织形式涉及到社会科学、教育、文化等众多领域，情况十分复杂，一直是我国社会管理中的薄弱环节，尤其是在我国改革开放中，国内外敌对势力把民办非企业单位作为渗透的重点对象，以达到颠覆社会主义制度的政治目的。在这种情况下，党中央决定，由民政部门负责对民办非企业单位的登记、管理和监督工作，充分体现了党中央、国务院对民政部门的信任和重托，我们必须深刻理解接受新任务的特殊意义，正确分析机遇与挑战并存的形势，以高度的政治责任感做好这项工作，绝不辜负党中央、国务院对民政部门的殷切期望。

民政工作的许多内容属于社会行政管理。社会团体和民办非企业单位的管理工作作为社会行政管理的重要内容和新的生长点，对维护社会稳定有着重要作用。在当前新旧体制转换过程中，按照中央的要求，加强社会团体和民办非企业单位的管理，规范其行为，确保社会团体和民办非企业单位的健康发展，不仅有利于发挥社会团体和民办非企业单位建设社会主义事业的积极性，而且可以为我国经济的发展、社会的进步创造良好的外部环境，从而使民政工作在维护社会稳定中发挥更大的作用。

四、对贯彻《关于加强社会团体和民办非企业单位管理工作的通知》的几点要求

为在今后的工作中，全面准确地贯彻《通知》的精神，按照中央的要求，切实加强社会团体和民办非企业单位管理工作，现提出以下几点贯彻意见：

（一）全面深刻地学习理解中央文件精神，提高认识，将思想统一到中央文件精神上来

全面准确地学习领会中央文件精神，是做好社会团体和民办非企业单位管理工作的前提，只有正确理解中央文件精神，才能自觉地在思想上、政治上和行动上同党中央保持一致。为此，各级民政部门要认真抓好对中央文件的学习，不断提高思想认识。特别是在座的各位厅（局）长，应首先带头认真学习，深刻领会其精神实质，调整工作部署，以适应新的形势。在学习中要注意克服有可能产生的两种思想倾向，一是盲目乐观，对做好这项工作的艰巨性、复杂性缺乏足够的认识，二是畏难情绪，认为社会团体和民办非企业单位管理工作情况复杂，难度大，不易做好，缺乏信心。这两种倾向都会影响到正确学习理解中央文件精神。要树立起必胜的信心。党中央、国务院把艰巨的任务交给民政部门承担，同时为我们创造了必要的工作条件，即文件中讲的“加强机构建设，核定编制，充实人员，核拨必要的业务经费，强化工作手段。”这是中央给我们完成任务的保障，我相信各省、自治区、直辖市党委、政府也会按照中央精神为我们各地的工作提供保障，各位回去以后要积极争取省

委、省政府的领导，多请示汇报。应当明确，加强社会团体和民办非企业单位的管理是全党的一项重要工作，作为登记管理机关，我们必须在各级党委和政府的领导下，按照中央的要求做好工作。我们既要正确认识中央文件对做好社会团体和民办非企业单位管理工作带来的机遇和有利条件，又要充分认识到做好这项工作的艰巨性，克服各种思想障碍，切实将思想统一到中央文件精神的要求上来。

（二）要以高度的政治责任感，把加强社会团体和民办非企业单位管理工作落到实处

社会团体和民办非企业单位管理工作关系到我国经济的发展和社会的稳定。我们必须站到讲政治的高度，增强做好社会团体和民办非企业单位管理工作的责任感，把中央提出的各项任务落到实处。民政部已将社会团体和民办非企业单位管理工作列为今明两年的重点工作之一，在此，希望厅（局）长回去后，第一应尽早向党委、政府有关领导汇报此次会议精神，在党委、政府领导下，做好社会团体和民办非企业单位管理工作。第二各级民政部门应根据中央的要求，结合实际，做出安排，把加强社团和民办非企业单位管理工作摆上应有的位置。第三要在今明两年内根据国务院通过的清理整顿方案制定本地区的实施办法，分期、分批对社会团体和民办非企业单位普遍进行一次检查、清理、整顿。通过清理非法社会团体和民办非企业单位，查处违法违纪社会团体和民办非企业单位，确保社会团体和民办非企业单位的健康发展。由于社会团体管理工作已有一定基础，清理整顿工作可以先行一步。第四要认真做好民办非企业单位的调研工作，通过调查研究，摸清民办非企业单位的底数，掌握特点，为尽快制定民办非企业单位管理的法规和进行清理整顿做好准备。民政部民办非企业单位调研组已分赴有关省、市进行调查，希望各地要尽快进入角色，大兴调研之风，为今后的工作打下坚实的基础。

（三）加快法制建设，把社会团体和民办非企业单位的管理纳入法制轨道

依法对社会团体和民办非企业单位实施管理是政府部门的主要手段。社会团体和民办非企业单位管理的法制建设严重滞后，势必影响到管理工作的进行。根据中央《通知》的要求，我们已着手修订《社会团体登记管理条例》，开始制定《外国人社会团体登记管理理条例》和《民办非企业单位登记管理条例》，同时，我们还将与有关部门共同制订相关配套的管理办法。各地应根据本地实际，制定具体的实施细则和管理办法，以适应当前管理工作的需要。

（四）切实加强领导，努力提高社会团体和民办非企业单位的整体管理水平

社会团体和民办非企业单位管理工作，政治性、政策性很强，管理的对象活动范围大，涉及领域多，做好这项工作，要努力提高社会团体和民办非企业单位的整体管理水平。在贯彻中央文件精神中，各级民政部门，特别是在座的主要领导同志要切实加强领导，做好这方面的工作。一是要抓好机构建设。民政部正在同中编办、财政部等有关部门进行协商，制定有关管理机构、编制、经费的具体方案。各地民政部门应根据文件精神，尽快与编制、财政等部门联系，争取他们的支持。二是加强管理队伍和业务建设，将政治思想好、业务能力强的干部充实到社会团体和民办非企业单位管理岗位上来，并通过学习培训等多种形式，不断提高管理干部的素质。民政部准备从明年起对各省、自治区、直辖市社会团体和民办非企业单位管理机关的负责同志进行轮训，各地也应抓好地、市、县社会团体和民办非企业单位管理干部的培训工作。

同志们，做好社会团体和民办非企业单位管理工作意义重大，各级民政部门要在党委和政府的领导下，认真贯彻中央文件精神，抓住机遇，按照中央的要求，努力工作，将我国的社会团体和民办非企业单位管理工作推向一个新的阶段。

积极培育　强化管理　促进民间组织健康发展

——在加强民间组织管理维护社会稳定工作会议上的讲话

（1998年11月21日）

民政部部长　多吉才让

同志们：

刚才，罗干同志就加强民间组织管理问题做了重要讲话，我们要认真学习，深刻领会。现在，我向大会做加强民间组织管理工作报告。

一、我国民间组织管理工作的基本情况

党的十一届三中全会以来，我国不断深化经济体制和政治体制改革，社会主义市场经济体制逐步建立和完善，走上了一条建设具有中国特色的社会主义康庄大道。这一根本性的变革，使我国的生产力得到了快速发展，社会生活需求多样化，群众参与社会管理的积极性日益高涨，社会的管理和服务正朝着“小政府、大社会”的方向迈进。这些都为我国民间组织的孕育和发展提供了十分有利的社会环境。截止目前，全国社会团体已达20万个，民办非企业单位初步摸底约有70万个左右。民间组织遍布全国城乡，涉及社会生活的各个领域，发展迅速，成为继机关、企业、事业单位之外又一社会组织。

党中央、国务院历来十分重视民间组织管理工作，引导、支持民间组织在社会主义物质文明和精神文明建设中发挥积极作用。1989年国务院颁布了《社会团体登记管理条例》，赋予民政部门登记管理社会团体的职能，因十年动乱而中断的社团登记管理工作得到恢复。1996年，中央专门研究了加强民间组织管理的问题，中共中央办公厅、国务院办公厅下发了《关于加强社会团体和民办非企业单位管理工作的通知》（中办发〔1996〕22号，以下简称22号文件），决定民办非企业单位由民政部门统一登记管理，同时还对民间组织管理工作的一系列重大问题作出决策。党的十五大报告进一步明确提出培育和发展社会中介组织，并以此作为促进经济和政治体制改革的一项重要措施。在今年进行的政府机构改革中，国务院批准了民政部成立民间组织管理局。最近国务院正式颁布了《民办非企业单位登记管理暂行条例》和修订后的《社会团体登记管理条例》，为我国民间组织管理工作规范化、法制化奠定了坚实的基础。我国民间组织管理工作之所以取得今天这样的可喜成就，是党中央、国务院关怀重视和正确领导的结果。

社团管理工作取得历史性进展。1989年《社会团体登记管理条例》颁布以来，通过普法教育和实践，公民依法结社意识普遍增强。登记管理机关和业务主管单位认真贯彻执行党中央、国务院关于社团管理的方针政策，逐步完善以登记管理、日常管理和监督管理为主要内容的行政管理制度，并依法履行管理职责，相互协调配合，精心培育社会团体，努力为社会团体服务，使广大社会团体发挥了积极作用。政策法规体系逐步完善，初步形成了以3个法规、50余个政策规章和地方配套法规组成的社团管理政策法规体系。充实了管理力量，省、自治区、直辖市普遍建立了社团登记管理机构，配备了专职工作人员，初步形成了一支社团管理干部队伍。加强了执法力度，强化了年度检查，开展了两次清理整顿，依法查处了一批非法组织和违法社团，促进了社团建设，维护了社会稳定。

民办非企业单位管理工作开始启动。民办非企业单位大量涌现是近几年的事情。在没有现成经验的情况下，许多部门积极探索，取得初步成果，积累了一定的管理经验。中央决定对民办非企业单位由民政部门实行统一登记管理后，在有关部门的积极配合下，民政部门广泛开展调查研究工作，掌握了民办非企业单位的基本情况，为依法统一管理民办非企业单位做了准备。

近几年来，我国民间组织在社会的各个领域里发挥了积极作用：

——民间组织已成为党和政府联系人民群众的桥梁和纽带。民间组织代表了一定群体的利益。党和政府通过民间组织广泛了解群众的愿望与要求，群众也通过民间组织反映自己的意见与建议。民间组织已成为党和政府与群众之间的桥梁和纽带，在密切党群、政群关系，推动社会主义法制建设等方面起到了重要作用。

——民间组织的健康发展，促进了社会主义市场经济体制的建立和完善。民间组织采取多样化手段和灵活的机制，以市场为导向，有效、合理地利用社会资源，扩大了社会服务领域，满足了群众日益增长的物质文化需求。尤其是行业协会、商会等社会中介组织，行使了政府赋予的部分微观和行业协调管理职能，较好地发挥了行业指导、服务、自律、协调、监督等作用，不仅维护了市场秩序，推动了社会公平竞争，而且为政府机构改革和职能的转变创造了条件。

——民间组织已成为建设社会主义现代化建设的一支生力军。我国民间组织集中了一批优秀的专家学者、专业技术人员和管理人才，他们充分利用自身优势，满腔热情地投身于经济发展和社会进步事业，在政治、经济、科技、教育、文化、体育、卫生等诸多领域，奉献聪明才智，建功立业，造福社会，取得了显著的成就。

——民间组织已成为弘扬中华民族传统美德的倡导者和组织者。民间组织不以营利为目的，热心公益事业。他们通过组织规模宏大的志愿者队伍等方式，扶贫济困，救弱助残，奉献爱心，传达了党和政府对人民群众的关怀，在社会主义市场经济条件下，继承和发扬了中华民族传统美德，有效地促进了社会主义精神文明建设。

——民间组织已成为扩大国际交往的重要渠道。我国民间组织充分发挥自身优势，在各级政府指导下，积极开展国际交往，开辟国际合作渠道，增进了我国人民与世界各国人民的相互了解，引进了资金、技术和管理经验，推动了我国改革开放的进程，在一些国际事务中发挥了不可替代的作用。

实践证明，民间组织的发展是社会主义市场经济的产物，是社会文明进步的结果。在改革开放、实现跨世纪发展宏伟目标的今天，更需要高度重视民间组织的培育和健康发展。

但是也要看到，我国民间组织总体上仍处于初级发展阶段，目前还存在一些不容忽视的问题。一是法律体系不健全。民间组织内部管理法规不完善，不同组织形态的专业化管理法规不健全，部门之间有一些法规衔接不配套，涉外民间组织登记管理基本无章可循，法律建设落后于民间组织的客观发展。二是管理体制不健全。民间组织尚未从整体上纳入中央和地方的经济与社会发展计划，缺乏宏观发展规划，造成一些地方民间组织盲目发展。双重负责的管理体制不落实，在民办非企业单位登记管理方面，各自为政、职能交叉、放任自流现象等不同程序地存在。管理机构和队伍薄弱，缺少必要的工作手段。非法民间组织时有出现，对违法活动处罚不力。三是自律机制不健全。一些民间组织内部议事制度、财务管理制度、章程履行制度、工作人员录用与考核奖惩制度不健全，无章可循、有章不循的问题同时存在；超出章程规定范围开展活动，损害会员利益，以至违法乱纪等问题时有发生。

特别需要指出的是，最近一段时间以来，极少数别有用心的人利用民间组织形式，同我们搞

“合法”斗争。他们违背宪法，反对四项基本原则，制定政治纲领，宣称要上台，要执政。他们为敌对势力服务，搞所谓“社情调查”，对我进行渗透、破坏活动，企图颠覆人民民主政权。如果任其发展，将对我国社会稳定构成隐患。对此，我们必须高度重视，采取切实有效措施，强化管理，防微杜渐，堵塞漏洞。

二、我国民间组织管理工作的基本思路、原则与目标

党的十五大提出社会主义初级阶段的基本路线和基本纲领，制定了我国改革开放和社会主义现代化建设跨世纪发展的战略目标。从现在起到下个世纪初，是建设有中国特色的社会主义事业承前启后、继往开来的重要时期。民间组织作为社会主义现代化建设事业的一个重要组成部分，面临着难得的发展机遇：

——社会主义市场经济体制的日益完善，为建立各类民间组织提出了迫切要求。在未来的十几年里，我国将进一步形成以公有制为主体、多种所有制经济共同发展的基本经济制度。市场化程度的逐步提高，社会物质文化的需求不断增加，必然要求调整原有的社会组织结构，发展多元化的社会组织。民间组织的发展势在必行。

——政府机构改革和企业改革的不断深化，为民间组织提供了广阔的发展空间。在今后几年中，地方各级人民政府的机构改革将陆续展开，企业改革也将进一步深化。为适应政府转变职能和企业减员增效的需要，一些服务职能将从政府和企业剥离出来，历史地落到民间组织的身上，这就为民间组织的发展开辟了广阔的前景。

——社会主义法制建设步伐的加快为民间组织的健康发展提供了有力保证。随着中办发〔1996〕22 号文件的深入贯彻和民间组织管理法规的发布实施，民间组织发展将纳入国民经济和社会发展规划，民间组织管理工作也将走上法制化、规范化的轨道，民间组织的合法权益将进一步得到保障，这就为民间组织的健康发展创造了良好的社会环境。

与此同时，我们也应该看到，在社会主义初级阶段，我国民间组织管理工作也面临着不少挑战。由于我国民间组织发展时间比较短，人们对民间组织的思想认识有待深化，法制建设亟需完善，管理体制还要进一步理顺，依法行政水平需要提高，各相关部门履行民间组织管理职能的步调还有待于进一步协调，民间组织自身建设必须加强。总之，实现民间组织的健康发展还需要作长时间的艰苦努力。

今后一个时期我国民间组织管理工作的基本思路是：抓住机遇，迎接挑战，以邓小平理论为指导，深入贯彻党的十五大精神，精心培育民间组织，建立和完善我国民间组织的法律法规体系、行政管理体系、社会监督体系和自律机制，加强民间组织管理，提高现代化、规范化管理水平，充分发挥民间组织在社会主义物质文明和精神文明建设中的积极作用，进一步促进民间组织健康发展。

我国民间组织管理工作要坚持以下原则：

（一）坚持依法管理的原则

对民间组织依法管理，是依法治国的需要，是登记管理机关和业务主管单位的工作职责。只有依法管理，才能充分发挥登记管理机关和业务主管单位的职能作用。因此各有关部门必须做到有法必依，违法必究，防止越权执法和执法不力的现象发生。

（二）坚持统一登记管理的原则

依据现行法规规定，社会团体和民办非企业单位统一由各级民政部门登记管理，其他任何部门无权审批和颁发证书。这一原则不仅符合我国国情，而且符合国际惯例，有利于加强对民间组织的管理。

（三）坚持双重负责、分级管理的原则

民间组织管理实行登记管理机关与业务主管单位双重负责的管理体制，按民间组织活动地域分级登记管理，这是中央根据我国国情、总结多年实践经验后做出的重大决策。必须认真贯彻执行，不能有丝毫的怀疑和动摇。

（四）坚持稳步发展的原则

所谓稳步发展，就是要使民间组织与当地经济、社会协调发展，提高内在质量，注重整体素质。惟有如此，民间组织才能真正发挥积极作用。

今后五年，我国民间组织管理的目标是：

——建立较为完备并且符合国情的民间组织管理政策法规体系，普及民间组织管理法律法规知识，把民间组织管理工作全面纳入法制化轨道。

——建立办事高效、运转协调、行为规范、管理和服务相结合的行政管理体系，加强行政管理队伍建设，使行政管理水平有较大提高。

——培育和发展一批布局合理、结构优化、能够充分发挥作用的中介性民间组织，推动经济体制和政治体制改革，满足人们社会生活的需求。

——普遍建立民间组织自律机制，确保民间组织自我管理、自我监督、自我发展。

——建立各有关部门各司其职、紧密配合的打击非法民间组织的综合治理机制，及时有效查处非法组织和民间组织的违法行为，保证社会秩序井然，政治局势稳定。

三、今后五年我国民间组织管理工作的主要任务

（一）统一思想，提高对加强民间组织管理工作重大意义的认识

我国民间组织近几年发展很快。“八五”期间，全国社会团体每年新增2万个左右，民办非企业单位也以较快速度增长。民间组织正向社会生活的纵深领域发展，成为社会组织中的一个庞大群体。相形之下，有的政府行政管理部门的思想认识、服务措施和管理手段跟不上形势发展。党的十五大提出要培育和发展社会中介组织，这就肯定了民间组织在社会发展中的积极作用，给民间组织的发展和管理提出了新的要求。不仅要在数量上增加，而且要在质量上提高。要提高民间组织的整体质量，就必须加强管理。发展与管理要有机结合起来，要发展就离不开管理，管理的目的是为了更好地促进发展。我们要很好地把握这一辩证关系，使民间组织管理工作跃上一个新台阶。

民间组织是群众的结合体，在国外又称第三部门（指对政府、企业而言），在社会的发展中举足轻重。管理得好，引导得好，它的积极作用就会得到充分发挥；反之，则可能带来消极甚至破坏的作用。这方面，历史上既有成功的经验，也有失败的教训。

最近几年，党中央在总结改革开放的历史经验的基础上，反复要求各级领导干部正确认识改革、发展、稳定三者的辩证关系。江泽民同志在党的十五大报告中明确指出：“在社会主义初级阶段，正确处理改革、发展同稳定的关系，保持稳定的政治环境和社会秩序，具有极端重要的意义。没有稳定，什么事也干不成。必须坚持党的领导和人民民主专政，坚持物质文明和精神文明两手抓、两手都要硬的方针，排除一切破坏稳定的因素，反对资产阶级自由化，警惕国际国内敌对势力的渗透、颠覆和分裂活动。必须把改革的力度、发展的速度和社会稳定的程度统一起来，在社会政治稳定中推进改革、发展，在改革、发展中实现政治稳定。”我们一定要深刻领会江总书记这些精辟的论述，保持清醒的政治头脑，提高政治鉴别力和政治敏锐性。应当看到，改革开放以来，我国绝大多数民间组织拥

护党的路线、方针、政策，坚持四项基本原则，以中华民族的崛起和振兴为己任，做了大量卓有成效的工作，为促进经济发展，推动社会进步作出了重要贡献。这是主流，必须充分肯定。但与此同时，我们也应当看到，确有极少数民间组织偏离了发展方向，个别的甚至已经成为敌对势力对我进行渗透、破坏、颠覆活动的工具和阵地。他们数量虽少，但破坏作用不可低估。我们既不能因此而否定民间组织的主流，因噎废食，也不能对少数害群之马放松警惕，姑息养奸；既要认识到培育和发展民间组织的重要性，又要认识到加强管理的迫切性，从而自觉地做到两手抓、两手都要硬，全面履行民间组织管理的职能。

（二）认真贯彻执行新颁布的两个条例，完善民间组织管理工作的法律法规体系

《社会团体登记管理条例》和《民办非企业单位登记管理暂行条例》经国务院批准，于1998年10月25日正式发布实施。这两个条例的出台，标志着我国民间组织管理工作开始走向法制化、规范化的轨道。这是我国政治、经济生活中的一件大事，是我国社会主义法制建设的又一重大成果，具有重大的现实意义和深远的历史意义。这两个条例比较切合我国民间组织管理工作的实际。两个条例对社会团体和民办非企业单位分别作了界定，确立了各自的组织特征和法律地位；规定了对社会团体、民办非企业单位实行登记管理机关与业务主管单位双重负责的管理体制和分级登记管理体制，同时明确了登记管理机关和业务主管单位各自的职责；完善了登记条件和登记程序，规范了社会团体和民办非企业单位的基本行为；明确了对违法行为和非法组织的处罚措施。此外，两个条例对登记管理机关和业务主管单位的行为约束与监督也提出了具体的要求。

各地各部门要采取多种措施，掀起学习、宣传、贯彻两个条例的热潮。民间组织管理干部尤其是领导干部要带头学习，深刻领会两个条例的精神实质，提高对抓好民间组织管理工作重大意义的认识；要有计划地对各级民间组织登记管理机关的干部和民间组织负责人普遍进行一次条例知识的培训，加强对学习条例的指导；督促社会团体依照新条例重新修订章程，对审定合格的社会团体发证书；尽快依法启动民办非企业单位统一登记管理工作。

以两个条例颁布为契机，继续扩大立法成果。要抓紧制定与两个条例配套的实施细则和单行法规，抓紧起草外国人在华社会团体和港澳台同胞在内地社会团体登记管理办法，力争早日颁布实施。要加强政策指导，根据客观情况变化，及时调整和制定相应的政策措施。各地也要结合实际情况，制定地方性配套政策法规。力争在2003年前后形成以《社会团体登记管理条例》、《民办非企业单位登记管理暂行条例》和涉外社会团体登记管理条例为主体，各种规章制度配套的民间组织政策法规体系。

要把立法与普法、执法结合起来。利用各种有效形式，广泛深入开展民间组织管理的法律法规教育，不断提高广大群众依法建立民间组织的自觉性。随着政府职能的转变，今后行政机关的执法任务日益繁重。各部门要增强执法责任感，加大执法力度，抓好执法检查，提高执法水平。

（三）落实双重管理体制，建立健全我国民间组织行政管理体系

民间组织管理工作是一项社会系统工程。目前从总体上看，我国民间组织发展不平衡，自律性较差，管理手段不足。实践表明，民间组织仅靠业务主管单位，或仅靠登记管理机关，都是管不好的。

中央在决定对民间组织采取双重负责管理体制的同时，对登记管理机关和业务主管单位的职责作了明确分工。登记管理机关主要负责社会团体和民办非企业单位的登记审批，研究制定有关政策，负责对社会团体和民办非企业单位的活动进行指导和检查监督，依法查处违法行为。业务主管单位对所管辖的社会团体和民办非企业单位的申请登记、思想政治工作、党的建设、财务活动、人事管理、政

策研讨、对外交往、接受资助工作负有领导责任，新颁布的两个条例也作了相应具体的规定。概括地说，业务主管单位侧重日常业务管理，登记管理机关主要进行宏观管理和执法监督。这一体制是我国社会主义初级阶段民间组织管理的重大举措，是现阶段我国民间组织管理工作的核心内容。各部门一定要深刻理解双重管理体制的重大意义，各负其责，密切配合，形成合力，真正发挥管理效力。

双重管理贵在落实。当前要认真做好各类民间组织的业务主管单位的认定工作。尤其是下一阶段省、自治区、直辖市政府机构改革，民间组织的业务主管单位不能有空档。登记管理机关和业务主管单位要共同配合，根据新条例，制定各行业、各部门所管辖的民间组织的管理规章制度。建立业务主管单位与登记管理机关联络员制度和联席会议制度，经常沟通情况，加强合作，协调管理。

各级行政管理机关要转变职能，改进工作作风。要加强民间组织的宏观指导和前瞻性研究，分析新情况，总结新经验，把工作重心转移到制订政策法规上来。可尝试将登记管理的一些具体的微观事务交给社会中介组织去做，切实发挥社会中介组织的作用，提高行政管理机关的管理效能。

（四）一手抓培育发展，一手抓监督管理，确保我国民间组织健康发展

各地各部门要统筹各类民间组织发展规划，将其纳入国民经济和社会发展计划，使民间组织在数量、种类、结构、布局等方面符合当地社会的实际要求，避免盲目发展。要对民间组织实行分类指导，因地制宜地培育社会中介组织，着力发展那些能自主协调、自律管理的行业协会组织。适时发展与当地经济建设和人民群众生活密切相关的民间组织，使公益性、福利性民间组织在城乡社会化服务体系中发挥更大作用。在这方面要大胆探索，走出新路子。下大力气解决影响民间组织发展的问题。有关部门要尽快研究制定民间组织的人事、工资、组织、税收、财务、社会保障等管理办法，给予有力的政策扶持，帮助民间组织排忧解难，为其健康发展创造良好的外部环境，保证民间组织持续发展。

建立以章程为核心的内部管理制度，促进民间组织自律机制的形成。要完善章程审核制度，帮助民间组织进行内部改革，督促民间组织按章程自我约束管理，使民间组织能很好地适应社会主义市场经济体制的要求和政府机构改革的需要，承担政府委托或转移的职能，做到自主、自律、自强，发挥更大的作用。继续完善民间组织年度检查制度。尽快制订社会团体组织通则，使内部管理有章可循。要认真贯彻中共中央办公厅、国务院办公厅《关于党政机关领导干部不兼任社会团体领导职务的通知》（中办发〔1998〕17号），实现政社分开。

探索建立社会监督体系。民间组织有义务主动将政策法规贯彻执行、接受使用捐赠等情况向社会公布，自觉接受社会监督。新闻单位要表扬先进民间组织，同时也要依法对民间组织的行为进行舆论监督，对典型违法违纪案件予以揭露和跟踪报道，发挥舆论的威力。有关管理机构要运用现代化的手段，建立民间组织的发展指标体系、评估体系和监督管理系统。

把依法查处非法民间组织、打击违法活动作为重要任务来抓。要防患于未然，认真研究敌对分子的图谋，及时采取相应对策，不给敌对分子可乘之机。在党委和政府的统一领导下，公安、安全、民政等部门协同作战，形成监控网络和快速反应能力。对敌对分子的破坏活动，要依法打击，力争消除在萌芽阶段，除恶务尽，决不手软。在斗争中，既要旗帜鲜明，又要讲究策略，正确处理各种矛盾。

（五）加强领导，保证民间组织正确的政治方向

民间组织能否健康发展，关键在于领导。各级政府不但要把发展民间组织作为构筑“小政府、大社会”格局的一个重要手段和内容，而且要让其成为推动当地经济社会发展一个新的增长点，列入议事日程，全面规划，统筹安排，综合协调，经常研究并切实解决民间组织发展和管理过程中出现

的新问题。要转变观念，改进工作方式，对民间组织要积极培育，热情服务，悉心指导。要结合政府机构改革和职能转变，认真研究哪些政府职能可以转移或委托的职能的实现方式，使民间组织尽快成为政府的有力助手。

加强领导的一个重要方面，就是要重视民间组织中的党组织建设，保证民间组织正确的政治方向，使其不偏离四项基本原则，保证党和国家的各项方针政策在民间组织中贯彻执行。各有关部门要将民间组织的党组织建设作为重要工作内容，按照中组部、民政部《关于在社会团体中建立党组织有关问题的通知》（组通字〔1998〕6号），切实抓好民间组织中党组织的建设，把符合条件的业务骨干培养吸收到党组织中来，把思想政治工作延伸到民间组织中去，教育民间组织内的党员自觉遵守党的纪律，认真贯彻党的路线、方针、政策，在重大原则问题上立场坚定，支持民间组织的正确决定，充分发挥党员的先锋模范作用和基层党组织的战斗堡垒作用。在民间组织中建立党的基层组织是一个新课题，希望各地积极研究，不断探索有效方法。

（六）加强行政管理机关自身建设，建立一支高素质专业化的民间组织管理队伍

依法对民间组织进行管理是一项政府行为。我国民间组织数量大，种类多，涉及面广，情况复杂，特别是民办非企业单位统一登记管理工作刚刚起步，民间组织管理工作任务繁重，政治性强，责任重大，迫切需要加强民间组织管理力量。各地各部门要不失时机地抓住机构改革的机遇，充分考虑民间组织管理的特殊性，坚决按照中办发22号文件的要求，采取切实可行的措施，加强登记管理机关的机构建设，核定编制，充实人员，核拨必要的业务经费，配置必要的设备，特别是现代化办公设备。各地各级民间组织的业务主管单位要有职能、有岗位、有专人。要按照专业化管理的要求，选派政治强、素质好、作风正的优秀干部充实民间组织管理队伍，并保持队伍的相对稳定。要加强干部队伍的政治思想和业务建设。经常开展政治学习和业务培训，教育广大干部遵守职业道德，清正廉洁，防止滥用权力，不断提高干部的思想水平、管理水平和服务水平。

积极开展理论研究和宣传工作。要深入研究民间组织在社会主义初级阶段的地位和作用，探索社会主义市场经济体制下民间组织的管理方式，探索民间组织发展的内在规律，逐步形成与我国国情相适应的民间组织管理理论体系。要利用各种宣传媒体，宣传党中央、国务院对民间组织管理的方针政策，介绍民间组织管理的典型经验，形成全社会关心支持民间组织健康发展的氛围。

同志们，民间组织发展前景广阔，民间组织管理工作任重道远。党中央、国务院将这项光荣而艰巨的任务交给我们，我们一定要竭尽全力，不辱使命。让我们紧密团结在以江泽民同志为核心的党中央周围，高举邓小平理论伟大旗帜，切实加强民间组织管理，进一步引导民间组织健康发展，维护社会政治稳定，实现跨世纪发展的宏伟目标，努力把我国建设成富强、民主、文明的社会主义现代化强国。

民政部部长多吉才让
在加强民间组织管理工作会议上的讲话

（1999 年 12 月 6 日）

这次会议的主要任务是，认真贯彻中共中央办公厅、国务院办公厅《关于进一步加强民间组织管理工作的通知》（中办发〔1999〕34 号，以下简称两办通知）精神，研究加强社团管理，部署民办非企业单位登记管理的启动工作。刚才，瑞新同志、忠泽同志分别宣读了两办通知和司马义·艾买提国务委员的重要讲话。下面我就如何贯彻落实两办通知精神，进一步加强民间组织管理工作讲四点意见：

一、统一思想，提高对加强民间组织管理工作重要性的认识

民间组织管理工作是一项政治性很强的工作，党中央、国务院历来十分重视。1996 年 7 月，中央政治局常委会讨论了加强民间组织的管理工作，并做出了重要决策，会后由两办下发了《关于加强社会团体和民办非企业单位管理工作的通知》（中办发〔1996〕22 号）。1998 年 10 月，国务院颁布了修订后的《社会团体登记管理条例》和《民办非企业单位登记管理暂行条例》（以下简称条例），并于年底召开了加强民间组织管理维护社会稳定工作会议，对当前和今后一个时期的民间组织管理工作作出了全面部署。今年，在与“法轮大法研究会”及其操纵的法轮功邪教组织进行的这场严肃政治斗争中，江泽民总书记又多次从讲政治、讲大局的高度对民间组织管理工作做了重要指示。10 月 14 日，中央政治局常委会就加强民间组织管理工作再次进行了研究，并决定以中办、国办的名义下发《关于进一步加强民间组织管理工作的通知》。两办通知下发后，经朱镕基总理、李岚清副总理同意，国务院召开了中央党政军群各部门负责人会议，传达贯彻两办通知精神。会上，司马义·艾买提国务委员作了重要讲话。这一切，充分表明了党中央、国务院对加强民间组织管理工作的高度重视。两办通知充分肯定了我国民间组织管理工作取得的成绩，明确指出了当前民间组织及其管理工作中存在的问题，深刻阐述了加强民间组织管理工作的重要性，并对如何加强民间组织管理工作提出了明确要求：要把民间组织管理工作作为全党的一项重要工作；各部门要认真落实双重负责的管理体制，进一步加大管理力度，通过登记手段对民间组织进行结构调整和总量控制，进一步提高民间组织的整体素质；在民间组织中要建立党组织，保证民间组织正确的政治方向；各部门要各司其职，分工合作，坚决打击非法民间组织的违法犯罪活动，维护社会稳定，确保民间组织在社会主义现代化建设事业中发挥积极作用。两办通知充分体现了江泽民总书记关于民间组织管理工作要防微杜渐、堵塞漏洞、加强管理的指示精神。这是继中办发〔1996〕22 号文件之后的又一个纲领性文件。

同志们，在短短三年的时间里，中央政治局常委两次开会研究民间组织管理工作并下发文件，国务院及时制定颁布条例并召开全国性工作会议部署工作，中央领导又多次对这项工作作出重要指示。这样的重视程度，就一项工作而言，是少有的。这充分说明加强民间组织管理工作的极端重要性。应当看到，随着社会主义市场经济体制的建立和完善，我国民间组织快速发展，它们遍布社会各个领域，是与机关、企业、事业单位并列的第四大类社会组织，是党和政府联系群众的桥梁和纽带，在社会主义物质文明和精神文明建设中发挥着越来越广泛的积极作用，已成为我国社会主义现代化建设的一支生力军。但是，在我国民间组织发展和管理中确实还有不少新情况、新问题，特别是西方敌对势力不断插手民间组织，企图把民间组织作为向我渗透的阵地，同我进行“合法”斗争，他们往往以资助、合作为手段，实施其对我西化、分化的阴谋。这就告诉我们，加强民间组织管理，已成为关系国家安全和社会稳定的大事。这项工作做好了，就能充分发挥民间组织的积极作用，保持社会稳定，促进改革与发展；做不好，就可能产生消极甚至破坏作用，影响社会稳定。可以说，民间组织管理工作已成为民政工作中政治性很强的重点工作之一，是党中央、国务院赋予我们的艰巨而光荣的任务。各级民政部门的领导同志，都要从讲政治的高度，从维护全局利益的高度去认识这个问题，抓好这项工作。

应当看到，近几年特别是1996年两办发出22号文件以来，在各级党委、政府的领导下，各级民政部门与业务主管单位密切配合，依法履行管理职责，逐步完善以登记管理、日常管理、监督管理为主要内容的民间组织管理制度，管理工作取得了一定的成绩。但是我们也要清醒地看到，我们的工作与党中央、国务院的要求相比，与目前形势发展的要求相比，还有很大的差距，主要表现在四个方面：一是思想认识不到位。不少地方的领导对民间组织管理工作的重要性、紧迫性认识不足，没有把这项工作摆到应有的位置，重视不够。二是政策法规不够完备，民间组织内部管理规章不完善，监督约束机制不健全，特别是涉外民间组织登记管理还无章可循。三是管理中缺乏宏观规划，对民间组织哪些应当适当发展，哪些应严格控制，缺乏长远规划，审批登记工作还带有一定的盲目性。四是管理力量不足，管理手段落后，队伍素质亟待提高。随着民办非企业单位登记管理工作的开展，人员和工作手段与任务重的矛盾将更加突出。如果不及时解决这些问题，中央交给我们的任务就很难完成。因此，各级民政部门一定要以贯彻两办通知为契机，进一步统一思想，提高认识，增强使命感和责任感，认真解决存在的问题，把民间组织管理工作提高到一个新的水平。

二、认真贯彻落实两办通知精神，进一步加大社会团体管理工作力度

两办通知对进一步加强社团管理提出了全面要求。前不久，在中央党政军群各部门负责人会议上，司马义·艾买提国务委员又对贯彻落实两办通知精神作了重要讲话，下一步我们的主要任务就是要不折不扣地狠抓落实。这里我仅就明年社团管理要抓的几项重点工作，提几点要求：

（一）抓紧做好社会团体清理整顿的收尾工作

各级民政部门要按照两办通知中关于“对社会团体清理整顿工作要继续抓紧抓细”的要求，抓紧做好社团清理整顿的收尾工作，务必在明年1月底以前全部完成，并作出工作总结报民政部。在此基础上，明年民政部将按照两办通知的要求，对社会团体分支机构、代表机构的清理作出统一部署，并付诸实施。已经结束清理整顿的地方，在开始正常登记时，要按照控制总量、调整结构和注重质量的要求，对新成立的社会团体要从严把关，重点发展适应社会主义市场经济发展需要的行业协会，严格控制成立那些业务宽泛、不宜界定的社会团体，禁止设立气功功法类、特定群体类、宗族类和不利于民族团结以及与国家法律法规相悖的社会团体，不断提高社会团体的质量，使其发挥积极作用。

（二）要认真抓好气功社团专项清理工作

近年来，气功组织泛滥，一些别有用心的人利用气功组织搞愚昧迷信，诈骗钱财，甚至进行反政府、反社会、反科学的活动，已成为危害甚大的不安定因素。目前，由各级民政部门登记的气功社团1761家，其中按单一功法设立的社团有822个。在1761家气功社团中，由民政部登记的全国性气功社团7家，省一级（含计划单列市）民政部门登记的有101家，地（市）级民政部门登记的有668家，县（区）级民政部门登记的有985家。

根据党中央、国务院的指示精神，拟于近期集中一段时间，对气功社团进行专项清理。这是一项十分敏感、政治性很强的工作，中央还要发文进行具体的部署，民政部还要协同有关部门制定总体实施方案。届时，各级民政部门要按照中央的部署和民政部的总体方案制定符合本地实际情况的实施方案，经批准后实施。从现在开始，各地就要抓紧做好准备工作。在这次专项清理工作中，既要态度坚决，认真贯彻落实中央的部署，又要讲究策略，有计划、有步骤地开展工作，保持社会稳定。

（三）查处和打击非法民间组织的违法犯罪活动

查处和打击非法民间组织的违法犯罪活动是当前十分紧迫的重要任务，各地要按照两办通知精神和《社会团体登记管理条例》的规定，对未经批准擅自开展社团筹备活动的，或者未经登记擅自以社团名义开展活动的，以及被撤销登记的社团继续以社团名义开展活动的非法民间组织，要采取果断措施，坚决予以取缔，没收其非法财产。对于那些以反对四项基本原则为目的的进行违法犯罪活动的非法民间组织要坚决予以打击。查处和打击非法民间组织的违法犯罪活动，要在当地党委政府的统一领导下进行，要尽快建立快速反应机制，各方配合，多管齐下，综合治理，做到发现问题及时、查处打击迅速，将非法民间组织的违法犯罪活动遏制在萌芽状态，确保国家政治和社会的稳定。

（四）认真做好基金会的审批和管理工作

今年国务院决定将基金会的审批和管理工作统一交由民政部门负责，我们要以高度负责的态度认真履行职责。当前要抓紧做好以下几项工作：一是各地在完成和人民银行接交手续后，要对所管辖基金会的基本情况进行一次全面调查了解，针对存在问题，按照民政部的统一部署对基金会进行整顿。二是民政部将尽快组织力量对现行《基金会管理办法》进行修订。争取明年颁布实施。三是在有关部门的配合下，研究制定统一规范的基金会财务管理制度及相关政策，明确基金会的活动范围，强化监督管理。在《基金会管理办法》修订工作未结束后，原则上暂不批准成立新的基金会。

三、正式启动民办非企业单位的登记管理工作

这次会议的一项重要内容就是要部署启动民办非企业单位的登记管理工作。建立民办非企业单位统一登记管理制度，是新形势下对社会分类管理的需要，是国家管理社会组织的一种重要手段。通过建立统一登记管理制度，确立民办非企业单位的法律地位，规范其行为，这既是民办非企业单位发展的内在需要，也是国家长治久安，经济和社会协调发展的必然要求。对民办非企业单位实行登记管理机关和业务主管单位双重负责的管理体制，所有民办非企业单位由民政部门统一归口登记，是党中央、国务院的决策，是交给民政部门的一项新的重要任务。为完成好这一任务，自中办发〔1996〕22号文件下发以来，民政部门在各级党委、政府的统一领导和业务主管部门的支持配合下，深入调查，积极探索，认真贯彻《民办非企业单位登记管理暂行条例》，积极制定与条例相配套的规章政策，协调关系，做了大量艰苦细致的工作，为全面开展民办非企业单位登记管理工作打下了坚实的基础。现在正式启动民办非企业单位登记管理工作的时机已基本成熟。民办非企业单位作为民间组织的重要组成部分，其管理工作能否健康发展，直接关系到两办通知精神的全面贯彻执行，关系到中央的决策能否付诸实施。为此我们决定以这次会议为起点，在全国范围内正式启动民办非企业单位登记管理工作。当前要着重做好以下几项工作：

（一）认真贯彻《民办非企业单位登记管理暂行条例》，依法开展登记工作

《民办非企业单位登记管理暂行条例》是民办非企业单位登记管理工作的主要法律依据，是管理工作得以开展并步入法制化、规范化轨道的重要保证。为认真贯彻条例，部里经与有关部门反复协商，并征得国务院法制办同意，制定了《民办非企业单位登记暂行办法》和《民办非企业单位名称管理暂行规定》，着重明确了登记程序、登记范围、名称管理，细化了登记条件，各地要认真执行。与此同时，各地应根据本地区实际情况制定与条例和办法相配套的实施细则，从而使民办非企业单位

登记工作尽快纳入法制化、规范化轨道。各地在启动登记时要严格执行《条例》和《办法》所规定的条件，坚持从严把关的原则，不能片面追求数量，重要的是注重质量，防止一哄而起。要与业务主管单位共同研究民办非企业单位的发展规划，力争通过规划，使登记管理工作一开始就步入健康轨道，使全国的民办非企业单位在数量、种类、结构、布局方面符合经济和社会发展的实际需要。

（二）进一步做好与各部门的协调工作，充分发挥双重管理体制的作用

民办非企业单位与社会团体一样，是涉及到社会许多领域的社会组织，因而也涉及到多个业务主管单位。目前所确定的业务主管单位就有教育、卫生、文化、科技、体育、人事、司法和劳动与社会保障等职能部门。要依法启动登记和管理，仅靠民政部门一家是不行的，必然按照中央的要求和《条例》的规定，发挥双重管理体制的作用，依照职责分工，制定各行业、各部门民办非企业单位管理的规章制度，从而实施分类指导，共同管理好民办非企业单位。在这里，我特别说明的是，有些同志对由民政部门统一归口登记有点误解，认为民政部门取代了业务主管单位的工作。这种认识应当澄清。归口登记，双重管理是民办非企业单位登记管理体制的核心内容。业务主管单位侧重资格审查和日常管理，而民政部门则侧重宏观规划、制定政策和监督管理，特别是通过登记确认民办非企业单位的法律地位。两者既有严格的分工，又需要密切配合，不存在谁取代谁的问题。

（三）认真做好民办非企业单位的复查登记工作

对《条例》颁布前已成立的民办非企业单位进行复查登记，是中办发〔1996〕22号文件及《民办非企业单位登记管理暂行条例》提出的要求，民政部门和业务主管单位要抓紧做好这项工作。从2000年1月开始，争取用一年左右的时间完成。要严格按照《关于开展民办非企业单位复查登记工作的意见》所规定的原则和步骤，有条不紊地开展。要严格按照《办法》和《意见》所确定的范围进行，特别要对涉及民族及其他社会科学、自然科学的边缘交叉学科和青少年、妇女儿童等问题的各类研究机构、社会调查机构进行全面检查，符合条件的，确认其法律地位，维护其合法权益；不符合条件的，不予登记。

（四）加强制定登记管理的配套政策

要围绕《民办非企业单位登记管理暂行条例》的贯彻落实，会同有关部门尽快制定民办非企业单位的人事管理、税收、财务、会计、票据、工资和员工社会保障等政策法规。通过制定各项政策，为民办非企业单位的健康发展创造良好的政策环境。要着手制定监督管理的实施办法，研究起草《民办非企业单位年度检查办法》，使监督管理有法可依。要尽快制定《民办非企业单位章程范本》，引导和推动民办非企业单位建立严格依照章程开展活动的内部管理制度，逐步健全自律机制。

（五）认真抓好调查研究和试点工作

民办非企业单位种类繁多，情况复杂，民政部门又刚刚接手登记管理工作，尽管我们已经作了一些调查研究，但还是初步的，仍有许多情况心中无数。因此，各级民政部门都要重视调查研究工作，要制定调研计划，并认真付诸实施。部和省级民政部门要选择一两个城市或某个行（事）业，进行启动登记的试点。要深入实际，解剖麻雀，研究规律，总结经验，以点上的经验推动面上的工作。同时，在建立民办非企业单位管理体制的过程中，要注重加强理论研究，力争在一些基本理论问题上有所突破，以指导政策法规的制定，使这项新的工作一开始就有较高起点，避免盲目性、随意性。

民办非企业单位是从事社会服务和社会事业的非营利性民间实体组织，要使这种社会组织的管理工作步入法制化、规范化轨道，还有很长的路要走，特别是管理体制变化所带来的矛盾和暂时的困难，将以各种形式体现在管理工作的初始阶段。我们的任务十分艰巨，各级民政部门一定要高度重视，慎重初战，迈出坚实的第一步。

四、切实加强领导，搞好自身建设

民间组织管理工作能否搞好，加强领导是关键。各地要在认真组织学习两办通知的基础上，对本省区近几年的民间组织管理工作进行认真总结，找准问题，并针对问题制定改进措施。各级民政部门都要把这项工作提到重要议事日程，建立领导责任制，主要领导要经常过问，听取汇报，周密部署；分管领导要深入实际，掌握具体情况，不断研究解决工作中的新情况、新问题。应当明确的是，民间组织管理工作是全党的一项重要工作，必须在党委、政府的统一领导下进行。民政部门作为职能部门要经常向党委、政府汇报工作，重要情况要及时报告，以便于党委、政府及时掌握情况和动态，全面规划和部署这项工作。

做好民间组织管理工作，必须不断强化工作手段，解决好人、财、物等方面的基本工作条件。对这个问题，两办通知明确指出："目前，要加强业务主管单位和登记管理机关的力量，以适应民间组织管理工作的需要。各级党委和政府对此要予以足够重视。在机构改革中，一定要保留和加强民间组织管理力量，根据工作任务和性质核定编制，选派政治强、素质好、作风正的优秀干部充实民间组织管理队伍，做到有职能、有岗位、有专人，切实履行管理职责。要核拨必要的业务经费，尤其是办案经费。"在两办通知中，这么明确地要求解决工作条件问题，是很少的。这也从另一个方面说明，目前，民间组织管理工作的基本条件的确很差，到了非解决不可的时候了。各地要抓住机遇，借贯彻两办通知的东风，争取在这个问题上有一个较大的突破。首先要着力解决机构编制问题，也就是人的问题，没有一支精干得力的队伍，做好工作是一句空话。民间组织管理工作无论在哪一级，都既有宏观管理，又有微观管理，工作量很大，任务十分艰苦，没有人不行，人少了也不行。对这些情况，各地要按两办通知精神，认真向党委、政府汇报，把民间组织管理工作的特殊性讲清，把工作任务的艰巨性尤其是工作量讲清。在地方机构改革中，按照工作任务和性质去设置机构，核定编制，做到有职能、有机构、有岗位、有专人。在这方面，北京、上海、青海、湖北等省市带了个好头。他们通过努力，都程序不同地解决了机构和人员的问题，有的还有了突破性进展。北京、上海都设立了副厅级的民间组织管理机构。北京编制 140 人，设 9 个处，其中包括 50 余人的监察大队。上海行政编制 50 人，设 5 个处。青海、湖北等省今年也都设立了民间组织管理局。

北京、上海固然地位重要，条件好一些，有特殊性。但地处西北贫困地区的青海省能做到的，其他省区也是可以做到的。这里的关键，是我们职能部门的工作要到位。这次两办通知提出了具体要求，各级民政部门的主要领导一定要抓住这个机会，认真去汇报，争取党政领导的理解、重视和支持。在机构、编制、人员和业务经费、办公条件问题上，该汇报就汇报，该沟通就沟通，该协调就协调，争取按照两办通知的要求，较好地解决人财物问题。

各地还要抓好民间组织管理队伍的素质建设，尽快提高依法行政水平，改进工作作风，坚持勤政廉洁，树立公正执法、规范执法、文明执法的良好形象。要加强培训工作，通过各种形式提高管理干部的素质。民政部准备从明年起对各地民间组织管理机关的负责同志进行业务培训，各地也要抓好这项工作。

同志们，民间组织管理事关重大，我们的工作任重道远。在新的世纪即将到来之际，让我们在以江泽民同志为核心的党中央的正确领导下，高举邓小平理论的伟大旗帜，振奋精神，开拓进取，以这次会议为契机，全面贯彻两办通知精神，切实加强民间组织管理，确保民间组织健康发展，努力开创我国民间组织管理工作的新局面，为保持社会稳定，促进社会主义两个文明建设做出应有的贡献。

在民政部表彰抗击“非典”先进民间组织授牌仪式上的讲话

（2003 年 7 月 29 日）

民政部部长　李学举

同志们：

今天，民政部在这里举行隆重仪式，向在抗击“非典”战斗中涌现出来的先进全国性民间组织颁发奖牌。这是民政部对民间组织进行的第一次表彰活动。我谨代表民政部，向受到表彰的抗击“非典”先进民间组织，表示热烈的祝贺！并借此机会，向全国为抗击“非典”做出贡献的民间组织，致以崇高的敬意和亲切的问候！

前一个时期，在我国一些地区发生了“非典”疫情。以胡锦涛同志为总书记的党中央，把人民群众的身体健康和生命安全放在第一位，采取了一系列果断措施。全国各族人民万众一心，众志成城，团结互助，和衷共济，迎难而上，敢于胜利，终于取得了抗击“非典”斗争的阶段性重大胜利。

昨天，党中央、国务院召开了全国防治非典工作会议，胡锦涛总书记、温家宝总理分别做了重要讲话。抗击“非典”的斗争，是我们党和政府实践“三个代表”重要思想，团结带领人民战胜严重灾难的伟大斗争。这一胜利，体现了社会主义制度的优越性，体现了中华民族的自强不息的伟大精神。

在这次抗击“非典”的斗争中，广大民间组织迅速行动起来，充分发挥人才荟萃、根系基层的优势，积极贯彻落实政府各项防治“非典”措施，切实履行职责，和社会各界一道，筑起了抗击“非典”的铜墙铁壁。在这场没有硝烟的战斗中，广大民间组织把高度的敬业精神和强烈的社会责任感，化作投身抗击“非典”斗争的实际行动。他们有的深入基层社区，发动群众，组织志愿者，开展群防群治和形式多样的公益活动；有的无私捐赠，尽己所能，奉献爱心；有的认真履行职责，组织行业自救，做好行业防治“非典”的倡导者和管理者；有的利用专业知识，普及防治知识，组织社会咨询，开展科研攻关和学术交流活动；有的主动提出对策建议，当好参谋，为政府决策提供帮助；有的严格依法接受社会捐赠，确保捐赠款物准确及时到位。总之，在抗击“非典”的广阔战场，到处都有民间组织活动的身影。民间组织在各自不同的工作岗位上，经受了严峻考验，为防治“非典”工作取得阶段性重大胜利贡献自己的力量，展现出新时期我国民间组织的精神风貌。事实说明，民间组织是抗击“非典”战斗中的一支重要力量，面对突发性事件，广大民间组织是值得信赖的。

抗击“非典”的实践启示我们：民间组织必须与党和政府同心同德，坚定政治方向，服从服务大局；必须以人民的利益为重，患难与共，努力实现好、维护好和发展好最广大人民的根本利益；必须找准定位，立足基层，心系群众，充分发挥优势；必须不断提高能力建设的水平，落实职能，提高技能，发挥才能。只有如此，民间组织才能够凝聚起巨大的力量，拥有坚强的战斗力。

这次受到表彰的先进民间组织，就是广大民间组织的优秀代表，是广大民间组织学习的榜样。我们要认真总结他们的工作经验，大力宣传他们的先进事迹，将这笔宝贵的精神财富发扬光大，使之成为实现新发展、开创新局面的强大精神动力。

随着我国经济发展和社会进步，我国民间组织的发展环境将会越来越好，多种形式、多种职能的民间组织将不断应运而生，行业协会、公益机构和基层群众组织将会不断增多，民间组织的社会地位日益提高，社会贡献不断增大，社会作用更加显著。我们要以经济建设为中心，坚持依法发展和管理的原则，培育发展和管理监督并重，建立和完善民间组织的法律法规体系、行政管理体系、社会监督体系和民间组织自律机制，逐步形成适应国家经济和社会发展要求、布局合理、结构优良、规模适度的民间组织发展新格局。

同志们，让我们更加紧密地团结在以胡锦涛同志为总书记的党中央周围，高举邓小平理论伟大旗帜，全面贯彻“三个代表”重要思想，在党的十六大精神指引下与时俱进，扎实工作，充分发挥民间组织积极的社会作用，为全面建设小康社会、开创中国特色社会主义事业新局面而努力奋斗！

在宣传贯彻《社会团体登记管理条例》《民办非企业单位登记管理暂行条例》新闻发布会上的讲话

国务院法制办公室副主任　宋大涵

同志们：

国务院1998年10月25日发布了《社会团体登记管理条例》、《民办非企业单位登记管理暂行条例》和《事业单位登记管理暂行条例》三个行政法规。

社会团体、民办非企业单位、事业单位都是非营利组织，在社会生活中发挥着非常重要的作用。社会团体指我国公民行使结社权利自愿组成，按照其宗旨开展活动的会员型的社会组织。社会团体遍及社会生活的各个领域，例如行业协会、学术研究团体、社会福利团体等，是连接政府和人民群众的重要纽带和桥梁，在促进科学研究、文化交流，推动科技成果转让，促进经济发展以及兴办福利事业，开展扶贫济困等活动中发挥着重要作用；事业单位是由国家举办或者其他组织利用国有资产举办，从事教育、科技、文化、卫生等非营利性社会服务活动的组织。民办非企业单位就是过去习惯讲的民办事业单位，指企事业单位、社会团体、其他社会力量以及公民个人利用非国有资产举办的从事各类非营利性社会服务活动的社会组织。事业单位和民办非企业单位都是实体型组织，主要分布在我国教育、科技、文化、卫生等领域，集中了大量的专业技术力量，在为人民群众提供各类专业性服务，在促进社会主义物质文明、精神文明建设的过程中发挥着重要作用。但是长期以来，对这三类社会组织的民事主体资格没有具体的规定，这三类社会组织同企业如何区别，三类社会组织互相如何区别也没有具体规定。这次国务院发布这三个条例，明确了社会团体、民办非企业单位、事业单位这三类社会组织的民事主体资格，规定了不同的登记管理制度，为这些社会组织提供了更广阔的发展前景。

发布这三个登记管理条例，也有利于解决社会团体、民办非企业单位、事业单位的活动中存在的一些问题。例如，有的从事非法活动，干扰政治和社会稳定；有的从事超出业务范围的活动，甚至从事违法经营活动干扰了正常的市场竞争秩序；民办非企业单位的法律地位，过去一直不够明确，等等，三个登记管理条例分别界定了社会团体、民办非企业单位和事业单位的概念、性质、范围，确立了严格的登记管理程序以及监督管理体制，对这三类非营利社会组织的业务活动作了必要的经济方面的规范，同时，规定了相应的处罚。

国务院这次发布的三个登记管理条例是在现有法律制度的基础上制定的。社会团体、民办非企业单位、事业单位范围涉及社会生活的各个方面，我国法律法规对这三类组织从其他不同角度已有不少规定。为了与有关法律、法规的衔接，三个条例规定，法律、行政法规对这三类社会组织的监督管理另有规定的，接规定执行。

三个条例发布后，最重要的是贯彻执行。各社会团体、民办非企业单位、事业单位要在业务主管部门和登记管理机关的指导、帮助下，认真学习条例，认真贯彻实施条例，自觉依法办事，切实纠正不符合条例规定的做法，接受业务主管部门、登记管理机关的监督管理。业务主管部门、登记管理机关要切实依法负起责任，严肃认真地履行三个条例规定的职责，完成好条例规定的监督管理任务，做到执法必严，违法必究。

我相信，在各社会团体、民办非企业单位、事业单位和各有关管理部门的共同努力下，我国的非政府社会组织一定能够健康发展，一定能够为经济持续稳定发展、社会文明进步、国家长治久安，发挥越来越重要的促进作用。

谢谢各位！

民政部副部长范宝俊
在中国社团研究会成立大会上的讲话

（1989 年 8 月 25 日）

同志们：

今天，中国社团研究会正式成立了。借此机会，我向与会的全体同志表示热烈地祝贺！并通过你们向所有从事社团工作的同志们致以亲切地慰问！

自从我国春秋时代出现以“行会”（当时称“肆”）为代表的社会团体算起，至今已有两千余年的历史。但是，由于我们长期处于封闭状态的封建社会和半封建、半殖民地社会，社会团体的发展受到种种条件的制约，不可能普及于社会。直到全国解放，社会团体随着人民共和国的建立，进入了一个新的发展时期。1950 年 9 月，政务院颁布了《社会团体登记暂行办法》，这是新中国的第一个有关社团的法规。依据《暂行办法》的有关规定，中国科学技术协会、中国文学艺术界联合会、中国国际贸易促进会第一批不同类型、不同层次的社会团体相继成立。以后，由于我们党和国家在指导思想上发生了“左”的错误，特别是“文化大革命”中，社会团体也同样在劫之列，使之处于长达 10 年之久的停滞状态。党的十一届三中全会以后，实行了改革开放的政策，民主政治生活日益活跃，使社会团体的发展进入了前所未有的大好时期，呈现出群星灿烂的繁荣景象。

由此可见，从历史发展的宏观上考虑，凡是社会政治生活比较民主的时期，科学文化就比较发达，人民结社就比较活跃，社会团体的发展也就比较快。近几年，随着经济体制和政治体制改革的不断深入，我国各种类型的社会团体得到迅速发展，基本上形成一个从自然科学到社会科学，从体育卫生到文学艺术，从技术信息到咨询服务，从联络友谊到筹集基金以及各种学科互相渗透融合的社会团体体系。总的看，沿海地区和大中城市等经济、文化比较发达的地区，社团数量就多一些，一些边远地区则少一些。这是在基本一样的社会生活环境下，出现的不平衡状态，带有一定的规律性。我国社会团体在国家政治生活、社会生活和社会主义现代化建设中具有重要地位。尤其是我国实行对内搞活、对外开放的方针政策以后，为社会团体提供了广阔的发展前景和用武之地。大量事实证明，社会团体是我国社会主义建设中的一支不可忽视的力量，在社会主义物质文明和精神文明建设中起着重要作用。当然，这种作用是多方面的，概括起来有四个作用：

（一）社会团体是我国四化建设的重要力量。我国相当数量的社会团体集中了一批著名的专家学者，他们在学术上有造诣，技术上有专长，社会上有影响。这些社会团体具有人才聚集、知识层次较高、信息比较灵通和活动方式超脱灵活的特点，使其在社会主义的各项建设事业中发挥了越来越大的作用。特别是改革开放以来，从事社会科学研究的团体，广泛宣传改革的意义，探讨改革的方法步骤，为提高全民的改革意识起到了很好的作用。从事自然科学研究的团体，努力把自己的团体变成促进我国科学技术发展的阵地，大力开展协作攻关，技术交流和理论研讨活动，为提高我国的科学文化水平贡献了力量。从事文艺、体育等方面活动的团体和其他社会团体，也注意发挥各自的优势，在培养人才、交流技艺、筹集基金、联络友谊等方面起到了积极的作用，充分显示了社会团体在我国社会主义建设中的举足轻重地位。

（二）社会团体是党和政府联系群众的纽带，是人民群众参与国家管理的重要方式。我国是以公有制为基础的社会主义国家，全体人民的根本利益是一致的。但是，由于我国目前尚处在社会主义初级阶段，还存在三大差别，而且我国人民在职业、爱好、习惯和心理等方面还存在差异。因此，各具特色的社会团体的存在，代表了不同的人民群众的利益，我们党和国家在制定政策时，既要考虑全体人民的总体利益，也要考虑各方面群众的意见和要求，各种不同团体的人们也有通过社团组织向党和政府反映自己意见，维护自己利益的权力。而且，党和政府的各项方针政策，也要通过社团这个渠道，传达到人民群众中去，变成人民群众的实践。社会团体的这种“中介”作用，已经成为党和政府联系群众的桥梁。人民群众中的不同愿望，通过社团反映到党和政府中来，对党和政府制定政策将产生重要影响，从这个意义上说，又是人民群众表达自己意志，行使当家作主权力，参与国家管理的重要方式。

（三）社会团体兴办社会福利事业，参与社会管理，发挥了拾遗补缺和稳定机制的作用。随着改革的不断深入，社会生活中出现了许多新的情况和问题，社团承办了许多政府部门一时难以顾及的社会事务，兴办了许多社会公益事业，解决了许多社会问题，促进了社会的安定团结，起到了拾遗补缺和稳定机制的作用。

（四）社会团体在开展国际民间交往，引进资金技术，以及增进同各国人民的友谊方面也起到了重要作用。总之，社会团体的重要作用，正日益被人们所认识，也越来越受到党和政府的重视。

但是，勿庸讳言，我国公民结社和社团活动也确实存在许多亟待解决的问题。主要是，一些性质相同的社团分类过细，重复组建，活动内容雷同；有些社团有名无实，内部管理制度不健全，经费来源不合法，出版刊物杂乱；还有极少数坏人滥用结社自由，与境外反动组织相勾结，成立“高自联”、“工自联”等非法组织，妄图打倒共产党，颠覆社会主义制度，在政治上、经济上给国家和人民造成极为严重的混乱和损失。出现上述状况的原因是多方面的，其中一个重要原因是国家对社团缺乏管理，需要在1950年9月颁布的《社会主义登记暂行办法》的基础上，总结经验，制定新的法规，建立社团管理机制，对公民结社和社团活动加以调整和规范。目前，《中华人民共和国社会团体登记管理条例》已上报国务院。这个《条例》是根据党的十三大报告精神和国务院的指示，在了解全国社团情况和研究国外社团管理方面资料，听取各省、自治区、直辖市、中央有关部门和部分社团及法律界专家学者意见基础上，反复讨论修改后形成的。待国务院颁布后，它将是我国第二个社团方面的成文法规，是各类社会团体组建和活动的法律依据。

按照社团法律的有关规定，凡是在我国境内成立的非营利性社会团体，都应依照法律规定的程序向人民政府的社团登记管理机关——县级以上各级民政部门办理登记手续，经核准登记后，才能取得法律地位，方能开展活动。那么，社团进行登记，是不是就不民主哪？我认为不是的。因为，民主有特定的内容和形式，民主的实质是通过形式来表现的，而民主的形式终究是为民主的实质服务的。结社是人民的一种民主权利，而登记则是实现这种权利的形式。社团和其他社会组织一样，要通过一定的形式取得社会的承认，这不仅是整个社会调剂各种活动的需要，也是社团本身存在和发展的需要。在我们国家，社团要真正成为各种不同利益群众的代表者，成为党和政府联系群众的桥梁和纽带，就必须取得社会承认。成立社团进行登记，就是确认社团的法律地位，这有利于社团独立自主地开展活动，不受任何组织和个人的非法干涉，也有利于理顺社团和其他法律主体的关系，克服鱼目混珠的状况，从而使人民的民主权利得到法律保障。

当然，作为各级社团登记管理机关，它的职能不仅仅是依法对社团进行登记，更重要的是依法管理。现代国家的一个重要标志，就是以法律的形式确定各类社会组织的地位、作用和职能，综合形成各种社会组织在社会生活中分工合理，协调配合，统一有序的社会机制。加强社团管理的意义在于，通过法律手段，有效调控各类社会团体的关系，使之在社会总机制中协调运转，进而达到促进社会稳定的目的。这不仅是社团登记管理机关的一项长期任务，也是所有社会团体的共同职责。要实现这个目标，有许多问题需要研究和探讨，这就给在座的同志们提出了一个重要课题。我希望所有从事社团工作的同志们，充分发挥自己的聪明才智，勇于开拓，不断探索，研究我国社团的历史和现状，解决社团的理论和实际的问题，填补我国社团研究的空白，从而推动我们的社团工作，促进我国的社会团体沿着社会主义道路健康发展。

认真贯彻执行《条例》　做好社团登记管理工作

（1989 年 12 月 22 日）

民政部副部长　范宝俊

同志们：

今年 10 月 25 日，国务院颁布了《社会团体登记管理条例》，它是新的历史时期我国人民结社和社团活动以及国家实施社团管理的重要法律依据。各级民政部门作为社团的登记管理机关，认真贯彻执行条例，正确地履行职责，对于保障广大人民群众的结社自由权利，维护社会团体的合法利益，进一步加强社团管理，巩固和发展安定团结的政治局面，创造更有利于深化改革的社会环境，具有十分重要的意义。

下面，我就条例的贯彻和今年社团工作问题谈几点意见，供大家参考。

一、关于建立健全社团管理机构，解决人员编制的问题

尽快建立和健全社团管理机构，是承担社团登记管理职能的组织保证。当前，民政部门干部少，工作量大，超负荷运转的情况很普遍。九次全国民政工作会议以后，这种情况虽有改善，但由于各省、自治区、直辖市的机构改革尚未开始，民政部门的机构设置、人员编制与所承担的工作量不相适应的状况没有根本改变，这是崔部长和部里一直关注的问题。现在，条例的颁布使各级民政部门恢复了中断几十年的社团管理职能，又增了新任务。要完成这项任务，必须设置机构，有一定数量的工作人员。解决人员编制和机构设置问题要靠两条腿走路的办法。从部里说，我们已与人事部共同发了一个贯彻条例的通知，其中第五条专门讲机构设置问题。由于民政部门是块块领导的管理体制，所以两部只能提个原则上的意见，具体解决问题还要靠各级政府。关键还在于各级民政部门自身的努力，要充分利用目前的有利条件：一是条例第六条明确规定："社会团体的登记管理机关是中华人民共和国民政部和地方县级以上各级民政部门。"为各级民政部门承担社团登记管理职能提供了法律依据；要充分向各级政府申述社团管理是一项政治性很强的工作，管理的好坏，直接影响政治局面的稳定。社团管理又是一项非常具体的工作，像工商行政部门登记企业那样，民政部门要掌握每一个社团的情况，工作量是很大的；二是有我部和人事部联合下发的文件；三是通过制止动乱和平息北京发生的反革命暴乱，各级党委和政府都注意到这场风波引发出来的教训，已经开始重视社团管理工作。在这种情况下，只要各级民政部门积极主动地向政府充分说明理由，是会得到重视的，机构设置、人员编制问题也是不难解决的。目前各省市的情况大致分三种：一是批准建立机构配备了人员，开展了工作的占三分之一；二是省市政府研究（机构和人员）待批的占三分之一；三是省里没研究没态度，工作没动的，也是三分之一。当然，各地的情况不尽相同，社团的数量多少和工作量的大小也不一样，因此机构设置和人员编制不能搞一刀切，要根据实际需要而定。总的要求是本着精干的原则，使机构设置、人员配备与所承担的任务基本适应。时间上无论如何，也要争取在明年第一季度最迟上半年解决好这个问题，否则，就难以实现条例规定的一年内完成对原有社团复查登记的法定任务。

已经建立社团登记管理机构的民政部门，要根据条例规定的登记范围和管理职责，提出调整、充实、健全原有的机构设置和人员编制的方案，报请本级政府审批，有编制缺人员的尽快配齐，以保证条例的贯彻执行。

二、关于明年的工作

国务院常务会议在讨论社团登记管理条例时，李鹏总理指出：在清理整顿公司告一段落后，还要清理整顿社会团体，届时中央、国务院发一个文件，把条例中不便于写的内容，写到文件中去。根据中央的这个设想，明年是在全国范围内全面展开社团登记管理并进行清理整顿工作的关键一年。各级民政部门在建立健全社团管理机构的基础上，重点做好以下几项工作：

（一）学习宣传条例

《条例》是各级民政部门管理社团的主要法律依据，所有社团管理人员都要认真学习条例，深刻领会其精神实质，掌握政策界限。通过学习，要明确社团成立的条件和登记审批程序，依法确定社团的登记范围，注意区别社团法人与非社团法人的界限，正确理解同一行政区域内相同或相似社团的涵义，为开展社团登记工作奠定理论基础，提供政策依据。各省、自治区、直辖市应该根据本地区的情况，制定贯彻社会团体登记管理条例的实施办法和细则。已经开展社团登记工作的地方，要以条例规定为准，会同有关部门修订本地区法规与条例不一致的条款。在学习的基础上，各级民政部门要利用广播、电视、报刊、杂志等宣传媒介，广泛宣传条例，造成一定的声势，正确引导公民结社和社团活动，使广大人民群众懂得成立社团必须坚持四项基本原则，必须有利于社会主义建设事业的繁荣和发展，使各类社会团体知道活动应遵循的基本原则，不从事有害于国家的集体的以及违反条例规定的活动，把公民结社和社团活动纳入法制管理的轨道。

（二）深入实际，调查研究，做好清理整顿社团的工作

社团管理是一项政治上很敏感，政策性很强的工作。各级民政部门要充分认清自己的责任，适应新形势的要求，深入实际，对本地区内的社团进行系统的调查研究，摸清社团的底数、现状和存在的问题，做到胸中有数。依据条例的规定和中发〔1989〕7 号文件的精神，结合社团的复查登记，做好社团的清理整顿工作。在清理整顿社团的过程中，要严格掌握政策，注意区别合法社团与非法组织的界限，以事实为根据，以四项基本原则为准绳，衡量和鉴别社团的性质。特别是对社会科学和文学艺术团体要切实进行整顿。凡是政治方向不对，对社会影响不良的或过多过滥的，该撤销的撤销，该合并的合并，绝不姑息迁就。如发现非法团体，要主动与公安部门配合，坚决予以取缔，严厉打击，决不手软。同时，也要防止各种敌视社会主义的敌对势力和敌对分子，改头换面，重新成立非法组织的任何企图。通过复查登记和清理整顿，从根本上扭转社团过多、过乱的状况，使社团沿着社会主义方向健康发展。

（三）理顺关系，主动与有关业务主管部门配合，共同做好社团管理工作

社团的业务活动涉及政治生活、经济生活和社会生活的各个领域，知识面很宽，活动范围广阔，社团数量众多，只靠民政部门难以实施有效的管理。社团的业务主管部门不仅熟悉业务，而且了解所管社团的情况，因此，各级民政部门要主动与社团的业务主管部门联系，理顺关系，听取和征求他们的意见，充分发挥他们对成立社团的资格审查作用以及对社团日常业务活动的指导作用。要严格按条例规定的审批程序办事，没有业务主管部门资格审查文件的，坚决不批。在日常管理上，民政部门侧重依法管理，业务主管部门侧重业务指导和管理，二者各司其责，相互协调配合，共同做好社团管理

工作。

（四）培训业务骨干，加强自身建设

过去，由于民政部门较长时间中断了社团管理工作，现在一经恢复，上上下下都面临任务新、人员新的局面，既没有现成的经验可以借鉴，也缺乏专门的社团管理人才。为了改变这种状态，部里拟在明年初，对已经建立社团管理机构和配备专职人员的省、自治区和直辖市开办业务培训班，争取上半年办两期，把省一级社团管理干部的骨干轮训一遍。地市和区县一级的培训工作，由各省根据情况而定。通过分期分批举办短期培训班的办法，在较短时间内培训出一批熟悉业务的社团管理人才。作为社团管理人员不仅要学法、懂法，更重要的是执法。所以各级民政部门一开始就应抓好社团管理机关自身的建设，不但要提高管理人员的业务水平，更要注重提高政治素质，开展职业道德教育，严格各种规章制度，在审批登记和管理社团的过程中，严格依法办事，不徇私情，秉公执法。

总之，明年的任务是相当繁重的，既要建立机构、培训人员，又要理顺关系，开展复查登记和清理整顿，全面转入社团管理。时间紧工作量大。因此，各级民政部门的领导同志要集中一点精力把这项工作搞上去，不辜负党和国家对我们的期望，同时要充分认识社团工作的重要性、复杂性和长期性，及时研究工作中出现的问题，提出解决的意见和办法。通过搞好社团管理工作，发挥社会稳定机制的作用，为实现十三届五中全会提出的治理整顿和深化改革目标作出贡献。

范宝俊副部长在上海、浙江考察社团管理工作的讲话

（1989 年 12 月）

1989 年 11 月 29 日至 12 月 7 日，民政部副部长范宝俊在上海市和浙江省考察了社会团体情况。

在考察时范宝俊反复强调："当前贯彻《社会团体登记管理条例》的首要任务是，建立机构，落实编制，理顺关系，培训骨干"。

在同上海市和浙江省一些社会团体及其业务管理部门负责人座谈时，范宝俊指出，社会团体登记管理是一项政治性很强的工作，党和国家对这项工作十分重视，前不久国务院颁布的《社会团体登记管理条例》，为保障公民结社自由，保障社会主义两个文明建设提供了法律依据。条例明确规定，社会团体的登记管理机关是中华人民共和国民政部和县级以上地方各级民政部门，因此各级民政部门必须尽快行动起来，积极争取地方党政领导的重视和支持，建立机构，落实编制，理顺关系，培训骨干，依法行使对社会团体的登记管理职能。

我国现有全国性社团 1100 多个，地方性社团超过 10 万个，各省、自治区、直辖市一般都有几百甚至上千个全省性的社团。范宝俊指出，我国社会团体总的情况是好的。绝大多数社团都能在各自的范围内发挥积极的作用，为社会的进步和发展，为民主政治建设作出了应有的贡献，这是主流，应予肯定。但不可否认，长期以来社团管理无法可依，出现了多头审批，多家管理，过多过滥现象，极少数社团甚至在合法的形式下搞非法活动。严峻的事实证明，依法加强社团管理，不仅对保障社团自身的合法权益，而且对整个社会的稳定，都具有十分重要的意义。

"加强社团管理，不仅仅是民政部门一家的事。"在浙江湖州市同司法、教委、科委、工商联、社科联等领导座谈时，范宝俊强调说，"这是各个部门共同的事情，这个观念必须明确。"他说，条例规定了社团的双重管理体制，业务主管部门负责社团的业务指导，登记管理机关依法进行登记注册、监督管理，这就要求各业务主管部门与民政部门互相支持，密切合作，各司其职。科协和社科联的同志提出，他们本身是社团，但目前管理着自然科学和社会科学方面的社团，今后能否继续管理。范宝俊说，今后可以考虑委托管理。登记管理部门和业务主管部门可以委托一些社团，负责对一些社会团体的管理工作。

一些社团提出，他们历史较长，规格较高，并且都由政府审批成立，希望不受《条例》管辖，不再进行登记注册。对此，范宝俊说，虽然社团活动范围有大有小，规格有高有低，但在法律上是一律平等的，不应有超越法律之上的特殊社团。《条例》对此已有明确界定，我们应严格执行。

座谈中，上海和浙江的同志都建议，现有社团的登记注册应同社团的清理整顿结合起来。范宝俊指出，对社团进行必要清理整顿与贯彻中央十三届五中全会精神是一致的，根据安排，明年将开始对一些社团进行清理整顿，可以考虑把清理整顿同重新登记注册结合起来进行。

（选自云南省民政厅《社团管理工作文件资料汇编》）

认清形势　解放思想
开拓我国社团管理工作新局面

——在全国社团管理工作会议上的总结报告

（1992年9月16日）

民政部副部长　范宝俊

同志们：

在举国上下积极落实邓小平同志南巡谈话和中央政治局全体会议精神，新的改革开放浪潮在全国迅速展开，经济建设和各项事业再上新台阶之际，我们召开建国以来首次全国社团管理工作会议，分析我国社会团体的基本情况，总结交流社团管理工作的经验，研究讨论新形势下充分发挥社会团体积极作用的有关政策，确立今后社团管理工作的战略目标和基本任务，这对于把我国的社团建设和管理工作推向一个新的发展阶段，具有十分重要的意义。

下面我就这一议题讲几点看法，供同志们参考。

一、我国社团管理工作的基本总结

我国的社团管理工作从1950年开始到现在已有42年历史了，这42年间，社团管理工作尽管曾一度因“左”的错误思想影响，而遭受到严重的挫折，但仍然在不断完善社会主义民主与法制建设的实践中得到发展。

（一）我国社团管理体制的历史沿革

我国的社团管理体制，实际上是一种由政府职能部门承担的社团登记管理任务的分级管理体制。在社会主义建设的不同历史阶段，由于阶段状况、社会关系及社会团体的构成和数量的不同，反映在社团管理体制上也有所变化。但总的看，我国的社团管理体制是逐渐走向完善。

1950年的《社会团体登记暂行办法》规定：全国性的社会团体向内务部申请登记。这样就确立了社会团体的分级登记原则，并形成了社会团体分级登记体制。在当时，内务部和一些地方人民政府为适应开展工作的需要，设置了兼管社会团体登记工作的机构，但专职人员少，基本上没有顾及登记后的社团管理工作。到1964年，社会团体在原有规模上有了较大发展。社会团体数量增长，使社团管理的格局开始发生变化：经内务部和地方人民政府批准登记的社会团体，其业务活动和日常管理工作分别向一些联合性团体和“挂靠”单位转移。它从一个侧面表明，解放初期制定的社团法规，由于没有日常管理条款，已经不能适应社会团体发展和社团管理的需要了。党的十一届三中全会以来，我国政治稳定和经济繁荣，为人们创造出了一种生动活泼和宽松的环境，广大人民群众的结社热情空前高涨，各种类型的社会团体得到迅速发展。到1989年初，全国性社会团体由“文化大革命”前的近百个发展到1600多个，增长16倍；地方性社会团体由6000多个，发展到20多万个，增长33倍。

实践证明，我国的社会团体是社会主义物质文明和精神文明建设的一支重要力量，它对促进我国经济、科学、技术、文化、教育、卫生等事业的发展，发挥了积极作用。首先，社会团体是人民群众行使民主权利、参与国家管理和自我管理、自我教育的有效形式。一方面，各类社会团体分别代表着不同地区、不同行业、不同方面的群众，可以向党和政府反映他们的愿望、要求；另一方面，社会团体又将党和政府的方针、政策向广大群众进行宣传，使广大群众进行自我教育、自我管理，成为党和政府联系群众的桥梁和纽带。其次，社会团体是从事社会公益事业的一支不可忽视的力量。“小政府、大社会”是历史发展的必然趋势。政府部门主要抓国家行政管理，大量的社会公益事业有待于社会自己去做。而公益性是社会团体的显著特征，这一性质决定社会团体首先是为人民群众办事的。我国大多数社会团体，热衷于社会公益事业，兴办了许多社会福利事业，解决了许多社会问题，促进了社会的安定团结。第三，各类社会团体集中了大批较高层次的专家、学者及各种专业技术人才，在自然科学、社会科学及各项应用技术的研究方面，取得了突出的成效和作出了重大贡献。近几年发展迅速的行业性社会团体，不受部门、系统、所有制形式的限制，制定行业发展规划，对企业进行协调、服务，帮助企业解决存在的问题，为企业的发展创造了良好条件。第四，社会团体具有民间性特点，它利用灵活超脱的优势，大量开展民间国际交往。一方面，向国外介绍、宣传我国社会主义建设和改革开放中取得的巨大成就，扩大中国对世界的影响；另一方面，把外国的最新成果带回国内，并且引进了大量外资，取得了明显的经济效益。这不仅增进了中国同世界各国人民的友谊，而且有力地推动了我国改革开放的深入发展。

社会团体在社会生活的各个方面越来越显示出重要作用，党和政府对社团管理也越来越重视。从我国的实际情况来看，社团管理既是一门古老而又新兴的科学，又是国家的一项重要行政管理职能。纵观世界各国对社会团体的管理，可以分为两个方面：一是依法规范，使人们的结社行为有所遵循；二是建立行政管理体系，形成社团管理的执法系统。这两个方面结合起来，就形成了一个国家的社团管理体制。长期以来，我国的社团管理体制跟不上社会团体发展的需要。一是法制不健全，原有的社团法规数量太少且已不能适应新形势的要求；二是没有统一的社团管理机关，以致出现社会团体重复组建、多头审批、管理混乱等一系列急需解决的问题。党中央和国务院注意到了社会团体的这种状况，因此，从1984年开始，采取措施对社会团体存在问题进行政策性调查，取得了一定成效。与此同时，广东、北京等省市制定了地方性社团法规，对当地的结社活动进行法律规范，在局部收到明显效果。但是，从全局看，社会团体“多头审批”和擅自成立的状况并没有改变。很明显，要从根本上解决问题，就必须制定新的结社法规，建立新的、更加完善的社团管理体制。1987年，民政部根据国务院指示，在大量调查研究和反复论证的基础上，起草了《社会团体登记管理条例》（以下简称《条例》)，并于1989年10月经国务院公布实行。《条例》作为我国第二个社团法规，对社会团体的成立条件、登记程序、活动原则和监督管理内容作了明确规定，为我国公民在新的历史条件下的结社活动和建立新的社团管理体制提供了法律依据。

（二）三年来社团管理工作取得的主要成绩

《条例》公布实行后，民政部门重新承担了社团管理职能。三年来，在各级党委和政府的领导下，民政部门认真履行职责，严格依法办事，积极探索，勇于开拓，使我国的社团管理工作取得了重大进展，主要表现在：

——建立了一支初具规模的社团管理干部队伍，解决了长期没有专管社会团体干部的问题。各级民政部门在调查研究的基础上，主动向当地党委、政府汇报所了解的社会团体情况，争取党政领导同志的支持，相继解决了一些机构设置和人员编制问题。到目前，全国30个省、自治区、直辖市均已设置了社团管理处（室)，配备社团管理干部217人；270个地市、直辖市辖区和700个县市也建立了社团管理机构，分别调配专职或兼职社团管理干部605人和726人，形成了一支初具规模的社团管理干部队伍。尽管这支队伍与所承担的工作量还不相应，但的确为新的社团管理体制形成和发展打下了基础。从1990年3月开始，民政部和各地民政部门先后举办了200多期业务培训班，分层对社团管理干部进行了全员培训，使社团管理干部普遍提高了业务水平，增强了执法意识，为社团管理工作的开展创造了条件。

——新的社团管理体制基本确立。各级民政部门以《条例》为依据，通过细致的工作，基本上理顺了社团管理机关、业务主管部门、社会团体三者之间的关系。在已经设立社团管理机构的地方，社会团体的登记程序基本确立，“多头审批”社会团体的状况明显改变；社团管理机关和业务主管部门各自的职责已经明确；具有中国特色的社会团体双重管理体制基本形成，为实施有效的社团管理提供了保证。

——进一步完善了社团管理法规，制定了相应的配套政策。《条例》作为程序性法则，虽在一些基本问题上有原则规定，但不能规范到所有具体问题。针对具体问题，在实际操作中，需要制定相应的政策加以补充、完善。民政部依据《条例》确立的原则，先后制定了26项政策，基本上适应了开展工作的需求。同时，还就一些结社活动和社团管理的重大理论问题进行了多次研讨和论证，起草了《结社法》（草案），参与了一些社团单行法规的修定。与此同时，地方性结社立法工作也有了新的进展。

——基本完成了社团复查登记任务。根据《条例》的规定和国务院的布置，从1990年6月开始，各地相继开展了社团清理整顿和复查登记工作。近两年来，各级民政部门特别是社团管理干部为此付出了艰苦的努力和辛勤的劳动，作了大量的工作。一是积极争取各级党政领导对社团管理工作的重视和支持。各地几乎都建立了由省、市政府领导任组长的社团清理整顿和复查登记领导小组。二是开展了对《条例》的宣传。各地充分利用报纸、电视、广播、标语、简报等形式，对《条例》进行了大量的宣传，扩大了社团法规的影响，较好地配合了社团清理整顿工作的进行。三是进行了大量的调查摸底工作，掌握了社团的基本情况，为社团清理整顿工作奠定了坚实的基础。四是同有关业务主管部门和联合性社团进行了反复有效磋商、协调，理顺了各种关系。五是依法办事，严格按照法律程序复查登记了合格社会团体。六是开展了对下指导和横向交流，保证了社团清理整顿和复查登记的质量。经过各级民政部门的共同努力，成效显著。全国性社会团体原有1600多个，经确认登记1200多个；20多万个地方性社会团体，经确认登记18万多个。并在复查登记中，对120个有严重违法行为的社会团体进行了查处。维护了人民群众的利益，加深了社会团体的法律意识，使公民结社活动初步纳入法制化轨道。

——在社团管理方面进行了积极探索。各地在开展社团管理工作的实践中，创造了一系列的管理制度和管理措施。许多地区制定了社会团体印章管理、银行账户管理、财务管理、票据使用管理、社团档案管理及办学、培训、咨询服务活动管理等各项规定；有的地区还建立了社团重大活动报告制度、年检制度、业务主管部门和社团联络员联系制度等等。有了这些制度和措施，弥补了《条例》作为程序性法规的不足，使社团管理有了标准和依据，以此推动社团管理逐步走向法律化、制度化、规范化。

我们所以能够取得以上成绩，主要应归功于辛勤耕耘在社团管理工作第一线的同志。在过去的三年里，我们在社团管理工作中确实取得了重大进展，积累了一些经验。但是，这仅仅是社团管理工作的开始，尚有许多重大的理论和实践问题等待着我们去探索，去创新。所以，各级民政部门和社团管理干部仍需继续付出努力。

二、今后我国社团管理工作的任务

今年初，邓小平同志南巡的重要谈话，科学地总结了我国改革开放以来的经验，为今后我国人民坚持党的“一个中心，两个基本点”的基本路线，加快改革开放的步伐，集中力量把经济搞上去，指明了方向，是指导我们进一步做好社团管理工作的思想武器。

今后，我国社团管理工作总的指导思想是进一步保障广大人民群众正当行使结社自由的权利，充分发挥社会团体的积极作用，依法加强管理，为改革开放和发展经济服务。通过民政部门的共同努力，以达到法规配套、机制完备、制度健全、运转协调，能够积极调控各层各类社会团体的现代化科学管理目标。为此，我们必须继续解放思想，转变观念，改进工作方法，勇于探索，开拓前进，使我国社团管理工作再上新台阶。

我们的主要任务是：

（一）加强法制建设，完善社团法规，制定配套政策

改革开放和社会主义现代化建设需要加强法制建设。没有稳定的法律秩序，就没有全社会的安定团结，改革和经济建设都难以成功。因此，在整个社会主义初级阶段，必须用法律来保障改革和建设的秩序。结社法规作为以宪法为基础的社会主义法律体系的重要组成部分，目前还很不完备。因此，尽快制定《结社法》是广大人民群众的迫切要求，也是党的十三大提出的立法任务之一。民政部作为起草《结社法》的承办部门，我们将抓紧对涉及公民结社和社会团体活动原则问题的研究论证工作，尽快完成《结社法》的起草任务。在《结社法》颁布后，民政部将制定《结社法实施细则》，参与修订有关社团单行法规。各地可依据《结社法》和《结社法实施细则》确定的原则，结合本地实际，制定地方性社团法规，并制定相应的配套政策。当前的任务是，各地民政部门可根据党中央、国务院的有关政策，在调查研究和试点的基础上，与有关部门协作，尽快制定一批既有利于社会团体生存和发展，又有利于实施社团管理的具体政策。从部里来说，准备出台的政策有：关于社会团体开展经营活动的政策；关于社会团体进行外事活动的政策；关于社会团体财务管理的规定；关于社会团体行政复议工作程序；关于社会团体违法处罚暂行规定；关于社会团体档案管理办法等。这些政策，将为社会团体的生存与发展创造良好的社会环境。

（二）进一步理顺关系，发挥整体效能，实现宏观调控

社团管理是一项政策性强、涉及面广的行政管理工作，需要各部门之间的相互配合。因此，要理顺关系，加强与有关部门的横向联系，发挥整体效能，实现积极调控。

理顺关系，主要是理顺社团管理机关、业务主管部门和社会团体三者之间的关系，以建立合理的社团运行机制。

依据《条例》的规定，社会团体一经社团管理机关核准登记，便是独立的社团和社团法人，具有民事权利能力和行为能力，其主体地位受国家法律的保护。社会团体依据章程规定的宗旨和任务，独立自主地处理社团内部事务和参与社会活动，并独立承担民事责任，任何组织和个人不得非法干涉。在法律关系上，社会团体既不隶属于社团管理机关，也不隶属于业务主管部门，三者同在宪法和法律范围内活动。但是，根据《条例》的规定，社团管理机关和业务主管部门对社会团体具有依法管理和监督的权力。因此，任何社会团体，不论大小、类别、新老，都有义务自觉地接受这种管理和监督。社会团体章程的修改，宗旨和任务的调整与改变，人事和组织机构的变动，都应及时经业务主管部门同意后，到社团管理机关办理变更登记；社会团体开展各种重大活动，也应及时、主动地向社团管理机关和业务主管部门报告。

从总体上讲，我国社团管理体制的主要作用在于：保护社团的合法权益，规范和制约社团的行为，对社团的发展趋势进行导向等等。为此，在实施社团管理的过程中，社团管理机关与业务主管部门依法行政，分工明确，各有侧重。民政部门的主要职责是：草拟社团管理的法律、法规和政策，正确引导社团的发展方向，办理社会团体的成立、变更、注销登记；审核社团编制；参与社团重大活动，了解社团情况；对社团进行年度检查，依法监督检查社团活动的社会效益；处罚违法社团和负责受理社团行政复议案件；负责横向协调各业务主管部门与社团之间的关系；建立健全各类社团档案管理和统计制度；组织社团开展工作经验交流等等。以便从全局上、宏观上依法管理、指导、协调社会团体的发展与运行。业务主管部门的主要职责，是对社会团体的业务活动进行日常管理和指导。它包括：对社会团体的成立、变更、注销登记进行审查并出具审查文件；向社会团体传达业务领域内的有关方针、政策；引导、督促社团为本行业、本学科的发展服务；加强对社会团体的思想政治工作，把好政治方向；协助民政部门对违法违纪社团进行查处；帮助注销登记的社会团体清理债权债务关系并出具债务完结证明；协调同一业务领域内社会团体之间的关系等等。以上职责说明，民政部门与业务主管部门既有分工，又有协作，从而保证社团管理工作落到实处。

当然，社会团体作为国家事务和社会事务的重要参与力量，对业务主管部门和社团管理机关同样具有民主监督的功能。社团管理机关和业务主管部门在制定有关方针政策和法规时，应当事先充分听取社会团体的意见。社会团体可以代表不同群体的利益，向社团管理机关和业务主管部门提出批评和建议，从而使政府的决策能最大限度地切合实际。这就从一定的程度上保障了社团管理工作的稳健和发展。

只要我们理顺了这些关系，就可以使社团工作处于健康、积极的运行机制之中，实现社团工作决策、执行、服务及信息反馈的秩序和高效，适应社团管理的需要。

（三）增强社会团体活力，发挥社会团体的积极作用

一些社会团体缺乏生机与活力，这既有外因也有内因。一方面，过去社团管理的政策不配套，社会团体缺乏有力的渠道和途径筹集活动经费，因而在生存与发展方面存在诸多困难。另一方面，社团内部运动机制不健全。许多社会团体无专职工作人员或素质不高，决策和办事没有程序，党政领导干部兼职过多等等。针对上述情况，社团管理机关应更新观念，转变作风，牢固树立为社会团体服务的思想，寓管理于服务之中，采取有力的措施，为社会团体的生存与发展保驾护航。一是要通过一系列的政策调查，为社会团体开展业务活动提供有力的政策依据和法律咨询，使社会团体逐步实现“人员自聘、经费自筹、工作自主”；二是要帮助社会团体搞好内部制度建设，建立必要的规章制度和民主决策程序，使社会团体真正发挥出整体优势、智慧和力量。

社团清理整顿工作结束较早的东南沿海地区，在社团管理的方式上进行了大胆探索。他们通过管理与服务相结合，积极引导社会团体为本地区经济建设服务，使科学技术成果很快转化为生产力，为社会主义两个文明建设作出了积极贡献，同时也促进了社会团体沿着正确的方向健康发展。

实践证明，社团管理机关通过管理与服务，切实帮助社会团体解决一些实际困难和问题，不仅有利于社团作用的发挥，而且有利于密切管理者与被管理者之间的关系，增强社团管理机关的威信和凝聚力，从而真正达到社团管理的目的。

（四）加强社团管理机关的自身建设

我们正处于社团管理工作的初创时期，大量而繁重的任务等待我们去完成。所以，要不断加强社团管理机关的自身建设，提高社团管理干部队伍的政治素质和业务水平，使之适应改革开放形势发展

的需要。

一是要抓好思想建设。社团管理工作具有较强的政治性和政策性，它要求从事这项工作的人员具有较高的政治觉悟。作为一个社团管理干部，最基本的政治素质应该是：一要具有坚定正确的政治方向。要始终一贯地坚持四项基本原则，坚定不移地贯彻执行党的路线、方针、政策，要敢于并善于同利用社团名义搞资产阶级自由化的人作坚决斗争，为维护国家的稳定与安全竭尽全力。二是具有全心全意为人民服务的思想，树立公仆意识，决不能以管理者自居，以手中的审批权、监督处罚权压制社团。三要兼洁奉公，不能以权谋私或徇情枉法。为此，各级社团管理机关应把政治素质好、业务能力强、富有开拓创新精神的干部充实到社团管理岗位上来，并从一开始就要加强机关内部各种规章制度的建设。要建立健全岗位责任制、考核奖惩制和社团管理人员工作准则等等，并公开工作程序和办事制度，防止滥用职权，接受群众与社团的监督，以确保社团管理干部的政治素质不断提高。

二是要抓好组织建设。目前，我们已经有了一支初具规模的社团管理干部队伍，但是这支队伍的人员数量还远远不能适应社团管理的需要，从全国的情况来看，到现在为止，尚有三分之一的地市和三分之二的县没有解决社团管理机构和人员编制问题。因此，今后一段时间内，继续抓好社团管理机关的人、财、物建设，仍然是各级民政部门的一项重要工作。首先，要力争解决地市和县两级社团管理机构的人员、编制问题；其次，要继续争取党政领导的支持并向财政部门反映情况，争取将社团管理经费列入财政预算，每年能固定拨给一定数量的行政事业经费；再次，要努力改善社团管理机关的办公条件，实现管理手段的现代化。社会团体不同于其他管理对象，它们面广量大、层次繁多，独立性较强，要想管好这一庞大的体系，必须借助现代化的管理手段。因此，各地要采取多种办法、多种渠道积极争取，尽量配备现代办公设备，如微机、复印机、摄影机、程控电话、汽车等等，以提高社团管理的工作效率。

三是要抓好业务建设，提高社团管理水平。干部的文化素质和业务能力决定管理水平。前两年，为满足社团管理工作的急需，民政部门从上到下举办了社团业务培训班，在短期内宣传了《条例》，训练了干部，为社团清理整顿和复查登记做好了人才准备。随着社团管理工作的深入发展，有许多新情况和新问题，需要及时研究和提出解决问题的办法。因此，不断提高社团管理干部的业务能力，将是民政部门的一项长期战略任务。各地可根据实际情况，采取一些有效方式来提高干部的业务素质。一是可建立定期业务学习制度；二是举办专项培训班，例如社团档案管理、社团行政复议等专业知识的学习与操作；三是召开各种小型座谈会，横向交流社团管理工作经验与体会，以扩大社团管理干部的视野和思路；四是举行理论研讨会，鼓励社团管理干部研究社团管理中深层次的问题，并提出独到的见解等等。只有提高了社团管理干部的业务素质，并对业务主管部门中分管社团的同志和社团负责人施以言传身教的影响，就能提高社团管理者与被管理者的整体素质，从而真正开创出社团管理工作的新局面。

同志们，今后我们社团管理工作的任务是光荣、艰巨的，任重而道远。让我们认清形势、解放思想、积极探索、勇于实践，更好地发挥社会团体在我国社会主义建设中的积极作用，为把我国社团管理工作推向一个新阶段而努力奋斗！

在全国社团管理工作会议闭幕式上的讲话

（1992年9月19日）

民政部副部长　范宝俊

同志们：

这次全国社团管理工作会议酝酿了很长时间，是民政部门接受社会团体管理工作任务后的第一次。几年来，我们已完成了对原有社会团体的清理整顿和复查登记工作，同时又核准登记了不少新社团，各级社团登记管理机关在工作中都积累了不少经验，同时也遇到了很多亟待解决的问题，大家一致要求召开一次全国范围的会议，对前一阶段的工作进行总结、交流和研讨；同时，邓小平同志南巡讲话以后，我国的改革开放进入了一个新的发展阶段，社团管理工作也需要明确目标，制定规划，适应这一新形势的要求。正如大家在讨论中反映的，这次会议很及时，很重要。各省、自治区、直辖市和计划单列市的党委、政府和民政部门对这次会议都很重视，主管社团工作的厅、局长都亲自到会，各地还带来了很多成功的社团管理工作的经验和富有建设意义的意见。几天来，同志们认真讨论了《报告》和拟出台的几个政策性、法规性文件草稿，提了不少很中肯、很具体的修改意见。我们将尽可能地吸收大家的意见，对《报告》的内容进行必要的修改，对几个政策性法规性文件也将充分考虑大家的意见，与有关部门协商，力争使这些文件准确、合理、有利于社团管理工作。总之，这次会议可以说是总结了经验、统一了思想、认清了形势、明确了任务，是一次成功的会议。

国务院领导同志对我们这次会议很关心、很重视，陈俊生同志在繁忙的工作中抽出时间出席我们的会议，后面还要做重要指示，这对全国社团管理工作的发展，无疑将是有力的鞭策。部领导和部党组也十分重视这次会议，对会议的召开给予了很具体的指示，崔乃夫部长，才让副部长代表民政部党组作了重要讲话。这些都是会议能够开得成功的重要保障。

一、关于前几年工作的评价问题

我们正式接受社团管理工作任务应是1988年国务院“三定方案”明确了民政部的工作职能以后。这四年中，我们从制定社团管理政策法规开始，经过清理整顿、复查登记，目前已基本上建起了初具规模的全国社团工作体系，使社团工作初步纳入了法制的轨道，社会团体在社会事务中发挥出日益明显的作用。这应该说是我们全体社团管理机关和社团管理工作人员在各级党委、政府的领导下，经过辛勤劳动所取得的政绩。

特别是清理整顿和复查登记工作，它是我们实施管理的一个基础工程，只有完成了这一工程，管理工作才得以为继。由于几十年来国家对社团在相当长的时期内没有真正管起来，党的十一届三中全会决定实行改革开放政策以后，十来年的时间，社团突然大规模地增加，难免鱼龙混杂，清理整顿工作的难度和工作量都相当大。尤其在与各业务主管部门及其他有关职能部门的协商中，及撤并一些交叉重复设置的社团的工作中，克服了很多困难，做了很艰苦的努力。同志们发扬民政干部吃苦耐劳的优良传统，深入实际，既了解情况，又做解释工作。不少同志放弃休假，也有不少同志带病坚持工作，一直处于超负荷运转的状态。我们的社团管理干部队伍也就是在这几年的困难条件下，建立和壮大起来，在实践中边干边学，增长了知识，积累了经验，成为社团管理工作的骨干力量。总之，成绩是有目共睹的。部党组、部领导是清楚的，我相信各级政府也是了解的。今后，还需要大家再接再厉，提高思想水平和管理水平，使社团管理工作再上一个新台阶。

二、关于充分认识社团的地位、作用和加强社团管理的意义

社会团体是公民行使结社自由权利的结果，这就决定了社会团体是具有特定意义的民间组织。其功能主要表现在两方面：一是向党和政府反映本团体群众的意见和要求，二是从事社会公益事业，为本行业、本专业的发展提供服务。社团的地位和作用完全不同于政府和企业。政府主要进行宏观协调，企业要从事经营活动，主要注重经济效果，但社会在整个的运行过程中，除了政府和企业所做的事情外，确有大量的社会工作需要有人来做，否则，整个社会的运行就难以具有活力。听取社会团体的意见和建议，是我国政府制定各项政策、法规的一个重要环节。可以说，社会团体是我国社会结构的重要组成部分，是我国各项社会事务的重要参与力量。随着改革的深化，政府职能转变，企业转换经营机制，小政府、大社会的发展趋势，社团的活动领域、社会作用将日益扩大，社团的地位将日益提高。

因此，我们要正确地认识社团的这种作用，重视这支重要的社会力量，加强管理，积极引导社团在国家经济、政治、科技和文化事业中充分发挥自己的专长。管好这支力量，不仅有利于国家的稳定，而且有利于经济和社会发展；管不好，也可能对国家和经济发展和社会进步起破坏、阻碍作用。所以，社团复查登记以后，我们的任务不是轻了，而是重了，无论在思想认识上、管理水平上、法律建设上、物质保障上，要求都会提高，我们必须有充分的准备。

三、关于社团不以营利为目的的性质与社团开展经营活动问题

社团不以营利为目的的性质与社团从事经营活动是两个不同的概念，是不矛盾的。不能认为社团从事经营活动就会改变社团的不以营利为目的的性质。社会团体的社会职能规定了它在从事社会活动中不以追逐自身的经济利益为目的，而是从事以社会公益事业为主的社会工作，以发展自己的事业为目的。社团从事经营活动的目的是为本项事业的发展筹集资金。

以经济工作为中心，是强调各行各业要围绕这个中心开展本职工作，并不是让大家都去从事经济活动。社团的活动同样要围绕经济工作中心去开展，但主要是为发展经济提供力所能及的服务，而不是放弃自己的事业去专做买卖赚钱。

因此，我们在社团开展经营活动问题上，一定要把握好这个原则界限。既不必担心社团开展经营活动会改变社团不以营利为目的的性质，也不能因为允许社团搞经营活动就放任自流。应当是“管而不死，活而不乱”。

为了给社团的生存和发展创造必要的经济条件，我们正在着手制定这方面的政策，发给你们的征求意见稿将在广泛征求各方面的意见后再作修改，并经国务院批准后，方能出台，目前不得以讨论的初步意见做为依据，必须以正式文件为准。

四、关于今后的任务和工作方向

我们今后的总任务就是：开拓我国社团管理工作的新局面，为改革开放和经济发展服务。为此，要做的事情很多。随着改革的深化，社团承担的工作任务越来越重，社团的发展也日渐增多的趋势。形势迫使我们要跟上社会发展的需要。我想，要把社团管理工作纳入法制轨道，更好地发挥社会团体两个精神文明的积极作用，为改革开放和经济建设服务，在依法对社团实施管理的同时，要注意解决好几个方面的问题：

一是要促使社会团体经济上自立。主要是通过政策保障，使社团获得必要的经济收入，有充足的经费去发展自己的事业和开展公益活动。这是社团树立自主意识，发挥活力的基础条件。

二是要采取措施使社团逐步减少、淡化官办色彩，实现社团的民主决策，自己的事自己办，使社团活动真正成为社会活动。

三是在制定有关政策法规时，尽量简化程序、减少层次，社团自己能负责的事情，就不要再通过部门层层审查。

四是在我们的管理工作中，对社团要做的事情，只要有益于社会、有益于人民，尽量提供方便，急事快办，好事力办。

最后讲一下回去以后的传达贯彻问题。

回去以后，对陈俊生同志的重要指示，多吉才让副部长代表部党组的讲话，以及会议的主要内容，要向省、区、市党委、政府做一次汇报。结合本地党委、政府的指示，各厅、局要作一次专门的研究，在今后的工作中认真贯彻执行。

在中国社团研究会第二届会员代表大会上的讲话

（1993 年 5 月 5 日）

民政部副部长　范宝俊

同志们：

1989 年中国社团研究会成立，至今已近 4 年。4 年来，在第一届理事会的领导下，全体理事和会员单位同心协力，开拓前进，紧密围绕研究会章程规定的宗旨、任务，广泛开展了社团理论研究和国内外学术交流活动，推动了具有中国特色的社团理论建设。实践证明，中国社团研究会作为一个群众性的学术团体，是有凝聚力和生命力的，在中国社团理论研究领域是可以大有作为的。

今天，在研究会召开第二届会员代表大会之际，我向大会表示衷心地祝贺，并借此机会讲几点意见，供同志们参考。

一、加强社团理论研究，指导公民结社活动

理论来源于实践，同时又对人们的实践活动具有巨大的指导作用。因此，任何一位马克思主义者在参加革命实践活动的同时，都十分重视革命理论的研究工作。如法国杰出的无产阶级革命实践家、理论家拉法格，为了革命宣传的需要，运用马克思主义的基本观点和方法，对社会科学的许多领域进行了全面而深入的研究：他研究了原始社会史，出版了《财产及其起源》，分析了从原始社会开始，各个历史时期所有制的演变和发展，论证了实现社会主义公有制不可避免；他研究了思想的起源，出版了《思想起源论》，批判了唯心主义，坚持了物质第一性的基本观点，强调了社会实践是认识的基础；他研究了美国的托拉斯，写出了《美国托拉斯及其经济、社会和政治意义》，指出资本的大量集中，表明“资本主义已演进到特殊阶段”。拉法格的理论著作不但对团结和教育法国工人阶级产生了很大影响，而且得到国际无产阶级的高度评价，成为各国无产阶级共同的宝贵精神财富，被列宁誉为“马克思主义思想最有天才、最渊博的传播者之一”（《列宁全集》第 17 卷第 286 页）。

在我国，毛泽东、刘少奇、周恩来等老一辈无产阶级革命家都非常重视理论建设，他们把马克思主义的基本原理与中国革命的具体实践相结合，形成了毛泽东思想，解决了一系列的革命和建设问题。特别是邓小平同志在党的十一届三中全会以后，采取一系列重大战略步骤，重新恢复解放思想、实事求是的思想路线，把党和国家的工作中心转移到经济建设上来，作出实行改革开放的伟大决策，进而形成了一整套建设有中国特色社会主义理论，并成为指导亿万人民进行建设社会主义实践活动的强大思想武器。正如江泽民同志所指出的：中国社会主义的命运，不仅取决于党同人民的团结奋斗，而且取决于党的理论和路线。所以，我认为整个民政工作都应该在邓小平同志建设有中国特色社会主义理论指导下，结合自己的实际，加强民政理论研究，及时总结实践经验，解决实践中遇到的问题，提高民政工作的质量，扩大民政工作的社会效益。社团管理工作也是这样，如果没有正确的理论对广大人民群众的结社实践活动加以指导，那么就很可能再度出现《社会团体登记管理条例》颁布前的放任自流状况。可喜的是，对于我国社团理论的研究，经过有关专家、学者和社团工作者几年的艰苦努力，确实取得了较大的成绩。据不完全统计，截止目前，中国社团研究会组织的三次理论研讨会，收到300多篇论文；一批社团工作者还在各类报刊发表理论文章300多篇，约计120多万字。此外，研究会出版了论文集，有的省还出版了社团管理概论。

其他方面的社团书籍也在酝酿、整理之中。这些论文和专著，从不同侧面、不同角度论述了我国社会团体的产生和发展、地位和作用以及社团管理机关的功能和职责等。它对于推动我国的结社立法工作，指导公民的结社活动和促进社会团体的健康发展，都起到了不可低估的作用。现在，我们可以说，以众多的社团理论文章的发表和一批社团专著的出现为标志，我国社团理论研究的空白状态已经结束！这是广大社团理论研究者和实际工作者辛勤劳动的成果。但是，在这同时我们也应该看到，就我国社团理论研究的整体水平而言，目前仍处于初级阶段。主要表现在：一支由社团理论专家和实际工作者构成的理论队伍尚未真正形成；社团基础理论研究的薄弱，不仅表现在至今对我国社会团体的产生年代还难有个公认的、准确的说法，而且对现代意义的社会团体概念尚无一个科学的界定；在应用理论研究方面，应该肯定广大社团工作者运用马克思主义、毛泽东思想的基本立场和方法，对我国公民的结社状况和社会团体发展趋势，进行了多视角的研究和论证，写出了一些有分析、有见解、有说服力的学术论文，但还不够系统化，尚不能满足结社立法和社团发展的需要。特别是在社会主义市场经济体制确立和实施的过程中，会使社会成员的思想观念、价值取向、结社意识不可避免地发生变迁，随之会产生一些新矛盾，带来一些新问题，这就给社团理论研究工作提出了新要求，急需我们去发现、去研究、去论证、去解决。因此，今后社团理论的研究工作不是轻了，而是更重了。我殷切地希望所有在座的同志们，在完成自己本职工作的同时，注重社团理论研究工作，力争再经过几年的努力，建立起具有中国特色的社团理论体系，形成一支社团理论队伍，出现一批中国的社团理论专家、学者，以推动我国社会团体事业的发展。

二、加强社团自身建设，促进社团健康发展

党的十四大确定，我国经济体制改革的目标模式，是建立社会主义市场经济体制。在市场经济体制下，政府将转变职能，一方面把企业推向市场，另一方面把社会服务交给社会。政府该管的，坚决管好；政府可以不管的，让社会去管，推行“小政府、大社会”模式。所谓“大社会”，就是社会事务由社会去办。在这种情况下，社会团体便具有了巨大的能动作用：一方面可以利用经济上有实力、管理上有经验的优势，兴办与章程规定宗旨相一致的经济实体，积极参与建立社会主义市场经济的活动；另一方面发挥人才聚集，学术上有造诣、社会上有影响的优势，承担大量社会事务，形成社会事务的载体，为政府分忧，为群众解愁。同时，也应该认识到，在市场经济条件下，它的基本法则是优胜劣汰，适者生存，劣者淘汰。这个法则不仅适用于企业，而且适用于社会团体。正因如此，在这里我强调：社会团体必须不断加强自身建设。怎样才能加强自身建设呢？我认为，有三个方面的问题需要注意：一是社团副秘书长以上的领导成员，要坚持四项基本原则，形成一个团结、务实的集体。在这个集体内部，应建立一套民主决策制度、信息收集系统和信息反馈系统，同时注意贯彻民主集中制原则；二是本着少而精的原则，建立社团的工作机构。各个部门的设置要合理，相互之间要职责明确、运转协调，能够有效地贯彻社团集体领导层的决策，防止各行其事。三是设立与社团宗旨、任务相匹配的业务机构。此外，还要靠社会团体适应社会主义市场经济的要求，连续不断地开展有社会效益的活动，以实现社会团体的自身存在的价值。在这里，我要强调指出，社会团体作用的发挥和社会团体的发展，不仅仅限于办经济实体上。我们不反对社会团体法人在条件允许的情况下，兴办各种经济实体，以推动社会主义市场经济的建立和发展，但不能脱离章程规定的宗旨，也不是以营利为目的。更重要的应该承担更多的社会事务，以社会事务载体的面貌，立于社会组织之林。只有这样，社会团体才有前途。

三、加强社团管理机关建设，实现社团管理职能

社会主义市场经济，是一种高层次的经济体制。它所依托的经济制度，包括了公有制为主体，多种经济成分并存的所有制结构，以按劳分配为主体的多种分配形式。从运行机制看，它以市场为资源配置的主要形式，同时强化国家宏观管理，并不表现为任何意义的、单纯的市场手段。社团管理，作为国家行政管理的一部分，它可以把竞争机制引入社会团体，也可以支持、鼓励社会团体在市场经济建设中发挥作用，但它本身不属于市场经济范畴。因此，不能把社团管理引入市场经济，尤其不能把权力商品化、资本化。相反，应该不断加强社团管理机关的建设，实现社团的宏观管理。为此，首先必须建立和完善社团管理体制和与之相适应的运行机制。所谓社团管理体制，是指社团管理的制度和管理方法，包括各有关部门的组织管理体系、管理权限划分、管理手段与形式等。所谓运行机制，是指社团管理各个构成部分之间，通过相互联系和制约，促进整个社团管理系统运转的形式、方法和手段，包括运行方式、调控手段以及信息处理及其系统内部各个环节的关系。在这两个方面，我们还有很大的差距。《社会团体登记管理条例》颁布已经几年了，至今还有相当数量的县市和地市的社团管理机构没有建立起来。如果当地人民群众结社，成立社会团体连个登记的地方都找不到，怎么能体现社会主义制度下的结社自由原则？在建立了社团管理机构的地方，要加强制度建设，完善管理手段，探索管理方法，尽快实现宏观管理。在这方面，国内的先进经验可以总结推广，国外的先进经验可以学习借鉴。过去，一项办法、方式、措施出来，一些人首先议论的是什么“主义”的。“非社即资”的观点渗透在很多人的头脑中。我认为，这种思维方式应该改造，社团管理工作也存在解放思想的问题。其次，要加强社团管理机关的廉政建设。任何社会，不论是封建社会，还是资本主义社会，为了维护现存的社会秩序，保持各个阶级的利益平衡关系，为了保证行政管理系统的有效运转，都有反腐败之举。我们是社会主义国家，理应在这方面做得更好一些。但是，由于某些制度还不健全、不完善，加上其他一些因素的影响，在党政机关中也确实存在一些腐败现象。对此，应引起我们足够的重视。在市场经济条件下，我们有必要采取政社分离的措施。为了保障社会团体成为享有法定权利和承担相应义务的群众自治组织，我们既要防止滥用行政权力干预社会团体的正常活动，同时也要防止个别社团管理人员以权谋私。

毛泽东同志在纪念中国共产党成立28周年时，曾写下这样一段话：“我们熟悉的东西有些要闲起来了，我们不熟悉的东西正在强迫我们去做。”在市场经济条件下，建立有中国特色的社团理论体系和社团管理运行机制，是一项关系到亿万群众结社活动的伟大事业，有许多问题需要我们去研究、去探索。让我们共同努力，大胆实践，早日完成这项艰巨复杂的社会系统工程，以推进和发展社会主义的革命和建设事业。

祝大会圆满成功！

民政部副部长杨衍银在北京市第三次社会团体管理工作会议上的讲话

（1993年12月4日）

同志们：

当前，全国各地都在认真学习、贯彻落实党的十四届三中全会的决定，结合本地区、本部门实际，加快改革和发展的步伐。在这样的形势下，北京市委、市政府召开社团管理工作会议，总结经验，研究问题，明确思路，布置任务，很及时、很必要，我代表民政部向大会表示祝贺。

刚才，何鲁丽副市长对北京市前一段的社团管理工作进行了全面总结，对下一步工作做了布置，我很赞同。近几年，在市委、市政府的领导下，北京市社团管理方面做了大量工作，较好地完成了清理整顿和复查登记任务，摸清了社团底数；建立了社团管理的规章制度，规范了社团的内部机构；进一步理顺了社团登记管理机关、业务主管部门和社会团体之间的关系。保证了社团的健康发展，维护了社团的合法权益。成绩比较突出，经验也很丰富，为社团管理和社团发展进一步走向法制化和规范化打下了良好的基础。

今后，社团管理主要任务是，认真贯彻《邓小平文选》第三卷和《中共中央关于建立社会主义市场经济体制若干问题的决定》，深化改革，加强社团管理，更好地发挥社会团体在民主建设、经济发展、社会进步和社会稳定中的作用。为此，要特别注意以下几点：

一是解放思想，转变观念，进一步树立为改革开放和经济发展服务的指导思想。以小平同志南巡谈话和党的十四大为标志，我国的改革开放进入了一个新的阶段，十四届三中全会再一次将建立社会主义市场经济体制确定为深化改革的战略目标。是否有利于生产力的发展，有利于增强社会主义的综合国力，有利于提高人民群众的生活水平，已成为衡量是非曲直和工作正确与否的标准。社团管理和社团发展也只有以经济建设为中心，才能适应这种形势发展的需要。按照十四届三中全会决定的精神，建立社会主义市场经济体制，一个重要问题是建立现代企业制度，这就要求合理划分政府组织、企业组织和社会组织的职能。政府负责宏观调控，企业自主经营，社会组织（主要是社团）在发挥政府与企业的桥梁与纽带作用的同时，承担大量的社会工作，这也是社会团体服务于改革开放和经济发展的优势所在。也就是说，建立“小政府、大社会”的管理模式，社会团体将发挥更大作用。

二是加强法制建设，完善社团管理的政策法规。社团管理是政府的一项重要行政职能，依法行政是市场经济的客观要求，也是国家走向法制化的重要标志。完善社团管理的政策法规，是做好社团管理工作的基本保证。1989年国务院颁布的《社会团体登记管理条例》对加强社团管理起了重要作用，但还只是一个程序性法规，要使公民结社、社团活动、社团管理真正建立在法制的基础上，还有待于实体法《结社法》的尽快出台。1987年民政部按照国务院的指示，开始了结社立法工作，经过五年多的努力，十易其稿，目前已报送国务院。《结社法》颁布后，民政部将制定《结社法实施细则》，各地要结合实际，制定地方性社团法规，并制定相应的配套政策。当前的任务是，抓紧调查研究，尽快制定出有利于社会团体的生存与发展，有利于社团管理的具体政策法规。如：社团财务管理、社团的人事管理、社团档案管理、社团的外事活动、社团的行政复议、社团的违法处罚以及社团兴办实业与事业等问题，都应及时加以研究和解决，做出规定，以适应社团管理和社团发展的客观需要。

三是加强宏观管理，维护社会团体的合法权益。社团作为民间组织，经过核准登记，便具有独立的主体地位或法人地位，与行政机关不是隶属机关，“人员自聘，经费自理，活动自主”是社团作为民间组织的重要特征，社团依据章程规定的宗旨和任务，独立自主地处理内部事务和参与社会活动，任何组织和个人不得非法干涉。但这并不意味着社团活动可以放任自流。根据《社会团体登记管理条例》的规定，社团管理机关，有依法对社团进行管理和监督的权利。当然，这种管理主要是宏观管理，其最终目的是保障全体公民正当行使结社自由的权利，维护社团的合法权益，限制某些人或社团的违法行为。要真正做好这项工作，就需要在实际工作中正确处理加强管理与尊重社团自主活动的关系，做到管而不死，活而不乱，有序发展。

四是加强社团管理机关的自身建设。社团管理关系到民主建设、经济发展和社会稳定，是一个政治性、政策性很强的敏感问题，管理得好有利于国家的稳定，有利于经济和民主的发展，有利于社会的进步，否则，可能出现不安定因素，影响经济和社会协调发展。这就要求从事社团管理工作的干部必须有高度的责任感和使命感，不断提高政治素质和业务素质，加强自身修养，廉洁自律，克己奉公，全心全意为社会团体服务。

随着社会主义市场经济体制的建立，社会团体的发展也越来越快，数量越来越多。面对日益繁重的任务，社团管理机关只能加强，不能削弱，希望各地在这次机构改革中注意这个问题。

民政部副部长杨衍银
在部分社团业务主管部门座谈会上的讲话

（1995 年 3 月 29 日）

同志们：

今天，社团司请大家来开个座谈会，共同研究如何加强社团管理，更好地发挥社团在改革开放、经济发展和社会进步中的作用。这次座谈会虽然时间很短。但大家在座谈中发表了很好的意见，交流了情况，分析了问题。这对今后我们在工作中密切配合，共同做好社团管理工作是很有益的。借此机会，我就有关问题谈几点意见：

一、要充分认识社团在改革开放和建立社会主义市场经济体制中的作用

社团组织是社会组织结构的重要组成部分，它是公民依法自愿结成的不以营利为目的的社会组织。党的十四届三中全会作出的《中共中央关于建立社会主义市场经济体制若干问题的决定》更明确地将行业协会、商会等社团组织界定为社会主义市场经济的中介组织，并指出在培育社会主义市场经济体制的过程中。要充分发挥行业协会、商会等组织的作用。因此，正确认识社团的地位和作用，依法加强社团管理，更好地发挥社团在改革开放、经济发展、民主建设和社会稳定中的作用，是我们社团登记管理机关和业务主管部门面临的一项共同课题。大家知道，党的十一届三中全会以来，我国的社会团体发展较快，据统计，目前已有各类全国性社团 1730 多个，地方性社团达 20 万以上。这些社团中有 80% 是近年来新成立的，遍及全国。在设立和活动的区域上，尤以全国大中城市和沿海地区居多。

从整体看，我国的社会团体对推动社会政治、经济、科学文化事业的发展起到了积极的作用，并具有以下特点：一是我国的各类社会团体大都是在党和政府部门的指导、帮助下组建的，相互间有着密切的联系，同时又分别代表着不同地区、不同行业、不同方面群众的利益。他们向党和政府反映所代表群众的愿望、要求及各种有益的建议，并将党和政府的方针政策向广大群众进行宣传，成为党和政府与人民群众间联系的桥梁和纽带。二是社会团体在我国政府转变职能，企业转换机制的过程中，较好地适应了建立社会主义市场经济体制的要求。许多行业性社团不受部门、系统、所有制形式的限制，能够将松散的企业有机地结合，并对企业发挥服务、协调、组织的功能，帮助企业解决存在的问题，为企业的发展创造良好的外部环境。三是各类社会团体集中了大批较高层次的专家学者及各种专业技术人才，他们热衷于社会公益事业，并通过多种方式推动我国科技、教育、文化、体育等事业的发展，促进了社会主义事业的繁荣。五是社会团体在改革开放中，同海外、国外建立多种形式的民间往来，介绍宣传我国改革开放中取得的巨大成就，不仅增进了我国人民同世界各国人民的友谊，而且引进了大量的外资。实践证明，改革开放愈深入，市场经济愈发展，社会团体的地位和作用就愈突出。正像国务委员陈俊生指出的那样："我国的政治体制改革的一个重要方向是小政府大社会，社团的兴起就是大社会的一个重要组成部分。今后的发展方向应该是社会上的事由社会来办。这是社会发展的必然趋势，也是我国逐步实现民主化、法制化的重要标志之一。"

二、要重视社团管理与社团发展中存在的问题

1989年国务院颁布了《社会团体登记管理条例》，在社团登记管理机关与业务主管部门的共同努力下，经过几年的清理整顿和复查登记，从根本上改变了社团盲目发展、多头审批、重复设立的局面，使社团的发展与管理初步纳入法制化轨道。但当前社团发展中也确实存在着一些问题，突出地表现在以下几个方面：一是法制观念淡薄。有些人未经登记便以社团名义在社会中进行活动，最近我部连续接到这方面的举报。有的人甚至伪造民政部社团批复文件，在社会中进行经济诈骗等违法活动。有的社团假冒其他单位名义搞评奖活动，严重损害了企业利益，在社会中造成了恶劣影响。二是社团内部管理混乱，该变更的不能及时到登记管理机关办理变更。三是“政社不分”、“社企不分”的现象仍很普遍。四是缺少经费来源，工作缺乏活力，长期不能正常开展活动。五是不按章程办事，偏离社团宗旨，有的虽打着社团的招牌，实际已成了经济实体，有的任意接收挂靠公司，有的甚至欺上瞒下，名为出国培训、考察，实则出国旅游，牟取非法收入。等等。

这些问题的出现。原因是多方面的，除了目前我国对社团管理的法律法规不健全、相关的政策不配套，社团的活动缺少法律规范等客观因素外，与有些业务主管部门不能遵照《条例》严格履行职责有着直接关系。如：有些部门成立的社团数量很多，但未有统一的管理机构；有的部门只负责出具审查意见，对核准登记后的社团不管不问，放任自流；有的对申请成立社团的负责人不进行严格审查，致使社团刚成立便出现问题。对当前社团发展和管理中出现的问题，必须要引起高度重视，尤其在我国改革开放日益深入，国内外敌对势力急于渗透，加紧对我国实施和平演变战略的情况下，我们更应提高警惕，保持清醒的头脑，严格履行《条例》规定的职责，加强对本部门、本行业社团的管理，确保社团健康发展。

三、加强社团管理，更好地发挥社团作用

“抓住机遇、深化改革、扩大开放、促进发展、保持稳定”不仅是当前而且也是今后一个时期全国工作的大局和必须遵循的指导方针。当前全国各行各业继续认真贯彻党的十四届三中全会、四中全会和“两会”精神，社团管理机关和业务主管部门要进一步加强社团管理，正确处理好改革、发展与稳定的关系，充分发挥社会团体在改革开放、经济发展和社会稳定中的积极作用，为改革开放创造良好的社会环境。去年五月，我部召开了第十次全国民政工作会议，会议确立了今后五年社团管理和社团发展的总的指导思想和目标。即“要依法加强社团管理，完善社团为社会服务的功能，制定《结社法》出台后的实施细则和配套法规；以法律为依据，以社会需要为准则，充分发挥社团在经济建设和社会服务领域中的积极作用；保障公民结社自由，维护社团合法权益，规范社团行为；强化和完善管理手段和监督机制，禁止社团的违法行为，坚决取缔非法社团；坚持政社分离的原则，逐步克服行政化倾向，健全社团自律和自我管理机制，发挥社团人才荟萃、知识密集、信息灵通、横向联合便利和对外交往灵活等优势，引导社团独立自主地处理内部事务，参与经济社会活动。”应该说，指导思想和工作目标是比较明确的。为此，在当前的工作中应注意以下几点：

（一）要切实履行条例规定的职责

社团管理工作关系到我国社会主义民主政治建设、经济的发展和社会的稳定。管得好，有利于改革开放，有利于经济的发展和社会的稳定，否则就可能出现不安定因素，影响经济和社会协调发展。因此，要切实加强对这项工作的领导。根据条例规定，社团登记管理机关和业务主管部门对社团具有依法管理和监督的权力，经核准登记的社团都有义务自觉地接受这种管理与监督。社会团体章程的修改、宗旨任务的调整变化都应及时经业务主管部门同意后到社团登记管理机关办理变更登记。社会团体开展的各种重大活动，也应及时主动地向社团登记管理机关和业务主管部门报告。

在实施社团管理中，社团登记管理机关与业务主管部门承担着不同的职责。根据条例的规定，业务主管部门承担的主要职责是：对社会团体的业务活动进行日常管理和指导，包括对社团成立、变更、注销登记进行审查并出具审查文件，对社团外事活动的审查与管理；向社团传达业务领域内的有关方针政策；引导督促社团为本行业、本学科发展服务；加强社团的思想政治工作，把好政治方向；协助社团登记管理机关对违法社团进行查处；帮助注销登记的社团清理债权和债务关系并出具债务完结证明；协调同一领域内社团之间关系等。当然在对社团实施管理中，社团管理机关和业务主管部门既要分工明确，各司其职，又要密切合作，保证管理工作落到实处。

有关业务主管部门审查同意后，向登记管理机关申请登记。社团登记管理机关和业务主管部门在受理申请成立社团时一定要严格审查，尤其要注意两个方面：一要做好对社团负责人和法人代表的审查工作。社团负责人和法人代表在社团发展中起着重要作用，不仅关系到社团工作的开展，而且涉及到社团的发展方向，做好这项审查有利于社团健康发展。二要做好对社团宗旨任务的审查，避免“相同”或者“相似”社团的重复成立。“相同”或者“相似”社团的重复设立，必然在发展会员中出现交叉，增加会员单位的会费负担，同时在业务活动中易出现扯皮现象。以往社团重复设立问题较为严重，在社团复查登记中我们做了大量工作才得以纠正，所以在今后的工作中要认真加以注意。

（二）增强社团活力，发挥社团作用

当前，我国的改革开放形势既给社团的发展带来机遇，同时也要求社团不断深化自身的改革，以适应形势发展的需要。社团管理机关与业务主管部门应树立为社团服务的观念，为社团的发展创造条件。

一是积极与有关部门协调制定一些相关政策，为社团的生存与发展创造条件。这是增强社团活力，发挥社团作用的前提条件。

二是采取多种措施逐步淡化社团的官办色彩，实现政社分离，维护社团合法权益，保证社团独立自主地开展社会活动。

三是协助社团搞好自身建设，并在力所能及的条件下，为社团的活动提供方便。

民政部副部长徐瑞新
在全国社团管理工作座谈会上的总结讲话

（1995 年 9 月 22 日）

同志们：

经过四天紧张的工作，会议即将结束。这次会议开的很好，圆满完成了预期任务。这次会议之所以开的成功，有两个原因：一是这样形式的会议已有三年没有召开了，同志们都有一个共同的愿望，把这次会议开好，所以大家在会前做了充分准备。会议期间大家非常认真，修改稿子，字斟句酌，讨论畅所欲言。二是甘肃省的同志们从上到下都非常重视这次会议，为大家提供了一个非常好的环境，为会议的顺利进行提供了保证。大家知道，甘肃在全国来说还是一个比较贫困的地区，能为我们提供这样一个环境，确实不容易。在这里，我代表民政部和与会的同志，向甘肃省委、省政府、省民政厅和社团管理处的同志表示衷心的感谢。

我们召开这次座谈会的目的，是“以党的十四届三中全会精神为指针，深入贯彻第十次民政工作会议精神，回顾近年来全国社团管理工作的情况，进一步分析形势，统一认识，探讨新形势下社团管理的指导思想、工作原则和主要任务，为明年召开第二次全国社团管理工作会议作准备”。所以，这次会议是一次征求意见会，是一次研讨会。按照这次会议要求，大家通报了近年来各地的工作情况，交流了经验，交换了今后工作打算和思路，特别是对第二次全国社团管理工作会议的报告进行了充分的讨论，确实做到了畅所欲言。由于这次会议主题是征求大家意见，所以会议上讨论的文件、材料都不是正式文件，没有贯彻执行的任务。当然回去以后对于会议期间所研究和讨论的一些方针政策，可以向处里同志传达，也可以向厅领导甚至省里有关领导通报。讨论中同志们提了许多很好的意见和建议，对我来说很受启发，我们回去将向有关领导反映，许多意见或建议我们将吸收到报告中来。同时，我们还将以多种形式进一步征求意见。希望同志们回去后继续考虑，有什么好的意见和建议及时告诉我们，集思广益，群策群力，共同努力把报告修改好，使第二次全国社团管理工作会议开得圆满成功。

根据这次会议讨论情况和同志们的要求，对当前工作提几点意见，供同志们参考。

一、进一步加强对社会主义市场经济条件下社会团体及其作用的再认识，使我们的工作更加适应新形势的需要。社会团体是人类社会物质文明和精神文明发展到一定阶段的产物，是公民民主权利和社会发展进步的客观反映。社会团体的地位和作用随着经济、社会的发展而变化，特别是随着社会主义市场经济体制的建立和政府职能的转变，作为“中介组织”的社团，各方面的作用日益突出，而且愈来愈重要。对此，党中央和国务院领导同志在多种场合，多次讲话和题词中都加以肯定，还写进了党的十四届三中全会《中共中央关于建立社会主义市场经济体制若干问题的决定》之中。这说明，党和国家领导同志对社会团体的发展及其越来越明显的作用极为关注，作为我们从事社团管理工作的同志一定要充分认识到这一点。只有正确地认识到，我们才能有充分的信心做好社团管理工作。同时，也只有我们不断针对社团发展中出现的新情况和新问题提出积极、稳妥、有效的办法和意见，社团管理工作才能跟上形势的发展。

从社团的发展来说，党的十一届三中全会以前，社会团体在数量、种类以及社团自身状况由于受计划经济体制的制约，发展缓慢。据统计，全国性社团仅有近百个，地方性社团也只有6000多个。党的十一届三中全会以后，全党实现了工作重点的转移，改革开放的方针，经济体制的转轨，使国家的政治、经济、社会生活及思想观念发生了巨大的变化。目前全国性社团已发展到1800多个，15年间增长了18倍；地方性社团达20多万个，增长了332倍，全国性社团就有会员近亿人。这么多社团，这么大一支队伍，组织管理得好，充分发挥他们的作用，在我们现代化建设中将是一支重要力量；如果组织管理不善，任其自流则将是一个不稳定的因素。这是摆在我们社团管理机关面前的一项重要责任。

概括地说，社团在我国建立社会主义经济体制的过程中的作用越来越重要，社团的发展速度十分迅猛，而且是方兴未艾，但是，无论从人们的观念认识上，法律法规的制定上讲，还是从管理体制及管理力量上讲，都远远落后于社团发展的实际需要，要改变这种状况还有一个不断加深认识，不断深化改革的过程。这一过程的长短，取决于经济、社会发展的水平，也取决于领导观念的转变和大家的共同努力。

二、进一步加强调查研究，掌握实际情况，为社团的改革和发展服务。加强调查研究，掌握实际情况，这是做好任何工作的基础，也是每个同志做好工作的基本功。情况明，决心才大，办法就会更多，做好工作就越有把握。可是，目前就全国来说，社团的基本情况还不完全清楚，定量分析很不够。这说明还缺少深入调查研究，实际情况掌握不够充分，这将会给科学决策带来困难。当然，人手少，任务多，抽不出时间进行调研，这是一个客观因素，但最重要的还是个认识问题。同志们，加强管理靠什么？主要靠制定法规、政策，而制定法规政策的依据则是详实的材料。只有牢固树立实践第一的观点，掌握详实准确的第一手材料，才能作出科学、正确的决定，否则，势必要出偏差。因此，很需要我们上下一齐努力，争取在第二次全国社团管理工作会议召开之前将社团的基本情况弄清楚，便于会议作出科学的决策。社团管理作为一项行政管理科学，有着相应的理论根据。作为民政部门的一项新工作，在短短的几年内各地进行努力探索，取得了可喜的成绩。但从总体来看，社团管理的理论研究还落后于实际，研究人才缺乏，研究的范围还有限，在一些重大问题上还没有人问津，今后我们尚需下大力气进行攻关。据悉各地已相继建立了社团研究或社团发展促进会，希望这些组织把工作重点放在理论研究上，组织各方面人才，有计划，有重点，有针对性地攻克一些课题，填补我国社团管理工作理论研究的空白，为我国社团管理体制的改革摸索出路子，总结出新经验。

说实在的，从目前社团管理机构的实际状况看，绝大多数省、区、市的社团管理机构是不适应社团发展形势需要的。目前社团管理机构设立的着眼点仅在于登记管理这一环节，而对日常管理和监督检查这两个重要环节从一开始考虑就不够，从机构上讲属于先天不足，这对加强社团管理工作十分不利。当然，这种体制是建立在当时对社团工作实际情况的掌握和对社团理论认识程度的基础之上的，我们不埋怨任何人，但是，我们要改变这种局面。改变这种局面靠什么？靠我们努力，去说，去做，去争取。目前，各省、区、市在进行机构改革，希望同志们进一步研究、探讨，对社团管理体制的改革提出更加合理的建议和意见，以期取得领导的支持，真正把社团管理工作推进一步。

三、进一步认识社团管理工作的重要性，明确职责，加强管理。社团管理工作是一项政治性和政策性非常强的工作。在当前条件下，要做好社团管理工作并不是一件轻而易举的事，它取决于多方面的因素。

这次会议上，大家最关心社团管理工作的职责问题，我认为，社团管理工作绝不只是社团登记工作。根据《社会团体登记管理条例》规定，社团管理应该包括三部分，或者是三个环节，即社团登记管理、日常管理和监督管理三部分。当然这三部分的内容界定还需要进一步的研究和确定。但在社团管理工作中，对社团的日常管理是我们今后工作中最具潜力的一项工作，也是社团管理工作的核心。社团登记是对社团组织法定地位的确立，是履行法律手续；社团监督管理是对社团行为规范的监督，是对违法社团或社团违法行为的校正。社团的日常管理则涉及的内容相对丰富得多，其范围也广，应该包括引导、教育、服务、规范等诸多方面。我想在召开第二次全国社团管理工作会议之前，各地应该根据《条例》的规定和各地实际情况继续进行实践和探索，更进一步就社团管理工作的内容、职责以及其科学化、规范化等方面提出建议和意见，以便在今后的工作中有法可依，有章可循。有一点应该说清楚，社团管理机关是政府机构的一部分，其工作是国家行政管理工作的重要部分，对社团的管理我们应该尽职尽责。这就是说，属于我们职责范围内的事，一定要认真负起责任来，管住、管好，行使政府的管理职能。当然，社团毕竟不同于国家机关，所谓管理绝不是把社团管死，而是为社团服务，通过服务引导社团健康发展，从而更好地发挥社团的积极作用，促进经济发展，有利于社会稳定。

这里，我想着重讲一下发挥多方面积极性问题。按照《条例》规定，社团采取双重管理，分级登记的体制。因此，调动各方面的积极性，共同把社团办好非常重要。我认为社团管理机关应注意三点：一是在思想上要树立全局观点。我们的工作需要各方面的关心、支持，这就是说社团管理工作要调动登记管理机关、业务主管部门和社团三个方面的积极性。这样才能达到三位一体，发挥整体效益。所谓整体效益，是指一个系统的综合能力。系统综合能力的提高，依赖于系统的活力及其相互关系的协调。社团管理工作，如协调不好，各行其事，政出多门，形不成合力，就会事倍功半。因此，社团管理机关要主动、积极地做好协调工作。二是要树立服务观点。管理也是服务，寓管理于服务之中。通过服务引导社团依法办事，依章办事，健康发展。三是要树立法制观点。在日常管理中，我们既要充分尊重社团的合法权益，充分发挥社团的积极作用，又要依法加强对社团的监督，坚决查处滥用结社权利和某些社团的违法违纪行为，这是国家赋予我们的职责，如不这样做，我们就是失职。当然，有些人对我们工作不理解，我们要多做宣传解释，让人家逐步理解。但是发生在我们工作职责范围之内的事，我们要当仁不让，原则问题要据理力争，以维护国家法律、法规的权威性和执法的严肃性。总之，对于遵纪守法的社团，我们要积极支持，保护其合法权益，创造条件，使其为社会多做贡献。对于那些不经核准登记，擅自以社团名义活动，不听劝阻的，要坚决进行查处。该处理的要处理，该解散的就解散。在查处过程中，我们态度要坚决，旗帜要鲜明，绝不能手软。在处理这些问题时，一定要及时向党委、政府和上级社团管理机关请示、报告，要注意与各有关单位，特别是公安部门的配合。

明确了职责，强调了管理以后，紧接着要解决一个管什么，怎么管的问题。这里可不可以用几句话概括一下：

坚持宏观管理，加强引导服务，认真监督检查。所谓宏观管理主要是研究制定社团方面的法律、法规和方针政策，维护社团的合法权益。根据社会发展状况研究掌握社团发展方向和规模，使社团有序发展。

所谓引导服务，主要是承担社团发展中的事务咨询，帮助社团解决发展中碰到的实际困难，引导社团健康发展，增加凝聚力。

所谓监督检查是对社团活动中发生的一些问题进行监督检查，对违法社团和社团违法行为进行查处，以维护法律的严肃性，促进社会稳定。

三者是紧密结合、相辅相成的，缺一不可。

管什么，怎么管的问题很复杂，情况千差万别，认识也不完全一致，希望同志们在今后实际工作中进一步探索总结。

四、进一步加强社团管理工作人员队伍自身建设，树立社团管理机关的模范形象。这次会上，大家就社团管理工作机构、人员、经费等方面提了一些意见和要求，我认为是合理的，我们一定很好地研究，认真反映并据理力争。在这里我还要强调一下，发挥中央和地方两个积极性的问题。需要中央解决的，我们将尽可能争取，努力为大家创造一些条件。属于地方权限范围内解决的一些问题，你们回去积极向各级政府汇报，争取政府的支持。会上几个省、市介绍了很好的经验，希望同志们回去向领导汇报，积极争取领导的支持。在自身建设方面，要从现有人员开始，不仅要注意业务培训，更重要的是进行职业道德教育、事业心和责任感教育、廉洁勤政教育。社团管理工作，在人们心目中是有职有权的工作，各方面对我们从事这项工作的人员都很关注，所以我们的一言一行都直接关系到社团管理机关的声誉和国家公务员的形象。希望同志们继续发扬民政部门的“孺子牛”精神，热爱我们所从事的事业、珍惜我们国家公务员的名誉，维护国家行政管理机关的形象，全心全意地为人民服务。由于社团管理工作的特殊性，在我们工作决策过程中，在对一些重大的问题的处理时，一定要注意调查研究，坚持民主集中制，群策群力，集思广益。要建立健全必要的工作制度，注意工作的民主化、科学化、规范化，从而保证我们的工作正确、有序、顺利地进行，尽量避免工作上的疏忽和失误。

社团管理工作是极复杂和全方位的工作，大家回去以后，在工作中要主动及时向党委和政府汇报，反映情况，争取各级党和政府的领导。我也希望各级党委和政府把社团管理工作摆上议事日程，关心支持社团管理工作，并为社团管理工作创造必要的条件，特别是在机构改革中，社团管理机关能够得到进一步加强与充实。我们相信，在各级党委和政府的领导下，在同志们共同努力下，全国社团管理工作将会上一个新的台阶。

谢谢大家。

民政部副部长徐瑞新
在部分社团负责同志座谈会上的总结讲话

（1996 年 5 月 21 日）

最近，党中央、国务院领导同志对加强社团管理作了重要指示，提出了新的要求。为此，民政部正在起草《关于加强全国性社会团体登记审批工作的意见》，而且还准备在今年第四季度召开第二次全国社团工作会议。今天开这个会的目的就是借此机会听听大家的意见，集思广益，以便制定一个切实可行的文件，使它既符合中央、国务院严格审批、严格管理的要求，又能够保证社团充分发挥作用。目前，全国性社团的基本情况是这样的，到去年年底，全国性社团共有 1810 个。1992 年以来，每年以 200 个的速度增加，可以说总量是相当大的。我们认为，对成立全国性社团实行总量控制已是势在必行。就社团本身而言，也是千差万别的。有的很大，如参加政协的八大团体，在座的中华医学会，名气很大，规模很大，工作做得也很好。但是，也有一些社团，成员很少，业务单一，活动也不多。特别是一些综合性社团，和行业协会不一样，它没有一个十分确定的宗旨、任务，什么都干，出问题也最多。据我们初步统计，在 1810 个全国性社团中，真正能够很好地按宗旨开展活动的只占 20%，也就是说，只有 400 个左右；而基本上没有活动或内部矛盾重重，闹不团结的也在 20% 左右；剩下的 60% 属于也开展一些活动，但作用不大。这就是我们全国性社团目前的基本状况。这种状况说明了什么呢？说明全国性社团的发展与我国经济、社会的发展不够协调，一段时间内社团发展过快、过滥。同时也反映我国社团工作中存在的“三个滞后”，即法制建设滞后、社团工作环境滞后、社团管理工作滞后。

法制建设滞后。社团是社会发展到一定阶段的产物，是公民结社自由的表现。规范公民结社和社团活动的依据，应当是结社法。可是，目前我国结社法还没有出台，现在只有一个《社会团体登记管理条例》，算是法律依据。但是，这个条例是不够完整的，诸如社团怎么开展活动，管理机关怎么加强管理，业务主管部门管什么，登记管理机关管什么，都没有明确的界定。正如中华医学会同志讲的，谁该管什么职责不清。这个问题不解决，加强管理只是一句空话。因此，要加快立法步伐，尽快明确各自的职责。只有有法可依，才能执法必严。

社团工作环境滞后。社团的发展一定要与社会经济的发展相适应，这是最重要的环境，不能超前，也不能滞后。党的十四届三中全会的决定中已明确提出在社会主义市场经济中社团要发挥中介组织作用。但是，社会主义市场经济体制的建立要有一个过程，政府职能的转变也还没有到位，社团发挥中介组织的环境还很不完善。目前不少社团表现为“三化”、“两不到位”。所谓“三化”，即行政化色彩很浓，自主意识较弱；老龄化严重，成为机关安排离退休人员的场所；不少社团经费严重不足，出现贫困化。“两不到位”，即该转给社团的职能不到位，应发挥的作用不到位。

社团管理工作滞后。国务院明确规定，社团管理职能在民政部，而社团管理司做为民政部的一个内设司只有 20 位同志，要管 1810 个社团，同时还要对全国社团工作进行指导，力量明显不足。该做的事情无力去做。所谓加强管理主要三个环节，即登记管理、日常管理和监督管理。实现上述三个方面的管理就必须具备一定力量和手段，不解决这些问题是不行的。

针对目前存在的三滞后现象，我们应该大力强调：一是充分发挥社团在社会主义市场经济中的作用，二是加强社团工作的管理。这两句话充分反映了我们当前社团工作的基本实际和要求，也符合中央、国务院的精神。

关于民间组织管理工作几个主要问题的说明

——在加强民间组织管理维护社会稳定工作会议上的讲话

（1998年11月22日）

民政部副部长　徐瑞新

同志们：

昨天下午，同志们认真学习讨论了尉健行同志的指示、罗干同志的讲话和多吉才让部长的工作报告，结合本地区、本部门的情况提出了不少建议和意见。下面我就几个主要问题作说明。

一、对民间组织为什么要实行归口登记和双重管理体制

对民间组织实行归口登记和双重管理体制，是中共中央办公厅、国务院办公厅《关于加强社会团体和民办非企业单位管理工作的通知》（中办发〔1996〕22号）文件中提出的。归口登记的意义主要有两个：一是要规范社会组织的管理格局。长期以来，社会团体、民办非企业单位、企业、事业单位四者界定不清，管理上比较混乱。随着经济的发展和社会的进步，很有必要对这几类社会组织进行科学分类，规范管理。最近三个条例颁布，从法规上明确了事业单位和民办非企业单位的定位，各类社会组织将各自拥有独立的法律地位，所以就需要归口登记。今后，企业由工商部门登记，事业单位由编制部门登记，民间组织（社团和民办非企业单位）由民政部门登记。由此形成了符合我国国情的较为科学的社会组织管理体系。二是实行归口登记有利加强管理。过去一段时间，由于各部门都有权批准成立民间组织，曾一度出现发展过滥、总体失控的现象，民间组织的法人资格赋予工作十分混乱。为了避免这种现象发生，中央提出民间组织归口由民政部门登记。归口登记不是将审批权统统集中到登记管理机关，而是首先由业务主管单位审核把关，然后由民政部门依据统一的法律尺度，给社会组织登记注册，颁发证书，确立法人资格。由此形成业务主管单位与登记管理机关职能的合理分工，并形成相互制约机制。

我国民间组织涉及面广，情况复杂，仅靠登记管理机关很难进行全面有效的管理。民间组织经过登记取得合法身份以后，大量的日常管理工作应由熟悉其业务的业务主管单位管理。中办发〔1996〕22号文件对业务主管单位和登记管理机关的职责作了明确的分工。业务主管单位的职责是：审查申请登记，思想政治工作，党的建设，财务活动，人事管理，召开研讨会和对外交往等重要活动安排，接受资助等。在这些方面出了问题，追究业务主管单位的领导责任。登记管理机关的职责是：研究制定有关政策法规并组织实施，登记审批，指导、监督民间组织的活动，查处违法违纪行为。因此看来，民间组织管理工作的好坏，责任在业务主管单位和登记管理机关两家，所以双方要既分工又合作，形成行政管理的合力。

最近国务院颁布的《社会团体登记管理条例》和《民办非企业单位登记管理暂行条例》对登记管理机关和业务主管单位的职责作了法律规定。业务主管单位负责社团筹备登记及社团和民办非企业单位成立登记、变更登记、注销登记前的审查；监督、指导社团与民办非企业单位遵守宪法、法律、法规和国家政策，依据其章程开展活动；负责社团和民办非企业单位的年度检查的初审；协助登记管理机关和其他部门查处社团和民办非企业单位的违法行为；会同有关机关指导社团和民办非企业单位的清算事宜，等等。登记管理机关负责社团和民办非企业单位的成立、变更、注销的登记或备案；对社团和民办非企业单位实施年度检查；对社团和民办非企业单位违反条例的问题进行监督检查，对社团和民办非企业单位违反条例的行为给予行政处罚。今后，民间组织管理的具体工作要按条例规定进行，大家从维护全局利益的角度出发，加强协作，使双重管理体制有效运转。

这里我想特别对业务主管单位审查申请登记和人事管理两项职责作说明。所谓审查申请登记，包括对成立申请登记和变更、注销申请登记的审查。也就是说，你可以同意成立这个社团或民办非企业单位，同意社团或民办非企业单位的变更申请或注销申请，也可以审查后不同意他们的申请。对已成立的社团或民办非企业单位，在经过一段时间后，业务主管单位管理该社团或民办非企业单位的活动超越本部门的职能范围，或者因机构改革，业务主管单位已经不再具备原来的管理职能，或者该社团或民办非企业单位不接受业务主管单位的指导、监督和管理等，业务主管单位可以向登记管理机关提出不再作为该社团或民办非企业单位的业务主管单位。在规定的时间内，该社团或民办非企业单位如找不到业务主管单位，登记管理机关将按照条例的规定，以该社团或民办非企业单位不再具备成立条件予以注销。人事管理很重要一点是对社团领导人选的甄选。社团秘书长以上领导人选要经过业务主管单位考核推荐，然后由会员大会或理事会民主选举。社团领导人的调整、撤换，业务主管单位有权提出意见，最后由社团民主程序决定。

另外，很多同志提出，给我们业务主管单位增加了很多任务，责任这么重，既没有机构，又没有编制，我们怎么办？我认为，中办发〔1996〕22号文件对这个问题已讲的很明确：采取切实可行的措施，加强机构建设，核定编制，充实人员，核拨必要业务经费。现在关键是要抓落实。在机构改革、精简人员的形势下，要增加很多人是不现实的，希望各地区各部门提高对民间组织管理工作重大意义的认识，认真落实中央文件精神，在这次机构改革中，力争较好地解决编制、人员和经费问题，使这项工作确实有人管，完成好中央交给的艰巨任务。

二、关于民间组织的非营利性问题

《社会团体登记管理条例》和《民办非企业单位登记管理暂行条例》明确规定，社会团体与民办非企业单位是非营利性社会组织，不得从事营利性经营活动。这符合社团与民办非企业单位的本身属性。

那么，民间组织依靠什么生存呢？

我们说非营利性并不等于不营利。非营利性组织和营利性组织的根本区别不在于是否营利，而在于对获得的收益如何处理。非营利性组织按照其章程规定开展活动取得的合法收入即营利，必须全部用于其章程规定的业务活动，不得在会员中分配；非营利性组织注销后的剩余财产，必须按照国家的有关规定处理，不得转移或私分。这是国际惯例。条例规定民间组织不得从事营利性经营活动，这是仅指民间组织自身而言。民间组织为了生存和发展，可以投资设立企业法人，可以设立非法人的经营机构。但不得以社团自身的名义进行经营活动。社团从事经营活动，必须经工商登记，照章纳税。民政部和国家工商局联联合下发的《关于社会团体开展经营活动有关问题的通知》（民社发〔1995〕14号）仍有效。

三、关于县（处）级以上党政机关领导干部不在社团兼任领导职务问题

中共中央办公厅、国务院办公厅于今年7月份下发了《关于党政机关领导干部不兼任社会团体领导职务的通知》（中办发〔1998〕17号）要求县处级以上党政机关现职领导干部不兼任社团的领导职务，目的是为了适应我国政治体制改革和经济体制改革的需要，加快政府职能的转变，让社团按照章程独立自主地开展工作，充分发挥社团应有的作用。通知下发后，许多地方认真贯彻执行。但有少数在社团兼职的领导干部不能领会这个精神，他们从社团自身发展的角度提出了不同的看法。这种想法是可以理解的。但是，我们要从政府机构改革的大局，从培育发展中介组织的长远需要，来思考这个问题。社团只有真正摆脱事事依赖政府的状况，按照章程独立地开展活动，才能更好地发挥社团的桥梁和纽带作用。所以，我们各级领导干部要正确理解中央这一决定的意义，带头执行好这个规定。

该通知下发后，不少地方和部门询问有关领导干部兼职的具体问题。为此，我部经中组部同意，下发了《关于对〈中共中央办公厅、国务院办公厅关于党政机关领导干部不兼任社会团体领导职务的通知〉有关问题的解释》（民社函〔1998〕224 号）。这个文件的主要内容是：

1. 明确了特殊情况确需兼任社团领导职务的审批程序，以及审批中应掌握的原则；

2. 明确了干部兼职按照干部管理权限由组织、人事部门审批；

3. 明确了通知中规定的适用范围；

4. 明确了人大机关、政府机关中不能兼职的领导干部范围，等等。

各地可结合本地情况，制定具体的实施办法。

四、关于民办非企业单位的界定及与其他社会组织的区别

民办非企业单位是中共中央办公厅、国务院办公厅《关于加强社会团体和民办非企业单位管理工作的通知》（中办发〔1996〕22 号）文件中提出的。中央为了对社会组织进行分类管理，将原民办事业单位改为民办非企业单位，列入民间组织，归由民政部登记管理。这次国务院颁布的《民办非企业单位登记管理暂行条例》对民办非企业单位作了界定，即：企业事业单位、社会团体和其他社会力量以及公民个人利用非国有资产举办的、从事非营利性社会服务活动的社会组织。民办非企业单位有五个基本特征：

1. 民间性。即民办非企业单位不是由国家机关投资举办或组建的，资金来源也没有政府财政性拨款。

2. 非营利性。它不从事产品生产和流通及为流通而提供的系列服务，而是从社会需要出发，为社会文化、教育、科技、卫生等公益事业方面提供服务，追求的是社会效益，不以营利为主要目的。因此它具有明显的非企业特点。

3. 社会性。它不是各种社会组织的内设机构或附属机构，而是面向社会开展服务活动的实体。

4. 独立性。它的人事、业务等问题由单位自己决定，业务自主，人员自聘，且不需经编制部门核定行政或事业编制。

5. 实体性。它是由固定专业、固定场所和固定人员构成的一个单位实体。

民办非企业单位与事业单位的区分主要在于举办主体和资金来源。凡是由国家机关举办，或者其他组织利用国有资产举办的，从事教育、科技、文化、卫生等活动的社会服务组织，叫事业单位；民办非企业单位则是由企业事业单位、社会团体和其他社会力量以及公民个人利用非国有资产举办的、从事非营利性社会服务活动的社会组织。

民办非企业单位与企业的区别，主要是在于是否从事营利性经营活动。企业进行营利性经营活动，以追求最大利润为目的，利益可以分配，财产可以转让、出售。民办非企业单位则不能从事营利性经营活动，开展活动所得的合法收入不得在会员中分配，必须用于章程规定的业务活动，注销登记时，财产不能转让、私分。

民办非企业单位与社团同属于民间组织，但它们之间也有区别。社团是由会员集合而成的群众组织，按照会员共同意愿，根据其章程开展活动。民办非企业单位不实行会员制，它是由固定人员、固定专业、向社会提供服务的实体。

在今后的工作中，我们应当将民办非企业单位、事业单位、企业、社团四者的界限分清，实行不同的管理制度，避免管理上的混乱。

同志们，民间组织管理工作还有很多问题需要研究解决。今天由于时间的关系，不能对所有问题一一说明。有一些问题还要与有关部门协商。这次国务院颁布的两个条例，标志着我国民间组织管理工作进入了一个新阶段，给解决民间组织管理问题带来契机。目前民政部正在抓紧研究制订有关政策法规，许多问题将得到逐步解决。

谢谢大家。

在宣传贯彻《社会团体登记管理条例》《民办非企业单位登记管理暂行条例》新闻发布会上的讲话

民政部副部长　徐瑞新

同志们：

《社会团体登记管理条例》和《民办非企业单位登记管理暂行条例》已经国务院常务会审议通过，并由朱镕基总理签发，于1998年10月25日正式发布实施了。这两个条例的出台，标志着我国民间组织管理工作开始走上规范化、法制化的轨道。这是我国政治、经济生活中的一件大事，是我国社会主义民主法制建设的又一重大成果，具有重大的现实意义和深远的历史意义。今天，我很高兴地和国务院法制办、中央机构编制委员会办公室的领导同志一起参加新闻发布会。我代表民政部，对各位记者的到来表示欢迎和感谢。

改革开放以来，尤其是建立社会主义市场经济体制以来，我国民间组织呈现强劲的发展势头。目前，我国在各级民政部门登记注册的各类社会团体已有20万个，各部门审批的民办非企业单位据初步统计有70万个左右。民间组织遍及全国各地，涉及社会生活的各个方面，成为与行政单位、事业单位、企业单位有着密切联系的社会组织，在我国政治、经济、文化、科技等领域发挥着越来越广泛的积极作用。实践表明，民间组织是联系党和人民群众的桥梁和纽带，是政府工作的有力助手，是社会主义市场经济体制的有机组成部分，是建设社会主义物质文明和精神文明的一支生力军。

党中央、国务院历来十分重视民间组织在社会主义两个文明建设中的积极作用。十一届一中全会以来，党和政府的许多重要文件多次提到发展社会中介组织，将其列入政府工作计划。1996年，中央政治局常委会专门研究了民间组织的工作，就民间组织管理的指导思想、管理原则和目标任务作出了一系列的重大决策。党的十五大报告又进一步明确提出培育和发展社会中介组织，并以此作为促进经济体制和政治体制改革的一项重要措施。我国民间组织之所以有今天这样蓬勃发展的局面，是党中央、国务院关怀、重视和正确领导的结果。我们相信，在党中央、国务院的领导下，我国民间组织在社会主义两个文明建设中的地位和作用将会越来越显著，其发展前景将越来越广阔。

1989年10月，国务院发布了《社会团体登记管理条例》。该条例对恢复因十年动乱而中断的社会团体登记管理工作，促进社会团体的发展，起到了至关重要的作用。但是，随着社会主义市场经济体制的建立，原《条例》的某些规定已不适应社会和经济发展的需要。因此，修订《社会团体登记管理条例》成为迫切需要。与此同时，民办非企业单位一直没有建立统一登记管理制度，民办非企业单位的法律地位不明确，一些单位自行审批设立民办非企业单位，致使有的地方民办非企业单位盲目发展；有的业务主管单位管理职责不落实，批而不管，放任自流。很有必要通过立法规范民办非企业单位的登记管理，促进民办非企业单位的健康发展。

1996年，民政部和国务院法制办根据中央部署，开始修订《社会团体登记管理条例》，制定《民办非企业单位登记管理暂行条例》。在两个条例起草过程中，我们以邓小平理论为指导，就民间组织管理的重大问题进行了广泛深入的调查研究，多次征求了有关单位和部门的意见，听取了众多专家、学者、行政管理干部和民间组织工作人员的建议，总结了我国民间组织管理的经验和教训，参考了国外先进的管理经验和国际惯例，然后结合我国国情反复论证，经过两年多的紧张工作才得以完成。因此可以说这两个条例比较切合我国民间组织的实际。两个条例对社会团体和民办非企业单位分别作了界定，确立了各自的组织特征和法律地位；规定了对社会团体、民办非企业单位实行登记管理机关与业务主管单位双重管理体制和分级登记管理体制，同时明确了登记管理机关与业务主管单位各自的职责；完善了登记条件和登记程序；保障了社会团体和民办非企业单位的合法权益；规范了社会团体和民办非企业单位的基本行为，强化了以章程为核心的自我管理机制；明确了违规行为的处罚措施。此外，两个条例对登记管理机关和业务主管单位的行为约束与监督也提出了具体要求。

两个条例是新时期我国民间组织管理的重要法规。它的颁布实施，有助于保障公民的权利，维护公民的合法权益；有助于民间组织规范自身行为，健全内部管理制度；有助于政府对民间组织正确引导，加强管理；有助于社会组织依法开展活动，形成社会生活新秩序。总之，两个条例的颁布实施对推动我国民间组织的健康发展，确保国家的长治久安，促进社会主义现代化建设事业，将起到十分重要的作用。

不久前，国务院批准了民政部机构改革的“三定”方案，明确民政部门承担民间组织登记管理的职能，同意民政部撤销社会团体和民办非企业单位管理司，成立民间组织管理局。现在两个条例颁布实施了，在法律上确定了民政部门的执法内容和执法地位。各级民政部门将抓住这一有利时机，采取有力措施，掀起学习、宣传、贯彻两个条例的热潮；要求广大民政干部尤其是领导干部带头学习，深刻领会两个条例的精神实质，提高对抓好民间组织管理工作重大意义的认识；有计划地对各级民间组织登记管理机关的干部和民间组织负责人普遍进行条例知识的培训，加强对条例的学习指导；督促社会团体依照新条例重新修订章程，对审定合格的社团换发证书；尽快依法启动民办非企业单位统一登记管理工作，着手制定配套政策和实施细则；进一步加大执法力度，提高执法水平，切实做到有法必依，执法必严，违法必究。

当前，我国正面临着难得的发展机遇。我们各级民政部门将坚定不移地以邓小平理论为指导，在以江泽民同志为核心的党中央领导下，按照社会主义市场经济体制的要求，坚持对民间组织实行培育发展和监督管理并举的方针，不断完善我国民间组织的法律法规体系、行政管理体系和社会监督体系，充分发挥民间组织在社会主义物质文明和精神文明建设中的作用，为维护社会稳定、促进经济发展和社会的全面进步作出积极贡献。

衷心希望新闻界的朋友们一如既往地支持、配合我们做好两个条例实施的宣传工作。

谢谢大家！

民政部副部长徐瑞新
在加强民间组织管理工作会议上的总结讲话

（1999 年 12 月 8 日）

加强民间组织管理工作会议今天就要结束了。几天来，同志们认真学习了中共中央办公厅、国务院办公厅《关于进一步加强民间组织管理工作的通知》，对中央决定进一步加强民间组织管理工作的重要意义有了更深刻的认识；讨论了司马义·艾买提同志关于加强民间组织管理工作的讲话精神、多吉才让同志的工作报告和《民办非企业单位登记暂行办法》等文件，交流了各地在民间组织管理工作方面的成功经验，大家畅所欲言，结合本地区的实际对民间组织管理工作提出了许多好的建议和意见。通过学习和讨论，提高了认识，统一了思想，达成了共识，明确了任务，会议达到了预期的目的。下面，我就同志们关心的问题讲几点意见。

一、关于会议的共识

在这次会议上，通过学习讨论中办发〔1999〕34 号文件和司马义·艾买提国务委员的讲话以及多吉才让部长的报告，联系近年来的管理工作的实际，大家在以下几点上达到了共识：

一是民间组织管理工作事关大局，具有很强的政治性、敏感性，必须从讲政治的高度认识加强民间组织管理工作，维护社会政治稳定。关于这一点，同志们联系实际，深有感触。不少同志以我们与“法轮功”邪教组织进行的这场严肃的政治斗争为例，总结经验，吸取教训。北京等地的同志在发言中，认真总结了同境内外敌对势力进行的斗争，深深体会到，如果政治意识、政治观念不强，不能从讲政治的高度认识民间组织管理工作，就会给敌对分子可乘之机，就会妨碍改革开放的进程，阻碍经济的发展，给党和人民的事业带来损失，危害社会政治稳定的大局。

二是双重负责的管理体制是加强民间组织管理工作的核心内容。民间组织管理工作单靠一家不行，必须发挥业务主管单位和登记管理机关两个部门的积极性，两个部门各司其职，各负其责，密切配合。有的同志说，体制问题是加强管理工作的关键，管理体制顺不顺，直接关系到管理工作的好坏。一些长期从事民间组织管理工作的同志说，在过去的一段时间，没有确立双重负责的管理体制，把关不严管理松散，不但成立了不少不该成立的社团，还出现了不少违法违纪的问题，严重危害了社会政治稳定。这种状况直到双重负责的管理体制建立以后，才得到了有效的遏制。历史经验表明，双重负责的管理体制是完全符合我国民间组织管理实际的。也有的同志指出这些年来社会团体管理中出现的问题，不少出在双重负责的管理体制贯彻落实不力上。凡是登记管理机关和业务主管单位配合得好的地方，民间组织发展就顺利，管理工作就卓有成效；相反，两个部门互不通气，相互推诿，管理工作就差。大家认为，两办通知把双重负责的管理体制提高到加强管理工作的核心地位，抓住了做好管理工作的关键所在。

三是机构、队伍建设，是加强民间组织管理工作的基础。北京的同志发言说得好，有没有高效的办事机构和强有力的管理队伍，工作大不一样。就查处非法组织而言，如果北京没有在 1990 年成立专门的登记管理机关和而后成立的专门的执法队伍“监察大队”，就不可能形成今天的民政、公安等部门协调互动、快速反应的查处打击工作机制，就不能很好地维护首都的社会政治稳定。上海的情况也是如此。上海市各类民间组织将近1.6万个，原来市区（县）管理干部只有60人，与民间组织发展状况极不适应。管理力量不足，严重制约了管理工作水平的提高，没有人就失去了工作的基础，许多问题想干干不了。今年，市委、市政府批准成立了副局级的上海市社会团体管理局，批给行政编制50名，不仅为管理工作上台阶提供了一个良好的基础，干部的情绪也得到了巨大的鼓舞。同志们认为，中办发〔1999〕34号文件用了很长的篇幅，专门要求各级党委和政府在机构改革中对民间组织管理机构、编制和管理队伍问题予以足够重视，我们应该借两办通知的东风，争取彻底解决机构编制问题，为加强民间组织管理打下坚实的基础。

四是加强党对民间组织的领导，在民间组织中普遍建立党组织，确保民间组织正确的政治方向，是加强民间组织管理工作的重要一环。同志们说，党建工作薄弱是民间组织普遍存在的突出问题之一。即使在一些经济发达的沿海省市，在省市级社团中建立党组织的社团也不足10%，严重地影响了党的方针政策在民间组织中的贯彻执行。有同志说，中组部、民政部《关于在社会团体中建立党组织有关问题的通知》下发后，各地制定了一些贯彻意见，进行了以多种形式在民间组织中建立健全党的基层组织、努力消除空白点的探索，取得了可喜的成果。在社团中建立党组织，加强党对民间组织的领导，保证民间组织正确的政治方向，提高民间组织的自律水平，减少违法违纪事件发生，为做好管理工作提供有利条件。还有的同志说，这次民政部在部署民办非企业单位启动工作时，把在民办非企业单位中建立党组织的情况作为复查登记的一个重要条件，抓住了加强民间组织管理工作的重要环节，我们要认真贯彻执行。

五是依法查处民间组织违法行为，取缔、打击非法组织是目前加强民间组织管理工作的重点。讨论中，同志们一致认为，在当前国际国内复杂的斗争背景下，两办通知的下发，非常及时，是一个指导我国民间组织管理工作的非常重要的纲领性文件。通知中谈到的非法组织的猖獗活动，更说明了当前依法查处违法行为，取缔、打击非法组织，对维护社会政治稳定的极端重要性。北京、浙江和河南的同志列举的具体事例清楚地说明，国内外敌对势力插手民间组织，企图把民间组织作为向我渗透的阵地，同我进行合法斗争，已成为社会政治稳定的极大隐患。"中国民主党"事件，就有复杂的国际背景，对此我们应该保持高度警惕。对那些企图颠覆社会主义制度、推翻共产党领导的敌对组织，要坚决打击，绝不手软。一些民族地区的同志，也结合本地区民族分裂主义非法组织活动的情况，交流了依法查处他们违法犯罪活动，取缔、打击非法组织工作的经验。

民间组织管理工作涉及社会的方方面面，是一项复杂的系统工程，各地民间组织及其管理工作的情况又千差万别，难点问题很多。然而，只要我们找出民间组织及其管理工作存在的具体普遍性和规律性的问题，并就此达成共识，就能循此找出解决问题的方法，取得事半功倍的效果。从这个意义上说，我认为，这次会议达成的共识，对指导民间组织管理工作具有十分重要的意义，也是这次会议成功的标志之一。

二、各地加强民间组织管理工作的经验给我们的启示

在这次会议上，7个省、市的同志介绍了他们在加强民间组织管理工作方面的做法和体会，从不同的方面总结了加强民间组织管理工作的成功经验。会议讨论中，大家都认为这些经验非常宝贵，给人以深刻的启迪，值得借鉴，是会议的一大收获。概括起来，这些经验给了我们如下三个启示：

一是领导重视和支持是做好民间组织管理工作的重要保证。民间组织管理工作能否做好，关键在领导。这里说的领导重视有两个方面的内容：一方面，是民政部门要积极向党委和政府汇报民间组织管理工作的情况，争取党委、政府领导同志的重视和支持，使党委、政府掌握民间组织发展和管理的

动态，能够及时研究、解决工作中出现的问题。上海、浙江、湖北等地的经验都说明了这一点。另一方面，是民政部门领导的重视和支持。凡是把民间组织管理工作列入民政部门重要议事日程，建立领导责任制，主要领导亲自抓，经常过问、周密部署的地方，民间组织的管理工作都取得了较大的成绩。民政部门主要领导重视了，工作主动了，就能争取到党委和政府领导同志的重视和支持，民间组织管理工作就能列入党委和政府的工作大局，管理工作中的难点问题得到较好的解决。青海省民间组织管理局建立的过程，很好地说明了这一点。

在此，以民政部门主要领导要重视民间组织管理工作的问题，我还想多讲两句。我们作为职能部门，特别是职能部门的领导，我们的认识如何，差距在哪里？湖北贾厅长发言中讲到："在厅内实行倾斜政策"，我很受感动！各省市区都对照一下做的如何。向党委、政府争取机构、编制有必要，但挖掘内部潜力更现实。认真想想，本单位把民间组织管理放在什么地位更能解决实际问题。大家都知道，民政工作的宗旨是"上为中央分忧，下为百姓解愁"，在加强民间组织管理这个事关全局的事情上，我们肩上的责任有多重！

二是民政部门深入调研，精心组织，充分发挥职能部门的主管作用，是做好工作的基本前提。民间组织管理工作涉及社会生活的各个领域，是一项复杂的系统工程。不论是制定政策还是贯彻落实上级的部署，都需要作周密组织，精心安排，深入调查研究，协调与有关部门的关系，发挥主观能动性，才能做好工作。几位同志的发言充分说明了这一点。这次部里出台的《民办非企业单位登记暂行办法》，就吸取了山东等地对民办非企业单位的调研成果。他们所以能取得这样的成绩，是和他们主动出击，周密部署，认真协调，充分发挥工作的主动性、创造性分不开的。

三是不断完善民间组织法规政策体系是提高民间组织管理工作规范化、法规化水平的根本途径。党中央、国务院高度重视民间组织管理工作，制定了民间组织管理工作的大政方针，颁布了《社会团体登记管理条例》和《民办非企业单位登记管理暂行条例》等行政法规，民政部和有关部门也制定了一系列配套的规章政策，基本改变了民间组织管理工作无法可依的状况，初步将民间组织管理工作纳入规范化、法制化的轨道。但是，正像江西的经验所指出的那样，要进一步提高民间组织管理工作的规范化、法制化的水平，还有许多工作要做，需要在许多方面制定法规政策使之形成体系，也需要地方在执行国家法律法规政策的前提下，制定符合本地情况的地方法规，或作出明确、具体的政策规定。江西的经验表明，只要下大气力，完善法规政策体系，坚持依法行政，就能不断地提高民间组织管理工作的规范化、法制化水平。目前，民间组织在税收、财会、人事、工资和员工社会保障等方面的规章政策尚待制定，要使民间组织管理工作真正做到规范化、法制化，还需我们共同努力去争取。

三、对贯彻落实会议精神的几点要求

这次会议是贯彻落实中办发〔1999〕34号文件精神，研究加强社团管理，部署民办非企业单位启动工作的重要会议。下面我对贯彻落实会议的精神提几点要求：

同志们回去以后，首先要向党委、政府汇报好这次会议的精神，要结合为党委、政府起草向党中央、国务院上报本地区贯彻落实两办通知情况的报告，使党委、政府了解本地区民间组织管理工作的基本情况和存在的主要问题，争取党委和政府的支持，按照中央的要求，解决好民间组织管理工作的贯彻编制、业务经费、工作手段和快速反应机制等问题。要在全体民政干部、特别是厅（局）领导和从事登记管理的干部中，认真组织学习两办通知、司马义·艾买提国务委员的重要讲话和才让部长的工作报告，认真领会会议精神。各地要结合本地区民间组织管理工作的实际，制定贯彻落实的具体措施，并把贯彻落实的情况向民政部报告。

社会团体清理整顿的收尾工作和气功类社团的专项清理工作，是一项十分敏感、政治性很强的工作，也是近期民间组织管理的一项重要工作。各地要按照中办发〔1999〕34号文件的要求和才让部长的布置，高度重视，抓紧抓细抓实。对气功类社团的专项清理工作，尤其是注意把握政策界限，中央、国务院要专门发文部署，民政部还要制定总体方案，各地回去后，先进行调查研究，不忙于动手，待中央文件和民政部工作方案下达后再按照中央的要求、部署，统一行动。在组织专项清理中，遇到问题，及时请示，绝不能在这个问题上捅漏子、出问题。

关于民办非企业单位登记管理的启动工作，多吉才让部长在工作报告中已做了具体部署，各地要认真贯彻执行。在此，我想强调两点：一是启动工作一定要扎扎实实、稳步推行。对民政部门而言，民办非企业单位登记管理工作是一个新课题。民办非企业单位数量大，而且在种类和地域上发展都不平衡，加上管理体制变化带来的种种矛盾，必然给启动工作带来许多意想不到的困难。因此，各级民政部门一定要充分认识启动工作的艰巨性，高度重视，慎重初战，在做好调查研究和试点工作的基础上，制定启动方案、培训工作人员。要树立全国一盘棋的思想，遇到新的情况、新问题，及时向民政部请示报告，以便妥善解决。二是要特别注意处理好与业务主管单位的关系。在民办非企业单位的管理工作中，业务主管单位侧重日常业务管理，登记管理机关主要进行宏观管理和执法监督。民政部门的同志要积极主动地和业务主管单位的同志进行协商、沟通，按照中央的要求和《条例》的规定，两个部门要各负其责，密切配合，形成合力，切实做好民办非企业单位登记管理的启动工作。

同志们，民间组织管理工作是一项政治性很强的工作，是一项光荣而艰巨的任务。新的世纪即将到来，希望大家在今后的工作中认真学习贯彻落实两办文件精神，积极努力，开拓进取，做好工作，为新世纪的民间组织管理工作开一个好头。

不负重托　迎接挑战
开创新世纪民间组织管理工作新局面
——在全国民间组织管理经验交流会上的讲话

（2000 年 12 月 12 日）

民政部副部长　徐瑞新

同志们：

在新的世纪即将来临之际，民政部召开民间组织管理经验交流会，是十分重要的。一是要分析形势，明确“十五”期间我国民间组织管理工作的目标和任务；二是要总结今年民间组织管理工作，部署明年的工作；三是要总结推广一年来民办非企业单位复查登记的试点经验，部署明年全面开展民办非企业单位复查登记工作。司马义国务委员亲临会议并作重要指示，这对我们是很大的鼓舞和鞭策。希望通过这次会议，大家进一步提高认识，统一思想，勤奋工作，使二十一世纪民间组织管理工作有一个良好的开端。

在即将过去的一年里，全国民间组织管理战线的同志们，认真贯彻党中央、国务院的战略决策，落实民政部的工作部署，克服困难，各项工作取得了显著成绩。党中央、国务院和民政部都是满意的。我代表民政部向你们，并通过你们，向全国民间组织管理战线的同志们致以衷心感谢和崇高敬意！

下面，讲三个问题。

一、今年工作的简要回顾

在党中央、国务院的领导下，经过全国各级民间组织管理干部的共同努力，今年民间组织管理工作的各项任务已圆满完成，尤其是重点工作成绩突出，一些基础性工作取得突破，达到了预期目的。

（一）顺利完成了民办非企业单位复查登记试点工作

按照去年的工作部署，今年初部里确定了有代表性的山东省青岛市、浙江省温州市、广东省深圳市、吉林省梅河口市和上海长宁区为部的试点，各省、自治区、直辖市分别选择了 1－2 个地区为省的试点，全国共计 60 余个市县。

各地党委、政府对试点工作高度重视，加强领导，周密部署，把试点工作当作贯彻中央决策、讲政治的大事来抓。浙江省委主要领导就温州市试点工作多次批示，亲自过问；青岛、深圳、肇庆等地抓紧制定复查登记方案，召开动员会议，做出具体工作部署。温州、梅河口、上海市长宁区等地通过广播、电视、报纸等形式进行广泛法制宣传。本着积极、稳妥、逐步推进的原则，调整加强复查登记工作力量，对当地民办非企业单位情况进行不留死角的调查。各地在大量调查研究，初步掌握民办非企业单位数量、活动领域、发挥作用状况等情况的基础上，进行了复查登记工作，至 2000 年 11 月已登记 5868 个。

试点期间，民政部与科技部、国家体育总局、卫生部、文化部制发了双边文件，就有关民办非企业单位登记管理问题做出具体规定。各地也积极与体育、劳动、教育等部门合作，制订出台双边文件，并与财政、税务等部门联系，着手制订人事、税务、财会等方面的政策规定，加大了复查登记工作的力度。

由于各地党委和政府的重视，有关部门的密切配合，民政部门的积极努力，确保了民办非企业单位复查登记试点工作进度和质量，取得了有益的经验，为全国民办非企业单位复查登记工作的全面开展，打下了良好的基础。

（二）气功类社团专项清理整顿工作取得了决定性胜利

气功类社会团体专项清理整顿工作，是继与“法轮功”邪教组织斗争之后又一场严肃的政治斗争，是今年民间组织管理工作的一件大事。在党中央、国务院的直接领导和中央“610”办公室的具体指导下，各级民政部门认真贯彻中央的部署。为做好这项工作，部里专门举办了省厅社团处长培训班，学习中央有关文件，提高认识，统一思想，全面部署工作。各地也先后召开会议传达贯彻，许多民政厅（局）长到会动员，要求从讲政治的高度，全力以赴完成中央交给的任务。通过学习，大家统一了思想，充分认识到气功类社会团体的专项清理整顿工作的重大意义。部里成立了以多吉才让部长为组长的处理对社会有危害的气功组织领导小组，抽调人员成立了部“610”办公室，有力地指导了各地的工作。各地在当地党委和政府的领导下，也成立了以民政厅（局）主要负责同志为组长的领导小组和精干的办事班子。各地民政部门主要负责同志经常听取汇报、指导工作。在工作中加强了上下沟通，民政系统内部，民政系统与党委、政府之间，都建立了畅通的情报渠道，信息畅达，为党委、政府决策提供了许多好的建议。

民政部门克服了人手、经费不足等困难，会同体育、卫生、公安等部门，对各种气功类社会团体的情况进行了认真排查。许多地方发挥民政部门管理社区工作的优势，发动街道、居委会的同志摸清情况，取得了准确的第一手材料。江西省、湖北省民政部门在深入调研、反复排查的基础上，列出了主要气功辅导站点负责人及重要骨干名单；安徽省民政部门与公安部门密切合作，在摸清了对社会有危害的气功类社会团体情况的基础上，制定了清理整顿实施方案，为取得专项清理整顿工作的全面胜利打下了坚实的基础。整顿期间，民政部门与业务主管单位密切配合，形成工作合力。业务主管单位主要负责做好气功类社会团体负责人的政治思想工作和气功类社会团体注销后的财产清算工作。民政部门主要进行协调。为了做好全国性气功类社会团体清理整顿工作，今年民政部召开了由有关业务主管单位负责同志参加的协调会，听取了他们对气功类社会团体的情况介绍和清理整顿的设想，研究问题，达成共识。由于双重负责的管理体制作用发挥得好，这项工作进展得十分顺利。

通过清理整顿，全国注销、撤销了2458个气功类社会团体，其中全国性4个。总体看，全国气功类社会团体专项清理整顿工作运行有序，效果明显，形势稳定，未出现明显的社会矛盾。

（三）社会团体清理整顿工作基本结束

全国社会团体清理整顿工作是从1997年4月起进行的。今年是清理整顿工作的关键阶段，针对社团清理整顿工作涉及面广，政策性强，情况复杂的特点，各地普遍建立了党委和政府领导挂帅，党委、政府、政法委、民政、公安、安全、银行、宣传、工商、财政等部门领导为成员的社会团体清理整顿工作领导小组。为了做好这项工作，各地都举办了工作人员培训班，加强了工作的力量。整顿期间，中共中央办公厅、国务院办公厅下发《关于进一步加强民间组织管理工作的通知》（中办发〔1999〕34号），各地党政主要领导认真组织学习，研究具体贯彻意见，下发专门文件部署工作。党政领导的重视，为社会团体清理整顿工作顺利开展起到了重要的保证作用。

民政部门积极与业务主管单位配合，协助业务主管单位制订部门工作方案，北京市、上海市、重庆市、河北省、宁波市等地民政部门与业务主管单位建立了联络员制度，及时通报情况，协调解决有关问题。安徽省明确了组织部、宣传部、公安厅、财政厅等19个省民间组织工作领导小组成员单位的职责分工。针对工作中出现的问题，民政部及时下发了《关于社会团体清理整顿审定工作有关问题的通知》（民社函〔1999〕97号），明确规定社会团体原业务主管单位未与社会团体新的业务主管单位办理交接手续前，必须继续承担其业务主管单位的职责，不得将社会团体推向社会。民政部还下发了《关于重新确认社会团体业务主管单位的通知》（民发〔2000〕41号），要求逐一重新确认社会团体的业务主管单位。各地据此制订了相应的规定，确保了业务主管单位管理职责落实到位。此外，民政部门还配合业务主管单位，将清理整顿和机构改革结合起来，调整社会团体的布局和结构，大力发展行业协会、商会等社会中介组织。民政部与国家经贸委多次研究，经中央同意，决定由国家经贸委设立一个专门负责社会团体管理的机构，承担业务主管职能，同时将部分行政管理工作委托给中国商业联合会等10个行业协会。

各地在清理整顿中都将社会团体党组织建设作为一项重要工作。认真贯彻中组部、民政部有关社会团体党的建设工作的规定，结合实际进行了卓有成效的探索。上海市专门成立了社会团体党建工作指导小组，针对社会团体面广量大、层次不一、情况复杂的特点，进一步明确了领导责任和工作目标。北京市采取边调查摸底、边组织建立、边解决问题的方法，加快了社会团体党组织建设步伐，目前凡具备条件的社会团体都已建立了党的基层组织。中共广东省委下发了《关于加强和改进思想政治工作的若干实施意见》，对社会团体党组织和思想政治工作提出明确要求，进一步推动了社会团体党建工作的深入开展。

在审查和审定工作中，各地坚持依法行政、从严把关，严格执行了清理整顿的质量标准。如对达不到法定条件的，或内部管理混乱未能正常发挥作用的社会团体，限期整改或办理注销登记。对党政机关现职领导人兼任社会团体职务和社会团体负责人年龄超过规定标准的，按规定审批或调整。对业务宽泛或相同相似的社会团体进行合并。对政治上有问题的或严重干扰社会经济秩序的社会团体予以撤销。对非法社会团体予以取缔。北京市社团管理办公室密切注意非法社会团体的动向，与有关部门紧密配合，做到发现一个打掉一个。1998年以来共查处非法社会团体259个，维护了首都政治和社会的稳定。

目前这项工作基本结束，通过清理整顿，全国社会团体总数由近20万个减至13.6万个，其中注销4.7万个，撤销1.2万个；全国性社会团体由1849个减为1500多个。社会团体数量减少了，质量有进一步的提高，结构逐步趋于合理。整个工作基本达到了预期的效果。

（四）法制建设和机构编制工作建设取得了突出成绩

今年以来，民间组织管理的立法步伐明显加快。我部在广泛调查研究的基础上，起草、修订了《在华外国民间组织登记管理暂行条例》、《基金会登记管理条例》和《取缔非法民间组织暂行办法》，目前《在华外国民间组织登记管理暂行条例》已正式上报国务院；《基金会登记管理条例》近期部务会议研究后将尽快上报国务院，力争明年颁布实施；《取缔非法民间组织暂行办法》已由民政部部长令发布施行。我部与科技部、国家体育总局、卫生部、文化部分别就科技类、体育类、文化类、卫生类、文化类民办非企业单位的登记管理工作签署了双边文件；与教育部、劳动部达成了共识，正在协商发文。地方民间组织立法工作也取得很大的成绩。许多地方从当地实际出发，制订了加强民间组织管理的政策规章。浙江省政府近日出台了《浙江省社会团体管理办法》。河南省地税局和民政厅共同制订了“民间组织税务登记及发票管理的办法”；北京市民政局与市科委、财政局、地税局共同制订了“科技类民办非企业单位税收优惠政策和票据管理办法”。

民间组织管理机构编制今年也有一定的突破。在政府机构改革、人员精简的情况下，各地民间组织管理机构普遍有不同程度的加强。全国省级民间组织管理机构普遍增加了编制，有的地方是大幅度增加，如上海市80人、天津市55人、广东省25人、山东省23人、贵州省20人、湖南省10人，福建省成立了两个办公室，编制共10人。在已完成机构改革的25个省、自治区、直辖市中，21个建立了民间组织管理局，青海、四川、安徽等省市还设立了事业编制的民间组织服务中心。市县一级的机构改革尚未开始，但有的地方先行一步，民间组织管理机构已经争取到位。如青岛市建立了编制30人的副局级民间组织管理局，所属市县也全部设立了民间组织管理局，增加了编制。吉林省梅河口市成立了编制10人的副局级民间组织管理局。在解决机构编制的同时，各地民间组织管理工作的经费也有所增加，办公自动化程度得到加强。

回顾总结今年的工作，有三点体会。

一是要坚定不移地贯彻中央的决策。民间组织管理工作有很强的政治性，这一点和其他业务工作不一样。而且这项工作非常敏感，直接关系到国家的大局、社会的稳定，很多大的思路以至具体的工作策略，都是由党中央、国务院直接决策甚至亲自领导的。因此，我们做好工作，首要一条就是要完整准确地理解中央精神，坚定不移地执行中央决策，跟中央保持高度一致。不允许强调特殊，自作主张、随意发挥。在这个问题上，既不能右，又不能左。今年，清理气功社团的工作之所以顺利进行，就是坚持了这一条。

二是要积极争取有关部门的支持和配合。民间组织管理工作涉及很多部门，仅靠民政一家，离开有关部门的支持配合将寸步难行。因此，一定要争取各个部门的理解和合作。在这个问题上，民政部门首先要有高姿态，要积极主动、耐心细致、不厌其烦、反复宣传，取得人家的理解。同时，也要相信有关部门会正确理解、执行中央的决策，允许人家有一个了解、认识的过程。只要工作到位，一定会有收获。民办非企业单位的试点，经过反复工作，最后与有关部门合作得都不错，就充分说明了这一点。

三是要充分发挥主观能动性。34号文件下发以后，不少地方乘势而上，工作取得了突破性进展。有的地方仍然停滞不前，面貌改变不大。同样的机遇，产生不同的后果，一个重要原因就是主观能动性的问题。搞好民间组织管理工作，不讲客观条件是不对的，但是，过多地强调客观也是不对的。具备了一定的条件，关键是要发挥主观能动性，积极争取。领导重视要争取，部门配合要争取，改善自身建设也要争取，只有三分客观因素加上十分的主观努力，才能创造更好的条件，不断改进我们的工作。

今年工作也存在一些问题。一是对民间组织管理工作重要性的认识还不到位。一些民政部门的领导思想上并未引起足够的重视，没有摆上议事日程，缺乏抓紧抓好的积极性、主动性。二是工作不够平衡。有些地方工作进展缓慢，落后于全国的进度。个别地方的民办非企业单位试点工作至今没有开始。三是法制建设仍然滞后。如民间组织的税收、财会、人事、工资、福利和劳动用工制度等方面，至今仍无法可依。各地在制订地方性法规方面也程度不同地存在薄弱环节。四是民间组织的自身建设存在较大问题。机构、人员、经费、办公条件等问题经过大量工作有了一定好转，但并未得到根本解决。特别在基层，自身建设与任务不相配套的矛盾仍然十分突出。这些问题要引起我们的重视，采取措施，在今后工作中加以解决。

二、“十五”期间我国民间组织管理工作的形势和主要任务

《中共中央关于制定国民经济和社会发展第十个五年计划的建议》，描绘了我国今后经济和社会发展的壮丽蓝图，也给民间组织管理工作提出了新的要求。“十五”期间我国民间组织将面临新的机遇与挑战：

一是“十五”期间，我国国民经济快速稳步发展，社会主义市场经济体制将更加完善，以公有制为主体、多种所有制共同发展的基本经济制度将进一步形成，人民生活水平逐步提高，群众参与政治生活和社会管理的热情高涨。这将导致社会生活多样化和社会组织多样化，民间组织的发展具有广阔的空间。

二是“十五”期间，政府有关部门将进一步转变职能，集中精力搞好宏观调控。随着行政管理体制改革和经济结构的战略性调整，政企、政事、政社进一步分开，政府要把行业协调和公共服务职能逐步交给社会，这将给行业协会、商会等社会中介组织的发展带来机遇，政府与民间组织的合作将进一步加强，民间组织的社会作用将更加显著。

三是“十五”期间政府将建立适应社会主义市场经济要求的公共财政框架，进一步调整和优化财政收支结构，逐步减少盈利性、经营性领域投资，大力压缩行政事业经费，将财力主要用于社会公共需要和社会保障方面。民间组织可以通过竞争，获得政府项目资金，向社会提供有效的服务。经费难的问题将得到逐步有效解决。民间组织因此将更有活力。

四是“十五”期间，随着依法治国基本方略的实施，我国将加快民间组织的法制建设，管理工作逐步法制化、规范化。良好的法制环境，将进一步保障民间组织的合法权益，为民间组织的健康发展提供有力保证。

目前我国民间组织发展总体是好的，普遍遵纪守法，发挥了积极的社会作用，党中央、国务院给予了充分肯定。但也要看到，我国正处在社会主义初级阶段，民间组织发展与西方发达国家相比晚了近百年，行政管理工作起步晚，困难多，难免存在这样那样的问题。特别在今后一段时间里，受国际政治斗争的影响，西方敌对势力将继续千方百计地利用民间组织，对我国进行渗透、破坏和颠覆活动。此外，我国改革过程中出现的一些社会矛盾和问题，也会通过民间组织反映出来。由此可见，“十五”期间民间组织管理工作任务重、难度大。加强民间组织管理，维护社会和政治的稳定，促进经济和社会协调发展，将成为各级民间组织管理部门的重要任务。

根据上述情况，“十五”期间我国民间组织管理工作的基本思路是：以邓小平理论为指导，深入贯彻党的“十五”大精神，全面落实党中央、国务院关于加强民间组织管理工作的战略决策；坚持培育发展和监督管理并重的方针；建立和完善我国民间组织的法律法规体系、行政管理体系、社会监督体系和民间组织自律机制；初步实现民间组织布局合理、结构优化、组织健全、活动自律，以适应社会主义市场经济体制的要求，充分发挥其在社会主义两个文明建设中的积极作用，进一步促进国民经济的发展和社会政治的稳定。

“十五”期间我国民间组织管理工作的基本任务有以下几个方面：

（一）*加强宏观调控，全面贯彻培育发展和监督管理并重的方针*

“十五”期间，要通过制订和实施民间组织发展规划，加大宏观调控的力度，逐步形成合理的民间组织总体结构。实行分类指导，对已有的民间组织的数量结构、行业结构、区域结构进行调整。要严格控制业务宽泛、不易界定的民间组织，禁止设立气功功法类、特定群体类、宗族类、不利于民族团结以及与国家法律法规政策相悖的民间组织；着力发展社会主义市场经济需要的、有利于国有企业改革的行业协会等中介性民间组织；适时发展与当地经济建设和人民群众生活密切相关的民间组织。经过调控，使民间组织在数量、种类、结构、布局等方面符合当地社会的实际要求，利用民间组织的人才资源、资金资源和信息资源，满足人民群众日益增长的物质和文化需求，走与经济社会协调发展、共同促进的道路。

注意培育一批实力雄厚、竞争力强的行业协会、商会，充分发挥他们的示范作用。“十五”期间要在农村市场中介组织较发展的地区，进行农村专业协会的管理试点。通过对农村专业协会的规范管理，提高农村专业协会的运作水平，解决分散经营的农民发展商品生产、进入市场的问题，更好地为农民和农业生产服务。支持在社区中建立更多的公益性民间组织，鼓励民间组织积极参与社区服务，发挥社会公益组织在社会保障对象管理和服务方面的作用。

加入世贸组织将使我国的对外开放进入新的发展阶段。这就意味着将会有更多的外国人和外国组织包括非营利组织进入我国，我们的管理工作面临着新的挑战。“十五”期间要做好应对准备，加强引导和管理，建立健全有效的监管机制，兴利除弊，维护国家利益，确保政治安全。

“十五”期间，民间组织管理工作要紧紧围绕改革、发展和稳定的大局，保持社会政治长期稳定。依法查处非法民间组织、打击违法活动要常抓不懈。在党委和政府的统一领导下，民政部门要与公安、安全等部门协同作战，形成监控网络和快速反应能力。对那些以反对四项基本原则为目的、危害国家安全和社会稳定的敌对非法民间组织，要进行重点打击。

（二）加快法制建设，完善民间组织管理的法律法规体系

“十五”期间是我国民间组织管理工作法制化的重要时期，要把依法管理放在突出位置，进一步加快民间组织管理工作法制化进程，完善民间组织管理工作的配套政策法规，为民间组织管理工作打下坚实的基础。在这个时期，要完成不同类型民间组织的登记管理法规，基本完成与民间组织登记管理法规相配套的规章制度。要下大力气，尽快与有关部门研究制订民间组织的人事、工资、组织、税收、财务、员工社会保障等管理办法，创造一个好的社会环境和法律环境。根据客观情况变化，要及时调整和制订相应的民间组织管理政策措施，加强指导。各地也要结合实际情况，制定地方性配套政策规章。要考虑解决目前民间组织管理工作立法层次低的问题。争取在“十五”期间末，形成以民间组织登记管理条例为主体，各种规章制度配套的民间组织政策法规体系。要把立法与普法、执法结合起来，加大执法力度。有计划地对民间组织管理干部和民间组织负责人进行培训，增强遵纪守法的责任感，建立执法队伍，提高执法水平。

（三）强化民间组织的自律和社会监督机制，提高我国民间组织的整体素质

要按照中央的要求，提高民间组织的自律水平，建立以章程为主的内部管理制度，健全代表大会、理事会、监事会等制度，完善民主决策、财务、重大事项报告和接受捐赠公示等制度，形成自我管理、自我发展、自我约束的机制。与此同时，要探索实现社会监督的有效形式，鼓励建立民间评估机构和评估体系，鼓励公众上网查询民间组织信息，发挥社会监督作用，提高民间组织的适应能力、竞争能力，促进民间组织的行业约束和个体自律。

要把加强民间组织中党建工作作为强化民间组织自律机制的重点来抓。“十五”期间，要会同有关部门制订和完善民间组织党建工作的制度，并组织监督实施，不断探索新时期民间组织党建工作的有效方法。所有具备条件的民间组织要建立党组织，发挥党员的先锋模范作用和基层党组织的战斗堡垒作用，使民间组织的思想政治工作有根本性好转。

（四）切实加强队伍建设

按照中办发〔1999〕34号文件精神，努力建设好一支高素质、专业化的民间组织管理队伍。要选派政治强、素质好、作风正的优秀干部充实民间组织管理机构。通过学习培训、出国考察等多种形式培养干部。要争取财政核拨必要的业务经费，配置必要的设备，特别是现代化办公设备。有条件的地方，民政系统内部要对民间组织管理工作实行经费倾斜政策。要加快以数据统计、信息采集、综合分析为主要内容的民间组织管理计算机系统的建设，强化社会公益组织信息披露的完整性、及时性和准确性。“十五”期间，要建立民政部民间组织管理公众信息网，所有地市和绝大部分县的民间组织管理计算机信息要联网，早日实现民间组织管理方式的现代化。要进一步扩大服务领域，改善服务态度，提高服务水平。要不断改进工作方式，加强调查研究、理论探索和对外宣传工作，注意吸收国际上先进的管理经验，丰富民间组织发展与管理的思路。在理论和实践探索的基础上，与有关教育研究机构配合，促进民间组织管理教育培训体系的建立，帮助民间组织提高能力建设。

三、明年工作要点

明年是新世纪的开端，是“十五”计划的第一年，做好民间组织管理工作意义重大。总体看，明年我国民间组织管理工作仍然十分繁重。主要任务是：

（一）全面开展民办非企业单位复查登记工作

明年民办非企业单位的复查登记要在全国铺开，力争年底前全面完成这项工作。也就是说，现在已成立而没有登记的民办非企业单位，年底前都要办理登记。因此，要积极推广今年试点的成功经验，争取党委和政府的支持，并纳入政府工作责任目标管理体系。各级民政部门要加强领导，周密部署。要做好统筹规划，严格把好登记审批关。对复查登记前经有关部门批准成立的民办非企业单位，凡符合条例要求的，应予以登记、颁发证书；凡不符合条件，或者擅自成立的，劝其解散或予以取缔。通过复查登记，进一步建立和完善有关行政管理制度，规范民办非企业单位的行为，维护民办非企业单位的合法权益，引导其健康发展。

（二）认真扎实地开展社会团体分支机构清理整顿工作

明年起要对社会团体的分支机构进行一次全面的清理整顿。社会团体分支机构是社会团体的重要组成部分。从全国的情况来看，社会团体分支机构发展总体是好的，但问题也十分严重，突出表现在数量盲目扩展，管理不到位，极少数被坏人利用，影响社会的稳定。对社会团体分支机构失之管理，就是对社会团体管理工作的失职。建国以来，我们还没有对社会团体分支机构进行过清理整顿。党中央、国务院及时作出对社会团体分支机构清理整顿的工作部署，具有十分重要的意义。这项任务十分繁重，各地要有足够的思想准备，要高度重视，切实将这项工作作为明年社会团体管理工作的主体工程抓紧抓好。要精心制订实施方案，广泛动员，耐心细致地做好社会团体的政治思想工作。与业务主管单位要密切配合，协调好各方面的关系。要注意掌握好政策尺度。考虑到这项工作比较复杂，各地也可以先行试点，取得经验后再全面推开。具体做法明年适当时候再布置。

同时还要尽快做好两项收尾工作。

一是社会团体清理整顿的收尾工作。对社会团体进行清理整顿工作难度之大，超出我们的想像。3年来，在人员少、任务重的情况下，大家克服了许多困难，认真负责地做着中央交办的工作，取得了很大成果。但这项工作进展很不平衡，一部分省区至今尚未完成，民政部主管的全国性社会团体，还有200多个没有搞完。没有完成的因素很复杂，主要是客观原因，问题大都不在民政部门，但是我们要发挥主观能动性。这项工作不能一拖再拖，要有一个时限。明年上半年各地一定要完成。尚未完成的地方，要抓紧制订和落实工作计划，采取有效措施，加大工作力度。要积极争取当地政府和有关业务主管单位的理解和支持，区别情况，有针对性地提出解决方案。对一再拖延的社会团体要依法办事，该撤销的就撤销，不能让几个社会团体影响全国的工作进展。在工作中要坚持质量第一，不得因为赶进度忽视质量。各地社会团体清理整顿工作总结报告要于明年6月底前上报部民间组织管理局。清理整顿工作结束后，要认真抓一下社会团体党建工作，凡符合条件的社会团体明年都要建立党组织。

二是气功类社会团体清理整顿的收尾工作。这项工作经过一年的努力，任务基本完成。

明年主要是按照中央5号、6号文件的要求和中央“610”办公室的安排，做好检查验收和总结收尾工作。已经完成第二阶段工作的地方，民政部门要组织验收小组，认真进行检查验收。

按照中央的要求，重点检查工作程序、效果、依法行政、保密等方面的情况。对完成好的，要出具书面结论；对没有达到标准的，要责成补课；对查找出的问题和隐患，要配合有关部门果断处理。绝不能敷衍了事、走过场。通过检查验收，总结经验，分析产生问题的原因，制订对策，在今后的工作中切实予以改进。

（三）积极推进法制建设

这几年，我国民间组织登记管理工作法制建设取得了突出的成绩，但是与民间组织发展的形势和要求相比，还有很大差距。因此我们要大力推进民间组织管理工作的法制建设，把这项工作放在突出位置，力争有新突破。明年要协助国务院法制办早日颁布《在华外国民间组织登记管理暂行条例》和《基金会登记管理条例》。要与有关部门配合，抓紧制订民间组织人事管理、税收、财务、会计、票据、工资和员工社会保障等政策法规。各地要结合实际情况，制定地方性配套政策规章。明年，《基金会登记管理条例》修订颁布后，各地要组织普法教育，在此基础上对基金会进行清理整顿，重新登记。

（四）加强自身建设

民政部门作为登记管理机关，自身建设至关重要。凡是今年民间组织管理机构得到加强的地方，均说明了这样一个问题：机构改革是挑战但更是二次机遇。只要牢牢抓住机遇，就能发展和壮大自己。明年地县机构改革将全面展开，这是一次难得的机遇，各地决不可掉以轻心，无所作为。要吸取省级机构改革的经验，千方百计地向党委和政府以及各有关部门宣传中办发〔1996〕22号、〔1999〕34号文件以及国务院两次民间组织管理工作会议精神，争取党政领导的理解与支持，力争在地方机构改革中，地县的民间组织管理机构得到加强，人员编制与工作任务相适应。各省、直辖市、自治区民政厅局的主要领导要深入基层，到困难突出的地方，帮助市县民政部门协调关系，及时指导和支持民间组织管理机构建设。机构落实后，要选派年富力强、素质好的干部充实民间组织管理队伍，杜绝安排分流人员的现象发生。同时，还要通过培训等方式，提高干部的业务水平。要重视办公现代化的建设，争取必要的办公经费，做到年年有投入，年年有发展。明年部里将进行省一级民间组织管理工作计算机联网试点，各地要加大相应的配套投入。我相信，只要上下一起努力，发挥主观能动作用，自身建设一定会取得好成绩。

同志们，再过十几天就是二十一世纪了。新世纪各项社会主义建设事业需要民间组织的参与。民间组织能否发挥积极的社会作用，管理是关键。因此我们的工作任重道远，意义重大。让我们紧密团结在以江泽民同志为核心的党中央周围，坚定地按照中央的部署，努力做好民间组织的发展与管理工作，为新世纪做出我们应有的贡献。

民政部副部长李宝库
在国务院新闻办公室记者招待会上的讲话

（1999 年 7 月 23 日）

女士们、先生们：

民政部昨天已经宣布，法轮大法研究会及其操纵的法轮功组织是非法组织，决定予以取缔。

我国《社会团体登记管理条例》规定：成立社会团体应当进行登记，社会团体必须遵守宪法、法律、法规和国家政策，不得反对宪法确定的基本原则，不得损害国家利益、社会公共利益以及其他组织和公民的合法权益，不得违背社会道德风尚。认定法轮大法研究会及其操纵的法轮功组织是非法组织，并予以取缔，就是根据上述条文做出的决定。

一、以李洪志为首的法轮大法研究会未经依法登记，并进行非法活动

法轮大法研究会的总部设在北京，李洪志自任会长。在法轮大法研究会下，设有法轮功辅导总站、辅导站和练功点。各辅导总站统一由法轮大法研究会负责指挥，李洪志的指令通过法轮大法研究会传达到各辅导总站，再由各辅导总站逐级传达到各辅导站、练功点和法轮功练习者。法轮大法研究会及其操纵的法轮功组织具有严密的组织系统。但是，法轮大法研究会未经批准，没有履行合法的登记手续，属于非法结社。

一个非法组织，它所从事的一切活动都是非法的。特别是近年来，法轮功组织在各地煽动和蒙骗信徒，骚扰、围攻党政机关和新闻单位，多次组织大规模非法聚集。

二、法轮功组织挑动制造事端，破坏社会稳定

大家都知道，法轮功组织制造了“4·25”事件。这是一起骚扰中央政府机关、扰乱社会公共秩序和人民群众正常生活的十分严重的大规模非法聚集事件。“4·25”事件发生后，政府有关部门对法轮功练习者进行了深入细致、入情入理的教育和规劝，但法轮功组织的策划者和骨干分子不仅毫无收敛，反而加紧策划非法活动，造谣惑众，不断煽动闹事。李洪志频频向国内发表“感想”，发布“指示”。其骨干分子先是企图利用李洪志的所谓“出山”、“生日”之机，在各地搞大规模聚集活动。后来，他们又制造出所谓“政府想利用减少 5 亿美元的贸易顺差作为交换条件，引渡李洪志回国”的谎言，煽动法轮功练习者反对政府。他们大肆散布法轮大法的歪理邪说，却蛮横地不准别人发表有理有据的不同意见。谁不赞成他们那一套，谁要揭露他们造成的危害，他们就横加责难，进行围攻，并煽动一些法轮功练习者以“上访”的名义向政府示威、施压，严重干扰了公共秩序，危害了社会稳定。

三、李洪志及其法轮大法宣扬迷信邪说

李洪志散布种种迷信邪说，企图搞乱人们的社会道德观念和是非认识。李洪志宣扬“世界末日就要来临”、“地球就要爆炸”，自称他是当今唯一的救世主，只有练法轮功才能消灾避难，要求练习者绝对服从他，只能按照他的说教规范言行，不准在思想、行动上遵从别的理论，从精神上控制修练者。李洪志的歪理邪说，是同现代科学和现代文明根本对立的，也完全违背了国家所提倡的社会道德风尚。

四、李洪志及其法轮大法蒙骗群众，危害群众身心健康

李洪志的法轮大法歪理邪说使一些法轮功练习者产生迷惑、恐惧心理，甚至使一些人沦于执迷状态。有些人被欺骗迷惑后，患病拒绝就医，贻误治疗，导致死亡。有的因练法轮功自杀身亡或精神失常。有的甚至采用残忍的手段杀害他人。昨天的新闻报道中已经公布了很多案例。比如李洪志说："人的肚子里有法轮"，有的练习者为寻找"法轮"剖腹致死。李洪志不是在"度人"，而是在害人。大量事实说明，李洪志编造的"法轮大法"和"法轮功"组织对社会已造成了严重的危害。

依法取缔法轮大法研究会及其操纵的法轮功组织，是顺乎民意的。李洪志及其法轮功组织的非法活动，早已引起社会各界人士的强烈不满，人们对李洪志的歪理邪说和造成的危害进行了揭露，并强烈要求政府依法处理法轮功这一非法组织。取缔法轮功组织得到了广大人民群众的支持。

下面我和我的同事愿意回答各位提出的问题。

在“民间组织发展与管理”上海国际研讨会上的致词

（2002 年 11 月 8 日）

民政部副部长　姜　力

各位代表、各位来宾，女士们、先生们、朋友们：

今天，我们在美丽的黄浦江畔共同研讨民间组织发展和管理问题，应当说是一件十分令人高兴的事情，因为这是第一次在中国举办这样高层次、有众多的海内外从事民间组织管理和研究的专家、学者齐聚一堂，共同探讨中国各国乃至民间组织发展的会议。借此机会，我代表国家民政部对会议的召开表示热烈的祝贺！对远道而来的各位代表、专家、学者和朋友们，致以诚挚的问候和热烈的欢迎！

正如大家所看到的，最近几十年间，科技进步推动了经济的发展和文化的繁荣，经济全球化和文化多元化的新格局正在形成。与此同时，正是由于民间组织具有公益性、非营利性、民间性、自律性、自愿性的特征，能够在解决政治、经济、教育、文化、体育、社会福利、环境保护、促进就业等诸多方面的社会问题上长袖善舞，可以起到政府和企业力所不及的作用，在政府和社会、政府和企业之间搭建起了一个交流、对话与合作的平台。因此，众多的民间非营利组织应运而生，蓬勃兴起，成为社会结构的重要组成部分。各国政府和社会各界都在积极推动民间组织走上良性的发展道路，国际社会也得以在民间组织的发展和管理方面，积累越来越多的经验。我们这次国际研讨会的主题确定为“发展与管理”，就是希望通过对各国民间组织法律比较、民间组织的自律和他律机制、行业协会发展、民间组织制度创新等议题的探讨、研究和交流，了解和吸收国际社会在这些方面的好的做法和经验，提升中国民间组织的整体素质，提高政府管理民间组织的水平，更好地发挥民间组织在中国现代化建设中的积极作用。中国有句格言“他山之石，可以攻玉”可以准确地表达我们组织这次研讨会的愿望。同时，我们也希望通过这个研讨会，让国际社会了解中国的民间组织，了解中国政府在培育发展和监督管理民间组织方面的基本态度和做法，进而更加全面地了解中国。

经过改革开放以来 20 余年的发育，我国民间组织的数量和质量有了很大提高。目前，中国经登记的各级各类民间组织有 20 多万，其中社会团体近 12.9 万个，民办非企业单位 8 万多个。总的看，这些民间组织不以营利为目的，致力于社会公益事业，在我国社会、经济、文化等领域发挥着越来越广泛的积极作用。这些积极作用，主要表现在以下三个方面。

首先，民间组织广揽人才，群贤毕至，集中了一批学术上有造诣、技术上有专长、管理上有经验、社会上有影响的知名人士，处于政府和企业、社会之间的层次，具有调节关系、实行行业管理、发挥中介作用、创新科学技术的职能。在建立和完善社会主义市场经济体制的过程中，民间组织已成为构筑市场体系的重要组成部分。其次，民间组织由各界群众自愿组成，分布在社会众多领域，代表公众利益，和人民群众联系紧密，在消除贫困、扶残救弱、环境保护、帮助失业人员再就业等方面起到了调节社会矛盾，和谐人际关系，维护社会公平，促进社会稳定的作用。第三，为弘扬传播先进文化搭建平台。民间组织通过研究传统文化，弘扬传统美德和社会正气，传播先进科学知识和理念，倡导先进文明。各类学术研究性、公益性民间组织的蓬勃兴起，为广大群众参与社会生活、参与社会管理和发挥个人创造性，提供了广阔的空间。

如果要回顾总结近年来我们对民间组织发展和管理的体会，我想做如下概括：

一是坚持“培育发展和监督管理并重”。我们一直把培育发展真正按照市场经济要求建立的行业中介组织、社会公益和服务性的民间组织，作为管理工作的首要内容。中国政府一方面通过制定政策措施，规范民间组织的行为，提高其素质，为其发挥作用创造良好的社会政策环境，使民间组织能够更好地在其宗旨和规定的业务范围内活动；另一方面，在政府机构改革中，转移了一大批职能给一些具有社会中介作用的民间组织，培育了民间组织参与社会管理事务的功能。同时，审批登记了一批社会经济发展急需的行业协会等社会中介组织，对关系经济发展包括行业协会在内的工商领域的民间组织，进行了结构性调整。通过近年的努力，一个布局合理、结构优化、能够充分发挥作用的民间组织体系已经基本形成，为推动社会经济的发展和满足人民的社会生活需求做出了贡献。在监督管理方面，我们通过建立民间组织内部管理制度，探索完善社会监督机制，加强查处违法、打击非法民间组织的力度，建立了以登记管理机关和业务主管单位为主，社会各界参与的民间组织监管体系。通过加强监管，为民间组织提供了一个良好的活动和发展空间。

二是坚持依法行政，依法管理。改革开放以来，国务院发布了《社会团体登记管理条例》、《基金会管理办法》、《外国商会管理暂行规定》、《民办非企业单位登记管理暂行条例》等诸多行政法规，民政部及国务院有关部门和地方人民政府也制定了一系列部门规章、地方法规，初步形成了中国民间组织管理工作的政策法规体系，为民间组织的活动和管理提供了法律保证。这些政策法规，不仅保护了民间组织的合法权益，规范了行政机关的管理行为，而且保证了管理工作在法律的范围内进行，防止了越权执法和执法不力的情况发生。可以说，中国的民间组织管理工作已初步走上了法制化、规范化管理的轨道。

三是坚持符合中国国情的管理体制。与其他国家不同，中国对民间组织实行的是登记管理机关和业务主管单位双重负责的管理体制。这主要是由于中国人口众多，民间组织数量大，涉及面广，情况复杂，管理工作十分繁重等现状决定的。因此，在加强由民政部门统一归口登记的同时，我们发挥了业务主管单位熟悉民间组织的业务工作、领导人员的管理优势，以有利于政府相关部门对民间组织的扶持和管理，也有利于提高民间组织的自律意识和自律能力。

尽管我们工作取得的成绩是显著的，但是与许多国家相比，中国的民间组织管理工作还不完善，还存在许多不足。我国的民间组织管理工作与社会、经济发展的要求还不同步，特别是对那些有利于社会经济发展的行业中介组织、社会公益和服务性民间组织还要加紧培育；民间组织的整体素质、自律能力有待进一步提高，还存在着过分依赖政府的行政化倾向，也还有结构不合理、区域发展不平衡的问题。同时，民间组织管理工作的法律法规还不健全，配套政策不完善，尚存在着无法可依的现象；业务主管单位和登记管理机关对民间组织的管理的职责需进一步研究理顺；监督管理的体系和机制有待进一步完善，查处违法、打击非法民间组织的工作需要进一步加强等等。应当说，中国的民间组织发展和管理工作任重而道远。这次会议是个好机会，我们希望听到各位代表的精彩见解，以借鉴国际社会的先进经验，结合中国的实际，进一步加强各方面的工作，促进中国民间组织的培育和发展。正因为如此，我希望与会的各位代表、专家和学者畅所欲言，深入讨论，共同探索民间组织培育发展的机制和监督管理的有效措施，为共同推进中国和国际社会民间组织的发展，贡献你们的智慧和学识。

女士们、先生们、朋友们，今天是一个特别值得记住的日子。这不仅是因为我们在这里召开了这样一个国际研讨会，更是由于举世瞩目的中国共产党第十六次代表大会也于今天在北京隆重开幕了。党的十六大，将全面总结改革开放以来，特别是党的十三届四中全以来，中国共产党团结和带领全国各族人民在建设有中国特色社会主义的伟大实践中取得的基本经验，对新世纪新阶段全面推进我国的改革开放和社会主义现代化建设、全面推进党的建设的伟大工程做出战略部署。我们相信，在党的十六大精神指引下，中国的民间组织及其管理工作必将实现新的发展。我们期望，在今后的民间组织国际研讨会上，我们在民间组织的培育发展和监督管理方面会有更加成功的经验和做法，贡献给国际社会。

最后，祝与会的代表身体健康，祝研讨会圆满成功！

谢谢大家！

发展社会救助性民间组织是解决困难群体问题
全面推进小康社会建设的重要途径

民政部副部长　姜　力

党的十六大确定了全面建设小康社会的奋斗目标，勾画了20年后我国社会主义建设的宏伟蓝图，激发了全国各族人民充满信心地建设繁荣富强、文明进步、美好和谐的小康社会。

但是，我们必须清醒地看到，在实现这一目标的过程中，我国存在着较大规模的社会困难群体。如何使困难群体的生活状况逐步得到改善，与全国人民共同进入小康社会，是我们面临的一项艰巨、复杂的历史任务。

一、社会困难群体问题直接影响我国小康社会的全面发展

社会困难群体是我国社会生活中存在的一部分生活状态不稳定、处在社会边缘位置、靠自身力量很难达到小康生活水平的人群。由于我国人口众多，经济发展不平衡，社会困难群体的数量较大。他们主要由以下几部分组成：

1. 城镇679万登记失业人员和900万下岗职工。

2. 农村处在较差生产生活条件中，遇到天灾人祸，容易沦为贫困的6000万人。

3. 靠国家给予的扶持政策和家庭帮助维持较低生活水平的6000万残疾人。

4. 65岁以上老年人9000万，占人口总数的7.1%。其中，80岁以上老年人1300万，且每年以3%的速度增长。以上共2.25亿人，约占人口总数的17.3%，构成我国社会的相对困难群体。

其中还有一部分经济收入低、生活水平差、必须由国家给予救济的困难群体，主要包括：

1. 城镇低于最低生活保障线人口2053万人（按2002年年底统计），平均生活人月均收入155元，人年均收入1860元。

2. 农村温饱问题还没有完全解决的贫困人口2800万，人年均收入600元。

3. 享受国家抚恤的伤残军人、老复员军人和国家、集体供养的孤儿和鳏寡老人450万人。

以上共有5200万人，占全国人口总数的4%左右。这部分人生活处在贫困状态中，依靠国家救助和抚恤维持基本生活。

这些庞大的社会困难群体，是我国的特殊国情，也是我国由一个经济不发达的农业型社会向工业化和小康社会转变必然出现的现象。

社会困难群体问题对我们党的执政能力，对全面建设小康社会有着十分突出的、不可低估的影响。

1. 影响“三个代表”重要思想的贯彻和体现。社会困难群体处于社会底层，是我们党的基本群众。这部分人中有老、弱、病、残、寡、孤、独的不幸人群，应该得到社会的关怀；有曾为社会主义革命和建设做出牺牲和贡献致伤致残的人员，应该得到社会的厚爱；有由于受国家体制改革和企业结构调整影响下岗失业的人员和地区差异造成的贫困群体，应该得到社会的补偿和帮助，也有一部分是由于知识技能低或不辛勤劳动导致贫困的人，需要社会给予激励。我们的社会主义建设是建立在大多数人的整体利益的基础上的，如果困难群体的困难得不到解决，就会影响人民群众的根本利益，也会伤害这些党的基本群众的感情，直接影响我们党是人民群众的忠实代表的根本宗旨。

2. 影响小康社会的全面建设和发展。全面建设小康社会的目标是十几亿人共享建设成果的、社会全面进步的小康社会，既包括经济、政治、文化和社会的综合发展与全面进步，也包括多层次、多领域社会成员生活水平的整体提高。困难群体的构成是由地缘状况、企业状况、家庭构成等因素造成的。我国对困难群体的关怀程度，特别是对困难群体问题控制与解决的程度，直接反映我国社会综合发展水平。

应该说，没有社会困难群体的小康，就没有实现全面建设小康社会的战略目标。

3. 影响社会公平原则。党的十六大报告指出要“以共同富裕为目标；扩大中等收入者比重，提高低收入者水平”。虽然我国社会的收入分配还没有形成两极分化，但按国际通行的反映贫富差距的基尼系数测算，我国的情况已不容乐观。有中国特色的社会主义要坚持效率优先，兼顾公平的原则，既允许和鼓励一部分人先富起来，但又要防止两极分化。不出现两极分化是社会和谐的保证，也是社会主义小康社会的重要特征和标准。我们不仅要创造一个竞争的市场经济，而且要建设一个和谐的公平社会，为社会困难群体提供基本生活保障，形成有效的社会安全网。

4. 影响社会凝聚力和社会稳定。长期以来，平等、公正、互助等现象一直是维系中华民族的重要价值观和道德准则。在建设小康社会的过程中，我们必须允许和鼓励一部分人通过诚实劳动和合法经营先富起来，建立鼓励创新和刺激社会财富增长的激励机制。现在，人们已经能够接受一定程度的收入不平等，但如果富裕阶层和困难群体的收入差距过于悬殊，而且困难群体的生活困难长期得不到解决，就容易在社会各个阶层之间形成对立情绪和矛盾。目前社会上已存在一定程度的“仇富”和“嫌贫”心理。长此下去，将导致社会凝聚力降低和引发社会冲突，形成破坏经济持续发展的社会基础。如果没有相应的体现社会伦理道德的措施来缓冲和解决，体现对困难群体的关怀和帮助，将会产生重大的负面影响，直接危及社会稳定。

因此，解决社会贫困问题，关怀和帮助社会困难群体，是实现全面建设小康社会的关键环节。完成党的十六大提出的“全面建设惠及十几亿人口的更高水平的小康社会”，必须高度重视和采取有力措施解决帮助社会困难群体的问题，这是对我们党执政能力的严峻考验，是落实“三个代表”的战略任务。

二、积极发展社会救助性民间组织是解决困难群体问题，实现全面建设小康社会的战略选择

在我国，解决社会困难群体问题是一项涉及全社会的系统工程，要从政治、经济两方面着眼，采取政府决策、政策调整、法制建设、社会救援等多种手段，多管齐下，才能从根本上解决。当前的主要途径应是加大政府干预和调节力度，在大力发展生产力的基础上，加强财政转移支付制度，扩大就业，完善社会保障制度，加强公共服务，逐步改变城乡二元结构，通过完善个人所得税及制定遗产税、赠与税、消费税等措施来调节国民个人收入分配，使所有人口分享经济增长的成果。

同时不容忽视的是，积极发展社会救助性民间组织是解决这一问题的重要途径，应当尽早统一认识，制定相关法律法规，采取有力的行政措施，推动社会力量举办多种类型和规模，吸收社会各界人士和组织广泛参加以社会救援、社会互助为宗旨的民间组织，使由群众自愿组织起来的扶危、济困、安老、助残、扶幼、救孤等慈善会、福利会、基金会遍布城乡各地，承担起帮助社会困难群体的社会事务工作，吸引众多的公民，使民间组织成为帮助社会困难群体的载体。从目前我国的实际情况分析，中国已经具备了这样的政治、经济、文化环境。

1. 党和政府高度重视利用社会力量帮助解决困难群体困难。在2002年召开的第十一次全国民政会议上，朱镕基总理代表党中央、国务院到会讲话，明确要求，要坚持培育发展和管理监督并重的方针，加强民间组织管理工作，把培育发展的重点，放在真正按照市场经济要求建立的行业中介组织、社会公益性和服务性民间组织上来。近年来，各级党委和政府都十分重视社区建设，制定各种政策措施推动社区服务组织开展工作。

2. 我国已具备了广泛发展社会救助性民间组织的经济条件。社会救助性民间组织的发展需要有一定的社会和大众的经济条件作支持。改革开放20年来，我国的综合国力显著增强，居民收入明显增加。据国家统计局统计分析，20世纪末全国总体生活水平跨入小康社会的初期阶段，大约有75%的居民过上小康生活，大约有13%接近小康水平。特别值得注意的是，目前，我国已形成一定规模的中、高收入阶层。截至2002年年底，全国个体工商户已达到2570个，从业人员7500万人，注册资本金总额21.648亿元，比1999年增加77%。2001年《福布斯))排名显示：在2000年，中国最富有的前50名富豪的财富之和为100亿美元。从以上可以看出，我国社会力量中蕴含着扶危济困的巨大潜力，中高收入群体已有能力在物质上对困难群体进行帮助，从我国人口众多、经济尚不发达的国情出发，帮助社会困难群体的职能不能只由政府单独承担，应发挥社会各方面的力量，使社会救助逐渐形成由政府包揽过渡到政府主导、民众参与的社会机制。

3. 我国已具备了发展社会救助性民间组织的社会基础。党的十六大报告指出：必须促进社会主义物质文明、政治文明和精神文明的协调发展，不断推动社会全面进步和人的全面发展。随着我国社会主义市场经济的不断完善和发展，对社会自治化、多元化产生了深刻影响。

一方面，市场经济的竞争机制以优胜劣汰为规律，竞争的结果既促进了社会经济和财富的增长，推动社会的总体发展和人民生活水平的总体提高，同时也使一部分弱势人成为失败者，陷入收入低微和生活困难状态。处在弱势状态的人群有渴望社会理解、尊重和拥有安全感的需要，而生活富裕的群体又有展现自我、追求实现自身价值和参与社会管理、服务公共事务的愿望，这些人群对精神的需求，对个性的关爱、对组织的需求日益强烈，有很大的开发个人慈爱的资源和潜能。因此，鼓励和发展社会救助和社会服务性民间组织可以满足社会多元化的需求，倡导人们在物质享受的同时追求一种精神境界，不仅可以使许多政府顾不过来的社会服务工作由民间组织承担起来，而且加强对社会困难群体的社会关怀，又可以使我国的社会生活更加丰富，使人民群众的公民道德得到升华。

4. 我国已具备了发展社会救助性民间组织的道德和组织基础。中华民族是礼义之邦，自古以来人民群众就有尊老爱幼、扶弱助残的优良传统，有同情人、爱人和施惠等美德。早在2300年前，孟子就提出“守望相助，出入相友，疾病相扶持”的主张。中国历代都在民间设有不同形式的慈善公益团体，从事社会教化、儿童保护、老年人和残疾人服务等社会救助活动。改革开放以来，全国各地群众举办民间组织的积极性日益高涨。目前，已建立各级各类慈善会、青少年基金会、社会福利会、老年人服务协会等数千个，有各类志愿者数百万人，每年从海内外募集资金十多亿元。这些民间组织是由对社会工作有强烈责任感和无私奉献精神的人发起和组织，社会各阶层群众自愿加入的。他们中有不少人对社会救助工作锲而不舍，自愿奉献自己的财物和精力，对救助对象满怀热忱。这些民间组织和众多的志愿者队伍经过十几年的实践已积累了相当多的社会救助经验，弘扬了扶贫济困、关怀困难群体的社会理念。他们的率先行动吸引越来越多的人关注困难群体。

三、借鉴市场经济国家经验，加大推动和发展社会救助性民间组织的力度

从世界各国经验看，在社会转型或经济波动时期，民间组织的志愿服务发挥着重要的支持功能，帮助维护社会生活的稳定。它一方面发挥促进社会进步，改善社会环境，解决社会问题的作用，另一方面提供了公民充实精神、陶冶心灵、完善自我的机会。因此，这种社会救助性民间组织的发展既得到社会的认同和公民的广泛参与，也得到政府的有效支持。

例如，美国的民间组织在美国现代社会福利制度中起到了巨大作用。1990 年美国的企业和个人共为慈善事业捐出了 1230 亿美元，相当于国民生产总值的 2.2%，有将近 7% 的劳动力服务于非营利组织。据统计，9300 万美国人每周参加志愿服务平均 4.2 小时，合计为 203 亿小时义务工作时间，相当于 920 万个全日制职工所创造的 2010 亿美元的价值。

英国也是很早就形成了办慈善事业和互助的传统。1601 年英国通过了两个著名的法律：《慈善事业法》和《贫困法》。19 世纪 70 年代末，英国作为福利国家曾出现了较突出的社会矛盾。由于社会生活水平的提高使人们的需求多元化，对政府提供多种社会福利的期待不断升高，但政府又没有足够的财源支撑日益膨胀的社会福利事业，因此引发了诸多的社会问题。

人们开始普遍关注如何让志愿者组织发挥更大的作用。在这种情况下英国形成共识：为了维护平等和正义，政府仍应保证社会福利事业所需要的资金，但提供服务的事务可以转交给志愿机构承担。这种组合被认为既有利于增加社会福利事业的效率，又可不损害平等，是两全其美的方案。

日本共有 2689 万个经过政府认证的公益法人，这些组织总资产为 120 万亿日元，总支出为 22 万亿日元，相当于日本国内生产总值的 4.9%，相当于政府财政支出的 12.3%，有 2/3 的公益组织接受政府补贴。

香港的公益性民间组织共有九大类，包括社区发展、家庭及儿童服务、康复服务、安老服务、学龄儿童及青年服务、长期患病服务等。

香港社会福利署负责提供社会保障和紧急救援服务，民间组织提供大量的直接服务，各种报表都将民间组织包括在内。香港政府用于社会福利服务方面的开支中，约 2/3 补助金拨给了民间服务机构。

从以上可以看出，世界许多国家在社会转型时期，为了减少和缓和社会矛盾，加快社会问题的解决，都采取发挥政府、市场和民间组织的作用，靠三方面的共同力量，特别是公民的自治作用来维持社会秩序，推动社会持续发展。我国经济、社会发展的现阶段还不具备完全放开各类民间组织的条件，但可以优先发展社会救助性民间组织，逐渐培养公民意识，引导群众在自治组织中学习参与管理和为公众服务。这对弘扬社会主义道德风尚，推动政治文明的建设具有重要的意义。在现阶段，应采取以下措施推动社会救助性民间组织的发展：

1. 修订《社会团体登记管理条例》和《基金会登记管理条例》，规范民间组织的法律地位、作用和权利义务，明确建立有中国特色的以政府为主导、社会各界广泛参与、以民间组织为辅助力量的社会救助体系，为社会救助性民间组织的发展建立良好的法律环境。

2. 实施鼓励发展的政策。各级政府民间组织登记部门要实施积极培育的措施，推动社会各界人士自愿组织起来，设立各种扶危、济困、安老、助残等各类社会救助性民间组织。政府有关部门要进一步转变职能，将条件成熟的部分社会救助和社会服务的具体事务工作转移给民间组织去做。在城市社区要提倡有条件的离退休人员和下岗失业人员自己组织起来，以社会团体的名义在社区开展各种类型的互帮互助活动。有条件的地方，政府财政可设立资助民间组织专项资金，对承担社会救助责任的团体和组织给予资助，以吸引和带动更多的社会财力帮助困难群体。

3. 大力发展志愿者活动。鼓励各界群众利用业余时间参加各种形式的帮助他人的志愿者活动，组织以奉献、互助、友爱为内容的公益性福利工作，形成对社会困难群体有钱帮钱、有物帮物、有劳动帮劳动的物质帮助和精神抚慰。同时，对志愿者活动要建立完备、规范的管理制度。

4. 允许设立私立社会救助基金会。在目前已允许设立从事社会公益事业的公立基金会的基础上，允许国内外企业事业单位、组织和个人利用自身捐赠的财产设立私立基金会，并允许私立基金会以个人或者企业、组织的名称命名。私立基金会的设立基金数额规定应少于公立基金会，鼓励有实力的企业和富裕起来的个人，将一部分自有资金和财产捐赠出来，用于社会救助事业。对这些贡献于社会的企业和个人，用允许冠名的方式给予彰显和鼓励。

5. 给予税收优惠政策。参照国际社会的通行做法，对企事业向社会救助性民间组织捐赠的资金准予税前扣除对个人的捐赠，准予在缴纳企业所得税前全额扣除，用税收优惠政策调动社会各界参与社会救助事业的积极性。

总之，小康社会是一个全面发展的社会，它不仅要使生产力获得解放和发展，使物质财富不断丰富，并且要走共同富裕的道路。帮助社会困难群体和全国人民一同进入小康社会是一项系统工程，需要我们与时俱进，开拓创新，研究新思路，在发挥政府和社会的共同作用上取得帮助社会困难群体的新突破。

民政部社团管理司司长刘宝琦在社团清理整顿会议上的讲话

（1990 年 7 月 20 日）

7 月 20 日，在民政部召开的清理整顿社团工作座谈会上，社团管理司司长刘宝琦就全国性社团清理整顿的一些设想，结合这次座谈会提出的问题作了解答，仅供各地参考。

一、关于清理整顿的范围

这次清理整顿社团的范围，是指按照《社会团体登记管理条例》的规定，应到社团登记管理机关进行登记的所有社会团体。从时间上讲，既包括《条例》发布前按国家有关规定批准成立的社团或未按国家规定履行审批手续而成立的社团，也包括《条例》发布后按规定审批的社团以及未按规定而擅自成立的社团。

1. 按 1950 年《社会团体登记暂行办法》的规定，由内务部和地方政府核准登记并发给证书的社团，经过清理整顿凡是合格的，属于换发证书的范围。

2. 按 1985 年中办、国办 50 号文件规定，由各业务主管部门批准成立或经过备案的社团以及按地方性法规批准成立的社团，属于复查登记范围。

3. 未按国家有关规定履行审批手续的和擅自成立的社团不在复查之例，原则上应予撤销。有些确属需要并具备条件的，则应按《条例》规定，重新办理成立手续。

二、关于民政部门与业务主管部门的关系

《条例》第九条规定，成立社团应当先经业务主管部门审查同意后，再向登记管理机关申请登记。清理整顿社团也应按这个程序进行。这就是说凡属清理整顿的社团，应先由业务主管部门进行审查，在取得同意后，方可到民政部门办理登记手续。通过清理整顿把社团与业务主管部门的关系理顺。

关于业务主管部门的认定，在 1988 年的机构改革中，国务院对各部门的职责任务都做了规定。全国性社团就是按照“三定”方案确定业务主管部门的，各地可以按照党和政府确定各职能部门的职责，与社团的性质分别确定业务主管部门。要按《条例》规定办事，只能有业务主管部门，不能又同时出现归口部门。

三、关于社团登记申请必备的材料和处理意见

1. 申请登记的社团应报送如下材料：（1）批准成立的历史文件；（2）由社团法人代表或负责人签署的登记申请书；（3）业务主管部门关于社团复查登记的审查文件；（4）社团章程；（5）社团的业务活动领域及成立以来的工作报告；（6）办事机构地址或联络地址的房产使用证明材料；（7）社团近两年的经济状况和收支清单；（8）社团领导人的简历材料及政治表现材料；（9）成员数额及名册。

2. 经审查，根据社团的具体情况，分别作出处理：（1）符合《条例》规定的准予登记；（2）政治上、经济上错误严重或缺乏必要生存条件的予以撤销、取缔或解散；（3）存在这样那样的问题，一时难以查清的延缓登记；（4）业务上交叉重复或无独立活动必要的应予合并。

四、关于“问题严重的社会团体”的认定

“问题严重”应指社团在政治上或经济上严重地违犯国家法律、法规和政策，给国家的形象、安全、稳定及建设造成重大损失和损害的。

五、关于“反对四项基本原则，长期宣传资产阶级自由化，特别是在去年动乱和北京发生反革命暴乱期间，错误严重，造成恶劣影响的”的理解

“反对四项基本原则”应指社团在所发文件、所办刊物及其一些重大活动中散布反对四项基本原则的观点或采取与四项基本原则相对立的行动。

“长期宣传资产阶级自由化”应指社团在历次资产阶级自由化思潮过程中，传播和散布西方的观点，否定马克思列宁主义和社会主义制度，并未认识错误和采取措施予以纠正者。

“在去年动乱和北京发生反革命暴乱期间，错误严重，造成恶劣影响的”应指社团在此期间，其决策或办事机构组织默许其成员以社团名义参与、支持、资助动乱与暴乱，在政治舆论上或经济上给国家造成较大损害，并未采取措施予以纠正者。

六、关于社团从事经营活动的问题

1. 除法规、政策有明文规定的，其他社会团体不得开办以营利为目的的公司、企业。各类社团可以按照有关规定办一些与本团体宗旨和业务范围有关的为基层、企业、群众服务的经营活动，其收入主要用于社团的发展而不能用于消费。

2. 社团从事的经营性活动，可以向工商行政管理部门申请营业许可证。但不得倒买倒卖，经营者不具有企业法人资格。

七、关于“不符合社会需要”的含义

“不符合社会需要”系指社团的组建不利于社会政治、经济、科学、文化等发展，有碍社会稳定的由少数人人为设置的社团。其中包括一些分类过细、规模过小，在某一领域已丧失代表性的社团和在自然科学、社会科学学术领域目前难以确立为学科的团体（边缘科学、交叉科学除外）。

八、关于“不具备基本活动条件”的含义

“不具备基本活动条件”指以下几种情况：

1. 在本群体内没有群众基础和代表性；

2. 没有办事机构和必要数量的办事人员；

3. 没有可靠的经济来源。全国性社团（基金会除外），我们曾议论过，每年的活动经费不低于5000元。如果还要开支人员工资和用户租金，其费用累计。这点不做定论，各地可以根据自己的实际情况，确定一个基数。

4. 没有固定的办公或联系地点。

九、关于不予登记社团的标准

社团有以下情形之一者，不予登记：

1. 反对四项基本原则，长期宣传资产阶级自由化，特别是在去年动乱和北京发生反革命暴乱期间错误严重，造成恶劣影响的；

2. 以营利为目的，开公司、办企业或从事倒买倒卖等非法经营活动的；

3. 经社团登记管理机关批准成立后，一年内未能组建组织机构或成立后一年以上不进行活动的；

4. 不具备基本活动条件的；

5. 不符合社会需要的；

6. 横向设置。其业务与纵向设立的社团业务造成区段切割的；

7. 按法人四项条件不具备其中任何一项者（指全国性社团）；

8. 未提出登记申请或业务主管部门不同意登记的。

十、关于延缓登记的标准

社团有以下情形之一者延缓登记：

1. 有影响登记的问题而一时难以查清的；

2. 做过违反《条例》或国家有关法律、法规和政策的事情，又不到不予登记的程度的，可延缓登记并观察其整改表现；

3. 继续存在的必要性尚未得到充分论证的；

4. 和其他社团存在业务交叉一时难以协调的；

5. 确实需要而一时难以确定业务主管部门的。

十一、应予合并社团的标准

社团有以下情形之一者应予合并：

1. 相同、相似的；

2. 重复设立的；

3. 分类过细或学科太小，没有单独存在必要的；

4. 已有全国性、全省性的某一类社团，又按部门设置同类社团，经过论证确属没有必要的。

十二、关于社团延缓登记或合并的期限

社团延缓登记或合并，一般应在每一清理阶段后三个月内完成审理、合并工作。至迟也要在清理整顿工作全部结束前处理完毕。应合并的社团经业务主管部门协调，在规定期限内仍不能合并的，均作解散处理。

十三、关于自行终止活动问题

经过合法手续批准的社团在清理整顿中自行终止活动的，应按《条例》规定到民政部门办理注销登记。

十四、关于以国际社团分部名义存在的团体清理整顿问题。

这类社团如果是独立的，原则上不应以“分部”名义存在，而通过复查登记成为我国的一个独立社团，然后以本社团名义加入国际社团组织。此类社团也应按国办发〔1990〕32号文件的精神进行清理整顿。

十五、关于县以下社团的登记问题

《条例》规定，最基层的登记机关是县民政部门。县以下的社团应该到县民政部门办理登记。但鉴于这类社团相当多的不具备法人条件，同时也比较松散，特别是乡镇、街道以下的村委会、居委会设置的群众组织数量很大。是否按社团看待，请各地根据实际情况，调查研究，提出意见后，再做统一规定。

十六、关于宗教团体的登记问题

主要是各种教派的协会、三自爱国会，不包括教徒活动场所如寺庙、道观、教堂等。

十七、关于校友会、同乡会、联谊会的审批问题

凡是对社会主义建设事业有益，便于经济发展，团结海外人士和统一祖国需要的团体，经过严格审查，可以核准登记。一般不予办理。

十八、关于社团公告的问题

一般大中城市都有报刊，可选择一份信息量较宽的报刊予以公告，没有报刊的县城可以在上一级行政管辖的报刊予以公告。

公告费、年检费应由社团支出。目前我们正在与国家物价局、财政部联系，拟做出规定。各地也可以先与地方物价、财政部门协商。

十九、关于社团分类的问题

这是个很复杂的问题，目前没有一部成文的标准。各地可参照国民经济行业分类代码和有关社会科学、自然科学分类标准草案办理。也可以参照干部统计专业分类确定。至于各行各业一些特殊性的需要，经过充分论证加以确定。

二十、关于复议的范围问题

无论是社团对不予登记不服，还是社团对处罚不服的申请复议，《条例》规定是“向上一级民政部门申请复议”，因此，上一级复议答复后，即不能向再上级提出复议。

（选自云南省民政厅《社团管理工作文件资料汇编》）

关于全国性社会团体清理整顿工作几个问题的意见

（1997 年 4 月 18 日）

民政部民间组织管理局局长　吴忠泽

同志们：

刚才，徐瑞新副部长传达了《国务院办公厅转发民政部关于清理整顿社会团体意见的通知》（以下简称《通知》）精神，就本次清理整顿工作的重要意义和如何做好清理整顿工作做了重要讲话，对全面准确地理解清理整顿工作的主要精神，做好清理整顿社会团体工作有着重要的指导作用，我们应认真加以贯彻。下面我就清理整顿社会团体意见实施中的有关问题作如下说明。

一、业务主管部门与挂靠单位在清理整顿工作中的职责问题

1989 年国务院发布的《社会团体登记管理条例》规定，有关业务主管部门和登记管理机关应当对经核准登记的社会团体负责日常管理。社会团体的业务活动受有关业务主管部门的指导。去年，中共中央办公厅、国务院办公厅下发的《关于加强社会团体和民办非企业单位管理工作的通知》进一步明确我国对社会团体的管理应当实行挂靠单位、业务主管部门与登记管理机关双重负责的管理体制，并明确了各自的职责。关于业务主管部门与挂靠单位的职责划分，原则上由业务主管部门确定。根据中办 22 号文件和国办《通知》的精神，在本次清理整顿工作中，我们建议，业务主管部门职责为：

（一）结合本部门管理的社团实际情况，制定清理整顿工作的具体实施办法，对所属社团清理整顿工作做出安排部署；

（二）调查了解所属社团的基本状况，指导社团做好清理整顿自查工作；

（三）对所属社团情况进行审查（没有挂靠单位的社团由业务主管部门直接审查），并视社团的具体情况，提出保留、整改、合并、撤销的初审意见；

（四）对需整改的社会团体要监督其改正；

（五）妥善处理好被合并或撤销登记的社团的善后工作；

（六）要理顺与所属社团的挂靠单位的关系，明确各自的职责；

（七）会同有关部门、单位对所属社团开展重大业务活动，接受境外资助、捐赠等活动及内部管理进行规范，制订有关制度；

（八）要在所属社团中建立党组织，加强领导班子建设，做好社会团体的思想政治工作；

（九）做好部门清理整顿社会团体工作的总结、检查验收。

挂靠单位职责为：

（一）协助业务主管部门指导所挂靠社团做好清理整顿的自查工作；

（二）负责对所挂靠社团情况进行初审，并提出保留、整改、合并、撤销的初步意见；

（三）对需整改的社团，要协助业务主管部门监督其改正；

（四）协助业务主管部门妥善处理好被合并或撤销登记的社团的善后工作；

（五）根据与业务主管部门的职责分工，会同有关部门对所挂靠社团开展重大业务活动，接受境外资助、捐赠等活动及内部管理进行规范，制定有关制度；

（六）根据与业务主管部门的职责分工，要在所挂靠社团中建立党的组织，加强领导班子建设，做好社会团体的思想政治工作；

（七）协助业务主管部门做好清理整顿社会团体工作的总结、检查验收。

二、进一步明确全国性社团的业务主管部门及其管理的社团

在政府机构的改革中，有些部门名称已改成公司或总会，有些单位虽然承担了社团业务主管工作，但一直没有正式办理委托管理手续。因此，进一步明确社团业务主管部门，确认业务主管部门所管理的社团，是确保清理整顿工作圆满完成的前提。我们将与有关业务主管部门联系，在形成统一意见后，用文件形式重新确认业务主管部门及其所管理的社团。同时，对虽然不是党和政府的职能部门，但确有必要，且有能力继续承担社团业务主管职能的单位，又没有办理过委托手续的，要按照民政部关于《社会团体登记管理条例有关问题的通知》（民社发〔1989〕59 号）文件规定，与有关单位协商，抓紧办理委托手续。

三、办公地址设在外地的全国性社团和跨省、自治区、直辖市社团的清理整顿问题

目前有 300 多个办公地址设在外地的全国性社团和跨省、自治区、直辖市社团，其中上海、南京、武汉等地数量较多。根据《社会团体登记管理条例》规定，民政部已将上述社团委托给地方省级民政部门负责管理。但是有些社团未按规定接受其办事机构所在地社团管理机关的管理，成为目前社团管理中的薄弱环节。此类社团在这次清理整顿工作中，首先应在业务主管部门的指导下进行清理整顿的自查工作，待完成自查工作后，持提交的有关材料到其办事机构所在地的社团管理机关进行初审，然后再经其业务主管部门审查后，送民政部审定。此类社团填写的《清理整顿报告书》应一式五份。同时，我们将深入到这类社团较集中的地区现场办公，加强指导，确保清理整顿工作的进度和质量。清理整顿中，全国性社团设在外地的分支机构、派出机构也应先经受委托管理的登记管理机关初审，由全国性社团将全部应提交材料汇总后，再送其业务主管部门审查，然后送民政部审定。

四、全国性社团日常办事机构、分支机构、派出机构设立的认定问题

全国性社团的机构设立是社团年检中反映较为普遍的问题。有些社团未经批准随意设立办事机构、分支机构或派出机构；有些虽然经业务主管部门审查同意，但未经登记管理机关批准，有些社团擅自改变已经批准设立机构的名称等。应当明确，只有经过登记管理机关批准备案的机构，才能视为正式设立，否则不予承认。在清理整顿中，我们应把全国性社团的分支机构、派出机构设立问题作为审查的重点。凡发现未经批准设立的办事机构、分支机构和派出机构，均要限期进行整改。对已刻制的机构印章要收回，已设立机构的银行账号要取销。经过整改后，对确属工作需要，且具备设立条件的，要按设立的程序，办理报批手续。

五、社团的财务审计问题

为了全面了解全国性社团的财务状况，进一步建立和完善社团的财务管理制度，堵塞管理中的漏洞。清理整顿中将把社团财务审计作为一项重要检查内容。

根据《通知》的要求，审计工作主要是对社团 1995 年和 1996 年两年的财务收支状况进行审计，有问题的可追溯到以前年度。具有独立账户的全国性社团及分支机构均作为这次审计工作的对象。没有独立账户的社团应限期整改。中编委直接确定其主要工作任务、机构编制和领导职数的社团及实行国家拨款，纳入预算管理范畴的社团免予审计。

在审计中，社团根据自愿、就近的原则可到相应的审计事务所进行审计。设在外地的社团和有独立账户的分支机构可在当地审计。这次审计暂时参照《事业单位财务规则》的规定。我部还印制了《社会团体财务状况统计表》、《社会团体资金活动情况表》和《社会团体年度经费收支表》，由社团委托审计机构填写。整个审计工作应于1997年6月底前完成。鉴于社团经费状况普遍较差，最近我们与10个审计机构协商，他们同意以低于一般社会审计收费的优惠标准，承担对全国性社团的审计工作。会后，我们将把有关情况介绍给你们，供参考。

六、对资金、会员数额、负责人年龄、任期等达不到保留要求的社团的处理问题

为了贯彻中办22号文件从严把关，加强管理的精神，针对一些社会团体缺少必要的经费，无固定办公地址和专职工作人员，难以开展正常的活动，社团领导人年龄偏大，不能坚持正常工作；部分社团不能独立承担民事责任的状况，《通知》在保留社团的要求中，规定了资金、会员数额、负责人年龄、任期、法人代表兼职等保留社团的硬性条件。这些内容是在多次征求有关业务主管部门、社会团体和登记管理机关意见的基础上形成的，对于规范社团组织行为，提高社团的整体质量是十分必要的。在清理整顿中，凡是未达到保留要求的社团，要限期整改，在规定的时间内仍不能达到整改要求的要予以撤销。

根据《国务院办公厅关于部门领导同志不兼任社会团体领导职务问题的通知》（国办发〔1994〕59号）的规定，"国务院各部委、各办事机构、各直属机构的领导同志今后不再兼任社会团体领导职务，已兼任社会团体领导职务的，要依照该社会团体章程规定程序，辞去所兼职务。特殊情况确需兼任的，要报经国务院批准。"在清理整顿中，凡发现违反上述规定，部门领导同志未经国务院批准，兼任社团领导职务的，不予通过，要限期整改。

七、无业务主管部门社团的问题

目前已经承担全国性社团业务主管部门职能的单位，在清理整顿中不得推诿，应切实履行职责。在清理整顿工作前，有的业务主管部门已通过文件形式明确不再承担有关社团的业务主管工作，且这类社团又没有新的业务主管部门，在这次清理整顿中，无业务主管部门的社团可直接到民政部领取清理整顿报告书，进行自查，并应在规定的期限内找到新的业务主管部门。逾期仍未找到业务主管部门的，按《通知》要求，予以撤销。

八、相同相似和业务交叉重复社团的撤并问题

"相同"是指社团的名称、性质、宗旨、任务等相同或基本相同。"相似"是指社团名称虽有不同，人员构成也有差别，但实际业务活动属于同一业务领域。《通知》中规定：对宗旨、业务范围交叉重复，相同相似的社会团体予以合并。鉴于"相同"、"相似"社团主要在同一业务领域中出现，我们应采取在大行业（部门）、系统内合并的政策。具体按以下两种方式处理：第一种是将部门性社团按其专业变成相应的全国性社团的一个分会或专业委员会。这些分会或专业委员会不具有法人资格。由全国性社团作为独立法人组织为其承担民事责任。第二种是根据部门、系统所设社团的业务相近的特点，将若干个相关社团合并成为一个综合性社团。业务主管部门应严格把关，对出现的"相同"、"相似"社团提出合并意见。对涉及跨部门出现"相同"、"相似"社团的问题，由民政部与有关业务主管部门协商做好合并工作。目前，机械部、国家旅游局已结合所属社团实际，对"相同"、"相似"社团提出合并方案，机械部已将六个全国性电工行业协会调整合并为一个行业协会，原六个协会均作为总会下属的分支机构。但是也应看到，"相同"、"相似"社团合并工作，情况复杂，难度大，因此，业务主管部门、登记管理机关应紧密合作，将党中央、国务院关于加强社团管理工作的要求落到实处。

九、做好全国性社团有关情况的沟通工作

近年来，民政部在日常管理中，通过年检和对有问题社团的调查、了解取证，积累了社团的有关情况。为了协助业务主管部门作好审查工作，我们将把1996年社团年检报告书和对有问题社团的调查情况汇总后转给有关的业务主管部门。对于事实清楚，证据确凿，构成处罚条件的社团，民政部将与有关业务主管部门共同研究，依照有关规定作出处理。

十、清理整顿工作的培训与宣传问题

为了加强对清理整顿工作的指导，及时总结交流经验，沟通有关情况。清理整顿期间，我们将编印“清理整顿工作简报”，发送给全国性社团的各业务主管部门。刊登内容包括：清理整顿方案及有关政策解释说明，国务院领导有关清理整顿工作的指示精神，各业务主管部门和各省、自治区、直辖市开展清理整顿工作中有借鉴意义的做法、经验等（机械部对相关社团予以合并的做法，已作为第二期内容刊登）。清理整顿期间还要对“简报”进行综合，适时上报国务院。

为使社团能够准确理解清理整顿工作的有关精神，更好地做好自查工作，我们拟分期分批举办培训班，对社团负责人进行培训。此外还将与有关业务主管部门共同举办培训班，使社团更好地了解社团管理的有关法规政策及清理整顿工作的有关精神，以促进清理整顿工作的顺利进行。

同志们，清理整顿社会团体工作是党中央、国务院加强社团管理作出的重要部署，政策性强，涉及面广，情况复杂，任务艰巨。清理整顿的效果如何，不仅关系到社团的健康发展，而且对经济的发展，社会的稳定有着直接的影响。我们要认真学习贯彻《中共中央办公厅、国务院办公厅关于加强社会团体和民办非企业单位管理工作通知》的精神，按照《国务院办公厅转发民政部关于清理整顿社会团体意见的通知》的要求，做好清理整顿社会团体工作。通过清理非法社团，查处违法违纪社团，规范社团行为，加强社团管理，确保社团在我国的改革开放、经济建设和社会发展中发挥积极作用。

以党的十五大精神为指南
开创我国民间组织管理工作的新局面

民政部民间组织管理局局长　吴忠泽

党的十五大高举邓小平理论伟大旗帜，深刻阐述了中国未来发展的客观规律，是我国各项事业迈向21世纪的行动纲领，也为我国民间组织管理工作提供了基本准则。结合实际认真学习贯彻十五大精神，对于我们进一步搞好民间组织管理工作，具有非常重要的意义。

民间组织是我国深化经济体制和政治体制改革的产物。党的十一届三中全会以来，我国经济体制改革取得了突破性进展，社会主义市场经济体制的建立，使我国的生产力得到极大的发展，多种所有制、多元化利益主体进入社会；政府部门的部分职能逐步向非政府组织转移，群众参与社会管理的积极性高涨。这就为民间组织的发展奠定了基础。短短十几年间，我国民间组织以不寻常的速度发展。目前全国社会团体已达20万个，民办非企业单位总数超过70万个，其他各类民间组织也在不断孕育和发展。民间组织异军突起，打破了过去封闭的社会结构，形成了与行政单位、事业单位、企业单位鼎足而立的新的社会群体组织，成为我国社会主义现代化建设的一支重要力量。事实表明，民间组织是建立社会主义市场经济体制的必然结果，反过来，又成为建立社会主义市场经济体制的推进器。社会主义现代化事业愈发达，民间组织就愈发展；市场经济体制越完善，民间组织的作用就越显著。这是不以人们意志为转移的客观规律。

从现在起到2010年，我国将进入建立社会主义市场经济体制的关键时期。党的十五大不仅为我们描绘了社会主义市场经济体制的宏伟蓝图，也为新体制的实现指明了方向，明确了任务。根据十五大确立的战略目标，我国民间组织正面临着十分有利的发展机遇。综观形势，种种因素和可以预见的趋势显示，进入21世纪，我国民间组织生存和发展的环境和时机比任何时候都好，将保持蓬勃发展的良好态势，前景十分广阔。这是因为：

第一，十五大提出要依法治国，健全民主制度，扩大基层民主，使人民有更多的民主权利。遵循十五大的精神，广大人民群众在党的领导下，依照宪法和法律规定，自觉自愿地结成利益共同体，通过民间组织的形式，进一步参与管理国家事务，管理经济文化事业，管理社会事务，直接行使各项民主权利，依法管理自己的事情，做自己想做的事，创造自己的美好幸福生活。社会主义民主的广泛实践，将给民间组织的发展创造良机。

第二，十五大提出从现在起至下世纪的前十年，要建立以公有制为主体、多种所有制经济共同发展的基本经济制度，建立社会主义市场经济体制。按此目标，我国经济将持续稳步发展，市场发育更加成熟，社会化大生产更具规模，原有的社会组织已不能满足社会发展的需要。这就对民间组织提出了新的更高的要求。适应这一要求，我国民间组织必然在总量上继续扩大，结构上更趋多元，布局上更加宽广，功能上日益齐备，专业化特征更加突出，社会分工更加明确，服务领域进一步延伸。不仅原有的民间组织继续巩固壮大，而且新型的民间组织也会不断涌现。随着经济体制改革的深化，民间组织的发展将拥有巨大的空间。

第三，十五大决定推进机构改革，转变政府职能，并明确提出要培育和发展社会中介组织。随着政府职能转变，政府将进一步实行政企分开、政事分开、政社分开，加强宏观调控，“小政府、大社会”的格局进一步形成。为适应这一形势，民间组织将在更广阔的领域、更高的层面上进行整合，行业协会、商会等中介组织将发挥更大的作用。切实提高民间组织的整体质量，让其发挥应有的作用，是时代对民间组织提出的迫切要求。

第四，十五大指出要加强执法监管部门，建立办事高效、运转协调、行为规范的行政管理体系。这就为理顺民间组织管理体系，强化民间组织管理机关职能提供了依据。去年，党中央、国务院专题研究了民间组织管理问题，下发了《关于加强社会团体和民办非企业单位管理的通知》，决定实行归口统一登记管理和业务主管部门与登记管理机关双重负责管理体制，将民办非企业单位的登记管理工作交给民政部门，就严格依法管理、加大执法监督力度、加强机构队伍建设、建立综合治理体系等重大事项作了部署。依据中央精神和有关法规，我国民间组织必定会沿着正确的轨道健康发展，我国民间组织管理工作将进入一个新纪元。

十五大再次重申了我国正处在社会主义的初级阶段。这应该成为我们观察问题，分析问题的基本出发点。总的看，我国民间组织的发展是健康的，在社会诸多方面发挥了不可替代的积极作用。但是我们也要清醒地看到，我国民间组织的发展与管理工作，受到社会主义初级阶段经济基础和上层建筑客观条件的制约，表现在，一是民间组织的素质不适应发展的需要。有的民间组织不是按照市场经济体制的要求设立的，而是直接从行政机关脱胎出来，先天不足，有较严重的依赖和行政化倾向，未能真正建立自律、自主、自强机制。二是思想认识不适应时代的需要。在一些地方不重视民间组织的管理，放任自流。三是方式方法不适应管理的需要。法制建设滞后，思想观念陈旧，部门体制不顺。四是机构队伍不适应任务的需要。管理机构不健全，人员严重不足。由于民间组织素质不高，管理滞后，带来了许多问题。社团管理的问题：一是非法组织屡禁不止，仅北京市近几年就查出非法社会团体300多个。二是超前发展。“八五”期间，每年新增社会团体2.4万个，发展过快，超出了社会的需求；三是不少社团内部管理不善。有的非法集资，非法牟利，触犯了国家的法律；有的和境外敌对势力相勾结，从事反对四项基本原则的活动，给国家造成了危害；有的缺乏民主监督，领导专断，争名夺利，内耗严重，丧失了凝聚力和战斗力；有的滥设机构，制度不严，多年不开展活动，形同虚设；有的宗旨、任务与其他社会团体相同或相似，重复设置，抢占资源，相互排斥，等等。民办非企业单位管理的问题：一是缺乏统一的规划和管理，完全是各部门自行审批、自行管理，至今没有实行归口登记制度，导致政出多门，管理不力；二是一些民办非企业单位内部管理松散，吸纳人员宽泛，有的搞行业垄断，谋取暴利，甚至搞非法活动，干扰了正常的社会经济秩序。近年来，业务主管部门和登记管理机关收到了不少群众的投诉。这些问题，损害了民间组织的总体质量和声誉，损害了党和政府同人民群众的关系，不同程度地影响了经济的发展和社会的稳定，加强管理势在必行。

由此可见，面对21世纪，我国民间组织管理工作挑战与机遇同在，困难与希望并存。从创业的角度看，我们面对的挑战和困难可能会更大些，所以要保持清醒的头脑。党的十五大提出，把我们的事业全面推向21世纪，就是要抓住机遇而不可丧失机遇，要开拓进取而不可因循守旧。我们要在部党组的坚强领导下，以贯彻十五大精神为动力，因势利导，驱害兴利，以极大的毅力和勇气，面对挑战，励精图治，去开创我国民间组织管理工作的新局面，迎接继往开来的新时代。对此，我们满怀希望，充满了必胜的信心。

今后一个时期，我国民间组织管理工作的指导思想是：以邓小平理论和党在社会主义初级阶段的基本路线为指针，深入贯彻党的十五大精神，建立和完善我国民间组织管理的法规体系，依法强化民间组织管理，维护民间组织的合法权益，充分发挥民间组织在社会主义两个文明建设中的积极作用，为维护社会稳定、促进经济发展和社会的全面进步作出积极贡献。

今后民间组织管理工作的目标是：

——建立办事高效、运转协调、行为规范、管理和服务有机结合的民间组织行政管理体系，不断提高行政管理干部队伍依法行政的水平。

——形成较为完善、具有中国特色的民间组织管理法规体系，把民间组织的管理工作纳入法制化轨道。

——培育和建立布局合理、结构优化、重点突出、作用显著的社会中介组织网络，为建立和完善社会主义市场经济服务。

——建立各有关部门各司其责、密切配合的民间组织综合治理机制。公安、司法、安全、宣传、财政、银行、民政等部门齐抓共管，加大监督力度，打击非法民间组织，查处违法行为，维护社会稳定。

——建立与经济发展、社会进步和民主建设相适应的民间组织自律机制，使民间组织逐步走上自我管理，自我服务、自筹资金的道路，充分发挥民间组织在两个文明建设中的积极作用。

为实现上述目标，主要管理思路如下：

一、统筹发展规划，引导民间组织健康有序发展

根据十五大精神，顺应由新型经济制度的建立带来的社会组织多元化发展的趋势，我们要做好民间组织的发展规划，推进战略性调整工作。目前各地发展不平衡，一段时期数量盲目扩张，结构也不合理。因此要本着合理布局、优化结构、突出重点、提高质量的要求，研究各类民间组织的发展计划，并将其纳入国民经济和社会发展规划中。经济发展条件较好的东部沿海地区可发展快一些，条件相对较差的中西部地区发展可慢一些。通过规划，使全国的民间组织在数量、种类、结构、布局方面符合经济和社会发展的实际需求，增强设置的科学性，切实改变目前一些地区忽视质量管理的现象。

在规划民间组织发展中，要把握以下两个指导原则。一是大力培育和发展社会中介组织。根据政府机构改革、政府职能转变和行业发展需要，按照社会主义市场经济体制的要求，将培育自主协调和自律性的行业管理组织作为发展规划的重点。今后要与有关部门密切配合，积极参与行业协会、商会管理的调研工作和法规起草工作，通过制订有关政策法规，规范行业协会的分类、组织结构，确立行业协会的职能，规范行业协会的行为，理顺行业协会与有关部门以及与其他社会组织的关系，培育出一批覆盖全社会、跨部门的高能量、智能型的民间行业管理组织。二是积极发展与当地经济建设和与人民群众生活密切相关的民间组织。改革急需什么就发展什么，社会缺什么就培育什么。要着力发展受政府委托管理公益性、福利性事业的民间组织。同时要对改革中涌现出的新型民间组织，如职工持股会、农村各种专业技术协会、农村合作基金会等，进行调查研究，提出发展和管理的思路，使其成为经济和社会发展的新的生长点和催化剂。尤其是各种类型的农村专业技术协会，是联结农户与市场的有效组织形式，是农村经济发展和农民走向更高形态的联合的内在必然要求，具有深远的社会意义，要对其进行规范和引导，促其更快更好地发展。

二、推进民主建设，实行依法管理

十五大阐明的关于民主与法制建设的一系列原则和内容，对于搞好民间组织管理工作有着重大的现实指导意义。

建设社会主义民主政治制度，是我国政治体制改革的一项重要任务。我国社会主义民主政治的主体是人民群众。让人民享受权利，将权力交给人民，是最大的民主；让群众依法结社，行使结社权利和义务，积极参与国家和社会事务管理，是社会主义民主政治的一项基本内容。根据十五大精神，今后在社团民主建设上，我们要着力做以下两方面工作：一是发挥民主参与和民主监督作用。要利用现行的管理职能，帮助社团与政府之间建立广泛的联系，增进彼此了解和信任，调动社团在管理国家和社会事务中发挥民主参与和民主监督作用的积极性。既增强单体活力，又发挥群体优势。让社团通过合法形式向党和政府反映群众的愿望和要求，为政府决策提供咨询和信息服务，对党和政府的工作实行民主监督，成为党和政府工作的参谋与助手，成为党联系广大人民群众的桥梁和纽带。二是强化社团内部民主管理。通过加强社团组织建设等手段，探索社团内部民主管理的有效形式和途径，建立社团的内部民主管理制度，使社团成员充分享有民主权利。

十五大指出，发挥民主必须同健全法制紧密结合，实行依法治国。因此，民间组织的管理工作必须坚持依法管理的原则。从长远看，要起草《结社法》，但由于目前条件不具备，可以留待论证研究。目前立法工作应突出重点，任务十分艰巨。根据中央要求，我们正在起草《社会团体登记管理条例》(修改稿)、《民办非企业单位登记管理条例》和《外国人社会团体登记管理条例》，争取国务院早日颁布。同时在这三个法规的基础上，制订配套实施细则和系列单行法规，注意协调好与现行其他政策法规的有机衔接。要加强政策指导，根据客观情况发展变化，及时调整制订相应的指导性政策措施。力争在2010年之前，建成比较完备的民间组织管理法律法规体系。要把立法与普法结合起来，利用各种有效形式，广泛深入开展民间组织管理的有关法律法规的教育，不断提高广大人民群众依法结社的自觉性。随着政府职能的转变，今后行政执法将成为民间组织管理机构的主要任务。因此要依据三个条例，进一步明确民政部门的执法责任，加大执法力度，提高执法效率，改善行政执法活动，避免执法不力、放弃法定职责或超越法定权力问题的出现。

三、加强民间组织管理，维护社会稳定

党的十五大报告在分析社会主义初级阶段的社会主要矛盾和基本特征的基础上，要求我们正确处理改革、发展同稳定的关系，把握好三者的内在联系，排除一切破坏稳定的因素，致力创造一个安定团结的政治环境和稳定的社会秩序，在社会政治稳定中推进改革、发展，在改革、发展中实现社会政治稳定。这对于我国民间组织管理工作来说，提出了新的更高的要求。

民间组织是群众的结合体，是社会组织中最庞大、最活跃的力量。纵观古今，它对于社会的发展和稳定有着巨大的能效，顺则载舟，逆则覆舟。因此，我们必须高度重视民间组织的特性，采取切实有效措施，强化管理手段和力量。

正如十五大所指出，当前我国社会正经历着历史上最深刻的变革。经济体制、社会结构和生活方式正发生着很大的变化，社会方方面面的利益关系变动较大，人们思想观念的变更需要一个过程，各种社会矛盾在某些领域会比较突出，有的将通过民间组织不同程度地反映出来。由于一些民间组织内部管理不善，容易引发事端，改革中社会的一些丑恶现象，如经济犯罪、极端无政府主义等等，也会蔓延到民间组织身上。特别应该指出的是，民间组织是敌我必争领域。西方反华的战略图谋很清楚，一是想通过政党和政府内部，这点他们难以做到；二是企图通过民间组织选择代理人和突破口。目前西方敌对势力正在窥视我国的民间组织，加紧聚合各种力量，千方百计地对我国进行渗透、颠覆活动，企图推翻共产党领导，把中国引向资本主义道路。这些都构成我国社会和政治不稳定的隐患。

稳定对于改革和发展有着极端的重要性，没有稳定我们将一事无成，所以任何时候都要把稳定作为头等大事。社会的稳定，需要民间组织的稳定，民间组织的稳定是社会稳定的基石之一。我们要保持清醒的政治头脑，居安思危，警钟长鸣，以国家稳定为己任，自觉从国家长治久安的高度去认识民间组织管理工作的重要性、紧迫性、长期性和艰巨性，把维护社会稳定作为民间组织管理工作的根本出发点，从严管理民间组织。在实际工作中，我们要注意防止两种倾向，一是管理不力，二是管得过死。这二者皆不可取。要正确处理好严格管理与发挥作用的辩证关系。严格管理是手段，发挥作用是目的，归根到底，就是要促进民间组织的健康发展，发挥积极作用。

民间组织的管理内涵十分丰富。我们应主要做好以下几方面的工作：

（一）把好登记审批关。要严格执行三个条例，坚持设置条件，严格审批程序。有下列情况之一的不予登记：可能危害国家统一、主权和领土完整，危害国家安全，破坏民族团结或者危害社会公共利益的；宗旨、业务范围与法律、法规或者社会公德相违背的；属于在同一行政区域内重复设立相同或者相似的社会团体的；在申请成立登记过程中弄虚作假的；拟任负责人曾经受过剥夺政治权利的刑事处罚的；有法律、行政法规禁止的其他情形的。

（二）狠抓日常管理。业务主管部门和登记管理机关，要依据职能分工各负其责。要建立健全日常重大活动的报告审批制度。要加强年检工作，重点对政治方向、业务活动、财务管理、组织人事、遵纪守法等方面进行检查，对年检出的问题要作系统分析，找出原因和对策，为领导决策提供依据。对未通过年检的民间组织要依法予以处理。要加强对外国人社会团体的管理，一方面要保护他们依照法律和章程开展活动的权利，另一方面要清除可能带来的消极不利因素。在做好上述工作的同时，今后日常管理工作要注重民间组织的自律管理，即强化内部管理制度，全面提高自身素质。从现在开始要与有关部门共同研究制订民间组织的人事、工资、组织、税收、财务、社会保障、党建等管理办法，争取国家政策扶持，切实解决民间组织生存和发展面临的诸多问题，为民间组织的健康发展创造良好的外部环境。

（三）依法监督管理。在现行基础上，我们要加大执法监督管理力度，落实工作责任制。要与业务主管部门建立联系通报制度和联络员工作制，预防为主，协同作战，打击非法组织，查处民间组织的违法违纪行为，形成齐抓共管的新局面。要与公安、安全、司法等有关部门密切配合，建立监控网络和快速反应机制，对进行渗透、颠覆和破坏的境内外敌对势力的活动，予以坚决打击，逐步建立起在民间组织自律管理基础上的全方位的监督管理系统。

四、健全管理机构，确保管理工作全面落实

新形势下，我国民间组织管理任务十分繁重。必须按照十五大提出的加强执法监督部门，建立一支高素质的专业化的国家行政管理干部队伍的要求，切实搞好管理机关的自身建设。要认真实施双重负责的管理体制。民间组织管理是一项社会系统工程，仅靠某一个部门的管理是不行的。前几年我们对社团管理实行双重负责的管理体制，虽不尽完善，但实际效果比较好，把关严了，管理的范围扩大了，也比较符合部门的职能角色。根据中央分工，今后业务主管部门和挂靠单位，主要负责申请登记、思想政治工作、党的建设、财务活动、人事管理、召开研讨会、对外交往、接受资助审批等工作；登记管理机关主要负责登记审批、研究制定政策规定并组织实施、对活动进行指导检查监督、依法查处违法行为。作为登记管理机关，我们要按高标准履行职责，同时也要与各有关部门相互配合，共同做好管理工作。

要坚决贯彻归口统一登记管理的原则。十五大要求完善监督法制，建立健全依法行使权力的制约机制。中央明确社会团体和民办非企业单位统一归口由民政部门登记管理，其他任何部门无权审批和颁发证书，国务院即将以条例的形式予以法律化。实行归口统一登记管理的决策，是中央出于宏观、整体的考虑。它既可以形成制约机制，又有利于社会组织大格局的形成。实行归口统一登记管理责任重大，我们要认真履行职责。民办非企业单位的登记管理工作刚交给民政部门，这是一项全新的工作，涉及面广，情况复杂，管理上没有现成的经验。对此我们要加大管理力量的投入，坚决要打好民办非企业单位管理工作的第一仗——清理登记，尽快建立民办非企业单位归口统一登记管理制度，在社会上树立起民办非企业单位的法人主体意识，把民办非企业单位的管理工作纳入法制化轨道。

加强机构队伍建设。要坚持按中央要求，通过各种努力，建立健全从中央到地方各级登记管理机构。民间组织管理工作能否开创新局面，很大程度取决于干部队伍的素质，没有一支政治强、业务精、作风正的高素质干部队伍，管理工作无从谈起。因此要坚持按专业化管理的要求，充实管理干部队伍，大力开展包括思想、业务、道德和廉政等内容在内的综合素质教育，学习现代管理知识，不断提高管理水平和服务水平。要抓好职能建设，用主要精力去做宏观性、前瞻性工作，将事务性、微观性的工作逐步交给社会中介组织去办，提高工作效率。

党的十五大已确立了我国社会主义现代化建设事业全面迈向 21 世纪的大政方针。民间组织管理是党中央、国务院交给的一项新的事业，光荣而艰巨。我们要增强政治责任感，发挥优势，把握机遇，全面加强民间组织管理，引导民间组织健康发展，开创民间组织管理工作的新局面。

按照“三个代表”要求，开创民间组织管理工作新局面

民政部民间组织管理局局长　李本公

江泽民总书记在庆祝建党80周年大会上的重要讲话，深刻阐述了“三个代表”重要思想的精神实质和科学内涵，这是新时期党的建设和各项工作的行动纲领，也是新形势下民间组织管理工作的根本指导方针。学习江泽民总书记“七一”讲话，领会和贯彻“三个代表”重要思想，对于加强民间组织管理工作具有重大而深远的意义。当前我国民间组织管理工作就是要按照“三个代表”重要思想的要求，实事求是，解放思想，改革创新，扎实工作，努力开创新局面。下面我结合民间组织管理工作实际，谈三点体会和想法。

一、“三个代表”是民间组织管理工作的核心内容

维护最广大人民的根本利益，是民间组织管理工作的出发点。民间组织是群众的集合体，它有两个最基本的功能。一是体现特定群体的共同意愿。通过民间组织这个载体将共同的利益反映出来，这种组织形式是现代社会所不可缺少的。二是为社会群体特别是为弱势群体提供社会救助、社会福利等非营利性服务。它有别于企业运营，方便灵活，价格低廉甚至无偿，充满了关爱。因此可以说，民间组织来自群众，代表群众，贴近群众，服务群众，在群众中具有天然的亲和力和凝聚力，是联系和服务人民群众的一种重要方式。衡量民间组织管理工作好坏的标准，就是要看是否有利于维护、实现和发展广大人民群众的根本利益。总体看，这几年我国民间组织通过宏观调控和法制教育，发展态势是好的，积极作用正在逐步发挥出来，受到了人民群众的普遍欢迎。但仍存在诸如少数民间组织不服从管理及不自律、不诚信的现象，给社会造成不良影响，损害了人民群众的利益。加之西方反华势力企图通过我国民间组织进行破坏活动，更使民间组织领域存在不稳定的隐患。如果民间组织管理工作搞不好，就会影响我国社会政治的稳定，就不能维护好、实现好和发展好广大人民群众的利益。因此，民间组织管理工作与广大人民群众的根本利益紧密相连。我们必须通过加强民间组织的管理，促进民间组织健康发展，以切实维护广大人民的根本利益。

保障和促进先进生产力的发展，是我国民间组织管理工作的根本任务。民间组织发展史表明，经济发展促进了民间组织的发展，而民间组织积极作用的发挥，又可以进一步推动经济的发展，但是民间组织的作用发挥不当，就可能阻碍和破坏生产力的发展，甚至危害社会。当前我国正在加快先进生产力的发展，全力实现社会主义现代化建设事业的宏伟蓝图。在这巨大的社会变革中，民间组织可以担负重要角色，发挥应有的作用。作为民间组织管理部门，我们必须认真研究先进生产力的发展对民间组织管理工作提出的要求，依照促进生产力发展的准则，及时调整工作思路，探索发展民间组织的新内容，探索管理民间组织的新方式，探索民间组织自身运行的新机制，确保民间组织与经济、社会协调发展，做促进先进生产力的动力。

弘扬先进文化，促进社会主义精神文明建设，是我国民间组织管理工作的基本内容。民间组织需要先进文化作为底蕴和支撑，它不仅在传播文化，而且也在创造和发展文化。我们要充分认识民间组织的文化特征，在民间组织管理工作中，自觉按照“三个代表”重要思想的要求，始终坚持先进文

化的发展方向，支持发展面向现代化的、民族的、科学的和大众的社会主义文化，满足人民群众日益增长的多方面的精神文化需求，为经济发展和社会进步提供精神动力。弘扬先进文化，必然要涉及中国与世界各国先进文化的交流。一些发达国家的民间组织已有近百年历史，创造并且积累了许多独特的文化。如今，在世界经济一体化的带动下，各国的交流与合作日趋增多，国际化发展趋势十分明显。民间组织也在日趋频繁地利用组织优势和资源优势传播独具特色的文化，文化融合也将成为趋势。这就要求，不论是我国各级民间组织的行政管理者，还是民间组织的领导者，都不能故步自封，画地为牢，要在立足我国传统文化的基础上，用世界的眼光和胸怀去与国外民间组织交流，学习别国有益的民族文化，借鉴先进的经营理念和管理经验，创造并弘扬既有本国特色又代表先进发展方向的新文化。

二、“三个代表”是民间组织管理工作改革创新的指导方针

民间组织管理工作的改革创新，是“三个代表”的必然要求，又是实践“三个代表”的重要内容。1996 年以来，在党中央、国务院的关怀下，我国民间组织管理工作经过大家的共同努力，取得了显著的成绩，创造了许多宝贵经验。我们要在继续坚持以往好经验、好做法的同时，以“三个代表”为指针，不断研究新情况、解决新问题，努力掌握新形势下民间组织管理工作的特点和规律，创造有利于民间组织发展和管理的体制和环境，尽快提高民间组织的整体素质，使中央关于加强民间组织管理工作的方针，在新的历史条件下得到更好的贯彻落实。

（一）建立民间组织管理工作的创新机制

目前，民间组织管理工作既面临难得的发展机遇，也面临挑战。认识这些问题，对加强民间组织管理工作非常重要。比如，过去政府承担了许多企业和行业的管理任务，而现在则进一步转变职能，集中精力搞好宏观管理和宏观经济调控，将行业协调和服务管理职能逐步交给行业协会、商会等社会中介组织。这类组织如何设置、如何发挥作用？政府职能部门应该赋予民间组织什么职能，给予民间组织多少活动空间和何种发展性支持？同时，随着我国加入 WTO，更多的外国民间组织将进入我国。外国民间组织的进入对我国将产生什么影响？给我国民间组织带来哪些挑战？目前我国民间组织实行的双重负责管理体制存在哪些主要问题？如何进一步完善？在民间组织宏观管理和微观管理工作中，如何正确处理发展与稳定的关系、数量与质量的关系，等等。类似这样的重大问题还有许多，需要我们认真研究，理出思路，勇于改革。

民间组织管理工作要想在创新机制上取得突破，首先必须树立创新意识。我们要适应形势发展的要求，破除因循守旧，锐意改革进取，以创新应对挑战、推动改革，将改革创新贯穿整个民间组织管理工作，使之蔚成风气。其次，把改革创新作为推动民间组织管理工作的强大动力。再次，“借力”创新。近几年我国民间组织理论研究有长足发展，而且科研机构、大专院校也纷纷介入，涌现出一批专业研究人才，学术著作大量出版，学术思想空前活跃。国外民间组织研究成果也大量涌进我国。我们要因势利导，以我为主，巧用“智囊”。在制订政策法规时，广泛听取专家学者、民间组织工作者和基层干部的意见，必要时可直接吸收他们参加，充分利用国内外有益的研究成果，发挥社会力量的作用。

（二）按照“三个代表”要求逐步进行民间组织结构调整

经过近两年努力，我国民间组织的结构调整有了一个良好的开端，一部分社团通过清理整顿得到合理整合，行业协会、商会等组织有一定发展。但是长期积累的结构不合理、区域发展不平衡的状况仍未得到根本改变。今后五到十年，是我国经济和社会发展的重要时期，也是改革的攻坚阶段。发展是这个时代的主旋律。我们要按照“三个代表”重要思想的要求，凡是能代表最广大人民群众利益，能促进先进生产力和先进文化发展的民间组织，就要坚持发展；不符合的，要加以调整和纠正。具体说，要把这项工作放到党和国家的工作大局中去把握，与国家经济结构战略性调整相配合，与实施西部大开发战略、科教兴国战略和可持续发展战略相配合，与维护社会政治稳定的大局相配合。按照国民经济和社会发展战略规划，有所为和有所不为，合理利用和配置民间组织的社会资源，突出经济建设这个中心，满足人民群众的多样化需求。主要措施是：通过制订和实施登记方面的鼓励性、导向性政策，利用准入手段和必要的法律干预，大力培育有利于经济建设的民间组织，充分发挥民间组织在促进生产力方面的积极作用，推进国民经济持续快速健康发展；积极培育为政府职能转变所需的中介性民间组织，配合政府进行机构改革，促进社会主义市场经济体制的建立和完善；倡导举办为群众、为社区服务的公益性民间组织，协助政府解决社区群众的生活困难，提高社区群众的生活质量，使经济社会发展的成果能够惠及最广大的人民群众；引导发展民间自律组织，提高民间组织自我管理水平；关注农村民间组织的发展，探索对其进行有效管理。经济发达地区，可探索培育有利于提高城市综合竞争力、完善城市功能的民间组织，培育一批实力雄厚、竞争力强的行业协会、商会；中西部地区要结合大开发战略，集中整合社会资源，发展为开发当地经济建设服务和为贫困群众服务的公益性民间组织。结构调整不是简单的数量消长问题，更重在功能优化和质量提高，扩大民间组织专业化和规模化水平，促进经济和社会发展，保持政治稳定。

（三）加强民间组织的能力建设

民间组织的能力建设，直接关系着民间组织的生存和发展。这项工作不单纯是民间组织自身的事情，政府职能部门同样有责任、有义务。有关部门要积极配合，努力形成一套适应民间组织的活力，减少对政府的依赖，推动民间组织发展。从民政角度看，我们要加强对民间组织的培训，普及民间组织在市场条件下生存发展的技能，提高民间组织自我管理和发展的能力。要积极配合有关部门制定鼓励民间组织发展的具体措施，在资金筹集、税收、员工社会保障等方面提供优惠政策。要研究民间组织筹资、增值办法，培育社会公益机构的支持组织，探索鼓励企业和社会力量向社会公益组织捐赠的有效方法。要加强民间组织的正面宣传，树立民间组织良好的社会形象。发展和培育一批民间组织的先进典型，通过典型带动更多的民间组织发挥积极的社会作用，促进民间组织与政府、企业以及其他社会组织建立起相互信赖与合作的良好关系。要积极为民间组织创造信息和经验交流的机会，鼓励民间组织相互学习，共同发展。目前民间组织的全球化发展已成趋势。民间组织可配合政府有效地解决经济、贫困、环保等社会问题，并发挥出不可替代的重要作用，其社会重要性已被包括联合国在内的国际社会所尊重和关注。我们要把握这一趋势，推动民间组织的能力建设，让更多的民间组织在国际民间事务中发挥积极作用。

（四）将民间组织的法制建设和道德建设结合起来

近几年我国民间组织管理法制建设取得了显著成绩，但仍存在法律体系不尽科学、滞后客观实际等问题。加强民间组织管理工作的法制建设已成当务之急。为此，要对民间组织登记管理的政策法规体系进行规划，区别难易、轻重和缓急，分期进行，逐年拓展，以满足民间组织客观发展需要。要与有关部门配合，推动民间组织人事管理、税收、财务、会计、票据、工资和员工社会保障等政策法规的制订工作，尽快将民间组织的日常管理工作全面纳入法制轨道。我国加入 WTO 后，将会有更多的外国民间组织、港澳台民间组织进入大陆，行政管理工作将面临着新的挑战。我们要积极配合国务院法制办制订涉外民间组织登记管理的政策法规，切实加强引导和管理。在整个民间组织登记管理的立法工作中，一要从实际情况出发，体现国情，体现民情。各地可结合实际情况，制定民间组织登记管理的地方性配套政策规章。二要适应加入 WTO 后的新形势、新要求，学会按国际通行规则做好民间组织登记管理和服务工作。要进一步加大法制宣传教育工作的力度，使民间组织遵纪守法意识有明显增强，民主法制素质有明显提高。

在加强民间组织法制建设的同时，要大力开展民间组织的道德建设。民间组织是非营利性组织，维系人民的利益，道德是立身之本。从目前的情况看，民间组织内部有许多问题发生在道德层面。如果只有法制，而没有道德的配合，有些问题是无法遏制的，正常的秩序就建立不起来。因此，道德建设对民间组织具有特殊意义，显得十分必要和迫切。我们要将道德建设作为民间组织管理工作的重要方略，配合有关部门加强对民间组织的思想政治教育，在民间组织中建立强有力道德约束机制。通过教育、培训和使用必要的行政手段，培养从业人员遵守社会的、行业的职业道德规范，增强责任感和使命感，督促民间组织按照章程办事，自律他律相结合，全面提高整体素质。

（五）加大监督管理的力度

一手抓培育发展，一手抓监督管理，是根据新时期民间组织管理工作的特点提出来的，它总结了多年正反两方面经验和教训，完全符合我国民间组织管理工作的实际。培育发展是目的，监督管理是手段。发展离不开管理，管理是为了更好地发展。通过监督管理，促进民间组织健康发展，维护社会和政治的稳定；通过培养发展，满足建立社会主义市场经济体制需要，促进社会主义现代化建设。我们不仅要辩证地理解这两者的关系，而且还要正确掌握和处理这两者的关系。今后要在加强登记工作的同时，将工作重心转移到后期监督管理上来，在发挥民间组织的积极作用上面发力。不仅要把住准入关，更重要的是要管得住、管得好，形成登记——管理——发育壮大的良性循环。

要高度重视打击非法民间组织的工作。在党委和政府的统一领导下，民政部门要与业务主管单位密切联系，与公安、安全等部门协同作战，形成监控网络和快速反应能力。对那些以反对四项基本原则为目的、危害国家安全和社会稳定的敌对非法民间组织，要进行重点打击。对民间组织日常工作的监督工作要常抓不懈，形成制度。根据实际情况，可以考虑在定期年检的基础上，进行随机检查，发现问题，及时处理。要在民间组织中认真做好影响社会治安因素的排查摸底工作，有针对性地采取防范措施，努力消除不安定因素和不安全隐患。对于已经出现的矛盾和纠纷，要配合业务主管单位主动化解，善于做耐心细致的思想政治工作，既不能回避矛盾，更要注意政策和方法，防止激化矛盾。

（六）致力民间组织管理工作的现代化

民间组织管理工作的现代化是大势所趋。如果我们现在不努力，将严重影响事业的发展。随着互联网的不断拓展，民间组织的信息交流十分活跃，信息已经成为民间组织发展的强大推进力。我们要把握当今信息社会的特征，组织并参与民间组织利用先进信息传播技术，共享资源和成果，提高资源利用率和管理水平。要特别在提高现代化办公能力、扩大计算机工作范围上下功夫。尽快建立民间组织管理工作公众信息网，实现以数据统计、信息采集、综合分析为主要内容的民间组织管理计算机系统的建设，强化社会公益组织信息披露的完整性、及时性和准确性，鼓励公众上网查询民间组织信息，为基础研究和政策分析提供数据统计平台。要不断研究和采用计算机管理新技术，条件具备时应及时进行软件升级。鼓励有条件的地方试行网上办公，强化信息处理能力。

三、近期民间组织管理工作改革创新的主要措施

（一）加强民间组织党建工作

民间组织从业人员复杂，其中相当一批民间组织党员不多且流动性大，这给党组织建设带来很大难度。近年各地在这方面进行了有益的探索，但整体推进仍有许多困难。我们将把这项工作列为重点，拟与中组部等有关部门密切配合，有选择地进行试点，培育典型；适时组成联合调查组，通过召开现场会、研讨会等形式，总结经验，研究政策，推广典型。争取在一、二年内，所有具备条件的民间组织都建立起党组织，民间组织党建工作形成制度。通过富有成效的民间组织党建工作，全面加强党对民间组织的政治领导，发挥党员的先锋模范作用和基层党组织的战斗堡垒作用，使民间组织的思想政治工作有根本性好转，保证民间组织正确的发展方向。

（二）加大政策法规的攻坚力度

民间组织管理工作是一项系统工程。许多业务管理工作需要有关职能部门的支持，在方式上还要以他们为主。我们要发挥主观能动性，多做工作，多方协调，争取这些职能部门的理解和支持。准备在有关部门的支持下，深入实际，着手研究民间组织的财务制度、税收制度、员工社会保障制度、行业协会发展和社团会费等问题。鼓励和支持地方开展民间组织党建工作、培育中介组织、社区民间组织、网上社团管理和民间组织资金支持体系等问题的研究。力求将研究成果转化为政策法规。

（三）大力开展民间组织管理知识的培训

普及民间组织管理知识，提高管理者和被管理者的素质，对促进民间组织的健康发展十分重要。我们将从现在开始研究和制订培训计划。初步考虑用三到五年的时间，在全国实施民间组织发展与管理培训工程，重点抓好民间组织负责人的培训，力争绝大部分民间组织的负责人都受到一次培训。为此，我们将与有关单位密切配合，调查培训需求，着手编写培训系列教材，选聘教师，拟派遣业务骨干出国学习，引进国外培训教材和方式，逐步建立起适合我国国情的科学的培训体系。

（四）关心干部成长

在政治上，我们要按“三个代表”重要思想的要求，教育广大干部保持政治敏锐性，不断提高政治素质。业务上，要不断向他们压担子，发挥他们的业务能力和创新能力，同时要帮助他们改进工作作风，提高服务的效率和水平。生活上，要切实关心他们，帮助解决实际困难，调动他们的工作积极性。总之，我们要按照中办发〔1996〕22号和〔1999〕34号文件精神，通过多方面的努力，致力培养德才兼备的年轻干部，建设好一支高素质、专业化的民间组织管理队伍。

民间组织管理工作的生机与活力，就在于改革创新。我们有决心以“三个代表”重要思想为指导，不断提高管理水平、完善管理制度、创新管理手段，确保民间组织管理工作与时俱进，开创民间组织管理工作新局面。

在全国部分大中城市民间组织管理信息工作会议上的讲话

（2001 年 10 月 30 日）

民政部民间组织管理局局长　李本公

同志们：

今天，在徐州市召开全国部分大中城市民间组织管理信息工作会议，以“三个代表”重要思想和十五届六中全会精神为指导，总结交流工作经验，研究探讨当前大中城市加强民间组织管理工作的对策，这种民间形式很好，有利于扩大城市间的工作交流，推进管理工作的深入发展。下面结合最近部里在浙江杭州召开的全国民间组织管理工作座谈会精神，讲三个问题：

一、今年以来民间组织管理的各项工作都取得了可喜进展

今年以来，全国各级民间组织登记管理机关以“三个代表”重要思想为指针，认真贯彻落实党中央、国务院关于加强民间组织管理工作的精神，按照肇庆会议确定的工作思路和具体任务，努力工作，勇于创新，狠抓落实，使民间组织管理工作逐步深入，重点工作进展顺利，一些基础性工作有了明显突破，取得了很大成绩。

首先民办非企业单位复查登记工作进展顺利。开展民办非企业单位复查登记是今年民间组织管理工作的重要内容。各级党委、政府对此高度重视，各地相继召开高规格会议，党政领导亲自动员部署，成立领导小组；各级民政部门在有关部门的密切配合下，充分发挥职能作用，确保了工作的顺利进行。在整个复查登记工作中，各地按照双重负责管理体制的要求，与组织、公安、财政、工商、技术监督等相关部门密切协作，充分发挥了登记管理机关和业务主管单位的积极性。目前，广东、浙江、上海等 10 个省市已提前完成或基本完成，其他地方的工作正在按照年初制定的计划有条不紊地进行。

其次培育发展社团工作取得较大成绩。为了更好地发挥社团在社会主义两个文明建设中的作用，使之为社会经济发展服务，各地在培育发展方面做了一些积极探索，迈出了坚实步伐。为适应社会主义市场经济体制的要求，各地登记管理机关按照总量控制、合理布局、重点培育的原则，审批登记了一批社会经济发展急需的行业协会，有力地配合了政府机构改革，为转变政府职能，强化社会功能，发挥了积极作用。同时，各地在培育发展社团工作中注意抓了社团的党建工作，认真贯彻落实中组部、民政部有关社团党建文件精神，把党建工作作为保证社团正确的政治方向、培育发展社团的重要措施，并进行了许多有益的探索。社团党建工作的开展，提高了社团自身素质，促进了社团自律机制的形成。

三是监督管理工作得到进一步加强。培育发展和监督管理并重是民间组织管理工作的方针。各级民间组织管理部门坚持两手抓，在培育发展的同时，加大了监督管理工作的力度，特别是打击非法组织工作取得了较大成绩。许多地方的登记管理机关还和业务主管单位一起研究制定了一些加强民间组织管理的办法，对民间组织在按照章程开展活动、建章立制、党建工作等方面做了详尽规定，完善了社团的自律机制，促进了民间组织的规范化建设。

四是法制建设迈出坚实步伐。今年以来，我们在深入调研、广泛征求意见的基础上，制定颁布了《社会团体分支机构、代表机构登记办法》；《基金会管理条例》（草案），经部务会议研究上报国务院后，现已完成了对反馈意见的整理分析工作，力争能在近期出台；经过努力，《在华外国民间组织登记管理条例》已正式列入国务院法制办今年的工作计划。此外，为规范民间组织宣传工作，部里与中宣部共同制定了《关于加强民间组织宣传工作报道管理的通知》；与教育部、劳动保障部、卫生部、工商行政管理总局分别就民办非企业单位登记管理有关问题签署了双边文件；并拟下发民办非企业单位法定代表人登记管理有关问题的通知。地方民间组织立法工作也取得了很大成绩。一些省市制定了《社会团体登记管理条例实施办法》、《社会团体财务管理暂行办法》、《社团收入和票据管理办法》等等。

五是民间组织管理队伍自身建设取得较大进展。目前，各地都已建立了省一级的民间组织管理局（处），机构建设有一定突破，一些地市县的机构得到了加强，开展了政治和业务培训，提高了思想认识、业务素质和工作水平。在争取经费支持方面也取得了一些进展。在信息化建设方面，部里与全国联网的民间组织数据库也正在建设之中。地方的信息化建设也取得了可喜成绩，上海、北京等大城市和经济发达省份信息化建设步伐走在全国前列。许多地方增加了现代化办公设施。

总之，今年的民间组织管理工作取得了可喜成绩。在肯定成绩的同时，还应看到我们的工作在思想认识、工作作风、依法行政、法制建设和自身建设等方面也存在一些亟待解决的问题，需要在今后工作中，采取措施，加以解决。

二、今后一段时间的工作任务仍然十分繁重

江泽民总书记在庆祝中国共产党成立80周年大会上的讲话，是指导新时期党的建设和社会主义现代化建设的纲领性文献，为民间组织管理工作指明了方向。只有以“三个代表”重要思想为指导，抓住机遇，解放思想，实事求是，开拓创新，才能适应形势的要求，全面推进和改进民间组织管理工作，为促进先进生产力和先进文化服务，为广大人民群众的生产和生活服务，为党和政府的工作大局服务。

年底前到明年，我们的重点工作是，坚持培育发展和监督管理并举的方针，把工作重心放到提高民间组织整体素质上来，做好社会团体分支机构、代表机构复查登记工作，全面推进民办非企业单位的规范化建设，加快培育行业性社团组织的步伐，加大监督管理的力度，使民间组织管理工作迈上一个新的台阶。具体来讲，我们近期工作主要突出以下几个方面：一是认真细致，扎实有效地做好社会团体分支机构、代表机构的复查登记工作。社团分支机构、代表机构是社会团体的重要组成部分。社会团体的分支机构、代表机构总的情况是好的，但也存在不少问题，主要是数量上盲目发展，管理上缺乏规范，也有极少数被坏人利用，诸如此类的问题如不及时解决，同样会影响社会稳定。为此，《中共中央办公厅、国务院办公厅关于进一步加强民间组织管理工作的通知》（中办发〔1999〕34号），明确要求在近期内对社团的分支机构、代表机构进行一次清理整顿。7月30日部里发布了《社会团体分支机构、代表机构登记办法》。根据《社会团体登记管理条例》和《办法》的规定，部里制定了全国性社团分支机构、代表机构复查登记工作方案。

根据工作方案的安排，全国性社会分支机构、代表机构的复查登记工作，从今年12月开始，用1年时间完成。采取社会团体自查，业务主管单位审查，登记管理机关审定相结合的方法进行。通过复查登记，摸清分支机构、代表机构的基本情况，合并同一社团内相同相似的分支机构，清理未经批准擅自成立的非法分支机构、代表机构，从而强化分支机构、代表机构依法开展活动的意识，加强社会团体对其分支机构、代表机构的管理。各地可以参照部里的工作方案，结合实际制定自己的工作方案，于2002年底完成这项任务。

二是制定配套政策。推进民办非企业单位的规范化建设。在今年民办非企业单位复查登记工作中，各级民政部门进行了大量艰苦而有益的探索，但同时存在着许多亟待解决的问题。为此，部里决定明年民办非企业单位管理工作的重点是深入调查研究，制定配套政策，推进民办非企业单位登记管理工作的规范化建设。调查研究要有计划、分步骤，围绕建立民办非企业单位登记管理制度、内部管理制度和发挥民办非企业单位的积极作用等内容来进行，把工作重心转移到正常登记和长效管理上来。通过调查研究，进一步建立健全登记管理机关的各项管理制度，着力建立年检、处罚制度；探索民办非企业单位党建工作，配合组织部门尽快制定在民办非企业单位中建立党组织的具体实施意见；研究社区中民办非企业单位登记管理工作，重点解决社区中民办非企业单位的业务主管单位确认问题；会同有关部门尽快制定民办非企业单位的人事管理、税收、财务等基础性法规、政策措施，切实推进民办非企业单位的健康发展。要积极与各业务主管单位密切配合，在已经下发的双边文件基础上，制定各行业、各部门民办非企业单位管理的规章制度。

三是制定有效措施，加快培育发展行业性社团组织步伐。最近，朱镕基总理在中央国家机关党的第13次会议上，对培育发展行业协会问题做了重要指示，强调指出必须“尽快培育和发展行业协会”。贯彻落实朱总理等领导同志的指示，需要我们深入调研，制定措施，不断加大培育发展行业组织的力度，建立健全行业组织的自律机制，增强其活力，使民间组织在社会主义两个文明建设中发挥更加积极的作用。

要加快培育发展的步伐，需要做好以下几个方面的工作。一是与有关部门密切配合，加大调研力度，研究制定培育发展的规划并争取将其纳入当地政府的经济、社会发展规划当中。地方机构改革完成后，同样面临着撤销专业工业经济部门，培育发展地方性行业组织的问题。各地要深入调研，摸清情况，提出具有前瞻性的意见，做好党政领导的参谋助手，对行业组织特别是行业协会进行合理布局和结构调整，促进社会经济协调发展。各地可根据实际情况，制定培育发展的规划。市场经济发达的大中城市，应在培育和发展行业协会、商会等行业组织上花大气力。二是要加大对行业性社团组织的政策支持，与有关部门密切合作，制定有关政策，督促他们搞好自身建设，建立自律机制，使他们能够承担起从政府部门转移出来的职能。明年重点解决好调整社团会费标准、社团开展正常业务活动的税收减免政策等问题，帮助社团理顺关系，增强社团活力，充分发挥社团在社会主义现代化建设中的积极作用。三是在培育发展行业性社团组织的同时，继续抓好党建工作，在行业组织中贯彻落实党的路线方针政策，加强党对行业组织的领导，确保社团正确的政治方向。

四是与有关部门密切配合，加大监督管理工作力度。这是保证民间组织健康发展的极为重要的方面。因此，必须在培育发展的同时与有关部门密切配合，把这项工作抓好。做好这项工作，首先要与每年的年度检查工作紧密结合起来。与各业务主管单位密切配合，重点检查民间组织按照章程开展活动、遵纪守法等方面的情况。把年检作为加强监督管理的重要措施和重要环节。其次要督促业务主管单位加强对部门民间组织的领导，指导民间组织建章立制，规范其行为。通过强化内部管理，提高社团的自律水平和专业化管理水平。其三是建立和完善社会监督体系。要发挥登记管理机关、业务主管单位、新闻媒体和社会各界的作用，形成对民间组织进行全方位监督体系。其四是要特别注意打击非法组织工作。这项工作直接关系到社会政治稳定，也是中央特别关注的方面。各地一定要高度警惕，常抓不懈，防微杜渐、预案在先，争取把影响社会政治稳定的隐患消除在萌芽状态。

三、要特别关注大中城市民间组织管理工作

大中城市是我国经济体制改革和对外开放的窗口，民间组织发展起步相对较早，数量多、十分活跃，在民间组织中荟萃了各领域的高层次人才。做好大中城市民间组织管理工作，有利于发展先进生产力，加快经济建设步伐；有利于繁荣先进文化事业，加强社会主义精神文明建设；有利于保障民间组织的合法权益，调动和发挥人民群众建设社会主义事业的积极性。大中城市民政部门在当地党委和政府的正确领导下，认真贯彻党中央、国务院关于民间组织管理的一系列重要决策，落实双重负责管理体制，完善社团登记管理、日常管理、监督管理为主要内容的行政管理制度，做好民办非企业单位复查登记工作，建立健全民间组织管理政策法规体系，依法履行职责，推进管理观念、方式、机制的创新，创造了许多有益的经验，使管理工作更好地适应新形势要求，对推动全国民间组织管理工作的深入发展起到了示范和辐射作用。下面就大中城市民间组织管理工作谈几点意见：

（一）实践“三个代表”重要思想，深入开展调查研究

调查研究是做好民间组织管理工作的重要基础。在当前民办非企业单位复查登记中各种问题不断显现，社团管理也存在许多难点问题的情况下，加强调查研究工作更加至关重要。北京、上海、宁波、南京、深圳、哈尔滨等市积极开展“加强社团党建”、“发挥行业协会作用”、“民间组织发展计划”课题调查，在对调查情况进行客观分析的基础上，提出工作对策，受到了中央有关部门和地方党委、政府领导的重视和肯定。管理的实践证明，凡是调查研究搞得好的地方，遇到的各种问题能够很快得到解决，工作也比较活跃。大中城市民间组织登记管理机关承担着对区县工作指导的职能，应当成为调查研究工作的表率。我国社团管理工作经过10多年的积极探索，在法制建设方面取得了很大成绩，但社团财务、税收、员工保险等难点问题至今仍未得到解决；民办非企业单位复查登记工作不到1年时间，刚刚起步，登记范围的确定、名称的使用、非营利性质的认定等问题都需要尽快研究。此外，民间组织与其他社会组织的关系，需要按照市场经济体制的要求逐步理顺，党建工作亟待加强，自律机制需要建立健全；我国各项事业改革的不断深化，加入世贸组织日期的临近，都会给民间组织管理工作带来一些新情况、新问题。因此，我们必须下大气力做好调查研究和理论探索工作，推动有关问题的顺利解决。调研工作要紧密围绕党和国家的中心工作进行，既要考虑当前实际工作的需要，也要注意吸收国际上先进的管理经验，丰富民间组织发展与管理的思路。在调研中，要注意发挥有关业务职能部门及大专院校、研究机构和社会团体的作用。通过深入调研，为党委和政府领导及有关部门决策提供依据，推进相关政策的制定。部里对调研工作要做专门研究，一方面集中力量，通过调研攻克有关难点问题，另一方面，加强对地方调研工作的指导，推动调研工作的顺利开展，并取得好的效果。

（二）加强宏观调控，提高民间组织整体素质

经过近几年的努力，我国民间组织的质量和素质有了一定提高。但结构不尽合理的状况还未得到根本性改变，民间组织的实际作用与改革形势的要求还有较大的差距。因此，通过加强法制建设和宏观调控，优化民间组织结构，提高民间组织整体质量仍是民间组织管理的重点工作。大中城市应结合经济结构调整和城市发展规划，研究确定民间组织发展规划，并认真抓好落实，确保民间组织与城市经济、社会发展同步。通过成立登记，重点培育有利于生产力发展，有利于繁荣先进文化事业，有利于推动社会公益事业发展的民间组织，使民间组织结构更加优化，数量、种类、布局更加符合大中城市的需要。结合年度检查，加强对不同行业、不同类型民间组织的分类指导，督促引导各类民间组织，按照章程规定的业务范围积极开展活动，加强内部管理，完善自律机制。进一步落实民间组织双重负责的管理，配合有关部门抓好民间组织党建工作，保证国家有关法律、法规和方针政策在民间组织的顺利贯彻，确保民间组织正确的政治方向。加强对民间组织负责人的培训，进一步提高他们的政治和业务素质，增强社会责任感，真正成为民间组织推进社会主义现代化建设的带头人。建立和完善民间组织激励机制，引导培育一批实力雄厚、竞争力强的行业协会和商会。鼓励民间组织参与社区服

务和中西部大开发建设，支持民间组织在“两个文明”建设中建功立业，做出积极的贡献。

（三）强化监管措施，坚决打击非法民间组织和违法民间组织的犯罪活动

非法民间组织活动的重点在大中城市，而且呈上升趋势，危害极大。上海今年1－8月查处各类非法和违法违规社团案件58起，其中取缔非法社团30家。北京市今年初就发现多起政治倾向类和特定群体类非法组织问题，由于向有关部门报告及时，采取果断措施进行处理，将这些不稳定的因素消灭在萌芽状态，受到江泽民总书记的表扬。北京、上海的经验证明，建立监察大队是打击非法民间组织的有效办法。我们要认真分析当前非法民间组织和违法民间组织犯罪活动的特点，进一步强化监管措施，加大防范和查处工作的力度。建立登记管理机关、业务主管单位、新闻媒体和社会相结合的民间组织监督机制。最近，民政部办公厅和中宣部办公厅联合下发了《关于加强民间组织宣传报道管理的通知》，这个文件的制定，对今后民政部门加强与新闻单位的配合，充分发挥新闻媒体对民间组织的监督作用，完善监督机制，将起到积极的影响。各地应主动与宣传部门联系，结合实际提出相应的贯彻措施。要加强对“网上”社团的管理，尽快与信息产业、公安等有关部门研究制定“网上”社团的监督管理办法。同时要特别关注民间组织内容的举报信息，及时跟踪核实，对发现的问题，依法予以查处，不留下任何影响社会稳定的隐患。针对近年来一些地区非法组党结社增多的情况，各地要制定相应的防范方案，与公安、国家安全等有关部门建立联系制度，及时沟通有关情况，共同分析、研究解决工作中的有关问题，提高紧急情况的处置能力，真正形成在党委和政府领导下，有关部门密切配合的民间组织综合治理机制。对那些以反对四项基本原则为目的、危害国家安全和社会稳定的，严重破坏正常经济秩序的非法民间组织和民间组织的违法活动，要进行重点打击。对查处中的典型案例，通过新闻媒体予以曝光，以维护执法机关的权威性和法律的严肃性。

（四）加强自身建设，不断提高管理工作水平

目前，地方机构改革已基本结束，在政府机构、人员精简的情况下，民间组织管理机构得到不同程度加强。在解决机构编制的同时，各地的民间组织管理经费也有所增加，办公自动化程度得到加强。这充分体现了地方党委、政府领导和民政部门自身对民间组织管理工作的重视。为了切实按照中央的要求做好工作，已经增加机构编制的大中城市，要按照中办发〔1999〕34号文件精神，选派政治强、素质好、作风正的优秀干部充实到民间组织管理机构，努力建设一支高素质、专业化的民间组织管理队伍。有计划地做好管理干部的培训工作，通过实地调查、召开研讨会、国内或出国考察、举办培训班等多种形式培养干部，不断提高干部的政治素质和业务素质。加快民间组织管理信息化建设，目前，民政部信息中心正在抓紧建立民政信息网，民间组织信息网络建设已纳入部信息中心统一实施。各地应积极做好联网的准备工作，争取在较短的时间内建立以数据统计、信息采集组织管理系统，早日实现民间组织管理工作的现代化。要进一步改进工作作风，树立管理就是服务的理念，在服务中推进管理，改善服务态度，提高服务水平。

同志们，大中城市的民间组织管理工作有其特殊的重要作用，是我们全国民间组织管理中的前沿和主战场，很多新情况、新矛盾、新问题往往都是在大中城市先出现，提高工作的前瞻性，解决好工作中的各种矛盾和问题，不但是大中城市民间组织管理工作的必需，也是对全国民间组织管理作的重大贡献。让我们紧密团结在以江泽民同志为核心的党中央周围，高举邓小平理论的伟大旗帜，认真学习、贯彻落实“七一”重要讲话精神，以“三个代表”重要思想为指导，紧紧抓住大中城市的特点，解放思想，实事求是，积极进取，与时俱进，为开创民间组织管理工作的新局面而努力。

培育发展行业协会是我们当前面临的一项重要任务

民政部民间组织管理局局长　李本公

我国的行业协会是经济体制改革的产物，是民间组织体系的重要组成部分。它与其他类别的社团组织和民办非企业单位相比较，最大的不同点在于行业协会与企业保持着密切的联系，并直接作用于经济建设。

在我国，行业协会的发展大体经历了三个阶段：1983 年至 1991 年为起步阶段。当时一些工业部门针对我国长期以来在计划经济体制下，只有部门管理，没有行业管理的状况，在对国外行业管理进行考察研究的基础上，开始组建行业协会。1983 年，经国务院批准成立了包装技术协会和中国食品工业协会，从而迈出了我国企业由部门管理向行业管理转变的第一步。1984 年城市经济体制改革的全面启动和 1988 年中央国家机关机构改革综合作用的直接成果是，政府部分权力下放，企业活力增强，行政隶属关系开始弱化，一批地方性行业协会取代了二级公司，国务院一些部委的专业司局在机构合并、人员精简后，相应成立了一批行业协会。至 1991 年，全国性行业协会发展到 170 多家，约占全国性社团总数的 11%。从 1992 年至 1997 年为平稳发展阶段。1992 年四届人大召开后，政府机构改革的步伐开始加快，轻工、纺织两总会的成立，标志着我国行业管理即将步入新阶段。特别是 1994 年，中共中央作出了《关于建立社会主义市场经济体制若干问题的决定》，强调要在培育和发展市场经济体系的过程中，充分发挥行业协会、商会等组织作用，进一步推动了行业协会的发展。到 1997 年，全国性行业协会登记注册 416 家，约占当时全国性社团总数的 23%。从 1998 年到现在，应为行业协会的充实发展和巩固提高阶段。在这一阶段，政府机构改革的力度进一步加大，2001 年国家 9 个工业局撤消后，均转为行业协会，加上我国加入 WTO 等因素，使行业协会在不断提高质量的基础上，数量上也有所增长。到目前，全国性行业协会已近 700 家，约占全国性社团总数的 40%。

纵观我国行业协会的发展历史，我们可以清楚地看到，它的组建和发展是伴随着我国经济体制改革和政府职能转变的历史进程同步推进的。在计划经济体制下，政府部门直接管理企业，行业协会是不必要的；在由计划经济体制向市场经济体制过渡的情况下，行业协会是应运而生并逐步发展的；当市场经济体制确立，实现政企分开并建立现代企业制度的时候，行业协会是可以得到迅速发展并发挥重要作用的。

近 20 年来，我国的行业协会从无到有，从少到多，不断发展壮大，并在经济体制改革过程中，深入开展行业调查研究，为政府加强宏观经济管理和制定行业政策提供依据，同时为企业提供信息和技术服务，推动国际经济技术交流与合作，有利地促进了政府职能的转变，促进了企业改革的深化，促进了经济结构的调整和市场体系的发育，成为政府和企业之间的桥梁和纽带，成为市场经济运行中不可缺少的重要环节。

但是，从当前我国行业协会的整体情况看，能够围绕协会章程规定宗旨任务，积极开展活动，较好地发挥作用的，只占行业协会总数的 1/3；开展活动但发挥作用一般的占 1/3；受种种因素制约和影响，不能正常开展活动的占 1/3。显然，这种状况很难适应我国市场经济体系的建设和加入 WTO

的形势要求。因此，要把培育和发展行业协会，放在加强和改善民间组织管理的全局上，重点考量、认真对待。

一、充分认识培育发展行业协会的重要意义

朱镕基总理在国家机关党的第十三次会议上讲到，“中央国家机关要抓三个转变：一是转变政府职能，二是转变工作作风，三是转变工作方式。如果这三个转变不进行，政府机构改革的成果将付之东流；如果人减了、庙撤了、职能不变，人员随时就会膨胀起来。改革逼迫我们尽快培育和发展行业协会，使行业协会的作用真正得到发挥，并承担政府转移出去的一些职能。这实际上是政府机构改革后对行业协会的培育和发展提出的一个新的迫切要求”。由此可见，能否下大气力，尽快培育和发展一批能真正发挥作用的行业协会，是关系到政府机构改革和职能转变成果能否巩固和继续推进的重大问题。另一方面，培育发展行业协会是入世后新形势的需要。我国加入世贸组织以后，政府和企业都要遵守 WTO 的规则。就企业而言，它将面临的是国际性市场，竞争会更加激烈，要使自己的产品在国际市场占有一席之地，就需要行业协会作为全行业厂家、商家的代表，凝聚集体的力量参与竞争，以维护企业的利益。同时，随着跨国经济贸易的逐步增多，经济贸易纠纷也会不断产生，在这种情况下，也需要行业协会代表企业介入争议，解决纠纷，维护企业利益和声誉。因此，从一定意义上说，入世后，无论是进一步规范国内市场竞争秩序，还是依 WTO 规则融入世界经济体系，都需要大力培育和发展行业协会。培育发展行业协会，是我们当前所面临的一项重要而迫切的任务。

二、正确处理培育发展行业协会的有关问题

在培育发展行业协会的过程中，不可避免地会遇到一些困难和问题。其中有些是民间组织普遍存在的共同性问题；有些是行业协会存在的特殊性问题，即使是特殊性问题，如果置于一定范围看，也可能成为普遍性问题。就行业协会来说，当前应该注意解决好三个问题：

（一）关于行业协会的设立标准

以往，我国行业协会的设立，基本上是以国民经济分类的中类为标准的。这种规定，在当时条件下，为防止社团组织“过多过滥”起过一定作用。但随着国民经济的发展、新行业的出现，原有的国民经济分类已经不适应形势发展的要求。更重要的是，中类标准的界定，究竟是依企业数量、从业人员多少计算，还是按产值产量、社会影响评估，很难有科学的依据。特别是在动态运行情况下，所谓分类标准，随时都可能发生变化。因此，要培育发展行业协会，就不能拘泥于中类标准。现在，有的同志提出：为促进行业协会的发展，应降低行业协会的“准入门槛”。我认为这种提法不太准确。因为 WTO 就是规则，对所有成员都一样，而《社会团体登记管理条例》是法规，所有社团都要遵守，都要符合社团的设立条件，不能因社团类别而易。有鉴于此，认为抬高或降低“准入门槛”，都会使游戏规则遭到破坏。因此，行业协会的设立应以政府和企业的双向需要为标准则更为恰当。

（二）关于行业协会的职能任务

在行业协会的培育发展还没有纳入经济和社会发展规划的大背景下，协会如何从职能上定好位，找准自己的工作点，处理好政府、协会、企业三者之间的关系，确实是值得研究探索的问题。我们培育发展行业协会的目的，就是要实现行业管理。行业管理是国家在一定时期，根据社会经济发展的需要，针对国民经济各部门、各行业制定明确的发展目标和任务，并采取相应的政策措施予以实现。这些措施包括财政、金融、分配、产业等宏观经济政策，也适当运用一些行政干预手段，但更直接和经常的应是通过行业协会进行调控。在实现行业管理的过程中，政府行为与非政府行为的密切配合、有机衔接非常重要，尤其是在职能分解问题上，哪些职能属于政府的，哪些职能是分给行业协会的，要认真研究，科学划分，把握好“度”。如果把本属于政府的职能硬要行业协会去做或本应由行业协会承担的职能而不让做，都不利于行业协会的生存和发展。

（三）关于行业协会的政策支持

行业协会不同于其他中介组织，具有自己的特点。因此，国家在制定行业政策时，应该把行业协会纳入进去。各级民政部门作为民间组织登记管理机关，在制定有关政策时，也应该考虑到行业协会的特点，除了通过政策调整，解决好民间组织共同存在的人、财、物和其他一些问题以外，主要还是会同有关业务主管部门，就长期制约行业协会发展的“地位不顺、职能不顺、体制不顺”等突出问题展开调查，研究对策，按照建立社会主义市场经济体制的要求，用法律法规明确行业协会的性质和地位，用政策推动行业协会的发展，以使其肩负起行业管理的重任。

民政部门作为民间组织的登记管理机关，有责任、有义务为培育发展行业协会作出努力，这种努力最根本的就是为协会的发展创造良好的法制环境。面对着这样一个重要的课题，首先要搞好调查研究。通过调研，真正弄清行业协会的现状及所存在问题，在综合分析的基础上，提出对策，制定相应的法律、法规。不久前，广东省民政厅对行业协会下了一番功夫，作了个调查，并提出了调查报告。部里对这项工作很重视，希望各省也尽快行动起来，认真做好这方面的工作，争取在不太长的时间内有个大的进展。

民政部民间组织管理局局长李本公在民间组织管理信息宣传工作会议上的讲话

（2002 年 8 月 23 日）

同志们：

山东省是我局确定的民间组织管理信息化建设的试点省，同时整体的管理工作在全国也处于前列，在民间组织管理机构建设、行业协会培育发展、民办非企业单位复查登记、社区民间组织发展管理等方面都取得了突出的成绩。在市（县区）也涌现了一批先进典型。日照市就是其中一个。日照市的信息化建设在全国起到了示范作用，在很短的时间内，软件使用率达到百分之百，完成了数据库的建立和与省、县之间的联网。这些都是与地方党政领导的支持和基层民间组织管理干部的艰苦努力分不开的，这也正是我们确定在日照市召开信息化建设现场会议的原因。

在第十一次全国民政会议召开不久，我局及时召开这次会议，主要是结合贯彻第十一次民政会议精神，研究在新形势下，如何加强民间组织管理信息宣传工作，提出有关对策；加快民间组织管理信息化建设，全面提高管理工作水平，使管理工作更好地适应新形势的要求，服务于国家改革、发展、稳定大局。下面结合当前和今后民间组织管理工作实际，就加强信息宣传和信息化建设工作讲几点意见。

一、民间组织管理信息宣传工作的简要回顾

近年来，各级民间组织登记管理机关按照中央的部署，一手抓培育发展，一手抓管理监督，在开展信息宣传方面进行了许多有益的探索。针对一些非法民间组织采取隐瞒、欺骗的手段，骗取一些新闻单位为其作宣传报道，在社会产生很大欺骗性问题，去年底，民政部办公厅、中宣部办公厅联合下发了《关于加强民间组织宣传报道管理的通知》，对有关问题作出规范，各地及时进行了认真贯彻。山东、北京、上海、浙江、广东、黑龙江、吉林、江西、江苏、深圳、宁波等省市自觉树立信息意识，及时上报民间组织党建、行业协会、农村专业技术协会培育发展等调研信息，受到部领导的高度重视。中央办公厅《经验交流》及时转发了部里总结的各地社团党建工作经验。特别是北京市社团办在发现多起政治倾向性类和特定群体类组织的情况后，及时向部报送，采取果断措施进行处理，将不稳定因素消灭在萌芽状态，受到了江泽民总书记的表扬。山东省结合民办非企业单位复查登记，加大宣传力度，积极开展了法规知识宣传月活动，举办了民办非企业单位登记管理知识大奖赛，使复查登记工作取得突破性进展。为了适应管理工作的需要，甘肃、天津、山东、宁波等省市积极创办了民间组织管理刊物，建立了专门的宣传阵地，加强工作指导。《部分大中城市民间组织管理信息工作交流会》规模逐年扩大，促进了城市间的工作交流。今年五月，广州市民政局继广东佛山市之后专门举办了社会团体成果展，受到社会各界的一致好评。由于各地在信息宣传方面的积极努力，为中央和部领导进行决策提供了重要依据，促进了社会团体、民办非企业单位重新登记等重点工作的圆满完成，推动了整体管理工作的深入发展。

二、充分认识民间组织管理信息宣传工作的重要性

信息宣传是民间组织管理工作的重要组成部分。当前民间组织管理工作面临国内和国际发展变化的新形势，根据新形势的要求，以“三个代表”重要思想为指导，与时俱进，做好信息宣传工作，对于落实中央确定的培育发展与管理监督并重方针，推进管理观念、管理方式的创新，提高依法行政水平，调动和发挥民间组织在改革开放和现代化建设中的积极性，都有着非常重要的意义。

（一）加强信息宣传工作是培育发展民间组织的客观要求

朱镕基总理在九届全国人大五次会议作的政府工作报告中指出，要发挥行业协会等中介组织的作用，尽快完善其自律机制。在今年五月召开的第十一次全国民政会议上朱镕基总理再次强调：要坚持培育发展和管理监督并重的方针。把培育发展的重点放在真正按照市场经济要求建立的行业中介组织、社会公益组织和服务性的民间组织上来。切实做好管理监督工作。中央领导同志的重要讲话，表明了培育发展社会中介组织是深化经济体制改革的一项重要措施，为今后的管理工作指明了方向。随着经济与社会的发展，民间组织的地位作用日趋明显，已成为推进经济体制改革和现代化建设的一支重要力量。我国加入世贸组织后，需要尽快培育发展一批功能健全的行业协会、商会等中介组织，在行业调整、行业自律、反倾销应诉等方面发挥积极作用，以提高我国的国际竞争能力。当前在进一步深化农村改革和实施农村产业结构调整中，农村专业协会作为新兴的组织形式，对促进农村经济产业化、规模化，完善农村社会化服务体系等方面已显示出重要作用。利用社区平台，把民间组织的培育工作落实到基层，也将成为提高城市综合管理水平、增强服务功能的重要内容。新的形势下，民间组织发展所呈现出来的新变化、新内容，进一步要求我们要紧密围绕各项事业的深化改革，尽快改进和加强民间组织信息宣传工作，及时将登记管理机关、业务主管单位、民间组织的思想统一到中央的精神上来，形成共识与合力，全力推进民间组织的健康发展；按照市场经济的要求，加强分类指导，以便更好地发挥各类民间组织的积极作用。这不但是完善社会主义市场经济体制的客观要求，同时也是贯彻中央有关培育发展民间组织精神的重要体现。

（二）加强信息宣传工作是适应政府机关转变职能，提高宏观调控能力的具体体现

我国加入世贸组织后，按照统一规范的市场经济规则，进入一个更加开放、公平的国际竞争环境，这就要求政府部门尽快实现职能转变，改变以往封闭式的管理观念、管理方式，增加管理活动的透明度，加强调研、政策法规的制定，提高宏观管理能力。应当看到，我们在思想观念、管理方式等方面与新形势的要求还有很大差距。长期以来，一些地方的登记管理机关存在着民间组织管理工作敏感，不宜多宣传的模糊认识；登记管理机关与业务主管单位、民间组织的联系处于松散状态，很多有关政策文件管理对象几乎见不到；登记管理机关系统也缺少紧密的工作联系渠道等，这些问题都严重制约了管理工作的深入发展。尽快改变这种状况，需要我们紧紧抓住入世后的有利契机，把加强信息宣传工作作为抓手，推进管理观念，管理方式的创新，自觉树立管理就是服务的理念，充分发挥信息宣传渠道的导向和辐射作用，从而密切登记管理机关与业务主管单位和民间组织的关系，增强管理工作的透明度，提高宏观指导和服务的效能，使管理工作实现跨越式发展，更好地适应经济全球化和我国加入世贸组织的新形势。

（三）加强信息宣传工作是在民间组织管理工作中具体落实依法治国基本方略的重要措施

民间组织是广大人民群众参与社会事务的重要形式，代表着不同层次、不同方面的群体利益。这项管理工作具有很强的社会性。据统计，目前仅1600多个全国性社团中，个人会员就达9000万人，单位会员达41万多家，并仍呈现发展的趋势。要确保民间组织健康发展，并发挥其积极作用，关键是要增强民间组织的法律意识和公民结社的法制观念。为此，就要充分利用新闻媒体和现代化宣传手段，将民间组织管理的有关法律法规和政策及时在全社会进行多层次、全方位宣传，发挥积极导向作用，从而有效地推进民间组织法律法规的普及，增强公民结社和举办民办非企业单位的法制意识，将

管理工作纳入法制化、规范化轨道，促进我国的社会主义民主与法制建设。

(四) 加强信息宣传工作是强化监督管理，维护社会政治稳定的必要手段

民间组织管理工作政治性强，事关稳定大局。经过十多年的管理实践，民间组织登记制度逐步完善，如何建立健全有效的社会监督机制，确保社会政治稳定，已成为我们亟待解决的重要课题。把政务信息与社会宣传紧密结合，用现代化的网络技术将民间组织有关信息向全社会披露，可以有效地扩大监管工作的视野，及时发现和纠正民间组织的违法行为，提高打击非法民间组织的快速反应能力，将影响社会政治稳定的隐患消除在萌芽状态，促进我国改革开放和现代化建设的顺利发展。

三、努力将民间组织管理信息宣传工作提高到一个新的水平

加入世贸组织，为民间组织管理工作带来前所未有的机遇与挑战。江泽民总书记5·31重要讲话和朱镕基总理对民间组织管理工作的要求，进一步明确了新世纪民间组织管理工作的方针、目标和任务。我们的信息宣传工作要认真贯彻中央的重要指示精神，坚持培育发展与管理监督并重，发挥正确舆论导向作用，推进管理工作的深化改革，加强普法教育，提高民间组织自律能力，加快培育步伐，发挥民间组织在现代化建设中的积极作用，加大监管力度，促进社会政治稳定。为此，我们要重点做好以下工作。

(一) 切实做好政务信息工作

前不久，国务院办公厅专门召开政府机关政务信息工作会议，对政务信息工作做出部署，明确要求做好综合性、问题性、调研性、学术性、国外相关动态、网择性信息的报送。部办公厅结合民政工作实际，提出了贯彻意见，我们要认真贯彻落实。做好政务信息工作，首先要有高度的政治敏锐性，密切关注管理工作的发展变化，努力捕捉带有全局性、指导性、苗头性的信息，不断提高信息工作的质量。二是确保政务信息的时效性。对民间组织管理中发现的突发性和敏感性问题，做到及时上报。对涉密的信息严格按照保密程序上报，防止出现泄密现象。三是要按照政府机关行政管理现代化的要求，积极改进信息工作手段，完善网络传送、文件、保密传真或电报等报送方式，建立健全报送制度，确保信息报送渠道的安全、畅通。今后，凡向我局报送的民间组织管理信息应一式五份，由部民间组织管理局综合处接收后，分送有关领导和单位。

(二) 加强信息数据的采集分析

信息数据是科学决策的基础。目前，我们在信息数据建设方面还比较薄弱，主要表现在数据内容单一，缺乏规范，未形成统一的报送制度。我们要认真解决好这一问题。结合年检、日常管理工作，有针对性地做好基础性数据的采集，全面了解和掌握民间组织的运行状况。同时，要结合调整和制定社会团体、民办非企业单位发展规划，开展对重点培育民间组织有关数据的采集。要做好信息数据的比较分析，掌握民间组织在不同时期发展的特点和规律，增强决策的科学性、预见性。有条件的地方可以积极探索建立民间组织管理信息披露机制，将民间组织的登记、年检、业绩等有关数据在社会予以公开，推进管理工作的深化。为了统一规范民间组织管理信息数据的采集，我们分别制定了社会团体、民办非企业单位、登记管理机关的数据表格，经征求各地意见后下发执行。

(三) 认真抓好信息宣传阵地建设

为了适应民间组织发展和管理的需要，我们要进一步强化信息宣传工作手段，重点抓好“一报”、“一刊”、“一网站”建设。一是民间组织周刊。今年初，我局与中国社会报共同研究，合办了《中国社会报民间组织周刊》，目前已发行9期。从反馈的情况看，受到了登记管理机关、业务主管单位、民间组织和一些研究单位的普遍欢迎。经过前期试行阶段，目前办成周刊的条件已经成熟，中国社会报专门成立了民间组织周刊部，充实加强了力量，从7月31日第七期开始改为每周一期。这

次报社也派人参加会议，听取意见，并就有关问题与大家研究。二是创办《民间组织研究》期刊。这个刊物由部民间局主管，中国社团研究会主办，目前已发行三期。三是筹备建立《中国民间组织网站》。这项工作正在抓紧做好相关的准备。《中国社会报·民间组织周刊》、《民间组研究》和《中国民间组织网站》的创立与各级民间组织登记管理机关、业务主管单位和广大民间组织密切相关，是我国民间组织管理中的一件大事，是全国民间组织登记管理系统的机关刊物和网站，是登记管理机关的喉舌，填补了长期以来管理工作没有全国性专门宣传阵地的空白，为我们做好新时期的信息宣传工作构筑了新的平台。要切实将其办成具有权威性、指导性，辐射到各地的民间组织登记管理机关、业务主管单位和广大民间组织，需要我们上下共同努力。为了切实加强“一报”、“一刊”建设，发挥应有的宣传作用，我局专门成立了编辑指导委员会。各省、自治区、直辖市、新疆生产建设兵团，各计划单列市民间组织登记管理机关均要设立联络站，登记管理机关主要负责人为编辑指导委员会成员，联络站站长，各地可指定一名联络员，负责具体有关事宜。我们一定要高度重视这项工作，自觉树立全局意识，加强组织领导，当成一件大事认真抓好。

（四）充分发挥信息宣传工作的功能

信息宣传要紧密结合民间组织管理的重点工作，充分发挥舆论导向、舆论推动、舆论监督的功能。统筹考虑民间组织的培育发展，根据社会主义市场经济体制发展和加入世贸组织的客观需要，加强对行业协会、农村专业技术协会、社区民间组织等的分类宣传指导，重点培育一批遵纪守法、自律性强、作用突出的典型，提高民间组织的整体素质。利用信息宣传平台，广泛深入地开展民间组织管理的法律法规教育，不断提高广大人民群众依法成立民间组织的自觉性，促进民间组织在法律规定的范围内独立自主地开展各项活动。充分利用专题调查、课题研究、出国考察等成果资源，使宣传工作真正成为沟通信息、传播经验、指导工作的重要渠道。通过信息宣传，扩大监管工作的视野，健全社会监督体系，对极少数违法违纪的民间组织和非法民间组织活动，在加大查处力度的同时予以曝光，以维护法制的权威，促进社会政治稳定。

（五）开展优秀论文、调研报告的表彰与交流活动

今年，是中央提倡的深入调查研究年。各地按照中央的要求，紧密结合实际，积极开展专题调研、课题研究等，取得了丰硕的成果，提高了信息宣传工作的水平。为了及时总结交流信息宣传工作的经验，展示成果，推动管理工作的深入开展，部民间组织管理局初步定于今年底，组织一次民间组织管理调查报告、论文评选活动。请各地结合本地实际提前做好准备。具体安排另行通知。

四、切实重视并认真抓紧抓好民间组织管理信息化建设

党中央、国务院高度重视推进国民经济和社会的信息化，按照江泽民总书记指出的“四个现代化，哪一化也离不开信息化”和党的十五届五中全会提出的“信息化是覆盖现代化建设全局的战略举措”的要求，成立了由总理任组长的国家信息化领导小组；组建了专门机构——国务院信息化工作办公室；制定了“十五”国家信息化工作发展规划；提出了国家信息化建设战略与重点。民政部对信息化建设也相当重视，成立了由多吉才让部长亲自任组长的部信息化建设领导小组，提出了以信息化带动民政工作现代化的目标，发布了《全国民政系统信息化建设2001—2005年发展规划纲要》，以及部的信息化技术规范与标准，提出了“数字民政”工程。民间组织管理信息化建设作为民政信息化建设的重要组成部分，得到了部领导的重视与支持。1998年12月，经部领导批准，民间组织管理局下发了“关于建立全国民间组织管理信息系统的通知”。对系统建设的重要性与必要性、系统建设的规划与原则，以及系统建设的重点进行了明确。几年来，在方方面面的共同努力下，民间组织管理信息系统建设取得了长足进展。但是，在肯定成绩的同时，我们也应当看到，在民间组织管理信息

化系统建设上还存在着一些困难和问题。下面，我就民间组织管理信息化系统建设的有关情况作一简要介绍，同时提出几点要求。

（一）关于民间组织管理信息系统建设的现状

民间组织管理信息系统作为民政部信息系统的重要组成部分，开始于1998年，也就是民间组织服务中心刚刚组建的时候。中心7月份组建，8月份就拿出了系统建设方案，并开始了筹集经费和方案论证的漫长过程。从拿出方案到2001年9月开始系统建成，历时整整3年。目前，民间组织管理演示室已经建成，并投入使用；已规划局和中心的内、外网，站点共90余个，正在筹建“中国民间组织”网站，网站的技术方案已经形成，网页已设计完毕。在软件方面，我们已经完成了民办非企业单位信息管理软件的开发，部分地区已开始试用；社会团体信息管理软件的第三次升级并推广使用。此外，决策支持系统办公自动化系统；网上办公系统（网上登记申请、网上年检、网上监督、网上咨询、网上公告等子系统）；演示系统；数据库系统；社团分支机构管理系统；基金会管理系统的整体开发方案已经形成，调研工作正在依次展开。

与此同时，在各地民政厅（局）的领导和重视下，民间组织管理信息化建设也取得了很大成绩。按照部的通知要求，各地程度不同地配置了由部统一开发的管理软件。北京、天津、上海、山东、江西、广东、浙江、辽宁、江苏、河北、四川等地认直贯彻落实徐瑞新副部长在四川召开的社团管理软件培训班上的讲话精神，社团管理软件基本上配置到地市级。山东、辽宁、浙江、广东、福建等地在民办非企业单位管理软件尚未进行技术推广的情况下，表现出很高的积极性，有的地方已将应用软件配置到县（市）级。在民间组织管理信息系统建设方面，上海、广东、北京、山东、浙江等地已形成局域网；有的地方已建立了既从属于民政厅（局）网站，又相对独立，集一、二级网站功能于一体的民间组织网站。此外，各地还千方百计筹措经费，配置了相当数量的硬件。可以讲，在民间组织信息化建设方面，我们较之三年前，已经有了质的飞跃，向前迈进了一大步。

为了推动全国民间组织管理信息化建设，2001年5月，部民间组织管理局经反复研究，并报经部领导同意，将山东省确定为全国民间组织信息化建设试点，目的在于通过试点，摸索出一条民间组织管理的信息化建设之路，以利于总结经验，推广全国。山东省厅领导给予了高度重视，将此项工作列入重要议事日程，先后两次进行部署；确定了日照、青岛、东营、潍坊4市作为全省的民间组织管理信息化建设试点市；将软件配置与应用、数据库与局域网建设作为重中之重来抓，举办了全省民间组织软件应用培训班，进行了数据汇总。4个试点城市，在当地党、政领导的高度重视与支持下，投入了大量人力、物力，做了大量的艰苦细致的工作。特别是日照市，专门成立了由局领导任组长的“民间组织管理信息化建设工作领导小组”；出台了民间组织信息化建设的实施意见；召开了区、县民政局长和分管局长参加的专题工作会议对信息化建设进行部署；在省举办培训班的基础上，又对全市的相关人员进行了培训；全面完成了区、县民间组织数据录入、汇总、装库工作；成功地进行了局域网、广域网的调试。山东试点是成功的，他们的做法与经验，很值得各地借鉴。

（二）关于民间组织管理信息系统建设的目标和原则

伴随着社会的进步与发展，我国民间组织的数量在不断增加，目前已发展到几十万个，成为继机关、企业、事业单位之后的第四大法人组织。民间组织数量庞大，而且工作具有极强的政治性和敏感性，涉及各个领域，情况非常复杂。因此，民间组织管理较之其他法人组织的管理更具特殊性，正是这种特殊性，决定了民间组织管理信息系统建设的标准更高，要求更严，同时难度也更大。

因此，我们确定的民间组织管理信息系统建设要达到的目标是：运用高技术手段，实现民间组织管理工作的数据化、网络化，及时、准确、全面地了解和掌握全国民间组织管理的工作动态和信息；

强化登记管理机关的监督管理职能，提高整体工作效率与质量；为党中央，国务院，为各级党委、政府的科学决策提供高质量、高效率的支持与服务；为各有关部门提供信息保障；为民间组织，以及全社会（包括国际社会）提供信息咨询与服务。

为达到这一目标，全国民间组织管理信息系统建设的构想是：以现代计算机技术和网络技术为主要手段，依托民政部民间组织主计算机系统平台，实现民政部与各地民间组织登记管理机关；民政部和地方登记管理机关与党中央、国务院和地方党委、政府及其有关部门之间的计算机联网。部里要起到全国民间组织管理信息中心枢纽的作用，与各地的系统中心联手建立强大的数据库并做好数据的采集、处理、使用和管理工作，在运行全国统一的软件系统的前提下，实现民间组织管理信息交换的数字化、网络化，为领导机关和有关部门提供信息支持与服务。整个系统实行严格的用户权限分级管理，具有强健的安全与保密功能，能够有效防止非法用户入侵。同时，加快网站建设，积极创造条件尽快并入因特网，为民间组织和全社会提供信息服务。

根据这一构想，全国民间组织管理信息系统建设需坚持的原则是：具有严格的安全保密措施，能有效防范外来攻击；具有足够的信息储存空间；具有极强的数据汇总、分拣、传递等处理能力；具有极强的稳定性和快速反映能力；具有自动差转、自动备份、自动恢复，保证不间断工作的功能；具有足够的升级与扩展空间。

全国民间组织管理信息系统建设大致分为几步实施：

第一步：2002 年底以前，部、省两级要完成系统基础环境建设，包括硬件购置与集成、数据库建设，并入部、厅（局）局域网；要加大社团、民非两个软件推广应用的力度，全国各地要配置到地（市）一级；部和较发达地区的省和 4 个直辖市初步建立民间组织管理信息网站。

第二步：2003 年上半年，汇总并建立全国民间组织数据库，为并入国家政务信息网做好准备；争取全国 2/3 省级网站建成，适时并入因特网；完成社会团体、民办非企业单位两个软件的结构性升级，以及社团分支机构管理软件的开发，以及更新配置与推广。2003 年年底之前，全面展开决策支持、网上监督、网上审计、网上年检、网上公告、网上咨询等应用软件的开发。

（三）关于做好民间组织管理信息系统建设的几点希望

回顾全国民间组织管理信息系统建设的 3 年历程，在肯定我们取得成绩的同时，也必须承认存在的问题和困难。我认为，尽管困难和问题的表现形式多种多样，但无非来自两个方面：一方面是来自客观上的，比如缺少经费、人员紧张、力量不足等等。另一方面则源自主观，比如，认识不够，没有看到重要性和必要性，有一等、二靠思想，等上边给经费，靠上边给优惠政策，以及遇到困难和问题就怨天尤人，强调客观等等。我们的信息化建设的确面临着这样那样的困难和问题，这是客观存在，不容否认，但有些困难和问题通过主观努力是完全可以解决的。山东和有些省的实践，也包括我们局和中心的实践证明，不开动脑筋想办法，去争、去闯、去干，没有一股韧劲，全国民间组织管理信息系统建设是等不来的，也是靠不来的。山东与有的省相比，日照与有的地（市）比，条件并不是最优越的，他们为什么能搞好信息化建设？我看主观努力起了决定性的作用。为此，除了进一步认清形势，抓住机遇，提高对这项工作的认识之外，在具体工作中再提两点希望，供各地参考。

首先，要切实抓紧抓好软件的推广应用。软件的开发与应用是全国民间组织管理信息系统的最重要部分，在一定意义上说来，软件的开发与应用已成为制约信息化建设的“瓶颈”。由于从实际需要出发，部里规定软件必须由部统一开发、使用，因此，民间组织管理信息软件开发滞后的责任在我们。下一步我们要加大软件开发的力度。

目前已经推广应用的这两个软件中，社团软件是当时的社团管理司于 1997 年组织开发的，先后进行了反复修改，并三次升级。民非软件是中心于2001年组织开发的。这两个软件均系民政部与四川网景公司合作开发。由于该公司存在这样那样的问题，最终导致破产被兼并，因而对两个软件的开发和升级产生一定的不良后果。为此，我们采取了弥补措施，中断了与原合作伙伴的合作关系，请北京太极度集团对两个软件进行了改进与升级。可以讲，这两个软件目前能够满足实际需要。但现在的问题是，由于社团、民非两个条例正在进行修改，美国微软公司已将WINDOWS98、WINDOWS2000中文操作系统软件升级为WINDOWSXP中文操作系统，以及为了与部信息中心平台衔接，软件开发需由CS结构改为BS结构等客观原因，这两个软件从基础结构上进行改版升级已势在必行。为此，我们计划在两个条例重新颁发后，即进行两个软件的升级工作。不过请大家放心，这两个软件升级后，现已在使用的软件将做到与新软件及原有数据库的无缝衔接。另外，将按照社团软件的现行做法，对已有软件予以无偿更换。从总体上看，两个软件推广应用状况是比较好的，但是各地情况很不平衡，有的地方由于种种客观原因，积极性不高，思想仍停留于以往的小打小闹，固步自封的观念上。应该认识到，全国民间组织管理是一盘棋，不管哪一个局部都有责任和义务为全国民间组织信息网提供信息。同时，每个局部也需要从全国信息网上得到信息。今天已进入信息化社会，如果仍然局限于自己的工作范围，抱残守缺，因循坐误，是不符合信息化时代潮流的。当然，对于软件开发技术上、软件需求以及推广应用上有这样那样的不同意见，是完全正常的，而且我们在今后的改版升级中要更注意广泛听取各地意见，争取更加完善，同时也需要各地紧密配合。按照部的统一要求，尽快普及部统一开发的软件。

第二，要认真抓好网站建设。网站建设，是民间组织管理信息系统建设的重要组成部分。各级网站，不仅是民间组织管理机关网上发布信息的平台，也是实现网上办公，构建电子政务平台的基础平台。因此，各地务必给予足够重视，认真抓紧抓好。需要强调的是：要因地制宜地确定建设网站的形式。目前，有些地方已经建设了网站，但形式不一。有的是独立网站，即一级专业网站；有的放在民政厅网站之内，即综合网站之下的二级网站。在这个问题上我们不做统一要求，由各地根据自身实际确定。

要做到内外有别。网站所发布的信息是对社会公开的，因此，我们务必提高安全保密的防卫意识，实行内、外网分开。我特别强调的是，内、外网之间，不能实行一套设备两种用途，靠控制技术实现内、外网各自的功能，必须实行严格的物理隔离。

要注意具有较强的防范攻击能力。由于民间组织管理工作的特殊性，网站极易受到外来攻击。因此，网站建设从硬件到软件都要预留较大的冗余空间，具有较高的反应速度，同时，注意防范措施建设，确保网站的运行稳定可靠。

总之全国民间组织管理信息系统建设，是数字民政的重要组成部分。除软件以外，其他硬件建设、网络建设均应执行民政部明确的技术规范与标准，按照民政部信息化领导小组的部署和要求，在各级民政厅（局）的领导下进行。

同志们，新形势呼唤着民间组织发挥出更大的作用。做好信息宣传和信息化建设工作，加快民间组织培育发展的进程是我们的一项重要责任。让我们以与时俱进的精神状态，开拓进取、扎实工作，努力将民间组织管理工作推向一个新的阶段，为我国经济和社会的持续发展做出应有的贡献。

在全国部分大中城市民间组织管理信息工作会议上的讲话

（2002 年 10 月 4 日）

民政部民间组织管理局局长　李本公

同志们：

在第十一次全国民政会议结束不久，党的十六大召开前夕，第十二次全国部分大中城市民间组织管理信息工作会议今天在北京召开了，我代表民政部民间组织管理局向会议表示热烈祝贺并预祝会议圆满成功！我们相信通过城市之间民间组织管理工作的交流，在工作上相互促进，取长补短，将有利于促进民间组织管理工作更好地适应新形势的要求，服务于国家改革、发展、稳定大局，更好地发挥作用。因为 11 月上旬，在上海国际研讨会后还要召开全国民间组织管理局、处长会议，研究部署明年工作，所以在这里我仅就如何应对加入世贸组织后的形势进一步发挥民间组织作用问题，讲点不成熟的意见。

大家知道，加入世贸组织是我国改革开放和现代化建设的必然结果，这将有利于为我们创造一个良好的国际经贸环境。中国加入世贸组织后，在享受权利的同时，也要恪守世界贸易组织基本规则和各项协定、协议，切实履行对外承诺，并承担相应的义务。世贸组织尽管是一个经济贸易组织，但其影响所及几乎包括社会各个方面。因此我们加入世贸组织，不仅仅是创造了一个良好的国际贸易环境，而更重要的是引进了一个好的机制。对于提高行政管理水平、增强社会功能，促进法制建设等等都将起到促进作用，我们讲应对加入世贸后的形势，必须首先要对世贸组织有全面了解，认真学习和掌握世界贸易组织的基本知识，认识经济全球化发展趋势，熟知和运用各种规则，树立规则意识和法制观念。舍此，则很难谈如何适应这一新的机遇和挑战。当然要做好这一点需要下很大的功夫，也需要一个过程。

加入世贸组织后，对我国的经济和社会无疑将有很大的促进作用，仅从民间组织来看起码表现在以下几个方面。

首先，加入世贸组织对我国民间组织的整体发展是个极大的推动，有利于改善民间组织的外部环境。关贸总协定对贸易保护主义的限制，将促进各成员国对其民间组织的支持和利用，更好地发挥民间组织的优势。已成为各国高度重视的热点，我国也不例外。

其次，有利于增强和促进民间组织发展的内在动力。面对我国的企业和众多行业将被无可回避地推向国际舞台，在参与行业管理与协调能力的竞争中，民间组织责无旁贷，这就促使我们民间组织必须认真思考，积极应对，不断提高整体水平和自身素质。

其三，有利于加快民间组织规范化进程。我们将按照国际规则，通过不断完善有关政策法规参与国际合作与交流，适时打开涉外民间组织准入的大门，使我国民间组织在与外国同类组织的交往中，博采众长，为我所用。按照自身特点和国际惯例，完善自律机制，进一步规范发展。

因此民间组织如何应对加入世贸后的新形势，关键不在外部而在内部，不在他人而在自己。只有认清形势、练好内功，夯实自身基础，优化自身机制才能应对包括加入世贸组织在内的任何新形势和新挑战。

当然，民间组织的成长与发展离不开社会、离不开群众，更离不开政府的支持。应该看到，今年以来，各业务主管单位、民间组织以及有关部门确实做了大量的工作，为民间组织的生存和发展创造了较好的外部环境。

首先，政府机构改革后部分原由政府部门承担的管理和服务职能逐步交给了民间组织。在深化改革特别是加入世贸组织的新形势下，许多政府部门已深刻地意识到如资质认证、培训、交流等政府做不好而又无暇做的工作交给中介组织已是大势所趋。一些部门积极主动转移职能，使民间组织特别是行业协会承担起了市场准入与退出、行业自律、等级评定、社会监督等职能，积极参与国际竞争，维护企业权益和国家利益，发挥了重要作用。

国家经贸委在机构改革后，特别是八个委管工业局撤销之后，把如何发挥280多个行业协会的作用问题，提到议事日程，先后出台了《国家经贸委主管的行业协会管理意见》、《关于加强行业协会规范管理和培育发展工作的通知》以及《关于授予有关行业协会反倾销、反补贴、保障措施有关职能及委托有关工作的通知》、《关于授予有关行业协会行业统计职能并委托有关工作的通知》等文件，率先授权给行业协会行业统计、收集、分析、发布行业信息，创办刊物，开展咨询，组织人才、技术、职业培训，组织展览会、展销会等工作。并要求行业协会负责协调本行业企业遭受国外反倾销、反补贴、保障措施调查的应诉工作；负责本行业产品出口价格的协调，维护出口秩序，参与本行业产业损害调查等等。使相当一部分很有作为的行业协会脱颖而出。目前一些行业协会在反倾销、反补贴和保障措施方面开展了积极的工作。入世后我国很多行业在发展中遇到了新的挑战，面临的反倾销形势尤其突出，行业协会配合政府部门、协助企业做了大量的工作。如中国工业经济联合会组织相关协会召开经济论坛，研究反倾销问题，主动承担政府部门有关反倾销课题；中国钢铁工业协会、中国轻工业联合会、中国汽车工业协会、中国电器工业协会、中国氯碱工业协会、中国磷肥工业协会、中国氮肥工业协会均在产业损害预警、反倾销应诉、保障措施方面开展了积极有效的工作。

同时多数行业协会都启动了WTO规则和反倾销培训工作，提高协会工作人员和行业、企业对WTO规则的理解和运用水平。

在承担行业预警机制建设方面，中国汽车工业协会看到了入世之后关税降低和非关税壁垒的逐步取消，汽车工业将逐步失去高关税保护，投资服务贸易领域的开放，使还处于发展时期的我国汽车工业将直接融入国际汽车产业的激烈竞争中的严峻局面，决定建立汽车行业产业损害预警系统，依法加大反倾销、反补贴工作力度，成为我国各产业中率先启动产业损害预警系统工作的行业。

在充分利用反倾销等武器，维护行业、企业利益方面中国氯碱工业协会十分注意对行业影响较大的产品在入世后竞争力的分析，向国家有关部门写报告，请求对国外一些企业向我国倾销二氯甲烷的行为进行反倾销调查，以恢复国内企业的正常生产、经营秩序，受到国家有关领导和有关部门的高度重视，对外经济贸易部已对此案进行初裁，并开征临时性关税。

中国棉纺织行业协会清醒地认识到棉纺织行业是极具竞争力的行业，应把大力推进棉纺织企业生产升级结构调整，全面提高国际竞争力作为本协会的工作重点。针对目前我国棉纺织行业由于先进装备比重低、工艺落后、生产长期处于低效率运转状态，品种开发速度慢、品种少等问题，提出应大力推进企业经营机制转换、品种质量创新，提高先进装备比重等措施。协会经过大量的调研分析以及细致的工作，正式向国家经贸委提交了“中国棉纺织行业技术进一步产业升级专项规划方案”，为有关部门制定棉纺织工业发展政策提供了依据。

在顺应我国加入世贸组织新形势，为行业正确应对做好服务工作方面，中国电器工业协会举办了“加入 WTO 电工企业经营战略研讨会”；写出了《WTO 与中国发电设备制造行业》和《加入 WTO 后输变电行业影响的分析》报告，并专门邀请了外经贸部、国家经贸委的有关领导和负责人就走入国际市场、反倾销、反补贴等问题作报告，使协会主要负责人、会员了解入世的有关情况，提出应对措施。

国家经贸委最近评选出二十几家优秀的行业协会，这些协会在近一年来工作突出，为行业协会的改革和发展探索出新路，很值得借鉴和学习。

除国家经贸委外，其他部门也在培育扶持行业协会上做出了积极的努力。卫生部在 2001 年卫生工作会议上明确将原来由卫生部医政司主管的“医疗机构评审”的职能交给中华医院管理学会，该学会根据此项职能制定出医院评审标准和要求，对规范我国医疗机构起到了积极的促进作用。2002 年 4 月 4 日国务院颁布的《医疗事故处理条例》中明确规定：今后医疗事故的技术鉴定工作不再由卫生行政部门组织，改由医学会负责，为此，各地医学会纷纷成立医疗事故技术鉴定专家库，本着实事求是的科学态度，在医疗事故的处理上遵循公开、公平、公正、及时、便民的原则，做到事实清楚、定性准确、责任明确、处理恰当。

今年建设部提出要把像咨询、培训、评优、推广等不宜由政府承担的职能全部移交给行业协会，并要求行业协会要为政府提供行业建设和发展的建议和参考意见，为行业和会员服务，加强自身建设，行业协会的发展要与建设事业发展相协调。

中央有关部门观念的更新，采取的重要举措势必影响到基层。而基层有关部门从实际出发采取的措施、取得的经验也无疑会促使中央机关进一步加大职能转移力度。总之，当前作为大的环境，国际上我们加入世贸，国内各个政府职能部门都在陆续向行业协会转移职能。行业协会发展的外部环境和条件已经形成，关键是行业协会自身能否抓住机遇，及时转变观念，变被动为主动，积极进取，向社会各方面争取有利条件，以真正发挥作用。

作为民间组织登记管理机关，我们更要认清形势，把握大局，充分运用登记管理手段，要在协助有关部门培育发展行业协会方面有所作为，在抓好正常登记管理工作和积极探索农村专业经济技术协会、社区民间组织发展路子的同时，把培育和发展行业协会作为应对加入世贸组织新形势的主要工作内容，切实抓好。

截止 2001 年底，全国共有各类社会团体近 13 万个，其中行业协会有 3 万多，占所有社会团体的 1/4。在经过了上世纪 80 年代启动阶段和 90 年代较大发展阶段后，行业协会已成为当前我国民间组织中发展迅速、门类齐全、作用明显的社团组织，是一支不容忽视的重要力量。作为民间组织登记管理部门，我们要深入研究新时期行业协会的特点，有针对性地制定出与其发展相适应的政策和规定，对行业协会进一步规划，打破部门、地域、条块和所有制的限制，使其结构更趋于科学化、合理化。

同志们，民间组织管理工作涉及广大人民群众的利益，事关社会政治稳定，它的发展也是随着经济的发展而发展的，经济越发达的地区民间组织就越活跃，特别是在我们这些大中城市中，民间组织管理工作显得尤为重要。因此，我们要振奋精神、与时俱进，以江泽民同志讲话为指针，站在促进经济和社会发展、维护国家政治稳定大局的高度去认识民间组织管理工作，把促改革、促发展、促稳定作为民间组织管理工作的根本点和出发点，提高政治警觉性，增强政治责任感，努力维护国家的繁荣和长治久安，以全新的面貌迎接党的十六大的胜利召开。

精心培育　规范管理　促进民间组织的健康发展

——在“民间组织发展与管理”上海国际研讨会上的讲话

（2002 年 11 月 8 日）

民政部民间组织管理局局长　李本公

女士们，先生们：

改革开放 20 多年来，中国经济繁荣，社会稳定，正以崭新姿态出现在世界的舞台上。与这个历史性变化的重要时期相适应，中国的民间组织经历了由少到多、由弱到强的发展历程，成为党和政府联系人民群众的桥梁和纽带、促进国家经济建设与社会发展的重要力量。今天，适值中国共产党第十六次全国代表大会在北京隆重举行，它标志着中国的改革发展和现代化建设又将进入一个崭新的阶段。我很高兴在这个具有里程碑意义的重要时刻，来回顾、总结和展望中国民间组织的发展过程，探索在党的路线指引下民间组织的发展道路，使民间组织在新的历史时期更好地服务社会、造福人类。

民间组织在中国有着悠久的历史渊源和广泛的社会基础，但真正施行法制化管理还是新中国成立后的事情。1950 年中央人民政府通过法规，对社会团体进行登记，依法保护社会团体的合法权益。1978 年以后，中国实行改革开放，使社会生活需求多样化，群众参与社会服务和管理的积极性日益高涨，社会团体不断增加，基金会和民办非企业单位开始出现。1988 年后，中国政府对社会团体进行治理，将行政管理的职能交归民政部门，颁布了社会团体和基金会登记管理法规。1996 年，中国政府决定对民办非企业单位进行依法归口登记管理，这是中国公民社会不断发展、完善的结果，因而具有重大而深远的意义。至此，中国的民间组织概念、类型和内涵已经形成。由社会团体、基金会和民办非企业单位共同组成的民间组织，已成为中国最具发展潜力的社会组织之一。截止 2001 年底，全国社会团体已达 128856 个，其中行业性社团 37123 个，专业性社团 36076 个，学术性社团 37882 个，联合性社团 16558 个；基金会 1153 个；民办非企业单位 82134 个，涉及教育、卫生、体育、社会福利等多个领域。民间组织与企业、机关、事业单位一起，成为中国重要的社会组织。

近几年来，中国政府高度重视民间组织的发展，采取了一系列积极有效的措施。概括起来，主要体现在六个方面：一是不断完善民间组织登记管理法规，出台了一系列保护和发展民间组织的政策规章；二是确立了一手抓培育发展、一手抓监督管理的方针，制定了民间组织管理工作的思路、原则和目标；三是明确民间组织的地位和作用，制定民间组织发展规划；四是转变政府职能，培育和发展了一大批行业协会、商会等组织；五是开展社会团体清理整顿和民办非企业单位以及社会团体分支机构的复查登记工作，掌握了民间组织的基本状况，查处了违法违纪案件；六是充实和加强了民间组织登记管理机构，明确了有关政府机关的行政管理职责。所有这些，符合国家发展和稳定的大局，体现了“三个代表”重要思想的要求，促进了民间组织的健康发展。

当前，中国民间组织正发生着一系列历史性变化：

——民间组织整体结构优化，支持经济建设、满足群众物质和文化需求的民间组织日益增多；

——民间组织的整体质量明显提高，不断为社会提供多样化的服务；

——民间组织的法律意识增强，依法行事、照章活动、严以自律的观念逐步深入；

——以登记管理法规为主体、部门与地方政策规章相配套的法制框架逐步完善；

——日常监督管理工作趋于规范，通过调控和整顿，一度混乱的局面得到扭转；

——社会各界关心、爱护和支持民间组织，公民参与民间组织活动的热情高涨；

——民间组织理论研究已成为热点，正朝着前所未有的深度和广度发展。

在充分肯定成绩之后，我们也要看到，中国民间组织总体上仍处于发展的初级阶段，面临着不少困难与问题。主要有：民间组织的法制建设总体上落后于民间组织的客观发展，政策扶持的力度不够；一些地方民间组织的结构不尽合理，还不能完全满足社会发展的需要，不能适应市场经济的要求；统一归口登记管理尚未全面落实，行政管理力量不足；一部分民间组织自律机制不健全，内部管理制度不严格。需要指出，民间组织发展与管理工作是一项长期而艰巨的任务。上述问题是发展中的问题，我们高度重视，并已经采取措施逐步加以解决。

总结这几年的工作，我深切感到中国民间组织管理工作要正确处理以下关系：

一、改革、发展、稳定的关系。发展是目的，改革是动力，稳定是前提。不发展，国家就没有希望；不改革，在当今形势下很难发展；没有一个稳定的社会秩序，发展和改革都无从谈起。三者密不可分。而民间组织的发展又与三者都有直接关系。因此民间组织管理工作一定要以国家的大局为重，把促改革、促发展、促稳定作为工作的出发点和最终归宿。

二、培育与管理的关系。培育是目标和方向，管理是手段和保障。培育离不开管理，管理是为了更好的发展。培育与管理要有机结合起来，两方面都要加强，这样才能使民间组织健康发展。

三、数量与质量的关系。经济和社会的发展，必然导致民间组织数量的增加；但如果忽视质量，民间组织发展则将陷入盲目无序状态，不能发挥应有的社会作用。因此，提高质量应当成为我们工作的重点。

世界已经进入了21世纪，中国正在集中精力进行社会主义现代化建设，中国的民间组织正面临着新的发展机遇。

——随着经济发展和富庶，中国社会生活更加多样化，多种形式、多种职能的民间组织将不断应运而生；行业协会、公益机构和基层群众组织将会增多；

——随着行政管理措施逐步到位，民间组织发展环境越来越好，作为积极的社会力量，民间组织的社会地位日益提高，社会贡献不断增大，社会作用更加显著；

——随着民主法制的健全，中国民间组织的行政管理工作更加规范，民间组织的合法权益将得到有力保护；

——随着中国政府的职能转变，特别是加入世界贸易组织，行业协会、商会等社会中介组织的发展将获得更多的空间，政府与民间组织的合作将进一步加强；

——随着国际交流的扩大，中国民间组织将学习更多、更好的经验，不断拓展国际化水平和竞争能力，与世界民间组织共同发展。

未来一个时期，中国民间组织管理工作的指导思想是：以经济建设为中心，坚持依法发展和管理的原则，培育发展和管理监督并重，建立和完善民间组织的法律法规体系、行政管理体系、社会监督体系和民间组织自律机制，逐步形成适应国家经济和社会发展要求、布局合理、结构优良、规模适度的民间组织发展新格局。

我们将通过宏观规划，确保民间组织的发展符合经济和社会发展要求。凡是能代表最广大人民群众利益，能促进先进生产力和先进文化发展的民间组织，就要坚持发展。把培育发展的重点，放在真正按照市场经济要求建立的行业中介组织、社会公益和服务性民间组织上来。要支持民办非企业单位的健康发展，充分发挥它们在发展第三产业、扩大社会就业、方便群众生活等多方面的重要作用。要研究农村和社区民间组织的发展问题。经济发达地区，可探索培育有利于提高城市综合竞争力、完善城市功能的民间组织，培育一批实力雄厚、竞争力强的行业协会、商会；中西部地区要结合大开发战略，集中整合社会资源，发展为开发当地经济建设服务和为贫困群众服务的民间组织。在培育发展的同时，要将工作着眼点放在民间组织功能优化和质量提高上来，扩大民间组织专业化和规模化水平。

我们将抓紧民间组织的法制建设，完善民间组织政策法规体系。今明两年，国务院有关部门将对《社会团体登记管理条例》、《民办非企业单位登记管理暂行条例》和《基金会管理办法》进行修订，修改不适宜的条款，加入新的管理内容，使其适应新形势的要求。密切配合有关部门对民间组织税收、财务、会计、票据、工资、人事管理和员工社会保障等政策进行立项调研，争取制定政策法规，尽快将民间组织的日常管理工作全面纳入法制轨道，满足民间组织发展的客观需要。各地可结合实际情况，制订民间组织登记管理的地方性配套政策规划。立法工作要制定规划，注意体系的完整性、科学性和适用性，在立足中国国情的基础上，吸收国外非营利组织建设、运营、管理等方面的经验和教训，建立适应中国国情的民间组织管理体系。

我们将加强民间组织的能力建设，确保民间组织可持续发展。对不同的民间组织要分类指导，研究制定培育发展的具体措施，提高民间组织在市场经济条件下生存发展能力。今后3年，我们将大力进行民间组织的培训，普及民间组织知识，推行秘书长培训合格上岗制度，提高理事会的核心领导能力。要引导和帮助民间组织与政府、企业以及其他社会组织建立起相互信赖与合作的良好关系，形成合作规范。制定民间组织的评估制度，奖优罚劣，形成激励机制。积极为民间组织创造信息和经验交流的机会，相互学习，共同发展。组织民间组织开展社会活动，推动更多的民间组织发挥积极的社会作用。鼓励中国民间组织参与国际活动，开展业务合作与技术交流，为和平与发展做出贡献。

我们将配合国家机构和体制改革，从体制创新层面上推动民间组织的发展。要进一步研究非营利属性，建立民间组织的分类识别系统，探索向民间组织提供发展资源的途径。要建立健全民间组织发展协调机制，有关部门分工合作，共同依法行政。要加强民间组织基础理论的研究，配合有关科研部门、大专院校开展非营利组织学科研究活动，从而推动民间组织的制度创新。

我们将致力建立民间组织自律机制和社会监督体系，加强对民间组织的制度和道德约束。通过宣传教育，进一步在民间组织中培育法制精神，提高遵纪守法意识和民主法制素质。帮助民间组织建立以章程为主的内部管理机制，健全代表大会、理事会、监事会等内部机构及其内部运作机制。建立民间组织公信力制度，细化年检内容，严格资产管理，披露业绩信息，发挥舆论的监督作用。要研究制订民间组织职业道德规范，培养工作人员增强责任感和使命感。我们将依法规范对民间组织的行政管理，不断提高管理能力。要改进工作作风和工作方法，进一步树立管理就是服务的理念，严格执法，热情服务，提高效率，努力建设一支专业化的管理队伍。切实加强基层的行政管理力量，建立全国上下运转协调、行为规范的行政管理体系。要努力实现民间组织管理工作的现代化，尽快建成民政部和各省的民间组织公众信息网，鼓励有条件的地方试行网上办公，强化信息处理能力。

我国民间组织在发展过程中，一直得到社会各界以及外国友人的理解和支持。特别需要指出的是，长期以来，我国民间组织战线的从业者恪尽职守，默默耕耘，为事业无私奉献，以自己的高尚人格影响社会。请允许我代表民政部民间组织管理局，向各位代表，向所有从事民间组织工作的同仁，向所有关心支持民间组织的朋友们，致以衷心的感谢和崇高的敬意！

女士们，先生们：

不论是广大民间组织，还是民间组织的行政管理者，大家的目标是完全一致的：民间组织要健康发展，要发挥积极的社会作用。我相信，新时期中国的广大民间组织将更加具有责任感和使命感，一定会为中华民族的振兴和人类和平进步，做出应有的贡献！

在全国民间组织管理工作会议上的讲话

（2002 年 11 月 10 日）

民政部民间组织管理局局长　李本公

同志们：

全国民间组织管理工作会议就要结束了。前两天，我们成功地举行了民间组织发展与管理上海国际研讨会。将年度工作会议与理论研讨会衔接起来，旨在加大信息，扩大视野，促进理论与实践相结合，进一步提高我国民间组织管理工作的水平。今天上午 8 个省市介绍了经验，由于时间关系，还有不少省市没能发言，我们考虑以后将以其他形式进行交流。回顾这几天的会议，大家感到收获颇丰，达到了预期目的，会议开得很成功。

2002 年是我国民间组织管理工作具有重大意义的一年。在国务院召开的第十一次全国民政会议上，江总书记、朱镕基总理做了重要讲话，给民间组织管理工作指明了方向。正在举行的党的十六大，将给我国民间组织管理工作带来深远的影响。一年来，民政部党组非常重视民间组织管理工作，给予了有力领导。全国各级民间组织登记管理机关，认真学习江总书记“5・31”讲话和“三个代表”重要思想，围绕党的中心工作，深入贯彻党中央、国务院关于加强民间组织管理工作的方针，依法行政，规范管理，扎实工作，一些探索性工作取得成果。民间组织的发展已由过去单纯的数量增长，转移到质量提高上来，作用进一步发挥。行政管理工作正向着规范化、法制化方向整体推进。

一、今年工作简要回顾

（一）立法调研工作取得重大进展

今年我部配合国务院法制办，对民间组织登记管理法规进行了系统规划，投入很大力量修改《社会团体登记管理条例》、《民办非企业单位登记管理暂行条例》和《基金会管理办法》。目前这 3 个条例的基础性工作已经结束，条例草稿已经陆续报送国务院法制办。我局今年还配合财政部起草了《民间非营利组织会计制度》，预计明年实施。这项制度的出台，将填补我国民间组织财务管理和会计制度方面的空白。地方性政策法规建设迈出了新步伐。山东、湖北、浙江、辽宁、广东等省市制订了社团或民办非企业单位、基金会登记管理的政策法规。吉林、湖南、深圳、上海等省市制定了社团或民办非企业单位的财务、票据、会费、年检、社会保险等相关政策，在民间组织管理的一些难点问题上取得突破。

按计划今年是调查研究年。一年来，全国各级登记管理机关深入实际，不断研究和解决问题，取得了丰硕的成果。我局围绕 3 个条例的修订，派出大批干部赴基层调研，多次召开了研讨会，做了大量细致的论证工作，同时还对民间组织财税政策、农村专业经济协会培育、在华涉外民间组织管理、民办非企业单位党组织建设、民间组织分类、社会团体会费标准、青少年体育俱乐部登记等问题进行了专题调研，通过多种形式，广泛听取各方面意见，形成了调研报告，提出了许多具有建设性的意见和建议，有力地指导了当前工作。此外，我局还组织干部赴国外考察，学到很多好的经验。各地调研活动广泛而深入，产生了大量的好思路，为决策提供了科学依据，推动了工作的开展。

（二）社团分支机构、代表机构复查登记工作成果显著

社会团体分支机构、代表机构复查登记，是今年的全国性工程。各地十分重视，加强领导，调集力量，全力以赴。许多地方成立了专门机构，利用宣传工具营造声势，举办培训班普及政策法律。在各方面的积极配合下，各级登记管理机关依法审验，认真清理，工作进展顺利。目前这项工作大部分省市已经结束，有的省市还组织检查验收，确保了质量。通过复查登记，强化了社团遵纪守法意识，基本上摸清了社团分支机构、代表机构设置和活动的情况，发现问题及时纠正，有利于调整社团的结构和布局，提高民间组织的整体质量。

（三）民办非企业单位管理工作不断拓展

去年民办非企业单位复查登记工作结束后，今年各地转入了正常登记和长效管理的阶段。年初，我部和全国人大教科文卫委员会、教育部就《民办教育促进法》（草案）中涉及民办教育机构进行民办非企业单位登记问题进行协商，基本达成一致意见。我部和中组部在调查研究的基础上，制订了《关于在民办非企业单位中建立党组织的意见》，拟在近期出台。各地对民办非企业单位管理进行了许多有益的尝试。北京市对民办非企业单位的资产、党建工作进行了调查。天津市建立了民办非企业单位管理联席会议制度。广东、上海、青岛等省市出台了民办非企业单位年检办法，并进行年检尝试。江西省和教育、公安部门共同对无证民办教育机构进行了清理。湖北省与工商部门就行政管理职责等问题形成了规范性文件。这些举措对规范民办非企业单位的管理，起到了很好的作用。

（四）大力培育行业协会已成共识

今年各地积极配合有关部门，把培育发展行业协会作为深化经济体制改革和应对入世的一项重要而紧迫的任务来抓。江苏、广东、辽宁等省市下发了促进行业协会发展的文件。内蒙、天津、新疆、安徽、四川、厦门、山东、北京、湖北、新疆兵团等省市，对行业协会的发展与管理工作进行了调研，摸清现状，提出了政策性建议。黑龙江省提出发展空白、整改现有、培育大型的工作思路。海南省结合本省实际，提出发展行业协会的重点要放在农村和渔业领域。浙江、重庆等省市对行业协会培育管理工作进行了试点。青岛市制订了农村专业经济协会5年发展规划，在试点的基础上召开了现场会。由于全国各地加大了对民间组织宏观调控的力度，今年行业协会新增数量居其他类型社团之首。宁夏自治区新登记的70余家全区性社团中，90%以上是行业协会；在各市县新登记的社团中，70%以上是农村专业经济组织。山东省行业协会比去年同期增加3%。行业协会的迅速发展，有力地支持了产业调整，促进了经济建设。我国民间组织在数量、种类、结构、布局等方面正逐步符合当地经济与社会发展的实际需要。

（五）监督管理工作常抓不懈

今年我局加大了与业务主管单位协查的力度，重视发挥现行体制和现有手段的作用，直接查处了一批大案。对非法民间组织坚持属地查处，违法必纠，果断处理，有力地打击了非法组织的气焰。工作中，注意发挥了新闻舆论的作用，将查处信息公开，并对违法民间组织和非法民间组织的行为曝光，起到教育、警示和震慑的作用。今年各地都对“三会”进行了专项检查，严格了“三会”登记审批条件和程序，规范了对“三会”的管理工作。海南省对未参加年检、长期不开展活动的社团进行必要的处置。全国“打非”工作取得成效。今年1至11月，北京市查处非法民间组织70个，做到发现一个，查处一个，维护了首都的政治稳定。新疆兵团果断查处了“中国统一民主党”这一非法组织。广东省对未经批准成立的基金会进行集中清理。各地在工作中创造了许多好方式，比如，上海、青岛等地建立4级预警监督网，甘肃省与有关部门进行联合执法，天津市在各区县聘请监察信息

员组成执法监察网络，安徽省制订了取缔非法民间组织预案等。

除了以上日常工作，今年全国民间组织管理工作呈以下新的发展态势：

1. 全面探索创新民间组织管理制度

各地本着与时俱进的精神，对民间组织管理工作进行广泛深入的探索。山东、湖北、浙江、四川、吉林等省市对农村专业经济协会登记管理进行研究和试点。上海市拓宽工作思路，探索社区社团管理、网上社团管理、涉外民间组织管理、政府购买民间组织服务等工作。青岛市探索建立民间组织诚信评估制度。青海、安徽、新疆兵团等省市实行民间组织开展重大活动事先报告制度。甘肃、河南等省市探索民间组织税收管理新方式。新疆等省区进行了异地商会登记管理的试点。湖北省对民办非企业单位登记实行名称预审制。湖南在全省社团中普遍开展了以民主决策、重大事项报告、捐赠公示、奖惩、财务管理为内容的制度建设。广西、广东等省区对民办非企业单位进行了年检。云南省对全省涉外民间组织状况进行全面调研，提出了管理思路。改革探索使我国民间组织管理工作朝着纵深方向发展，开创了工作的新局面。

2. 鼓励和引导民间组织发挥积极的社会作用

吉林、辽宁、青海、福建、安徽、厦门等省市纷纷对先进民间组织进行表彰，用典型引导民间组织健康发展，带动全盘工作。一大批先进民间组织脱颖而出，榜样示范，正气上升。山西省开展社团精神文明建设竞赛，社团你追我赶，争创先进。山东省组织社团开展反“法轮功”、反邪教活动。贵州、福建、天津等省市组织社团和民办非企业单位开展公益活动，扩大了民间组织的社会影响，树立了良好的社会形象。各地高度重视民间组织党建工作，发挥党组织战斗堡垒作用，引导民间组织健康发展。经过努力，上海市社团党建覆盖面达89%，民办非企业单位达99.49%，大部分区县达100%。为了配合发展民营经济，西藏自治区通过建立健全个体劳动者协会的党组织，带动了私营企业的党组织建设，社会作用显著。

3. 狠抓民间组织管理工作规范化建设

今年各地普遍注意转变工作作风，改变工作方式，提高工作质量。安徽省制订了服务规则，加强了对登记管理机关工作人员行为的规范管理。浙江省设立了民间组织办事服务窗口，实现一条龙服务。北京市通过行政审批软件和机关内部办公软件的制作，规范了行政管理手段，提高了工作效率。陕西省走出机关大院对社团进行集中年检，大大方便了服务对象。山东省将今年定为民间组织管理规范年，制订了民间组织规范化建设纲要，明确了规范化建设的内容和目标，在促进民间组织自律的同时，也规范了自身的行为。

4. 不断拓展基础性工作

民间组织信息宣传工作得到加强。今年我局在山东省日照市召开了首次民间组织信息宣传会议，提出了民间组织信息宣传工作的思路和措施。目前我局已建立起以一报、一刊、一网为主体的宣传理论阵地，初步建立了一支信息队伍。许多省市也十分重视民间组织信息宣传工作，制订了方案，下发了通知，建立了阵地，信息流量比往年加大，宣传形式新、效果好。

培训工作内容之多、范围之广，为近几年少有。局里今年举办了多起培训班，组织国内外专家学者和本局业务骨干编写教材，对业务主管单位有关负责人、社团工作人员和地方登记管理机关干部进行培训。大部分省市举办了培训班。湖北省培训了1200余人。山东省上半年省、市、县三级共举办社团培训班32期，还举办了全省民办非企业单位知识竞赛。广西、黑龙江等省区培训了社团财务人员。广东省对全省登记管理机关干部进行执法培训，考试通过发给行政执法证。云南、黑龙江、宁波等省市实行秘书长培训合格、持证上岗制度。

信息化建设迈出新步伐。我部民间组织管理信息系统平台已经建成，正在不断完善，各项综合数据已经或正在导人数据库；社会团体和民办非企业单位信息管理软件的开发已经完成，推广应用工作正在全面展开；决策支持系统、办公自动化系统、网上办公系统、演示系统、数据库系统、社团分支机构和基金会等信息管理软件的整体开发方案已经形成，开发调研工作正在逐步展开。中国民间组织网站正在筹建，网站的技术方案已经形成，网页已设计完毕。各地民间组织管理信息系统建设也取得了显著进展。上海、北京、广东、浙江、山东等省市已经建成全省（市）的网络系统。有些地方还建立了既从属于民政厅（局），又相对独立，集一、二级网站功能于一体的民间组织网站。

自身建设取得可喜成绩。今年不少省市抓住地方机构改革机遇，争取到必要的编制和经费。安徽省以省民间组织管理工作领导小组的名义，下发了加强民间组织管理工作队伍建设的意见，地县级机构得到加强。山东省17个市，有15个市和20多个县设立了副局级的民间组织管理机构。浙江、湖北、湖南等省市不同程度地增加了地方登记管理机构的编制。云南、广东等省市通过努力，落实了民间组织管理工作的经费。

在看到成绩的同时，我们也要查找不足。今年我们虽然下大力气对3个民间组织登记管理法规进行了修改，但仍不能出台，客观上影响了正常工作的开展。一些地方民间组织管理工作没有摆上应有的位置，双重负责的管理体制不完全落实。有的地方不够重视宏观调控，民间组织结构调整工作进展不理想。民间组织税收、票据等问题仍在很大程度上影响民间组织发展。大部分省市由于缺乏必要的人力、物力，监督查处工作力量薄弱，执法工作困难较大。上述问题我们要予以高度重视，采取必要措施加以解决。

二、明年工作思路和要求

明年是贯彻党的十六大精神的第一年，民间组织管理工作的指导思想是：认真学习领会、全面贯彻执行党的十六大精神，落实江总书记“三个代表”重要思想，按照第十一次全国民政会议要求，坚持两手抓的方针，继续加强宏观调控和法制建设，深化改革，分类指导，规范制度，加强督察，不断提高民间组织的整体质量，引导民间组织在物质文明和精神文明建设中发挥应有作用，努力为国家经济建设和社会稳定服务。

（一）加快民间组织政策法规建设

明年我们将积极配合国务院法制办修订《社会团体登记管理条例》、《民办非企业单位登记管理暂行条例》和《基金会管理办法》，在登记管理的内容和形式上，尽可能地适应当前政治、经济和社会发展的客观实际，力争早日出台。条例颁布后，我们将在全社会宣传普及条例知识，培训行政管理人员，对政策性文件进行清理，按照条例调整工作内容和程序。这次条例的修订给地方留出了空间，各地可结合实际制定实施细则。要大力推进民间组织税收、财务等制度的建设，突破影响民间组织发展与管理的政策性障碍，在全国性政策尚未出台的情况下，各地可先行一步。要根据行业、部门民办非企业单位的不同特点，制订和完善相关管理制度，会同有关部门尽快出台民办非企业单位人事、党建、年检等制度，对不适宜的做法要予以纠正。

（二）科学调整民间组织结构

按照朱镕基总理在第十一次全国民政会议的讲话要求，把一切有利于社会稳定、有利于经济发展、有利于民间组织作用发挥，作为民间组织管理工作的出发点和立足点，把培育发展的重点放在真正按照市场经济要求建立的行业中介组织、社会公益和服务性的民间组织上来。要在过去工作的基础上，进一步探索行业协会发展的新思路、新办法。有条件的地方可与有关部门配合，研究制订行业协会的发展规划，争取将其纳入当地经济建设和社会发展总体格局中。现有行业协会要进行整合，优势行业、新兴产业与入世密切相关领域行业协会可优先发展。要继续研究农村专业经济协会的登记管理问题，在法规允许的情况下，使之具有独立的法律地位，更好地参与市场竞争。要积极培育发展公益性民间组织，支持民办非企业单位的健康发展，充分发挥它们在发展第三产业、扩大社会就业、方便群众生活等多方面的重要作用。

（三）创新民间组织管理制度

目前民间组织管理工作，一些旧的问题没有解决，新的问题又不断产生，这就要求我们进一步解放思想，探索新思路，寻找新突破，开创新局面。各地都要从日常事务中解脱出来，下大力气扎实搞好调查研究工作，抓住重点、热点和难点，剖析原因，解决问题，创造性地开展工作。我们鼓励创新的方式是：先易后难，先小后大；以点带面，分类指导；重点突破，整体推进。明年各地可结合当地具体情况，有选择地探索：双重管理体制有效实践方式；民间组织联席会议制度；民间组织发展规划；民间组织信息公开制度、评估制度、诚信制度和自律机制的建设；社区民间组织、新型群众组织和涉外民间组织的管理；政府购买（资助）民间组织服务；民间组织财税制度，等等，通过调研和实践，丰富管理思路，完善管理制度。各地的情况差别很大，工作中一定要从实际情况出发，注意政策，谨慎缜密，并且要加大对基层工作指导的力度。局里将及时总结推广各地的经验。

（四）抓好民间组织素质建设

各地要加强民间组织的思想建设、组织建设和能力建设，巩固和扩大民间组织清理整顿的成果。要大力培训民间组织负责人、财务人员等从业者，提高他们的政治素质、法律意识和业务水平。一个社团能否搞好，秘书长很关键，有条件的地方可进行社团秘书长培训上岗制度。培训要因地制宜，不断扩大培训范围，丰富培训内容。前一段时间我局在世界银行的资助下，组织国内外专家，开发了一套民间组织负责人培训教材，最近我们打算再加以补充修改，各地可以参照使用。要鼓励民间组织发挥作用，组织或参与组织社会团体和民办非企业单位走出大门，深入社会，开展公益活动，报效社会。对遵纪守法、发挥积极社会作用的民间组织，要予以表彰，树立典型。要加强民间组织的党建工作，扩大党建覆盖面，确保民间组织正确的发展方向。

（五）加强民间组织的监督管理

各地要高度重视维护社会政治稳定工作，采取有力手段，在保护民间组织的合法权益的同时，对违法民间组织要果断查处，对非法涉外民间组织要坚决取缔，排除不稳定隐患。要配合有关部门，加强对民间组织的政治上的指导，重点检查履行章程和遵纪守法的情况，对私分财产、偷税漏税的民间组织要予以查处。今后省市一级查处非法民间组织的信息要及时报部，遇到问题及时请示。一些重大的具有典型意义的案例可在新闻媒体曝光。明年涉外民间组织登记管理的法规出台后，各地要充实管理力量，对涉外民间组织进行一次调查清理，严格登记制度，确保涉外民间组织遵纪守法。要加强执法队伍建设，大中城市要力争组建专职执法队伍，提高执法的权威性。明年我局拟在适当时候进行执法检查和经验交流。

（六）提高自身建设水平

要认真贯彻民间组织宣传信息工作会议精神，提高认识，切实抓好《中国社会报民间组织周刊》、《民间组织研究》杂志组稿和发行工作，将政府管理信息和意图及时传播到民间组织中，指导各地工作。各地都要把信息化建设摆上议事日程，按照我部信息化建设的总体规划，加快建设步伐，早日实现各地联网。要探索办公自动化的有效方式，推广民间组织登记管理软件，已先行一步的省市，可试行民间组织登记、年检等行政审批事项的网络办公系统。要重视干部素质的培养和提高，根据不同时期的工作需要，对他们进行必要的培训和考核，提高业务水平和服务质量。

三、有关问题的说明

（一）关于《社会团体登记管理条例》修改情况

按照与国务院法制办研究的意见，我们对《社会团体登记管理条例》进行了修改，调整增加的主要内容有以下几方面：

1. 增加对持有居留权的外国人（含港、澳、台）在华结社和外国非政府组织（含港、澳、台）在华设立代表机构进行登记管理的内容。规定外国人社会团体的登记管辖分别为民政部和省级民政部门。

2. 规范社会团体成立、变更、终止的条件和程序。调整了注册资金的数额，规定全国性的行业协会注册资金为200万元，其他社会团体为10万元；地方性社会团体的注册资金由省级登记管理机关参照标准规定。删除了有关社团成立筹备审批的程序。增加了关于社会团体终止和清算工作的内容。

3. 增加了对社会团体内部治理结构、运行方式、议事规则等方面的规定。

4. 增加了对农村专业经济协会和社区群众性社会团体进行登记管理的规定。条例草案已报送国务院法制办。

（二）关于《基金会管理条例》修改情况

《基金会管理条例》于去年3月份报送国务院，一年多来，我们配合国务院法制办听取有关方面意见并进行了多次修改，现已完成修改工作，待国务院法制办审定后提交国务院审议。《基金会管理条例》修改的重点有以下几个方面：

1. 进一步明确了基金会是“从事社会公益事业为目的而设立，接受或者募集国内外自然人、法人或者其他组织捐赠的财产，用于其章程规定的社会公益事业的民间非营利法人组织。

2. 对基金会进行分类管理。按照资金来源，将基金会分为独立基金会和公募基金会，两类基金会在名称、注册资金、活动地域、业务主管单位、登记管辖以及投资行为等方面有不同规定。

3. 增加了对外国基金会驻华代表机构登记管理的内容。

4. 对基金会接受捐赠、组织募捐和财产的使用、保值、增值方式作了详细规定。

（三）关于《民办非企业单位登记管理暂行条例》修改情况

此次修改的主要内容是：

1. 拟将民办非企业单位名称改为“民办事业单位”，以解决民办非企业单位名称不科学，既不与国际接轨，也不能和我国现有的社会组织类型相衔接的问题。

2. 重新界定了民办事业单位概念。新条例草案将民办事业单位界定为“企业事业单位、社会团体和其他社会力量以及个人利用非国有资产举办的，从事教育、科技、文化、卫生、体育、社会福利、中介服务、法律服务等社会服务活动的非营利性社会组织。”对民办事业单位的组织定性，而不是对其活动定性，避免了因对营利性或非营利性等一些具体问题的理解不一致，而和有关部门在管理上的冲突。新界定还对民办事业单位所从事的行业进行了细化，便于公众理解。

3. 取消了简化登记的规定。结合登记管理工作的实际，把《民办非企业单位登记暂行办法》中的有关规定，写入新条例草案中，解决了简化登记难以操作的问题。

4. 新条例草案还删去了民办事业单位的（合伙）形式，并规定民办事业单位可以设立分支机构，以利于民办事业单位的发展。

（四）关于工商联是否为社会团体业务主管单位问题

今年2月，中央政治局常委会讨论并原则通过了《关于党外人士在迎春座谈会上反映的意见和研究情况报告》，国务院领导同志批示交由国务院有关部门分别牵头落实。按照分工，民政部牵头负责《报告》第六部分“关于工商联的职能问题”的落实工作。我部会同经贸委、工商总局、法制办、贸促会及中央统战部等十多个部门进行了认真研究，提出以下4点意见：

1. 同意授权全国工商联为全国性社团业务主管单位。

2. 在全国工商联得到授权以后，同意将统战部主管的“中国光彩事业促进会”、“中国民（私）营经济研究会”和工商总局主管的“中国个体劳动者协会”移交工商联主管。

3. 行业协会的设置不应按照所有制形式来区分，各级工商联组建的同业公会应与本地的行业协会合并，暂时合并不了的，作为工商联的分支机构存在，主要职责是联谊交流，不具备行业管理职能。

4. 全国工商联提出要管理少数以个体、私营企业为主体会员的细小行业的行业协会。此事可由工商联与有关业务主管部门及行业协会协商一致，经政府批准，我们按照程序办理手续。

待国务院批复民政部的请示后，我们将有关政策通知地方。

（五）关于农村专业经济协会问题

近两年许多省市对农村出现的专业技术协会、专业经济协会、农产品行业协会进行了广泛深入的调查研究，形成了一批有质量的调研报告。10月份我局在湖北召开了部分省市座谈会，专题座谈了农村专业协会的有关问题，分析研究了协会的名称、性质、职能、登记管理工作应采取的政策。根据各地的调研情况和农村专业经济协会的发展现状，我们意见：

1. 协会名称应为农村专业经济协会，其性质与职能是：为协会成员提供生产、营销、信息、技术、培训等服务，发挥协调和自律作用，维护成员和行业利益的非营利性社会组织。

2. 在登记管理方面，我们应采取积极扶持、培育政策。（1）县及县以下农村专业经济协会由县级民政部门负责登记；县级农村专业经济协会的业务主管单位是县级政府有关部门，按照《社会团体登记管理条例》的规定履行职责；县以下农村专业经济协会由乡、镇政府为业务指导单位，负责协会成立的审查和业务活动的指导。（2）成立农村专业经济协会应具备《社会团体登记管理条例》规定的基本条件，在其住所、专职工作人员、活动资金等方面可变通，具体规定由省级登记管理机关确定。关于农村专业经济协会的具体政策民政部准备下发文件。

（六）关于一些省市成立行业协会综合领导机构问题

近日福建省社团管理办公室反映该省体改办等部门正在起草《福建省行业协会条例》。

该《条例》草案的一些条款违反了国务院颁布的《社会团体登记管理条例》的规定，例如改变了社会团体双重管理体制，影响登记管理机关依法行政，草案规定“福建省政府相关部门组成行业协会改革与发展领导小组，作为行业协会的宏观管理部门，负责全省行业协会的总体规划，布局调整、政策制定、协调管理，以及行业协会的事务性管理。”在具体监督处罚方面规定，行业协会宏观管理部门可以协调业务主管单位和登记管理机关，同时还可以对协会行使部分处罚权。草案还规定“行业协会可以使用同业公会的名称”，这不仅与国务院条例相悖，而且违反《中共中央批转中央统战部＜关于工商联若干问题的请示＞的通知》（中发〔1991〕15号）文件中同业公会“可以在县、镇级进行试点，不成立省、市级组织”的精神。草案规定在其实施前设立的行业协会，一年内，进行规范并重新登记。我们认为作为地方性规章，无权要求已经依法登记具备法人资格的社会团体重新登记。

福建省反映的情况各地要引起重视。当前各地政府非常关注行业协会的发展，有关部门积极研究扶持发展的政策，这对促进行业协会的健康发展有积极的推动作用。但是，各项政策的制定要依据《社会团体登记管理条例》所确定的原则，要坚持双重管理体制，不得人为地分解登记管理机关和业务主管单位的监管职责，不得随意给社会团体增加负担。

民政部给福建省民政厅的答复意见将抄送各地。

（七）关于异地商会问题

根据去年杭州会议确定的登记在省、试点先行的政策，部分省市进行了异地商会的试点工作。在10月份部分省市座谈会上，通报了试点情况并对有关问题进行了研究。参加会议的同志认为，异地商会对开展省际间经济合作，加强对异地经商人员的管理有积极的作用，但是也存在一些问题。如一些商会内部管理较差，人员素质偏低；商会与业务主管单位、原籍地有关部门的关系有待理顺；省级异地商会向下发展组织等等。针对异地商会发展的现状，经研究，今后一段时间内，异地商会的登记管理工作继续执行“登记在省，试点先行”的政策。坚持登记在省，即省级民政部门登记省际投资企业组织的协会、商会。省级异地商会不得设地域性分会；省级以下不得设异地商会；异地商会由单位会员组成，不吸收个人会员。未进行试点的省市可根据本地实际情况自行决定是否试点；已经试点的省市要对已登记的异地商会加强管理监督，促使其规范建设，健康发展。该问题部里拟发文件。

（八）关于农村非营利性卫生医疗机构进行民办非企业单位登记问题

关于这个问题在2001年的杭州会议上，我们曾下发了与卫生部共同草拟的双边文件征求各地意见，准备今年初下发。后来了解到，有关农村卫生改革的一系列配套文件，要在2002年5、6月份国务院开会后才能出台。卫生部认为届时再下发双边文件比较好，否则许多政策不明确，阻力比较大。到今年4月，获悉原由国务院出台的农村卫生工作改革的配套文件，将改由中共中央决定的形式下发，可能有更新的突破，双边文件暂不宜下发。最近，《中共中央、国务院关于进一步加强农村卫生工作的决定》已经下发。《决定》强调指出：“农村卫生服务网络由政府、集体、社会、个人举办的卫生医疗机构组成”，“发挥市场机制的作用，多渠道吸引社会资金，发展民办医疗机构，支持城市医疗机构和人员到农村办医或向下延伸服务，对符合条件的民办医疗机构，应一视同仁，并按机构性质给予税收减免等鼓励政策。”根据我们和卫生部同志的理解，《决定》的这一精神表明，乡以下的卫生医疗机构基本上要按非营利组织对待，仅在沿海地区存在少量的营利性医疗机构，大量的农村卫生医疗机构将纳入民办非企业单位的登记范畴。我们要抓住《决定》出台的机遇，做好农村民办医疗机构的登记管理工作。农村非营利性卫生医疗机构，数量庞大，情况复杂，对农村非营利性卫生医疗机构进行民办非企业单位登记是一项十分繁重而艰巨的任务。部里将按照《决定》的精神，尽快和卫生部一起研究贯彻落实农村民办非营利性医疗机构登记管理的双边文件，争取早日下发。各地也要抓住机遇，先期做好农村民办非营利性医疗机构的调研摸底工作。

各位代表，大家知道，同时举办两个会议，其中一个还是国际会议，工作难度是相当大的。上海市人民政府对这次会议给予了有力的支持和指导。上海市民政局和上海市社团管理局早在半年前就开始精心准备，投入了大量的人力物力，所有环节都安排得细致周到，给会议提供一个良好的环境，确保了会议的顺利进行。我谨代表民政部民间组织管理局和全体与会代表，衷心感谢上海市人民政府对民间组织管理工作的大力支持！衷心感谢上海市民政局、上海市社团管理局领导和全体工作人员的辛勤劳动！

同志们，正在召开的党的十六大，将制定我国社会主义现代化建设事业新的行动纲领，描绘更加宏伟的世纪蓝图。让我们在十六大精神的指引下，团结一心，开拓进取，全面贯彻落实党中央、国务院关于加强民间组织管理工作的方针，为开创我国民间组织管理工作新局面而努力奋斗。

民政部民间组织管理局局长李本公在社团分类研讨会上的讲话

同志们：

今天来参加会议的有科技部办公厅、国家经贸委产业司、国家统计局设计管理司、中国科协学会部的有关负责同志，部内有关司局的负责同志。把大家请来开个小会，主要是研究社团分类管理问题。社团分类研究是一项基础性工作，做好这项工作，对于加强社团的规范管理，更好地发挥社会团体在经济与社会发展中的积极作用都有着非常重要的意义。因此，我局在科技部申请了此项目，加强这方面的研究。下面就有关问题向大家做个介绍。

一、社团分类研究的背景

我国现行的社团分类标准，是1990年民政部根据1989年国务院颁布的《社会团体登记管理条例》制定的。它对于确认我国社团的类别，推动和加强社团管理起了历史性的积极作用。但同时我们也应该看到，这种分类标准是在民政部门重新承担社团管理职能不久，又缺乏社团管理实践和理论研究的前提下出台的，其中的不科学性也随着时间的推移日益显现出来。它的主要问题是分类的标准不统一，一些类别的界定不科学；过粗的分类标准，不仅没能反映我国社团多样化的实际，也给分类管理带来困难。因此，引起了部里的重视和理论界的关注。

今年，我们就社团分类问题展开专题研究，在调查研究和收集资料的基础上，召开了专家学者论证会和部分省、市社团管理机关座谈会。今天提供给大家的讨论稿，就是在听取了他们意见的基础上形成的。当然，还不完善，还存在关于种属两层分类和直接分类的两种不同意见，需要在坐同志继续研究和讨论。我相信，积大家多年来对社团的理解和认识，经过认真的研讨，一定会拿出一个比较科学、比较合理、比较实用的社团分类方案。

二、社团分类的原则

我们对社团分类的最基本目的，就是通过科学分类，以实现分类管理和指导。此外，根据社团这个特定分类对象，在社团分类过程中，我们要紧紧抓住社团的主要职能和结构特征，并在此前提下加以区分和归类。同时，还要把握宜粗不宜细原则和分类标准统一的原则，使我们所设定的社团分类标准能基本满足统计工作的需要，分类指导的需要，社团调整的需要，制定政策的需要，发展规划的需要和与国际接轨的需要。既能适应我们现有的管理能力和管理水平，也能在一个较长的时间里起作用。

三、分类的不同意见

这次讨论稿中所列的两种不同的社团分类意见，主要是民间组织管理机关和有关专家学者的观点。实际上理论界也有三种分类标准：有的以政府介入社团的程度为标准，将社团分成官方主导型、半官半民型和民间主导型；有的以社团成员的构成为标准，将社团分成科学技术、文化教育、体育卫生等类别；也有的以研究为目的对社团进行分类。各种不同分类标准的出现，说明对社团问题研究的深入。我们要认真研究各种不同的意见和观点，吸收其有益的成分，不断完善我们的分类标准，尽可能地缩短研究的时间，早出成果。以在社团部门管理基础上逐步实现分类管理，并以此推动社团分类识别系统的建立，从而把我国的社团管理工作提高到一个新水平。

第二部分

民间组织管理法规文件

一、建国初期

(一)、社会团体管理法规文件

社会团体登记暂行办法

(1950年9月29日，中央人民政府政务院第52次政务会议通过)

第一条 本办法根据中央人民政府政治协商会议共同纲领第五条及第七条的规定之。

第二条 凡社会团体均应依照本办法的规定向人民政府申请登记，但下列各团体不在本办法规定登记范围之内：

(一) 参加中国人民政治协商会议的各民主党派和人民团体；

(二) 中央人民政府另有法令规定的团体；

(三) 机关、学校、团体、部队内部经其负责人许可组织的团体。

第三条 社会团体包括下列各项范围：

(一) 人民群众团体；

(二) 社会公益团体；

(三) 文艺工作团体；

(四) 学术研究团体；

(五) 宗教团体；

(六) 其他合于人民政府法律组成的团体。

第四条 凡危害国家和人民的利益的反动团体，应禁止成立；其已登记而发现有反动行为者，应撤销其登记并解散之。

第五条 社会团体在筹备设立时，应由发起人申请筹备登记。

第六条 社会团体之申请筹备登记，由主管机关审查批准，但不发给登记证。

业经批准筹备登记，但未经批准成立，并未发给登记证的社会团体，只能以该团体的筹备机构名义进行活动。

第七条 社会团体于筹备设立完成时，应即由负责人申请成立登记。

第八条 在本办法公布前正在筹备设立的社会团体，应即补行申请筹备登记；其已成立者，应即补行申请成立登记。

第九条 全国性的社会团体，应向中央人民政府内务部申请登记。

第十条 地方性的社会团体，应向当地人民政府申请登记；由省（市）或大行政区人民政府批准，同时转呈直接上级政府备案。

但县辖范围内，社会团体的批准权属于专署，专署批准后，应即转呈省人民政府备案。

业经批准登记的地方性社会团体，应向其活动地区人民政府备案。

凡在地方登记的社会团体，每年定期由省（市）或大行政区人民政府汇报内务部存查。

第十一条 全国性的社会团体，除其总部登记外，如在各地方分设团体时，其分设的团体应依本办法第九条的规定办理登记。

地方性的社会团体，除其总部登记外，其分设团体应依本办法第十条的规定办理登记。

第十二条 全国性的社会团体之申请成立登记，由中央人民政府内务部审批批准并发给登记证。

地方性的社会团体之申请成立登记，由省（市）或大行政区人民政府审查批准并发给登记证，但县辖范围内的社会团体，由专署批准后呈请省人民政府发给登记证。

第十三条 申请成立登记时，应记载下列各事：

（一）名称；

（二）目的；

（三）地址；

（四）章程；

（五）活动地区及业务范围与计划；

（六）登记人及主要负责人的姓名、性别、年龄、籍贯、住址、职业、社会活动及简历；

（七）组织情况及参加团体人员数目；

（八）附属机构的名称和概况及各地方分设团体的名称；

（九）经济状况及经费来源；

（十）其他应行登记事项。

前项应行记载的事项，如有补充和变更，在未发给登记证前负责人应立时申请补充和变更；在已发给登记证后，应随时申请补充和变更登记。

在本办法公布前业已成立的社会团体，补申请登记时，除依照本条第一项所规定事项外，并应详报该团体以往历史情况，必要时应附呈有关材料。

申请筹备登记时，应呈报名称、目的、业务及其他有关事项，本条第二项、第三项所规定的事项，必要时亦应呈报之。

第十四条 申请登记时应行记载的事项如有隐匿增减或捏造等情事，得视其情节之轻重，分别予以警告；停止登记或撤销登记。

第十五条 凡经批准的社会团体自行解散时，应由原负责人至原登记机关申请注销登记，缴回登记证，并登报公告。

第十六条 本办法的施行细则，由中央人民政府内务部制定之。

第十七条 本办法经中央人民政府政务院政务会议通过公布施行。

社会团体登记暂行办法施行细则

（1951 年 3 月 23 日，中央人民政府内务部公布）

第一条 本细则依据社会团体登记暂行办法（以下简称登记办法）第十六条的规定制定之。

第二条 在登记办法公布前，业经各级人民政府批准发给登记证或临时登记证的社会团体，应向该管人民政府登记机关依登记办法第八条及第十三条第一项、第三项办理补行申请成立登记手续。除应依登记办法第四条办理者外，该管人民政府登记机关应予换发新登记证。

第三条 登记办法第二条第一款所称的人民团体，在各地分设团体时，应由其上级组织审核批准后，向当地人民政府备案。

同条第二款所称之另有法令规定的团体，系指合作社及其他经法令另行规定登记办法之团体而言。

第四条 登记办法第三条所称之社会团体，其包括范围如下：

1. 人民群众团体：系指从事广泛群众性社会活动的社会团体，如工会、农民协会、工商业联合会、民主妇女联合会、民主青年联合会、学生联合会等。

2. 社会公益团体：系指举办公益事业的社会团体，如中国福利会、中国红十字会等。

3. 文艺工作团体：系指从事文学、美术、戏剧、音乐等文艺工作的社会团体，如文学艺术界联合会、戏剧工作者协会、美术工作者协会、音乐工作者协会等。

4. 学术研究团体：系指从事某种专门学术研究的社会团体，如自然科学工作者协会、社会科学工作者协会、医学会等。

5. 宗教团体：系指从事宗教活动的社会团体，如基督教、天主教、佛教等。

6. 其他合于人民政府法律组成的团体：系指其他依照人民政府法律组织而不包括在上述五款之内的社会团体。

第五条 凡属全国性或地方性的社会团体，而其活动地区在两个地方人民政府辖区以上者，应依登记办法第九条第二项及第十条第三项的规定，分别向各该地区的人民政府呈验登记证及有关资料，申请备案，经当地人民政府查验无讹时准予备案。

第六条 凡社会团体之业经登记的分设团体自行解散时，应依照登记办法第十一条之规定办理。

第七条 登记办法第十三条第一项第八款所称之附属机构，除于所隶属的社会团体申请登记时依法填报外，应另向各有关主管机关申请登记或备案。

第八条 社会团体应接受该管人民政府对工作上的指导，并协助人民政府进行经济、文化、国防等各项建设。各级人民政府对已经依法登记或备案之各社会团体，应保障一切合法权益。

第九条 社会团体举行代表会议、代表大会、或全体大会，以及其他重要会议时，应先行呈报该管人民政府备案。

第十条 社会团体应定期将工作计划、财政经济概况，及业务进行状况等呈报该管人民政府备查。

第十一条 社会团体对外募捐，须呈请该管人民政府批准。

第十二条 第九、第十、第十一各条的规定，不适用于登记办法第二条所称的人民团体。

第十三条 社会团体活动，不得违反政府政策法令，亦不得逾越登记批准的业务范围及活动地区，违者得视其情节轻重，分别予以警告或撤销登记，必要时并得予社会团体负责人以惩处。

第十四条 社会团体改组，应向该管人民政府重新办理登记，并注销原有登记证。

第十五条 社会团体登记证不得涂改、出让、转借、或为其他使用，如因损坏或遗失请求补发时，须经登报声明作废，并附有关资料申述缘由，呈报该管人民政府审批批准。

第十六条 社会团体概用长方形木质楷书阳文图记，镌刻团体名称之全文，启用时呈报该管人民政府备案。解散时应截角呈缴该管人民政府注毁。

第十七条 社会团体发会员证时，应将式样呈报该管人民政府存查。

第十八条 主管社会团体登记的政府机关，中央为内务部、大行政区为民政部、省（行署）为民政厅（处）、市为民政局、省以下为专署及县（市）人民政府。

第十九条 自登记办法自公布之日起，所有各级人民政府前所颁布的有关社会团体登记法规，一律废止。

第二十条 自本细则公布之日起，主管社会团体登记的政府机关，应限令各旧有的社会团体，于一定期间内补行申请成立登记手续，逾期不办者，以自动解散论，抗不登记继续活动者，得由该管人民政府解散之，并得予该社会团体负责人以惩处。

第二十一条 本细则如有未尽事宜，得随时修正之。

第二十二条 本细则自公布之日起施行。

内务部关于社会团体印章的规定

（1951 年）

一、社会团体的印章为圆形。

二、社会团体印章的尺度，样式如下：

1. 全国性社会团体的印章：直径五公分，中央刊五角星（直径二公分）旁内加一细线，星外刊团体名称，自左而右环行。

2. 省、自治区、直辖市、自治州社会团体的印章：直径四点五公分，中央刊五角星（直径一点七公分），旁内加一细线，星外刊团体名称，自左而右环行。

3. 县、自治县、市辖区和相当于县、市、市辖区行政单位社会团体的印章。直径四公分，中央刊五角星（直径一点四公分），旁内加一细线，星外刊团体名称，自左而右环行。

三、社会团体所属组织（指在规定第二条以外的组织，如中华全国总工会领导的各产业工会全国委员会）和所属的工作单位（如中华全国总工会办公室）的印章，由各级社会团体的全国性的上级组织自行规定。

社会团体的基层组织如有使用印章的必要时，由各该社会团体的全国性上级组织自行规定。

四、印章的印文一律用宋体字，刊使用团体的全名称。除筹备机构的名称外，文后一律不加任何字样。民族自治地方社会团体的印章印文，应将汉文加当地通用的少数民族的文字并列。

五、在规定第二条各款社会团体的印章，由使用团体依照本规定的尺度，样式自行刊制。

六、社会团体的印章在启用时，应将印样报送同级国家行政机关和本团体上级机关备案。

七、内务部 1951 年公布的社会团体登记暂行办法施行细则第十六条的规定和所附社会团体图记式样，而在规定公布之日起即行作废。

二、80年代

（一）、社会团体管理法规文件

社会团体登记管理条例

（1989年10月25日中华人民共和国国务院令第43号发布
自发布之日起施行）

第一章　总　　则

第一条　为保障公民的结社自由，保障社会团体的合法权益，加强对社会团体的管理，发挥社会团体在社会主义建设中的积极作用，制定本条例。

第二条　在中华人民共和国境内组织的协会、学会、联合会、研究会、基金会、联谊会、促进会、商会等社会团体，均应依照本条例的规定申请登记。社会团体经核准登记后，方可进行活动。但是，法律、行政法规另有规定的除外。

第三条　社会团体必须遵守宪法和法律、法规，维护国家的统一和民族的团结，不得损害国家的、社会的、集体的利益和其他公民的合法的自由和权利。

第四条　社会团体不得从事以营利为目的的经营性活动。

第五条　国家保护社会团体依照其登记的章程进行活动，其他任何组织和个人不得非法干涉。

第六条　社会团体的登记管理机关是中华人民共和国民政部和县级以上地方各级民政部门。

社会团体的业务活动受有关业务主管部门的指导。

第二章　管　　辖

第七条　成立全国性的社会团体，向民政部申请登记。成立地方性的社会团体，向其办事机构所在地相应的民政部门申请登记。成立跨行政区域的社会团体，向所跨行政区域的共同上一级民政部门申请登记。

第八条　有关业务主管部门和登记管理机关应当对经核准登记的社会团体负责日常管理。

登记管理机关与其核准登记的社会团体的办事机构不在同一行政区域的，可以委托该社会团体办事机构所在地的登记管理机关负责日常管理。

第三章　成立登记

第九条　申请成立社会团体，应当经过有关业务主管部门审查同意后，向登记管理机关申请登记。

第十条　申请成立社会团体，应当向登记管理机关提交下列材料：

（一）负责人签署的登记申请书；

（二）有关业务主管部门的审查文件；

（三）社会团体的章程；

（四）办事机构地址或者联络地址；

（五）负责人的姓名、年龄、住址、职业及简历；

（六）成员数额。

第十一条　社会团体的章程应当载明下列事项：

（一）名称；

（二）宗旨；

（三）经费来源；

（四）组织机构；

（五）负责人产生的程序和职权范围；

（六）章程的修改程序；

（七）社会团体的终止程序；

（八）其他必要事项。

第十二条　社会团体具备法人条件的，经核准登记后，取得法人资格。

全国性社会团体必须具备法人条件。

第十三条　登记管理机关在受理申请后三十日内，应当以书面形式作出核准登记或者不予登记的答复。

第十四条　经核准登记的社会团体，发给社会团体登记证书：对具备法人条件的，发给社会团体法人登记证；对不具备法人条件的，发给社会团体登记证。

经核准登记的社会团体法人，由登记管理机关在报刊上公告。

第十五条　申请人对于地方各级民政部门不予登记不服的，在接到书面答复后的十日内，可以向上一级民政部门请求复议。上一级民政部门在接到复议请求后，应当在三十日内作出书面答复，并报本级人民政府备案。

申请人对于民政部不予登记不服的，在接到书面答复后的十日内，可以向民政部请求复议。民政部在接到复议请求后，应当在三十日内作出书面答复，并报国务院备案。

第十六条　社会团体的名称，应当与社会团体的业务范围、成员分布、活动地域相一致。

非全国性社会团体的名称不得冠以“中国”、“全国”、“中华”等字样。

在同一行政区域内不得重复成立相同或者相似的社会团体。

第十七条　社会团体凭社会团体登记证书，可以按照有关规定刻印章和开立银行账户。

社会团体应当将启用的印章和制发的会员证样式报送登记管理机关备案。

第十八条 社会团体登记证书不得涂改、转让、出借。

社会团体登记证书遗失的，应当及时声明作废，并向登记管理机关申请补发。

第四章 变更登记、注销登记

第十九条 社会团体的变更或者注销，应当经过有关业务主管部门审查同意后，向登记管理机关申请登记。

第二十条 社会团体改变名称、法定代表人或者负责人、办事机构地址或者联络地址，应当在改变后的十日内向原登记管理机关办理变更登记。

第二十一条 社会团体改变宗旨，或者由于其他变更造成与原登记管理机关管辖范围不一致的，应当到原登记管理机关办理注销登记，交回社会团体登记证书和印章，并依照本条例第三章的规定到相应的登记管理机关办理成立登记。

第二十二条 社会团体自行解散的，应当向原登记管理机关申请注销登记。办理注销登记须提交其法定代表人或者负责人签署的注销登记申请书，有关业务主管部门的审查文件和清理债务完结的证明。登记管理机关核准后，收缴社会团体登记证书和印章。社会团体法人在注销登记后，由登记管理机关在报刊上公告。

第五章 监督管理

第二十三条 登记管理机关对社会团体行使下列监督管理职责：

（一）监督社会团体遵守宪法和法律；

（二）监督社会团体依照本条例的规定，履行登记手续；

（三）监督社会团体依照登记的章程进行活动。

第二十四条 登记管理机关对社会团体实行年度检查制度。社会团体应当于每年第一季度向登记管理机关提交上一年度的年检报告和有关材料。

第二十五条 社会团体违反本条例的规定有下列情形之一的，登记管理机关可以根据情节轻重分别予以警告、停止活动、撤销登记、依法取缔的处罚：

（一）登记中隐瞒情况、弄虚作假的；

（二）涂改、转让、出借社会团体登记证书；

（三）从事以营利为目的的经营性活动的；

（四）违反章程规定的宗旨进行活动的；

（五）从事危害国家利益的活动的。

予以撤销登记、依法取缔的处罚，由登记管理机关公布。

第二十六条 未经核准登记擅自以社会团体名义进行活动不听劝阻的，由民政部门命令解散。

第二十七条 登记管理机关处理社会团体的违法行为，必须查明事实，依法办理，并将处理决定书面通知社会团体法定代表人或者负责人。

第二十八条 社会团体对于地方各级民政部门作出的处罚决定不服的，其法定代表人或者负责人可以在接到处罚决定书后十日内，向上一级民政部门申请复议；上一级民政部门应当在接到申请复议书之日起三十日内作出复议决定。

社会团体对于民政部作出的处罚决定不服的，按照前款规定的期限由民政部复议。

第六章　附　　则

第二十九条　本条例施行前成立的社会团体尚未登记的，应当在本条例施行之日起一年内，依照本条例的规定申请登记；已经登记的，应当办理换证手续。

第三十条　非中国公民和在境外的中国公民在中国境内成立社会团体的登记管理办法，另行规定。

第三十一条　本条例由民政部负责解释。

第三十二条　本条例自发布之日起施行。一九五0年十月二十五日中央人民政府政务院公布的《社会团体登记暂行办法》同时废止。

民政部、国家物价局、财政部
关于社会团体登记管理收费的通知

（民综字〔1989〕24 号　1989 年 3 月 8 日）

各省、自治区、直辖市民政厅（局）、物价局（委员会）、财政厅（局），各计划单列市民政局、物价局（委员会）、财政局：

国务院规定，民政部负责全国性社会团体和外国社会团体的审批登记和管理，地方民政部门负责当地社会团体的审批登记和管理。为了颁发《社会团体登记证》和加强对社会团体的管理工作，民政部门需收取一定的登记管理费用。现根据国家物价局与财政部联合下达的《关于行政性收费管理的通知》精神，本着“取之有度，用之得当”的原则，特制定本收费标准并将有关事项通知如下：

一、全国性社会团体收费标准：

（一）申请手续费（每件）

国内社会团体：5 元

外国社会团体：10 元

（二）登记管理费（每件）

国内社会团体：25 元（含证照费）

外国社会团体：40 元（含证照费）

（三）变更登记费（每次）

国内社会团体：10 元

外国社会团体：20 元

二、地方社会团体收费标准由各省、自治区、直辖市和计划单列市民政厅（局）、物价局（委员会）、财政厅（局）制定，其标准不得高于民政部社团登记收费标准。

三、民政部门收取的社会团体登记管理费，必须用于办理社会团体登记管理工作中的印制证书、

表格、簿册、卡片和建立档案等必要的成本费用开支，严格按照“规费”的财务管理原则进行管理，专款专用。

各级民政机关社会团体登记管理部门要认真执行财经制度，接受财政、物价机关的监督检查，并按时向上级民政机关和同级财政机关报送年度收支决算情况。

四、本通知自1989年4月1日起执行。

外国商会管理暂行规定

（国务院令〔1989〕36号　1989年6月14日）

第一条　为了促进国际贸易和经济技术交往，加强对外国商会的管理，保障其合法权益，制定本规定。

第二条　外国商会是指外国在中国境内的商业机构及人员依照本规定在中国境内成立，不从事任何商业活动的非营利性团体。

外国商会的活动应当以促进其会员同中国发展贸易和经济技术交往为宗旨，为其会员在研究和讨论促进国际贸易和经济技术交往方面提供便利。

第三条　外国商会必须遵守中华人民共和国法律、法规的规定，不得损害中国的国家安全和社会公共利益。

第四条　成立外国商会，应当具备下列条件：

（一）有反映其会员共同意志的章程；

（二）有一定数量的发起会员和负责人；

（三）有固定的办公地点；

（四）有合法的经费来源。

第五条　外国商会应当按照国别成立，可以有团体会员和个人会员。

团体会员是以商业机构名义加入的会员。商业机构是指外国公司、企业以及其经济组织依法在中国境内设立的代表机构和分支机构。

个人会员是商业机构和外商投资企业的非中国籍任职人员以本人名义加入的会员。

第六条　外国商会的名称应当冠其本国国名加上“中国”二字。

第七条　成立外国商会，应当通过中国国际商会提出书面申请，由其报送中华人民共和国对外经济贸易部（以下简称审查机关）审查。

审查机关应当在收到全部申请书件之日起60天内完成审查，对于符合本规定第四条规定条件的，签发审查同意的证件；对于不符合前述条件的，退回申请。如有特殊情况，不能在规定期限内完成审查的，审查机关应当说明理由。

第八条　成立外国商会的书面申请，应当由外国商会主要筹办人签署，并附具下列文件：

（一）外国商会章程一式五份。章程应当包括下列内容：

1. 名称和地址；

2. 组织机构；
3. 会长、副会长以及常务干事的姓名、身份；
4. 会员的入会手续及会员的权利和义务；
5. 活动内容；
6. 财务情况。

（二）发起会员名册一式五份。团体会员和个人会员，应当分别列册。团体会员名册应当分别载明商业机构的名称、地址、业务范围和负责人姓名；个人会员名册应当分别载明本人所属商业机构或者外商投资企业、职务、本人简历或者在中国境内从事商业活动的简历。

（三）外国商会会长、副会长以及常务干事的姓名及其简历一式五份。

第九条 成立外国商会的申请经审查机关审查同意后，应当持审查同意的证件，依照本规定和有关法律、法规和规定，向中华人民共和国民政部（以下简称登记管理机关）办理登记。外国商会经核准登记并签发登记证书，即为成立。

第十条 外国商会应当在其办公地点设置会计账簿。会员缴纳的会费及按照外国商会章程规定取得的其他经费，应当用于该外国商会章程规定的各项开支，不得以任何名义付给会员或者汇出中国境外。

第十一条 外国商会应当于每年1月通过中国国际商会向审查机关、登记管理机关提交上一年度的活动情况报告。

中国国际商会应当为外国商会开展活动和联系中国有关主管机关提供咨询和服务。

第十二条 外国商会需要修改其章程、更换会长、副会长以及常务干事或者改变办公地址时，应当按照本规定第七条、第八条和第九条规定的程序经审查同意，并办理变更登记。

第十三条 外国商会应当接受中国有关主管机关的监督。

外国商会违反本规定的，登记管理机关有权予以警告、罚款、限期停止活动、撤销登记、明令取缔的处罚。

第十四条 外国商会解散，应当持该外国商会会长签署的申请注销登记报告和清理债务完结的证明，向管理机关办理注销登记，并报审查机关备案。

外国商会自缴回登记证书之日起，即应停止活动。

第十五条 本规定自1989年7月1日起施行。

民政部办公厅关于加强全国性社会团体成立活动宣传报道管理的函

（民办字〔1989〕157号　1989年7月27日）

新华社、中央电视台、中央人民广播电台、人民日报、人民日报海外版、光明日报、解放军报、中国日报、工人日报、中国妇女报、中国青年报、团结报、国际商报、经济日报、经济参考报、农民日报、法制日报、中国体育报、中国环境报、中国人口报、中国电影报、中国交通报、中国经营报、科技日报、中国劳动人事报、中国消费者报、理论信息报、中国文化报、社会保障报、中国人才报、中国农牧渔业报、中国经济信息报、中国老年报、中国商报、北京日报、北京电视台、北京人民广播电台：

根据国务院关于加强社会团体管理和新成立的全国性社会团体统一由民政部负责审批的精神，我部于1988年8月组建了社团管理司，并开始承办全国性社团的审批工作。

为了加强工作配合，更好地对社团活动进行宣传，希各新闻单位今后遇有涉及到全国性社会团体成立的新闻报道，请事先与我部社团管理司取得联系，进行核实，以免出现报道上的失误或引起混乱。特此函告，望大力协助。

联系电话：（略）

民政部、人事部关于贯彻执行《社会团体登记管理条例》的通知

（民社发〔1989〕57号　1989年12月14日）

各省、自治区、直辖市民政厅（局）、人事（劳动人事）厅（局）：

最近，国务院发布的《社会团体登记管理条例》规定了社会团体登记管理机关是中华人民共和国民政部和县级以上地方各级民政部门。这是法规赋予民政部门的行政职能。各级民政部门应当根据党的五中全会精神，正确地贯彻执行《条例》所规定的各项任务，并在短期内积极做好准备，为开展社团登记管理创造条件。当前应着重抓好以下工作：

1. 要认真学习《条例》、大力宣传《条例》。《条例》是民政部门管理社会团体的重要法律依据，因而各级民政部门首先应该学好《条例》，深刻领会《条例》的精神实质，熟悉和掌握《条例》的主要内容，其次，要大力宣传《条例》，扩大《条例》的影响，使广大公民认识到，《条例》既是国家保障公民结社自由，保障社会团体合法权益的体现，又是社会团体活动当自觉遵循的原则。

2. 要深入实际，调查研究。过去，由于民政部门较长时间中断了对社团的直接管理，因而要熟悉情况，开展调查研究，了解和掌握社团的现状及存在的问题，吸取有关部门管理社团工作的经验，为制定本地区贯彻执行《条例》的具体办法打下良好的基础，同时也为下一步社团清理整顿工作做好准备。

3. 民政部门要主动与有关业务部门密切联系，共同做好社团管理工作。社团的业务活动涉及领域很宽，要充分发挥业务主管部门对成立社团的资格审查作用以及社团日常业务活动的指导作用。

4. 培训业务骨干，造就一批管理人才。这是做好社团管理工的关键。从现在起，各级民政部门就应该有计划地开展业务培训工作，通过分期分批举办短期培训班，轮训社团管理工作人员，争取在较短的时间内培养出一批德才兼备的新型社团管理人才。

5. 要根据精干的原则尽快加强和充实各级民政部门的社团管理力量，这是依法管理社团和做好下一步社团清理整顿工作的组织保证。在省级民政部门内部如何设立专门机构，由各地根据实际情况决定。人事、编制部门要积极配合做好有关工作。以便尽快把各级的社团管理业务开展起来。

已经开展社团登记管理业务的地方，要以《条例》规定为准，会同有关部门修订本地区法规与《条例》不一致的条款。

6. 要加强自身建设，坚持原则，秉公执法。作为社团管理人员，不仅要学法、懂法，更重要的是执法，所以民政部门一开始就应抓好社团管理机关自身的建设，不仅要提高管理人员的业务水平，更要注重提高政治素质，开展职业道德教育，在审批登记和管理社团的过程中，严格依法办事，不徇私情，秉公执法。

民政部关于《社会团体登记管理条例》有关问题的通知

（民社发〔1989〕59号　1989年12月30日）

各省、自治区、直辖市民政厅（局），各计划单列市民政局：

《社会团体登记管理条例》（以下简称《条例》）业经国务院正式发布，为了做好社会团体登记管理工作，现就有关问题通知如下：

一、关于社团的分类

社会团体的种类可根据社团的性质和任务区分为学术性、行业性、专业性和联合性等。

学术性社团一般以学会、研究会命名。其中又可以分为自然科学类、社会科学类及自然科学与社会科学的交叉科学类，具体社团的设立，可参照国家制定的学科分类标准确定。

行业性社团一般以协会（包括工业协会、行业协会、商会、同业公会等）命名。这类社团主要是经济性团体，其中可分为农业类、工业类和商业类等。具体社团的设立可依照国家《国民经济行业分类和代码》的中类标准确定，特别需要按大类或小类设立者必须经过充分论证。

专业性社团一般以协会、基金会命名。这类社团一般是非经济类的，主要是由专业人员组成或以专业技术、专门资金为从事某项事业而成立的团体。

联合性社团一般以联合会、联谊会、促进会命名。这类社团主要是人群的联合体或学术性、行业性、专业性团体的联合体。

二、关于法律和行政法规概念的含义

《条例》中所称法律，是指由全国人民代表大会和它的常委会制定并颁布的具有普遍约束力的规范性文件。所称行政法规是指国务院根据国家宪法、法律和国家立法机关授权而制定并明令发布的条例、规定和办法，包括经国务院批准的由政府部门以法令形式发布的各种法规等。行政法规不含国务院各部门的规章和地方性法规。

三、关于社会团体的业务主管部门的认定

社会团体的业务主管部门主要是指各级政府的职能工作部门和党的工作部门。有些社会团体的业务主管部门不便由政府工作部门或党的工作部门承当时，经民政部门与有关业务部门协商同意后，也可以委托有能力进行资格审查和业务指导的其他单位承担这一职责。

四、关于工会、共青团、妇联等社会团体的登记问题

根据《条例》的规定，工会可以按工会法办理，其他所有社会团体都应进行登记。但共青团、妇联、科协、文联、侨联、作协等社会团体可简化登记手续，即不必提交业务主管部门的审查意见，直接向社团登记管理机关申请登记。

五、跨行政区域社会团体的登记申请问题

成立跨省、自治区、直辖市行政区域的社会团体，须经过中央有关业务主管部门审查同意后，再向民政部申请登记。民政部在批准其成立前，可向该社团日常办事机构所在地的民政部门了解和通报情况。地方成立跨行政区域社会团体时照此原则办理。

六、关于社团法人和非法人区分的问题

社会团体法人是指按照《中华人民共和国民法通则》规定，具有民事权利能力和民事行为能力，依法独立享有民事权利和承担民事义务的社会组织，并应具备四项法人条件：（一）依法成立；（二）有必要的财产或者经费；（三）有自己的名称、组织机构和场所；（四）能够独立承担民事责任。对于不完全具备法人条件的，例如没有固定的办公场所或者没有必要的财产或经费的团体，可视为非法人团体。

七、关于社团登记受理时间的确定问题

社团具备成立条件，按规定交齐全部申报材料并把《社会团体登记申请表》交回社团登记管理机关之日起为正式受理。在受理期间，如因社会团体方面的原因而需提供其他材料时，应适当延长受理期限。

八、关于社团的复议问题

根据《条例》规定，民政部门将承担不予登记或处罚不服社团的复议任务。因此，民政部设置复议委员会作为负责这方面工作的仲裁机构。

九、关于“相同”或“相似”社团问题

“相同”是指社团的名称、性质、宗旨、任务等相同或基本相同，如“中国青年摄影家协会”与“中华青年摄影家协会”即属于“相同”的社团；“相似”是指社团名称虽不相同，人员构成也有差别，但实际业务活动属于同一业务领域的，如“民间文学研究会”、“通俗文学研究会”和“大众文学研究会”即属于“相似”的社团。

十、关于“社会团体不得从事以营利为目的的经营性活动含义的确定

《条例》中关于“社会团体不得从事以营利为目的的经营性活动”，是指社会团体不能举办经济实体以取得经济收入或从中牟利，如办企业、开公司等。但不包括社团的咨询活动，也不包括社团因自身业务活动和与其宗旨相适应的需要而设立的实体机构，如按照有关规定办理了审批手续的报社、杂志社、出版社、培训中心（或学校）、研究中心（或研究所）等。

十一、关于社团设立分支机构问题

全国性社团可以下设办事部门和专业委员会，但不能设二级学会、协会、研究会等独立性社团机构。全国性社团在省、自治区、直辖市一般也不得设立分会。省、自治区和直辖市成立的同类社团，可以以团体会员的身份加入全国性社团。地方性社会团体也应照此原则办理。

十二、关于业务主管部门出具资格审查意见的办法

业务主管部门对申请成立的社团审查同意后，应向社团筹备组织发出同意成立的文件并抄送民政部门。社团筹备组织持审查同意的文件，连同《条例》规定的其他材料到民政部门申请登记。业务主管部门出具审查证明文件应使用部门印章，不能使用内部职能机构印章。

（二）、基金会管理法规文件

基金会管理办法

（国务院令〔1988〕18号 1988年9月27日发布施行）

第一条 为了加强对基金会的管理，以利于基金会的健康发展，制定本办法。

第二条 本办法所称的基金会，是指对国内外社会团体和其他组织以及个人自愿捐赠资金进行管理的民间非营利性组织，是社会团体法人。

基金会的活动宗旨是通过资金资助推进科学研究、文化教育、社会福利和其他公益事业的发展。

由国家拨款建立的资助科学研究的基金会和其他各种专项基金管理组织，不适用本办法。

第三条 建立基金会，必须具备下列条件：

（一）性质、宗旨和基金来源符合本办法第二条的规定；

（二）有人民币十万元（或者有与十万元人民币等值的外汇）以上的注册基金；

（三）有基金会章程、管理机构和必要的财务人员；

（四）有固定的工作场所。

第四条 基金会可以向国内外热心于其活动宗旨的企业事业单位、社会团体和其他组织以及个人募捐以筹集资金，但必须出于捐赠者的自愿，严禁摊派。

第五条 基金会的领导成员，不得由现职的政府工作人员兼任。

基金会应当实行民主管理，建立严格的资金筹集、管理、使用制度，定期公布收支账目。

第六条 基金会的基金，应当用于资助符合其宗旨的活动和事业，不得挪作他用。基金会不得经营管理企业。

第七条 基金会可以将资金存入金融机构收取利息，也可以购买债券、股票等有价证券，但购买某个企业的股票额不得超过该企业股票总额的百分之二十。

第八条 基金会对接受资助者使用资助资金的情况有权进行监督。如果发现不按原定的协议使用资金，基金会有权减少、停止或者收回资助的资金。

第九条 基金会工作人员的工资和办公费用，在基金利息等收入中开支。

第十条 国外捐赠给基金会的外汇，归基金会所有，允许开立外汇存款账户。

国外捐赠给基金会的物资，免征关税，归基金会所有；基金会有权将其作为资助，无偿转让给与其宗旨有关的其他单位或个人，但不得出售。

第十一条 建立基金会，由其归口管理的部门报经人民银行审查批准，民政部门登记注册发给许可证，具有法人资格后，方可进行业务活动。

全国性的基金会，报中国人民银行审查批准，向民政部申请登记注册，并向国务院备案。地方性的基金会。报中国人民银行的省、自治区、直辖市分行审查批准，向省、自治区、直辖市人民政府的民政部门申请登记注册，并向省、自治区、直辖市人民政府备案。

基金会改变名称、合并或者撤销，按照申请成立的程序办理。

第十二条 基金会应当每年向人民银行和民政部门报告财务收支和活动情况，接受人民银行、民政部门的监督。

基金会的活动违反本办法时，人民银行有权给予停止支付、冻结资金责令整顿的处置，民政部门有权给予警告、吊销许可证的处罚。

第十三条 本办法由中国人民银行和民政部负责实施，并可制定相应的实施细则。

第十四条 本办法自发布之日起施行。

三、90年代

（一）、社会团体管理法规文件

社会团体登记管理条例

（中华人民共和国国务院令250号　1998年10月25日）

第一章　总　　则

第一条　为了保障公民的结社自由，维护社会团体的合法权益，加强对社会团体的登记管理，促进社会主义物质文明、精神文明建设，制定本条例。

第二条　本条例所称社会团体，是指中国公民自愿组成，为实现会员共同意愿，按照其章程开展活动的非营利性社会组织。

国家机关以外的组织可以作为单位会员加入社会团体。

第三条　成立社会团体，应当经其业务主管单位审查同意，并依照本条例的规定进行登记。社会团体应当具备法人条件。

下列团体不属于本条例规定登记的范围：

（一）参加中国人民政治协商会议的人民团体；

（二）由国务院机构编制管理机关核定，并经国务院批准免于登记的团体；

（三）机关、团体、企业事业单位内部经本单位批准成立、在本单位内部活动的团体。

第四条　社会团体必须遵守宪法、法律、法规和国家政策，不得反对宪法确定的基本原则，不得危害国家的统一、安全和民族的团结，不得损害国家利益、社会公共利益以及其他组织和公民的合法权益，不得违背社会道德风尚。

社会团体不得从事营利性经营活动。

第五条　国家保护社会团体依照法律、法规及其章程开展活动，任何组织和个人不得非法干涉。

第六条　国务院民政部门和县级以上地方各级人民政府民政部门是本级人民政府的社会团体登记管理机关（以下简称登记管理机关）。

国务院有关部门和县级以上地方各级人民政府有关部门、国务院或者县级以上地方各级人民政府授权的组织，是有关行业、学科或者业务范围内社会团体的业务主管单位（以下简称业务主管单

位）。

法律、行政法规对社会团体的监督管理另有规定的，依照有关法律、行政法规的规定执行。

第二章　管　　辖

第七条　全国性的社会团体，由国务院的登记管理机关负责登记管理；地方性的社会团体，由所在地人民政府的登记管理机关负责登记管理；跨行政区域的社会团体，由所跨行政区域的共同上一级人民政府的登记管理机关负责登记管理。

第八条　登记管理机关、业务主管单位与其管辖的社会团体的住所不在一地的，可以委托社会团体住所地的登记管理机关、业务主管单位负责委托范围内的监督管理工作。

第三章　成立登记

第九条　申请成立社会团体，应当经其业务主管单位审查同意，由发起人向登记管理机关申请筹备。

第十条　成立社会团体，应当具备下列条件：

（一）有50个以上的个人会员或者30个以上的单位会员；个人会员、单位会员混合组成的，会员总数不得少于50个；

（二）有规范的名称和相应的组织机构；

（三）有固定的住所；

（四）有与其业务活动相适应的专职工作人员；

（五）有合法的资产和经费来源，全国性的社会团体有10万元以上活动资金，地方性的社会团体和跨行政区域的社会团体有3万元以上活动资金；

（六）有独立承担民事责任的能力。

社会团体的名称应当符合法律、法规的规定，不得违背社会道德风尚。社会团体的名称应当与其业务范围、成员分布、活动地域相一致，准确反映其特征。全国性的社会团体的名称冠以“中国”、“全国”、“中华”等字样的，应当按照国家有关规定经过批准，地方性的社会团体的名称不得冠以“中国”、“全国”、“中华”等字样。

第十一条　申请筹备成立社会团体，发起人应当向登记管理机关提交下列文件：

（一）筹备申请书；

（二）业务主管单位的批准文件；

（三）验资报告、场所使用权证明；

（四）发起人和拟任负责人的基本情况、身份证明；

（五）章程草案。

第十二条　登记管理机关应当自收到本条例第十一条所列全部有效文件之日起60日内，作出批准或者不批准筹备的决定；不批准的，应当向发起人说明理由。

第十三条　有下列情形之一的，登记管理机关不予批准筹备：

（一）有根据证明申请筹备的社会团体的宗旨、业务范围不符合本条例第四条的规定的；

（二）在同一行政区域内已有业务范围相同或者相似的社会团体，没有必要成立的；

（三）发起人、拟任负责人正在或者曾经受到剥夺政治权利的刑事处罚，或者不具有完全民事行为能力的；

（四）在申请筹备时弄虚作假的；

（五）有法律、行政法规禁止的其他情形的。

第十四条 筹备成立的社会团体，应当自登记管理机关批准筹备之日起6个月内召开会员大会或者会员代表大会，通过章程，产生执行机构、负责人和法定代表人，并向登记管理机关申请成立登记。筹备期间不得开展筹备以外的活动。

社会团体的法定代表人，不得同时担任其他社会团体的法定代表人。

第十五条 社会团体的章程应当包括下列事项：

（一）名称、住所；

（二）宗旨、业务范围和活动地域；

（三）会员资格及其权利、义务；

（四）民主的组织管理制度，执行机构的产生程序；

（五）负责人的条件和产生、罢免的程序；

（六）资产管理和使用的原则；

（七）章程的修改程序；

（八）终止程序和终止后资产的处理；

（九）应当由章程规定的其他事项。

第十六条 登记管理机关应当自收到完成筹备工作的社会团体的登记申请书及有关文件之日起30日内完成审查工作。对没有本条例第十三条所列情形，且筹备工作符合要求、章程内容完备的社会团体，准予登记，发给《社会团体法人登记证书》。登记事项包括：

（一）名称；

（二）住所；

（三）宗旨、业务范围和活动地域；

（四）法定代表人；

（五）活动资金；

（六）业务主管单位。

对不予登记的，应当将不予登记的决定通知申请人。

第十七条 依照法律规定，自批准成立之日起即具有法人资格的社会团体，应当自批准成立之日起60日内向登记管理机关备案。登记管理机关自收到备案文件之日起30日内发给《社会团体法人登记证书》。

社会团体备案事项，除本条例第十六条所列事项，还应当包括业务主管单位依法出具的批准文件。

第十八条 社会团体凭《社会团体法人登记证书》申请刻制印章，开立银行账户。

社会团体应当将印章式样和银行账号报登记管理机关备案。

第十九条 社会团体成立后拟设立分支机构、代表机构的，应当经业务主管单位审查同意，向登记管理机关提交有关分支机构、代表机构的名称、业务范围、场所和主要负责人等情况的文件，申请登记。

社会团体的分支机构、代表机构是社会团体的组成部分，不具有法人资格，应当按照其所属于的社会团体的章程所规定的宗旨和业务范围，在该社会团体授权的范围内开展活动、发展会员。社会团体的分支机构不得再设立分支机构。

社会团体不得设立地域性的分支机构。

第四章　变更登记、注销登记

第二十条　社会团体的登记事项、备案事项需要变更的，应当自业务主管单位审查同意之日起30日内向登记管理机关申请变更登记、变更备案（以下统称变更登记）。

社会团体修改章程，应当自业务主管单位审查同意之日起30日内报登记管理机关核准。

第二十一条　社会团体有下列情形之一的，应当在业务主管单位审查同意后，向登记管理机关申请注销登记、注销备案（以下统称注销登记）：

（一）完成社会团体章程规定的宗旨的；

（二）自行解散的；

（三）分立、合并的；

（四）由于其他原因终止的。

第二十二条　社会团体在办理注销登记前，应当在业务主管单位及其他有关机关的指导下，成立清算组织，完成清算工作。清算期间，社会团体不得开展清算以外的活动。

第二十三条　社会团体应当自清算结束之日起15日内向登记管理机关办理注销登记。办理注销登记，应当提交法定代表人签署的注销登记申请书、业务主管单位的审查文件和清算报告书。

登记管理机关准予注销登记的，发给注销证明文件，收缴该社会团体的登记证书、印章和财务凭证。

第二十四条　社会团体撤销其所属分支机构、代表机构的，经业务主管单位审查同意后，办理注销手续。

社会团体注销的，其所属分支机构、代表机构同时注销。

第二十五条　社会团体处分注销后的剩余财产，按照国家有关规定办理。

第二十六条　社会团体成立、注销或者变更名称、住所、法定代表人，由登记管理机关予以公告。

第五章　监督管理

第二十七条　登记管理机关履行下列监督管理职责：

（一）负责社会团体的成立、变更、注销的登记或者备案；

（二）对社会团体实施年度检查；

（三）对社会团体违反本条例的问题进行监督检查，对社会团体违反本条例的行为给予行政处罚。

第二十八条　业务主管单位履行下列监督管理职责：

（一）负责社会团体筹备申请、成立登记、变更登记、注销登记前的审查；

（二）监督、指导社会团体遵守宪法、法律、法规和国家政策，依据其章程开展活动；

（三）负责社会团体年度检查的初审；

（四）协助登记管理机关和其他有关部门查处社会团体的违法行为；

（五）会同有关机关指导社会团体的清算事宜。

业务主管单位履行前款规定的职责，不得向社会团体收取费用。

第二十九条 社会团体的资产来源必须合法，任何单位和个人不得侵占、私分或者挪用社会团体的资产。

社会团体的经费，以及开展章程规定的活动按照国家有关规定所取得的合法收入，必须用于章程规定的业务活动，不得在会员中分配。

社会团体接受捐赠、资助，必须符合章程规定的宗旨和业务范围，必须根据与捐赠人、资助人约定的期限、方式和合法用途使用。社会团体应当向业务主管单位报告接受、使用捐赠、资助的有关情况，并应当将有关情况以适当方式向社会公布。

社会团体专职工作人员的工资和保险福利待遇，参照国家对事业单位的有关规定执行。

第三十条 社会团体必须执行国家规定的财务管理制度，接受财政部门的监督；资产来源属于国家拨款或者社会捐赠、资助的，还应当接受审计机关的监督。

社会团体在换届或者更换法定代表人之前，登记管理机关、业务主管单位应当组织对其进行财务审计。

第三十一条 社会团体应当于每年3月31日前向业务主管单位报送上一年度的工作报告，经业务主管单位初审同意后，于5月31日前报送登记管理机关，接受年度检查。工作报告的内容包括：本社会团体遵守法律法规和国家政策的情况、依照本条例履行登记手续的情况、按照章程开展活动的情况、人员和机构变动的情况以及财务管理的情况。

对于依照本条例第十七条的规定发给《社会团体法人登记证书》的社会团体，登记管理机关对其应当简化年度检查的内容。

第六章 罚 则

第三十二条 社会团体在申请登记时弄虚作假，骗取登记的，或者自取得《社会团体法人登记证书》之日起1年未开展活动的，由登记管理机关予以撤销登记。

第三十三条 社会团体有下列情形之一的，由登记管理机关给予警告，责令改正，可以限期停止活动，并可以责令撤换直接负责的主管人员；情节严重的，予以撤销登记；构成犯罪的，依法追究刑事责任：

（一）涂改、出租、出借《社会团体法人登记证书》，或者出租、出借社会团体印章的；

（二）超出章程规定的宗旨和业务范围进行活动的；

（三）拒不接受或者不按照规定接受监督检查的；

（四）不按照规定办理变更登记的；

（五）擅自设立分支机构、代表机构，或者对分支机构、代表机构疏于管理，造成严重后果的；

（六）从事营利性的经营活动的；

（七）侵占、私分、挪用社会团体资产或者所接受的捐赠、资助的；

（八）违反国家有关规定收取费用、筹集资金或者接受、使用捐赠、资助的。

前款规定的行为有违法经营额或者违法所得的，予以没收，可以并处违法经营额1倍以上3倍以下或者违法所得3倍以上5倍以下的罚款。

第三十四条 社会团体的活动违反其他法律、法规的，由有关国家机关依法处理；有关国家机关认为应当撤销登记的，由登记管理机关撤销登记。

第三十五条 未经批准，擅自开展社会团体筹备活动，或者未经登记，擅自以社会团体名义进行活动，以及被撤销登记的社会团体继续以社会团体名义进行活动的，由登记管理机关予以取缔，没收非法财产；构成犯罪的，依法追究刑事责任；尚不构成犯罪的，依法给予治安管理处罚。

第三十六条 社会团体被责令限期停止活动的，由登记管理机关封存《社会团体法人登记证书》、印章和财务凭证。

社会团体被撤销登记的，由登记管理机关收缴《社会团体法人登记证书》和印章。

第三十七条 登记管理机关、业务主管单位的工作人员滥用职权、徇私舞弊、玩忽职守构成犯罪的，依法追究刑事责任；尚不构成犯罪的，依法给予行政处分。

第七章　附　　则

第三十八条 《社会团体法人登记证书》的式样由国务院民政部门制定。

对社会团体进行年度检查不得收取费用。

第三十九条 本条例施行前已经成立的社会团体，应当自本条例施行之日起1年内依照本条例有关规定申请重新登记。

第四十条 本条例自发布之日起施行。1989年10月25日国务院发布的《社会团体登记管理条例》同时废止。

民政部社团管理司关于《琼崖地下学联联谊会》申请登记有关问题的复函

（社地字〔1990〕4号　1990年1月25日）

海南省民政厅：

你厅《关于琼崖地下学联联谊会申请登记有关问题的请示》〔琼民团字（1990）001号〕收悉。经研究，现答复如下：

1. 在革命斗争年代，党的秘密外围组织是党联系群众的桥梁和纽带，为中国革命的解放事业做出了贡献。但随着全国的解放，这些党的秘密外围组织已经完成了历史使命而自动宣告解散。现已时隔四十年，我们认为不宜再以过去的秘密外围组织为名组成新的社团。

2. 中央一再明文规定，党政机关和社会团体不得经商办企业。因此，应该按照中央的规定办理。

民政部社团管理司关于
日本人在京成立日本人会事的复函

（社登字〔1990〕7 号　1990 年 2 月 20 日）

外交部领事司：

贵司“关于日本人在京成立日本人会事”的文件（领四函〔1990〕1 号）收悉。去年十月国务院颁布的《社会团体登记管理条例》第三十条明确指出其登记管理办法另行规定。鉴于这类团体问题情况复杂、涉及面广、政策性强，我们建议在国内尚未有相应法规的情况下，要慎重处理。

对待非中国公民在我国境内的社会团体问题，我们考虑可在这类团体必须遵守我国宪法和法律的规定，维护和促进我国与各国人民之间的友好关系，不得危害我国国家安全，损害社会公共利益，破坏社会公共秩序的前提条件下，本着分清情况，区别对待的原则，对已公开活动的团体，过去我有关部门已与其负责人建立联系或进行接触对话过的，今后可继续保持这种态度；对尚未公开活动的团体，我有关部门（单位）不主动与之接触。其活动不得以社会团体组织名义干扰我公务活动，不得代行官方驻华机构职权范围内的事宜，如有违法活动，可由有关部门出面处理。如遇这类团体要求我承认时，要认真做好工作，并告其我国正在拟定这方面的登记管理法规，待法规颁布后，依法办理审批登记手续。

去年我部曾走访了贵部和公安、安全等部门，并就非中国公民在中国境内结社和其登记管理问题交换了意见，我们希望继续抓紧合作，促使这类社会团体的登记管理性法规文件尽快制定颁布，以从根本上解决这方面问题。

民政部关于工商业联合会登记问题的通知

（民社函〔1990〕54 号　1990 年 3 月 28 日）

各省、自治区、直辖市民政厅（局），各计划单列市民政局：

1989 年 10 月 25 日《社会团体登记管理条例》发布实施后，一些地方就工商业联合会的登记事宜提出询问，现通知如下：

根据《社会团体登记管理条例》第二条“社会团体经登记管理机关核准登记后，方可开展活动。但是，法律、法规另有规定的除外”的规定，1952 年 8 月 16 日政务院公布实行的《工商业联合会组织通则》应为行政法规，依照该《通则》成立的中华全国工商业联合会及其各级组织，可以不须再向民政部门申请登记。至于各地已经建立和正在筹建的同业公会，则应按照《社会团体登记管理条例》的规定，到相应的民政部门办理登记手续。

民政部、中国贸促会关于中国国际贸易促进委员会各分会、支会、行业分会申请办理社会团体登记有关事项的通知

（民社发〔1990〕13号　1990年4月2日）

各省、自治区、直辖市、计划单列市民政厅（局），中国国际贸易促进委员会各分会、支会、行业分会：

中国国际贸易促进委员会（简称中国贸促会）作为全国性的民间商会自1952年成立以来，已同一百六十多个国家和地区的商会、协会、工商企业界、经贸界建立了广泛的联系和业务合作关系。经过长期工作，该会的各地分会也同国外对口商会、协会、工商、经济贸易组织建立了友好的合作关系。贸促会不同于一般社会团体，对内，总会承担国务院交给的工作任务；对外，贸促会及其分会作为民间团体开展经济贸易业务活动。考虑到中国贸促会这一团体的特殊性以及对外工作需要，经研究，现将中国贸促会（中国国际商会）各地分会、支会、行业分会申请办理社会团体登记的有关事宜通知如下：

一、根据《社会团体登记管理条例》和民政部《关于〈社会团体登记管理条例〉有关问题的通知》（民社发〔1989〕59号）的规定，中国贸促会各地分会、支会，中国贸促会各行业分会、中国国际商会各地国际商会和中国国际商会各行业商会，为适应国际交往的需要可作为一种特殊情况，按现使用的名称，向所在地相应的民政部门申请办理登记事宜；中国贸促会各行业分会、中国国际商会各行业商会，向民政部申请办理登记手续。

二、中国贸促会各地分会、支会和中国国际商会各地国际商会，自接到本通知后，要根据当地民政部门的统一部署，按《社会团体登记管理条例》的规定和要求及时申请办理登记手续。

民政部关于解散“全国企事业住宅研究会”的命令

（民社发〔1990〕12号　1990年4月4日发布施行）

北京现代管理学院：

“全国企事业住宅研究会”未经政府批准于一九八七年七月擅自成立，并在活动中违犯了我国有关法律、法规，损害了国家的利益。依据《社会团体登记管理条例》第三条和第二十六条的规定，命令“全国企事业住宅研究会”自此令发布之日起解散。

民政部关于做好社会团体统一代码赋予准备工作的通知

（民社函〔1990〕64号　1990年4月23日）

各省、自治区、直辖市民政厅（局），各计划单列市民政局：

为贯彻《国务院批转国家技术监督局等部门关于建立企业、事业单位和社会团体统一代码标识制度报告的通知》（国发〔1989〕75号）的精神，尽快把“统一代码标识制度”在全国范围内全面地建立起来，国家技术监督局于1989年11月7日发布了《全国企业、事业单位和社会团体代码编制规则》这一国家标准（GB11714－89），并于1989年12月1日起实施（见附件）。

建立企业、事业单位和社会团体统一代码标识制度，是国家发挥监督管理体系整体效能、强化管理的一项改革。由政府工作的职能部门采用国际上先进的方法，给各企业、事业单位和社会团体一个在全国范围内唯一的、始终不变的法定代码标识，对社会团体的有关社会经济活动信息档案的建立，记录一切社会经济行为，适应政府部门的统一管理和业务单位实现计算机自动化管理，都是极为需要的。

鉴于这项工作中的社会团体代码的赋予由县级以上（含县级）各级民政部门负责，请你厅（局）负责社团登记管理工作的机构，在认真学习《全国企业、事业单位和社会团体代码编制规则》的基础上，做好所管辖范围内的社会团体摸底统计，并按照国家技术监督局中国标准化与信息分类编码研究所的要求，将所需数量填表上报，为社会团体编码区段的分配做好充分准备。待编码区段确定分配下达后，结合社会团体的复查登记工作配套实施。具体技术性问题，可与当地技术监督（标准计量、标准）部门联系，请他们予以协助。

附：

全国企业、事业单位和社会团体代码编制规则

（1989年11月7日发布　1989年12月1日实施）

1．主题内容与适用范围

1．1 主题内容

本标准规定了全国企业、事业单位和社会团体代码的赋予对象、编码方法和管理办法，使全国各企业、事业单位和社会团体均获得一个唯一的、始终不变的法定代码，以适应政府部门的统一管理和业务单位实现计算机自动化管理的需要。

1．2 适用范围

本标准适用于各级企业法人登记主管机关、机构编制主管机关和社会团体登记主管机关。

2．代码赋予对象

2．1 根据《中华人民共和国企业法人登记管理条例》的有关规定，经登记主管机关核准的、具备企业法人条件的全民所有制企业，集体所有制企业，私营有限责任公司，联营企业、中国境内设立

的中外合资经营企业，中外合作经营企业，外资企业及其他依法需要办理企业法人登记的企业。

2. 2 经各级机构编制主管机关批准成立的、具有法人资格的各类事业单位。

2. 3 经各级社会团体登记主管机关批准成立的、具有法人资格的各类社会团体。

3. 代码的结构和表示形式

3. 1 代码的结构

全国企业、事业单位和社会团体代码由八位数字本体代码和一位数字（字符）校验码组成。

3. 1. 1 本体代码采用系列（即分区段）顺序编码方法。

3. 1. 2 校验码按下列公式计算：

$$C_9 = 11 - MOD\left(\sum_{i=1}^{8} C_i \times W_i,\ 11\right)$$

式中：MOD—求余函数；

i—代码字符从左至右位置序号；

C_i—第 i 位置上的代码字符的值；

C_9—校验码；

W_i—第 i 位置上的加权因子，其数值如下表：

i	1	2	3	4	5	6	7	8
W_i	3	7	9	10	5	8	4	2

当 MOD 函数值为 1（即 $C_9 = 10$ 时），校验码应用大写拉丁字母 X 表示；当 MOD 函数值为 0（即 $C_2 = 11$ 时），校验码仍用 0 表示。

3. 2 代码的表示形式

为便于人工识别，应使用一个连字符“－”分隔本体代码与校验码。机读时，连字符省略。表示形式为：

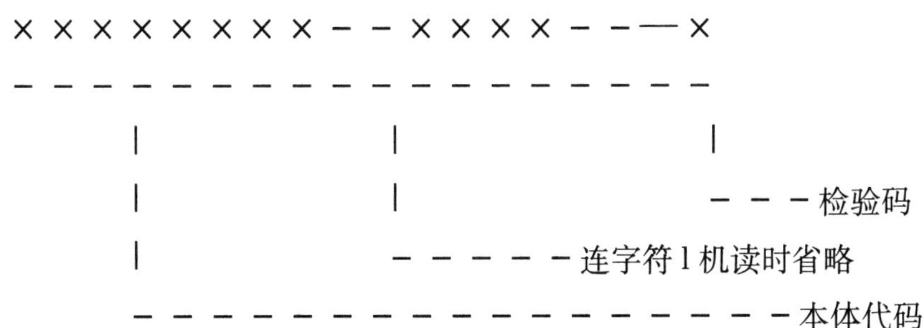

国务院办公厅转发民政部关于清理整顿社会团体请示的通知

（国办发〔1990〕32号　1990年6月9日）

各省、自治区、直辖市人民政府，国务院各部委、各直属机构：

民政部《关于清理整顿社会团体的请示》，已经国务院批准，现转发给你们，望认真贯彻执行。

在改革开放、对外交往、社会主义物质文明建设和精神文明建设中，大多数的社会团体发挥了积极作用。但是由于社会团体管理法规不够健全和管理工作跟不上，致使社会团体中存在不少问题，亟需清理整顿。为了把这项工作做好，各级领导要充分认识对社会团体进行清理整顿的重要性、艰巨性和复杂性，把这项工作列入议事日程，加强领导，认真部署，以保证清理整顿工作的顺利进行。清理整顿工作的情况，可直接告民政部，由民政部汇总报国务院。

附：

民政部关于清理整顿社会团体的请示

（1990年5月18日）

国务院：

党的十一届三中全会以来，我国社会团体发展很快，对于推动改革开放，繁荣社会主义经济、文化、科技、教育事业，促进学术研究和交流以及增进国际民间交往，发挥了积极的作用。但由于长期以来社会团体管理方面的法规不够健全和缺乏有效的管理，致使我国社会团体中存在不少问题，一是由于近年来资产阶级自由化思潮的影响，有些社会团体中存在着一些不稳定因素；二是部分社会团体从事以营利为目的的经营活动，干扰了国家正常的经营活动，干扰了国家正常的经济秩序；三是有些社会团体不经批准非法成立或开展与其名称和宗旨不符的活动；四是社会团体设立过多过滥，业务交叉重复，随意搞摊派或变相摊派，加重了基层和企业的负担。此外，一些联谊性社会团体的不断发展，形成某些利益集团，影响正常的社会经济生活和工作秩序。

根据国务院关于对社会团体要进行清理整顿的指示精神和《社会团体登记管理条例》（以下简称《条例》）的有关规定，我们研究确定，今年社会团体管理工作以清理整顿为重点，并在此基础上进行社会团体的复查登记。现将有关意见请示如下：

一、清理整顿社会团体的基本原则及其内容

通过社会团体的清理整顿，要对社会团体进行复查登记，对非法成立或问题严重的社会团体要坚决取缔，对合法的社会团体要予以确认，维护其合法权益，使我国的社会团体管理工作逐步走上法制化轨道。清理整顿工作主要有以下六个方面的内容：第一，对于反对四项基本原则，长期宣扬资产阶级自由化，特别是在去年动乱和北京发生反革命暴乱期间，错误严重，造成恶劣影响的社会团体，要坚决取缔；第二，对于以营利为目的，从事与本团体宗旨无关的经营活动，或从事违反本团体章程活动的社会团体，要按《条例》的规定，视情况延缓登记或予以撤销；第三，对于不符合社会需要、重复设置、不具备基本活动条件的社会团体，要予以撤并；第四，对于未经批准擅自成立的社会团体，不予承认，命令解散；如确属社会需要，并符合条件，应按《条例》规定的程序办理成立的登记手续；第五，理顺社会团体与业务主管部门、登记管理机关的关系；第六，加强监督检查，促使社会团体内部健全规章制度，使社会团体活动符合民主程序，纳入法制轨道。

在清理整顿社会团体期间，一般不再审批新的社会团体。

二、清理整顿社会团体的步骤和时间安排

根据《条例》的规定，自《条例》实施之日起一年内，即1990年11月1日前，社会团体复查登记工作应进行完毕。但由于清理整顿难度较大、三分之一的省尚未建立社会团体登记管理机构的实际情况，拟从现在起，用一年时间在全国全面开展清理整顿社会团体（包括复查登记）工作。

根据《中共中央关于加强宣传、思想工作的通知》（中发〔1989〕7号）的精神，各地开展清理整顿和复查登记工作，可先从社会科学和文学艺术类社会团体入手，然后逐步对其他社会团体进行清理整顿。

三、清理整顿社会团体工作的组织领导

鉴于清理整顿社会团体工作涉及面广，政策性强，请各地加强领导，并根据本地的实际情况，可以指定专人抓好这项工作，也可以成立临时领导小组或协调小组，日常工作由民政部门负责。全国的社会团体清理整顿工作，由国务院授权民政部负责。

此项工作应扎扎实实地进行，对外不作宣传，不进行公开报道。

以上如无不妥，请批转各地和各部门执行。

民政部清理整顿社会团体工作座谈会纪要

（民阅〔1990〕6号　1990年8月2日）

民政部清理整顿社会团体工作座谈会，于1990年7月18日至20日在广州召开。十五个省、自治区、直辖市及计划单列市主管社团工作的民政厅（局）长和社团管理处（室）的负责同志共计三十六人参加了座谈会。民政都社团管理司司长刘宝琦主持会议并作了讲话。

参加座谈会的同志相互通报了自去年十月国务院发布《社会团体登记管理条例》以来开展社团工作的情况：听取了浙江省金华市和江苏省无锡市清理整顿社团工作的经验介绍。座谈会着重研究了贯彻落实国务院办公厅转发民政部《关于清理整顿社会团体的请示》（国办发〔1990〕32号文件）问题。

一、充分认识清理整顿社团工作的重要意义

会议认为，这次清理整顿社团工作是我国政治生活中的一件大事。当前。从国际形势看，渗透与反渗遗，和平演变与反和平演变的斗争是长期的。有时是很激烈的。国内外敌对分子很可能利用社团这样的组织形式相互勾结，对我国的社会主义制度进行颠覆活动。如果我们对这些潜在的不稳定因素缺乏足够的认识，就有可能危及我国的社会主义制度。就我国社会团体的现状而言，尽管大多数社团在改革开放的形势下，对于繁荣社会主义政治、经济和科学文化事业以及增进国际民间交往等方面发挥了积极作用。但由于长期以来社团管理方面的法规不健全，管理工作没有跟上，导致在一些社团中存在不少问题；有的近年来受资产阶级自由化思潮影响，政治方向发生偏差；有的从事以营利为目的的经营活动，干扰了国家正常的经济秩序；有的不经批准非法成立，或开展与其名称、宗旨不相符的活动；有的业务交叉重复，过多过滥；有的随意搞摊派或变相摊派，加重了基层和企业的负担。一些联谊性社团不断发展，形成了某些利益集团，影响了正常的社会生活秩序。因此，无论从国际大气候还是从国内社团的实际状况看，集中一定时间，依法对社团进行一次全面的清理整顿是十分必要的。

会议认为，清理整顿社团工作是加强社团管理的重要措施与贯彻执行《社会团体登记管理条例》是一致的。清理整顿社团的目的是保障公民正当行使结社自由权利；依法确立社团的法律地位；限制和制止那些不符合公民结社原则的非法团体的行为，维护社团的合法权益。清理整顿社团，不是不要成立社团，更不是否定社团的积极作用。而是通过清理整顿，引导和促进社团沿着社会主义方向健康发展。离开了这个指导思想，我们的工作就会偏离方向。

二、清理整顿社团要严格依法办事

会议认为，社团的清理整顿工作政策性很强，涉及面广，具有严格的时效性。同时，根据清理整顿公司、出版社等方面的经验，社团的清理整顿带有很强的政治性。也会遇到来自一些方面的干扰，甚至比其他方面的清理整顿难度更大。因此，在具体操作过程中，各级民政部门要注意掌握政策，严格依法办事。《社会团体登记管理条例》是我国目前社团管理工作的基本法律规范，是我们做好社团清理整顿工作的重要法律依据。国办发〔1990〕32 号文件，提出了清理整顿社团的基本原则和内容，明确了清理整顿社团的方法步骤和时间安排，是我们做好社团清理整顿工作的重要政策依据。各级社团管理干部都要认真学习，领会精神实质，严格按法规和党的方针政策办事。在工作的实践中，要结合本地区的实际情况，注意区分合法社团与非法社团的界限；划清长期宣扬资产阶级自由化与在个别方面有过激言行的界限；区别正当从事咨询服务所取得的合法收入与从事以营利为目的的违法经营活动的界限。对那些政治方向不对头、内部管理混乱、重复设置和给基层、企业、群众造成沉重经济负担的社团，该撤销的撤销，该合并的合并，该取缔的取缔。对撤销、合并的社团，要事先考虑可能给社会带来的影响以及人员、设备、财产的去向，做好善后工作，以免引起大的波动。与会同志还着重对社团清理整顿中所涉及的有关政策问题进行了认真讨论，并对其中一些问题取得了一致意见，建议尽快形成文件，对有关问题作出政策性解释，以指导各地的工作。

三、加强对清理整顿社团工作的领导

会议认为，清理整顿社团工作涉及部门多，工作量大，加上民政部门在中断多年之后刚刚接受社团管理任务，缺乏实践经验，面临很多困难。因此，必须加强对这项工作的领导。首先。各级民政部门要主动向当地党政领导汇报情况，争取他们的重视。同时，还要精心地设计出清理整顿的具体实施方案，取得党政领导的支持。根据实际需要和可能，积极向政府建议，成立临时的清理整顿社团领导小组，或者由主要领导同志亲自抓这项工作，以便理顺关系，解决问题。其次，各级民政部门的领导同志要关心这项工作的开展。在干部配备和其他物质条件保证上，给予足够的重视，以保证工作的顺利进行。同时，还要主动地与有关业务主管部门取得联系，争取他们的理解、配合和支持，充分发挥他们在清理整顿和日常管理社团工作中的作用。

会议认为，当前，我国的社团管理工作已经取得了较大进展，全国已有二十三个省、自治区、直辖市和十个计划单列市建立了社团管理机构，配备了人员，有的还强化了管理手段，为开展社团的清理整顿创造了有利条件。在较短的时间内，取得这样的成绩，是与当地党委、政府的重视和支持以及各地民政部门的努力分不开的。但也应该看到社团管理工作的发展还很不平衡，至今尚有云南、贵

州、湖南、河南、西藏等省、自治区没有设立社团管理机构。这种状况与《社会团体登记管理条例》赋予我们的职责是不适应的，应尽快改变。

四、加强社团管理队伍的自身建设

会议强调，尽管我们已经有了一支初具规模的社团管理干部队伍，但仍然不能适应开展社团工作的要求。因此，要不断加强社团管理机关的自身建设。首先，要加快组织建设的步伐。各地要十分重视地、县两级社团管理机构的设置问题，使我们的基层工作跟上步伐，以免影响整个社团管理机制的正常运转，影响社团的清理整顿。其次，要加强社团管理队伍的思想建设。社团管理是国家行政管理重要组成部分，人民给我们行使社团管理的权利，我们要全心全意地为人民服务，为社团的健康发展服务，不能把自己手中的权力当成谋取个人私利的资本。要兢兢业业地做好本职工作，廉洁奉公，不谋私利，永远作人民的公仆。第三，要抓好干部的业务培训工作，不断提高业务能力。目前，江苏、黑龙江、广东、广西等省区已经对地、县两级的社团管理干部进行了培训，为清理整顿工作奠定了基础。尚未开展业务培训的地方，应视机构设置情况做好这项工作。实践证明，举办短期的干部培训班，是提高社团管理干部业务水平的有效办法。社团管理干部，要在工作实践中不断拓宽自己的视野，加强对政治学、社会学和行政管理学等理论学习，从理论和实践的结合上不断提高我们的管理水平和工作能力。

会议认为，社团的清理整顿与复查登记工作有机地结合起来，在清理整顿的基础上，搞好复查登记，社团管理的任务是相当繁重的、紧迫的。各级民政部门的社团管理干部要振奋精神，努力工作，勇于探索，开拓创新，力争在国务院要求的时间内，完成社团的清理整顿任务，为发挥社会稳定机制的作用贡献力量。

公安部、民政部、国家工商行政管理局关于加强社会团体、企事业单位公用印章管理的通知

（公通字〔1990〕84号　1990年8月22日）

各省、自治区、直辖市公安、民政厅、局，工商行政管理局：

去年12月，我国民航CA981航班客机被劫机犯张振海劫持到日本，这一事件严重威胁了飞机和旅客的安全，给国家声誉造成不良影响。同时，也暴露出社会团体和企事业单位公用印章管理中存在的漏洞。

现已查明，为劫机犯代购机票的张绍勤（男，五十一岁，原首都机场边防局安全检查站政委，1985年因病免职，现在押），于1987年受聘到“全国企事业住宅研究会”工作，负责购买飞机、车、船票事务。该会购票用的介绍信均由张绍勤自行填写。张绍勤因亲戚关系为张犯一家代购机票时，使用了去年9月为“房改研究班”学员购票后剩余的盖有“全国企事业住宅研究会”印章的空白介绍信。而“全国企事业住宅研究会”系未经政府有关部门批准，擅自成立的民间学术团体。1988年该“研究会”曾要求公安机关为其刻制公章，因手续不全，被拒绝后，便违法以高价在个体摊点私刻了

"全国企事业住宅研究会"和"全国研究所联谊会"两枚公章。

为严肃法纪，北京市公安机关于1989年12月31日查封了"全国企事业住宅研究会"的印章，依法传唤了该会主要负责人，并建议他所在的单位（北京现代管理学院）给予行政处分。鉴于"全国企事业住宅研究会"的成立及其活动违反了国家有关规定，民政部已于1990年4月4日令其解散。为了吸取这一事件的教训，切实加强社会团体和企事业单位公用印章的管理，特提出以下要求：

一、各地民政、工商行政管理机关要严格按照国务院发布的《社会团体登记管理条例》和《企业法人登记管理条例》的规定，加强对社会团体和企业的登记管理工作。对非法成立的社会团体和企业，应依法令其解散，并按有关规定收缴其印章。未经登记而擅自成立的社会团体和企业使用印章造成严重后果的，由其上级主管单位承担相应责任。没有主管单位的民间组织，由该组织负责人承担责任。

二、社会团体和企事业单位要严格执行《国务院关于国家行政机关和企业、事业单位印章的规定》（国发〔1979〕234号文件），健全内部公章使用和管理制度。对于违反规定使用公用印章的，应建议主管业务部门予以行政处分，造成严重后果的，公安机关要依法追究当事人和单位领导的责任。

三、在有关部门就社会团体刻制印章作出规定之前，公安机关按照社会团体登记管理机关出具的证明和刻制印章单位的委托书，批准刻制社会团体印章。

四、公安机关要配合工商行政管理机关加强对刻字业的管理，取缔无照刻字摊点，严肃查处非法刻制印章的个体摊点。对违反规定承制公章的，公安机关要按照《治安管理处罚条例》予以处罚，并由其承担与使用印章造成的后果相应的法律责任。对于伪造印章和使用伪造印章的，要依法惩处。

民政部、中国人民银行
关于社会团体开立银行账户有关问题的通知

（民社函〔1990〕203号　1990年9月26日）

各省、自治区、直辖市民政厅（局），各计划单列市民政局；中国人民银行各省、自治区、直辖市分行、计划单列市分行；中国工商银行，中国银行：

为加强对社会团体的管理，保障社会团体的合法权益，便于社会团体的正常活动，根据《社会团体登记管理条例》和中国人民银行关于账户管理的规定，现将社会团体在银行开立账户的有关问题通知如下：

一、经社团登记管理机关（民政部门）登记的社会团体，方可凭登记管理机关发给的社会团体登记证书填制开户申请书，向银行申请开立银行账户，经银行审查同意后办理开户手续。

二、社会团体申请开立银行账户的名称及预留银行的印鉴（财务公章），必须与社会团体登记证书上的社会团体全称一致。

三、社会团体申请变更账户名称，应交验社团登记管理机关变更登记注册的新证书，经银行审查属实后，方可根据情况更改账户。

四、社会团体迁移时，如需迁移账户，在同域的，由迁出银行出具证明，迁入银行凭证明开立新户；搬迁外埠的，应按规定重新办理开户手续。

五、社会团体注销登记或被撤销解散，该社会团体应及时向开户银行办理销户手续，同时交回各种空白重要凭证。

六、社会团体在银行开立的账户，只供本团体业务活动范围内的资金收付，不准出租、出借或转让给其他单位或个人使用。社会团体要按照国家现金管理的规定向银行送存和支取现金。

七、本通知发布前，社会团体已开立的银行账户，在社会团体复查登记过程中，一并进行核查清理，并与开户银行进行核对，如情况变化，须补办开户手续；对于不符合本通知精神开立的银行账户限期撤销。

八、本通知自发布之日起开始执行。

民政部办公厅关于广东外商公会重新登记问题的复函

（民办函〔1990〕212 号　1990 年 10 月 17 日）

中共中央统战部办公厅：

你厅 10 月 9 日《关于广东外商公会重新登记的问题》（统函〔90〕〔五〕593 号）收悉。经我部研究，答复如下：

一、广东省民政厅在今年 8 月以前，就广东外商公会的登记问题来函请示我部，根据国务院颁发的《社会团体登记管理条例》第三十条“非中国公民和在境外的中国公民在中国境内成立社会团体的登记管理办法，另行规定”的精神，我们曾口头答复：待有关规定制定后，再考虑如何办理。

二、关于境外的中国公民在境内成立社会团体的登记管理，目前，还没有具体规定，因此，广东外商公会申请登记一事，可根据 1990 年 8 月 19 日国务院发布的第 64 号令《国务院关于鼓励华侨和香港、澳门同胞投资的规定》第十八条“在华侨、港澳同胞投资企业集中的地区，华侨、港澳投资者可以向当地人民政府申请成立投资者协会”的规定精神，请该外商公会向广东省民政厅办理申请登记手续。

民政部关于社团登记管理工作若干问题的复函

（民社函〔1990〕230 号　1990 年 10 月 17 日）

黑龙江省民政厅：

你厅 9 月 25 日《关于社团登记管理工作几个政策问题的请示》电文收悉，现答复如下：

一、关于科协、社联等社团能否作业务主管部门问题

根据民政部《关于〈社会团体登记管理条例〉有关问题的通知》（民社发〔1989〕59 号文件）第三条关于“有些社会团体的业务主管部门不便由政府工作部门或党的工作部门承当时，经民政部门与有关业务部门协商同意后，也可以委托有能力进行资格审查和业务指导的其他单位承担这一职责”的规定，考虑到科协的历史作用，经与科委协商一致后，可以委托科协负责自然科学学术性团体的资格审查和业务指导。经科协论证并确认学科性团体，由其进行日常管理。

由于政府部门没有管理社会科学方面的职能机构，民政部门可与省委宣传部协商，委托社科联负责社会科学学科性团体的资格审查和业务指导。

二、关于学术性、专业性、联合性社团的设立标准问题

关于学术性团体的设立标准，目前国家技术监督局正在组织制定，请你们与省标准局、科协、社科联联系，他们可能有这方面划分的初步意见。在协商一致的基础上，主要是由资格审查部门认定。

专业性的社团主要是由专业人员组成或以专业技术、专门资金为从事某项事业而成立的团体。

民政部关于办理社会团体登记问题的复函

（民社函〔1990〕236 号　1990 年 10 月 27 日）

海南省民政厅：

你厅 9 月 10 日《关于办理社会团体登记问题的请示》（琼民登字〔1990〕36 号）收悉。经研究，现答复如下：

一、关于全国性和跨省（自治区）性社会团体要求在海南省设立办事处（联络处）的问题全国性和跨省（自治区、直辖市）性社会团体一般不得在其会址以外的地区设立办事处（联络处）。因有特殊需要申请设立的，需经民政部批准。驻在省民政厅可根据其持有的批准证件，予以备案。

办事处（联络处）是社会团体的派出机构，不具有法人资格，只能以所属社团的名义开展业务活动，并要接受驻在省民政厅的日常监督和管理。

二、关于成立联谊性社会团体的问题

对申请成立联谊性的社会团体，总的原则应持慎重态度。

1. 成立联谊性社会团体必须坚持有利于祖国统一、民族团结，有利于政治、经济的稳定和科学、

文化、教育事业的繁荣。

2. 除少数历史悠久、有一定国际声誉的校友会及有利于开展海外工作的同乡会外，一般不宜成立校友会、同乡会等联谊性社会团体。

凡确因社会需要而成立校友会、同乡会等联谊性社会团体，应按照不同性质，分别由教育、外事、统战等业务主管部门审查同意后，当地民政部门才可办理核准登记手续。

3. 鉴于以某一姓氏或以某一姓氏为主体组成的宗族性社会团体和以某一地区为基础组成的联谊会等社团组织副作用大，不宜批准成立。

民政部社团管理司关于能源行业全国性社会团体复查登记有关问题的复函

（社登字〔1990〕23 号　1990 年 11 月 6 日）

能源部人事劳动司：

你司〔90〕人组便字第 48 号函收悉。关于煤炭行业、石油天然气行业、核工业行业等全国性社会团体复查登记的问题，现答复如下：

根据《社会团体登记管理条例》的有关规定，社会团体的业务主管部门系指政府的职能部门。按国务院“三定”方案的规定，能源部是国务院统管全国能源工业的职能部门。由其归口管理的能源方面的几大公司，虽然在人、财、物等方面实行计划单列，并负有对本公司范围的管理职能，但它不是政府职能部门，不能代表政府对社会团体行使职权。因此，我们认为只有能源部才能作好能源工业类社会团体的业务主管部门负责这类社会团体的清理整顿和复查登记及今后的业务指导和日常管理等方面工作。

民政部社团管理司关于中华全国手工业合作总社及各地联社登记问题的函

（社登字〔1990〕25 号　1990 年 12 月 28 日）

中华全国手工业合作总社：

你社 1990 年 10 月 12 日“关于咨询中华全国手工业合作总社及各地联社登记问题的函”〔（90）总社字第 14 号〕收悉。经研究认为：中华全国手工业合作总社是由全国各省、自治区、直辖市的联社组成的集体经济联合组织，是负有领导和服务双重职能的政社合署办公的机构。根据《社会团体登记管理条例》的有关规定，中华全国手工业合作总社以及各级联社目前不宜作为社会团体在部门进行登记和接受管理。

特此函复。

中宣部、民政部关于社会科学、文化艺术类社会团体业务主管部门的职责分工及委托管理的通知

（民社函〔1991〕11号　1991年1月9日）

中国社会科学院、中国文学艺术界联合会、中国作家协会：

根据《社会团体登记管理条例》的规定，社会团体应有确定的业务主管部门负责对其进行业务指导。

依照国务院规定的各部委的任务和职责，文化部负责文化市场、群众文化、少年儿童文化、艺术事业、文物、图书（博物）馆、外文书刊出版发行及对外文化活动等方面的社会团体；广播电影电视部负责广播、电影、电视等方面的文学艺术性社会团体。

鉴于社会科学、文化艺术领域很广，国务院有关部门的职责范围及条件有限，经研究决定，对社会科学和部分文学艺术方面的社会团体进行业务指导的职责委托如下：

一、中国社会科学院负责社会科学类（设在中国社会科学院系统的）学术性社会团体以及历史、文化名人名著的研究性社会团体。设在大专院校的社会科学类社会团体的业务主管部门是国家教委；

二、中国文学艺术界联合会负责文化艺术界组织的社会团体；

三、中国作家协会负责文学创作方面的社会团体。

上述被委托单位在出具社会团体成立、变更和注销登记的审查文件之前，应先报中共中央宣传部审定。在清理整顿期间，社团管理工作中的重大的疑难问题提请“清理整顿社会科学和文化艺术类社会团体工作小组”裁定。今后各业务主管部门和被委托单位审查同意的社会科学类和文化艺术类社会团体，若发生交叉、重复等情况时，由中共中央宣传部与民政部统一协调解决。

被委托单位对社会团体履行业务主管部门的职责和权力，主要负责社会团体成立、变更、注销登记的审查并出具审查文件；向社会团体传达党和政府的有关方针政策，收集、反映社会团体对党和政府的意见、建议；对社会团体的重大活动给予指导和监督。民政部是社会团体的登记管理机关，主要负责依法进行社团登记的管理，监督并处罚违法社团。民政部和被委托单位按照各自职责相互协调开展工作。

本通知精神各地可参照办理。

民政部、国家科委关于委托中国科协对全国性自然科学、技术科学类社会团体管理的通知

（民社函〔1991〕37号　1991年2月11日）

中国科学技术协会：

为了更好地贯彻《社会团体登记管理条例》，充分发挥社会团体在社会主义建设中的积极作用，现将全国性自然科学、技术科学类社会团体委托管理的有关问题通知如下：

一、关于全国性自然科学、技术科学学术性和科普性的社会团体的审查和管理，均委托中国科协负责。上述社会团体（含筹备组织）申请登记时，向中国科协报送材料，由中国科协审查并征得国家科委同意后，向社会团体出具审查证明文件。

二、综合性的科学技术社会团体由国家科委负责审查和管理。行业性应用技术类的社会团体，按照国务院规定的职责分工由有关业务主管部门负责审查和管理。

三、关于地方性科技社会团体的审查和管理，各省、自治区、直辖市可根据本地区的实际情况自行确定。

民政部关于社会团体复查登记有关问题的通知

（民社函〔1991〕71号　1991年4月12日）

中央、国务院各部门，各省、自治区、直辖市民政厅（局）、各计划单列市民政局：

根据《社会团体登记管理条例》（以下简称《条例》）的规定，现针对在社会团体的清理整顿和复查登记工作中遇到的一些主要问题，作如下通知。

一、关于社会团体的复查登记

在各级民政部门承担社会团体管理工作以前，按照国家有关规定履行正式手续成立的社会团体，应依《条例》的规定申请复查登记。其中，依据1950年《社会团体登记暂行办法》，经内务部和地方各级人民政府核准登记并持有登记证书的社会团体，可到相应的民政部门办理换证手续。

申请复查登记的社会团体，除提交《条例》第十条规定的材料外，还应提交经有关部门批准其成立的文件、近两年主要活动情况和经济状况材料。

宗教性社会团体的复查登记范围，不包括教徒的活动场所，如寺庙、道观、教堂等。

二、关于社会团体内部设立分会的问题

社会团体内部分支机构的设立，原则上仍按《关于〈社会团体登记管理条例〉有关问题的通知》（民社发〔1989〕59号）文件精神办理。一些社会团体中，原有的二级协会、学会、研究会等，一般改作专业委员会，特殊需要的也可改为分会。

已有某种类型的全国性或全省性社会团体，在同一行政区域内又按系统、部门横向设置的同类社会团体，除确属需要的外，一般应成为同类全国性或全省性社会团体的分支机构，以专业委员会或分会的形式设立。

专业委员会或分会属社会团体的分支机构，不是独立性团体，由所在社会团体向社团登记管理机关备案。专业委员会或分会开展业务活动、刻制印章必须冠以所在团体的名称。

三、关于地方性社会团体使用全国性社会团体分会名称的问题

全国性社会团体一般不得在地方设立分会。少数历史悠久并在国际交往中确需以全国性社会团体分会名义开展活动的地方性团体，经所在全国性社会团体同意，并报民政部批准后，在国际交往活动中，可以使用全国性社会团体分会的名称。但这些团体仍应以地方性社会团体的名称向当地民政部门登记注册。

四、关于社会团体设立办事处或联络处问题

全国性和跨省（自治区、直辖市）性社会团体一般不得在其会址以外的地区设办事处或联络处。如有特殊需要设立的，须经民政部批准。办事处或联络处所在地的民政部门可根据其持有的批准证件，予以备案。

办事处或联络处是社会团体的派出机构，不具有独立性社会团体的资格，只能处理所属社会团体交办的事务，并接受所在地民政部门的日常监督和管理。

五、关于街道、乡镇以下社会团体的登记问题

街道、乡镇及其以下的具备社会团体基本特征、又有一定活动规模的群众性团体，均应依照《条例》的规定，向市辖区、不设区的市和县的民政部门申请登记并接受监督和管理。街道、乡镇及其以下社会团体在申请登记时，应向社团登记管理机关提交市辖区、不设区的市和县人民政府有关职能工作部门或党的工作部门的资格审查意见。

国务院宗教事务局、民政部关于印发《宗教社会团体登记管理实施办法》的通知

（国宗发〔1991〕110号　1991年5月6日）

各省、自治区、直辖市宗教事务局（处）、民政厅（局）：

为了搞好宗教社会团体的登记工作，根据国务院颁布的《社会团体登记管理条例》，制定了《宗教社会团体登记管理实施办法》，现印发给你们，望认真贯彻执行。

各级政府民政、宗教工作部门要充分认识宗教社会团体登记工作的重要性和复杂性，加强领导，认真部署，相互配合，积极、稳妥地把这项工作做好。执行中如出现新的情况，请及时报告。

附：

宗教社会团体登记管理实施办法

第一条 为保障宗教社会团体的合法权益，保证宗教社会团体登记管理的实施，依据《社会团体登记管理条例》制定本办法。

第二条 由中华人民共和国公民在本国境内组织的各宗教县级范围（含县级）以上区域性和全国性的宗教社会团体，均应依照本办法的规定，向政府民政部门申请登记。

第三条 全国性宗教社会团体应经国务院宗教事务局审查同意后，向民政部申请登记。

区域性宗教社会团体经所在地相应的政府宗教事务部门审查同意后，向当地民政部门申请登记，并由当地政府宗教事务部门报上一级政府宗教事务部门备案。

天主教教区须经该教区办事机构所在地省级政府宗教事务部门审查同意后，向省级民政部门申请登记，并由当地省级政府宗教事务部门向国务院宗教事务局备案。

第四条 宗教社会团体登记的条件：

（一）有团体名称、办公地址和负责人；

（二）有不违反宪法、法律、法规的章程；

（三）有合法的经济来源；

（四）有可考证的、符合我国现存宗教历史沿革的、不违背本团体章程的经典、教义、教规；

（五）组织机构的组成人员有广泛的代表性。

第五条 在《社会团体登记管理条例》施行前成立的宗教社会团体，按该条例第二十九条规定办理登记、换证手续。

第六条 宗教社会团体登记时，向政府宗教事务部门提交的审查文件，除《社会团体登记管理条例》第十条（一）、（三）、（四）、（五）、（六）款之规定外，还需提交本宗教的主要经典（书目）、教义、教规和历史沿革资料。

第七条 在同一行政区域内不得重复成立相同或相类似的宗教社会团体。

第八条 宗教社会团体向登记管理机关提交的年度检查报告和有关材料，须同时报送该登记管理机关同级的政府宗教事务部门。

第九条 本办法未规定者，均按《社会团体登记管理条例》规定办理。

第十条 本办法由民政部和国务院宗教事务局负责解释。

第十一条 本办法自发布之日起施行。

中组部、民政部、人事部、财政部、劳动部 关于全国性的社会团体编制及其有关问题的暂行规定

（民社发〔1991〕8号　1991年6月20日）

中央各部委，国务院各部委、各直属机构，各人民团体：

为适应社会团体开展活动的需要，根据国家有关政策，现对全国性社会团体使用社会团体编制（以下简称社团编制）以及有关问题作如下规定。

一、社团编制适用于经民政部核准登记的各类全国性社会团体。法律和行政法规另有规定的除外。

二、全国性的社会团体应本着精简原则，以自身活动需要和经费开支可能为依据，提出编制数额，报请民政部核定。本规定下发后，编制管理部门不再对社会团体核定行政和事业编制。原使用行政和事业编制的社会团体，应持原编制批件到民政部登记，并在一定期限内转为社团编制。

三、全国性的社会团体专职工作人员的配备，可从国家正式职工中聘用；也可按国家有关规定从退休、离休人员中聘用。

四、社会团体执行国家有关评聘专业技术职务的有关规定和统一部署。目前属于行政编制的社会团体不实行专业技术职务聘任制。

五、国务院各业务主管部门或全国性社会团体办事机构设在的单位，负责社会团体办事机构专职工作人员的人事管理工作。具体管理办法，依照国家有关规定进行。

六、全国性的社会团体的经费来源主要是：

（一）会费收入；

（二）国内外捐赠；

（三）有偿服务收入；

（四）政府部门资助；

（五）其他合法收入。

目前开支国家行政、事业经费的社会团体，应积极创造条件，限期实现经费自理。

七、全国性的社会团体的财务管理办法及专职工作人员的工资和保险福利待遇，参照国家对事业单位的有关规定执行。社会团体的兼职领导人及兼职工作人员，不得在社会团体领取工资和享受保险福利待遇。

八、被聘用的全国性的社会团体专职工作人员原为国家正式职工的，其退休条件和待遇标准，按国家有关退休规定执行，费用由聘用的社会团体支付。已经实行退休费用社会统筹的地区，社会团体应按有关规定缴纳退休养老金，参加社会统筹。被聘用的社会团体专职工作人员退休、离休，其福利待遇按国家对退休、离休人员的有关规定执行。

九、各级党政领导干部应认真按照《中共中央国务院关于严格控制成立全国性组织的通知》（中发〔1984〕25号）中“未经上级批准，不要担任或兼任这类组织职务”的规定执行。

十、本规定仅适用于由民政部登记并管理的全国性的社会团体。

关于解散"中国现代诗歌学会"的命令

（民社发〔1991〕16号）

陕西省社会科学联合会：

设立在西安市的"中国现代诗歌学会"未经批准，擅自于一九八八年二月成立，在活动中又违犯有关法律、法规。依据《社会团体登记管理条例》第三条和第二十六条的规定，命令"中国现代诗歌学会"自此令发布之日起解散。

民政部部长　崔乃夫

一九九一年七月二十三日

关于解散"中华炎黄协会"的命令

（民社发〔1991〕17号）

陕西省民政厅：

设立在西安市的"中华炎黄协会"未经批准擅自成立，在活动中又违犯有关法律、法规。依据《社会团体登记管理条例》第三条和第二十六条的规定，命令"中华炎黄协会"自此令发布之日起解散。授权你厅会同有关部门做好善后工作。"陕西中华炎黄协会筹备处"和"延安中华炎黄协会西安联络处"的问题，由你厅依据《社会团体登记管理条例》的有关规定处理。

民政部部长　崔乃夫

一九九一年七月二十三日

民政部社团管理司关于
跨省、自治区、直辖市社会团体复查登记的通知

（社地字〔1991〕27号　1991年8月6日）

各有关社会团体：

根据国务院1989年10月颁布的《社会团体登记管理条例》及国办发〔1990〕32号文件有关规定，社会团体经过清理整顿，凡符合《社会团体登记管理条例》要求，并取得其业务主管部门审查同意的，可到民政部门申请登记，跨省、自治区、直辖市社会团体的登记管理机关为中华人民共和国

民政部，业务主管部门是与社会团体本身业务相对应的国务院各部（委）或中共中央各工作部门。

跨省、自治区、直辖市社会团体登记程序为：社会团体首先须经其业务主管部门审查同意后，再向民政部申请登记（在登记申请书中，应充分说明该团体所具有的广泛代表性和其存在的社会必要性）。

社会团体登记须提交如下材料：

一、社会团体登记申请书（负责人签字）；

二、有关业务主管部门的审查文件；

三、社会团体章程（如章程与《条例》规定要求不符，应有修改意见说明）；

四、历史文件（包括内务部颁发的登记证复印件或部门正式批件等）；

五、负责人情况和简历（副秘书长以上）；

六、办事机构的名称和职责；

七、分支机构设置情况（包括工作、专业委员会等）；

八、办公地点（邮编和电话号码）以及产权单位出具的证明；

九、经费来源，状况与资信证明；

十、社会团体的成员数额（附理事名单、团体会员名册）；

十一、社会团体成立以来的活动情况报告；

十二、业务领域情况（有必要的需提交）。

各跨省、自治区、直辖市社会团体接到本通知后，请按上述要求，于1991年12月底以前到民政部办理登记手续。逾期不办者，则视为自动解散。

民政部办公厅关于全国性社会团体限期登记的通知

（民办函〔1991〕195号　1991年8月28日）

根据《社会团体登记管理条例》的规定和国务院办公厅1980年第32号文件精神开展的全国性社会团体的清理整顿和复查登记工作即将结束。目前，你团体组织尚未办理社团申请登记手续，现通知你们务必于1991年9月15日前到我部社团管理司办理社团登记手续，逾期未登记者责任自负。特此通知。

社团登记地址：东城区北河沿大街147号。

社会团体清理整顿和结社立法会议纪要

（1991 年 9 月 9 日）

民政部社团管理司于1991 年9 月4 日至9 日，在山东省烟台市召开了全国二十二个省、市社团管理处（室）的负责同志会议。会议就社会团体清理整顿问题进行了座谈，交流了经验，并就《结社法》第五稿进行了认真的讨论和修改，社团管理司副司长陈金罗同志主持会议并作了讲话。现纪要如下：

一、我国社团管理和清理整顿工作取得了重大进展

各地民政部门在当地党委和政府的领导下，依据《社会团体登记管理条例》（以下简称《条例》）赋予的职责陆续承担了社团管理任务，相继开展了社会团体的清理整顿工作。经过两年多的努力，使我国的社团管理和清理整顿工作取得了重大进展。主要表现在以下五个方面：

（一）初步掌握了我国社团的基本情况

各地民政部门在承担社团管理工作之后，首先是了解各地社会团体基本情况，据统计，我国目前有全国性社会团体约1600 多个，地方性社会团体约20 万个。在初步调查摸底的基础上，对社会团体进行清理整顿和复查登记。到目前，广东、江苏、甘肃、西藏的全省（区）性社会团体的清理整顿工作已基本结束，全国性和其他省、市、自治区的社团清理整顿工作也正在紧张地进行之中。可以预料，通过社团的清理整顿。不但可以掌握我国各地社会团体基本情况，而且过去那种“多头审批、多头管理”和社会团体过多过滥的状况将会有明显的改善。

（二）建立了一支初具规模的社团管理干部队伍

《条例》颁布之后，各地民政部门主动向当地党委和政府汇报，相继解决了一些机构设置和人员编制问题，到目前，全国三十个省、自治区和直辖市均已设置了社团管理处（室），配备了一定数量的人员。约有2/3 的地（市）和1/3 的县（市）也设置了机构，解决了人员编制问题，形成了一支初具规模的社团管理干部队伍。尽管这支队伍与目前所承担的工作量还不相适应，但在这么短的时间内，能取得这样的成绩，也是不容易的。从1990 年3 月开始，民政部和各省（区、市）先后举办了培训班，分层培训了社团管理干部，使大家熟悉了《条例》的基本精神，明确了具体操作规程，掌握了政策界限。

（三）具有中国特色的社团双重管理体制已具雏形

各级民政部门以《条例》为依据，做了大量艰苦细致的工作，基本上理顺了业务主管部门、社会团体和社团管理机关的关系，初步确立了成立社会团体的法律程序和双重管理体制。实践证明，这种双重管理体制，既是符合中国国情的，也是具有中国特色的。

（四）与《条例》配套的政策不断完善

《条例》作为一个程序性法规，在实施中，需要针对具体问题，制定相应的政策加以完善。据不完全统计，两年多来，以民政部名义发文的就达二十三件。与此同时，社团管理司还针对一些省、自治区、直辖市提出的问题，做了必要的解释，应该说，就社会团体的清理整顿和复查登记而言，大的方针、政策是明确的。

（五）我国公民结社和社团活动已初步纳入法制轨道

《条例》颁布后，各地采取多种形式，广泛宣传了《条例》的基本精神，使相当数量的人民群众了解了《条例》的内容，明确了社会团体的成立条件和登记审批程序，逐步使公民结社活动纳入法

制轨道。可以认为，自1989年的政治风波之后，我国社会团体的活动之所以日趋正常，是与各级民政部门广泛宣传《条例》，严格依法办事的努力分不开的。实践证明，《条例》确立的基本原则是正确的。

二、取得成绩的原因和存在的问题

我国社团管理和清理整顿工作之所以取得重大进展，主要原因有两条：

（一）党政领导重视，指导思想明确

社团管理工作，是一项政治性、政策性很强，有些问题又十分敏感的工作。不仅涉及面广，而且要求比较高。因此，各级领导的重视程序如何，就成为能否做好这项工作的关键。从各地方的情况看，各级党政领导落实国务院《条例》和清理整顿社会团体指示，思想是明确的，态度是坚决的。在国办发〔1990〕23号文件下发后，二十三个省、自治区、直辖市先后成立了社会团体清理整顿领导小组，由省委副书记或主管副省长任组长，并及时转发了民政部门关于清理整顿社会团体的实施方案，多次听取了民政部门的工作汇报，帮助解决了清理整顿工作所必需的机构、人员、经费等问题。一些省、市的领导同志还亲自主持召开有关会议，研究解决清理整顿工作中所遇到的具体问题。陕西、西安、上海等省市的领导同志对社团审核严格把关，逐个提出结论性意见。多数省市的领导同志在讲话中反复强调了清理整顿社团的目的和意义，引起了广大群众的关注。由于领导重视，指导思想明确，使社会团体清理整顿工作进展得比较顺利。

（二）民政部门努力，业务主管部门配合

由于社会团体清理整顿工作时间紧，任务重，带有较强的时效性，各地民政部门制定了周密的、切合实际的清理整顿社会团体实施方案，并在实施中，做了大量艰苦、细致的工作。一些省、自治区、直辖市民政厅（局）的主管领导同志亲自授课、亲自搞试点、亲自帮助解决具体问题，有力地推动了社团清理整顿工作的开展。一些地方的社团业务主管部门也主动与民政部门配合，抽调专人组织社团主要负责人学习《条例》和有关文件，自觉配合民政部门做社团的清理整顿工作，发挥了很好的作用。

从整体上说，我国社团管理工作已经取得了明显成效，但由于种种原因，还存在不少问题，主要是：

1. 社团清理整顿工作进展不平衡

从各地的情况看，社团的清理整顿工作进展很不平衡，有的省已基本结束，但也有的省市清理整顿工作则刚刚起步。即使在本省内，各地情况也有很大差异：有的地市已基本完成，有的尚未展开。由于各地的情况不同，应该允许进度上的差异。但如果现在还开展不了工作，恐怕会影响整个社团清理整顿工作的进程。对此，应引起各地的重视。

2. 机构设置，人员编制与所承担的工作量还不适应

在这个问题上，部里和各地民政部门做了很大的努力，是有成绩的。但还有三分之一的地市、三分之二的县市的机构、人员问题还没有解决或正在解决之中。在已经建立机构的地方，人员少的矛盾也很突出，显然与所承担的工作量还不适应。

3. 指导尚不够及时有力

社团管理工作是民政部门中断多年之后，再度承担的新任务。社团工作的特点是，各级除了对下指导外，还承担相当数量的社团审批管理工作，而且越往上情况越复杂，越往下问题越具体。很多问题需要下气力研究。因此，对下指导不够及时有力，有待于逐步克服。

三、今后工作的几点设想

社团的清理整顿工作是各级民政部门实施社团管理的重要步骤。当前社团的清理整顿任务还相当

艰巨，同时社团管理工作已经越来越紧迫地摆在我们面前，需要不断探讨。今后，应着重抓好以下几项工作：

（一）紧紧依靠党政领导，继续做好社团清理整顿工作

党的领导是做好社团管理工作的根本保证。因此我们必须更加自觉地把社团管理工作置于党和政府的领导之下。在工作中，一方面我们要积极主动争取党和政府的领导，另一方面我们也要按照党和政府的要求，努力做出成绩来，争取党和政府的支持。

（二）要继续抓紧做好清理整顿和复查登记工作

凡是清理整顿没有完成的地方，要继续抓紧做好清理整顿工作，力争在今年年底前，地市以上大中城市的社团清理整顿工作基本结束。在社团清理整顿工作基本完成的地方，一方面要迅速转入社团的日常管理；另一方面，要抓一下县级和乡镇社团的清理整顿工作。

（三）积极做好社团的依法管理工作

社团的清理整顿和复查登记基本结束后，仅仅是社团管理工作中的开始。根据《条例》的规定，民政部门对社会团体的管理职责主要有三个方面：一是社团的登记管理；二是社团的监督管理；三是违法社团的处罚管理，具体包括以下几个内容：①对新成立社团的审核登记；②对原有社团的变更、注销、撤销登记；③监督社团遵守宪法和法律；④监督社团依照登记的章程活动；⑤对社团进行年检；⑥对违法社团进行查处；⑦负责对社团的有关问题的咨询服务工作；⑧代当地政府草拟有关社团的政策法规等。当前，在社团管理工作中，要特别注意两个问题：一是社团主要负责人在政治上必须坚持四项基本原则。在国际风云变幻，国内外敌对势力加紧推行“和平演变”的情况下，要保证我国的政治稳定，经济发展，坚定不移地走社会主义道路，做好社团管理工作，具有十分重要的现实意义。其中重要的一条是保证社团的主要领导人在政治上能坚持四项基本原则。要做到这一点，除社团主要负责人所在的干部部门加强教育和管理外，社团登记管理机关也应配合有关部门积极做好这项工作。同时，可以采取多种形式，对社团秘书长以上的干部进行培训，使他们熟悉党和政府的有关方针政策，保证大多数社团健康发展。二是及时了解和掌握社团的经济活动情况，主要是抓住两个环节：一看社团经费来源是否合法，二看经济支出渠道是否正常。要会同财政、审计部门作出政策规定，这是保证社团健康发展的重要因素。

（四）加强社团管理队伍的自身建设

加强干部队伍的建设，主要应抓好两件事：一是继续抓好机构设置、人员配备，特别注意解决地市和县两级的机构和人员问题。二是不断提高社团管理干部的政治素质和业务水平。特别是当前，每个社团管理干部都要保持清醒的头脑，否则，难以适应工作的要求。要树立“孺子牛”精神、勤政廉政，全心全意为社团服务。我们的工作既是管理性工作，也是服务性工作，要寓管理于服务之中。同时社团工作也是一项十分复杂的工作，为此，我们干部要不断地提高自己的业务能力。要把我们的干部锻炼成既有宏观的战略考虑，也有具体组织实施才能的专门人才。同时，在我们内部要建立起科学的工作制度，使社团管理工作有章可循，并逐步走向制度化、规范化。

五、几个具体问题

（一）关于参加政协的八个团体问题

根据国务院领导同志的指示，参加中国人民政治协商会议的科协、共青团等8个团体不再履行登记手续，也就是排除在《条例》调整范围之外，但这8个社团所属的团体仍属《条例》调整的对象。《条例》是国务院颁布的行政法规，各地不能扩大不登记的范围。

（二）关于民办科研院所是否登记的问题

民办科研院所，如民办科学研究所，不是社会团体性质，不属于《条例》的调整范围，不需要登记。

（三）关于社团经商办企业问题

社团不得经商办企业。党中央、国务院已作了明确规定，民政部在59号文件中作了具体说明。社团属非营利性组织，不得办公司、办企业，特别是不能参与流通领域的经营活动。已经办的一些经济实体，要与社团脱钩。但可以举办与社团宗旨、任务相适应的咨询服务活动，以取得劳务性收益。

（四）关于领导干部担任社团职务问题

党政领导干部参加社团并担任领导职务的问题，除《基金会管理办法》有规定外，目前尚无其他法律规定。如果某一领导同志兼任社团职务过多，经过协商可作适当调整。

（五）关于使用统一的社团证书问题

有的省提出，社团登记证书应像婚姻登记证那样，全国统一制式，统一制发。现在看，条件尚不成熟。

（六）关于地方成立社团研究会问题

现在，应该承认，我们的社团研究工作很薄弱，加强社团理论研究，是提高社团管理干部素质的重要方面。有条件的地方，可以做这方面的尝试。但目前我们清理整顿的任务还十分繁重，人员又少，因此，不宜急于成立这方面的组织，特别注意不宜层层设置。

中共中央宣传部、民政部关于职工思想政治工作类社会团体委托管理的通知

（民社函〔1991〕282号　1991年9月13日）

中国职工思想政治工作研究会：

为了更好地贯彻《社会团体登记管理条例》，充分发挥社会团体在社会主义建设事业中的积极作用，经研究决定，委托中国职工思想政治工作研究会对其他全国性职工思想政治工作类社会团体代为进行管理。现将有关问题通知如下：

一、《社会团体登记管理条例》规定："在同一行政区域内，不得重复成立相同或者相似的社会团体。"因此，按系统横向设置的全国性职工思想政治工作研究会仅限于少数直接管理、垂直领导企业的行业（如铁路、核工业），其他应作为中国职工思想政治工作研究会的分支机构，以工作委员会或分会的形式设立。

二、全国性职工思想政治工作类社会团体申请登记（含成立、变更、注销登记），要向中国职工思想政治工作研究会申报，由中国职工思想政治工作研究会审核并征得中宣部同意后，向社会团体出具审查文件。分支机构（工作委员会、分会）的设立，由中国职工思想政治工作研究会直接向民政部备案。

三、中国职工思想政治工作研究会依照《社会团体登记管理条例》的有关规定，对全国性思想政治工作类社会团体进行业务指导。这类社会团体的日常管理仍由国务院有关部、委、局、总公司负责。

民政部转发国务院办公厅关于贸促会建制问题的复函的通知

（民社函〔1991〕331号）

各省、自治区、直辖市民政厅（局）：

现将《国务院办公厅关于贸促会建制问题的复函》（国办函〔1991〕71号）转发你们，请贯彻执行。

中国国际贸易促进委员会（以下称“中国贸促会”）同时又称中国国际商会，对外仍为全国性的社会团体。该会在各地的分支、支会可按照民政部、中国贸促会《关于中国国际贸易促进委员会各分会、支会、行业分会申请办理社会团体登记有关事项的通知》（民社发〔1990〕13号）精神，进行复查登记，以适应对外工作的需要。但在登记注册时，应简化手续，即不必提交业务主管部门的资格审查意见。

由于中国贸促会对内仍按国务院直属机构对待，不同于一般的社会团体，其分会、支会的印章、财务、人事任免、机构编制由当地人民政府进行管理，业务活动受上一级贸促会指导。

民政部、中国人民对外友好协会关于地方对外友协登记问题的通知

（民社函〔1991〕399号　1991年12月21日）

各省、自治区、直辖市民政厅（局）、对外友协：

一、地方人民对外友好协会属于社会团体，受《社会团体登记管理条例》的约束，应按条例的有关规定，到所在地民政部门办理社团登记手续。

二、各地民政部门在办理地方对外友协登记手续时，应考虑与政府外事办同属一个机构的实际情况，可以提供一些方便，以便其承担政府不宜出面的外事工作。

民政部关于中华职业教育社地方机构设置等问题的通知

（民社函〔1992〕5号　1992年2月10日）

云南、福建、河南、安徽、黑龙江、河北、广东省民政厅，上海、深圳、重庆市民政局：

中华职业教育社是一个具有七十多年历史、在海内外有一定影响、具有统一战线性质的教育团体。1991年11月，经中央统战部资格审查后，民政部给予了复查登记。

近年来，随着工作的开展，该社先后在部分省、市设立了10个分社、8个支社（名单附后）。

现就这些地方组织的设置和登记的有关问题通知如下：

根据民政部1991年4月下发的《关于社会团体复查登记有关问题的通知》（民社函〔1991〕71号）精神，为便于中华职业教育社对内对外开展活动，同意该社各项地方机构保留“中华职业教育社”的称谓并冠以其行政区域的名称（如“上海中华职业教育社”、“福建南平中华职业教育社”），在当地民政部门进行登记。原各分社、支社的名称将不再使用。

请各有关民政厅（局）根据这一通知精神，对中华职业教育社的地方组织进行审核登记。

附：

中华职业教育社原分社、支社名单

一、分社：
上海分社
云南分社
福建分社
河南分社
安徽分社
黑龙江分社
重庆分社
河北分社
广东分社
深圳分社

二、支社
上海嘉定支社
上海南江支社
福建南平支社
福建武夷山支社
黑龙江齐齐哈尔支社
黑龙江佳木斯支社
河南周口支社
河南焦作支社

民政部关于严禁擅自扩大不登记社团范围的通知

（民社发〔1992〕4号　1992年2月18日）

各省、自治区、直辖市民政厅（局），各计划单列市民政局：

《社会团体登记管理条例》颁布后，全国各地的社团登记管理工作开展顺利。对参加政协的共青团、妇联等八个团体不进行社团登记，多数地区是做到了正确贯彻执行的，但同时也因此引发了一些问题。例如：有的攀附比照，自行扩大不登记范围；有的社会团体本不在上述八个团体之列，但却寻找理由拒不登记，等等。对此，我部向国务院专题作了报告。现将国务院领导的指示通知如下：

《社会团体登记管理条例》是国务院颁布的行政法规，一经发布，就应认真贯彻执行。除共青团、妇联等八个团体可以不登记外，其他任何社会团体不应再以任何理由变相予以抵制。因此，各地、各部门和各有关方面必须认真执行，其他任何社团都要依法予以登记，不得以任何借口拒不登记；民政部门要依法加强对社团登记工作的管理，认真履行职责，做好工作。

民政部关于按部门设置的社会团体复查登记问题的通知

（民社函〔1992〕92号　1992年4月6日）

中央各部委，国务院各部委、各直属机构，各省、自治区、直辖市、计划单列市民政厅（局）：

根据国务院发布的《社会团体登记管理条例》和《国务院办公厅转发民政部关于清理整顿社会团体请示的通知》（国办发〔1990〕32号）精神，民政部门于1990年6月开始对社会团体进行复查登记工作。到目前为止，复查登记工作已接近尾声，但尚有相当数量的局限于某一部门或系统范围设立的、不具备全国性或全省性的社会团体需进行清理整顿和复查登记。这些社团的工作内容通常是某一行业的部分工作，或者是某一系统的单项工作。在设立上，具有部门、系统特性，例如：全国有一个中国质量管理协会，部门、系统又分别各自设立本部门、系统的质量管理协会，全国有一个中国会计学会，一些部门、系统也相应设置了会计学会，其他如劳动、教育、审计、新闻、体育、思想政治工作等约二十多种不同类型的社会团体都不同程度存在上述问题。

按部门设立社会团体，首先不符合《社会团体登记管理条例》关于在同一行政区域内不得设立相同相似的社会团体的规定以及国务院确定的关于对社会团体进行清理整顿和复查登记的指导思想，并且有以下几点弊病：

（一）不利于克服社团过多过滥现象。据对××部的调查，该部这类性质的社团就有60多个。如果不加以调整，各部门、系统都如此设立，全国性社会团体就会纵横交错，数量剧增。各省、地、县也会逐级仿效设立，其数量将无法控制。

（二）这类社团的交叉重复设置，不仅使基层组织参加过多的活动，也增加了基层支付会费和其他活动经费的经济负担。

（三）增加了工作层次。这类社团实际上是部门某项行政管理工作的延伸，很难发挥社会团体民间渠道的作用。

为理顺关系，做好社会团体的复查登记和管理工作，现对按部门或系统范围设立的社会团体确定如下设立原则和处理办法：

（一）鉴于我国全国性全省性社会团体已有了较大的发展，基本上能够承担各项专业的工作，今后应充分发挥全国性全省性社会团体的作用，原则上不再按部门设立社会团体。

（二）充分考虑当前这类社团存在的实际情况，采取在大行业（部门）、系统内合并的政策。具体按以下两种方式处理：第一种方式是将部门性社团按其专业变成相应的全国性全省性社团的一个分会或专业委员会（如中国会计学会××分会或专业委员会）。这些分会或专业委员会不具有法人资格，而由全国性全省性社团作为独立法人组织为其承担民事责任。在设立程序上，先由全国性全省性社团根据行业、部门的特点和整体规划，提出分会或专业委员会的设置意见。在取得分会或专业委员会所在部门同意后，向民政部门申请备案。经严格审查后，符合条件的办理备案手续。第二种方式是根据部门、系统所设社团业务相近的特点，将若干个相关社团合并成一个综合性社团（如全国或全省的××管理协会或经济研究会等）。所并入的团体可作为这一综合性社会团体的专业委员会或分会。

（三）经过充分论证，确有必要独立存在的社团，也可允许其办理全国性、全省性社团的登记手续。一是上下有垂直领导关系、直属企事业单位较多，在地方没有其业务部门的，如铁道、核工业等；二是有些业务涉及其他部门和涉外内容较多或与国内同类业务有较大差异的，如经贸会计、金融会计等；三是有些业务属行业协会或其他组织不能包括或无法替代的。

以上原则和处理办法已经国务院批准同意。请各部门、各地区根据此通知精神，结合本部门、本地区的实际情况，认真研究，积极做好这类社团的清理整顿和复查登记工作。

民政部关于在社团清理整顿工作中对校友会问题处理的通知

（民社函〔1992〕120号　1992年4月21日）

各省、自治区、直辖市民政厅（局），各计划单列市民政局：

在对校友会进行清理整顿和复查登记中，各地一般都能按照国办发〔1990〕32号文件和国家教委〔86〕教政字009号文件精神，从严掌握，但也存在一些问题，需要进一步明确。为此，经与国家教委协商，现作如下通知：

一、关于全国性校友会的登记问题

各级各类学校一般不宜成立校友会，更不宜倡导、组织成立全国性校友会。少数历史悠久、有一定国际声誉的学校，以前经过合法的程序已批准成立的全国性校友会，如果在最近几年的活动中没有出现国办发〔1990〕32 号文件中所列举的不当行为，可经国家教委审查同意后，到民政部办理复查登记手续。

今后，若有情况特殊，需申请成立全国性校友会的，均应先由国家教委出具审查同意文件后，再到民政部办理核准登记手续。

二、关于外省院校在本省成立校友会的问题

各类外省学校一般不宜在本省（自治区、直辖市）成立校友会。各地今后凡遇有外省（自治区、直辖市）学校申请在本省（自治区、直辖市）成立校友会的，一般不予核准登记。外省学校如情况特殊确需在本省（自治区、直辖市）成立校友会的，应先经本省（自治区、直辖市）教育行政部门审查同意后，再到民政部门办理核准登记手续。

三、关于本省院校在当地成立校友会的问题

本省院校在当地成立校友会，也应根据上述精神，在复查登记中从严掌握。

民政部关于同意委托中国老龄委作为中国老年学学会业务主管部门的通知

（民社函〔1992〕134 号　1992 年 5 月 8 日）

中国老年学学会：

中国社会科学院提出不宜作为中国老年学学会的业务主管部门的意见后，民政部经与中国老龄问题委员会协商，同意委托中国老龄委作为该学会的业务主管部门。现将有关问题通知如下：

一、中国老龄委作为业务主管部门负责中国老年学学会社团登记的资格审查，并负责对其工作指导和监督。

二、中国老年学学会要根据所登记的章程规定开展活动，遇有重大问题和活动要向中国老龄委和社团登记管理机关报告，外事活动应由中国老龄委按国家规定报批。

三、中国老龄委对中国老年学学会正常的活动给予支持和帮助，双方积极配合，共同促进老年事业的研究和发展。

民政部、国家计生委关于乡（镇）、城市街道计划生育协会复查登记有关问题的通知

（民社函〔1992〕11号　1992年6月3日）

各省、自治区、直辖市、计划单列市民政厅（局）、计生委：

中国计划生育协会及各地方计划生育协会是协助各级政府落实我国计划生育这一基本国策的群众性社会团体，按照《社会团体登记管理条例》规定，均应进行社会团体登记。但是，根据我国乡（镇）、城市街道计划生育协会及村、城市居民委员会计划生育协会的实际状况，经研究，决定：

一、乡（镇）、城市街道计划生育协会，可在县级计划生育协会履行登记时，由县级计划生育协会统一办理备案手续，不再另行登记。如果条件完备，本身要求作为独立社团申请登记的，其所在县（区）民政局应予以办理登记手续。

二、村、城市居民委员会计划生育协会可直接在乡（镇）、城市街道计划生育协会指导下开展活动，不须进行社团登记。

民政部、国务院侨办关于委托全国侨联对现有所属华侨类社会团体进行审查和日常管理的通知

（民社函〔1992〕162号　1992年6月3日）

中华全国归国华侨联合会：

为了更好地发挥华侨类社会团体在社会主义建设中的积极作用，经研究决定，委托你会负责对现有所属华侨类社会团体进行审查和日常管理。现将有关问题通知如下：

一、全国侨联对现有所属华侨类社会团体进行审查，并出具审查文件。

二、全国侨联对现有所属华侨类社会团体，依照《社会团体登记管理条例》的有关规定，进行业务指导和日常管理。

三、全国侨联以外的及新申请成立的华侨类社会团体，由国务院侨办负责审查或视情况商有关部门共同审查，并进行业务指导。

四、地方华侨类社会团体，由省、自治区、直辖市参照上述精神，根据本地区实际情况自行确定。

民政部关于对全国性和跨省（自治区、直辖市）性社会团体在会址以外地区设立分支机构或派出机构及其管理问题的通知

（民社发〔1992〕16号　1992年7月7日）

各省、自治区、直辖市民政厅（局），各计划单列市民政局：

随着社会团体业务活动的开展，一些全国性和跨省（自治区、直辖市）性社会团体要求在会址以外地区设分支机构，即工作委员会、专业委员会、分会和办事处、联络处等派出机构。根据《社会团体登记管理条例》的规定，现就这类组织机构的设立及其管理问题通知如下：

一、全国性和跨省（自治区、直辖市）性社会团体设立分支机构，需持业务主管部门审查同意的文件，到民政部申请备案，经民政部审查同意后，方可设置。

二、全国性和跨省（自治区、直辖市）性社会团体的办事处、联络处等派出机构的设置应遵照《关于社会团体复查登记有关问题的通知》（民社函〔1992〕71号）的规定，经过民政部批准后，持社会团体派出机构设置批准书（批准书样式见附件），到当地社团登记管理机关备案。

三、全国性和跨省（自治区、直辖市）性社会团体的分支机构和派出机构不是独立的社会团体，不具有社团法人资格，应依照总会章程规定的宗旨、任务开展有关业务活动，并由其总会承担法律责任。

四、全国性和跨省（自治区、直辖市）性社会团体在会址以外的分支机构应接受所在地的社团登记管理机关的监督管理。各级社会团体登记管理机关有权对所辖区域内的全国性和跨省（自治区、直辖市）性社会团体的分支机构和派出机构进行监督检查。

五、本通知下达前没有按程序设立的分支机构和派出机构，接此通知后应自行解散。确有必要设立的，应按本通知精神到民政部办理批准或备案手续。本通知下达后，仍不按本通知精神设立的分支机构或派出机构，社团管理机关有权命令其解散，并视情节追究其总会的责任。

附：

社会团体派出、办事机构设立批准书

（　　）民社字第　　号

____________________：

经审查同意你会在____________________设立____________________，请执本证书到当地社会团体登记管理机关办理备案手续，并接受其日常管理。

民政部

年　　月　　日

民政部关于非法人社会团体改为法人社会团体登记问题的复函

（民社函〔1992〕220号　1992年7月16日）

上海市民政局：

你局《关于非法人社会团体改为法人社会团体登记事宜的请示》〔沪民社发（1992）第10号〕收悉，现答复如下：

一、由非法人社会团体改为法人社会团体，应先办理非法人社会团体注销登记，后履行法人社会团体成立登记手续。经注销登记的非法人社会团体，其代码同时废置。

二、社会团体登记管理机关对其核准登记的法人社会团体，可根据《全国企业、事业单位和社会团体代码的编制和管理办法》的规定，在其编码区段内，赋予其法人社会团体代码。

关于立即停止"中国花卉盆景协会"一切社会活动的通知

（民社函〔1992〕218号　1992年7月16日）

中国风景园林学会：

你会原下设的"中国花卉盆景协会"在社团清理整顿中已被撤销，但近期发现该组织仍在进行社会活动，并于一九九二年六月五日擅自在湖北省江陵市召开"全国根艺委员会"成立大会。根据《社会团体登记管理条例》及有关规定，现令"中国花卉盆景协会"及其新设的分支组织"全国根艺委员会"立即停止一切活动。由你会立即收缴其所有印章交我部社团管理司，并做好善后处理工作。

民政部关于申请社会团体编制有关事项的通知

（民社函〔1992〕240号　1992年7月27日）

各全国性社会团体：

为贯彻中共中央组织部、民政部等五部委《关于全国性社会团体编制及其有关问题的暂行规定》（民社发〔1991〕8号），现就全国性社会团体申请社团编制的有关事项通知如下：

一、经民政部核准登记的全国性社会团体均可申请社团编制。

二、申请社团编制应具备以下条件：

（一）有三万元以上经费，且用于管理性活动的开支应控制在经费总支出的三分之一以内。管理活动的开支包括购置或租用办公设施及工作人员的工资、奖金、福利、社会保险等。

（二）有专职或兼职的合格财会人员。

三、社会团体可依据本团体的规模、经费、财产状况和开展活动的需要提出所需编制数额，以书面材料提出申请，经其业务主管部门或办事机构设在单位的人事部门审核同意，并在申请表上加盖公章后报民政部。书面申请应载明下列事项：

（一）申请社团编制的理由。

（二）社会团体的组织机构概况。

（三）对今后经济收入与支出增长的预测。

四、社会团体申请社团编制时，应持有银行或业务主管部门出具的资金状况证明。

五、全国性社会团体编制适用于社会团体的办事机构和专业委员会及分会。

民政部、财政部关于社会团体收取会费的通知

（民社发〔1992〕27号　1992年10月4日
自1993年7月1日起发布施行）

各省、自治区、直辖市民政、财政厅（局）：

为了使社会团体合理收取会费，并加强对会费的管理，特作如下通知：

一、在中华人民共和国境内组织的，经社团登记管理机关核准登记的各种协会、学会、研究会、联合会、联谊会、促进会、商会等社会团体，方可收取会费。

社会团体会费，是指社会团体在国家法规、政策许可的范围内，依据社会团体章程规定，收取的个人会员和团体会员的款额。社会团体收取会费，应当持取之有度，用之得当的原则。

二、社会团体收取会费的标准，应根据为会员提供服务的合理开支需要，结合会员的受益程度制定。

社会团体收取会费的标准，应由社会团体理事会或常务理事会通过，经业务主管部门审核后，报社团登记管理机关审定。

社会团体收取会费标准变更时，应按上述程序核定。

全国性社会团体收取个人会员的会费标准：普通会员年度会费不得超过十元（永久性会员除外）；全国性社会团体收取团体会员的会费标准：企业会员单位自有资金五百万元以上的，年度会费不得超过三百元；自有资金一千万元以上的，年度会费不得超过五百元；自有资金二千万元以上的，年度会费不得超过一千元；自有资金五千万元以上的，年度会费不得超过二千元。事业单位和社会团体年度会费不得超过三百元。

跨省（自治区、直辖市）性社会团体收取会费的标准，可参照全国性同类社会团体的会费标准执行。

地方性社会团体如何收取会费，可参照本通知规定，由省、自治区、直辖市民政部门会商财政部门制定具体办法。

外籍会员的会费标准，可参照国际惯例确定。

三、社会团体会费，个人会员应由个人负担，不得由所在单位支付；团体会员会费，企业应从自有资金中开支；事业单位从预算包干结余（收支结余）中开支；社会团体从自有资金中开支。

社会团体的会费，应用于围绕团体宗旨开展业务活动，支付专职工作人员的工资、福利和办公开支，不得挪作他用。

社会团体收取会费，必须使用由财政部门监制、民政部门统一印制的“社会团体会费收据”。

社会团体必须建立健全财务制度，配备专职或兼职财会人员，设立会费收支账册，加强会费收支管理，并接受财政部门的监督。社会团体如违反本通知有关规定收取会费，会员有权拒付。

四、社会团体每年应向其理事会公布会费的收支情况，并在年检时向社团登记管理机关报告，接受监督。社团登记管理机关根据工作需要，可随时检查社会团体的会费收支情况。

社会团体有下列情形之一者，属乱收会费，社团登记管理机关可分别给予罚款、没收非法所得会费、停止活动的处罚：

（一）违反本通知规定，擅自提高会费标准的；

（二）不使用本通知规定的会费票据而收取会费或涂改、转让、伪造收费票据的；

（三）未按本通知规定使用会费的；

（四）其他违反本通知规定的行为。

五、本通知自1993年7月1日起执行。

民政部关于印发全国社团管理工作会议文件的通知

（民社发〔1992〕30号　1992年10月14日）

各省、自治区、直辖市民政厅（局），各计划单列市民政局：

1992年9月16日至19日，民政部召开了全国社团管理工作会议。会上，国务委员陈俊生、民政部副部长多吉才让分别作了重要讲话，范宝俊副部长作了工作报告，现将这三个讲话印发你们，请认真贯彻执行。

全国总工会、民政部关于职工技术协会社团登记管理等有关问题的通知

（工总技字〔1993〕10号　1993年5月14日）

各省、自治区、直辖市总工会、民政厅（局）：

职工技术协作活动兴起于六十年代初，它是我国工人阶级的伟大创举。多年来，各级工会领导的

职工技术协会以经济建设为中心，开展多种形式的群众性技术活动，为发展生产力、提高职工技术素质、促进技术进步作出了重要贡献。

为了加强各级职工技术协会的组织建设和管理，保障其合法权益，进一步发挥职工技协在社会主义经济建设中的积极作用，现对职工技术协会登记管理等有关问题通知如下：

一、各级职工技术协会的登记管理机关是同级民政部门，其业务主管部门是同级工会。

二、中国职工技术协会的全国领导机构是中国职工技术协会全国委员会，地方各级职工技术协会经民政部门核准登记后，可作为团体会员加入上一级职工技术协会。

三、企事业单位、机关的职工技术协会一般不办理社团登记手续，可作为其所在地职工技术协会的分支机构统一报民政部门备案。但对于符合《社会团体登记管理条例》规定条件的，也可到社团登记管理机关办理登记手续。

四、全国的产业、专业职工技术协会到民政部办理单独登记手续；地方的产业、专业职工技术协会可单独办理社团登记手续，也可作为本地方职工技术协会的分支机构。

五、各级职工技术协会从事经营活动的合法收入，主要用于发展职工技协事业，任何单位和个人不得平调和挪用。

六、中国职工技术协会会费收取，依照民政部、财政部下发的《关于社会团体收取会费的通知》精神，由中国职工技术协会作出具体规定，报民政部备案后下发。

七、各级职工技术协会应建立健全财务制度，配备专职或兼职财会人员，设立会费收支及财务账册，加强会费收支及财务管理，接受工会和民政部门的监督和检查。

专业法学社会团体审批办法

（司法部令第25号　1993年6月22日）

第一条　为了使专业法学社会团体的审批程序规范化，促进专业法学社会团体在法制建设中的积极作用，根据《社会团体登记管理条例》，制定本办法。

第二条　成立专业法学社会团体，应向司法部提出书面申请并经司法部审查同意。

第三条　向司法部申请成立专业法学社会团体，必须提交下列材料：

（一）申请书；

（二）申请团体专业部门的审查意见；

（三）章程；

（四）负责人的姓名、年龄、住址、职业及简历；

（五）成员数额及理事会、常务理事会成员名单；

（六）机构设置情况；

（七）社会团体办公地址、电话、邮政编码；

（八）资金情况（附资信证明）。

第四条　专业法学社会团体章程应当载明下列事项：

（一）名称；

（二）宗旨；

（三）组织机构；

（四）负责人产生的程序和职权范围；

（五）资金来源及用途；

（六）章程的修改程序；

（七）社会团体的终止程序；

（八）其他必要事项。

第五条　司法部接到成立专业法学社会团体申请后，即对申请书等材料进行审查，必要时可以进行调查。对申请材料不齐备的，要求申请单位补充材料；申请材料齐备的，在三个内，以书面形式作出同意成立或者不同意成立的决定。

第六条　经司法部审查同意成立的专业法学社会团体，应当依照有关规定，持司法部同意成立文件到登记机关办理登记手续，登记机关凭司法部同意成立的文件进行登记；自收到司法部同意成立文件之日起一个月内不办理登记手续的，批准文件自行失效。

第七条　对于不同意成立的，申请单位可以向司法部申请复议，司法部的复议决定为终局决定。

第八条　社会团体的名称，应当与社会团体的业务范围、成员分布、活动地域相一致。经同意成立的全国性的专业法学社会团体，名称前可冠以“中国”、“全国”、“中华”等字样。

第九条　专业法学社会团体的变更或注销，应经司法部审查同意后，向登记管理机关申请登记。

第十条　专业法学社会团体需要改变宗旨，应当到原登记机关办理注销登记手续后，依照本办法第三条的规定，重新向司法部提出申请，司法部同意后，再到登记机关办理成立登记手续。

第十一条　专业法学社团需要改变名称、法定代表人或者办事机构地址，在向原登记管理机关办理变更登记手续后，应当向司法部备案。

第十二条　专业法学社团自行解散的，在经原登记管理机关核准后，应向司部备案。

第十三条　专业法学社团应于每年二月底前向司法部报送上一年度活动情况的总结材料。

第十四条　司法部对专业法学社会团体的活动进行监督，对专业法学社会团体有下列违法、违纪行为之一的，司法部有权批评制止；情节严重的，可撤销原批准文件：

（一）申请审批中隐瞒真实情况，弄虚作假的；

（二）进行违反章程宗旨活动的；

（三）进行违反宪法、法律活动的。

第十五条　司法部法规司具体承办专业法学社会团体的审查工作。

第十六条　本办法实施前未经司法部批准已成立的全国性专业法学社会团体，应到司法部补办备案手续。

第十七条　本办法适用成立全国性专业法学社会团体。省、自治区、直辖市成立专业法学社会团体的，需经省、自治区、直辖市司法厅（局）审查同意，到当地社团登记机关办理登记手续。具体办法可参照本办法施行。

第十八条　本办法由司法部负责解释。

第十九条　本办法自发布之日起执行。

国家技术监督局、中央机构编制委员会办公室、国家计委、国家科委、公安部、民政部、财政部、劳动部、对外贸易经济合作部、中国人民银行、国家统计局、国家税务总局、国家信息中心关于发布《企业事业单位和社会团体代码管理办法》的通知

（技监局发〔1993〕14号　1993年7月13日）

各省、自治区、直辖市（计划单列市）编委、计委、经委、科委、公安厅（局）、民政厅（局）、财政厅（局）、劳动人事厅（局）、中国人民银行分行、统计局、技术监督（标准计量、标准）局、税务局、信息中心：

为了建立社会主义市场经济体制，加强对企业事业单位和社会团体的管理，根据国务院关于建立企业事业单位和社会团体统一代码标识制度的有关规定，特制定《企业事业单位和社会团体代码管理办法》。现发给你们，请照此执行。

附：

企业事业单位和社会团体代码管理办法

第一条　为了建立社会主义市场经济体制，加强对企业事业单位和社会团体的管理，根据国务院关于建立企业事业单位和社会团体统一代码标识制度的有关规定，特制定本办法。

第二条　本办法所称企业事业单位和社会团体，指依照中华人民共和国行政法规规定，经核准登记或批准成立的下列企业事业单位和社会团体：

（一）经县级以上（含县级）企业法人登记主管机关核准登记，取得法人资格的国有企业、集体企业、联营企业，在中华人民共和国境内设立的中外合资经营企业、中外合作经营企业、外资企业、私营企业，以及依法需要办理企业法人登记的其他企业。

（二）经县级以上（含县级）机构编制主管机关批准成立（含负责管理，下同），具有法人资格的各类事业单位。

（三）经县级以上（含县级）社会团体登记管理机关核准登记，取得法人资格的社会团体。

（四）经县级以上（含县级）企业法人登记主管机关、机构编制主管机关和社会团体登记管理机关核准登记或批准成立，不具有法人资格的企业事业单位和社会团体。

第三条　本办法所称企业事业单位和社会团体代码，分法人代码和法人分支机构代码。企业事业单位和社会团体具有法人资格的，其代码是法人代码；不具有法人资格的，其代码是法人分支机构代码。

第四条　企业事业单位和社会团体代码管理工作的任务是划分代码区段，制作、分配和赋予代码，颁发代码证书，以及建立代码自动化管理系统。

第五条　国务院标准化行政主管部门负责组织协调全国企业事业单位和社会团体的代码管理工作，履行以下职责：

（一）组织制定有关的国家标准和工作规范；

（二）指导国务院有关行政主管机关和省、自治区、直辖市以及计划单列市人民政府标准化行政主管部门的代码管理工作，协调和处理有关代码管理工作问题；

（三）对标准和工作规范的实施情况进行监督检查；

（四）划分国务院以及各省、自治区、直辖市和计划单列市企业法人登记主管机关、机构编制主管机关和社会团体登记管理机关负责赋予的法人代码区段和法人分支机构代码区段；

（五）制作并分配国务院企业法人登记主管机关、机构编制主管机关和社会团体登记管理机关负责赋予的法人代码和法人分支机构代码；

（六）统一印制全国企业事业单位和社会团体代码证书；

（七）颁发经国务院企业法人登记主管机关、机构编制主管机关和社会团体登记管理机关核准登记或批准成立的企业事业单位和社会团体的代码证书，并组织协调省、自治区、直辖市和计划单列市人民政府标准化行政主管部门颁发代码证书工作；

（八）建立全国企业事业单位和社会团体代码管理数据库。

第六条 国务院企业法人登记主管机关、机构编制主管机关和社会团体登记管理机关按各自职能分别负责组织全国企业事业单位和社会团体的代码赋予工作，履行以下职责：

（一）贯彻有关的国家标准和工作规范，并制定在本系统实施的具体办法；

（二）指导省、自治区、直辖市和计划单列市企业法人登记主管机关、机构编制主管机关和社会团体登记管理机关的代码赋予工作；

（三）赋予由本机关核准登记或批准成立的企业事业单位和社会团体的代码。

第七条 省、自治区、直辖市和计划单列市人民政府标准化行政主管部门根据国务院标准化行政主管部门所授权限，负责组织协调本行政区域内企业事业单位和社会团体的代码管理工作，履行以下职责：

（一）贯彻有关的国家标准和工作规范，并组织制定本行政区域内实施的具体办法；

（二）指导本行政区域人民政府有关行政主管机关的代码管理工作，协调和处理有关代码管理工作问题；

（三）对标准和工作规范的实施情况进行监督检查；

（四）划分本行政区域各级人民政府企业法人登记主管机关、机构编制主管机关和社会团体登记管理机关负责赋予的法人代码区段和法人分支机构代码区段；

（五）制作并分配本行政区域各级人民政府企业法人登记主管机关、机构编制主管机关和社会团体登记管理机关赋予的法人代码和法人分支机构代码；

（六）颁发经省、自治区、直辖市和计划单列市企业法人登记主管机关、机构编制主管机关和社会团体登记管理机关核准登记或批准成立的企业事业单位和社会团体的代码证书；

（七）建立属本行政区域各级人民政府管辖权限范围的企业事业单位和社会团体代码管理数据库。

第八条 省、自治区、直辖市和计划单列市企业法人登记主管机关、机构编制主管机关和社会团体登记管理机关按各自职能分别负责组织属本行政区域各级人民政府管辖权限范围的企业事业单位和社会团体的代码赋予工作，履行以下职责：

（一）贯彻有关的国家标准、工作规范以及上级行政主管机关和所在行政区域人民政府的有关规定，并制定实施的具体办法；

（二）指导市、县企业法人登记主管机关、机构编制主管机关或社会团体登记管理机关的代码赋予工作；

（三）赋予由本机关核准登记或批准成立的企业事业单位和社会团体的代码。

第九条 市、县人民政府标准化行政主管部门根据省、自治区、直辖市和计划单列市人民政府标准化行政主管部门所授权限，负责属本行政区域人民政府管辖权限范围的企业事业单位和社会团体的代码证书颁发、管理以及建立代码数据库工作。

第十条 市、县企业法人登记主管机关、机构编制主管机关和社会团体登记管理机关按各自职能分别负责由本机关核准登记或批准成立的企业事业单位和社会团体的代码赋予工作。

第十一条 各级企业法人登记主管机关、机构编制主管机关和社会团体登记管理机关应当根据本机关核准登记或批准成立的企业事业单位和社会团体的实际数量，向分配代码的标准化行政主管机关提出分配代码的申请。

第十二条 分配代码的标准化行政主管部门，应当根据企业法人登记主管机关、机构编制主管机关和社会团体登记管理机关报送的企业事业单位和社会团体实际数量，再附加一定比例的备用余量划分代码区段，并按照中华人民共和国国家标准 GB11714《全国企业事业单位和社会团体代码编制规则》的规定，组织完成该区段代码的制作工作。

第十三条 省、自治区、直辖市和计划单列市人民政府标准化行政主管部门应当在每年一季度以前将本部门上一年度划分的代码区段报国务院标准化行政主管部门备案。

第十四条 各级企业法人登记主管机关、机构编制主管机关和社会团体登记管理机关应当在分配给本机关的代码全部赋予完毕之前，向分配代码的标准化行政主管部门提出追加分配代码的申请。

申请办法按照本办法第十一条的规定执行。

第十五条 各级企业法人登记主管机关、机构编制主管机关和社会团体登记管理机关未经分配代码的标准化行政主管部门同意，不得擅自变更代码区段范围。

第十六条 各级企业法人登记主管机关、机构编制主管机关和社会团体登记管理机关应当按照分配代码的标准化行政主管部门分配的法人代码和法人分支机构代码，向本机关核准登记或批准成立的企业事业单位或社会团体赋予法人代码或法人分支机构代码。代码的赋予顺序，按所分配代码数值（不含校验码数值）从小到大次序。

第十七条 各级企业法人登记主管机关、机构编制主管机关和社会团体登记管理机关应当按有关规定，分别将所赋予的代码标注在有关登记证书或批准文件的明显位置。

第十八条 经注销（撤销）的企业事业单位和社会团体，各级企业法人登记主管机关、机构编制主管机关或社会团体登记管理机关应当废置其代码。代码一经废置，不得重新赋予其他企业事业单位和社会团体。

第十九条 企业事业单位和社会团体应当在企业法人登记主管机关、机构编制主管机关和社会团体登记管理机关核准登记或批准成立 30 日内，到同级标准化行政主管部门办理申领代码证书手续。

第二十条 办理申领代码证书的企业事业单位和社会团体应当向标准化行政主管部门提交有关登记证书和批准文件，并按规定填写《企业事业单位和社会团体代码申报表》。

第二十一条 标准化行政主管部门应当依据企业事业单位和社会团体提交的有关登记证书或批准文件，对企业事业单位和社会团体填写的代码申报表内容进行审查，经核准后退还所提交的登记证书或批准文件，并分别颁发以下代码证书：

（一）对具备法人资格的企业，颁发《中华人民共和国企业法人代码证书》；

（二）对不具备法人资格的企业，颁发《中华人民共和国企业代码证书》；

（三）对具备法人资格的事业单位，颁发《中华人民共和国事业法人代码证书》；

（四）对不具备法人资格的事业单位，颁发《中华人民共和国事业单位代码证书》；

（五）对具备法人资格的社会团体，颁发《中华人民共和国社团法人代码证书》；

（六）对不具备法人资格的社会团体，颁发《中华人民共和国社会团体代码证书》。

第二十二条 《中华人民共和国企业法人代码证书》、《中华人民共和国企业代码证书》、《中华人民共和国事业法人代码证书》、《中华人民共和国事业单位代码证书》、《中华人民共和国社团法人代码证书》、《中华人民共和国社会团体代码证书》分为正本和副本，具有同样法律效力。标准化行政主管部门根据企业事业单位和社会团体的申请，可以颁发代码证书副本若干份。

第二十三条 企业事业单位和社会团体应当在企业法人登记主管机关、机构编制主管机关和社会团体登记管理机关核准变更、注销登记或批准变更、撤销后30日内，到颁发代码证书的标准化行政主管部门办理换领或注销代码证书手续。

第二十四条 办理换领或注销代码证书手续的企业事业单位和社会团体，应当向标准化行政主管部门提交有关登记证书或批准文件，并按规定填写《企业事业单位和社会团体代码变更申报表》或《企业事业单位和社会团体代码注销申报表》，经标准化行政主管部门审查核准后，换发或收缴代码证书。

第二十五条 《企业事业单位和社会团体代码申报表》、《企业事业单位和社会团体代码变更申报表》和《企业事业单位和社会团体代码注销申报表》格式，由国务院标准化行政主管部门制定。

第二十六条 代码证书自颁发之日起4年内有效。企业事业单位和社会团体应当在有效期满后三十日内，持代码证书的正本和副本到颁发证书的标准化行政主管机关办理换证手续。

第二十七条 代码证书是企业事业单位和社会团体获得在全国范围内唯一的、始终不变的法定代码的凭证。任何组织或个人不得伪造、涂改、转让和出借代码证书。对有上述违法行为的组织或个人，由颁发代码证书的标准化行政主管部门责令限期改进，并可通报批评；有关行政主管部门可依据职权给予责任者行政处分。

第二十八条 企业事业单位和社会团体代码是强制应用的代码。代码应用的范围和具体办法，由国务院标准化行政主管部门会同国务院计划、经贸、公安、财政、劳动、金融、统计、税务等行政主管部门另行制定。

第二十九条 本办法由全国组织机构代码管理中心负责解释。

第三十条 本办法自颁布之日起实施。凡与本办法相违背的规定即行废止。

民政部、公安部令

（第1号）

各省、自治区、直辖市民政厅（局）、公安厅（局），各计划单列市民政局、公安局：

现颁布《社会团体印章管理规定》，此规定自发布之日起施行。

中华人民共和国民政部部长：多吉才让

中华人民共和国公安部部长：陶驷驹

一九九三年十月十八日

附：

社会团体印章管理规定

为了保障社会团体的合法权益，加强对社会团体印章的管理，根据《社会团体登记管理条例》和《国务院关于国家行政机关和企业、事业单位印章的规定》（国发〔1993〕21 号），现对社会团体印章的规格、制发和管理办法规定如下：

一、印章的规格、式样和制发

（一）社会团体的印章为圆形。

（二）全国性社会团体的印章，直径 4.5 厘米，中央刊五角星，五角星外刊社会团体的名称，自左而右环行，由社团登记管理机关出具证明，经该社团总部所在地的公安机关办理准刻手续后，由社团登记管理机关制发。

（三）地方性社会团体的印章，直径 4.2 厘米，中央刊五角星，五角星外刊社会团体名称，自左而右环行。由地方社团登记管理机关出具证明，经该社团总部所在地的公安机关办理准刻手续后，由地方社团登记管理机关制发。

（四）社会团体的办事机构和分支机构印章的尺寸式样及制发与其总部印章相同。

社会团体办事机构和分支机构印章名称前应冠其总部名称，前段自左而右环行，后段可以自左而右横行。

（五）社会团体主办的具有法人资格的实体单位按其登记注册或批准的名称刻制印章。

二、印章的名称、文字、字体和质料

（一）印章所刊名称，应为社会团体的法定名称。印章所刊名称字数过多，不易刻印清晰时，可以适当采用通用的简称。

（二）民族自治地方社会团体的印章，应当并列刊汉文和当地通用的民族文字。

（三）有国际交往的社会团体印章，需标有英文名称的，应当并列刊汉文和英文。

（四）印章印文中的汉字，使用宋体字并应用国务院公布实行的简化字。

（五）印章质料，由制发机关自定。

三、专用印章的制发

（一）钢印直径最大不得超过 4.2 厘米，最小不得小于 3.5 厘米，中央刊五角星，五角星外刊社会团体名称，自左而右环行，经社团登记管理机关和公安机关批准后刻制。

（二）其他专用章，在名称、式样上应与正式印章有所区别，经社团登记管理机关和公安机关批准后刻制。

四、印章的管理和缴销

（一）社会团体的印章经社团登记管理机关和有关业务主管部门备案后，方可启用。

（二）对社会团体非法刻制印章的，由公安机关视其情节轻重，对其直接责任者予以 500 元以下罚款或警告；造成严重后果的，对其主管负责人或直接责任人追究法律责任。

（三）社会团体应建立健全印章管理制度，印章应有专人保管，对于违反规定使用印章造成严重后果的追究保管人和责任人的行政或法律责任。

（四）社会团体变更需要更换印章时，应到社团登记管理机关交回原印章，重新提出申请，经核准后，刻制新的印章。

（五）社会团体办理注销登记，应将全部印章交回社团登记管理机关封存。

（六）社会团体被撤销，由社团登记管理机关收缴其印章。

（七）社会团体印章丢失，经声明作废后，可按本规定程序申请重新刻制。

（八）对于收缴和社会团体交回的印章，由社团登记管理机关登记造册，定期销毁，并将销毁印章的名册送公安机关备案。

五、本规定自发布之日起施行

1991 年 1 月 12 日发布的《社会团体印章管理的暂行规定》同时废止。

机械工业部关于加强机械工业行业协会建设的意见

（机械工业部〔1993〕562 号　1993 年 10 月 23 日）

行业协会是由同行业企事业单位依法自愿组成的、不以营利为目的的社会团体。它以协调同业关系、维护成员共同利益、贯彻执行国家的法律、法规和有关政策、协助政府进行行业管理、促进行业发展为宗旨。几年来，机械工业行业协会在协助政府进行行业管理、促进行业发展，为企业服务等方面作了大量的工作，发挥了积极的作用。在这次部机关机构改革、职能转变中，要进一步加强行业协会的建设，明确行业协会的任务，充实行业协会的力量，并加强对行业协会工作的指导、协调和管理，更好地发挥行业协会在行业管理中的作用，为振兴机械工业服务。

一、行业协会的任务

行业协会在政府和企事业单位之间起着“桥梁”和“纽带”作用。随着政府职能的转变，行业协会今后要承担更多的行业管理的前期工作，除各协会章程规定的任务外，部委托行业协会承担以下十五项任务。

（一）开展对全行业情况的调查、搜集和整理，研究行业发展的方向和目标，为政府部门制定行业发展规划、技术发展政策等进行前期研究并提供建议。

（二）协助政府部门组织起草、修订本行业的国家标准和行业标准，组织制定、修订本行业的推荐性标准，并推进标准的贯彻实施。

（三）对本行业发展的有关技术经济政策和法制的制定提出建议，维护会员单位的合法权益，向政府有关部门反映行业的意见和要求。

（四）组织本行业技术和经济信息网络，对企业的技术经济指标及发展情况进行搜集、分析、研究，并进行交流；搜集整理国内外有关技术经济信息资料，及时了解有关产品的国内外市场动态、科技和经济发展的趋势，进行市场预测，为政府和企业决策提供信息服务。

（五）协助政府疏通行业内外的各种关系，促进企业结构的合理调整。

（六）开展本行业价格、税收、资金信贷等情况的调查研究，为政府部门提供政策调整的建议。收集、整理、分析、发布行业价格、税收信息，组织行业内投标、出口价格的协调工作。

（七）开展技术咨询，组织技术交流、合作研究与开发，推广科技成果，推动本行业的技术进步。

（八）推动与国外同行业开展技术经济等方面的合作交流活动。掌握本行业的出口资源状况，开展本行业的出口协调工作，统一会员企业的出口立场，总结交流出口工作经验，增强本行业的产品在国际市场的竞争力。

（九）收集和反馈本行业产品质量信息，协助政府搞好本行业的质量管理工作，对企业产品质量进行诊断和咨询。

（十）总结交流企业改革、企业管理的经验，开展企业管理咨询，推进企业现代化管理。

（十一）对本行业的环保、安全生产、增收节支、节能降耗等工作开展咨询服务，组织经验交流，为企业提高经济效益服务。

（十二）组织举办本行业全国性展览会和国际博览会。配合有关单位举办出国展览和来华展览，为企业开拓市场提供服务。

（十三）根据行业发展的需要，组织行业职工培训、人才交流，对行业职工队伍素质、劳动管理、分配制度等进行调查研究，提出劳动工资制度改革和加强职工队伍建设方面的建议。

（十四）组织订立行业规章、并监督遵守。

（十五）承办政府部门委托行业协会办理的其他事项。

二、充实行业协会的力量

行业协会今后要承担更多的任务，发挥更大的作用。协会现有工作人员，多数是离退休同志，年龄老化，不适应协会发展的需要。在这次机构改革中，要挑选一批熟悉行业，素质好的机关工作人员到行业协会去工作，以充实行业协会的力量。拟先由各协会提出用人计划，采取双向选择、由部人劳司统筹考虑的办法，向协会输送人才并给予必要的政策支持。

（一）到协会去的一部分机关工作人员（男58岁、女53岁以上者）实行“三带一保”政策，即带工资、带医疗、带住房、保退休。

（二）到协会去的一部分机关工作人员（男58岁、女53岁以下者），按每人每年两万元拨给经费，两年后由协会自理。

（三）到协会去的机关工作人员由部投医疗、养老保险。

（四）凡一九九三年六月三十日在册的机关工作人员，享有部在建住房的分配权。

三、为行业协会提供必要的工作条件

（一）部召开的综合性会议及专业性会议，需要行业协会了解、贯彻的，由办公厅和有关司负责通知。

（二）部综合性工作文件及专业性工作文件，需要行业协会了解、贯彻的，由办公厅和有关司列入发文户头。

（三）在这次办公用房调整中，由部行政司统筹考虑解决行业协会的一部分办公用房。

四、支持并鼓励行业协会兴办经济实体

行业协会兴办经济实体，主要通过提供技术经济信息，进行市场预测，举办展览，组织推广先进技术和管理经验，提供专项咨询等形式为会员单位进行有偿服务，按规定收取合理的服务费，既增强协会的凝聚力，又能补充行业协会经费的不足。

五、加强对行业协会的指导和管理

根据部职能转变的要求，今后行业协会的各项业务工作，分别由部有关司进行业务指导。如发展战略和规划、发展政策等方面的工作由部行业发展司进行业务指导；价格、税收、资金信贷等方面的工作由经济调节与国有资产监督司负责业务指导；信息统计方面的工作由部生产与信息统计司负责业务指导。协会的综合性管理工作，如协会的发展政策、组织建设、工作交流、新组建社团的审查、申报工作等由政策法规体改司归口负责。

部有关司局要在方针和业务工作上加强对行业协会的指导。要明确委托给行业协会的具体工作任务，并将其纳入到有关业务指导部门的工作日程；要经常把有关会议、文件精神及时传达给协会；要与归口指导的协会建立正常的工作联系制度；要研究和解决有关行业协会发展中的政策性问题；要充分尊重行业协会的自主权，并对其依法进行管理。

行业协会要紧紧围绕部的中心工作开展协会活动，积极承担部委托的有关工作；要经常地、主动地向部有关部门汇报、反映情况，并提供建议，当好政府部门行业管理的助手。要通过信息传递、组织对话、协调协作、双边合作等形式在政府和会员之间、企事业单位之间发挥“桥梁”和“纽带”作用。要及时为会员单位提供国内外技术、经济、产品、市场等方面信息，为企业经营决策、开拓两个市场服务；要积极反映、解决会员单位的实际困难，真心诚意、扎扎实实地为会员多办事、办实事，以优质服务赢得会员的支持和信赖，为振兴机械工业发挥更大的作用。

六、组建部社团组织联络中心

为加强社团组织间的工作交流、联络，指导社团的组织建设，承办协会常设办事机构的共性管理事务、公益事务及部分后勤服务工作，组建部社团组织联络中心。该中心为部属事业单位，列事业编制 10 人，由政策法规体改司归口管理。

此外，关于管理性社团的问题。对现有管理性社团，下一步准备进行必要的组织调整，具体方案另议。本意见二、三、四项的内容适用于管理性社团。

民政部关于开展全国性社会团体年度检查工作的通知

（民社函〔1994〕8 号　1994 年 1 月 5 日）

根据《社会团体登记管理条例》的规定，民政部现将 1994 年全国性社会团体年检工作通知如下：

一、凡经民政部核准登记的全国性社会团体，于 1994 年 2 月 21 日至 3 月 31 日到民政部领取年检报告书，并接受年检。

二、办公场所设在外省、市的全国性社会团体和跨省、市、自治区社会团体，参加民政部委托的省、市、自治区民政部门的年检。

三、逾期未参加年检的全国性社会团体和跨省、市、自治区的社会团体，将由社团登记管理机关依据《社会团体登记管理条例》的规定和年检要求作出处理。

特此通告。

民政部关于进行全国性社会团体收取会费标准审定工作的通知

（民社函〔1994〕23号　1994年1月19日）

各全国性社会团体：

根据民政部、财政部关于社会团体收取会费的通知（民社发〔1992〕27号）精神，我部现已开始进行全国性社会团体会费标准的审定和会费收据的发售工作。请各社会团体接到本通知后，前来民政部社团管理司办理社团收取会费许可证等有关事宜。

依据新的企业财务制度的规定，企业自有资金的概念已经取消，故各社会团体的企业会员的年度会费标准，可根据企业规模或产值等因素分别划定，幅度在300～2000元之间。同时，根据财政部关于《国有企业执行企业财务制度有关问题的解答》（〔93〕财工字376号）精神，企业交纳会费可以在企业管理费用中列支。

特此通知。

民政部关于做好社会团体监督管理工作有关问题的通知

（民社函〔1994〕74号　1994年3月29日）

各省、自治区、直辖市民政厅（局），各计划单列市民政局：

自1989年《社会团体登记管理条例》（以下简称《条例》）颁布实施以来，经过各级民政部门的共同努力，全国社团管理工作已初步纳入法制化、规范化的轨道。但目前社会上仍有个别人无视国家的法律、法规，不经登记擅自以社团名义进行活动，甚至从事违法活动，在社会上造成不良影响。为了进一步做好社团监督管理工作，保护社团的合法权益，维护社会的稳定，现就做好社团监督管理工作的有关问题通知如下：

一、根据《条例》第二条“社会团体经核准登记后，方可进行活动”的规定，各级民政部门应加强对社团的监督管理，进一步开展对社团法规和政策的宣传，提高社团持证活动的法律意识。

二、各级民政部门一经发现未经登记而擅自以社团名义开展活动的组织，应立即通知其停止活动，并进行批评教育。对于符合社团登记条件的，应按《条例》规定办理登记手续；对于既不具备社团条件又不听劝阻，继续以社团名义进行活动的组织，有管辖权的民政部门应命令其解散。同时要收缴其印章，在相应的报纸上予以公告，并监督其做好善后事宜。

三、对于冠以“中国”、“中华”、“全国”名义未经登记而活动的组织，各地民政部门一经发现，应立即报告民政部。民政部根据情况委托当地民政部门或组成联合调查组调查核实，并视其情节依法处理。

四、各级民政部门在实施社团监督管理过程中，要严格遵循《条例》规定。查处社团案件要确定专人承办，要取得业务主管部门配合，做到事实清楚、证据确凿、运用法律准确。遇有疑难案件或政策界线不清时，要慎重对待，及时请示上一级民政部门，不要急于做出处罚结论。

五、各级民政部门要组织工作人员进一步学习社团管理的有关法律知识，加强社团监督管理工作的理论研究，增强自身的政治素质和业务素质，提高执法水平，减少工作失误。

国务院办公厅关于部门领导同志不兼任社会团体领导职务问题的通知

（国办发〔1994〕59号　1994年4月13日）

国务院各部委、各直属机构：

社会团体是民间性质的社会组织。全国性社会团体一经民政部登记注册，便具有独立法人地位。目前，部门领导同志兼任全国性社会团体领导职务的数量较多，且呈增加趋势。为了贯彻政（政府）社（社会团体）分开的原则，加快政府职能的转变，更好地发挥社会团体的独立作用，同时，为有利于各部门领导同志集中精力做好所担负的行政领导工作，经国务院批准，现就部门领导同志不兼任社会团体领导职务问题通知如下：

一、国务院各部委、各办事机构、各直属机构的领导同志今后不再兼任社会团体领导职务，已兼任社会团体领导职务的，要依照该社会团体章程规定程序，辞去所兼职务。特殊情况确有需兼任的，要报经国务院批准。

二、根据《社会团体登记管理条例》的规定，社会团体登记管理机关和业务主管部门要加强对社会团体的日常管理和业务指导，使之健康发展。

本通知内容由民政部负责解释。

民政部关于对《国务院办公厅关于部门领导同志不兼任社会团体领导职务问题的通知》有关内容解释的通知

（民社函〔1994〕127号　1994年5月27日）

国务院各部委、直属机构、办事机构：

1994年4月13日国务院办公厅发出了《国务院办公厅关于部门领导同志不兼任社会团体领导职务问题的通知》（国办发〔1994〕59号）之后，各部门、各地方不断询问，现将有关内容作如下解释：

一、国务院各部委、各办事机构、各直属机构的领导同志是指上述部门现任的正副部长、正副主任、正副行长、正副署长、正副局长。

二、社会团体的领导职务是指社团的正副理事长（会长）、秘书长。

三、部门领导人因特殊情况确需兼任社会团体领导职务的，由部门直接向国务院写出专题报告，并附上该领导人的简历。

四、部门领导人现已担任社会团体领导职务的，应于《通知》发出一年内退出，由社会团体到民政部办理备案或变更登记手续。

五、各地方政府可参照《通知》精神，根据本地实际情况，自行决定。

民政部关于基层工会登记问题的复函

（民社函〔1994〕229号　1994年9月29日）

陕西省民政厅：

你厅《关于基层工会要求取得社团法人资格的请示》（陕民社发〔1994〕160号）收悉。经研究并向全国人大法律委员会请示，现答复如下：

一、全国人大法律委员会办公室就天津市人大起草的《工会法实施办法》中的有关问题给天津市人大常委会秘书局作了答复："《工会法》第十四条规定，基层工会组织具备民法通则规定的法人条件的，依法取得社会团体法人资格。《工会法实施办法》第九条第二款规定：基层工会组织具备《中华人民共和国民法通则》规定的法人条件的，自批准成立之日起具有社会团体法人资格。"这一规定，与《工会法》关于基层工会组织的社会团体法人资格应依法取得的规定不一致。

二、全国人大法律委员会、民政部、全国总工会正在协商基层工会组织依法取得法人资格登记的有关事宜。

三、为了有利于基层工会法人资格的确定，有利于社会团体的健康发展，望接到此文后，转告有关方面，暂停对基层工会的登记和颁证工作。

民政部关于全国性社会团体委托管理有关问题的通知

（民社发〔1994〕29 号　1994 年 10 月 10 日）

各省、自治区、直辖市、计划单列市民政厅（局）：

根据《社会团体登记管理条例》第八条关于“登记管理机关与其核准登记的社会团体的办事机构不在同一行政区域的，可以委托该社会团体办事机构所在地的登记管理机关负责日常管理”的规定，为进一步明确委托管理的责任和权限，现将有关问题通知如下：

一、凡办公地点设在北京以外的全国性和跨省、自治区、直辖市的社会团体及其办事机构、分支机构，一般可由民政部委托该社团所在地的省、自治区、直辖市民政厅（局）进行管理。二、如所委托管理的社团办公地点与民政部委托的社团管理机关不在同一行政区域的，省、自治区、直辖市民政厅（局）可逐级再行委托，并报民政部备案。

三、凡属委托管理的社会团体，在民政部登记注册后的 30 日内，由民政部向所委托的管理机关（下称委托管理机关）出具《中华人民共和国社会团体管理委托书》（下称“委托书”），并发送社团档案材料。委托管理机关从接到“委托书”和档案材料之日起，即应对所委托管理的社团进行管理。

委托管理机关应将“委托书”及档案材料回执，及时返送民政部。

四、委托管理机关要将所委托管理的社团纳入当地社团日常管理范围，统一进行管理。

五、委托管理机关负责所委托管理社团的年度检查，并在年检结束后 30 日内将年检结果报送民政部。

对无故不接受年检或在年检中发现有严重问题的社团，委托管理机关应及时提出意见，报民政部处理。

六、所委托管理的社团的印章，由民政部负责制发；或由民政部开具《社会团体刻制印章证明书》，由社团到当地公安部门刻制，并到民政部和委托管理机关备案。

七、所委托管理的社团或其分支机构，需要开立账户的，须持社团登记证及民政部开具的《社会团体开立银行账户证明书》，到当地银行开立账户。

八、所委托管理的社团的收取会费标准，统一由民政部根据有关文件精神审定，并由民政部办理《全国性社会团体收取会费许可证》和《全国性社会团体会费收据购领证》。所委托管理的社团持“购领证”可到民政部购领《全国性社会团体会费统一收据》，也可到委托管理机关购领会费收据。

九、委托管理机关应监督所委托管理的社团在变更名称、会址、法定代表人、负责人或办事机构、分支机构时，及时到民政部办理变更手续或备案。

所委托管理的社团如自行解散，委托管理机关应监督其向民政部办理注销手续。

十、委托管理机关应依法保护所委托管理的社团的合法权益，并监督其遵守国家法律、法规。如所委托管理的社团有违法、违纪行为，应及时进行调查、核实，报民政部处理。

各委托管理机关要认真履行职责，并经常与民政部沟通情况，密切配合，共同做好社会团体的管理工作，以保证社会团体的有序运行和健康发展。

民政部、财政部、对外贸易经济合作部
关于进出口商会收取会费标准问题的通知

（民社函〔1994〕274号　1994年11月10日）

各进出口商会：

根据《国务院关于改革进出口商会工作的批复》的有关精神和进出口商会的实际情况，为更好地发挥进出口商会在我国外贸经营活动中的协调指导和咨询服务作用，现对进出口商会的会费标准作如下规定：

每个会员单位的年度会费标准最低为四千元，最高不超过三万五千元。

各进出口商会应根据会员单位的实际承受能力确定具体的会费标准。收取会费的审定程序仍按民政部、财政部《关于进行全国性社会团体收取会费标准审定工作的通知》（民社函〔1994〕23号）精神办理。

农业部、中国科协关于
加强对农民专业协会指导和扶持工作的通知

（〔1994〕农〔经〕字第1号　1994年1月3日）

各省、自治区、直辖市农（牧、渔）业厅（局）、农（经）委，党委农工部，科协：

为了贯彻落实中共中央十四届三中全会和中央农村工作会议精神，促进农民专业协会进一步发展，现就有关问题通知如下：

一、充分认识农民专业协会在深化农村改革和发展市场经济中的地位和作用

随着农村改革的深化和市场经济的发展，部分农民自发组织起来，解决单家独户无法克服的困难，一批农民专业协会（包括专业技术协会、研究会等，以下统称专业农协）应运而生。到1992年底，全国已有各类专业农协140多万个（其中农村专业技术协会、研究会13万个），遍及农村经济各个领域。专业农协是由农民自愿、自发组织起来，以增加成员的收入为目的，在农户经营基础上，实行资金、技术、生产、供销等互助合作的民办技术经济合作组织。

专业农协的产生与发展，有效地满足了农户致富的需要，增强了市场竞争能力。它是联系农户走向市场的纽带；是连接农户与科研、教学、技术推广单位的桥梁；是农业社会化服务体系的一支新生力量，已经成为“高产、优质、高效”农业的一种新的组织载体。实践证明，发展专业农协，有利于科学技术尽快转化为现实生产力，有利于农村产业结构的调整，有利于较快地提高农民收入，对农户发展经济和政府培育市场都有巨大的推动力。特别是那些产供销一体化、贸工农一条龙的专业农协，开辟了农业从家庭经营通往专业化、商品化、社会化的有效途径。在农村经济体制改革和市场经济进程中，专业农协发挥着越来越重要的作用。

从总体上看，专业农协的发展还处于初始阶段，还存在不少困难和问题，如政策支持不够、经济扶持不力、组织管理不够健全、地区间发展不平衡等，亟需各级政府加强指导和扶持。

二、按照发展社会主义市场经济的客观需要，正确引导专业农协稳步发展

专业农协是市场经济条件下的产物，它的发展也必然要符合市场经济的客观需要。根据各地发展专业农协的经验，在实际工作中要注意把握以下几点：

（一）坚持“民办、民管、民受益”的原则

建立和发展专业农协要尊重农民的意愿，入会自愿、退会自由，把专业农协真正办成农民自己的合作组织。

要逐步建立健全内部管理制度，尊重会员的民主权利，搞好民主监督，理清财产关系，加强财务管理。

要坚持为农业、农村和农民服务的方向，把工作重点切实放在为会员搞好服务上。通过多样化的服务内容和服务方式，真正给农民带来实际效益，使其与农户逐步结成经济利益共同体。

（二）坚持以多种形式兴办和发展专业农协

发展专业农协要采取多种形式。根据各地情况，在合作内容上，可以发展技术交流型协会，主要从事技术推广、良种供应、科技信息咨询等服务活动；可以发展生产经营服务型协会，为农户提供产前、产中、产后服务；也可以发展技术经济实体型协会，兴办实体，增强实力，搞好项目开发、农副产品加工销售等活动。在发起方式上，可以是能人带头，也可以是科技人员领办。在活动范围上，可以是本社区的，也可以是跨社区的。各种专业农协还可以根据实际需要开展形式多样的协作与联合。可以组成跨地区的行业协会，也可以组成其他形式的联合会。

（三）尊重专业农协的经营自主权，处理好与其他组织的关系

国家经济科学技术部门、乡村集体经济组织和专业农协，都是农村社会化服务体系的组成部分，要注意发挥各自的优势，搞好分工协作，共同为农户发展生产提供服务。

任何单位、任何个人都不得平调专业农协及其会员的财产，不能给专业农协下达创利指标。未经会员代表大会同意，不得强行向专业农协安排人员，也不得以管理和登记等名义，向专业农协乱收费、乱集资、乱摊派，加重他们的负担。

（四）坚持因地制宜，分类指导

各地条件差异很大，不同行业的专业农协具有不同的功能和组织特点，因此，在发展模式上不能一刀切，更不能一轰而起，对外地的经验也不能照搬照抄，必须从农民的实际需要出发，坚持因地制宜，搞好分类指导。

（五）要上下配合、多方协作，为专业农协发展创造一个良好的外部环境

专业农协是一个新生事物。发展专业农协要上下配合，多方协作。过去一个时期，各级科委、科协、工商、税务、供销、物资和农业部门，特别是科协系统为专业农协的顺利发展做了大量的工作，取得了很大成绩。今后各部门要继续搞好协作，为专业农协的发展提供服务。

各级农业部门作为专业农协的行政主管部门，要对专业农协的发展规划、法规政策及组织建设加强宏观指导。各级科协要继续抓好农村专业技术协会（研究会）的组织建设，不断提高其技术和管理水平。农业部门和科协部门要密切配合，在当地党政部门领导下，主动与银行、工商和税务等部门取得联系，争取它们的支持，共同为专业农协的进一步发展创造良好的外部环境。

三、近期的几项工作

党的十四届三中全会确定了我国建立社会主义市场经济体制的总体规划，为专业农协的蓬勃发展创造了有利条件。当前要抓住这个机遇，做好以下工作：

（一）开展调查研究，摸清底数。

各级农业部门、科协要密切配合，深入调查研究，摸清本地区专业农协的主要类型、数量及组织状况，并注意研究新情况、新问题。为进一步立法、制订政策和扶持措施做好准备。

（二）总结经验，开展试点、示范。

各地可以根据当地实际，选择一些农民有积极性，农业技术力量比较强，工作基础较好的地方开展试点工作，总结成功经验，做好宣传和交流，通过试点、示范，引导和扶持各种专业农协稳步发展。

（三）开展培训工作，提高管理人员素质。

各地要根据专业农协发展的实际需要，组织多种形式的培训，逐步提高管理人员素质。

（四）开展对专业农协的综合服务。

各地要注意帮助专业农协建立健全章程、制度，搞好内部管理。同时，要对专业农协提供市场、科技信息等多项服务，促进其不断发展壮大。

指导和扶持专业农协的发展，是一项新的农村工作，要紧紧依靠地方政府用新的思路开拓工作。望各地接此通知后，迅速确定具体管理此项工作的职能部门，并将落实本通知的情况报农业部合作经济指导司和中国科协普及部。

建设部社会团体管理办法

（建人〔1994〕701号）

第一条 为保障公民、法人的结社自由，保障建设系统社会团体（以下简称建设社团）的合法权益，加强对建设社团的管理，促进其健康发展，发挥社会团体在建设事业中的积极作用，根据《社会团体登记管理条例》，并结合建设社团具体情况，制定本办法。

第二条 建设社团是指依法成立的与建设事业相关的全国性学会、研究会、协会、联合会、联谊会、促进会、基金会等组织。

第三条 建设社团必须遵守宪法和法律、法规，坚持四项基本原则，围绕经济建设，协助政府管理部门工作，沟通会员与政府管理部门、企事业单位之间的信息，协调行业内外的关系，促进建设事业的发展。

第四条 社团的活动不得损害国家利益、社会利益、集体利益和公民的合法权益。

第五条 建设社团的业务活动受建设部的指导。其资格审查等具体管理工作由建设部公司社团管理办公室负责。

第六条 凡申请成立与建设业务相关的全国性社会团体，均应依照本办法的规定由社团筹备组织向建设部提出资格审查申请。

第七条 申请资格审查，应当提交下列材料（一式三份）：

（一）社团筹备组织负责人签署的登记申请书；
（二）社会团体章程；
（三）机构设置及工作职责；
（四）筹备组织负责人组成及其个人简历；
（五）社团常设办事机构的地址、电话、联系人及房产使用证明；
（六）社团筹备工作简况；
（七）成员数额；
（八）有关企事业单位、个人的发起倡议书。

第八条 社会团体的章程应按照《社会团体登记管理条例》的规定，载明必要的事项。

第九条 建设社团的名称，应与其业务范围、成员分布、活动地域相一致，非全国性社团的名称不得冠以“中国”、“全国”、“中华”等字样。

第十条 资格审查机关在确认社团具备成立条件后，应出具资格审查意见。

第十一条 建设社团的成立，凡涉及征求有关部门意见的，由建设部发函办理。

第十二条 社团可根据工作需要设立若干精干办事机构，其成立、调整、撤销需经部公司社团管理办公室批准。

第十三条 建设部公司社团管理办公室负责建设社团的日常管理工作，部有关司局负责进行业务指导和监督。

第十四条 建设部公司社团管理办公室配合民政部对建设社团行使下列监督管理职责：
（一）监督社会团体遵守宪法和法律；
（二）监督社会团体依照《社会团体登记管理条例》的规定，履行登记手续；
（三）监督社会团体依照登记的章程进行活动；
（四）按规定进行年检的审核。

第十五条 挂靠建设部的社会团体办事机构和分支机构，应经建设部公司社团管理办公室审查批复后，报民政部备案。

第十六条 社团的专业委员会或分会设立时，应由各社团按单一方式进行，避免交叉。设立专业委员会时，应提交下列材料：
（一）社会团体拟设立专业委员会或分会的申请书；
（二）专业委员会或分会的工作办法；
（三）筹备工作情况，包括依托地点、会员情况等。

第十七条 各社会团体的会员应是单个法人或自然人。

第十八条 会费的收取应符合国家规定。

第十九条 挂靠建设部的社会团体的换届选举，应事先将议程、提案等有关事项报建设部公司社团管理办公室审核。

第二十条 挂靠建设部社会团体的变更或者注销，应经建设部公司社团管理办公室审查同意后，方可向民政部申请变更或注销。

第二十一条 本办法由建设部公司社团管理办公室负责解释。

建设部关于加强社会团体建设的意见

（建人〔1994〕718 号　1994 年 11 月 30 日）

一、社会团体发展的指导思想

建设系统社会团体（以下简称建设社团）的建立和发展要适应社会主义市场经济体制建立的要求，要与建设事业的发展相协调。建设社团要依照学科分类和行业分类为主的原则组建，避免业务交叉，其组建条件要符合国家有关法律、法规的规定。

建设社团要努力为会员服务，为全行业服务，充分发挥“桥梁”、“纽带”作用，当好政府的参谋和助手。行业协会要团结同业企事业单位，做好“双向服务”，促进行业进步，不断研究、探索建设事业改革的有效途径。学术组织要积极开展学术研讨，加强建设科技、教育等方面的研究，努力促进科技成果转化为生产力，并广泛开展国内外学术、科技的交流。其他类型组织要按其宗旨，认真开展业务，切实为建设事业的发展服务。

社团要加强自身建设，明确职责，完善机构，逐步充实力量。要健全约束和监督机制，使社团的发展进入良性循环。

行政主管部门要充分发挥社团的作用，特别在制定行政政策、培育和发展建设要素市场等方面要认真听取社团意见。

二、明确社团任务

建设社团要以国家经济建设为宗旨，以发展建设事业为中心任务。各社团的主要任务是：

1. 积极围绕建设部的中心工作开展社团活动，当好参谋和助手，认真完成部委托的任务。要积极主动地向部反映行业的情况，并提出建议。

建设部按照转变职能，把工作的重点转移到宏观管理的要求，逐步把以下工作委托给社团去作：

（1）协助行政主管部门组织起草、修订国家有关标准和行业标准，并推进有关标准的贯彻实施；

（2）疏通行业内外的关系，促进企业结构，行业结构的调整；

（3）参与制定行业资质管理规定，并进行资质预审，监督企业合法经营；

（4）组织制订行业规章、道德规范并监督遵守；

（5）开展行业情况的调查、研究，为制定行业规划、产业政策、技术发展规划及有关政策提供依据和建议；

（6）开展技术咨询，推动科技成果转化为生产力，搜集、整理、发布本行业最新科技动态和科研成果；

（7）收集和反馈本行业工程质量，服务质量、产品质量等方面的信息，搞好质量监督工作；

（8）依据行业特点，开展人员培训、技术交流，并对行业人事、分配、保险等制度的建立和完善提出建议；

（9）行业主管部门委托的其他工作。

2. 要发挥社团组织的优势，采取多种形式，为会员单位服务，维护行业利益。主要开展以下工作：

（1）建立本行业或学科的技术、经济信息网络，搜集国内外有关技术经济信息资料和市场动态，进行技术研究、技术推广及发布各种信息；

（2）组织举办有关学术或专业技术会议、开展技术交流及展览等活动，促进行业企业的技术进步，加快科技成果转化为生产力；

（3）研讨企业生产经营情况和行业动向，进行经验交流，探讨企业改革的途径，推进现代企业制度的建立，为会员单位和行业的经营决策服务；

（4）根据行业的具体情况，配合有关部门协调本行业产品价格等，避免企业之间盲目竞争。

3. 开展行业评优、评先进工作。定期开展行业企事业单位的评优、工程质量评奖、先进工作者的评选活动，推广先进技术和管理经验，协助会员创立名牌企业、名牌产品，扩大信誉；

4. 加强国际交流，积极平等地参加国际有关组织及其活动，沟通信息，学习先进经济和技术，为企业改革和技术进步提供参考。

三、加强社团工作的管理与指导

为保证社团业务的开展，加强社团建设，建设部有关司局要按照“分类管理，对口指导”的原则对社团工作进行管理与指导。工作中要充分尊重社团的自主权，不干涉社团的合法活动。

建设社团的发展方向及组织建设、人事安排及其他日常管理工作由部公司社团管理办公室归口管理。

各业务司局要结合职能转变，逐步明确委托社团办理的工作，要与归口指导的社团建立正常的工作联系。司局召开的重要业务工作会议应请社团参加，有关文件及时传达给社团。司局与社团在工作中要互相配合，互相协作。

部召开的重要工作会议和重要活动，需要社团参加的，由办公厅通知。

建设社团的财务、外事、纪检监察，审计、党务等工作由对口司局及机关党委进行指导和管理。凡依托在其他单位的，由依托单位管理。

四、健全社团机构

社团的设立要按照《社会团体登记管理条例》和《建设部关于建设社会团体管理办法》及有关规定办理相应的审批，登记手续。

凡未取得合法地位，而擅自以建设社团的名义公开活动的要停止活动。虽已登记，但不按核准名称及任务进行活动的，要及时纠正。具体由部公司社团管理办公室配合有关部门进行查处。

社团的最高权力机构为会员代表大会，理事会为会员代表大会闭会期间的领导机构，理事会成员较多的，可设立常务理事会。理事会或常务理事会成员中，企、事业单位的名额至少应占2/3。秘书处为社团常设办事机构。社团根据业务特点，可设立若干专业委员会或分会。各社团一律不得接受挂靠的专业委员会或分会。专业委员会或分会一般不再制定章程，可依据社团章程制定相应工作办法或规则。

凡社团内部机构设立不规范的，今后要逐步调整。

五、社团业务活动开展

社团业务开展要贯彻“统一安排、合理分工、抓住重点、注重实效”的原则。

每届会员代表大会要审议本届工作计划和上届工作总结。每年社团工作要有具体工作计划，并及时报送部公司社团管理办公室和有关司局。社团工作活动应包括两部分，即：以总会名义进行的综合活动和以专业委员会或分会进行的专项活动。社团要注意协调内部活动安排，避免交叉与重复。各项活动的规模要适度，开支要节俭，减轻会员的负担。跨行业的活动，有关社团要事先协调，尽可能联合举办。

六、社团的会员、会费及财务管理

社团的会员、会费管理要逐步规范化。社团会员应是企事业单位或自然人。会员应承认社团章程，按期交纳会费，履行章程规定的权力与义务。一般接纳会员应由理事会或会员代表大会作出决定，由秘书处办理相应手续。专业委员会或分会不能直接吸收会员。

不得吸收其他国家（地区）的个人或法人，团体加入建设社团。凡在国际上有一定声誉的个人，可以视情况作为名誉会员或通讯会员、名誉理事，但要从严掌握。

社团要建立健全财务机构，配齐财务人员，建立财务管理制度。社团经费的使用由会员代表大会或理事会决定。社团应根据年度工作计划和资金情况，编制年度预决算，报理事会审批，并报部计财司备案。

社团应在国家允许的范围内，充分挖掘和利用自身优势，不断扩大经费自筹的渠道，除会费收入外，还要争取国内外企事业单位、个人的资助，开展有偿咨询活动，进行投资入股等，增强社团自我发展的能力。

七、支持社团兴办经济实体

为弥补社团经费不足，社团可以利用自身的优势，兴办经济实体。经济实体应以开展技术咨询，举办展览，为企事业单位有偿服务为主。社团兴办的公司要按《公司法》及有关规定设立。对所办经济实体要加强指导，明确产权关系，健全企业管理机构，防止资产流失。社团应从严控制投入经营活动工作人员数量。严格禁止在社团兼职的国家公务员以各种名义参与社团兴办的经济实体。

八、抓好人事及分配制度改革，调动社团工作人员积极性

要建立一支年龄结构、知识层次合理的社团专职工作人员队伍。要扩大社团选人视野，采用多种用人方式，改善社团人员结构。

社团专职工作人员的管理应试行合同聘任制，不再套用国家公务员级别，不再进行“工转干”或“吸收录用干部”的工作。在专业技术岗位上的工作人员可按部核定的专业技术职务比例评聘专业技术职务。分配要拉开档次，不搞平均主义。为保障社团工作人员的稳定，按社团和个人都承担一定比例的原则，建立医疗保险基金、退休保险基金、住房基金，为与社会保险机制接轨作好准备。这些措施要在综合试点的基础上逐步推广。

积极倡导社团寻求依托单位，增加社团中的依托单位派出和会员单位派出工作人员的比例，以利于减轻社团负担。同时，返聘一部分离退休的老同志，发挥他们的作用。

在社团中兼职的工作人员应符合国家有关规定。今后部的公务员拟在社团兼职的一律报人事教育劳动司审批。凡在社团兼职的国家公务员不得兼薪。

九、抓好社团党建工作

凡具备条件的社团，都应按规定成立党组织；不具备单独成立党组织条件的，其党员可与业务关系较密切的单位联合成立党组织；不能联合成立党组织的，其党员可编入依托单位党组织，参加党的活动。

社团党组织要认真履行职责，搞好思想、组织、作风建设，提高党组织的凝聚力和战斗力。要紧紧围绕社团中心任务开展党的活动，做好思想政治工作，协助社团负责人完成各项工作任务。

上级党组织要关心社团党的建设，深入进行调查研究，帮助社团解决党建工作中的实际问题。

各社团和部各司局要按照上述意见，做好落实工作。使建设社团在为促进建设事业的发展中发挥更大的作用。

建设部社会团体工作人员管理办法

（建设部　1994年11月）

第一条　为加强社团工作人员管理工作，根据有关规定，结合建设部社团的实际情况，制订本办法。

第二条　本办法适用于挂靠在建设部的各类全国性学会、协会、联合会、研究会、联谊会、基金会等社团。

第三条　社团专职工作人员实行编制审批管理。其社团编制由人事教育劳动司审核，报民政部批准。社团专职工作人员系指占用社团编制、行政关系在社团的人员。社团专职工作人员数不得超出编制数。

第四条　社团常设办事机构可根据工作需要，外聘部分兼职人员，返聘部分离退休人员，其人数须报人事教育劳动司批准，按处度计划执行。兼职人员是国家公务员的，要按有关规定报人事教育劳动司审批。

第五条　社团所办各类实体可根据需要，招聘部分工作人员，不占用社团编制。

第六条　列入部党组管理职务的社团专职工作人员，实行选举与任命相结合的管理。改选换届期间，其候选人由社团提出，经人事教育劳动司审核，报部党组批准后，按社团章程选举产生；非改选换届期间或非经选举产生的职务，由社团提名或人事教育劳动司推荐报部党组任免。

第七条　未列入部党组管理职务的社团专职工作人员，实行聘任制管理。每届聘期为二年，可连聘连任。凡连任满两届者，可保留任职时的级别待遇。

第八条　社团内设部门领导人员的聘任，按下列程序办理：

1. 社团对拟聘人员进行考察，向人事教育劳动司提出聘任建议，附上《职务聘任呈报表》，属提拔使用的，同时上报考察材料。

2. 人事教育劳动司对拟聘人员考察、审核。

3. 经人事教育劳动司批准后，由社团办理聘任手续。

第九条　社团一般工作人员的聘任，由社团按有关规定自行管理。

第十条　社团专职工作人员的调配工作由人事教育劳动司负责，按下列程序办理：

1. 社团根据工作需要调入人员时，须向人事教育劳动司报送拟调人员的情况，调出亦同。

2. 人事教育劳动司审核同意后，协助办理调动手续，并核准调出入人员的工资。

3. 社团负责办理接收或调出人员的手续。

第十一条　社团专职工作人员的工资变动由人事教育劳动司负责审批。

第十二条　从部机关调入社团工作的人员，其人事、工资、福利等关系均应转入社团。

第十三条　社团专职工作人员的档案，按下列情况办理：

1. 列入部党组管理职务的，其档案由人事教育劳动司管理。

2. 未列入部党组管理职务的及招聘人员，其档案由建设部人才交流服务中心代管。

第十四条　社团专职工作人员的离退休手续，按下列情况办理，其待遇按国家的有关规定执行：

1. 列入部党组管理职务的，由人事教育劳动司办理。

2. 未列入部党组管理职务的，由各社团自行办理。

第十五条　本办法由建设部人事教育劳动司负责解释，自下发之日起执行。

国内贸易部流通行业全国性社会团体管理暂行办法

（1995 年 1 月 3 日）

第一章　总　　则

第一条　为保障流通行业全国性社会团体（以下简称社团）的合法权益，促进社团健康发展，发挥社团在社会主义市场经济中的积极作用，根据国务院《社会团体登记管理条例》及有关规定，制定本办法。

第二条　流通行业全国性协会、学会、联合会、研究会、基金会、联谊会、促进会、商会等各类社团均应遵守本办法。

第三条　社团必须遵守国家宪法和法律、法规及政策，不得损害国家、社会、集体的利益和其他公民的合法权益。

第四条　国内贸易部（以下简称内贸部）是社团归口管理的职能部门。内贸部行业管理司负责社团的协调服务、发展规划和监督指导。内贸部有关业务司局负责归口行业社团的业务指导工作。

第二章　成立、变更和终止

第五条　社团设立规定：

（一）符合国家有关法律、法规和政策规定；

（二）符合国家产业政策和行业发展规划，面向全行业，面向全社会；

（三）不得设立相同或相似的全国性社团。

第六条　社团设立条件：

（一）由同行业的企业、事业单位、团体法人及有一定知名度的个人自愿发起；

（二）参加社团的会员具有广泛性、代表性；

（三）有明确符合该社团性质、宗旨、任务和活动特点的章程；

（四）能独立承担相应的法律和经济责任；

（五）有一定数额的活动经费。

第七条　成立社团程序：

（一）成立社团，应征得业务指导单位同意后，向部行业管理司提出设立申请；

（二）经部行业管理司核准，组成筹备机构，按有关规定上报材料（见附件 1）；

（三）上报材料经部行业管理司审核并报部同意，向民政部申请登记；

（四）不具备单独成立社团条件的，可在有关社团内设立专业委员会或分会；

（五）社团设立专业委员会或分会等分支机构时，应向部行业管理司提出申请，经核准，到民政部办理备案手续。

第八条　未经民政部登记、备案，任何单位和个人不得以社团名义开展活动。社团在筹备期间，不得开展筹备工作以外的其他活动。

第九条　社团依法依章程改变名称、主要负责人，须报部行业管理司审核，社团改变办事机构地址或联络地址，应通报部行业管理司和业务指导单位，并向民政部办理变更登记。

第十条 社团有下列情形之一的，视为自行终止，应办理注销手续。

（一）经民政部登记后，无正当理由一年内不开展业务活动；

（二）会员数额不足法定人数的；

（三）符合章程规定，依社团正常程序决定而终止；

（四）分立或与其他社团合并；

（五）其他必须终止的原因。

第十一条 部行业管理司自收到申报材料之日起15日内应予答复。

第三章 社团职责和义务

第十二条 社团职责：

（一）社团有依法参与社会事务管理和行业自律管理的职责。

1. 协助政府部门做好行业管理和政策理论研究，组织成员贯彻执行国家法律和政府的方针、政策、法规；

2. 制定社团行规会约，实行行业自律，履行各项社会管理职责，引导成员尽各种社会义务，参与市场竞争，提高经济效益和社会效益；

3. 完成政府主管部门委托的各项工作，加强与政府各有关部门的联系，了解有关重大方针、政策和业务活动，参加有关会议；

4. 开展行业调查，掌握行业动态和基本情况，研究行业发展方向、目标、规划、政策，为政府部门决策提供建议和依据；

5. 总结交流企业管理经验，开展经济、技术、管理咨询，进行企业诊断，参与推选表彰优秀企业和先进人物；

6. 开展行业理论研究和学术交流，推广新技术和科技成果，推荐评选名、优、特、新产品；

7. 组建技术和信息网络，进行市场分析和预测，发布统计资料，出版行业刊物，组织提供法律、经济、政策、经营管理、商业信用的专业服务，组织培训行业各类人才及开展人才、技艺交流；

8. 为行业的发展进行政策协调，协调行业的产品结构、网点布局、经营项目；协调发放各种配额、生产许可证和经营许可证；

9. 仲裁与调解涉及行业内外的企业之间的矛盾和关系，维护本行业企业的正当权益，监督企业生产经营符合国家质量标准的产品，参与打击生产及销售假冒伪劣产品的活动和不正当竞争行为；

10. 调查监督商品经营和国外企业在国内市场的产品倾销等不正当竞争行为，维护国家利益和经济秩序；

11. 组织会员开展各项活动，举办本行业商品交易会、博览会、展示会等经济活动，促进产业、产品生产、消费以及流通结构的合理调整；

12. 开展与国际同行业间的经济、技术、贸易、学术的合作与交流，协调行业对外交往立场，增强本行业及产品在市场上的竞争力。

（二）社团有依法对政府部门提出咨询意见与建议的责任。

（三）社团有依法维护自身及其成员利益、提出愿望和要求的职责，有权拒绝任何摊派。

（四）社团有权取得合法收入、合法接受资助、捐赠。

（五）社团有权按其章程自主开展活动和管理内部事务，除国家法律和行政法规有规定外，其他任何组织和个人不得无理干涉。

（六）社团依法享有名称权、名誉权、荣誉权、知识产权和财产权。

第十三条 义务：

（一）在法律规定的范围内开展活动；

（二）在对内对外交往中，把国家利益放在首位；

（三）在社会活动中，要起到促进经济发展、壮大行业实力、提高人民生活水平、保障供给、维护社会稳定的作用；

（四）不得从事以营利为目的的经营性活动；

（五）与业务指导单位保持经常性的工作联系，及时汇报社团工作情况，接受政府部门的管理、监督。

第四章 政府对社团的管理和监督

第十四条 管理：

（一）审查社团资格，出具审查意见；

（二）社团编制的审核、报批；

（三）社团（含办事机构、专业委员会、分会）在职人员的人事管理；

（四）社团从事经营活动以及开办经济实体的核批；

（五）部署学习、贯彻执行党和国家的有关方针、政策和行业及社团的工作任务；

（六）指导开展行业管理工作，直辖市社团与各方面的关系；

（七）保护社团和会员的合法权益，保护社团工作人员的合法权益。

第十五条 监督检查：

（一）社团遵守国家宪法和法律、法规情况；

（二）贯彻执行党和国家有关方针、政策及行业、社团工作任务的情况；

（三）依照登记的章程开展活动的情况；

（四）协同民政部对社团进行年度检查；

（五）社团在职人员工资福利、社会保险的落实情况。

第十六条 社团编制的审核、报批：

（一）申请社团编制应具备的条件：

1. 年收入5万元以上经费；

2. 有合格的财会人员；

（二）社团编制的申报、核准程序：

社团申请编制应根据自身的规模、经费、财产状况和开展活动的需要提出编制数额，以书面材料向部行业管理司提出申请（见附件2），经审核后，报民政部批准。

（三）社团编制在批准执行后一年内，一般不予再增加人员编制。

第十七条 社团人事管理：

（一）凡占用社团编制的社团工作人员为社团在职人员；

（二）社团在职人员的配备，必须从国家正式职工中聘用，按国家有关规定聘任的离（退）休人员、返聘或借调人员、兼职人员等不属在职人员，不得占用社团编制；

（三）社团对在职人员执行国家有关评聘专业技术职务的有关规定和统一部署，社团常设机构工作人员应专业化、年轻化。工作人员中聘任的离（退）休人员，必须身体健康，热心社会事业，熟悉本行业，有一定的组织协调能力，除少数确实在行业有较大影响力者外，原则上年龄不超过65周岁；

（四）社团在聘任或解聘在职工作人员时需经部行业管理司备案后方可办理手续；

（五）被聘任的社团在职人员，其福利待遇、退休条件和待遇标准，按国家有关规定和聘用合同执行，费用由社团支付。社团应按有关规定参加社会统筹，为其在职人员缴纳社会保险。社团在办理在职人员工资卡及保险等手续前，应由部行业管理司按实际人数核定工资总额；

（六）社团在职人员的工资和保险福利待遇参照国家公务员有关规定执行。社团兼职人员不得在社团领取工资和享受保险福利待遇。

第十八条　社团经营管理：

（一）社团可自行筹措资金，从事以为行业服务为目的的经营活动或开办经济实体；

（二）社团从事的经营活动，应限于社团登记证所规定的业务范围；

（三）社团开办事业法人类经济实体（事务所、研究所、中心、学校、杂志社等）和企业法人类经济实体（公司、商店、饭店等），经报部行业管理司核批，到有关部门办理登记手续；

（四）社团开办经济实体所获盈利，应用于其章程所规定的补助社团事业发展。

第十九条　社团应向部行业管理司和归口业务指导司局报送工作情况和有关资料：

（一）年度工作计划和年度工作总结；

（二）重要会议和重要活动的情况通报；

（三）贯彻执行国家有关法律、法规、政策的情况；

（四）年度经费预算、决算和审计结果报告；

（五）出版的各种刊物；

（六）其他需要提交的材料。

第二十条　部行业管理司有权对严重违反本办法和社团章程的社团提出警告，限期仍不纠正、情节严重的可提请民政部注销登记。

第五章　附　　则

第二十一条　原商业部、物资部发布的有关社团的规章和行政性文件的内容，与本办法相抵触的，一律以本办法为准。

第二十二条　本办法由国内贸易部行业管理司负责解释。

第二十三条　本办法未尽事项，均按照国家有关规定执行。

第二十四条　各省、自治区、直辖市流通主管部门可参照本办法，结合本地实际，制定当地流通行业的社团管理办法。

第二十五条　本办法自发布之日起实施。

民政部、国家工商行政管理局关于社会团体开展经营活动有关问题的通知

（民社发〔1995〕14 号　1995 年 7 月 10 日）

各省、自治区、直辖市民政厅（局）、工商行政管理局，各计划单列市民政局、工商行政管理局：

为促进社会公益事业的发展，加强对社会团体从事经营活动的管理，现就社会团体开展经营活动的有关问题通知如下：

一、本通知适用于经社会团体登记管理机关核准登记的社会团体（基金会除外）。

二、开展经营活动的社会团体，必须具有社团法人资格。不具备法人资格的社会团体，不得开展经营活动。

三、社会团体开展经营活动，可以投资设立企业法人，也可以设立非法人的经营机构，但不得以社会团体自身的名义进行经营活动。社会团体从事经营活动，必须经工商行政管理部门登记注册，并领取《企业法人营业执照》或《营业执照》。

四、社会团体申请营业登记，其经营范围应与社会团体设立的宗旨相适应；申请企业法人登记，其经营范围应符合国家有关规定。

五、社会团体设立的非法人经营机构，其所得的当年税后利润，应全部返还给所从属的社会团体；社会团体投资设立的有限责任公司和股份有限公司，其利润分配，应按《中华人民共和国公司法》规定的有关条款执行；社会团体独资设立的企业法人，应在企业章程中明确载明其宗旨是为该社会团体的事业发展服务，其返还给该社会团体的当年税后利润，应符合国家的有关规定。

六、社会团体所办非公司企业的经济性质，根据投资来源依法核定。

七、社会团体投资设立企业法人的程序，依照有关企业法人登记管理法规办理，登记注册后，必须及时向社团登记管理机关备案。

八、社会团体及其所办企业法人不得接受其他经济组织的挂靠。对于违反本条规定的，工商行政管理部门应根据有关情况，依照《中华人民共和国公司登记管理条例》第五十九、六十、六十九条及《中华人民共和国企业法人登记管理条例实施细则》第六十六条第一款第（二）、（六）项、第六十七条和其他有关规定处理。

九、社会团体要按照有关规定加强对所投资设立的企业法人和非法人经营机构财务的管理与监督。上述企业和经营机构要建立健全财务会计制度，并接受所从属的社会团体及有关方面的财务监督。

十、本通知由民政部、国家工商行政管理局共同解释。

十一、本通知自下发之日起执行。

化学工业部关于加强化工行业协会建设的暂行规定（试行）

（化工部　1995 年 8 月 24 日）

根据《中共中央关于建立社会主义市场经济体制若干问题的决定》和《社会团体登记管理条例》，在建立社会主义市场经济体制中，为了积极培育和充分发挥化工行业协会的中介组织作用，并加强对社会团体的指导和管理，使之健康发展，特制定本暂行规定。

一、化工行业协会的职能和任务

化工行业协会是由相关行业的企事业单位或个人按照章程自愿组成的社会团体，经依法注册登记，具有独立的社团法人资格。在探索“三位一体”大化工行业管理新体制中，化工行业协会处于中间协调的重要地位。

化工行业协会主要职能：

1. 为协会会员服务，为全行业服务。及时发布各种信息，推广科技成果，推进现代企业制度的建立，开展国内外同行业的交流和合作，促进行业经济效益的提高。研究企业承包生产经营状况和行业动向，分析市场、原材料、能源、环境、资金等情况变化，研讨行业发展战略和政策，为会员和行业经营决策服务。

2. 代表行业利益，发挥桥梁和纽带作用。向政府反映本行业近期和长远发展中的困难和问题，提出改进产业政策、发展规划、经济工作等宏观管理措施的建议，根据会员要求合理提出协调本行业的产品价格、协作关系等，防止盲目竞争，还要对会员和本行业贯彻执行国家的方针、政策、法律、法规情况进行监督。

3. 当好政府的参谋和助手。向政府提供行业情况、发展趋势和咨询意见，为政府制订产业政策和行业发展战略规划服务，接受政府委托承担某些行业管理的职能。

具体工作任务：

1. 参与制订行业的发展战略、产业政策和发展规划，政府也可以委托协会负责其中部分方案的起草工作。

2. 参与制订行业技术经济法规规章，政府也可以委托协会负责起草工作。

3. 参与制订行业标准、国家标准及推荐标准，推动标准的贯彻执行。

4. 协助政府做好本行业生产许可证等管理工作，政府也可以委托协会代表政府负责其中一部分或大部分管理工作。

5. 参与本行业产品质量保证体系的认证，对企业产品质量、计量、生产技术、环保、安全、节能等进行诊断咨询，参与行业有关的广告审查。

6. 协助政府提出本行业税率、信贷、价格等的调整意见，政府也可以委托协会负责其中一部分或大部分工作。

7. 参与部组织的重大科研项目、重点企业技术开发项目的论证、鉴定和验收，协助推广科技成果。

8. 接受政府委托的其他事项。

除了行业协会以外，化工社会团体中一批在各方面有特定功能的专业协会、学会、研究会，政府有关部门可以参照上述精神和办法，根据各社团具体情况，明确政府可以委托其办理的事项，以充分发挥其积极性，为发展化学工业和加强两个文明建设服务。

二、关于化工部化工协会联合会的职责

为加强对化工行业协会的日常管理和业务指导，根据部机关职能转变的要求，正式成立化工部化工协会联合会，并逐步创造条件向社团法人发展。目前，化工部化工协会联合会在部的领导下，协助部行业指导司对化工行业协会进行日常管理和业务指导。

当前化工部化工协会联合会的主要职责：

1. 贯彻执行党和国家的方针政策及有关社会团体的法律法规。协助行业指导司指导行业协会健康发展，保护协会的合法权益。

2. 协助行业指导司办理成立或撤销全国性化工社团的审核手续。

3. 加强对协会专职人员的管理，对协会工作人员进行培训和奖励。

4. 配合民政部与财务审计监察部门，检查协会贯彻执行国家制订的法令、法规以及有关财务制度情况。

5. 定期组织协会秘书长会议，传达党和政府有关文件、会议精神，听取协会的意见和建议，沟通政府部门与协会之间的情况，交流工作经验，协调工作。

6. 组织化工行业协会工作研讨，促进协会业务水平的提高。

7. 围绕部的中心工作组织协调行业协会活动。

8. 推进协会与港台及国际同行业之间的交流与合作。

9. 配合部有关司局，组织化工行业协会协助政府开展有关行业管理工作，先将氯碱、橡胶、氮肥、化学试剂、造纸化学品等行业作为试点。

10. 推动各行业协会的思想作风建设和组织建设。

三、加强行业协会的自身建设

行业协会在“三位一体”的大化工行业管理新体制中起承上启下的重要作用，这就要求行业协会必须加强自身建设。

1. 协会工作人员要认真学习党的方针政策、学习业务知识和管理知识，更新观念，提高办事效率。

2. 改进工作方法和工作作风，提倡协商办事，树立团结、求实的作风。

3. 提高人员素质。协会要有懂业务的老同志，又要有实践经验的中青年专家，要选一批有影响的企业家担任协会的领导工作。

4. 加强协会理事会建设。理事要有代表性，理事会要确立新的管理、运行和发展观念，按照章程为会员服务。

5. 加强自律性管理。建立健全各项规章制度，包括工作制度、财务制度、会议制度、人事管理制度、档案管理制度和廉政、勤政制度等。

四、积极支持行业协会，为行业协会提供必要的工作条件

部有关司局要充分发挥行业协会的桥梁和纽带作用，在本部门的职责范围内，支持行业协会实现各项任务。

1. 部有关司局要明确委托给各行业协会的具体工作任务，并将其纳入到本部门的工作计划和日程。

2. 部有关司局要及时向协会通报国家及有关部门关于行业的规划计划、产业政策、重大改革措施、生产经营等信息，把有关会议、文件精神及时传达给协会。

3. 为便于协会开展工作，部召开综合性会议或专业会议以及下达综合性或专业性文件，由办公厅、行业指导司或有关司局负责通知行业协会联合会派人参加会议，并列入发文户头。通过行业协会联合会向行业协会通报信息，使协会及时了解专业的活动情况。

4. 部有关司局要与有业务指导关系的协会建立正常联系制度，并充分尊重行业协会的自主权。

5. 支持协会积极参加国际活动，开展与国际同行业之间的经济技术交流与合作。

6. 目前各行业协会会费收入少，经济基础薄弱，为使协会能正常办公，要逐步创造条件，解决协会的办公用房（挂靠在企业的不计在内）。

7. 支持和鼓励行业协会从事符合协会宗旨的有偿服务活动，办好经济实体，以增加协会经济收入，弥补协会活动经费的不足。

8. 为了加强和充实协会力量，各行业的骨干企事业单位应选派一些年富力强的在职干部和机关选派少数现职干部从事协会工作，其工资、职称、福利、医疗、住房、退休等待遇与派出单位职工一视同仁。

9. 部给予协会必要的经费支持，用于协会承担部委托承办事项的补贴。

民政部关于统一印制社会团体登记证书的通知

（民社函〔1996〕75号　1996年4月5日）

各省、自治区、直辖市民政厅（局）：

为加强社团管理工作，提高社团登记证书的规范性、严肃性，经研究决定，统一全国社团登记证书。新证书由民政部社团管理司设计，并负责统一印制。现将有关事项通知如下：

一、请各厅（局）将本省、区、市各级需要的《社团法人登记证书》和《非法人社团登记证书》的数量收集汇总并于4月31日前报部社团管理司登记处；

二、证书印制费的给付方式和时间待证书成本核定后另行通知；

三、关于社团登记收费标准的调整问题，待国家物价局审批后再转发各地；

四、各省、自治区、直辖市应在1997年6月30日前完成证书更换工作；

五、换证工作中的具体问题请与部社团管理司登记处联系。

联系地址：北京市北河沿大街147号
民政部社团管理司登记处

民政部关于印发《社会团体年度检查暂行办法》的通知

（民社发〔1996〕10号　1996年5月14日）

各省、自治区、直辖市民政厅（局），各计划单列市民政局：

《社会团体年度检查暂行办法》业经1996年4月24日民政部部务会议讨论通过，现印发你们，请认真贯彻执行。各地可结合本地实际，制定社会团体年度检查的具体规定。

附：

社会团体年度检查暂行办法

第一条 为促使社会团体健康发展，加强对社会团体的管理，依据《社会团体登记管理条例》，制定本办法。

第二条 经各级社会团体登记管理机关（下称登记管理机关）核准登记的社会团体（下称社团），必须按本办法的规定接受登记管理机关的年度检查（下称年检）。

第三条 社团年检于每年第一季度进行。如有特殊情况，可适当顺延时间，但须于6月30日前结束。

第四条 登记管理机关与其核准登记的社团的办事机构不在同一地点的，可以委托下一级登记管理机关进行年检，受委托的登记管理机关于年检结束后30日内，将年检结果报送原登记管理机关。

第五条 社团年检的内容包括：

（一）执行法律法规和有关政策情况；

（二）开展业务活动情况；

（三）开展经营活动情况；

（四）财务管理和经费收支情况；

（五）办事机构和分支机构设置情况；

（六）负责人变化情况；

（七）在编及聘用工作人员情况；

（八）其他有关情况。

第六条 社团年检的程序是：

（一）登记管理机关发出有关年检公告或通知；

（二）社团在规定的时间里领取《社会团体年检报告书》；

（三）社团按要求准备材料并经业务主管部门审查后，报送登记管理机关；

（四）登记管理机关按本办法第五条规定的年检内容进行检查审核有关材料；

（五）登记管理机关做出年检结论。

第七条 社团在接受年检时，应提交下列材料：

（一）上一年度工作总结和本年度工作计划；

（二）上一年度财务决算并附会计师事务所审计报告；

（三）《社会团体年检报告书》；

（四）《社会团体法人登记证》或《社会团体登记证》副本；

（五）其他需报送的有关材料。

第八条 登记管理机关在对社团进行年检过程中，可单独或会同有关部门，对社团财务进行检查或对其进行财务审计。

第九条 社团年检的结论分为“合格”和“不合格”两类。年检结束后，登记管理机关应在《社会团体年检报告书》及《社会团体法人登记证》（或《社会团体登记证》）副本上签署年检结论并加盖年检印鉴。

第十条 社团符合下列情形的，确定为年检合格：

（一）遵守法律、法规和有关政策规定；

（二）依照章程开展活动，无违法违纪行为；

（三）财务制度健全，收入和支出符合国家有关规定；

（四）及时办理有关变更登记及机构设置备案手续；

（五）认真按民主程序办事；

（六）在规定时限内接受年检。

第十一条 有下列情形之一的社团，为年检不合格：

（一）一年中未开展任何业务活动的；

（二）经费不足以维持正常业务活动的；

（三）违反章程规定开展活动的；

（四）违反财务规定的；

（五）内部矛盾严重，重大决策缺乏民主程序的；

（六）违反有关规定乱收会费的；

（七）无固定办公地点一年以上的；

（八）未办理有关变更登记或机构备案手续的；

（九）无特殊情况，未在规定的时限内接受年检的；

（十）年检中弄虚作假的；

（十一）违反其他有关规定的。

第十二条 年检不合格社团由登记管理机关责令其限期整改。整改后仍不合格的社团，按照有关规定另作处理，并由登记管理机关在报刊上予以公告，公告费由社团承担。

第十三条 社团不接受年检或有其他违法违纪行为的，依照国家有关法律、法规以及社会团体处罚有关规定予以处理。

第十四条 本办法由民政部负责解释。

第十五条 本办法自发布之日起实施。

建设部社会团体机构管理办法

（1996年5月15日）

第一条 根据国务院颁发的《社会团体登记管理条例》和建设部印发的《社会团体管理办法》，为加强对建设部所属社会团体机构设立和日常的管理，制定本办法。

第二条 社会团体机构是指理事会领导下的办事机构、工作机构和分支机构。

办事机构以秘书处的形式设立，秘书处可以下设若干办事部门（以下简称内设机构）；

工作机构以工作委员会的形式设立；

分支机构以专业委员会或分会的形式设立。

第三条 社会团体内设机构和工作机构的设置要贯彻精简、统一、效能的原则；分支机构的设立要科学、规范，避免交叉、重复。

第四条 社会团体机构的设立、变更、撤销及合并，由所在社会团体向部公司社团管理办公室提出申请，部公司社团管理办公室负责审批，报民政部备案。

第五条 机构的设置按下列程序办理：

（一）设立内设机构，所在社会团体需提交下列材料（一式三份）：

1. 申请成立内设机构的报告；

2. 内设机构的工作职责。

（二）设立工作机构，所在社会团体需提交下列材料（一式三份）：

1. 申请设立工作机构的报告；

2. 工作机构的筹备情况；

3. 工作机构的职责范围。

（三）设立分支机构，所在社会团体需提交下列材料（一式三份）：

1. 申请设立分支机构的报告；

2. 分支机构筹备情况；

3. 分支机构的工作办法或规则。

工作办法应当载明下列事项：

（1）名称；

（2）主要任务；

（3）经费来源；

（4）组织机构；

（5）其他事项。

第六条 部公司社团管理办公室在正式受理后，十五个工作日内决定批准或不批准。

第七条 所设机构一经确定，必须严格在确定的名称、业务范围内开展工作。工作机构和分支机构不具有法人地位，开展业务时必须冠以所在社会团体的名称。

第八条 社会团体所设机构印章的规格、制发和管理，要严格执行民政部《社会团体印章管理规定》。

第九条 分支机构不直接吸收会员，但可接受所在社会团体理事会的委托，承担有关会员的发展工作。会员的入会手续要按有关规定办理。

第十条 分支机构不能直接向会员收取会费，如工作需要，可以接受所在社会团体的委托向会员收取会费，会费收据必须使用由财政部门监制、民政部门统一印制的“社会团体会费收据”，并由专人管理。

第十一条 建设部社会团体设立跨部门的专业委员会或分会，按本规定第五条第（三）款办理审批手续，并向民政部备案。

第十二条 机构设置时涉及人员安排问题要根据不同情况，按管理权限审批。

第十三条 社会团体的机构设立、变更、撤销及合并，经批准并在民政部办理有关备案手续后，一个月内将有关材料报部公司社团管理办公室备案。

第十四条 所设机构违反本规定有下列情形之一的，所在社会团体或社会团体上级主管部门与社会团体登记机关，根据情节轻重予以处理：

（一）擅自冠以“中国”、“全国”、“中华”等名称公开活动的；

（二）违反规定使用印章或非法刻制印章造成严重后果的；

（三）不按审批的业务范围和工作任务开展活动的；

（四）未接受所在社会团体委托，直接吸收会员或收取会费的；

（五）未经所在社会团体允许，在国际交往中擅自开展活动的；

第十五条 本规定由部公司社团管理办公室负责解释。

第十六条 本规定自下发之日起执行。

民政部社团管理司关于转发《核定全国性的社团编制的补充意见》的通知

（社管字〔1996〕19号 1996年5月28日）

各省、自治区、直辖市民政厅（局）、各计划单列市民政局社团处（办）：

为加强全国性的社团编制的核定工作，经部领导批准，我司制定了《核定全国性的社团编制的补充意见》。现印发给你们，供参考。

附：

关于核定全国性的社团编制的补充意见

（1996年5月21日）

自1991年以来，我司依照中共中央组织部、民政部、人事部、财政部、劳动部五部联合制定的《关于全国性社团编制及其有关问题的暂行规定》（民社发〔1991〕8号）和民政部《关于申请社会团体编制有关事项的通知》（民社函〔1992〕240号）文件规定，核定全国性的社团编制情况基本是好的，较好地适应了社团开展活动的需要。但是由于有些依据还不够具体、明确，给核定工作增加了难度。经过近几年的实践，根据党中央、国务院关于加强社团管理工作的要求，为进一步增强审批全国性的社团编制的可操作性，补充以下条款，供内部掌握：

一、核定社团编制应本着精干、高效、从严掌握、逐步配齐的原则审批。

二、根据社团经费条件和活动需要，核定编制数额，社团具有五万元经费，作为核定一个编制的基数。

三、申请编制的社团应具有相对稳定的经费来源。社团的会费、基金或资金利息、投资入股的分红及正常的有偿服务收入、固定的政府资助等为相对稳定的经费来源并作为核定的重要依据。社会捐赠及不固定的政府资助作为核定的参考依据。

四、基金会的本金不作为核定社团编制的依据，其基金利息作为核定的重要依据，但管理性经费开支不得超过基金利息的总额的三分之一。

中宣部、国家体委、卫生部、民政部、公安部、国家中医药管理局、国家工商行政管理局关于加强社会气功管理的通知

（体武字〔1996〕065号　1996年8月5日）

各省、自治区、直辖市、计划单列市党委宣传部、体委、卫生厅（局）、民政厅（局）、公安厅（局）、中医（药）管理局、工商行政管理局：

气功是中华民族宝贵的历史遗产。科学的气功锻炼有益于人的身心健康，深受广大群众喜爱。近些年来，我国参加气功锻炼的人员日益增多，各种气功活动空前活跃。气功已经成为一项日趋广泛的群众性社会活动，在全民健身、祛病养生、提高身体素质等方面发挥了积极的作用。但随着气功活动的迅速发展，一些不良现象也在滋生蔓延。有人借机诈骗钱财，进行封建迷信宣传，有的甚至危害社会治安。为引导社会气功活动健康发展，促进社会主义精神文明建设，根据中央领导同志最近关于对社会气功要加强管理的要求，现就有关事项通知如下：

一、社会气功是指社会上众多人员参与的健身气功和气功医疗活动。其中群众通过参加锻炼，从而强身健体、养生康复的，属健身气功；对他人传授或运用气功疗法直接治疗疾病，构成医疗行为的，属气功医疗。

二、加强社会气功活动管理。健身气功由体育行政部门负责管理；气功医疗由中医药行政部门负责管理；社团组织的登记、管理由民政部门负责；经营性单位的活动和一些活动中的经营性问题由工商行政部门负责管理，涉及治安问题由公安部门负责管理；新闻宣传方面的重大问题由党委宣传部门把关，其中的业务内容由体委、中医药行政部门审核。有关部门要对社会气功活动的管理工作予以充分重视，列入领导议事日程，制定必要的行业规章制度，认真、全面地进行管理。

三、有关部门在进行管理时，既要发挥各自职能作用，又要相互通报情况，配合工作。凡涉及其他部门的问题，体育、中医药等业务主管部门应与有关部门联系商办，有关部门也应事先征求业务主管部门的意见。遇有重大问题或一时不易区分职责的工作、需要协调办理的事务，由体育行政部门牵头，共同协商解决。是否成立经常性协调组织，不作统一规定，由各地酌情自行确定。

四、当前社会气功管理的重点是：较大型的社会活动；在公共场所举行的活动；新闻宣传；经营性活动；涉及重要政治内容的事项；社团组织的重要事务和重大活动；关系到社会治安的问题和涉外活动等。进行管理的方式主要是单位或个人申报，经主管部门审查批准后方可进行活动，否则将予以制止、处罚。

五、要组织制定关于授功和从事气功医疗人员的资格审查等制度，授功、行医者必须经考核后，持证才能进行活动。具体办法由体委、中医药等部门另行制定。

六、从严掌握气功社团组织的登记审批工作。切实加强对气功社团组织的管理。气功社团组织应依法进行健康活动，并接受有关行政部门的监督和管理。

七、社会气功活动涉及面广，对其加强管理是一项政策性较强的工作，有关部门要针对不同情况，区分不同性质的问题，逐步将社会气功活动纳入规范化、法制化管理的轨道。对社会气功活动中的不健康现象，有关部门要认真负责地进行管理，依法坚决制止非法行医和封建迷信宣传，严厉打击

利用气功进行诈骗等各种违法犯罪活动。

对一般群众性练功活动要注意引导。既要保护群众的积极性，鼓励严肃、认真的科学探索，又要反对虚幻的夸张渲染，坚持为人民群众身心健康服务和为社会主义精神文明建设服务的宗旨。

加强对社会气功活动的管理事关人民群众的健康和社会的稳定，各部门要认真依照本通知的要求，结合本地区实际情况，制定切实可行的具体办法，加强对这项工作的管理。对管理中出现的新情况、新问题，要及时向上级主管部门报告。

民政部办公厅关于转发国家计委、财政部《关于调整社会团体登记收费标准的通知》的通知

（厅办函〔1996〕176号　1996年9月16日）

各省、自治区、直辖市民政厅（局）、各计划单列市民政局：

现将国家计委、财政部《关于调整社会团体登记收费标准的通知》（计价费〔1996〕1602号）转发给你们，请遵照执行。

附：

国家计委、财政部关于调整社会团体登记收费标准的通知

（计价费〔1996〕1602号　1996年8月23日）

民政部，各省、自治区、直辖市物价局（委员会）、财政厅（局）：

为了加强社会团体登记收费管理，统一境外社会团体、全国性社会团体和地方性社会团体登记收费标准，经研究，决定适当调整社会团体登记费标准。现将有关事项通知如下：

一、民政部门在办理社会团体登记过程中，向申请单位收取登记费的标准为：

（一）申请费每件10元；

（二）登记费每件90元（含证书费）；

（三）变更登记费每件40元。

二、根据财政部《关于行政性收费纳入预算管理有关问题的通知》〔（94）财预字第37号〕的规定，各级民政部门收取的社会团体登记费纳入同级财政预算管理。各级民政部门应及时将收费收入上缴同级财政，财政部门应根据批准的预算及时核拨经费，以保证社会团体登记工作的正常开展。

三、收费单位凭本通知到指定的物价部门办理变更收费许可证手续，使用财政部门统一印制的收费票据，自觉接受物价、财政部门的检查监督。

四、本通知自1996年9月1日起执行。过去国家和地方有关社会团体登记收费标准的规定同时废止。

民政部关于在清理整顿工作中对社会团体进行财务审计的通知

（民社函〔1997〕73 号　1997 年 4 月 15 日）

全国性社会团体的各业务主管部门，各省、自治区、直辖市民政厅（局），各计划单列市民政局：

根据《国务院办公厅转发民政部关于清理整顿社会团体意见的通知》（国办发〔1997〕11 号）精神，我部拟结合清理整顿工作对所有社会团体进行一次财务审计。现就社会团体财务审计问题提出如下意见：

一、审计的目的意义

社会团体的财务管理和财务收支状况是社会团体自我管理、业务活动和经济实力的直接反映，它的正确、良好的运行，是社会团体事业健康发展的重要保障，同时也是社团管理的重要内容。这次财务审计的目的是：全面了解和审查社会团体的财务管理和财务收支状况，为清理整顿社会团体提供决策依据，同时为完善社会团体的财务管理制度，制定相关政策做好调研工作。

二、审计内容及重点

本次审计工作主要是对社会团体 1995 年和 1996 年的财务收支状况进行审计（若有问题的可追溯到以前年度），包括社团财务管理基本状况、专项基金设置情况、固定资产和经费收支情况等。重点是了解、摸清社会团体收、支项目；了解、摸清社会团体的经济状况（包括固定资产状况）；了解、摸清接受境外资助、捐赠和向社会集资的情况；对违法违纪的财务收支进行审计。

三、审计范围

具有独立账户的社会团体及分支机构均为这次审计工作的对象。中编委直接确定其主要工作任务、机构编制和领导职数的社会团体及实行国家拨款，纳入预算管理范畴的社会团体免予审计。没有独立账户，财务收支实行挂靠单位实报实销和没有独立账户由挂靠单位设立独立账面实行管理的社会团体，根据清理整顿的要求进行限期整改。

非法人社会团体的财务审计工作由各地区自行确定。

社会团体创办的具有法人地位的经济实体免于审计。

四、审计方法

社会团体根据自愿、就近的原则到相应的审计事务所进行审计。其中年度收支发生额在 20 万元以上（含 20 万元）的社会团体，由审计机构进行实地审计；年度发生额在 20 万元以下的社会团体，由社会团体送交审计机构进行审计。

有独立账户的分支机构，若办公住所与本社团会址不在同一地的，参照上述方法进行审计。

五、审计要求

各审计机构参照《事业单位财务规则》的规定，客观、公正地反映社会团体的财务状况，并按民政部监制的《社会团体财务状况统计表》、《社会团体资金活动情况表》和《年度经费收支表》进行填写。且信守委托合同，按期向民政部门和业务主管部门提供对社会团体的审计报告。

各社会团体必须积极配合审计机构的审计工作，提供真实的材料、报表和凭证，如发现阻挠、抗拒检查，涂改、伪造、毁灭账表凭证的，由社会团体承担法律责任。

六、审计时间安排

1997年5月至6月。具体步骤：5月在社会团体审计试点的基础上，全面展开对社会团体的审计。6月底结束。

七、审计收费标准

鉴于社会团体经费状况普遍较差，收支简单及年度审计的特点，经与有关审计机构协商，特制定以下低于一般社会审计收费的优惠标准，供审计收费时参考：

1. 社会团体年度收支发生额在20万元以上200万元以下的，按以下标准：

发生额	收费标准
20万元—100万元	500－1000元
100万元－150万元	1000－1500元
150万元—200万元	1500－2000元

2. 社会团体年度收支发生额在20万元以下（含20万元），收费标准定于500元以内，最低不少于300元。

3. 社会团体年度收支发生额200万元以上（含200万元），收费标准定于2000元以上，但不得高于5000元。

以上意见，请你们结合本部门、本地区的实际情况参照执行。

附件：一、关于审计报告的说明（略）
二、《社会团体财务状况统计表》（略）
三、《社会团体资产负债表》（略）
四、《年度经费收支表》（略）

民政部关于查处非法社团组织的通知

（民社函〔1997〕91号　1997年5月14日）

各省、自治区、直辖市民政厅（局），各计划单列市民政局：

根据中共中央办公厅、国务院办公厅《关于加强社会团体和民办非企业单位管理工作的通知》（中办发〔1996〕22号）的精神，为加强对社会团体的管理，严肃法纪，从严从快地查处未经核准登记，擅自以社会团体或社会团体分支机构名义在社会上进行活动的非法社团组织，维护社会的稳定，现就查处非法社团组织的有关问题通知如下：

一、查处非法社团组织是一项政策性很强的工作。各级民政部门要以中办发〔1996〕22号文件精神为指导，以《社会团体登记管理条例》和《国务院办公厅转发民政部关于清理整顿社会团体意见的通知》为准绳，将查处非法社团组织的工作列入重要议事日程，加强领导，统一部署，调整力量，突出重点，把对非法社团组织的查处工作落到实处。

二、各级民政部门对未经核准登记，擅自以社会团体或社会团体分支机构名义在所辖区域内进行活动的非法社团组织，应依法坚决予以查处，劝其停止活动，并自行解散；对拒不自行解散的，由当地民政部门责令其解散；对仍不执行解散命令，继续在社会上进行活动的非法社团组织，民政部门应会同公安部门强制执行。同时将处理结果报省、自治区、直辖市民政厅（局）备案，其中以全国性或跨省、自治区、直辖市社会团体及上述社团的分支机构名义非法成立的社团组织，报民政部备案。

三、各级民政部门对自行解散或责令解散的非法社团组织，要及时收缴其印章、文件和一切凭证，并在相应的报纸上予以公告。同时，监督其做好善后事宜。

四、各级民政部门在查处非法社团组织的工作中，要进行缜密的调查核实，做到事实清楚，证据确凿。对于重大疑难案件，要慎重对待，及时请示，谨防草率处理。

民政部办公厅转发《关于对社会团体收取的会费收入不征收营业税的通知》的通知

（厅办函〔1997〕156号　1997年6月12日）

各省、自治区、直辖市民政厅（局），各计划单列市民政局：

现将财政部、国家税务总局《关于对社会团体收取的会费收入不征收营业税的通知》转发你们，请通知各类社会团体遵照执行。

附：

财政部、国家税务总局关于对社会团体收取的会费收入不征收营业税的通知

（财税字〔1997〕63号　1997年5月21日）

各省、自治区、直辖区、计划单列市财政厅（局）、地方税务局，财政部驻各省、自治区、直辖市、计划单列市财政监察专员办事处：

最近，一些地方和部门要求对社会团体收取的会费收入是否应征收营业税问题予以明确。经研究，通知如下，请遵照执行。

一、社会团体按财政部门或民政部门规定标准收取的会费，是非应税收入，不属于营业税的征收范围，不征收营业税。

二、社会团体会费，是指社会团体在国家法规、政策许可的范围内，依照社团章程的规定，收取的个人会员和团体会员的款额。

三、本通知所称的社会团体是指在中华人民共和国境内经国家社团主管部门批准成立的非营利性的协会、学会、联合会、研究会、基金会、联谊会、促进会、商会等民间群众社会组织。

四、各党派、共青团、工会、妇联、中科协、青联、台联、侨联收取的党费、会费，比照上述规定执行。

民政部办公厅关于对职工消费合作社及职工消费合作社协会登记问题的答复意见

（厅办函〔1997〕220号　1997年8月21日）

各省、自治区、直辖市民政厅（局），各计划单列市民政局：

最近，一些地方民政部门来函、来电，询问有关职工消费合作社的性质及其登记问题。经与国家经贸委、国家工商行政管理局、全国总工会等部门共同研究，现将有关问题明确如下：

一、职工消费合作社是职工自发组织，民主管理，自我服务的群众性经济组织，应纳入工商行政管理部门的管理范围。

二、在职工消费合作社建立发展的基础上，条件成熟时，可由一定数量的职工消费合作总社组建职工消费合作社协会。职工消费合作社协会是促进职工消费合作社事业的健康发展，不以营利为目的的社会团体。其主要任务是对职工消费合作社进行政策引导和协调，制定行规行约，开展信息交流，业务培训和咨询服务等。

三、成立职工消费合作社协会，应按社会团体登记管理的有关法规，在相应的民政部门履行登记手续。由于目前职工消费合作社尚处于发展的初期阶段，因此，地市（含地级）以下地区尚不具备成立的条件，暂不宜成立职工消费合作社协会。

民政部、外经贸部、国家体改委、国家工商行政管理局关于外经贸试点企业内部职工持股会登记管理问题的暂行规定

（民社发〔1997〕28号　1997年10月6日）

各省、自治区、直辖市民政厅（局）、外经贸委（厅、局）、体改委（办）、工商行政管理局，各计划单列市民政局、外经贸委（局）、体改委（办）、工商行政管理局：

为积极、稳妥、规范地开展外经贸企业内部职工持股试点工作，根据《国务院对〈外经贸股份有限公司内部职工持股试点暂行办法〉的批复》（国函〔1994〕54号）及外经贸部、国家体改委《关于部分修改〈外经贸股份有限公司内部职工持股试点暂行办法〉的通知》（〔1997〕外经贸计财发第188号）精神，现对外经贸企业职工持股会的登记管理问题暂作如下规定：

一、职工持股会是专门从事企业内部职工持股资金管理，认购公司股份，行使股东权力，履行股

东义务，维护出资职工合法权益的组织。职工持股会会员以出资额为限，对持股会承担责任。职工持股会以其全部出资额为限，对企业承担责任。职工持股会的资金不能进行本企业以外的其他投资活动。

二、职工持股会依法登记后取得社会团体法人资格。依据国家有关法规和职工持股会章程开展活动。

三、国家外经贸部是外经贸试点企业职工持股会的业务主管部门，负责职工持股会设立的审查和监督管理。

四、民政部门是外经贸试点企业职工持股会的登记管理部门，负责职工持股会的成立登记、变更登记、注销登记和监督管理。

职工持股会实现分级登记管理的原则。各部委所属的外经贸试点企业职工持股会由民政部登记；地方外经贸试点企业职工持股会由地方相应的民政部门登记。

五、外经贸试点企业向工商行政管理机关申请企业名称预先核准时，暂以外经贸部原则同意进行内部职工持股试点的批复文件代替职工持股会的社会团体法人资格证明。工商行政管理机关在核发的《企业名称预先核准通知书》上注明“仅供办理职工持股会社会团体法人登记用字样”。职工持股会取得社会团体法人登记证书后，向工商行政管理机关提交社会团体法人资格证明，由工商行政管理机关换发不注明上述字样的《企业名称预先核准通知书》。

六、职工持股会登记需提交下列材料：

1. 设立职工持股会的申请书；

2.《企业名称预先核准通知书》；

3. 职工持股会章程（草案）；

4. 注册资金的验资证明；

5. 会员名册和出资证明样式；

6. 办公地点使用证明；

7. 外经贸部关于原则同意进行内部职工持股试点的批复；

8. 公司章程；

9. 社团登记管理机关要求的其他文件。

七、外经贸试点企业在工商行政管理机关进行公司登记时，以民政部门颁发的社会团体法人登记证书作为职工持股会法人资格证明。

八、待国家有关职能部门制定内部职工持股会管理办法后，外经贸企业职工持股试点中设立的职工持股会要按照国家有关规定进行规范。

九、以上规定只限于外经贸行业中按《公司法》改建为股份有限公司、有限责任公司进行内部职工持股试点企业。

民政部办公厅关于转发财政部、国家税务总局《关于事业单位、社会团体征收企业所得税有关问题的通知》的通知

（厅办函〔1997〕436号 1997年12月3日）

各省、自治区、直辖市和计划单列市民政厅（局），新疆生产建设兵团民政局：

现将财政部、国家税务总局《关于事业单位、社会团体征收企业所得税有关问题的通知》转发给你们，请遵照执行。

附：

民政部、国家税务总局关于事业单位、社会团体征收企业所得税有关问题的通知

（财税字〔1997〕75号 1997年10月21日发布 自1998年1月1日施行）

各省、自治区、直辖市、计划单列市财政厅（局）、国家税务局、地方税务局，财政部驻各省、自治区、直辖市、计划单列市财政监察专员办事处：

根据《中华人民共和国企业所得税暂行条例》（以下简称条例）及其实施细则和有关税收政策的规定，现对事业单位、社会团体征收企业所得税的有关问题通知如下：

一、凡经国家有关部门批准，依法注册、登记的事业单位和社会团体，其取得的生产经营所得和其他所得，应一律按条例及其实施细则和有关税收政策的规定，征收企业所得税。

二、根据条例及其实施细则的规定，事业单位和社会团体的收入，除财政拨款和国务院或财政部、国家税务总局规定免征企业所得税的项目外，其他一切收入都应并入其应纳税收入总额，依法计征企业所得税。

国务院或财政部、国家税务总局规定免征企业所得税的项目，具体是：

（一）经国务院及财政部批准设立和收取，并纳入财政预算管理或财政预算外资金专户管理的政府性基金、资金、附加收入等；

（二）经国务院、省级人民政府（不包括计划单列市）批准或省级财政、计划部门共同批准，并纳入财政预算管理或财政预算外资金专户管理的行政事业性收费；

（三）经财政部核准不上缴财政专户管理的预算外资金；

（四）事业单位从主管部门和上级单位取得的用于事业发展的专项补助收入；

（五）事业单位从其所属独立核算经营单位的税后利润中取得的收入；

（六）社会团体取得的各级政府资助；

（七）按照省级以上民政、财政部门规定收取的会费；

（八）社会各界的捐赠收入；

（九）经国务院明确批准的其他项目。

三、事业单位、社会团体纳税年度的应纳税收入总额减去按照条例及其实施细则和有关税收政策规定允许和扣除的与取得收入有关的成本、费用、损失后的余额，为应纳税所得额。

成本、费用、损失的扣除标准按照税收的规定执行。

四、事业单位、社会团体对取得应纳税收入有关的成本、费用、损失与免纳税收入有关的成本、费用、损失应分别核算。确实难以划分清楚的，可由主管税务机关采取分摊比例法或其他合理的方法确定。

分摊比例法是指由主管税务机关根据事业单位、社会团体的应纳税收入总额占该单位全部收入的比重作为分摊比例，分摊其全部支出中应当由纳税收入分摊的部分，并据以计算应纳税所得额。

五、事业单位、社会团体应根据主管税务机关的规定，将财政部门批复下达的纳入财政预算管理或财政预算外资金专户管理的基金、资金、附加收入等有关文件资料，报主管税务机关备案。

六、事业单位、社会团体分别以独立经济核算单位为纳税人，就地缴纳企业所得税，并可享受国家统一规定的税收优惠政策。

七、有生产经营所得和其他所得的事业和社会团体，必须按照《中华人民共和国税收征收管理法》及其实施细则等有关规定，办理税务登记。现有的事业、社会团体，按本通知规定应办理税务登记而未办理的，必须补办税务登记。

八、有生产经营所得和其他所得的事业单位、社会团体，应按照条例及其实施细则的规定，按期进行纳税申报并使用税务发票，按规定可使用财政收据的除外。

九、中央各部门、各总公司、各行业协会、总会所属的事业单位、社会团体的企业所得税，由国家税务局负责征收管理，税款缴入中央金库。

地方各部门、各总公司、各行业协会、总会所属的事业单位、社会团体的企业所得税，由地方税务局负责征收管理，税款缴入地方金库。

十、本通知从1998年1月1日起执行。

关于社团管理司更名为社会团体和民办非企业单位管理司及其职能配置、内设机构和人员编制方案的通知

（民政部民人函〔1997〕137号　1997年8月8日）

各司（局、厅）、各直属单位：

一、根据中央机构编制委员会办公室“关于同意民政部增加社团和民办非企业单位管理人员编制的批复”（中编办字〔1997〕70号），将民办非企业单位的管理登记工作交由社团管理司承担，原社团管理司更名为“社会团体和民办非企业单位管理司”。

二、《民政部社会团体和民办非企业单位管理司职能配置、内设机构和人员编制方案》经1997年7月4日党组会议讨论通过，现予印发。

抄送：中央机构编制委员会办公室、国务院办公厅、国务院法制局，各省、自治区、直辖市民政厅（局），计划单列市民政局，新疆生产建设兵团民政局

附：

民政部社会团体和民办非企业单位管理司职能配置、内设机构和人员编制方案

民政部社会团体和民办非企业单位管理司是主管全国社会团体和民办非企业单位登记管理的职能司，为民政部内设机构。

一、主要职责

制订社会团体和民办非企业单位管理的政策法规并组织实施；研究我国社会团体和民办非企业单位管理发展体制；负责全国性社会团体、民办非企业单位及下属机构，跨省、自治区、直辖市社会团体、民办非企业单位及下属机构，港澳台同胞和民间组织在内地的社会团体、民办非企业单位及下属机构，外国公民和民间组织在华社会团体、民办非企业单位及下属机构，国际性民间组织在华机构及下属机构的成立登记和管理；依法查处社会团体和民办非企业单位的违法行为；协助有关行政复议工作；指导地方开展社会团体和民办非企业单位的登记、管理、监督工作；承办部交办的有关工作。

二、机构设置

（一）办公室

1. 负责司内人事、文秘、安全、保密等行政事务和后勤管理工作，协助司领导处理日常工作。

2. 负责在民政部登记的社会团体和民办非企业单位档案的管理工作。

3. 负责司办公自动化和数据统计工作。

4. 负责社会团体和民办非企业单位的票据管理、印章管理及代码赋予工作。

5. 负责督查督办工作。

6. 负责司外事联系工作。

（二）综合处

1. 调查研究社会团体和民办非企业单位管理发展体制，制订立法计划，承担综合性政策法规的起草及有关政策法规的咨询工作。

2. 起草司综合性文件、重要会议报告、工作规划和年度工作计划、工作总结。

3. 负责司务会议、司长办公会议的组织服务工作。

4. 编辑工作简报、业务书刊、开展业务培训和教材编审工作。

5. 负责组织业务宣传工作。

6. 协助行政复议工作。

（三）社会团体登记处（部属社团指导处）

1. 参与研究制订社会团体登记的有关政策法规，并负责有关咨询工作。

2. 指导地方开展社会团体的登记工作。

3. 负责全国性社会团体，跨省、自治区、直辖市社会团体的成立登记，变更登记、注销登记工作；对设立办事机构、派出机构、分支机构进行审查备案；颁发登记证书，出具有关登记证明。

4. 负责全国性社会团体，跨省、自治区、直辖市社会团体业务主管部门的认定工作。

5. 制订部属社会团体管理办法，承办部属社会团体的登记和管理工作。

（四）民办非企业单位登记处

1. 参与研究制订民办非企业单位登记的有关政策法规，并负责有关咨询工作。

2. 指导地方开展民办非企业单位的登记工作。

3. 负责民政部管辖范围内的民办非企业单位的成立登记、变更登记和注销登记；颁发登记证书，出具有关登记证明。

4. 负责民政部管辖范围内的民办非企业单位业务主管部门的认定工作。

（五）社会团体管理处

1. 参与研究制订社会团体管理的有关政策法规，并负责有关咨询工作。

2. 指导地方开展社会团体的日常管理和监督工作。

3. 负责全国性社会团体，跨省、自治区、直辖市社会团体的年度检查工作。

4. 总结交流社会团体管理工作的经验，表彰先进。

5. 负责全国性社会团体，跨省、自治区、直辖市社会团体的编制核定、核准会费标准工作。

6. 负责研究社会团体财务管理、税收政策及人事管理等方面的有关问题。

7. 查处未经核准登记擅自以社会团体名义进行活动的非法组织；查处社会团体的违法案件。

8. 协调有关部门对命令解散和取缔的社会团体进行善后处理，落实处罚执行工作。

（六）民办非企业单位管理处

1. 参与研究制订民办非企业单位管理的有关政策法规，并负责有关咨询工作。

2. 指导地方开展民办非企业单位的日常管理和监督工作。

3. 负责在民政部登记的民办非企业单位的年度检查工作。

4. 总结交流民办非企业单位管理工作的经验，表彰先进。

5. 研究民办非企业单位财务管理、税收政策及人事管理等方面的有关问题。

6. 查处未经核准登记擅自以民办非企业单位名义进行活动的非法组织；查处民办非企业单位的违法案件。

7. 协调有关部门对命令解散和取缔的民办非企业单位进行善后处理，落实处罚执行工作。

（七）涉外登记管理处

1. 参与研究制订有关政策法规并负责咨询工作。

2. 指导地方开展涉外社会团体和民办非企业单位的登记、管理及监督工作。

3. 负责民政部管辖范围内的港澳台同胞和民间组织在内地的社会团体、民办非企业单位及其下属机构，外国公民和民间组织在华社会团体、民办非企业单位及下属机构，国际性民间组织在华机构及下属机构的成立登记、变更登记和注销登记工作；颁发登记证书，出具有关登记证明。

4. 负责对在民政部登记的涉外社会团体、民办非企业单位进行日常管理、年度检查，并对其重大活动进行检查指导。

5. 负责与有关部委协调涉外登记管理的业务工作。

6. 查处未经核准登记擅自以涉外社会团体和民办非企业单位名义进行活动的非法组织；查处涉外社会团体和民办非企业单位的违法案件。

7. 协调有关部门对命令解散和取缔的涉外社会团体、民办非企业单位进行善后处理，落实处罚执行工作。

三、人员编制和领导职数

社会团体和民办非企业管理司行政编制41名。其中，司长1名、副司长3名；处级领导职数14名。

中共中央组织部、民政部
关于在社会团体中建立党组织有关问题的通知

（组通字〔1998〕6号　1998年2月16日）

各省、自治区、直辖市党委组织部，各省、自治区、直辖市人民政府民政厅（局），中央各部委，国家机关各部委党组（党委），各人民团体党组：

党的十一届三中全会以来，随着经济的发展和社会的进步，各类社会团体不断增多。这些社会团体在我国社会、经济、科技、文化发展以及对外交往中发挥着越来越广泛的积极作用。为加强社会团体党的工作，促进社会团体健康发展，现就在社会团体（不包括由国家确定其职能，核定编制，核拨经费，工作人员按国家公务员管理的社会团体）中建立党组织的有关问题通知如下：

一、经社会团体登记管理机关核准登记（原有社会团体经清理整顿换发新的证书）的社会团体，其常设办事机构专职人员中凡是有正式党员3人以上的，应建立党的基层组织。社会团体建立党组织，由其业务主管部门或挂靠单位的党组织审批。

社会团体在筹备过程中就应考虑建立党组织问题。业务主管部门或挂靠单位应了解和掌握社会团体的情况，对应当建立党的基层组织而没有建立的，要帮助其尽快建立。

二、社会团体已经建立党组织的，其常设办事机构专职人员中党员的组织关系应转入社会团体党组织；社会团体没有建立党组织的，其常设办事机构专职人员中党员的组织关系可转入业务主管部门或挂靠单位的党组织，参加党的活动。

三、社会团体党组织的设置形式根据党员人数和工作需要确定。党员人数3名以上，不足50名的，可成立党的支部委员会，其中党员人数不足7名的，可不成立支部委员会，只设书记1名；党员人数超过50名不足100名的，可成立党的总支部委员会；党员人数超过100名的可成立党的基层委员会。

社会团体党的基层委员会由党员大会或党员代表大会选举产生，党的总支部委员会和支部委员会由党员大会选举产生。

党的基层委员会每届任期三年，党的总支部委员会、支部委员会每届任期两年。

社会团体党组织一般不设专职党务干部，日常党务工作由社会团体党组织的党员兼任。规模较大，党员人数较多的社会团体，可设置精干的党的工作机构和专职人员。

四、社会团体党组织应全面贯彻执行党章规定的党的基层组织的任务，要做好以下工作：

1. 支持社会团体及其负责人按照社团章程中规定的宗旨、任务开展工作。

2. 加强对党员的教育、管理和监督，通过发挥党员的先锋模范作用，积极开展业务活动，发挥社会团体在社会主义建设中的作用。

3. 监督社会团体负责人贯彻党的路线、方针、政策，遵守国家法律、法规。

五、社会团体党组织必须自觉接受批准其成立的业务主管部门或挂靠单位党组织的领导，定期汇报工作，重要问题应及时请示汇报。

社会团体业务主管部门或挂靠单位党组织要重视社会团体党组织工作，把加强社会团体党组织建设作为党组织工作的组成部分，列入工作议程，定期研究。要帮助社会团体党组织解决工作中的实际问题，充分发挥社会团体党组织在改革和现代化建设中的积极作用。

民政部、外经贸部对《关于外经贸试点企业内部职工持股会登记管理问题的暂行规定》的补充通知

（民社函〔1998〕118 号　1998 年 5 月 27 日）

各省、自治区、直辖市民政厅（局）、外经贸委（厅、局），各计划单列市民政局、外经贸委（局）：

根据国务院领导关于外经贸企业内部职工持股试点工作的有关指示精神，现就民政部、外经贸部、国家体改委、国家工商行政管理局四部委联合发布的《关于外经贸试点企业内部职工持股会登记管理问题的暂行规定》（民社发〔1997〕28 号）补充通知如下：

一、外经贸试点企业成立内部职工持股会，由各级政府外经贸主管部门作其业务主管部门。申请成立内部职工持股会，应向民政部门提交业务主管部门同意设立内部职工持股会的资格审查文件和具有审批权的外经贸主管部门原则同意进行内部职工持股试点的批复。

二、各部委所属的外经贸总公司，不论设在何地，成立内部职工持股会，都由外经贸部作其业务主管部门，民政部负责注册登记。

总公司下设的经改制具有法人资格的公司成立内部职工持股会，其住所地在省、自治区、直辖市人民政府所在市的，由省级外经贸主管部门作其业务主管部门，省级民政部门负责注册登记；公司住所地在地（市）、县（市）级城市的，由地（市）、县（市）级外经贸主管部门作其业务主管部门，地（市）、县（市）级民政部门负责注册登记。

三、内部职工持股会的会员人数以出资职工人数为准。内部职工持股会的注册资金依据职工出资数额确定，由会计师事务所出具资金证明。

四、内部职工持股会设理事会，理事长是该会的法定代表人。公司总经理不得兼任持股会的理事长。内部职工持股会不设分支机构、派出机构，不刻财务专用章。

五、地方外经贸试点企业内部职工持股会的登记管理工作，参照各部委所属公司内部职工持股会的登记管理办法实施。

内部职工持股会的登记工作尚处于试点阶段，目前仅在外经贸试点企业范围内进行注册登记。各级民政部门必须按照民政部的统一部署进行工作，不得随意扩大登记范围。

本通知下发之日起，民政部办公厅《关于外经贸试点企业内部职工持股会登记有关问题的通知》（厅办函〔1997〕452 号）同时废止。

民政部关于印发《民政部主管的社会团体管理暂行办法》的通知

（民社发〔1998〕6号　1998年6月12日）

各司、局（厅），中国老龄协会：

《民政部主管的社会团体管理暂行办法》已经1998年6月11日部党组讨论通过。现印发给你们，请结合实际，遵照执行。

附：

民政部主管的社会团体管理暂行办法

（部党组1998年6月11日讨论通过）

第一条　为了适应政府转变职能和民政工作的需要，更好地发挥民政部主管的社团的积极作用，依据《社会团体登记管理条例》，制定本办法。

第二条　社团具有独立的法人资格，独立承担民事责任，依据登记的章程独立自主地开展各项活动和管理内部事务。

第三条　社团接受部委托职能以项目协议的形式实施，明确职责、经费与合作关系。社团的业务活动、党组织建设、有关的人事和外事工作分别由相关业务司局、部直属机关党委、人事教育司和外事司主管。

社团的登记、年检和违法、违纪行为的查处，由民间组织管理局主管。

受部委托，中华慈善总会由民间组织管理局主管；中国社会福利协会、中国假肢协会、中国殡葬协会由社会福利与社会事务司主管；中国救灾协会由救灾救济司主管；中国社会工作协会由办公厅主管；中国行政区划地名研究会由区划地名司主管；中国老年大学学会、中国老年学学会、中国老年基金会由中国老龄协会主管。

部主管司、局（厅）不得从社团中牟取任何经济利益。

第四条　社团必须认真执行党的政策，遵守国家的法律、法规，自觉接受民政部及授权司、局（厅）管理。

第五条　社团变更法定代表人，由业务主管司、局（厅）推荐，人事教育司审核，部党组研究同意，经理事会（常务理事会）讨论通过后，向民间组织管理局申请变更登记。

第六条　社团秘书长以上负责人更换，应由人事教育司会同业务主管司、局（厅）对拟任负责人进行审查，社团依据章程履行民主程序后，向民间组织管理局办理有关备案手续。

第七条　部机关在职公务员，均不得在社团中兼任领导职务。因特殊情况确需在社团中兼任领导职务的，必须按干部管理权限进行审批，依章程规定履行民主程序后，由民间组织管理局办理有关手

续。

第八条 社团常设办事机构中要按中共中央组织部和民政部《关于在社会团体中建立党组织有关问题的通知》（组通字〔1998〕6号）规定建立健全党的组织。

第九条 社团变更名称（住所、业务主管部门、注册资金），依据章程履行民主程序，应经业务主管司、局（厅）审查后，向民间组织管理局申请变更登记。

社团修改章程，应经业务主管司、局（厅）审查同意后，向民间组织管理局申请核准。

第十条 社团设立（变更或注销）分支机构、派出机构，由理事会（常务理事会）讨论通过，经业务主管司、局（厅）审查后，向民间组织管理局申请办理有关登记手续。

第十一条 社团开展对外交往活动和申请公务出国，由业务主管司、局（厅）审查，外事司审核报批。

第十二条 社团开展重大业务活动，如召开大型研讨会、举办展览会等，应由业务主管司、局（厅）审查核准。

第十三条 社团的主要经费来源：

（1）会费；

（2）社团发展基金利息；

（3）开展咨询、培训、课题研究等有偿服务活动的收入；

（4）兴办或管理与宗旨业务相关的实体，按协议取得的收入；

（5）政府部门资助；

（6）社会捐赠。

第十四条 社团接受和使用捐赠、资助，必须符合章程规定的宗旨和业务范围，遵守国家有关规定，并接受民间组织管理局指定的会计师事务所的审计。经部批准建立的社团发展基金，社团不得以任何理由使用本金。

第十五条 社团应依据国家财政部门有关规定，建立健全财务管理制度，聘用有执业资格的财会人员从事财务工作，定期公布财务收支情况，并接受部和有关部门的财务审计监督。

第十六条 社团兴办与宗旨、业务相关的实体，应经业务主管司、局（厅）审查同意，报部领导批准，依据有关规定到工商行政管理机关办理登记手续后，向民间组织管理局备案。社团对自身兴办和部委托代管的实体，要加强管理，切实负起责任。所有社团不得接受社会有关实体的挂靠。

第十七条 社团每年3月前应对上一年度工作、财务情况进行自检，按规定填写年检报告书和接受会计师事务所对其财务的审计。以上材料经业务主管司、局（厅）签署有关意见后，报送民间组织管理局审定。

第十八条 社团申请注销登记，应在业务主管司、局（厅）指导下，成立清算组织，完成清算工作，提交法定代表人签署的注销登记申请书、业务主管司、局（厅）的审查意见、部长办公会议同意注销登记的纪要以及清算报告书。经民间组织管理局注销登记后，发给注销登记文件，收缴社团登记证书、印章及财务凭证。

本办法未尽事宜，依照《社会团体登记管理条例》和国家有关规定执行。

中共中央办公厅、国务院办公厅关于党政机关领导干部不兼任社会团体领导职务的通知

（中办发〔1998〕17号　1998年7月2日）

各省、自治区、直辖市党委和人民政府，中央和国家机关各部委，军委总政治部，各人民团体：

《国务院办公厅关于部门领导同志不兼任社会团体领导职务问题的通知》（国办发〔1994〕59号）下发后，国务院各部委、各直属机构认真贯彻执行文件精神，已有一批部门领导干部按规定辞去了兼任的社会团体领导职务。实践证明，部门领导干部不兼任社会团体领导职务的做法有利于这些同志集中精力做好所担负的领导工作，也有利于实行政社分开。目前，在党政机关还有相当数量的县（处）级以上党政领导干部在社会团体中兼任领导职务。为了适应我国政治体制改革和经济体制改革以及机构改革工作的需要，加快政府职能的转变，发挥社会团体应有的社会中介组织作用，经党中央、国务院领导同志同意，现就党政机关领导干部兼任社会团体领导职务问题通知如下：

一、县及县以上各级党的机关、人大机关、行政机关、政协机关、审判机关、检察机关及所属部门的在职县（处）级以上领导干部，不得兼任社会团体（包括境外社会团体）领导职务（含社会团体分支机构负责人）。

二、因特殊情况确需兼任社会团体领导职务的，必须按干部管理权限进行审批，并按照所在社团的章程履行规定程序后，再到相应的社会团体登记管理机关办理有关手续。

未经批准已经兼任社会团体领导职务的，应从本通知下发之日起半年内辞去所兼任的社会团体领导职务；已经批准兼任社会团体领导职务并确需继续兼任的，应按上述规定重新办理审批手续。

三、社会团体领导职务是指社会团体的会长（理事长、主席）、副会长（副理事长、副主席）、秘书长，分会会长（主任委员）、副会长（副主任委员），不包括名誉职务、常务理事、理事。

四、各省、自治区、直辖市应按照本通知精神制定本地区的实施办法；军队领导干部兼任社会团体领导职务问题，由中国人民解放军总政治部按照本通知精神制定相应规定。

具有行政管理职能的事业单位及人民团体参照本通知执行。

五、本通知由中央组织部、民政部负责解释。

民政部关于救灾募捐义演等有关问题的通知

（1998 年 9 月 30 日）

各省、自治区、直辖市民政厅（局），各计划单列市民政局：

根据《国务院办公厅关于加强救灾捐赠管理工作的通知》（国办发明电〔1998〕14 号）精神，为了进一步加强对救灾募捐义演、义卖、义诊、义展、义赛、义画、义拍等活动的管理，维护捐赠者和受捐赠者的合法权益，并确保救灾募捐义演等活动合法有序，现就有关问题通知如下：

一、救灾募捐义演活动的审批程序

必须按照国务院 1997 年发布的《营业性演出管理条例》和民政部 1994 年发布的《社会福利性募捐义演管理暂行办法》的规定，严格履行报批手续。举办者必须向当地县级以上人民政府民政部门提出申请，经民政部门核准报同级文化行政部门批准后方可举办。

二、救灾募捐义演活动的申报内容

民政部门接受申办者提交申请书时，必须要求申办者同时提供资信证明、接受单位的认定材料、演出计划、演出地点、演出场次、演出时间、演出票价、必要费用开支预算、所得善款额度、公证部门同意公证的证明等材料。

三、救灾募捐义演的经费预算决算

举办义演所得收入，除去必要的费用开支，其余收入必须全部移交受捐者，受捐者要单独设立账户，专账管理，并给捐赠者开具收据和捐赠证书，捐赠款物的数额要向社会公布。捐赠义演等活动的全过程必须经公证部门公证，举办者必须按照国家财会制度进行结算，并由审计部门进行全面审计，将决算报告报原审批部门。

四、其他救灾募捐活动

救灾募捐义卖、义诊、义展、义赛、义画、义拍等活动必须严格管理，参照救灾募捐义演规定由各级民政部门从严审核。同时，义卖、义拍活动审核后要经工商部门批准；义展活动审核后要经文化部门批准；义赛活动审核后由体育行政部门批准。

五、监督检查

救灾募捐义演、义卖、义诊、义展、义赛、义画、义拍等活动必须在法律范围内进行。凡经批准举办的义演、义卖、义诊、义展、义赛、义画、义拍等活动必须在举办现场公示批准文本，否则按非法募捐行为处理。

对于非法举办救灾募捐义演、义卖、义诊、义展、义赛、义画、义拍等活动的，由公安部门予以制止，并依法严肃查处；对以义演、义卖、义诊、义展、义赛、义画、义拍等名义诈骗钱财的，由公安、司法部门依法严厉惩处。

各级民政部门负责检查募捐义演、义卖、义诊、义展、义赛、义画、义拍等款物的落实情况，捐赠者和受捐赠者不得挪用捐赠款物，违者由民政部门会同有关部门坚决依法查处。

侵吞募捐义演款物的，依据《营业性演出管理条例》第四十六条规定，由文化部门会同民政部门责令举办者将违法所得送交受捐者，并处违法所得 3 倍以上 5 倍以下的罚款；情节严重的，由原发证机关责令停业整顿直至吊销相关的许可证；构成犯罪的，依法追究刑事责任。

侵吞义卖、义诊、义展、义赛、义画、义拍等募捐款物的，由民政部门报同级人民政府会同公安、体育、工商等有关部门给予严肃处理。

在救灾募捐义演、义卖、义诊、义展、义赛、义画、义拍等活动中进行非法募捐的社会团体，民政部门要依据《社会团体登记管理条例》的有关规定予以处理。

监察部门对机关和事业单位侵吞救灾捐赠款物的，要及时通报上级监察部门，对主要负责人和直接责任人给予行政处分。

附：

社会福利性募捐义演暂行办法

（民政部令〔1994〕第2号）

第一条 为实施对社会福利性募捐义演的管理，维护捐赠者和受捐赠者的合法权益，保证社会福利性募捐义演的健康发展，制定本办法。

第二条 本办法所称社会福利性募捐义演，系指社会各界为帮助社会救济对象、支援灾区、扶持贫困地区的发展和援救其他突发性灾害中遭遇困难的人们募集款物而举办的不以营利为目的演出活动。

第三条 义演活动必须遵守国家有关法规和政策，同时受国家法律保护并享受国家有关政策优惠。

第四条 国家专门从事社会福利性事业的机关、社会团体及其他有关组织可以单独申请举办社会福利性募捐义演。其他机关、团体、企事业单位或个人申请举办社会福利性募捐义演，必须与受捐单位联合举办。

第五条 中央国家机关、全国性社会团体和其他组织举办的社会福利性募捐义演，向民政部提出申请；地方各级国家机关、社会团体和其他组织及个人举办的社会福利性募捐义演，向当地省级民政部门提出申请。经民政部门审查同意后，按照现行演出法规的规定报文化行政管理部门审批。

第六条 申办社会福利性募捐义演者，应向民政部门提交以下材料：

（一）申请书。

（二）申办单位的介绍信或申办个人的有效身份证件。

（三）银行或国家认可的会计师事务所开具的资信证明。

（四）演出计划、募集款物使用计划、活动经费预算计划。

第七条 义演主办单位应设立专门机构负责接收和管理捐赠款物和其他收入，单独立户，专账管理。义演主办单位接受捐赠款物，要给捐赠者开具收据和捐赠证书。

第八条 义演所得收入，包括捐赠款物、广告赞助及门票、声像等收入，必须按国家财会制度进行结算；经审计部门审计和公证部门公证后，除必要的成本支出外，必须全部移交受捐单位。

第九条 受捐单位应按募集款物使用计划和捐赠者的捐赠意向，具体落实款物用项，并由民政部门负责检查使用情况。捐赠款物的使用情况应当通过新闻媒体或其他形式向社会公布，接受社会公众的监督。

第十条 参加义演的演职员在排练和演出期间，除必要的生活补贴（交通、食宿）外，不应领取报酬。

第十一条 未经民政、文化行政管理部门批准，任何单位和个人不得举办社会福利性募捐义演，违者由当地民政部门会同文化行政管理部门予以查处，没收全部违法所得，用于社会福利事业。

第十二条 募捐义演的主办单位和受捐单位均不得挪用、私分捐赠款物，违者由民政部门报请有关部门依法查处。

第十三条 其他有关社会福利募捐性的义卖、义展、义赛、义诊、义画等活动，参照本办法执行。

第十四条 本办法由民政部负责解释。

第十五条 本办法自发布之日起施行。

民政部关于清理整顿社会团体审定和换发证书工作的通知

（民社发〔1998〕13号　1998年11月3日）

各省、自治区、直辖市民政厅（局），各计划单列市民政局，新疆生产建设兵团民政局：

按照党中央、国务院的部署，自1997年4月以来，在全国范围内对社会团体进行了全面的清理整顿。现在，清理整顿社会团体工作的第一阶段即社会团体自查阶段和第二阶段即业务主管单位审查阶段已基本结束。根据《国务院办公厅转发民政部关于清理整顿社会团体意见的通知》（国办发〔1997〕11号）的部署，清理整顿社会团体的下一阶段工作为登记管理机关审定和换发证书阶段。在清理整顿社会团体工作进行过程中，国务院颁发了新的《社会团体登记管理条例》，中共中央办公厅下发了《中共中央办公厅、国务院办公厅关于党政机关领导干部不兼任社会团体领导职务的通知》（中办发〔1998〕17号），中共中央组织部、民政部联合下发了《关于在社会团体中建立党组织有关问题的通知》（组通字〔1998〕6号），对社团管理工作作出了新规定，提出了新要求，为清理整顿社会团体工作提供了新的法规和政策依据。同时民政部还依据新的《社会团体登记管理条例》制定了《社会团体章程示范文本》，国务院对清理整顿社会团体工作的时间安排也提出了具体要求。鉴于上述情况，有必要依据新的法规和政策性文件，对清理整顿社会团体的审定标准进行修订和补充，对工作时间安排作出调整。现就清理整顿社会团体审定和换发证书工作有关问题通知如下：

一、对清理整顿社会团体审定工作的若干补充意见

（一）对原规定予以保留的社会团体的条件作以下补充和调整

1. 社团登记管理机关在审定工作中，要参照民政部制定的《社会团体章程示范文本》对社会团体的章程（尤其是章程中有关社会团体的宗旨和业务范围）严格审核。社会团体章程经社团登记管理机关核准后方能生效。

2. 社会团体自身不得从事营利性经营活动。社会团体如投资设立企业法人，或设立非法人的经营机构，仍按照民政部、国家工商局《关于社会团体开展经营活动有关问题的通知》（民社发〔1995〕14 号）的规定执行。

3. 社会团体的资产来源必须合法。任何单位和个人不得侵占、私分或者挪用社会团体的资产。社会团体的经费，以及开展章程规定的活动时，按照国家有关规定所取得的合法收入，必须用于章程规定的业务活动，不得在会员中分配。

4. 社会团体专职工作人员的工资和保险、福利待遇，参照国家对事业单位的有关规定执行。

5. 依据《国务院办公厅转发中国人民银行整顿乱集资乱批设金融机构和乱办金融业务实施方案的通知》（国办发〔1998〕126 号），基金会不得办理存款、贷款、拆借等金融业务，已经办理的，要立即停办，并在 1998 年底前完成清收债权、清偿债务的工作。

6. 社会团体接受、使用国内外捐赠、资助的有关情况，应当以适当方式向社会公布。

7. 按照中办发〔1998〕17 号文件的规定，县处级以上现职党政机关领导干部不得兼任社团领导职务（含社团分支机构负责人）。如有特殊情况确需兼任的，必须按干部管理权限经审批同意后方可兼任。

8. 按照中组部和民政部联合下发的组通字〔1998〕6 号文件的规定，社会团体常设办事机构的专职人员中有正式党员 3 人以上的，应建立党的基层组织。

9. 社会团体的名称应当符合法律、法规的规定，不得违背社会道德风尚。社会团体的名称应当与其业务范围、成员分布、活动地域相一致，准确反映其特征。全国性的社会团体的名称冠以“中国”、“全国”、“中华”等字样的，应当按照国家有关规定经过批准；地方性的社会团体的名称应冠以本行政区域的名称，不得冠以“中国”、“全国”、“中华”等字样。

10. 社会团体应有 50 个以上的个人会员或者 30 个以上的单位会员；个人会员和单位会员混合组成的，会员总数不得少于 50 个。

11. 地方性社会团体法人的资金条件由 5 万元以上调整为 3 万元以上。

12. 社会团体的负责人应当经过所在单位的人事部门和业务主管单位审核后，再由社会团体按其章程规定的民主程序选举产生。

13. 社会团体秘书长以上负责人（不含名誉职务）应身体健康，能够坚持正常工作，任期一般不超过两届，年龄一般不超过 70 周岁，秘书长应当为专职。

社会团体秘书长以上负责人若超过规定的最高任职年龄，由理事会 2/3 以上多数表决通过，报业务主管单位审查并经社团登记管理机关审批同意后，方可任职。

社会团体秘书长以上负责人任期超过两届的，由会员大会（或会员代表大会）2/3 以上多数表决通过，报业务主管单位审查并经社团登记管理机关审批同意后，方可任职。

14. 社会团体的法定代表人一般应由会长（理事长）担任。如因特殊情况需由副会长（副理事长）或秘书长担任法定代表人，应报业务主管单位审查并经社团登记管理机关审批同意后，方可担任，并在社团章程中写明。

社会团体的法定代表人，不得兼任其他社会团体的法定代表人。

对不符合国办发〔1997〕11 号文件规定的保留条件和上述条件的社会团体，应限期整改；在规定期限内达不到整改要求的，予以注销登记或撤销登记。

（二）新颁布的《社会团体登记管理条例》中取消了非法人社会团体。鉴于目前地方性社会团体中非法人社会团体所占比例较大，短期内难以达到社会团体法人的条件，因此，在此次审定工作中，

对非法人社会团体仍按国办发〔1997〕11号文件规定的非法人社会团体的条件进行审定。但非法人社会团体必须在新的《社会团体登记管理条例》施行之日起1年内达到上述条例规定的社会团体法人应具备的条件，并向社团登记管理机关申请重新办理社会团体法人登记。如在限期内达不到条件的，应予注销。

二、清理整顿社会团体审定和换证工作的时间安排和程序

（一）时间安排

清理整顿社会团体审定和换证工作的时间为1998年11月－1998年12月31日。

（二）工作程序

1. 各级业务主管单位应在1998年11月30日以前完成对社会团体的审查工作，将本单位有关清理整顿社会团体审查情况及对社会团体保留、合并、限期整改和撤销登记意见的材料，连同本单位所属社会团体的《清理整顿报告书》及相关材料送相应的社团登记管理机关。

2. 社团登记管理机关在业务主管单位对社会团体作出明确的审查结论，并在以下材料齐备后，方能进行审定：

（1）《社团清理整顿报告书》；

（2）社会团体章程；

（3）由指定审计机构出具的财务审计报告书；

（4）住所使用证明；

（5）由银行出具的资金证明。

3. 对做出予以保留结论的社会团体，由业务主管单位通知社会团体到社团登记管理机关办理换发证书手续。社会团体在办理换发证书手续时，应按社团登记管理机关的要求填写有关表格，交纳相关费用，缴回原证书后，领取新证书。新的《社会团体登记管理条例》第三十九条规定“本条例施行前已经成立的社会团体，应当自本条例施行之日起1年内向登记管理机关申请重新登记”，对此次清理整顿中经社团登记管理机关审定予以保留并颁发新证书的社会团体，视为重新登记，并由社团登记管理机关在报刊上予以公告。

三、清理整顿社会团体审定和换发证书工作的要求

这次清理整顿社会团体审定和换发证书工作是整个清理整顿社会团体的最后阶段也是最关键的阶段。这项工作时间紧、任务艰巨。各级社团登记管理机关和业务主管单位要充分认识到这项工作的重要性，在各级党委和政府的领导下，与有关部门密切配合，加强领导，周密组织，集中力量，在规定的时间内完成审定和换发证书工作。审定和换证工作中要严格遵循有关法律、法规和政策。要体现从严的原则，不得擅自更改或降低审定标准。审定工作要认真细致，保证质量，绝不能走过场。前期已经进行审定和换证工作的地方，如审定标准与本通知的标准不符的，要按照本通知的标准重新审定。

审定工作结束后，各级社团登记管理机关和业务主管单位要做好检查验收，对清理整顿工作进行认真总结并将清理整顿情况报民政部，由民政部综合上报国务院。同时各省、自治区、直辖市社团登记管理机关将本省、自治区、直辖市本级各社会团体的《清理整顿报告书》一份报送民政部民间组织管理局。

四、鉴于目前社会团体的分支机构、代表机构在设立和管理方面都存在许多问题，新的《社会团体登记管理条例》规定将原来对社会团体分支机构、代表机构实行的备案制度改为登记制度，因此，在社会团体的清理整顿工作结束后，将对社会团体的分支机构和代表机构进行清理整顿。

附：

社会团体章程示范文本

说　　明

一、根据1998年10月25日国务院颁布的《社会团体登记管理条例》和国家有关政策制订此章程范本。

二、此章程范本，旨在为社会团体制订章程时提供依据，规范社会团体行为。

三、社会团体制订章程，原则上应包括此章程范本所涉及的内容，并可根据实际情况作适当的补充。

四、社会团体据此范本制订的章程，须报社团登记管理机关核准方能生效。社团登记管理机关将以核准后的章程为据进行监督管理。

第一章　总　　则

第一条　本团体的名称（包括英文译名、缩写）。

（社团的名称应当符合法律、法规的规定，不得违背社会道德风尚。社团的名称应当与其业务范围、成员分布、活动地域相一致，准确反映其特征。全国性的社会团体冠以“中国”、“全国”、“中华”等字样的，应当按照国家有关规定经过批准；地方性的社会团体应冠以本行政区域名称，不得冠以“中国”、“全国”、“中华”等字样。社会团体的名称，不得使用已由社团登记管理机关明令撤销或取缔的社会团体的名称）。

第二条　本团体的性质（其中必须载明：组成的人员或单位；学术性、联合性、专业性或行业性；全国性或地方性；自愿结成；非营利性社会组织）。

第三条　本团体的宗旨（其中必须载明：遵守宪法、法律、法规和国家政策，遵守社会道德风尚）。

第四条　本团体接受业务主管单位、社团登记管理机关的业务指导和监督管理（必须载明具体的业务主管单位和社团登记管理机关）。

第五条　本团体的住所（载明×省×市）。

第二章　业务范围

第六条　本团体的业务范围（必须具体、明确）：

（一）×××××××××××××；（二）×××××××××××××；（三）××××××××××××；（四）×××××××××××××；（五）×××××××××××××；（六）×××××××××××××；（七）×××××××××××××；（八）×××××××××××××；（）××××××××××××。

第三章　会　　员

第七条　本团体的会员种类（单位会员、个人会员）。

第八条　申请加入本团体的会员，必须具备下列条件：

（一）拥护本团体的章程；

（二）有加入本团体的意愿；

（三）在本团体的业务（行业、学科）领域内具有一定的影响；

（）××××××××××××。

第九条　会员入会的程序是：

（一）提交入会申请书；

（二）经理事会讨论通过；

（）××××××××××××；

（）由理事会或理事会授权的机构发给会员证。

第十条　会员享有下列权利：

（一）本团体的选举权、被选举权和表决权；

（二）参加本团体的活动；

（三）获得本团体服务的优先权；

（四）对本团体工作的批评建议权和监督权；

（五）入会自愿、退会自由；

（）××××××××××××。

第十一条　会员履行下列义务：

（一）执行本团体的决议；

（二）维护本团体合法权益；

（三）完成本团体交办的工作；

（四）按规定交纳会费；

（五）向本团体反映情况，提供有关资料；

（）××××××××××××。

第十二条　会员退会应书面通知本团体，并交回会员证。

会员如果1年不交纳会费或不参加本团体活动的，视为自动退会。

第十三条　会员如有严重违反本章程的行为，经理事会或常务理事会表决通过，予以除名。

第四章　组织机构和负责人产生、罢免

第十四条　本团体的最高权力机构是会员大会（或会员代表大会），会员大会（或会员代表大会）的职权是：

（一）制定和修改章程；

（二）选举和罢免理事；

（三）审议理事会的工作报告和财务报告；

（四）决定终止事宜；

（）××××××××××××××；

（）决定其他重大事宜。

第十五条　会员大会（或会员代表大会）须有三分之二以上的会员（或会员代表）出席方能召开，其决议须经到会会员（或会员代表）半数以上表决通过方能生效。

第十六条　会员大会（或会员代表大会）每届×年（会员大会或会员代表大会每届最长不超过5年）。因特殊情况需提前或延期换届的，须由理事会表决通过，报业务主管单位审查并经社团登记管理机关批准同意。但延期换届最长不超过1年。

第十七条　理事会是会员大会（或会员代表大会）的执行机构，在闭会期间领导本团体开展日常工作，对会员大会（或会员代表大会）负责。

第十八条　理事会的职权是：

（一）执行会员大会（或会员代表大会）的决议；

（二）选举和罢免理事长（会长）、副理事长（副会长）、秘书长；

（三）筹备召开会员大会（或会员代表大会）；

（四）向会员大会（或会员代表大会）报告工作和财务状况；

（五）决定会员的吸收或除名；

（六）决定设立办事机构、分支机构、代表机构和实体机构；

（七）决定副秘书长、各机构主要负责人的聘任；

（八）领导本团体各机构开展工作；

（九）制定内部管理制度；

（）××××××××××××××；

（）决定其他重大事项。

第十九条　理事会须有三分之二以上理事出席方能召开，其决议须经到会理事三分之二以上表决通过方能生效。

第二十条　理事会每年至少召开一次会议；情况特殊的，也可采用通讯形式召开。

第二十一条　本团体设立常务理事会（理事人数较多时，可设立常务理事会）。常务理事会由理事会选举产生，在理事会闭会期间行使第十八条第一、三、五、六、七、八、九项的职权，对理事会负责（常务理事人数不超过理事人数的三分之一）。

第二十二条　常务理事会须有三分之二以上常务理事出席方能召开，其决议须经到会常务理事三分之二以上表决通过方能生效。

第二十三条　常务理事会至少半年召开一次会议；情况特殊的也可采用通讯形式召开。

第二十四条　本团体的理事长（会长）、副理事长（副会长）、秘书长必须具备下列条件：

（一）坚持党的路线、方针、政策，政治素质好；

（二）在本团体业务领域内有较大影响；

（三）理事长（会长）、副理事长（副会长）、秘书长最高任职年龄不超过70周岁，秘书长为专职；

（四）身体健康，能坚持正常工作；

（五）未受过剥夺政治权利的刑事处罚的；

（六）具有完全民事行为能力；

（）××××××××××××××。

第二十五条 本团体理事长（会长）、副理事长（副会长）、秘书长如超过最高任职年龄的，须经理事会表决通过，报业务主管单位审查并经社团登记管理机关批准同意后，方可任职。

第二十六条 本团体理事长（会长）、副理事长（副会长）、秘书长任期×年。〔理事长（会长）、副理事长（副会长）、秘书长任期最长不得超过两届〕因特殊情况需延长任期的，须经会员大会（或会员代表大会）三分之二以上会员（或会员代表）表决通过，报业务主管单位审查并经社团登记管理机关批准同意后方可任职。

第二十七条 本团体理事长（会长）为本团体法定代表人〔社团法定代表人一般应由理事长（会长）担任。如因特殊情况需由副理事长（副会长）或秘书长担任法定代表人，应报业务主管单位审查并经社团登记管理机关批准同意后，方可担任，并在章程中写明〕。

本团体法定代表人不兼任其他团体的法定代表人。

第二十八条 本团体理事长（会长）行使下列职权：

（一）召集和主持理事会（或常务理事会）；

（二）检查会员大会（或会员代表大会）、理事会（或常务理事会）决议的落实情况；

（三）代表本团体签署有关重要文件；

（）××××××××××××××。

第二十九条 本团体秘书长行使下列职权：

（一）主持办事机构开展日常工作，组织实施年度工作计划；

（二）协调各分支机构、代表机构、实体机构开展工作；

（三）提名副秘书长以及各办事机构、分支机构、代表机构和实体机构主要负责人，交理事会或常务理事会决定；

（四）决定办事机构、代表机构、实体机构专职工作人员的聘用；

（）××××××××××××××；

（）处理其他日常事务。

第五章 资产管理、使用原则

第三十条 本团体经费来源：

（一）会费；

（二）捐赠；

（三）政府资助；

（四）在核准的业务范围内开展活动或服务的收入；

（五）利息；

（）××××××××××××××；

（）其他合法收入。

第三十一条 本团体按照国家有关规定收取会员会费。

第三十二条 本团体经费必须用于本章程规定的业务范围和事业的发展，不得在会员中分配。

第三十三条 本团体建立严格的财务管理制度，保证会计资料合法、真实、准确、完整。

第三十四条 本团体配备具有专业资格的会计人员。会计不得兼任出纳。会计人员必须进行会计核算，实行会计监督。会计人员调动工作或离职时，必须与接管人员办清交接手续。

第三十五条 本团体的资产管理必须执行国家规定的财务管理制度，接受会员大会（或会员代表大会）和财政部门的监督。资产来源属于国家拨款或者社会捐赠、资助的，必须接受审计机关的监督，并将有关情况以适当方式向社会公布。

第三十六条 本团体换届或更换法定代表人之前必须接受社团登记管理机关和业务主管单位组织的财务审计。

第三十七条 本团体的资产，任何单位、个人不得侵占、私分和挪用。

第三十八条 本团体专职工作人员的工资和保险、福利待遇，参照国家对事业单位的有关规定执行。

第六章　章程的修改程序

第三十九条 对本团体章程的修改，须经理事会表决通过后报会员大会（或会员代表大会）审议。

第四十条 本团体修改的章程，须在会员大会（或会员代表大会）通过后15日内，经业务主管单位审查同意，并报社团登记管理机关核准后生效。

第七章　终止程序及终止后的财产处理

第四十一条 本团体完成宗旨或自行解散或由于分立、合并等原因需要注销的，由理事会或常务理事会提出终止动议。

第四十二条 本团体终止动议须经会员大会（或会员代表大会）表决通过，并报业务主管单位审查同意。

第四十三条 本团体终止前，须在业务主管单位及有关机关指导下成立清算组织，清理债权债务，处理善后事宜。清算期间，不开展清算以外的活动。

第四十四条 本团体经社团登记管理机关办理注销登记手续后即为终止。

第四十五条 本团体终止后的剩余财产，在业务主管单位和社团登记管理机关的监督下，按照国家有关规定，用于发展与本团体宗旨相关的事业。

第八章　附　　则

第四十六条 本章程经×年×月×日会员大会（或会员代表大会）表决通过。

第四十七条 本章程的解释权属本团体的理事会。

第四十八条 本章程自社团登记管理机关核准之日起生效。

民政部关于对《中共中央办公厅、国务院办公厅关于党政机关领导干部不兼任社会团体领导职务的通知》有关问题的解释

（民社函〔1998〕224号　1998年11月3日）

各省、自治区、直辖市民政厅（局），各副省级城市民政局：

中共中央办公厅、国务院办公厅《关于党政机关领导干部不兼任社会团体领导职务的通知》（中办发〔1998〕17号，以下简称《通知》）下发以后，不少地方民政部门和社会团体及有关部门来电询问有关领导干部兼职的具体问题。为了认真贯彻执行《通知》精神，经商中组部取得一致意见，现就领导干部兼职审批工作中的有关问题作如下解释：

一、坚持党政机关领导干部不得在社会团体中兼任领导职务的原则。对因特殊情况确需兼任社会团体领导职务的，应由社会团体业务主管单位征得干部所在单位同意，并经本人所在单位组织、人事部门审核后，由干部主管部门按规定程序报批。

经批准兼职的推荐人选，应按所在社团章程履行规定的程序后，再到相应的社团登记管理机关办理手续。

兼任社会团体领导职务的人员，不得领取社会团体的任何报酬。

二、党政领导干部因特殊情况确需兼任社会团体领导职务的，应按以下原则掌握：其社会团体必须是在国家、地区、行业和社会政治生活中起着重要作用，在中介组织中有一定影响，且主要领导职务一时没有合适人选担任的社团组织，而不是一般的民间性社会团体；在确定社会团体的作用和性质后，确因工作需要，领导干部本人又无其他社会兼职，且所兼任的职务与本职业务相关的，根据实际情况可以批准兼职。

三、领导职务由中央或地方党委管理的团体，其领导干部如兼任其他社会团体的领导职务，参照《通知》精神执行。

四、《通知》适用范围，包括担任现职的副县（处）长以上领导干部，以及按照中共中央、国务院有关规定，经组织部门正式任命的副县（处）级以上非领导职务的人员。

五、《通知》中所指人大机关的领导干部是指正副委员长、正副主任、正副秘书长及人大办事机构和工作机构（仅指法制工作委员会）的副县（处）级以上领导干部；政协机关的领导干部是指正副主席、正副秘书长及政协全国委员会办公厅和各级地方政协办事机构的副县（处）级以上领导干部。

六、全国人大、全国政协专职常委兼任社会团体领导职务，需按《通知》规定审批。地方各级人大、政协专职常委的兼职，由各地根据实际工作需要研究确定。

七、现已退出领导岗位，尚未办理离退休手续的人员，兼任社会团体领导职务按《通知》规定审批。

八、国家各金融机构中属于中央管理的干部兼任社会团体领导职务按《通知》规定审批，其他干部兼职由各单位按《通知》规定精神自行掌握。

九、中央、国家机关司（局）长兼任社会团体领导职务，由有关部委按照干部管理权限审批。

十、党政机关在职副县（处）级以上领导干部兼任社会团体名誉职务、常务理事、理事，可不报批。

十一、县级党政机关所属各部门领导干部兼任社会团体领导职务的问题，参照《通知》精神，由各省、自治区、直辖市在制定本地区的实施办法中予以明确。

十二、《通知》规定不适用于企业及没有行政管理职能的事业单位。

民政部办公厅转发《国家税务总局关于基金会应税收入问题的通知》的通知

（民办函〔1999〕28号　1999年3月16日）

各省、自治区、直辖市民政厅（局），各计划单列市民政局，新疆生产建设兵团民政局：

经我部会同中国人民银行与国家税务总局协商，目前，国家税务总局对基金会基金增值部分税收政策问题专门发文明确。现将《国家税务总局关于基金会应税收入问题的通知》（国税发〔1999〕24号）转发给你们，望了解和掌握。

附：

国家税务总局关于基金会应税收入问题的通知

（国税发〔1999〕24号　1999年2月25日）

各省、自治区、直辖市和计划单列市国家税务局、地方税务局：

根据《中华人民共和国企业所得税暂行条例》及其实施细则和财政部、国家税务局《关于事业单位社会团体征收企业所得税有关问题的通知》（财税字〔1997〕75号）等有关规定，经研究，对确定基金会应纳企业所得税收入的有关问题通知如下：

凡按照国务院颁布的《基金会管理办法》，经中国人民银行批准成立，向民政部门登记注册的基金会，并按照中国人民银行《关于进一步加强基金会管理的通知》（银发〔1995〕97号）等有关法规的规定，开展社会公益活动的非营利性基金会，包括推进科学研究的、文化教育事业的、社会福利性和其他公益事业等基金会，对这些基金会在金融机构的基金存款取得的利息收入，暂不作为企业所得税应税收入；对其购买股票、债券（国库券除外）等有价证券所取得的收入和其他收入，应并入应纳企业所得税收入总额，照章征收企业所得税。

未按照《基金会管理办法》批准成立、进行管理的其他各种基金管理组织，不适用本通知。

事业单位、社会团体、民办非企业单位企业所得税征收管理办法

（1999 年 4 月 16 日国家税务局发布）

第一条 根据《中华人民共和国企业所得税暂行条例》及其实施细则和有关税收规定，事业单位、社会团体和民办非企业单位取得的生产、经营所得和其他所得，应当缴纳企业所得税。应纳税的事业单位、社会团体、民办非企业单位以实行独立经济核算的单位为纳税人。

第二条 从事生产、经营的事业单位、社会团体、民办非企业单位，以及非专门从事生产经营而有应税收入的事业单位、社会团体、民办非企业单位，均应按照《中华人民共和国税收征收管理法》及其实施细则《国家税务总局税务登记管理办法》的有关规定，依法办理税务登记。在办理税务登记时，纳税人应向所在地主管税务机关提供以下资料：营业执照或者事业单位法人证书等批准成立文件、社会团体登记证书、民办非企业单位登记证书、其他核准执业证件或证明；有关章程、合同、协议书；银行账号证明；法定代表人身份证；组织机构统一代码证书。

第三条 事业单位、社会团体、民办非企业单位的收入，除国务院或财政部、国家税务总局规定免征企业所得税的项目外，均应计入应纳税收入总额，依法计征企业所得税。计算公式如下：

应纳税收入总额 = 收入总额-免征企业所得税的收入项目金额

上式中的收入总额，包括事业单位、社会团体、民办非企业单位的财政补助收入、上级补助收入、事业收入、经营收入、所属单位上交收入和其他收入。

除另有规定者外，上式中免征企业所得税的收入项目，具体是：

（一）财政拨款；

（二）经国务院及财政部批准设立和收取，并纳入财政预算管理或财政预算外资金专户管理的政府性基金、资金、附加收入等；

（三）经国务院、省级人民政府（不包括计划单列市）批准，并纳入财政预算管理或财政预算外资金专户管理的行政事业性收费；

（四）经财政部核准不上交财政专户管理的预算外资金；

（五）事业单位从主管部门和上级单位取得的用于事业发展的专项补助收入；

（六）事业单位从其所属独立核算经营单位的税后利润中取得的收入；

（七）社会团体取得的各级政府资助；

（八）社会团体按照省级以上民政、财政部门规定收取的会费；

（九）社会各界的捐赠收入。

第四条 凡有符合本办法第三条免税项目的事业单位、社会团体、民办非企业单位，在接受税务机关检查时，应根据税务机关的要求，向主管税务机关提供下列有关资料：

（一）财政拨款，须提供财政部门或上级拨款部门出具的拨款证明；

（二）经国务院及财政部批准设立和收取的政府性基金、资金附加收入等，须提供设立和收取的批准文件、纳入财政预算管理或财政预算外资金专户管理的证明文件、入库凭证或缴款证明；

（三）经国务院、省级人民政府批准的行政事业性收费，须提供批准文件、纳入财政预算管理或财政预算外资金专户管理的证明文件、入库凭证或缴款证明；

（四）经财政部核准不上交财政专户管理的预算外资金，须提供财政部的核准文件；

（五）事业单位从主管部门和上级单位取得的用于事业发展的专项补助收入，须提供拨款证明文件；

（六）事业单位从其所属独立核算经营单位的税后利润中取得的收入，须提供所属单位的纳税申报表、纳税凭证和所在地主管税务机关出具的证明；

（七）社会团体取得的各级政府资助，须提供有关证明文件；

（八）社会团体收取的会费，须提供省级以上民政、财政部门的批准文件；

（九）接受社会各界的捐赠收入，须提供捐赠人签字的捐赠证明和接受捐赠单位领导签字的证明；

（十）经税务机关批准从所属独立核算经营单位提取的总机构管理费，须提供税务机关的批准文件；

（十一）税务登记证和税务机关要求提供的其他证明文件。

对未出具以上证明文件的收入，主管税务机关可不将其视为免税收入。

第五条 事业单位、社会团体、民办非企业单位纳税年度的应纳税收入总额，减去与取得应税收入有关的支出项目后的余额，为应纳税所得额。各项支出的确定必须与收入相互配比。

计算公式如下：

应纳税所得额 = 应纳税收入总额 − 准予扣除的支出项目金额

第六条 事业单位、社会团体、民办非企业单位应纳税所得额的计算，以权责发生制为原则；在计算应纳税所得额时，其财务、会计处理办法同税收规定不一致的，应当依照税收的规定计算纳税。

第七条 事业单位、社会团体、民办非企业单位与取得应纳税收入有关的支出项目和与免税收入有关的支出项目应分别核算。确实难以划分清楚的，经主管税务机关审核同意，纳税人可采取分摊比例法或其他合理的方法确定。核算方法一经确定，纳税年度中间不得变更。核算方法应报主管税务机关备案。

分摊比例法是根据事业单位、社会团体、民办非企业单位的应纳税收入总额占该单位全部收入的比重作为分摊比例，分摊其全部支出中应当由纳税收入分摊的部分，并据以计算应纳税所得额。其计算公式如下：

应纳税收入总额应分摊的成本、费用和损失额 = 支出总额 ×（应纳税收入总额 ÷ 收入总额）

对全部支出中应当由应纳税收入分摊的支出，一部分能够划分清楚，另一部分划分不清的，可对划分不清的部分按分摊比例法计算出的分摊比例，计算出应纳税收入总额应分摊的支出项目金额。

第八条 计算应纳税所得额时准予扣除的支出项目，是指与事业单位、社会团体、民办非企业单位取得应税收入有关的成本、费用和损失。

下列支出项目，按照规定的范围、标准扣除：

（一）事业单位凡执行国务院规定的事业单位工作人员工资制度的，按照规定的工资标准在税前扣除，超过规定工资标准发放的工资不得在税前扣除；经国家有关主管部门批准，实行工资总额与经济效益挂钩的事业单位，经税务机关批准，可在工效挂钩办法核定的工资标准内，按实际发放数在税前扣除；按工效挂钩办法核定的工资标准提取的工资额，低于当年实际发放工资额的部分，在以后年度发放时可在税前扣除。凡不执行以上两种办法的事业单位，按税法统一规定的计税工资标准扣除；社会团体、民办非企业单位的工资扣除比照事业单位执行。事业单位、社会团体、民办非企业单位的工资制度和工资标准应报主管税务机关备案。

（二）事业单位、社会团体、民办非企业单位的职工工会经费、职工福利费、职工教育经费，分别按照前款规定允许税前扣除标准工资总额的2%、14%、1.5%计算扣除。但原来在有关费用中直接列支的，在计算应纳税所得额时不得扣除。

（三）事业单位、社会团体、民办非企业单位在计算应纳税所得额时，已扣除职工福利费的，不得再计算扣除医疗基金；没有计算扣除职工福利费的，可在不超过职工福利基金标准额度内计算扣除医疗基金。对离退休人员的职工医疗基金，可按规定标准计算的额度扣除。

（四）事业单位、社会团体、民办非企业单位根据国家和省级人民政府的规定所缴纳的养老保险基金、待业保险基金、失业保险基金支出，可按税法规定扣除。

（五）事业单位、社会团体、民办非企业单位的用于公益、救济性以及文化事业的捐赠，在年度应纳税所得额3%以内的部分，准予扣除。

（六）事业单位、社会团体、民办非企业单位为取得应税收入所发生的业务招待费，以全部收入扣除免税收入后的金额，按税法规定的标准计算扣除。

（七）事业单位、社会团体、民办非企业单位的贷款利息，按税法规定的标准扣除。

第九条 事业单位、社会团体、民办非企业单位资产的税务处理：

（一）事业单位、社会团体、民办非企业单位的各项资产应按照税法规定的标准进行资产的计价、计提折旧、摊销。按照财务会计规定提取的修购基金，在计征所得税时不得在税前扣除。

（二）事业单位、社会团体、民办非企业单位的固定资产，一般应采用直线法或工作量法计提折旧、需要采用其他折旧方法的，可以向主管税务机关提出申请，经审核同意后使用其他折旧方法。

按直线法计提固定资产折旧的计算公式如下：

固定资产年折旧率＝1-预计净残值率/折旧年限×100%

月折旧率＝年折旧率÷12 月折旧额＝固定资产原值×月折旧率

按工作量法计提固定资产折旧的计算公式如下

单位里程（每工作小时）折旧额＝原值×（1-预计净残值率）/总行驶里程（总工作小时）

（三）事业单位、社会团体、民办非企业单位固定资产最短折旧年限：

1、房屋、建筑物为20年；

2、专用设备、交通工具和陈列品为10年；

3、一般设备、图书和其他固定资产为5年。

（四）以前未计提固定资产折旧的事业单位、社会团体、民办非企业单位，现因缴纳企业所得税需计提固定资产折旧的，应重新核定固定资产的净值和剩余折旧年限，经主管税务机关审核同意后，按条例及其实施细则规定从开始缴纳企业所得税的年度计提固定资产折旧。

（五）事业单位、社会团体、民办非企业单位融资租赁的固定资产，可以提取折旧；经营性租赁的固定资产，不得提取折旧，但其租赁费可按使用期限摊入当期成本或有关支出科目，在税前扣除。

（六）事业单位、社会团体、民办非企业单位使用的与取得应税收入有关的无形资产，其价值应当按照税法规定，采取直线法摊销。

第十条 事业单位、社会团体、民办非企业单位符合提取总机构管理费条件的，可以按照国家税务总局《总机构提取管理费税前扣除审批办法》（国税发〔1996〕177号）、《国家税务总局关于总机构提取管理费税前扣除审批办法的补充通知》（国税函〔1999〕136号）规定，报经税务机关批准，向所属分支机构按一定比例或标准提取总机构管理费。所属单位未经批准上交的管理费，不允许在税前扣除。其他上交上级支出，不得在税前扣除。

第十一条 事业单位、社会团体、民办非企业单位的固定资产、无形资产的变卖收入，应计入应纳税所得额；为变卖固定资产、无形资产而发生的相应支出，允许在税前扣除。

第十二条 事业单位、社会团体、民办非企业单位的下列支出项目，在计算应纳税所得额时，不得扣除：

（一）事业单位、社会团体、民办非企业单位在事业支出、经营支出、成本费用等支出项目中列支的，属于购置固定资产支出的设备购置费；

事业单位、社会团体、民办非企业单位在事业支出、经营支出、成本费用等支出项目中列支的修缮费，凡属于固定资产修缮，且修缮费支出数超过固定资产标准的，应将修缮费用计入固定资产原值，不得直接在税前扣除；

（二）事业单位、社会团体、民办非企业单位的自筹基本建设支出；

（三）无形资产的受让、开发支出；

（四）违法经营的罚款和被没收财物的损失，各项税收的滞纳金、罚金和罚款；

（五）自然灾害或者意外事故损失有赔偿的部分；

（六）超过国家规定标准的公益、救济性捐赠，以及非公益、救济性捐赠；

（七）各种赞助支出；

（八）对附属单位补助支出；

（九）与取得应税收入无关的其他各项支出。

第十三条 对事业单位、社会团体、民办非企业单位从设立在经济特区等低税率地区下属单位取得的应税收入，应按法定税率与实际税率之差补征企业所得税差额。

第十四条 事业单位、社会团体、民办非企业单位开展生产经营活动所发生的亏损，可以按照国家税务总局《企业所得税税前弥补亏损审核管理办法》规定的程序，报经主管税务机关核实、批准后，在税法规定的期限内进行弥补。以前未缴纳企业所得税的事业单位、社会团体、民办非企业单位，办理税务登记后的纳税年度发生的亏损允许进行亏损弥补。

第十五条 事业单位、社会团体、民办非企业单位在生产经营过程中所发生的固定资产、流动资产的盘亏、毁损、报废净损失，坏账损失，以及遭受自然灾害等人类无法抗拒因素造成的非常损失，可以按照国家税务总局《企业财产损失税前扣除管理办法》规定的程序，报经主管税务机关审查批准后，准予在缴纳企业所得税前扣除。凡未经税务机关批准的财产损失，一律不得自行税前扣除。

第十六条 有应纳税收入的事业单位、社会团体、民办非企业单位，应按照条例及其实施细则的规定，按期进行纳税申报。对涉及征税的收入项目，应统一使用税务发票，按规定可使用财政收据的除外。

第十七条 事业单位、社会团体、民办非企业单位使用《事业单位、社会团体、民办非企业单位所得税纳税申报表》进行纳税申报。《事业单位、社会团体、民办非企业单位企业所得税纳税申报表》（格式见附件）、《事业单位、社会团体、民办非企业单位企业所得税纳税申报表填报说明》（见附件），各地省级税务机关可以根据实际需要统一印制下发，供纳税人、代理单位和税务机关使用。

纳税人在纳税年度内无论是否有应纳税所得额，都应当按规定期限和要求向主管税务机关报送纳税申报表和会计报表。

第十八条 对不按规定将取得应纳税收入有关的成本、费用、损失与免税收入有关的成本、费用、损失分别核算，又不能正确地申报按分摊比例法等合理方法计算的应纳税所得额的事业、社会团体、民办非企业单位，主管税务机关有权根据《中华人民共和国税收征管法》及其实施细则等的有关法律、法规的规定核定其应纳税额。

第十九条 事业单位、社会团体、民办非企业单位所取得的生产经营所得和其他所得，可按条例及其实施细则和有关税收规定，享受有关税收优惠。具体事项按国家税务总局《企业所得税减免税管理办法》办理。符合减免税条件的纳税人，如果以前年度有经营亏损，应将减免税所得先用于弥补亏损，弥补后有结余的方可享受减免税优惠。

第二十条 本办法从1999年1月1日起执行。

民政部对机构改革后有关社会团体业务主管单位问题的意见

（民社函〔1999〕95号 1999年5月27日）

国防科工委：

你委《关于机构改革后有关社会团体业务主管单位问题的函》（科工函〔1999〕41号）收悉，经研究，我们意见如下：

按照去年国务院机构改革的精神，原国务院具有行政职能的九大公司都不再具有行政职能，逐步改组成为企业集团，其原有的行政职能划归到相应的政府职能部门。根据确定社会团体业务主管单位的原则，作为社会团体的业务主管单位，应与其所属社会团体的业务一致，并能够对社团的业务进行指导。因此，企业集团或公司均不能作为社会团体的业务主管单位。原来归属这些公司的社会团体应该随着职能的转移，重新调整到相应的政府职能部门。鉴于核工业、航天、航空、船舶、兵器五个公司管理社团的历史沿革，考虑到新组建的国防科学技术工业委员会的部分职能还未完全到位，我们建议：

一、对于所列名单的52个全国性社会团体分以下几种情况办理：

（一）原国防科工委的部分职能在机构改革后如果仍留在新国防科工委，其相应的社会团体也应归属国防科工委。在这次清理整顿工作以及今后的社团管理中，作为这部分社团的业务主管单位的国防科工委应该按照中办发〔1996〕22号文件和《社会团体登记管理条例》的有关规定，认真履行好业务主管单位的管理职责。如果原国防科工委的另外一部分职能调整到其他职能部门的，与之相应的社团的归属也应随之调整到其他职能部门。

（二）按照国务院的决定，核工业、航天、航空、船舶、兵器五个总公司不再具有行政管理职能，如果其职能调整到国防科工委，那么，与上述五个公司相应社团的归属也应随之调整到国防科工委。对这类社团在清理整顿工作中，原业务主管单位（公司）应对该社团的前期工作提出意见，然后由社团向社团登记管理机关申请业务主管单位的变更，之后由新的业务主管单位即国防科工委在清理整顿结论中提出明确的审查意见（保留、整改、合并、撤销），并且在今后的工作中认真承担业务主管单位的管理职责。

（三）如果在机构改革中以上五个公司的行政职能调整到其他职能部门，那么与五个公司相应社团的归属也应随之调整到其他职能部门。这类社团在清理整顿工作中，原业务主管单位（公司）应对该社团前期的工作提出意见，然后由社团向社团登记管理机关申请业务主管单位的变更，之后由新的业务主管单位在社团清理整顿结论中提出明确的审查意见。

二、你委提出的委托以上五个公司继续作为原所属社会团体的业务主管单位的意见，是不符合《社会团体登记管理条例》的有关规定的。但考虑到这五个公司过去均有管理社团的经验，对各自所属社团的情况也比较熟悉，在目前国防科工委职能未完全到位的情况下，根据中办发〔1996〕22号文件的有关精神，你委可以把这五个公司作为原所属社团的挂靠单位，而业务主管单位仍是国防科工委，并由国防科工委和这些公司分别签订协议，明确各自的管理职责。

民政部关于社会团体清理整顿审定工作有关问题的通知

（民社函〔1999〕97号　1999年6月1日）

全国性社会团体业务主管单位：

按照党中央、国务院的部署，民政部和各全国性社会团体的业务主管单位正在进行社会团体清理整顿的审定和换发证书工作，针对社会团体清理整顿工作中出现的一些问题，通知如下：

一、按照国务院1998年10月25日颁布的《社会团体登记管理条例》第三十九条的规定，在1999年10月25日以前，社会团体必须重新登记，未办理重新登记的不得再以社会团体名义活动。请各全国性社会团体业务主管单位抓紧对所管辖的社会团体进行清理整顿的初审工作，审定标准仍依据国务院1998年10月25日颁布的《社会团体登记管理条例》和民政部《关于清理整顿社会团体审定和换发证书工作的通知》（民社函〔1998〕13号）的规定。各业务主管单位务必于1999年7月31日以前将社会团体清理整顿审查情况及初审意见和社会团体《清理整顿报告书》等材料报送民政部。

二、社会团体业务主管单位因职能发生变化或者其他原因，提出不再继续承担某个社会团体业务主管的，社会团体应寻找新的与之业务相适应的业务主管单位（必要时，原业务主管单位可协助社会团体寻找新的业务主管单位）。经社团登记管理机关办理业务主管单位变更登记手续并妥善办理移交事宜后，原业务主管单位方可与该社会团体脱离业务主管关系。

三、有的业务主管单位虽然提出不再继续承担某个社会团体的业务主管，但如果该社会团体暂时找不到与自己相适应的新的业务主管单位，那么原业务主管单位应该继续担任该社会团体的业务主管，不得将其推向社会。业务主管单位要按照《社会团体登记管理条例》的规定，负责对该社会团体实施监督管理，负责签署该社会团体清理整顿的初审意见。提出保留、整改、合并、撤销的意见。初审意见是整改或者合并的，业务主管单位应监督社会团体完成整改或者合并工作；初审意见是撤销的，业务主管单位应协助社团登记管理机关予以撤销登记，并做好被撤销社会团体的善后事宜。

民政部关于社会团体清理整顿审定工作有关问题的通知

（民发〔1999〕6号　1999年7月13日）

各省、自治区、直辖市民政厅（局），各计划单列市民政局：

按照党中央、国务院的部署，民政部门和各社会团体的业务主管单位正在进行社会团体清理整顿的审定和换发证书工作，根据中央、国务院有关领导同志的指示精神，现就社会团体清理整顿工作中出现的一些问题，通知如下：

一、按照国务院1998年10月25日颁布的《社会团体登记管理条例》第三十九条的规定，在1999年10月25日以前，社会团体必须重新登记，未办理重新登记的不得再以社会团体名义活动。各级民政部门和社会团体业务主管单位要抓紧对所管辖的社会团体进行清理整顿的审定和换发证书工作，审定标准仍依据国务院1998年10月25日颁布的《社会团体登记管理条例》和民政部《关于清理整顿社会团体审定和换发证书工作的通知》（民社函〔1998〕13号）的规定。

二、社会团体业务主管单位因职能发生变化或者其他原因，提出不再继续承担某个社会团体业务主管的，社会团体应寻找新的与之业务相适应的业务主管单位（必要时，原业务主管单位可协助社会团体寻找新的业务主管单位）。经社团登记管理机关办理业务主管单位变更登记手续并妥善办理移交事宜后，原业务主管单位方可与该社会团体脱离业务主管关系。

三、有的业务主管单位虽然提出不再继续承担某个社会团体的业务主管，但如果该社会团体暂时找不到与自己相适应的新的业务主管单位，那么原业务主管单位应该继续担任该社会团体的业务主管，不得将其推向社会。业务主管单位要按照《社会团体登记管理条例》的规定，负责对该社会团体实施监督管理，负责签署该社会团体清理整顿的初审意见。提出保留、合并、撤销的意见。提出整改或者合并意见的，业务主管单位应监督社会团体完成整改或者合并工作；提出撤销意见的，业务主管单位应协助社团登记管理机关予以撤销登记，并做好被撤销社会团体的善后事宜。

民政部关于取缔法轮大法研究会的决定

（民政部1999年7月22日）

各省、自治区、直辖市民政厅（局）：

经查，法轮大法研究会未经依法登记，并进行非法活动，宣扬迷信邪说，蒙骗群众，挑动制造事端，破坏社会稳定。据此，依照《社会团体登记管理条例》有关规定，认定法轮大法研究会及其操纵的法轮功组织为非法组织，决定予以取缔。

民政部关于印发《社会团体设立专项基金管理机构暂行规定》的通知

（民发〔1999〕50号　1999年9月17日）

各省、自治区、直辖市民政厅（局），各计划单列市民政局，新疆生产建设兵团民政局：

现将《社会团体设立专项基金管理机构暂行规定》印发给你们，请结合本地区实际情况认真贯彻执行。

附：

社会团体设立专项基金管理机构暂行规定

第一条　为了加强对社会团体设立专项基金管理机构的管理，更好地发挥社会团体专项基金的使用效益，根据《社会团体登记管理条例》及国家有关规定，制定本规定。

第二条　本规定适用于经各级社会团体登记管理机关（以下简称“登记管理机关”）登记的社会团体（基金会除外）。

第三条　社会团体专项基金是指社会团体利用政府部门资助、国内外社会组织及个人定向捐赠、社会团体自有资金设立的，专门用于资助符合社会团体宗旨、业务范围的某一项事业的基金。

第四条　全国性社会团体专项基金总额超过100万元人民币（含100万元或等值外汇），地方性社会团体专项基金总额超过50万元人民币（含50万元或等值外汇）的，应当到社会团体登记管理机关申请设立专项基金管理机构。

第五条　社会团体设立专项基金管理机构应当向登记管理机关提出申请，经批准后方可设立。社会团体申请设立专项基金管理机构应当向登记管理机关提交以下材料：

（一）设立专项基金管理机构申请报告；

（二）政府部门资助的有关文件、社会组织或个人捐赠的意向书（内容应包括：资助或捐赠意愿、资金数额、使用要求等）；

（三）有关业务主管单位审查同意的文件（接收国外捐赠的资金还应有有关部门批准的文件）；

（四）社会团体理事会或常务理事会审议通过设立专项基金管理机构的会议纪要；

（五）专项基金管理办法（内容应包括：明确的宗旨和任务、基金的来源、使用方向及管理）；

（六）社会审计机构的验资报告；

（七）机构负责人简历。

第六条　登记管理机关对申请成立专项基金管理机构的，经审查，符合本规定第四条规定的条件，且具备本规定第五条所要求的材料的，可准予登记，发给登记证明文件。

对不符合上述条件或材料不具备的，不予登记。

第七条 经登记管理机关登记的社会团体专项基金管理机构，由登记管理机关出具证明，办理刻制印章事宜。

第八条 专项基金管理机构是社会团体的分支机构，不具备独立的法人资格，应当在其所归属的社会团体的领导下开展活动，接受该社会团体的监督和管理。专项基金管理机构的名称前应冠以该社会团体的名称。

第九条 社会团体专项基金管理机构不得以任何形式向社会募集资金，其基金应纳入社会团体的财务统一管理。社会团体专项基金应当专款专用，不得超出其专项基金管理办法规定的使用范围，不得用于其他任何形式的经营性投资。社会团体专项基金可以将资金存入金融机构收取利息，也可以购买国债，但不得用于购买企业债券、股票、投资基金。

第十条 社会团体专项基金管理机构的管理成本费用可以在专项基金中列支，但应当控制在合理的范围内。专项基金增值部分，应当纳入到社会团体专项基金财务账上统一管理使用。

第十一条 社会团体专项基金应当实行独立会计核算，并编制单独的财务报表。专项基金管理机构编制的专项基金年度预算、决算报告，要报经社会团体理事会或常务理事会审议批准。

第十二条 社会团体应当在年检时向业务主管单位和登记管理机关报送专项基金财务报表。专项基金来源于捐赠、资助的，应当根据资助、捐赠人的要求，定期向其通报专项基金使用情况和提供相应的会计资料。

第十三条 社会团体应当接受登记管理机关组织的对其专项基金管理机构的专门审计。社会团体专项基金来源于政府部门资助的，应当按照有关规定接受财政、审计部门的监督。社会团体专项基金管理机构的负责人离任应当按照有关规定接受社会审计机构的审计。

第十四条 社会团体擅自设立专项基金管理机构的，或者社会团体专项基金管理机构在业务活动中违反国家有关法律法规及本规定，并造成不良后果的，登记管理机关根据《社会团体登记管理条例》第三十三条第一款第（五）项规定对其所属的社会团体做出行政处罚。

第十五条 登记管理机关做出撤销社会团体专项基金管理机构决定的，由社会审计机构对该专项基金进行财务审计，社会审计机构要将审计结果报告社会团体业务主管单位和登记管理机关。

专项基金中未使用的部分原则上由本社会团体继续使用，但社会团体应当将使用情况报业务主管单位和登记管理机关备案。

社会团体应当将专项基金审计情况和专项基金继续使用情况通报给可确定的捐赠人。

第十六条 登记管理机关撤销社会团体专项基金管理机构的，应向该社会团体发出撤销通知书，并同时收缴被撤销的专项基金管理机构的登记证明文件和印章。

第十七条 社会团体在其专项基金的特定用途发生变化，或使用完结后的60日内，应持社会团体的申请报告、社团理事会或常务理事会审议通过的会议纪要、社会审计机构的报告、业务主管单位审查同意的文件，到登记管理机关办理社会团体专项基金管理机构的注销登记。登记管理机关准予注销登记的，发给注销证明文件，收回该专项基金管理机构的登记证明文件和印章。

第十八条 本规定自 1999 年 9 月 17 日起实行。

中国人民银行、民政部关于做好社团基金会监管职责交接工作的通知

（银发〔1999〕325号　1999年9月17日）

中国人民银行各分行、营业管理部、省会城市中心支行，各省、自治区、直辖市民政厅（局）：

根据国务院有关社团基金会由民政部统一管理的决定，为确保基金会监管职责交接工作的顺利进行，现就有关问题通知如下：

一、交接内容

中国人民银行将基金会的审批和监管职责全部移交民政部。具体交接内容包括：

（一）移交基金会管理有关文件；

（二）移交基金会档案；

（三）移交基金会管理工作档案。

二、交接方式及时间安排

交接工作采取按监管责任分工、上下分别对口交接的方法，即中国人民银行总行向民政部移交，中国人民银行各分行、营业管理部及省会城市中心支行向各省、自治区、直辖市民政厅（局）移交。具体要求如下：

（一）各地要在文到之日起20个工作日内完成移交工作。

（二）移交工作结束后，中国人民银行各分行、营业管理部和各省、自治区、直辖市民政厅（局）分别向中国人民银行总行、民政部书面报告所辖地区交接情况。

三、组织领导和工作要求

中国人民银行非银行金融机构监管司与民政部民间组织管理局具体负责基金会监管职责交接工作的组织、协调与落实，并指导和监督各地的交接工作。中国人民银行各分行、营业管理部及省会城市中心支行和各省、自治区、直辖市民政厅（局）要顾全大局，协调配合，认真做好辖区基金会监管职责的交接工作。

以上各项，请认真贯彻执行。移交工作中如有问题，请及时报告中国人民银行非银行金融机构监管司、民政部民间组织管理局。

国家经济贸易委员会印发《关于加快培育和发展工商领域协会的若干意见（试行）》的通知

（国经贸产业〔1999〕1016号　1999年10月22日）

各省、自治区、直辖市、计划单列市及新疆生产建设兵团经贸委（经委、计经委），各委管国家局：

现将《关于加快培育和发展工商领域协会的若干意见（试行）》印发你们，请遵照执行。

附：

关于加快培育和发展工商领域协会的若干意见（试行）

工商领域协会（包括工商领域行业协会、商会等社会中介组织）是社会主义市场经济的重要组成部分。培育和发展工商领域协会是政府机构改革和深化国有企业改革的重要内容。根据国家有关法律法规和工商领域协会发展现状，对工商领域协会的培育和发展提出以下意见。

一、充分认识新形势下工商领域协会的地位和作用

我国工商领域协会是伴随改革开放和社会主义市场经济体制的建立逐步发展起来的。经过二十多年的探索、实践，工商领域协会数量上有了较快增长，服务内容不断拓展，服务质量不断提高，相当一批协会为企业、行业和政府部门提供了大量卓有成效的服务，已成为经济生活中重要力量。随着我国社会主义市场经济体制不断完善和政府职能的转变，工商领域协会将会发挥越来越重要的作用，因此，必须在总结经验的基础上，进一步明确工商领域协会的性质、地位和宗旨。

工商领域协会是以有关企业事业单位和行业协会为主要会员，依照国家有关法律法规自愿组成的自律性、非营利性的经济类社会团体法人；是企业与政府之间的桥梁和纽带，通过协助政府实施行业管理和维护企业合法的权益，推动行业和企业的健康发展。

工商领域协会的宗旨是服务。主要为企业和行业服务，同时为政府部门和社会服务，以促进行业和经济的发展。

二、工商领域协会培育、发展的指导思想和原则

培育、发展工商领域协会的指导思想是：以邓小平理论为指导，深入贯彻党的十五大提出的培育和发展社会中介组织的精神，按照建立社会主义市场经济体制的要求，加快改革调整和规范发展。

工商领域协会培育、发展应遵循的基本原则是：

工商领域协会的设立要遵循有关法律、法规，坚持同一协会在一个区域内不重复设立的原则；坚持不同所有制的企业事业单位自愿自主参加（法律另有规定的除外）的原则；坚持自立、自治、自养的原则。通过不断进行改革、调整和规范、完善，积极探索工商领域协会符合社会主义市场经济要求的组织形式和工作方式。

三、完善和落实工商领域协会的职能

结合政府机构改革和职能转变，完善和落实工商领域协会的职能，是加快培育和发展工商领域协会的重要内容。根据目前的实际情况，工商领域协会的职能大致分为三类，即为企业服务的职能；自律、协调、监督和维护企业合法权益的职能；协助政府部门加强行业管理的职能。具体是：

1. 开展行业、地区经济发展调查研究，提出有关经济政策和立法方面的意见和建议；
2. 经政府主管部门同意和授权进行行业统计，收集、分析、发布行业信息；
3. 创办刊物，开展咨询；
4. 组织人才、技术、职业培训；
5. 组织展销会、展览会等；
6. 经政府部门同意，参与质量管理和监督工作；
7. 指导、帮助企业改善经营管理；
8. 受委托组织科技成果鉴定和推广应用；
9. 开展国内外经济技术交流与合作；
10. 制定并监督执行行规行约，规范行业行为，协调同行价格争议，维护公平竞争；
11. 反映会员要求，协调会员关系，维护其合法权益；
12. 经政府部门授权和委托，参与制订行业规划，对行业内重大的技术改造、技术引进、投资与开发项目进行前期论证；
13. 参与制定、修订国家标准和行业标准，组织贯彻实施并进行监督；
14. 参与行业生产、经营许可证发放的有关工作，参与资质审查；
15. 参与相关产品市场的建设；
16. 发展行业和社会公益事业；
17. 承担政府部门委托的其他任务等。

四、大力加强工商领域协会的自身建设

工商领域协会要认真宣传、贯彻党的路线、方针和政策，积极围绕党和政府的中心任务开展工作。要特别注意加强组织机构和领导班子、专职队伍的建设。要按国家有关规定民主选举协会领导。会长、副会长经推荐、提名的，也要通过选举后确定，并向以选举产生为主过渡。秘书长采取选举、聘任等形式产生，选择熟悉行业情况、有责任心、有协调和管理能力的同志担任。专职工作人员要老、中、青相结合，注意吸收专业技术人才。要建立正常的离退休制度。工商领域协会应按《中国共产党党章》和有关规定，建立健全党的基层组织。

五、加强组织领导，积极引导工商领域协会健康发展

各级经贸委（经委、计经委）是负责联系工商领域协会并指导其改革与调整的职能部门，要结合地方机构改革，按照“政社分开”的原则，积极探索工商领域协会管理模式，协调好工商领域协会与有关政府部门的关系，切实落实协会职能，支持协会依法开展各项工作。要帮助其解决实际困难和问题，按照国家有关规定，落实协会工作人员的社会保险、职称评定等待遇。对各级经贸委归口管理的协会，要加强组织指导，按有关规定认真负责地开展各项工作。

《社会团体登记管理条例》释义

（国务院法制办政法司、民政部民间组织管理局　1999 年 4 月）

立法背景

加强对社会团体的管理，依法保障它们的合法权益，对于发展社会主义民主，促进社会主义物质文明、精神文明建设，十分重要。1950 年 9 月，政务院通过了《社会团体登记暂行办法》。1989 年 10 月，国务院发布了《社会团体登记管理条例》，对于恢复和加强对社会团体的登记管理，起了重要作用。但是，随着形势的发展，又出现了一些新问题，主要的：一是，一些社会团体内部民主管理制度和财务管理制度不规范，一些社会团体进行营利性经营活动，有的社会团体甚至受西方敌对势力影响，成为影响我国政治、社会稳定的隐患；二是，社会团体登记管理体制不健全，有关部门职责分工不明确，社会团体管理出现不少漏洞，一些违法活动得不到及时、有效的查处。针对社会团体发展中出现的问题，1996 年 8 月，中共中央办公厅、国务院办公厅发布的《关于加强社会团体和民办非企业单位管理工作的通知》要求，理顺社会团体和民办非企业单位的管理体制，建立起挂靠单位和业务主管单位与社会团体登记管理机关双重负责的管理体制，实行分级管理。挂靠单位和业务主管单位对所属社会团体的申请登记、思想政治工作、党的建设、财务活动、人事管理、召开研讨会和对外交往等重要活动安排、接受资助、捐赠等事项负有领导责任。登记管理机关主要负责社会团体的登记审批工作，研究制定有关政策规定并组织实施；负责对社会团体、民办非企业单位的活动进行指导和检查监督，依法查处违法行为。社会团体统一归口由民政部门登记管理，其他任何部门无权审批和颁发证书。

通知提出，要尽快对 1989 年的《社会团体登记管理条例》进行修订，以进一步对社会团体的地位作用、权利义务、必备条件以及登记管理机关的职责、挂靠单位以及业务主管单位应当承担的责任作出规定，以适应新的形势的需要。根据通知的精神，民政部和国务院法制办公室在广泛的调查研究，并征求中央有关部门、一些地方和部分有代表性的社会团体的意见的基础之上，经反复研究修改，形成了《社会团体登记管理条例（修订草案）》。该草案对社会团体作了界定，规定了社会团体的登记制度、基本活动规范和行为准则，以维护政治、社会稳定，维护正常的经济秩序，防止别有用心的人利用合法组织的身份从事危害国家安全和社会稳定的活动，防范经济诈骗活动。草案充分体现了既加强对社会团体的管理，又要保障社会团体合法权益的立法目的。1998 年 9 月 25 日，国务院第 8 次常务会议审议并原则通过了《社会团体登记管理条例（修订草案）》。会后，国务院法制办公室和民政部根据常务会议的意见对修订草案作了修改。1998 年 10 月 25 日，朱镕基总理签署了国务院第 250 号令，发布了修订后的《社会团体登记管理条例》。

第一章　总　　则

总则是一部法律、法规的总括性的规定，是法律、法规的基本精神之所在，法律、法规的其他内容是总则所规定的内容的展开。一部内容较长，条款较多的法律、法规，一般均设置章、节。总则居于各章节之首，起统帅作用，在执行法律、法规时，总则确立的立法目的和基本原则是解释、指导有关条款的基本依据和出发点。《社会团体登记管理条例》总则共六条，分别规定了立法目的、适用范围、社会团体的概念、成立社团的原则、社会团体的守法义务，明确了社会团体的登记管理机关、业务主管单位，确立了社会团体双重管理体制。本条例的其他内容均围绕着总则的内容展开。

第一条 为了保障公民的结社自由，维护社会团体的合法权益，加强对社会团体的登记管理，促进社会主义物质文明、精神文明建设，制定本条例。

【释义】本条是《社会团体登记管理条例》的立法目的。

立法目的是法律、法规中规定的各项制度所追求、达到的目标。是立法者制定该法的动机之所在。本条例的立法目的有四项，具体包括：

（一）保障公民的结社自由。我国宪法第35条规定，中华人民共和国公民有言论、出版、集会、结社、游行、示威的自由。结社自由是公民的一项基本的政治自由和权利，它是指公民为了实现某一合法的宗旨而依法结成某种社会团体的自由。本条例规定了成立社会团体的条件和程序等内容，使公民能够按照本条例的有关规定，依法成立社会团体，使宪法规定的公民的结社自由得到实现。

（二）维护社会团体的合法权益。按照本条例的规定，社会团体一经批准成立，即成为一个合法的组织，取得法律主体的资格，能够按照法律法规的规定开展各项社会活动，依法享有民事权利，承担民事义务，不受任何其他组织和个人的非法干涉。社会团体在自己的合法权利被侵犯时，能够依法进行检举、申诉和控告，能够请求有关国家机关依法给予保护，能够以自己的名义向法院起诉、应诉，以保护自己的合法权益。

（三）加强对社会团体的登记管理。对社会团体进行登记管理，是政府的一项重要职能，这项职能的行使，必须依法进行。1989年10月，国务院发布了《社会团体登记管理条例》，对社会团体的登记管理起了重要的作用。这个条例已颁布近十年，这十年间我国经济、社会生活和民主法制建设都发生了巨大变化，社会团体发展和社团登记管工作也出现了一些新问题，主要有：一是，一些社会团体内部民主管理制度和财务管理制度不规范，一些社会团体进行营利性经营活动，有的社会团体受西方敌对势力影响，成为影响我国政治、社会稳定的隐患；二是，社会团体登记管理体制不健全，有关部门职责分工不明确，社会团体管理出现不少漏洞，一些违法活动得不到及时、有效的查处。由于1989年的条例侧重于程序方面的规定，对社团的性质、成立的具体条件、登记管理机关和业务主管单位的职责和对违法社团的处罚未作详尽的规定，已不能适应形势发展的需要。迫切需要根据当前社团发展的实际状况和社团登记管理工作的需求对《社会团体登记管理条例》进行修订，以健全和完善社团登记管理的法律依据，进一步加强对社会团体的登记管理。

（四）促进社会主义物质文明、精神文明建设。社会团体作为一种重要的社会组织，在国家的政治、经济、社会、文化生活等各个方面起着重要的作用。党和政府十分重视社会团体的作用，党的十四届三中全会《关于建立社会主义市场经济体制若干问题的决定》中强调指出，要发挥商会、行业协会等社会中介组织的作用。随着社会主义市场经济体制的逐步建立和政府职能的转变，社会团体在经济、社会发展等各个方面中的作用将越来越大。制定符合经济社会发展形势和社团发展实际的《社会团体登记管理条例》，针对社会团体发展的新情况以法律形式维护社会团体的合法权益，规范社会团体的行为，有利于社会团体在社会主义物质文明和精神文明建设中充分发挥其应有的作用。

第二条 本条例所称社会团体，是指中国公民自愿组成，为实现会员共同意愿，按照其章程开展活动的非营利性社会组织。

国家机关以外的组织可以作为单位会员加入社会团体。

【释义】本条是关于社会团体概念的界定。

社会团体是本条例调整的对象，因此必须对社会团体的概念作出明确的界定，以区别于其他社会组织。原《社会团体登记管理条例》只列举了协会、学会、联合会、研究会、基金会、联谊会、促

进会、商会等名称类别，未对社会团体概念作出界定。新修订发布的《社会团体登记管理条例》，通过概括各类社会团体的本质特征，对社会团体的概念作出了明确的界定。

（一）由中国公民自愿组成。这句话一是明确了组成社会团体的主体范围是中国公民。依照我国法律，凡具有中国国籍的人都是中华人民共和国公民。不具有中国国籍的外国人及外国政府、企业、民间非营利组织在华设立的代表机构不能依据本条例在我国境内组成社会团体。二是明确了组成社会团体的自愿性特征。结社自由是宪法赋予公民的权利，中国公民及国家机关以外的组织在法律、法规规定的范围内有权依照自己的意愿组成各种社会团体，任何组织和个人不得对公民和组织合法的结社行为非法进行干预，不得强迫命令，违背他人意志强制或者限制他人组织或者参加某个社会团体。

（二）为实现会员共同意愿，按照章程开展活动。任何社会组织的产生都是为了实现一定的社会目标，这一目标就是该社会组织的宗旨或者纲领，表明成立该组织的目的。社会团体是人的集合体，人们为了实现共同的意愿，走到一起来了，在这个共同目标下，组织起来。经过社会团体成员共同认可的关于该社会团体宗旨和活动准则、组织机构等有会员共同遵守的规则，就是社会团体的章程。社会团体及其成员应当按照章程开展活动，不得超出章程所规定的宗旨、业务范围和活动地域开展活动。会员按照章程的规定，享受社会团体内的权利、承担社会团体内的义务。

（三）社会团体是非营利性的社会组织。“非营利性”是社会团体区别于企业、公司等营利性组织的根本特征。在社会主义市场经济的条件下，各种社会组织需要按照各自的本质特征由国家进行分类指导和管理，以划清各类社会组织的界限，使各类社会组织各行其道、各得其所。参考国际上对社会组织的分类，我国除国家机关以外的社会组织也可以分为非营利性组织和营利性组织两大类。企业是营利性的社会组织，社会团体、民办非企业单位、事业单位是非营利性社会组织，具有非营利和公益性的共性。在这个共性下，社会团体的特征是由公民组成、实行会员民主管理制度；民办非企业单位的特征是主要利用非国有资产；事业单位的特征是利用国有资产。

这里应当强调的是，社会团体作为一个非营利性组织，是从社会团体的宗旨及存在的目标出发而言的，社会团体在其存在过程中，必然也会同外界发生一定的经济联系，进行一些必要的经济活动，但这些经济联系和经济活动，应当围绕社会团体的宗旨而开展，不应当以营利为目的从事经营性活动。

国家机关以外的组织可以作为单位会员加入社会团体。这句话明确了国家机关不可以组成和加入社会团体。国家机关是一类特殊的社会组织，他们的性质、地位和职责是由法律、法规规定的。国家机关行使国家的各项权力，根据我国宪法的规定，我国国家机关主要包括：各级人大及其常委会，国务院和地方各级人民政府，各级人民法院和各级人民检察院。国家机关作为一种社会组织，除了履行法律、法规规定的职责外，不应当有自己其他的利益和目的，因而也没有再组织社会团体的必要；同时，国家机关如果参加社会团体，也不利于社会团体的健康发展，容易产生职责不清，政社不分，职能混淆等问题。因此，国家机关作为组织不能组成或参加社会团体。

在我国，中国共产党是执政党，是领导我国社会主义现代化建设的核心力量。我们党除了全心全意为人民服务这个宗旨外，没有自己特殊的意愿，人民的利益高于一切，党没有也不应当再有自己特殊的利益，因此各级党的组织及其工作部门也不应当以自己的名义参加社会团体。除国家机关和党的组织以外的社会组织，可以以单位会员的身份加入社会团体。国家机关和党的各级组织，本身不能直接参加社会团体，并不意味着，国家机关工作人员和党员个人，不能依法参加社会团体。这里需要说明一下，本条例用了“单位会员”一词，“单位会员”的用语比“团体会员”更为准确，单位既可能是社会团体，也可能是企业、事业单位或者民办非企业单位，涵盖的面更广、更全面。

第三条 成立社会团体，应当经其业务主管单位审查同意，并依照本条例的规定进行登记。社会团体应当具备法人条件。

下列社会团体不属于本条例规定登记的范围：

（一）参加中国人民政治协商会议的人民团体；

（二）由国务院机构编制管理机关核定，并经国务院批准免于登记的团体；

（三）机关、团体、企业事业单位内部经本单位批准成立、在本单位内部活动的团体。

【释义】本条是关于成立社会团体程序和条件的原则规定。同时，对不需要登记的社会团体的范围作了规定。根据本条规定，成立社会团体应当经过相应的业务主管单位审查同意，并依照本条例的有关规定进行登记。这是我国社会团体成立的基本程序。成立社会团体必须先经业务主管单位审查同意，凡是业务主管单位不同意的，社会团体不得成立。当然，业务主管单位审查同意后，还必须由登记管理机关批准登记。社会团体经过依法登记，才能取得合法地位。

本条第2款规定社会团体应当具备法人条件。《民法通则》第36条规定："法人是具有民事权利能力和民事行为能力，依法独立享有民事权利和承担民事义务的组织。"这一规定揭示了法人的本质，而且说明并不是所有的社会组织都是法人，只是那些被赋予法人资格的社会组织才是法人。《民法通则》第37条规定：法人应当具备下列条件：（1）依法成立；（2）有必要的财产或经费；（3）有自己的名称、组织机构和场所；（4）能独立承担民事责任。我国的法人包括企业法人、机关法人、事业单位法人、社会团体法人。原《社会团体登记管理条例》将社会团体分为社会团体法人和不具备法人条件的社会团体两种，分别发给相应的证书。这次修订发布的《社会团体登记管理条例》规定了社会团体应当具备法人条件。这就意味着不具备法人条件的社会团体依据本条例不能登记。这样规定，是为了使社会团体都成为具有民事权利能力和民事行为能力，依法独立享有民事权利和承担民事义务的组织，使其能更好地在社会上开展活动，充分发挥积极作用。

本条第3款规定了某些具有特殊情况，不属于本条例规定进行登记的社会团体的范围。本条例规定不属于登记范围的社会团体主要有：（1）参加中国人民政治协商会议的人民团体。这类人民团体有中华全国总工会、共青团中央、中华全国妇女联合会、中国科学技术协会、中华全国归国华侨联合会、中华全国台湾同胞联谊会、中华全国青年联合会、中华工商业联合会。（2）由国务院机构编制管理机关核定，并经国务院批准免予登记的团体。这是指经过国务院机构编制管理机关核定人员编制、工作职责、机构设置即"三定"的社会团体，经过国务院批准后，可免予登记。地方机构编制管理机关和地方人民政府是无权批准的。具体免予登记的单位，国务院机构编制管理机关与民政部正在研究方案，最后由国务院批准实施。（3）机关、团体、企业事业单位内部经本单位批准成立、在本单位内部活动的团体。例如，高等学校内部组织演讲协会、诗社等；机关、企事业单位内组织的书画协会、桥牌协会、集邮协会等。单位内部的团体，其成员来自单位内部，主要是为了满足单位成员的共同兴趣，仅在单位内部活动，不在社会上进行活动。这些单位内部的团体在成立时要经本单位批准，由本单位对其活动进行必要的监督管理。之所以这样规定，主要是考虑到，1950年9月政务院通过的《社会团体登记暂行办法》曾经明确规定，"参加中国人民政治协商会议的各民主党派和人民团体"、"中央人民政府另有法令规定的团体"以及"机关、学校、团体、部队内部经其负责人许可组织的团体"不属于登记范围。这些规定目前仍然符合我国政治生活实际情况。一是我国宪法序言通过对人民政协地位和作用的阐述，已对参加政协的八个人民团体的法律地位予以明确；二是由国务院机构编制管理机关核定，并经国务院批准的团体，其人员编制、工作职责、机构设置均已十分明确，承担着党和国家确定的任务，有关部门已经对它们实施了严格管理，与其他社会团体有着明显区别，因此，不必再进行社团登记；对这类团体不予登记，有利于明确界定社会团体的范围。地方类似这样的团体也必须按此规定报经国务院批准后执行。三是单位内部团体仅在其单位内部活动，不属于社会组织，因此，这三种情形不属于本条例规定登记的范围。

第四条 社会团体必须遵守宪法、法律、法规和国家政策，不得反对宪法确定的基本原则，不得危害国家的统一、安全和民族的团结，不得损害国家利益、社会公共利益以及其他组织和公民的合法权益，不得违背社会道德风尚。

社会团体不得从事营利性经营活动。

【释义】本条是关于社会团体遵守法律的义务和不得从事营利性活动的规定。

社会团体依法成立就获得了合法的法律地位，成为一个依法独立享有民事权利和承担民事义务的民事主体。社会团体必须遵守宪法、法律、法规和国家政策，这是社会团体承担的一项总的法律义务。

社会团体不得反对宪法确定的基本原则。我国宪法总的指导思想是坚持四项基本原则，即坚持社会主义道路，坚持人民民主专政，坚持中国共产党的领导，坚持马列主义、毛泽东思想。这四项基本原则是全国各族人民团结奋进的共同的政治基础。社会团体作为依法成立的社会组织，与党和国家在根本利益上是一致的，只有自觉遵守宪法确定的基本原则，才能保持正确的政治方向，在经济与社会发展和维护社会稳定中发挥出积极的作用。

社会团体不得危害国家的统一、安全和民族的团结。国家的统一、安全和民族的团结，是我国改革开放和社会主义现代化建设事业取得胜利的基本保证。任何分裂祖国、破坏国家领土完整的行为都是对国家利益、民族利益的背叛，为我国的宪法和法律所不容。因此，社会团体必须服从国家各级机关的统一管理，坚决执行党和国家制定的各项民族政策和有关民族法规，自觉维护国家的统一、安全和民族的团结。社会团体不得损害国家利益、社会公共利益以及其他组织和公民的合法权益。社会团体作为一个法律主体存在于社会之中，无论其享有权利还是承担义务，都会对国家、其他社会组织和公民发生影响。任何权利都不是绝对的，社会团体必须按照法律的规定享有权利并承担义务，自觉遵守宪法和法律，维护国家利益、社会公共利益以及其他组织和公民的合法权益。

社会团体不得违背社会道德风尚。社会道德风尚是一个社会道德水准的反映，是社会精神文明的重要尺度。道德是人们关于善与恶、正义与非正义、公正与偏私、诚实与虚伪、荣誉与耻辱等观念以及同这些观念相适应的、由社会舆论和人们的信念来实现的行为规范的总和，是建立在一定经济基础之上的社会意识形态。每一种社会经济形态，都有与其相应的道德。良好的社会道德风尚是社会主义精神文明的重要组成部分。树立良好的社会道德风尚是公民和社会组织的一项重要义务。社会团体应当自觉维护社会道德风尚，为社会主义精神文明建设作出应有的贡献。本条第 2 款规定，社会团体不得从事营利性活动。非营利组织与营利组织的主要区别，不在于是否营利，而在于营利所得如何分配。目前国际上比较一致的观点是，第一，非营利组织的资产及其所得，任何成员不得私分，不得分红；第二，非营利组织注销后，剩余财产应移交给同类非营利组织，用于社会公益事业的发展。民政部、国家工商局《关于社会团体开展经营活动有关问题的通知》（民社发（1995）14 号）规定，社团可以投资设立企业法人，也可以设立非法人的经营机构，但不得以社团自身的名义进行经营活动。同时，这些经济实体必须经工商行政管理部门登记注册，照章纳税，其所得的税后利润按规定返还给所从属的社团，该社团必须将其全部用于与宗旨相符的事业，社团成员不得私分。社团及其所办企业法人不得接受其他经济组织的挂靠。

第五条 国家保护社会团体依照法律、法规及其章程开展活动，任何组织和个人不得非法干涉。

【释义】本条是关于国家保护社会团体依法开展活动的规定。

依法成立的社会团体即取得了法律主体资格，能够独立地依法享有权利和承担义务。社会团体有权依照法律、法规及其章程开展活动。法律、法规及其章程是社会团体的行动准则。

社会团体依照法律、法规及其章程开展活动，实质上是社会团体依法享有权利和承担义务的过程。社会团体作为一种民事主体，在其获得某项民事权利后，总是以一定的行为或者不以一定的行为，来达到自己的某种目的，实现自己的某种意志。权利的对称是义务，社会团体对于法律规定的义务不能随心所欲，法律、法规要求社会团体的作为和不作为，社会团体必须认真履行或者接受约束。

国家是一种政治组织，具有特殊的强制力，没有国家强制力的保障，法律就不能实施和发挥作用，而制定法律和保障法律的实施，也正是国家活动的一个重要方面。国家保护社会团体依照法律、法规及其章程开展活动，意味着国家以强制力为后盾保护社会团体依法享有权力和承担义务，国家除对社会团体依法进行必要的监督管理外，不进行其他不必要的干预。任何组织和个人不得非法干涉社会团体的活动。除了社会团体登记管理机关、业务主管单位和其他有关国家机关依法对社会团体进行监督管理外，其他任何组织和个人无权对社会团体进行非法干涉。对于侵犯社会团体合法权益的行为，社会团体有权加以拒绝，有权依法向有关国家机关请求给予保护。

第六条　国务院民政部门和县级以上地方各级人民政府民政部门是本级人民政府的社会团体登记管理机关（以下简称登记管理机关）。国务院有关部门和县级以上地方各级人民政府有关部门、国务院或者县级以上地方各级人民政府授权的组织，是有关行业、学科或者业务范围内社会团体的业务主管单位（以下简称业务主管单位）。法律、行政法规对社会团体的监督管理另有规定的，依照有关法律、行政法规的规定执行。

【释义】本条是关于社会团体登记管理机关、业务主管单位和登记管理体制的规定。按照本条例第 1 款的规定，国务院民政部门即民政部和县级以上地方各级人民政府民政部门是本级人民政府的社会团体登记管理机关。根据本条例的有关规定，登记管理机关负责社会团体的成立、变更、注销登记或者备案、对社会团体实施年度检查，对社会团体违反本条例的问题进行监督检查，对社会团体违反本条例的行为给予行政处罚。除民政部门外，其他任何部门都不得行使对社会团体的登记管理权，无权审批和颁发证书。

按照本条第 2 款的规定，国务院有关部门和县级以上地方各级人民政府有关部门，国务院或者县级以上地方各级人民政府授权的组织，是有关行业、学科或者业务范围内社会团体的业务主管单位。根据本条例的有关规定，业务主管单位履行下列监督管理职责：负责社会团体筹备申请、成立登记、变更登记、注销登记前的审查；监督、指导社会团体遵守宪法、法律、法规和国家政策，依据其章程开展活动；负责社会团体年度检查的初审；协助登记管理机关及其他有关部门查处社会团体的违法行为；会同有关机关指导社会团体的清算事宜。“业务主管单位”是新修订发布的《社会团体登记管理条例》所使用的概念，相当于原条例所使用的“业务主管部门”一词。业务主管单位包括政府的有关职能部门、党的工作部门以及政府授权的组织。

本条的这两款规定是对我国社会团体双重管理体制的确认。对社会团体实行双重管理是从我国实际出发所确立的社会团体管理体制，是对我国社会团体管理近五十年经验的科学总结。建国后的相当长时间里，我国社会团体的管理存在着多头审批、管理体制不顺的问题，影响了国家对社会团体的有效管理监督，也导致了社会团体的发展良莠不齐。为此，1989 年颁布的《社会团体登记管理条例》首次明确了社会团体统一归口由民政部门登记，并确立了登记管理机关和业务主管部门双重管理体制。实践证明，对社会团体管理实行双重管理体制，切实加强了对社会团体的管理。但由于当时对登记管理机关和业务主管部门的职责没有予以明确，造成登记管理机关和业务主管部门在管理社团方面职责不清。新颁布的《社会团体登记管理条例》再次确认了经实践证明是行之有效的社会团体双重管理体制，并对其进行了完善，明确了登记管理机关和业务主管单位各自的工作职责，使这种体制更加科学。对社会团体实行双重管理体制的主要原因有以下几点：一是我国社会团体种类繁多、数量很大，涉及到政治、经济、科技、文化等各个领域，涉及到各个行业和部门的业务，仅靠民政部门通过登记进行管理远远不够，民政部门职责所限，不可能对民政业务以外的其他业务领域进行有效监督。

而业务主管单位对与本单位职能范围相关的社会团体的业务情况比较熟悉和了解，因此，对成立相关业务范围的社会团体是否必要，有无权威性和代表性能够从职能部门的角度提出权威性的意见，对新成立社会团体经由业务主管单位审查，可以保证社会团体的质量，避免出现重复设置；二是业务主管单位与相关的社会团体有着密切联系，在对社会团体的人事、财务、党的建设及其他日常活动进行管理方面具有民政部门所不具备的便利条件；三是仅靠民政部门进行管理，其管理力量十分有限，登记管理机关和业务主管单位各司其职，分工协作，大大加强了社团管理的力量。登记管理机关和业务主管单位对社会团体的管理是一个有机整体，但工作中有各自的侧重点，民政部门侧重于依法登记管理和宏观管理，而业务主管单位侧重于对所属社会团体业务活动、党组织建设及队伍建设上的指导。虽然登记管理机关与业务主管单位之间的工作侧重点有所不同，但是从根本上讲，二者的目标是一致的。首先，二者的指导思想是一致的。

保障公民的结社自由，维护社会团体的合法权益，加强对社会团体的登记管理，促进社会主义物质文明、精神文明建设，既是社会团体登记管理条例的立法目的和指导思想，也是民政部门和业务主管单位做好各项工作的指导思想。其次，二者对于社会团体成立的审查条件是一致的。成立社会团体必须经有关业务主管单位审查同意，然后才能向社会团体登记管理机关申请登记，二者对社会团体成立的合法性、必要性和代表性等基本条件的审查是完全一致的。第三，二者在管理工作的目标上也是一致的。对社会团体既要加强管理，又要发挥其作用，是登记管理机关和业务主管单位的共同目标。为了达到这个目标，二者之间不仅要各司其职，而且要密切配合。

本条第 3 款规定，法律、行政法规对社会团体的监督管理另有规定，依照有关法律、行政法规的规定进行。对社会团体的监督管理另有规定是指，除了本条例外，国家有关的法律、行政法规对社会团体的监督管理作出了的规定。例如《中华人民共和国审计法》规定，审计机关对政府部门管理的和社会团体受政府委托管理的社会保障基金、社会捐赠基金以及其他有关基金、资金的财务收支，进行审计监督。国家财政、税收、物价等方面的法律、行政法规对社会团体也作出一些专门的规定。对于这些有关的法律和行政法规，社会团体必须自觉遵守，并接受主管机关的监督管理。另外，我国有关法律对某些社会团体的成立程序和监督管理也作出了特殊规定。如消费者权益保护法明确，消费者协会是依法成立的对商品和服务进行社会监督的保护消费者合法权益的社会团体，并对该协会的性质、职能和活动原则作出规定。对这类社会团体，根据本条例的规定，应依法办理社会团体登记手续，并接受登记管理机关、业务主管单位的监督管理，有关法律对这类社会团体作出的专门规定，登记管理机关、业务主管单位及该社会团体应一并执行。

第二章　管　　辖

本章是关于管辖的规定。管辖是指县以上各级社会团体的登记管理机关、业务主管单位管理上的分工和权限。其目的在于明确不同级别的登记管理机关、业务主管单位对社会团体管理的范围，以及对住所与登记管理机关、业务主管单位不在一地的社会团体的委托管理问题。

第七条　全国性的社会团体，由国务院的登记管理机关负责登记管理；地方性的社会团体，由所在地人民政府的登记管理机关负责登记管理；跨行政区域的社会团体，由所跨行政区域的共同上一级人民政府的登记管理机关负责登记管理。

【释义】本条是对社会团体的分级登记管理的规定。我国的社会团体按照其成员分布、活动地域等状况，划分为全国性社会团体、地方性社会团体和跨行政区域的社会团体。为便于对社会团体的登记管理，我国对社会团体实行分级登记管理制度，即不同层次的社会团体按照其成员分布、活动地域，分别由相应的登记管理机关登记管理。全国性社团是指会员分布和活动地域在全国范围的社团。从总体上看，这类社团有以下几个特点：会员来自全国范围，并具有广泛性和一定的代表性，多为该社团所从事的业务领域内的权威人士；活动地域广，可在全国范围内开展活动；名称一般冠以“中国”、“中华”、“全国”等字样。本条规定，这一类社会团体的登记管理机关是国务院的登记管理机关即民政部。

地方性社团是相对于全国性社团而言的，是指会员分布和活动地域在省及省以下某一行政区域内的社团，其名称前一般需冠以其所在行政区域的名称。地方性社团依据我国行政区划的实际状况，分为全省（自治区、直辖市）性社会团体，地区（市、自治州）性社会团体，县（县级市）及县（县级市）以下的社会团体。按本条规定，这一类社会团体，由所在地人民政府的登记管理机关负责登记管理，即全省（自治区、直辖市）性社团由省、自治区、直辖市人民政府的登记管理机关（即民政厅、局）负责登记管理；地区（市、自治州）性社会团体由市、自治州人民政府或地区行署的登记管理机关（即民政局或民政处）负责登记管理；县（县级市）及县以下社团由县（县级市）人民政府登记管理机关（即民政局）负责登记管理。

跨行政区域的社会团体，由所跨行政区域的共同上一级人民政府的登记管理机关负责登记管理。跨行政区域社团是指会员分布和活动地域跨越行政区域，以某一特定的地域、历史、经济、人文等特征为联系纽带的社团。这类社团会员及活动范围的跨地域性决定了其登记管理机关必须是所跨地域的共同上一级社团登记管理机关，即跨省、自治区、直辖市的社团，由国务院的登记管理机关负责登记管理；跨地区（市、自治州）的社团，由省（自治区、直辖市）的社团登记管理机关负责登记管理；跨县（县级市）的社团，由地级市或行署的社团登记管理机关负责登记管理。

第八条 登记管理机关、业务主管单位与其管辖的社会团体的住所不在一地的，可以委托社会团体住所地的登记管理机关、业务主管单位负责委托范围内的监督管理工作。

【释义】本条是对社会团体委托管辖的规定。社会团体的委托管辖是一种特殊的社团管辖，是对本《条例》第七条规定的社会团体管辖的补充。由于种种原因，可能会出现社会团体的住所与其登记管理机关和业务主管单位不在同一个地点的情况，这就给登记管理机关和业务主管单位对其进行监督管理带来不便。为了便于对此类社会团体的监督管理，避免出现管理上的真空，本条规定登记管理机关、业务主管单位与其管辖的社会团体的住所不在一地的，可以委托社会团体住所地的登记管理机关、业务主管单位负责委托范围内的监督管理工作。根据有关法律规定，在行政管理委托法律关系中，行政机关进行委托负有以下义务：第一，要有委托依据，也就是要正式下文；第二，委托事项必须在该机关的法定权限以内；第三，对被委托组织实施行政管理的行为进行监督；第四，对被委托组织实施的行政管理行为后果承担法律责任。受委托组织的法律义务是：第一，以委托行政机关的名义实施行政管理；第二，实施行政管理不得超出委托范围；第三，不得再委托其他组织或者个人实施行政管理。由此可见，社团委托管辖虽然可以方便对社团的管理，可以减少登记管理机关的管理难度，但在委托管辖时委托方责任一点也未减少。一般来说，社团的委托管辖不是全权委托。

第三章 成立登记

本章的内容是关于社会团体成立登记的规范。对成立社会团体依法登记是国家确认社会团体合法性的基本形式，也是依法管理社会团体的基础。社会团体只有经依法登记，才能取得法人资格，依法享有各种权利，其合法的权益才能受到法律的保护。新条例同1989年《社会团体登记管理条例》相比，规定登记的内容更为详尽。一是增加了申请筹备社会团体审批程序和不予批准筹备等条款，同时

规定了成立社会团体的具体条件，有利于提高新成立社会团体的质量；二是首次明确了依专门法律取得法人资格社会团体的备案，进一步健全了社会团体统一登记制度；三是增加了社会团体设立分支机构、代表机构的登记，促进了对社会团体分支机构、代表机构的规范管理。这些内容的增加，标志着我国社会团体登记制度日趋完善。

第九条 申请成立社会团体，应当经其业务主管单位审查同意，由发起人向登记管理机关申请筹备。

【释义】本条是对申请筹备成立社会团体程序的规定。

申请筹备是发起人根据本条例成立社会团体的规定，向登记管理机关申请取得筹备成立社会团体资格的行为，这是成立社会团体的第一个法律程序。申请筹备前，发起人或发起单位，只能根据本条例的规定做与申请筹备有关的事宜。如筹集社会团体所需的资金，并对资金进行管理；联络拟加入的会员；落实办公场所；起草章程等。申请筹备事宜正确与否，不仅关系到其自身的设立和发展，而且不符合条件的也申请筹备，对社会公共利益甚至国家利益将构成影响。因此本条规定了业务主管单位和登记管理机关要对申请筹备的社会团体筹备审查和批准。

申请筹备社会团体的发起人或发起单位，要按照其业务范围向相应的业务主管单位提出书面申请。由业务主管单位根据本条例的规定对其申请筹备的必要性、代表性、发起人或发起单位情况等有关条件进行资格审查，并出具同意筹备或不同意筹备的书面文件。经业务主管单位审查同意的，由发起人或发起单位向登记管理机关申请筹备。

申请筹备的社会团体，不得以独立的名义在社会上开展活动，违背申请筹备的行为所产生的法律后果，应由申请筹备社会团体的发起人或发起单位承担责任。

第十条 成立社会团体，应当具备下列条件：

（一）有50个以上的个人会员或者30个以上的单位会员；个人会员、单位会员混合组成的，会员总数不得少于50个；

（二）有规范的名称和相应的组织机构；

（三）有固定的住所；

（四）有与其业务活动相适应的专职工作人员；

（五）有合法的资产和经费来源，全国性的社会团体有10万元以上活动资金，地方性的社会团体和跨行政区域的社会团体有3万元以上活动资金；

（六）有独立承担民事责任的能力。

社会团体的名称应当符合法律、法规的规定，不得违背社会道德风尚。社会团体的名称应当与其业务范围、成员分布、活动地域相一致，准确反映其特征。全国性的社会团体的名称冠以“中国”、“全国”、“中华”等字样的，应当按照国家有关规定经过批准，地方性的社会团体的名称不得冠以“中国”、“全国”、“中华”等字样。

【释义】本条是对成立社会团体应具备条件的规定。

我国民法通则已对法人的一般条件作出具体的规定，社会团体法人是民法通则规定的四种法人之一，结合社会团体的特点，本条专门规定了成立社会团体的具体条件。

本条对成立社会团体的会员数量作出了具体规定，即成立社会团体必须有50个以上个人会员、或者30个以上单位会员（基金会除外），如个人会员和单位会员混合组成的，会员总数不得少于50个。这是社会团体成立的法定条件之一，达不到这个数量，就不具备成立社会团体的资格。之所以作出这样的规定，是因为社会团体是由一定数量的自然人和组织自愿组成的，其会员过少，成立的社会团体就不具有一定的广泛性和代表性。国外许多国家在立法中都对成立社会团体的人数作出了具体规定。本条例对社会团体会员数量的规定是根据我国的实际情况作出的。会员可分为个人会员和单位会员，个人会员应是具有中国国籍的公民，外国国籍和无国籍的人不得成为会员；单位会员是除国家机关以外的独立的社会组织。

一个社会组织要取得法律上的资格，必须有区别其他组织的标志，即法人的名称。规范的社会团体名称应由三方面构成：行政区域的名称；业务范围的反映；社团性质的标识。全国性社团的名称应冠以“全国”、“中国”、“中华”等字样。地方性社团名称不得冠以“全国”、“中国”、“中华”等字样，应冠以相应的行政区域名称。为有别于机关、企业、事业单位，社会团体一般称为协会、学会、研究会、促进会、联合会、联谊会、商会、基金会等。按照社会团体的分类，学术性社团一般称学会、研究会；行业性社团一般称协会；专业性社团一般称协会、促进会；联合性社团一般称联合会、联谊会。社会团体的名称中不能有与国家的法律、法规相悖的内容，凡我国现行的法律、法规禁止的内容，不能在社会团体的名称中体现。同时，社会团体的名称要符合社会主义精神文明的要求，要与我国的国情相适应，不得含有封建迷信、落后、不健康的习俗以及与我国现实国情不符的内容。法人作为一个社会组织，必须建立相应的组织机构。社会团体法人的意志总要通过一定的组织机构产生，并且只有通过一定的组织机构才具体实现。社会团体的组织机构主要由以下部分组成：（1）最高权力机构，即会员大会或会员代表大会；（2）执行机构，即理事会，理事成员较多的也可以设常务理事会；（3）其他机构如办事机构、分支机构、代表机构等。

社会团体的住所是指社会团体主要办事机构所在地。社会团体作为法人组织，必须要有住所。对社会团体的住所在法律中予以确定，其作用在于：一是作为诉讼管辖的依据；二是法律文书及其他函件法定的送达场所；三是社会团体享有权利和履行义务的法定地点。社会团体住所确定后，如要变动则要依法进行变更。社会团体对其住所应有独立使用权，不得与其他机构合署办公，不得设置在私人寓所内。住所应相对稳定。

社会团体根据其业务活动的需要及规模、经费、财产状况，应配备相应数量、专业知识结构、工作经验的专职工作人员，以保障其业务活动的正常开展。社团专职工作人员主要是指专门从事社团工作，由社团以自有资金解决其工资、保险和福利待遇，没有其他正式工作的人员。社会团体也可根据实际情况使用兼职工作人员或反聘、借调一些人员在社团工作。有合法的资产和经费来源是保证社团能正常开展业务活动，促进其宗旨确定的事业发展的经济基础，是社会团体法人独立承担民事责任、履行民事义务的必要物质条件。社会团体的资产的获得必须符合国家的法律、法规的规定，同时要有相对稳定的经费来源。社会团体的经费来源渠道主要有：（1）单位会员和个人会员交纳的会费；（2）有关部门的资助；（3）国内外捐赠；（4）开展有偿服务的收入；（5）社会团体举办的经济实体上交的税后利润；（6）其他合法收入。根据我国目前社会团体的实际，成立全国性社团应有 10 万元以上的活动资金；地方性社团和跨行政区域的社团应有 3 万元以上的活动资金。成立基金会，基金数额的最低限按国务院关于基金会的规定执行。

能够独立承担民事责任，是指社团法人应当能够以自己的名义和自己所有的财产独立承担民事责任，而不依靠自己的业务主管单位或者别的什么人来代替承担民事责任。设立社团法人的目的是为了独立地在社会上开展活动，并与社会上的组织和个人进行交往，以达到自己的目的，如果不能独立承担民事责任，社团法人的目的也就无法实现。对社团法人条件的这一规定，也是对社团法人应具备的几个条件的概括，具备前面几个条件，独立承担民事责任就有了基础。可以这样说，独立承担民事责任，是社团法人成立的核心条件，这个核心条件，又是以社团法人需要具备的其他条件为基础的。这些内容构成了社团法人应具备的全面条件，缺一不可。

第十一条 申请筹备成立社会团体，发起人应当向登记管理机关提交下列文件：

（一）筹备申请书；

（二）业务主管单位的批准文件；

（三）验资报告、场所使用权证明；

（四）发起人和拟任负责人的基本情况、身份证明；

（五）章程草案。

【释义】本条是申请筹备社会团体，发起人应当向登记管理机关提交文件的规定。

筹备申请书是社团筹备组织向登记管理机关提交的主要材料之一。申请书应载明以下内容：

（1）成立该社会团体的必要性及可行性；

（2）社会团体的宗旨和业务范围；

（3）社会团体的活动地域及活动方式；

（4）活动资金和经费来源渠道；

（5）社会团体拟发展的会员及分布情况。

向登记管理机关提交的筹备申请书须有主要发起人或者发起单位签名盖章。

业务主管单位应当对申请筹备的社会团体的以下内容进行审查：

（1）成立该社会团体的必要性和可行性；

（2）申请筹备的社会团体拟定的会长、副会长、秘书长等负责人的政治情况及在本行业、学科、专业的权威性和代表性；

（3）申请筹备的社会团体的业务范围、活动地域及活动方式；

（4）申请筹备的社会团体的经费来源渠道是否合法、稳定；

（5）申请筹备的社会团体是否具备规定的社团法人的几项条件。

业务主管单位在审查后，对符合条件的，向筹备社会团体的发起人或发起单位出具同意筹备的文件；对不符合条件的，出具不同意筹备的文件。发起人或发起单位在向登记管理机关申请筹备社会团体时，应提交业务主管单位的同意筹备社会团体的文件。

验资报告是证明申请筹备的社会团体的活动资金状况文件。该验资报告应由法定的社会验资机构出具。申请筹备的社会团体的主要办事机构所在地为住所，如住所房屋是自行购买的，应提供产权证明，如是租用的，应提供租用合同等使用权证明。住所的产权证明或者使用权证明应包括使用期限、面积、住所地址及通讯方式等内容。

发起人和拟任负责人的基本情况包括工作简历、身份证明、奖罚情况等内容。简历材料需经本人所在单位的人事部门出具审核意见并加盖公章。

申请筹备的社会团体的章程草案应规范、完整，符合本条例第十五条的规定。

第十二条 登记管理机关应当自收到本条例第十一条所列全部有效文件之日起60日内，作出批准或者不批准筹备的决定；不批准的，应当向发起人说明理由。

【释义】本条是对登记管理机关受理社团筹备申请时限的规定。

登记管理机关在收到全部有效文件之日起60日内，要依据本条例规定对发起人或发起单位提交的申请筹备社会团体的文件进行审核，并以书面形式作出批准筹备或者不批准筹备的决定。条例规定登记管理机关受理社团筹备申请的时限，有利于增强登记管理机关的责任感，提高工作效率，也便于发起人、发起单位及社会对登记管理机关实施有效监督。受理时间应从发起人向登记管理机关提交全部有效文件之日起计算。登记管理机关作出不批准筹备决定后，应向申请筹备社会团体的发起人或发起单位说明不批准的原因。超过60日的受理时限，登记管理机关没有以书面形式作出批准筹备或不批准筹备决定的，以及对登记管理机关作出不予批准筹备不服的，发起人有权按照国家有关规定申请复议。

第十三条 有下列情形之一的，登记管理机关不予批准筹备：

（一）有根据证明申请筹备的社会团体的宗旨、业务范围不符合本条例第四条的规定的；

（二）在同一行政区域内已有业务范围相同或者相似的社会团体，没有必要成立的；

（三）发起人、拟任负责人正在或者曾经受到剥夺政治权利的刑事处罚，或者不具有完全民事行为能力的；

（四）在申请筹备时弄虚作假的；

（五）有法律，行政法规禁止的其他情形的。

【释义】本条是对不予批准筹备社会团体的情形的规定。我国宪法第 35 条规定，公民享有结社的自由，第 51 条又规定，公民在行使自由和权利的时候，不得损害国家的集体的和其他公民合法的自由和权利。本条例第十三条对申请筹备的社会团体禁止的情形如出现，不仅对社会团体的发展构成影响，而且对经济的发展、社会的进步和社会稳定将起到消极甚至破坏作用。为了确保社会团体的健康发展，《条例》专门制定出有关禁止性条款。申请筹备的社会团体的宗旨、业务范围，反映着其成立的目的，应是审查的主要内容之一。本条例第四条的规定，是社会团体设立及开展活动必须履行的义务，也是审查申请筹备社会团体的重要依据。以本条例第四条为依据严格审查申请筹备社会团体的宗旨、业务范围，目的是为了防范别有用心的人通过成立社会团体的方式，从事反对四项基本原则，进行危害国家安全和颠覆社会主义制度的违法活动；或利用社团名义，从事非法经营活动，牟取经济利益，扰乱正常的经济秩序。同时，防止一些人从事与社会主义精神文明相悖的封建迷信、不健康的活动。因此，登记管理机关对申请筹备的社会团体进行审查时，对有证据表明其宗旨、业务范围不符合本条例第四条规定的应不予批准。

“相同”或者“相似”是指社会团体的宗旨、业务范围相同或基本相同，如“中国青年摄影家协会”与“中华青年摄影家协会”即属于在同一行政区域“相同、相似”的社团。如允许在同一行政区域内成立宗旨、业务范围“相同”或“相似”的社会团体，将会造成社会团体的成立过多过滥，无序发展，社团之间业务交叉，重复发展会员，会员经济负担沉重。同时，在对外交往中，也易出现互相攀比、盲目竞争，产生不良的国际影响。因此对在同一行政区域内成立“相同、相似”的社团，不宜批准筹备。

结社是宪法规定的公民享有的政治权利，根据我国刑法第 54 条第二款规定，被剥夺政治权利的人不享有结社的权利。因此，正在受到剥夺政治权利的刑事处罚的人，显然不能担任申请筹备社会团体的发起人，拟任负责人。曾经受到剥夺政治权利、已经获准恢复政治权利的人，可以加入某个社会团体，成为个人会员，享有结社权，但不能作为申请筹备社会团体的发起人、拟任负责人。这样规定，有利于使社会团体确立正确的政治方向，在社会中树立良好形象，赢得社会的信任。另外，不具有完全民事行为能力的人，本身不能独立承担民事责任，因此，也不能担任申请筹备社会团体的发起人，拟任负责人。

申请筹备的社会团体弄虚作假，是无视法律的行为，使用假证明、假材料，骗取登记管理机关的信任，性质十分恶劣，不仅会对社会团体发展带来严重不良影响，甚至影响到社会的稳定。因此，对申请筹备社会团体时弄虚作假的，不能予以批准。

有法律、行政法规禁止的其他情形的，是指根据国家有关法律、行政法规，对结社行为作出的有关禁止性规定，也被列为本条例不予批准筹备的情形。

第十四条 筹备成立的社会团体，应当自登记管理机关批准筹备之日起 6 个月内召开会员大会或者会员代表大会，通过章程，产生执行机构、负责人和法定代表人，并向登记管理机关申请成立登

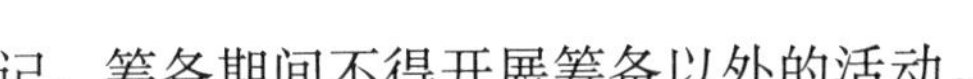

记。筹备期间不得开展筹备以外的活动。

社会团体的法定代表人，不得同时担任其他社会团体的法定代表人。

【释义】本条是对批准筹备的社会团体的筹备期限，筹备期间应完成的任务、筹备期间活动内容以及社会团体的法定代表人的规定。

社会团体的筹备期限是指，由申请筹备的社会团体经登记管理机关批准筹备之日起，至登记管理机关批准成立登记的时间。本条例之所以规定筹备期限，是因为筹备期间，筹备成立的社会团体，需要按规定召开会员大会或会员代表大会，通过章程，产生执行机构、负责人和法定代表人。完成上述工作需要一段时间。但时间过长，原批准筹备的情况易出现变化，因此，筹备期限定为6个月以内。社团的章程和执行机构必须由会员大会或会员代表大会通过和选举产生，才符合民主程序。因为会员大会或会员代表大会是社团的最高权力机构，其通过的章程，才能充分体现全体会员的意愿，对全体会员产生约束力；其选举的理事，才能代表全体会员的利益。社会团体的执行机构即理事会，由会员大会或会员代表大会选举的理事组成，在会员大会或会员代表大会闭会期间，领导该团体开展日常工作。社会团体的负责人由理事会选举产生。

经批准筹备的社会团体，未经成立登记的程序取得合法的地位，不具备民事主体的资格。因此，在登记管理机关批准筹备期间，不得以独立的社团名义对外开展业务活动。只能做召开会员大会或会员代表大会，通过章程，产生执行机构、负责人和法定代表人等工作。

法定代表人是指按法定程序产生的法人组织的代表人，在民事活动、诉讼程序上代表法人进行民事行为、诉讼行为，有权代表法人行使权利，也有责任代表法人履行义务。社会团体法定代表人一般由会长（理事长）担任。社会团体的法定代表人，同时担任其他社会团体的法定代表人，是违背法律上不能搞双重代理原则的。首先，法人是独立的民事主体，法定代表人依附于法人的民事权利能力和民事行为能力而存在。一个自然人同时代表两个法人的意志，难保法人的独立主体地位；其次，容易使一个法人的意志强加于另一个法人，损害法人的利益；再次不利于法定代表人正确行使职权，难以发挥其作用。实践中，一个法人的法定代表人兼任另一个法人的法定代表人，往往是名不符实，很难兼顾两个法人的业务活动。所以，《条例》规定，社会团体的法定代表人，不得同时担任其他社会团体的法定代表人。

第十五条 社会团体的章程应具备下列事项：

（一）名称、住所；

（二）宗旨、业务范围和活动地域；

（三）会员资格及权利、义务；

（四）民主的组织管理制度，执行机构的产生程序；

（五）负责人的条件和产生、罢免的程序；

（六）资产管理和使用的原则；

（七）章程的修改程序；

（八）终止程序和终止后的资产处理；

（九）应当由章程规定的其他事项。

【释义】本条是对社会团体章程内容的规定。

同1989年颁布的《社会团体登记管理条例》中对章程的规定相比，本条内容更为全面、详尽。社会团体是公民自愿组成，为实现会员共同意愿，按其章程开展活动的非营利性社会组织。规范社会团体行为的主要依据除了国家法律法规和政策外，应是社会团体的章程，这是区别于其他社会组织的主要特征。社会团体的章程代表全体会员意愿，并对会员具有普遍的约束力，在社团发展中起着至关重要的作用。对社会团体的章程作出重点规范，有利于社团依照登记的章程开展活动，有利于增强社团的自律管理，同时也有利于业务主管单位和登记管理机关对社团的活动进行监督检查。

（一）社会团体的名称反映着自身的特征，在使用中应符合规范的要求，并包括英文译名、缩写；住所是指社团主要办事机构所在地，社团住所只能有一个。

（二）社会团体宗旨，即成立的目的。由于业务范围的不同，各社会团体的宗旨也不尽相同，但在宗旨中均应载明：遵守宪法、法律、法规和国家政策，遵守社会道德风尚；业务范围是指社会团体根据自身宗旨所开展业务活动的领域，应明确、具体。活动地域是指社团在什么样的行政区域内活动，具体可分为全国范围、省级（自治区、直辖市）范围、地级（州、市）范围、县级（市）范围和跨行政区域范围。

（三）社会团体的会员有单位会员和个人会员。会员资格按照社会团体的规定，公民和社会组织成为该社会团体会员所应具备的条件。社会团体的会员都应享有相应的权利，并承担相应的义务。如选举权、被选举权和表决权；对本团体工作的批评建议权和监督权；了解有关业务信息享受有关的服务；入会自由退会自由等权利；应履行的义务如执行本团体的决议，维护本团体的合法权益，完成本团体交办的工作，交纳会费等。

（四）民主的组织管理制度是指确保社会团体中全体会员能够充分行使其民主权利、体现共同意愿的具有约束力的规定或机制，是社会团体民主管理、民主决策特征的集中体现。民主的组织管理制度主要应包括对组织机构的产生程序及其职权、组织机构间的相互关系、民主议事规则和程序的规定。社会团体的组织机构由会员大会或会员代表大会、理事会（理事人数较多时可设立常务理事会）组成。社会团体的最高权力机构是会员大会或会员代表大会，其职责主要是，制定或修改章程，选举或罢免理事、审议理事会的报告和财务报告，决定终止事宜等。会员大会或者会员代表大会须有 2/3 以上的会员或者会员代表出席方能召开，其决议须经到会会员半数以上通过方能生效。会员大会或者会员代表大会每届最长不得超过五年。理事会是会员大会或者会员代表大会的执行机构，在闭会期间领导本社会团体开展日常工作，对会员大会或者会员代表大会负责。其职责是：执行会员大会或者会员代表大会的决议、选举或罢免理事长（会长）、副理事长（副会长）、秘书长，筹备召开会员大会或者会员代表大会并向大会报告工作和财务状况，决定会员的吸收和除名，决定设立办事机构、分支机构、代表机构和实体机构；决定副秘书长、各机构主要负责人的聘任；领导各机构开展工作；制定内部管理制度等。

（五）社团负责人是指会长（理事长）、副会长（副理事长）、秘书长以上负责人，由理事会选举和罢免。其任职条件主要包括政治素质，业务领域权威性，身体状况等，社团负责人的年龄一般不得超过 70 周岁，任期一般不得超过两届。为了保证党政机关领导同志集中精力做好所承担的领导工作，加快“政社分离”，中共中央办公厅、国务院办公厅下发了《关于党政机关领导干部不兼任社会团体领导职务的通知》（中办发〔1998〕17 号）。通知规定，县及县以上各级党的机关、人大机关、行政机关、政协机关、审判机关、检察机关及所属部门的在职县（处）级以上领导干部，不得兼任社会团体（包括境外社会团体）领导职务（含社会团体分支机构负责人），因特殊情况确需兼任的，必须按干部任免权限进行审批，并按照所在社团的章程履行规定程序后，再到相应的社会团体登记管理机关办理有关手续。

（六）社会团体的资产包括货币和实物两种形式。资产管理的状况，直接关系到社团能否健康发展。因此，应加强对社团资产的管理。资产管理必须执行国家有关法律、法规和政策，建立健全内部财务管理制度。在资产的管理与使用上，应注意：（1）资产来源必须合法；（2）资产使用必须符合本团体的宗旨、业务，用于社团业务活动的开展，不得在会员中分配；（3）接受会员大会或者会员代表大会和财政部门的监督。社会团体换届或者更换法定代表人，必须接受登记管理机关和业务主管单位的财务审计。

（七）社团章程的修改须经过以下程序：经理事会表决通过，报会员大会或者会员代表大会审议；并在会员大会或者会员代表大会通过后15日内，经业务主管单位审查同意，报登记管理机关核准后生效。

（八）社会团体完成宗旨或自行解散或由于分立、合并等原因需要注销的，由理事会或者常务理事会提出终止动议，经会员大会或者会员代表大会表决通过，并经业务主管单位审查同意，向登记管理机关申请办理注销登记手续。社会团体终止前，须在业务主管单位及有关机关的指导下，由业务主管单位代表、社团负责人、财务人员、社会团体会员代表等组成清算组织，清理债权债务，处理善后事宜。社会团体终止后的剩余财产应用于发展与本团体宗旨相关的事业。

（九）除上述应载明的内容，社会团体根据本团体的实际情况，可以载明其他应由章程规定的内容。

第十六条 登记管理机关应当自收到完成筹备工作的社会团体的登记申请书及有关文件之日起30日内完成审查工作。对没有本条例第十三条所列情形，且筹备工作符合要求、章程内容完备的社会团体，准予登记，发给《社会团体法人登记证书》。登记事项包括：

（一）名称；

（二）住所；

（三）宗旨、业务范围和活动地域；

（四）法定代表人；

（五）活动资金；

（六）业务主管单位。

对于不予登记的，应当将不予登记的决定通知申请人。

【释义】本条是对登记管理机关办理登记时限和登记事项的规定。完成筹备工作的社会团体在向登记管理机关申请成立登记时需提交以下文件：（1）成立登记申请书；（2）会员大会或者会员代表大会通过的章程；（3）业务主管单位同意登记的文件；（4）理事会和常务理事会的组成名单；（5）登记管理机关认为应提交的其他文件。登记管理机关对完成筹备工作并申请成立登记的社会团体进行审查的期限为30天，这样规定有利于增强登记管理机关的责任心，提高工作效率。经过依法审查，对没有本条例第十三条规定的禁止情形，符合成立社会团体应当具备的条件，且筹备工作符合要求、章程内容完备的，登记管理机关在规定的时限内办理登记手续，发给《社会团体法人登记证书》。

《社会团体法人登记证书》是社会团体依法登记后，登记管理机关为其颁发的法人凭证。包括正本和副本两种。《社会团体法人登记证书》载明以下登记事项：名称；住所；宗旨、业务范围和活动地域；法定代表人；活动资金；业务主管单位。另外还包括发证机关、发证时间、登记号码、机构编码等内容。社团登记事项，是社团法人的基本要素。对这些要素进行登记，并在登记证书上载明，有利于社团更好地依法开展活动，同时也有利于社会对社团的了解与监督。

《社会团体法人登记证书》不允许涂改、出租、出借和转让。如有损坏或者遗失应在报刊公告作废，并申请补发证书。

登记管理机关经审查，对因筹备工作不符合要求，章程不完备或有其他问题的，应作出不予登记的决定，并将决定通知申请人，说明不予登记的理由。对于登记管理机关作出不予登记决定不服的，申请人有权按照国家有关规定申请复议。

第十七条 依照法律规定，自批准成立之日起即具有法人资格的社会团体，应当自批准成立之日起60日内向登记管理机关备案。登记管理机关自收到备案文件之日起30日内发给《社会团体法人登记证书》。

社会团体备案事项，除本条例第十六条所列事项外，还应当包括业务主管单位依法出具的批准文件。

【释义】本条是对法律规定有法人地位的社会团体办理备案手续的规定。

依照法律规定，自批准之日起具有法人资格的社会团体，是指国家的有关法律（不包括行政法规），对某一社会团体的法人地位已予以明确，如律师法规定，中华全国律师协会是社会团体法人；仲裁法规定，中国仲裁协会是社会团体法人；红十字会法规定，中国红十字总会具有社会团体法人资格。这类社会团体的成立，不需要向登记管理机关申请筹备，只须在法律规定的主管部门批准之日起60日内向相应的登记管理机关办理备案手续。备案应提交的文件有：（1）备案申请书；（2）业务主管单位批准成立的文件；（3）社会团体章程；（4）住所使用权证明；（5）活动资金证明。登记管理机关在收到申请备案的有关文件30日内，对经审核符合备案条件的发给《社会团体法人登记证书》。社会团体的备案事项如发生变化，应及时到登记管理机关办理变更备案。

应当指出，在我国的一些法律中也涉及有关社会团体的成立，如注册会计师法规定，注册会计师协会依法取得社会团体法人资格；拍卖法规定，拍卖行业协会是依法成立的社会团体法人。这些法律只是规定该社会团体依法取得社会团体法人资格，不能理解为已经明确了该社会团体的法人地位，也不属于本条规定备案社会团体的范围，应依据本条例的规定，办理有关成立登记手续。

第十八条　社会团体凭《社会团体法人登记证书》申请刻制印章，开立银行账户。社会团体应当将印章样式和银行账号报登记管理机关备案。

【释义】本条是对社会团体刻制印章、开立银行账户的印章包括代表社会团体的公章、财务专用章及各办事机构、分支机构和代表机构使用的专用章以及用于公务的私人印章。按照公安部、民政部1993年颁布的《社会团体印章管理暂行规定》的精神，社会团体凭《社会团体法人登记证书》复印件、社团介绍信及刻制印章的式样向登记管理机关申请刻制，由登记管理机关统一到公安部门办理刻制手续。社会团体刻制的印章启用前，应在登记管理机关备案。社会团体印章遗失或损毁，应当在报刊上声明作废，并按规定程序到登记管理机关申请重新刻制。

设立银行账户是社会团体正常运转，开展业务活动所必须具备的条件之一。依法登记的社会团体，应凭《社会团体法人登记证书》和登记管理机关出具的介绍信，到银行开立账户。社会团体设立账户后要将银行账号报登记管理机关备案。

第十九条　社会团体成立后拟设立分支机构、代表机构的，应当经业务主管单位审查同意，向登记管理机关提交有关分支机构、代表机构的名称、业务范围、场所和主要负责人等情况的文件，申请登记。

社会团体的分支机构、代表机构是社会团体的组成部分，不具有法人资格，应当按照其所属于的社会团体的章程所规定的宗旨和业务范围，在该社会团体授权的范围内开展活动、发展会员。社会团体的分支机构不得再设立分支机构。

社会团体不得设立地域性的分支机构。

【释义】本条是对社会团体设立分支机构、代表机构的程序、分支机构、代表机构与所属于的社会团体的关系及开展活动的规定。

分支机构是社会团体为开展业务活动的需要，按照其业务范围科学划分而设立的专门从事业务活动的内部机构，这类机构由与该业务领域相关的会员所组成；代表机构是社会团体在会址以外某行政区域设置的代表该社会团体从事活动、承办社会团体交办的工作任务的机构。

社会团体根据业务活动的需要，可以申请设立分支机构、代表机构。社会团体设立分支机构、代表机构必须按照其章程的规定，履行一定的民主程序，报经业务主管单位审查同意，再向登记管理机关申请办理登记手续。社会团体申请设立分支机构、代表机构应向登记管理机关提交下列文件：（1）设立分支机构或者代表机构的申请书；（2）办公场所使用权证明；（3）理事会或者常务理事会的会议纪要；（4）业务主管单位审查同意的意见；（5）主要负责人情况。登记管理机关批准设立的，发给批准文件，办理相应手续。

分支机构、代表机构是社会团体的组成部分，分支机构的名称一般为：专业委员会、分会、工作委员会等。社会团体代表机构的名称一般规范为代表处、联络处、办事处。分支机构和代表机构不具有独立法人资格，它的民事责任由所属于的社会团体来承担。分支机构、代表机构必须遵守所属于的社会团体章程，接受所属于的社会团体领导和管理。社会团体的分支机构和代表机构的名称应冠以本社会团体的名称。

社会团体的分支机构不得制定章程、发展会员和收取会费，可以在社会团体章程规定的原则下制定自己的管理办法，在社会团体的授权范围内开展活动、发展会员（其发展的会员应属于社会团体的会员），收取会费（其收取的会费应属于社会团体所有，社会团体可按一定比例分配给分支机构使用）。

一个社会团体内部设立分支机构的标准应该统一，例如学术性社团可以按本学科所包含的专业设立分支机构；行业性社团可以按本行业所包含的小行业设立分支机构；其他类型社会团体可以按业务活动的分类或者会员组成的特点来设立分支机构。一个社会团体内部不宜采取多个标准来设立分支机构，避免分支机构业务范围的重复与交叉。社会团体分支机构下面不得再设立分支机构。例如“中国××学会××专业委员会”下面不得设立“中国××学会××专业委员会××支会”。层层设立分支机构，易给社团内部管理增加难度，甚至出现管理失控、出现法律责任又不能独立承担。

社会团体不得设立地域性的分支机构。例如“中国××学会”不得设立“陕西分会”、“上海分会”。社会团体的分支机构应按其业务的划分来设立，而不是按照地域来设立。如果某一社会团体按地域设立分支机构，易与当地设立的社会团体在业务范围上出现重复，也不便于社会团体对其进行管理。社会团体不得在核准登记的活动地域以外设立分支机构、代表机构。例如活动地域为北京市的“北京市××学会”不得在天津市设立分支机构、代表机构。

社会团体办事机构是内部设立的承办社团日常事务的机构，具体是指秘书处、办公室、财务部等工作部门。社会团体按照其章程规定的程序决定设立办事机构的，经业务主管单位审查同意，向登记管理机关申请备案。登记管理机关同意备案的予以办理相应手续。

社会团体举办的事业性实体、经济实体以及民办非企业单位，在经过有关部门批准或注册登记后，应向登记管理机关办理备案手续。

第四章　变更登记、注销登记

本章是关于社会团体变更登记、注销登记的规定。其中变更登记包括变更登记和变更备案；注销登记包括注销登记和注销备案。社会团体成立后，其依法登记的事项随着内外环境的变化也在不断地改变，甚至会发生解散、分立、合并等情况。社团法人的变更指社团法人在存续期间其登记、备案等事项发生的变化。社团法人的注销，是指社会团体因各种原因终止原社团法人，使社团法人丧失民事主体资格，不再具有民事权利能力和民事行为能力的一种状态。社团法人的变更和注销应遵循一定的程序，并依法在登记管理机关办理相应的变更或注销手续。这样就使得社会团体法人从成立到变更、注销等一系列发展变化，都在法定的轨道上有序进行，登记管理的各个环节都能有序地衔接。

第二十条 社会团体的登记事项、备案事项需要变更的，应当自业务主管单位审查同意之日起30日内，向登记管理机关申请变更登记、变更备案（以下统称变更登记）。

社会团体修改章程，应当自业务主管单位审查同意之日起30日内，报登记管理机关核准。

【释义】本条是对社会团体变更登记及修改章程核准程序的规定。

依本《条例》规定，社会团体登记事项包括：名称；住所；宗旨、业务范围和活动地域；法定代表人；活动资金；业务主管单位。依法只需备案的社团备案事项除包括以上登记事项外，还包括有关主管单位依法出具的批准文件。由于以上事项均为社会团体在登记或备案时，经登记管理机关依法核准登记的法定事项，是社会团体作为一个独立的法人组织必须具有的基本要素，也是登记管理机关对社团进行管理的核心内容。如社会团体因情况变化，确需改变这些事项，必须事先经登记管理机关的重新确认、核准登记，否则不具有合法性。根据职责分工，业务主管单位负责社会团体变更登记前的审查工作，因此本条规定，社会团体需要变更登记事项或备案事项，应当首先经业务主管单位审查同意，然后向登记管理机关申请变更登记、变更备案。为了保证业务主管单位审查意见的时效性，本条还规定，社会团体自业务主管单位审查同意之日起30日内向登记管理机关申请变更登记。如超过30日该社会团体仍需变更登记或备案，需重新向业务主管单位报送有关材料申请审查同意。社会团体分支机构或代表机构的名称、业务范围、场所和主要负责人等情况发生变化的需要变更的，也应办理变更登记。

按照不同的变更内容，社会团体应分别向登记管理机关提交以下材料（均需一式两份）：

（一）社会团体办理名称变更登记，需提交加盖会章及法定代表人签字的变更名称申请书，加盖会章的理事会或常务理事会审议通过的会议纪要，理事会或常务理事会审议通过的新修改的章程草案，业务主管单位的审查同意的文件，领取并填写《社会团体变更登记表》。

（二）社会团体办理住所变更登记，需提交加盖会章及法定代表人签字的变更住所申请书，加盖会章的理事会或常务理事会审议通过的会议纪要，新住所的产权证明或使用证明材料（使用面积、使用期限、地址、邮编及联系电话），业务主管单位的审查同意的文件，领取并填写《社会团体变更登记表》。

（三）社会团体变更宗旨、业务范围和活动地域，需提交加盖会章及法定代表人签字的变更登记申请书，加盖会章的理事会或常务理事会审议通过的会议纪要，理事会或常务理事会审议通过的新修改的章程草案，业务主管单位审查同意的文件，领取并填写《社会团体变更登记表》。

（四）社会团体变更法定代表人，需提交加盖会章及法定代表人签字的变更登记申请书，加盖会章的理事会或常务理事会审议通过的会议纪要，社会审计机构出具的财务审计报告，业务主管单位审查同意的文件，领取并填写《社会团体变更登记表》、《社会团体法定代表人登记表》（后者要经所在单位人事部门审查盖章）。

（五）社会团体办理活动资金变更登记，需提交加盖会章及法定代表人签字的变更登记申请书，加盖会章的理事会或常务理事会审议通过的会议纪要，社会审计机构出具的验资报告，业务主管单位的审查同意的文件，领取并填写《社会团体变更登记表》。

（六）社团变更业务主管单位，需提供加盖会章及法定代表人签字的变更登记申请书，加盖会章的理事会或常务理事会审议通过的会议纪要，原业务主管单位同意的文件，新业务主管单位同意的文件，领取并填写《社会团体变更登记表》。此外，社会团体申请办理以上事项的变更登记时，还要将《社会团体法人登记证书》正副本交登记管理机关，由登记管理机关重新制发新的《社会团体法人登记证书》。登记管理机关对社会团体提交的以上材料进行审核后，作出准予或不准变更的决定。社团登记事项或备案事项变更，只有经登记管理机关依法核准后才具有法律效力。

社会团体修改章程须依照下列程序：经理事会表决通过后报会员大会（或会员代表大会）审议；会员大会（或会员代表大会）通过后15日内，报业务主管单位审查；自业务主管单位审查同意之日起30日内，报登记管理机关核准。社会团体修改章程需提交以下材料（一式两份）：加盖会章及法定代表人签字的申请报告；会员大会（会员代表大会）审议通过的会议纪要；修改后的章程草案及修改说明；业务主管单位同意的文件；领取并填写《社会团体章程核准表》；其他需要说明的材料。修改后的章程自登记管理机关核准之日起生效。对社团修改章程进行核准是新条例新增加的内容。

第二十一条 社会团体有下列情形之一的，应当在业务主管单位审查同意后，向登记管理机关申请注销登记、注销备案（以下统称注销登记）：

（一）完成社会团体章程规定的宗旨的；

（二）自行解散的；

（三）分立、合并的；

（四）由于其他原因终止的。

【释义】本条是关于社会团体注销登记或注销备案（以下统称注销登记）的规定。

注销登记是社会团体因故需终止时所应履行的法定程序。与1989年条例相比，新条例大大丰富了注销登记的内容。新条例规定，社会团体应办理注销登记的情形包括：

（一）完成章程规定的宗旨。社会团体的宗旨是社会团体成立的目的，宗旨的完成意味该社会团体不再需要继续存在，即所谓“寿终正寝”，这时社会团体须按本《条例》的规定到登记管理机关办理注销手续。

（二）自行解散。社会团体因某种原因依据章程规定的民主程序，自行决定本团体终止，也应到登记管理机关办理注销登记手续。

（三）分立和合并。社会团体分立就是一个社会团体分为两个以上的社团，其情况有二：一是原社团分立形成两个以上新的社团。此种情况下，原社团需要办理注销登记手续，而新产生的社团则需办理成立登记手续。二是原社团继续存在，由其中分离出来的部分形成新的社团。此种情况，原社团如出现变更事项，需办理变更登记手续，而新分出的社团需办理成立登记手续。社团合并就是两个以上的社团合并为一个社团。合并也有两种情况，一是合并以后形成一个新社团，原来的社团均需办理注销登记，合并后的新社团办理成立登记；二是一个或几个社团并入另一个社团中。合并各方中，接收方保留，如出现变更事项，需办理变更登记；被接收方均需办理注销登记。

（四）由于其他原因终止的。此外，社团因客观需要而改变活动区域，并且改变后的活动区域超出原登记管理机关的管辖范围的，应先到原登记管理机关办理注销手续后，到改变后活动区域相应的社团登记管理机关办理成立登记手续。社团宗旨发生重大变化时，也需先办理注销登记手续后，再根据新的宗旨重新筹备一个新的社团，条件具备后，重新申请成立登记。

第二十二条 社会团体在办理注销登记前，应当在业务主管单位及其他有关机关的指导下，成立清算组织，完成清算工作，清算期间，社会团体不得开展清算以外的活动。

【释义】本条是关于社会团体清算活动的规定。

我国《民法通则》第40条规定：“法人终止，应当依法进行清算，停止清算范围外的活动。”社会团体作为法人，在终止前进行清算，清理其财产，了结其作为当事人的法律关系，从而使法人消失，这是民事法律的一个基本要求。

清算是指清算组织依据有关法律、行政法规和社团章程，了结社会团体清算时尚未结束的事务，对社会团体的财产进行清理，明确社会团体的债权债务等法律关系，依法主张其债权，清偿其债务，组织必要的财产交接，从而使社会团体归于消失的程序。清算是一种法律程序，是注销程序的重要环节，社会团体符合本条例第二十一条的规定需要注销的，必须进行财产清算。如果未经清算径行终止，消灭其法人资格，那么其法律关系将不能明确，债权债务无法了结，必将扰乱社会经济秩序，难免会给他人造成损失或使社会团体自身及其会员的利益受到损害，也不利于业务主管单位和登记管理机关对社会团体的管理。未经清算就径行终止的行为是没有法律效力的，不受法律保护。

社会团体进行清算活动首先应当成立清算组织。清算组织是为了负责社团法人的清算活动而成立的组织。社团法人成立清算组织与企业法人成立清算组织不同，企业法人成立清算组织分两种情况：第一，当企业法人自行决定解散时，清算组织由企业法人根据法律的规定自主成立；第二，当企业法人被撤销、被宣告破产，应当有主管机关组织有关机关和人员成立清算组织，或者由人民法院根据有关破产程序的规定，组织清算组织。而根据本条例的规定，无论是自行解散或者被撤销，社会团体的清算组织，只能在业务主管单位及其他有关机关的指导下成立。清算组织的成员构成、数量多少可由社会团体的自身情况而定。一般应由以下人员构成：业务主管单位的代表；社会审计机构的审计人员；社会团体的领导人及财会人员；社会团体的会员代表。但清算组织不得吸纳以下人员：与社会团体有债权债务关系的人及其近亲属；与社会团体有其他利害关系，可能影响清算公正的。社会团体的清算活动，必须在业务主管单位和其他有关机关的指导下由清算组织进行。清算组织主要有以下职权：（1）清理社会团体的财产，编制有关清算的会计报表和财产清单；（2）通知或公告债权人；（3）处理与清算有关的社会团体未结业务；（4）清理社会团体的债权和债务；（5），按照国家有关规定和社团章程明确的原则处理清偿债务后的剩余财产；（6）代表社会团体参与民事诉讼活动；（7）清算结束时，制作清算报告书。

清算期间，社会团体应当停止清算范围以外的活动。在清算过程中，社会团体的法人资格仍然存在，仍然享受民事权利能力。但是，此时其民事权利能力的范围已与原来不同，是限制的民事权利能力，仅仅在进行清算活动所必要的范围内有民事权利能力，超过清算范围之外所进行的民事行为都是无效的。

第二十三条 社会团体应当自清算结束之日起 15 日内向登记管理机关办理注销登记。办理注销登记，应当提交法定代表人签署的注销登记申请书、业务主管单位的审查文件和清算报告书。

登记管理机关准予注销登记的，发给注销证明文件，收缴该社会团体的登记证书、印章和财务凭证。

【释义】本条是对社会团体注销登记程序的规定。

本条款具体地规定了办理注销登记的时限、应当提交的文件、登记管理机关准予注销的方式等具体事务。按照本条款的规定办理注销手续后，法人即告终止，其民事权利能力也就丧失。

清算活动结束后，社会团体应当向登记管理机关申请办理注销登记。社会团体的法人资格是登记管理机关依法赋予的，其法人资格也应当由登记管理机关依法撤销。清算活动只是注销程序的前奏，清算结束并不意味着社会团体法人的终止，社会团体只有在其清算活动结束后向登记管理机关办理完毕注销手续，才能从法律上终结其法人资格，因此社会团体应当在其清算结束后及时地向登记管理机关办理注销登记。

向登记管理机关办理注销登记的时限为清算结束之日起 15 日内。从登记管理的角度看，规定 15 日的时限，目的在于促使社团尽快办理注销登记，有利于登记管理机关的管理。社会团体办理注销登记时应提交如下材料：

（1）社会团体法定代表人签署的注销登记申请书并附依照章程规定的程序决定注销登记的会议纪要；

（2）业务主管单位的审查文件；

（3）清算报告书。

申请登记和申请撤销，都是法律行为，社会团体办理注销登记时应当提供一定文书，以表示其撤销的意愿。社会团体的注销登记申请书，要由其法定代表人签署才具有法律效力。

社会团体办理注销登记时应当先报业务主管单位审查，审查通过后，由业务主管单位出具审查文件。除了提交注销登记申请书、业务主管单位审查文件外，清算报告书也是社会团体办理注销登记时应当提交的重要文件。清算活动既然是注销登记的必经的程序，无疑，清算报告书也应当是注销登记时必交的文件。以上三个文件是社会团体在办理注销登记时必须向登记管理机关提交的材料。同时登记管理机关可以根据需要，要求社会团体提交其他必要的文件。登记管理机关对社会团体提交的全部材料逐一审查，确认可以注销后，予以注销登记。

登记管理机关准予注销登记的，发给注销证明文件，收缴该社会团体的登记证书、印章和财务凭证。注销证明文件，是证明社会团体法人资格取消的法律证明，社会团体自取得登记管理机关发给的注销证明文件时起，就意味着其法人的终止，意味着其丧失了民事主体资格，不再具有民事权利能力和民事行为能力。社会团体法人登记证书是社会团体法人资格的证明，是社会团体法律地位的有效凭证，注销时应当收回。印章是社会团体刻制的、代表本社团的公章，以及本社团各部门所使用的专用章，社会团体被注销后，都应收缴。财务凭证是社会团体进行财务交往时的凭证，其丧失民事权利能力后，亦不应进行财务活动，其财务凭证也应及时收缴。

第二十四条 社会团体撤销其所属分支机构、代表机构的，经业务主管单位审查同意后，办理注销手续。

社会团体注销的，其所属分支机构、代表机构同时注销。

【释义】本条是关于社会团体分支机构、代表机构注销登记的规定。

分支机构和代表机构的注销问题用专门的条文规范，也是新条例增加的内容。

社会团体的分支机构、代表机构注销登记分两种情况。本条用两款分别进行了规范，第 1 款规定了社会团体法人自身存在，撤销其所属分支机构、代表机构的程序；第 2 款规定了社会团体本身被撤销后，其所属分支机构、代表机构的注销情况。

社会团体的分支机构和代表机构是社会团体的重要组成部分，行使着社会团体的许多职能，如果社会团体随意成立、变更、注销其分支机构、代表机构，必将给社会团体的登记管理造成混乱和失控，给社会造成不良影响。所以社会团体的分支机构、代表机构的成立、变更、注销都要经业务主管单位审查同意，向登记管理机关申请登记。

社会团体自身注销的，其所属的分支机构、代表机构同时注销。显而易见，社团自身就已不存在，组成部分当然也要消失。社会团体注销时，登记管理机关同时应按照注销社团一样收缴社会团体的分支机构、代表机构的印章等。

第二十五条 社会团体处理注销后的剩余财产，按照国家有关规定办理。

【释义】本条是关于社会团体注销后剩余财产处理的规定。

剩余财产是指社会团体注销后，清偿了债务、支付了工资和清算费用等全部的支出所剩余的财产。此财产可分为货币形态和实物形态，实物形态的财产可根据需要通过合法方式变卖或出让，使之转化为货币形态。

本条例要求社会团体的剩余财产，按照国家有关规定办理。社会团体的财产主要来源于以下几个渠道：一是单位会员和个人会员缴纳的会费；二是政府资助；三是国内外社会组织和个人的捐赠；四是社会团体按照登记的章程和宗旨开展有偿服务活动的收入；五是其他合法收入。不管哪种渠道所得的财产，一旦成为社会团体的财产，就依法为社会团体所占有、使用和处理。社团注销、撤销时的剩余财产，是社团法人的剩余财产，不为任何人所私有，当然不能被任何人私分，国家对剩余财产的处理有明确规定的，必须按照国家的有关规定处理。对国家没有明确规定的，一般应根据其章程载明的原则，处理其剩余财产。

虽然社会团体成立之初某些单位会员或个人会员出过资，但是因为社会团体属于非营利组织，其剩余财产不能像营利组织那样分配。这里应当区别两个概念：投资和捐赠。营利组织和社会团体成立时，都可能有人出资，以便使它们能够成立，但是出资的性质完全不同。对营利组织出资的目的是为了获利的叫做投资，在营利组织终止时，就应当按照《破产法》或《公司法》等规定处理剩余财产；而对社会团体的出资，是为了社会公益事业或某些社会群体的利益，是为了实现社会团体的宗旨，并非是为个人营利，所以其出资应该属于向社会团体的捐赠，捐赠的财产一旦成为社会团体的财产，捐赠人就已失去对其的占有权、使用权、收益权、处理权等物权，自然不能像营利组织那样分配剩余财产。所以，在处理社会团体剩余财产时，无须返还原捐赠人。

第二十六条 社会团体成立、注销或者变更名称、住所、法定代表人，由登记管理机关予以公告。

【释义】本条是关于社会团体登记公告的规定。

登记管理机关对社会团体的成立、注销或者变更的主要事项在报刊上向社会发布公告，是社会团体登记管理的重要程序之一，是维护社会团体合法权益和正常社会秩序的重要措施之一。

社会团体是我国社会组织结构中重要的组成部分，在社会主义物质文明和精神文明建设中起着积极作用。社会团体广泛参与社会活动，其合法身份及有关事项有必要让社会了解。公告有利于提高社会团体在社会上的知名度，从而使社会团体更好地开展活动，有利于公民、法人和其他社会组织及时了解社会团体的状况，在与社会团体的联系、交往中调整自己的行为，保护自己的利益，同时也有利于社会对社会团体的监督。

公告是一种政府行为，是由登记管理机关来行使的，社会团体不能自行公告。公告又是一种强制行为，不以社会团体是否愿意而公告，社会团体成立登记、注销登记和变更名称、住所、法定代表人的事项发生时，都必须进行公告。

第五章 监督管理

新的《社会团体登记管理条例》与1989年的《社会团体登记管理条例》都设有监督管理一章，但是新条例在监督管理内容方面与1989年条例有所不同，做了较多的调整和修改。

本章一是在明确了登记管理机关的监督管理职责的基础上进一步规定了业务主管单位的监督管理职责，而1989年条例在本章中未对业务主管单位的监督管理职责作出规定；二是增加了对社会团体资产来源、经费使用以及捐赠、资助物品的接受和使用的规范和监督；三是增加了社会团体必须执行国家财务管理制度的规定，强化了对社会团体中来源于国家拨款或者社会捐赠、资助的资产的监督；四是将1989年条例监督管理一章中属于法律责任部分的内容从这一章中划出去，另设立罚则一章，在健全了监督管理制度的同时也完善了处罚制度。新的《社会团体登记管理条例》的监督管理一章共有五条，集登记管理机关的监督、业务主管单位的监督、财政部门的监督、审计机关的监督以及社会监督于一体，构成了比较全面和完善的监督管理体系。

第二十七条 登记管理机关履行下列监督管理职责：

（一）负责社会团体的成立、变更、注销的登记或者备案；

（二）对社会团体实施年度检查；

（三）对社会团体违反本条例的问题进行监督检查，对社会团体违反本条例的行为给予行政处罚。

【释义】本条是对登记管理机关监督管理职责的集中的、概括的规定，共分为三项。

本条对社会团体登记管理机关的监督管理职责的规定，是按照1998年国务院机构改革中经国务院批准的《民政部职能配置：内设机构和人员编制规定》确定的。该《规定》为：负责全国性社团、跨省、自治区、直辖市社团，外国人在华社团、国际性社团在华机构的登记和年度检查；研究提出会费标准和财务管理办法；监督社团活动，查处社团组织的违法行为和未经登记而以社团名义开展活动的非法组织；指导、监督地方社团的登记管理工作。据此，本条例不仅在总则第六条规定了“国务院民政部门和县级以上地方各级人民政府民政部门是本级人民政府的社会团体登记管理机关”的职责，而且在本条对登记管理机关履行的登记、年检和查处违法行为的三项监督管理职责作了具体规定。

关于对社会团体进行登记的职责，本条第1项规定，登记管理机关“负责社会团体的成立、变更、注销的登记或者备案”。关于社会团体如何进行成立、变更、注销的登记或者备案，以及哪些社会团体进行登记，哪些社会团体应当进行备案的具体内容，已经在本条例第三章、第四章及其释义中作了规定和说明。需要特别指出的是，本项所说的成立登记的职责，不仅是指对完成筹备工作的社会团体的登记职责，而且根据本条例第三章的有关规定，还包括在此之前对申请筹备成立的社会团体作出批准或者不批准筹备的决定的职责。

关于对社会团体执行年度检查制度的职责，本条第2项规定，登记管理机关“对社会团体实施年度检查”。1989年的社会团体登记管理条例曾经对年检制度及登记管理机关的这项职责作过规定，经过多年实践检验认为，这项制度对社会团体的管理是行之有效的，赋予登记管理机关这项职责是适宜的。在实践的基础上，此次修改社会团体登记管理条例，不仅肯定和继承了原有的制度和规定，而且还作了有益的完善。如为了发挥年检制度的最大管理效益，增加规定了业务主管单位负责社会团体年度检查的初审的职责，还增加了登记管理机关对社会团体进行年度检查不得收取费用的规定等。

关于查处社会团体违法行为的职责，本条第3项规定：“对社会团体违反本条例的问题进行监督检查，对社会团体违反本条例的行为给予行政处罚”。社会团体违反本条例的行为即构成了违法行为。违法行为是指违反现行法律规定的，对社会有危害的、有过错的行为，表现为作出法律所禁止的行为或者不作法律所要求作出的行为。根据违法行为的性质和危害程度不同，违法行为可以构成刑事违法行为、民事违法行为、行政违法行为等。本条例第六章规定了违反本条例的行政违法行为应当给予的行政处罚。行政处罚是由法律、行政法规、地方性法规规定的行政机关给予违反行政管理法律、法规的公民或者组织的法律制裁措施，包括对人身、能力、行为、财产、精神等方面的处罚措施。如行政拘留、暂扣或者吊销许可证或者执照、责令停产停业、罚款以及没收违法所得或者非法财物、警告等。社会团体违反本条例的违法行为由民政部门依法处罚，如果社会团体的活动违反了其他法律、法规规定的，则由有关国家机关依照有关法律、法规的规定处理；有关国家机关如果认为应当撤销社会团体登记的，则由登记管理机关撤销登记。

本条规定的社会团体登记管理机关的三项监督管理职责，只是登记管理机关的部分职责，而不是全部职责。所规定的三项职责都涉及到监督管理机关与行政管理相对人之间的具体行政行为。具体行政行为是国家机关在其职权范围内依法针对特定的人或者事采取某种行政措施的活动。行政管理相对人对具体行政行为不服的，可以依照国家有关规定提起行政复议或者行政诉讼。关于前述《民政部职能配置、内设机构和人员编制规定》中提到的属于登记管理机关的其他职责，如研究提出会费标准和财务管理办法，指导、监督地方社团的登记管理工作等，因为他们不属于具体行政行为，不涉及特定的行政管理相对人，因而不需要在本条例中作出规定。

第二十八条 业务主管单位履行下列监督管理职责：

（一）负责社会团体筹备申请、成立登记、变更登记、注销登记前的审查；

（二）监督、指导社会团体遵守宪法、法律、法规和国家政策，依据其章程开展活动；

（三）负责社会团体年度检查的初审；

（四）协助登记管理机关和其他有关部门查处社会团体的违法行为；

（五）会同有关机关指导社会团体的清算事宜。

业务主管单位履行前款规定的职责，不得向社会团体收取费用。

【释义】本条是关于社会团体业务主管单位的监督管理职责及履行职责不得收取费用的规定。

本条第一款是关于业务主管单位的监督管理职责的集中、概括的规定，共分为5项。

第1项职责是“负责社会团体筹备申请、成立登记、变更登记、注销登记前的审查”。

本条例在规定登记管理机关的成立、变更、注销登记或者备案的同时，还规定了业务主管单位负责社会团体筹备登记、成立登记、变更登记、注销登记前的审查，对社会团体实行的是成立前的双重审查制度。业务主管单位的初审是协助登记管理机关的登记审查，也是登记管理机关进行登记的前置程序，但是，业务主管机关的初审与登记管理机关的审查结果相比较，初审结果不构成完整的具体行政行为，不发生最终的法律效力。这里所说的筹备申请前的审查和成立登记前的审查是指本条例第九条规定的“申请成立社会团体，应当经其业务主管单位审查同意，由发起人向登记管理机关申请筹备”的情况，其中成立登记前的审查，还应当包括本条例第十七条规定的依照法律规定自批准成立之日起即具有法人资格的社会团体，在向登记管理机关备案之前，，还应当经过业务主管单位的审查的情况。这里所说的变更登记前的审查，是指本条例第二十条规定的变更登记前的审查和变更备案前的审查两种情况。这里所说的注销登记前的审查，是指本条例第二十一条规定的注销登记前的审查和注销备案前的审查两种情况。

第2项职责是“监督、指导社会团体遵守宪法、法律、法规和国家政策，依据其章程开展活动”。本条例在总则部分已经规定了要求社会团体必须遵守宪法、法律、法规和国家政策，那么，社会团体是否能够遵守宪法、法律、法规和国家的政策，就需要有业务主管单位的监督和指导。这里所说的宪法，是指1982年12月4日第五届全国人民代表大会第五次会议通过的中华人民共和国宪法及其1988年、1993年和1999年的三个修正案；这里所说的法律，是指由全国人民代表大会及其常务委员会依照立法程序制定和颁布的规范性文件；这里所说的法规，是指国务院制定和发布的行政法规，省、自治区、直辖市和省会市以及经国务院批准的较大的市的人民代表大会及其常务委员会制定和发布的地方性法规等；这里所说的政策，是指党中央和国务院为实现一定历史时期的路线和任务而以任何形式规定的方针和政策。

第3项职责是“负责社会团体年度检查的初审”。对社会团体实行年度检查制度，是对社会团体的一项动态管理措施，也是监督管理机关的一项重要职责。本条例第二十七条已经规定了登记管理机关负责对社会团体实施年度检查，之所以还要规定业务主管单位负责社会团体年度检查的初审，是因为与登记管理机关比较，业务主管单位与社会团体的人财物有着更为密切的联系，便于了解和掌握社会团体的活动，有利于客观地评价社会团体提交的工作报告是否真实的反映了该社会团体上一年度的活动情况。社会团体应当于每年3月31日前向业务主管单位报送上一年度的年度检查工作报告，工作报告的内容应当包括本社会团体遵守法律法规和国家政策的情况，依照本条例履行登记手续的情况，按照章程开展活动的情况，人员和机构变动的情况，接受、使用捐赠、资助的有关情况以及财务

管理的情况等。

第4项职责是“协助登记管理机关和其他有关部门查处社会团体的违法行为”。查处社会团体的违法行为，是登记管理机关的一项重要职责，同时业务主管单位也有协助登记管理机关查处违法行为的职责。这里所说的“其他有关部门”，是指与查处违法行为有关的部门，如与查处财政违法行为有关的是财务行政管理部门、审计部门，与查处治安违法行为有关的是公安部门，与查处非法从事营利性经营活动有关的是工商行政管理部门等等。这里所说的“查处”，是指业务主管单位协助登记管理机关检查、调查和证明违法行为的存在。对违法行为的处理，本条例规定主要是由登记管理机关执行行政处罚，业务主管单位可以在职权范围内对违法行为人给予行政处分或者给予纪律处分等形式的处理。

第5项职责是“会同有关机关指导社会团体的清算事宜”。本条例规定了社会团体在办理注销登记前，应当在业务主管单位及其他有关机关的指导下，成立清算组织，完成清算工作。清算是社会团体在办理注销登记前的一个必经法律程序。“清算”是指法人消失时对其财产的清理。清理法人财产的人，称为清算人。清算人应当查清法人的财产，核实债权债务，编制资产负债表，对清理后剩余的财产和债权债务提出处理办法。这里所说的“有关机关”，是指财政部门、国有资产管理部门等部门。社会团体开展清算工作除依照本条例的有关规定外，还应当依照1996年10月5日经国务院批准、1996年10月22日财政部发布的《事业单位财务规则》有关清算的规定执行。该规则规定：“接受国家经常性资助的非国有事业单位和社会团体，依照本规则执行；其他非国有事业单位和社会团体，可以参照本规则执行。”本条第2款是关于业务主管单位履行监督管理职责不得收取费用的禁止性规定。即：“业务主管单位履行前款规定的职责，不得向社会团体收取费用。”本条例之所以要规定业务主管单位履行职责不向社会团体收取费用，主要考虑到：一是当前行政性收费过多过滥，不利于廉政建设；二是有利于减轻社会团体的费用负担。

第二十九条 社会团体的资产来源必须合法，任何单位和个人不得侵占、私分或者挪用社会团体的资产。

社会团体的经费，以及开展章程规定的活动按照国家有关规定所取得的合法收入，必须用于章程规定的业务活动，不得在会员中分配。

社会团体接受捐赠、资助，必须符合章程规定的宗旨和业务范围，必须根据与捐赠人、资助人约定的期限、方式和和合法用途使用。社会团体应当向业务主管单位报告接受、使用捐赠、资助的有关情况，并应当将有关情况以适当方式向社会公布。

社会团体专职工作人员的工资和保险福利待遇，参照国家对事业单位的有关规定执行。

【释义】本条是对社会团体的资产、收入及工资保险福利的监督管理的规定，这些规定对于社会团体在开展活动中忠实体现其非营利性的属性，保证市场经济条件下社会团体与企业各得其所各行其道，至关重要。

第1款是关于社会团体资产来源合法性的规定，以及保护社会团体资产的规定。

关于社会团体的资产来源合法性问题。社会团体的资产是否合法，主要取决于该资产的来源是否合法。社会团体的资产来源有多种形式，主要有社会的捐赠、资助，会员的会费，国家拨款，社团业务活动的收入，社团资产的增值部分以及国际组织和外国组织和个人的捐赠等。在上述多种资产来源形式中，有些资产来源的合法性是不容质疑的，如国家拨款等。

有些资产的来源的合法性则要引起注意，如接受捐赠和资助的目的必须符合社会团体的宗旨和业务范围，不得接受有违反法律和国家政策，危害国家的统一、安全和民族团结，损害国家利益、社会公共利益以及其他组织和公民的合法权益，违背社会道德风尚等附加条件的捐赠、资助；社会团体收取会员会费，必须严格执行国家有关规定，不得超标准收取会费；社会团体资产增值的方式必须符合国家有关财政金融管理的规定；社会团体开展与章程规定的宗旨、业务范围相关的有偿服务及经营活动所取得的收入，应符合国家有关规定。

关于社会团体资产的保护问题。我国社会团体的资产是社会主义公共财产的组成部分。

宪法规定，社会主义的公共财产神圣不可侵犯。国家保护社会主义的公共财产。，禁止任何组织或者个人用任何手段侵占或者破坏国家的和集体韵财产。据此，本款规定任何组织和个人不得侵占、私分或者挪用社会团体的资产。这里所说的“侵占”，是指其他单位和私人将社会团体的资产占为已有的行为。这里所说“私分”是指社会团体将属于本单位的资产私分给会员或其他个人的行为。这里所说的“挪用”，是指社会团体的专职工作人员利用职务上的便利，挪用本单位的资金归个人使用或者借贷给他人，进行营利活动或者进行非法活动的行为。违反本款规定，具有侵占、私分、挪用社会团体资产的行为的，将依照本条例第三十三条的规定追究法律责任。

第2款是关于社会团体的经费和收入的使用的规定。社会团体的经费和社会团体开展章程规定的活动按照国家有关规定所取得的合法收入，是社会团体的资产的组成部分。前款已经规定了社会团体的资产不得被侵占、私分或者挪用。那么，作为社会团体资产的组成部分的社会团体经费和收入，也同样不得被侵占、私分或者挪用，必须用于章程规定的业务活动，不得在会员中分配。社会团体开展章程规定的活动，取得的合法收入，是指社会团体在使用经费开展章程规定的活动时，其活动本身又有可能带来新的收入，这种收入将作为社会团体的经费来源，成为新的经费，被重新投入开展章程规定的活动，这种循环往复不论进行多少次，都不得在会员中分配。

第3款是监督管理社会团体接受和使用捐赠、资助的规定。社会团体接受捐赠、资助，必须符合章程规定的宗旨和业务范围。社会团体接受捐赠、资助是社会财力、物力的一种再分配形式，有利于发挥、调动社会资源从事公共事业的积极性，有利于提高社会资源的使用效率。社会团体之间存在着宗旨和业务范围的不同，捐赠人、资助人也存在着捐赠、资助意愿的不同，因此，社会团体应当按照宗旨、业务范围接受捐赠、资助。社会团体使用捐赠、资助，必须根据与捐赠人、资助人约定的期限、方式和合法用途使用。社会团体在按照宗旨、业务范围接受捐赠、资助后，即面临着捐赠、资助的使用问题。社会团体与捐赠人、资助人约定的期限、方式和使用用途，反映了捐赠人、资助人的意愿和要求，他们有权监督该社会团体对约定的执行情况。另一方面，该社会团体有责任按照约定履行其社会义务，取信于捐赠人、资助人，以适当方式向捐赠人、资助人反馈捐赠、资助的使用情况，接受监督。据此，本款还规定了社会团体应当向业务主管单位报告接受使用捐赠、资助的有关情况，并应当将有关情况以适当方式向社会公布。这样规定可以充分发挥业务主管单位和社会公众的监督作用。这里所说的“适当方式”，应当包括对社会公开的和便于公众接触、查询的方式。

第4款是关于社会团体专职工作人员的工资和保险福利待遇的规定。社会团体的专职工作人员的工资和保险福利待遇，参照国家对事业单位的有关规定执行。这里介绍一下有关事业单位工资和保险福利待遇的规定。

1. 关于工资待遇的规定。工资是有劳动能力的劳动者从事劳动所得的报酬，工资实行按劳分配的原则，它是劳动者的主要收入来源。国家对事业单位工资待遇的规定，主要有1993年国务院关于机关和事业单位工作人员工资制度改革问题的通知中关于《事业单位工作人员工资制度改革方案》，1993年国务院办公厅关于印发机关和事业单位工资制度改革三个实施办法的通知中关于《事业单位工作人员工资制度实施办法》和《机关事业单位艰苦边远地区津贴实施办法》三个规定。改革方案的主要内容有：（1）根据事业单位的特点和经费来源的不同，分为全额拨款、差额拨款、自收自支三种不同类型的事业单位，实行不同的管理办法。（2）根据事业单位工作特点的不同，其专业技术人员分别实行五种不同类型的工资制度，即专业技术职务等级工资制、专业技术职务岗位工资制、艺术结构工资制、体育津贴、奖金制和行员等级制。（3）根据事业单位的管理人员自身特点，在建立职员职务序列的基础上，实行职员职务等级工资制，在工资构成上，主要分为职员职务工资和岗位目标管理津贴两部分。（4）对事业单位的工人，分为技术工人的工资制度和普通工人的工资制度两大类。（5）改革奖励制度，根据事业单位的实际情况，对作出突出贡献的和取得成绩的人员，分别给予不同的奖励。（6）建立正常的增资机制，主要有正常升级，晋升职务、技术等级增加工资，定期调整工资标准以及提高津贴水平等四种途径。（7）根据不同地区的自然环境、物价水平及经济发展等因素，结合对现行地区工资补贴的调整，建立地区津贴制度，分为艰苦边远地区津贴和地区附加津贴。（8）根据新参加工作人员的学历分别实行见习工资或初期工资的工资待遇。（9）离退休人员的待遇等。《事业单位工作人员工资制度改革实施办法》从实施范围，分类管理，专业技术职务工资和职员职务工资的实施，津贴的实施，工人工资的确定，奖励制度的实施，地区津贴制度的实施，正常增加工资办法，新增加工作人员的工资待遇，调动工作人员的工资待遇，离退休人员的生活待遇等11个方面作了详细规定。《机关、事业单位艰苦边远地区津贴实施办法》从实施范围，津贴类别，津贴标准，津贴的发放形式，开支渠道以及人员的调动和离退休等方面作了详细规定。

2. 于保险福利待遇的规定。这里所说的“保险”主要指社会保险。社会保险是国家通过立法建立的一种社会保障制度，目的在于使劳动者因为年老、患病、生育、伤残、失业等原因丧失劳动能力或者失业中断劳动，本人及其供养的家属失去生活来源时，能够从社会（国家）获得物质帮助。社会保险具有保障性、强制性、互济性、福利性和社会性的性质。社会保险与商业保险的概念不同，他们在保险的对象和作用、权利和义务的对等关系、待遇水平和给付办法、管理体制以及立法范畴等方面都有不同。实施社会保险制度为人们从不同方面提供了各种保险待遇。社会保险待遇主要包括养老保险待遇，退职待遇，医疗保险待遇，工伤及职业病待遇，病伤假待遇，残疾抚恤待遇，生育待遇，失业保险待遇，丧葬待遇等，国家关于社会保险福利待遇方面的规定，主要有政务院1951年、1953年修订的《劳动保险条例》，1978年《国务院关于安置老弱病残干部的暂行办法》、《国务院关于工人退休、退职的暂行办法》，1980年《国务院关于老干部离职休养的暂行规定》，1981年国务院发布的《国家机关工作人员病假期间生活待遇的规定》，1988年国务院发布的《军人抚恤优待条例》，1993年国务院发布的《国家公务员暂行条例》，1999年国务院发布的《失业保险条例》等等。此外，还有一些单行法规中有关于涉及社会保险待遇方面的规定。国务院人事和劳动社会保障部门以文件规章的形式对社会保险福利待遇有大量执行性的规定。

第三十条 社会团体必须执行国家规定的财务管理制度，接受财政部门的监督；资产来源属于国家拨款或者社会捐赠、资助的，还应当接受审计机关的监督。

社会团体在换届或者更换法定代表人之前，登记管理机关、业务主管单位应当组织对其进行财务审计。

【释义】本条是对社会团体执行财务管理制度的情况进行监督的规定。

本条第1款的第一层含义是，就一般社会团体而言，其财务活动必须执行国家规定的财务管理制度，并接受财政部门的监督。国家规定的适用于社会团体的财务管理制度除一些总的基本原则的规定外，主要有两个：一个是1996年10月5日经国务院批准、同年10月22日财政部发布的《事业单位财务规则》，该规则第44条规定：“接受国家经常性资助的非国有事业单位和社会团体，依照本规则执行；其他非国有事业单位和社会团体，可以参照本规则执行。”另一个是1998年1月6日经国务院批准、同年1月19日财政部发布的《行政单位财务规则》，该规则第48条第1款规定：“列为行政编制并接受财政拨款的社会团体和未列为行政编制但完全行使行政管理职能的单位在进行财务活动时，依照本规则执行。”

第二层含义是，对资产来源属于国家拨款或者社会捐赠、资助的社会团体而言，其财务活动还应当接受审计机关的监督。审计是对会计人员所作会计记录，应用科学方法进行系统审核，查明部门、单位或者企业的财务、经营状况，在此基础上提出审计报告，作出客观公正评价的制度。审计对财务收支起审查稽核的监督作用。我国 1982 年宪法对审计制度作了规定：“国务院设立审计机关，对国务院各部门和地方各级人民政府的财政收支，对国家的财政金融机构和企业事业组织的财务收支，进行审计监督。”“审计机关在国务院总理领导下，依照法律规定独立行使审计监督权，不受其他行政机关、社会团体和个人的干涉。”“县级以上的地方各级人民政府设立审计机关，地方各级审计机关依照法律规定独立行使审计监督权，对本级人民攻府和上一级审计机关负责。”1994 年 8 月 31 日第八届全国人民代表大会常务委员会第九次会议还通过了《中华人民共和国审计法》，它是我国依法实行审计制度的基本法律。该法对社会团体的审计监督作了规定：“审计机关对政府部门管理的和社会团体受政府委托管理的社会保障基金、社会捐赠基金以及其他有关基金、资金的财务收支，进行审计监督。”该法还规定：“除本法规定的审计事项外，审计机关对其他法律、行政法规规定应当由审计机关进行审计的事项，依照本法和有关法律、行政法规的规定进行审计。”《社会团体登记管理条例》关于对社会团体的审计监督，是根据审计法的有关规定制定的。

审计法根据不同的审计监督主体，将审计分为政府审计、内部审计和社会审计三种形式。政府审计，是指以各级政府的审计机关为代表的审计，本条第 1 款规定的审计机关的审计就属于政府审计这种形式；内部审计，是指部门或者行业组织的审计人员在内部范围内进行的审计。社会审计，是指由社会审计机构进行的审计。本条第 2 款规定的“社会团体在换届或者更换法定代表人之前，登记管理机关、业务主管单位应当组织对其进行财务审计。”这里所说的“组织”对其进行财务审计，可以理解为根据社会团体资产来源的不同情况，选择三种审计形式中的一种审计形式进行审计。

第三十一条 社会团体应当于每年 3 月 31 日前向业务主管单位报送上一年度的工作报告，经业务主管单位初审同意后，于 5 月 31 日前报送登记管理机关，接受年度检查。工作报告的内容包括：本社会团体遵守法律法规和国家政策的情况、依照本条例履行登记手续的情况、按照章程开展活动的情况、人员和机构变动的情况以及财务管理的情况。

对于依照本条例第十七条的规定发给《社会团体法人登记证书》的社会团体，登记管理机关对其应当简化年度检查的内容。

【释义】本条是关于对社会团体实施年度检查制度的规定。

社会团体年度检查，是指业务主管单位与登记管理机关对已登记的社会团体开展业务活动情况和执行法律、法规、政策的情况，按照法定的内容和程序，进行监督检查，以确认社会团体是否具有继续开展活动的资格的行政执法行为。

社会团体经业务主管单位审查同意，登记管理机关核准登记，即取得合法地位，但这仅是其致力于某项事业的开始，它还需要规范自我行为，不断完善和发展。年度检查是对社会团体实施监督管理的重要环节，是促进社会团体健康发展的重要手段，同时也是不断提高监督管理水平的有效途径。我国工商登记管理部门也依法对企业进行年度检查，其实践证明，年度检查是对登记管理对象进行有效管理的重要制度。各类社会团体必须按照法定的时限和法定的程序主动接受年度检查。与其登记管理机关和业务主管单位不在同一地的社会团体，应主动接受住所地受委托对其实施管理的登记管理机关和业务主管单位的年度检查。

本条第 1 款是关于年度检查的时间、程序、内容方面的规定。关于年度检查的时间有两段，一个是 3 月 31 日至 5 月 31 日前的初审时间，另一个是 5 月 31 日以后的正式审查时间。按时、主动地向业务主管单位和登记管理机关报送年检工作报告是社会团体的义务。关于年度检查的程序，本款规定先由业务主管单位初审同意后，再报送登记管理机关履行正式审查程序。关于年度检查的内容，本款规定主要包括：社会团体遵守法律法规和国家政策的情况、依照本条例履行登记手续的情况、按照章程开展活动的情况,、人员和机构变动的情况以及财务管理的情况。以上列举的内容是从社会团体的一般情况出发的，实际上工作报告的内容并不限于上述内容，备种不同类型的社会团体都有不同的特点，工作报告还应当结合并反映社会团体各自的特点。

第 2 款是对极少数依法不需要履行登记手续，仅需备案的社会团体实行年度检查的规定。11 本款规定；对这类社会团体，登记管理机关应当对其简化年度检查的内容。但提供的工作报告应反映其遵守法律、法规和国家政策的情况、依其章程开展活动的情况、依据本条例规定履行备案事项的情况。应当说明的是，本款所说的简化，只是简化了年度检查的内容，而不是取消了这项制度。因此，关于年度检查的时间和程序仍然应当按照本条例第 1 款的规定执行。

另外，还有一点必须明确，就是不论业务主管单位还是登记管理机关对社会团体进行年度检查或者进行年度检查的初审，都不得向该社会团体收取费用。因为本条例第二十七条规定了业务主管单位履行对社会团体年度检查的初审职责，不得向社会团体收取费用；第三十八条规定了登记管理机关对社会团体进行年度检查不得收取费用。

第六章　罚　　则

罚则，即法律责任，亦即违反法律规定而依法必须承担的法律后果。法律责任作为法律运行的保障机制，是法治不可缺少的环节，也是每一部法律、行政法规不可或缺的组成部分。法律责任以法律义务为其基础，并以保障法律义务的履行为其目的，正是从此意义上说的，法学理论界有人将法律责任称为法律义务的担保，就是说，正是有了法律责任的威慑，法律的义务主体才能更加自觉地去履行自己的法律义务。

1989 年发布的《社会团体登记管理条例》中，法律责任并没有单独作为一章。根据近十年来社团管理工作的实践，在本条例中对法律责任作了补充和完善，使之更具有针对性和可操作性，并且从体例上专门设立“罚则”一章，共有六条内容。除了对社团不履行法定义务规定了法律责任，还明确了登记管理机关、业务主管单位工作人员不正确履行法定职责的法律责任。法律责任的完善，也是此次修改社团条例的重点之一。

第三十二条　社会团体在申请登记时弄虚作假，骗取登记的，或者自取得《社会团体法人登记证书》之日起 1 年未开展活动的，由登记管理机关予以撤销登记。

【释义】本条是关于社团骗取登记以及登记成立后怠于开展活动的处罚。

社会团体作为民事法律关系的主体，其主体资格是根据法律规定的程序而取得的，法律既然可以赋予它民事主体的资格，当然也可以根据一定的条件否定它已经取得的民事主体资格。本条规定的撤销登记的处罚措施，是属于行政处罚中能力罚的一种，我国的《行政处罚法》规定的处罚种类中，虽然并没有明确“撤销登记”这种处罚，而是属于“法律行政法规规定的其他行政处罚”的范畴，但是从性质上讲，“撤销登记”与“吊销许可证、吊销执照”的性质是一致的，都属于限制或者剥夺民事主体的民事权利能力的范畴。早在 1989 年社团条例中，就有“撤销登记”的处罚，此次修订仍然保留了这种处罚措施。社团因登记而取得其民事主体资格，如果取消其民事主体的资格，则以撤销登记的处罚最为妥当。

社会团体在申请登记时弄虚作假，骗取登记的行为，属于明知这种行为为法律、法规所禁止，且知晓其可能产生的法律后果，但为了达到某种目的，故意为之的恶意行为。出现这种情况大致有以下原因：为了掩盖其要达到的某种与国家法律、法规所禁止的目的，企图利用合法身份从事反对宪法确定的基本原则、危害国家的统一、安全和民族的团结，损害国家利益、社会公共利益，违背社会道德风尚的活动；企图通过成立社会团体这样的合法组织，从事营利性的经营活动，牟取个人私利；不具备成立社会团体的条件。如果社会团体采用弄虚作假的方式骗取登记，取得合法身份，将产生以下后果：对政治和社会稳定构成隐患；偏离社会团体正确发展方向，扰乱正常社会经济秩序；不具备成立条件的社会团体如果成立，将不能独立承担民事责任，履行民事义务。弄虚作假、骗取登记的行为是无视国家法律、法规的严肃性和登记管理机关的权威的行为，性质十分恶劣。登记管理机关对申请成立社会团体时采取弄虚作假行为，如没有法定数目的资金、达不到规定数量的会员条件、住所条件不符合规定，而发起人通过伪造文件的形式欺骗登记管理机关，或发起人、拟任负责人曾经收到剥夺政治权利的刑事处罚，但在申请成立时隐瞒事实骗取登记的，或隐瞒事实骗取业务主管单位的批准文件等，一经发现，必须予以撤销登记。

本条另外一项可以撤销登记的事项是“自取得《社会团体法人登记证书》之日起1年未开展活动的”。我国公民根据宪法的规定享有结社的权利，具有共同志趣的人依法组成社会团体，是为了实现其共同的目的。社会团体经过依法登记，取得《社会团体法人登记证书》而成为法律上的民事主体，就应当按照章程的规定积极地开展业务活动。如果不开展活动，社会团体章程就形同虚设，社团法人徒有其名，该社会团体就失去了存在的意义。所以，本条例规定，对于1年内不开展活动的社团，由登记管理机关撤销登记。我国《公司法》对于企业法人的规范也有类似的规定：“公司成立后无正当理由超过六个月未开业的，或者开业后自行停业连续六个月以上的，由公司登记机关吊销其公司营业执照。”

第三十三条 社会团体有下列情形之一的，由登记管理机关给予警告，责令改正，可以限期停止活动，并可以责令撤换直接负责的主管人员；情节严重的，予以撤销登记；构成犯罪的，依法追究刑事责任：

（一）涂改、出租、出借《社会团体法人登记证书》，或者出租、出借社会团体印章的；

（二）超出章程规定的宗旨和业务范围进行活动的；

（三）拒不接受或者不按照规定接受监督检查的；

（四）不按照规定办理变更登记的；

（五）擅自设立分支机构、代表机构，或者对分支机构、代表机构疏于管理，造成严重后果的；

（六）从事营利性的经营活动的；

（七）侵占、私分、挪用社会团体资产或者所接受的捐赠、资助的；

（八）违反国家有关规定收取费用、筹集资金或者接受、使用捐赠、资助的。

前款规定的行为有违法经营额或者违法所得的，予以没收，可以并处违法经营额1倍以上3倍以下或者违法所得3倍以上5倍以下的罚款。

【释义】本条是关于社团若干违法情形的处罚规定。

依据本条的规定，对于社会团体的处罚可以分为以下几种责任形式：

1. 警告。这是《行政处罚法》规定的一种行政处罚种类，属于申诫罚的一种。此种处罚措施主要是针对轻微违法行为，起到警示、提醒和批评的作用，以使违法者意识到自己的错误并及时纠正错误。

2. 责令改正。对于责令改正，虽然这是我国的法律、行政法规中经常用到的处罚措施，但《行政处罚法》并未将其作为一种独立的行政处罚种类来规定，这是因为，在立法征求意见的过程中，

许多同志认为，对于任何一种违法行为，均应当予以纠正，因此责令改正不应当作为一种处罚来规定。应该说，警告的处罚中可以包含责令改正。但是，现行法律、行政法规中设定“责令改正”处罚措施的占一半以上，而且“责令改正”的处罚在实践中其力度不但大于警告而且比警告的处罚更具有针对性，也更易于执法机关监督违法者纠正其违法行为。《行政处罚法》虽未在行政处罚的种类中加以明确，在解释上应当理解为是“法律、行政法规规定的其他行政处罚”。

3. 限期停止活动以及责令撤换直接负责的主管人员。这两种处罚均属于行政处罚中能力罚的范畴。所谓能力罚是指限制或者剥夺违法者的民事权利能力，此种处罚主要是针对法人而设定的。限期停止活动，可以使社团法人在一定的时期内不能作为法律主体从事其章程规定的业务活动，而责令撤换直接负责的主管人员则是对社团法人的主体意思自治或者说自由进行一定的限制，这是因为：社团法人作为独立的民事主体，可以依法自主决定自己的内部事务，他人不得进行干涉，但是社团法人的这一自主权也必须服从于法律的特别规定的干预。一本条的“责令撤换直接负责的主管人员”就是在社团从事了某些违法行为后（一般由社团内某些主管人员引起或从事），法律对社团法人意思自治的干预。我们应当充分地认识到，这种对意思自治的干预和限制是必要的，尤其对于社团的管理更为必要。

4. 撤销登记。对于此项处罚，我们在第三十二条的释义中已经作了解释，此处不再赘述。

5. 没收违法经营额或者违法所得和罚款。这是《行政处罚法》规定的两种处罚措施，属于财产罚的范畴。对于这两种行政处罚措施，有必要作一些简单的介绍。

关于没收非法财物，本条的规定将没收违法经营额和没收违法所得这两个概念并列，因为如果社团违反其章程和法律的规定从事营利性的经营活动，此时便有违法经营额，而且如果它经营得“不错”，可能还会有利润，也就是违法所得。虽然违法经营额大于违法所得，但不能简单地只规定没收违法经营额。因为存在本金合法经营手段不合法的情况，这时只能就违法“营利”即违法所得部分进行处罚，此外，在社团违法接受资助和捐赠场合，即使社团并没有违法经营额，也视为获得了违法所得，于此种场合，可以将其违法接受的资助和捐赠予以没收。

关于罚款。罚款可以说是目前法律、行政法规中适用最为普遍的一种行政处罚。如果留意一下，我们会发现在以往的法律、行政法规中，罚款多以具体的数额表现，或者以违法所得的倍数来计算，较少出现以违法经营额的倍数来计算。规定具体的罚款数额有利于执法部门执行，但具体数额的规定弹性差，由乎违法行为的情形比较复杂，所以具体数额不容易实现个案的一致公平。以违法所得作为基数来计算罚款在实践中所遇到的最为棘手的问题是违法所得的核实十分困难，这是因为，所谓违法所得应当理解为扣除成本，而违法者从事违法行为基本上处于故意的隐蔽状态，而且有意制造一些虚假情况，有的则在经营中不保留任何的凭证。这就给执法机关执法带来很大的困难，不利于打击违法行为。为此，国务院法制办公室曾专门和国务院有关部门一起研究这一问题。为了解决实际执法中的困难，此次修改《社会团体登记管理条例》，在此问题上作了便于操作的规定，即，只要是有违法经营额的，可以以经营额作为基数来计算罚款的数额；没有经营额只有违法所得的（对于社团来讲主要是指违法接受资助和捐赠）可以直接根据违法所得来计算；既有违法经营额又有违法所得的，处罚机关可以根据案件的情况从有利于打击违法行为的角度，选择罚款所依据的基数。6. 除了上述的行政处罚，本条还原则规定了构成犯罪的刑事责任。关于社团犯罪问题，我们将在第三十四条的释义中予以介绍。

下面，对本条所列各项违法情形进行论述。

（一）关于“涂改、出租、出借《社会团体法人登记证书》，或者出租、出借社会团体印章的”处罚。《社会团体法人登记证书》和社会团体印章，是用以确定社会团体身份的主要标志，为社会团体公示其存在以及进行法律活动所必备。社会团体如果涂改《社会团体法人登记证书》登记的事项，比如涂改其名称、宗旨、业务范围和活动区域或者活动资金，实际上是通过欺骗的手段来逃避监管以达到其不法的目的，这是必须予以禁止的。而社会团体如果将其登记证书或者印章出租、出借给他人，他人就可能利用该社团法人的名义进行不法活动，这就给违法甚至犯罪活动提供了可乘之机，所以要严加杜绝。社团违反此项规定的，可以处以警告、罚款、没收违法所得直至撤销登记的处罚。

（二）关于“超出章程规定的宗旨和业务范围进行活动”的处罚。法律拟制的民事主体与自然人不同，其权利能力和行为能力是严格受到其章程规定的限制的，对于超出其章程规定的宗旨和业务范围进行活动的，其行为不但不能获得法律效力，而且在某些情况下，主体还会因此而受到法律的制裁。这对于规范法人主体是十分必要的。对于社会团体法人而言，由于每一个社团法人的宗旨和业务范围均不相同，不同的社团各自发挥着不同的作用，所以对于其活动的范围更应当加以严格的规范。在实践中，的确有一些社会团体在少数人的控制下，超出其章程规定的宗旨和业务范围进行活动，从事一些不法的经济活动甚至政治活动，欺骗管理机关，同时也欺骗了会员。

应当予以说明的是，即使社会团体超出章程进行的活动本身属于合法活动，也照样可、以给予处罚。社会团体从事超出章程规定的宗旨和业务范围的行为程度可以作为处罚的情节。社团违反此项规定的，可以处以警告、罚款、没收违法所得、违法经营额直至撤销登记的处罚。

（三）关于“拒不接受或者不按照规定接受监督检查的”的处罚。对社会团体依法进行监督检查，是国家赋予并经法规予以确定的登记管理机关和业务主管单位的职责，依照规定接受登记管理机关和业务主管单位的监督检查，是社会团体应自觉履行的义务。登记管理机关和业务主管部门对社会团体依法进行监督检查 i 有利于确保社会团体健康发展，维护政治和社会的稳定，有利于对社会团体实施有效管理，规范社会团体的行为，促进其依法开展活动。登记管理机关和业务主管单位在依法行使各自的职责时，社团必须按照规定的程序和要求接受监督检查。如果社会团体拒不接受或者不按照规定接受监督检查，将妨碍登记管理机关和业务主管单位依法行政，扰乱正常的管理秩序，对此种情况，登记管理机关可视情节，按规定分别予以处罚。

（四）关于“不按照规定办理变更登记的”处罚。这是针对违反本条例第二十条的规定而作出的处罚，根据本条例第二十条的要求，社会团体的登记事项、备案事项需要变更的，应当自业务主管单位审查同意之日起 30 日内，向登记管理机关申请变更登记。根据条例的规定《社会团体法人登记证书》中的登记事项都是比较重要的事项，这些事项的变更，使社团发生了重大变化，对于此种变化，登记管理机关必须掌握。对于违反此项规定的，视其具体情节，给予警告、责令改正、限期停止活动、撤销登记等处罚。

（五）关于“擅自设立分支机构、代表机构，或者对分支机构、代表机构疏于管理，造成严重后果的”处罚。这是针对违反本条例第十九条的规定而设定的处罚。根据本条例的规定，依法成立的社团法人可以设立分支机构和代表机构，但必须按照法律规定的程序办理审批和登记手续，同时，鉴于社团法人的分支机构和代表机构并不具有独立的法人资格，所以，社团法人应当负责对他们的监督和管理，并对他们的行为承担责任。如果社团法人不按照规定擅自设立分支机构、代表机构（如：未经业务主管单位同意或者未经登记而设立；违法设立地域性分支机构等）或者对于分支机构、代表机构未尽到管理责任，致使分支机构、代表机构进行违法违章活动造成严重后果的（如：分支机构再设立分支机构，或者分支机构超越社团法人章程和法人的授权而进行非法活动等），登记管理机关就要依法追究社团法人的责任。藉此督促社团法人对其分支机构、代表机构承担起管理职责。

（六）关于“从事营利性经营活动的”处罚。这是针对违反本条例第四条的规定而设定的处罚。社团法人的性质决定了它与企业法人的本质区别。社会团体是非营利性组织，所以不得以自己的名义从事营利性经营活动，但是，不包括社团的咨询活动，也不包括社团因自身业务活动和与其宗旨相适应的需要而设立的实体机构，如按照有关规定办理了审批、或登记手续的经济实体、报社、杂志社、研究所、培训中心等。社团法人自身如果以营利为目的从事经营活动，便背离了结社的宗旨，所以禁止社团法人以营利为目的从事营利性活动是我国社团立法的一贯规定，1989 年社团条例第四条也专门规定“社会团体不得从事以营利为目的的经营性活动”。对于违反国家有关规定从事营利性经营活动的社会团体，根据有关规定给予相应的处罚。

（七）关于“侵占、私分、挪用社会团体资产或者所接受的捐赠、资助的”处罚。这是针对违反本条例第二十九条而设定的处罚。社会团体法人的资产是社团法人开展活动以实现其会员共同意愿所必备的物质基础，也是其承担民事责任的担保。因此，社团及其内部成员不得侵占、私分、挪用社团资产或者社团接受的捐赠、资助，如社团内部发生侵占、私分、挪用社团资产或其接受的捐赠、资助的情况，将严重侵害社团法人的财产权，侵害了社团会员的权益，影响社团正常开展活动。为此，罚则中规定了上述的处罚。

（八）关于“违反国家有关规定收取费用、筹集资金或者接受、使用捐赠、资助的”处罚。社会团体的经费来源都是有比较固定渠道的，其经费来源主要有：会费收入；国内外捐赠；有偿服务收入；政府部门资助以及其他合法收入。社会团体接受、使用捐赠、资助也要按照规定的程序从合法的途径获得。不得巧立名目向社会集资、变相吸收公众存款。有偿服务的收费要符合国家的有关规定。对于违反有关规定的，除了登记管理机关依照本条例处罚外，对有其他违法犯罪行为的，由有关机关根据其他法律法规的规定追究行政责任或者刑事责任。

关于登记管理机关在依据本条的规定处理社会团体的违法行为时所应当遵循的程序，1989 年社团条例对此有一条规定，要求登记管理机关必须查明事实，依法办理，并将处理决定书面通知社会团体的法定代表人。新修改的社团条例对此未作规定，是因为行政处罚法对于行政处罚的程序已经有了详细明确的规定，登记管理机关在对违法社团进行处罚时，必须严格按照这些规定执行。

为了方便读者了解行政处罚的具体程序，在此简要介绍一下我国行政处罚法规定的处罚决定程序和处罚执行程序。在行政执法机关根据法律、法规的规定对管理相对人进行处罚部，行政机关必须查明事实，对于违法事实不清的，不得给予处罚。行政机关在作出行政处罚前，应当告知当事人作出行政处罚决定的事实、理由及根据，并告知当事人依法享有的权利。当事人有权进行陈述和申辩。行政机关必须充分听取当事人的意见，对当事人提出的事实、理由和证据，应当进行复核；当事人提出的事实、理由或者证据成立的，行政机关应当采纳。行政机关不得以当事人的申辩而加重处罚。对于违法事实确凿并有法定依据的行政违法行为，对公民处 50 元以下的、对法人或者其他组织处 1000 元以下罚款或者警告的行政处罚，行政机关可以适用简单程序当场作出行政处罚。对于根据简单程序进行的处罚，要按照行政处罚法规定的简单程序的要求执行。除了简单程序以外的处罚，多按照行政处罚法规定的一般程序来执行，行政机关以一般程序进行行政处罚时，必须全面、客观、公正地调查，收集有关证据；必要时，依照法律、法规的规定，可以进行检查。作出的行政处罚，应当制作行政处罚决定书，行政处罚决定书应当载明当事人的姓名或者名称、地址，违反法律、法规或者规章的事实和证据，行政处罚的种类和依据，行政处罚的履行方式和期限，不服行政处罚决定而申请行政复议或者提起行政诉讼的途径和期限，作出行政处罚决定的行政机关和作出决定的日期等，并加盖行政处罚机关的印章。对于责令停产、停业、吊销许可证或者较大数额罚款等行政处罚，行政机关应当在处罚决定作出以前，告知当事人有要求听证的权利，当事人要求听证的，行政机关应当组织听证，听证的程序依照行政处罚法第四十二条的规定执行。

作出罚款的行政机关应当与收缴罚款的机构分离，除依照简易程序的规定当场收缴的罚款外，作出行政处罚的行政机关及其执法人员不得自行收缴罚款。当事人应当自受到行政处罚决定之日起十五日内，到指定的银行缴纳罚款。银行应当收受罚款，并将罚款直接上缴国库。罚款、没收违法所得或者没收非法财物拍卖的款项，必须全部上缴国库，任何行政机关或者个人不得以任何形式截留、私分或者变相私分；财政部门不得以任何形式向作出行政处罚决定的行政机关返还罚款、没收的违法所得或者返还没收非法财物的拍卖款项。

行政机关对于当事人逾期不履行行政处罚决定的，应当采取以下措施，一是，对于到期不缴罚款的，每日按罚款数额的百分之三加处罚款；二是，根据法律规定，将查处、扣押的财物拍卖或者将冻结的存款划拨抵缴罚款；三是，申请人民法院强制执行。

对于登记管理机关作出的处罚决定，社团可以提请行政复议和行政诉讼。对此，1989 年社团条例第二十八条规定了行政复议的程序。而新修改的社团登记管理条例对此未作规定，其原因在于，目前我国关于行政复议和行政诉讼的法律法规已经比较完善，这些关于行政复议和行政诉讼的规定适用于一切管理相对人对行政机关作出的具体行政行为的不满场合，所以其他法律、行政法规没有必要再作重复规定。因此，不能认为新修改的《社团登记管理条例》未再规定复议和诉讼，社团就丧失了提起行政复议和行政诉讼的权利。

第三十四条 社会团体的活动违反其他法律、法规的，由有关国家机关依法处理；有关国家机关认为应当撤销登记的，由登记管理机关撤销登记。

【释义】这是关于社会团体违反其他法律、法规规定的处罚方法的规定。

我国行政管理方面的法律法规，一般均有相应的国家机关作为执法的主体，所以社团违反不同的行政管理法规时，可以由不同的行政执法机关予以处罚，如：违反消防法的，由公安消防部门予以处罚；违反价格法的，由物价部门或者工商部门予以处罚；违反税收征管法的，由税务机关予以处罚等等。如果同时触犯多个法律法规，则可以由不同的行政执法机关同时给予处罚。有关国家机关在处理社团违法犯罪的过程中，如果认为该社团的违法犯罪行为严重，必须将该社团予以撤销登记的，可以建议登记管理机关撤销登记，撤销社团登记的处罚权只能由登记管理机关行使，除了社团登记管理机关以外其他任何国家机关都无权行使。

现在存在这样一个问题，即：如何理解“有关国家机关认为应当撤销登记的，由登记管理机关撤销登记”？换一句话说，如果有关国家机关认为应当撤销登记，登记管理机关就必须撤销登记吗？鉴于撤销登记的权力属于登记管理机关而不是属于其他任何机关，所以是否撤销登记，最终还是应当由登记管理机关作出决定。但是，从另一方面讲，如果社会团体从事了危害国家安全的犯罪或者其他严重的刑事犯罪，司法机关认为应当对社团撤销登记的，登记管理机关应当及时作出撤销登记的决定。在其他违法情况下，如果其他行政管理机关认为应当撤销登记的，登记管理机关也要积极配合，及时了解情况作出合理的判断和处罚。有关国家机关认为应当撤销社团登记的，在形式上应当采取处罚建议的形式通知登记管理机关。

最后，应当谈一谈社团犯罪的问题。社团犯罪，是刑法上单位犯罪的一种。而单位犯罪是针对自然人犯罪而言的。由于我国 1979 年的刑法对于单位犯罪的问题未作规定，致使我国刑法学界长期以来对于包括社团法人在内的单位犯罪问题一直持否定态度。随着经济的发展，单位犯罪问题显得日益突出，比如单位走私的问题等。自 80 年代中期以来，单位是否可以构成犯罪主体的问题成为刑法学研究的焦点问题，经过几年的研究和争论，多数的学者对于单位犯罪持肯定态度，在立法上也逐步确认了对单位犯罪的规定，司法实践中也加大了追究单位犯罪刑事责任的力度。从 1988 年制定通过的《中华人民共和国海关法》确立单位的“走私罪”始，在刑法修改以前，先后共有 12 个单行的刑事方面的法律规定对 60 多种单位犯罪的刑事责任作出了确定。1997 年经过修订的刑法采用总则与分则相结合的形式，对我国刑法中的单位犯罪作了明文规定。刑法总则第二章第四节第30条规定了单位犯罪的范围："公司、企业、事业单位、机关、团体实施的危害社会的行为，法律规定为单位犯罪的，应当负刑事责任。"这里的"团体"即指社团登记管理条例中的社会团体。从该条的规定可以看出，包括社会团体在内的单位仅对刑事法律规定可以由其构成的犯罪才负刑事责任。刑法总则第30条还规定了对单位追究刑事责任的具体处罚原则，即"单位犯罪的，对单位判处罚金，并对其直接负责的主管人员和其他直接责任人员判处刑罚。"从分则规定的大量的单位犯罪的罪名我们可以看出，此处所指"刑罚"，是指自然人犯此种犯罪时刑法规定的刑罚。根据此规定可以看出，我国刑法对于单位犯罪在处罚上施行的是"双罚制"的原则。

根据刑法的上述规定，在社团构成犯罪场合，对于社团要处以罚金，对于社团内直接负责的主管人员和其他直接责任人员，可以判处刑法规定的其他种类的刑罚。

第三十五条　未经批准，擅自开展社会团体筹备活动，或者未经登记，擅自以社会团体名义进行活动，以及被撤销登记的社会团体继续以社会团体名义进行活动的，由登记管理机关予以取缔，没收非法财产；构成犯罪的，依法追究刑事责任；尚不构成犯罪的，依法给予治安管理处罚。

【释义】本条是对不依法进行筹备、登记而擅自以社会团体名义活动或被撤销登记后仍以社会团体名义进行活动的行政处罚规定。

结社自由是宪法规定的公民的权利。人们根据宪法和法律、法规的规定，为了共同的意愿和目标而结合成社会团体，是实现他们民主权利的重要体现。但是，结社活动必须依照法定的程序进行方能实现。本条例规定，筹备和成立社会团体必须依法进行。未经批准，擅自开展社会团体筹备活动，或者未经登记，擅自以社会团体名义进行活动，均属非法行为。这种行为无视国家有关社会团体登记管理的法律、法规，扰乱国家对社会团体的正常管理秩序，损害其他公民的合法结社权益，干扰正常的经济、社会秩序，对政治和社会的稳定构成隐患，其性质和后果都是极其严重的。

近年来，非法结社的行为时有出现。出现这种情况的原因一是明知其筹备或成立社团的动机或目的与法律、法规相违背，不可能依法获得批准或登记，故意规避法律的约束；具体情况主要有：为达到反对社会主义制度、危害国家安全等反动政治目的，而蓄意非法结社；为达到牟取非法经济利益，擅自筹备或成立社会团体；为从事宣扬封建迷信、伪科学等违背社会主义精神文明的活动而擅自筹备成立社会团体；为满足部分人或小集团的局部、特殊利益而筹备、成立社会团体等。二是不了解国家有关社团登记管理的法规，盲目结社。还有一些已登记成立的社团因违法行为被登记管理机关撤销登记后，仍然以原来登记的名义进行活动。此类非法社团虽然数量不多，但是影响恶劣，危害严重，必须采取断然措施予以打击。

正是在这样的背景和情势下，新修改的《社会团体登记管理条例》针对这些现象设定了严厉的法律责任。首先，对于违反规定，未经业务主管部门的同意和登记管理机关的批准就开展社团筹备活动的，要予以取缔，并没收其非法财产；其次，对于未经登记，擅自以社团名义进行活动的，同样由登记管理机关予以取缔，并没收非法财产；第三，对于被撤销登记的社团继续以社团名义进行活动的，也设定了同样的处罚。应当注意的是，在这里，对非法社会团体并不仅是因其从事了非法活动才进行处罚，即使是其从事的活动本身不是违法的，由于它不具有以社团的身份从事这些行为的资格，所以登记管理机关也要予以取缔和没收其财产。没收财产在此是一种行政处罚，这种处罚也是为了取缔能够得到彻底的实现而设置的。如果非法组织的活动触犯了刑律，经司法机关认定已经构成犯罪的，从事非法活动的应当承担刑事责任。这些非法组织的活动虽不构成犯罪，但是属于《治安管理条例》规定的违反治安管理行为的，公安机关应当依照《治安管理处罚条例》的规定给予治安管理处罚。

第三十六条　社会团体被责令限期停止活动的，由登记管理机关封存《社会团体法人登记证书》、印章和财务凭证。

社会团体被撤销登记的，由登记管理机关收缴《社会团体法人登记证书》和印章。

【释义】本条是关于在限制社会团体活动或者对社会团体撤销登记时，登记管理机关所要采取的落实处罚的具体措施的规定。

社会团体被限期停止活动的情况，多属于社会团体具有一定程度的违法行为，登记管理机关认为应当予以禁止并且要对其进行治理整顿的情况。于此情况下，社团法人的违法行为的社会危害程度尚不足以使得撤销登记成为必要，社团只要通过一段时期的整顿，及时纠正违法行为，处理并调整内部责任人员，就可以继续从事活动。停止活动的期限，由登记管理机关根据其违法行为的性质后果以及社团自身整顿的情况来决定。社会团体被处以“责令限期停止活动”的处罚后，其社团法人的主体资格并不因此丧失，只是其权利能力和行为能力受到暂时的限制。所以，对于标志社团法人主体资格和身份的《社会团体法人登记证书》以及印章和财务凭证等，仍然属于社团法人所有，登记管理机关不可以予以收缴。但是，为了防止被“责令限期停止活动”的社会团体继续从事活动，有必要将标志社会团体的身份的法人登记证书和印章以及财务凭证采取措施加以封存，使社会团体在限期停止活动期间无法从事对外交往，无法参与各种民事法律关系。为此，《社会团体登记管理条例》作出了本条第 1 款的规定。这实际上是为了保障“责令限期停止活动”的处罚得以落实的一种辅助措施。

关于“财务凭证”，是指有关税务、金融、以及内部财务管理等方面的凭证，如空白的支票、空白发票以及会计凭证等。这些凭证在社会团体被责令限期停止活动期间仍有可能被利用，甚至是被恶意利用，以至于造成管理机关难以预料的后果。所以，将其与《社会团体法人登记证书》和社团印章一并封存是十分必要的。

本条第 2 款规定了在社会团体被撤销登记后，登记管理机关收缴《社会团体法人登记证书》和印章的规定。社会团体法人一旦被撤销登记，便丧失其法人的民事主体资格，作为其法人主体资格和身份的标志，自然应该由登记管理机关予以收缴。

第三十七条 登记管理机关、业务主管单位的工作人员滥用职权、徇私舞弊、玩忽职守构成犯罪的，依法追究刑事责任；尚不构成犯罪的，依法给予行政处分。

【释义】本条是对登记管理机关、业务主管单位的工作人员在社会团体登记管理工作过程中的违法行为所设定的法律责任。

党的十五大正式将“依法治国，建设社会主义法治国家”作为我国的基本治国方略加以确立。实行和坚持依法治国，就是使国家各项工作逐步走上法制化的轨道，实现国家政治生活、经济生活、社会生活的法制化和规范化。依法治国方略的一个重要而突出的问题是，政府机关及其工作人员必须依法行政，必须将政府行为严格限定在法律规定的范围之内，这是能否实现依法治国的一个重要的方面。根据依法治国和依法行政的精神，在立法中，加强了对于行政机关及其工作人员的要求，同时也加强了行政机关工作人员违法行为的处罚力度。

1989 年的社团条例没有设置对登记管理机关和业务主管单位的工作人员违法行为的法律责任，此次修改后的《社会团体登记管理条例》专门在法律责任中设定了一条，规定了社团管理机关工作人员滥用职权、。徇私舞弊和玩忽职守的法律责任。

关于本条规定的刑事责任问题。登记管理机关和业务主管单位的工作人员滥用职权、徇私舞弊和玩忽职守构成犯罪的，属于我国刑法规定的国家工作人员渎职罪。我国刑法第 397 条规定：“国家机关工作人员滥用职权或者玩忽职守，致使公共财产、国家和人民利益遭受重大损失的，处三年以下有期徒刑或者拘役；情节特别严重的，处三年以上七年以下有期徒刑。本法另有规定的，依照规定。”“国家机关工作人员徇私舞弊，犯前款罪的，处五年以下有期徒刑或者拘役；情节特别严重的，处五年以上十年以下有期徒刑。本法另有规定的，依照规定。”

所谓滥用职权，是指国家机关工作人员超越职权，擅自决定，处理其无权决定处理的事务，或者故意违法处理公务，致使公共财产、国家和人民利益遭受重大损失的行为。玩忽职守是指国家机关工作人员因严重不负责，不履行或者不正确履行自己的工作职责，造成严重后果的行为。徇私舞弊是指贪图钱财，袒护亲友、照顾关系，或者为其他私情私利而违背事实和法律处理公务的行为。社会团体登记管理机关或者业务主管单位的工作人员，如果不按照法律的规定审批办理登记（无论是对符合条件的不予登记或者对不符合条件的给予登记）或者不履行其法定的职责，对社团怠于管理造成严重后果，或者违法行使处罚权侵害社会团体的合法利益情节严重的，均可构成此罪。

对于社团管理机关的工作人员在行使社团管理职责中构成其他犯罪的（如构成贪污贿赂罪等），则按照刑法的其他有关概念追究刑事责任。

本条除了规定刑事责任，还规定了对于不构成犯罪的违法行为的行政责任。本条规定的行政责任是指行政处分。社团登记管理机关和业务主管单位的工作人员，其成份主要是国家公务员，所以，所谓“依法”，是指根据国家公务员管理方面的法律、法规。根据1993年的《国家公务员暂行条例》的规定，国家公务员违反纪律规定尚未构成犯罪的，或者虽然构成犯罪但是依法不追究刑事责任的，应当给予行政处分。行政处分分为：警告、记过、记大过、降级、撤职和开除。受撤职处分的，同时降低级别和职务工资。受行政处分期间，不得晋升职务和级别；其中除受到警告以外的行政处分的，并不得晋升工资档次。处分国家公务员，必须依照法定程序，在规定的时限内作出处理决定。对于国家公务员的行政处分，应当事实清楚、证据确凿、定性准确、处理恰当、手续完备。给予国家公务员行政处分，依法分别由任免机关或者行政监察机关决定，其中给予开除处分的，应当报上级机关备案。县级以下国家行政机关开除国家公务员，必须报县级人民政府批准。对于除开除以外的行政处分，分别由原处理机关在半年至两年内解除。但是，解除降级、撤职处分不视为恢复原级别、原职务。解除处分后，晋升职务、级别和工资档次不再受原行政处分的影响。社团登记管理机关和业务主管单位的工作人员滥用职权、玩忽职守、徇私舞弊尚不构成犯罪的，根据《国家公务员暂行条例》的上述规定给予行政处分。社团登记管理机关和业务主管单位的工作人员在对社团进行管理的过程中有贪污贿赂行为尚不构成犯罪的，根据1988年国务院发布实施的《国家行政机关工作人员贪污贿赂行政处分暂行规定》给予行政处分。

第七章　附　　则

在采用章节结构的法律、行政法规中，一般均设立“附则”，作为该法的最后一个部分。附则一般规定法律、法规的生效日期、解释权、制定实施细则或者实施办法的授权等问题。有的法律还在附则中对法中的一些名词术语作立法限定。

《社会团体登记管理条例》附则共三条，分别规定了登记证书式样的制定、社团重新登记以及条例的施行时间和对1989年社团条例的废止等。

第三十八条　《社会团体法人登记证书》的式样由国务院民政部门制定。

对社会团体进行年度检查不得收取费用。

【释义】本条是关于《社会团体法人登记证书》式样的制定以及对社会团体年检不得收取费用的规定。

证件管理是行政管理通常使用的比较有效的管理手段，所以，国家对于证件的管理一直采取比较慎重的态度。许多法律、行政法规中对于证件的式样的制定都专门作出规定。《社会团体法人登记证书》是标志社会团体法人身份的重要证件，对于此种证件应当严格加强管理，有利于对社会团体的规范化管理，避免因证件的不统一而引起管理上的混乱。如果各地自行确定证书式样，证书式样千差万别，必然给主管部门的管理和社会上的识别带来困难，也难免有不法分子趁机混水摸鱼，同时也不便于社会团体在社会上开展活动。所以由国务院民政部门统一制定社团法人证书式样是非常必要的。

本条的第2款是对社会团体进行年检不得收取费用的禁止性规定。年度检查是社团管理机关依照法律规定，对社会团体进行监督检查的一项行政行为，为保证此项工作的顺利开展，并保证登记管理机关廉洁行政，避免乱收费之嫌，国家财政应拨出专款用于此项工作，因此，在年度检查工作中登记管理机关和业务主管单位不得向社会团体收取费用。

第三十九条　本条例施行前已经成立的社会团体，应当自本条例施行之日起1年内依照本条例有关规定申请重新登记。

【释义】本条是关于本条例发布实施后，对已经成立的社团进行申请重新登记的规定。

根据本条规定，《社会团体登记管理条例》自1998年10月25日起施行，1998年10月25目以前登记成立的社团，在1999年10月25日以前，必须重新向社团登记管理机关申请登记。社团登记管理机关根据新条例确定的标准，进行严格的审查，符合登记条件的，给予登记；对于不符合条件的，不予登记。不予登记的，即不得以社团名义开展活动。

对于根据1989年社团条例登记成立的非法人社团，如果已经具备了法人的条件，同时也符合新条例的规定的其他条件，可以给予重新登记。对于自新条例实施之日起1年内，仍达不到重新登记条件的予以注销。

第四十条　本条例自发布之日起施行。1989年10月25日国务院发布的《社会团体登记管理条例》同时废止。

【释义】本条是关于本条例生效实施的规定。

法律的效力范隧表现为三个方面，一是表现为对人的效力，即法律适用的主体范围；二是表现为地域的效力，即法串适用的空间范围；三是表现为法律适用的时间的效力。法律、法规仅仅由有权制定的机关批准通过并不兰§然具有法律效力，只有到了生效日期，它才能真正从白纸黑字的法变成真正调整社会关系的具有强制力的活生生的法，成为约束人们行为的规范。对于法律、法规的生效实施，我国现行的法律、法规规定有三种情况：一是自法律、法规公布之日起施行。《社会团体登记管理条例》即属于此种类型；二是法律、法规规定一个明确生效的日期，如：《中华人民共和国消费者权益保护法》规定：本法自一九九四年一月一日起施行。此种类型的法律、法规，多在生效日期之前通过和公布，消费者权益保障法就是在1993年10月31日由第八届全国人大常委会第四次会议通过，同日由中华人民共和国主席令第11号公布；第三种类型是附条件生效，即该法律、法规的生效施行以其他法律、法规的生效施行为前提条件，此种类型的情况比较少，如《中华人民共和国企业破产法（试行）》就明确规定，自《全民所有制工业企业法》施行3个月后生效。在这三种形式中以第二种形式采用的最为普遍。法律、法规公布后不马上施行，规定一个将来的生效日期，使大家有一段充裕的时间进行学习和宣传，了解和领会法律、法规的基本精神，为法律、法规的贯彻执行做好充分准备，以创造一个更好的执法环境。

《社会团体登记管理条例》于1998年9月25日由国务院第8次常务会议通过，国务院总理朱镕基于1998年10月25日签署中华人民共和国国务院令第250号发布施行。根据本条的规定，本条例已自1998年10月25日生效施行，1989年社团条例则同时废止。

（二）、民办非企业单位管理法规文件

中华人民共和国国务院令

（第 251 号）

《民办非企业单位登记管理暂行条例》，已经 1998 年 9 月 25 日国务院第 8 次常务会议通过，现予发布，自发布之日起施行。

总理　朱镕基

一九九八年十月二十五日

附：

民办非企业单位登记管理暂行条例

第一章　总　　则

第一条　为了规范民办非企业单位的登记管理，保障民办非企业单位的合法权益，促进社会主义物质文明、精神文明建设，制定本条例。

第二条　本条例所称民办非企业单位，是指企业事业单位、社会团体和其他社会力量以及公民个人利用非国有资产举办的，从事非营利性社会服务活动的社会组织。

第三条　成立民办非企业单位，应当经其业务主管单位审查同意，并依照本条例的规定登记。

第四条　民办非企业单位应当遵守宪法、法律、法规和国家政策，不得反对宪法确定的基本原则，不得危害国家的统一、安全和民族的团结，不得损害国家利益、社会公共利益以及其他社会组织和公民的合法权益，不得违背社会道德风尚。

民办非企业单位不得从事营利性经营活动。

第五条　国务院民政部门和县级以上地方各级人民政府民政部门是本级人民政府的民办非企业单位登记管理机关（以下简称登记管理机关）。

国务院有关部门和县级以上地方各级人民政府的有关部门、国务院或者县级以上地方各级人民政府授权的组织，是有关行业、业务范围内民办非企业单位的业务主管单位（以下简称业务主管单位）。

法律、行政法规对民办非企业单位的监督管理另有规定的，依照有关法律、行政法规的规定执行。

第二章　管　　辖

第六条　登记管理机关负责同级业务主管单位审查同意的民办非企业单位的登记管理。

第七条　登记管理机关、业务主管单位与其管辖的民办非企业单位的住所不在一地的，可以委托民办非企业单位住所地的登记管理机关、业务主管单位负责委托范围内的监督管理工作。

第三章　登　　记

第八条　申请登记民办非企业单位，应当具备下列条件：

（一）经业务主管单位审查同意；

（二）有规范的名称、必要的组织机构；

（三）有与其业务活动相适应的从业人员；

（四）有与其业务活动相适应的合法财产；

（五）有必要的场所。

民办非企业单位的名称应当符合国务院民政部门的规定，不得冠以“中国”、“全国”、“中华”等字样。

第九条　申请民办非企业单位登记，举办者应当向登记管理机关提交下列文件：

（一）登记申请书；

（二）业务主管单位的批准文件；

（三）场所使用权证明；

（四）验资报告；

（五）拟任负责人的基本情况、身份证明；

（六）章程草案。

第十条　民办非企业单位的章程应当包括下列事项：

（一）名称、住所；

（二）宗旨和业务范围；

（三）组织管理制度；

（四）法定代表人或者负责人的产生、罢免的程序；

（五）资产管理和使用的原则；

（六）章程的修改程序；

（七）终止程序和终止后资产的处理；

（八）需要由章程规定的其他事项。

第十一条　登记管理机关应当自收到成立登记申请的全部有效文件之日起60日内作出准予登记或者不予登记的决定。

有下列情形之一的，登记管理机关不予登记，并向申请人说明理由：

（一）有根据证明申请登记的民办非企业单位的宗旨、业务范围不符合本条例第四条规定的；

（二）在申请成立时弄虚作假的；

（三）在同一行政区域内已有业务范围相同或者相似的民办非企业单位，没有必要成立的；

（四）拟任负责人正在或者曾经受到剥夺政治权利的刑事处罚，或者不具有完全民事行为能力的；

（五）有法律、行政法规禁止的其他情形的。

第十二条 准予登记的民办非企业单位，由登记管理机关登记民办非企业单位的名称、住所、宗旨和业务范围、法定代表人或者负责人、开办资金、业务主管单位，并根据其依法承担民事责任的不同方式，分别发给《民办非企业单位（法人）登记证书》、《民办非企业单位（合伙）登记证书》、《民办非企业单位（个体）登记证书》。

依照法律、其他行政法规规定，经有关主管部门依法审核或者登记，已经取得相应的执业许可证书的民办非企业单位，登记管理机关应当简化登记手续，凭有关主管部门出具的执业许可证明文件，发给相应的民办非企业单位登记证书。

第十三条 民办非企业单位不得设立分支机构。

第十四条 民办非企业单位凭登记证书申请刻制印章，开立银行账户。民办非企业单位应当将印章式样、银行账号报登记管理机关备案。

第十五条 民办非企业单位的登记事项需要变更的，应当自业务主管单位审查同意之日起30日内，向登记管理机关申请变更登记。

民办非企业单位修改章程，应当自业务主管单位审查同意之日起30日内，报登记管理机关核准。

第十六条 民办非企业单位自行解散的，分立、合并的，或者由于其他原因需要注销登记的，应当向登记管理机关办理注销登记。

民办非企业单位在办理注销登记前，应当在业务主管单位和其他有关机关的指导下，成立清算组织，完成清算工作。清算期间，民办非企业单位不得开展清算以外的活动。

第十七条 民办非企业单位法定代表人或者负责人应当自完成清算之日起15日内，向登记管理机关办理注销登记。办理注销登记，须提交注销登记申请书、业务主管单位的审查文件和清算报告。

登记管理机关准予注销登记的，发给注销证明文件，收缴登记证书、印章和财务凭证。

第十八条 民办非企业单位成立、注销以及变更名称、住所、法定代表人或者负责人，由登记管理机关予以公告。

第四章 监督管理

第十九条 登记管理机关履行下列监督管理职责：

（一）负责民办非企业单位的成立、变更、注销登记；

（二）对民办非企业单位实施年度检查；

（三）对民办非企业单位违反本条例的问题进行监督检查，对民办非企业单位违反本条例的行为给予行政处罚。

第二十条 业务主管单位履行下列监督管理职责：

（一）负责民办非企业单位成立、变更、注销登记前的审查；

（二）监督、指导民办非企业单位遵守宪法、法律、法规和国家政策，按照章程开展活动；

（三）负责民办非企业单位年度检查的初审；

（四）协助登记管理机关和其他有关部门查处民办非企业单位的违法行为；

（五）会同有关机关指导民办非企业单位的清算事宜。

业务主管单位履行前款规定的职责，不得向民办非企业单位收取费用。

第二十一条 民办非企业单位的资产来源必须合法，任何单位和个人不得侵占、私分或者挪用民办非企业单位的资产。

民办非企业单位开展章程规定的活动，按照国家有关规定取得的合法收入，必须用于章程规定的业务活动。

民办非企业单位接受捐赠、资助，必须符合章程规定的宗旨和业务范围，必须根据与捐赠人、资助人约定的期限、方式和合法用途使用。民办非企业单位应当向业务主管单位报告接受、使用捐赠、资助的有关情况，并应当将有关情况以适当方式向社会公布。

第二十二条 民办非企业单位必须执行国家规定的财务管理制度，接受财政部门的监督；资产来源属于国家资助或者社会捐赠、资助的，还应当接受审计机关的监督。

民办非企业单位变更法定代表人或者负责人，登记管理机关、业务主管单位应当组织对其进行财务审计。

第二十三条 民办非企业单位应当于每年3月31日前向业务主管单位报送上一年度的工作报告，经业务主管单位初审同意后，于5月31日前报送登记管理机关，接受年度检查。工作报告内容包括：本民办非企业单位遵守法律法规和国家政策的情况、依照本条例履行登记手续的情况、按照章程开展活动的情况、人员和机构变动的情况以及财务管理的情况。

对于依照本条例第十二条第二款的规定发给登记证书的民办非企业单位，登记管理机关对其应当简化年度检查的内容。

第五章　罚　　则

第二十四条 民办非企业单位在申请登记时弄虚作假，骗取登记的，或者业务主管单位撤销批准的，由登记管理机关予以撤销登记。

第二十五条 民办非企业单位有下列情形之一的，由登记管理机关予以警告，责令改正，可以限期停止活动；情节严重的，予以撤销登记；构成犯罪的，依法追究刑事责任：

（一）涂改、出租、出借民办非企业单位登记证书，或者出租、出借民办非企业单位印章的；

（二）超出其章程规定的宗旨和业务范围进行活动的；

（三）拒不接受或者不按照规定接受监督检查的；

（四）不按照规定办理变更登记的；

（五）设立分支机构的；

（六）从事营利性的经营活动的；

（七）侵占、私分、挪用民办非企业单位的资产或者所接受的捐赠、资助的；

（八）违反国家有关规定收取费用、筹集资金或者接受使用捐赠、资助的。

前款规定的行为有违法经营额或者违法所得的，予以没收，可以并处违法经营额1倍以上3倍以下或者违法所得3倍以上5倍以下的罚款。

第二十六条 民办非企业单位的活动违反其他法律、法规的，由有关国家机关依法处理；有关国家机关认为应当撤销登记的，由登记管理机关撤销登记。

第二十七条 未经登记，擅自以民办非企业单位名义进行活动的，或者被撤销登记的民办非企业单位继续以民办非企业单位名义进行活动的，由登记管理机关予以取缔，没收非法财产；构成犯罪的，依法追究刑事责任；尚不构成犯罪的，依法给予治安管理处罚。

第二十八条 民办非企业单位被限期停止活动的，由登记管理机关封存其登记证书、印章和财务凭证。

民办非企业单位被撤销登记的，由登记管理机关收缴登记证书和印章。

第二十九条 登记管理机关、业务主管单位的工作人员滥用职权、徇私舞弊、玩忽职守构成犯罪的，依法追究刑事责任；尚不构成犯罪的，依法给予行政处分。

第六章 附 则

第三十条 民办非企业单位登记证书的式样由国务院民政部门制定。

对民办非企业单位进行年度检查不得收取费用。

第三十一条 本条例施行前已经成立的民办非企业单位，应当自本条例实施之日起1年内依照本条例有关规定申请登记。

第三十二条 本条例自发布之日起施行。

民政部办公厅关于
对民办社会福利机构登记有关事宜的函

（厅办函〔1998〕103号 1998年6月18日）

广东省民政厅：

你厅给社会团体和民办非企业单位管理司传真的《广东省民办社会福利机构管理办法》（省政府令第37号）收悉。经研究并报部领导同意现答复如下：

一、依据1989年国务院颁布施行的《社会团体登记管理条例》和新修订上报国务院的《社会团体登记管理条例》的有关规定，民办社会福利机构均不属于社会团体。

二、根据中办发（1996）22号文件我部起草上报国务院的《民办非企业单位登记管理条例》中已明确了民办社会福利机构属于该《条例》的调整范围，确定为民办非企业单位法人。鉴于此，建议你厅应尽快商省法制办，明确民办社会福利机构应纳入民办非企业单位的法律调整范畴，待国务院颁布《条例》后，再行办理登记为宜。

三、你省若需急于办理民办社会福利机构的登记事宜，也应按民办非企业单位对待。

民政部、中国人民银行关于民办非企业单位开立银行账户有关问题的通知

（民发〔1999〕65号　1999年10月9日）

各省、自治区、直辖市民政厅（局），各计划单列市民政局，新疆建设兵团民政局，人民银行各分行、营业管理部、省会（首府）城市中心支行，各国有商业银行，其他商业银行：

为加强对民办非企业单位的管理，保障民办非企业单位的合法权益，便于民办非企业单位开展正常活动，根据《民办非企业单位登记管理暂行条例》和中国人民银行《账户管理办法》的规定，现将民办非企业单位银行账户的开立、使用和撤销等有关事项通知如下：

一、民办非企业单位应凭各级民政部门（以下称登记管理机关）核发的民办非企业单位登记证书，并提供其组织机构代码，向银行申请开立基本存款账户，经银行审查同意，取得中国人民银行核发的开户许可证后凭以办理开户手续。民办非企业单位应于银行账户开立之日起5日内报登记管理机关备案。

二、民办非企业单位申请开立基本存款账户的名称及预留银行的印鉴（财务专用章、公章），必须与登记证书上的民办非企业单位名称一致。

三、民办非企业单位因名称变更需更改基本存款账户名称的，应撤销原账户，并交验登记管理机关核发的新登记证书向银行申请开立新账户。

四、民办非企业单位如需迁移账户，应按《银行账户管理办法》的规定撤销原账户，开立新账户，并及时报登记管理机关备案。

五、各级登记管理机关对注销和被撤销登记的民办非企业单位，应通知开户单位向银行办理销户手续。办理销户时，应交回各种重要空白凭证、开户许可证，并对清账户余额后方能办理销户手续。

六、民办非企业单位开立的银行账户，不得出租、出借或转让给其他单位或个人使用。民办非企业单位应按照《银行账户管理办法》和国家现金管理的规定支取现金。

七、通知发布前，已按国家有关规定成立的民办非企业单位，通过复查登记的，持各级登记管理机关核发的民办非企业单位登记证书和开具的介绍信到原开户银行办理继续使用或变更账户名称的手续，没有通过复查登记的单位，必须按规定及时到银行办理销户手续。

八、通知自发布之日起执行。

民政部办公厅转发财政部《关于对明确民办非企业单位财务管理制度等问题的函》的通知

（民办函〔1999〕114 号 1999 年 12 月 3 日）

各省、自治区、直辖市民政厅（局），各计划单列市民政局：

现将财政部《关于对明确民办非企业单位财务管理制度等问题的函》（财社字〔1999〕160 号）转发给你们，请认真贯彻执行。

附：

关于对明确民办非企业单位财务管理制度等问题的函

（财社字〔1999〕160 号 1999 年 10 月 20 日）

民政部：

你部转来《关于请求明确民办非企业单位财务管理制度等问题的函》（民函〔1999〕41 号）收悉，经研究，我们意见如下：

一、关于民办非企业单位适用财务会计制度问题。

（一）《事业单位财务规则》颁布后，目前，一些特点突出的行业，如教育、卫生、科技、文化和体育等，都根据《事业单位财务规则》制定了行业财务制度，这些行业的民办非企业单位应参照执行相应的行业财务制度。没有行业财务制度的民办非企业单位应参照《事业单位财务规则》执行。

（二）民办非企业单位属非营利组织，今后，民办非企业单位应根据国家有关规定，统一纳入非营利组织财务、会计体系，执行非营利组织财务、会计规则。

二、民办非企业单位在开展业务，需要收取有关费用时，应按照现行行政事业性收费审批管理的有关规定，履行收费审批程序，即申请设立收费项目须经中央和省级财政主管部门会同价格主管部门审批，收费标准须由中央和省级价格主管部门会同财政主管部门核定。收费经批准后，应按行政事业性收费票据管理的规定，到财政主管部门申领使用省级以上财政部门统一印制或监制的行政事业性收费票据。

特此函复。

中华人民共和国民政部令

（第18号）

现发布《民办非企业单位登记暂行办法》。本办法自发布之日起施行。

部长：多吉才让
一九九九年十二月二十八日

附：

民办非企业单位登记暂行办法

第一条 根据《民办非企业单位登记管理暂行条例》（以下简称条例）制定本办法。

第二条 民办非企业单位根据其依法承担民事责任的不同方式分为民办非企业单位（法人）、民办非企业单位（合伙）和民办非企业单位（个体）三种。

个人出资且担任民办非企业单位负责人的，可申请办理民办非企业单位（个体）登记；两人或两人以上合伙举办的，可申请办理民办非企业单位（合伙）登记；两人或两人以上举办且具备法人条件的，可申请办理民办非企业单位（法人）登记。

由企业事业单位、社会团体和其他社会力量举办的或由上述组织与个人共同举办的，应当申请民办非企业单位（法人）登记。

第三条 民办非企业单位登记管理机关（以下简称登记管理机关）审核登记的程序是受理、审查、核准、发证、公告。

（一）受理。申请登记的举办者所提交的文件、证件和填报的登记申请表齐全、有效后，方可受理。

（二）审查。审查提交的文件、证件和填报的登记申请表的真实性、合法性、有效性，并核实有关登记事项和条件。

（三）核准。经审查和核实后，作出准予登记或者不予登记的决定，并及时通知申请登记的单位或个人。

（四）发证。对核准登记的民办非企业单位，分别颁发有关证书，并办理领证签字手续。

（五）公告。对核准登记的民办非企业单位，由登记管理机关发布公告。

第四条 举办民办非企业单位，应按照下列所属行（事）业申请登记：

（一）教育事业，如民办幼儿园，民办小学、中学、学校、学院、大学，民办专修（进修）学院或学校，民办培训（补习）学校或中心等；

（二）卫生事业，如民办门诊部（所）、医院，民办康复、保健、卫生、疗养院（所）等；

（三）文化事业，如民办艺术表演团体、文化馆（活动中心）、图书馆（室）、博物馆（院）、美术馆、画院、名人纪念馆、收藏馆、艺术研究院（所）等；

（四）科技事业，如民办科学研究院（所、中心），民办科技传播或普及中心、科技服务中心、技术评估所（中心）等；

（五）体育事业，如民办体育俱乐部，民办体育场、馆、院、社、学校等；

（六）劳动事业，如民办职业培训学校或中心，民办职业介绍所等；

（七）民政事业，如民办福利院、敬老院、托老所、老年公寓，民办婚姻介绍所，民办社区服务中心（站）等；

（八）社会中介服务业，如民办评估咨询服务中心（所），民办信息咨询调查中心（所），民办人才交流中心等；

（九）法律服务业；

（十）其他。

第五条 申请登记民办非企业单位，应当具备条例第八条规定的条件。

民办非企业单位的名称，必须符合国务院民政部门制订的《民办非企业单位名称管理暂行规定》。

民办非企业单位必须拥有与其业务活动相适应的合法财产，且其合法财产中的非国有资产份额不得低于总财产的三分之二。开办资金必须达到本行（事）业所规定的最低限额。

第六条 申请民办非企业单位成立登记，举办者应当提交条例第九条规定的文件。

民办非企业单位的登记申请书应当包括：举办者单位名称或申请人姓名；拟任法定代表人或单位负责人的基本情况；住所情况；开办资金情况；申请登记理由等。

业务主管单位的批准文件，应当包括对举办者章程草案、资金情况（特别是资产的非国有性）、拟任法定代表人或单位负责人基本情况、从业人员资格、场所设备、组织机构等内容的审查结论。

民办非企业单位的活动场所须有产权证明或一年期以上的使用权证明。

民办非企业单位的验资报告应由会计师事务所或其他有验资资格的机构出具。

拟任法定代表人或单位负责人的基本情况应当包括姓名、性别、民族、年龄、目前人事关系所在单位、有否受到剥夺政治权利的刑事处罚、个人简历等。拟任法定代表人或单位负责人的身份证明为身份证的复印件，登记管理机关认为必要时可验证身份证原件。

对合伙制的民办非企业单位，拟任单位负责人指所有合伙人。

民办非企业单位的章程草案应当符合条例第十条的规定。合伙制的民办非企业单位的章程可为其合伙协议，合伙协议应当包括条例第十条第一、二、三、五、六、七、八项的内容。民办非企业单位须在其章程草案或合伙协议中载明该单位的盈利不得分配，解体时财产不得私分。

第七条 民办非企业单位的登记事项为：名称、住所、宗旨和业务范围、法定代表人或者单位负责人、开办资金、业务主管单位。

住所是指民办非企业单位的办公场所，须按所在地、市、县、乡（镇）及街道门牌号码的详细地址登记。

宗旨和业务范围必须符合法律法规及政策规定。

开办资金应当与实有资金相一致。

业务主管单位应登记其全称。

第八条 经审核准予登记的，登记管理机关应当书面通知民办非企业单位，并根据其依法承担民事责任的不同方式，分别发给《民办非企业单位（法人）登记证书》、《民办非企业单位（合伙）登记证书》或《民办非企业单位（个体）登记证书》。对不予登记的，登记管理机关应当书面通知申请单位或个人。

民办非企业单位可凭据登记证书依照有关规定办理组织机构代码和税务登记、刻制印章、开立银行账户，在核准的业务范围内开展活动。

第九条 按照条例第十二条第二款的规定，应当简化登记手续的民办非企业单位，办理登记时，应向登记管理机关提交下列文件：

（一）登记申请书；

（二）章程草案；

（三）拟任法定代表人或单位负责人的基本情况、身份证明；

（四）业务主管单位出具的执业许可证明文件。

第十条 条例施行前已经成立的民办非企业单位，应当依照条例及本办法的规定办理申请登记。

已在各级人民政府的编制部门或工商行政管理部门注册登记的民办非企业单位办理补办登记手续，还应向登记管理机关提交编制部门或工商行政管理部门准予注销的证明文件。

第十一条 民办非企业单位根据条例第十五条规定申请变更登记事项时，应向登记管理机关提交下列文件：

（一）法定代表人或单位负责人签署并加盖公章的变更登记申请书。申请书应载明变更的理由，并附决定变更时依照章程履行程序的原始纪要，法定代表人或单位负责人因故不能签署变更登记申请书的，申请单位还应提交不能签署的理由的文件；

（二）业务主管单位对变更登记事项审查同意文件；

（三）登记管理机关要求提交的其他文件。

第十二条 民办非企业单位的住所、业务范围、法定代表人或单位负责人、开办资金、业务主管单位发生变更的，除向登记管理机关提交本办法第十一条规定的文件外，还须分别提交下列材料：变更后新住所的产权或使用权证明；变更后的业务范围；变更后法定代表人或单位负责人的身份证明及本办法第六条第六款涉及的其他材料；变更后的验资报告；原业务主管单位不再承担业务主管的文件。

第十三条 登记管理机关核准变更登记的，民办非企业单位应交回民办非企业单位登记证书正副本，由登记管理机关换发新的登记证书。

第十四条 民办非企业单位修改章程或合伙协议的，应当报原登记管理机关核准。报请核准时，应提交下列文件：

（一）法定代表人或单位负责人签署并加盖公章的核准申请书；

（二）业务主管单位审查同意的文件；

（三）章程或合伙协议的修改说明及修改后的章程或合伙协议；

（四）有关的文件材料。

第十五条 民办非企业单位变更业务主管单位，须在原业务主管单位出具不再担任业务主管的文件之日起 90 日内找到新的业务主管单位，并到登记管理机关申请变更登记。在登记管理机关作出准予变更登记决定之前，原业务主管单位应继续履行条例第二十条规定的监督管理职责。

第十六条 登记管理机关应在收到民办非企业单位申请变更登记的全部有效文件之日起 60 日内，作出准予变更或不准予变更的决定，并书面通知民办非企业单位。

第十七条 民办非企业单位有下列情况之一的，必须申请注销登记：

（一）章程规定的解散事由出现；

（二）不再具备条例第八条规定条件的；

（三）宗旨发生根本变化的；

（四）由于其他变更原因，出现与原登记管理机关管辖范围不一致的；

（五）作为分立母体的民办非企业单位因分立而解散的；

（六）作为合并源的民办非企业单位因合并而解散的；

（七）民办非企业单位原业务主管单位不再担当其业务主管单位，且在90日内找不到新的业务主管单位的；

（八）有关行政管理机关根据法律、行政法规规定认为需要注销的。

（九）其他原因需要解散的；

属于本条第一款第七项规定的情形，民办非企业单位的原业务主管单位须继续履行职责，至民办非企业单位完成注销登记。

第十八条 民办非企业单位根据条例第十六条的规定申请注销登记时，应向登记管理机关提交下列文件：

（一）法定代表人或单位负责人签署并加盖单位公章的注销登记申请书，法定代表人或单位负责人因故不能签署的，还应提交不能签署的理由的文件；

（二）业务主管单位审查同意的文件；

（三）清算组织提出的清算报告；

（四）民办非企业单位登记证书（正、副本）；

（五）民办非企业单位的印章和财务凭证；

（六）登记管理机关认为需要提交的其他文件。

第十九条 登记管理机关应在收到民办非企业单位申请注销登记的全部有效文件之日起30日内，作出准予注销或不准予注销的决定，并书面通知民办非企业单位。

登记管理机关准予注销登记的，应发给民办非企业单位注销证明文件。

第二十条 民办非企业单位登记公告分为成立登记公告、注销登记公告和变更登记公告。

登记管理机关发布的公告须刊登在公开发行的、发行范围覆盖同级政府所辖行政区域的报刊上。

公告费用由民办非企业单位支付。

第二十一条 成立登记公告的内容包括：名称、住所、法定代表人或单位负责人、开办资金、宗旨和业务范围、业务主管单位、登记时间、登记证号。

第二十二条 变更登记公告的内容除变更事项外，还应包括名称、登记证号、变更时间。

第二十三条 注销登记公告的内容包括名称、住所、法定代表人或单位负责人、登记证号、业务主管单位、注销时间。

第二十四 民办非企业单位登记证书分为正本和副本，正本和副本具有同等法律效力。

民办非企业单位登记证书的正本应当悬挂于民办非企业单位住所的醒目位置。

民办非企业单位登记证书副本的有效期为4年。

第二十五条 民办非企业单位登记证书遗失的，应当及时在公开发行的报刊上声明作废，并到登记管理机关申请办理补发证书手续。

第二十六条 民办非企业单位申请补发登记证书，应当向登记管理机关提交下列文件：

（一）补发登记证书申请书；

（二）在报刊上刊登的原登记证书作废的声明。

第二十七条 经核准登记的民办非企业单位开立银行账户，应按照民政部、中国人民银行联合发布的《关于民办非企业单位开立银行账户有关问题的通知》的有关规定办理。

第二十八条 经核准登记的民办非企业单位刻制印章，应按照民政部、公安部联合发布的《民办非企业单位印章管理规定》的有关规定办理。

第二十九条 本办法自发布之日起施行。

民政部关于印发《民办非企业单位名称管理暂行规定》的通知

（民发〔1999〕129 号　1999 年 12 月 28 日）

各省、自治区、直辖市民政厅（局），各计划单列市民政局，新疆生产建设兵团民政局：

现将《民办非企业单位名称管理暂行规定》印发给你们，请认真贯彻执行。

附：

民办非企业单位名称管理暂行规定

第一条　为了规范民办非企业单位名称管理，保护民办非企业单位的合法权益，根据《民办非企业单位登记管理暂行条例》（以下简称条例）制定本规定。

第二条　民办非企业单位登记管理机关（以下简称登记管理机关）负责民办非企业单位名称的核准登记，监督管理其名称的使用，保护其名称权。经登记管理机关核准登记的民办非企业单位名称受法律保护。

第三条　民办非企业单位名称应当由以下部分依次组成：字号、行（事）业或业务领域、组织形式。

民办非企业单位名称应当冠以民办非企业单位所在地省（自治区、直辖市）、市（地、州）、县（县级市、市辖区）行政区划名称或地名。

第四条　民办非企业单位名称不能单独冠以市辖区的名称或地名，应当与所在市的行政区划名称或地名连用。

民政部登记的民办非企业单位，其名称一般不冠以行政区划名称或地名。

第五条　民办非企业单位的字号应当由两个以上的汉字组成。可以使用本地或者异地的地名作字号，但不得使用县以上（含县）行政区划名称作字号。

第六条　民办非企业单位应当根据其业务，依照国家行（事）业分类标准划分的类别，在民办非企业单位名称中标明所属行（事）业或者业务特点。

第七条　民办非企业单位名称中所标明的组织形式必须明确易懂，一般称学校、学院、园、医院、中心、院、所、馆、站、社、公寓、俱乐部等。不得使用“总”字。

第八条　民办非企业单位名称应当使用汉字，民族自治地方的民办非企业单位名称可以同时使用本民族自治地方通用的民族文字。

第九条　民办非企业单位名称应当符合法律、法规的规定，不得含有下列文字和内容：

（一）冠以“中国”、“全国”、“中华”等字样；

（二）有损于国家、社会公共利益的，违背社会道德风尚，带有封建迷信色彩的；

（三）可能对公众造成欺骗或者误解的；

（四）政党名称、党政军机关名称、人民团体名称、社会团体名称、事业单位名称、企业名称及

宗教界的寺、观、教堂（佛、道教的寺、观，伊斯兰教的清真寺，天主教、基督教的教堂）名称；

（五）已被撤销的民办非企业单位的名称；

（六）其他法律、行政法规规定禁止的。

第十条 民办非企业单位只准使用一个名称，在登记管理机关管辖范围内不得与已登记的同行（事）业单位名称相同。

第十一条 民办非企业单位申请成立登记、变更名称登记，业务主管单位应当将民办非企业单位拟定名称意见报登记管理机关。

第十二条 两个以上民办非企业单位向同一登记管理机关申请相同的符合规定的民办非企业单位名称，登记管理机关依照申请在先原则登记。

第十三条 本规定自发布之日起施行。

民政部办公厅转发《国家计委、财政部关于核定民办非企业单位登记收费标准有关问题的通知》的通知

（民办函〔1999〕130号　1999年12月29日）

各省、自治区、直辖市民政厅（局），各计划单列市民政局，新疆生产建设兵团民政局：

现将国家计委、财政部《关于核定民办非企业单位登记收费标准有关问题的通知》（计价格〔1999〕2115号）转发给你们，请遵照执行。

附：

国家计委、财政部关于核定民办非企业单位登记收费标准有关问题的通知

（计价格〔1999〕2115号　1999年11月30日）

民政部：

根据财政部、国家计委《关于民办非企业单位登记收费有关问题的复函》（财综字〔1999〕119号）的规定，现就民办非企业单位登记费和变更登记费的收费标准通知如下：

一、民政部门在办理民办非企业单位登记过程中，向申请单位收取的登记费标准为：

（一）登记费每件一百元（含证书费）；

（二）变更登记费每件四十元。

二、收取民办非企业单位登记费、变更登记费，应按国家有关规定到指定的价格主管部门办理收费许可证，并使用省级以上财政部门统一印制的行政事业性收费票据。

三、各级民政部门应严格按照上述规定收取登记费、变更登记费，不得擅自增加收费项目、扩大收费范围、提高收费标准，并自觉接受价格、财政部门的监督检查。

四、本《通知》自发布之日起执行。

民政部关于印发《关于开展民办非企业单位复查登记工作意见》的通知

（民发〔1999〕133 号　1999 年 12 月 30 日）

国务院各部门，各省、自治区、直辖市民政厅（局），各计划单列市民政局，新疆生产建设兵团民政局：

为了建立民办非企业单位统一归口登记制度，确认民办非企业单位法律地位，规范民办非企业单位行为，根据中共中央办公厅、国务院办公厅《关于加强社会团体和民办非企业单位管理工作的通知》（中办发〔1996〕22 号）和《关于进一步加强民间组织管理工作的通知》（中办发〔1999〕34 号）精神，依照《民办非企业单位登记管理暂行条例》有关规定，我们决定从 2000 年 1 月起，对在此之前成立的民办非企业单位进行复查登记。现将《关于开展民办非企业单位复查登记工作的意见》印发给你们，请遵照执行。

附：

民政部关于开展民办非企业单位复查登记工作的意见

改革开放以来，随着社会主义市场经济体制的建立和逐步完善，各类民办非企业单位不断增多。民办非企业单位作为一种从事社会服务、社会公益事业的非营利性民间实体组织，与行政机关、企业、事业单位、社会团体构成我国社会组织的有机整体，在我国社会主义物质文明和精神文明建设中发挥了积极的作用。但是，由于没有建立统一的登记管理体制，致使民办非企业单位法律地位不明确，在其发展和管理中还存在着亟待解决的问题。为切实加强对民办非企业单位的管理，确保民办非企业单位健康发展，1996 年，中共中央办公厅、国务院办公厅发出《关于加强社会团体和民办非企业单位管理工作的通知》（中办发〔1996〕22 号，以下简称《通知》），明确了民办非企业单位统一归口登记、双重负责、分级管理的管理体制，要求对民办非企业单位普遍进行一次检查、清理、整顿。1998 年 10 月 25 日，国务院颁布了《民办非企业单位登记管理暂行条例》（以下简称《条例》），明确了登记管理的各项内容，同时要求在《条例》实施前已经成立的民办非企业单位，应依法申请登记。1999 年 11 月，中办、国办下发了《关于进一步加强民间组织管理工作的通知》（中办发〔1999〕34 号），进一步提出了一系列强化管理的措施。为了贯彻落实《通知》和《条例》以及中办发〔1999〕34号文件精神，确认民办非企业单位法律地位，规范民办非企业单位的登记管理，我们决定用两年的时间，对民办非企业单位普遍进行一次复查登记。现就有关问题提出如下意见：

一、复查登记的对象和范围

复查登记的对象是，在本意见下发之前已经有关部门批准或登记的民办非企业单位，即：

（一）各级政府的职能部门依照有关法律法规审批成立的；

（二）有关部门自行批准成立的；

（三）未经任何部门审批，但经机构编制、工商行政管理部门登记的。

复查登记的范围，主要包括《民办非企业单位登记暂行办法》（以下简称《办法》）中列举的十个行（事）业中的各类民办机构。未经任何部门审批或登记，自行成立的民办非企业单位，不属复查登记范围，应按照《条例》和《办法》的规定，申请成立登记。

二、复查登记的原则和要求

复查登记工作，必须坚持以下基本原则：

（一）统一归口登记的原则。所有民办非企业单位必须统一归口由民政部门登记管理，其他任何部门无权登记和颁发证书。

（二）业务主管单位和登记管理机关双重负责的原则。与《办法》中列举的十个行（事）业的民办非企业单位业务相对应的教育、卫生、科技、文化、体育、劳动、司法、民政等政府职能部门为本行（事）业的业务主管单位。在复查登记工作中，业务主管单位和登记管理机关要根据《通知》要求，各司其职，各负其责，密切配合。

（三）从严把关的原则。对不符合登记条件的民办非企业单位，一律不得登记。

（四）分级管理的原则。民政部负责国务院有关部门及经国务院授权的组织审批的民办非企业单位的复查登记；地方各级人民政府的登记管理机关负责同级业务主管单位审批的民办非企业单位的复查登记。

申请复查登记的民办非企业单位，必须符合《条例》和《办法》规定的成立条件，同时，根据中办发〔1999〕34号文件精神，参照中共中央组织部、民政部《关于在社会团体中建立党组织有关问题的通知》（组通字〔1998〕6号）规定，在民办非企业单位中，凡是有正式党员3人以上的，2000年6月30日以前都必须建立起党的组织。

业务主管单位和登记管理机关要对申请复查登记的民办非企业单位，特别是对涉及民族及其他社会科学、自然科学的边缘交叉学科和青少年、妇女儿童等问题的各类研究机构、社会经济调查机构成立以来，以政治方向、业务活动、财务管理、遵纪守法等方面的情况进行一次全面的检查。并在此基础上，本着从严把关的原则，按照规定的范围和要求，切实履行各自审批和核准的职责。

三、复查登记的步骤和时间安排

复查登记工作，从2000年1月开始至2001年12月底结束。按照民办非企业单位自查和申请登记、业务主管单位审查、登记管理机关核准的三个步骤，分四个阶段进行。

第一阶段，民办非企业单位自查、提交成立登记申请材料。民办非企业单位要按照复查登记的规定，认真总结和检查自成立以来，在政治方向、业务活动、财务管理、遵纪守法等方面的情况，写出书面报告。填写民办非企业单位有关登记表格（业务主管单位到登记管理机关统一领取，民办非企业单位到业务主管单位申领），经民办非企业单位拟任法定代表人或负责人签署并加盖该单位公章后，连同单位章程草案、合法财产和相应从业人员、办公场所使用权等证明、原批准成立该单位的批文和单位党组织建立或党员组织生活的情况报告以及业务主管单位认为需要的其他材料一并提交业务主管单位。已经各级人民政府机构编制部门或工商行政管理部门登记注册的民办非企业单位，还须提交原登记注册机关准予注销的证明文件。

第二阶段，业务主管单位按照《条例》及《关于开展对民办非企业单位复查登记工作意见》的要求，对自查后提出登记申请的民办非企业单位进行审查。业务主管单位对审查同意登记的民办非企业单位应出具正式函件，连同其他材料送交登记管理机关。属依法简化登记手续的民办非企业单位，只需送交自查总结、登记表、执业许可证明文件和单位党组织建立或党员组织生活情况的报告。业务主管单位应对所管辖的民办非企业单位情况进行汇总统计，填写由民政部统一制发的表格，并附总体情况的函。

第三阶段，登记管理机关根据有关规定，结合业务主管单位的审查意见，对民办非企业单位依法核准登记。对业务主管单位审查同意登记并符合登记条件的民办非企业单位，依法予以核准登记，发给《民办非企业单位登记证书》，并及时发布公告。对业务主管单位审查同意登记但不符合登记条件的民办非企业单位，登记管理机关将其材料退回业务主管单位，并说明理由。对没有通过复查登记的民办非企业单位，要及时通知当地银行和质量技术监督部门注销其基本账户和组织机构代码。对擅自开展活动，又不申请登记的民办非企业单位，要劝其立即停止活动，对不听劝阻的，要命令取缔。

第四阶段，登记管理机关会同业务主管单位对复查登记工作检查验收。检查验收工作采取抽查和普查相结合、逐级检查验收的方法，民政部会同国务院有关部门（业务主管单位）对一些重点地区相关业务领域复查登记工作进行检查验收；各省、自治区、直辖市登记管理机关，应和同级业务主管单位对市（地）县复查登记工作进行检查验收。对复查登记工作开展好的单位和地方要给予表彰，对执行政策有偏差的要及时给予纠正。检查验收结束后，各省、自治区、直辖市登记管理机关，要对复查登记工作进行认真总结，并形成报告及时报民政部。

各阶段的时间安排，各地和有关部门可根据实际确定。各业务主管单位送交登记管理机关的材料，最迟不得超过2000年12月底。

四、复查登记的组织领导

复查登记民办非企业单位工作涉及面广，政策性强，难度较大，必须切实加强领导。

（一）各级登记管理机关和业务主管单位要在各级党委和政府领导下，按照《通知》中规定的职责，结合本地区、本部门管理的民办非企业单位实际情况，认真制定复查登记民办非企业单位的具体方案，做出具体部署，使复查登记工作真正落到实处。

（二）各地应尽快建立和完善民办非企业单位登记管理机构，配备专人负责此项工作。民办非企业单位数量大、难点问题多、复查工作任务较重的地方，根据实际需要，可以积极建议政府成立复查登记工作领导小组或协调小组，核拨专项经费，配备必要设备，保证工作顺利开展。

（三）各级登记管理机关和业务主管单位要通力合作，在工作中，互相理解、相互配合。要建立联系制度，定期或不定期地召开座谈会，共同研讨、解决工作中的重点和难点问题的。

（四）各地的复查登记工作，可先搞试点，总结经验后再全面铺开。在工作中，遇到新的情况和问题，要逐级向上反映。各省、自治区、直辖市登记管理机关应及时收集并报民政部。

《民办非企业单位登记管理暂行条例》释义

（国务院法制办政法司、民政部民间组织管理局　1999年4月）

立法背景

改革开放以来，随着经济和各项社会事业的发展，各种类型的民办非企业单位不断增多，在经济、科技、教育、文化、卫生以及其他社会事务方面发挥了积极的作用。这些民办非企业单位的发展，是改革开放的可喜成果，是我国社会主义现代化建设事业的不可缺少的组成部分，在社会生活中的积极作用越来越广泛。它是我国公民充分享有社会主义民主与自由的体现，是人民群众积极性和创造力的结晶。对于这些民间组织的发展，党和国家一直坚持积极扶持、鼓励和保护的态度。但是，由于缺乏法定的管理规范，民办非企业单位本身和对民办非企业单位的管理出现的问题日益突出，这主要表现在：一是，对民办非企业单位没有实行统一登记管理制度，一些单位对于民办非企业单位自行审批，政出多门，致使一些地方民办非企业单位盲目发展。业务主管单位与民办非企业单位联系松散，许多业务主管单位甚至不履行管理职责，只批不管，放任自流。二是，有的民办非企业单位未经审批擅自开展活动，有些民办非企业单位违法牟取暴利，有的甚至擅自接受境外敌对势力的捐赠和委托，搞非法活动。这些情况都严重干扰了正常的社会和经济秩序，给社会稳定带来不利影响和隐患。为了有效地解决这些问题，兴利除弊，规范民办非企业单位走上健康发展的道路，确立统一的民办非企业单位登记管理制度，从国家管理的角度，制定民办非企业单位登记管理条例是迫切需要的。

与此同时，由于对民办非企业单位的管理缺乏健全的体制和统一的登记管理机关，致使社会上侵犯民办非企业单位合法权益的现象不断发生，有的单位和个人，也有一些行政机关，随意向民办非企业单位乱摊派、乱收费、乱罚款，甚至侵占私分或者挪用民办非企业单位的财产；还有的单位随意干涉民办非企业单位的内部管理事务，挫伤了民间组织自主管理，自我发展的积极性。在依法治国，建设社会主义法制国家的治国方略下，公民的权利保护意识日益增强，他们急切盼望国家制定规范民办非企业单位的法律、法规，依法抵制非法的干涉和侵害，捍卫自己的权利。也就是说，从社会，从民间要求制定民办非企业单位管理法规的呼声也越来越高。

正是在这样的背景下，1996年8月，中共中央办公厅、国务院办公厅发出了《关于加强社会团体和民办非企业单位管理工作的通知》，明确要理顺关于社会团体和民办非企业单位的管理体制，建立挂靠单位和业务主管部门与登记管理机关双重负责的领导体制，实行分级管理。挂靠单位和业务主管部门对民办非企业单位的申请登记、思想政治工作、财务活动、人事管理以及对外交往等重大活动安排、接受资助等负责管理；登记管理机关主要负责登记的审批工作以及研究制定有关的政策规定，并组织实施，负责对民办非企业单位的活动进行指导和监督检查，依法处理违法行为。登记管理实施统一归口后，社团和民办非企业单位的登记管理统一由民政部门负责，其他任何部门无权审批和颁发证书。该通知要求，要尽快制定法律、法规，明确民办非企业单位的地位作用、权利义务、必备条件以及对民办非企业单位的管理体制，使对包括民办非企业单位和社会团体在内的民间组织的管理，进一步纳入法制化、规范化的轨道。

根据通知的精神，民政部和国务院法制办公室经过广泛的调查、研究和论证，并征求了中央有关部门、一些地方以及一些有代表性的民办非企业单位的意见，拟定了《民办非企业单位登记管理暂行条例（草案）》。草案界定了民办非企业单位的范围，划清了民办非企业单位与社会团体以及事业单位三者之间的界限，特别是从有利于维护政治、社会稳定，又有利于维护正常的经济秩序的角度出发，防止别有用心的人利用民办非企业单位的合法民间组织形式从事危害国家和社会利益的活动，并且防范经济诈骗活动。同时，草案根据民办非企业单位依法承担民事责任的不同方式，确定其恰当的民事主体地位（根据暂行条例第十二条的规定，民办非企业单位可以分为法人、合伙和个体三种民事主体形式）。草案充分体现了既对民办非企业单位加强管理，又维护其合法权益的指导原则。

1998年9月25日，国务院第8次常务会议审议并通过了《民办非企业单位登记管理暂行条例》。1998年10月25日，朱镕基总理签署国务院第251号令发布了该条例，条例自发布之日起施行。与《民办非企业单位登记管理暂行条例》同日发布施行的还有《社会团体登记管理条例》以及《事业单位登记管理暂行条例》。

《民办非企业单位登记管理暂行条例》使用“暂行条例”的字眼，显示了我国对于民办非企业单位的依法管理还处于进一步积累经验的过程中，是进行有中国特色的民间组织法制管理的一个尝试。但是，必须加以说明的是，“暂行”的字眼只是立法上采取的一个具体的技术措施，它并不影响该条例作为国务院行政法规的权威地位和效力，各地方和部门应当积极宣传、认真贯彻执行，民办非企业单位的管理机关、民办非企业单位以及公民必须切实遵守。

第一章　总　　则

总则的内容反映了一部法律的精神实质和基本原则，它对于该法中的其他规范性条款有着实质性的影响，其他章节的内容必须围绕总则设定的基本原则和宗旨展开，是总则规定的引申和具体化，总则所确立的原则具有纲领和指导作用，在执行中对具体的条款发生歧义时，总则所确立的原则则往往成为法律解释的重要依据。《民办非企业单位登记管理暂行条例》总则共5条，分别规定了本条例的立法宗旨、民办非企业单位的概念界定、成立民办非企业单位的原则、民办非企业单位应当履行的义务以及对于民办非企业单位的管理体制，原则地概括了该条例的立法目的、调整范围、基本原则、管理体制和对管理对象的总体要求，本条例的其他5章的规定（管辖、登记、监督管理、罚则和附则）均围绕着总则的规定进一步展开。

第一条　为了规范民办非企业单位的登记管理，保障民办非企业单位的合法权益，促进社会主义物质文明和精神文明建设，制定本条例。

【释义】本条是关于立法宗旨的规定。

立法宗旨，也就是立法目的，是制定一部法律、法规所要完成的任务或者达到的目标，说得再通俗一点，就是制定这部法律要解决的问题。立法目的与其他具体规范的条文之间的关系是目的与手段的关系，它制约着具体的法律规范的内容。一部法律中的每一具体条文都必须围绕着该法的立法目的进行设计，为了实现立法宗旨和目的，每一项具体规定均不得与立法目的相背离或者冲突，立法目的一般作为法律、法规的第一条，开宗明义、总揽全局。《民办非企业单位登记管理暂行条例》第一条明确规定了该法的立法目的，主要分为三个内容：

（一）规范民办非企业单位的登记管理。随着改革开放的不断深入和社会主义市场经济体制的建立和完善，越来越多的公民、组织和其他社会力量投身到教育事业、科技事业、文化事业等社会公益事业和精神文明建设之中，打破了传统的国家单独兴办教育、科技、文化等事业的局面，民办非企业单位应运而生，在经济、科技、教育、文化、卫生以及其他社会事务方面发挥了一定的积极作用。由于民办非企业单位是新形势下出现的新生事物，对于此种组织的引导和管理尚缺乏制度和规范。虽然国家的一些单行的法律或者行政法规，涉及到某一领域的民办非企业单位的管理，但往往是与国家兴办的事业单位一并规范，无法体现民办非企业单位的个性特征。而且，不同的法律，行政法规之间互不关联，对于民办非企业单位缺乏统一的，协调的管理。尤其是在登记管理方面，由于没有统一的民办非企业单位的登记管理机关，致使民办非企业单位的登记管理长期处于空白和混乱状态。这不利于民办非企业单位的健康发展，更不利于对民办非企业单位进行管理和引导。《民办非企业单位登记管理暂行条例》出台，在法律上明确了民办非企业单位的管理体制，使民办非企业单位的登记管理有了统一的法律依据。明确了民政部门是民办非企业单位的登记管理机关，对于民办非企业单位实行严格统一的登记管理制度，除了各级政府的民政部门，其他任何机关无权对民办非企业单位实施登记，即使是根据某些法律、行政法规的规定可以进行一些前置的审批，但也不能取代民政部门的登记。加强民办非企业单位的登记管理，对民办非企业单位实施统一的登记管理，是制定本条例的首要目的。

（二）保障民办非企业单位的合法权益。民办非企业单位是改革开放形势下出现的新生事物，党和国家积极扶持、引导并鼓励民办非企业单位的健康发展。但是，由于缺乏统一的专门的法律规范的保护，民办非企业单位的合法权益常常受到非法的侵害。有鉴于此，保障民办非企业单位的合法权益就成为本条例的一个重要的立法目的。在此，我们有必要简要介绍一下民办非企业单位的合法权益。应当说，法律一旦确立了民办非企业单位的合法地位以后，他们就依法取得了所有法律保护的、不禁止的、民办非企业单位根据其性质可以享有的权利和利益，这些权利和利益的总和构成民办非企业单位的合法权益。根据民办非企业单位的不同种类，民办非企业单位所共同享有的合法权益主要有以下几种：（1）财产权，包括物权和债权，这是作为民事主体的民办非企业单位的一项重要的民事权利，财产是民办非企业单位开展活动的物质保障，也是民办非企业单位承担民事责任的物质担保。对于财产权的保护，本条例专门作出了规定，对于民办非企业单位的财产，任何单位和个人不得侵占、私分或者挪用，并对违反者设定了法律责任。除了本条例的规定外，如果民办非企业单位的合法财产受到侵害或者损害，民办非企业单位可以依照民法通则的规定向法院起诉，要求法院给予司法救济。法院可以通过判决侵权人返还财产，恢复原状或者损害赔偿等方式，来保护民办非企业单位的财产权。（2）名称权，这也是民办非企业单位的一项重要的权利。名称是民办非企业单位区别于其他法律主体的重要特征，依法受到保护，任何其他单位不得冒用。（3）名誉权，拟制法律主体就如自然人一样，也享有名誉权，他人不得毁损民办非企业单位的名誉，否则，民办非企业单位可以依法提起诉讼保护自己的名誉，并可以就因此遭受的损失要求赔偿。（4）知识产权，包括著作权、专利权、商标权等。民办非企业单位广泛分布于教育、科技、文化、卫生等社会事业和服务领域，多数属于从事具有较高知识含量的服务活动。在知识经济时代，知识产权对于民办非企业单位的发展十分重要，而在实践中民办非企业单位的知识产权受到侵害的情况经常发生，所以，应当注意对其知识产权的保护。（5）依法享受减免税的权利。民办非企业单位是非营利性的提供社会服务的组织，它的性质决定了它应当根据其从事的事业而相应地享有一定的减免税的待遇，如果法律确定了民办非企业单位可以享有的减免税的权利，应当注意保护这种权利。（6）诉权，又称诉讼请求权，是指民事权利主体依法享有的请求法院给予司法救济的权利。民办非企业单位作为民事法律关系主体的一种，无论其何种合法权益受到侵害的时候，它均可以向法院提起诉讼，请求法院保护自己的合法权益。诉权虽不是实体权利，而且诉权也当然不意味着胜诉，但它是其他权利得到保障的重要条件，所以也是非常重要的一种权利。

《民办非企业单位登记管理暂行规定》颁布实施后，民办非企业单位依法“名正言顺”，一方面，任何组织和个人都必须尊重、维护并不得侵害民办非企业单位的合法权益；另一方面，民办非企业单位也要强化权利意识，敢于并善于利用法律武器向不法侵害者作坚决的斗争。

（三）促进社会主义物质文明和精神文明的建设。以上两个目的是本条例的直接目的，本项目的是本条例的最终目的。包括民办非企业单位在内的民间组织是建设社会主义物质文明和精神文明的不可忽视的力量，通过立法加强民办非企业单位的登记管理和保护，就会进一步促进民办非企业单位健康有序地发展，充分发挥其在经济和社会发展中的积极作用，从而促进社会主义物质文明和精神文明建设。

第二条 本条例所称民办非企业单位，是指企业事业单位、社会团体和其他社会力量以及公民个人利用非国有资产举办的，从事非营利性社会服务活动的社会组织。

【释义】本条是对民办非企业单位概念的界定。

法律是调整社会关系的具有强制力的规范，不同的法律调整的对象是不同的。本条例调整的对象是民办非企业单位，而“民办非企业单位”是我国立法上首次使用的概念。在实践中民办非企业单位与事业单位、社会团体以及其他社会组织有着非常广泛的联系。所以，在条例中明确界定民办非企业单位的含义和范围，无论对于在法律上明确其主体地位，在现实中区别于其他组织，还是在立法上设计制度，执法上便于操作，都具有很重要的意义。根据本条的规定，民办非企业单位具有如下质的规定性：

首先，民办非企业单位是由企业事业单位、社会团体和其他社会力量以及公民个人举办的，而不是由政府或者政府的部门举办的。这里所指的企业，应当包括所有以营利为目的的，在工商行政管理机关登记注册的公司、合伙、个体等各类企业。事业单位，是指国家为了社会公益的目的，由国家机关举办或者其他组织利用国有资产举办的，从事教育、科技、文化、卫生等活动的社会服务组织。社会团体是指由公民自愿组成，为实现会员共同意愿，依法成立并按照其章程开展活动的非营利性社会组织。

从举办主体的范围来看，民办非企业单位具有明显的民间性，它和事业单位有着明显的区别，根据《事业单位登记管理暂行条例》的规定，事业单位主要是国家机关或者其他组织举办的。

其次，民办非企业单位是“利用非国有资产”举办的，而不是利用国有资产举办的，这也是民办非企业单位区别于事业单位的一个重要的方面，事业单位则是指利用国有资产举办的。

“国有资产”是指所有权属于国家的一切财产形式。“非国有资产”是指国有资产以外的其他财产形式，可以是个人财产，可以是集体所有的财产，也可以是国外的资产。在这里，有必要说明的是，本条所称利用非国有资产是指主要利用非国有资产，而不是不允许有国有资产的成分，只要国有资产不占主导、支配地位。

第三，民办非企业单位是提供社会服务的非营利性的社会组织，非营利性是民办非企业单位区别于企业的一个基本特征。民办非企业单位所提供的社会服务，具有社会公益事业的特点，其宗旨是为了社会的公共利益和促进社会的进步与发展，而不是为了营利。企业，包括服务类型的企业，其宗旨就是通过其经营活动而获取利润，营利是一切企业的出发点。民办非企业单位的非营利性体现在它章程规定的目的和宗旨上，也体现在它区别于企业的财务管理和财产分配体制上。企业的盈利可以在成员中分红，清算后的财产可以在成员中进行分配，民办非企业单位的盈余和清算后的剩余财产则只能用于社会公益事业，不得在成员中分配。

对于民办非企业单位的非营利性的特点，应当理解为不以营利为其宗旨和目的，民办非企业单位的非营利性并不排斥民办非企业单位可以根据其提供的社会服务收取合理的费用，这些费用是服务的成本价值，是继续维持并扩展服务的必不可少的资金。如果以民办非企业单位的非营利性的特点来否定民办非企业单位可以依法进行合理的收费，那是机械的观点，其结果将是直接扼杀民办非企业单位的生存和发展。

第四，民办非企业单位主要从事的是社会服务活动。由于社会服务活动的领域比较广泛，所以民办非企业单位所涉及的领域也比较宽，而且范围在不断扩大。从目前存在的民办非企业单位的分布来看，主要分布在教育、科研、文化、卫生、体育、新闻出版、交通、信息咨询、知识产权、法律服务、社会福利事业以及经济监督事业等领域。教育事业中主要是指民办幼儿园、民办小学、中学、学校、学院，民办专修（进修）学院或学校，民办培训（补习）学校或中心等。卫生事业中主要是指民办门诊部（所）、医院，民办康复、保健、卫生、疗养院（所）等。文化事业中主要是指民办图书馆、博物馆、艺术馆、书画院、演出团队等。科学研究事业中主要是指民办科研院（所）、研究中心、科技馆等。体育事业中主要是指民办体育场、馆、中心、俱乐部等。劳动和社会保障事业中主要是指民办职业培训学校或中心，民办职业介绍所等。民政事业中主要是指民办福利院、敬老院、老年福利机构，民办婚姻介绍所，民办社区服务中心（站）等。法律服务业中主要是指民办法律事务所、法律援助中心、合作、合伙律师事务所等。

从上述民办非企业单位的分布我们可以看出，民办非企业单位具有广泛的社会性，正是由于民办非企业单位具有广泛的社会性，涉及到社会的方方面面，所以几乎在社会各个领域发挥着其他社会组织所不可替代的作用。

第五，民办非企业单位是从事经常性、连续性服务的实体性社会组织。实体性是其有别于社会团体的一个基本特征。社会团体是指由公民自愿组成的会员制的组织，其组织结构具有松散性，活动具有不定期性；和社会团体相比，由于民办非企业单位是面向社会开展服务的组织，其活动的特点是连续的、经常的，其组织结构具有实体性。

第三条　成立民办非企业单位，应当经其业务主管单位审查同意，并依据本条例的规定登记。

【释义】这是关于民办非企业单位成立原则的规定。

对于民办非企业单位实行由业务主管单位和登记管理机关双重负责的管理体制是符合我国民办非企业单位管理实际的。民办非企业单位的管理是政策性、业务性和社会性都很强的工作，工作量大，而且非常复杂，在业务领域上涉及方方面面，如仅仅依靠某个部门来管理是难以胜任的。所以必须既要充分利用业务主管单位熟悉业务工作的管理优势，同时又要加强统一归口的登记管理。通过业务主管单位审查批准，可以保障依法成立的民办非企业单位具有法定的从事和开展相应活动的条件，也可以通过这种前置的审批使登记管理机关减少了解和调查事务的工作量，提高登记管理机关的工作效率，调动各种力量加强对民办非企业单位的管理。业务主管单位重点负责民办非企业单位成立前的审批以及成立后的日常业务活动的监督指导工作，登记管理机关则侧重宏观管理、负责登记以及对民办非企业单位违法行为和非法民办非企业单位的查处。

对于民办非企业单位的设立原则，亦即非营利性组织的设立原则，在世界各国的具体作法不尽一致。大体可以分为两种情形。一是许可主义，又称核准主义。它是指设立非营利性组织在具备法律规定的条件的基础上，需要报请主管机关审查同意，方可申请成立登记。二是准则主义，又称登记主义，是指设立不需要主管机关的审批，只要符合法律规定的成立条件，即可以向登记管理机关申请登记，经登记管理机关依法审查合格，便可授予合法的主体资格。从登记的法律性质来讲，根据世界各国的作法，有追惩制和预防制的区别。追惩制的含义是，即使是不登记，也不属于违法组织，当然不能依法取得相应的地位和权利。是否追究其责任依据其是否从事了违反法律的行为，并不因不登记而开展活动就给予处罚；预防制的含义是，登记不但是取得相应主体地位和权利的必要条件，而且登记与否同时还是组织违法与否的界限。对于不经登记开展活动的，要依法予以取缔。一般英美法系国家多采用追惩制，而日本、新加坡等东方国家多采用预防制。

从以上的介绍我们可以判断，我国对于民办非企业单位所采取的设立原则属于核准主义，即在向登记管理机关申请成立登记之前，必须有事先经业务主管单位审查同意的前置程序，没有业务主管单位审查同意的文件，登记管理机关不得予以登记。从登记的法律性质来看，我国对于民办非企业单位的登记属于预防制，未经登记的民办非企业单位，不得以民办非企业单位的名义开展活动，否则将受到严厉的处罚（参见本条例第二十七条的规定）。

第四条 民办非企业单位应当遵守宪法、法律、行政法规和国家政策，不得反对宪法确定的基本原则，不得危害国家的统一、安全和民族团结，不得损害国家利益、社会公共利益以及其他社会组织和公民的合法权益，不得违背社会道德风尚。

民办非企业单位不得从事营利性经营活动。

【释义】本条是对民办非企业单位应当履行义务的基本要求。

民办非企业单位是我国改革开放新形势下出现的新生事物，在本条例颁布之前，虽然已经大量存在，但是在立法上，并没有得到统一的确认和规范。对于这新生事物，依法加以保护是促进和保障民办非企业单位健康发展的必要条件。根据民办非企业单位多年来的发展情况，应该说其主流是健康的，但是也的确存在一些不尽人意之处。为了合理保障和规范民办非企业单位的发展，在依法赋予民办非企业单位权利的同时，规定其应当履行的基本的法律义务不但必要，而且十分重要。

“民办非企业单位应当遵守宪法、法律、行政法规和国家政策”。这是任何社会组织和公民，即任何法律的主体都必须履行的最起码的义务。宪法是我国的根本大法，她规定了我国的政治制度、经济制度等根本制度和根本任务以及公民的基本权利和义务。宪法是国家一切活动的总章程，具有最高的法律效力。全国各族人民、一切国家机关和武装力量、各政党和各社会团体、各企业事业组织，都必须以宪法为根本的活动准则，并且负有维护宪法尊严，维护宪法实施的职责。我国现行的宪法是指1982年12月4日第五届全国人民代表大会第五次会议通过，同日公布施行的《中华人民共和国宪法》，该宪法分别经1988年第七届全国人大第一次会议、1993年第八届全国人大第一次会议以及1999年3月15日第九届全国人大第二次会议三次修订。这里所说的“法律”是指由我国的最高权力机关——全国人民代表大会及其常务委员会制定的行为规范。“法规”是指国务院制定的行政法规以及省、自治区、直辖市人民代表大会及其常务委员会制定的地方性法规和省、自治区、直辖市所在地的市以及国务院批准的较大的市的权力机关制定的地方性法规。其中法律和行政法规在全国范围内适用，所有民办非企业单位均需遵守；地方性法规只在本地区适用，处于某地区的民办非企业单位应当遵守本地的地方性法规。“国家政策”是党和国家在重大问题上制定的方针和决策，在一定的时期内具有针对性的指导作用。在我国法制建设尚处于进一步完善的阶段，国家政策是对法律规范的必要补充，要求民办非企业单位遵守国家政策的规定，对于集中各种社会力量，完成国家共同的目标和规划是十分必要的。

本条规定的“宪法确定的基本原则”主要是指“四项基本原则”即：坚持社会主义道路，坚持人民民主专政制度，坚持中国共产党的领导，坚持马列主义毛泽东思想。四项基本原则是立国之本，也是治国之策。它系统规定了国家的方向和道路、基本的政治基础、领导力量和意识形态。不坚持甚至否定四项基本原则，就会导致资产阶级的自由化，就会犯基本的政治错误。本条例和《社团登记管理条例》均明确规定了民办非企业单位和社会团体不得反对宪法确定的基本原则，这是从法律上和政治上对他们提出的基本要求，同时也是针对少数民办非企业单位和社团等非法民间组织，公开要求修改宪法，要求取消宪法序言（四项基本原则就是在宪法序言中规定的）而设定的。根据宪法的规定我国公民享有广泛的权利和自由，其中包括言论和结社的自由。但是，这些自由必须被限定在法律允许的范围之内，对于连宪法确定的基本原则都予以否定的公民，法律又如何能给予他违反宪法的自由呢。

民办非企业单位不得危害国家的统一、安全和民族的团结。我国宪法规定：“中华人民共和国公民有维护国家统一和全国各民族团结的义务”（宪法第52条），“中华人民共和国公民有维护国家的安全、荣誉和利益的义务，不得有危害国家安全、荣誉和利益的行为”（宪法第54条）“一切国家机关和武装力量、各政党和各社会团体、各企业事业组织，都必须遵守宪法和法律”。“一切违反宪法和法律的行为必须予以追究”。（宪法第5条）国家的统一、安全和民族的团结是国家长治久安、和平繁荣的基础，三者是紧密相连、密不可分的，没有国家的统一，国家的安全就缺乏保障，没有民族的团结，国家的安全也会受到威胁。维护国家的统一首先要维护国家的领土完整，不搞地区分裂和民族分裂，维护国家的统一还要维护主权的统一和法制的统一；不破坏民族团结首先要尊重其他民族，尤其是少数民族的传统、风俗和习惯，保障少数民族的民族自治权，不得煽动民族仇恨、民族歧视。

对于危害国家安全的行为，我国国家安全法和刑法均规定了严厉的处罚。根据这些法律的规定，危害国家安全的行为主要是指以下几种：(1) 阴谋颠覆政府、分裂国家、推翻社会主义制度的；(2) 参加间谍组织或者接受间谍组织及其代理人的任务的；(3) 窃取、刺探、收买、非法提供国家秘密的；(4) 策动、勾引、收买国家工作人员叛变的以及进行其他破坏国家安全的行为。对于危害国家安全构成犯罪的，要依照刑法的规定严厉打击，对于特别严重的危害国家安全的犯罪分子，依照刑法的规定，可以判处死刑。

民办非企业单位不得损害国家利益、社会公共利益以及其他社会组织和公民的合法权益。我国宪法规定：“中华人民共和国公民在行使自由和权利的时候，不得损害国家的、社会的、集体的利益和其他公民的合法的自由和权利。”（宪法第51条）宪法的此项规定虽然是针对公民作出的，但其原则适用于一切法律关系的主体。权利和自由都是法律上的概念，任何权利和自由都不是绝对的，都有其界限和范围，一个主体的权利和自由必须是和他人的权利和自由能够相容共生的条件下才有可能被确认和保障。民办非企业单位依法成立后，即具有自己独立的权利和利益，对于这些权利和利益，国家的法律是予以保护的。但是，这些权利和利益的行使不得以侵害国家的、社会的以及其他社会主体的权利、利益和自由为前提。如果其权利和利益的行使侵害了其他主体的权利和利益，其他主体就要依法寻求保护和救济，司法机关就要因此追究民办非企业单位的法律责任。

民办非企业单位不得违背社会道德风尚。社会道德风尚，在我国就是社会主义道德风尚，是社会主义国家社会伦理行为规范。社会主义道德风尚是精神文明建设的重要组成部分。道德规范虽然也属于社会的行为规范的范畴，但是它不像法律规范那样具有强制执行的效力。一般来讲，违反一个社会的道德规范，会受到人们的指责，但不会受到公权力的惩罚。遵守社会公德是公民和其他社会主体的道德义务，而不是法律义务。但是，如果法律、法规明确规定某一法律主体必须遵守社会道德风尚，那这种遵守就因此而上升为法律的义务，违反之，将受到法律的制裁。

民办非企业单位大多是从事社会性服务活动的组织，其行为具有较为广泛的社会影响，如果不遵守社会道德风尚，就可能造成极为恶劣的社会影响。虽然条例对于民办非企业单位违背社会道德风尚未设定法律责任，但是，如果登记管理机关和业务主管单位可以以违反本条规定的义务为由，不予批准或者登记。

民办非企业单位不得从事营利性经营活动。根据本条例第 2 条的规定，民办非企业单位的性质就是“从事非营利性社会服务活动的社会组织”，所以本条规定民办非企业单位不得从事营利性经营活动，不是对民办非企业单位权利能力的限制，而恰恰是为了维护民办非企业单位自身的性质和特点。

民办非企业单位因其为社会提供公益服务的特点，使得国家有必要对于民办非企业单位采取特殊的税收政策，如果民办非企业单位利用这一特殊的身份从事营利性经营活动，不但与其性质不符合，而且也有规避税法之嫌:、再说，如果民办非企业单位以经营为目的，一切以“利”当头，也不利于其健康发展。

但是，民办非企业单位不从事营利性的经营活动，并不妨碍其在从事社会服务活动的过程中进行合理的收费，按照国家的规定根据自己提供的服务收取合理的费用，以确保成本，略有盈余，对于维持其活动，促进和扩大其业务规模是非常必要的，这与从事营利性经营活动是完全不同的概念，必须严格加以区分。区分营利性经营活动和合理收取服务费，无论对于监督规范民办非企业单位还是保护民办非企业单位的合法权益都具有重要意义。应当说明的是，禁止民办非企业单位从事营利性经营活动，并不是剥夺了公民和其他组织在社会服务领域进行营利性经营的权利。如果公民和其他组织意图在社会服务领域从事营利性的经营活动，他们有权到工商行政管理机关申请企业法人的登记，而不是到民政部门申请民办非企业单位的登记。

第五条 国务院民政部门和县级以上地方各级人民政府民政部门是本级人民政府的民办非企业单位登记管理机关（以下简称登记管理机关）。

国务院有关部门和县级以上地方各级人民政府的有关部门、国务院或者县级以上地方各级人民政府授权的组织，是有关行业、业务范围内民办非企业单位的业务主管单位（以下简称业务主管单位）。

法律、行政法规对民办非企业单位的监督管理另有规定的，依照有关法律、行政法规的规定执行。

【释义】本条是关于民办非企业单位登记管理机关、业务主管单位和登记管理体制的规定。

本条分为三款，第 1 款明确了民政部门是民办非企业单位的登记管理机关。第 2 款明确了民办非企业单位的业务主管单位。第 3 款规定了本条例所规定的民办非企业单位的监督管理制度与相关法律、法规的关系。

民办非企业单位的登记管理机关是各级人民政府的民政部门。国务院民政部门负责同级业务主管单位审查同意的民办非企业单位的登记。县级以上人民政府的民政部门是本级人民政府的民办非企业单位登记管理机关，按照法律的规定，行使民办非企业单位登记管理的法定职责。

民办非企业单位的登记管理机关仅指民政部门，而业务主管单位所涉及的部门和组织却非常广泛，如民办学校、幼儿园等教育类的民办非企业单位，其业务主管单位是各级政府的教育行政管理部门（在国务院为教育部）；民办图书馆、博物馆及演出团队等文化艺术类的民办非企业单位的业务主管单位是各级政府的文化行政管理部门（在国务院为文化部）；民办医院、诊所等卫生类的民办非企业单位的业务主管单位是各级政府的卫生行政管理部门（在国务院为卫生部）等。条例的规定中之所以没有采用业务主管部门（法律、行政法规中多使用“业务主管部门”的概念）而是采用了业务主管单位的概念，主要是考虑有些民办非企业单位的业务主管机构并不是政府的行政管理部门而是政府授权的具有一定行政管理职能的事业单位和其他组织。对于此类组织，本条例统称为各级政府“授权的组织”，以区别于政府的行政部门，将此两者合起来，统称为民办非企业单位的业务主管单位。

本条第3款的规定是指只要民办非企业单位是其他某个法律、行政法规所规范的对象，那么该民办非企业单位就必须在遵守《民办非企业单位登记管理暂行条例》的同时，必须同时接受相关的法律或者行政法规规定的监督管理。根据现行的法律、行政法规，涉及各类民办非企业单位监督管理的主要有：1995年颁布实施的《中华人民共和国教育法》、1996年施行的《中华人民共和国职业教育法》、1997年施行的《社会力量办学条例》、1997年施行的《广播电视管理条例》、1993年施行的《中华人民共和国注册会计师法》、1995年施行的《中华人民共和国城市房地产管理法》、1994年施行的《医疗机构管理条例》、1997年施行的《中华人民共和国律师法》等等。

必须说明的是，本条第3款规定的所谓“监督管理”，主要是指一般的日常监督管理的规定。如果法律、其他行政法规对于某一类民办非企业单位已经有登记、批准方面的规定，这些登记也不能替代本条例规定的登记。例如，如果某些民办非企业单位依照法律、其他行政法规的规定，已经经有关业务主管单位依法审核或者登记并取得了相应的执业许可证书，则仍应当根据本条例的规定进行登记，只不过可以根据本条例第十二条的规定，简化登记手续，凭有关主管部门出具的执业许可证明文件，发给相应的民办非企业单位登记证书。于此场合，登记管理机关应当采取区别政策，这样既可以为民办非企业单位提供方便，登记管理机关提高效率，同时又体现出本条例与其他法律、行政法规的规定的有机衔接，维护法制的有机统一。

第二章　管　　辖

管辖是《民办非企业单位登记管理暂行条例》中的一项重要内容，划分管辖、明确职责，是实施有效监督管理的前提。本章根据条例对民办非企业单位实行统一登记、双重管理的原则，规定了登记管理机关和业务主管单位在登记管理和监督管理中的分工和权限，这对于他们在各自的职责权限范围内更好地发挥管理、服务的职能，促进、扶持和引导民办非企业单位的发展，具有重要作用。

第六条　登记管理机关负责同级业务主管单位审查同意的民办非企业单位的登记管理。

【释义】本条是关于登记管理机关管辖权限的规定。

登记管理机关对民办非企业单位实行级别、地域管辖相结合的原则，根据这一原则，明确了不同级别的登记管理机关登记管理的对象，也就是说，国务院民政部门负责国务院有关部门及经国务院授权的组织审批的民办非企业单位的登记管理；省、自治区、直辖市人民政府的登记管理机关负责同级业务主管单位（即省、自治区、直辖市人民政府的有关部门及经省、自治区、直辖市人民政府授权的组织）审批的同一行政区域内的民办非企业单位的登记管理；地区（市、自治州）行署或人民政府的登记管理机关负责本级业务主管单位审批的同一行政区域内民办非企业单位的登记管理；县（县级市、自治县）人民政府的登记管理机关负责本级业务主管单位审批的同一行政区域内民办非企业单位的登记管理。

第七条　登记管理机关、业务主管单位与其管辖的民办非企业单位的住所不在一地的，可以委托民办非企业单位住所地的登记管理机关、业务主管单位负责委托范围内的监督管理工作。

【释义】本条是关于登记管理机关、业务主管单位日常监督管理中委托管理的规定。民办非企业单位日常管理的具体分工，条例第四章有专门规定。本条所要解决的是民办非企业单位与管辖的业务主管单位、登记管理机关不在一地的管理问题。委托管理作为一种特殊的管理形式，旨在解决登记管理机关、业务主管单位与其管辖的民办非企业单位的住所不在一地的问题。

委托管理是民办非企业单位日常管理中的一项重要制度，何谓委托呢？委托是一种代理行为，在行政管理中，委托是行政合同行为，具体是指行政机关把一定的事务委托给另一个机关或者非行政机关的组织办理的行为。在行政管理委托中，委托方负有以下义务：

（1）委托是法律、法规授权的，具有委托的权限，不是委托方自加的；

（2）委托事项必须在该机关的法定权限内；

（3）对被委托的组织实施行政管理的行为进行监督；

（4）对被委托组织实施的行政管理行为承担法律后果。

受委托组织的法律义务是：

（1）受委托的组织必须以委托方的名义实施监督管理；

（2）受委托的组织应当在委托的权限内实施监督管理；

（3）受委托的组织不得再行委托。

由此可见，民办非企业单位的委托管理权是有严格限制的，委托方和受托方都必须按照法定的程序和权限依法行使。一般来说，民办非企业单位的委托管理不是全权委托，委托内容多限在日常管理、年检初审和监督处罚的前期工作，而登记审核、发证及年检审定、处罚书的出具等工作仍需由委托方来完成。

委托管理的意义，就是要发挥民办非企业单位所在地的登记管理机关和业务主管单位的作用，弥补因登记管理机关、业务主管单位与所管辖的民办非企业单位不在一地，而给管理上带来的不便，更好地发挥监督管理的职能。曲住所地的登记管理机关和业务主管单位进行监督管理，便于及时发现问题、解决问题，便于更好地保护民办非企业单位的利益。

第三章　登　　记

建立健全民办非企业单位登记管理制度，对民办非企业单位实行统一归口登记，这不仅是加强社会组织管理的需要，也是民办非企业单位存在和发展的基本要求。对民办非企业单位依法登记，是国家确认其合法性的基本形式，也是民办非企业单位取得社会承认的法定渠道。登记制度的确立意味着，在我国，民办非企业单位只有依法登记才能行使国家赋予的各项权利，参与各项社会事务的服务，保护属于自身的各种权利。一个完善的社会组织登记制度，必须明确成立、变更和注销登记的条件、内容和程序。本章就是对民办非企业单位成立登记、变更登记和注销登记的规定，它是本条例非常重要的内容。严格履行本章备条款的要求，对加强民办非企业单位的登记管理工作，有着重要的意义。

第八条　申请登记民办非企业单位，应当具备卞列条件：

（一）经业务主管单位审查同意；

（二）有规范的名称、必要的组织机构；

（三）有与其业务活动相适应的从业人员；

（四）有与其业务活动相适应的合法财产；

（五）有必要的场所。

民办非企业单位的名称应当符合国务院民政部门的规定，不得冠以“中国”、“全国”、“中华”等字样。

【释义】本条是对申请登记民办非企业单位应当具备条件的规定。

申请成立民办非企业单位，必须具备法定的条件。

（一）要有业务主管单位，并且经业务主管单位的审查同意。要申请登记民办非企业单位，首先必须有与该民办非企业单位业务相关的行政管理部门或者经授权的组织作为业务主管单位。筹备成立民办非企业单位的举办者应当向该业务主管单位提出申请，由业务主管单位根据行业管理的有关规定及政策，结合本行业发展的需要，对筹备成立民办非企业单位的有关章程、资金、人员资格、场所设备等内容进行审查。经业务主管单位审查同意设立的，才具备第一个条件；

（二）要有规范的名称、必要的组织机构。申请成立民办非企业单位的必须有自己的名称，以区别于其他的社会组织。确定的名称必须规范，能够反映该民办非企业单位的宗旨与业务范围，能够有别于其他的社会组织。民办非企业单位只能有一个名称，且不能与其他已登记注册的民办非企业单位的名称相同。规范的民办非企业单位的名称一般应当由以下部分构成；字号、业务领域、组织形式。其名称一般应当冠以所在地行政区划的名称。确定的名称一般应用汉字表达，但在民族自治地方可同时使用本民族自治地方通用的民族文字。

申请登记的民办非企业单位必须设立必要的组织机构，设立组织机构是民办非企业单位开展社会活动的必要条件。这些组织机构的设立应当与成立的宗旨、所承担的业务及本单位的规模相适应。有规范的名称和必要的组织机构是成立民办非企业单位的第二个条件。

（三）有与其业务活动相适应的从业人员。民办非企业单位有固定的业务，要很好地开展所确定的业务活动，要求该单位必须具备与业务活动相适应的从业人员。根据民办非企业单位的不同类别，对从业人员也有相应要求，并不是所有的人都适合作为民办非企业单位的从业人员，有些行业的民办非企业单位对从业人员有一定的技术或技能资格方面的要求，如民办医院，就要求有与医院规模相一致的具有医师资格的人员。因此民办非企业单位的从业人员数量要与该单位的规模及业务范围和业务量相一致，不同的行业如果对本行业范围内成立的民办非企业单位的从业人员有专门要求的，该民办非企业单位的从业人员必须符合规定的要求。民办非企业单位有符合上述要求的从业人员是申请成立登记的第三个条件。

（四）有与其业务活动相适应的合法财产。有合法的财产是保证民办非企业单位能正常开展业务活动，促进其宗旨确定的事业发展的经济基础，是民办非企业单位承担民事责任的必要物质条件。申请登记成立民办非企业单位必须具备与其规模、业务活动范围和业务量相适应的合法财产。资金数额必须达到行业所规定或要求的注册资金的最低限额。同时，财产的来源必须合法，必须是来自正当的渠道并且不违背国家法律、法规和有关政策。接受境内外个人或组织所捐赠的附带有危害国家主权、安全和民族团结要求的或附带的条件将会对社会稳定产生不安定隐患的资金等非法财产，不能作为申请登记成立民办非企业单位的合法财产。

（五）要有必要的场所。民办非企业单位是实体性组织，必须要有与该单位的业务范围相适应的场所。民办非企业单位的场所是开展业务活动的所在地。民办非企业单位活动的场所至少要求有一个。但如业务活动需要或受客观条件限制可以有两个或多个，但民办非企业单位业务活动的场所设置地不能超出登记管理机关和业务主管单位所管辖的区域。

上述五个要求是申请登记民办非企业单位应当具备的条件，必须强调，只有同时具备了五个条件，才能向登记管理机关提出申请登记民办非企业单位。只具备其中一个或若干个是不能提出申请登记的。

该条第 2 款还对登记成立民办非企业单位的名称作了禁止性规定。它根据民办非企业单位本身的特性，明确禁止民办非企业单位使用冠以“中国”、“全国”、“中华”等字样的名称。对冠以这类名称的民办非企业单位，业务主管单位在审查时就应要求更改，更改后的名称符合国务院民政部门规定的，才能到登记管理机关提出申请。否则，登记管理机关不予受理。

第九条 申请民办非企业单位登记，举办者应当向登记管理机关提交下列文件：

（一）登记申请书；

（二）业务主管单位的批准文件；

（三）场所使用权证明；

（四）验资报告；

（五）拟任负责人的基本情况、身份证明；

（六）章程草案。

【释义】本条是对申请民办非企业单位登记应提交文件的规定。

向登记管理机关提交的文件，是指举办者向登记管理机关提出的据以引起审查批准程序发生的法律文书。申请成立登记是一项具有严格的程序、明确的申请要求和完备的条件以及具体的法律效力的法律制度，它要求申请人应当以书面的形式提出申请，并提供相应的法律文书，以保证申请的明确、具体和相对稳定。所以，申请人提交的各种文件都各自具有不同的作用。

（一）登记申请书。从法理上说，申请人向登记管理机关申请登记并递交登记申请书，是一种要式行为。如果申请人不以书面的形式申请登记，申请就不具有法律上的效果，登记行为便不会发生。因此，申请人要表达申请意愿，就必须向登记管理机关提交登记申请书。登记申请书的内容应当包括：成立的目的，业务范围，可行性论证，筹备的基本情况，活动资金及经费来源渠道，举办者单位名称或申请人姓名等。

（二）业务主管单位的批准文件。本条例规定申请登记民办非企业单位必须具备的条件之一就是要有业务主管单位，并且经过业务主管单位的审查。作为审查的结果，业务主管单位应当对审查同意的出具批准文件。业务主管单位出具批准文件起，就开始承担本条例第二十条所规定的业务主管单位应当履行的所有监督管理职责。

（三）场所使用权证明。相应的场所是保证民办非企业单位正常开展业务活动和完成设立的宗旨的必备条件之一。在申请登记时申请人应提交场所的使用权证明。如场所为举办者直接拥有，应提供具有法律效力的场所所有权的证明；如场所为举办者租用的，应提供租用合同，其租赁期必须在一年以上。

（四）验资报告。验资报告是指法定的社会验资机构对设立民办非企业单位注册资金的真实性、合法性进行审验后出具的报告。民办非企业单位在申请登记时的注册资金必须经过会计师事务所验资并出具验资报告，注册资金数额必须符合登记管理机关和业务主管单位的要求。

（五）拟任负责人的基本情况、身份证明。为了使登记管理机关了解申请登记的民办非企业单位拟任负责人是否具备管理该民办非企业单位的资格，以及拟任的负责人是否有条例第十一条第2款第4项规定不予登记的情形，民办非企业单位的申请人在申请登记时还应提供拟任负责人的基本情况和身份证明。基本情况应包括拟任负责人姓名、性别、民族。年龄、目前所在单位、有否受到过剥夺政治权利的刑事处罚、个人简历等。身份证明可以是《身份证》的复印件。登记管理机关认为必要时可验证《身份证》原件，拟任负责人应予以提供。

（六）章程草案。设立民办非企业单位必须依照条例的要求制定民办非企业单位章程，制定章程是设立民办非企业单位的必要条件之一。民办非企业单位的章程是自我规范、自律管理的重要文件，必须具有合法性。如果未经登记管理机关核准或章程内容违背了条例的规定，将失去效力，也得不到法律的保护。因此，在申请登记民办非企业单位时，申请人必须将拟定的章程草案提交给登记管理机关，由登记管理机关核准，经核准后方能生效。

第十条 民办非企业单位的章程应当包括下列事项：

（一）名称、住所；

（二）宗旨和业务范围；

（三）组织管理制度；

（四）法定代表人或者负责人的产生、罢免的程序；

（五）资产管理和使用的原则；

（六）章程的修改程序；

（七）终止程序和终止后资产的处理；

（八）需要由章程规定的其他事项。

【释义】本条是对民办非企业单位的章程应当包括的主要内容的规定。

（一）民办非企业单位的名称和住所。章程中必须载明民办非企业单位的名称，其名称要规范。民办非企业单位的住所是民办非企业单位的法定地址。民办非企业单位以其主要办事机构所在地为住所。民办非企业单位住所只能有一个。章程中应载明住所的详细地址。

（二）民办非企业单位的宗旨和业务范围。民办非企业单位的宗旨是指该民办非企业单位设立的目的和为之而完成的事业，它是该民办非企业单位存在和发展的动力，也是确定该民办非企业单位业务范围的主要依据。民办非企业单位业务范围是指民办非企业单位所从事的行业、服务项目的种类。民办非企业单位的业务范围是在章程中确定，经登记管理机关核准登记。如果民办非企业单位超越章程规定的业务范围开展活动，则属于违规行为。

（三）民办非企业单位的组织管理制度。民办非企业单位内部要有必要的组织管理制度，要对决策机构、业务执行机构以及监督机梅的产生及职权制定相应的制度加以明确，对这些机构成员的产生办法、职能和议事程序作出具体规定。

（四）民办非企业单位法定代表人或者负责人的产生、罢免的程序。民办非企业单位具有法人资格的，该单位对外发生法律关系时，通过其法定代表人表示其法人的意思。不具备法人资格的民办非企业单位，其对外发生法律关系时，通过该单位的负责人表达该单位的意思。法定代表人或者负责人是代表该民办非企业单位对外开展一系列业务活动，其活动从法律关系上讲是负有法律责任，因此在章程中应当明确法定代表人或者负责人是通过何种程序产生，又在何种情况下通过哪种程序予以罢免。

（五）民办非企业单位的资产管理和使用的原则。民办非企业单位的资产是指民办非企业单位设立时由设立单位或个人投入的全部资产以及以后活动中接受的捐赠、资助和合法经营的收入，包括货币和实物两种形式。资产管理的状况直接关系到民办非企业单位能否健康发展，因此，应加强对民办非企业单位资产的管理。资产管理必须执行国家有关法律、法规和政策，建立健全内部财务管理制度。在资产的管理和使用上，应注意：资产来源必须合法；资产使用必须符合章程所规定的宗旨和业务范围，用于正常业务活动的开展，任何单位和个人都不得侵占、私分或者挪用。必须接受财政部门的监督和自身民主监督；民办非企业单位资产如接受资助或捐赠的，必须根据与资助人或捐赠人所约定的期限、方式和合法用途使用。

（六）章程的修改程序。章程修改程序是指民办非企业单位设立后修改章程时的规则。

民办非企业单位章程是其自我管理、自我规范的重要文件，是依照一定的程序制定并经登记管理机关核准的。民办非企业单位章程规定的内容如发生变化需修改时，也必须依照一定的程序来进行，而不是可以随意更改的。按照章程规定的修改程序修改后的民办非企业单位章程，才能够获得登记管理机关的核准。

（七）终止程序和终止后资产的处理。民办非企业单位的终止与民办非企业单位设立一样也是要按照一定的程序进行，它要求在业务主管单位指导下对民办非企业单位的资产等内容进行清理，在对资产及有关善后问题进行妥善处理后按一定的程序报批。

（八）需要由章程规定的其他事项。这是指民办非企业单位认为需要规定的其他事项。这一规定属于任意性的规定，民办非企业单位可以根据本单位的实际情况，约定并记载认为必要的事项。

第十一条 登记管理机关应当自收到成立登记申请的全部有效文件之日起60日内作出准予登记或者不予登记的决定。

有下列情形之一的，登记管理机关不予登记，并向申请人说明理由：

（一）有根据证明申请登记的民办非企业单位的宗旨、业务范围不符合本条例第四条规定的；

（二）在申请成立时弄虚作假的；

（三）在同一行政区域内已有业务范围相同或者相似的民办非企业单位，没有必要成立的；

（四）拟任负责人正在或者曾经受到剥夺政治权利的刑事处罚，或者不具有完全民事行为能力的；

（五）有法律、行政法规禁止的其他情形的。

【释义】本条是对登记管理机关受理期限及对不予登记的情形的规定。

规定成立登记申请的审核期限，是为了督促登记管理机关及时对民办非企业单位的成立登记申请进行审核，防止在审核工作中出现办事拖拉、效率低下的现象，更好地发挥登记制度的作用。根据本条规定，登记管理机关应当自收到成立登记申请的全部有效文件之日起60日内，必须对成立登记申请分别作出准予登记或不予登记的处理决定。

登记管理机关应当对成立登记的申请进行全面审核。对于符合成立登记条件的，应依法予以登记。对有以下五种情形之一的，登记管理机关就应作出不予登记的决定。

（一）有根据证明申请登记的民办非企业单位的宗旨、业务范围不符合本条例第四条规定的。申请登记成立的民办非企业单位，其确定I的宗旨和业务范围如果是违反国家宪法、法律、法规和现行政策的，或是否定宪法规定的基本原则，或是危害到国家的统一、安全和民族团结的，或是成立后会损害国家利益、社会公众利益以及其他社会组织和公民的合法权益的，或是违背社会道德风尚的，只要有上述几种情况的一种，均不能予以登记。

（二）在申请成立时弄虚作假的。在申请成立民办非企业单位过程中，如果申请者弄虚作假，登记管理机关就有权作出不予登记的处理决定。即使是申请者弄虚作假骗取登记的，登记管理机关也要作出撤销登记的决定。

（三）在同一行政区域内已有业务范围相同或者相似的民办非企业单位，没有必要成立的。民办非企业单位在申请成立登记过程中并不是具备了所有文件就能获得批准登记的。如果该民办非企业单位在申请成立登记时已经有了较多与之业务范围相同或者相似的民办非企业单位，登记管理机关根据合理布局、总量控制的原则认为没有必要再成立相类似的民办非企业单位的，可以作出不予登记的决定。

（四）拟任负责人正在或者曾经受到剥夺政治权利的刑事处罚，或者不具有完全民事行为能力的。负责人是该单位的组织者，兼有组织、管理该民办非企业单位依法开展活动的职责，并要对民办非企业单位的行为承担相应的法律责任。正在或者曾经受到剥夺政治权利的刑事处罚的人，人身冉由或政治权利受到不同程度的限制，难以履行负责人的职责和义务，因此不能充当民办非企业单位的负

责人。

根据我国民法通则规定，不满十周岁的未成年人和不能辨认自己行为的精神病人是无民事行为能力的人；十周岁以上未满十六周岁的未成年人和不能完全辨认自己行为的精神病人是限制民事行为能力的人。无民事行为能力的人和限制民事行为能力的人都是属于不具有完全民事行为能力的人，无法完全履行相应的职责和承担相应的法律责任，不能担任民办非企业单位的负责人。申请成立登记的民办非企业单位，如果拟任负责人不具有完全民事行为能力的，登记管理机关有权作出不予登记的决定。

（五）有法律、行政法规禁止的其他情形的。如果在申请成立登记民办非企业单位过程中，登记管理机关发现有其他的法律或者法规禁止的其他情形的，登记管理机关亦可作出不予登记的决定。

第十二条 准予登记的民办非企业单位，由登记管理机关登记民办非企业单位的名称、住所、宗旨和业务范围、法定代表人或者负责人、开办资金、业务主管单位，并根据其依法承担民事责任的不同方式，分别发给《民办非企业单位（法人）登记证书》、《民办非企业单位（合伙）登记证书》、《民办非企业单位（个体）登记证书》。

依照法律、其他行政法规规定，经有关主管部门依法审核或者登记，已经取得相应的执业许可证书的民办非企业单位，登记管理机关应当简化登记手续，凭有关主管部门出具的执业许可证明文件，发给相应的民办非企业单位登记证书。

【释义】本条是对登记管理机关登记的事项、发证种类以及简化登记手续的规定。

登记管理机关对成立登记民办非企业单位的申请进行审核后，对符合条件的准予登记，登记的内容包括民办非企业单位的名称、住所、宗旨和业务范围、法定代表人或者负责人，开办资金、业务主管单位，这些内容应在登记管理机关颁发的民办非企业单位证书上载明。登记管理机关在颁发证书时要根据民办非企业单位所具备的条件和承担的民事责任的能力的不同，分别发给相应的民办非企业单位证书J对具有民事权利能力和民事行为能力，依法独立享有民事权利和承担民事责任的民办非企业单位，发给《民办非企业单位（法人）登记证书》，取得这种证书的民办非企业单位具有法人资格；对合伙承担民事责任的民办非企业单位，发给《民办非企业单位（合伙）登记证书》，这类民办非企业单位不具有法人资格。合伙负责人和其他人员的活动，由全体合伙人承担民事责任。合伙人的债务，由合伙人按照出资比例或者协议的约定，以各自的财产承担清偿责任。合伙人对合伙的债务承担连带责任。如果是个人出资兴办并担任民办非企业单位负责人盼，则发给《民办非企业单位（个体）登记证书》。这类民办非企业单位也同样不具有法人资格，其债务以个人财产承担无限责任。

对由有关的主管部门依据法律或其他的行政法规批准设立或者登记，并且已经取得了相应的执业许可证书的民办非企业单位，也应当按照本条例规定到民办非企业单位登记管理机关依法履行登记手续，这是民办非企业单位归口登记管理工作的需要。但是，对于这类民办非企业单位的登记手续应当简化，即只要凭有关主管部门批准或者登记后出具的执业许可证明文件和业务主管单位同意登记的批准文件，章程草案，负责人或拟任法定代表人情况，在审核无误后由民办非企业单位登记管理机关根据其依法承担民事责任的不同方式，分别发给相应的民办非企业单位登记证书。

第十三条 民办非企业单位不得设立分支机构。

【释义】本条是禁止民办非企业单位设立分支机构的规定。

民办非企业单位是面向社会开展服务活动的非营利性组织，其面向社会开展服务活动的特性决定了它的服务对象来自于全社会,：其业务往往容易超出本级登记管理机关的管辖区域开展活动，业务主管单位和登记管理机关对之进行监督管理的难度较大。如果在民办非企业单位下面再设立分支机构，更不利于业务主管单位对其指导和监督管理。为加强对民办非企业单位的登记管理，避免管理失控，民办非企业单位作为实体性机构，如再进一步发展，申请成立新的民办非企业单位即可，故条例规定民办非企业单位不得设立分支机构。

对民办非企业单位不得设立分支机构在其他的行政法规中也有相类似的规定。国务院颁布的《社会力量办学条例》第十九条规定："教育机构不得设立分支机构。"这也是基于管理的考虑。本条作出这样的规定在另一方面也是为了与相应法规互相衔接。

第十四条 民办非企业单位凭登记证书申请刻制印章，开立银行账户。民办非企业单位应当将印章样式、银行账号报登记管理机关备案。

【释义】本条是对民办非企业单位刻制印章、设立银行账户所作的规定。

本条所规定的印章是指公章和专用章。公章是民办非企业单位开展业务活动时起证明作用的印信。加强对印章的刻制、使用、收缴、销毁的管理非常重要。

根据本条和国家有关规定，民办非企业单位只有经依法登记取得登记证书后才能申请刻制印章，具体办法是首次刻制印章由民办非企业单位持登记证书（包括一份复印件）和民办非企业单位的业务主管单位开具的介绍信以及刻制印章样式（两份）到登记管理机关申请刻制印章，由登记管理机关统一到公安部门办理准刻手续，再到公安机关指定的印章刻制单位刻制，然后在登记管理机关填写印章备案表，并将已刻印章印模备案后，领回印章开始启用。已经按规定刻制了公章再刻制其他印章可由民办非企业单位自身开介绍信到登记管理机关办理申请刻制手续即可。在条例公布实施以前经有关部门按照国家有关法律法规批准成立的民办非企业单位已经刻制过印章，且印章样式尺寸符合规定的，在取得登记证书后将原已刻制的印章报登记管理机关备案，并将已刻印章印模备案。

民办非企业单位印章样式为圆形。在民政部注册登记的民办非企业单位的印章直径为四点五厘米。在地方登记的民办非企业单位印章直径为四点二厘米。民办非企业单位的办事机构印章和财务专用章等样式、尺寸可与其公章相同，印章中央为五角星，五角星外自左而右刊民办非企业单位的名称。

办事机构和财务专用章可在五角星下方自左而右横排。

印章所刊名称，为民办非企业单位法定名称。印章所刊名称字数过多，不易刻制清晰时，可以适当采取通用的简称；民族自治地方刻民办非企业单位的印章，应当并列刊汉文和当地通用的少数民族文字；有国际交往的民办非企业单位，需要刻制英文名称的，经批准可以并列刊汉字和英文；印章印文中的汉字，使用宋体字并应用国务院公布实行的简化字。印章的质料根据需要由制发的登记管理机关确定，一般应为塑料、铜制，钢印最大不得超过四点二厘米，最小不得少于三厘米。

民办非企业单位因更名需要更换印章时应将原印章交回登记管理机关，重新申请，经批准后重新刻制。民办非企业单位办理注销登记后必须将印章全部交回登记管理机关封存。民办非企业单位被撤销，由登记管理机关收缴印章。民办非企业单位印章丢失后，经声明作废后，可按规定程序到登记管理机关重新申请刻制。设立银行账户是民办非企业单位正常运转，开展业务活动所必、须具备的条件之一。设立银行账户也可以使与其开展业务往来的其他社会组织增加对它的信任程度。根据本条和商业银行法第四十八条之规定，民办非企业单位经登记管理机关登记后可以自主选择一家商业银行的营业场所开立一个办理日常转账结算和现金收付的基本账户，但不得开立两个以上（含两个）基本账户。任何民办非企业单位都不得将单位的资金以个人名义开立账户存储。加强民办非企业单位银行账户的管理是维护正常结算业务和秩序的重要措施。所以民办非企业单位注册登记后需设立银行账户的，首先要确定一个银行营业场所，然后凭登记证书，持申请书到登记管理机关申请，获准后凭登记管理机关开具的介绍信到银行设立账户。设立账户后要将银行账号报登记管理机关备案。

本条例公布前，依照其他法规，经有关部门批准成立的民办非企业单位，已在银行开立的账户，在本条例公布后取得登记管理机关登记证书后报登记管理机关备案。对于不符合规定设立的银行账户限期撤销。

第十五条 民办非企业单位的登记事项需要变更的，应当自业务主管单位审查同意之日起30日内，向登记管理机关申请变更登记。

民办非企业单位修改章程，应当自业务主管单位审查同意之日起30日内，报登记管理机关核准。

【释义】本条是关于民办非企业单位变更登记及修改章程需要核准的规定。

本条第1款是关于变更登记的规定。变更登记是指已准予登记的民办非企业单位由于内部或外部的各种原因，原登记事项发生变化时应履行的法律程序。变更登记制度是登记管理体制中重要组成部分，原登记事项需要发生变化的民办非企业单位必须依照法定的时限和程序到原登记管理机关申请办理有关变更登记手续，其变更事项方能实现。民办非企业单位变更登记的内容包括：名称的变更；住所的变更，宗旨和业务范围的变更；法定代表人或负责人的变更；开办资金的增减；业务主管单位的变更。民办非企业单位因分立、合并而出现登记事项发生变更时也应办理变更登记。

民办非企业单位登记事项需要发生变更，应首先报请业务主管单位审查，在业务主管单位审查同意之日起30日内，向原登记管理机关申请变更登记。

民办非企业单位变更登记时，应提交下列文件、证件：

（1）法定代表人或负责人签署的变更登记申请书。申请书中应载明：变更的理由并附决定变更时依照章程履行程序的原始纪要；

（2）业务主管单位审查同意的文件；

（3）登记管理机关认为有必要的其他有关文件、证件。

住所、法定代表人或负责人、开办资金、业务主管单位发生变更，还须分别提交下列材料，证件：住所变更：变更后新住所的产权证明。

法定代表人变更：变更后法定代表人的身份证明；

开办资金变更：金融机构出具的验资报告。

业务主管单位：原业务主管单位不再承担业务主管的文件。

登记管理机关应在申请变更登记的单位提交的有关文件、证件完全齐备后，作出准予变更登记或者不予变更登记的决定。对核准变更登记的，应根据变更后的内容颁发新的登记证书，并予以公告。对不按照规定办理变更登记的，要依照条例作出处罚。

本条第2款是关于修改章程必须经核准的规定。登记时经核准的章程，是民办非企业单位依法制定的关于内部管理和业务活动的基本准则，如因各种原因需要修改时，必须按照法定程序进行。

修改章程必须首先报业务主管单位审查，在业务主管单位审查同意之日起30日内到原登记管理机关核准。

办理申请核准修改章程需提交的文件：

（1）法定代表人或负责人签署的修改章程的申请书；

申请书后需附：该单位决定修改章程所履行程序的原始纪要；

（2）章程修改说明和修改后的章程草案；

（3）业务主管单位审查同意的文件；

（4）其他有关的文件和材料。

登记管理机关应在收到申请核准修改章程的全部有效文件、材料后，作出核准或不予核准的决定。

第十六条 民办非企业单位自行解散的，分立、合并的，或者由于其他原因需要注销登记的，应当向登记管理机关办理注销登记。

民办非企业单位在办理注销登记前，应当在业务主管单位和其他有关机关的指导下，成立清算组织，完成清算工作。清算期间，民办非企业单位不得开展清算以外的活动。

【释义】本条是关于民办非企业单位注销登记的有关规定。第1款规定了民办非企业单位应注销登记的原因，第2款规定了民办非企业单位办理注销登记时有关清算的规定。

民办非企业单位有下列情形之一的，应当向登记管理机关申请注销登记：

（一）民办非企业单位章程规定的解散事由出现。

（二）民办非企业单位不再具备《条例》第八条所规定的条件而无法存续的。

（三）民办非企业单位的宗旨发生根本性改变的。

民办非企业单位的宗旨是其成立的目的。民办非企业单位宗旨的改变是最根本的改变，它意味着该民办非企业单位存在的目的，开展活动的业务范围和从业人员等均要发生改变，也就相当于该民办非企业单位的终止。因此，改变宗旨的民办非企业单位应办理注销登记手续。

（四）民办非企业单位分立。作为分立母体的民办非企业单位因分立而解散的，应办理注销登记。

（五）民办非企业单位合并。作为合并源体的民办非企业单位因合并而解散的，应办理注销登记。

（六）民办非企业单位由于登记事项变更，造成与原登记管理机关管辖范围不一致的，应在原登记管理机关办理注销登记后，依照《条例》的有关规定，到相应的登记管理机关办理成立登记。

（七）民办非企业单位的原业务主管单位不再担当其业务主管单位，且民办非企业单位找寻不到新的业务主管单位时，应向登记管理机关办理注销登记。

民办非企业单位的清算是指民办非企业单位解散后，为了终结民办非企业单位现存的各种法律关系，了结债务，而对民办非企业单位资产、债权债务关系等进行清理、处分的行为。清算是一个民办非企业单位注销登记时必须履行的程序。

清算工作包括：

（一）确定清算人，组成清算组。民办非企业单位注销登记前，应于一定期限内由业务主管单位和其他有关机关指导，确定清算人，组成清算组织。清算组是指在民办非企业单位决定解散后从事清算事务，处理民办非企业单位财产和债务的事务执行人。清算人产生及清算组组成后，即应负担起清算职责，进行清算活动。清算组织的主要职责：清理民办非企业单位财产，编制有关清算的会计报表和财产清单；通知或公告债权人；处理与清算有关的民办非企业单位未结业务；清理债权债务；处理民办非企业单位清偿债务后的剩余财产；代表民办非企业单位参与民事诉讼活动。

（二）组织清算。清算组织成立后，应开展以下工作：通知债权人在限定期限内申报其债权；将民办非企业单位的全部资产作价现金，并按照国家规定的清偿顺序偿还债务；清偿后，对剩余财产进行处理。其支付清算费用和清偿债务后的剩余财产不得分配，而必须在业务主管单位和有关部门的指导下，用于发展同类型的民办非企业单位，不得挪作他用。

（三）提出清算报告。清算结束后，清算组织应提出清算报告并造具清算期内的收支报表和各种财务账册。各财务数据须经注册会计师验证、签字。

（四）加强对清算期间的资产管理，防止资产的损失和流失，未经有关部门批准，民办非企业单位不得擅自处置单位的资产。

清算期间，民办非企业单位不得开展清算以外的活动，是指在此时，民办非企业单位的活动仅限于清算范围内，其他一切业务活动都不得开展，民办非企业单位及其所属部门的原有法律地位要由清算人所取代。这样可避免该民办非企业单位继续活动或盗用民办非企业单位名义活动而可能造成的消极后果。

第十七条 民办非企业单位法定代表人或者负责人应当自完成清算之日起15日内，向登记管理机关办理注销登记。办理注销登记，须提交注销登记申请书、业务主管单位的审查文件和清算报告。

登记管理机关准予注销登记的，发给注销证明文件，收缴登记证书、印章和财务凭证。

【释义】本条是关于民办非企业单位注销登记的具体程序规定。

注销登记是指民办非企业单位终止时应履行的法律程序。民办非企业单位终止，即指民办非企业单位不再存在。注销登记与成立登记是相对应的。依照《民办非企业单位登记管理暂行条例》，申请成立民办非企业单位，应按法定程序办理登记。同样，民办非企业单位终止也应按法律程序办理登记。民办非企业单位终止时的注销登记是很重要的，它是民办非企业单位登记管理制度的重要环节，是民办非企业单位善始善终所必须遵守的重要规则。

民办非企业单位在完成清算后，其法定代表人或者负责人应当自清算完成之日起15日内，向原登记管理机关办理注销登记。

申请民办非企业单位注销登记，应当向登记管理机关提交下列材料：

（1）民办非企业单位法定代表人或者负责人签署的《民办非企业单位注销登记申请书》，并附决定注销登记时依照章程履行程序的原始纪要；

（2）业务主管单位出具的同意其注销登记的审查文件；

（3）清算报告书；

（4）《民办非企业单位（法人）登记证书》（正、副本）或《民办非企业单位（合伙）登记证书》（正、副本）或《民办非企业单位（个体）登记证书》（正、副本）；

（5）民办非企业单位的全部印章；

（6）民办非企业单位的财务凭证；

（7）登记管理机关要求提交的其他文件。

登记管理机关认为民办非企业单位提交的注销登记材料齐全、有效后，经核准，准予民办非企业单位注销登记的，发给其注销证明的文件。注销登记文件一式三份，业务主管单位一份、民办非企业单位一份、登记管理机关留存一份。同时，登记管理机关应收缴民办非企业单位登记证书、全部印章和财务凭证。

第十八条 民办非企业单位成立、注销以及变更名称、住所、法定代表人或负责人，由登记管理机关予以公告。

【释义】本条是对民办非企业单位登记公告情况所做的规定。

公告是国家机关向公众公布重大事项的一种行政行为，发布民办非企业单位登记公告是登记管理机关依法向社会公众发出的具有法律效力的通告，是民办非企业单位登记的重要程序之一，也是维护民办非企业单位的合法权益和正常社会秩序的一项重要措施。由于民办非企业单位是公益性社会组织，其活动都直接、间接在社会上产生影响，所以通过公告可以提高民办非企业单位在社会上的知名度，有利于民办非企业单位更好地在社会上开展活动。同时，从加强对民办非企业单位管理的角度上看，把民办非企业单位的重要情况公布于众，便于社会组织及公众与之联系并进行监督。

民办非企业单位登记公告必须由登记管理机关通过公开在社会上发行的报刊发布。未经登记管理机关批准，其他单位不得发布民办非企业单位登记公告。

民办非企业单位登记公告分为成立登记公告、注销登记公告和变更登记公告。

成立登记公告的内容包括名称、住所、法定代表人或负责人、类别、注册资金、业务范围和登记时间、登记证号。

注销登记公告的内容包括名称、住所、法定代表人或负责人、登记证号、注销时间和原因等。

变更登记公告内容包括名称、住所、法定代表人或负责人变更事项等。

本条所列负责人是指民办非企业单位（个体或合伙）的负责人。

第四章　监督管理

监督管理是指登记管理机关和业务主管单位对民办非企业单位活动进行的监察和督导的行政行为。本章是本条例中一项重要内容，它明确了登记管理机关和业务主管单位的监督管理职责，特别对民办非企业单位的资产来源、财务活动作出了规定，同时对年度检查的程序、内容也提出了明确要求。加强对民办非企业单位的监督管理，目的是确保其依照法律、法规和章程健康地开展活动，在社会生活中充分发挥其应有作用。认真履行本章各条款的要求，对加强民办非企业单位的管理工作，有着重要的意义。

第十九条　登记管理机关履行下列监督管理职责：

（一）负责民办非企业单位的成立、变更、注销登记；

（二）对民办非企业单位实施年度检查；

（三）对民办非企业单位违反本条例的问题进行监督检查，对民办非企业单位违反本条例的行为给予行政处罚。

【释义】本条是对登记管理机关监督管理职责的规定。

我国对民办非企业单位实行统一归口登记的原则。依法对民办非企业单位成立、变更、注销进行登记，是本条例赋予登记管理机关的重要职责。国家以法规的形式确定登记管理机关对民办非企业单位的成立、变更、注销行使登记的权力，目的是对民办非企业单位实行统一归口登记，确保国家对社会组织的有序管理。登记管理机关也就是各级民政部门负责民办非企业单位的成立、。变更、注销登记的工作职责的具体内容是：受理经业务主管单位审查同意的民办非企业单位的成立、变更、注销登记事项，并依据本条例确定的原则和规定的条件、程序进行审核，对符合条件的成立、变更和注销事项以法定的形式予以确认，对不符合条件的依法否定。

对民办非企业单位进行年度检查，是加强民办非企业单位管理，促进民办非企业单位自身建设和发挥其应有作用的重要环节。登记管理机关依法每年对民办非企业单位进行年度审核，及时了解、掌握民办非企业单位活动情况及存在的主要问题，以确认民办非企业单位是否具有继续开展活动的资格。特别是一些带有普遍性的问题，依据现有法律法规，进行分析比较，从而不断总结经验，一摸索出一套更为科学的民办非企业单位管理方法，进一步完善有关民办非企业单位的法规制度。对不予通过年检的民办非企业单位，要提出明确的处理意见。

一监督民办非企业单位遵守有关国家法律法规，贯彻落实党和国家各项方针政策是登记管理机关的一项重要职责。登记管理机关依法对民办非企业单位进行监督管理，对发现民办非企业单位有违反本条例及法律、法规的问题，登记管理机关应区别不同情况依法查处，并监督其改正。对于未经登记擅自以民办非企业单位名义进行活动且不听劝阻的，或者被撤销登记的民办非企业单位继续以民办非企业单位名义进行活动的，登记管理机关应予命令其解散。构成犯罪的，要移交司法机关处理。以上规定的登记管理机关的职责并不是其全部职责，依据国务院《民政部职能配置、内设机构和人员编制的规定》，国务院民政部门还负责拟定民办非企业单位管理的方针、政策、规章并监督实施。

第二十条 业务主管单位履行下列监督管理职责：

（一）负责民办非企业单位成立、变更、注销登记前的审查；

（二）监督、指导民办非企业单位遵守宪法、法律、法规和国家政策，按照章程开展活动；

（三）负责民办非企业单位年度检查的初审；

（四）协助登记管理机关和其他有关部门查处民办非企业单位的违法行为；

（五）会同有关机关指导民办非企业单位的清算事宜。

业务主管单位履行前款规定的职责，不得向民办非企业单位收取费用。

【释义】本条是对业务主管单位监督管理职责的规定。

我国对民办非企业单位实行业务主管单位和登记管理机关双重负责的管理体制。在双重管理体制中，业务主管单位和登记管理机关分工不同，各有侧重。根据职责分工，业务主管单位负责民办非企业单位成立、变更、注销前的审查，这种审查是登记管理机关进行登记的前置程序。业务主管单位具有掌握本行业和业务领域的法规、政策，行业发展状况和特定的行业规范和标准等不可替代的权威性，因此，在登记管理机关对民办非企业单位的成立、变更、注销等事项进行登记前，：由业务主管单位进行前期审查，有利于保证民办非企业单位的质量和合理布局，有利于登记管理机关的登记行为的准确性，便于对民办非企业单位的管理。

业务主管单位对民办非企业单位的监督管理职责不仅仅是发挥职能优势进行业务指导和管理，同时还要监督、指导民办非企业单位遵守宪法、法律、法规和国家政策，按照其章程开展活动。业务主管单位要依法规范民办非企业单位的业务活动，使其有和 J 于社会主义物质文明建设和精神文明建设，适应社会主义市场经济的需要。要对民办非企业单位进行细致、严格的管理和指导，督导民办非企业单位在日常业务活动中遵守宪法、法律、法规和国家政策，履行章程规定的宗旨、任务。要及时制止和纠正民办非企业单位的违法违纪行为。

年度检查是对民办非企业单位进行管理的有效措施，也是管理机关的一项重要职责。按照职责分工，业务主管单位负责民办非企业单位年度检查的初审。民办非企业单位每年初应向其业务主管单位报送上一年度的工作报告和《民办非企业单位年度检查报告书》。业务主管单位根据本条例规定的年度检查内容，结合其掌握的对民办非企业单位日常管理的实际情况，进行初审并提出初审意见。业务主管单位的初审意见将作为登记管理机关对民办非企业单位作出年度检查结论的重要依据。

协助登记管理机关和其他有关部门查处民办非企业单位的违法行为，是业务主管单位的重要职责。民办非企业单位在开展活动中如有违反本条例的问题，由登记管理机关依法予以处罚；民办非企业单位的活动违反其他法律、法规的，由其他有关部门依法查处。这里所说“其他有关部门”是指公安、国家安全、工商、物价、财政、税务等部门。如民办非企业单位存在违法行为，各有关部门行使各自的职能，依法对民办非企业单位进行监督检查。业务主管单位有必要协助登记管理机关和上述有关部门，检查、调查和证明违法行为的存在，并在职权范围内对违法行为人给予行政或纪律处分。

对需要注销登记的民办非企业单位进行清算，是依照法定的程序终结民办非企业单位现存的各种法律关系，清理债权、债务，提出剩余财产的处理办法。清算是民办非企业单位终结时必经的法定程序。做好清算工作，成立清算组织，完成清算工作，均应在业务主管单位的指导下进行。因此，会同有关机关指导清算事宜，是业务主管单位的重要职责。这里所说的“有关机关”是指财政、审计等部门。

本条例之所以规定业务主管单位履行职责不得向民办非企业单位收取费用，主要考虑到：一是当前行政性收费过多过滥，形成行政机关自收自支缺少监督和制约，不符合市场经济体制改革的需要，不利于廉政建设，必须严格控制收费。二是有利于减轻民办非企业单位的负担。

第二十一条 民办非企业单位的资产来源必须合法，任何单位和个人不得侵占、私分或者挪用民办非企业单位的资产。

民办非企业单位开展章程规定的活动，按照国家有关规定取得的合法收入，必须用于章程规定的业务活动。

民办非企业单位接受捐赠、资助，必须符合章程规定的宗旨和业务范围，必须根据与捐赠人、资助人约定的期限、方式和合法用途使用。民办非企业单位应当向业务主管单位报告接受、使用捐赠、资助的有关情况，并应当将有关情况以适当方式向社会公布。

【释义】本条是对民办非企业单位资产的来源、收入的取得与运用以及接受、使用捐赠、资助的有关情况的规定。

关于民办非企业单位的资产来源合法性问题。民办非企业单位的资产是指民办非企业单位占有或者使用的能以货币计量的经济资源。包括各种财产、债权和其他权利。民办非企业单位的资产来源主要是通过举办者筹集的资金、有偿服务收入、接受资助和捐赠及其他合法收入形成。在上述多种资产来源形式中，来自于国家的资助其合法性是不容质疑的。有些资产来源的合法性则要引起注意，民办非企业单位依照其章程规定的宗旨、业务范围通过开展业务活动取得的有偿服务收入，必须符合国家有关规定。民办非企业单位不得随意接收捐赠和资助，应在章程规定的宗旨和业务范围内接受捐赠、资助，并进一步凭借有关单位的审查与监督来保障其合法性。资产来源属于国家资助或者社会捐赠、资助的应当接受审计机关的监督，接收涉外捐赠、资助，必须报业务主管单位审批；并接受业务主管单位、登记管理机关的监督。

民办非企业单位作为独立的产权实体，对举办和运作中依法取得和形成的资产享有占有权、使用权，并根据有关规定合理使用与处置资产。民办非企业单位是从事非营利性社会服务活动的社会组织，取得的合法收入受到国家的法律保护，任何单位和个人不得侵占、私分或者挪用民办非企业单位的资产。这里所说的“侵占”，是指民办非企业单位的资产被其他单位和个人占有的行为。这里所说的“私分”是指民办非企业单位将属于本单位的资产私分给个人的行为。这里所说的“挪用”，是指民办非企业单位的工作人员利用职务之便，挪用本单位的资金归个人使用或借贷给他人，进行营利活动或者进行非法活动的行为。

民办非企业单位是从事非营利性社会服务活动的社会组织，是推动社会公益事业发展的重要力量，民办非企业单位其性质决定，一方面要依照章程的规定积极开展业务活动并取得合法收入，另一方面，其合法收入，必须用于章程规定的业务活动。这是民办非企业单位的非营利的社会服务组织的性质决定的，是其健康发展的必然要求。只有这样，民办非企业单位才能处于良性循环，不断增强发展后劲，发挥出应有的作用，从而促进社会主义物质文明和精神文明建设。

民办非企业单位接受、使用的捐赠和资助是社会财力、物力的一种再分配形式，表达了捐赠人和资助人发展某项社会公益事业愿望和要求。由于民办非企业单位存在着宗旨和业务范围的不同，捐赠人和资助人存在着捐赠和资助意愿的不同，因此民办非企业单位按照宗旨、业务范围分门别类接收捐

赠、资助十分必要，只有这样，才有利于发挥、调动社会资源从事公益事业的积极性，有利于提高社会资源的使用效率。民办非企业单位在使用捐赠和资助过程中，要严格执行国家财务制度和财经纪律，加强管理，以不断提高资金的使用效益。民办非企业单位有责任根据捐赠人或资助人的要求报告捐赠或资助的使用情况。如与捐赠人、资助人约定了财物的使用期限、方式和合法用途，应严格按照约定执行，专款专用，不得相互挤占、挪用。民办非企业单位接受捐赠、资助的有关情况，应当及时向业务主管单位报告，接受业务主管单位的监督，并应当将有关情况以适当方式向社会公布。

第二十二条 民办非企业单位必须执行国家规定的财务管理制度，接受财政部门的监督；资产来源属于国家资助或者社会捐赠、资助的，还应当接受审计机关的监督。

民办非企业单位变更法定代表人或者负责人，登记管理机关、业务主管单位应当组织对其进行财务审计。

【释义】本条是对民办非企业单位财务管理应遵守的制度，接受有关部门监督等问题的规定。

民办非企业单位的资产来源于举办人筹措或者国家资助及社会捐赠与资助的资产，如果在管理和使用中出现问题，将直接影响民办非企业单位社会服务活动的顺利开展，也将影响到社会资源的有效合理使用。因此民办非企业单位必须严格执行国家规定的财务管理制度。执行国家规定的财备管理制度，对加强民办非企业单位的财务管理，规范财务行为，保证其健康发展均具有十分重要的意义。民办非企业单位的财务管理首先应严格执行《中华人民共和国会计法》等国家有关法律、法规和财务规章制度；其次鉴于国家尚未制定有关民办非企业单位的财务管理制度，目前民办非企业单位应参照执行《事业单位财务规则》和《事业单位会计准则》。民办非企业单位的财务活动必须接受财政部门的监督，在这里财政部门的监督是指财政部门对民办非企业单位在执行财政制度、财经纪律等方面所进行的一种特定范围的部门专业监督。

审计机关的监督可以督促民办非企业单位严格执行国家规定的财务管理制度，确保捐赠、资助的资金按照规定或约定用途使用，‘不被侵占、挪用、私分。审计机关的监督，还可以起到公证和评价的作用，确定被审计的民办非企业单位在对捐赠、资助资金的接受、使用方面有关情况的报告是否符合实际，评价资产的使用效益。因此，审计监督对于资助、捐赠财物的正确使用，提高使用效益，加强财务管理，促进社会公益事业发展有重要的意义。

民办非企业单位在接受财政部门的监督和审计机关的监督的同时，应当接受社会审计监督。为了确保民办非企业单位资金的正确使用，资产不被侵占、私分、挪用，在变更法定代表人或负责人时，登记管理机关、业务主管单位组织社会审计机构对其进行财务审计是十分必要的。社会审计机构对民办非企业单位进行财务审计，有利于明确责任，做好法定代表人或负责人的交接工作，督促下一任法定代表人或负责人严格遵守国家有关财务管理制度。

第二十三条 民办非企业单位应当于每年3月31日前向业务主管单位报送上一年度的工作报告，经业务主管单位初审同意后，于5月31日前报送登记管理机关，接受年度检查。工作报告内容包括：本民办非企业单位遵守法律法规和国家政策的情况、依照本条例履行登记手续的情况、按照章程开展活动的情况、人员和机构变动的情况以及财务管理的情况。

对于依照本条例第十二条第2款的规定发给登记证书的民办非企业单位，登记管理机关对其应当简化年度检查的内容。

【释义】本条是对民办非企业单位实行年度检查的规定。

民办非企业单位年度检查，是指业务主管单位与登记管理机关对已登记的民办非企业单位开展业务活动情况和执行法律法规政策的情况，按照法定的内容和程序，进行监督检查，以确认民办非企业单位是否具有继续开展活动的资格的行政执法行为。

民办非企业单位经业务主管单位审查同意，登记管理机关核准登记，即取得合法地位，但这仅是其致力于某项事业的开始，它还需要规范自我行为，不断完善和发展。年度检查是对民办非企业单位实施监督管理的重要环节，是促进民办非企业单位健康发展的重要手段，同时也是不断提高监督管理水平的有效途径。我国工商登记、社团登记的实践证明，年度检查是登记管理体制中的重要制度。各类民办非企业单位必须按照法定的时限和法定的程序主动接受年度检查。与其登记管理机关和业务主管单位不在同一地的民办非企业单位，应主动接受住所地受委托管理其的登记管理机关和业务主管单位的年度检查。

依照本条例第十二条第 2 款取得登记证书的民办非企业单位也必须按照法定的时间、程序接受年度检查。但登记管理机关应结合有关法律法规的规定，经与各业务主管单位协商后，简化年检内容。

对民办非企业单位进行年度检查，内容主要包括：

1. 遵守法律、法规和国家政策的情况。民办非企业单位必须在宪法、法律法规和国家政策的范围内开展活动。年度检查要首先着重就民办非企业单位遵纪守法方面进行检查，掌握其有无违法乱纪行为。

2. 依照本条例履行登记手续的情况。依法准予登记的民办非企业单位，其登记事项：名称、住所、宗旨和业务范围、法定代表人或者负责人、开办资金、业务主管单位是否严格履行登记手续，且上述事项发生变更后，是否申请并办理变更登记，是年度检查的重要内容。

3. 按照章程开展活动的情况。经登记管理机关核准的章程，是民办非企业单位开展活动的准绳。年度检查时，应依照其章程检查其活动有无超越、违背章程的行为。

4. 人员和机构变动的情况。民办非企业单位从业人员和其内设机构发生变化，应及时到登记管理机关备案，年度检查要认真核对变化和备案情况。

5. 财务管理情况。主要是检查民办非企业单位是否遵守国家规定的有关财务制度，内部财务管理制度是否健全，收入支出是否合理合法、是否用于章程规定的业务范围。可结合对其年度资产平衡表和资产负债表的审查，并结合财务审计综合检查民办非企业单位财务活动。

年度检查的程序：

1. 各类民办非企业单位必须于每年 2 月底前劭登记管理机关领取《年度检查报告书》一式三份，并按照要求如实填写。

2. 民办非企业单位须于 3 月 31 日前，将由法定代表人或者负责人签署的《年度检查报告书》和其他登记管理机关要求的材料，一并送交其业务主管单位初审。

3. 每年 5 月 31 日前，民办非企业单位将由业务主管单位初审同意的年检报告书连同民办非企业单位登记证书（副本）和其他登记管理机关要求的材料，送交登记管理机关接受检查。

4. 经检查核实，对年检合格的，登记管理机关在登记证书（副本）上加盖年检合格戳记，不合格的由登记管理机关告知，或限期整改，或作出处罚。年检结束后，年检报告书一份交还民办非企业单位，一份送业务主管单位，一份由登记管理机关留存。

民办非企业单位接受年检时，应提交的材料：

（1）《民办非企业单位年度检查报告书》；

（2）《登记证书》副本；

（3）年度资产平衡表和资产负债表；

（4）其他需报送的有关材料。

民办非企业单位符合下列情形的，确定为年检合格：

（1）遵守法律法规和国家政策；

（2）按照章程开展活动；

（3）及时办理变更登记及其他手续；

（4）在规定时间内接受年检。

民办非企业单位有下列情形，为年检不合格：

（1）有违法违纪行为，且造成一定社会影响的；

（2）违反章程开展活动的；

（3）设立分支机构的；

（4）从事营利性经营活动，违反规定收费、集资的；

（5）违反财务规定，内部财务管理混乱的；

（6）未及时办理变更登记或其他手续的；

（7）未按规定的时限接受年检的；

（8）违反其他有关规定的。

第五章　罚　　则

本章对民办非企业单位违反本条例以及其他法律、法规所应承担的法律责任作了规定。

根据《行政处罚法》，本章设定了警告、限期停止活动、撤销登记、没收违法经营额或者违法所得以及罚款等五种行政处罚措施。同时，本章还规定了登记管理机关、业务主管单位的工作人员有渎职行为时所应承担的法律责任。

第二十四条　民办非企业单位在申请登记时弄虚作假，骗取登记的，或者业务主管单位撤销批准的，由登记管理机关予以撤销登记。

【释义】本条是关于民办非企业单位骗取登记，或者业务主管单位撤销批准，登记管理机关对民办非企业单位如何处罚的规定。

民办非企业单位作为独立的民事主体，其主体资格是根据法律规定的程序取得的，本条例在总则中明确规定，成立民办非企业单位，应当经其业务主管单位审查同意，并依照本条例的规定登记，可见民办非企业单位只有经过登记才取得民事主体资格。民办非企业单位申请登记时，首先应当具备本条例第八条规定的条件，即（1）经业务主管单位审查同意；（2）有规范的名称、必要的组织机构；（3）有与其业务活动相适应的从业人员；（4）有与其业务活动相适应的合法财产；（5）有必要的场所。民办非企业单位的名称应当符合国务院民政部门的规定，不得冠以“中国”、“全国”、“中华”等字样。民办非企业单位必须同时具备以上条件，才有资格到民政部门申请成立登记。同时，具备以上条件的民办非企业单位，其举办者必须依照本条例第九条的规定，向登记管理机关提交下列文件：登记申请书；业务主管单位的批准文件；场所使用权证明；验资报告；拟任负责人的基本情况、身份证明；章程草案。民办非企业单位在申请登记时弄虚作假，即包括民办非企业单位不具备本条例第八条规定的条件而通过伪造第九条规定的各种文件骗取登记的情形，也包括民办非企业单位虽然具备第八条规定的条件，但是其提供的文件却是虚假的情形，例如，民办非企业单位伪造场所使用权证明或者验资报告，拟任负责人曾经受到剥夺政治权利的刑事处罚等。民办非企业单位通过弄虚作假，伪造文件而骗取登记的，即使登记管理机关在登记当时未发现，事后一旦发现民办非企业单位提供的文件是虚假或者伪造的，登记管理机关可以立即撤销登记。

我国法律对于企业法人、社会团体法人在成立登记时弄虚作假、骗取登记均规定了撤销登记的处罚。如《公司法》第206条规定："违反本法规定，办理公司登记时虚报注册资本、提交虚假证明文件或者采取其他欺诈手段隐瞒重要事实取得公司登记的，责令改正一对虚报注册资本的公司，处以虚报注册资本金额5%以上10%以下的罚款；对提交虚假证明文件或者采取其他欺诈手段隐瞒重要事实的公司，处以一万元以上十万元以下的处罚；情节严重的，撤销公司登记。构成犯罪的，依法追究刑事责任。"《社会团体登记管理条例》第三十二条规定："社会团体在申请登记时弄虚作假，骗取登记的，或者自取得《社会团体法人登记证书》之日起1年内未开展活动的，由登记管理机关予以撤销登记。"对民事主体在成立阶段严格审查，在我国由计划经济向社会主义市场经济过渡时期，特别是在市场经济运行机制未完全建立的情况下是非常必要的，有利于保持社会关系的稳定，避免纠纷的发生。申请成立民办非企业单位首先应当经过业务主管单位的审查同意，同时，业务主管单位对民办非企业单位的日常活动有监督管理的职责。因此，民办非企业单位应当在业务主管单位的监督指导下，按照章程开展活动。业务主管单位如果发现民办非企业单位从事违反法律、法规或者国家政策的活动，有权撤销对该民办非企业单位作出的批准，在这种情况下，登记管理机关应当撤销该民办非企业单位的登记。

第二十五条　民办非企业单位有下列情形之一的，由登记管理机关予以警告，责令改正，可以限期停止活动；情节严重的，予以撤销登记；构成犯罪的，依法追究刑事责任：

（一）涂改、出租、出借民办非企业单位登记证书，或者出租、出借民办非企业单位印章的；

（二）超出其章程规定的宗旨和业务范围进行活动的；

（三）拒不接受或者不按照规定接受监督检查的；

（四）不按照规定办理变更登记的；

（五）设立分支机构的；

（六）从事营利性的经营活动的；

（七）侵占、私分、挪用民办非企业单位的资产或者所接受的捐赠、资助的；

（八）违反国家有关规定收取费用、筹集资金或者接受使用捐赠、资助的。

前款规定的行为有违法经营额或者违法所得的，予以没收，可以并处违法经营额1倍以上3倍以下或者违法所得3倍以上5倍以下的罚款。

【释义】本条是关于民办非企业单位的处罚的规定。

依据本条的规定，对于民办非企业单位的处罚可以分为以下几种责任形式：

（1）警告是登记管理机关对违反本条例以及其他法律、法规，情节轻微的民办非企业单位予以的批评、警戒。

（2）责令改正是《行政处罚法》规定的"法律、行政法规规定的其他行政处罚"。

（3）限期停止活动是登记管理机关责令有违法行为的民办非企业单位在一定期限内停止活动，进行整顿，纠正违法行为，是对民办非企业单位的行为能力在规定期限内加以限制的处罚。

（4）撤销登记是登记管理机关对违反法律、法规，情节严重的民办非企业单位，终结其活动，使其民事主体资格归于消灭的一种行政处罚。

（5）没收违法经营额或者没收违法所得是对违法的民办非企业单位给予的一种财产上的处罚。民办非企业单位从事营利性的经营活动或者其他违法活动所获得的非法收入应当一律没收，但是登记管理机关没收非法财产时应当注意区分民办非企业单位的合法财产与非法财产的界限，只有非法财产才能予以没收。

（6）罚款是登记管理机关责令民办非企业单位在一定期限内交纳一定数额货币的处罚，登记管理机关应当根据民办非企业单位的违法行为的性质和情节，在本条第2款规定的范围和幅度内作出一定数额的罚款。之所以规定罚款的数额可以在违法经营额1倍以上3倍以下的幅度内确定，也可以在违法所得3倍以上5倍以下的幅度内确定，是因为在实际执法过程中由于调查取证等原因，有的时候计算违法所得比较困难，因此以违法经营额作为罚款的基数，但是如果能够确定违法所得的，也可以以违法所得作为罚款的基数。

刑法第30条规定："公司、企业、事业单位、机关、团体实施的危害社会的行为，法律规定为单位犯罪的，应当负刑事责任。"民办非企业单位是经依法登记的社会组织，其从事危害社会的活动，构成犯罪的，也要负刑事责任。关于单位犯罪的刑事责任，刑法第31条规定："单位犯罪的，对单位判处罚金，并对其直接负责的主管人员和其他直接责任人员判处刑罚。本法分则和其他法律另有规定的，依照规定。"可见，对单位犯罪的处罚原则上是"两罚制"，即对单位判处罚金，加大处罚力度，剥夺其再犯能力，对直接负责的主管人员和其他直接责任人员判处刑罚。这里所说的"直接责任人员"是指在单位犯罪中起主要作用的领导人员；"其他直接责任人员"是指积极参与、实施单位犯罪的内部人员。所以，民办非企业单位的行为构成犯罪的，司法机关除了追究民办非企业单位的刑事责任，还应当追究民办非企业单位的法定代表人或者负责人个人的刑事责任。

（一）涂改、出租、出借民办非企业单位登记证书，或者出租、出借民办非企业单位印章的；民办非企业单位登记证书和其印章是用以确定民办非企业单位身份的主要标志，是民办非企业单位公示其存在以及进行合法活动所必备。民办非企业单位如果涂改《民办非企业单位登记证书》登记的事项，比如涂改其名称、宗旨、业务范围、住所、法定代表人等，实际上是通过欺骗的手段来逃避监管，以达到其不法的目的。这是必须予以禁止的。而民办非企业单位如果将其登记证书或印章出租、出借给他人，他人就可能利用该民办非企业单位的名义进行不法活动，这就给违法甚至犯罪活动提供了可乘之机，所以要严加杜绝。民办非企业单位违反此项规定的，可以处以警告、罚款、没收违法所得直至撤销登记的处罚。

（二）超出其章程规定的宗旨和业务范围进行活动的。

民办非企业单位应当在其章程规定的宗旨和业务范围内进行活动。任何民办非企业单位都有其特定的宗旨和目的，并且民办非企业单位只能在一定的业务范围内进行活动，其宗旨和业务范围是经过业务主管单位和登记管理机关审查和认可的，因此，民办非企业单位超出章程规定的宗旨和业务范围进行活动就是违法的，这里又可以分为两种情形。一种是民办非企业单位所从事的活动虽然超出了章程规定的业务范围，但是并不违反其他的法律、法规，另一种是所从事的活动根本就是违法的，对这两种情形登记管理机关都要给予一定的处罚，如果民办非企业单位所从事的活动违反了刑法，构成犯罪的，司法机关应当依法追究其刑事责任。

（三）拒不接受或者不按照规定接受监督检查的。

对民办非企业单位依法进行监督检查，是国家赋予并经法规予以确定的登记管理机关和业务主管单位的职责，依照规定接收登记管理机关和业务主管单位的监督检查，是民办非企业单位应自觉履行的义务。登记管理机关和业务主管单位对民办非企业单位依法进行监督检查，有利于确保民办非企业单位健康发展，维护政治和社会的稳定，有利于对民办非企业单位实施有效管理，规范民办非企业单位的行为，促进其依法开展活动。登记管理机关和业务主管单位在依法行使各自的职责时，民办非企业单位必须按照规定的程序和要求接受监督检查。如果民办非企业单位拒不接受或者不按照规定接受监督检查，将妨碍登记管理机关和业务主管单位依法行政，扰乱正常的管理秩序，对此种情况，登记管理机关可视情节，按规定分别予以处罚。

（四）不按照规定办理变更登记的。

民事主体登记事项的变更将对社会公众，特别是与其发生关系的单位和个人的利益产生较大的影响。进行变更登记，一方面可以使登记管理机关及时掌握民办非企业单位的变化情况，以便管理；另一方面是使社会公众了解民办非企业单位的变化情况，有利于社会监督。民办非企业单位的登记事项需要变更的，应当按照本条例第十五条的规定进行变更登记。民办非企业单位需要修改章程的，也必须及时报经登记管理机关核准。如果民办非企业单位不按照规定办理变更登记的或未经核准擅自修改章程的，登记管理机关可视情节，按规定分别予以处罚。

（五）设立分支机构的。

本条例第十三条明确规定，民办非企业单位不得设立分支机构。不允许民办非企业单位设立分支机构，便于登记管理机关、业务主管单位对其监督管理。因此，民办非企业单位设立分支机构的，登记管理机关应当责令民办非企业单位立即撤销分支机构，有违法经营额的，还要予以没收并作出相应处罚。

（六）从事营利性的经营活动的。

本条例在总则中明确规定，民办非企业单位不得从事营利性经营活动。民办非企业单位是以社会公益为目的，而不是以营利为目的，它通过为社会提供一定的服务实现其社会公益目的，民办非企业单位的这一性质决定了它不能从事营利性的经营活动，从事营利性经营活动也必然不符合民办非企业单位的宗旨，超出了其业务范围，对此法律要加以禁止。因此，民办非企业单位从事营利性经营活动的，登记管理机关要给予处罚。违反法律的这项规定，民办非企业单位就要承担相应的法律责任。

（七）侵占、私分、挪用民办非企业单位的资产或者所接受的捐赠、资助的。

民办非企业单位作为一种社会组织，其财产受法律保护，任何单位和个人不得对其加以侵犯。具体而言，就是任何单位和个人不得侵占、私分或者挪用民办非企业单位的资产或者接受的捐赠和资助。同时，民办非企业单位的非营利性决定了，其内部的工作人员也不得利用职务之便侵占、私分或者挪用民办非企业单位的资产或其接受的捐赠、资助。民办非企－业单位为社会提供服务，根据国家法律规定取得的合法收入或接受的捐赠、资助应当全部用于其事业发展，不得私分，也不得用于民办非企业单位事业以外的其他用途。其所接受的捐赠、资助，必须根据与捐赠人、资助人约定的期限、方式和合法用途使用。违反此项规定，登记管理机关应视情况作出处罚。

（八）违反国家有关规定收取费用、筹集资金或者接受使用捐赠、资助的。

民办非企业单位不得从事营利性的经营活动，并不意味着它在为社会提供服务时不能收取任何费用，不能有任何营利。但是，民办非企业单位必须按照法律、法规以及其他有关规定收取费用，例如，1997 年国务院发布的《社会力量办学条例》第 35 条第 2 款规定，企业事业组织、社会团体及其他社会组织和公民个人利用非国家财政性教育经费，面向社会举办的学校及其他教育机构的收费项目和标准，由该教育机构提出，经审批机关提出意见，由财政部门、价格部门按照职责分工，根据该教育机构的教育、教学成本和接受资助的实际情况核定。该条例第 53 条还规定，教育机构超过核定的项目和标准滥收费用的，除了退还多收的费用，还要受到一定的处罚。

民办非企业单位在开展正常的业务活动时，可以通过各种渠道多方面筹集资金，发展事业。但是，民办非企业单位不得非法筹集资金，也不得将合法筹集的资金用于非法用途。民办非企业单位接受捐赠、资助也要符合国家的有关规定，其和捐赠人、资助人约定的捐赠、资助的目的应当是为了社会公益目的，捐赠、资助的使用应当符合民办非企业单位的宗旨，并且不应超出民办非企业单位的业务范围。

第二十六条 民办非企业单位的活动违反其他法律、法规的，由有关国家机关依法处理；有关国家机关认为应当撤销登记的，由登记管理机关撤销登记。

【释义】本条是关于民办非企业单位违反其他法律、法规所应受到的处罚的规定。

本条例第二十五条以列举的方式列出了八种违法行为，这八种行为中，有的行为是违反了本条例前面各章的有关规定，有的行为是违反了其他法律、法规的规定。有其中任何违法行为的，民办非企业单位都要承担一定的法律责任。

民办非企业单位作为独立的民事主体，在其章程规定的宗旨和业务范围内可以开展各种活动。民办非企业单位在从事社会活动时要形成各种法律关系，要遵守方方面面的法律，违反任何法律都要承担一定的法律责任。例如，民办非企业单位违反了国家规定的财务管理制度，财政部门根据法律的规定，可以对民办非企业单位进行处罚。民办非企业单位违反消防法的规定，未履行消防安全职责的，消防机关可以责令其限期改正；逾期不改正的，对其直接负责的主管人员和其他直接人员依法给予行政处分或者警告。民办非企业单位违反税收、物价、卫生、治安管理等方面的法律法规，有关国家机关均应当依法对民办非企业单位给予处罚。这里的“有关国家机关”应当是法律、法规授权，具有一定行政管理职能的国家机关，其对民办非企业单位作出处罚必须依照法律、法规规定的程序和权限进行。

民办非企业单位违反法律、法规，有关国家机关除了可以依照法律、法规的规定对民办非企业单位进行处罚外，如果有关国家机关认为民办非企业单位违反法律，虽然未构成犯罪，但是对社会安全、秩序已经造成一定的危害，认为该民办非企业单位不应当再存在下去，可以向登记管理机关提出撤销该民办非企业单位登记的建议，登记管理机关可以撤销该民办非企业单位。这里应当注意的是，除了登记管理机关，任何其他国家机关都无权直接撤销民办非企业单位的登记，其他国家机关只是有权根据民办非企业单位违法的情况，向登记管理机关提出撤销登记的建议，至于是撤销登记还是给予其他处罚，登记管理机关应当根据民办非企业单位违法行为的性质、情节等，决定给予民办非企业单位什么样的处罚。

应当注意的是，登记管理机关以及其他有行政处罚权的国家机关对违法的民办非企业单位给予行政处罚时，必须严格按照《行政处罚法》规定的程序进行。例如，《行政处罚法》第42条规定，行政机关作出责令停产停业、吊销许可证或者执照、较大数额罚款等行政处罚决定之前，应当告知当事人有要求举行听证的权力；当事人要求听证的，行政机关应当组织听证。本条例第二十五条规定的限期停止活动、撤销登记属于行政处罚法规定的责令停产停业、吊销许可证或者执照的行政处罚，因此，登记管理机关决定给予这两项处罚或者决定给予较大数额的罚款处罚时，必须按照行政处罚法第42条的规定进行，其他国家机关依法作出行政处罚时，也应当依照行政处罚法的规定进行。如果民办非企业单位对登记管理机关以及其他国家机关作出的罚款、没收财物、撤销登记等行政处罚决定不服，可以依照《行政诉讼法》的规定向人民法院提起行政诉讼或者依照《行政复议条例》的规定向行政机关申请行政复议。

第二十七条 未经登记，擅自以民办非企业单位名义进行活动的，或者被撤销登记的民办非企业单位继续以民办非企业单位名义进行活动的，由登记管理机关予以取缔，没收非法财产；构成犯罪的，依法追究刑事责任；尚不构成犯罪的，依法给予治安管理处罚。

【释义】本条是关于未经登记以民办非企业单位名义进行活动，或者被撤销登记的民办非企业单位继续以民办非企业单位名义进行活动所应受到的处罚的规定。

根据我国法律规定，取得民事主体资格有两种方式，一种是不需要登记，从成立之日起即具有法人资格；另一种是根据法律、法规的规定，必须经有关机关核准登记，领取营业执照或者其他登记证件，才具有从事经营或者服务活动的资格。本条例规定，成立民办非企业单位应当进行登记，即具备条件的民办非企业单位只有经过登记才正式成立，才能从事活动。因此，未经登记，就不具有民办非企业单位的主体资格，自然不能以民办非企业单位的名义从事活动，即使是其所从事的活动是合法的，因为主体资格不具备，这种活动就是非法的，登记管理机关有权对这种非法的社会组织予以取缔。

民办非企业单位因为违反法律、法规被登记管理机关撤销登记的，其民事主体资格归于消灭，它不能再以民办非企业单位的名义从事活动，对于被撤销登记的民办非企业单位继续以民办非企业单位名义进行活动的，无论其所从事的活动的性质如何，登记管理机关对其都应当予以取缔，对其用于非法活动的财产，如交通工具、仪器设备等以及非法收入应当予以没收。如果这些非法组织从事的活动触犯了刑律，经司法机关认定已经构成犯罪的，从事非法活动的人应当承担刑事责任。这些非法组织的活动虽然不构成犯罪，但是属于《治安管理处罚条例》规定的违反治安管理行为的，公安机关应当依照《治安管理处罚条例》的规定给予治安管理处罚。

第二十八条　民办非企业单位被限期停止活动的，由登记管理机关封存其登记证书、印章和财务凭证。

民办非企业单位被撤销登记的，由登记管理机关收缴登记证书和印章。

【释义】本条是民办非企业单位受到限期停止活动或撤销登记处罚的，登记管理机关所要采取落实处罚的具体措施的规定。

民办非企业单位有本条例第二十五条规定的情形的，登记管理机关根据民办非企业单位违法行为的性质、情节等，认为有必要对其进行整顿时，可以给予民办非企业单位限期停止活动的处罚。所谓限期停止活动是指民办非企业单位在登记管理机关规定的期限内停止一切业务活动，因此，受到这种处罚的民办非企业单位在规定期限内其民事行为能力受到限制，但是被责令限期停止活动的民办非企业单位的民事主体资格并未丧失，因此它不是被禁止从事任何活动，例如，被限期停止活动的民办非企业单位在规定期限内，应当根据登记管理机关的要求，进行整顿，纠正违法行为。但是它不得以民办非企业单位的名义从事任何业务活动以及其他超出登记管理机关要求以外的活动。登记管理机关在规定期限内封存民办非企业单位的登记证书、印章以及财务凭证，不是对民办非企业单位的一种处罚，封存的目的是防止民办非企业单位在这段时间内从事业务活动或者转移财物、涂改、毁损证据等，以便于登记管理机关监督民办非企业单位尽快纠正违法行为。

登记管理机关根据本条例第二十四条、第二十五条以及第二十六条的规定，对违反法律、法规，情节严重的民办非企业单位可以给予撤销登记的处罚。民办非企业单位被撤销登记的，其民事主体资格已经丧失，证明其身份的登记证书丧失效力，为了防止被撤销登记的民办非企业单位继续以民办非企业单位的名义从事活动以及失效的民办非企业单位的登记证书和印章被其他的单位和个人利用，从事违法犯罪活动，登记管理机关对被撤销的民办非企业单位的登记证书和印章应当一律收缴。

第二十九条　登记管理机关、业务主管单位的工作人员滥用职权、徇私舞弊、玩忽职守构成犯罪的，依法追究刑事责任；尚不构成犯罪的，依法给予行政处分。

【释义】本条是关于登记管理机关、业务主管单位的工作人员违反职责所应承担的法律责任的规定。

登记管理机关、业务主管单位作为法律授权行使对民办非企业单位进行登记管理以及监督、指导职能的国家机关，其工作人员在日常工作中要严格遵守本条例以及其他法律、法规的规定，切实担负起对民办非企业单位的监督、指导以及登记管理的职责。对有违法行为的民办非企业单位严格依照法律规定的权限和程序给予处罚。登记管理机关、业务主管单位的工作人员滥用职权、徇私舞弊、玩忽职守，对应当登记的民办非企业单位不予登记，对不应登记的给予登记，或者利用职权侵犯民办非企业单位的合法权益，或者对民办非企业单位疏于管理，对其从事的违法活动不依法给予处罚，而给国家、社会以及公民个人利益造成损害，构成犯罪的，司法机关应当依照刑法关于国家工作人员渎职罪的规定，对有关的国家工作人员给予刑事处罚。《刑法》第397条规定："国家机关工作人员滥用职权或者玩忽职守，致使公共财产、国家和人民利益遭受重大损失的，处3年以下有期徒刑或者拘役；情节严重的，处3年以上7年以下有期徒刑。国家机关工作人员徇私舞弊，犯前款罪的，处5年以下有期徒刑或者拘役；情节严重的，处5年以上10年以下有期徒刑。"

玩忽职守罪主要指国家机关工作人员对工作严重不负责任，致使公共财产、国家和人民利益遭受重大损失的行为。玩忽职守包括两种形式：一是放弃职守，不履行自己应当履行的职责；二是在履行职责过程中，马虎草率，敷衍塞责，严重不负责任。滥用职权罪主要指国家机关工作人员超越法律、法规赋予的职权，擅自处理其无权决定、处理的事项，或者在行使职权时，以权谋私，假公济私，不正确履行职责，或者随心所欲地作出处理决定，致使公共财产、国家和人民遭受重大损失的行为。国家机关工作人员在犯玩忽职守罪或者滥用职权罪过程中又有徇私舞弊行为的是徇私舞弊罪。

登记管理机关、业务主管单位的工作人员的渎职行为尚未构成犯罪或者虽然构成犯罪但是依法不追究刑事责任的，应当给予行政处分。根据《公务员暂行条例》第33条、第34条、第35条的规定，行政处分分为：警告、记过、记大过、降级、撤职、开除。处分国家公务员，必须依照法定程序，在规定的时限内做出处理决定。对国家公务员的行政处分，应当事实清楚、证据确凿、定性准确、处理恰当、手续完备。给予国家公务员行政处分，依法分别由任免机关或者行政监察机关决定；其中给予开除处分的，应当报上级机关备案。县级以下国家行政机关开除国家公务员，必须报县级人民政府批准。所以有关机关应当依照《公务员暂行条例》的规定，对负有责任的登记管理机关、业务主管单位的工作人员根据其行为的性质、情节等，给予行政处分。

第六章　附　　则

在采用章节结构的法律、行政法规中，一般均设立"附则"作为该法的最后一个部分。

附则一般规定法律、法规的生效日期、解释权限、制定实施细则或者实施办法的授权等问题。

本章对民办非企业单位登记证书式样的制定部门、对民办非企业单位的年检不得收费、本条例施行前成立的民办非企业单位的登记问题以及本条例的生效日期作了规定。

第三十条　民办非企业单位登记证书的式样由国务院民政部门制定。

对民办非企业单位进行年度检查不得收取费用。

【释义】本条是关于民办非企业单位登记证书的式样的制定以及对民办非企业单位年检不得收费的规定。

为了保证民办非企业单位登记证书的式样在全国范围内统一，本条规定登记证书的式样由国务院民政部门制定。国务院机构改革"三定"方案规定，国务院民政部门是主管全国社会团体以及民办非企业单位登记管理工作的部门，因此，本条明确授权国务院民政部门制定民办非企业单位登记证书的式样，地方各级登记管理机关无权自行制定民办非企业单位登记证书的式样。这样规定，一方面有利于登记管理机关加强对民办非企业单位的管理；另一方面，民办非企业单位经登记取得统一的登记证书，便于其开展各项活动。因为民办非企业单位对外从事各种活动时需要凭借其登记证书，若登记证书不统一，对方当事人无法判断民办非企业单位的身份，不利于其开展活动。

本条的第2款是对民办非企业单位进行年检不得收取费用的规定。年度检查是登记管理机关依照法律规定，对民办非企业单位进行监督检查的一项行政行为。为保证此项工作的顺利开展，国家财政应拨出专款用于此项工作。因此，在年度检查工作中，登记管理机关和业务主管单位不得向民办非企业单位收取费用。

关于登记管理机关对民办非企业单位登记的收费问题，本条例未明确规定，登记管理机关对民办非企业单位的成立、变更、注销进行登记、公告登记以及颁发《民办非企业单位登记证书》，依法履行对民办非企业单位的登记管理职责时，参照工商登记、社团登记的一贯做法，可以收取必要的费用。登记管理机关应当按照财政部、物价局发布的《关于行政性收费管理的通知》的精神制定收费标准。收取的费用只能用于登记管理工作中的印制证书、表格等必须的成本费用支出。登记管理机关不得借登记多收取费用，也不得将收费用于登记管理以外的其他用途。

第三十一条 本条例施行前已经成立的民办非企业单位，应当自本条例实施之日起1年内依照本条例有关规定申请登记。

【释义】本条是关于本条例如何适用其施行前已经成立的民办非企业单位的规定。

关于法律在时间上的效力通常有两种情形，一种是法律无溯及力，即法律不适用于它生效前已经发生的行为；一种是法律有溯及力，即法律同样适用于其生效前已经发生的行为。

有的法律在时间上效力比较复杂，例如，刑法根据罪刑法定原则的要求，采取从旧兼从轻的溯及力原则。多数情况下，法律是不溯及既往的，但是，也有一些法律，根据需要应当适用于其生效前的人和事。本条规定，本条例施行前已经成立的民办非企业单位应当在1年内按照本条例的规定进行登记，并取得登记证书，可见，本条例是有一定的溯及力的。之所以这样规定，是因为本条例实施后成立的民办非企业单位只有经过登记，取得登记证书，才具有民事主体资格，才能以自己的名义从事各种活动，而本条例施行前成立的民办非企业单位若不登记，没有登记证书，和经登记取得证书的民办非企业单位同时在社会中从事活动，会造成一定的混乱，使其他单位和个人无法根据登记证书确定民办非企业单位的身份，对民办非企业单位开展活动也不利，因此，本条规定本条例施行前成立的民办非企业单位应当在1年内按照本条例的规定到登记管理机关办理登记手续。应当注意的是，本条例施行前成立的民办非企业单位若不具备本条例第八条规定的条件，则不能到登记管理机关申请登记，也就是说，不能再以民办非企业单位的身份进行活动；具备条件的，则必须按照本条例第九条的规定，如实向登记管理机关提交文件，弄虚作假、骗取登记的，登记管理机关有权撤销登记。

第三十二条 本条例自发布之日起施行。

【释义】本条是关于本条例生效日期的规定。

本条例是1998年10月25日由国务院总理朱镕基签发的，所以本条例已经从1998年10月25日起施行了。国务院部门规章和地方人民政府规章中关于民办非企业单位登记管理方面的规定必须符合本条例的规定，凡不符合规定的，应当予以修改。同时，根据本条例第三十一条的规定，本条例施行前已经成立的民办非企业单位，应当于1999年10月25日前到各级登记管理机关办理有关登记手续，超过期限不办理登记手续的，则不能以民办非企业单位的名义从事活动，不办理登记手续而又继续以民办非企业单位的名义从事活动的，登记管理机关有权依照本条例第二十七条的规定予以取缔。

四、2000 年

(一)、社会团体管理法规文件

民政部办公厅关于转发中组部《关于审批中央管理的干部兼任社会团体领导职务有关问题的通知》的通知

(民办函〔2000〕27 号　2000 年 2 月 20 日)

各省、自治区、直辖市民政厅（局），各计划单列市民政局、新疆生产建设兵团民政局：

现将中组部《关于审批中央管理的干部兼任社会团体领导职务有关问题的通知》转发给你们，请认真贯彻执行。

附：

关于审批中央管理的干部兼任社会团体领导职务有关问题的通知

(组通字〔1999〕55 号)

各省、自治区、直辖市党委组织部，中央、国家机关各部委、各人民团体干部（人事）司（局）：

中共中央办公厅、国务院办公厅《关于党政机关领导干部不兼任社会团体领导职务的通知》（中办发〔1998〕17 号，以下简称中办发 17 号文件）下发后，各省、自治区、直辖市党委和中央、国家机关各部门对党政机关领导干部兼任社会团体领导职务的情况进行了清理。目前各地、各部门已陆续报来中央管理的干部（包括已退出领导岗位，尚未办理退（离）休手续的人员，下同）兼任社会团体领导职务的请示。根据中办发 17 号文件关于“因特殊情况确需兼任社会团体领导职务的，必须按干部管理权限进行审批”的规定，为了进一步规范审批程序，加强对这项工作的管理，现将有关问题通知如下：

一、领导干部兼任社会团体领导职务，要严格按照中办发 17 号文件、国务院办公厅《转发民政部关于清理整顿社会团体意见的通知》（国办发〔1997〕11 号）、《社会团体登记管理条例》、《基金会管理办法》中有关领导干部兼职的规定执行。兼任社会团体秘书长以上职务的负责人应身体健康、能够坚持正常工作，任期一般不超过两届，年龄一般不超过70周岁；领导干部不得同时兼任两个或两个以上社会团体的法定代表人；基金会的领导成员不得由现职的政府工作人员兼任。以上规定适用于已办理了退〈离〉休手续，现仍需在社会团体兼职的领导干部。

二、中央管理的干部兼任社会团体的领导职务，要从严掌握。确需由中央管理的干部兼职的社会团体，必须是在国家、地区、行业和经济、政治、社会生活中起重要作用，在国内外有一定影响，并经民政部门正式批准成立的组织。确因工作需要，领导干部本人又无其他兼职，且所兼任的领导职务与本职业务工作相关，经批准可兼任一个社会团体的领导职务。兼任社会团体领导职务的人员，不得领取社会团体的任何报酬。兼任社会团体领导职务的领导干部到达退（离）休年龄时，其退（离）休手续按国家规定办理。

中央管理的干部不宜兼任境外社会团体的领导职务（包括名誉职务）。

三、中央管理的干部兼任社会团体领导职务，应由社会团体的业务主管单位事先征求干部所在单位党组（党委）的意见，经干部所在单位干部（人事）部门审核，党组（党委）研究同意后，以干部所在单位党组（党委）名义报中央组织部审批。其中，中央、国家机关正部级以上领导干部的兼职，还需由干部所在单位事先征求中央或国务院分管领导同志意见后，再报中央组织部。

四、报请中央管理的干部兼任社会团体领导职务，需说明以下情况：（1）社会团体的性质、任务和成立的时间，批准社会团体成立的部门和业务主管单位。（2）领导干部现任或原任职务，兼职的理由，是否兼任法定代表人；本人是否已在其他社会团体中兼职。（3）如领导干部现已兼任社会团体领导职务，并需要继续兼职的，需说明干部本人已兼职的时间和任期；如领导干部属新兼任社会团体会长（理事长）职务，需说明原任会长（理事长）不再兼职的原因。（4）附拟兼职干部的《干部任免审批表》和社会团体现任领导干部名单一式三份，社会团体章程和社会团体登记证书副本复印件各一份。

五、非金融类企业和不具有政府行政管理职能的事业单位中，属于中央管理的干部兼任社会团体领导职务，不需报中央组织部审批。

民政部关于重新确认社会团体业务主管单位的通知

（民发〔2000〕41号　2000年2月23日）

各省、自治区、直辖市人民政府，中央和国家机关各部委，军委总政治部，各人民团体：

为了贯彻执行《中共中央办公厅、国务院办公厅关于进一步加强民间组织管理工作的通知》（中办发〔1999〕34号）精神，进一步明确社会团体登记管理机关与业务主管单位的管理职责，建立和完善社会团体双重管理体制，使社会团体更好地发挥积极作用，经中共中央、国务院领导同志同意，现就重新确认社会团体业务主管单位的有关问题通知如下：

一、社会团体业务主管单位的管理职责

社会团体业务主管单位的职能应能涵盖所属社会团体的业务范围，并能够对主管的社会团体进行业务指导。各业务主管单位必须对其所主管社会团体负责，按照中共中央、国务院文件和有关法规的规定切实履行管理职责。各业务主管单位应建立相应的管理机构，选派政治强、作风正、素质好的同志具体从事社团管理工作。业务主管单位对其所主管社会团体在其业务主管单位未做新的调整之前，必须负责到底，决不能撒手不管。

社会团体业务主管单位的管理职责：

（一）负责社会团体筹备申请、成立登记、变更登记、注销登记前的审查；

（二）负责社会团体的思想政治工作、党的建设、财务和人事管理、研讨活动、对外交往、接受境外捐赠资助；

（三）监督、指导社会团体遵守宪法、法律、法规和国家政策，依据其章程开展活动；

（四）负责社会团体年度检查的初审；

（五）负责协助登记管理机关和其他有关部门查处社会团体的违法行为；

（六）会同有关机关指导社会团体的清算事宜。

二、社会团体的业务主管单位是指：

（一）国务院组成部委、国务院直属机构、国务院办事机构及地方县级以上人民政府的相应部门和机构；

（二）中共中央各工作部门、代管单位及地方县级以上党委的相应部门和单位；

（三）全国人大常委会办公厅、全国政协办公厅、最高人民法院、最高人民检察院及地方县级以上上述机关的相应部门；

（四）经中共中央、国务院或地方县级以上党委、人民政府授权作为社会团体业务主管单位的组织；

（五）军队系统的社会团体的业务主管单位的问题由总政治部明确。

三、经中共中央、国务院或地方县级以上党委、人民政府授权作为社会团体业务主管单位的组织，应具备以下条件：

（一）能够全面履行社会团体业务主管单位职责的组织；

（二）中央或地方机构编制管理机关“定职能、定机构、定编制”的组织；

（三）有具体机构和人员从事社会团体管理工作的组织；

（四）经中共中央、国务院或地方县级以上党委、人民政府履行过授权程序的组织。

同时具备以上条件的组织，方可作为社会团体的业务主管单位。

四、授权下列组织为全国性社会团体的业务主管单位：

中国社会科学院、国务院发展研究中心、中国地震局、中国气象局、中国证券监督管理委员会、中国保险监督管理委员会、中央党校、中央文献研究室、中央党史研究室、中央编译局、外文局、中华全国总工会、中国共产主义青年团、中华全国妇女联合会、中国文学艺术界联合会、中国作家协会、中国科学技术协会、中华全国归国华侨联合会、中华全国新闻工作者协会、中国人民对外友好协会、中国残疾人联合会、中国职工思想政治工作研究会。

地方县级以上党委、各级人民政府可参照以上意见，根据当地实际情况，对符合第三项第三款条件的组织予以授权。

中华人民共和国民政部令

（第 21 号）

《取缔非法民间组织暂行办法》已经 2000 年 4 月 6 日部务会议通过，现予发布，自发布之日起施行。

部长：多吉才让

二 000 年四月十日

附：

取缔非法民间组织暂行办法

第一条 为了维护社会稳定和国家安全，根据《社会团体登记管理条例》和《民办非企业单位登记管理暂行条例》及有关规定，制定本办法。

第二条 具有下列情形之一的属于非法民间组织：

（一）未经批准，擅自开展社会团体筹备活动的；

（二）未经登记，擅自以社会团体或者民办非企业单位名义进行活动的；

（三）被撤销登记后继续以社会团体或者民办非企业单位名义进行活动的。

第三条 社会团体和民办非企业单位登记管理机关（以下统称登记管理机关）负责对非法民间组织进行调查，收集有关证据，依法作出取缔决定，没收其非法财产。

第四条 取缔非法民间组织，由违法行为发生地的登记管理机关负责。

涉及两个以上同级登记管理机关的非法民间组织的取缔，由它们的共同上级登记管理机关负责，或者指定相关登记管理机关予以取缔。

对跨省（自治区、直辖市）活动的非法民间组织，由国务院民政部门负责取缔，或者指定相关登记管理机关予以取缔。

第五条 对非法民间组织，登记管理机关一经发现，应当及时进行调查，涉及有关部门职能的，应当及时向有关部门通报。

第六条 登记管理机关对非法民间组织进行调查时，执法人员不得少于两人，并应当出示证件。

第七条 登记管理机关对非法民间组织进行调查时，有关单位和个人应当如实反映情况，提供有关资料，不得拒绝、隐瞒、出具伪证。

第八条 登记管理机关依法调查非法民间组织时，对与案件有关的情况和资料，可以采取记录、复制、录音、录像、照相等手段取得证据。

在证据可能灭失或者以后难以取得的情况下，经登记管理机关负责人批准可以先行登记保存，并应当在七日内及时作出处理决定，在此期间，当事人或者有关人员不得销毁或者转移证据。

第九条 对经调查认定的非法民间组织，登记管理机关应当依法作出取缔决定，宣布该组织为非法，并予以公告。

第十条 非法民间组织被取缔后，登记管理机关依法没收的非法财物必须按照国家规定公开拍卖或者按照国家有关规定处理。

登记管理机关依法没收的违法所得和没收非法财物拍卖的款项，必须全部上缴国库。

第十一条 对被取缔的非法民间组织，登记管理机关应当收缴其印章、标识、资料、财务凭证等，并登记造册。

需要销毁的印章、资料等，应当经登记管理机关负责人批准，由两名以上执法人员监督销毁，并填写销毁清单。

第十二条 登记管理机关取缔非法民间组织后，应当按照档案管理的有关规定及时将有关档案材料立卷归档。

第十三条 非法民间组织被取缔后，继续开展活动的，登记管理机关应当及时通报有关部门共同查处。

第十四条 本办法自发布之日起施行。

民政部关于申请筹备成立社会团体验资问题的通知

（民函〔2000〕51 号　2000 年 4 月 26 日）

各社会团体业务主管单位：

1999 年，中共中央办公厅、国务院办公厅联合发出《关于进一步加强民间组织管理工作的通知》（中办发〔1999〕34 号），要求社会团体业务主管单位对所属的社会团体的财务管理工作切实负起责任。《社会团体登记管理条例》规定，申请筹备成立社会团体，发起人应当向登记管理机关提交验资报告。为此，我部通过征求中国人民银行等有关方面的意见，决定今后对申请筹备成立社会团体的验资问题采取以下办法：

首先由各有关业务主管单位在银行开设独立的验资账户。业务主管单位在按照《社会团体登记管理条例》的规定批准发起人的筹备申请后，通知发起人将资金汇入该验资账户。而后，由发起人在我部公告的范围内选择会计师事务所出具验资报告。

以上办法自通知之日起施行。

附：我部公告的会计师事务所名单。

会计师事务所名称

事务所名称	联系电话	办公地址
中永信会计师事务所	66129724　66129737	北京西城区阜外大街2号
华益会计师事务所	88086566　88086567	北京西城区金融街33号通泰大厦C座906
岳华(集团)事务所	64448901－05	北京朝阳区安定路39号
京华会计师事务所	67719070　67723013	北京朝阳区华威北里甲16号
中誉会计师事务所	68358941　68358936	北京西城区展览路12号
中辰兴会计师事务所	84270670　13501001891	北京和平里西街23号安源大厦715
中慧会计师事务所	62182814　62186451	北京海淀区大慧寺南区八号
先锋实杰会计师事务所	84210413	北京安定门外外馆后身1号
诚信会计师事务所	66212118　13901399481	北京西城金融街27号投资广场A座1803
中兴会计师事务所	68458135	北京海淀北洼路西里19号
新华奥会计师事务所	66068892　66069311	北京西城区西安福胡同甲26号
汉根会计师事务所	62374223　62361507	北京西城区黄寺大街21号六层

民政部办公厅关于暂停对企业内部职工持股会进行社团法人登记的函

（民办函〔2000〕110号　2000年7月6日）

天津市民政局：

你局《关于企业职工持股会登记问题的请示》收悉。经研究，答复如下：

1997年根据国务院对外经贸股份有限公司内部职工持股试点的有关意见，民政部、外经贸部、国家体改委、国家工商行政管理局联合下发了《关于外经贸试点企业内部职工持股会登记管理问题的暂行规定》（民社发〔1997〕28号）。各地民政部门按照有关规定，稳妥、规范地开展了外经贸试点企业内部职工持股会的登记管理工作。1998年国务院颁布了新修订的《社会团体登记管理条例》，该条例第三条第三款规定“不属于本条例登记范围的：……；机关、团体、企业事业单位内部批准成立、在本单位内部活动的团体。”由于职工持股会属于单位内部团体，不应再由民政部门登记管理。关于1997年四部委文件应停止执行问题我部已提出书面意见，国家体改办将综合有关部门意见后上报国务院。在国务院没有明确意见前，各地民政部门暂不对企业内部职工持股会进行社团法人登记；此前已登记的职工持股会在这次社团清理整顿中暂不换发社团法人证书。

民政部关于成立以人名命名的社会团体问题的通知

（民发〔2000〕168号　2000年7月21日）

各省、自治区、直辖市民政厅（局），各计划单列市民政局，新疆生产建设兵团民政局：

最近，我部接到地方民政厅关于成立以人名命名社团问题的请示。经研究，并报经中共中央办公厅同意，现通知如下：

一、社会团体名称通常具有表明其活动地域、宗旨和性质的作用，如无特殊需要，一般不以人名命名；

二、以人名命名社会团体，目前只限于确实需要的科技、教育、卫生、文化艺术领域内，对我国和世界做出了巨大贡献、享有盛誉的杰出人物；

三、社会团体一般不以已故或健在的党和国家领导人以及政治活动家的名字命名。

四、地方民政部门在审批以人名命名的社会团体时应多方征求意见，从严把关。凡涉及以党和国家领导人或政治活动家命名的社会团体，应报民政部，经民政部审核同意后，地方民政部门按程序办理登记手续。

特此通知。

民政部办公厅关于民主党派能否作为社会团体业务主管单位问题的复函

（民办函〔2000〕150号　2000年8月24日）

辽宁省民政厅：

你厅《关于民主党派能否作为社会团体业务主管单位问题的请示》（辽民民函〔2000〕73号）收悉，现答复如下：

1998年10月25日国务院颁布的《社会团体登记管理条例》，明确规定“国务院有关部门和县级以上地方各级人民政府有关部门、国务院或者县级以上地方各级人民政府授权的组织，是有关行业、学科或者业务范围内社会团体的业务主管单位”。为了贯彻落实这一规定，经中共中央、国务院领导同志同意，民政部下发了《关于重新确认社会团体业务主管单位的通知》（民发〔2000〕41号，以下简称《通知》），对社会团体业务主管单位的管理职责、哪些部门或单位是社会团体的业务主管单位、经中共中央、国务院或地方县级以上党委、人民政府授权作为社会团体业务主管单位应具备的条件等都做了明确的规定，并授权一些组织为全国性社会团体的业务主管单位，要求地方县级以上党委、人民政府在授权一些组织作为社会团体的业务主管单位时参照执行。鉴于《通知》未授权民主党派作为全国性社会团体的业务主管单位，各地也不宜授权民主党派作为社会团体的业务主管单位。

民政部办公厅关于转发中共中央组织部《关于加强社会团体党的建设工作的意见》的通知

（民办函〔2000〕151号　2000年10月10日）

各省、自治区、直辖市民政厅（局），各计划单列市民政局：

现将中共中央组织部《关于印发〈关于加强社会团体党的建设工作的意见〉的通知》（以下简称为《通知》）转发你们。请你们按照通知精神，结合本地实际情况，认真贯彻落实。执行中有什么情况和问题，请及时告我部。

附：

中央组织部关于印发《关于加强社会团体党的建设工作的意见》的通知

（中组发〔2000〕10号　2000年7月21日）

各省、自治区、直辖市党委组织部，中央各部委，国家机关各部委党组（党委），各人民团体党组：

现将《关于加强社会团体党的建设工作的意见》印发给你们，请结合本地区、本部门的实际情况，认真贯彻落实。执行中有什么情况和问题，请及时告我部。

附：

关于加强社会团体党的建设工作的意见

为了加强党对社会团体的领导，促进社会团体健康发展，现就加强社会团体（不包括《社会团体登记管理条例》规定免于登记的社会团体和特定社会团体，下同）党的建设工作提出以下意见：

一、充分认识加强社会团体党的建设工作的重要性

改革开放以来，我国的社会团体迅速发展，在政治、经济、文化建设中发挥着越来越广泛的作用。社会团体是党的工作和群众工作的重要阵地。加强社会团体党的建设工作，有利于党的路线、方针、政策在社会团体的贯彻落实，有利于在新形势下扩大党的工作的覆盖面和影响力、渗透力，有利于保证社会团体的健康发展。目前，社会团体管理工作比较薄弱，社会团体党的建设工作也存在一些亟待解决的问题。主要是：绝大多数社会团体没有建立党的基层组织，尤其是有些已具备建立党组织的社会团体没有及时建立党的基层组织，在这些社会团体中工作的党员长期不能参加党的组织生活；一些已经建立党组织的社会团体，对党员的教育、管理和监督工作比较薄弱，党员未能充分发挥先锋模范作用；社会团体党组织的设置形式不够完善，难以担负起对社会团体的活动进行有效监督的职责；一些业务主管单位党组织对所属社会团体党的建设和思想政治工作疏于管理，有的甚至不闻不问。对此，各级党委一定要高度重视，采取有力措施，尽快改变社会团体党的建设工作薄弱的状况。

二、建立健全社会团体党的组织，理顺党组织的隶属关系

凡按国务院《社会团体登记管理条例》要求，经政府社会团体登记管理机关核准登记的社会团体，其常设办事机构专职人员（包括长期聘用人员，下同）中有正式党员3人以上，都应及时建立党的基层组织；正式党员不足3人的，可与同一业务主管单位所属的其他社会团体或其他邻近单位建立联合党支部，或将党员组织关系转入其业务主管单位或挂靠单位的党组织，参加党的活动。对暂不具备建立党组织条件的社会团体，上级党组织可向该团体选派、输送、推荐符合条件的党员，为社会团体单独建立党组织创造条件；或指派党的建设工作联络员，负责社会团体的思想政治工作，做好党员的教育、管理和发展工作及党组织的建立工作。

社会团体党组织的设置形式，根据党员人数和工作需要按照有关规定确定。

社会团体党组织负责人应当认真贯彻执行党和国家的方针、政策，善于做思想政治工作和群众工作，坚持正确的政治方向。社会团体党组织负责人一般应由社会团体行政成员中的党员担任，按有关规定选举产生。

在社会团体举行会员大会、理事会或其他重要活动期间，应根据工作需要成立社会团体临时党组织。社会团体临时党组织由业务主管单位或挂靠单位党组织批准成立，其设置形式按照有关规定确定。社会团体临时党组织的领导成员，一般应由社会团体领导成员中的党员担任。

社会团体党组织（包括临时党组织）原则上隶属于其业务主管单位党组织。业务主管单位党组织负责社会团体党组织的建立，并领导其工作；业务主管单位党组织领导确有困难的，可商议社会团体挂靠单位等有关党组织负责社会团体党组织的建立，并领导其工作。

社会团体党组织工作机构的设置和党务工作人员的配备，由社会团体根据工作需要确定。规模较大、党员人数较多的社会团体，根据工作需要，要设置精干的党组织工作机构配备专职党务工作人员。社会团体党组织的活动经费要有保证。

三、明确社会团体党组织的主要职责

社会团体党组织应全面贯彻执行党章规定的党的基层组织的基本任务，其主要职责是：

（一）宣传和贯彻党的路线、方针、政策，执行上级党组织和本组织的决议、决定。监督社会团体遵守国家法律、法规，坚持正确的政治方向。

（二）支持社会团体及其负责人按照社会团体章程开展工作。

（三）加强党组织自身建设，做好党员的教育管理工作和发展党员工作，发挥党员的先锋模范作用。

（四）领导精神文明建设和思想政治工作。

（五）做好统一战线工作。

社会团体党组织必须自觉接受上级党组织的领导，定期汇报工作。如发现社会团体的活动违反党的方针、政策和国家的法律、法规，应及时向上级党组织或有关部门报告。

社会团体在重要活动期间成立的临时党组织发挥政治核心作用，参与社会团体重大问题的决策，制止和纠正违反党的路线、方针、政策和党中央决定的活动，保证社会团体的活动严格遵守国家法律、法规。活动结束以后，要向主管部门党组织报告有关情况。

四、做好社会团体党员的教育管理工作

社会团体已经建立党组织的，其常设办事机构专职人员中的党员，应将组织关系转入社会团体党组织，参加社会团体党的组织生活。

社会团体党组织要结合社会团体业务活动，加强对党员的教育管理工作。党员教育应体现社会团体的特点，贴近党员的实际。要加强理想信念教育，引导党员用马克思列宁主义、毛泽东思想、邓小平理论武装头脑，坚定建设有中国特色社会主义的信念，自觉地贯彻执行党的路线、方针、政策，与党中央保持高度一致。要加强马克思主义唯物论和无神论教育，大力提倡科学精神，自觉抵制各种非无产阶级思想的侵蚀，坚持用马克思主义的世界观和方法论指导社会团体的活动。要进行增强党性，发挥党员作用的教育，引导党员自觉遵守党的纪律，执行党的决定，并以自己的模范带头作用，影响和团结社会团体其他成员做好各项工作。要进行法制教育，引导党员增强法制观念，坚持依法办事，遵纪守法，自觉维护安定团结的政治局面。

机关、企业、事业等单位党组织要对本单位加入社会团体的党员进行登记并切实加强教育管理工作，经常了解党员在社会团体的情况，发现问题，及时解决。

社会团体会员中的党员要定期向所在单位党组织汇报参加社会团体活动的情况，自觉接受党组织的管理和监督。社会团体领导成员中的党员，凡经常参加社会团体活动的，除应在所在单位参加党的组织生活外，还应参加社会团体党组织的活动，接受社会团体党组织的管理和监督。

五、加强对社会团体党的建设工作的领导

各级党委要把社会团体的工作作为党的建设工作的重要组成部分，列入议事日程，切实加强领导。各级党委组织部门和各级政府民政部门以及社会团体业务主管单位党组织要通力合作，共同做好社会团体党的建设工作。

党委组织部门要指导有关部门和单位党组织做好社会团体党组织的建立工作；指导有关部门和单位党组织加强对社会团体党组织的领导；对社会团体党的建设工作进行调查研究，总结、推广典型经验，及对解决突出问题。

民政部门党组织应要求有关职能机构在社会团体成立、变更的登记中，督促具备条件的社会团体建立党组织；对社会团体实施年度检查时，把社会团体党组织的设置情况作为检查的一项内容，发现问题，会同有关部门及时解决。

社会团体业务主管单位和挂靠单位党组织要切实做好所领导社会团体党的建设工作，指导和帮助具备建立党组织条件的社会团体及时建立党的组织；根据社会团体的变化，适时调整社会团体党组织的设置；选好配强社会团体党组织负责人，并做好党组织负责人的教育和培训工作；监督指导社会团体党组织认真履行其职责。

卫生部业务主管社会团体登记管理办法

（卫生部令〔2000〕13号　2000年10月31日发布施行）

第一章　总则

第一条　为了加强对卫生部业务主管社会团体（以下简称社会团体）的管理，更好地发挥社会团体的积极作用，根据《社会团体登记管理条例》，制定本办法。

第二条　卫生部是卫生行业全国性社会团体的业务主管单位，卫生部人事司承担社会团体的业务主管职能。各社会团体的挂靠单位是其依托单位。

第三条　社会团体经登记注册，依法取得法人资格，独立承担法律责任，依据社会团体章程依法独立自主地开展各项活动和管理内部事务。

卫生部根据国家有关法律、法规，对社会团体的有关工作进行指导和监督，并维护社会团体的合法权益。

第四条　社会团体要积极开展有关业务活动，在开展活动时要严格遵守国家有关法律法规，执行卫生工作的有关方针、政策，努力发挥社会团体的作用，积极承担卫生部及其他有关行政部门委托的工作。

任何社会团体都不得擅自以卫生部的名义开展活动，社会团体名称前不得冠以卫生部的字样。

第二章　成立、变更及注销登记的审查

第五条　卫生部负责社会团体的申请登记审查，包括对社会团体的筹备申请登记、成立申请登记和变更、注销申请登记前的审查。

第六条 申请筹备成立社会团体，发起人应当向卫生部提交下列文件：

（一）筹备申请书（包括成立的可行性、必要性）；

（二）验资报告；

（三）办公场所的产权或使用权证明（包括使用面积、使用期限、地点、邮编、联系电话）；

（四）发起人和拟任负责人所在单位的人事部门出具的基本情况，身份证明；

（五）章程草案。

第七条 卫生部自收到本办法第六条所列全部有效文件之日起六十天内，作出同意或者不同意筹备的决定，并通知发起人。不同意的，应当向发起人说明理由。经卫生部同意筹备成立的社会团体应当到登记管理机关申请筹备成立。

第八条 获批准筹备成立的社会团体，应当在登记管理机关批准筹备之日起六个月内完成下列全部筹备工作：

（一）筹集必须的资金并加以管理；

（二）征集会员；

（三）起草章程；

（四）落实拟成立社会团体的办公地点；

（五）负责召开会员代表大会，产生负责人、法定代表人、办事机构，通过起草的章程。

第九条 完成筹备工作的社会团体申请成立登记需向卫生部提交下列材料：

（一）申请成立的社会团体负责人签署的登记申请报告；

（二）会员大会或会员代表大会通过的社会团体章程；

（三）社会团体秘书长以上主要负责人名单及简历；

（四）社会团体专职工作人员简历（本人所在单位人事部门审查盖章）；

（五）验资报告；

（六）办公场所的产权或使用证明材料；

（七）会员名册（团体会员需加盖单位公章）；

（八）党组织的建立情况；

（九）其他需要说明的材料。

第十条 卫生部自收到完成筹备工作的社会团体的登记申请书及有关文件起30日内完成审查工作，作出同意或不同意成立登记的决定，并通知发起人。不同意的说明理由。经卫生部批准成立登记的社会团体，应当到登记管理机关申请成立登记。

第十一条 社会团体登记事项、备案事项需要变更的，以及社会团体办理注销登记，需向卫生部提交下列材料：

（一）加盖会章及法定代表人签字的社会团体申请报告；

（二）加盖会章及法定代表人签字的社会团体理事会或常务理事会审议通过的会议纪要；

（三）其他所需材料。

第十二条 社会团体设立分支机构、代表机构按照《社会团体登记管理条例》第十九条规定办理。

社会团体设立分支机构、代表机构应当向卫生部提交下列材料：

（一）加盖会章及法定代表人签字的社会团体申请报告；

（二）加盖会章及法定代表人签字的社会团体理事会或常务理事会审议通过的会议纪要；

（三）拟任社会团体分支机构、代表机构负责人的简历（所在单位人事部门审查盖章）；

（四）社会团体分支机构、代表机构办公场所的产权证明或使用证明材料；

（五）其他需要说明的材料。

未经卫生部审查同意、社会团体登记管理机关核准登记，社会团体不得擅自设立分支机构、代表机构并开展活动。社团分支机构、代表机构名称前必须冠以社团名称，未经社团授权或同意，不得擅自发展会员、收取会费。

第三章　组织人事

第十三条　各社会团体必须坚持民主办会的原则，根据社团章程规定，按期召开会员代表大会、理事会议、常务理事会议。

提前或延期召开会员代表大会，须经社团常务理事会或理事会讨论通过并向卫生部阐明原因，征得同意。

第十四条　各社会团体在章程规定召开会员代表大会前三个月，应向卫生部报送本届常务理事会或理事会通过的召开大会方案；召开大会前一个月，应向卫生部报送会员代表大会的有关文件。

拟任下一届秘书长以上领导职务候选人名单由社会团体推荐，在大会前三个月向卫生部报送，经卫生部审核同意或由卫生部推荐产生。

在代表大会闭幕后三个月内，应将代表大会的总结或纪要报送卫生部备案，并到有关部门办理相关手续。

第十五条　社会团体制订或修改章程必须参照民政部《社会团体章程示范文本》的要求，报卫生部审议后，提交代表大会讨论通过，并经社团登记管理机关核准后实施。制订或修改章程需向卫生部提交下列材料：

（一）加盖会章及法定代表人签字的社会团体修改章程的申请报告；

（二）社会团体常务理事会或理事会通过的纪要；

（三）修改后的社会团体章程草案及修改说明。

第十六条　召开理事会、常务理事会和其他重要会议的决议、纪要，应及时通告全体会员，并报卫生部备案。

第十七条　社会团体应设立办事机构，办事机构在常务理事会或理事会的领导下，由秘书长或副秘书长负责处理日常工作。

社会团体设立办事机构应经卫生部批准后报登记管理机关审批。

第十八条　社会团体常设办事机构专职工作人员（包括长期聘用的人员）中，凡是有正式党员三人以上的，应建立党的基层组织。社团建立党组织，按中组部有关规定办理。

第十九条　社会团体秘书长以上负责人应身体健康，能够坚持正常工作，任期一般不超过两届，年龄一般不超过七十岁，秘书长应当为专职。

社会团体秘书长以上负责人若超过规定的最高任职年龄及任职期限，应由理事会三分之二以上多数表决通过，报卫生部审查并经登记管理机关审批同意后，方可任职。若在任期中到达年龄，可以放宽到换届为止。

第二十条　在会员代表大会闭会期间，由于各种原因要对社会团体秘书长以上负责人进行调整、撤换，应经卫生部审核同意后，按社会团体章程规定产生，并在下一届会员代表大会上选举通过。卫生部也可以根据对社会团体的审查情况，建议召开常务理事会或理事会，讨论决定社会团体的个别重大事宜，对社会团体负责人提出调整、撤换意见，再经社会团体民主程序决定。

第二十一条 社会团体的审计，包括换届、更换会长（理事长）、法定代表人之前的离任审计、年度审计等，均由卫生部组织审计机构进行审计，审计报告直接交卫生部。在特殊情况下，卫生部认为有审计必要时，可对社会团体提出审计的要求，并组织审计机构对其进行审计，审计费用由被审计的社会团体承担。

第二十二条 社会团体专职工作人员的工资待遇参照卫生事业单位管理；兼职人员不得在社会团体中领取工资。

第二十三条 社会团体常设办事机构专职人员应根据国家有关规定，参加当地社会基本养老保险、失业保险、基本医疗保险以及国家规定的其他保险事项。

第二十四条 社会团体的法定代表人一般应由会长（理事长）担任。如因特殊情况需由副会长（副理事长）或秘书长担任，应报卫生部审查并经社会团体登记管理机关审批同意后，方可担任，并在章程中写明。

社会团体的法定代表人，不得兼任其他社会团体的法定代表人。

第四章 监督管理

第二十五条 社会团体按其章程规定开展活动时的收入，必须全部用于该社会团体章程规定的业务活动，不得在会员中分配。

第二十六条 社会团体举办具有下列情形之一的重大活动，需报卫生部审批同意：

（一）涉及重大政治、经济、理论等社会科学方面跨组织的学术活动；

（二）活动范围广，跨数个省（自治区、直辖市），影响较大的活动（学术年会除外）；

（三）承担着部分行政部门职能的活动；

（四）组织涉外学术研讨会及其他活动；

（五）承接境外组织提出的社会科学方面的研究课题和调查课题；

（六）接受境外捐款（救灾、扶贫等正常捐款除外）设立基金。

第二十七条 社会团体举办第二十六条所列重大活动，需向卫生部报送下述材料：

（一）加盖会章及法定代表人签字的社会团体申请报告；

（二）加盖会章及法定代表人签字的社会团体理事会或常务理事会审议通过的会议纪要；

（三）开展该活动的主办单位、承办单位；

（四）开展该活动的必要性与可行性及活动的安排；

（五）其他相关材料。

第二十八条 卫生部机关各司局对社会团体的管理参照《卫生部关于部机关对社团管理的若干规定》执行。

第二十九条 社会团体应当于每年三月三十一日前向卫生部报送上一年度的工作报告，内容包括：

（一）本社会团体遵守法律法规和国家政策的情况；

（二）依照《社会团体登记管理条例》及本办法履行登记手续和内部管理的情况；

（三）按照章程开展活动的情况；

（四）人员和机构变动的情况；

（五）年度审计报告。

根据社会团体在本年度的不同情况，卫生部在年检前应对有关社会团体提出整改意见，在其未按要求完成整改前，卫生部视不同情况决定延迟年检、不受理其年检或在年检时不予以通过。

社会团体无正当理由又不按规定时间和内容要求报送上述材料，卫生部不再受理其上年度年审工作。

第三十条 社会团体的财务活动应根据《社会团体登记管理条例》有关规定，严格参照国家有关事业单位财务管理制度执行，建立健全社会团体的财务制度。应建立常务理事会领导下的民主理财管理制度，定期向常务理事会公开财务活动情况及个人在社会团体领取报酬的情况，并接受卫生部的监督管理。对在社会团体活动中谋取私利的，卫生部将视情节轻重予以处分。

第三十一条 社会团体严重违反国家法律、法规、规章及本会章程，不能服从业务主管部门管理的，由卫生部酌情决定给予通报批评、限期整顿等处罚；逾期未能改正的，视情况予以解除业务主管关系。

第五章 附则

第三十二条 委托国家中医药管理局业务主管的社会团体，可以参照本办法执行。国家中医药管理局可以制订具体实施办法。

第三十三条 本办法由卫生部负责解释。

第三十四条 本办法自发布之日起实施。1995 年 10 月 16 日卫生部发布的《卫生部社会团体审核、申报办法》同时废止。

民政部关于对部分团体免予社团登记有关问题的通知

（民发〔2000〕256 号 2000 年 12 月 5 日）

各省、自治区、直辖市人民政府，中央和国家机关各部委，各人民团体：

为了认真贯彻《社会团体登记管理条例》（以下简称《条例》），经党中央、国务院领导同志同意，现就部分社团不登记和可以免予登记的有关问题通知如下：

一、参加中国人民政治协商会议的人民团体不进行社团登记。参加中国人民政治协商会议的人民团体有：中华全国总工会、中国共产主义青年团、中华全国妇女联合会、中国科学技术协会、中华全国归国华侨联合会、中华全国台湾同胞联谊会、中华全国青年联合会、中华全国工商业联合会。

二、经国务院批准可以免予登记的社会团体有：中国文学艺术界联合会、中国作家协会、中华全国新闻工作者协会、中国人民对外友好协会、中国人民外交学会、中国国际贸易促进会、中国残疾人联合会、宋庆龄基金会、中国法学会、中国红十字总会、中国职工思想政治工作研究会、欧美同学会、黄埔军校同学会、中华职业教育社。

三、上述可以免予登记的团体，如果愿意按《条例》规定到社会团体登记管理机关进行登记和参加年检的，可按照《条例》和有关规定办理登记手续。如果不愿到社会团体登记管理机关进行登记，社会团体登记管理机关在这次社团清理整顿中不再更换新的社会团体法人证书。已经领取社会团体法人证书和已刻制的印章等应退回社会团体登记管理机关。

四、除了国务院批准可以免予登记的社团之外，其他全国性社团和省级及其以下地方性社团都应该按照《条例》的规定履行登记手续。

民政部关于对部分社团免予社团登记的通知

（民发〔2000〕257 号　2000 年 12 月 5 日）

中国文联、中国作协：

经中共中央、国务院领导同志同意，现就部分社团可以免予社团登记的有关问题通知如下：

一、中国文联所属的十一个文艺家协会可以免予社团登记，即：中国戏曲家协会、中国电影家协会、中国音乐家协会、中国美术家协会、中国曲艺家协会、中国舞蹈家协会、中国民间文艺家协会、中国摄影家协会、中国书法家协会、中国杂技家协会、中国电视艺术家协会。

二、省、自治区、直辖市文联、作协可以免予社团登记。

三、上述可以免予登记的社团，凡愿意按《社会团体登记管理条例》规定到社会团体登记管理机关进行登记和参加年检的，可按照有关规定办理登记手续。如果不愿到社会团体登记管理机关进行登记，社会团体登记管理机关在这次社团清理整顿中不再更换新的社会团体法人证书。已经领取社会团体法人证书和已刻制的印章等应退回社会团体登记管理机关。

四、除上述国务院批准可以免予登记的社会团体外，省级文联所属文艺家协会和省级以下各级文联以及所属文艺家协会都应该按照《社会团体登记管理条例》的规定履行登记手续。

民政部、人事部关于全国性社会团体专职工作人员人事管理问题的通知

（民发〔2000〕263 号　2000 年 12 月 10 日）

中央和国家机关各部委，解放军总政治部，各人民团体：

为了贯彻落实《中共中央办公厅、国务院办公厅关于进一步加强民间组织管理工作的通知》（中办发〔1999〕34 号）精神，制定和完善社会团体的人事管理政策，充分发挥社会团体在社会主义物

质文明和精神文明建设中的积极作用，现就全国性社会团体专职工作人员的人事管理问题通知如下：

一、全国性社会团体专职工作人员人事管理工作，是一项政策性强、涉及面广的工作，业务主管单位必须予以高度重视，认真加强管理。民政部、人事部要对社会团体专职工作人员的人事管理工作进行指导、监督、检查，使社会团体的人事管理工作逐步走向法制化、规范化的轨道。

二、全国性社会团体专职工作人员，其档案管理、档案工资、社会保险、职称评定、住房公积金、婚姻状况证明、出国政审证明等人事管理工作，参照国家对事业单位的有关规定执行，由人事部全国人才流动中心或人事部、民政部共同指定的有人事代理权的机构代理。

三、设有人事管理部门或设有专兼职人事管理干部的全国性社会团体，以及专职工作人员的人事管理工作已由业务主管单位人事部门统一管理的全国性社会团体，其人事管理工作可仍按现行管理办法进行。

四、全国性社会团体从离、退休人员中聘任的社会团体专职工作人员，其人事管理工作由被聘人员原单位人事部门负责，具体管理工作依照国家有关规定进行。原单位要创造便利条件，支持这些人员在社会团体的工作。

五、人事部人才流动中心或人事部、民政部共同指定的有人事代理权的机构要以高度负责的精神，做好全国性社会团体专职工作人员的人事代理工作，并定期向民政部、人事部和全国性社会团体业务主管单位通报有关情况。

六、全国性社会团体业务主管单位要将本通知的内容及时传达至所属社会团体。全国性社会团体需要办理人事代理的，接本通知后，到人事部人才流动中心或人事部、民政部共同指定的有人事代理权的机构办理对专职工作人员进行人事管理的代理手续。

（二）、民办非企业单位管理法规文件

中华人民共和国民政部　中华人民共和国公安部令

（第20号）

现发布《民办非企业单位印章管理规定》，自发布之日起施行。

民政部部长：多吉才让

公安部部长：贾春旺

二000年一月十九日

附：

民办非企业单位印章管理规定

各省、自治区、直辖市民政厅（局）：

为了保障民办非企业单位的合法权益，加强对民办非企业单位印章的管理，根据《民办非企业单位登记管理暂行条例》和《国务院关于国家行政机关和企业事业单位社会团体印章管理的规定》（国发〔1999〕25号），制定本规定：

一、印章的规格、式样

民办非企业单位的印章分为名称印章、办事机构印章和专用印章（专用印章分为钢印、财务专用章、合同专用章等），一律为圆形。

由国务院民政部核准登记的民办非企业单位，名称印章直径为4.5厘米，办事机构的印章直径为4.2厘米。由地方各级人民政府民政部门核准登记的民办非企业单位，名称印章直径为4.2厘米，办事机构的印章直径为4厘米。民办非企业单位的专用印章必须小于名称印章且直径最大不超过4.2厘米，最小不小于3厘米。

民办非企业单位的印章，中央刊五角星，五角星外刊单位名称，自左而右环行。其中办事机构印章中的办事机构名称及财务专用章、合同专用章中的财务专用、合同专用等字样，刊在五角星下面，自左而右横排。

二、印章的名称、文字、文体

印章所刊的单位名称，应为民办非企业单位的法定名称；民族自治地方的民办非企业单位的印章应当并列刊汉字和当地通用的民族文字；有国际交往的民办非企业单位印章，需要刻制外文名称的，将核准登记注册的中文名称译成相应的外国文字，并列刊汉文和外文。

印章印文中的汉字，应当使用国务院公布的简化字，字体为宋体。

三、印章的刻制审批程序

民办非企业单位刻制印章须在取得登记证书后向登记管理机关提出书面申请及印章式样，经批准后持登记管理机关开具的同意刻制印章介绍信及登记证书到所在地县、市（区）以上公安机关办理准刻手续后，方可刻制。

四、印章的管理和缴销

（一）民办非企业单位的印章经登记管理机关、公安机关备案后，方可启用。

（二）民办非企业单位应当建立健全印章使用管理制度，印章应当有专人保管。对违反规定使用印章造成严重后果的，应当追究保管人或责任人的行政责任或法律责任。

（三）民办非企业单位因变更登记、印章损坏等原因需要更换印章时，应到登记管理机关交回原印章，按本规定程序申请重新刻制。

（四）民办非企业单位印章丢失，经声明作废后，可以按本规定程序申请重新刻制。重新刻制的印章应与原印章有所区别。如五角星两侧加横线。

（五）民办非企业单位办理注销登记后，应当及时将全部印章交回登记管理机关封存。

（六）民办非企业单位被撤销，应当由登记管理机关收缴其全部印章。

（七）登记管理机关对收缴的和民办非企业单位交回的印章，要登记造册，送当地公安机关销毁。

（八）民办非企业单位未到公安机关办理准刻手续擅自刻制印章的，由公安机关处以500元以下罚款或警告，并收缴其非法刻制的印章。

（九）对未经公安机关批准，擅自承制民办非企业单位印章的企业，由公安机关按《中华人民共和国治安管理处罚条例》第二十五条第二项的规定予以处罚。

五、本规定发布之前已按国家有关规定成立的民办非企业单位，在民办非企业单位复查登记过程中，通过复查登记的，其印章规格、式样、名称、文字、文体符合本规定的，在登记管理机关备案后可继续使用；不符合的应重新申请刻制；未通过复查登记的应停止活动，向业务主管单位交回原有印章，并由业务主管单位登记造册，送当地公安机关销毁。

六、本规定自发布之日起施行。

民政部关于做好民办非企业单位登记管理试点工作的通知

（民发〔2000〕91 号　2000 年 4 月 13 日）

各省、自治区、直辖市民政厅（局），各计划单列市民政局，新疆生产建设兵团民政局：

为贯彻中办、国办〔1996〕22 号文件及〔1999〕34 号文件精神，全面启动民办非企业单位登记管理工作，做好民办非企业单位复查登记工作，根据年初全国民政厅局长会议精神，各地陆续开展了民办非企业单位复查登记的试点。为使试点工作进一步规范化，现就有关事项通知如下：

一、各地要高度重视试点工作，将其作为建立民办非企业单位登记管理制度，做好民办非企业单位复查登记工作的重要措施，切实抓紧抓好。要加强组织领导，积极争取政府和有关部门的支持。各省、自治区、直辖市和试点城市（地区）应成立试点工作领导小组和办公室。领导小组由地方政府主管领导牵头，民政、教育、卫生、科技、文化、劳动、体育、编制、公安、税务、工商和银行等部门共同组成。试点办公室设在民政部门，要选择业务能力强、熟悉情况且相对稳定的同志组成精干的工作班子，具体实施试点工作。试点经费和办公条件要予以保证。

二、各省、自治区、直辖市要结合当地的实际情况，选择 1—2 个城市或地区作为本省（区、市）的试点单位。试点城市或地区一般应符合下列条件：一是地方政府领导关心和重视民办非企业单位登记管理工作，民办非企业单位登记管理工作已提到政府的议事日程；二是地方机构改革方案初步确定，已经建立或即将建立民办非企业单位登记管理机关，或已确定专人负责此项工作；三是当地有相当数量的民办非企业单位，且经过调查研究，初步掌握基本情况。

民政部指定的试点城市为：广东省深圳市、浙江省温州市、山东省青岛市、吉林省梅河口市。

三、试点城市或地区要严格按照《民办非企业单位登记管理暂行条例》和《民办非企业单位登记暂行办法》等法规政策，确定试点工作的目标和任务，制定具体的试点方案，2000 年年底之前完成试点工作。通过试点，做到：摸清当地民办非企业单位的底数，明确登记对象的范围、基本特征、规范的名称和组织形式；按照执法严明、制度健全、服务规范的要求，建立健全登记管理机关的各项管理制度，完善登记程序；确认业务主管单位，明确登记管理机关与业务主管单位在登记管理各个环节中的衔接程序，建立联席会议和联络员制度，明确联系方式和内容，初步建立双重管理体制。试点要坚持实事求是，结合本地实际，先易后难，同时勇于在难点、重点问题上有所突破。切忌盲目扩大登记范围，大包大揽。各地要边试点、边总结、边推广。试点过程中一些可行作法和成功经验，要及时报部。

2000年5月底之前，各地应完成选点、方案制定、落实经费等项准备工作，并将试点工作计划和试点城市的试点方案，报部民间组织管理局备案。

科技部、民政部关于印发《科技类民办非企业单位登记审查与管理暂行办法》的通知

（国科发政字〔2000〕209号　2000年5月24日）

各省、自治区、直辖市及计划单列市科技厅（委）、民政厅（局），国务院各部门、各直属机构：

随着科学技术在社会生产和生活中的广泛应用，科学技术工作已经得到全社会的重视和支持。科技类民办非企业单位开始大量出现，这类民办非企业单位主要利用非国有资产兴办，不以营利为目的，专门从事科学研究与技术开发、成果转让、科技咨询与服务、科技成果评估，以及科学技术知识传播和普及等业务。此类科技机构已成为中介服务体系的重要组成部分和推进社会科技进步的重要力量。

为了规范科技类民办非企业单位的登记审查和管理工作，指导和监督其业务活动，保护其合法权益，根据国务院《民办非企业单位登记管理暂行条例》和民政部《民办非企业单位登记暂行办法》，科技部与民政部联合制定了《科技类民办非企业单位登记审查与管理暂行办法》，现印发给你们，请遵照执行，并将执行情况及时报我们。

体育类民办非企业单位登记审查与管理暂行办法

（国家体育总局、民政部令第5号　2000年11月10日）

第一条　为适应体育类民办非企业单位发展的需要，根据国务院《民办非企业单位登记管理暂行条例》（以下简称《条例》）等有关规定，结合体育事业的实际情况，制定本办法。

第二条　本办法所称体育类民办非企业单位，是指由企业事业单位、社会团体、其他社会力量和公民个人利用非国有资产举办的，不以营利为目的的，以开展体育活动为主要内容的民办的中心、

院、社、俱乐部、场馆等社会组织。

第三条 体育行政部门是体育类民办非企业单位的业务主管单位。国务院体育行政部门负责指导全国体育类民办非企业单位的登记审查工作，并负责在民政部登记的体育类民办非企业单位的登记审查工作。

县级以上地方各级人民政府体育行政部门负责本辖区内体育类民办非企业单位的设立审查工作。

第四条 体育类民办非企业单位的业务主管单位履行下列职责：

（一）负责体育类民办非企业单位设立、变更、注销登记前的审查；

（二）监督、指导体育类民办非企业单位遵守国家宪法、法律、法规和政策并按照其章程开展活动；

（三）对体育类民办非企业单位进行业务指导；

（四）负责对体育类民办非企业单位年度检查的初审；

（五）组织经验交流，表彰先进；

（六）会同有关机关指导体育类民办非企业单位的清算事宜；

（七）协助登记管理机关和其他有关部门查处体育类民办非企业单位的违法行为；

（八）其他应由业务主管单位履行的职责。

第五条 申请设立体育类民办非企业单位应当具备以下条件：

（一）业务和活动范围必须符合发展体育事业的相关政策、法规，并遵守国家规定的行业标准；

（二）有与业务范围和业务量相当的体育专业技术人员，关键业务岗位的主要负责人应由体育专业技术人员担任；

（三）有与所从事的业务范围相适应的体育场所和条件；

（四）法律、法规规定的其他条件。

第六条 体育类民办非企业单位可以从事以下业务：

（一）体育健身的技术指导与服务；

（二）体育娱乐与休闲的技术指导、组织、服务；

（三）体育竞赛的表演、组织、服务；

（四）体育人才的培养与技术培训；

（五）其他体育活动。

第七条 申请设立体育类民办非企业单位，必须向体育行政部门提交以下材料：

（一）从业人员中体育专业技术人员的专业技术资格证明材料，包括学历证明、工作简历、在体育运动中获得成绩证明、体现运动技术水平的其他证明材料等。

（二）体育场所使用权证明材料和从事业务所必需的器材清单。

（三）体育行政部门要求提供的其他材料。

第八条 体育行政部门自收到全部有效文件之日起40个工作日内，应作出审查同意或不同意的决定。审查同意的，向申请人出具批准文件；审查不同意的，书面通知申请人，并说明理由。

第九条 体育类民办非企业单位变更登记事项，应向体育行政部门提出书面申请，载明变更事项、原因和方案等。

体育类民办非企业单位修改章程的，应提交原章程、修改说明以及修改后的新章程；变更住所的，应出具新住所的产权或使用权证明；变更法定代表人或负责人的，应出具变更后法定代表人或负责人的身份证明及相关材料；变更业务主管单位的，应提交变更业务主管单位申请书；变更资金的，应提交有关资产变更证明文件等材料。

第十条 体育类民办非企业单位所从事的业务活动超出本办法第六条规定范围，或改变其设立宗旨的，应办理业务主管单位变更手续，体育行政部门不再承担业务主管单位的职责，并以书面形式通知该民办非企业单位和相应登记管理机关。

第十一条 体育行政部门自收到全部有效文件之日起20个工作日内，应作出同意变更或不同意变更的批复。同意变更法定代表人或负责人的，对该体育类民办非企业单位进行财务审计。

第十二条 体育类民办非企业单位申请注销登记的，应向体育行政部门提交以下文件：

（一）注销申请书；

（二）登记证书副本；

（三）依法成立的清算组织出具的清算报告；

（四）法律、法规规定的其他文件。

第十三条 体育行政部门应自收到注销申请书及全部有效文件之日起20个工作日内出具审查意见。体育类民办非企业单位申请变更业务主管单位，但在90日内未找到新的业务主管单位的，原体育行政部门应继续履行职责，直至该民办非企业单位完成注销登记手续。

第十四条 县级以上地方各级人民政府体育行政部门应将所辖范围内体育类民办非企业单位登记、注销的审查结果报上一级体育行政部门备案。

第十五条 体育类民办非企业单位可以依法通过以下方式获得发展资金：

（一）接受捐赠、资助；

（二）接受政府、企事业单位、社会团体、其他社会组织和个人的委托项目资金；

（三）为社会提供与业务相关的有偿服务所获得的报酬；

（四）其他合法收入。

第十六条 体育类民办非企业单位接受、使用捐赠、资助时，在实际占有、使用前向体育行政部门报告接受和使用捐赠、资助是否符合章程规定；捐赠和资助主体的基本情况；与捐赠、资助主体约定的期限、方式和合法用途；向社会公布的内容和方式等情况。

第十七条 体育类民办非企业单位应参照执行体育事业单位财务制度。

第十八条 体育类民办非企业单位应在每年3月31日前向体育行政部门提交上一年度的工作报告。体育行政部门自收到该工作报告之日起30个工作日内作出初审意见。

截止到3月31日成立时间未超过6个月的体育类民办非企业单位，可不参加当年的年检工作，一并参加下一年度的年检工作。

第十九条 体育类民办非企业单位出现下列情形之一，情节严重的，体育行政部门有权撤销已出具的登记审查批准文件，并以书面形式通知该民办非企业单位和相应的登记管理机关。

（一）涂改、出租、出借民办非企业单位登记证书，或者出租、出借民办非企业单位印章的；

（二）超出其章程规定的宗旨和业务范围进行活动的；

（三）拒不接受或者不按照规定接受监督检查的；

（四）不按照规定办理变更登记的；

（五）设立分支机构的；

（六）从事营利性的经营活动的；

（七）侵占、私分、挪用民办非企业单位的资产或者所接受的捐赠、资助的；

（八）违反国家有关规定收取费用、筹集资金或者接受使用捐赠、资助的。

第二十条 本办法由国家体育总局和民政部负责解释。

第二十一条 本办法自发布之日起施行。

文化部、民政部关于印发《文化类民办非企业单位登记审查管理暂行办法》的通知

（文人发〔2000〕60 号　2000 年 12 月 4 日）

各省、自治区、直辖市及计划单列市文化厅（局）、民政厅（局），国务院各部门，各直属机构：

为推动文化类民办非企业单位的健康发展，鼓励支持运用社会资金和人才发展文化事业，根据国务院发布的《民办非企业单位登记管理暂行条例》（国务院令第 251 号），文化部与民政部联合制定了《文化类民办非企业单位登记审查管理暂行办法》。现印发给你们，请遵照执行。

附：

文化类民办非企业单位登记审查管理暂行办法

第一条　根据国务院《民办非企业单位登记管理暂行条例》（以下简称《条例》），结合文化类民办非企业单位发展的特点，制定本办法。

第二条　本办法所称文化类民办非企业单位，是指企业、事业单位、社会团体和其他社会力量以及公民个人利用非国有资产举办的，从事非营利性文化服务活动的社会组织。

第三条　文化类民办非企业单位根据其依法承担民事责任的不同方式，分为民办非企业单位（法人）、民办非企业单位（合伙）和民办非企业单位（个体）三种。

第四条　文化行政部门是文化类民办非企业单位的业务主管单位。文化类民办非企业单位的设立须经文化行政部门审查，并依照《条例》和民政部《民办非企业单位登记暂行办法》的规定进行登记。

第五条　文化行政部门负责民办非企业单位成立、变更、注销登记前的审查；监督民办非企业单位遵守宪法、法律、法规和国家政策，指导其按照章程开展业务活动；负责民办非企业单位年度检查的初审；协助有关部门查处民办非企业单位的违法行为；会同有关机关指导民办非企业单位的财产清算事宜。

第六条　文化部负责全国文化类民办非企业单位的业务指导工作。负责在民政部登记的文化类民办非企业单位的设立审查工作，具体办法由文化部制定。

县级以上（含县级）文化行政部门负责本辖区文化类民办非企业单位的业务指导和设立审查工作。

第七条　申请设立文化类民办非企业单位，除符合国家和登记管理部门规定外，还应具备下列条件：

（一）拟定名称需经登记管理机关预审。

（二）业务活动范围属于文化行政部门的职能权限。

（三）有符合文化行业从业资格的业务人员。

（四）有开展业务活动必须的设备、器材、场所和其他设施。

第八条　文化部审查、民政部登记的民办非企业单位，最低开办资金不低于 30 万元人民币。

县级以上（含县级）文化行政部门审查、民政部门登记的民办非企业单位，最低开办资金不低于 3 万元人民币。

第九条 文化类民办非企业单位按其所从事的业务范围，划分为以下类型：

（一）从事舞台艺术创作、演出和传统艺术整理、加工和保护的民办艺术表演团（队）；

（二）从事艺术人才培养和教育的民办艺术院校；

（三）从事老年文化活动、辅导、培训的老年文化大学；

（四）从事文化艺术辅导及丰富群众文化生活业务的民办文化馆或活动中心（站）；

（五）从事图书、资料、文献情报借阅及社会教育工作的民办图书馆（室）；

（六）从事文物宣传、保护、展览等活动的民办博物馆（院）；

（七）从事艺术收藏、展览及交流的民办美术馆（室）、书画雕塑馆（室）、名人纪念馆、名人故居纪念馆、收藏馆（室）；

（八）从事艺术发掘、整理、研究、咨询及艺术科技开发的民办艺术研究院（所）；

（九）从事文化传播、交流的文化网络中心（站）；

（十）从事文化艺术活动的其他民办非企业单位。

第十条 申请设立文化类民办非企业单位，申办人应当向文化行政部门提交以下材料：

（一）设立申请书；

（二）场所使用权证明；

（三）会计师事务所验资报告或银行资信证明及每年收入支出的估算情况材料；

（四）拟任负责人的基本情况、身份证明、申办地户籍证明及固定住址和联系方式；

（五）章程草案；

（六）主要业务人员的从业资格证明；

（七）与开展业务活动相关的设备、器材和其他设施清单；

（八）文化行政部门要求的其他材料。

第十一条 文化行政部门自收到全部有效文件之日起60日内，作出审查决定。对审查合格的，向申请人出具审查文件；对审查不合格的，以书面形式通知申请人。

第十二条 依照法律、法规，经有关主管部门审核或登记，已经取得相应的执业资格证书的文化类民办非企业单位，需经文化行政部门复查认定后办理登记手续。

第十三条 文化类民办非企业单位变更登记事项，应向文化行政部门提交由法定代表人或单位负责人签署并加盖公章的变更登记申请书，申请书应载明变更事项、变更理由及变更方案等，并按审查登记要求，出具相应变更文件。

文化类民办非企业单位业务活动超出本办法第九条规定的业务范围，应办理业务主管单位变更手续。

文化行政部门自收到全部有效文件之日起30日内作出同意或不同意的答复。

第十四条 文化类民办非企业单位申请注销登记的，应向文化行政部门提交以下文件：

（一）法定代表人或单位负责人签署并加盖单位公章的注销登记申请书，法定代表人或单位负责人因故不能签署的，应说明理由，提交证明文件；

（二）登记证书副本；

（三）依法成立的清算组织出具的清算报告；

（四）注销登记的善后情况；

（五）文化行政部门要求的其他文件。

第十五条 文化行政部门自收到注销登记申请书及全部有效文件之日起30日内出具审查意见。注销登记手续完成前，文化行政部门应继续履行业务管理职责。

第十六条 文化类民办非企业单位可以依法通过以下方式获得发展资金：

（一）接受捐赠、资助；

（二）接受政府、企事业单位、社会团体及其他社会组织和个人的委托项目资金；

（三）为社会提供与业务相关的有偿服务获得报酬；

（四）其他合法收入。

第十七条 文化类民办非企业单位接受捐赠、资助，应当向文化行政部门报告接受、使用捐赠、资助的有关情况，并将有关情况以适当方式向社会公布。

第十八条 文化类民办非企业单位根据财政部《关于对明确民办非企业单位财务管理制度等问题的函》的规定，参照文化事业单位财务制度规定执行。

第十九条 文化类民办非企业单位用人一律实行聘用制。

第二十条 文化类民办非企业单位每年3月31日前，向文化行政部门提交上一年度的工作报告。报告内容包括：遵守法律法规和国家政策的情况、履行登记手续的情况、按照章程开展活动的情况、人员和机构变动情况以及财务管理情况等。文化行政部门自收到报告之日起30个工作日内作出初审意见。3月31日之后成立的文化类民办非企业单位，参加下一年度年检。

第二十一条 文化类民办非企业单位违反本办法规定的，责令限期改正。情节严重的，文化行政部门提请登记管理机关撤销登记。

第二十二条 本办法由文化部和民政部负责解释。

第二十三条 本办法自发布之日起施行。

民政部、卫生部关于城镇非营利性医疗机构进行民办非企业单位登记有关问题的通知

（民发〔2000〕253号　2000年12月5日）

各省、自治区、直辖市民政厅（局）、卫生厅（局），各计划单列市民政局、卫生局，新疆生产建设兵团民政局、卫生局：

为做好城镇非营利性医疗机构的登记管理工作，根据《民办非企业单位登记管理暂行条例》和《医疗机构管理条例》，各类城镇非营利性医疗机构（政府举办的非营利性医疗机构除外）在取得《医疗机构执业许可证》后，应当依法到民政部门进行民办非企业单位登记。现将登记的有关问题通知如下：

一、登记对象

1. 社会捐资兴办的非营利性医疗机构；

2. 社会团体和其他社会组织举办的非营利性医疗机构；

3. 企事业单位设立的对社会开放的，且其总财产中的非国有资产份额占三分之二以上的非营利性医疗机构；

4. 国有或集体资产与医疗机构职工集资合办的，且其总财产中的非国有资产份额占三分之二以上的非营利性医疗机构；

5. 自然人举办的合伙或个体非营利性医疗机构。

二、登记程序和方法

（一）在本通知下发之前已经取得《医疗机构执业许可证》的非营利性医疗机构，应当按照民政部《关于开展民办非企业单位复查登记工作的意见》的要求，参加民办非企业单位复查登记，具体步骤是：

1. 按照民办非企业单位分级登记管理的原则，由非营利性医疗机构向原颁发《医疗机构执业许可证》的卫生行政部门提出复查登记申请，经卫生行政部门审查同意后，到同级民政部门办理民办非企业单位登记手续。

2. 复查登记须向卫生行政部门提交下列文件和材料：

（1）自查报告；

（2）章程草案；

（3）已填具的民办非企业单位有关登记表格；

（4）卫生行政部门要求提交的其他材料。

3. 复查登记须向民政部门提交下列文件和材料：

（1）自查报告；

（2）章程草案；

（3）已填具的民办非企业单位有关登记表格；

（4）医疗机构执业许可证及复印件；

（5）卫生行政部门出具的同意登记的文件；

（6）其他材料。

4. 登记管理机关登记发证

登记管理机关对符合登记条件的依法核准登记，分别发给《民办非企业单位（法人）登记证书》、《民办非企业单位（合伙）登记证书》、《民办非企业单位（个体）登记证书》，并予以公告。

对经审查不符合登记条件的，或未按规定的期限办理复查登记手续的，登记管理机关不予登记，并将申请材料移交卫生行政部门，同时通知当地银行和质量技术监督部门注销其基本账户和组织机构代码。

（二）新成立的城镇非营利性医疗机构须首先按照《医疗机构管理条例》，在卫生行政部门领取《医疗机构执业许可证》，再到同级民政部门进行民办非企业单位登记。

1. 城镇非营利性医疗机构申请民办非企业单位登记须向民政部门提交下列文件和材料：

（1）登记申请书；

（2）章程草案；

（3）已填具的民办非企业单位有关登记表格；

（4）医疗机构执业许可证及复印件；

（5）其他材料。

2. 登记管理机关登记发证

登记管理机关对符合登记条件的依法核准登记，分别发给《民办非企业单位（法人）登记证书》、《民办非企业单位（合伙）登记证书》、《民办非企业单位（个体）登记证书》，并予以公告。

对不符合登记条件的，登记管理机关不予登记。

卫生行政部门作出吊销某医疗机构的行政处罚决定后，应及时通知相应的民办非企业单位登记管理机关；民办非企业单位登记管理机关接到通知后，应及时对该机构撤销登记并予以公告。

五、2001 年

（一）、社会团体管理法规文件

民政部关于免除全国性社会团体 2000 年年检的通知

（民发〔2001〕46 号　2001 年 3 月 6 日）

全国性社团业务主管单位：

由于全国性社会团体的重新登记工作刚刚结束，为保证业务主管单位和社会团体集中精力做好今年的社会团体分支机构登记工作，经研究决定，免除全国性社会团体 2000 年年度检查工作。

民政部办公厅关于工商联是否可作为其所属社会团体业务主管单位的复函

（民办函〔2001〕64 号　2001 年 4 月 16 日）

广东省民政厅：

你厅《关于工商联是否可作为其所属社会团体业务主管单位的请示》（粤民发〔2001〕44 号）收悉。经研究，现答复如下：

根据民政部《关于重新确认社会团体业务主管单位的通知》（民发〔2000〕41 号，以下简称《通知》）的有关精神，对授权社会团体的业务主管单位作了明确规定，经中共中央、国务院领导同志同意，授权了一些组织为全国性社会团体的业务主管单位，并要求地方县级以上党委、人民政府在授权一些组织作为社会团体的业务主管单位时参照执行。《通知》未授权全国工商联作为全国性社会团体的业务主管单位，我们认为在国务院没有新的政策之前，各地还应执行《通知》的有关精神。

国家统计局、中央机构编制委员会办公室、民政部、财政部、国家税务总局、国家工商行政管理总局、国家质量监督检验检疫总局关于开展第二次全国基本单位普查的通知

（国统字〔2001〕37 号　2001 年 6 月 6 日）

各省、自治区、直辖市统计局、机构编制委员会办公室、民政厅（局）、财政厅（局）、国家税务局、地方税务局、工商行政管理局、质量技术监督局，国务院有关部门：

根据《中华人民共和国统计法》和《国务院批转国家统计局关于建立国家普查制度改革统计调查体系请示的通知》（国发〔1994〕42 号）规定，定于 2001 年底进行第二次全国基本单位普查。现将有关事项通知如下：

一、普查的目的

普查的目的是摸清我国各类单位的底数，反映第一次全国基本单位普查以来各类单位的发展变化情况，重点掌握全国基本单位的地区分布、行业分布、登记注册类型、规模结构以及生产要素的配置情况，进而建立和完善有关部门互为补充、相互衔接的基本单位名录库，为调整经济结构、优化产业政策、规划城乡建设等提供基础信息，同时为今后开展各项普查和抽样调查工作奠定基础。

二、普查的对象

普查的对象为中华人民共和国境内（不含香港、澳门特别行政区和台湾省）的法人单位及法人单位所附属的产业活动单位，包括各类企业法人、事业单位法人、机关法人、社会团体法人和其他法人，及其所附属的农业、工业、建筑业、交通运输业、批发零售贸易业、餐饮业、服务业等产业活动单位。

三、普查的内容

普查的内容包括各类单位的基本标识、主要属性、基本状态和主要总量指标。

四、普查的方法

普查的登记工作应与编制、民政、税务、工商等部门的年检和注册登记，以及质量技术监督部门的组织机构代码、统计部门的统计年报或统计登记结合进行。有条件的地区可以划分普查小区，采取逐个清查的办法。

五、普查的标准时间和进度安排

普查的标准时间为 2001 年 12 月 31 日。

2001 年 12 月 31 日以前为普查准备阶段；2002 年 7 月底前完成全国普查资料的审核汇总和数据处理；2002 年 12 月底前基本完成国家、省、地（市）、县基本单位名录库的建立或更新，并对普查资料进行分析研究和开发应用。

六、普查的经费保障

按照国家统计局、财政部《关于统计部门周期性普查和大型调查经费开支问题的暂行规定》（国统字〔1995〕133 号），各地要将普查的经费列入相应年度的财政预算，以确保普查所必需的各项开支。

七、普查的组织实施

依照《中华人民共和国统计法》第十条和国务院的有关规定，国家统计局、中央机构编制委员

会办公室、民政部、财政部、国家税务总局、国家工商行政管理总局、国家质量监督检验检疫总局决定联合组成第二次全国基本单位普查领导小组。领导小组下设办公室，办公室设在国家统计局，具体负责普查的各项组织和实施工作。

各地区和有关部门也要成立相应的组织机构，并按照本通知的要求，加强协作、密切配合，高标准、严要求，认真做好普查的各项准备工作，确保普查工作任务的顺利完成。

《第二次全国基本单位普查办法》另行制发。

附件：第二次全国基本单位普查领导小组组成人员名单（略）

民政部办公厅关于设立“异地商会”有关问题的通知

（民办函〔2001〕121号　2001年7月23日）

各省、自治区、直辖市民政厅（局），计划单列市民政局，新疆生产建设兵团民政局：

最近，一些地方询问设立“异地商会”问题。现通知如下：

设立“异地商会”涉及的范围广，情况复杂，对此，民政部正在进行调研。各地可对本地区审批“异地商会”的基本情况，设立“异地商会”的必要性、可行性，“异地商会”的地位、作用，设立“异地商会”的利弊等问题，进行调研，提出意见。民政部将在近期召开研讨会，专题研究上述问题。研讨会日期另行通知。

民政部办公厅关于“中华民族团结友好协会西南招商引资委员会”问题的复函

（民办函〔2001〕125号　2001年7月27日）

四川省民政厅：

你厅7月25日来电收悉。有关“中华民族团结友好协会西南招商引资委员会”问题答复如下：

一、根据《社会团体登记管理条例》第十九条“社会团体成立后拟设立分支机构、代表机构的，应当经业务主管单位审查同意，向登记管理机关提交有关分支机构、代表机构的名称、业务范围、场所和主要负责人等情况的文件，申请登记”，“中华民族团结友好协会西南招商引资委员会”未经民政部批准登记，因此认定其为非法组织。

二、根据《民政部取缔非法民间组织暂行办法》第四条，“取缔非法民间组织，由违法行为发生地的登记管理机关负责”，“中华民族团结友好协会西南招商引资委员会”在四川省活动，作为四川省社团登记管理机关，四川省民政厅可依法对其进行查处。

社会团体分支机构、代表机构登记办法

（民政部令第23号　2001年7月30日）

第一条　为了加强对社会团体分支机构、代表机构的管理，根据《社会团体登记管理条例》有关规定，制定本办法。

第二条　社会团体的分支机构，是社会团体根据开展活动的需要，依据业务范围的划分或者会员组成的特点，设立的专门从事该社会团体某项业务活动的机构。

分支机构可以称分会、专业委员会、工作委员会、专项基金管理委员会等。

社会团体的代表机构，是社会团体在住所地以外属于其活动区域内设置的代表该社会团体开展活动、承办该社会团体交办事项的机构。

代表机构可以称代表处、办事处、联络处等。

第三条　社会团体设立分支机构、代表机构应当按照章程的规定，履行民主程序，经业务主管单位审查同意后，向负责该社会团体登记的登记管理机关提出申请。经登记管理机关登记后，方可开展活动。

第四条　社会团体申请设立分支机构、代表机构应当具备下列条件：

（一）有规范的名称；

（二）有固定的住所；

（三）有符合章程所规定的业务范围。

第五条　社会团体申请设立分支机构、代表机构应当向登记管理机关提交下列文件：

（一）设立申请书；

（二）业务主管单位审查同意的意见；

（三）拟任主要负责人基本情况以及本人所在单位人事部门的意见；

（四）住所产权或使用权证明；

（五）社会团体理事会或常务理事会决议；

（六）登记管理机关要求提交的其他材料。

申请书应当包括设立的理由，分支机构、代表机构的业务范围和工作任务。

社会团体设立专项基金管理委员会，应当遵照《社会团体设立专项基金管理机构暂行规定》办理。

社会团体代表机构以及分支机构住所与社会团体住所不在一地的，还需提交拟设在地登记管理机关的意见。

第六条　有下列情形之一的，登记管理机关不予登记：

（一）在社会团体内拟设立的分支机构与已设立的分支机构业务范围相同或者相似的；

（二）拟设立的分支机构冠以行政区划名称，带有地域性特征的；

（三）在分支机构、代表机构下又设立分支机构、代表机构的；

（四）拟设立的分支机构业务与该社会团体宗旨、业务范围无关的；

（五）拟设立代表机构的活动内容、承办事项与该社会团体的业务范围无关的；

（六）拟设立的分支机构、代表机构设定的活动范围超越该社会团体设定的活动地域的；

（七）有法律、行政法规禁止的其他情形的。

第七条 登记管理机关自收到本办法第五条所列全部有效文件之日起60日内作出准予或者不予登记的决定。准予登记的，由登记管理机关发给《社会团体分支机构登记证书》或《社会团体代表机构登记证书》；对不予登记的，应当将不予登记的决定书面通知社会团体，并说明理由。

社会团体分支机构、代表机构登记事项包括：名称、住所、业务范围、活动地域、负责人。

第八条 符合《社会团体登记管理条例》第十七条规定的社会团体设立分支机构、代表机构，应当向登记管理机关备案。登记管理机关自收到备案文件之日起30日内，发给《社会团体分支机构登记证书》或《社会团体代表机构登记证书》。

第九条 社会团体可以凭登记管理机关颁发的《社会团体分支机构登记证书》或《社会团体代表机构登记证书》向有关部门申请刻制印章。

分支机构因特殊需要建立银行基本存款账户的，由社会团体向登记管理机关申请，经登记管理机关同意后，按有关规定办理。

印章式样、银行账号向登记管理机关备案。

第十条 社会团体办理分支机构、代表机构变更，应当向登记管理机关提交下列文件：

（一）社会团体法定代表人签署的变更申请书；

（二）社会团体理事会或常务理事会关于变更事项的会议决议；

负责人变更的还需提交本人的基本情况及身份证明。

住所变更的还需提交新住所产权或使用权证明。

第十一条 社会团体决定注销其分支机构、代表机构，应当经业务主管单位审查同意后，向登记管理机关提交下列文件，申请注销登记：

（一）注销登记申请书；

（二）业务主管单位审查同意的意见；

（三）社会团体理事会或常务理事会决议。

登记管理机关准予注销的，发给注销证明文件，收缴该分支机构、代表机构的《社会团体分支机构登记证书》或《社会团体代表机构登记证书》、印章。

第十二条 社会团体的分支机构、代表机构是社会团体的组成部分，不具有法人资格，其法律责任由设立该分支机构、代表机构的社会团体承担。

社会团体的分支机构应当在该社会团体的授权范围内发展会员、收取会费，其发展的会员属于该社会团体的会员，其收取的会费属于该社会团体所有。

社会团体分支机构、代表机构的名称前应当冠以社会团体名称；开展活动，应当使用全称。分支机构、代表机构的英文译名应当与中文名称一致。

第十三条 社会团体在申请设立分支机构、代表机构时弄虚作假的，或者自取得《社会团体分支机构登记证书》或《社会团体代表机构登记证书》之日起1年未开展活动的，由登记管理机关对所设立的分支机构、代表机构予以撤销。

第十四条 社会团体有下列情形之一的，由登记管理机关依据《社会团体登记管理条例》第三十三条规定予以处理：

（一）未经登记，擅自以分支机构、代表机构名义进行活动的；

（二）以分支机构下设的分支机构名义进行活动的；

（三）以地域性分支机构名义进行活动的；

（四）未经批准，擅自开立分支机构银行基本存款账户的；

（五）未尽到管理职责，致使分支机构、代表机构进行违法活动造成严重后果的。

第十五条 社会团体被注销或者被撤销登记的，其所属的分支机构、代表机构同时注销。

第十六条 《社会团体分支机构登记证书》、《社会团体代表机构登记证书》的式样由国务院民政部门制定。

第十七条 本办法实施前已经备案的社会团体分支机构、代表机构，应当自本办法施行之日起1年内依照本办法有关规定申请登记。

第十八条 香港特别行政区、澳门特别行政区、台湾地区和外国社会团体在中国大陆设立分支机构、代表机构的，另行规定。

第十九条 本办法自发布之日起施行。

中宣部办公厅、民政部办公厅关于加强对民间组织宣传报道管理的通知

（民办函〔2001〕170号　2001年9月25日）

各省、自治区、直辖市党委宣传部，各省、自治区、直辖市人民政府民政厅（局）：

随着我国社会主义市场经济体制的建立和不断完善，民间组织有了较快发展。各类民间组织在社会政治、经济、科技、文化、体育、卫生等领域发挥着越来越重要的作用。但也出现了一些不容忽视的问题，一些人未经民政部门依法登记，擅自以社会团体或民办非企业单位名义组织社会活动，进行违法经营、经济诈骗，甚至从事违法政治活动。尤其值得注意的是，他们在进行非法活动时，采取隐瞒、欺骗的手段，骗取一些新闻单位的信任，为其活动做宣传报道，在社会上产生了极大欺骗性，严重干扰正常的经济秩序，影响社会政治稳定。为了进一步贯彻落实中央关于加强民间组织管理工作的精神，加强对民间组织宣传报道的管理，根据《社会团体登记管理条例》和《民办非企业单位登记管理暂行条例》的规定，现就民间组织宣传报道有关问题通知如下：

一、各级宣传部门和民政部门要高度重视民间组织宣传报道工作，增强政治责任和敏锐性，坚持正确的舆论导向，保障社会经济发展和政治稳定，防微杜渐，堵塞漏洞，坚决杜绝为非法民间组织活动作宣传报道。

二、各级民政部门要加强对民间组织的法制宣传教育，不断增强民间组织的法制意识。民间组织召开国际研讨会、举办国际展览会和大型慈善捐赠活动，应严格执行报批制度，持证活动。在邀请或

接受新闻单位为其活动进行宣传报道时，要主动向新闻单位出示登记证书及有关部门的批准文件，积极配合新闻单位做好宣传报道工作。

三、各级宣传部门和有关新闻单位要对民间组织宣传工作从严把关，新闻单位在对民间组织开展的活动进行报道前，应首先确认该组织的合法性，验证其是否具有民政部门制发的登记证书及需要有关部门批准的有效文件，经核实无误后再进行报道。对未经民政部门登记，擅自以社会团体或民办非企业单位名义进行活动的非法民间组织，不得公开宣传报道。

四、各级民政部门要进一步健全监管措施，充分利用舆论和社会监督信息，加大管理力度，对非法民间组织和民间组织的违法行为，一经发现，应依法果断予以查处，将其消除在萌芽状态之中。对于查处中的典型案例，通过新闻媒体及时予以曝光。

五、各级民政部门应加强与宣传部门和新闻单位的联系，及时沟通有关情况，共同分析、研究解决工作中的有关问题，按照中央的要求，做好民间组织的宣传报道工作，引导支持民间组织在社会主义物质文明和精神文明建设中建功立业，促进我国社会主义现代化建设事业的顺利进行。

民政部关于印发《全国性社会团体分支机构代表机构复查登记工作方案》的通知

（民发〔2001〕298号　2001年9月30日）

各业务主管单位，各省、自治区、直辖市民政厅（局），各计划单列市民政局，新疆生产建设兵团民政局：

为贯彻中共中央办公厅、国务院办公厅《关于进一步加强民间组织管理工作的通知》（中办发〔1999〕34号）精神，进一步加强社会团体管理，我部将于近期组织在全国范围内开展社会团体分支机构、代表机构复查登记工作。现将《全国性社会团体分支机构、代表机构复查登记工作方案》印发给你们。各业务主管单位应按照此方案，召集本单位主管的全国性社会团体，部署全国性社会团体分支机构、代表机构复查登记工作。各地民政部门应参照此方案，结合实际制定本地区社会团体分支机构、代表机构复查登记工作方案，切实做好社会团体分支机构、代表机构复查登记工作。

附：

全国性社会团体分支机构、代表机构复查登记工作方案

为了规范和加强对社会团体分支机构、代表机构的管理，充分发挥社会团体的积极作用，根据《中共中央办公厅、国务院办公厅关于进一步加强民间组织管理工作的通知》（中办发〔1999〕34号）的要求及《社会团体登记管理条例》、《社会团体分支机构、代表机构登记办法》（以下简称《条例》、《办法》）的有关规定，制定全国性社会团体分支机构、代表机构复查登记工作方案如下：

一、复查登记工作的范围和任务

本次复查登记工作将按照《办法》的规定，对在民政部登记的全国性社会团体所属分支机构、代表机构进行复查，符合条件的分支机构、代表机构发给《社会团体分支机构登记证书》、《社会团体代表机构登记证书》。

通过此次复查登记工作，进一步摸清社会团体所属分支机构、代表机构的基本情况，对同一社会团体设立的业务范围相同相似的分支机构进行调整合并，对擅自成立的分支机构、代表机构进行清理，强化分支机构、代表机构依法开展活动的意识，加强对社会团体分支机构、代表机构的管理。

二、复查登记工作的内容和标准

根据《条例》和《办法》规定，社会团体经登记管理机关备案或者批准的分支机构、代表机构符合以下条件的予以保留，办理登记手续：

（一）有规范的名称；

（二）固定的住所；

（三）符合社会团体章程所规定的业务范围。

社会团体经登记管理机关备案或者批准的分支机构、代表机构有下列情形之一的不予登记：

（一）在社会团体内设立的分支机构与已设立的分支机构业务范围相同或者相似的；

（二）分支机构冠以行政区划名称，带有地域性特征的；

（三）在分支机构、代表机构下设立分支机构、代表机构的；

（四）分支机构、代表机构的业务与该社会团体宗旨、业务范围无关的；

（五）分支机构、代表机构的活动范围超越该社会团体活动地域的；

（六）有法律、行政法规禁止的其他情形的。

三、复查登记工作的时间和步骤

复查登记工作按照社会团体自查，业务主管单位审查，登记管理机关审定与登记三个步骤进行。复查登记工作从2001年11月1日开始，全部工作力争在1年（2001年11月1日至2002年11月1日）内完成。

（一）社会团体自查

社会团体应组织所属分支机构、代表机构负责人学习《条例》、《办法》和有关文件，召开理事会和常务理事会，制定关于分支机构、代表机构的内部管理规定，开展自查工作。社会团体通过自查，认为应予保留的分支机构、代表机构，填写《社会团体分支机构、代表机构复查登记表》，并报业务主管单位审查。在自查过程中，发现存在问题的分支机构、代表机构，社会团体应负责监督改正，根据问题的不同情况分别采取以下处理措施：

1. 存在以下情况的社会团体分支机构、代表机构应按《办法》规定进行整改：名称、住所或业务范围不符合规定的；内部管理混乱的；不服从社会团体管理而以独立社团名义活动的；开设独立账户但有财务问题的。整改完成后，社会团体提出保留或注销的意见。拟保留的分支机构、代表机构，填写《社会团体分支机构、代表机构复查登记表》，并报业务主管单位审查。拟注销的分支机构、代表机构，由社会团体报经业务主管单位审查同意后，向登记管理机关提出注销登记申请。

2. 同一社会团体内部业务范围相同相似的分支机构、代表机构，应予合并；

3. 擅自成立的社会团体分支机构、代表机构，应立即停止活动，自行解散。如果社会团体认为确有必要成立的，经业务主管单位审查同意，向登记管理机关申请成立登记。

社会团体自查工作最晚应于2002年2月1日前完成。

（二）业务主管单位审查

业务主管单位对所主管的社会团体申请复查登记的分支机构、代表机构进行认真审查。符合复查登记条件的，由业务主管单位在《社会团体分支机构、代表机构复查登记表》中签署审查意见，由社会团体将此表送交登记管理机关。对在审查过程中发现的问题，业务主管单位要负责监督社会团体及时改正。对于擅自成立的社会团体分支机构、代表机构，业务主管单位应监督其停止活动及解散，并协助社会团体做好善后工作。

业务主管单位审查工作最晚应于2002年5月1日前完成。

（三）登记管理机关审定与登记

民政部门根据有关规定，结合社会团体的自查意见和业务主管单位的审查意见，对申请复查登记的社会团体分支机构、代表机构进行审核，做出审定结论。对批准保留的社会团体分支机构、代表机构进行登记，发给民政部统一印制的《社会团体分支机构登记证书》或《社会团体代表机构登记证书》；对批准合并的社会团体分支机构、代表机构，由业务主管单位监督，尽快完成合并工作，进行登记；对需要整改的社会团体分支机构、代表机构，在登记管理机关发出通知后，由业务主管单位负责监督，在3个月内完成整改；对注销及撤销的社会团体分支机构、代表机构，由登记管理机关收缴印章，社会团体及业务主管单位做好善后工作。

登记管理机关审定与登记工作最晚应于2002年11月1日前完成。

四、复查登记工作的组织领导和监督检查

这次社会团体分支机构、代表机构复查登记工作政策性强，涉及面广，情况复杂，任务艰巨，必须切实加强组织领导。登记管理机关与业务主管单位，要根据各自的职责，密切配合，通力合作，保证复查登记工作的各项要求落到实处。

复查登记工作结束后，业务主管单位应对本单位所主管的社会团体分支机构、代表机构复查登记工作进行总结，将总结报送民政部。由民政部汇总上报党中央、国务院。

五、复查登记工作中应注意的问题

（一）确认依法成立的分支机构、代表机构应以登记管理机关的批准文件和备案材料为准。

在1998年10月25日《条例》颁布实施之前，社会团体设立分支机构、代表（派出）机构实行备案制，这些分支机构、代表机构的确认应以存档的备案材料为准；在1998年10月25日以后成立的分支机构、代表机构，应以《社会团体分支机构登记通知书》、《社会团体代表机构登记通知书》为准。

（二）坚决清理擅自成立的分支机构、代表机构。

社会团体在自查中对擅自成立的分支机构、代表机构，应停止活动，应即解散，并做好善后工作。业务主管单位负责对具体执行情况进行监督。如继续活动，一经发现，登记管理机关将依法予以取缔，并追究有关人员和社会团体的责任。

（三）依法审查复查登记工作过程中新申请成立的分支机构、代表机构。

在复查登记工作中，涉及新申请登记和变更登记的分支机构、代表机构，应按《条例》和《办法》的规定进行审批，手续不能简化。

（四）将复查登记工作列入2001年社会团体年度检查。

2001年的年检工作要结合复查登记工作进行。年检工作的重点是分支机构、代表机构的设立和活动情况。

民政部关于统一印制社会团体分支（代表）机构登记证书的通知

（民发〔2001〕325 号　2001 年 11 月 8 日）

各省、自治区、直辖市民政厅（局），各计划单列市民政局，新疆生产建设兵团民政局：

为了加强社会团体分支机构、代表机构登记管理工作，规范《社会团体分支（代表）机构登记证书》，维护登记证书的严肃性、权威性，现就有关事项通知如下：

一、社会团体分支机构、代表机构登记管理工作是社会团体登记管理工作的重要组成部分，做好证书的印制和管理是登记管理工作的重要环节。因此，各地要高度重视，认真做好此项工作。

二、为切实加强《社会团体分支（代表）机构登记证书》的使用与管理，决定统一证书式样，并由民政部统一设计和印制。除内蒙古、西藏、新疆 3 个需使用少数民族文字印制证书的自治区，证书式样经民政部批准后可自行印制外，其他地方不得自行印制或仿制。

三、各地于 2001 年 12 月 15 日前将本地需要的《社会团体分支（代表）机构登记证书》数量收集汇总，报民政部民间组织服务中心。

四、《社会团体分支（代表）机构登记证书》每套（正、副本）定价 20 元。证书印制费的给付方式，原则上采取先付款、后寄证的办法。对于一次性付全款确有困难的西部地区，可采取先付部分定金，收到证书后再结清印制费的办法。

五、证书的印制、订购工作等具体事宜，由民政部民间组织服务中心负责。

（二）、民办非企业单位管理法规文件

民政部、劳动和社会保障部关于印发《职业培训类民办非企业单位登记办法》（试行）的通知

（民发〔2001〕297 号　2001 年 9 月 29 日）

各省、自治区、直辖市民政厅（局）、劳动和社会保障厅（局）：

为贯彻落实《关于加强社会团体和民办非企业单位管理工作的通知》（中办发〔1996〕22 号）、《关于进一步加强民间组织管理工作的通知》（中办发〔1999〕34 号）精神，开展和规范职业培训类民

办非企业单位的登记工作，根据《社会力量办学条例》、《民办非企业单位登记管理暂行条例》的有关规定，民政部、劳动和社会保障部联合制定了《职业培训类民办非企业单位登记办法》（试行），现印发给你们，请遵照执行。职业培训机构数量大，情况复杂，各级民政部门和劳动和社会保障行政部门应积极配合，按照本办法的有关规定，制定具体实施办法，试行工作中的经验和问题请及时上报。

附：

职业培训类民办非企业单位登记办法（试行）

第一条 根据《社会力量办学条例》、《民办非企业单位登记管理暂行条例》，结合职业培训机构的特点，制定本办法。

第二条 本办法所称的职业培训机构，主要指：经县级以上地方各级人民政府劳动和社会保障行政部门审批设立的，由企业事业单位、社会团体及其他社会组织和公民个人，利用国家非财政性教育经费，面向社会举办实施以职业技能为主的职业资格培训、技术等级培训的教育机构。

第三条 职业培训机构须按《社会力量办学条例》的规定审批设立，由县级以上地方各级人民政府劳动和社会保障行政部门发给《社会力量办学许可证》后，到同级民政部门进行登记。

第四条 按照《社会力量办学条例》的规定，国务院劳动和社会保障行政部门负责职业培训机构的综合管理。县级以上地方人民政府按规定的职责，负责有关职业培训机构的管理工作。各级人民政府民政部门是职业培训机构的登记管理机关（以下简称登记管理机关）。县级以上地方各级人民政府民政部门负责同级劳动和社会保障行政部门审批设立的职业培训机构的登记工作。

第五条 申请登记的职业培训机构应当向登记管理机关提交下列文件和材料：

（一）登记申请书；

（二）章程草案；

（三）拟任法定代表人或负责人的基本情况、身份证明；

（四）办学许可证（副本）；

（五）其他材料。

第六条 登记管理机关对符合登记条件的单位，应当依法简化手续，核准登记。对不符合登记条件的单位，不予登记，并向申请人说明理由。

第七条 职业培训机构变更登记事项，应当向劳动和社会保障行政部门提出书面申请，申请书上应当载明变更事项、原因和方案等。

修改章程的，应当附原章程和新章程草案；变更法定代表人或负责人的，应出具变更后法定代表人或负责人的身份证明及《民办非企业单位登记暂行办法》第六条第六款规定的其他材料；变更资金的，应当提交有关资产变更证明文件等。劳动和社会保障行政部门同意变更后，由登记管理机关核准变更登记，民办非企业单位应当交回民办非企业单位登记证书正副本，由登记管理机关换发新的登记证书。

第八条 职业培训机构申请注销登记，应当向登记管理机关提交下列文件：

（一）法定代表人签署并加盖公章的注销登记申请书，法定代表人因故不能签署的，还应提交不能签署的理由的文件；

（二）劳动和社会保障行政部门审查同意的文件；

（三）清算组织出具的清算报告；

（四）民办非企业单位登记证书（正、副本）；

（五）民办非企业单位的印章和财务凭证；

（六）其他文件。

登记管理机关准予注销登记的，应当发给民办非企业单位注销证明文件。

第九条 劳动和社会保障行政部门做出对职业培训机构吊销《社会力量办学许可证》的行政处罚决定后，应当及时通知登记管理机关，登记管理机关应当及时对该机构撤销登记。

第十条 在本办法下发之前已经取得《社会力量办学许可证》的职业培训机构，须进行民办非企业单位复查登记。

复查登记工作自本办法下发之日开始，至2001年12月31日结束。

对经审查不符合登记条件的，或未按规定的期限办理复查登记手续的单位，登记管理机关不予登记。

第十一条 登记管理机关对依法登记的职业培训机构颁发相应的民办非企业单位登记证书。

第十二条 本办法自发布之日起施行。

民政部、教育部关于印发《教育类民办非企业单位登记办法》（试行）的通知

（民发〔2001〕306号　2001年10月19日）

各省、自治区、直辖市民政厅（局）、教育厅（教委），计划单列市民政局、教育局（教委），新疆生产建设兵团民政局、教委：

为贯彻落实《关于加强社会团体和民办非企业单位管理工作的通知》（中办发〔1996〕22号）、《关于进一步加强民间组织管理工作的通知》（中办发〔1999〕34号）精神，开展和规范教育类民办非企业单位的登记工作，根据《社会力量办学条例》、《民办非企业单位登记管理暂行条例》的有关规定，民政部与教育部联合制定了《教育类民办非企业单位登记办法》（试行），现印发给你们，请遵照执行。教育类民办非企业单位数量大，情况复杂，各级民政部门和教育行政部门应积极配合，按照本办法的有关规定，制定具体实施办法，试行工作中的经验和问题请及时上报。

附：

教育类民办非企业单位登记办法（试行）

第一条 根据《社会力量办学条例》、《民办非企业单位登记管理暂行条例》，结合社会力量办学特点，制定本办法。

第二条 本办法所称的教育类民办非企业单位，主要指：经县级以上地方人民政府或县级以上地方人民政府教育行政部门审批设立的，由企业事业组织、社会团体及其他社会组织和公民个人，利用

非国家财政性教育经费，面向社会举办的学校及其他教育机构。

第三条 教育类民办非企业单位必须按照《社会力量办学条例》的规定审批设立，由县级以上地方人民政府教育行政部门发给《社会力量办学许可证》后，到同级民政部门进行登记。

第四条 按照《社会力量办学条例》的规定，国务院教育行政部门负责社会力量办学工作的统筹规划，综合协调，宏观管理。县级以上各级教育行政部门根据省、自治区、直辖市人民政府规定的职责，负责有关社会力量办学工作。

各级人民政府民政部门是教育类民办非企业单位的登记管理机关。县级以上民政部门负责同级教育行政部门审批设立的教育类民办非企业单位的登记工作。

第五条 申请登记的教育类民办非企业单位应当向民政部门提交下列文件和材料：

（一）登记申请书；

（二）章程草案；

（三）拟任法定代表人或负责人的基本情况、身份证明；

（四）办学许可证（副本）。

第六条 民政部门对符合登记条件的单位，依法简化登记手续并核准登记。对不符合登记条件的单位，不予登记，并向申请人说明理由。

第七条 教育类民办非企业单位变更登记事项，应当向教育行政部门提出书面申请，在申请书上应当载明变更事项、原因和方案等。

修改章程的，应附原章程和新章程草案；变更法定代表人或负责人的，应出具变更后法定代表人或负责人的身份证明及《民办非企业单位登记暂行办法》第六条第六款规定的其他材料；变更开办资金的，应当提交有关资产变更证明文件等。教育行政部门同意变更后，由民政部门核验变更登记，民办非企业单位应当交回民办非企业单位登记证书正副本，由民政部门换发新的登记证书。

第八条 教育类民办非企业单位申请注销登记，应当向民政部门提交下列文件：

（一）法定代表人签署并加盖公章的注销登记申请书，法定代表人因故不能签署的，还应当提交不能签署的理由的文件；

（二）教育行政部门审查同意的文件；

（三）清算组织出具的清算报告；

（四）民办非企业单位登记证书（正、副本）；

（五）民办非企业单位的印章和财务凭证。

民政部门准予注销登记的，应当发给教育类民办非企业单位注销证明文件。

第九条 教育行政部门做出对教育类民办非企业单位吊销《社会力量办学许可证》的行政处罚决定后，应当及时通知同级民政部门，民政部门应当及时对该机构撤销登记。

第十条 本办法下发之前已经取得《社会力量办学许可证》的教育类民办非企业单位，应当进行民办非企业单位复查登记。复查登记工作自本办法下发之日开始，至2001年12月31日结束。

对经审查不符合登记条件的，或未按规定的期限办理复查登记手续的单位，民政部门不予登记。

第十一条 民政部门对依法登记的教育类民办非企业单位颁发相应的民办非企业单位登记证书。

第十二条 本办法自发布之日起施行。

民政部办公厅关于委托上海市民政局负责对希望义卖中心进行管理的函

（民办函〔2001〕206 号　2001 年 12 月 4 日）

上海市民政局：

希望义卖中心已于 2001 年 4 月 23 日在民政部进行民办非企业单位（法人）登记，业务主管单位为共青团中央，举办单位是中国青少年发展基金会，住所为上海市新乐路 186 号。现委托你局负责对希望义卖中心的监督管理及年检事宜。

六、2002 年

(一)、社会团体管理法规文件

民政部办公厅关于社会团体兴办经济实体有关问题的复函

（民办函〔2002〕21 号　2002 年 2 月 4 日）

北京市民政局：

你局《关于社会团体兴办经济实体有关问题的请示》（京民社文〔2002〕16 号）收悉。经研究，答复如下：

《社会团体登记管理条例》第二条明确，社会团体是非营利性社会组织；第四条第二款规定“社会团体不得从事营利性经营活动”。作为非营利性组织，社会团体与公司、企业等营利性组织的主要区别不在于是否营利，而在于营利所得如何分配。社会团体的资产及其所得，任何成员不得私分，不得分红。社会团体被注销后，剩余财产应移交给同类其他非营利性组织，用于社会公益事业。

社会团体不同于机关和全额拨款的事业单位，其经费仅靠会费、捐赠、政府资助等是远远不够的。兴办经济实体、在核准的业务范围内开展活动或服务取得收入，是社会团体活动费用的重要补充渠道，目的是促使其更加健康发展。为此，民政部、国家工商局于 1995 年 7 月 10 日联合下发了《关于社会团体开展经营活动有关问题的通知》（民社发〔1995〕14 号）。这个文件的精神与《社会团体登记管理条例》的规定没有冲突。

民政部办公厅关于中国保监会海口特派员办事处“能否作为海南省保险学会业务主管单位问题”的复函

（民办函〔2002〕25 号　2002 年 2 月 20 日）

海南省民政厅：

来函收悉。现就中国保监会海口特派员办事处能否作为海南省保险学会业务主管单位问题答复如下：

根据《社会团体登记管理条例》和民政部《关于重新确认社会团体业务主管单位的通知》（民发

〔2002〕41号），中国保监会海口特派员办事处是中国保监会的派出机构，既不是地方政府的职能部门，也不是具有法人资格的事业单位，不宜作为地方社会团体的业务主管单位。中国保监会授权其派出机构为地方保险社团组织的业务主管单位的规定不妥。

民政部关于全国性社会团体异地设立分支（代表）机构问题的通知

（民发〔2002〕52号　2002年3月20日）

各省、自治区、直辖市民政厅（局），各计划单列市民政局：

根据《社会团体分支机构、代表机构登记办法》规定，社会团体申请设立分支（代表）机构时，分支（代表）机构住所与社会团体住所不在一地的，需提交拟设地社团登记管理机关意见。现将具体办理程序通知如下：

全国性社会团体申请异地设立分支（代表）机构，首先经业务主管单位审查同意后，向拟设在地的省级人民政府（含计划单列市，下同）社团登记管理机关提交以下文件：

（一）设立申请书；

（二）经业务主管单位审查同意的《社会团体分支（代表）机构登记表》（编号：1206）的复印件；

（三）拟任负责人基本情况以及本人所在单位人事部门的意见；

（四）分支机构住所产权或使用权证明。

拟设在地省级人民政府社团登记管理机关收到上述全部有效文件之日起30日内，提出同意或不同意在本地设立的书面意见（不同意在本地设立的，应说明理由），通知该社会团体并抄报民政部。

民政部按照有关规定批准该分支（代表）机构登记后，将有关批准文件抄送拟设在地省级人民政府社团登记管理机关备案。

自本通知发出之日起，社会团体申请异地设立分支（代表）机构事宜按上述程序办理。

民政部关于进一步做好“老乡会”“校友会”“战友会”等社团组织管理工作的通知

（民发〔2002〕59号　2002年3月27日）

各省、自治区、直辖市民政厅（局），新疆生产建设兵团民政局：

改革开放以来，各地的“老乡会”、“校友会”、“战友会”等社会团体（以下简称“三会”组织），在党委、政府的领导下，开展了一些有益的工作，为社会主义精神文明和物质文明建设作出了贡献。但少数“三会”组织也存在着一些不容忽视的问题，有的以联谊、聚会为名，搞“轮流做东”，挥霍浪费；有的搞小圈子，编织关系网，甚至利用“会”的名义向党委、政府提出一些不合理要求，干扰党政机关的正常工作。为了进一步做好对“三会”组织的管理工作，现就有关问题通知如下：

一、严格对“三会”组织的登记审批工作。依据《社会团体登记管理条例》，并根据《中共中央办公厅、国务院办公厅关于加强社会团体和民办非企业单位管理工作的通知》（中办发〔1996〕22号）和《中共中央办公厅、国务院办公厅关于进一步加强民间组织管理工作的通知》（中办发〔1999〕34号）的规定，今后，对申请成立“老乡会”、“战友会”的，一律不予审批；对申请成立“校友会”（包括“同学会”等类似组织）的，要从严掌握。县（市）、地（市）成立“校友会”，必须先经省级民政部门审核同意后，按程序办理登记手续。

二、加强对“三会”组织的正面引导，做好监管工作。要积极引导“三会”组织严格在法律法规许可的范围内开展活动，努力为社会主义物质文明和精神文明建设服务。要依据法律法规加强对“三会”组织开展活动的监管工作。严格执行年检制度，对不符合条件的要责令改正，对逾期仍未改正的，不予通过年检，并依法作出处理。要与有关部门密切配合，加大对非法“三会”组织非法活动的查处和打击力度。

三、接此通知后，各级民政部门要在党委、政府的领导下，对现有的“三会”组织进行一次专项检查。对不符合条件的，要依法注销登记。具体检查方案由省级民政部门根据本通知精神制定。专项检查工作在2002年12月底以前完成，并将检查情况书面报告民政部。

民政部关于对全国性社会团体进行2001年年度检查的通知

（民函〔2002〕72号　2002年4月19日）

业务主管单位：

根据《社会团体登记管理条例》的规定，现对全国性社会团体和跨省、直辖市、自治区社会团体2001年年度检查的安排通知如下：

1. 年检的范围

依据1998年10月25日国务院颁布的《社会团体登记管理条例》依法登记的全国性社会团体和跨省、直辖市、自治区社会团体。

2. 年检的内容

根据《社会团体分支机构、代表机构登记办法》及《全国性社会团体分支机构代表机构复查登记工作方案》的有关规定，为了减轻社会团体和业务主管单位的负担，本次年检的内容确定为对社会团体分支机构、代表机构的复查登记。

社会团体在报送其分支机构、代表机构复查登记材料的同时，应将其社会团体法人登记证书（副本）一并送交民政部。

3. 年检的时间安排

年检时间与社会团体分支机构、代表机构的复查登记工作同步进行，于2002年11月1日前完成。

民政部关于授权中国红十字会总会作为中国红十字基金会业务主管单位的通知

（民函〔2002〕138号）

中国红十字会总会：

经国务院批准，授权你会作为中国红十字基金会的业务主管单位。请你会接到通知后，尽快明确具体负责的工作部门并函告我部，同时敦促中国红十字基金会尽快到我部办理相关手续。

特此通知。

民政部关于妥善处理未获重新登记社会团体有关问题的通知

（民函〔2002〕221号 2002年12月23日）

根据党中央、国务院的指示和《社会团体登记管理条例》（以下简称《条例》）的规定，民政部门1997年开始对社会团体进行清理整顿和重新登记。在各业务主管单位的大力支持下，全国性社会团体重新登记已于2000年完成。为了做好全国性社会团体重新登记的善后工作，我部又于2000年12月6日发布公告，宣布："自本公告发布之日起3个月内，未按规定到登记管理机关办理重新登记的全国性社会团体，即不具备社会团体法人资格，不准再开展任何活动，原社会团体登记证书、印章一律作废。"

但是，近来陆续发现一些未获重新登记的社会团体仍然在社会上进行活动，造成了很坏的影响。为加强管理、严肃法纪，现决定收缴未获重新登记的社会团体的登记证书和印章。请各业务主管单位协助做好所主管的未获重新登记的全国性社会团体（名单见附件）证书和印章的收缴工作，并于2003年1月31日前，交民政部民间组织服务中心。请各业务主管单位协助监督未获重新登记的社会团体不得再开展任何活动，如仍在开展活动的必须立即停止。否则，将依照《条例》第三十五条的规定予以取缔；构成犯罪的，依法追究刑事责任。

（二）、民办非企业单位管理法规文件

民政部办公厅对福建省教育类民办非企业单位复查登记工作有关问题的复函

（民办函〔2002〕8号　2002年1月11日）

福建省民政厅：

你厅2001年12月19日报来的《关于我省教育类民办非企业单位复查登记工作有关问题的请示》（闽民管〔2001〕432号）收悉，经研究答复如下：

你厅所请求的问题，在民政部、教育部下发的《关于印发〈教育类民办非企业单位登记办法〉（试行）的通知》（民发〔2001〕306号）中已有较为明确的规定，各级民政部门和教育部门必须认真执行。根据此通知精神和《社会力量办学条例》、《民办非企业单位登记管理暂行条例》的规定，你厅可再一次与教育厅进行协商解决，如果仍然不能达成一致意见，请向省政府报告，由省政府协调解决。

民政部办公厅关于“中国社会调查事务所”处理意见的复函

（民办函〔2002〕11号　2002年1月14日）

北京市社会团体管理办公室：

你办报来的《关于对“中国社会调查事务所”处理意见的请示》（京社字〔2001〕33号）收悉，经研究答复如下：

同意你们将此情况报市委政法委、市民政局，并在市委政法委领导下根据《民办非企业单位登记管理暂行条例》和《取缔非法民间组织暂行办法》妥善处理，并将结果报部。

七、2003 年

（一）、社会团体管理法规文件

民政部办公厅关于异地商会登记有关问题的意见

（民办函〔2003〕16 号　2003 年 1 月 27 日）

各省、自治区、直辖市民政厅（局），各计划单列市民政局，新疆生产建设兵团民政局：

自 2001 年以来，部分省市按照在杭州召开的全国民间组织管理工作会议确定的原则，认真、稳妥地进行了异地商会登记试点工作，从总的情况看，试点工作进展良好。异地商会的发展对开展省际间经济合作，加强对异地经商人员的管理起到了积极的作用。但有的地方也反映出一些问题，如有的异地商会与业务主管单位、原籍地有关部门的关系有待理顺；省级异地商会违反规定向基层发展组织等等。针对异地商会发展中存在的问题，经研究，提出以下意见：

一、异地商会的登记工作应坚持"登记在省、试点先行"的政策。登记在省，即只能由省、自治区、直辖市民政部门登记省际投资企业组织的协会、商会，地、县级不得建立异地商会。省级异地商会不设地域性分会。异地商会由单位会员组成，不吸收个人会员。违反上述规定的，要予以纠正。

二、异地商会登记应本着"试点先行"的原则，条件具备的省、自治区、直辖市可先行试点，尚不具备条件的省、自治区、直辖市可以不进行试点。

三、进行试点工作的省、自治区、直辖市要进一步理顺与业务主管单位等方面的关系，加强对异地商会的监督管理，促使其规范建设，健康发展。

国务院台湾事务办公室、民政部关于印发《台湾同胞投资企业协会管理暂行办法》的通知

（国台发〔2003〕1号　2003年3月20日）

各省、自治区、直辖市台办、民政厅（局），各计划单列市台办、民政局：

现将《台湾同胞投资企业协会管理暂行办法》印发你们，请遵照执行。

附：

台湾同胞投资企业协会管理暂行办法

第一条　为了保障台湾同胞投资企业协会（以下简称台资企业协会）的合法权益，促进海峡两岸经济交流与合作，规范管理，依据《中华人民共和国台湾同胞投资保护法》和《社会团体登记管理条例》，制定本办法。

第二条　台资企业协会是指以在祖国大陆登记注册的台湾同胞投资企业（以下简称台资企业）为主体，依法自愿组成的社会团体。

第三条　台资企业协会必须遵守国家宪法、法律、法规，不得危害国家的统一、安全和民族团结，不得损害国家利益、社会公共利益及公民合法权益。

第四条　国家依法保护台资企业协会及其会员的合法权益，以及按照章程所进行的合法活动。

第五条　台资企业协会以服务会员、推动海峡两岸经济交流与合作为宗旨。主要业务范围是：

（一）开展会员间的联谊和交流活动；

（二）为会员提供国家有关法律、法规以及经济信息等方面的咨询服务；

（三）沟通会员与当地政府及有关部门的联系，反映会员有关生产经营等方面的意见、建议和要求，维护会员的合法权益；

（四）促进当地与台湾地区之间的经济交流与合作；

（五）举办社会公益活动；

（六）帮助会员解决工作和生活中的有关困难。

第六条　国务院台湾事务办公室和有关地方人民政府台湾事务部门是台资企业协会的业务主管单位。有关地方人民政府台湾事务部门和民政部门负责本行政区域内台资企业协会的业务指导和登记管理工作。

第七条　台资企业协会分单位会员和个人会员，以单位会员为主体。

单位会员是登记注册地台资企业以本企业名义加入的会员。

个人会员是在登记注册地台资企业从业的台湾同胞以本人名义加入的会员，以及台资企业协会注册地为协会服务的有关人员以适当名义加入的会员。

第八条 成立台资企业协会，应当具备下列条件：

（一）台资企业比较集中的地区；

（二）有50个以上的发起会员，其中单位会员不得少于30个；

（三）有固定的办公地点；

（四）有适应开展业务活动所需要的专职工作人员；

（五）有合法的经费来源；

（六）法律、法规、规章规定的其他条件。

第九条 成立台资企业协会，应当经业务主管单位审查同意，依照有关规定进行登记，并按照程序报国务院台湾事务办公室备案。

第十条 所在地人民政府台湾事务部门履行业务主管单位的职责，为台资企业协会提供服务和帮助。

（一）指导台资企业协会依法开展章程规定的各项活动；

（二）协助台资企业协会联系当地政府及有关部门，安排相关活动；

（三）协助台资企业协会组织有关重要经贸交流活动、重大会务活动；

（四）协助台资企业协会组织有关法律和经济业务等培训；

（五）为台资企业协会举办社会公益活动提供帮助；

（六）为台资企业协会业务活动中遇到的问题，以及会员在生产经营和生活中遇到的困难提供帮助；

（七）提供其他必要的帮助。

第十一条 台资企业协会会长由台商担任。会长、副会长应具备下列条件：

（一）遵守一个中国原则，拥护国家统一，愿意为促进两岸经济交流与合作积极努力；

（二）台商本人投资企业有一定规模，具有一定经济实力；

（三）个人素质较好，在当地台商中有一定威望；

（四）热心协会工作，有较强工作能力；

（五）身体健康，能够坚持正常工作；

（六）未在其他社会团体担任法定代表人；

（七）具有完全民事行为能力。

第十二条 为了便于台资企业协会联系政府有关部门，更好地为会员提供服务，所在地人民政府台湾事务部门相关负责人可接受台资企业协会聘请担任相应职务。受聘人员由台资企业协会接章程规定程序产生，不领取台资企业协会的报酬。

第十三条 台资企业协会聘用一般工作人员，应当按照国家有关规定办理。

第十四条 台资企业协会接待台湾地区重要团组和人士来访，应事先向所在地业务主管单位报备。

台资企业协会举办成立、换届、庆典等重要活动，应报业务主管单位批准。

台资企业协会举办跨地区的活动，应由业务主管单位报上级业务主管单位批准。

第十五条 台资企业协会不得加入外国商会及境外社团组织。

台资企业协会依照章程独立自主开展活动，与其他任何组织没有隶属关系。不得接受任何组织和个人委托从事与章程规定不符的活动。

第十六条 台资企业协会收取会费、接受捐赠和资助必须符合章程规定的宗旨与业务范围，并应当向业务主管单位和登记管理机关报告接受和使用会费、捐赠与资助的有关情况，同时应当将有关情况以适当方式向社会公布。

第十七条 台资企业协会依法开展业务活动做出突出成绩的，业务主管单位和登记管理机关以适当方式予以鼓励和表彰。

第十八条 本办法施行前已经成立的台资企业协会，如与本办法规定不符的，应当自本办法施行之日起六个月内依照本办法有关规定自行修正。

第十九条 本办法没有规定的，依照《社会团体登记管理条例》和国家有关规定执行。

第二十条 本办法由国务院台湾事务办公室负责解释。

第二十一条 本办法自2003年4月20日起施行。

民政部、财政部关于调整社会团体会费政策等有关问题的通知

（民发〔2003〕95号　2003年7月30日）

各省、自治区、直辖市民政厅（局）、财政厅（局），计划单列市民政局、财政局，新疆生产建设兵团民政局、财务局：

为贯彻落实国务院关于行政审批制度改革工作实施意见的有关精神，促进社会团体健康发展，经研究，现将调整社会团体会费政策等有关事项通知如下：

一、经社会团体登记管理机关批准成立的社会团体，可以向个人会员和单位会员收取会费。国务院和省、自治区、直辖市民政、财政部门不再核定统一的社会团体会费标准，社会团体可依据章程规定的业务范围、工作成本等因素，合理制定会费标准。

二、社会团体会费标准的制定或修改须经会员大会（或会员代表大会）讨论，其决议须经到会会员（或会员代表）半数以上表决通过方能生效。

社会团体通过的会费标准决议，应在30日内分别报送业务主管单位、社会团体登记管理机关和财政部门备案。

三、社会团体应遵守国家有关法律法规和章程，并按照国家统一的会计制度的规定进行会计核算。

四、社会团体会费应当主要用于为会员提供服务以及按照该社会团体宗旨开展的各项业务活动等支出。

社会团体会费不属于政府收入，可以不纳入国家收支两条线管理范围。

五、社会团体收取会费，应按照规定使用财政部和省、自治区、直辖市财政部门印（监）制的

社会团体会费收据。其中，全国性社会团体收取会费使用财政部印（监）制的社会团体会费收据，地方性社会团体收取会费使用省、自治区、直辖市财政部门印（监）制的社会团体会费收据。社会团体会费统一收据式样（见附件）由财政部会同民政部统一制定，由财政部和各省、自治区、直辖市财政部门印（监）制。为做好新旧社会团体会费收据的衔接工作，新的社会团体会费收据从2004年7月1日开始启用。

社会团体领取会费收据时，只缴纳会费收据工本费。

六、社会团体应定期向会员公布会费收支情况，接受会员大会（或会员代表大会）的审查，并在社会团体年检时向社会团体登记管理机关报告会费收支情况。

七、社会团体会费标准的制定、修改，以及会费收取、使用和管理不符合本通知规定的，社会团体登记管理机关可依据《社会团体登记管理条例》的有关规定，给予相应处罚。

社会团体登记管理机关和财政部门应对社会团体会费的收支情况进行监督检查，发现问题，及时处理。

八、社会团体收取会费不符合本通知第二条和第五条规定的，社会团体会员有权利拒绝缴纳，并可向有关部门举报。

九、本通知所规定的原则和具体办法自2003年8月1日起试行，试行期二年。《民政部、财政部关于社会团体收取会费的通知》（民社发〔1992〕27号）同时废止。

附件：社会团体会费统一收据（式样）

社会团体会费统一收据（式样）

No

支票号：

交款单位或个人											
项目名称	标准	数量	金　　额								
			百	十	万	千	百	十	元	角	分
金　额（大写）											

第一联　存根

No

支票号：

交款单位或个人											
项目名称	标准	数量	金　　额								
			百	十	万	千	百	十	元	角	分
金　额（大写）											

第二联　收据(由交款人收执)

No

支票号：

交款单位或个人											
项目名称	标准	数量	金　　额								
			百	十	万	千	百	十	元	角	分
金　额（大写）											

第三联　记账凭证

收款单位（印章）　　　　　　收款人（章）　　　　年　　月　　日

工艺要求：1. 成品尺寸：190×99mm，一式三联 50 份一本，第一联红色，第二联为黄底网套印防伪监制章，第三联为黑色。

2. 此票据为专用收据，纸张采用 40g 进口原纸张。

民政部民间组织管理局关于做好民间组织刻制印章管理工作的通知

（民管函〔2003〕第39号　2003年10月28日）

各省、自治区、直辖市民间组织管理局（办、处），各计划单列市民间组织管理局（办、处），新疆生产建设兵团民政局社团处：

为贯彻落实《国务院关于取消第二批行政审批项目和改变一批行政审批项目管理方式的决定》（国发〔2003〕5号）和国务院行政审批制度改革工作领导小组《关于印发〈关于搞好已调整行政审批项目后续工作的意见〉的通知》（国审政发〔2003〕1号）的文件精神，做好民间组织刻制印章行政审批项目取消后的衔接和监管工作，防止出现管理上的脱节及民间组织印章刻制、使用和建档备案工作中的混乱，经征得公安部同意，通知如下：

一、取消民间组织刻制印章审批项目，是促进政府职能转变和深化行政管理体制改革的要求，各级民间组织登记管理机关应认真贯彻执行。在民间组织印章管理工作中，不得以任何理由或借口，继续办理或变相办理民间组织印章刻制的行政审批工作。

二、为加强对民间组织印章的监督和管理，防止出现民间组织印章管理工作中的漏洞，民间组织申请刻制印章，须凭登记证书或批准文本和登记管理机关出具的刻制印章证明，到所在地县级以上公安机关办理印章审批手续。

三、民间组织办理刻制印章审批手续，可委托登记管理机关统一到公安机关办理，也可自行到公安机关办理。各级民间组织登记管理机关应尊重民间组织的选择，不得强迫。

四、民间组织印章管理是民间组织管理工作的重要组成部分，它关系到国家政治、经济和社会秩序的稳定。各级民间组织管理部门要高度重视，加强对民间组织印章的备案和监督工作。对伪造、变造、重复刻制印章以及利用印章从事违法犯罪活动的民间组织要坚决依法予以查处。

民政部关于印发《关于加强农村专业经济协会培育发展和登记管理工作的指导意见》的通知

（民发〔2003〕148号　2003年10月29日）

各省、自治区、直辖市民政厅（局），各计划单列市民政局，新疆生产建设兵团民政局：

近年来，随着我国社会主义市场经济的建立和不断完善，农村改革的逐步深入，作为农民进入市场重要组织形式的农村专业经济协会应运而生。农村专业经济协会这一组织形式对繁荣农村经济、增

加农民收入、全面建设小康社会，发挥了重要作用。为了深入贯彻落实党的十六届三中全会和《中共中央、国务院关于做好农业和农村工作的意见》（中发〔2003〕3号）的精神，促进农民专业经济组织健康发展，充分发挥农村专业经济协会的作用，加强农村专业经济协会培育发展和登记管理。根据《社会团体登记管理条例》有关规定，在深入调查研究和反复征求各地意见的基础上，民政部制定了《关于加强农村专业经济协会培育发展和登记管理工作的指导意见》（以下简称《意见》），现印发你们。请认真贯彻落实《意见》的有关精神，加强领导，统筹规划，切实做好当地农村专业经济协会培育发展和登记管理工作。

附：

关于加强农村专业经济协会培育发展和登记管理工作的指导意见

为深入贯彻落实党的十六届三中全会和《中共中央、国务院关于做好农业和农村工作的意见》（中发〔2003〕3号）的精神，充分发挥农村专业经济协会的作用，促进农村经济发展，增加农民收入，实现全面建设小康社会的战略目标，现就加强农村专业经济协会培育发展和登记管理工作提出以下意见：

一、充分认识农村专业经济协会培育发展和登记管理工作的重要意义

近几年，我国广大农村出现了一种新型的农民自愿组成的互助合作性组织——农村专业经济协会。这类协会采取会员制的方式，吸收从事同一专业的农民作为会员，由协会提供产、供、销过程中的服务，组织会员在产前、产中、产后等环节上进行合作。它集科技推广、技术服务、信息提供、农产品产供销服务为一体，以市场为导向，进行专业化生产、一体化经营。这种新型的农民互助合作组织一出现就显示了强大的生命力，受到了广大农民的普遍欢迎和当地党政领导的高度重视。实践证明，这类组织有利于农业结构调整和农业市场化、产业的发展；有利于农业科技成果的示范推广和农产品、农业技术的对外交流；有利于引导农民合法经营、勤劳致富，提高农民的科技、文化素质；有利于提高农民进入市场的组织化程度，实现小生产与大市场的对接，提高经济效益，抵御市场风险；有利于加快农村城镇化进程和我国现代化建设步伐。农村专业经济协会的产生和发展，是我国民间组织在基层出现的新生事物，如何及时对其进行培育发展和规范管理，是民政部门面临的一项新的课题，也是十分重要的任务。各级民政部门要从贯彻落实党的“十六大”精神、践行“三个代表”重要思想的高度，充分认识发展农村专业经济协会的重要意义，坚持培育发展和监督管理并重的方针，大胆探索，采取切实可行的措施，促进农村专业经济协会健康有序发展，使农村专业经济协会成为深化农村改革，解决“三农”问题的有效组织形式，充分发挥其在我国农村物质文明、精神文明和政治文明建设中的作用。

二、简化农村专业经济协会登记的条件和程序

目前，各地农村专业经济协会还处于探索发展阶段，尚不够成熟。大部分协会人员少、规模小、注册资金不足。对农村专业经济协会的登记管理工作应本着与时俱进、求实创新的精神，在不违背《社会团体登记管理条例》基本精神的基础上，可以适当放宽登记条件，简化登记程序。

（一）登记范围：

县（市、区）、乡（镇）、村三级区域内，在农业、林业、牧业、渔业、水利、科技等领域服务于种植、养殖、生产、加工、销售等方面的各类农村专业经济协会。

（二）业务主管单位和登记管理机关：

县（市、区）区域内农村专业经济协会的业务主管单位为相应的县级人民政府有关部门；乡（镇）、村区域内农村专业经济协会的业务主管单位为相应的县级人民政府有关部门或县级人民政府委托的乡（镇）人民政府。以上农村专业经济协会的登记管理机关均为县级民政部门。

（三）登记条件：

县（市、区）、乡（镇）、村区域内农村专业经济协会注册资金应不低于2000元，有规范的名称、固定的场所、一定数量的会员、相应的组织机构、与其业务活动相适应的专职或兼职人员，并能独立承担民事责任。

（四）登记程序：

对农村专业经济协会的登记可以适当简化程序。具备成立条件，并经业务主管单位审查同意，可直接向登记管理机关申请注册登记。对乡（镇）、村区域内的协会可免于公告。

在执行上述规定的过程中，各省（自治区、直辖市）民政部门可以根据当地的实际情况制定补充规定。要明确登记范围，区分不同组织的性质，坚持社会团体的非营利性目的，对公司、合作社等企业性组织不宜作为农村专业经济协会进行登记，要鼓励农村专业经济协会在核准的业务范围内开展活动或服务，取得收入，根据民政部、国家工商局《关于社会团体开展经营活动有关问题的通知》（民社发〔1995〕14号）的规定兴办经济实体。要注意规范农村专业经济协会的名称，以产品特征、技术特征或生产方式、流通方式命名。要坚持登记管理机关和业务主管单位双重负责的管理体制，发挥民政部门的职能作用。

三、加强对农村农业经济协会的培育

农村专业经济协会是农村经济体制改革中产生的新事物，各级民政部门应统一思想，提高认识，加强领导，积极协调当地有关部门，结合本地实际，制定切实可行的政策，加大对农村专业经济协会的培育力度，有组织、有计划地做好培育发展工作。按照边发展、边规范、边登记的原则，做到成熟一个、登记一个、规范一个。要集中精力培育和发展一批适应市场经济需要，对当地经济发展有影响的农村专业经济协会。对组织机构健全、活动规范、作用明显的农村专业经济协会要认真总结经验，抓好典型宣传工作，发挥其示范作用，推进农村专业经济协会整体水平的提高。要支持农村专业经济协会建立以章程为核心的内部管理制度，建立健全自律机制、民主决策机制，实行民主管理，做到民办、民管、民受益。要加强调查研究，注意发现和研究新问题，总结新经验，促进我国农村专业经济协会健康有序地发展。

民政部转发国家发改委、财政部关于社会团体分支（代表）机构登记费标准等有关问题的通知

（民函〔2003〕164号）

各省、自治区、直辖市民政厅（局），计划单列市民政局，新疆生产建设兵团民政局：

现将国家发改委、财政部《关于社会团体分支（代表）机构登记费标准等有关问题的通知》（发改价格〔2003〕851号）转发给你们，请遵照执行。

附：

国家发改委、财政部关于社会团体分支（代表）机构登记费标准等有关问题的通知

（发改价格〔2003〕851号　2003年7月30日）

民政部：

你部《关于〈国家计委、财政部关于调整社会团体登记收费标准的通知〉有关问题的函》（民函〔2003〕31号）收悉。经研究，现就有关问题通知如下：

一、根据《社会团体登记管理条例》（国务院令250号）有关规定，社会团体分支机构、代表机构是社会团体的组成部分，设立分支机构、代表机构应向登记管理机关申请登记。为此原国家计委、财政部《关于调整社会团体登记收费标准的通知》（计价费〔1996〕1602号）中“民政部门在办理社会团体登记过程中向申请人收取登记费”的有关规定，也适用于社会团体分支（代表）机构。

二、由于社会团体分支（代表）机构登记程序比社会团体法人登记程序简化，因此，社会团体分支（代表）机构登记费标准为每件40元（含证书费），变更登记费标准为每件20元；申请费标准为每件10元。

三、收费单位应按规定到指定的价格主管部门办理收费许可证，并按照财务隶属关系分别使用财政部或省、自治区、直辖市财政部门印制的票据。

四、社会团体分支（代表）机构收取的登记费收入，应按照（94）财预字第37号文件的有关规定，纳入同级财政预算管理。

五、收费单位应严格按照上述规定收费，不得擅自增加收费项目、扩大收费范围、提高收费标准或搭车收取其他费用，自觉接受价格、财政、审计部门的监督检查。

六、本通知自发布之日起执行。

《基金会管理条例》释义

（国务院法制办政法司、民政部民间组织管理局　2004 年 8 月）

第一章　总　　则

总则是一部法律、法规纲领性、概括性的规定，为其他各章的具体规范奠定基础，是一部法律规范基本价值取向和总体思路的集中体现。其内容统领其他章节，其精神贯彻一部法律、法规的始终。其他各章的内容必须体现总则确定的一般原则，具体运用时也必须符合总则确定的基本精神。在我国的法律、法规中。尤其是行政管理方面的法律、行政法规，总则一般规定立法目的、适用范围、管理体制、基本原则等内容。

基金会管理条例总则共七条，分别规定了本法的立法目的，基金会的定义，基金会的分类，对基金会遵守法律和社会公德的要求，基金会活动的公开、透明原则，基金会的登记管理体制以及基金会业务主管单位等。

第一条　为了规范基金会的组织和活动，维护基金会、捐赠人和受益人的合法权益，促进社会力量参与公益事业，制定本条例。

【释义】本条是关于基金会管理条例立法目的的规定。

立法目的又称立法宗旨，是制定一部法律、法规的主要意图。立法目的一般作为法律、法规的第一条内容，以开宗明义。有的法律、法规，在第一条内容中，除了规定立法目的以外，往往同时明确规定制定法律、法规的上位法依据。如，《行政许可法》第一条规定："为了规范行政许可的设定和实施，保护公民、法人和其他组织的合法权益，维护公共利益和社会秩序，保障和监督行政机关有效实施行政管理，根据宪法，制定本法。"

为了便于大家更好地理解《基金会管理条例》的立法目的，我们结合《基金会管理条例》的立法宗旨，作以下几个方面的论述：

一、我国基金会管理的基本情况

1988 年《基金会管理办法》出台以前的情况。

根据 1987 年 9 月的不完全统计，当时全国已经建立各种相对规范的基金会 214 个，其中全国性的基金会 33 个，地方性的基金会 181 个。此外，各地还利用救灾扶贫款建立了一大批称为基金会的救灾扶贫基金组织。根据民政部 1986 年 8 月的一项统计，此类基金会已经达到 6275 个，其中乡镇政府设立的就有 5888 个。这些基金会或者称为基金会的组织，从资金来源看，可以分为社会捐赠、国家拨款和会员出资三种类型。大量的救灾扶贫基金会是将政府拨付的救灾扶贫款变成群众集体所有，用来投资办实体进行营利。由会员出资建立的基金会则主要是为会员搞社会保险。

总之，1988 年以前的基金会和称为基金会的组织名目繁多、五花八门，迫切需要进行清理整顿。为此，国务院于 1986 年 12 月和 1987 年 7 月的两次常务会议上讨论基金会的问题，认为当时的基金会过多过滥，有许多以基金会组织的名义，搞变相摊派。因此，有必要对各类基金会和名曰基金会的

组织进行清理、整顿。《基金会管理办法》正是在这样的背景下制定的。

自1988年《基金会管理办法》出台始，基金会的管理纳入了法制轨道，经历了10余年的发展，其间有蓬勃，有缓进，有鼓励，也有整顿。基金会从事公益事业的范围涉及教育、科技、医药、卫生、文化、艺术、扶贫、环护、弱势群体保护等诸多社会公益领域，基金会在募集社会资金、满足公益需要、唤起慈善意识、推动社会力量参与公益、促进社会协调发展等方面，均发挥了不可忽视的作用，成为中国民间组织中具有活力和能动性的重要构成。

改革开放以来，随着经济体制改革和政府职能转变而不断获得动力和空间的中国基金会，经过20多年的发展特别是纳入法制轨道后10多年的发展，已初具规模。目前，全国共批准基金会约1200多家，其中全国性的基金会约80余家。据中国人民银行1999年统计，全国基金会的总资产约50亿元，从事社会公益资助约40亿元。但是，与经济和社会发展比较成熟的国家和地区比较，我国的基金会数量少、规模小、作用有限。在美国，基金会在2000年就已达到56600多家，资产总额达4860亿美元，每年向社会资助达290亿元。英国的威尔卡姆基金会，基金总额超过120亿英镑，每年用于医学研究的资助多达3亿英镑，远远超过政府在此方面提供的资金。据民政部对52家全国性基金会1999年6月末的资产状况进行分析，48%的基金会资产规模在人民币1000万元以下，38.5%的资产规模在1000万元到1亿元之间。只有13.5%的基金会资产规模超过了1亿元。而地方性的基金会除了少数发达地区外，资产更加贫乏，将近40%的地方性基金会的基金未能达到规定的不少于210万元人民币的标准。

二、为什么要修改《基金会管理办法》

1988年由国务院制定的《基金会管理办法》共14条，确立了归口管理部门申报、中国人民银行审批、民政部门登记的管理体制，并规定建立基金会必须有10万元以上人民币或者等值外汇的注册资金。1995年，针对基金会发展中存在的问题，中国人民银行下发了《关于进一步加强基金会管理的通知》，决定对基金会进行从严审批和管理，规定建立基金会除应当具备10万元注册资金外，还必须有不少于200万元人民币或者等值外汇的活动基金。并对基金会的运作进一步作了规范。1998年，经人民银行建议，国务院决定人民银行不再参与基金会的管理，有关职能转归民政部。1999年，中国人民银行和民政部联合下发《关于做好基金会监管职责交接工作的通知》，基金会的审批和登记管理全部统一归口民政部门。这样，《基金会管理办法》中规定的基金会管理体制和许多管理措施不再适用。此外，《基金会管理办法》对于基金会的组织形式、内部决策程序、财务会计制度、资产使用管理、社会监督机制等诸多问题没有规范，使得基金会在具体运作的许多环节无章可循。法律制度的缺失，使得资源和发展空间都比较有限的基金会缺乏有力的制度支撑和政策保障，在这样的环境中，基金会的发育容易畸形。针对基金会发展中存在的问题，建立和完善相应的管理制度，已是促进和规范基金会健康发展的当务之急。

在世界范围内，随着以基金会为代表的非营利性民间组织的迅速发展，各国也在积极着手制定、完善促进民间组织发展和管理的法律法规。尤其是在经济发展水平较高，而社会发展相对滞后的国家和地区，如日本、韩国、我国台湾地区等，都在对规范民间组织的法律、法规进行系统修订，以实现公民和组织对公共事务的广泛参与，保持社会和经济的平衡发展，促进政府和民间组织的和谐互动。我国的经济与社会也面临一个平衡发展的问题，这一问题在“非典”之后，更加引起了政府和社会各方面的重视和关注。如何提供一个合理的制度框架，促进并保障社会力量积极参与社会公益事业，是今后立法工作面临的一个重要课题。随着市场经济体制的建立和政府职能的转变，许多社会公益事业越来越不能完全依赖政府，有必要完善基金会制度，引导社会力量参与公益事业，促进经济社会和人的全面协调发展。

三、基金会管理办法的修改过程

鉴于上述状况，自2000年始，民政部根据国务院的立法计划，开始积极着手对《基金会管理办法》进行全面修订。修订草案将基金会管理办法改为基金会管理条例，结合十数年来基金会管理的经验，并借鉴和吸取了其他国家基金会管理方面的方法和措施。经过多次研究论证后，2001年2月8日，民政部部务会议讨论通过了《基金会管理条例（送审稿）》，并于2001年3月7日报送国务院。

国务院法制办公室收到此件后，先后就送审稿、修改稿多次征求了税务总局、财政部、人民银行、公安部、安全部等有关部门和北京、上海、广东、四川、山东、陕西、贵州等地方的意见，并就重点问题反复听取了基金会实务界和专家的意见、建议，并专门召开国际研讨会对国外基金会管理制度进行了比较研究。在此基础上，反复修改，形成了《基金会管理条例（草案）》（以下简称草案）。

2004年2月11日，温家宝总理主持召开国务院第39次常务会议，讨论通过了《基金会管理条例》，3月8日正式签署，并决定自2004年6月1日起施行。

四、《基金会管理条例》围绕立法宗旨设计的制度

《基金会管理条例》围绕立法宗旨设计的制度，重点可以分为以下三个方面：

第一，规范基金会的组织和活动。

由于基金会组织机构规范的缺失，许多基金会没有一个完善的组织机构，作为权力机构的基金会理事会没有发挥应有的决策作用，基金会决策权力往往集中在几个甚至某个人手中，缺乏必要的内部制约和监督。很多基金会的负责人利用手中权力，违背基金会章程规定的宗旨，违背捐赠人的意愿使用捐赠财产，损害了公众的利益，同时也损害了基金会的公信。使得本应当高度民主、高度诚信的公益组织，在运作的规范化和可靠性方面却不及营利性的企业。为此，《基金会管理条例》专门设立了“组织机构”一章，明确规定理事会是基金会的决策机构，并规范了理事会的组成和议事决策程序（第二十条、第二十一条），同时，也规定了监事的设置和职能（第二十二条），并确定了有关人员的利益冲突规则（第二十三条）。基金会的章程是基金会开展公益活动的基本规则，《基金会管理条例》在强化章程对基金会行为的制约作用的同时，对章程本身的内容也作了规范，要求章程明确基金会的公益性，并不得规定使特定的自然人、法人或者其他组织受益的内容，同时还确定了章程应当规定的其他主要事项（第十条）。根据有关部门的摸底调查，基金会在基金运作和使用、内部决策、财务会计制度等方面不同程度地存在问题，有些还比较严重。有的基金会以基金的增值、保值为名直接或变相从事借贷、信托等金融活动，背离了章程订立的公益使命；有的基金会将捐助资金用于股权投资或者实业投资，违背了捐助人的意愿和基金会的非营利原则；有的为企业提供贷款担保或将存单转借他人作抵押，甚至用捐赠基金为企业贷款提供质押担保，置公益基金于高度风险状态。

为了规范基金会的活动，《基金会管理条例》重点对基金会的财产管理和使用进行了规范，并加强了对基金会活动的全方位的监管。主要规定了以下一些制度：

首先，规定了基金会用于公益支出的最低比例。为了保障基金会的公益性，防止基金会敛钱不花钱、滥花钱，许多国家都规定了基金会公益支出的最低比例。《基金会管理条例》根据我国基金会的实际情况，规定公募基金会每年的公益支出不得低于上一年全部收入的70%；非公募基金会每年的公益支出，不得低于上一年基金余额的8%（第二十九条）。并对不能完成公益支出要求的基金会设定了责任（第四十二条）。

其次，强化了基金会财务会计制度建设。财务会计制度是基金会运作的基础性制度，是对基金会进行审计监督的重要依据。财务会计制度不规范，是基金会管理的一个难点问题。目前，财政部正在根据会计法制定专门的民间非营利组织会计制度，并将于今年出台，与基金会管理条例等几个民间组织管理法规配套实施，这个专门的会计制度将对基金会的资产、负债、收入成本和费用、财务会计报告等做出详细具体的规范，以保障基金会财务运行的科学和规范，防止基金会利用财务会计制度的混乱而滥用资金。鉴于此，《基金会管理条例》明确要求基金会应当执行国家统一的会计制度，依法进行会计核算、建立健全内部会计监督制度（第三十二条）；要求基金会章程中必须确立财务会计的编制、审定制度（第十条）；要求基金会的年度工作报告中必须包括财务会计报告和注册会计师的审计报告（第三十六条）。对填制会计凭证、登记会计账簿、编制财务会计报告中弄虚作假的，《基金会管理条例》规定了严厉的法律责任（第四十二条）。

再次，为了保障基金会的公信力和透明度，加强了对基金会运作的外部监督。《基金会管理条例》加强了对基金会的全方位监管，在规定登记管理机关和业务主管单位监管职责的同时，还规定了税收和会计主管部门的专门监督、公众的监督、捐赠人的监督等（第三十五条、第三十六条、第三十七条、第三十八条、第三十九条）。

第二，维护基金会、捐赠人和受益人的合法权益。

保护基金会、捐赠人和受益人的合法权益。是促进基金会健康发展和保持社会公益事业可持续发展的重要方面。历史处于发展和进步中。正是通过发展，人类才能够掌握自己的命运并充分实现自己的潜力。发展要求人们树立信心，获得必要的技能、资源和自由去实现其目标。发展本身不是目的，发展的目的，是创建一种能够使人长期地享受健康和创造性的生活。二十世纪八十年代以来，全球的发展思想和发展战略出现了转折，由以经济增长为中心的发展转变为以人为中心的、公平的、在环境上和社会上可持续的发展。将人的需要、人的期望和选择作为一切发展活动的中心。以人为本的理念，使得发展日益成为：是人的发展，为了人的发展，由人去从事的发展。以人为中心的可持续的发展，不但强调物质生活的水平，更强调精神的完善、主体能力的建设和权利的保护。可持续的发展要求实现发展的权利，使人们可以从事更大范围的选择。

基金会管理条例突出了对基金会、捐赠人和受益人的合法权益的保护，实际上是对权利主体的保护，是对人的保护。在此方面，《基金会管理条例》规定，基金会及其捐赠人、受益人依照法律、行政法规的规定享受税收优惠。基金会受赠的财产及其他收入受法律保护，任何单位和个人不得私分、侵占、挪用。基金会应当根据章程规定的宗旨和公益活动的业务范围使用其财产。捐赠协议明确了具体使用方式的捐赠，根据捐赠协议的约定使用（第二十七条）。从而充分体现出对基金会财产的保护以及对基金会和捐赠人意思自治的尊重。《基金会管理条例》还规定，捐赠人有权向基金会查询捐赠财产的使用、管理情况，并提出意见和建议。对于捐赠人的查询，基金会应当及时如实答复。基金会违反捐赠协议使用捐赠财产的，捐赠人有权要求基金会遵守捐赠协议或者向人民法院申请撤销捐赠行为、解除捐赠协议。从而保障了捐赠人对捐赠财产使用情况的监督权利，强化了基金会的问责制度。《基金会管理条例》还规定，基金会理事会违反本条例和章程规定决策不当，致使基金会遭受财产损失的，参与决策的理事应当承担相应的赔偿责任。基金会理事、监事以及专职工作人员侵占、私分、挪用基金会财产的，应当退还非法占用的财产，构成犯罪的，依法追究刑事责任。从而从民事责任和刑事责任两方面加强了对基金会财产权的保护。

此外，为了保护基金会、捐赠人和受益人的合法权益不受基金会管理机关工作人员的侵犯，《基金会管理条例》规定，登记管理机关、业务主管单位工作人员滥用职权、玩忽职守、徇私舞弊构成犯罪的，依法追究刑事责任；尚不构成犯罪的，依法给予行政处分。

第三，促进社会力量参与公益事业。

公益事业是大家的事业、社会的公益，理应由全社会各方面的力量积极参与。但是，在计划经济体制下，社会公益的服务主要是由政府来提供的，社会力量没有资源也没有空间从事社会公益事业。在发达国家的基金会中，自然人或者企业等单位利用自己捐助出来的资金成立的基金会占多数，这类基金会主要是靠设立者自身注入和运作资金，也接受一定的捐赠但并不面向社会募集资金。随着我国市场经济的发展，民间资金的实力日益雄厚，越来越多的社会力量希望通过举办基金会或者其他民间组织而参与社会公益事业，基金会管理立法应当提供一个制度的渠道，培育并引导民间资金和社会力量更加积极和自主地参与社会公益事业。

为了促进社会力量参与公益事业，《基金会管理条例》采取了一些有针对性的鼓励措施，主要有：借鉴发达国家的经验并结合我国基金会的管理现状，对基金会的分类和管理体制作了进一步改革。将基金会分为公募基金会和非公募基金会，并针对不同的基金会，设定了不同的管理体制和管理措施。非公募基金会是指利用捐赠人捐赠的财产成立，从事公益事业，不向公众募集资金的基金会。公募基金会是指可以面向公众募集资金的基金会。在设立条件方面，对非公募基金会的原始基金设立标准要求比公募基金会更加宽松。其公益支出比例也确定了不同的标准。这样必将有效地促进企业、个人等成立非公募基金会，通过这种公益组织的形式积极投身社会公益事业。

五、《基金会管理条例》与《基金会管理办法》在立法宗旨上的不同

1988 年的《基金会管理办法》第一条规定该办法的立法宗旨，即：“为了加强对基金会的管理，以利于基金会的健康发展，制定本办法。”与《基金会管理办法》规定的立法宗旨比较，《基金会管理条例》更加强调了对基金会自身组织和运作规则的规范，而不是强调主管部门的管理；强调了对基金会、捐赠人和受益人权利的保护，突出了对社会力量参与公益事业的鼓励。这些内容都是《基金会管理办法》没有体现出来的。

第二条 本条例所称基金会，是指利用自然人、法人或其他组织捐赠的财产，以从事公益事业为目的，按照本条例的规定成立的非营利性法人。

【释义】本条是对基金会概念的界定。

在立法中，对界定法律术语或者概念的主要目的一方面在于确定该术语的基本含义，以便在法律适用中统一理解和认识；另一方面，也是更主要的，是限定该术语的外延，并通过限定外延的方式而依法限定了该术语的适用范围。如在《中华人民共和国道路交通安全法》中，对什么是“道路”、“车辆”、“机动车”、“非机动车”、“交通事故”等均作了界定。需要指出的，法律对概念术语的界定，并不一定与术语本身的形式逻辑概念的内涵和外延完全保持一致。例如：《中华人民共和国道路交通安全法》对“非机动车”的界定是，“指以人力或者畜力驱动，上道路行驶的交通工具，以及虽有动力装置驱动但设计最高时速、空车质量、外形尺寸符合有关国家标准的残疾人机动轮椅车、电动自行车等交通工具。”如果依照一般的形式逻辑，非机动车就应当是没有动力驱动装置的车辆，因此“有动力装置驱动但设计最高时速、空车质量、外形尺寸符合有关国家标准的残疾人机动轮椅车、电动自行车等交通工具”不应当属于非机动车的范畴。但是，为了管理上的方便，法律还是将这一部分车辆列为非机动车进行管理。

理解本条对基金会含义的界定，重点应当从以下四个方面着手：

一、可以设立基金会的法律主体

基金会是一种社会公益组织，这种组织形式的存在是为了能够将有益于社会公益事业的力量、资源和信息等有机高效地整合起来。因此，任何意图投身社会公益事业的民事主体，都有权利发起设立基金会。在这里，民事主体不但包括了作为个体的自然人，作为组织的法人（机关法人、企业法人、事业单位法人、社会团体法人），也包括了其他相对松散不具备法人资格的其他组织，如合伙组织（合伙企业、合伙律师事务所）等。需要说明的是，在我国，政府及其所属的部门承担着发展社会公益事业的主要职责，而政府及其所属部门履行这些职责主要是通过履行行政管理和提供公共服务的方式实现的。但这并不意味着政府不可以设立基金会。在国外，由政府设立的基金会只占比较小的比例，而在我国，政府及其部门是发起设立基金会的主要力量。

对于外国的自然人和法人是否可以根据《基金会管理条例》设立基金会的问题，条例虽然没有明确的规定，但是，通过条例的一些条款的规定，我们可以看出是允许的。例如，条例规定非内地居民担任法定代表人的基金会必须在国务院民政部门登记，这实际上就是对外国人和其他境外人士在中国设立基金会的规定。

二、发起设立基金会所依据的财产

对于发起设立基金会所依据的财产，本条规定为“利用自然人、法人或其他组织捐赠的财产”。在这里，必须明确以下几点：

1. 这里自然人、法人或其他组织可以是国内的主体，也可以是国外的主体。也就是说，外国人、外国的企业、外国的基金会等组织也可以来中国根据《基金会管理条例》规定的条件和程序，并根据其他中国的法律设立基金会，从事公益活动。

2. 用于设立基金会的财产和捐赠人财产的独立性。捐赠人一旦将财产捐助出来成立基金会，该财产的所有权便不再归捐赠人所有，而成为基金会的财产。对于个人捐赠的财产，包括了生前捐赠的财产和死后捐赠的财产，也就是包括了自然人的遗赠财产。需要说明的是，捐赠的财产必须是捐赠人拥有合法所有权的财产，如果所捐赠的财产是非法获得的（如是贩卖毒品所得或者贪污腐败所得）或者捐赠人对捐赠的财产根本就不享有所有权、无权处分所捐赠的财产（如，所捐赠的财产是行为人保管的他人的财产等），那都不会成为合格的发起设立基金会所依据的财产。

根据《基金会管理条例》的规定，设立基金会必须具有与开展公益活动相适应的财产，要求在申请登记成立基金会以前，必须具有最低数额的原始基金。这一规定，是对基金会设立登记依据财产的规模提出的要求，对此，我们将在相关条款中再予以详细论述。

三、公益事业的范围

基金会是一种典型的公益财团法人，因此，界定基金会必须明确基金会的社会公益性质。但是，对于什么属于公益事业，应当说至今仍没有令人满意的解释和界定。在我国的台湾地区，对公益活动的理解，主要包括各类教育、文化、宗教、慈善、社福、卫生、医疗、环保、社区、人权、科学、救灾等各类促进公共利益的活动。日本1998年制定的《特定非营利组织促进法》中，对公益范畴也进行了列举式界定，主要分为17类，包括：保健、医疗和福利的增进活动，社会教育的推进活动，城镇建设的推进活动，学术、文化、艺术、体育的振兴活动，环境保护活动，灾害救援活动，地域安全活动，维护人权和推进和平的活动，国际协力活动，促进男女平等社会形成的活动，儿童的健全育成活动，信息化社会的发展活动，科技振兴活动，促活经济的活动，职业能力的开发和扩大雇佣机会的支援活动，消费者的保护活动，上述活动的团体运营和有关联络、助言及援助的活动。目前，我国的基金会涉及的公益事业领域主要有教育、科技、医药、卫生、文化、艺术、扶贫、环保、弱势群体保护等。在《中华人民共和国公益事业捐赠法》中，对公益事业的范围作了界定。该法第三条规定：“本法所称公益事业是指非营利的下列事项：（一）救助灾害、救济贫困、扶助残疾人等困难的社会群体和个人的活动；（二）教育、科学、文化、卫生、体育事业；（三）环境保护、社会公共设施建设；（四）促进社会发展和进步的其他社会公共和福利事业。”

在《基金会管理条例》的形成过程中，对是否在这部行政法规中列举公益活动的范围曾经进行过认真的研究论证，并曾专门就此召开过一次外国专家座谈会。与会专家认为，基金会的公益性是基金会的主要特征，保障基金会的公益性是基金会立法规范的重要内容。但是，对于什么是“公益”，在世界范围内都是个模糊的问题，立法很难做出准确、排他的界定。当然，要求基金会在章程中明确具体使命是必要的。公益的范围不但很广，而且也在不断变化，以法律的形式加以限定是很困难的。但对什么是公益，公众会有一个常识性的理解和判断，那就是基金会的钱不能被用于私人目的。保障基金会的公益性要靠操作过程中的制度，其中的关键，在于明确会计准则、强化审计和年度报告制度，建立舆论、捐赠人和其他社会力量的监督机制，使基金会对主管部门负责、对捐赠人负责、对发起人负责。基金会的运作必须公开、透明，便于社会监督。此外，鼓励竞争和倡导自律也是保障公益性的重要方法。《基金会管理条例》对于公益活动的范围没有专门做出界定，《公益事业捐赠法》关于公益事业范围的界定将成为今后登记成立基金会的一个重要性的参照标准。但是，对于公益事业的概念，不是只有政府部门才可以界定，人们日益增长的物质文化生活的需要，将会不断丰富和发展公益的内涵和外延。

四、基金会法人的性质

在大陆法系国家中，基金会是典型的公益性财团法人，属于资合法人，区别于人的集合的社团法人。英美法中尽管没有社团法人和财团法人的分类，但也存在“有会员的法人”和“没有会员的法人”的区别，基金会属于“没有会员”的法人。条例之所以将基金会界定为非营利性法人，而没有明确其财团法人性质，主要是考虑到目前我国民事基本法中还没有确立财团法人的概念。在条例形成的过程中，许多专家学者主张在条例中明确基金会的财团法人性质。但也有的同志表示反对，认为作为行政法规的条例不应当突破《民法通则》关于法人分类的基本规定。

这里的“非营利性”，并不是不允许基金会开展任何经营活动，而是指基金会的所有收入均应用于社会公益的目的，不得在发起人、捐赠人和基金会工作人员中分配盈利。因此，基金会“非营利性”（Non—Profit）不是指基金会不可以赚钱，而是指不得分钱，因此，基金会的非营利性其实质是“非利润分配性”（Non—Profit Distributing）。

正是基于对非营利性法人的这一认识，《基金会管理条例》没有再对基金会进行投资活动等进行限制，也不再限制基金会经营管理企业。但是，基金会通过投资等方式取得的收益必须用于其章程订立的社会公益目的，不得在基金会专职工作人员和理事会等人员中分配。这种对基金会管理使用财产的放松管制政策，将会使保障基金会公益性的任务更加艰巨，在制度设计上更需要严密和完善。对此，我们将在解释本条例相关条文时进行详细论述。

第三条 基金会分为面向公众募捐的基金会（以下简称公募基金会）和不得面向公众募捐的基金会（以下简称非公募基金会）。公募基金会按照募集资金的地域范围，分为全国性公募基金会和地方性公募基金会。

【释义】本条是关于基金会分类的规定。

1988 年的《基金会管理办法》对基金会没有进行分类，所有的基金会，无论是在中央还是在地方登记，都执行统一的标准。《基金会管理条例》根据基金会发展的实际情况和管理的需要，并参照国外的作法，将基金会分为可以面向公众募集资金的基金会，简称公募基金会，以及不得面向公众募集资金的基金会，简称非公募基金会，并根据不同基金会的特点，在设立条件、利益冲突规则、资产的使用和管理等方面进行了区别对待。对基金会进行分类管理的主要目的是通过分类管理提高管理的针对性，鼓励社会力量通过设立基金会而参与社会公益事业，同时，也旨在限制公募基金会的设立，规范募捐秩序。就基金会分类的问题，国务院法制办组织中外基金会和民间组织管理的专家，进行了反复的研究论证。下面，我们将对这一条作一分析。

一、公募基金会和非公募基金会的本质区别

公募基金会和非公募基金会的本质区别是，前者属于公共筹款型的基金会（Fund—Rising oriented）而后者则属于独立基金型（Endowment）的基金会；前者主要靠成立后向社会募集的资金来从事公益性的资助活动，而后者主要依靠自有资金的运作增值以及发起人自身或者其亲友的捐助资金而获得从事公益性活动的资金。

在基金会管理条例草案的形成过程中，曾经一度将基金会分为公共基金会和私立基金会，并规定公共基金会可以面向社会公众募集资金，而私立基金会不得面向社会公众募集资金。其中，公共基金会的设立资金来源一般比较广，有的可能包括一部分国家财政的资助；公共基金会的发展一般要和当地的社会、经济发展水平相适应，政府应采取一定手段对其总体数量、布局进行合理调控。由于公共基金会可以向社会公众开展募捐活动，涉及面广，影响大，因此政府部门应加强监管，使募捐活动规范、有序，避免出现乱摊派，乱集资等违规违法问题，维护正常的社会秩序和稳定。私立基金会是以个人、企业或者其他组织捐款设立的。不向社会公众进行募捐，其理事会主要是由发起者、捐赠者组成。允许私立基金会以自然人的姓名、法人或者其他组织的名称命名，有利于鼓励富裕的个人、企业出资参与社会公益事业，引导民间资金从事扶贫济困，救弱助残活动，在他们奉献社会的同时，也给予合理回报，例如赋予命名权，由此扩大个人或者企业的声誉，提升社会形象。对这类基金会采取一定的培育扶持政策，促进其发展。

在专家们进行讨论的过程中，多数专家和基金会实务界的同志主张，对于私立基金会不宜设立业务主管单位。认为只有这样规定比较符合私立基金会的实际情况，如果私立基金会也采取双重管理体制，那么许多私立基金会可能因为找不到业务主管单位，或者因一些部门不愿意做其业务主管单位而成立不了。这将影响私人、企业捐资设立基金会的积极性，特别是伤害海外友人捐资公益事业的热情，不利于促进社会力量参与公益事业。另方面，为私立基金会设置业务主管单位，给政府部门的形象也会带来不良影响。但是，更多的同志认为，业务主管单位和登记管理机关双重负责的管理体制是我国民间组织管理的基本制度，这项制度在 1998 年国务院的《社会团体登记管理条例》和《民办非企业单位登记管理暂行条例》中都得到确立，基金会作为民间组织的一个组成部分，也应当贯彻双重管理体制。

有的同志还认为对基金会进行分类是必要的，但分为公共基金会和私立基金会，没有体现出两者在运作方式上的区别。而且，私立基金会的提法可能会给社会造成一定的误解，认为只有私人发起设立的基金会才是私立基金会。像宝山钢铁集团总公司这样的国有企业举办的基金会，叫做私立基金会就有些不太妥当。因此建议根据分类所依据的主要资金来源的不同，及是否面向社会公众募集资金等来确立分类的名称。目前条例使用的“公募基金会”和“非公募基金会”的名称，就是根据上述意见而研究确立的。

二、对两种不同类型的基金会的设立条件和管理措施的区别

根据条例的规定，对公募基金会和非公募基金会采取的管理措施主要有以下不同：

（一）对公募基金会实行分级登记管理的原则，对非公募基金会实行属地登记的原则。全国性公募基金会，由民政部负责登记和管理。在地方区域内募捐的基金会登记为地方性基金会，由当地省级民政部门负责登记和管理。这样规定是为了对公募基金会的募捐活动进行严格管理，使其只能在登记的活动地域内进行，以保证募捐活动的有序和社会资源的合理分割；防止基金会蜂拥至个别发达地区要钱，影响当地社会、经济秩序。

对非公募基金会实行属地登记，原则上由发起人在省、自治区、直辖市人民政府民政部门登记，不限制活动地域。由于非公募基金会不能开展募捐活动，因此它的活动以资助公益事业为主，不存在向社会募捐涉及的一些社会问题。

非公募基金会的属地登记原则有两种情况例外：第一，非中国内地居民担任法定代表人的非公募基金会，必须到国务院民政部门登记。第二，原始基金数额超过2000万元人民币，当事人自愿选择到国务院民政部门登记的，也可以到国务院民政部门登记。

（二）对公募基金会规定较高的原始基金门槛，对非公募基金会适当降低了原始基金标准：公募基金会全国性的为800万元人民币，地方性的为400万元人民币；而非公募基金会只规定了200万元的最低原始基金标准，藉此一方面达到控制公募基金会数量，整合有限资源，防止过多过乱的目的，另一方面则可以有效地鼓励非公募基金会的发展。

（三）根据两种不同类型的基金会的特点，确立了不同的公益事业支出比例。规定：公募基金会每年用于从事章程规定的公益事业支出，不得低于上一年总收入的70%；非公募基金会每年用于从事章程规定的公益事业支出，不得低于上一年基金余额的8%。这是根据不同基金会开展公益活动所需资金来源的不同而有针对性地设立的。

此外，对利用私人资金设立的非公募基金会，允许有近亲属关系者同时在理事会任职，但不得超过理事总数的三分之一。而对其他的基金会，则不允许有近亲属关系者同时在基金会理事会任职。

三、如何理解非公募基金会不得面向社会募集资金问题

是否可以面向社会募集资金，是公募基金会和非公募基金会的划分标准和本质区别。但是，应当如何理解“不得面向社会募集资金”呢？在条例制定过程中，有一种观点认为，不得面向社会募集资金，应当是指禁止非公募基金会进行任何的募捐活动。另外一种观点则认为，“不得面向社会募集资金”只是限制非公募基金会向不特定多数的社会公众募集资金，如开展义赛、义演、义卖、义展等募集活动，在公开媒体上发布募集广告或募集消息，通过一定的组织形式发倡议，在公共场合设立募集箱等都属于向公众进行募捐。非公募基金会不得进行此类活动。但是，并不排除非公募基金会可以向发起人的亲友等特定范围的人进行“喝咖啡”或者“午餐会”式的募捐。也就是说，不得面向社会募集资金，并不能限制非公募基金会进行私人性质的募捐活动，在亲友、同学、学生等熟人圈子内进行募捐应当是允许的。需要特别说明的是，非公募基金会不得面向社会募集资金，并不妨碍非公募基金会接受来自社会的不特定群体的捐赠。如果一个非公募基金会在从事社会公益事业方面有非常高的社会知名度和信誉，从而引起了社会的广泛关注和支持，尽管该基金会并没有面向社会组织募捐活动，但同样可能获得来自社会各方面的捐赠和资助。

四、如何理解全国性公募基金会和地方性公募基金会的划分

划分全国性公募基金会和地方性公募基金会的标准，是根据基金会可以募集资金的地域范围。例如，在广东成立的地方性公募基金会，就只能在广东省的范围内面向社会募集资金，而不得向广东省以外的社会募集资金。全国性的公募基金会，其募集资金的地域范围在国内是不受限制的。

这里有这样一个问题，如果有一个基金会设在一个县里。设立的目的是资助这个县里的失学儿童重返校园。那么这个基金会可以募集资金的地域范围是什么呢？有一种观点认为，这个基金会只能在其所在的县面向社会募集资金，不得超出这个范围：另外一种观点则认为，既然这个基金会在省级人民政府的民政部门登记，它就应当具有在全省组织募捐的资格。我们认为后一种观点，符合立法本意，这也是和基金会登记管理体制相吻合的。也正是从这个意义上讲，我们不赞同地方性公募基金会再分为省、设区的市和县三级。

第四条 基金会必须遵守宪法、法律、法规、规章和国家政策，不得危害国家安全、统一和民族团结，不得违背社会公德。

【释义】本条是关于基金会遵守法律规范和社会公德的规定。

基金会是一种特定形式的社会公益组织，基金会活动的领域很广泛，涉及社会生活的许多方面，并且有众多的公民、法人参与到基金会所倡导的社会公益事业之中，因此，基金会对社会生活的影响是十分广泛和深刻的。过去的经验和教训都表明，基金会这种公益组织形式很容易被一些人进行非法的利用，利用这种公益性质的组织形式，从事非法的经济活动，作为逃税的工具，作为非法进行金融活动的庇护，甚至为危害国家统一、煽动民族矛盾、危害国家安全作制度掩护。为此，《基金会管理条例》借鉴《社会团体登记管理条例》的经验，专门设一条，强调规定了基金会的守法义务和遵守国家政策的义务，并规定基金会不得危害国家安全、统一和民族团结，不得违背社会公德。

我国现行宪法于1982年12月4日全国人民代表大会第五次次会议通过，这部宪法经过了1988年、1993年、1999年和2004年四次修正。它包括序言、总纲、公民的基本权利和义务、国家机构（全国人民代表大会、中华人民共和国主席、国务院、中央军事委员会、地方各级人民代表大会和地方各级人民政府、民族自治地方的自治机关、人民法院和人民检察院）、国旗、国徽、首都等内容，是我国的根本大法和法治的基本纲领。任何单位和个人都必须拥护并坚决捍卫宪法规定的根本制度和基本原则。

根据宪法的规定，我国的根本任务是，沿着建设有中国特色社会主义的道路，集中力量进行社会主义现代化建设。中国各族人民将继续在中国共产党领导下，在马克思列宁主义、毛泽东思想、邓小平理论和“三个代表”重要思想指引下，坚持人民民主专政，坚持社会主义道路，坚持改革开放，不断完善社会主义的各项制度，发展社会主义市场经济，发展社会主义民主，健全社会主义法制，自力更生，艰苦奋斗，逐步实现工业、农业、国防和科学技术的现代化，把我国建设成为富强、民主、文明的社会主义国家。基金会遵守和拥护宪法，不但要遵守宪法确立的制度和原则，还要捍卫宪法序言规定的“四项基本原则”。

法律是指由全国人大及其常委会制定的法律规范。根据宪法和2000年7月1日起施行的《中华人民共和国立法法》的规定，全国人民代表大会和全国人民代表大会常务委员会行使国家立法权。全国人民代表大会制定和修改刑事、民事、国家机构和其他的基本法律。全国人民代表大会常务委员会制定和修改除应当由全国人民代表大会制定的法律以外的其他法律；在全国人民代表大会闭会期间，对全国人民代表大会制定的法律进行部分补充和修改，但是不得同该法律的基本原则相抵触。根据《立法法》的规定，下列事项只能制定法律：（一）国家主权的事项；（二）各级人民代表大会、人民政府、人民法院和人民检察院的产生、组织和职权；（三）民族区域自治制度、特别行政区制度、基层群众自治制度；（四）犯罪和刑罚；（五）对公民政治权利的剥夺、限制人身自由的强制措施和处罚；（六）对非国有财产的征收；（七）民事基本制度；（八）基本经济制度以及财政、税收、海关、金融和外贸的基本制度；（九）诉讼和仲裁制度；（十）必须由全国人民代表大会及其常务委员会制定法律的其他事项。

法规包括了国务院制定的行政法规以及省、自治区、直辖市人民代表大会及其常务委员会制定的地方性法规。

规章是指国务院各部门制定的部门规章，省、自治区、直辖市人民政府制定的政府规章以及立法法规定的"较大的市"（包括省、自治区所在地的市、特区所在地的市和国务院批准的较大的市）政府规定的规章。

国家政策是指党和国家制定的对国家的发展具有长远指导意义的规划、目标和决定。例如，党的十六届三中全会形成的《关于完善社会主义市场经济体制若干问题的决定》、政府制定的经济和社会发展规划、汽车产业政策等。国家政策具有补充法律规范的意义，同时又体现出改革和开拓、创新意义。

社会公德是一个社会长期形成的道德风尚，是整个社会价值观的重要组成内容。遵守社会公德是维护社会和谐、稳定，促进社会道德进化的重要方面，是任何参与社会活动主体当然的义务。基金会从事社会公益，应当成为维护社会公德的典范，成为启沃社会慈善意识和培育社会良知的重要力量。如果基金会自身不尊重和遵守一个社会的社会公德，将会对社会生态环境造成直接而恶劣的影响。

第五条 基金会依照章程从事公益活动，应当遵循公开、透明的原则。

【释义】本条是关于基金会活动原则的规定。主要包含了二项内容。

一、基金会必须依照章程的规定从事公益活动

基金会章程是基金会的基本宪章，规定了基金会的宗旨、使命、公益活动范围，基本的制度和运作原则。基金会章程可以充分体现基金会发起人的意愿，从而充分尊重了出资从事公益事业的当事人的意志。可以说，基金会章程就是基金会运作的"宪法"。

为了保障基金会的公益性以及基金会章程对基金会的制约作用，《基金会管理条例》的许多条款都对基金会章程做出了相应的具体规定。

条例第十条规定基金会章程必须明确基金会的公益性质，不得规定使特定自然人、法人或者其他组织受益的内容。并且明确了基金会的章程应当载明的事项，包括：名称及住所；设立宗旨和公益活动的业务范围；原始基金数额；理事会的组成、职权和议事规则，理事的资格、产生程序和任期；法定代表人的职权；监事的职权、资格、产生程序和任期；财务会计报告的编制、审定制度；财产的管理、使用制度；基金会的终止条件、程序和终止后财产的处理。

条例第二十一条规定，理事会是基金会的决策机构，依法行使章程规定的职权。理事会每年至少召开2次会议。理事会会议须有三分之二以上理事出席方能召开；理事会决议须经出席理事过半数通过方为有效。对于一些重要事项的决议，须经出席理事三分之二以上表决通过方为有效，这些重要事项是：章程的修改；选举或者罢免理事长、副理事长、秘书长；章程规定的重大募集、投资活动；基金会的分立、合并。

条例第二十二条规定，监事依照章程规定的程序检查基金会财务和会计资料，监督理事会遵守法律和章程的情况。

条例第二十九条规定，公募基金会每年用于从事章程规定的公益事业支出，不得低于上一年总收入的70%；非公募基金会每年用于从事章程规定的公益事业支出，不得低于上一年基金余额的8%。

条例第三十三条规定，基金会注销后的剩余财产应当按照章程的规定用于公益目的；无法按照章程规定处理的，由登记管理机关组织捐赠给与该基金会性质、宗旨相同的社会公益组织，并向社会公告。

上述规定，均体现出章程对基金会运作的规范和指导作用。对于没有按照章程规定的宗旨和公益活动的业务范围进行活动的，条例还在法律责任部分设定了严格的责任。

二、基金会活动必须公开、透明

基金会属于社会公益组织，以社会公益事业为目的。正是因为如此，国家对基金会提供了税收等许多方面的优惠政策，社会力量也向基金会提供了许多资金、智力和其他志愿行动的支持。基金会从政策、资源，到提供的服务产品和对象，满足的社会的需求，都具有广泛的公益性。这就需要基金会必须充分保障其活动的公开性和透明度，从而保障基金会对于政府、社会、捐赠人、受益人等的公信力。非营利组织正是凭借公信力的衍生和扩展，更大范围地获取政治、法律空间以及公众的信心和信任，以确保实现其组织的公益使命。根据学者的概括，非营利组织需要整合到其策略规划中的公信力主要有以下四个方面，即：法律公信力——遵守法律的规定和法治的原则；协商公信力——对利益关系人需求的高度响应；自主裁量公信力——在行使自由裁量权进行自主决断时，利用常识和专业知识进行正确的判断；展望公信力——预测未来发展趋势，主动参与及倡导相关立法和政策。

在非营利组织的公信力构成中，对于法律、法规的遵守、对政府管理部门政策导向的积极响应固然重要，但更加重要的是对公共利益和公共信任的维持。广义公信力的概念已经超越了监督控制的技术性，转而强调非营利组织对其利益关系人承诺的社会公信力，包括对一般公众、新闻媒体、捐助者、董事、志愿者等的责任和交代。公信力对象的多元，决定了公信力内容的多维：公共信息的披露、法律和政策的遵守、董事会的监督与信托责任、同行间的合作信赖、组织机构的效能和使命的公益性保障、募捐伦理、利益冲突的避免和解决、公共资源的管理等。非营利部门公信力的特点，使得保障其公信力的机制更加复杂，对非营利组织笃守公信力价值自觉性的依赖程度也较政府和市场组织高。

有理由相信透明度是公信力价值的一个辅助性价值，因为在许多场合透明度只是用以保障公信力的实现，是实现公信力价值的手段。透明度和公开性、公信力一起成为民主政治的核心内容和重要运作工具。透明度价值对于非营利组织的意义在于：

1. 保障公信力的实现。

2. 防止组织滋生制度性腐败。

3. 促进组织的自律和能力建设。

基金会的特征决定了该组织必须坚守公信力的价值。而如何实现非营利组织广泛的公信力，公开性和透明度是重要的依托。在基金会管理条例的几项重要制度设计中，保障资信公开是非常重要的一环。这些措施包括：对政府主管机关的年度报告制度，接受主管机关检查、调查制度；对利益关系人的通知制度，接受质询制度；对社会公众的信息披露制度，接受公众查询制度。许多对于市场组织属于商业秘密的东西，对基金会来说可能就不能作为秘密，而必须无条件公开。这种公益性的社会组织必须通体透明。非营利组织经不起任何丑闻，因为公众的信赖是他的生命。但是，非营利组织也是由凡人运作，人性的弱点在这里也会暴露。对于这种缺点，只能通过制度防范，而阳光则是最好的防腐剂。具有透明度的组织才能从制度上杜绝腐败。

非营利组织的自律也是非营利组织发展和规范中的一个重要问题。自律需要在自由和责任的促动下形成自治能力后方能得到圆满实现。透明度则有利于这一目标实现。自律在许多时候，对大多数群众和干部，是要依赖适当的外控才能实现，而透明度，或者说拉开窗帘后，外控才能发挥作用。执行了透明度的组织，可以在阳光照耀下茁壮成长，才能真正在正确的轨迹上任重道远。应当说，《基金会管理条例》在制度设计上的一个重点就是通过制度的规范来保障基金会活动的公开透明。组织的制度化和活动的公开化是保障基金会公益性的两项主要制度支持。

第六条 国务院民政部门以及省、自治区、直辖市人民政府民政部门是基金会的登记管理机关。

国务院民政部门负责下列基金会、基金会代表机构的登记管理工作：

（一）全国性公募基金会；

（二）拟由非内地居民担任法定代表人的基金会；

（三）原始基金超过2000万元，发起人向国务院民政部门提出设立申请的非公募基金会；

（四）境外基金会在中国内地设立的代表机构。

省、自治区、直辖市人民政府民政部门负责本行政区域内地方性公募基金会和不属于前款规定情况的非公募基金会的登记管理工作。

【释义】本条是关于基金会登记管理机关及其登记管理工作分工的规定。共分为三款，第一款规定了基金会的登记管理机关；第二款规定了国务院民政部门负责登记管理的基金会和基金会代表机构的范围；第三款规定了省、自治区、直辖市人民政府民政部门负责登记管理的基金会的范围：

一、基金会的登记管理机关

根据本条的规定，我国对基金会的登记管理机关，采取了两级登记管理体制，并相应确立了两级登记管理机关，即：国务院民政部门以及省、自治区、直辖市人民政府民政部门。两级登记管理体制也是世界上多数国家采用的管理体制。

二、国务院民政部门负责登记管理的基金会和基金会代表机构的范围

国务院民政部门即中华人民共和国民政部，是主管有关社会行政事务的国务院组成部门。根据1998年国务院机构改革“三定”方案，民政部负责全国性社团（包括基金会）、跨省（自治区、直辖市）社团、在内地的香港特别行政区以及澳门、台湾同胞社团、外国人在华社团、国际组织在华机构的登记和年度检查；研究提出会费标准和财务管理办法；监督社团活动，查处社团组织的违法行为和未经登记而以社团名义开展活动的非法组织；指导、监督地方社团的登记管理工作。并专门设立民间组织管理局，具体负责履行上述行政管理职能。根据这一规定，国务院民政部门不仅仅负责具体的社团（包括基金会）的登记管理工作，而且要拟订民间组织（包括社团、基金会和民办非企业单位）管理的方针、政策、规章，并监督实施。同时指导、监督地方民间组织的登记管理工作。从这个意义上讲，本条的内容仅仅是从负责具体登记管理工作的角度所作的规定。

根据《行政许可法》关于谁登记许可，谁监督管理的原则，基金会的登记和日常监督管理的职责是结合在一起的。就国务院民政部门而言，只能由其负责登记管理的基金会和基金会代表机构分为以下四种类型：

（一）全国性公募基金会

全国性公募基金会的活动范围，尤其是面向社会募集资金的范围涉及全国，因此只有国务院民政部门具有登记和监督的条件。目前，在民政部登记的基金会共有80余家，这些基金会的名称中一般都具有“中国”或者“中华”字眼，但也有一些以自然人或者单位命名的全国性基金会，如宋庆龄基金会，清华大学教育基金会。新的基金会管理条例生效实施后，这些全国性的基金会预计将会有一些变化。如：原始设立基金要提高，基金会理事会将会发挥更大的作用，公益支出比例也将有更加严格的规定等。

在民政部登记的基金会的住所不一定设在北京，如孔子基金会，虽为全国性基金会，但其住所是在山东而不是北京。在住所和登记机关不一致的场合，国务院民政部门可以委托基金会住所地的民政部门负责基金会的日常监管工作。

（二）非内地居民担任法定代表人的基金会

非内地居民担任法定代表人的基金会，实际上也就是在中国内地登记成立的由外国人以及香港居民、澳门居民或者台湾居民担任理事长的基金会。由于基金会登记事项中有法定代表人项目的规定，因此，条例没有使用“非内地居民担任理事长的基金会”，而使用了“非内地居民担任法定代表人的基金会”。本款要与第二十三条联系起来理解，第二十三条规定“公募基金会和原始基金来自中国内地的非公募基金会的法定代表人，应当有内地居民担任”。所以“非内地居民担任法定代表人的基金会”只能是原始基金来自境外的非公募基金会。将外国人或者香港居民、澳门居民或者台湾居民担任法定代表人的基金会规定由国务院民政部门负责登记，体现出条例对涉外基金会管理的重视和加强。外国人或者香港居民、澳门居民或者台湾居民担任法定代表人的基金会，一般具有比较强的国际背景，基金会在进行公益活动时也会存在大量的涉外因素，由国务院民政部门登记，并由中央政府的有关业务主管单位对基金会进行业务指导，会更加符合基金会管理的实际。

（三）原始基金会超过2000万元，发起人向国务院民政部门提出设立申请的非公募基金会原始基金超过2000万元的非公募基金会，发起人可以有两种选择。他们既可以选择在住所地的省级人民政府民政部门进行登记，也可以选择在国务院民政部门进行登记。关于本项的规定，是在草案形成的最后阶段，应一些基金会发起人的要求而增加的。这样规定使得大型非公募基金会的发起人有了更多的选择自由。在基金会管理条例草案最后征求意见的过程中，有的部门对这一项规定提出不同的意见，认为，既然对非公募基金会的登记是采用了属地管理的原则，就不应当再规定对规模较大的非公募基金会由国务院民政部门登记，并认为这样规定会造成对非公募基金会管理的混乱。国务院法制办公室研究认为，由于非公募基金会属于不得面向社会募集资金的基金会，因此，这种基金会在国务院民政部门登记还是在地方政府民政部门登记并没有实质的区别；如果基金会设立人愿意在国务院民政部门登记，法律不应当加以限制，但是，考虑到中央政府民政部门的主要职责更多地侧重于基金会管理政策的制定，没有很多的人力和精力从事基金会的具体登记管理工作，因此，对选择在国务院民政部门进行登记的非公募基金会，应当对其原始基金数额进行必要的限制。目前条例的这种规定，实际上给原始基金超过2000万元人民币的非公募基金会的设立人更多的选择自由，这也体现出国家对非公募基金会，尤其是大规模非公募基金会的鼓励政策。

（四）境外基金会在中国内地设立的代表机构

根据条例附则中的解释，境外基金会是指在外国以及中华人民共和国香港特别行政区、澳门特别行政区和台湾地区合法成立的基金会。因此，境外基金会不是中国法人。

目前，已经有一些境外的基金会在中国内地设立了代表机构；有的已经国务院批准同意并正式进行了登记，如福特基金会，在工商部门进行了登记，但仍然享受非营利组织的税收和其他政策的优惠。有的则未经批准和登记，但已经在中国内地开展活动，如美国亚洲基金会、德国米索尔团结友爱基金会等。

《基金会管理条例》正式施行后，所有这些境外基金会在中国内地进行活动，必须通过设立代表机构的方式进行，不在中国内地设立代表机构的，不得继续在中国内地进行活动。已经进行了工商登记的，要重新到国务院民政部门，按照本条例设立的条件进行登记。

三、省、自治区、直辖市人民政府民政部门负责登记管理的基金会

我国对基金会实行国务院民政部门和省级地方政府民政部门两级登记管理。除了上述由国务院民政部门登记管理的基金会以外，其他的基金会都必须在省、自治区、直辖市人民政府民政部门进行登记。这一登记管理体制与其他民间组织的分级管理体制是有区别的。根据《社会团体登记管理条例》和《民办非企业单位登记管理暂行条例》的规定，负责登记管理的机关是县级以上人民政府民政部门，也就是说，是县级、设区的市级、省级以及国务院四级的登记管理体制。确立基金会的二级登记管理体制，主要是考虑到基金会属于资合规模比较大的财团法人，其开展公益事业的范围和规模都比较广。在省、自治区、直辖市人民政府民政部门进行登记的基金会分为以下两种：

（一）地方性公募基金会

基金会的两级登记管理体制，并不排除发起人设立更小公益服务范围的基金会。例如，在山东省登记的地方性公募基金会可以叫作“山东临沂失学儿童救助基金会”，专门为沂蒙老区的失学儿童提供助学资助。这样的基金会，不能在临沂市人民政府民政部门进行登记，因为临沂市人民政府民政部门并不具备进行基金会登记管理的主体资格。但这并不影响这个基金会是一个为局部地区的受助对象提供资助的基金会。对于这种基金会是否将其面向社会募集资金的范围也限制在其进行公益资助的范围的问题，有两种不同的意见，一种主张募集资金的范围应当与进行公益资助的范围保持一致，另一种则主张募集资金的范围应当与登记管理机关的行政管辖范围保持一致。我们认同第二种意见，一个基金会募集资金的范围应当与其登记机关的管辖范围一致。这是必须首先加以明确的原则。至于基金会从事公益事业的地域范围，在不违反基金会的公益性质的前提下，可以由其章程来确定。

（二）非公募基金会

条例对非公募基金会原则上实行属地管理原则。这是由这种类型基金会的性质决定的。根据条例的规定，非公募基金会不得面向社会募集资金，因此也就不存在活动的地域范围限制问题。对于从事社会公益资助的范围，也是由章程来设定的，法律对此并不予以干涉。因此，非公募基金会没有全国性和地方性的差别，这就为对这类基金会进行属地管理奠定了基础。属地管理的原则意味着，非公募基金会的住所地在哪里，就在哪里的省级人民政府民政部门进行登记，这是一个原则。属地管理原则不但淡化了基金会的“级别”色彩，而且更加方便了群众。

第七条　国务院有关部门或者国务院授权的组织，是国务院民政部门登记的基金会、境外基金会代表机构的业务主管单位。

省、自治区、直辖市人民政府有关部门或者省、自治区、直辖市人民政府授权的组织，是省、自治区、直辖市人民政府民政部门登记的基金会的业务主管单位。

【释义】本条是关于基金会业务主管单位的规定。理解这条内容，应当从以下几个方面来着手。

一、民间组织管理的双重管理体制

双重管理体制，又称民间组织管理的“双轨制”，是指由登记管理机关和业务主管单位共同负责民间组织管理的一种行政管理模式。双重管理体制是民间组织管理的重要的基础性制度，是我国民间组织管理的一个原则性问题。

我国民间组织的双重管理体制始于1950年政务院颁布的《社会团体登记暂行办法》，根据该办法的规定，社会团体在筹备、成立时都必须首先由业务主管机关批准后，再向民政部门登记。1989年的《社会团体登记管理条例》及其1998年的修订，进一步加强了双重管理体制，1998年制定的《民办非企业单位登记管理暂行条例》对民办非企业单位也确定了双重管理的体制。需要说明的是，1998年修订后的《社会团体登记管理条例》不再使用1989年《社会团体登记管理条例》中使用的"业务主管部门"的概念，而开始使用"业务主管单位"的概念。

民间组织管理中使用的双重管理体制概念，与特定企业登记前必须根据法律、行政法规的规定进行的前置审批并不是一种管理模式。我们可以通过举一个例子来说明。如果一个企业要生产民用爆炸物品，那么这个企业在设立前，必须经过国防科工部门的批准，获得许可后方可到工商部门办理企业登记。没有业务主管部门的前置审批，工商行政部门不得进行企业登记。但是，作为业务主管部门的国防科工部门负责所有前置审批的申请，并根据法律、法规的规定履行自己的审批职责。而在民间组织的双重管理体制中，尽管没有业务主管单位的同意，登记管理机关也不会进行设立登记，但业务主管单位并不负责所有类似申请者提出的申请，因为法律、法规并没有明确哪些部门负责哪些民间组织的审批。在某一个特定领域内，一个业务主管单位只负责一个民间组织的业务指导工作。正是从这个意义上讲，民间组织的业务主管单位被称作其所负责的民间组织的"婆婆"，这个"婆婆"是特定的，是点的概念，而作为一般行政许可前置审批的业务主管部门则是个面的概念。例如，所有的出版社都是由新闻出版行政管理部门批准设立的。

1996年和1999年，中央文件都突出强调了要加强民间组织管理的双重管理体制，要求登记管理机关和业务主管单位各自负起应当承担的责任。中央文件的精神成为民间组织管理立法的重要指导原则和立法政策。

应当说，1988年的《基金会管理办法》确立的管理模式，并不是纯粹意义上的双重管理体制。《办法》确立了由归口管理部门报经人民银行批准，民政部门的登记的体制。人民银行的批准在性质上属于比较规范的行政许可意义上的前置审批，而不是"婆婆点头"式的业务主管单位同意。相比较而言，归口管理部门申报倒是具有了"婆婆点头"的含义，因为没有归口管理部门的申报，基金会的发起人是没有资格申报的。

1999年人民银行不再负责基金会管理工作后，民政行政部门承担起基金会的审批和登记管理的双重职责。为了体现中央对民间组织实行双重管理体制的精神，《基金会管理条例》明确规定了基金会的双重管理体制。这样不但符合中央文件的要求，同时也可以减轻民政部门管理基金会工作的压力。在条例草案的讨论过程中，有的意见主张对基金会取消双重管理体制，还有的意见主张对由政府部门发起设立的面向公众募集资金的基金会可以继续保留双重管理体制，而对私人或者企业利用自有财产设立的基金会，不宜再要求双重管理，可以按照法定的条件和要求，由民政部门进行登记。最后出台的《基金会管理条例》没有采纳这些建议，而对所有的基金会继续实行双重管理体制。

二、基金会业务主管单位的范围

根据本条的规定，对国务院民政部门登记的基金会，其业务主管单位必须是国务院有关部门或者国务院授权的组织。所谓国务院有关部门，包括了国务院的组成部门（各部、委员会）、办事机构（如国务院港澳办、国务院法制办）、直属机构（国家档案局、国家统计局）等。所谓国务院授权的组织，主要是指党的工作部门（如统战部门）、人民团体组织（共青团中央、全国妇联等），国务院各直属事业单位（中国社会科学院）等。有的时候，也会出现业务主管部门和登记管理机关不在一地或者级别有差别的现象，但这种情况一般属于历史或者特殊情况，并不具有普遍性。

在省、自治区、直辖市人民政府民政部门登记的基金会，其业务主管单位是本级政府的有关部门或者本级政府授权的组织，基本结构与国务院有关部门或者授权的组织相类似，在此不赘述。

三、是否会出现找不到业务主管单位的现象

设置由业务主管单位和登记管理机关双重管理的体制可能遇到的一个非常现实的问题是，有的基金会可能找不到业务主管单位。这是因为，以往设立基金会，设立主体主要是政府的部门或者政府部门支持的力量或者依靠政府部门的力量。随着私营经济的发展和不断壮大，越来越多的社会力量积极投身社会公益事业，因而使设立基金会的主体和资金来源都出现了多元化的现象。与此同时，随着政府职能的转变和政府机构改革的不断深化，越来越多的领域没有专门的政府机构进行管理，从而使基金会找“婆婆”的难度加大。此外，政府部门在精简、统一、效能的原则下，不愿意参与基金会的管理，不愿意充当业务主管单位的角色。在这样的背景下，很难保障每个拟设立的基金会都可以找到合适的业务主管单位。

对于这个问题，在条例制定的过程中是有所考虑的。有些专家、学者和基金会实务界的同志认为，如果出现基金会找不到业务主管单位的情况，不应当因此限制基金会的成立，民政部门也应当予以登记，或者作为登记管理机关的民政部门应当为这些基金会确定业务主管单位。因为法律、行政法规并没有明确规定有关部门作为基金会业务主管单位的职责，因此，如果有关部门拒绝担当基金会的业务主管单位，有关部门并不因此而承担任何责任。在这种民政部门作为登记管理机关，应当有责任为基金会找一个合适的业务主管单位。还有一种观点认为，民政部门是负责社会公益的重要职能部门，又肩负审批和登记基金会的双重职责（人民银行以往承担的审批基金会的职责已经在 1999 年之后移交给民政部门），应当担当起业务主管单位和登记管理机关的双重职责。如果有的基金会找不到业务主管单位，民政部门就应当承担起业务主管部门的角色，否则就使得社会力量成立基金会的愿望落空，不利于社会力量参与社会公益事业。对于这个问题，我们认为会在今后的基金会管理实践中，逐渐摸索出一条符合社会实际情况的方法。

第二章　设立、变更和注销

基金会管理条例第二章共十二条，规定了与基金会登记有关的各类问题。分别规定了基金会的设立条件、设立申请文件、章程的内容、对登记机关办理设立登记的程序要求、基金会分支机构或者代表机构的设立、对境外基金会在中国设立代表机构的要求、对基金会和境外基金会代表机构办理税务登记等法定登记的要求、变更登记的规定、注销登记的规定、基金会撤销分支或者代表机构的规定、基金会清算规定、基金会登记公告。

第八条　设立基金会，应当具备下列条件：

（一）为特定的公益目的而设立；

（二）全国性公募基金会的原始基金不低于 800 万元人民币，地方性公募基金会的原始基金不低于 400 万元人民币，非公募基金会的原始基金不低于 200 万元人民币；原始基金必须为到账货币资金；

（三）有规范的名称、章程、组织机构以及与其开展活动相适应的专职工作人员；

（四）有固定的住所；

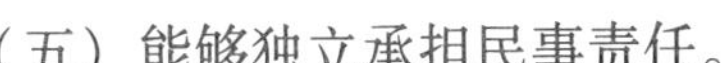

（五）能够独立承担民事责任。

【释义】本条是关于基金会设立条件的规定。

基金会的设立登记，属于行政许可的范畴。根据2003年8月27日第十届全国人民代表大会常务委员会第四次会议通过的《中华人民共和国行政许可法》第二章第十二条关于设定行政许可的事项的规定，“企业或者其他组织的设立等，需要确定主体资格的事项”可以设立行政许可。设立行政许可的一个基本要求就是要依法明确规定许可的基本条件。本条的规定，就是对设立基金会必须具备的条件的规定。

设立基金会可以分为五个实质性的条件，下面依次分别做出解释。

一、为特定的公益目的而设立

基金会是最典型的公益法人，因此设立基金会必须首先具有明确的公益目的、公益使命。一般来说，对公益活动的理解，主要包括各类教育、文化、慈善、社会福利、卫生、医疗、环保、社区、人权、科技、救灾等各类促进公共利益的活动。例如：日本1998年制定的《特定非营利组织促进法》列举了17类公益活动，包括：保健、医疗和福利的增进活动，社会教育的推进活动，城镇建设的推进活动，学术、文化、艺术、体育的振兴活动，环境保护活动，灾害救援活动，地域安全活动，维护人权和推进和平的活动，国际协力活动，促进男女平等社会形成的活动，儿童的健全育成活动，信息化社会的发展活动，科技振兴活动，促活经济的活动，职业能力的开发和扩大雇佣机会的支援活动，消费者的保护活动，上述活动的团体运营和有关联络、助言及援助的活动。目前，我国的基金会涉及的公益事业领域主要有教育、科技、医药、卫生、文化、艺术、扶贫、环护、弱势群体保护等。《中华人民共和国公益事业捐赠法》对公益事业的范围所作的界定是：“本法所称公益事业是指非营利的下列事项：

（一）救助灾害、救济贫困、扶助残疾人等困难的社会群体和个人的活动；

（二）教育、科学、文化、卫生、体育事业；

（三）环境保护、社会公共设施建设；

（四）促进社会发展和进步的其他社会公共和福利事业。

基金会的公益性是基金会的主要特征，保障基金会的公益性是基金会立法规范的重要内容。但是，对于什么是“公益”，在世界范围内都是个模糊的问题，立法很难做出准确、排他的界定。公益的范围不但很广，而且也在不断变化，依法律的形式加以限定是很困难的。但对什么是公益，有关部门、专家学者以及公众会有一个法理上的，同时也是常识性的理解和判断，那就是基金会的钱不能被用于私人目的。保障基金会的公益性要靠操作过程中的制度，其中的关键，在于明确会计准则、强化审计和年度报告制度，建立舆论、捐赠人和其他社会力量的监督机制，使基金会对主管部门负责、对捐赠人负责、对发起人负责。基金会的运作必须公开、透明，便于社会监督。此外，鼓励竞争和倡导自律也是保障公益性的重要方法。

在具体执行《基金会管理条例》的过程中，国务院民政部门将按照《公益事业捐赠法》中已有的标准，并结合基金会发展的实际和社会对公益事业的需求等因素，不断丰富和发展公益的内涵和外延。

要求基金会必须为“特定的公益目的”而设立，就要求基金会必须在设立之初就要明确其公益活动的具体范围。如上所述，公益事业的概念是十分广泛的，一个基金会不可能从事所有的公益事业，任何基金会都不可能有那样的财力和人力。另外，如果基金会的公益活动范围不明确，政府和社会对于基金会是否确实服务于公益目的，开展公益活动的效果如何等，都无法判断，无法监督。因此，要求基金会明确公益活动的业务范围，对于促进基金会的专门化和基金会的健康发展都具有重要意义。条例不但在设立条件中要求基金会为了“特定”公益目的而设立，而且在登记事项和章程中，均规定了基金会公益事业的业务活动范围。并在法律责任中，对不按照章程规定的公益事业的业务活动范围而开展活动的基金会规定了严厉的法律责任。

二、达到法定的最低原始基金数额

原始基金是基金会应当拥有的最低基金数额。基金会在设立之初要拥有一定数量的原始基金数额；每年年检时，基金会保有的原始基金也不能低于法定的最低数额。

根据本条第二款关于最低原始基金数额的规定，全国性公募基金会的原始基金不低于800万元人民币，地方性公募基金会的原始基金不低于400万元人民币，非公募基金会的原始基金不低于200万元人民币；原始基金必须是实缴纳到账的货币资金。对于这一个条件的规定，我们将从以下三个方面进行解释和说明：

（一）最低原始基金数额的由来

设立最低数额的原始基金，有几个方面的考虑：首先，基金会是以财产的管理和使用为主要活动方式，因此必须具有一定的资产作为基础，否则无法体现其特性，也无法实现章程规定的社会公益目的。其次，基金会作为独立承担民事责任的法人，必须具有一定规模的财产作为其进行民事活动，承担民事责任的担保。再次，为了体现基金会登记注册的严肃性，也为了保证进行登记注册的基金会有能力进行章程规定的社会公益事业，有必要设立适当的门槛，以防止基金会的登记注册过多过滥。

（二）为什么确立不同的原始基金标准

条例对基金会的原始基金标准进行了分类：全国性公募基金会不少于800万元人民币，地方性公募基金会不少于400万元人民币，非公募基金会不少于200万元人民币。公募基金会的原始基金要高于非公募基金会；公募基金会中全国性的公募基金会原始基金高于地方性的公募基金会。

这个标准的确定有三方面考虑：

1. 适当限制公募基金会数量，鼓励非公募基金会的设立。

2. 确保基金会有能力积极开展公益活动和维持自身运转。基金会的原始基金是不能减少的。因此，在没有接受新的捐赠的情况下，基金会的支出主要来自于原始基金的收益。基金会既要开展公益活动，又要维持运转，这两方面的支出都是必需的。对于公募基金会原始基金在800万元人民币以上的，在维持自身运转（支付人员工资和最低办公费用等）以外，才有可能开展公益活动。公募基金会原始基金在400万元人民币以下的，连维持自身运作都没有能力。非公募基金会原始基金在200万元人民币以下的，也基本上无力开展公益活动。基金会不能开展公益活动，或者甚至无法维持自身运作，就没有设立的意义。

3. 考虑现有基金会情况。依据1999年中国人民银行的统计数据，全国性基金会中只有一半左右的基金会拥有800万以上的基金。地方性的基金会除了少数发达地区外，资产更少。有近40%的地方性基金会的基金未能达到现行规定的210万人民币（或等值外汇）的标准。目前，这种状况也没有大的改善。由此看来，如果公募基金会原始基金标准超过800万元人民币，就比较脱离实际了，而地方性公募基金会募捐范围比较小，原始基金应当低于全国性公募基金会。

综合以上因素，拟定了基金会原始基金的标准。

（三）为什么要求原始基金必须是到账货币资金

规定原始基金为实缴到账货币资金是为了防止基金会设立人通过借款等形式暂时满足基金会设立的原始基金门槛。条例借鉴了《公司法》和《证券投资基金法》的规定，明确要求基金会原始基金为到账货币资金。基金会原始基金一旦经过登记注册，就成为基金会法定财产，不可私分和挪用，只能用于保值、增值，从事公益事业。

用于设立基金会的财产，并非一概要使用货币资金，其他任何形式的合法财产都可以作为设立基金会的捐助财产。但是，不论设立基金会的捐助财产有多少种形式，其中必须有货币资金的形式，并且货币资金的数额必须达到条例要求的最低原始基金数额。

三、规范的名称、章程、组织机构以及与其开展活动相适应的专职工作人员

（一）规范的名称

对于基金会名称的规范，在条例的起草过程中，曾拟设专门的条款对全国性公募基金会、地方性公募基金会以及非公募基金会的名称做出规范。考虑到到名称的问题可能存在地方习惯的差异和一些基金会的特殊性，并不适合在条例中统一做出直接明确“规范”，因此，在条例草案报送国务院前，便删除了相关内容。对于这个条件的把握，可参见国务院民政部门将制定基金会名称管理规定。

（二）规范的章程

对章程进行规范，是条例的一个重点内容。条例第十条专门做出要求：“基金会章程必须明确基金会的公益性质，不得规定使特定自然人、法人或者其他组织受益的内容。”“基金会的章程应应当载明下列事项：（一）名称及住所；（二）设立宗旨和公益活动的业务范围；（三）原始基金数额；（四）理事会的组成、职权和议事规则，理事的资格、产生程序和任期；（五）法定代表人的职责；（六）监事的职责、资格、产生程序和任期；（七）财务会计报告的编制、审定制度；（八）财产的管理、使用制度；（九）基金会的终止条件、程序和终止后财产的处理。

条例第四十七条还授权国务院民政部门制订基金会设立申请书、基金会年度工作报告的格式以及基金会章程范本。基金会章程必须满足上述实质和形式要件的要求。制定章程的具体要求，参照民政部制发的章程示范文本。

（三）规范的组织机构

条例在赋予基金会组织机构充分的决策权力的同时，也加强了对基金会组织机构，尤其是理事会的规范。还规定了基金会必需设立监事。具体要求，参照本书对第三章“组织机构”的解释。

（四）具备与其开展活动相适应的专职工作人员

基金会要完成其章程规定的公益使命，就必须有专职的工作人员。

四、有固定的住所

基金会是民法上的独立法人，根据我国民法通则的规定，法人就必须具有自己的住所。要求基金会具有固定的住所，不但便于对基金会的运作管理进行监督，而且便于执行民事法上的通知、送达、执行等措施等。此外，基金会具有固定的住所，还是提升基金会透明度和公信力的重要措施，而且也是强化信用和责任担保的制度保障。

五、具有独立承担民事责任的能力

这也是民法通则对法人条件的要求。具有独立承担责任的能力，首先需要基金会具有能够明确表达其意思的组织机构和法定代表人，其次需要基金会具有与其从事的民事活动相适应的财产担保。

第九条 申请设立基金会，申请人应当向登记管理机关提交下列文件：

（一）申请书；

（二）章程草案；

（三）验资证明和住所证明；（四）理事名单、身份证明以及拟任理事长、副理事长、秘书长简历；

（五）业务主管单位同意设立的文件。

【释义】本条是关于申请设立基金会提交相关文件的规定。基金会的设立登记作为一项行政许可，分为四个环节：发起人向登记管理机关提出申请；登记管理机关受理这项申请；登记管理机关对这项申请进行审查；登记管理机关做出准予或不准予设立基金会的决定。本条规定了申请的程序和需要提交的文件。

一、申请设立基金会的程序

《行政许可法》第二十九条规定："公民、法人或者其他组织从事特定活动，依法需要取得行政许可的，应当向行政机关提出申请。"申请设立基金会的程序依据该规定制订。

《条例》对申请人的身份没有限制，公民、法人或其他组织都可以申请设立基金会。申请人可以是基金会的捐赠人，也可以是其他热心于公益事业的公民或组织。

申请设立基金会，申请人要向与拟设立基金会相应的登记管理机关提出申请，并提交《条例》规定的所有文件。设立全国性公募基金会要向民政部申请；设立地方性公募基金会要向设在地的省一级民政部门申请；设立非公募基金会，原始基金在2000万万元以上的，可以向民政部申请，也可以向设在地的省一级民政部门申请，其余的非公募基金会都要向设在地的省一级民政部门申请。民政部和省级民政部门按照各自的职责受理基金会设立的申请，既不能越权，也不能推诿。

登记管理机关工作人员检查申请人所提交的文件，材料的数量、种类、格式符合法定要求的，应当及时受理设立基金会的申请。申请材料不齐全或者不符合法定形式的，应当当场或者在五日内一次告知申请人需要补正的全部内容，逾期不告知的，自收到申请材料之日起即为受理。

二、申请设立基金会应当提交的文件

申请人提交的文件必须反映真实情况，申请人应当对其申请材料实质内容的真实性负责。申请人应当提交五种文件：

（一）申请书

申请书应当写给具体的登记管理机关，载明拟设立基金会的名称、类型和申请设立基金会的具体理由（可行性论证），并由申请人签名或盖章。

（二）章程草案

章程草案要依据《条例》和民政部制发的《基金会章程示范文本》来拟定。

（三）验资证明和住所证明

"验资证明"用来证明拟设立的基金会拥有与其类型相称的原始基金。全国性公募基金会的原始基金不低于800万元人民币；地方性公募基金会的原始基金不低于400万元人民币；向民政部申请登记的非公募基金会的原始基金不低于2000万元人民币，向省级民政部门申请登记的非公募基金会的原始基金不低于200万元人民币。

"住所证明"用来证明拟设立的基金会有固定的住所，要载明住所的具体地点。住所证明的形式根据具体情况有所差别：归基金会自有的出具房产证书；租赁的出具租赁合同；借用或由其他个人、组织免费提供的，由房产所有者提供书面证明。

（四）理事名单、身份证明以及理事长、副理事长、秘书长简历身份证明分身份证、军官证或护照三种。

理事长、副理事长、秘书长的简历必须经过必要的证明，证明其真实性。中国公民担任上述职务的，其简历经所在单位人事部门确认。非内地居民担任上述职务的，其简历由其所在国（地区）有权机构出具，经其所在国外交机关或者外交机关授权的机构认证，并经中华人民共和国驻该国（地区）使领馆（有关机构）认证。

（五）业务主管单位同意设立的文件

提交业务主管单位同意设立的文件，意味着设立基金会首先要获得业务主管单位的同意，并由业务主管单位出具同意其设立的正式文件。向民政部申请登记的基金会，要由国务院有关部门或者国务院授权的组织作为业务主管单位。向省级民政部门申请登记的基金会，要由省级政府有关部门或者省级政府授权的组织作为业务主管单位。

以上五种文件中，外国公民的姓名、简历，应当以外文书写，并附标准的中文译本；其余的文件均应当以中文书写。

第十条 基金会章程必须明确基金会的公益性质，不得规定使特定自然人、法人或者其他组织受益的内容。

基金会章程应当载明下列事项：

（一）名称及住所；

（二）设立宗旨和公益活动的业务范围；

（三）原始基金数额；

（四）理事会的组成、职权和议事规则，理事的资格、产生程序和任期；

（五）法定代表人的职责；

（六）监事的职责、资格、产生程序和任期；

（七）财务会计报告的编制、审定制度；

（八）财产的管理、使用制度；

（九）基金会的终止条件、程序和终止后财产的处理。

【释义】本条是关于基金会的章程的规定。

章程对基金会来说是至关重要的。基金会建立在章程的基础上。章程是基金会最基本的制度，是基金会与捐赠人、受益人，以及公众的协议，承诺基金会将采用什么名称，以什么为宗旨，从事什么样的公益活动，怎样建立内部治理结构，怎样规范内部运作，等等。章程对一个基金会的地位、作用，相当于宪法对于一个国家。章程是基金会内部运作和开展活动的依据，也是政府、社会对基金会进行监督的依据。

规范基金会的组织和活动，是《条例》的立法目的之一。要督促基金会规范运作，要从内部建设和外部监督两方面下手。规范的内部运作要以规范的章程为基础。因此，本条对基金会的章程做出了专门规定。《条例》第四十七条规定，基金会章程范本由民政部制订。基金会章程范本的制订也以第十条为基础，再根据《条例》和其他法规，根据基金会的运作特点一一展开。

本条对章程的规定分为两个部分：

一、强调章程必须明确基金会的公益性质

章程作为基金会的基本制度，必然要规定基金会是为了实现什么样的具体目的而设立。基金会是从事公益事业为目的的法人，公益性是基金会的基本性质。因此在章程中规定基金会具体目的时，必须限定在公益事业的范围之内，章程的其他条款也要围绕基金会的公益性展开。

《公益事业捐赠法》对公益事业给出了明确的范围，基金会的具体目的必须在此范围之内。公益是指使不特定的公众受益。《公益事业捐赠法》还强调，直接为使特定自然人、法人或者其他组织受益而发生的赠予行为，不属于公益捐赠。

根据《公益事业捐赠法》，基金会的受益者应当是不特定的，“为使特定自然人、法人或者其他组织受益”设立的基金管理组织，不是基金会。例如：为某个特定的病人捐钱，不属于公益捐赠，为此设立的基金管理组织不属于基金会。因此，基金会在章程中不能规定使特定的自然人、法人或者其他组织受益的内容。另外，为某项特定公益事业设立的基金管理组织，受益人最终仍是公众，这种组织是基金会。

二、列举了章程中应载明的事项

章程中应载明九种事项：名称及住所；设立宗旨和公益活动的业务范围；原始基金数额；理事会的组成、职权和议事规则，理事的资格、产生程序和任期；法定代表人的职责；监事的职责、资格、产生程序和任期；财务会计报告的编制、审定制度；财产的管理、使用制度；基金会的终止条件、程序和终止后财产的处理。

（一）《条例》第八条规定“特定的公益目的”、必要的“原始基金”、“规范的名称、章程、组织机构”、“固定的住所”是设立基金会的条件。因此，九种事项的前六项依据基金会的设立条件而规定。其中：

“名称”是基金会的标志，是一个基金会区别于其他基金会的基本符号；基金会的名称要按照民政部制订的名称管理规定来规范；

“设立宗旨”是基金会设立的目的，基金会存在的必要性；

“公益活动的业务范围”是明确基金会在哪些领域、采用哪些形式开展公益活动。基金会明确公益活动的业务范围，政府和公众才能便于监督基金会是否确实开展了公益活动，开展公益活动的绩效如何。

理事会、法定代表人、监事等内容，《条例》第三章中有原则性的规定，但是具体的理事会组成、职权和议事规则，理事的资格、产生程序和任期，法定代表人的职责，监事的职责、资格、产生程序和任期要由基金会的章程来详细规定。

（二）以财产运作为主要活动方式是基金会的一个基本特征。从这个特点出发，结合基金会的另外两个基本特征“公益性”、“非营利性”，基金会的财务管理就显得非常重要。基金会的财务管理、财产运作必须有严格的内部制度。为此，基金会的章程中应当载明“财务会计报告的编制、审定制度”和“财产的管理、使用制度”；这两项制度的制订要遵照《条例》第四章“财产的管理和使用”。

（三）基金会作为一个法人，有生就可能有死。当基金会的使命全部完成，或者设立时的必要条件发生了变化，或者基金会已无力实现其的宗旨，等等，基金会都有可能终止。因此，章程中要对基金会终止的有关问题进行规定。

从根本上讲，基金会的财产来自捐赠，是社会公共财产。因此，基金会终止后，剩余财产仍要用于公益目的，要保证公益捐赠目的的延续，不因基金会本身的消亡而使捐赠人捐赠目的不能实现，使公众受到损失。所以，基金会终止后财产的处理非常重要，在基金会章程中要有所规定。

第十一条　登记管理机关应当自收到本条例第九条所列全部有效文件之日起60日内，做出准予或者不予登记的决定。准予登记的，发给《基金会法人登记证书》；不予登记的，应当书面说明理由。

基金会设立登记的事项包括：名称、住所、类型、宗旨、公益活动的业务范围、原始基金数额和法定代表人。

【释义】本条是关于基金会登记程序的规定。

《行政许可法》规定，“申请书需要采用格式文本的，行政机关应当向申请人提供行政许可申请书格式文本。”《条例》第四十七条也规定，民政部负责制订基金会的设立申请书格式。因此，各级登记管理机关要向申请人提供设立申请书格式，基金会的设立申请要采用此格式文本。

《行政许可法》还规定，“申请人申请行政许可，应当如实向行政机关提交有关材料和反映真实情况，并对其申请材料实质内容的真实性负责。”因此，申请人向登记管理机关申请设立基金会，应当递交符合《条例》第九条规定的全部有效文件。文件齐全、有效，登记管理机关方能正式受理设立基金会的申请。

登记管理机关的受理期限为60个工作日，自收到全部有效的申请文件之日起计算。在法定的60日内，登记管理机关要对设立基金会的申请进行审查，做出准予或者不予登记的决定。此决定应当以书面的形式发布，分两种：准予设立登记的，发给《基金会法人登记证书》；不予登记的，以书面通知的形式说明理由。

需要注意的是，《行政许可法》规定，“除可以当场做出行政许可决定的外，行政机关应当自受理行政许可申请之日起二十日内做出行政许可决定。二十日内不能做出决定的，经本行政机关负责人批准，可以延长十日，并应当将延长期限的理由告知申请人。但是，法律、法规另有规定的，依照其规定。”基金会设立的行政许可的受理期限由《基金会管理条例》规定，不受“二十日”的限制，为60日。

《行政许可法》还规定，“行政机关做出行政许可决定，依法需要听证、招标、拍卖、检验、检测、检疫、鉴定和专家评审的，所需时间不计算在本节规定的期限内。行政机关应当将所需时间书面告知申请人。”基金会涉及的社会面广泛，情况复杂，在审查基金会设立申请时，有时有必要举行听证，或组织专家评审。因此，当需要听证、专家评审时，所需时间不计算在60个工作日内。登记管理机关要将听证或专家评审所需的时间书面告知申请人。《基金会法人登记证书》是基金会的法人凭证，由民政部统一制订。它载明一个基金会法人的七项基本要素，即七个登记事项：名称、住所、类型、宗旨、公益活动的业务范围、原始基金数额和法定代表人。对这些要素进行登记，并在登记证书上载明，有利于基金会依法开展活动，也有利于社会对基金会的了解与监督。按照《行政许可法》的有关规定，《基金会法人登记证书》不允许涂改、出租、出借和转让。如有损坏或者遗失应当公告作废，并申请补发证书。

第十二条 基金会拟设立分支机构、代表机构的，应当向原登记管理机关提出登记申请，并提交拟设机构的名称、住所和负责人等情况的文件。

登记管理机关应当自收到前款所列全部有效文件之日起60日内做出准予或者不予登记的决定。准予登记的，发给《基金会分支（代表）机构登记证书》；不予登记的，应当书面说明理由。

基金会分支机构、基金会代表机构设立登记的事项包括：名称、住所、公益活动的业务范围和负责人。

基金会分支机构、基金会代表机构依据基金会的授权开展活动，不具有法人资格。

【释义】本条对基金会分支机构、代表机构的设立等有关问题做出的规定。

分支机构是基金会为开展业务活动的需要，按照业务范围科学划分而设立的专门从事业务活动的内部机构；代表机构是基金会在会址以外某行政区域设置的代表该基金会从事活动、承办基金会交办的工作任务的机构。分支机构和代表机构是基金会的附属机构，在法律上不具有法人资格，依据基金会的授权开展活动。它们都是基金会的组成部分，没有独立的财产，没有自己独立的章程，没有独立的法人机关，也就不能独立承担财产责任，其活动的法律后果由基金会承担。

分支机构、代表机构虽然不具有法人资格，但有一定的独立性，领取《基金会分支（代表）机构登记证书》。分支机构、代表机构在执行理事会决策的基础上，可以独立开展业务活动，可以以自己的名义独立订立合同，也可以以自己的名义参加诉讼。这是分支机构、代表机构与基金会内部的办事机构（如：办公室、财务部等）的区别之处。

基金会申请设立分支机构、代表机构，应当向该基金会的登记管理机关申请。应当提交四方面的材料：说明设立理由的申请书、机构名称、住所证明文件、负责人的身份证明、简历等。民政部制订了统一的《基金会分支（代表）机构设立申请书》，基金会申请设立分支机构、代表机构要采用此格式文件。

登记管理机关受理分支机构、代表机构设立申请的工作期限，同基金会设立一样，也是60个工作日。《基金会分支（代表）机构登记证书》是基金会分支机构、代表机构的凭证，由民政部统一制订。它载明一个分支机构或代表机构的四项基本要素，即四个登记事项：名称、住所、公益活动的业务范围和负责人。

第十三条　境外基金会在中国内地设立代表机构，应当经有关业务主管单位同意后，向登记管理机关提交下列文件：

（一）申请书；

（二）基金会在境外依法登记成立的证明和基金会章程；

（三）拟设代表机构负责人身份证明及简历；

（四）住所证明；

（五）业务主管单位同意在中国内地设立代表机构的文件。

登记管理机关应当自收到前款所列全部有效文件之日起60日内，做出准予或者不予登记的决定。准予登记的，发给《境外基金会代表机构登记证书》；不予登记的，应当书面说明理由。

境外基金会代表机构设立登记的事项包括：名称、住所、公益活动的业务范围和负责人。

境外基金会代表机构应当从事符合中国公益事业性质的公益活动。境外基金会对其在中国内地代表机构的民事行为，依照中国法律承担民事责任。

【释义】本条是对境外基金会在中国内地设立代表机构的有关问题的规定。

本条规定了境外基金会在中国内地设立代表机构的申请程序，应当提交的申请材料，和境外基金会代表机构应当遵守的基本原则。

《条例》在我国历史上，首次为境外民间组织在华设立代表机构提供法律依据。《条例》要求境外基金会在华设立代表机构要依法登记，给予合法身份，将它们纳入法制化的管理。一方面，是要求任何基金会和基金会的代表机构都必须遵守中国的法律法规，依法开展活动；另一方面，也是为我国的公益事业争取到更多的有益支持。

一、境外基金会在中国内地设立代表机构的申请程序

《条例》第一章规定，民政部是境外基金会代表机构的登记机关；国务院有关部门或者国务院授权的组织可以作为境外基金会代表机构的业务主管单位。境外基金会要首先明确业务主管单位，向业务主管单位提出设立代表机构的申请。业务主管单位审查同意后，该基金会再向民政部提出申请。民政部在60个工作日内做出准予或者不予登记的决定。准予登记的，发给《境外基金会代表机构登记证书》；不予登记的，应当书面说明理由。

《境外基金会代表机构登记证书》是境外基金会代表机构的凭证，由民政部统一制订。它载明一个代表机构的四项基本要素，即四个登记事项：名称、住所、公益活动的业务范围和负责人。

二、境外基金会在中国内地设立代表机构应当提交的申请材料

包括：申请书；基金会在境外依法登记成立的证明和基金会章程；负责人身份证明及简历；住所证明；业务主管单位同意在中国内地设立代表机构的文件。其中第二项和第四项，需要所在国（地区）公证机关的公证及我驻该国（地区）使领馆或有关机构的认证。

这些材料用来确定代表机构的四个登记事项，验证基金会母体的合法性和验证基金会的活动是否符合我国的公益事业性质等。

三、境外基金会代表机构在中国内地活动应当遵循的原则

公益事业的概念和范畴，在不同的国家之间有所差异。我国的公益事业，不包含宣扬宗教、参与政治等目的，这与很多国家不同。境外基金会在中国内地活动，就必须遵循中国的原则，只能从事符合中国公益事业性质的公益活动，不能从事宣扬宗教、参与政治等类型的活动。

境外基金会代表机构是该基金会的组成部分，代表该基金会在中国内地开展活动，为此，境外基金会对其在中国内地代表机构的民事行为，依照中国法律承担民事责任。

第十四条 基金会、境外基金会代表机构依照本条例登记后，应当依法办理税务登记。

基金会、境外基金会代表机构，凭登记证书依法申请组织机构代码、刻制印章、开立银行账户。

基金会、境外基金会代表机构应当将组织机构代码、印章式样、银行账号以及税务登记证件复印件报登记管理机关备案。

【释义】本条规定了基金会、境外基金会代表机构在登记后，应当办理的后续事宜。依照《税收征管法》，基金会、境外基金会代表机构无论是否需要纳税，都要办理税务登记。基金会、境外基金会代表机构在登记后，将获得组织机构代码，要依法办理《组织机构代码证书》。

印章包括代表基金会的公章、财务专用章及各机构使用的专用章，以及用于公务的私人用章。公安部门对印章的刻制有规范的管理。基金会刻制印章要依照有关法律、法规、政策进行。

基金会作为法人，有独立的财产，应当在银行开立账户。境外基金会代表机构在中国内地开展活动，也需要独立的账户。

为便于监管，基金会、境外基金会代表机构应当将组织机构代码、印章式样、银行账号以及税务登记证件复印件报登记管理机关备案。

第十五条 基金会、基金会分支机构，基金会代表机构和境外基金会代表机构的登记事项需要变更的，应当向登记管理机关申请变更登记。

基金会修改章程，应当征得其业务主管单位的同意，并报登记管理机关核准。

【释义】本条是对基金会变更登记和章程核准的规定。

《行政许可法》规定，“被许可人要求变更行政许可事项的，应当向做出行政许可决定的行政机关提出申请；符合法定条件、标准的，行政机关应当依法办理变更手续。”基金会的七个登记事项，如：名称、住所、类型、原始基金数额、业务范围、法定代表人等需要变更的，应当向登记管理机关申请变更登记。不按规定办理变更登记的，登记管理机关检查发现后，将给予行政处罚。如果基金会的名称和业务范围以及章程发生根本性转变，变化前与变化后基本不存在联系，则不能视为变更登记，应当视为基金会终止，注销该基金会，成立一个新的基金会。

基于章程对基金会的重要作用，基金会修改章程必须慎重，要从严审查。因此，基金会修改章程要经理事会民主决议，再征得业务主管单位同意，最后报登记管理机关核准。登记管理机关核准之后，方才有效。

第十六条 基金会、境外基金会代表机构有下列情形之一的，应当向登记管理机关申请注销登记：

（一）按照章程规定终止的；

（二）无法按照章程规定的宗旨继续从事公益活动的；

（三）由于其他原因终止的。

【释义】本条规定了基金会、境外基金会代表机构申请注销登记的条件。

基金会、境外基金会代表机构申请注销登记有三种条件：

一、按照章程规定终止的

即基金会章程中规定了终止条件，而且基金会已达到此条件的；例如：某基金会规定自己的宗旨是在进行一项以 10 年为期的公益资助。在基金会设立满 10 年后，就达到了基金会的终止条件。在这种情况下，基金会要申请注销登记。

二、无法按照章程规定的宗旨继续从事公益活动的

基金会是从事公益事业为目的的组织，如果基金会无法按照章程规定的宗旨继续从事公益活动，基金会就失去了存在的基础，没有继续生存的意义。例如：基金会长期无力对外资助，达不到第二十九条规定的公益支出的标准，就应当注销。因外界变化而导致宗旨无法实现的，基金会也应当注销。如：某某大学基金会，设立的目的是吸引社会对该校教育事业的资助。当该大学不存在时，该基金会的宗旨就无法继续实现，也应当终止，申请注销。

三、由于其他原因终止的

除以上两种情况外，基金会还有因其他原因而终止的。凡终止，就应当申请注销登记。例如：一个基金会要分立为两个新的基金会，原有的基金会就需要办理注销登记。一个基金会要与其他基金会合并，被合并的基金会需要注销。

需要注意的是，境外基金会代表机构在国外的基金会母体终止了，代表机构作为母体的附属，也自然终止，应当申请注销登记。因此，在年检时，境外基金会代表机构要提交其母体在国外的注册登记仍继续延续的证明，作为登记管理机关判断其是否应当继续存在的条件之一。

基金会和境外基金会代表机构符合注销条件，不按照本条例的规定办理注销登记仍继续开展活动的，登记管理机关对其撤销登记。

第十七条 基金会撤销其分支机构、代表机构的，应当向登记管理机关办理分支机构、代表机构的注销登记。

基金会注销的，其分支机构、代表机构同时注销。

【释义】本条是对基金会分支机构、代表机构注销登记的有关规定。

基金会分支机构、代表机构在两种情况下应当注销登记：一是基金会撤销该机构，二是基金会本

身注销。

基金会主动撤销分支机构、代表机构的，由该基金会向登记管理机关办理注销登记。

基金会本身注销的，其所有的分支机构、代表机构自然同时注销，不需要再单独办理注销登记。其印章、证书一并交回。

第十八条 基金会在办理注销登记前，应当在登记管理机关、业务主管单位的指导下成立清算组织，完成清算工作。

基金会应当自清算结束之日起15日内向登记管理机关办理注销登记；在清算期间不得开展清算以外的活动。

【释义】本条是对基金会清算的有关规定。

基金会经理事会民主决议，决定终止后，向登记管理机关提出注销申请，就应当进入清算程序。

清算是终结解散基金会的法律关系、消灭基金会法人资格的程序。进入清算程序后，首先在登记管理机关、业务主管单位的指导下成立清算组织。清算组织成立后，基金会原来的理事会和各机构即丧失权利，由清算组织取而代之，清算组织代表基金会为一切行为。清算中的基金会，不能开展清算以外的活动。清算组织的职责是清理基金会财产、通知或公告债权人、处理与清算有关的基金会未了结的业务、清缴所欠税款、清理债权债务、处理基金会清偿债务后的剩余财产、代表基金会参与民事诉讼活动。

清算结束后，基金会应当在15日内向登记管理机关提交清算报告，办理注销登记。

第十九条 基金会、基金会分支机构、基金会代表机构以及境外基金会代表机构的设立、变更、注销登记，由登记管理机关向社会公告。

【释义】本条是关于基金会登记公告的规定。

登记管理机关对基金会、基金会分支（代表）机构以及境外基金会代表机构的设立、变更、注销登记向社会公告，是基金会登记管理的重要程序之一，是建立、健全政府监督和社会监督机制的重要措施。登记公告是政务公开的一项内容，也有利于公众了解基金会的登记状况，对基金会进行监督。

登记公告是政府行为，由登记管理机关来行使，基金会不能自行公告。登记公告也是强制行为，不依据基金会是否愿意而进行。

第三章　组织机构

良好的自律机制是基金会存在和发展的内在动力。针对以往一些基金会内部规范不够，自律机制不健全的状况，《条例》要求基金会建立以章程为核心的各项自律制度，并从公益法人组织机构的特点出发，专门设立了基金会“组织机构”一章，明确规定了理事会是基金会的决策机构，规范了理事会的组成和议事决策程序，监事的设置和职能，制定了防止基金会内部人员与基金会公益宗旨发生利益冲突行为的规则，限制了在基金会领取报酬的理事的人数，规定了监事和未在基金会担任专职工作的理事不得从基金会获取报酬，基金会的法定代表人不得同时担任其他组织的法定代表人等，通过基金会建立内部治理结构，使基金会加强行为自律。

本章内容共五条，分别对基金会组织机构的人员构成、权利责任、议事程序、监督机制和负责人资格等方面做出详尽规定。

本条例第二条明确规定，基金会属于非营利性法人组织。法人组织的共同特点是一切活动均依赖于其组织机构的建立和正常运转。因此，组织机构的设置是否科学、合理，其运行是否规范、有效，是一个法人组织能否成功达到建立法人组织目的的关键，决定了法人组织的未来发展方向。

对于基金会来说，在经登记管理机关批准登记成立后，能否按照基金会章程规定的宗旨，在自身公益活动的业务范围内，健康、规范地发展、运作，从而达到其利用自然人、法人或者其他组织捐赠的财产从事公益事业的目的，关键取决于基金会能否建立一个人员构成合理、权利义务明确、运行民主规范、监督机制健全的理事会。

《基金会管理条例》对于基金会组织机构的规范性条款，确保了基金会在内部组织机构建设上有法可依，从而明确了基金会理事会的法律地位。这些规定，不仅对过去的《基金会管理办法》是一个很大的突破，在现行的其他民间组织行政法规（《社会团体登记管理条例》、《民办非企业单位登记管理暂行条例》、《外国商会管理暂行规定》）中也是前所未有的。在我国民间组织管理的立法中，属于重要的创新和历史性突破。

第二十条 基金会设立理事会，理事为 5 人至 25 人，理事任期由章程规定，但每届任期不得超过 5 年。理事任期届满，连选可以连任。用私人财产设立的非公募基金会，相互间有近亲属关系的基金会理事，总数不得超过理事总人数的 1/3；其他基金会，具有近亲属关系的不得同时在理事会任职。

在基金会领取报酬的理事不得超过理事总人数的 1/3。

理事会设理事长、副理事长和秘书长，从理事中选举产生，理事长是基金会的法定代表人。

【释义】本条是对基金会理事会的设立、组成以及基金会负责人产生程序的规定。

理事会，是指按照《基金会管理条例》和基金会章程规定设立的，由全体理事共同组成的，对基金会的活动进行决策并负责组织实施的机构。

理事，是指按照《基金会管理条例》和基金会章程规定设立的，具备一定的资格并按照规定的程序产生的，参与理事会决策的人员。

理事可由捐赠人或捐赠人代表、热心公益事业的专家或有关人士、基金会员工或财会人员担任。

理事在理事会决策中具有表决权，理事能否忠实履行职责对于基金会的运作和发展至关重要。基金会的工作属于公益事业，因此，对基金会的理事的要求，除应当具备一定的工作能力和工作经验以外，还必须热心公益事业，并具备优秀的道德品质。理事应当符合下列要求：

（一）具备完全民事行为能力；

（二）热心基金会所从事的公益事业；

（三）具有与理事工作相适应的工作阅历和工作经验；

（四）能够尽职尽责，保障捐赠财产的使用符合捐赠人的意愿和基金会的公益目的，保障基金会财产的安全及保值增值；

（五）廉洁奉公，办事公道。

基金会理事，应当从符合上述条件的人员中选择。

基金会申请登记时，主要捐赠人或发起人、业务主管单位均可提名理事人选，并共同协商确定。非公募基金会的理事人选，应当以主要捐赠人或发起人提名为主。商定的理事人选，经本人同意并在有关文件上签字后，即成为基金会理事，在基金会登记成立后按照章程的规定行使理事的权利和承担相应的责任。已经登记成立的基金会，在理事会换届时选举产生理事组成新一届理事会。改选前，主要捐赠人、现任理事、业务主管单位均可推荐人选，作为理事候选人，经选举当选后，成为新一届理事会理事。

本条规定理事的任期由基金会章程自行规定，但每届任期不得超过5年。理事任期届满，连选可以连任。

根据本条规定，基金会理事的人数应为不少于5人，不超过25人。理事数量直接影响理事会决策过程的效率和决策本身的科学性、合理性。基金会设立的理事数量较多时，理事的组成可能更为复杂，理事所代表的方面可能更为广泛，理事会决策过程中有机会参考更多的意见和建议，其决策可能更加科学、合理。但是同时，由于参与决策的人员较多，决策过程也将相对缓慢，并可能增加理事会形成一致意见的难度，因而导致理事会决策效率低下。反之，理事人数较少时，理事会决策的效率会较高，但决策的科学性将有所下降。因而，不同类型、不同规模、不同运作模式的基金会应当根据本身的实际情况，在法律规定数量范围内确定理事人数。一般来说，捐赠来源相对集中，公益活动的形式、频率比较固定的基金会可以设置较少数量的理事，在不影响决策合理性的前提下提高决策效率。而捐赠来源渠道较多，基金规模较大，活动频密、活动形式多样的基金会，则应当设置更多的理事，增加理事会的代表性，在决策中参考更多的意见和建议。

关于理事人数的限定方面，在其他有关法人组织的法律法规如《公司法》中规定，根据公司类型不同，公司董事会（地位及作用类似于基金会理事会）的组成成员数量为最少3人，最多19人。公司的董事会对公司股东负责，董事代表股东的利益。基金会属于社会公益事业，基金会理事会应当对全体社会公众负责，理事的工作实际上代表着社会公众的利益。本条规定中限定的基金会理事人数，略多于公司董事会组成人数。主要原因是基于基金会的特殊性质，即利用接受捐赠的财产开展公益活动，基金会理事会的决策相当一部分与财产的管理和使用有关，决策首要任务是对捐赠人和社会公众负责，确保财产安全，因而需要参考更多的意见和建议，需要较多的人员参与决策制定过程。

对理事的关联方面，本条规定了理事近亲属关系的任职回避原则：用私人财产设立的非公募基金会，相互间有近亲属关系的基金会理事，总数不得超过理事人数的1/3；其他基金会，具有近亲属关系的不得同时在理事会任职。原则上，基金会的理事相互间不应存在近亲属关系。用私人财产设立的基金会，其理事的组成应当适当考虑捐赠人的意愿。因此，允许有不超过1/3的理事有近亲属关系。

本条规定，在基金会领取报酬的理事不得超过理事总人数的1/3。基金会是利用捐赠的资产从事公益事业的组织，应当本着节约高效的原则，将捐赠财产最大限度地运用到公益事业中。因此，理事会的组成除一些需专门聘请的专职理事以外，其他兼职理事不应的从基金会领取报酬。

本条规定，基金会的负责人理事长、副理事长和秘书长应当从理事中选举产生，理事长为基金会法定代表人。理事会是基金会的决策机构和议事机构，基金会的理事有权作为候选人，参加理事会选举。选举产生的理事长、副理事长和秘书长是基金会理事会的负责人。其中，理事长是基金会的法定代表人，也是基金会的正职负责人。基金会理事长通常行使以下职权：召集和主持理事会会议，检查理事会决议的落实情况，代表基金会签署重要文件。

副理事长、秘书长在理事长领导下开展工作，按照章程规定行使职权。

本条规定理事长是基金会的法定代表人。基金会的法定代表人是指按照基金会法人的章程规定程序产生，代表基金会法人行使职权的负责人。他代表法人组织对外签订合同，开展民事诉讼活动，以及参与处理其他法律事务。法定代表人在法定权限以内的一切活动，其法律后果由法人承担。通常，法定代表人一般是法人组织的正职负责人，因此规定基金会的法定代表人由理事长担任。理事会选举产生理事长即视为按法定程序产生法定代表人。

第二十一条 理事会是基金会的决策机构，依法行使章程规定的职权。

理事会每年至少召开2次会议。理事会会议须有2/3以上理事出席方能召开；理事会决议须经出席理事过半数通过方为有效。

下列重要事项的决议，须经出席理事表决，2/3以上通过方为有效：

（一）章程的修改；

（二）选举或者罢免理事长、副理事长、秘书长；

（三）章程规定的重大募捐、投资活动；

（四）基金会的分立、合并。

理事会会议应当制作会议记录，并由出席理事审阅、签名。

【释义】本条是对基金会理事会的地位、权利和议事程序的规定。

在基金会的组织机构中，理事会属于决策机构。理事会的职责是按照章程规定的宗旨和公益活动的业务范围，依照捐赠人的意愿，负责制定基金会工作计划并组织实施。

理事会的具体职责包括：

（一）制定、修改章程；

（二）选举、罢免理事长、副理事长、秘书长；

（三）决定业务活动计划，包括资金的募集、管理和使用计划；

（四）年度收支预算及决算审定；

（五）制定内部管理制度；

（六）决定设立办事机构、分支机构、代表机构；

（七）决定副秘书长、各机构主要负责人的聘任；

（八）听取秘书长的工作汇报并检查秘书长的工作；

（九）决定基金会的分立、合并或终止；

（十）决定其他重大事项。

为确保理事会履行职责，理事会应当定期召集会议，研究基金会工作并做出决议。本条规定基金会理事会每年至少召开两次会议。如实际情况需要基金会理事会每年召开两次以上的，基金会可以在章程中自行规定。一旦规定，即应严格执行。章程中规定的理事会次数，是最低数额限制。如遇有重大问题需召集理事会，可以不受章程规定的次数限制。

本条规定：理事会应当有章程规定数2/3以上的理事出席方能召开，理事会决议须经出席会议的理事1/2以上通过方为有效。体现了议事权利平等，少数服从多数的民主议事原则。

基金会的一些重要事宜的决策，需要更广泛的同意，决策过程也应当更加严格谨慎，因此规定：（一）章程的修改；（二）选举或者罢免理事长、副理事长、秘书长；（三）章程规定的重大募捐、投资活动；（四）基金会的分立、合并等4项事宜的决策须经出席理事会会议的理事2/3以上表决通过。基金会认为其他重要事宜亦应比照此程序的，可由基金会在章程中自行规定。

理事会会议应当制作会议记录，如实记载会议的名称、时间、地点、召集人、主持人、参加会议的理事姓名、会议议程、讨论事项、表决情况、通过情况、决议内容等详细信息。理事会会议的会议记录应当由与会理事签名，认可记录的真实性。

理事会会议的会议记录，是具有证明效力的文件。

第二十二条 基金会设监事。监事任期与理事任期相同。理事、理事的近亲属和基金会财会人员不得兼任监事。

监事依照章程规定的程序检查基金会财务和会计资料，监督理事会遵守法律和章程的情况。

监事列席理事会会议，有权向理事会提出质询和建议，并应当向登记管理机关、业务主管单位以及税务、会计主管部门反映情况。

【释义】本条是对基金会监事、监事的任职资格、责任和权利的规定。

条例规定了基金会设监事，监事依照章程规定的程序检查基金会财务和会计资料，监督理事遵守法律和章程的情况。

作为基金会的监事，实质上是代表捐赠人和社会公众对基金会的工作进行监督，因此，基金会监事的产生应当分别由捐赠人、业务主管单位和登记管理机关负责选派。捐赠人对基金会的公益事业进行资助，有权对捐赠财产的使用进行监督，因此捐赠人有权选派监事。业务主管单位依法负责监管基金会在有关公益事业领域的活动，因此，业务主管单位有权通过选派监事实施监督管理工作。登记管理机关作为所有基金会的登记管理机关，根据法律规定的工作职责，可以根据监督管理工作中的实际需要选派监事。监事根据选派方式的不同，其罢免或更替也应当依照其选派方式进行。

由于理事会属于监事工作的监督对象，因此，理事会与监事应当是并行的，互不从属的。理事会无权对监事职责范围内的工作进行干涉，也无权影响监事的产生和罢免。

条例中未规定监事的人数，对此，应理解为基金会必须设立至少一名监事。根据实际情况，基金会可以在章程中自行设定监事的人数。一般来说，收入来源、公益支出、活动方式较为固定的基金会更便于监督，设立较少的监事就可以完成监督工作。而那些原始基金数额较大、收入来源渠道较多、公益活动较为频繁的基金会，其监督程序也相对复杂，因此可以设立 3 名以上的监事，或组成监事会，对基金会理事会的工作实施监督。

基金会监事人数为 1 名或 2 名时，一般不需设立监事会，只需确定其中一人为主要联系人即可。当基金会有 3 名或 3 名以上监事时，为方便开展工作，可以设立监事会。无论监事人数多少以及是否设立监事会，基金会监事均按照条例规定履行同等的监督职责。

条例规定监事任期与理事相同，即任期与基金会章程中规定的理事任期相同，但每届任期同样不能超过 5 年。

条例规定理事、理事的近亲属和基金会财会人员不得兼任监事，强调了监事行使监督职责的独立性。监事在基金会组织机构中承担监督职能，与基金会的决策及执行机构——理事会是一种监督与被监督的关系。监事应当具备独立性，这是有效实施监督工作的根本原则。在健全、合理的监督机制中，监督方与被监督方不应当存在利害关系，否则将影响监督作用的发挥。理事所参与的理事会决策和财会人员财务会计工作都属于监事履行职责时的监督范围，理事或其近亲属以及财会人员担任监事，由于相互间存在利害关系，将无法实施客观、公正、有效的监督。

监事按照章程规定的程序检查基金会的财务和会计资料，监督理事会遵守法律和章程的情况。监事列席理事会会议，有权向理事会提出质询和建议，并应当向登记管理机关、业务主管单位以及税务、会计主管部门反映情况。上述规定将监事的权利、监事工作采取的方式和手段具体化，明确了监督对象和范围。对于监督工作中所发现的不同问题，监事应当根据问题的不同性质，分别向登记管理机关、业务主管单位以及税务、会计主管部门反映情况，由相关部门核实后根据有关规定采取处理措施。税务部门负责处理偷税、逃税、漏税问题，会计主管部门负责处理执行会计制度、进行会计核算和会计监督方面的问题，业务主管单位和登记管理机关按照条例规定的监督管理职责，分别负责处理基金会违反法律和章程的问题。上述有关部门在处理基金会发生的问题时，应当及时互相通报。

第二十三条 基金会理事长、副理事长和秘书长不得由现职国家工作人员兼任。基金会的法定代表人，不得同时担任其他组织的法定代表人。公募基金会和原始基金来自中国内地的非公募基金会的法定代表人，应当由内地居民担任。

因犯罪被判处管制、拘役或者有期徒刑，刑期执行完毕之日起未逾5年的，因犯罪被判处剥夺政治权利正在执行期间或者曾经被判处剥夺政治权利的，以及曾在因违法被撤销登记的基金会担任理事长、副理事长或者秘书长，且对该基金会的违法行为负有个人责任，自该基金会被撤销之日起未逾5年的，不得担任基金会的理事长、副理事长或者秘书长。

基金会理事遇有个人利益与基金会利益关联时，不得参与相关事宜的决策；基金会理事、监事及其近亲属不得与其所在的基金会有任何交易行为。

监事和未在基金会担任专职工作的理事不得从基金会获取报酬。

【释义】本条是关于基金会负责人资格以及基金会理事、监事行为的禁止性规定。

本条规定：基金会理事长、副理事长和秘书长不得由现职国家工作人员兼任。关于国家工作人员，广义上讲，是指国家机关中从事公务的人员以及法律规定以国家工作人员论的人员。包括以下几个层次的人员：(1) 国家机关工作人员，即在各级国家权力机关、行政机关、审判机关、检察机关和军事机关中从事公务的人员。(2) 国有公司、企业、事业单位、人民团体中从事公务的人员。(3) 国家机关、国有公司、企业、事业单位或者其他国有单位委派到非国有公司、企事业单位、社会团体中从事公务的人员。(4) 其他依照法律从事公务的人员。这类人员是除上述法定身份以外，具有法律根据履行某些公务职责的人员。具体包括：其一，中国共产党的各级机关中从事公务的人员；其二，中国人民政治协商会议的各级机关中从事公务的人员；其三，各界人民代表大会代表；其四，依法受委托从事公务的人员。所谓从事公务，是指代表国家行使组织、领导、监督等公共事务的管理职能。它具有两方面的特点：一是具有管理性，即对公共事务进行管理。二是具有国家代表性，即这种活动的代表国家进行的，它是一种国家管理性质的行为，而不是代表某个人、某个集体、团体的行为。简言之，这种活动是国家权力的一种体现或是国家权力的派生权力的一种体现，既有别于私利活动，也与劳务和社会一般服务性质的活动有别。

我国1997年修订后的《刑法》采用的是广义国家机关工作人员的概念。

本条例中现职国家工作人员是指在各级党的机关、人大机关、政府机关、政协机关、审判机关、检察机关中的现职工作人员，以及法律、法规援助权具有管理公共事务职能的组织的工作人员。但不包括上述机关和组织中已从领导岗位上退下来或到人大、政协任职的工作人员，也不包括上述机关和组织中离开行政工作岗位专门从事基金会工作的工作人员。

国家工作人员的职责是代表国家从事社会公共事务管理、行使国家相关权力、履行国家公务。国家工作人员在社会政治、经济生活中处于特殊地位，规定国家工作人员不得兼任基金会理事长、副理事长、秘书长，是为了避免国家工作人员滥用权力影响社会捐赠行为的自愿性。禁止国家工作人员兼任基金会理事长、副理事长、秘书长，有利于确保基金会法人的独立性，避免政府意志通过国家工作人员施加于基金会。对于公益事业的投入，基金会主要利用社会资源，而政府则依靠财政收入，政府行为属于公共服务范畴，如果基金会领导职务由国家工作人员兼任，会模糊政府公共服务与基金会事业的界限，不利于基金会事业的发展。

对于限制国家工作人员在其他社会组织兼职，有关法律法规也早有规定。《公司法》规定，国家公务员不得兼任公司的董事、监事、经理。

本条规定，基金会法定代表人不得兼任其他组织的法定代表人。这是因为，法定代表人与法人组织，是一种法律意义上的代理关系。一个自然人同时作为两个法人组织的法定代表人，属于法律原则禁止的双重代理情形。作为法定代表人，应当为法人组织的工作尽心尽力。如果同时作为其他组织的法定代表人，将影响法定代表人履行职责，可能出现一个法人的意志通过法定代表人的作用强加于另一个法人的情况，难以确保法人的独立性，具体到基金会的法定代表人不得兼任其他组织的法定代表人，是为了保证该法定代表人对基金会这种公益性强，社会责任大的民间组织更加尽职尽责，并以其职责不兼不跨而体现其独立性，从而有助于维护基金会的公信度。

本条规定，公募基金会和原始基金来自中国内地的非公募基金会的法定代表人应当由中国内地居民担任。公募基金会和原始基金会来自中国内地的非公募基金会共同的特点是：基金会用于公益活动的资金主要来源于中国内地的自然人、法人或其他组织的捐赠。因此，对于这些基金会的资金能否合法、安全、有效地实现保值、增值，能否按照中国内地的捐赠人的意愿合理使用，政府和社会公众都给予更多的关注。

本条规定列举了基金会理事长、副理事长、秘书长的任职资格限制：因犯罪被判处管制、拘役或者有期徒刑，刑期执行完毕之日起未逾5年的，因犯罪被判处剥夺政治权利正在执行期间或者曾经被判处剥夺政治权利的，以及曾在因违法被撤销登记的基金会担任理事长、副理事长或者秘书长，且对该基金会的违法行为负有个人责任，自该基金会被撤销之日起未逾5年的，不得担任基金会的理事长、副理事长或者秘书长。

基金会属于社会公益组织，其公益目的是通过接受和使用社会捐赠的财产实现的。因此，基金会应当具备一定的社会公信力，理事长、副理事长、秘书长作为基金会的负责人，也应当具备良好的个人信誉和相应的工作能力。在遵守法纪方面犯有严重过错的人，如被判刑的人，其信誉无法得到保障，当然在一定期间内不适宜作为基金会的负责人。基金会因违法被撤销登记，理事长、副理事长或者秘书长负有个人责任的，其承担基金会负责人职责的能力及个人信誉会受到质疑。因此，这类人在一定时间内也不宜作为基金会的负责人。

本条规定基金会理事遇有个人利益与基金会利益关联时，不得参与相关事宜的决策。由于理事在理事会决策中具有表决权，并可能对其他理事表决产生影响，规定理事在涉及个人利益的决策时应当回避，可以避免理事通过影响理事会决策而使其个人获益，保证基金会理事会决策的客观性。理事个人利益与基金会利益关联，主要指理事、理事的近亲属、与理事或其近亲属有关的组织，在基金会开展公益活动过程中可能得到经济上的利益。主要有以下几种情形：理事或其近亲属是现实或潜在的基金会公益活动的直接受益人；理事或其近亲属所在单位与基金会公益活动有关，理事或其近亲属可能在基金会开展公益活动所实施的具体工作中受益；理事或其近亲属在所在单位担任主要负责人，其所在单位的情况可能在基金会开展公益的活动以及实施的具体工作中受益。

本条规定理事、监事及其近亲属不得与其所在的基金会有任何交易行为。这是由于理事、监事分别参与基金会的决策和监督工作，当理事、监事本人及其近亲属作为个人与基金会订立合同、发生交易行为时，可能以牺牲基金会的利益为代价使其个人或其近亲属个人获益。与两个完全独立的当事人之间达成的相同类型的协议相比，这种交易往往在交易价格上或其他成交条件上，存在不公平之处，造成实质上将基金会的财产或利益转移到作为交易另一方的个人。因此，理事、监事及其近亲属与所在基金会的交易行为应当禁止。但是，本规定不包括理事、监事及其近亲属向所在基金会捐赠的行为。

本条规定监事和未在基金会担任专职工作的理事不得从基金会获取报酬。监事的工作属于监督机制的内容，不属于基金会业务活动。监事对选派方负责，监督理事会的工作。监事从基金会获取报酬，不符合监事工作独立性的要求。基金会属于公益组织，已有工作报酬并在基金会兼职的理事，其工作应当是义务性的，不应从基金会再获取报酬。

第二十四条 担任基金会理事长、副理事长或者秘书长的香港居民、澳门居民、台湾居民、外国人以及境外基金会代表机构的负责人，每年在中国内地居留时间不得少于3个月。

【释义】本条是关于担任基金会以及境外基金会代表机构负责人的非内地居民在中国内地居留时间的限制性规定。

本条规定担任基金会理事长、副理事长或者秘书长的香港居民、澳门居民、台湾居民、外国人以及境外基金会代表机构的负责人，每年在中国内地居留时间不得少于3个月。这是由于，依照本条例规定登记的基金会以及境外基金会代表机构，其公益事业活动主要在中国内地进行，基金会以及境外基金会代表机构的负责人，对所在基金会或境外基金会代表机构所开展的公益活动应当负责组织决策和实施，必然需要耗费一定的时间和精力。规定基金会以及境外基金会代表机构的负责人每年在中国内地居留时间不得少于3个月，可以避免出现负责人名不符实，无法按照规定完全履行职责的现象，避免因此而影响基金会或境外基金会代表机构公益活动的正常开展以及基金会管理部门的有效监督。

第四章　财产的管理和使用

本章内容是有关基金会财产的取得、管理、使用和处理方面的规定。

第二十五条 基金会组织募捐、接受捐赠，应当符合章程规定的宗旨和公益活动的业务范围。境外基金会代表机构不得在中国境内组织募捐、接受捐赠。

公募基金会组织募捐，应当向社会公布募得资金后拟开展的公益活动和资金的详细使用计划。

【释义】本条是关于基金会组织募捐、接受捐赠的限制性规定和关于境外基金会代表机构活动的禁止性规定。

本条规定，基金会组织募捐、接受捐赠，应当符合章程规定的宗旨和公益活动的业务范围。这是因为对于一个特定的基金会，它的一切活动应当符合围绕章程规定的宗旨和公益活动的业务范围来进行。违反宗旨或超越业务范围开展活动，无论是组织募捐还是接受捐赠，都是违反法规和章程的行为。

本条规定，境外基金会代表机构不得在中国境内组织募捐、接受捐赠。境外基金会是指在中国内地以外的国家或地区依法成立的基金会。不同国家的法律对于基金会的登记管理、监管力度和评价标准都有很大区别，同时还存在法律适用方面的管辖权问题。如果允许境外基金会通过代表机构在中国境内组织募捐和接受捐赠，将产生捐赠是否能够得到妥善的管理和使用的问题，可能出现利用捐赠实现财产向境外转移的问题，以及登记管理机关受限于法律管辖权的无法实施有效监督管理的问题。规定境外基金会代表机构不得在中国境内组织募捐、接受捐赠，可以防止出现上述问题。因此，按照条例规定许可境外基金会进人中国内地开展活动，许可的活动范围是利用境外基金会的财产向中国内地的社会公益事业提供资助，许可的条件是不得在中国内地组织募捐、接受捐赠。

本条规定，公募基金会组织募捐，应当向社会公布募得资金后拟开展的公益活动和资金的详细使用计划。公募基金会的基金来源于社会捐赠，基金管理和使用的信息应当主动接受社会公众的监督。公募基金会组织社会公开募捐活动时，应当有明确的公益活动用途和详细的使用计划，这样既可以通过宣传动员社会公众提供捐赠，又便于社会公众对基金会的公益活动进行监督和事后评价。公募基金会向社会公布募得资金后拟开展的公益活动和资金的详细使用计划，是一种法律意义上的承诺，如果不能履行，不仅将失去社会公信力，也属于违反法律的行为。本条规定与第二十九条规定共同作用，防止公募基金会只热衷于募捐，而消极或违反捐赠人意愿使用捐赠的行为。

第二十六条 基金会及其捐赠人、受益人依照法律、行政法规的规定享受税收优惠。

【释义】本条是关于基金会、捐赠人、受益人依法享受税收优惠的概括性规定。社会力量参与公益事业发展可以有效弥补政府在提供公共产品和服务方面的不足，这一点已为大量事实所证明。目前，国家通过制定税收优惠政策鼓励社会力量积极参与公益事业，进而促进公益事业的发展，已经成为国际上通行的做法。基金会属于社会公益组织，其所从事的活动属于社会公益事业。与基金会公益事业活动有关的各方纳税人，可以依照有关法律法规规定，在税收上依法享受税收减免。

这里法律、行政法规是指国家有关税收征管和公益事业捐赠的法律和行政法规。根据国家立法制度，涉及税收方面的法律、法规和政策由税务部门统一制定。目前，有关法律法规规定的对于基金会、捐赠人、受益人的税收优惠主要有：

（一）基金会为纳税人：基金会获得的国家财政拨款、捐赠收入、银行存款利息收入免征企业所得税。

（二）捐赠人为纳税人：个人向基金会捐赠，捐赠额可在个人所得税应税所得额30%内扣除；企业向基金会捐赠，捐赠额可在企业所得税应税所得额3%以内扣除；外资企业向基金会捐赠，捐赠额可在企业所得税应税所得额中全额扣除；用于公益事业的捐赠物资，可以减征或免征关税。

（三）受益人为纳税人：个人或组织接受基金会的捐赠，免征个人所得税和企业所得税。

利用税收手段扶持和监管基金会，对基金会及其捐赠人实行税收优惠是各国通行的做法。减税、免税措施构成基金会和其他组织发展的重要政策环境。我国在这方面还处于探索阶段。为了鼓励公益事业的发展，我国已陆续出台了一些税收优惠政策，对于公益事业的发展起到了促进作用，但还不系统，只散见在多个相关文件中，在实施过程中也遇到了一些实际问题。这次《条例》规定“基金会及捐赠人、受益人可以依照法律、行政法规的规定享受税收优惠”规定了税收优惠的大原则，表明基金会、捐赠人、受益人三方面都能够依照法规享受到税收优惠。至于税收优惠的具体办法，财政部、国家税务总局正在研究制定。从发展方向上看，国家对基金会、对捐赠人的税收优惠必然是逐步增强的趋势。在享受税收优惠的同时，基金会要依法办理税务登记、接受税务部门的监督，对有本条例第四十二条规定的违法行为的基金会，税务机关还可以要求补交违法行为存续期间享受的税收减免。国家将通过税收政策，鼓励基金会的发展，加强对基金会的监管。

第二十七条 基金会的财产及其他收入受法律保护，任何单位和个人不得私分、侵占、挪用。

基金会应当根据章程规定的宗旨和公益活动的业务范围使用其财产；捐赠协议明确了具体使用方式的捐赠，根据捐赠协议的约定使用。

接受捐赠的物资无法用于符合其宗旨的用途时，基金会可以依法拍卖或者变卖，所得收入用于捐赠目的。

【释义】本条是关于基金会财产的所有权及其管理和使用原则的规定。

本条规定，基金会的财产及其他收入受法律保护，任何单位和个人不得私分、侵占、挪用。基金会的财产来源于自然人、法人或其他组织的自愿捐赠，捐赠行为发生时，捐赠财产的所有权同时由捐赠人向基金会转移，捐赠人不再拥有捐赠的财产的所有权。我国《民法通则》中社会团体法人的范围包括基金会，并规定“社会团体包括宗教团体的合法财产受法律保护。”因此，基金会财产所有权在分类上属于社会团体所有权，任何单位和个人不得私分、侵占、挪用基金会的合法财产。财产的所有权包括四项权能，即占有权、使用权、收益权和处分权。基金会对其财产享有占有权，其他任何单位和个人不得非法侵占。基金会对其财产享有使用权，前提是按照捐赠人的意愿，在章程规定的宗旨和公益活动的业务范围内使用，其他任何单位和个人不得任意挪用。基金会对其财产享有收益权，即基金会可以通过合理合法地运作财产取得增值的收入。基金会对其财产享有处分权，任何单位和个人不得私分。本条规定，基金会应当根据章程规定的宗旨和公益活动的业务范围使用其财产。条例第二条明确规定：“本条例所称基金会，是指利用自然人、法人或其他组织捐赠的财产，依照章程规定的宗旨和公益活动的业务范围，以从事公益事业为目的的非营利性法人”，明确限定了基金会的业务范围。因此，基金会在行使财产所有权时，必须遵守条例规定，不得超越登记管理机关批准的业务范围进行活动。

本条规定，捐赠协议明确了具体使用方式的捐赠，根据捐赠协议的约定使用。基金会与捐赠人的订立捐赠协议是一种订立合同同行为。根据《合同法》的规定，捐赠协议一旦建立，即具有法律效力，协议方必须按照协议规定履行各自的合同义务。捐赠人应当按照协议数额向基金会提供捐赠，供基金会无偿使用。如果捐赠协议中明确了捐赠的具体使用方式，基金会应当按照捐赠协议的约定使用。基金会违反捐赠协议约定的，捐赠人有权撤销捐赠协议，要求基金会退还捐赠。

本条规定，接受捐赠的物资无法用于符合其宗旨的用途时，基金会可以依法拍卖或者变卖。无论货币捐赠或实物捐赠，均属于基金会的财产。基金会依法享有财产的处分权，有权对基金会的财产进行转让。如果基金会接受捐赠的物资无法直接用于基金会按照章程规定的宗旨和公益活动的业务范围所开展的公益活动时，基金会可以行使财产处分权，依法拍卖或者变卖捐赠物资，取得的收入计入基金会接受捐赠的收入。

第二十八条 基金会应当按照合法、安全、有效的原则实现基金的保值、增值。

【释义】本条是关于基金会基金保值、增值原则的规定。

基金会依法享有财产收益权，可以通过合法途径获取基于基金会财产而产生的物质收益。因此，基金会为了获取更多的用于公益收益的资金，可以将基金通过银行存款、投资有价证券、投资实业等途径获取收益，实现基金的保值、增值。

行使财产收益权，应当通过合法途径。因此，基金会实现基金的保值、增值，首要遵循的原则是合法性原则，应当按照法律法规允许的方式进行。目前，根据有关法律法规，基金会实现基金的保值、增值的途径主要有：银行存款、投资国债、投资其他有价证券、投资兴办企业、委托理财。如果基金会实现基金的保值、增值的途径或采取的方式是违法的，如开展法律法规所禁止的借贷业务，不但对基金会的违法行为应当予以查处，其违法行为所取得的收益也应当由有关部门予以没收。

基金会财产来源于社会捐赠，最终应当用于公益事业。因此，基金会实现基金的保值、增值，应当注意基金财产的安全问题，在保值、增值方式的选择上，应当遵循安全性原则，尽力回避风险，降低基金遭受损失的可能性。目前基金会实现基金的保值、增值的主要途径中，银行存款和投资国债的收益率比较低，但风险最小，近乎为零。投资于国债以外的有价证券或投资直接兴办企业风险较大，如果成功则会有较高的收益率，但一旦失败，则有可能造成基金损失。委托有资格的金融机构代为理财是另外一种选择，其风险系数和收益率取决于该金融机构的理财水平以及委托理财协议的具体条款。

基金会实现基金的保值、增值，本质上是一种投资行为。作为投资行为，最主要的特征是追求投资的效率，即收益的最大化。基金会为实现基金的保值、增值，也应当以获取收益为目标，在合法和安全的前提下，争取获得更多的收益，此为有效性原则。

因此，本条规定，基金会应当按照合法、安全、有效的原则实现基金的保值、增值。这里的三个原则存在顺序关系，首先实现的方式应当合法，其次要注意基金财产保全，最后要保证确实获取收益，实现基金的保值、增值。

基金会的保值增值，是基金会运作的重点。规定得过严，基金会缺乏活力；规定得过松，基金会保值增值风险增高，这是一个两难的问题。原《基金会管理办法》对基金会资金的运作做了限制规定，以达到基金保值增值的目的。如“基金会不得经营管理企业”；“基金会可以将资金存入金融机构收取利息，也可以购买债券、股票等有价证券，但购买某个企业的股票额不得超过该企业股票总额的20%”。《中国人民银行关于进一步加强基金会管理的通知》规定：“基金会基金的保值及增值必须委托金融机构进行”。但这些规定在实践中没有达到预期目的。是否经营企业以及拥有某个企业股票额的多少，与基金会的公益目的并不矛盾，也不反映基金运作风险的大小。基金会的情况千差万别，具体保值增值规定很难适应每个基金会。《基金会管理条例》按国际惯例制定规则，不对基金会的保值增值行为做具体要求，只做了原则性的、开放性的规定，力图通过社会监督、内部监督来解决对基金会投资行为的约束。与此规定相应，条例同时增加了有关“决策失误赔偿”的条款。规定因决策不当致使基金会财产损失的，参加决策的理事应当承担相应的赔偿责任，以保障基金会对投资行为慎重行事。

第二十九条　公募基金会每年用于从事章程规定的公益事业支出，不得低于上一年总收入的70%；非公募基金会每年用于从事章程规定的公益事业支出，不得低于上一年基金余额的8%。

基金会工作人员工资福利和行政办公支出不得超过当年总支出的10%。

【释义】本条是关于基金会公益事业支出比例以及工作人员工作福利和行政办公支出比例的限制性规定。

公益支出比例是衡量一个基金会参与公益事业程度的重要标志。规定基金会每年公益支出的比例，是为了促使基金会实现发展公益事业的宗旨，确保对公益事业进行投入，杜绝基金会出现偏离公益轨道，或是活动消极甚至停滞的情况。

公募基金会向社会募捐，支出与收入配比有利于衡量捐赠收入的使用效率。经统计，全国性基金会目前的平均支出比例为上一年总收入50%，为达到促进基金会活动的目的，本条适当提高了该比例，规定为每年公益事业支出不得低于上一年总收入的70%。

非公募基金会不接受募捐，一般使用基金的增值收入，或利用捐赠人定期提供的资金开展活动，因此，以基金额为标准确定公益支出比例。为达到促进基金会开展公益活动和鼓励非公募基金会发展的双重目的，公益支出比例定为上年基金余额的8%。

本条规定，基金会工作人员工资福利和行政办公支出不得超过当年总支出的10%。这是因为，基金会是公益性组织，其财产来源于社会捐赠，并最终用于发展公益事业，基金会为实施其公益目的开展公益资助活动，必然随之发生人员经费开支。基金会的人员经费支出在总支出中所占的比例，代表着基金会基金财产的使用效率，也在一定程度上说明基金会组织机构的工作能力和工作效率。如果基金会将大量财产用于人员经费开支，势必影响其对公益事业的投入，并可能导致社会公众对基金会的效率和诚信度产生怀疑，从而影响基金会未来的长远发展。因此，基金会应本着厉行节约的原则，注意减少工作中不必要的开支和浪费，精简机构，提高工作效率。

在美国，基金会发展较为成熟和完善。据统计，美国基金会人员和业务经费支出比例为当年总支出的平均数的15%左右。我国是发展中国家，本着节俭办一切事业的原则，加上本条例对理事、监事从基金会获取报酬的行为作了限制性规定，因此基金会经过努力，应当能够符合当年总支出10%的人员工资福利和行政办公支出比例的要求。基金会作为从事社会公益活动的非营利组织，为了造福社会，必须有充足的可持续的资金支持。基金会募集资金、运作资金的能力是保证其生存和发展的关键。基金会只有募钱有招，生财有道，用钱有效，才能有源源不断的财源，才能充满活力，最大限度地实现公益目的。目前，不少基金会不会募捐，很少开展有影响的公益活动，缺乏活力，逐渐萎缩。成功的基金会应是过路财神，边募钱，边用钱，募得多，用得多，取得良好的社会效益，树立起形象，形成良性循环。为了逐步实现这个目标，《条例》从制度上作了规定，将基金会每年的公益支出作为衡量基金会是否完成了公益任务的重要标准，规定公募基金会每年用于从事章程规定的公益事业支出，不得低于上一年总收入的70%；非公募基金会每年用于从事章程规定的公益事业支出，不得低于上一年基金余额的8%；不按规定完成公益事业支出额度的，将被处罚直至撤销。这就意味着，基金会如果募集资金不多，逐年按照要求完成公益事业支出数额，加上办公经费和工作人员的工资福利支出，原始基金数额就会逐年减少，到了一定的限度，就会被撤销。只徒有慈善虚名，不务公益之实的基金会不会再有存在的空间。

第三十条 基金会开展公益资助项目，应当向社会公布所开展的公益资助项目种类以及申请、评审程序。

【释义】本条是关于基金会开展公益资助项目信息公开的规定。

基金会的活动应当符合章程规定的宗旨和公益活动的业务范围，基金会开展公益资助项目，应当本着公开、透明的原则，向社会公布所开展的公益资助项目的有关信息，以便符合条件的单位或人员在一个公开、平等、透明的条件下参与竞争申请资助项目，既便于社会公众监督，又可以吸引更多的参与者，得到更好的项目实施方案，从而发挥基金会公益资助的效率。本条规定可以避免基金会与有关的单位或个人在开展公益资助项目中的幕后交易行为。

基金会是作为担负慈善使命的公益组织，享受优惠的税收政策，掌握社会公益资源，公众关注程度高，社会责任大，其活动是否规范关系到爱心资源的保护，关系到基金会的信誉和公益事业的发展，必须在自律的基础上接受各方面的监督，保持较高的社会公信度，这就需要从法规上建立完善的政府监督和社会监督机制。《条例》在这方面作了多项规定，明确了“基金会依照章程从事公益活动，应当遵循公开、透明的原则”，并从政府监督和社会监督等方面做了具体的规定。本条关于基金会开展公益资助项目应当信息公开的规定就是其中之一。本章第二十五条中规定公募基金会组织募捐，应当向社会公布募得资金后拟开展的公益活动和资金的详细使用计划，以及本章第三十三条中规定基金会处理剩余财产应当向社会公示等，都是建立健全基金会监督管理体系所必须的。

第三十一条 基金会可以与受助人签订协议，约定资助方式、资助数额以及资金用途和使用方式。

基金会有权对资助的使用情况进行监督。受助人未按协议约定使用资助或者有其他违反协议情形的，基金会有权解除资助协议。

【释义】本条是关于基金会与受助人发生资助行为的规定。

基金会在章程规定的宗旨和公益活动的业务范围内向受助人提供资助，可以通过签订协议的方式，约定资助方式、资助数额以及资金用途和使用方式。签订资助协议可以约束资助行为双方的责任和义务，一方面要求基金会按照协议提供承诺数额的资金，以约定的方式资助受助人，另一方面要求受助人收到资助后，应当按照协议约定的方式用于指定用途，从而确保基金会的资助行为既符合基金会的公益目的，又能确保受助人受益，确实发挥效益。

基金会作为资助人，有权对资助资金的使用是否合乎资助的目的、符合资助协议等情况进行监督。在监督中，如发现并证实受助人有违反资助协议的约定使用资助或者有其他违反协议情形的，基金会可以提出单方面解除资助协议，并停止继续提供资助。已经由基金会提供给受助人的资助，基金会有权要求受助人全部退回。

第三十二条 基金会应当执行国家统一的会计制度，依法进行会计核算、建立健全内部会计监督制度。

【释义】本条是关于基金会会计工作的规定。

基金会作为法人组织，工作中发生大量的经济往来。依据《中华人民共和国会计法》规定，基金会作为独立核算单位，必须依法进行会计核算和会计监督。财务会计的具体工作应当依据国家会计主管部门制订的以基金会为对象的国家统一的会计制度。

基金会依法进行会计核算和会计监督，明确收入、支出以及财产数额，便于基金会理事会了解基金会财产管理和使用状况，制订和执行公益活动计划，便于登记管理机关、业务主管单位以及社会公众了解基金会的财产管理和使用状况，便于政府监督管理和社会公众监督。

国家统一的会计制度是基金会会计核算和会计监督工作的基础。基金会会计报表中具体科目的设置、分类以及收支记录，均应以会计制度为依据。本条例规定了对基金会公益事业支出和人员经费支出的比例限制，其中对于用于公益事业的支出、公募基金会上年总收入、非公募基金会上年基金余额、基金会总支出、基金会工作人员工资福利支出和办公经费支出的计算，应当以会计制度为依据。

第三十三条 基金会注销后的剩余财产应当按照章程的规定用于公益目的；无法按照章程规定处理的，由登记管理机关组织捐赠给与该基金会性质、宗旨相同的社会公益组织，并向社会公告。

【释义】本条是关于基金会剩余财产处分的规定。

本条规定，基金会注销后的剩余财产应当按照章程的规定用于公益目的。这是由基金会的性质和活动特点决定的。基金会财产来源于自然人、法人或其他组织的捐赠，并应当按照章程规定的宗旨和公益活动的业务范围将捐赠财产用于公益目的。同时条例还规定，基金会的财产及其他收入受法律保护，任何单位和个人不得私分、侵占或挪用。因此，基金会依法注销登记，其剩余财产的用途不应因此而改变，而是应当在登记管理机关监督之下，按照原来基金会章程中的规定用于公益目的。

如果基金会注销登记后，由于章程未作具体规定或无法按其规定操作，导致剩余财产无法按照章程规定处理的，同样应当遵循不改变基金会财产公益目的的原则，由登记管理机关负责组织捐赠给与该注销的基金会性质、宗旨相同的社会公益组织，并将有关情况向社会公告。

本条规定中“剩余财产”是指基金会注销登记进行财产清算后的剩余财产。

本条规定中“社会公益组织”是指按照《基金会管理条例》规定登记的基金会以及按照《社会团体登记管理条例》规定登记的公益性的社会团体，或按照《民办非企业单位登记管理暂行条例》登记的公益性民办非企业单位。

第五章　监督管理

与1988年颁布的《基金会管理办法》不同，《基金会管理条例》将监督管理单独设立一章，对基金会的监督管理做了比较具体而详细的规定。1988年《基金会管理办法》对基金会的监督管理和处罚只有一条，即“基金会应当每年向人民银行和民政部门报告财务收支和活动情况，接受人民银行、民政部门的监督。基金会的活动违反本办法时，人民银行有权给予停止、冻结资金、责令整顿的处置，民政部门给予警告、吊销许可证的处罚”。

1999年，中国人民银行和民政部联合下发《关于做好社团基金会监管职责交接工作的通知》，基金会的审批和登记管理全部统一归口民政部门，这样，人民银行对基金会不再进行直接监督管理，新的《基金会管理条例》在监督管理这一章中也没有涉及人民银行对基金会的监督管理的内容。但本章确定了登记管理机关的监督管理职责，而且增加和明确了业务主管单位的监督管理职责。另一方面，加强和扩大了对基金会的监督管理的力度、范围，就是基金会除了接受登记管理机关、业务主管单位的监督管理之外，还要接受税务、会计主管部门、审计部门以及社会公众、捐赠人的监督。另外，《基金会管理条例》把法律责任也单独设立一章，在健全了监督管理制度的同时，也完善了处罚制度。《基金会管理条例》的监督管理一章共有六条，集登记管理机关的监督、业务主管单位的监督、税务和会计主管部门的监督以及社会公众、捐赠人的监督于一体，构成了比较全面和完善的监督管理体系。

第三十四条　基金会登记管理机关履行下列监督管理职责：

（一）对基金会、境外基金会代表机构实施年度检查；

（二）对基金会、境外基金会代表机构依照本条例及其章程开展活动的情况进行日常监督管理；

（三）对基金会、境外基金会代表机构违反本条例的行为依法进行处罚。

【释义】本条是对登记管理机关监督管理职责集中的、概括的规定，共包括三项。

本条对基金会登记管理机关监督管理职责的规定，是按照1998年国务院机构改革中经国务院批准的《民政部职能配置、内设机构和人员编制规定》确定的，该规定为：负责全国性社团、跨省、自治区、直辖市社团，外国人在华社团，国际性社团在华机构的登记和年度检查；研究提出会费标准和财务管理办法；监督社团活动，查处社团组织违法行为和未经登记而以社团名义开展活动的非法组织；指导、监督地方社团的登记管理工作。在该规定里，只是提到了对社会团体的管理职责，而没有提到对基金会的有关管理职责，这是因为，《基金会管理条例》颁布之前，基金会是以社会团体法人的形式存在的，因此，规定里民政部对社会团体的管理职责，同样也适用于基金会。为了与将来的民法典对法人的分类相协调，《基金会管理条例》第二条只是强调了基金会作为法人的非营利性质，并没有在表述其属于社团法人。据此，本条例不仅在总则第六条规定了“国务院民政部门和省、自治区、直辖市人民政府民政部门是基金会的登记管理机关”的职责，而且在本条对登记管理机关履行的年度检查、日常监督管理和处罚的监督管理职责做出了具体的规定。

本条第（一）项“对基金会、境外基金会代表机构实施年度检查”是登记管理机关对基金会、境外基金会代表机构实施监督管理的一项重要职责。1988年颁布的《基金会管理办法》第十二条规定“基金会应当每年向人民银行和民政部门报告财务收支和活动情况，接受人民银行、民政部门的监督”。经过多年的实践检验，我们认为，这项制度对基金会的管理是行之有效的，赋予登记管理这

项职责是适宜的。在实践的基础上，《基金会管理条例》不仅肯定和继承了原有的制度和规定，而且还做了有益的补充和完善，如为了发挥年度检查的最大管理效益和便于对基金会年度检查的操作，不但增加规定了业务主管单位负责基金会年度检查的初审职责，而且对基金会年度检查的内容作了具体的规定，即本章第三十六条，基金会年度检查工作报告应当包括：财务会计报告、注册会计师审计报告，开展募捐、接受捐赠、提供资助等活动的情况以及人员和机构的变动情况等。这就形成了登记管理机关对基金会年度检查的一整套制度，不但有利于登记管理机关对基金会的监督管理，而且有利于对基金会的活动进行规范。

对基金会的日常监督管理，本条第（二）项规定，登记管理机关负责“对基金会、境外基金会代表机构依照本条例及其章程开展活动的情况进行日常监督管理”。基金会、境外基金会代表机构依照本条例和章程开展活动的情况包括基金会及其分支机构、代表机构设立、变更、注销的情况；开展募捐、接受捐赠、提供资助等活动的情况；人员和机构的变动情况等。基金会、境外基金会代表机构登记管理机关有权对其活动进行日常监督，有权对基金会、境外基金会代表机构是否按照条例和章程的有关规定开展活动进行检查，对不按照规定开展活动的，登记管理机关根据条例的有关规定，可以责令其进行整顿或者对其进行相应的处罚。日常监督管理是登记管理机关履行管理职责的必要手段，加强日常监督管理也是登记管理机关的职权和义务。

关于查处基金会违法行为的职责，本条第（三）项规定，“对基金会、境外基金会代表机构违反本条例的行为依法进行处罚”。基金会、境外基金会代表机构违反本条例的行为，即构成了违法行为。违法行为是指违反现行法律规定的，对社会有危害的、有过错的行为，表现为做出法律所禁止的行为或者不作法律所要求做出的行为。根据违法行为的性质和危害程度不同，违法行为可以构成刑事违法行为、民事违法行为、行政违法行为等。本条例第六章对违反本条例的行政违法行为应当给予的行政处罚做出了比较详细的规定。

本条规定的基金会登记管理机关的三项监督管理职责，是登记管理机关的主要职责。所规定的三项职责都涉及到监督管理机关与行政管理相对人之间的具体行政行为。具体行政行为是指国家机关在其职权范围内依法针对特定的人或者事采取某种行政措施的活动。行政管理相对人对具体行政行为不服的，可以依照国家有关规定提起行政复议或行政诉讼。

第三十五条 基金会业务主管单位履行下列监督管理职责：

（一）指导、监督基金会、境外基金会代表机构依据法律和章程开展公益活动；

（二）负责基金会、境外基金会代表机构年度检查的初审；

（三）配合登记管理机关、其他执法部门查处基金会、境外基金会代表机构的违法行为。

【释义】本条是关于基金会、境外基金会代表机构业务主管单位监督管理职责的集中、概括的规定。本条例第七条对业务主管单位的范围作了具体规定，即国务院有关部门或者国务院授权的组织，是国务院民政部门登记的基金会、境外基金会代表机构的业务主管单位；省、自治区、直辖市人民政府有关部门或者省、自治区、直辖市人民政府授权的组织，是省、自治区、直辖市人民政府民政部门登记的基金会的业务主管单位。这样明确了基金会、境外基金会代表机构与社会团体、民办非企业单位一样，接受登记管理机关与业务主管单位的双重管理。

第（一）项职责是“指导、监督基金会、境外基金会代表机构依据法律和章程开展公益活动”。本条例在总则部分已经规定了要求基金会必须遵守宪法、法律、法规、规章和国家政策，那么，基金会是否能够遵守宪法、法律、法规、规章和国家政策，业务主管单位有监督和指导的职责。基金会、境外基金会代表机构开展公益活动，既要必须遵守国家的法律、法规，又要按照章程的规定进行活动，不得超出章程规定的范围。业务主管单位要切实加强对基金会、境外基金会代表机构的监督管理，对基金会、境外基金会代表机构的重大活动要实行批准或备案制度，对具体的活动进行指导、监督。

第（二）项职责是“负责基金会、境外基金会代表机构年度检查的初审”。对基金会、境外基金会代表机构实行年度检查制度，是对基金会、境外基金会代表机构的一项动态管理措施，也是监督管理机关的一项重要职责。本条例第三十四条已经规定了登记管理机关负责对基金会、境外基金会代表机构实施年度检查，之所以还要规定业务主管单位负责基金会、境外基金会代表机构年度检查的初审，是因为与登记管理机关相比较，业务主管单位对基金会、境外基金会代表机构的业务更加了解，更便于了解和掌握基金会、境外基金会代表机构的活动，有利于客观地评价基金会、境外基金会代表机构提交的工作报告是否真实的反映了该社会团体的该基金会、境外基金会代表机构上一年度的活动情况。

第（三）项职责是“配合登记管理机关、其他执法部门查处基金会、境外基金会代表机构的违法行为”。查处基金会、境外基金会代表机构的违法行为，是登记管理机关的一项重要职责，同时业务主管单位也有协助登记管理机关和其他执法部门查处非法行为的职责，这也是本条例对基金会、境外基金会代表机构实行双重管理体制的一项重要体现。这里所说的“其他执法部门”是指与查处违法行为有关的部门，如与查处财政违法行为有关的是财务行政管理部门、审计部门，与查处税务违法行为有关的是税务行政管理部门，与查处治安违法行为有关的是公安部门，与查处非法从事营利性活动有关的是工商行政管理部门等。这里所说的配合“查处”，是指业务主管单位协助登记管理机关检查、调查和证明违法行为的存在并提出处理意见。对违法行为的处理，本条例规定主要由登记管理机关执行行政处罚，业务主管单位可以在职权范围内对违法行为人给予行政处分或者给予纪律处分等形式的处理。

第三十六条 基金会、境外基金会代表机构应当于每年 3 月 31 日前向登记管理机关报送上一年度工作报告，接受年度检查。年度工作报告在报送登记管理机关前应当经业务主管单位审查同意。

年度工作报告应当包括：财务会计报告、注册会计师审计报告，开展募捐、提供资助等活动的情况以及人员和机构的变动情况等。

【释义】本条是对基金会、境外基金会代表机构实施年度检查及年度工作报告的具体的规定，是登记管理机关对基金会、境外基金会代表机构实施年度检查的具体要求。

基金会、境外基金会代表机构年度检查，是指业务主管单位与登记管理机关对已登记的基金会、境外基金会代表机构开展业务活动情况和执行法律、法规、政策的情况，按照法定的内容和程序，进行监督检查，以确认基金会、境外基金会代表机构是否具有继续开展活动资格的行政执法行为。

基金会、境外基金会代表机构经其业务主管单位审查同意，登记管理机关核准登记，即取得合法地位，但这仅是其致力于某项公益事业的开始，它还需要规范自我行为，不断完善和发展。年度检查是对基金会、境外基金会代表机构实施监督管理的重要环节，是促进基金会、境外基金会代表机构健康发展的重要手段，同时也是不断提高监督水平的的有效途径。我国工商登记管理部门也依法对企业实行年度检查，其实践证明，年度检查是对登记管理对象进行有效管理的重要制度。基金会、境外基金会代表机构必须按照法定的时限和法定的程序主动接受年度检查。与登记管理机关和业务主管单位不在同一地的基金会、境外基金会代表机构，应主动接受住所地受委托对其实施管理的登记管理机关和业务主管单位的年度检查。

本条第 1 款是关于年度检查的时间、程序的规定，就是每年的 3 月 31 日前，基金会、境外基金会代表机构必须将由业务主管单位审查同意的年度报告报送登记管理机关，接受登记管理机关的年度检查。按时、主动向业务主管单位和登记管理机关报送年检工作报告是基金会、境外基金会代表机构的义务。

第 2 款是对基金会、境外基金会代表机构年度检查内容的具体要求。关于年度检查的内容，本款主要包括：财务会计报告、注册会计师审计报告，开展募捐、提供资助等活动的情况以及人员和机构的变动情况等。目前，财政部正在根据会计法制定专门的民间非营利组织会计制度，并将于今年出台，与基金会管理条例及其他几个民间组织管理法规配套实施，这个专门的会计制度将对基金会的资产、负债、收入成本和费用、财务会计报告等做出详细具体的规范，以保障基金会财务运行的科学和规范，防止基金会利用财务会计制度的混乱而滥用资金。在专门的民间组织会计制度颁布之前，基金会、境外基金会代表机构编制的财务会计报告要按照会计法和相关的会计制度要求去做，并要确保报告的真实和完整，不得弄虚作假。提供注册会计师审计报告，对基金会、境外基金会代表机构进行财务审计，不但是接受社会监督的一种方式，而且是对财务会计报告是否真实、合理、全面的体现。年度检查报告要求基金会、境外基金会代表机构提供其开展募捐、提供资助等活动的情况以及人员和机构的变动情况等，可以使登记管理机关和业务主管单位对基金会、境外基金会代表机构的经营活动情况能够详细的了解，这样既便于登记管理机关和业务主管单位实施监督管理，也便于根据基金会、境外基金会代表机构的需要制定相关政策。

第三十七条 基金会应当接受税务、会计主管部门依法实施的税务监督和会计监督。

基金会在换届和更换法定代表人之前，应当进行财务审计。

【释义】本条是对基金会接受税务、会计主管部门监督的有关规定。

本条第 1 款有两层含义，一是基金会要接受税务主管部门依法实施的税务监督；二是基金会要接受会计主管部门依法实施的会计监督。

对基金会实施税务监督，本条例第十四条规定基金会依照本条例登记后，应当依法办理税务登记，这是基金会接受税务主管部门监督的首要条件和基本要求，对基金会违反本条例第四十二条有关规定的，登记管理机关应当提请税务机关责令补交违法行为存续期间所享受的税收减免。因此，基金会在依法按照法律、行政法规享有税收优惠政策之外，还要按照税法的有关规定，依法纳税，接受税务检查和监督。

对于基金会的会计监督。有关基金会的财务管理规定，除执行国家规定的适用于基金会的财务管理的一般原则之外，其他主要参照有两个：一个是 1996 年 10 月经国务院批准、同年 10 月财政部颁布的《事业单位财务规则》，该规则第 44 条规定“接受国家经常性资助的国有事业单位和社会团体，依照本规则执行；其他非国有事业单位和社会团体，可以参照本规则执行。”另一个是 1998 年 1 月 6 日经国务院批准、同年 1 月 19 日财政部颁布的《行政单位财务规则》，该规则第48 条规定：“列为行政编制并接受财政拨款的社会团体和未列为行政编制但完全行使行政职能的单位在进行财务活动时，依照本规则执行。”以上两个规则里所指的“社会团体”包含基金会。2004 年下半年，财政部有望出台有关民间非营利组织会计制度，届时，对于基金会的会计监督管理，将依据新的制度进行。

第 2 款对“基金会在换届和更换法定代表人之前，应当进行财务审计。”的规定，是依据我国的《审计法》来制定的。该法对基金会的审计监督作了规定：“审计机关对政府部门管理的和社会团体受委托管理的社会保障基金、社会捐赠资金以及其他有关基金、资金的财务收支，进行审计监督。”

该法还规定：“除本法规定的审计事项外，审计机关对其他法律、行政法规规定应当由审计机关进行审计的事项，依照本法律和有关法律、行政法规的规定进行审计。”审计法根据不同的审计监督主体，将审计分为政府审计、社会审计和内部审计，对基金会换届和更换法定代表人进行的审计，根据其资金的来源不同，有国家财政拨款的，除需进行社会审计外，还要接受审计机关的政府审计。

第三十八条 基金会、境外基金会代表机构应当在通过登记管理机关的年度检查后，将年度工作报告在登记管理机关指定的媒体上公布，接受社会公众的咨询、监督。

【释义】本条是对基金会、境外基金会代表机构接受社会监督的有关规定。

基金会、境外基金会代表机构用于公益事业的资金大部分来源于社会公众的捐赠，捐赠资金的使用要公开、透明，因此，接受社会公众的咨询、监督是基金会、境外基金会代表机构的义务和责任。基金会、境外基金会代表机构年度检查报告经登记管理机关通过检查后，不管其是否合格或者不合格，均必须在登记管理机关指定的媒体上予以公告。本条“指定的媒体”的规定，有利于登记管理机关、业务主管单位的监督管理以及捐赠人、社会公众的监督、咨询和查询。

第三十九条 捐赠人有权向基金会查询捐赠资产的使用、管理情况，并提出意见和建议。对于捐赠人的查询，基金会应当及时如实答复。

基金会违反捐赠协议使用捐赠资产的，捐赠人有权要求基金会遵守捐赠协议或者向人民法院申请撤销行为、解除捐赠协议。

【释义】本条是对捐赠人的权利和基金会接受捐赠的义务的有关规定。

基金会接受捐赠是社会财力、物力的一种再分配形式，有利于发挥、调动社会资源从事公益事业的积极性、有利于提高社会资源的使用效率。基金会使用捐赠资金，必须根据与捐赠人约定的期限、方式和合法用途使用。基金会在按照宗旨、业务范围接受捐赠资助后，即面临捐赠资金的使用问题。基金会与捐赠人约定的期限、方式和使用用途，反映了捐赠人的意愿和要求，他们有权监督基金会对约定的执行情况。另一方面，基金会有责任按照约定履行其义务，以适当的方式向捐赠人反馈捐赠资金的使用情况，接受监督，取信于捐赠人；对捐赠人提出的正确意见和建议，应积极采纳，对捐赠人的查询，基金会也应当及时地如实答复。

基金会与捐赠人对捐赠资金的协议，该协议就捐赠的目的、资金的用途和使用方式必须符合该基金会的宗旨和业务范围，不得违反有关法律和国家政策，不得危害国家统一、安全和民族团结，不得损害国家利益、社会公共利益以及其他组织和公民的合法权益，不得违背社会道德风尚。基金会与捐赠人一旦按照该基金会的宗旨和业务范围签订捐赠协议，那么，基金会就必须按照协议的约定使用捐赠财产，否则，捐赠人有权要求基金会遵守捐赠协议或者向人民法院申请撤销捐赠行为、解除捐赠协议。但是，如果基金会按照协议的约定履行，那么捐赠人不得中途以任何理由撤销捐赠行为、解除捐赠协议。

第六章 法律责任

法律责任是指违反法律规定而依法必须承担的法律后果，具体包括民事、刑事、行政等法律责任，本章是指广义上的法律责任。法律责任作为法律运行的保障机制，是法治不可缺少的环节，也是每一部法律、行政法规不可或缺的组成部分。法律责任以法律义务为其基础，并以保障法律义务的履行为其目的，正是从此意义上说，法学理论界有人将法律责任称为法律义务的担保，就是说，正是有了法律责任的威慑，法律义务的主体才能更加自觉地去履行自己的法律义务。

本章共有六条，除了对基金会、境外基金会代表机构不履行法定义务规定了法律责任，还明确了登记管理机关、业务主管单位工作人员不正确履行法定职责的法律责任。法律责任的完善，也是此次修改基金会管理条例的重点之一。

第四十条 未经登记或者被撤销登记后以基金会、基金会分支机构、基金会代表机构或者境外基金会代表机构名义开展活动的，由登记管理机关予以取缔，没收非法财产并向社会公告。

【释义】本条是对不依法进行登记或者被撤销登记后仍以基金会、基金会分支机构、基金会代表机构名义进行活动的行政处罚规定。

《民法通则》规定：公民、法人进行民事活动，应当具有民事权利能力和民事行为能力。作为基金会法人以及以该法人名义活动的基金会分支机构、代表机构、境外基金会代表机构，也应当具备一定的适格条件，而衡量这种条件的标志就是依法经过基金会登记管理机关登记，否则，均视为非法行为。虽然基金会所从事的是公益事业，但是以基金会名义开展的公益事业必须依照法定的程序来进行，其首要前提就是要具有法定主体资格。否则，即使以基金会名义所从事的是合法活动如开展扶贫济苦的善事，由于不具备主体资格，也同样构成非法行为。因违法而被撤销登记后仍继续以基金会或其分支机构、代表机构的名义活动，属于无视国家关于基金会登记管理法律、法规，扰乱国家对基金会的正常管理秩序，损害了其他公民、法人的合法权益，影响了正常的经济和社会秩序的行为，也是应当禁止的。

基于上述行为性质的严重性，登记管理机关在予以取缔的同时，还应对其采取没收非法财产的行政处罚措施，同时向社会公告有关事实和真相。

第四十一条 基金会、基金会分支机构、基金会代表机构或者境外基金会代表机构有下列情形之一的，登记管理机关应当撤销登记：

（一）在申请登记时弄虚作假骗取登记的，或者自取得登记证书之日起12个月内未按章程规定开展活动的；

（二）符合注销条件，不按照本条例的规定办理注销登记仍继续开展活动的。

【释义】本条是关于基金会、基金会分支机构、基金会代表机构或者境外基金会代表机构骗取登记、登记后怠于开展活动以及不按照规定办理注销登记仍开展活动的处罚规定。

基金会及其分支机构、代表机构或者境外基金会代表机构的主体资格根据法定程序而取得，法律既然可以根据一定的条件赋予社会组织民事主体的资格，当然也可以在其不具备条件时否定它已经取得的民事主体资格。本条登记管理机关撤销上述基金会机构的制裁措施，属于行政处罚中能力罚的一种，此种行政处罚行为从性质上来讲，属于我国《行政处罚法》中规定的“吊销许可证、吊销执照”的处罚，是从根本上剥夺其民事权利能力，取消民事主体资格。

基金会、基金会分支机构、基金会代表机构或者境外基金会代表机构在申请登记时弄虚作假、骗取登记的行为，属于法律构成主观要件中的故意行为，它无视国家法律、法规的严肃性和基金会登记管理机关的权威性，一经发现，必须予以撤销登记。

本条第二种违法行为是“自取得登记证书之日起12个月内未按章程规定开展活动”。基金会、基金会分支机构、基金会代表机构或者境外基金会代表机构经过依法登记具备民事主体资格，就应当按照章程的规定积极开展业务活动。如果成立后相当一段时间不开展任何活动，其宗旨就无法实现，失去了存在的意义。我国《公司法》中对企业法人的规范也有类似规定：“公司成立无正当理由超过六个月未开业的，或者开业后自行停业连续六个月以上的，由公司登记机关吊销其公司营业执照。”

对“符合注销条件，不按照本条例的规定办理注销登记仍继续开展活动的”，登记管理机关有权对其进行撤销登记。条例第十六条对基金会、境外基金会代表机构应当注销的条件做出了明确规定。对符合注销条件，不按照规定办理注销登记仍继续开展活动的行为，由于其客观上具备了丧失主体资格的条件，主观上具有不按照规定办理注销登记的故意，一经发现，登记管理机关应予以撤销登记。

第四十二条 基金会、基金会分支机构、基金会代表机构或者境外基金会代表机构有下列情形之一的，由登记管理机关给予警告、责令停止活动；情节严重的，可以撤销登记：

（一）未按照章程规定的宗旨和公益活动的业务范围进行活动的；

（二）在填制会计凭证、登记会计账簿、编制财务会计报告中弄虚作假的；

（三）不按照规定办理变更登记的；

（四）未按照本条例的规定完成公益事业支出额度的；

（五）未按照本条例的规定接受年度检查，或者年度检查不合格的；

（六）不履行信息公布义务或者公布虚假信息的。

基金会、境外基金会代表机构有前款所列行为的，登记管理机关应当提请税务机关责令补交违法行为存续期间所享受的税收减免。

【释义】本条是关于基金会、基金会分支机构、基金会代表机构或者境外基金会代表机构业务活动过程中常见多发的违法行为的处罚规定。

根据本条规定，对于基金会、基金会分支机构、基金会代表机构或者境外基金会代表机构的处罚可以分为以下几种：

1. 警告。警告属于行政处罚种类中的申诫罚。该种处罚措施是针对一些轻微违法行为来实施的，其目的在于对违法者给予一定的警示和批评作用，促使违法者及时发现和纠正自己的违法行为。

2. 责令停止活动。该种处罚属于行政处罚中的能力罚，主要是针对法人而设定的。其目的在于通过限制违法者的权利能力，使其丧失进行违法行为的前提要件，无法作为法律主体从事章程规定的业务活动。

3. 撤销登记。第四十一条释义中已作了解释，不再赘述。

本条规定的各种违法情形进行简单描述是：

（一）关于“未按照章程规定的宗旨和公益活动的业务范围进行活动”的行为规定。法律拟制的民事主体与自然人不同，其权利能力和行为能力是严格受到其章程规定的限制的，对于未按照章程规定的宗旨和业务范围所进行活动的，其行为不但不具有法律效力，而且在某些情况下，该行为的主体也要承担一定的法律责任，受到法律的制裁。

（二）该款是关于违反《会计法》的规定。单位的财务部门应当如实填制会计凭证、登记会计账簿、编制财务会计报告，不得弄虚作假，否则将构成违法行为。

（三）该款是对违反本条例第十五条规定的行为描述，根据第十五条要求，基金会、基金会分支机构、基金会代表机构或者境外基金会代表机构的登记事项需要变更的，应当向登记管理机关申请变更登记。本条例规定的基金会、基金会分支机构、基金会代表机构或者境外基金会代表机构的登记事项均属重要事项，事项的变更将使组织发生重大变化，因此，也属于登记管理的重要掌控范围，应当按照规定办理变更登记，否则，也要承担相应的法律责任。

（四）该款是对违反本条例第二十九条规定的行为描述。基金会、基金会分支机构、基金会代表机构或者境外基金会代表机构的成立和设立是基于公益事业发展的考虑，因此，其募集的财产应当完成公益事业支出的额度，否则，就无法反映其成立宗旨和公益事业性质。

（五）对基金会、基金会分支机构、基金会代表机构或者境外基金会代表机构进行年度检查是登记管理机关和业务主管单位的职责，依照规定接受年度检查是基金会、基金会分支机构、基金会代表机构或者境外基金会代表机构应当履行的法定义务，在年度检查中不合格应当受到一定的能力限制和处罚。

（六）本款规定意在倡导一种公信原则。由于基金会、基金会分支机构、基金会代表机构或者境外基金会代表机构的性质决定了其大部分资产来源于公众，故资产运作过程中的相关信息也应当公之于众，同时，还要本着认真、负责的态度，如实、全面公布信息。

如果基金会、境外基金会代表机构的行为违反了法律规定，同时，在违法行为存续期间享受了着国家税务机关的税收减免优惠，为保证国家税收稳定、制裁违法行为，登记管理机关应当提请税务机关责令补交违法行为存续期间所享受的税收减免。

第四十三条 基金会理事会违反本条例和章程规定决策不当，致使基金会遭受财产损失的，参与决策的理事应当承担相应的赔偿责任。

基金会理事、监事以及专职工作人员私分、侵占、挪用基金会财产的，应当退还非法占用的财产；构成犯罪的，依法追究刑事责任。

【释义】本条是关于基金会理事、监事以及专职工作人员违法行为的法律责任规定。

作为基金会的决策机构，理事会负有按照本条例和基金会章程进行科学决策的义务，直接参与决策的理事因违反本条例和所在基金会章程规定，决策不当的，应当对其行为承担相应的法律后果，履行赔偿的义务。

基金会的财产属于公共财产，其所属的理事、监事以及专职工作人员违法对该财产进行私分、侵占、挪用的，负有退还非法占用的义务，上述行为情节严重，构成我国《刑法》规定的犯罪时，由司法机关依法追究其刑事责任。

第四十四条 基金会、境外基金会代表机构被责令停止活动的，由登记管理机关封存其登记证书、印章和财务凭证。

【释义】本条是关于基金会、境外基金会代表机构被责令停止活动后，登记管理机关所要采取的落实处罚的具体措施的规定。

基金会被限期停止活动的情况，多属于基金会具有一定程度的违法行为，登记管理机关认为应当予以禁止并对基金会进行治理整顿。在基金会法人的违法行为的社会危害程度尚不足以使得撤销登记时，通过一段时期的整顿，及时纠正违法行为，处理并调整内部责任人员，就可以继续措施活动。停止活动的期限，由登记管理机关根据其违法行为的性质后果以及基金会自身整顿的情况来决定。基金会被处以“责令停止活动”的处罚后，其基金会法人的主体资格并不因此丧失，只是其权利能力和行为能力受到暂时限制。所以，对于标志基金会法人主体资格和身份的《基金会法人登记证书》以及印章和财务凭证等，仍然属于基金会法人所有，登记管理机关不可以予以收缴。但是，为了防止被“责令停止活动”的基金会继续从事活动，有必要将标志基金会身份的法人证书和印章以及财务凭证采取措施加以封存，使基金会在限期停止活动期间无法从事对外活动，无法参与各种民事法律关系。这实际上是为了保障“责令停止活动”的处罚得以落实的一种辅助措施。关于“财务凭证”，是指有关税务、金融以及内部财务管理等方面的凭证，如空白的支票、空白发票以及会计凭证等。这些凭证在基金会被责令限期停止活动期间仍有可能被利用，甚至是被恶意利用，以至于组成登记管理机关难以预料的后果。所以，将其与《基金会法人登记证书》和基金会印章一并封存是十分必要的。

第四十五条 登记管理机关、业务主管单位工作人员滥用职权、玩忽职守、徇私舞弊，构成犯罪的，依法追究刑事责任；尚不构成犯罪的，依法给予行政处分或者纪律处分。

【释义】本条是关于追究登记管理机关、业务主管单位工作人员在基金会登记管理工作过程中的违法行为所设定的法律责任。

“依法治国，建设社会主义法治国家”是我国的基本治国方略。实行和坚持依法治国，就是要使国家各项工作逐步走上法制化的轨道，实现国家政治生活、经济生活、社会生活的法制化和规范化。依法治国方略的一个重要而突出的问题是，政府机关及其工作人员必须依法行政，必须将政府行为严格界定在法律规定的范围之内，这是能否实现依法治国的一个重要的方面。根据依法治国和依法行政的精神，在立法中，加强了对于行政机关加强工作人员的要求，同时也加强了行政机关工作人员违法行为的处罚力度。1988 年的基金会管理办法没有设置对登记管理机关和业务主管单位的工作人员违法行为的法律责任，此次修改后的《基金会管理条例》专门在法律责任中设定了一条，规定了基金会管理机关工作人员滥用职权、徇私舞弊和玩忽职守的法律责任。

关于本条规定的刑事责任问题。登记管理机关和业务主管单位的工作人员滥用职权、徇私舞弊和玩忽职守构成犯罪的，属于我国刑法规定的国家机关工作人员渎职罪。我国刑法第 397 条规定：“国家机关工作人员滥用职权或者玩忽职守，致使公共财产、国家和人民利益遭受重大损失的，处三年以下有期徒刑或拘役；情节严重的，处三年以上七年以下有期徒刑。本法另有规定的，依照规定。”“国家机关工作人员徇私舞弊，犯前款罪的，处五年以下有期徒刑或者拘役；情节特别严重的，处五年以上十年以下有期徒刑，本法另有规定的，依照规定。”

所谓滥用职权，是指国家机关工作人员超越职权，擅自决定，处理其无权决定处理的事务，或者故意违法处理公务，致使公共财产、国家和人民利益遭受重大损失的行为。玩忽职守是指国家机关工作人员因严重不负责任，不履行或者不正确履行自己的工作职责，造成严重后果的行为。徇私舞弊是指贪图钱财、袒护亲友、照顾关系，或者为其他私情私利而违背事实和法律处理公务的行为。基金会登记管理机关或者业务主管单位的工作人员，如果不按照法律的规定审批办理登记（无论是对符合条件的不予登记或者对不符合条件的给予登记）或者不履行其法定的职责，对基金会怠于管理造成严重后果，或者违法行使处罚权侵害基金会的合法权益情节严重的，均可构成此罪。

对于基金会管理机关的工作人员在行使基金会管理职责中构成其他犯罪的（如构成贪污贿赂罪等），则按照刑法的其他有关规定追究刑事责任。

本条除了规定刑事责任，还规定了违纪行为的行政责任。本条规定的行政责任是指行政处分。基金会登记管理机关和业务主管单位的工作人员，其成分主要是国家公务员，所以，所谓“依法”，是指依据公务员管理方面的法律、法规。根据 1993 年的《国家公务员暂行条例》的规定，国家公务员违反纪律规定尚未构成犯罪的。或者虽然构成犯罪但是依法不追究刑事责任的，应当给予行政处分。行政处分分为：警告、记过、记大过、降级、撤职和开除。受撤职处分的，同时降低级别和职务工资。受行政处分期间，不得晋升工资档次。处分国家公务员，必须依照法定程序，在规定的时限内做出处理决定。对于国家公务员的行政处分，应当事实清楚、证据确凿、定性准确、处理恰当、手续完备。给予国家公务员行政处分，依法分别由任免单位或者行政监察机关决定，其中给予开除处分的，应当报上级机关备案。县级以下国家行政机关开除国家公务员，必须报县级人民政府批准。对于开除以外的行政处分，分别由原处理机关在半年至两年内解除。但是，解除降级、撤职处分不视为恢复原级别、原职务。解除处分后，晋升职务、级别和工资档次不再受原行政处分的影响。基金会登记管理机关和业务主管单位的工作人员滥用职权、玩忽职守、徇私舞弊尚不构成犯罪的；基金会登记管理机关和业务主管单位的工作人员在对基金会进行管理的过程中有贪污贿赂行为尚不构成犯罪的，根据1988年国务院发布实施的《国家行政机关工作人员贪污贿赂行政处分暂行规定》给予行政处分。

第七章　附　　则

第四十六条　本条例所称境外基金会，是指在外国以及中华人民共和国香港特别行政区、澳门特别行政区和台湾地区合法成立的基金会。

【释义】本条是对境外基金会的界定。

境外基金会是指不是依照中国内地法律登记成立的基金会，包括在中华人民共和国香港特别行政区、澳门特别行政区和台湾地区以及外国合法成立的基金会。

第四十七条　基金会设立申请书、基金会年度工作报告的格式以及基金会章程示范本，由国务院民政部门制订。

【释义】本条是法规对民政部制定相关配套规范的授权。

基金会设立申请书是基金会申请登记时的重要文件，应当规范、明了，既要方便申请人，又要便于登记管理机关审查，提高工作效率；基金会年度工作报告是基金会年度的工作总结，也是登记管理机关和业务主管单位进行年度检查主要依据，应包含与基金会业务活动和组织建设的主要内容。以上两个文件的格式由民政部统一制定。

章程是基金会内部的“宪法”，对基金会的设立和发展具有重要的指导和规范，基金会就是依据自己章程的规定进行自己内部建设，开展公益事业活动的。章程应当包括基金会的宗旨、业务范围、组织机构、财产的管理和使用等主要内容。民政部将根据《条例》的授权，结合基金会民主办会的需要，制定章程范本。

第四十八条　本条例自2004年6月1日起施行，1988年9月27日国务院发布的《基金会管理办法》同时废止。

本条例施行前已设立的基金会、境外基金会代表机构，应当自本条例施行之日起6个月内，按照本条例的规定申请换发登记证书。

【释义】本条是对条例生效的时间以及条例生效前登记行为效力的规定。法律的效力范围表现为三个面，一是表现对人的效力，即法律适用的主体范围；二是表现为地域的效力，即法律适用的空间效力；三是表现为法律适用的时间效力。法律、法规仅仅由有权制定的机关批准通过并不当然具有法律效力，只有到了生效日期，才能真正具有强制力，成为约束人们行为的规范。对于法律、法规的生效时间，我国现行的法律、法规有三种情况：一是自法律、法规公布之日起实施。1998年10月25日颁布的《社会团体登记管理条例》即属于这种情况。该法规第四十条规定“本条例自发布之日起施行。1989年10月25日国务院发布的《社会团体登记管理条例》同时废止。”；二是法律、法规规定一个明确的生效日期；第三种类型是附条件生效，即该法律、法规的生效施行以其他法律、法规的生效施行为前提条件，如《中华人民共和国企业破产法（试行）》就明确规定，自《全民所有制工业企业法》施行3个月后生效。在三种情况中，第三种情况比较少，第二种情况比较多见。法律、法规公布后不马上实施，而是规定一个将来的生效日期，使大家能有一段时间了解法律，法规，领会其精神实质，同时也为法律、法规的实施作好充分准备。

《基金会管理条例》经2004年2月11日第39次国务院常务会议条例通过，温家宝总理于2004年3月8日以第400号国务院令颁布，并决定于2004年6月1日施行。1988年9月27日国务院发布的《基金会管理办法》则于本条例开始实行时废止。

《中华人民共和国行政许可法》规定：公民、法人或者其他组织依法取得的行政许可受法律保护，行政机关不得擅自改变已经生效的行政许可。行政许可所依据的法律、法规、规章修改或者废止，或者准予行政许可所依据的客观情况发生重大变化的，为了公共利益的需要，行政机关可以依法变更或者撤回已经生效的行政许可。由此给公民、法人或者其他组织造成财产损失的，行政机关应当给予补偿。据此，《基金会管理条例》规定，本条例施行前依法设立的基金会、境外基金会代表机构，已经获得了行政许可，这种行政许可不得因《基金会管理条例》的颁布而撤销，应当自本条例施行之日起6个月内，按照条例的规定申请换发登记证书。如果在6个月内不到登记管理机关申请换发证书，视为自动放弃已获得的行政许可。如果是在6个月内提出了换发登记证书的申请，但由于条例规定的基金会条件比以前的条件要高而达不到新的条件，登记管理机关将给一个期限，如果在规定的期限内仍达不到条例所规定的条件，将被注销登记。

（二）、民办非企业单位管理法规文件

关于科技类民办非企业单位登记审查与管理有关问题协商的纪要

（国科政便字〔2003〕023号　2003年7月15日）

为了更好地贯彻执行《科技类民办非企业单位登记审查与管理暂行办法》，促进科技类民办非企业单位的规范发展，近日科技部政策体改司与民政部民间组织管理局，就有关科技类民办非企业单位登记管理问题进行了协商，就进一步加强对举办人为全国性社团、中央级企事业单位或其他社会组织的科技类民办非企业单位的登记管理，以及严格界定科技类民办非企业单位的业务范围等问题，达成以下共识：

一、对举办人之一为全国性社团、中央级企事业单位或其他社会组织的科技类民办非企业单位，可由该全国性社团、中央级企事业单位或其他组织的主管部门或相关机构作为业务主管单位，履行业务主管单位的职责。

一般情况下，在成立登记前有关单位应当征求科技部对成立民办非企业单位的意见。已成立的科技类民办非企业单位在向业务主管单位报送年检报告时，应将年检报告抄送科技部。

民政部批复同意成立科技类民办非企业单位的有关文件，抄送科技部。

二、科技类民办非企业单位的业务领域，应当限定为自然科学和以自然科学为主的交叉学科领域的科学技术活动，包括科学研究和技术开发、咨询、服务等活动。其中技术咨询是指对技术项目进行可行性论证、技术预测、专题技术调查、分析评价等。主要从事社会科学领域研究、咨询与服务活动的单位，不属于科技类民办非企业单位。

三、申请设立科技类民办非企业单位，其业务领域根据国家有关规定需要取得行业许可的，应事先到相关部门办理行业许可手续。

民政部关于《民办非企业单位名称管理暂行规定》有关问题的通知

（民函〔2003〕152 号　2003 年 7 月 30 日）

各省、自治区、直辖市民政厅（局），计划单列市民政局、新疆生产建设兵团民政局：

近期各地民政部门纷纷来电反映，《民办非企业单位名称管理暂行规定》的某些条款与《社会力量办学条例》等有关行政法规、规章中的条款不够衔接，给登记管理工作带来不便。经研究，现就《民办非企业单位名称管理暂行规定》执行中的有关问题通知如下：

一、民办非企业单位名称的登记管理工作，应严格执行民政部《民办非企业单位名称管理暂行规定》的有关规定。

全国人大、国务院制定的法律、行政法规及《民办非企业单位登记管理暂行条例》颁布前国务院有关部门制定的规章，对民办非企业单位名称另有规定的，可从其规定。

二、民办非企业单位名称可以使用自然人举办人姓名作字号。各地登记管理机关在审批过程中应注意以下问题：1. 举办者应提交本人同意使用其姓名的授权文书和公证机关出具的公证文书；本人已经死亡的，应当提交其法定继承人同意使用该人姓名的授权文书和公证机关的公证文书；2. 所用姓名与党和国家领导人或老一辈革命家的姓名相同的，应另起字号；3. 所用姓名在文字上另有其他含义，或可能对公众造成欺骗或者误解的，应另起字号。

三、民办非企业单位名称需译成外文使用的，由民办非企业单位依据文字翻译原则自行翻译使用，不需报民办非企业单位登记管理机关核准登记。

四、民族自治地方的民办非企业单位名称使用民族文字的，应当将汉字名称和民族文字名称同时报登记管理机关核准登记，方可使用。

民政部关于对中外合作办学机构登记有关问题的通知

（民函〔2003〕263 号　2003 年 12 月 12 日）

各省、自治区、直辖市民政厅（局），计划单列市民政局，新疆生产建设兵团民政局：

国务院颁布的《中华人民共和国中外合作办学条例》（以下简称《条例》）已于今年 9 月 1 日起实施。为了规范中外合作办学机构的登记管理，现将有关事项通知如下：

一、中外合作办学机构取得中外合作办学许可证后申请民办非企业单位登记的，根据《条例》第二十条规定，依照《民办非企业单位登记管理暂行条例》第十二条规定，办理民办非企业单位登记。

二、中外合作办学机构申请民办非企业单位登记，由颁发中外合作办学许可证的政府教育行政部门、劳动行政部门的同级政府民政部门办理。省、自治区、直辖市人民政府审批、颁发中外合作办学许可证的，由省、自治区、直辖市人民政府民政部门办理。

三、中外合作办学机构申请民办非企业单位登记，对外方投入的资金、实物、知识产权及其他财产均可界定为非国有资产。开办资金中的非国有资产份额不得低于总资产的三分之二。

四、中外合作办学机构申请民办非企业单位登记，使用《民办非企业单位（法人）登记证书》；根据《条例》规定，成立不具备法人资格的中外合作办学机构，使用《民办非企业单位（合伙）登记证书》。

五、香港特别行政区、澳门特别行政区和台湾地区的教育机构与内地教育机构合作办学的，参照上述规定执行。

中外合作办学机构申请民办非企业单位登记，政策性强，难度较大，必须切实加强领导。在工作中，遇到新的情况和问题，要及时报部民间组织管理局，以便研究解决。

第三部分

民间组织管理相关法律法规及规章

一、法　　律

中华人民共和国个人所得税法

（1980 年 9 月 10 日第五届全国人民代表大会第三次会议通过
1993 年 10 月 31 日第八届全国人大常委会第四次会议第一次修正
1999 年 8 月 30 日第九届全国人大常委会第十一次会议第二次修正）

第一条　在中国境内有住所，或者无住所而在境内居住满一年的个人，从中国境内和境外取得的所得，依照本法规定缴纳个人所得税。

在中国境内无住所又不居住或者无住所而在境内居住不满一年的个人，从中国境内取得的所得，依照本法规定缴纳个人所得税。

第二条　下列各项个人所得，应纳个人所得税：

一、工资、薪金所得；

二、个体工商户的生产、经营所得；

三、对企事业单位的承包经营、承租经营所得；

四、劳务报酬所得；

五、稿酬所得；

六、特许权使用费所得；

七、利息、股息、红利所得；

八、财产租赁所得；

九、财产转让所得；

十、偶然所得；

十一、经国务院财政部门确定征税的其它所得。

第三条　个人所得税的税率：

一、工资、薪金所得，适用超额累进税率，税率为百分之五至百分之四十五（税率表附后）。

二、个体工商户的生产、经营所得和对企事业单位的承包经营、承租经营所得，适用百分之五至百分之三十五的超额累进税率（税率表附后）。

三、稿酬所得，适用比例税率，税率为百分之二十，并按应纳税额减征百分之三十。

四、劳务报酬所得，适用比例税率，税率为百分之二十。对劳务报酬所得一次收入畸高的，可以实行加成征收，具体办法由国务院规定。

五、特许权使用费所得，利息、股息、红利所得，财产租赁所得，财产转让所得，偶然所得和其他所得，适用比例税率，税率为百分之二十。

第四条　下列各项个人所得，免纳个人所得税：

一、省级人民政府、国务院部委和中国人民解放军军以上单位，以及外国组织、国际组织颁发的科学、教育、技术、文化、卫生、体育、环境保护等方面的奖金；

二、国债和国家发行的金融债券利息；

三、按照国家统一规定发给的补贴、津贴；

四、福利费、抚恤金、救济金；

五、保险赔款；

六、军人的转业费、复员费；

七、按照国家统一规定发给干部、职工的安家费、退职费、退休工资、离休工资、离休生活补助费；

八、依照我国有关法律规定应予免税的各国驻华使馆、领事馆的外交代表、领事官员和其他人员的所得；

九、中国政府参加的国际公约、签订的协议中规定免税的所得；

十、经国务院财政部门批准免税的所得。

第五条 有下列情形之一的，经批准可以减征个人所得税：

一、残疾、孤老人员和烈属的所得；

二、因严重自然灾害造成重大损失的；

三、其他经国务院财政部门批准减税的。

第六条 应纳税所得额的计算：

一、工资、薪金所得，以每月收入额减除费用八百元后的余额，为应纳税所得额。

二、个体工商户的生产、经营所得，以每一纳税年度的收入总额，减除成本、费用以及损失后的余额，为应纳税所得额。

三、对企事业单位的承包经营、承租经营所得，以每一纳税年度的收入总额，减除必要费用后的余额，为应纳税所得额。

四、劳务报酬所得、稿酬所得、特许权使用费所得、财产租赁所得，每次收入不超过四千元的，减除费用八百元；四千元以上的，减除百分之二十的费用，其余额为应纳税所得额。

五、财产转让所得，以转让财产的收入额减除财产原值和合理费用后的余额，为应纳税所得额。

六、利息、股息、红利所得，偶然所得和其它所得，以每次收入额为应纳税所得额。

个人将其所得对教育事业和其他公益事业捐赠的部分，按照国务院有关规定从应纳税所得中扣除。

对在中国境内无住所而在中国境内取得工资、薪金所得的纳税义务人和在中国境内有住所而在中国境外取得工资、薪金所得的纳税义务人，可以根据其平均收入水平、生活水平以及汇率变化情况确定附加减除费用，附加减除费用适用的范围和标准由国务院规定。

第七条 纳税义务人从中国境外取得的所得，准予其在应纳税额中扣除已在境外缴纳的个人所得税税额。但扣除额不得超过该纳税义务人境外所得依照本法规定计算的应纳税额。

第八条 个人所得税，以所得人为纳税义务人，以支付所得的单位或者个人为扣缴义务人。在两处以上取得工资、薪金所得和没有扣缴义务人的，纳税义务人应当自行申报纳税。

第九条 扣缴义务人每月所扣的税款，自行申报纳税人每月应纳的税款，都应当在次月七日内缴入国库，并向税务机关报送纳税申报表。

工资、薪金所得应纳的税款，按月计征，由扣缴义务人或者纳税义务人在次月七日内缴入国库，并向税务机关报送纳税申报表。特定行业的工资、薪金所得应纳的税款，可以实行按年计算、分月预缴的方式计征，具体办法由国务院规定。

个体工商户的生产、经营所得应纳的税款，按年计算，分月预缴，由纳税义务人在次月七日内预缴，年度终了后三个月内汇算清缴，多退少补。

对企事业单位的承包经营、承租经营所得应纳的税款，按年计算，由纳税义务人在年度终了后三十日内缴人国库，并向税务机关报送纳税申报表。纳税义务人在一年内分次取得承包经营、承租经营所得的，应当在取得每次所得后的七日内预缴，年度终了后三个月内汇算清缴，多退少补。

从中国境外取得所得的纳税义务人，应当在年度终了后三十日内，将应纳的税款缴入国库，并向税务机关报送纳税申报表。

第十条 各项所得的计算，以人民币为单位。所得为外国货币的，按照国家外汇管理机关规定的外汇牌价折合成人民币缴纳税款。

第十一条 对扣缴义务人按照所扣缴的税款，付给百分之二的手续费。

第十二条 对储蓄存款利息所得征收个人所得税的开征时间和征收办法由国务院规定。

第十三条 个人所得税的征收管理，依照《中华人民共和国税收征收管理法》的规定执行。

第十四条 国务院根据本法制定实施条例。

第十五条 本法自公布之日起施行。

个人所得税税率表一

（工资、薪金所得适用）

级数	全月应纳税所得额	税率（%）
1	不超过500元的	5
2	超过500元至2000元的部分	10
3	超过2000元至5000元的部分	15
4	超过5000元至20000元的部分	20
5	超过20000元至40000元的部分	25
6	超过40000元至60000元的部分	30
7	超过60000元至80000元的部分	35
8	超过80000元至100000元的部分	40
9	超过100000元的部分	45

（注：本表所称全月应纳税所得额是指依照本法第六条的规定，以每月收入额减除费用八百元后的余额或者减除附加减除费用后的余额。）

个人所得税税率表二

（个体工商户的生产、经营所得和对企事业单位的承包经营、承租经营所得适用）

级数	全年应纳税所得额	税率（%）
1	不超过5000元的	5
2	超过5000元至10000元的部分	10
3	超过10000元至30000元的部分	20
4	超过30000元至50000元的部分	30
5	超过50000元的部分	35

（注：本表所称全年应纳税所得额是指依照本法第六条的规定，以每一纳税年度的收入总额，减除成本、费用以及损失后的余额。）

中华人民共和国会计法

（1985 年 1 月 21 日第六届全国人大常委会第九次会议通过
1993 年 12 月 29 日第八届全国人大常委会第五次会议第一次修正
1999 年 10 月 31 日第九届全国人大常委会第十二次会议第二次修正）

第一章　总　　则

第一条　为了规范会计行为，保证会计资料真实、完整，加强经济管理和财务管理，提高经济效益，维护社会主义市场经济秩序，制定本法。

第二条　国家机关、社会团体、公司、企业、事业单位和其他组织（以下统称单位）必须依照本法办理会计事务。

第三条　各单位必须依法设置会计帐簿，并保证其真实、完整。

第四条　单位负责人对本单位的会计工作和会计资料的真实性、完整性负责。

第五条　会计机构、会计人员依照本法规定进行会计核算，实行会计监督。

任何单位或者个人不得以任何方式授意、指使、强令会计机构、会计人员伪造、变造会计凭证、会计帐簿和其他会计资料，提供虚假财务会计报告。

任何单位或者个人不得对依法履行职责、抵制违反本法规定行为的会计人员实行打击报复。

第六条　对认真执行本法，忠于职守，坚持原则，做出显著成绩的会计人员，给予精神的或者物质的奖励

第七条　国务院财政部门主管全国的会计工作。

县级以上地方各级人民政府财政部门管理本行政区域内的会计工作。

第八条　国家实行统一的会计制度。国家统一的会计制度由国务院财政部门根据本法制定并公布。

国务院有关部门可以依照本法和国家统一的会计制度制定对会计核算和会计监督有特殊要求的行业实施国家统一的会计制度的具体办法或者补充规定，报国务院财政部门审核批准。

中国人民解放军总后勤部可以依照本法和国家统一的会计制度制定军队实施国家统一的会计制度的具体办法，报国务院财政部门备案。

第二章　会计核算

第九条　各单位必须根据实际发生的经济业务事项进行会计核算，填制会计凭证，登记会计帐簿，编制财务会计报告。

任何单位不得以虚假的经济业务事项或者资料进行会计核算。

第十条　下列经济业务事项，应当办理会计手续，进行会计核算：

（一）款项和有价证券的收付；

（二）财物的收发、增减和使用；

（三）债权债务的发生和结算；

（四）资本、基金的增减；

（五）收入、支出、费用、成本的计算；

（六）财务成果的计算和处理；

（七）需要办理会计手续、进行会计核算的其他事项。

第十一条 会计年度自公历一月一日起至十二月三十一日止。

第十二条 会计核算以人民币为记帐本位币。

业务收支以人民币以外的货币为主的单位，可以选定其中一种货币作为记帐本位币，但是编报的财务会计报告应当折算为人民币。

第十三条 会计凭证、会计帐簿、财务会计报告和其他会计资料，必须符合国家统一的会计制度的规定。

使用电子计算机进行会计核算的，其软件及其生成的会计凭证、会计帐簿、财务会计报告和其他会计资料，也必须符合国家统一的会计制度的规定。

任何单位和个人不得伪造、变造会计凭证、会计帐簿及其他会计资料，不得提供虚假的财务会计报告。

第十四条 会计凭证包括原始凭证和记帐凭证。

办理本法第十条所列的经济业务事项，必须填制或者取得原始凭证并及时送交会计机构。

会计机构、会计人员必须按照国家统一的会计制度的规定对原始凭证进行审核，对不真实、不合法的原始凭证有权不予接受，并向单位负责人报告；对记载不准确、不完整的原始凭证予以退回，并要求按照国家统一的会计制度的规定更正、补充。

原始凭证记载的各项内容均不得涂改；原始凭证有错误的，应当由出具单位重开或者更正，更正处应当加盖出具单位印章。原始凭证金额有错误的，应当由出具单位重开，不得在原始凭证上更正。

记帐凭证应当根据经过审核的原始凭证及有关资料编制。

第十五条 会计帐簿登记，必须以经过审核的会计凭证为依据，并符合有关法律、行政法规和国家统一的会计制度的规定。会计帐簿包括总帐、明细帐、日记帐和其他辅助性帐簿。

会计帐簿应当按照连续编号的页码顺序登记。会计帐簿记录发生错误或者隔页、缺号、跳行的，应当按照国家统一的会计制度规定的方法更正，并由会计人员和会计机构负责人（会计主管人员）在更正处盖章。

使用电子计算机进行会计核算的，其会计帐簿的登记、更正，应当符合国家统一的会计制度的规定。

第十六条 各单位发生的各项经济业务事项应当在依法设置的会计帐簿上统一登记、核算，不得违反本法和国家统一的会计制度的规定私设会计帐簿登记核算。

第十七条 各单位应当定期将会计帐簿记录与实物、款项及有关资料相互核对，保证会计帐簿记录与实物及款项的实有数额相符、会计帐簿记录与会计凭证的有关内容相符、会计帐簿之间相对应的记录相符、会计帐簿记录与会计报表的有关内容相符。

第十八条 各单位采用的会计处理方法，前后各期应当一致，不得随意变更；确有必要变更的，应当按照国家统一的会计制度的规定变更，并将变更的原因、情况及影响在财务会计报告中说明。

第十九条 单位提供的担保、未决诉讼等或有关事项，应当按照国家统一的会计制度的规定，在财务会计报告中予以说明。

第二十条 财务会计报告应当根据经过审核的会计帐簿记录和有关资料编制，并符合本法和国家统一的会计制度关于财务会计报告的编制要求、提供对象、提供期限的规定；其他法律、行政法规另有规定的，从其规定。

财务会计报告由会计报表、会计报表附注和财务情况说明书组成。向不同的会计资料使用者提供的财务会计报告，其编制依据应当一致。有关法律、行政法规规定会计报表、会计报表附注和财务情况说明书须经注册会计师审计的，注册会计师及其所在的会计师事务所出具的审计报告应当随同财务会计报告一并提供。

第二十一条 财务会计报告应当由单位负责人和主管会计工作的负责人、会计机构负责人（会计主管人员）签名并盖章；设置总会计师的单位，还须由总计师签名并盖章。

单位负责人应当保证财务会计报告真实、完整。

第二十二条 会计记录的文字应当使用中文。在民族自治地方，会计记录可以同时使用当地通用的一种民族文字。在中华人民共和国境内的外商投资企业、外国企业和其他外国组织的会计记录可以同时使用一种外国文字。

第二十三条 各单位对会计凭证、会计帐簿、财务会计报告和其他会计资料应当建立档案，妥善保管。会计档案的保管期限和销毁办法，由国务院财政部会同有关部门制定。

第三章　公司、企业会计核算的特别规定

第二十四条 公司、企业进行会计核算，除应当遵守本法第二章的规定外，还应当遵守本章规定。

第二十五条 公司、企业必须根据实际发生的经济业务事项，按照国家统一的会计制度的规定确认、计量和记录资产、负债、所有者权益、收入、费用、成本和利润。

第二十六条 公司、企业进行会计核算不得有下列行为：

（一）随意改变资产、负债、所有者权益的确认标准或者计量方法，虚列、多列、不列或者少列资产、负债、所有者权益；

（二）虚列或者隐瞒收入，推迟或者提前确认收入；

（三）随意改变费用、成本的确认标准或者计量方法，虚列、多列、不列或者少列费用、成本；

（四）随意调整利润的计算、分配方法，编造虚假利润或者隐瞒利润；

（五）违反国家统一的会计制度规定的其他行为。

第四章　会计监督

第二十七条 各单位应当建立、健全本单位内部会计监督制度。单位内部会计监督制度应当符合下列要求：

（一）记帐人员与经济业务事项和会计事项的审批人员、经办人员、财物保管人员的职责权限应当明确，并相互分离、相互制约；

（二）重大对外投资、资产处置、资金调度和其他重要经济业务事项的决策和执行的相互监督、相互制约程序应当明确；

（三）财产清查的范围、期限和组织程序应当明确；

（四）对会计资料定期进行内部审计的办法和程序应当明确。

第二十八条 单位负责人应当保证会计机构、会计人员依法履行职责，不得授意、指使、强令会

计机构、会计人员违法办理会计事项。

会计机构、会计人员对违反本法和国家统一的会计制度规定的会计事项，有权拒绝办理或者按照职权予以纠正。

第二十九条 会计机构、会计人员发现会计帐簿记录与实物、款项及有关资料不相符的，按照国家统一的会计制度的规定有权自行处理的，应当及时处理，无权处理的，应当立即向单位负责人报告，请求查明原因，作出处理。

第三十条 任何单位和个人对违反本法和国家统一的会计制度规定的行为，有权检举。收到检举的部门有权处理的，应当依法按照职责分工及时处理；无权处理的，应当及时移送有权处理的部门处理。收到检举的部门、负责处理的部门应当为检举人保密，不得将检举人姓名和检举材料转给被检举单位和被检举人个人。

第三十一条 有关法律、行政法规规定，须经注册会计师进行审计的单位，应当向受委托的会计师事务所如实提供会计凭证、会计帐簿、财务会计报告和其他会计资料以及有关情况。任何单位或者个人不得以任何方式要求或者示意注册会计师及其所在的会计师事务所出具不实或者不当的审计报告。

财政部门有权对会计师事务所出具审计报告的程序和内容进行监督。

第三十二条 财政部门对各单位的下列情况实施监督：

（一）是否依法设置会计帐簿；

（二）会计凭证、会计帐簿、财务会计报告和其他会计资料是否真实、完整；

（三）会计核算是否符合本法和国家统一的会计制度的规定；

（四）从事会计工作的人员是否具备从业资格。

在对前款第（二）项所列事项实施监督，发现重大违法嫌疑时，国务院财政部门及其派出机构可以向与被监督单位有经济业务往来的单位和被监督单位开立帐户的金融机构查询有关情况，有关单位和金融机构应当给予支持。

第三十三条 财政、审计、税务、人民银行、证券监管、保险监管等部门应当依照有关法律、行政法规规定的职责，对有关单位的会计资料实施监督检查。

前款所列监督检查部门对有关单位的会计资料依法实施监督检查后，应当出具检查结论。有关监督检查部门已经作出的检查结论能够满足其他监督检查部门履行本部门职责需要的，其他监督检查部门应当加以利用，避免重复查帐。

第三十四条 依法对有关单位的会计资料实施监督检查的部门及其工作人员对在监督检查中知悉的国家秘密和商业秘密负有保密义务。

第三十五条 各单位必须依照有关法律、行政法规的规定，接受有关监督检查部门依法实施的监督检查，如实提供会计凭证、会计帐簿、财务会计报告和其他会计资料以及有关情况，不得拒绝、隐匿、谎报。

第五章 会计机构和会计人员

第三十六条 各单位应当根据会计业务的需要，设置会计机构，或者在有关机构中设置会计人员并指定会计主管人员；不具备设置条件的，应当委托经批准设立从事会计代理记帐业务的中介机构代理记帐。

国有的和国有资产占控股地位或者主导地位的大、中型企业必须设置总会计师。总会计师的任职资格、任免程序、职责权限由国务院规定。

第三十七条 会计机构内部应当建立稽核制度。

出纳人员不得兼任稽核、会计档案保管和收入、支出、费用、债权债务帐目的登记工作。

第三十八条 从事会计工作的人员，必须取得会计从业资格证书。

担任单位会计机构负责人（会计主管人员）的，除取得会计从业资格证书外，还应当具备会计师以上专业技术职务资格或者从事会计工作三年以上经历。

会计人员从业资格管理办法由国务院财政部门规定。

第三十九条 会计人员应当遵守职业道德，提高业务素质。对会计人员的教育和培训工作应当加强。

第四十条 因有提供虚假财务会计报告，做假帐，隐匿或者故意销毁会计凭证、会计帐簿、财务会计报告，贪污挪用公款，职务侵占等与会计职务有关的违法行为被依法追究刑事责任的人员，不得取得或者重新取得会计从业资格证书。

除前款规定的人员外，因违法违纪行为被吊销会计从业资格证书的人员，自被吊销会计从业资格证书之日起五年内，不得重新取得会计从业资格证书。

第四十一条 会计人员调动工作或者离职，必须与接管人员办清交接手续。

一般会计人员办理交接手续，由会计机构负责人（会计主管人员）监交；会计机构负责人（会计主管人员）办理交接手续，由单位负责人监交，必要时主管单位可以派人会同监交。

第六章 法律责任

第四十二条 违反本法规定，有下列行为之一的，由县级以上人民政府财政部门责令限期改正，可以对单位并处三千元以上五万元以下的罚款；对其直接责任的主管人员和其他直接责任人员，可以处二千元以上二万元以下的罚款；属于国家工作人员的，还应当由其所在单位或者有关单位依法给予行政处分：

（一）不依法设置会计帐簿的；

（二）私设会计帐簿的；

（三）未按照规定填制、取得原始凭证或者填制、取得的原始凭证不符合规定的；

（四）以未经审核的会计凭证为依据登记会计帐簿或者登记会计帐簿不符合规定的；

（五）随意变更会计处理方法的；

（六）向不同的会计资料使用者提供的财务会计报告编制依据不一致的；

（七）未按照规定使用会计记录文字或者记帐本位币的；

（八）未按照规定保管会计资料，致使会计资料毁损、灭失的；

（九）未按照规定建立并实施单位内部会计监督制度或者拒绝依法实施的监督或者不如实提供有关会计资料及有关情况的；

（十）任用会计人员不符合本法规定的。

有前款所列行为之一，构成犯罪的，依法追究刑事责任。

会计人员有第一款所列行为之一，情节严重的，由县级以上人民政府财政部门吊销会计从业资格证书。

有关法律对第一款所列行为的处罚另有规定的，依照有关法律的规定办理。

第四十三条 伪造、变造会计凭证、会计帐簿，编制虚假财务会计报告，构成犯罪的，依法追究刑事责任。

有前款行为，尚不构成犯罪的，由县级以上人民政府财政部门予以通报，可以对单位并处五千元以上十万元以下的罚款；对其直接负责的主管人员和其他直接责任人员，可以处三千元以上五万元以下的罚款；属于国家工作人员的，还应当由其所在单位或者有关单位依法给予撤职直至开除的行政处分；对其中的会计人员，并由县级以上人民政府财政部门吊销会计从业资格证书。

第四十四条 隐匿或者故意销毁依法应当保存的会计凭证、会计帐簿、财务会计报告，构成犯罪的，依法追究刑事责任。

有前款行为，尚不构成犯罪的，由县级以上人民政府财政部门予以通报，可以对单位并处五千元以上十万元以下的罚款；对其直接负责的主管人员和其他直接责任人员，可以处三千元以上五万元以下的罚款；属于国家工作人员的，还应当由其所在单位或者有关单位依法给予撤职直至开除的行政处分；对其中的会计人员，并由县级以上人民政府财政部门吊销会计从业资格证书。

第四十五条 授意、指使、强令会计机构、会计人员及其他人员伪造、变造会计凭证、会计帐簿，编制虚假财务会计报告或者隐匿、故意销毁依法应当保存的会计凭证、会计帐簿、财务会计报告，构成犯罪的，依法追究刑事责任；尚不构成犯罪的，可以处五千元以上五万元以下的罚款；属于国家工作人员的，还应当由其所在单位或者有关单位依法给予降级、撤职、开除的行政处分。

第四十六条 单位负责人对依法履行职责、抵制违反本法规定行为的会计人员以降级、撤职、调离工作岗位、解聘或者开除等方式实行打击报复，构成犯罪的，依法追究刑事责任；尚不构成犯罪的，由其所在单位或者有关单位依法给予行政处分。对受打击报复的会计人员，应当恢复其名誉和原有职务、级别。

第四十七条 财政部门及有关行政部门的工作人员在实施监督管理中滥用职权、玩忽职守、徇私舞弊或者泄露国家秘密、商业秘密，构成犯罪的，依法追究刑事责任；尚不构成犯罪的，依法给予行政处分。

第四十八条 违反本法第三十条规定，将检举人姓名和检举材料转给被检举单位和被检举人个人的，由所在单位或者有关单位依法给予行政处分。

第四十九条 违反本法规定，同时违反其他法律规定的，由有关部门在各自职权范围内依法进行处罚。

第七章 附 则

第五十条 本法下列用语的含义：

单位负责人，是指单位法定代表人或者法律、行政法规规定代表单位行使职权的主要负责人。

国家统一的会计制度，是指国务院财政部门根据本法制定的关于会计核算、会计监督、会计机构和会计人员以及会计工作管理的制度。

第五十一条 个体工商户会计管理的具体办法，由国务院财政部门根据本法的原则另行规定。

第五十二条 本法自2000年7月1日起施行。

中华人民共和国著作权法

（1990 年 9 月 7 日第七届全国人大常委会第十五次会议通过
2001 年 10 月 27 日第九届全国人大常委会第二十四次会议修正）

目　录

第一章　总则
第二章　著作权
　第一节　著作权人及其权利
　第二节　著作权归属
　第三节　权利的保护期
　第四节　权利的限制
第三章　著作权许可使用和转让合同
第四章　出版、表演、录音录像、播放
　第一节　图书、报刊的出版
　第二节　表演
　第三节　录音录像
　第四节　广播电台、电视台播放
第五章　法律责任和执法措施
第六章　附则

第一章　总　　则

第一条　为保护文学、艺术和科学作品作者的著作权，以及与著作权有关的权益，鼓励有益于社会主义精神文明、物质文明建设的作品的创作和传播，促进社会主义文化和科学事业的发展与繁荣，根据宪法制定本法。

第二条　中国公民、法人或者其他组织的作品，不论是否发表，依照本法享有著作权。

外国人、无国籍人的作品根据其作者所属国或者经常居住地国同中国签订的协议或者共同参加的国际条约享有的著作权，受本法保护。

外国人、无国籍人的作品首先在中国境内出版的，依照本法享有著作权。

未与中国签订协议或者共同参加国际条约的国家的作者以及无国籍人的作品首次在中国参加的国际条约的成员国出版的，或者在成员国和非成员国同时出版的，受本法保护。

第三条　本法所称的作品，包括以下列形式创作的文学、艺术和自然科学、社会科学、工程技术等作品：

（一）文字作品；

（二）口述作品；

（三）音乐、戏剧、曲艺、舞蹈、杂技艺术作品；

（四）美术、建筑作品；

（五）摄影作品；

（六）电影作品和以类似摄制电影的方法创作的作品；

（七）工程设计图、产品设计图、地图、示意图等图形作品和模型作品；

（八）计算机软件；

（九）法律、行政法规规定的其他作品。

第四条 依法禁止出版、传播的作品，不受本法保护。

著作权人行使著作权，不得违反宪法和法律，不得损害公共利益。

第五条 本法不适用于：

（一）法律、法规，国家机关的决议、决定、命令和其他具有立法、行政、司法性质的文件，及其官方正式译文；

（二）时事新闻；

（三）历法、通用数表、通用表格和公式。

第六条 民间文学艺术作品的著作权保护办法由国务院另行规定。

第七条 国务院著作权行政管理部门主管全国的著作权管理工作；各省、自治区、直辖市人民政府的著作权行政管理部门主管本行政区域的著作权管理工作。

第八条 著作权人和与著作权有关的权利人可以授权著作权集体管理组织行使著作权或者与著作权有关的权利。著作权集体管理组织被授权后，可以以自己的名义为著作权人和与著作权有关的权利人主张权利，并可以作为当事人进行涉及著作权或者与著作权有关的权利的诉讼、仲裁活动。

著作权集体管理组织是非营利性组织，其设立方式、权利义务、著作权许可使用费的收取和分配。以及对其监督和管理等由国务院另行规定。

第二章 著 作 权

第一节 著作权人及其权利

第九条 著作权人包括：

（一）作者；

（二）其他依照本法享有著作权的公民、法人或者其他组织。

第十条 著作权包括下列人身权和财产权：

（一）发表权，即决定作品是否公之于众的权利；

（二）署名权，即表明作者身份，在作品上署名的权利；

（三）修改权，即修改或者授权他人修改作品的权利；

（四）保护作品完整权，即保护作品不受歪曲、篡改的权利；

（五）复制权，即以印刷、复印、拓印、录音、录像、翻录、翻拍等方式将作品制作一份或者多份的权利；

（六）发行权，即以出售或者赠与方式向公众提供作品的原件或者复制件的权利；

（七）出租权，即有偿许可他人临时使用电影作品和以类似摄制电影的方法创作的作品、计算机软件的权利，计算机软件不是出租的主要标的的除外；

（八）展览权，即公开陈列美术作品、摄影作品的原件或者复制件的权利；

（九）表演权，即公开表演作品，以及用各种手段公开播送作品的表演的权利；

（十）放映权，即通过放映机、幻灯机等技术设备公开再现美术、摄影、电影和以类似摄制电影的方法创作的作品等的权利；

（十一）广播权，即以无线方式公开广播或者传播作品，以有线传播或者转播的方式向公众传播广播的作品，以及通过扩音器或者其他传送符号、声音、图像的类似工具向公众传播广播的作品的权利；

（十二）信息网络传播权，即以有线或者无线方式向公众提供作品，使公众可以在其个人选定的时间和地点获得作品的权利；

（十三）摄制权，即以摄制电影或者以类似摄制电影的方法将作品固定在载体上的权利；

（十四）改编权，即改变作品，创作出具有独创性的新作品的权利；

（十五）翻译权，即将作品从一种语言文字转换成另一种语言文字的权利；

（十六）汇编权，即将作品或者作品的片段通过选择或者编排，汇集成新作品的权利；

（十七）应当由著作权人享有的其他权利。

著作权人可以许可他人行使前款第（五）项至第（十七）项规定的权利。并依照约定或者本法有关规定获得报酬。

著作权人可以全部或者部分转让本条第一款第（五）项至第（十七）项规定的权利，并依照约定或者本法有关规定获得报酬。

第二节　著作权归属

第十一条　著作权属于作者，本法另有规定的除外。

创作作品的公民是作者。

由法人或者其他组织主持，代表法人或者其他组织意志创作，并由法人或者其他组织承担责任的作品，法人或者其他组织视为作者。

如无相反证明，在作品上署名的公民、法人或者其他组织为作者。

第十二条　改编、翻译、注释、整理已有作品而产生的作品，其著作权由改编、翻译、注释、整理人享有。

但行使著作权时不得侵犯原作品的著作权。

第十三条　两人以上合作创作的作品，著作权由合作作者共同享有。没有参加创作的人，不能成为合作作者。

合作作品可以分割使用的，作者对各自创作的部分可以单独享有著作权。但行使著作权时不得侵犯合作作品整体的著作权。

第十四条　汇编若干作品、作品的片段或者不构成作品的数据或者其他材料，对其内容的选择或者编排体现独创性的作品，为汇编作品，其著作权由汇编人享有，但行使著作权时，不得侵犯原作品的著作权。

第十五条　电影作品和以类似摄制电影的方法创作的作品的著作权由制片者享有，但编剧、导演、摄影、作词、作曲等作者享有署名权，并有权按照与制片者签订的合同获得报酬。

电影作品和以类似摄制电影的方法创作的作品中的剧本、音乐等可以单独使用的作品的作者有权单独行使其著作权。

第十六条　公民为完成法人或者其他组织工作任务所创作的作品是职务作品，除本条第二款的规定以外，著作权由作者享有，但法人或者其他组织有权在其业务范围内优先使用。作品完成两年内，未经单位同意，作者不得许可第三人以与单位使用的相同方式使用该作品。

有下列情形之一的职务作品，作者享有署名权，著作权的其他权利由法人或者其他组织享有，法人或者其他组织可以给予作者奖励：

（一）主要是利用法人或者其他组织的物质技术条件创作，并由法人或者其他组织承担责任的工程设计图、产品设计图、地图、计算机软件等职务作品；

（二）法律、行政法规规定或者合同约定著作权由法人或者其他组织享有的职务作品。

第十七条 受委托创作的作品，著作权的归属由委托人和受托人通过合同约定。合同未作明确约定或者没有订立合同的，著作权属于受托人。

第十八条 美术等作品原件所有权的转移，不视为作品著作权的转移，但美术作品原件的展览权由原件所有人享有。

第十九条 著作权属于公民的，公民死亡后，其本法第十条第一款第（五）项至第（十七）项规定的权利在本法规定的保护期内，依照继承法的规定转移。

著作权属于法人或者其他组织的，法人或者其他组织变更、终止后，其本法第十条第一款第（五）项至第（十七）项规定的权利在本法规定的保护期内，由承受其权利义务的法人或者其他组织享有；没有承受其权利义务的法人或者其他组织的，由国家享有。

第三节　权利的保护期

第二十条 作者的署名权、修改权、保护作品完整权的保护期不受限制。

第二十一条 公民的作品，其发表权、本法第十条第一款第（五）项至第（十七）项规定的权利的保护期为作者终生及其死亡后五十年，截止于作者死亡后第五十年的十二月三十一日；如果是合作作品，截止于最后死亡的作者死亡后第五十年的十二月三十一日。

法人或者其他组织的作品、著作权（署名权除外）由法人或者其他组织享有的职务作品，其发表权、本法第十条第一款第（五）项至第（十七）项规定的权利的保护期为五十年，截止于作品首次发表后第五十年的十二月三十一日，但作品自创作完成后五十年内未发表的，本法不再保护。

电影作品和以类似摄制电影的方法创作的作品、摄影作品，其发表权、本法第十条第一款第（五）项至第（十七）项规定的权利的保护期为五十年，截止于作品首次发表后第五十年的十二月三十一日，但作品自创作完成后五十年内未发表的，本法不再保护。

第四节　权利的限制

第二十二条 在下列情况下使用作品，可以不经著作权人许可，不向其支付报酬，但应当指明作者姓名、作品名称，并且不得侵犯著作权人依照本法享有的其他权利：

（一）为个人学习、研究或者欣赏，使用他人已经发表的作品；

（二）为介绍、评论某一作品或者说明某一问题，在作品中适当引用他人已经发表的作品；

（三）为报道时事新闻，在报纸、期刊、广播电台、电视台等媒体中不可避免地再现或者引用已经发表的作品；

（四）报纸、期刊、广播电台、电视台等媒体刊登或者播放其他报纸、期刊、广播电台、电视台等媒体已经发表的关于政治、经济、宗教问题的时事性文章，但作者声明不许刊登、播放的除外；

（五）报纸、期刊、广播电台、电视台等媒体刊登或者播放在公众集会上发表的讲话，但作者声明不许刊登、播放的除外；

（六）为学校课堂教学或者科学研究，翻译或者少量复制已经发表的作品，供教学或者科研人员使用，但不得出版发行；

（七）国家机关为执行公务在合理范围内使用已经发表的作品；

（八）图书馆、档案馆、纪念馆、博物馆、美术馆等为陈列或者保存版本的需要，复制本馆收藏的作品；

（九）免费表演已经发表的作品，该表演未向公众收取费用，也未向表演者支付报酬；

（十）对设置或者陈列在室外公共场所的艺术作品进行临摹、绘画、摄影、录像；

（十一）将中国公民、法人或者其他组织已经发表的以汉语言文字创作的作品翻译成少数民族语言文字作品在国内出版发行；

（十二）将已经发表的作品改成盲文出版。

前款规定适用于对出版者、表演者、录音录像制作者、广播电台、电视台的权利的限制。

第二十三条 为实施九年制义务教育和国家教育规划而编写出版教科书，除作者事先声明不许使用的外，可以不经著作权人许可，在教科书中汇编已经发表的作品片段或者短小的文字作品、音乐作品或者单幅的美术作品、摄影作品，但应当按照规定支付报酬，指明作者姓名、作品名称，并且不得侵犯著作权人依照本法享有的其他权利。

前款规定适用于对出版者、表演者、录音录像制作者、广播电台、电视台的权利的限制。

第三章 著作权许可使用和转让合同

第二十四条 使用他人作品应当同著作权人订立许可使用合同，本法规定可以不经许可的除外。

许可使用合同包括下列主要内容：

（一）许可使用的权利种类；

（二）许可使用的权利是专有使用权或者非专有使用权；

（三）许可使用的地域范围、期间；

（四）付酬标准和办法；

（五）违约责任；

（六）双方认为需要约定的其他内容。

第二十五条 转让本法第十条第一款第（五）项至第（十七）项规定的权利，应当订立书面合同。

权利转让合同包括下列主要内容：

（一）作品的名称；

（二）转让的权利种类、地域范围；

（三）转让价金；

（四）交付转让价金的日期和方式；

（五）违约责任；

（六）双方认为需要约定的其他内容。

第二十六条 许可使用合同和转让合同中著作权人未明确许可、转让的权利，未经著作权人同意，另一方当事人不得行使。

第二十七条 使用作品的付酬标准可以由当事人约定，也可以按照国务院著作权行政管理部门会同有关部门制定的付酬标准支付报酬。当事人约定不明确的，按照国务院著作权行政管理部门会同有关部门制定的付酬标准支付报酬。

第二十八条 出版者、表演者、录音录像制作者、广播电台、电视台等依照本法有关规定使用他人作品的，不得侵犯作者的署名权、修改权、保护作品完整权和获得报酬的权利。

第四章 出版、表演、录音录像、播放

第一节 图书、报刊的出版

第二十九条 图书出版者出版图书应当和著作权人订立出版合同，并支付报酬。

第三十条 图书出版者对著作权人交付出版的作品，按照合同约定享有的专有出版权受法律保护，他人不得出版该作品。

第三十一条 著作权人应当按照合同约定期限交付作品。图书出版者应当按照合同约定的出版质量、期限出版图书。

图书出版者不按照合同约定期限出版，应当依照本法第五十三条的规定承担民事责任。

图书出版者重印、再版作品的，应当通知著作权人，并支付报酬。图书脱销后，图书出版者拒绝重印、再版的，著作权人有权终止合同。

第三十二条 著作权人向报社、期刊社投稿的，自稿件发出之日起十五日内未收到报社通知决定刊登的，或者自稿件发出之日起三十日内未收到期刊社通知决定刊登的，可以将同一作品向其他报社、期刊社投稿。双方另有约定的除外。

作品刊登后，除著作权人声明不得转载、摘编的外，其他报刊可以转载或者作为文摘、资料刊登，但应当按照规定向著作权人支付报酬。

第三十三条 图书出版者经作者许可，可以对作品修改、删节。

报社、期刊社可以对作品作文字性修改、删节。对内容的修改，应当经作者许可。

第三十四条 出版改编、翻译、注释、整理、汇编已有作品而产生的作品，应当取得改编、翻译、注释、整理、汇编作品的著作权人和原作品的著作权人许可，并支付报酬。

第三十五条 出版者有权许可或者禁止他人使用其出版的图书、期刊的版式设计。

前款规定的权利的保护期为十年，截止于使用该版式设计的图书、期刊首次出版后第十年的十二月三十一日。

第二节 表　　演

第三十六条 使用他人作品演出，表演者（演员、演出单位）应当取得著作权人许可，并支付报酬。演出组织者组织演出，由该组织者取得著作权人许可，并支付报酬。

使用改编、翻译、注释、整理已有作品而产生的作品进行演出，应当取得改编、翻译、注释、整理作品的著作权人和原作品的著作权人许可，并支付报酬。

第三十七条 表演者对其表演享有下列权利：

（一）表明表演者身份；

（二）保护表演形象不受歪曲；

（三）许可他人从现场直播和公开传送其现场表演，并获得报酬；

（四）许可他人录音录像，并获得报酬；

（五）许可他人复制、发行录有其表演的录音录像制品，并获得报酬；

（六）许可他人通过信息网络向公众传播其表演，并获得报酬。

被许可人以前款第（三）项至第（六）项规定的方式使用作品，还应当取得著作权人许可，并支付报酬。

第三十八条 本法第三十七条第一款第（一）项、第（二）项规定的权利的保护期不受限制。

本法第三十七条第一款第（三）项至第（六）项规定的权利的保护期为五十年，截止于该表演发生后第五十年的十二月三十一日。

第三节 录音录像

第三十九条 录音录像制作者使用他人作品制作录音录像制品，应当取得著作权人许可，并支付报酬。

录音录像制作者使用改编、翻译、注释、整理已有作品而产生的作品，应当取得改编、翻译、注释、整理作品的著作权人和原作品著作权人许可，并支付报酬。

录音制作者使用他人已经合法录制为录音制品的音乐作品制作录音制品，可以不经著作权人许可，但应当按照规定支付报酬；著作权人声明不许使用的不得使用。

第四十条 录音录像制作者制作录音录像制品，应当同表演者订立合同，并支付报酬。

第四十一条 录音录像制作者对其制作的录音录像制品，享有许可他人复制、发行、出租、通过信息网络向公众传播并获得报酬的权利；权利的保护期为五十年，截止于该制品首次制作完成后第五十年的十二月三十一日。

被许可人复制、发行、通过信息网络向公众传播录音录像制品，还应当取得著作权人、表演者许可，并支付报酬。

第四节 广播电台、电视台播放

第四十二条 广播电台、电视台播放他人未发表的作品，应当取得著作权人许可，并支付报酬。

广播电台、电视台播放他人已发表的作品，可以不经著作权人许可，但应当支付报酬。

第四十三条 广播电台、电视台播放已经出版的录音制品，可以不经著作权人许可，但应当支付报酬。当事人另有约定的除外。具体办法由国务院规定。

第四十四条 广播电台、电视台有权禁止未经其许可的下列行为：

（一）将其播放的广播、电视转播；

（二）将其播放的广播、电视录制在音像载体上以及复制音像载体。前款规定的权利的保护期为五十年，截止于该广播、电视首次播放后第五十年的十二月三十一日。

第四十五条 电视台播放他人的电影作品和以类似摄制电影的方法创作的作品、录像制品，应当取得制片者或者录像制作者许可，并支付报酬；播放他人的录像制品，还应当取得著作权人许可，并支付报酬。

第五章 法律责任和执法措施

第四十六条 有下列侵权行为的，应当根据情况，承担停止侵害、消除影响、赔礼道歉、赔偿损失等民事责任：

（一）未经著作权人许可，发表其作品的；

（二）未经合作作者许可，将与他人合作创作的作品当作自己单独创作的作品发表的；

（三）没有参加创作，为谋取个人名利，在他人作品上署名的；

（四）歪曲、纂改他人作品的；

（五）剽窃他人作品的；

（六）未经著作权人许可，以展览、摄制电影和以类似摄制电影的方法使用作品，或者以改编、翻译、注释等方式使用作品的，本法另有规定的除外；

（七）使用他人作品，应当支付报酬而未支付的；

（八）未经电影作品和以类似摄制电影的方法创作的作品、计算机软件、录音录像制品的著作权人或者与著作权有关的权利人许可，出租其作品或者录音录像制品的，本法另有规定的除外；

（九）未经出版者许可，使用其出版的图书、期刊的版式设计的；

（十）未经表演者许可，从现场直播或者公开传送其现场表演，或者录制其表演的；

（十一）其他侵犯著作权以及与著作权有关的权益的行为。

第四十七条 有下列侵权行为的，应当根据情况，承担停止侵害、消除影响、赔礼道歉、赔偿损失等民事责任；同时损害公共利益的，可以由著作权行政管理部门责令停止侵权行为，没收违法所得，没收、销毁侵权复制品，并可处以罚款；情节严重的，著作权行政管理部门还可以没收主要用于制作侵权复制品的材料、工具、设备等；构成犯罪的，依法追究刑事责任：

（一）未经著作权人许可，复制、发行、表演、放映、广播、汇编、通过信息网络向公众传播其作品的，本法另有规定的除外；

（二）出版他人享有专有出版权的图书的；

（三）未经表演者许可，复制、发行录有其表演的录音录像制品，或者通过信息网络向公众传播其表演的，本法另有规定的除外；

（四）未经录音录像制作者许可，复制、发行、通过信息网络向公众传播其制作的录音录像制品的，本法另有规定的除外；

（五）未经许可，播放或者复制广播、电视的，本法另有规定的除外；

（六）未经著作权人或者与著作权有关的权利人许可，故意避开或者破坏权利人为其作品、录音录像制品等采取的保护著作权或者与著作权有关的权利的技术措施的，法律、行政法规另有规定的除外；

（七）未经著作权人或者与著作权有关的权利人许可，故意删除或者改变作品、录音录像制品等的权利管理电子信息的，法律、行政法规另有规定的除外；

（八）制作、出售假冒他人署名的作品的。

第四十八条 侵犯著作权或者与著作权有关的权利的，侵权人应当按照权利人的实际损失给予赔偿；实际损失难以计算的，可以按照侵权人的违法所得给予赔偿。赔偿数额还应当包括权利人为制止侵权行为所支付的合理开支。

权利人的实际损失或者侵权人的违法所得不能确定的，由人民法院根据侵权行为的情节，判决给予五十万元以下的赔偿。

第四十九条 著作权人或者与著作权有关的权利人有证据证明他人正在实施或者即将实施侵犯其权利的行为，如不及时制止将会使其合法权益受到难以弥补的损害的，可以在起诉前向人民法院申请采取责令停止有关行为和财产保全的措施。

人民法院处理前款申请，适用《中华人民共和国民事诉讼法》第九十三条至第九十六条和第九十九条的规定。

第五十条 为制止侵权行为，在证据可能灭失或者以后难以取得的情况下，著作权人或者与著作权有关的权利人可以在起诉前向人民法院申请保全证据。

人民法院接受申请后，必须在四十八小时内作出裁定；裁定采取保全措施的，应当立即开始执行。

人民法院可以责令申请人提供担保，申请人不提供担保的，驳回申请。

申请人在人民法院采取保全措施后十五日内不起诉的，人民法院应当解除保全措施。

第五十一条 人民法院审理案件，对于侵犯著作权或者与著作权有关的权利的，可以没收违法所得、侵权复制品以及进行违法活动的财物。

第五十二条 复制品的出版者、制作者不能证明其出版、制作有合法授权的，复制品的发行者或者电影作品或者以类似摄制电影的方法创作的作品、计算机软件、录音录像制品的复制品的出租者不能证明其发行、出租的复制品有合法来源的，应当承担法律责任。

第五十三条 当事人不履行合同义务或者履行合同义务不符合约定条件的，应当依照《中华人民共和国民法通则》、《中华人民共和国合同法》等有关法律规定承担民事责任。

第五十四条 著作权纠纷可以调解，也可以根据当事人达成的书面仲裁协议或者著作权合同中的仲裁条款，向仲裁机构申请仲裁。

当事人没有书面仲裁协议，也没有在著作权合同中订立仲裁条款的，可以直接向人民法院起诉。

第五十五条 当事人对行政处罚不服的，可以自收到行政处罚决定书之日起三个月内向人民法院起诉，期满不起诉又不履行的，著作权行政管理部门可以申请人民法院执行。

第六章 附 则

第五十六条 本法所称的著作权即版权。

第五十七条 本法第二条所称的出版，指作品的复制、发行。

第五十八条 计算机软件、信息网络传播权的保护办法由国务院另行规定。

第五十九条 本法规定的著作权人和出版者、表演者、录音录像制作者、广播电台、电视台的权利，在本法施行之日尚未超过本法规定的保护期的，依照本法予以保护。

本法施行前发生的侵权或者违约行为，依照侵权或者违约行为发生时的有关规定和政策处理。

第六十条 本法自 1991 年 6 月 1 日起施行。

中华人民共和国归侨侨眷权益保护法

（1990 年 9 月 7 日第七届全国人大常委会第十五次会议通过
2000 年 10 月 31 日第九届全国人大常委会第十八次会议修正）

第一条 为了保护归侨、侨眷的合法的权利和利益，根据宪法，制定本法。

第二条 归侨是指回国定居的华侨。华侨是指定居在国外的中国公民。

侨眷是指华侨、归侨在国内的眷属。

本法所称侨眷包括：华侨、归侨的配偶，父母，子女及其配偶，兄弟姐妹，祖父母、外祖父母，孙子女、外孙子女，以及同华侨、归侨有长期扶养关系的其他亲属。

第三条 归侨、侨眷享有宪法和法律规定的公民的权利，并履行宪法和法律规定的公民的义务，任何组织或者个人不得歧视。

国家根据实际情况和归侨、侨眷的特点，给予适当照顾，具体办法由国务院或者国务院有关主管部门规定。

第四条 县级以上各级人民政府及其负责侨务工作的机构，组织协调有关部门做好保护归侨、侨眷的合法权益的工作。

第五条 国家对回国定居的华侨给予安置。

第六条 全国人民代表大会和归侨人数较多地区的地方人民代表大会应当有适当名额的归侨代表。

第七条 归侨、侨眷有权依法申请成立社会团体，进行适合归侨、侨眷需要的合法的社会活动。

归侨、侨眷依法成立的社会团体的财产受法律保护，任何组织或者个人不得侵犯。

第八条 中华全国归国华侨联合会和地方归国华侨联合会代表归侨、侨眷的利益，依法维护归侨、侨眷的合法权益。

第九条 国家对安置归侨的农场、林场等企业给予扶持，任何组织或者个人不得侵占其合法使用的土地，不得侵犯其合法权益。

在安置归侨的农场、林场等企业所在的地方，可以根据需要合理设置学校和医疗保健机构，国家在人员、设备、经费等方面给予扶助。

第十条 国家依法维护归侨、侨眷职工的社会保障权益。用人单位及归侨、侨眷职工应当依法参加当地的社会保险，缴纳社会保险费用。

对丧失劳动能力又无经济来源或者生活确有困难的归侨、侨眷，当地人民政府应当给予救济。

第十一条 国家鼓励和引导归侨、侨眷依法投资兴办产业，特别是兴办高新技术企业，各级人民政府应当给予支持，其合法权益受法律保护。

第十二条 归侨、侨眷在国内兴办公益事业，各级人民政府应当给予支持，其合法权益受法律保护。

归侨、侨眷境外亲友捐赠的物资用于国内公益事业的，依照法律、行政法规的规定减征或者免征关税和进口环节的增值税。

第十三条 国家依法保护归侨、侨眷在国内私有房屋的所有权。

依法征用、拆迁归侨、侨眷私有房屋的，建设单位应当按照国家有关规定给予合理补偿和妥善安

置。

第十四条 各级人民政府应当对归侨、侨眷就业给予照顾，提供必要的指导和服务。

归侨学生、归侨子女和华侨在国内的子女升学，按照国家有关规定给予照顾。

第十五条 国家保护归侨、侨眷的侨汇收入。

第十六条 归侨、侨眷有权接受境外亲友的遗赠或者赠与。

归侨、侨眷继承境外遗产的权益受法律保护。

归侨、侨眷有权处分其在境外的财产。

第十七条 归侨、侨眷与境外亲友的往来和通讯受法律保护。

第十八条 归侨、侨眷申请出境，有关主管部门应当在规定期限内办理手续。

归侨、侨眷确因境外直系亲属病危、死亡或者限期处理境外财产等特殊情况急需出境的，有关主管部门应当根据申请人提供的有效证明优先办理手续。

第十九条 国家保障归侨、侨眷出境探亲的权利。

归侨、侨眷职工按照国家有关规定享受出境探亲的待遇。

第二十条 归侨、侨眷可以按照国家有关规定申请出境定居，经批准出境定居的，任何组织或者个人不得损害其合法权益。

离休、退休、退职的归侨、侨眷职工出境定居的，其离休金、退休金、退职金、养老金照发。

第二十一条 归侨、侨眷申请自费出境学习、讲学的，或者因经商出境的，其所在单位和有关部门应当提供便利。

第二十二条 国家对归侨、侨眷在境外的正当权益，根据中华人民共和国缔结或者参加的国际条约或者国际惯例，给予保护。

第二十三条 归侨、侨眷合法权益受到侵害时，被侵害人有权要求有关主管部门依法处理，或者向人民法院提起诉讼。归国华侨联合会应当给予支持和帮助。

第二十四条 国家机关工作人员玩忽职守或者滥用职权，致使归侨、侨眷合法权益受到损害的，其所在单位或者上级主管机关应当责令改正或者给予行政处分；构成犯罪的，依法追究刑事责任。

第二十五条 任何组织或者个人侵害归侨、侨眷的合法权益，造成归侨、侨眷财产损失或者其他损害的，依法承担民事责任；构成犯罪的，依法追究刑事责任。

第二十六条 违反本法第九条第一款规定，非法占用安置归侨的农场、林场合法使用的土地，有关主管部门应当责令退还；造成损失的，依法承担赔偿责任。

第二十七条 违反本法第十三条规定，非法侵占归侨、侨眷在国内私有房屋的，有关主管部门应当责令退还；造成损失的，依法承担赔偿责任。

第二十八条 违反本法第二十条第二款规定，停发、扣发、侵占或者挪用出境定居的归侨、侨眷的离休金、退休金、退职金、养老金的，有关单位或者有关主管部门应当责令补发，并依法给予赔偿；对直接负责的主管人员和其他直接责任人员，依法给予行政处分；构成犯罪的，依法追究刑事责任。

第二十九条 国务院根据本法制定实施办法。省、自治区、直辖市的人民代表大会常务委员会可以根据本法和国务院的实施办法，制定实施办法。

第三十条 本法自 1991 年 1 月 1 日起施行。

中华人民共和国税收征收管理法

（1992 年 9 月 4 日第七届全国人大常委会第二十七次会议通过
1995 年 2 月 28 日第八届全国人大常委会第十二次会议第一次修正
2001 年 4 月 28 日第九届全国人大常委会第二十一次会议第二次修正）

目　录

第一章　总则
第二章　税务管理
　第一节　税务登记
　第二节　帐簿、凭证管理
　第三节　纳税申报
第三章　税款征收
第四章　税务检查
第五章　法律责任
第六章　附则

第一章　总　则

第一条　为了加强税收征收管理，规范税收征收和缴纳行为，保障国家税收收入，保护纳税人的合法权益，促进经济和社会发展，制定本法。

第二条　凡依法由税务机关征收的各种税收的征收管理，均适用本法。

第三条　税收的开征、停征以及减税、免税、退税、补税，依照法律的规定执行；法律授权国务院规定的，依照国务院制定的行政法规的规定执行。

任何机关、单位和个人不得违反法律、行政法规的规定，擅自作出税收开征、停征以及减税、免税、退税、补税和其他同税收法律、行政法规相抵触的决定。

第四条　法律、行政法规规定负有纳税义务的单位和个人为纳税人。

法律、行政法规规定负有代扣代缴、代收代缴税款义务的单位和个人为扣缴义务人。

纳税人、扣缴义务人必须依照法律、行政法规的规定缴纳税款、代扣代缴、代收代缴税款。

第五条　国务院税务主管部门主管全国税收征收管理工作。各地国家税务局和地方税务局应当按照国务院规定的税收征收管理范围分别进行征收管理。

地方各级人民政府应当依法加强对本行政区域内税收征收管理工作的领导或者协调，支持税务机关依法执行职务，依照法定税率计算税额，依法征收税款。

各有关部门和单位应当支持、协助税务机关依法执行职务。

税务机关依法执行职务，任何单位和个人不得阻挠。

第六条 国家有计划地用现代信息技术装备各级税务机关，加强税收征收管理信息系统的现代化建设，建立、健全税务机关与政府其他管理机关的信息共享制度。

纳税人、扣缴义务人和其他有关单位应当按照国家有关规定如实向税务机关提供与纳税和代扣代缴、代收代缴税款有关的信息。

第七条 税务机关应当广泛宣传税收法律、行政法规，普及纳税知识，无偿地为纳税人提供纳税咨询服务。

第八条 纳税人、扣缴义务人有权向税务机关了解国家税收法律、行政法规的规定以及与纳税程序有关的情况。

纳税人、扣缴义务人有权要求税务机关为纳税人、扣缴义务人的情况保密。税务机关应当依法为纳税人、扣缴义务人的情况保密。

纳税人依法享有申请减税、免税、退税的权利。

纳税人、扣缴义务人对税务机关所作出的决定，享有陈述权、申辩权；依法享有申请行政复议、提起行政诉讼、请求国家赔偿等权利。

纳税人、扣缴义务人有权控告和检举税务机关、税务人员的违法违纪行为。

第九条 税务机关应当加强队伍建设，提高税务人员的政治业务素质。

税务机关、税务人员必须秉公执法，忠于职守，清正廉洁，礼貌待人，文明服务，尊重和保护纳税人、扣缴义务人的权利，依法接受监督。

税务人员不得索贿受贿、徇私舞弊、玩忽职守、不征或者少征应征税款；不得滥用职权多征税款或者故意刁难纳税人和扣缴义务人。

第十条 各级税务机关应当建立、健全内部制约和监督管理制度。

上级税务机关应当对下级税务机关的执法活动依法进行监督。

各级税务机关应当对其工作人员执行法律、行政法规和廉洁自律准则的情况进行监督检查。

第十一条 税务机关负责征收、管理、稽查、行政复议的人员的职责应当明确，并相互分离、相互制约。

第十二条 税务人员征收税款和查处税收违法案件，与纳税人、扣缴义务人或者税收违法案件有利害关系的，应当回避。

第十三条 任何单位和个人都有权检举违反税收法律、行政法规的行为。收到检举的机关和负责查处的机关应当为检举人保密。税务机关应当按照规定对检举人给予奖励。

第十四条 本法所称税务机关是指各级税务局、税务分局、税务所和按照国务院规定设立的并向社会公告的税务机构。

第二章　税务管理

第一节　税务登记

第十五条 企业，企业在外地设立的分支机构和从事生产、经营的场所，个体工商户和从事生产、经营的事业单位（以下统称从事生产、经营的纳税人）自领取营业执照之日起三十日内，持有关证件，向税务机关申报办理税务登记。税务机关应当自收到申报之日起三十日内审核并发给税务登记证件。

工商行政管理机关应当将办理登记注册、核发营业执照的情况，定期向税务机关通报。本条第一款规定以外的纳税人办理税务登记和扣缴义务人办理扣缴税款登记的范围和办法，由国务院规定。

第十六条 从事生产、经营的纳税人，税务登记内容发生变化的，自工商行政管理机关办理变更登记之日起三十日内或者在向工商行政管理机关申请办理注销登记之前，持有关证件向税务机关申报办理变更或者注销税务登记。

第十七条 从事生产、经营的纳税人应当按照国家有关规定，持税务登记证件，在银行或者其他金融机构开立基本存款帐户和其他存款帐户，并将其全部帐号向税务机关报告。

银行和其他金融机构应当在从事生产、经营的纳税人的帐户中登录税务登记证件号码，并在税务登记证件中登录从事生产、经营的纳税人的帐户帐号。

税务机关依法查询从事生产、经营的纳税人开立帐户的情况时，有关银行和其他金融机构应当予以协助。

第十八条 纳税人按照国务院税务主管部门的规定使用税务登记证件。税务登记证件不得转借、涂改、损毁、买卖或者伪造。

第二节 帐簿、凭证管理

第十九条 纳税人、扣缴义务人按照有关法律、行政法规和国务院财政、税务主管部门的规定设置帐簿，根据合法、有效凭证记帐，进行核算。

第二十条 从事生产、经营的纳税人的财务、会计制度或者财务、会计处理办法和会计核算软件，应当报送税务机关备案。

纳税人、扣缴义务人的财务、会计制度或者财务、会计处理办法与国务院或者国务院财政、税务主管部门有关税收的规定抵触的，依照国务院或者国务院财政、税务主管部门有关税收的规定计算应纳税款、代扣代缴和代收代缴税款。

第二十一条 税务机关是发票的主管机关，负责发票印制、领购、开具、取得、保管、缴销的管理和监督。

单位、个人在购销商品、提供或者接受经营服务以及从事其他经营活动中，应当按照规定开具、使用、取得发票。

发票的管理办法由国务院规定。

第二十二条 增值税专用发票由国务院税务主管部门指定的企业印制；其他发票，按照国务院税务主管部门的规定，分别由省、自治区、直辖市国家税务局、地方税务局指定企业印制。

未经前款规定的税务机关指定，不得印制发票。

第二十三条 国家根据税收征收管理的需要，积极推广使用税控装置。纳税人应当按照规定安装、使用税控装置，不得损毁或者擅自改动税控装置。

第二十四条 从事生产、经营的纳税人、扣缴义务人必须按照国务院财政、税务主管部门规定的保管期限保管帐簿、记帐凭证、完税凭证及其他有关资料。

帐簿、记帐凭证、完税凭证及其他有关资料不得伪造、变造或者擅自损毁。

第三节 纳税申报

第二十五条 纳税人必须依照法律、行政法规规定或者税务机关依照法律、行政法规的规定确定的申报期限、申报内容如实办理纳税申报，报送纳税申报表、财务会计报表以及税务机关根据实际需要要求纳税人报送的其他纳税资料。

扣缴义务人必须依照法律、行政法规规定或者税务机关依照法律、行政法规的规定确定的申报期

限、申报内容如实报送代扣代缴、代收代缴税款报告表以及税务机关根据实际需要要求扣缴义务人报送的其他有关资料。

第二十六条 纳税人、扣缴义务人可以直接到税务机关办理纳税申报或者报送代扣代缴、代收代缴税款报告表，也可以按照规定采取邮寄、数据电文或者其他方式办理上述申报、报送事项。

第二十七条 纳税人、扣缴义务人不能按期办理纳税申报或者报送代扣代缴、代收代缴税款报告表的，经税务机关核准，可以延期申报。

经核准延期办理前款规定的申报、报送事项的，应当在纳税期内按照上期实际缴纳的税额或者税务机关核定的税额预缴税款，并在核准的延期内办理税款结算。

第三章　税款征收

第二十八条 税务机关依照法律、行政法规的规定征收税款，不得违反法律、行政法规的规定开征、停征、多征、少征、提前征收、延缓征收或者摊派税款。

农业税应纳税额按照法律、行政法规的规定核定。

第二十九条 除税务机关、税务人员以及经税务机关依照法律、行政法规委托的单位和人员外，任何单位和个人不得进行税款征收活动。

第三十条 扣缴义务人依照法律、行政法规的规定履行代扣、代收税款的义务。对法律、行政法规没有规定负有代扣、代收税款义务的单位和个人，税务机关不得要求其履行代扣、代收税款义务。

扣缴义务人依法履行代扣、代收税款义务时，纳税人不得拒绝。纳税人拒绝的，扣缴义务人应当及时报告税务机关处理。

税务机关按照规定付给扣缴义务人代扣、代收手续费。

第三十一条 纳税人、扣缴义务人按照法律、行政法规规定或者税务机关依照法律、行政法规的规定确定的期限，缴纳或者解缴税款。

纳税人因有特殊困难，不能按期缴纳税款的，经省、自治区、直辖市国家税务局、地方税务局批准，可以延期缴纳税款，但是最长不得超过三个月。

第三十二条 纳税人未按照规定期限缴纳税款的，扣缴义务人未按照规定期限解缴税款的，税务机关除责令限期缴纳外，从滞纳税款之日起，按日加收滞纳税款万分之五的滞纳金。

第三十三条 纳税人可以依照法律、行政法规的规定书面申请减税、免税。

减税、免税的申请须经法律、行政法规规定的减税、免税审查批准机关审批。地方各级人民政府、各级人民政府主管部门、单位和个人违反法律、行政法规规定，擅自作出的减税、免税决定无效，税务机关不得执行，并向上级税务机关报告。

第三十四条 税务机关征收税款时，必须给纳税人开具完税凭证。扣缴义务人代扣、代收税款时，纳税人要求扣缴义务人开具代扣、代收税款凭证的，扣缴义务人应当开具。

第三十五条 纳税人有下列情形之一的，税务机关有权核定其应纳税额：

（一）依照法律、行政法规的规定可以不设置帐簿的；

（二）依照法律、行政法规的规定应当设置帐簿但未设置的；

（三）擅自销毁帐簿或者拒不提供纳税资料的；

（四）虽设置帐簿，但帐目混乱或者成本资料、收入凭证、费用凭证残缺不全，难以查帐的；

（五）发生纳税义务，未按照规定的期限办理纳税申报，经税务机关责令限期申报，逾期仍不申报的；

（六）纳税人申报的计税依据明显偏低，又无正当理由的。

税务机关核定应纳税额的具体程序和方法由国务院税务主管部门规定。

第三十六条 企业或者外国企业在中国境内设立的从事生产、经营的机构、场所与其关联企业之间的业务往来，应当按照独立企业之间的业务往来收取或者支付价款、费用；不按照独立企业之间的业务往来收取或者支付价款、费用，而减少其应纳税的收入或者所得额的，税务机关有权进行合理调整。

第三十七条 对未按照规定办理税务登记的从事生产、经营的纳税人以及临时从事经营的纳税人，由税务机关核定其应纳税额，责令缴纳；不缴纳的，税务机关可以扣押其价值相当于应纳税款的商品、货物。扣押后缴纳应纳税款的，税务机关必须立即解除扣押，并归还所扣押的商品、货物；扣押后仍不缴纳应纳税款的，经县以上税务局（分局）局长批准，依法拍卖或者变卖所扣押的商品、货物，以拍卖或者变卖所得抵缴税款。

第三十八条 税务机关有根据认为从事生产、经营的纳税人有逃避纳税义务行为的，可以在规定的纳税期之前，责令限期缴纳应纳税款；在限期内发现纳税人有明显的转移、隐匿其应纳税的商品、货物以及其他财产或者应纳税的收入的迹象的，税务机关可以责成纳税人提供纳税担保。如果纳税人不能提供纳税担保，经县以上税务局（分局）局长批准，税务机关可以采取下列税收保全措施：

（一）书面通知纳税人开户银行或者其他金融机构冻结纳税人的金额相当于应纳税款的存款；

（二）扣押、查封纳税人的价值相当于应纳税款的商品、货物或者其他财产。

纳税人在前款规定的限期内缴纳税款的，税务机关必须立即解除税收保全措施；限期期满仍未缴纳税款的，经县以上税务局（分局）局长批准，税务机关可以书面通知纳税人开户银行或者其他金融机构从其冻结的存款中扣缴税款，或者依法拍卖或者变卖所扣押、查封的商品、货物或者其他财产，以拍卖或者变卖所得抵缴税款。

个人及其所扶养家属维持生活必需的住房和用品，不在税收保全措施的范围之内。

第三十九条 纳税人在限期内已缴纳税款，税务机关未立即解除税收保全措施，使纳税人的合法利益遭受损失的，税务机关应当承担赔偿责任。

第四十条 从事生产、经营的纳税人、扣缴义务人未按照规定的期限缴纳或者解缴税款，纳税担保人未按照规定的期限缴纳所担保的税款，由税务机关责令限期缴纳，逾期仍未缴纳的，经县以上税务局（分局）局长批准，税务机关可以采取下列强制执行措施：

（一）书面通知其开户银行或者其他金融机构从其存款中扣缴税款；

（二）扣押、查封、依法拍卖或者变卖其价值相当于应纳税款的商品、货物或者其他财产，以拍卖或者变卖所得抵缴税款。

税务机关采取强制执行措施时，对前款所列纳税人、扣缴义务人、纳税担保人未缴纳的滞纳金同时强制执行。

个人及其所扶养家属维持生活必需的住房和用品，不在强制执行措施的范围之内。

第四十一条 本法第三十七条、第三十八条、第四十条规定的采取税收保全措施、强制执行措施的权力，不得由法定的税务机关以外的单位和个人行使。

第四十二条 税务机关采取税收保全措施和强制执行措施必须依照法定权限和法定程序。不得查封、扣押纳税人个人及其所扶养家属维持生活必需的住房和用品。

第四十三条 税务机关滥用职权违法采取税收保全措施、强制执行措施，或者采取税收保全措施、强制执行措施不当，使纳税人、扣缴义务人或者纳税担保人的合法权益遭受损失的，应当依法承担赔偿责任。

第四十四条 欠缴税款的纳税人或者他的法定代表人需要出境的，应当在出境前向税务机关结清应纳税款、滞纳金或者提供担保。未结清税款、滞纳金，又不提供担保的，税务机关可以通知出境管理机关阻止其出境。

第四十五条 税务机关征收税款，税收优先于无担保债权，法律另有规定的除外；纳税人欠缴的税款发生在纳税人以其财产设定抵押、质押或者纳税人的财产被留置之前的，税收应当先于抵押权、质权、留置权执行。

纳税人欠缴税款，同时又被行政机关决定处以罚款、没收违法所得的，税收优先于罚款、没收违法所得。

税务机关应当对纳税人欠缴税款的情况定期予以公告。

第四十六条 纳税人有欠税情形而以其财产设定抵押、质押的，应当向抵押权人、质权人说明其欠税情况。抵押权人、质权人可以请求税务机关提供有关的欠税情况。

第四十七条 税务机关扣押商品、货物或者其他财产时，必须开付收据；查封商品、货物或者其他财产时，必须开付清单。

第四十八条 纳税人有合并、分立情形的，应当向税务机关报告，并依法缴清税款。纳税人合并时未缴清税款的，应当由合并后的纳税人继续履行未履行的纳税义务；纳税人分立时未缴清税款的，分立后的纳税人对未履行的纳税义务应当承担连带责任。

第四十九条 欠缴税款数额较大的纳税人在处理其不动产或者大额资产之前，应当向税务机关报告。

第五十条 欠缴税款的纳税人因怠于行使到期债权，或者放弃到期债权，或者无偿转让财产，或者以明显不合理的低价转让财产而受让人知道该情形，对国家税收造成损害的，税务机关可以依照合同法第七十三条、第七十四条的规定行使代位权、撤销权。

税务机关依照前款规定行使代位权、撤销权的，不免除欠缴税款的纳税人尚未履行的纳税义务和应承担的法律责任。

第五十一条 纳税人超过应纳税额缴纳的税款，税务机关发现后应当立即退还；纳税人自结算缴纳税款之日起三年内发现的，可以向税务机关要求退还多缴的税款并加算银行同期存款利息，税务机关及时查实后应当立即退还；涉及从国库中退库的，依照法律、行政法规有关国库管理的规定退还。

第五十二条 因税务机关的责任，致使纳税人、扣缴义务人未缴或者少缴税款的，税务机关在三年内可以要求纳税人、扣缴义务人补缴税款，但是不得加收滞纳金。

因纳税人、扣缴义务人计算错误等失误，未缴或者少缴税款的，税务机关在三年内可以追征税款、滞纳金；有特殊情况的，追征期可以延长到五年。

对偷税、抗税、骗税的，税务机关追征其未缴或者少缴的税款、滞纳金或者所骗取的税款，不受前款规定期限的限制。

第五十三条 国家税务局和地方税务局应当按照国家规定的税收征收管理范围和税款入库预算级次，将征收的税款缴入国库。

对审计机关、财政机关依法查出的税收违法行为，税务机关应当根据有关机关的决定、意见书，依法将应收的税款、滞纳金按照税款入库预算级次缴入国库，并将结果及时回复有关机关。

第四章 税务检查

第五十四条 税务机关有权进行下列税务检查：

（一）检查纳税人的帐簿、记帐凭证、报表和有关资料，检查扣缴义务人代扣代缴、代收代缴税款帐簿、记帐凭证和有关资料；

（二）到纳税人的生产、经营场所和货物存放地检查纳税人应纳税的商品、货物或者其他财产，检查扣缴义务人与代扣代缴、代收代缴税款有关的经营情况；

（三）责成纳税人、扣缴义务人提供与纳税或者代扣代缴、代收代缴税款有关的文件、证明材料和有关资料；

（四）询问纳税人、扣缴义务人与纳税或者代扣代缴、代收代缴税款有关的问题和情况；

（五）到车站、码头、机场、邮政企业及其分支机构检查纳税人托运、邮寄应纳税商品、货物或者其他财产的有关单据、凭证和有关资料；

（六）经县以上税务局（分局）局长批准，凭全国统一格式的检查存款帐户许可证明，查询从事生产、经营的纳税人、扣缴义务人在银行或者其他金融机构的存款帐户。税务机关在调查税收违法案件时，经市、自治州以上税务局（分局）局长批准，可以查询案件涉嫌人员的储蓄存款。税务机关查询所获得的资料，不得用于税收以外的用途。

第五十五条 税务机关对从事生产、经营的纳税人以前纳税期的纳税情况依法进行税务检查时。发现纳税人有逃避纳税义务行为，并有明显的转移、隐匿其应纳税的商品、货物以及其他财产或者应纳税的收入的迹象的，可以按照本法规定的批准权限采取税收保全措施或者强制执行措施。

第五十六条 纳税人、扣缴义务人必须接受税务机关依法进行的税务检查，如实反映情况，提供有关资料，不得拒绝、隐瞒。

第五十七条 税务机关依法进行税务检查时，有权向有关单位和个人调查纳税人、扣缴义务人和其他当事人与纳税或者代扣代缴、代收代缴税款有关的情况，有关单位和个人有义务向税务机关如实提供有关资料及证明材料。

第五十八条 税务机关调查税务违法案件时，对与案件有关的情况和资料，可以记录、录音、录像、照相和复制。

第五十九条 税务机关派出的人员进行税务检查时，应当出示税务检查证和税务检查通知书，并有责任为被检查人保守秘密；未出示税务检查证和税务检查通知书的，被检查人有权拒绝检查。

第五章 法律责任

第六十条 纳税人有下列行为之一的，由税务机关责令限期改正，可以处二千元以下的罚款；情节严重的，处二千元以上一万元以下的罚款：

（一）未按照规定的期限申报办理税务登记、变更或者注销登记的；

（二）未按照规定设置、保管帐簿或者保管记帐凭证和有关资料的；

（三）未按照规定将财务、会计制度或者财务、会计处理办法和会计核算软件报送税务机关备查的；

（四）未按照规定将其全部银行帐号向税务机关报告的；

（五）未按照规定安装、使用税控装置，或者损毁或者擅自改动税控装置的。

纳税人不办理税务登记的，由税务机关责令限期改正；逾期不改正的，经税务机关提请，由工商行政管理机关吊销其营业执照。

纳税人未按照规定使用税务登记证件，或者转借、涂改、损毁、买卖、伪造税务登记证件的，处二千元以上一万元以下的罚款；情节严重的，处一万元以上五万元以下的罚款。

第六十一条 扣缴义务人未按照规定设置、保管代扣代缴、代收代缴税款帐簿或者保管代扣代缴、代收代缴税款记帐凭证及有关资料的，由税务机关责令限期改正，可以处二千元以下的罚款；情节严重的，处二千元以上五千元以下的罚款。

第六十二条 纳税人未按照规定的期限办理纳税申报和报送纳税资料的，或者扣缴义务人未按照规定的期限向税务机关报送代扣代缴、代收代缴税款报告表和有关资料的，由税务机关责令限期改正，可以处二千元以下的罚款；情节严重的，可以处二千元以上一万元以下的罚款。

第六十三条 纳税人伪造、变造、隐匿、擅自销毁帐簿、记帐凭证，或者在帐簿上多列支出或者不列、少列收入，或者经税务机关通知申报而拒不申报或者进行虚假的纳税申报，不缴或者少缴应纳税款的，是偷税。对纳税人偷税的，由税务机关追缴其不缴或者少缴的税款、滞纳金，并处不缴或者少缴的税款百分之五十以上五倍以下的罚款；构成犯罪的，依法追究刑事责任。

扣缴义务人采取前款所列手段，不缴或者少缴已扣、已收税款，由税务机关追缴其不缴或者少缴的税款、滞纳金，并处不缴或者少缴的税款百分之五十以上五倍以下的罚款；构成犯罪的，依法追究刑事责任。

第六十四条 纳税人、扣缴义务人编造虚假计税依据的，由税务机关责令限期改正，并处五万元以下的罚款。

纳税人不进行纳税申报，不缴或者少缴应纳税款的，由税务机关追缴其不缴或者少缴的税款、滞纳金，并处不缴或者少缴的税款百分之五十以上五倍以下的罚款。

第六十五条 纳税人欠缴应纳税款，采取转移或者隐匿财产的手段，妨碍税务机关追缴欠缴的税款的，由税务机关追缴欠缴的税款、滞纳金，并处欠缴税款百分之五十以上五倍以下的罚款；构成犯罪的，依法追究刑事责任。

第六十六条 以假报出口或者其他欺骗手段，骗取国家出口退税款的，由税务机关追缴其骗取的退税款，并处骗取税款一倍以上五倍以下的罚款；构成犯罪的，依法追究刑事责任。

对骗取国家出口退税款的，税务机关可以在规定期间内停止为其办理出口退税。

第六十七条 以暴力、威胁方法拒不缴纳税款的，是抗税，除由税务机关追缴其拒缴的税款、滞纳金外，依法追究刑事责任。情节轻微，未构成犯罪的，由税务机关追缴其拒缴的税款、滞纳金，并处拒缴税款一倍以上五倍以下的罚款。

第六十八条 纳税人、扣缴义务人在规定期限内不缴或者少缴应纳或者应解缴的税款，经税务机关责令限期缴纳，逾期仍未缴纳的，税务机关除依照本法第四十条的规定采取强制执行措施追缴其不缴或者少缴的税款外，可以处不缴或者少缴的税款百分之五十以上五倍以下的罚款。

第六十九条 扣缴义务人应扣未扣、应收而不收税款的，由税务机关向纳税人追缴税款，对扣缴义务人处应扣未扣、应收未收税款百分之五十以上三倍以下的罚款。

第七十条 纳税人、扣缴义务人逃避、拒绝或者以其他方式阻挠税务机关检查的，由税务机关责令改正，可以处一万元以下的罚款；情节严重的，处一万元以上五万元以下的罚款。

第七十一条 违反本法第二十二条规定，非法印翻发票的，由税务机关销毁非法印制的发票，没收违法所得和作案工具，并处一万元以上五万元以下的罚款；构成犯罪的，依法追究刑事责任。

第七十二条 从事生产、经营的纳税人、扣缴义务人有本法规定的税收违法行为，拒不接受税务机关处理的，税务机关可以收缴其发票或者停止向其发售发票。

第七十三条 纳税人、扣缴义务人的开户银行或者其他金融机构拒绝接受税务机关依法检查纳税人、扣缴义务人存款帐户，或者拒绝执行税务机关作出的冻结存款或者扣缴税款的决定，或者在接到税务机关的书面通知后帮助纳税人、扣缴义务人转移存款，造成税款流失的，由税务机关处十万元以上五十万元以下的罚款，对直接负责的主管人员和其他直接责任人员处一千元以上一万元以下的罚款。

第七十四条 本法规定的行政处罚，罚款额在二千元以下的，可以由税务所决定。

第七十五条 税务机关和司法机关的涉税罚没收入，应当按照税款入库预算级次上缴国库。

第七十六条 税务机关违反规定擅自改变税收征收管理范围和税款入库预算级次的，责令限期改正，对直接负责的主管人员和其他直接责任人员依法给予降级或者撤职的行政处分。

第七十七条 纳税人、扣缴义务人有本法第六十三条、第六十五条、第六十六条、第六十七条、第七十一条规定的行为涉嫌犯罪的，税务机关应当依法移交司法机关追究刑事责任。

税务人员徇私舞弊，对依法应当移交司法机关追究刑事责任的不移交，情节严重的，依法追究刑事责任。

第七十八条 未经税务机关依法委托征收税款的，责令退还收取的财物，依法给予行政处分或者行政处罚；致使他人合法权益受到损失的，依法承担赔偿责任；构成犯罪的，依法追究刑事责任。

第七十九条 税务机关、税务人员查封、扣押纳税人个人及其所扶养家属维持生活必需的住房和用品的，责令退还，依法给予行政处分；构成犯罪的，依法追究刑事责任。

第八十条 税务人员与纳税人、扣缴义务人勾结，唆使或者协助纳税人、扣缴义务人有本法第六十三条、第六十五条、第六十六条规定的行为，构成犯罪的，依法追究刑事责任；尚不构成犯罪的，依法给予行政处分。

第八十一条 税务人员利用职务上的便利，收受或者索取纳税人、扣缴义务人财物或者谋取其他不正当利益，构成犯罪的，依法追究刑事责任；尚不构成犯罪的，依法给予行政处分。

第八十二条 税务人员徇私舞弊或者玩忽职守，不征或者少征应征税款，致使国家税收遭受重大损失，构成犯罪的，依法追究刑事责任；尚不构成犯罪的，依法给予行政处分。

税务人员滥用职权，故意刁难纳税人、扣缴义务人的，调离税收工作岗位，并依法给予行政处分。

税务人员对控告、检举税收违法违纪行为的纳税人、扣缴义务人以及其他检举人进行打击报复的，依法给予行政处分；构成犯罪的，依法追究刑事责任。

税务人员违反法律、行政法规的规定，故意高估或者低估农业税计税产量，致使多征或者少征税款，侵犯农民合法权益或者损害国家利益，构成犯罪的，依法追究刑事责任；尚不构成犯罪的，依法给予行政处分。

第八十三条 违反法律、行政法规的规定提前征收、延缓征收或者摊派税款的，由其上级机关或者行政监察机关责令改正，对直接负责的主管人员和其他直接责任人员依法给予行政处分。

第八十四条 违反法律、行政法规的规定，擅自作出税收的开征、停征或者减税、免税、退税、补税以及其他同税收法律、行政法规相抵触的决定的，除依照本法规定撤销其擅自作出的决定外，补征应征未征税款，退还不应征收而征收的税款，并由上级机关追究直接负责的主管人员和其他直接责任人员的行政责任；构成犯罪的，依法追究刑事责任。

第八十五条 税务人员在征收税款或者查处税收违法案件时，未按照本法规定进行回避的，对直接负责的主管人员和其他直接责任人员，依法给予行政处分。

第八十六条 违反税收法律、行政法规应当给予行政处罚的行为，在五年内未被发现的，不再给予行政处罚。

第八十七条 未按照本法规定为纳税人、扣缴义务人、检举人保密的，对直接负责的主管人员和其他直接责任人员，由所在单位或者有关单位依法给予行政处分。

第八十八条 纳税人、扣缴义务人、纳税担保人同税务机关在纳税上发生争议时，必须先依照税

务机关的纳税决定缴纳或者解缴税款及滞纳金或者提供相应的担保，然后可以依法申请行政复议；对行政复议决定不服的，可以依法向人民法院起诉。

当事人对税务机关的处罚决定、强制执行措施或者税收保全措施不服的，可以依法申请行政复议，也可以依法向人民法院起诉。

当事人对税务机关的处罚决定逾期不申请行政复议也不向人民法院起诉、又不履行的，作出处罚决定的税务机关可以采取本法第四十条规定的强制执行措施，或者申请人民法院强制执行。

第六章　附　　则

第八十九条　纳税人、扣缴义务人可以委托税务代理人代为办理税务事宜。

第九十条　耕地占用税、契税、农业税、牧业税征收管理的具体办法，由国务院另行制定。

关税及海关代征税收的征收管理，依照法律、行政法规的有关规定执行。

第九十一条　中华人民共和国同外国缔结的有关税收的条约、协定同本法有不同规定的，依照条约、协定的规定办理。

第九十二条　本法施行前颁布的税收法律与本法有不同规定的，适用本法规定。

第九十三条　国务院根据本法制定实施细则。

第九十四条　本法自2001年5月1日起施行。

中华人民共和国消费者权益保护法

（1993 年 10 月 31 日第八届全国人大常委会第四次会议通过
中华人民共和国主席令〔1993〕11 号　1993 年 10 月 31 日公布
自 1994 年 1 月 1 日起施行）

目　　录

第一章　总则
第二章　消费者的权利
第三章　经营者的义务
第四章　国家对消费者合法权益的保护
第五章　消费者组织
第六章　争议的解决
第七章　法律责任
第八章　附则

第一章　总　　则

第一条　为保护消费者的合法权益，维护社会经济秩序，促进社会主义市场经济健康发展，制定本法。

第二条　消费者为生活消费需要购买、使用商品或者接受服务，其权益受本法保护；本法未作规定的，受其他有关法律、法规保护。

第三条　经营者为消费者提供其生产、销售的商品或者提供服务，应当遵守本法；本法未作规定的，应当遵守其他有关法律、法规。

第四条　经营者与消费者进行交易，应当遵循自愿、平等、公平、诚实信用的原则。

第五条　国家保护消费者的合法权益不受侵害。

国家采取措施，保障消费者依法行使权利，维护消费者的合法权益。

第六条　保护消费者的合法权益是全社会的共同责任。国家鼓励、支持一切组织和个人对损害消费者合法权益的行为进行社会监督。大众传播媒介应当做好维护消费者合法权益的宣传，对损害消费者合法权益的行为进行舆论监督。

第二章　消费者的权利

第七条　消费者在购买、使用商品和接受服务时享有人身、财产安全不受损害的权利。

消费者有权要求经营者提供的商品和服务，符合保障人身、财产安全的要求。

第八条 消费者享有知悉其购买、使用的商品或者接受的服务的真实情况的权利。

消费者有权根据商品或者服务的不同情况，要求经营者提供商品的价格、产地、生产者、用途、性能、规格、等级、主要成份、生产日期、有效期限、检验合格证明、使用方法说明书、售后服务，或者服务的内容、规格、费用等有关情况。

第九条 消费者享有自主选择商品或者服务的权利。

消费者有权自主选择提供商品或者服务的经营者，自主选择商品品种或者服务方式，自主决定购买或者不购买任何一种商品、接受或者不接受任何一项服务。

消费者在自主选择商品或者服务时，有权进行比较、鉴别和挑选。

第十条 消费者享有公平交易的权利。

消费者在购买商品或者接受服务时，有权获得质量保障、价格合理、计量正确等公平交易条件，有权拒绝经营者的强制交易行为。

第十一条 消费者因购买、使用商品或者接受服务受到人身、财产损害的，享有依法获得赔偿的权利。

第十二条 消费者享有依法成立维护自身合法权益的社会团体的权利。

第十三条 消费者享有获得有关消费和消费者权益保护方面的知识的权利。

消费者应当努力掌握所需商品或者服务的知识和使用技能，正确使用商品，提高自我保护意识。

第十四条 消费者在购买、使用商品和接受服务时，享有其人格尊严、民族风俗习惯得到尊重的权利。

第十五条 消费者享有对商品和服务以及保护消费者权益工作进行监督的权利。

消费者有权检举、控告侵害消费者权益的行为和国家机关及其工作人员在保护消费者权益工作中的违法失职行为，有权对保护消费者权益工作提出批评、建议。

第三章　经营者的义务

第十六条 经营者向消费者提供商品或者服务，应当依照《中华人民共和国产品质量法》和其他有关法律、法规的规定履行义务。

经营者和消费者有约定的，应当按照约定履行义务，但双方的约定不得违背法律、法规的规定。

第十七条 经营者应当听取消费者对其提供的商品或者服务的意见，接受消费者的监督。

第十八条 经营者应当保证其提供的商品或者服务符合保障人身、财产安全的要求。对可能危及人身、财产安全的商品和服务，应当向消费者作出真实的说明和明确的警示，并说明和标明正确使用商品或者接受服务的方法以及防止危害发生的方法。

经营者发现其提供的商品或者服务存在严重缺陷，即使正确使用商品或者接受服务仍然可能对人身、财产安全造成危害的，应当立即向有关行政部门报告和告知消费者，并采取防止危害发生的措施。

第十九条 经营者应当向消费者提供有关商品或者服务的真实信息，不得作引人误解的虚假宣传。

经营者对消费者就其提供的商品或者服务的质量和使用方法等问题提出的询问，应当作出真实、明确的答复。

商店提供商品应当明码标价。

第二十条 经营者应当标明其真实名称和标记。

租赁他人柜台或者场地的经营者，应当标明其真实名称和标记。

第二十一条 经营者提供商品或者服务，应当按照国家有关规定或者商业惯例向消费者出具购货凭证或者服务单据；消费者索要购货凭证或者服务单据的，经营者必须出具。

第二十二条 经营者应当保证在正常使用商品或者接受服务的情况下其提供的商品或者服务应当具有的质量、性能、用途和有效期限；但消费者在购买该商品或者接受该服务前已经知道其存在瑕疵的除外。

经营者以广告、产品说明、实物样品或者其他方式表明商品或者服务的质量状况的，应当保证其提供的商品或者服务的实际质量与表明的质量状况相符。

第二十三条 经营者提供商品或者服务，按照国家规定或者与消费者的约定，承担包修、包换、包退或者其他责任的，应当按照国家规定或者约定履行，不得故意拖延或者无理拒绝。

第二十四条 经营者不得以格式合同、通知、声明、店堂告示等方式作出对消费者不公平、不合理的规定，或者减轻、免除其损害消费者合法权益应当承担的民事责任。

格式合同、通知、声明、店堂告示等含有前款所列内容的，其内容无效。

第二十五条 经营者不得对消费者进行侮辱、诽谤，不得搜查消费者的身体及其携带的物品，不得侵犯消费者的人身自由。

第四章　国家对消费者合法权益的保护

第二十六条 国家制定有关消费者权益的法律、法规和政策时，应当听取消费者的意见和要求。

第二十七条 各级人民政府应当加强领导，组织、协调、督促有关行政部门做好保护消费者合法权益的工作。

各级人民政府应当加强监督，预防危害消费者人身、财产安全行为的发生，及时制止危害消费者人身、财产安全的行为。

第二十八条 各级人民政府工商行政管理部门和其他有关行政部门应当依照法律、法规的规定，在各自的职责范围内，采取措施，保护消费者的合法权益。

有关行政部门应当听取消费者及其社会团体对经营者交易行为、商品和服务质量问题的意见，及时调查处理。

第二十九条 有关国家机关应当依照法律、法规的规定，惩处经营者在提供商品和服务中侵害消费者合法权益的违法犯罪行为。

第三十条 人民法院应当采取措施，方便消费者提起诉讼。对符合《中华人民共和国民事诉讼法》起诉条件的消费者权益争议，必须受理，及时审理。

第五章　消费者组织

第三十一条 消费者协会和其他消费者组织是依法成立的对商品和服务进行社会监督的保护消费者合法权益的社会团体。

第三十二条 消费者协会履行下列职能：

（一）向消费者提供消费信息和咨询服务；

（二）参与有关行政部门对商品和服务的监督、检查；

（三）就有关消费者合法权益的问题，向有关行政部门反映、查询，提出建议；

（四）受理消费者的投诉，并对投诉事项进行调查、调解；

（五）投诉事项涉及商品和服务质量问题的，可以提请鉴定部门鉴定，鉴定部门应当告知鉴定结论；

（六）就损害消费者合法权益的行为，支持受损害的消费者提起诉讼；

（七）对损害消费者合法权益的行为，通过大众传播媒介予以揭露、批评。

各级人民政府对消费者协会履行职能应当予以支持。

第三十三条　消费者组织不得从事商品经营和营利性服务，不得以牟利为目的向社会推荐商品和服务。

第六章　争议的解决

第三十四条　消费者和经营者发生消费者权益争议的，可以通过下列途径解决：

（一）与经营者协商和解；

（二）请求消费者协会调解；

（三）向有关行政部门申诉；

（四）根据与经营者达成的仲裁协议提请仲裁机构仲裁；

（五）向人民法院提起诉讼。

第三十五条　消费者在购买、使用商品时，其合法权益受到损害的，可以向销售者要求赔偿。销售者赔偿后，属于生产者的责任或者属于向销售者提供商品的其他销售者的责任的，销售者有权向生产者或者其他销售者追偿。

消费者或者其他受害人因商品缺陷造成人身、财产损害的，可以向销售者要求赔偿，也可以向生产者要求赔偿。属于生产者责任的，销售者赔偿后，有权向生产者追偿。属于销售者责任的，生产者赔偿后，有权向销售者追偿。

消费者在接受服务时，其合法权益受到损害的，可以向服务者要求赔偿。

第三十六条　消费者在购买、使用商品或者接受服务时，其合法权益受到损害，因原企业分立、合并的，可以向变更后承受其权利义务的企业要求赔偿。

第三十七条　使用他人营业执照的违法经营者提供商品或者服务，损害消费者合法权益的，消费者可以向其要求赔偿，也可以向营业执照的持有人要求赔偿。

第三十八条　消费者在展销会、租赁柜台购买商品或者接受服务，其合法权益受到损害的，可以向销售者或者服务者要求赔偿。展销会结束或者柜台租赁期满后，也可以向展销会的举办者、柜台的出租者要求赔偿。展销会的举办者、柜台的出租者赔偿后，有权向销售者或者服务者追偿。

第三十九条　消费者因经营者利用虚假广告提供商品或者服务，其合法权益受到损害的，可以向经营者要求赔偿。广告的经营者发布虚假广告的，消费者可以请求行政主管部门予以惩处。广告的经营者不能提供经营者的真实名称、地址的，应当承担赔偿责任。

第七章　法律责任

第四十条　经营者提供商品或者服务有下列情形之一的，除本法另有规定外，应当依照《中华人民共和国产品质量法》和其他有关法律、法规的规定，承担民事责任：

（一）商品存在缺陷的；

（二）不具备商品应当具备的使用性能而出售时未作说明的；

（三）不符合在商品或者其包装上注明采用的商品标准的；

（四）不符合商品说明、实物样品等方式表明的质量状况的；

（五）生产国家明令淘汰的商品或者销售失效、变质的商品的；

（六）销售的商品数量不足的；

（七）服务的内容和费用违反约定的；

（八）对消费者提出的修理、重作、更换、退货、补足商品数量、退还货款和服务费用或者赔偿损失的要求，故意拖延或者无理拒绝的。

第四十一条 经营者提供商品或者服务，造成消费者或者其他受害人人身伤害的，应当支付医疗费、治疗期间的护理费、因误工减少的收入等费用，造成残疾的，还应当支付残疾者生活自助具费、生活补助费、残疾赔偿金以及由其扶养的人所必需的生活费等费用；构成犯罪的，依法追究刑事责任。

第四十二条 经营者提供商品或者服务，造成消费者或者其他受害人死亡的，应当支付丧葬费、死亡赔偿金以及由死者生前扶养的人所必需的生活费等费用；构成犯罪的，依法追究刑事责任。

第四十三条 经营者违反本法第二十五条规定，侵害消费者的人格尊严或者侵犯消费者人身自由的，应当停止侵害、恢复名誉、消除影响、赔礼道歉，并赔偿损失。

第四十四条 经营者提供商品或者服务，造成消费者财产损害的，应当按照消费者的要求，以修理、重作、更换、退货、补足商品数量、退还货款和服务费用或者赔偿损失等方式承担民事责任。消费者与经营者另有约定的，按照约定履行。

第四十五条 对国家规定或者经营者与消费者约定包修、包换、包退的商品，经营者应当负责修理、更换或者退货。在保修期内两次修理仍不能正常使用的，经营者应当负责更换或者退货。

对包修、包换、包退的大件商品，消费者要求经营者修理、更换、退货的，经营者应当承担运输等合理费用。

第四十六条 经营者以邮购方式提供商品的，应当按照约定提供。未按照约定提供的，应当按照消费者的要求履行约定或者退回货款；并应当承担消费者必须支付的合理费用。

第四十七条 经营者以预收款方式提供商品或者服务的，应当按照约定提供。未按照约定提供的，应当按照消费者的要求履行约定或者退回预付款；并应当承担预付款的利息、消费者必须支付的合理费用。

第四十八条 依法经有关行政部门认定为不合格的商品，消费者要求退货的，经营者应当负责退货。

第四十九条 经营者提供商品或者服务有欺诈行为的，应当按照消费者的要求增加赔偿其受到的损失，增加赔偿的金额为消费者购买商品的价款或者接受服务的费用的一倍。

第五十条 经营者有下列情形之一，《中华人民共和国产品质量法》和其他有关法律、法规对处罚机关和处罚方式有规定的，依照法律、法规的规定执行；法律、法规未作规定的，由工商行政管理部门责令改正，可以根据情节单处或者并处警告、没收违法所得、处以违法所得一倍以上五倍以下的罚款，没有违法所得的，处以一万元以下的罚款；情节严重的，责令停业整顿、吊销营业执照：

（一）生产、销售的商品不符合保障人身、财产安全要求的；

（二）在商品中掺杂、掺假，以假充真，以次充好，或者以不合格商品冒充合格商品的；

（三）生产国家明令淘汰的商品或者销售失效、变质的商品的；

（四）伪造商品的产地，伪造或者冒用他人的厂名、厂址，伪造或者冒用认证标志、名优标志等质量标志的；

（五）销售的商品应当检验、检疫而未检验、检疫或者伪造检验、检疫结果的；

（六）对商品或者服务作引人误解的虚假宣传的；

（七）对消费者提出的修理、重作、更换、退货、补足商品数量、退还货款和服务费用或者赔偿损失的要求，故意拖延或者无理拒绝的；

（八）侵害消费者人格尊严或者侵犯消费者人身自由的；

（九）法律、法规规定的对损害消费者权益应当予以处罚的其他情形。

第五十一条 经营者对行政处罚决定不服的，可以自收到处罚决定之日起十五日内向上一级机关申请复议，对复议决定不服的，可以自收到复议决定书之日起十五日内向人民法院提起诉讼；也可以直接向人民法院提起诉讼。

第五十二条 以暴力、威胁等方法阻碍有关行政部门工作人员依法执行职务的，依法追究刑事责任；拒绝、阻碍有关行政部门工作人员依法执行职务，未使用暴力、威胁方法的，由公安机关依照《中华人民共和国治安管理处罚条例》的规定处罚。

第五十三条 国家机关工作人员玩忽职守或者包庇经营者侵害消费者合法权益的行为的，由其所在单位或者上级机关给予行政处分；情节严重，构成犯罪的，依法追究刑事责任。

第八章　附　　则

第五十四条 农民购买、使用直接用于农业生产的生产资料，参照本法执行。

第五十五条 本法自 1994 年 1 月 1 日起施行。

中华人民共和国票据法

（1995 年 5 月 10 日第八届全国人大常委会第十三次会议通过
中华人民共和国主席令〔1995〕49 号　1995 年 5 月 10 日公布
自 1996 年 1 月 1 日起施行）

目　录

第一章　总则
第二章　汇票
　第一节　出票
　第二节　背书
　第三节　承兑
　第四节　保证
　第五节　付款
　第六节　追索权
第三章　本票
第四章　支票
第五章　涉外票据的法律适用
第六章　法律责任
第七章　附则

第一章　总　　则

第一条　为了规范票据行为，保障票据活动中当事人的合法权益，维护社会经济秩序，促进社会主义市场经济的发展，制定本法。

第二条　在中华人民共和国境内的票据活动，适用本法。

本法所称票据，是指汇票、本票和支票。

第三条　票据活动应当遵守法律、行政法规，不得损害社会公共利益。

第四条　票据出票人制作票据，应当按照法定条件在票据上签章，并按照所记载的事项承担票据责任。

持票人行使票据权利，应当按照法定程序在票据上签章，并出示票据。

其他票据债务人在票据上签章的，按照票据所记载的事项承担票据责任。

本法所称票据权利，是指持票人向票据债务人请求支付票据金额的权利，包括付款请求权和追索权。

本法所称票据责任，是指票据债务人向持票人支付票据金额的义务。

第五条 票据当事人可以委托其代理人在票据上签章，并应当在票据上表明其代理关系。

没有代理权而以代理人名义在票据上签章的，应当由签章人承担票据责任；代理人超越代理权限的，应当就其超越权限的部分承担票据责任。

第六条 无民事行为能力人或者限制民事行为能力人在票据上签章的，其签章无效，但是不影响其他签章的效力。

第七条 票据上的签章，为签名、盖章或者签名加盖章。

法人和其他使用票据的单位在票据上的签章，为该法人或者该单位的盖章加其法定代表人或者其授权的代理人的签章。

在票据上的签名，应当为该当事人的本名。

第八条 票据金额以中文大写和数码同时记载，二者必须一致，二者不一致的，票据无效。

第九条 票据上的记载事项必须符合本法的规定。

票据金额、日期、收款人名称不得更改，更改的票据无效。

对票据上的其他记载事项，原记载人可以更改，更改时应当由原记载人签章证明。

第十条 票据的签发、取得和转让，应当遵循诚实信用的原则，具有真实的交易关系和债权债务关系。

票据的取得，必须给付对价，即应当给付票据双方当事人认可的相对应的代价。

第十一条 因税收、继承、赠与可以依法无偿取得票据的，不受给付对价的限制。但是，所享有的票据权利不得优于其前手的权利。

前手是指在票据签章人或者持票人之前签章的其他票据债务人。

第十二条 以欺诈、偷盗或者胁迫等手段取得票据的，或者明知有前列情形，出于恶意取得票据的，不得享有票据权利。

持票人因重大过失取得不符合本法规定的票据的，也不得享有票据权利。

第十三条 票据债务人不得以自己与出票人或者与持票人的前手之间的抗辩事由，对抗持票人。但是，持票人明知存在抗辩事由而取得票据的除外。

票据债务人可以对不履行约定义务的与自己有直接债权债务关系的持票人，进行抗辩。

本法所称抗辩，是指票据债务人根据本法规定对票据债权人拒绝履行义务的行为。

第十四条 票据上的记载事项应当真实，不得伪造、变造。

票据上有伪造、变造的签章的，不影响票据上其他真实签章的效力。

票据上其他记载事项被变造的，在变造之前签章的人，对原记载事项负责；在变造之后签章的人，对变造之后的记载事项负责；不能辨别是在票据被变造之前或者之后签章的，视同在变造之前签章。

第十五条 票据丧失，失票人可以及时通知票据的付款人挂失止付，但是，未记载付款人或者无法确定付款人及其代理付款人的票据除外。

收到挂失止付通知的付款人，应当暂停支付。

失票人应当在通知挂失止付后三日内，也可以在票据丧失后，直接依法向人民法院申请公示催告，或者向人民法院提起诉讼。

第十六条 持票人对票据债务人行使票据权利，或者保全票据权利，应当在票据当事人的营业场所和营业时间内进行，票据当事人无营业场所的，应当在其住所进行。

第十七条 票据权利在下列期限内不行使而消灭：

（一）持票人对票据的出票人和承兑人的权利，自票据到期日起二年。见票即付的汇票、本票，自出票日起二年；

（二）持票人对支票出票人的权利，自出票日起六个月；

（三）持票人对前手的追索权，自被拒绝承兑或者被拒绝付款之日起六个月；

（四）持票人对前手的再追索权，自清偿日或者被提起诉讼之日起三个月。

票据的出票日、到期日由票据当事人依法确定。

第十八条 持票人因超过票据权利时效或者因票据记载事项欠缺而丧失票据权利的，仍享有民事权利，可以请求出票人或者承兑人返还其与未支付的票据金额相当的利益。

第二章 汇　票

第一节 出　票

第十九条 汇票是出票人签发的，委托付款人在见票时或者在指定日期无条件支付确定的金额给收款人或者持票人的票据。

汇票分为银行汇票和商业汇票。

第二十条 出票是指出票人签发票据并将其交付给收款人的票据行为。

第二十一条 汇票的出票人必须与付款人具有真实的委托付款关系，并且具有支付汇票金额的可靠资金来源。

不得签发无对价的汇票用以骗取银行或者其他票据当事人的资金。

第二十二条 汇票必须记载下列事项：

（一）表明“汇票”的字样；

（二）无条件支付的委托；

（三）确定的金额；

（四）付款人名称；

（五）收款人名称；

（六）出票日期；

（七）出票人签章。

汇票上未记载前款规定事项之一的，汇票无效。

第二十三条 汇票上记载付款日期、付款地、出票地等事项的，应当清楚、明确。

汇票上未记载付款日期的，为见票即付。

汇票上未记载付款地的，付款人的营业场所、住所或者经常居住地为付款地。

汇票上未记载出票地的，出票人的营业场所、住所或者经常居住地为出票地。

第二十四条 汇票上可以记载本法规定事项以外的其他出票事项，但是该记载事项不具有汇票上的效力。

第二十五条 付款日期可以按照下列形式之一记载：

（一）见票即付；

（二）定日付款；

（三）出票后定期付款；

（四）见票后定期付款。

前款规定的付款日期为汇票到期日。

第二十六条 出票人签发汇票后，即承担保证该汇票承兑和付款的责任。出票人在汇票得不到承兑或者付款时，应当向持票人清偿本法第七十条、第七十一条规定的金额和费用。

第二节 背 书

第二十七条 持票人可以将汇票权利转让给他人或者将一定的汇票权利授予他人行使。

出票人在汇票上记载“不得转让”字样的，汇票不得转让。

持票人行使第一款规定的权利时，应当背书并交付汇票。

背书是指在票据背面或者粘单上记载有关事项并签章的票据行为。

第二十八条 票据凭证不能满足背书人记载事项的需要，可以加附粘单，粘附于票据凭证上。

粘单上的第一记载人，应当在汇票和粘单的粘接处签章。

第二十九条 背书由背书人签章并记载背书日期。

背书未记载日期的，视为在汇票到期日前背书。

第三十条 汇票以背书转让或者以背书将一定的汇票权利授予他人行使时，必须记载被背书人名称。

第三十一条 以背书转让的汇票，背书应当连续。持票人以背书的连续，证明其汇票权利；非经背书转让，而以其他合法方式取得汇票的，依法举证，证明其汇票权利。

前款所称背书连续，是指在票据转让中，转让汇票的背书人与受让汇票的被背书人在汇票上的签章依次前后衔接。

第三十二条 以背书转让的汇票，后手应当对其直接前手背书的真实性负责。

后手是指在票据签章人之后签章的其他票据债务人。

第三十三条 背书不得附有条件。背书时附有条件的，所附条件不具有汇票上的效力。将汇票金额的一部分转让的背书或者将汇票金额分别转让给二人以上的背书无效。

第三十四条 背书人在汇票上记载“不得转让”字样，其后手再背书转让的，原背书人对后手的被背书人不承担保证责任。

第三十五条 背书记载“委托收款”字样的，被背书人有权代背书人行使被委托的汇票权利。但是，被背书人不得再以背书转让汇票权利。

汇票可以设定质押；质押时应当以背书记载“质押”字样。被背书人依法实现其质权时，可以行使汇票权利。

第三十六条 汇票被拒绝承兑、被拒绝付款或者超过付款提示期限的，不得背书转让；背书转让的，背书人应当承担汇票责任。

第三十七条 背书人以背书转让汇票后，即承担保证其后手所持汇票承兑和付款的责任。

背书人在汇票得不到承兑或者付款时，应当向持票人清偿本法第七十条、第七十一条规定的金额和费用。

第三节 承 兑

第三十八条 承兑是指汇票付款人承诺在汇票到期日支付汇票金额的票据行为。

第三十九条 定日付款或者出票后定期付款的汇票，持票人应当在汇票到期日前向付款人提示承兑。

提示承兑是指持票人向付款人出示汇票，并要求付款人承诺付款的行为。

第四十条 见票后定期付款的汇票，持票人应当自出票日起一个月内向付款人提示承兑。

汇票未按照规定期限提示承兑的，持票人丧失对其前手的追索权。

见票即付的汇票无需提示承兑。

第四十一条 付款人对向其提示承兑的汇票，应当自收到提示承兑的汇票之日起三日内承兑或者拒绝承兑。

付款人收到持票人提示承兑的汇票时，应当向持票人签发收到汇票的回单。回单上应当记明汇票提示承兑日期并签章。

第四十二条 付款人承兑汇票的，应当在汇票正面记载“承兑”字样和承兑日期并签章；见票后定期付款的汇票，应当在承兑时记载付款日期。

汇票上未记载承兑日期的，以前条第一款规定期限的最后一日为承兑日期。

第四十三条 付款人承兑汇票，不得附有条件；承兑附有条件的，视为拒绝承兑。

第四十四条 付款人承兑汇票后，应当承担到期付款的责任。

第四节 保　证

第四十五条 汇票的债务可以由保证人承担保证责任。

保证人由汇票债务人以外的他人担当。

第四十六条 保证人必须在汇票或者粘单上记载下列事项：

（一）表明“保证”的字样；

（二）保证人名称和住所；

（三）被保证人的名称；

（四）保证日期；

（五）保证人签章。

第四十七条 保证人在汇票或者粘单上未记载前条第（三）项的，已承兑的汇票，承兑人为被保证人；未承兑的汇票，出票人为被保证人。

保证人在汇票或者粘单上未记载前条第（四）项的，出票日期为保证日期。

第四十八条 保证不得附有条件；附有条件的，不影响对汇票的保证责任。

第四十九条 保证人对合法取得汇票的持票人所享有的汇票权利，承担保证责任。但是，被保证人的债务因汇票记载事项欠缺而无效的除外。

第五十条 被保证的汇票，保证人应当与被保证人对持票人承担连带责任。汇票到期后得不到付款的，持票人有权向保证人请求付款，保证人应当足额付款。

第五十一条 保证人为二人以上的，保证人之间承担连带责任。

第五十二条 保证人清偿汇票债务后，可以行使持票人对被保证人及其前手的追索权。

第五节 付　款

第五十三条 持票人应当按照下列期限提示付款：

（一）见票即付的汇票，自出票日起一个月内向付款人提示付款；

（二）定日付款、出票后定期付款或者见票后定期付款的汇票，自到期日起十日内向承兑人提示付款。

持票人未按照前款规定期限提示付款的，在作出说明后，承兑人或者付款人仍应当继续对持票人承担付款责任。

通过委托收款银行或者通过票据交换系统向付款人提示付款的，视同持票人提示付款。

第五十四条 持票人依照前条规定提示付款的，付款人必须在当日足额付款。

第五十五条 持票人获得付款的，应当在汇票上签收，并将汇票交给付款人。持票人委托银行收款的，受委托的银行将代收的汇票金额转帐收入持票人帐户，视同签收。

第五十六条 持票人委托的收款银行的责任，限于按照汇票上记载事项将汇票金额转入持票人帐户。

付款人委托的付款银行的责任，限于按照汇票上记载事项从付款人帐户支付汇票金额。

第五十七条 付款人及其代理付款人付款时，应当审查汇票背书的连续，并审查提示付款人的合法身份证明或者有效证件。

付款人及其代理付款人以恶意或者有重大过失付款的，应当自行承担责任。

第五十八条 对定日付款、出票后定期付款或者见票后定期付款的汇票，付款人在到期日前付款的，由付款人自行承担所产生的责任。

第五十九条 汇票金额为外币的，按照付款日的市场汇价，以人民币支付。

汇票当事人对汇票支付的货币种类另有约定的，从其约定。

第六十条 付款人依法足额付款后，全体汇票债务人的责任解除。

第六节 追 索 权

第六十一条 汇票到期被拒绝付款的，持票人可以对背书人、出票人以及汇票的其他债务人行使追索权。

汇票到期日前，有下列情形之一的，持票人也可以行使追索权：

（一）汇票被拒绝承兑的；

（二）承兑人或者付款人死亡、逃匿的；

（三）承兑人或者付款人被依法宣告破产的或者因违法被责令终止业务活动的。

第六十二条 持票人行使追索权时，应当提供被拒绝承兑或者被拒绝付款的有关证明。

持票人提示承兑或者提示付款被拒绝的，承兑人或者付款人必须出具拒绝证明，或者出具退票理由书。未出具拒绝证明或者退票理由书的，应当承担由此产生的民事责任。

第六十三条 持票人因承兑人或者付款人死亡、逃匿或者其他原因，不能取得拒绝证明的，可以依法取得其他有关证明。

第六十四条 承兑人或者付款人被人民法院依法宣告破产的，人民法院的有关司法文书具有拒绝证明的效力。

承兑人或者付款人因违法被责令终止业务活动的，有关行政主管部门的处罚决定具有拒绝证明的效力。

第六十五条 持票人不能出示拒绝证明、退票理由书或者未按照规定期限提供其他合法证明的，丧失对其前手的追索权。但是，承兑人或者付款人仍应当对持票人承担责任。

第六十六条 持票人应当自收到被拒绝承兑或者被拒绝付款的有关证明之日起三日内，将被拒绝事由书面通知其前手；其前手应当自收到通知之日起三日内书面通知其再前手。持票人也可以同时向各汇票债务人发出书面通知。

未按照前款规定期限通知的，持票人仍可以行使追索权。因延期通知给其前手或者出票人造成损失的，由没有按照规定期限通知的汇票当事人，承担对该损失的赔偿责任，但是所赔偿的金额以汇票金额为限。

在规定期限内将通知按照法定地址或者约定的地址邮寄的，视为已经发出通知。

第六十七条 依照前条第一款所作的书面通知，应当记明汇票的主要记载事项，并说明该汇票已被退票。

第六十八条 汇票的出票人、背书人、承兑人和保证人对持票人承担连带责任。

持票人可以不按照汇票债务人的先后顺序，对其中任何一人、数人或者全体行使追索权。

持票人对汇票债务人中的一人或者数人已经进行追索的，对其他汇票债务人仍可以行使追索权。被追索人清偿债务后，与持票人享有同一权利。

第六十九条 持票人为出票人的，对其前手无追索权。持票人为背书人的，对其后手无追索权。

第七十条 持票人行使追索权，可以请求被追索人支付下列金额和费用：

（一）被拒绝付款的汇票金额；

（二）汇票金额自到期日或者提示付款日起至清偿日止，按照中国人民银行规定的利率计算的利息；

（三）取得有关拒绝证明和发出通知书的费用。

被追索人清偿债务时，持票人应当交出汇票和有关拒绝证明，并出具所收到利息和费用的收据。

第七十一条 被追索人依照前条规定清偿后，可以向其他汇票债务人行使再追索权，请求其他汇票债务人支付下列金额和费用：

（一）已清偿的全部金额；

（二）前项金额自清偿日起至再追索清偿日止，按照中国人民银行规定的利率计算的利息；

（三）发出通知书的费用。

行使再追索权的被追索人获得清偿时，应当交出汇票和有关拒绝证明，并出具所收到利息和费用的收据。

第七十二条 被追索人依照前二条规定清偿债务后，其责任解除。

第三章 本　　票

第七十三条 本票是出票人签发的，承诺自己在见票时无条件支付确定的金额给收款人或者持票人的票据。

本法所称本票，是指银行本票。

第七十四条 本票的出票人必须具有支付本票金额的可靠资金来源，并保证支付。

第七十五条 本票出票人的资格由中国人民银行审定，具体管理办法由中国人民银行规定。

第七十六条 本票必须记载下列事项：

（一）表明“本票”的字样；

（二）无条件支付的承诺；

（三）确定的金额；

（四）收款人名称；

（五）出票日期；

（六）出票人签章。

本票上未记载前款规定事项之一的，本票无效。

第七十七条 本票上记载付款地、出票地等事项的，应当清楚、明确。

本票上未记载付款地的，出票人的营业场所为付款地。

本票上未记载出票地的，出票人的营业场所为出票地。

第七十八条 本票的出票人在持票人提示见票时，必须承担付款的责任。

第七十九条 本票自出票日起，付款期限最长不得超过二个月。

第八十条 本票的持票人未按照规定期限提示见票的，丧失对出票人以外的前手的追索权。

第八十一条 本票的背书、保证、付款行为和追索权的行使，除本章规定外，适用本法第二章有关汇票的规定。

本票的出票行为，除本章规定外，适用本法第二十四条关于汇票的规定。

第四章 支 票

第八十二条 支票是出票人签发的，委托办理支票存款业务的银行或者其他金融机构在见票时无条件支付确定的金额给收款人或者持票人的票据。

第八十三条 开立支票存款帐户，申请人必须使用其本名，并提交证明其身份的合法证件。

开立支票存款帐户和领用支票，应当有可靠的资信，并存入一定的资金。

开立支票存款帐户，申请人应当预留其本名的签名式样和印鉴。

第八十四条 支票可以支取现金，也可以转帐，用于转帐时，应当在支票正面注明。

支票中专门用于支取现金的，可以另行制作现金支票，现金支票只能用于支取现金。

支票中专门用于转帐的，可以另行制作转帐支票，转帐支票只能用于转帐，不得支取现金。

第八十五条 支票必须记载下列事项：

（一）表明“支票”的字样；

（二）无条件支付的委托；

（三）确定的金额；

（四）付款人名称；

（五）出票日期；

（六）出票人签章。

支票上未记载前款规定事项之一的，支票无效。

第八十六条 支票上的金额可以由出票人授权补记，未补记前的支票，不得使用。

第八十七条 支票上未记载收款人名称的，经出票人授权，可以补记。

支票上未记载付款地的，付款人的营业场所为付款地。

支票上未记载出票地的，出票人的营业场所、住所或者经常居住地为出票地。

出票人可以在支票上记载自己为收款人。

第八十八条 支票的出票人所签发的支票金额不得超过其付款时在付款人处实有的存款金额。

出票人签发的支票金额超过其付款时在付款人处实有的存款金额的，为空头支票。禁止签发空头支票。

第八十九条 支票的出票人不得签发与其预留本名的签名式样或者印鉴不符的支票。

第九十条 出票人必须按照签发的支票金额承担保证向该持票人付款的责任。出票人在付款人处的存款足以支付支票金额时，付款人应当在当日足额付款。

第九十一条 支票限于见票即付，不得另行记载付款日期。另行记载付款日期的，该记载无效。

第九十二条 支票的持票人应当自出票日起十日内提示付款；异地使用的支票，其提示付款的期限由中国人民银行另行规定。

超过提示付款期限的，付款人可以不予付款；付款人不予付款的，出票人仍应当对持票人承担票据责任。

第九十三条 付款人依法支付支票金额的，对出票人不再承担受委托付款的责任，对持票人不再承担付款的责任。但是，付款人以恶意或者有重大过失付款的除外。

第九十四条 支票的背书、付款行为和追索权的行使，除本章规定外，适用本法第二章有关汇票的规定。

支票的出票行为，除本章规定外，适用本法第二十四条、第二十六条关于汇票的规定。

第五章 涉外票据的法律适用

第九十五条 涉外票据的法律适用，依照本章的规定确定。

前款所称涉外票据，是指出票、背书、承兑、保证、付款等行为中，既有发生在中华人民共和国境内又有发生在中华人民共和国境外的票据。

第九十六条 中华人民共和国缔结或者参加的国际条约同本法有不同规定的，适用国际条约的规定。但是，中华人民共和国声明保留的条款除外。

本法和中华人民共和国缔结或者参加的国际条约没有规定的，可以适用国际惯例。

第九十七条 票据债务人的民事行为能力，适用其本国法律。

票据债务人的民事行为能力，依照其本国法律为无民事行为能力或者为限制民事行为能力而依照行为地法律为完全民事行为能力的，适用行为地法律。

第九十八条 汇票、本票出票时的记载事项，适用出票地法律。

支票出票时的记载事项，适用出票地法律，经当事人协议，也可以适用付款地法律。

第九十九条 票据的背书、承兑、付款和保证行为，适用行为地法律。

第一百条 票据追索权的行使期限，适用出票地法律。

第一百零一条 票据的提示期限、有关拒绝证明的方式、出具拒绝证明的期限，适用付款地法律。

第一百零二条 票据丧失时，失票人请求保全票据权利的程序，适用付款地法律。

第六章 法律责任

第一百零三条 有下列票据欺诈行为之一的，依法追究刑事责任：

（一）伪造、变造票据的；

（二）故意使用伪造、变造的票据的；

（三）签发空头支票或者故意签发与其预留的本名签名式样或者印鉴不符的支票，骗取财物的；

（四）签发无可靠资金来源的汇票、本票，骗取资金的；

（五）汇票、本票的出票人在出票时作虚假记载，骗取财物的；

（六）冒用他人的票据，或者故意使用过期或者作废的票据，骗取财物的；

（七）付款人同出票人、持票人恶意串通，实施前六项所列行为之一的。

第一百零四条 有前条所列行为之一，情节轻微，不构成犯罪的，依照国家有关规定给予行政处罚。

第一百零五条 金融机构工作人员在票据业务中玩忽职守，对违反本法规定的票据予以承兑、付款或者保证的，给予处分；造成重大损失，构成犯罪的，依法追究刑事责任。

由于金融机构工作人员因前款行为给当事人造成损失的，由该金融机构和直接责任人员依法承担赔偿责任。

第一百零六条 票据的付款人对见票即付或者到期的票据，故意压票，拖延支付的，由金融行政管理部门处以罚款，对直接责任人员给予处分。

票据的付款人故意压票，拖延支付，给持票人造成损失的，依法承担赔偿责任。

第一百零七条 依照本法规定承担赔偿责任以外的其他违反本法规定的行为，给他人造成损失的，应当依法承担民事责任。

第七章　附　　则

第一百零八条 本法规定的各项期限的计算，适用民法通则关于计算期间的规定。按月计算期限的，按到期月的对日计算；无对日的，月末日为到期日。

第一百零九条 汇票、本票、支票的格式应当统一。票据凭证的格式和印制管理办法，由中国人民银行规定。

第一百一十条 票据管理的具体实施办法，由中国人民银行依照本法制定，报国务院批准后施行。

第一百一十一条 本法自 1996 年 1 月 1 日起施行。

中华人民共和国行政处罚法

（1996 年 3 月 17 日第八届全国人大常委会第四次会议通过
中华人民共和国主席令〔1996〕31 号　1996 年 3 月 17 日公布
自 1996 年 10 月 1 日起施行）

目　录

第一章　总则
第二章　行政处罚的种类和设定
第三章　行政处罚的实施机关
第四章　行政处罚的管辖和适用
第五章　行政处罚的决定
　第一节　简易程序
　第二节　一般程序
　第三节　听证程序
第六章　行政处罚的执行
第七章　法律责任
第八章　附则

第一章　总　　则

第一条　为了规范行政处罚的设定和实施，保障和监督行政机关有效实施行政管理，维护公共利益和社会秩序，保护公民、法人或者其他组织的合法权益，根据宪法，制定本法。

第二条　行政处罚的设定和实施，适用本法。

第三条　公民、法人或者其他组织违反行政管理秩序的行为，应当给予行政处罚的，依照本法由法律、法规或者规章规定，并由行政机关依照本法规定的程序实施。

没有法定依据或者不遵守法定程序的，行政处罚无效。

第四条　行政处罚遵循公正、公开的原则。

设定和实施行政处罚必须以事实为依据，与违法行为的事实、性质、情节以及社会危害程度相当。

对违法行为给予行政处罚的规定必须公布；未经公布的，不得作为行政处罚的依据。

第五条　实施行政处罚，纠正违法行为，应当坚持处罚与教育相结合，教育公民、法人或者其他组织自觉守法。

第六条　公民、法人或者其他组织对行政机关所给予的行政处罚，享有陈述权、申辩权；对行政处罚不服的，有权依法申请行政复议或者提起行政诉讼。

公民、法人或者其他组织因行政机关违法给予行政处罚受到损害的，有权依法提出赔偿要求。

第七条 公民、法人或者其他组织因违法受到行政处罚，其违法行为对他人造成损害的，应当依法承担民事责任。

违法行为构成犯罪，应当依法追究刑事责任，不得以行政处罚代替刑事处罚。

第二章 行政处罚的种类和设定

第八条 行政处罚的种类：

（一）警告；

（二）罚款；

（三）没收违法所得、没收非法财物；

（四）责令停产停业；

（五）暂扣或者吊销许可证、暂扣或者吊销执照；

（六）行政拘留；

（七）法律、行政法规规定的其他行政处罚。

第九条 法律可以设定各种行政处罚。

限制人身自由的行政处罚，只能由法律设定。

第十条 行政法规可以设定除限制人身自由以外的行政处罚。

法律对违法行为已经作出行政处罚规定，行政法规需要作出具体规定的，必须在法律规定的给予行政处罚的行为、种类和幅度的范围内规定。

第十一条 地方性法规可以设定除限制人身自由、吊销企业营业执照以外的行政处罚。法律、行政法规对违法行为已经作出行政处罚规定，地方性法规需要作出具体规定的，必须在法律、行政法规规定的给予行政处罚的行为、种类和幅度的范围内规定。

第十二条 国务院部、委员会制定的规章可以在法律、行政法规规定的给予行政处罚的行为、种类和幅度的范围内作出具体规定。

尚未制定法律、行政法规的，前款规定的国务院部、委员会制定的规章对违反行政管理秩序的行为，可以设定警告或者一定数量罚款的行政处罚。罚款的限额由国务院规定。

国务院可以授权具有行政处罚权的直属机构依照本条第一款、第二款的规定，规定行政处罚。

第十三条 省、自治区、直辖市人民政府和省、自治区人民政府所在地的市人民政府以及经国务院批准的较大的市人民政府制定的规章可以在法律、法规规定的给予行政处罚的行为、种类和幅度的范围内作出具体规定。

尚未制定法律、法规的，前款规定的人民政府制定的规章对违反行政管理秩序的行为，可以设定警告或者一定数量罚款的行政处罚。罚款的限额由省、自治区、直辖市人民代表大会常务委员会规定。

第十四条 除本法第九条、第十条、第十一条、第十二条以及第十三条的规定外，其他规范性文件不得设定行政处罚。

第三章 行政处罚的实施机关

第十五条 行政处罚由具有行政处罚权的行政机关在法定职权范围内实施。

第十六条 国务院或者经国务院授权的省、自治区、直辖市人民政府可以决定一个行政机关行使有关行政机关的行政处罚权，但限制人身自由的行政处罚权只能由公安机关行使。

第十七条 法律、法规授权的具有管理公共事务职能的组织可以在法定授权范围内实施行政处罚。

第十八条 行政机关依照法律、法规或者规章的规定，可以在其法定权限内委托符合本法第十九条规定条件的组织实施行政处罚。行政机关不得委托其他组织或者个人实施行政处罚。

委托行政机关对受委托的组织实施行政处罚的行为应当负责监督，并对该行为的后果承担法律责任。受委托组织在委托范围内，以委托行政机关名义实施行政处罚；不得再委托其他任何组织或者个人实施行政处罚。

第十九条 受委托组织必须符合以下条件：

（一）依法成立的管理公共事务的事业组织；

（二）具有熟悉有关法律、法规、规章和业务的工作人员；

（三）对违法行为需要进行技术检查或者技术鉴定的，应当有条件组织进行相应的技术检查或者技术鉴定。

第四章　行政处罚的管辖和适用

第二十条 行政处罚由违法行为发生地的县级以上地方人民政府具有行政处罚权的行政机关管辖。法律、行政法规另有规定的除外。

第二十一条 对管辖发生争议的，报请共同的上一级行政机关指定管辖。

第二十二条 违法行为构成犯罪的，行政机关必须将案件移送司法机关，依法追究刑事责任。

第二十三条 行政机关实施行政处罚时，应当责令当事人改正或者限期改正违法行为。

第二十四条 对当事人的同一个违法行为，不得给予两次以上罚款的行政处罚。

第二十五条 不满十四周岁的人有违法行为的，不予行政处罚，责令监护人加以管教；已满十四周岁不满十八周岁的人有违法行为的，从轻或者减轻行政处罚。

第二十六条 精神病人在不能辨认或者不能控制自己行为时有违法行为的，不予行政处罚，但应当责令其监护人严加看管和治疗。间歇性精神病人在精神正常时有违法行为的，应当给予行政处罚。

第二十七条 当事人有下列情形之一的，应当依法从轻或者减轻行政处罚：

（一）主动消除或者减轻违法行为危害后果的；

（二）受他人胁迫有违法行为的；

（三）配合行政机关查处违法行为有立功表现的；

（四）其他依法从轻或者减轻行政处罚的。

违法行为轻微并及时纠正，没有造成危害后果的，不予行政处罚。

第二十八条 违法行为构成犯罪，人民法院判处拘役或者有期徒刑时，行政机关已经给予当事人行政拘留的，应当依法折抵相应刑期。

违法行为构成犯罪，人民法院判处罚金时，行政机关已经给予当事人罚款的，应当折抵相应罚金。

第二十九条 违法行为在二年内未被发现的，不再给予行政处罚。法律另有规定的除外。

前款规定的期限，从违法行为发生之日起计算；违法行为有连续或者继续状态的，从行为终了之日起计算。

第五章　行政处罚的决定

第三十条　公民、法人或者其他组织违反行政管理秩序的行为，依法应当给予行政处罚的，行政机关必须查明事实；违法事实不清的，不得给予行政处罚。

第三十一条　行政机关在作出行政处罚决定之前，应当告知当事人作出行政处罚决定的事实、理由及依据，并告知当事人依法享有的权利。

第三十二条　当事人有权进行陈述和申辩。行政机关必须充分听取当事人的意见，对当事人提出的事实、理由和证据，应当进行复核；当事人提出的事实、理由或者证据成立的，行政机关应当采纳。行政机关不得因当事人申辩而加重处罚。

第一节　简易程序

第三十三条　违法事实确凿并有法定依据，对公民处以五十元以下、对法人或者其他组织处以一千元以下罚款或者警告的行政处罚的，可以当场作出行政处罚决定。当事人应当依照本法第四十六条、第四十七条、第四十八条的规定履行行政处罚决定。

第三十四条　执法人员当场作出行政处罚决定的，应当向当事人出示执法身份证件，填写预定格式、编有号码的行政处罚决定书。行政处罚决定书应当当场交付当事人。

前款规定的行政处罚决定书应当载明当事人的违法行为、行政处罚依据、罚款数额、时间、地点以及行政机关名称，并由执法人员签名或者盖章。

执法人员当场作出的行政处罚决定，必须报所属行政机关备案。

第三十五条　当事人对当场作出的行政处罚决定不服的，可以依法申请行政复议或者提起行政诉讼。

第二节　一般程序

第三十六条　除本法第三十三条规定的可以当场作出的行政处罚外，行政机关发现公民、法人或者其他组织有依法应当给予行政处罚的行为的，必须全面、客观、公正地调查，收集有关证据；必要时，依照法律、法规的规定，可以进行检查。

第三十七条　行政机关在调查或者进行检查时，执法人员不得少于两人，并应当向当事人或者有关人员出示证件。当事人或者有关人员应当如实回答询问，并协助调查或者检查，不得阻挠。询问或者检查应当制作笔录。

行政机关在收集证据时，可以采取抽样取证的方法；在证据可能灭失或者以后难以取得的情况下，经行政机关负责人批准，可以先行登记保存，并应当在七日内及时作出处理决定，在此期间，当事人或者有关人员不得销毁或者转移证据。

执法人员与当事人有直接利害关系的，应当回避。

第三十八条　调查终结，行政机关负责人应当对调查结果进行审查，根据不同情况，分别作出如下决定：

（一）确有应受行政处罚的违法行为的，根据情节轻重及具体情况，作出行政处罚决定；

（二）违法行为轻微，依法可以不予行政处罚的，不予行政处罚；

（三）违法事实不能成立的，不得给予行政处罚；

（四）违法行为已构成犯罪的，移送司法机关。

对情节复杂或者重大违法行为给予较重的行政处罚，行政机关的负责人应当集体讨论决定。

第三十九条 行政机关依照本法第三十八条的规定给予行政处罚，应当制作行政处罚决定书。行政处罚决定书应当载明下列事项：

（一）当事人的姓名或者名称、地址；

（二）违反法律、法规或者规章的事实和证据；

（三）行政处罚的种类和依据；

（四）行政处罚的履行方式和期限；

（五）不服行政处罚决定，申请行政复议或者提起行政诉讼的途径和期限；

（六）作出行政处罚决定的行政机关名称和作出决定的日期。

行政处罚决定书必须盖有作出行政处罚决定的行政机关的印章。

第四十条 行政处罚决定书应当在宣告后当场交付当事人；当事人不在场的，行政机关应当在七日内依照民事诉讼法的有关规定，将行政处罚决定书送达当事人。

第四十一条 行政机关及其执法人员在作出行政处罚决定之前，不依照本法第三十一条、第三十二条的规定向当事人告知给予行政处罚的事实、理由和依据，或者拒绝听取当事人的陈述、申辩，行政处罚决定不能成立；当事人放弃陈述或者申辩权利的除外。

第三节　听证程序

第四十二条 行政机关作出责令停产停业、吊销许可证或者执照、较大数额罚款等行政处罚决定之前，应当告知当事人有要求举行听证的权利；当事人要求听证的，行政机关应当组织听证。当事人不承担行政机关组织听证的费用。听证依照以下程序组织：

（一）当事人要求听证的，应当在行政机关告知后三日内提出；

（二）行政机关应当在听证的七日前，通知当事人举行听证的时间、地点；

（三）除涉及国家秘密、商业秘密或者个人隐私外，听证公开举行；

（四）听证由行政机关指定的非本案调查人员主持；当事人认为主持人与本案有直接利害关系的，有权申请回避。

（五）当事人可以亲自参加听证，也可以委托一至二人代理；

（六）举行听证时，调查人员提出当事人违法的事实、证据和行政处罚建议；当事人进行申辩和质证；

（七）听证应当制作笔录；笔录应当交当事人审核无误后签字或者盖章。当事人对限制人身自由的行政处罚有异议的，依照治安管理处罚条例有关规定执行。

第四十三条 听证结束后，行政机关依照本法第三十八条的规定，作出决定。

第六章　行政处罚的执行

第四十四条 行政处罚决定依法作出后，当事人应当在行政处罚决定的期限内，予以履行。

第四十五条 当事人对行政处罚决定不服申请行政复议或者提起行政诉讼的，行政处罚不停止执行。法律另有规定的除外。

第四十六条 作出罚款决定的行政机关应当与收缴罚款的机构分离。

除依照本法第四十七条、第四十八条的规定当场收缴的罚款外，作出行政处罚决定的行政机关及其执法人员不得自行收缴罚款。

当事人应当自收到行政处罚决定书之日起十五日内，到指定的银行缴纳罚款。银行应当收受罚款，并将罚款直接上缴国库。

第四十七条 依照本法第三十三条的规定当场作出行政处罚决定，有下列情形之一的，执法人员可以当场收缴罚款：

（一）依法给予二十元以下的罚款的；

（二）不当场收缴事后难以执行的。

第四十八条 在边远、水上、交通不便地区，行政机关及其执法人员依照本法第三十三条、第三十八条的规定作出罚款决定后，当事人向指定的银行缴纳罚款确有困难，经当事人提出，行政机关及其执法人员可以当场收缴罚款。

第四十九条 行政机关及其执法人员当场收缴罚款的，必须向当事人出具省、自治区、直辖市财政部门统一制发的罚款收据；不出具财政部门统一制发的罚款收据的，当事人有权拒绝缴纳罚款。

第五十条 执法人员当场收缴的罚款，应当自收缴罚款之日起二日内，交至行政机关；在水上当场收缴的罚款，应当自抵岸之日起二日内交至行政机关；行政机关应当在二日内将罚款缴付指定的银行。

第五十一条 当事人逾期不履行行政处罚决定的，作出行政处罚决定的行政机关可以采取下列措施：

（一）到期不缴纳罚款的，每日按罚款数额的百分之三加处罚款；

（二）根据法律规定，将查封、扣押的财物拍卖或者将冻结的存款划拨抵缴罚款；

（三）申请人民法院强制执行。

第五十二条 当事人确有经济困难，需要延期或者分期缴纳罚款的，经当事人申请和行政机关批准，可以暂缓或者分期缴纳。

第五十三条 除依法应当予以销毁的物品外，依法没收的非法财物必须按照国家规定公开拍卖或者按照国家有关规定处理。

罚款、没收违法所得或者没收非法财物拍卖的款项，必须全部上缴国库，任何行政机关或者个人不得以任何形式截留、私分或者变相私分；财政部门不得以任何形式向作出行政处罚决定的行政机关返还罚款、没收的违法所得或者返还没收非法财物的拍卖款项。

第五十四条 行政机关应当建立健全对行政处罚的监督制度。县级以上人民政府应当加强对行政处罚的监督检查。

公民、法人或者其他组织对行政机关作出的行政处罚，有权申诉或者检举；行政机关应当认真审查，发现行政处罚有错误的，应当主动改正。

第七章　法律责任

第五十五条 行政机关实施行政处罚，有下列情形之一的，由上级行政机关或者有关部门责令改正，可以对直接负责的主管人员和其他直接责任人员依法给予行政处分：

（一）没有法定的行政处罚依据的；

（二）擅自改变行政处罚种类、幅度的；

（三）违反法定的行政处罚程序的；

（四）违反本法第十八条关于委托处罚的规定的。

第五十六条 行政机关对当事人进行处罚不使用罚款、没收财物单据或者使用非法定部门制发的罚款、没收财物单据的，当事人有权拒绝处罚，并有权予以检举。上级行政机关或者有关部门对使用的非法单据予以收缴销毁，对直接负责的主管人员和其他直接责任人员依法给予行政处分。

第五十七条 行政机关违反本法第四十六条的规定自行收缴罚款的，财政部门违反本法第五十三条的规定向行政机关返还罚款或者拍卖款项的，由上级行政机关或者有关部门责令改正，对直接负责的主管人员和其他直接责任人员依法给予行政处分。

第五十八条 行政机关将罚款、没收的违法所得或者财物截留、私分或者变相私分的，由财政部门或者有关部门予以追缴，对直接负责的主管人员和其他直接责任人员依法给予行政处分；情节严重构成犯罪的，依法追究刑事责任。

执法人员利用职务上的便利，索取或者收受他人财物、收缴罚款据为己有，构成犯罪的，依法追究刑事责任；情节轻微不构成犯罪的，依法给予行政处分。

第五十九条 行政机关使用或者损毁扣押的财物，对当事人造成损失的，应当依法予以赔偿，对直接负责的主管人员和其他直接责任人员依法给予行政处分。

第六十条 行政机关违法实行检查措施或者执行措施，给公民人身或者财产造成损害、给法人或者其他组织造成损失的，应当依法予以赔偿，对直接负责的主管人员和其他直接责任人员依法给予行政处分；情节严重构成犯罪的，依法追究刑事责任。

第六十一条 行政机关为牟取本单位私利，对应当依法移交司法机关追究刑事责任的不移交，以行政处罚代替刑罚，由上级行政机关或者有关部门责令纠正；拒不纠正的，对直接负责的主管人员给予行政处分；徇私舞弊、包庇纵容违法行为的，比照刑法第一百八十八条的规定追究刑事责任。

第六十二条 执法人员玩忽职守，对应当予以制止和处罚的违法行为不予制止、处罚，致使公民、法人或者其他组织的合法权益、公共利益和社会秩序遭受损害的，对直接负责的主管人员和其他直接责任人员依法给予行政处分；情节严重构成犯罪的，依法追究刑事责任。

第八章　附　　则

第六十三条 本法第四十六条罚款决定与罚款收缴分离的规定，由国务院制定具体实施办法。

第六十四条 本法自1996年10月1日起施行。

本法公布前制定的法规和规章关于行政处罚的规定与本法不符合的，应当自本法公布之日起，依照本法规定予以修订，在1997年12月31日前修订完毕。

中华人民共和国执业医师法

（1998 年 6 月 26 日第九届全国人大常委会第三次会议通过
中华人民共和国主席令〔1998〕5 号　1998 年 6 月 26 日公布
自 1999 年 5 月 1 日起施行）

目　　录

第一章　总则
第二章　考试和注册
第三章　执业规则
第四章　考核和培训
第五章　法律责任
第六章　附则

第一章　总　　则

第一条　为了加强医师队伍的建设，提高医师的职业道德和业务素质，保障医师的合法权益，保护人民健康，制定本法。

第二条　依法取得执业医师资格或者执业助理医师资格，经注册在医疗、预防、保健机构中执业的专业医务人员，适用本法。

本法所称医师，包括执业医师和执业助理医师。

第三条　医师应当具备良好的职业道德和医疗执业水平，发扬人道主义精神，履行防病治病、救死扶伤、保护人民健康的神圣职责。

全社会应当尊重医师。医师依法履行职责，受法律保护。

第四条　国务院卫生行政部门主管全国的医师工作。

县级以上地方人民政府卫生行政部门负责管理本行政区域内的医师工作。

第五条　国家对在医疗、预防、保健工作中作出贡献的医师，给予奖励。

第六条　医师的医学专业技术职称和医学专业技术职务的评定、聘任，按照国家有关规定办理。

第七条　医师可以依法组织和参加医师协会。

第二章　　考试和注册

第八条　国家实行医师资格考试制度。医师资格考试分为执业医师资格考试和执业助理医师资格考试。

医师资格统一考试的办法，由国务院卫生行政部门制定。医师资格考试由省级以上人民政府卫生行政部门组织实施。

第九条 具有下列条件之一的，可以参加执业医师资格考试：

（一）具有高等学校医学专业本科以上学历，在执业医师指导下，在医疗、预防、保健机构中试用期满一年的；

（二）取得执业助理医师执业证书后，具有高等学校医学专科学历，在医疗、预防、保健机构中工作满二年的；具有中等专业学校医学专业学历，在医疗、预防、保健机构中工作满五年的。

第十条 具有高等学校医学专科学历或者中等专业学校医学专业学历，在执业医师指导下，在医疗、预防、保健机构中试用期满一年的，可以参加执业助理医师资格考试。

第十一条 以师承方式学习传统医学满三年或者经多年实践医术确有专长的，经县级以上人民政府卫生行政部门确定的传统医学专业组织或者医疗、预防、保健机构考核合格并推荐，可以参加执业医师资格或者执业助理医师资格考试。考试的内容和办法由国务院卫生行政部门另行制定。

第十二条 医师资格考试成绩合格，取得执业医师资格或者执业助理医师资格。

第十三条 国家实行医师执业注册制度。

取得医师资格的，可以向所在地县级以上人民政府卫生行政部门申请注册。

除有本法第十五条规定的情形外，受理申请的卫生行政部门应当自收到申请之日起三十日内准予注册，并发给由国务院卫生行政部门统一印制的医师执业证书。

医疗、预防、保健机构可以为本机构中的医师集体办理注册手续。

第十四条 医师经注册后，可以在医疗、预防、保健机构中按照注册的执业地点、执业类别、执业范围执业，从事相应的医疗、预防、保健业务。

未经医师注册取得执业证书，不得从事医师执业活动。

第十五条 有下列情形之一的，不予注册：

（一）不具有完全民事行为能力的；

（二）因受刑事处罚，自刑罚执行完毕之日起至申请注册之日止不满二年的；

（三）受吊销医师执业证书行政处罚，自处罚决定之日起至申请注册之日止不满二年的；

（四）有国务院卫生行政部门规定不宜从事医疗、预防、保健业务的其他情形的。

受理申请的卫生行政部门对不符合条件不予注册的，应当自收到申请之日起三十日内书面通知申请人，并说明理由。申请人有异议的，可以自收到通知之日起十五日内，依法申请复议或者向人民法院提起诉讼。

第十六条 医师注册后有下列情形之一的，其所在的医疗、预防、保健机构应当在三十日内报告准予注册的卫生行政部门，卫生行政部门应当注销注册，收回医师执业证书：

（一）死亡或者被宣告失踪的；

（二）受刑事处罚的；

（三）受吊销医师执业证书行政处罚的；

（四）依照本法第三十一条规定暂停执业活动期满，再次考核仍不合格的；

（五）中止医师执业活动满二年的；

（六）有国务院卫生行政部门规定不宜从事医疗、预防、保健业务的其他情形的。

被注销注册的当事人有异议的，可以自收到注销注册通知之日起十五日内，依法申请复议或者向人民法院提起诉讼。

第十七条 医师变更执业地点、执业类别、执业范围等注册事项的，应当到准予注册的卫生行政部门依照本法第十三条的规定办理变更注册手续。

第十八条 中止医师执业活动二年以上以及有本法第十五条规定情形消失的，申请重新执业，应当由本法第三十一条规定的机构考核合格，并依照本法第十三条的规定重新注册。

第十九条 申请个体行医的执业医师，须经注册后在医疗、预防、保健机构中执业满五年，并按照国家有关规定办理审批手续；未经批准，不得行医。

县级以上地方人民政府卫生行政部门对个体行医的医师，应当按照国务院卫生行政部门的规定，经常监督检查，凡发现有本法第十六条规定的情形的，应当及时注销注册，收回医师执业证书。

第二十条 县级以上地方人民政府卫生行政部门应当将准予注册和注销注册的人员名单予以公告。并由省级人民政府卫生行政部门汇总，报国务院卫生行政部门备案。

第三章 执业规则

第二十一条 医师在执业活动中享有下列权利：

（一）在注册的执业范围内，进行医学诊查、疾病调查、医学处置、出具相应的医学证明文件，选择合理的医疗、预防、保健方案；

（二）按照国务院卫生行政部门规定的标准，获得与本人执业活动相当的医疗设备基本条件；

（三）从事医学研究、学术交流，参加专业学术团体；

（四）参加专业培训，接受继续医学教育；

（五）在执业活动中，人格尊严、人身安全不受侵犯；

（六）获取工资报酬和津贴，享受国家规定的福利待遇；

（七）对所在机构的医疗、预防、保健工作和卫生行政部门的工作提出意见和建议，依法参与所在机构的民主管理。

第二十二条 医师在执业活动中履行下列义务：

（一）遵守法律、法规，遵守技术操作规范；

（二）树立敬业精神，遵守职业道德，履行医师职责，尽职尽责为患者服务；

（三）关心、爱护、尊重患者，保护患者的隐私；

（四）努力钻研业务，更新知识，提高专业技术水平；

（五）宣传卫生保健知识，对患者进行健康教育。

第二十三条 医师实施医疗、预防、保健措施，签署有关医学证明文件，必须亲自诊查、调查，并按照规定及时填写医学文书，不得隐匿、伪造或者销毁医学文书及有关资料。

医师不得出具与自己执业范围无关或者与执业类别不相符的医学证明文件。

第二十四条 对急危患者，医师应当采取紧急措施进行诊治；不得拒绝急救处置。

第二十五条 医师应当使用经国家有关部门批准使用的药品、消毒药剂和医疗器械。

除正当诊断治疗外，不得使用麻醉药品、医疗用毒性药品、精神药品和放射性药品。

第二十六条 医师应当如实向患者或者其家属介绍病情，但应注意避免对患者产生不利后果。

医师进行实验性临床医疗，应当经医院批准并征得患者本人或者其家属同意。

第二十七条 医师不得利用职务之便，索取、非法收受患者财物或者牟取其他不正当利益。

第二十八条 遇有自然灾害、传染病流行、突发重大伤亡事故及其他严重威胁人民生命健康的紧急情况时，医师应当服从县级以上人民政府卫生行政部门的调遣。

第二十九条 医师发生医疗事故或者发现传染病疫情时，应当按照有关规定及时向所在机构或者卫生行政部门报告。

医师发现患者涉嫌伤害事件或者非正常死亡时，应当按照有关规定向有关部门报告。

第三十条 执业助理医师应当在执业医师的指导下，在医疗、预防、保健机构中按照其执业类别执业。

在乡、民族乡、镇的医疗、预防、保健机构中工作的执业助理医师，可以根据医疗诊治的情况和需要，独立从事一般的执业活动。

第四章 考核和培训

第三十一条 受县级以上人民政府卫生行政部门委托的机构或者组织应当按照医师执业标准，对医师的业务水平、工作成绩和职业道德状况进行定期考核。

对医师的考核结果，考核机构应当报告准予注册的卫生行政部门备案。

对考核不合格的医师，县级以上人民政府卫生行政部门可以责令其暂停执业活动三个月至六个月，并接受培训和继续医学教育。暂停执业活动期满，再次进行考核，对考核合格的，允许其继续执业；对考核不合格的，由县级以上人民政府卫生行政部门注销注册，收回医师执业证书。

第三十二条 县级以上人民政府卫生行政部门负责指导、检查和监督医师考核工作。

第三十三条 医师有下列情形之一的，县级以上人民政府卫生行政部门应当给予表彰或者奖励：

（一）在执业活动中，医德高尚，事迹突出的；

（二）对医学专业技术有重大突破，作出显著贡献的；

（三）遇有自然灾害、传染病流行、突发重大伤亡事故及其他严重威胁人民生命健康的紧急情况时，救死扶伤、抢救诊疗表现突出的；

（四）长期在边远贫困地区、少数民族地区条件艰苦的基层单位努力工作的；

（五）国务院卫生行政部门规定应当予以表彰或者奖励的其他情形的。

第三十四条 县级以上人民政府卫生行政部门应当制定医师培训计划，对医师进行多种形式的培训，为医师接受继续医学教育提供条件。

县级以上人民政府卫生行政部门应当采取有力措施，对在农村和少数民族地区从事医疗、预防、保健业务的医务人员实施培训。

第三十五条 医疗、预防、保健机构应当按照规定和计划保证本机构医师的培训和继续医学教育。

县级以上人民政府卫生行政部门委托的承担医师考核任务的医疗卫生机构，应当为医师的培训和接受继续医学教育提供和创造条件。

第五章 法律责任

第三十六条 以不正当手段取得医师执业证书的，由发给证书的卫生行政部门予以吊销；对负有直接责任的主管人员和其他直接责任人员，依法给予行政处分。

第三十七条 医师在执业活动中，违反本法规定，有下列行为之一的，由县级以上人民政府卫生行政部门给予警告或者责令暂停六个月以上一年以下执业活动；情节严重的，吊销其执业证书；构成犯罪的，依法追究刑事责任：

（一）违反卫生行政规章制度或者技术操作规范，造成严重后果的；

（二）由于不负责任延误急危患者的抢救和诊治，造成严重后果的；

（三）造成医疗责任事故的；

（四）未经亲自诊查、调查，签署诊断、治疗、流行病学等证明文件或者有关出生、死亡等证明文件的；

（五）隐匿、伪造或者擅自销毁医学文书及有关资料的；

（六）使用未经批准使用的药品、消毒药剂和医疗器械的；

（七）不按照规定使用麻醉药品、医疗用毒性药品、精神药品和放射性药品的；

（八）未经患者或者其家属同意，对患者进行实验性临床医疗的；

（九）泄露患者隐私，造成严重后果的；

（十）利用职务之便，索取、非法收受患者财物或者牟取其他不正当利益的；

（十一）发生自然灾害、传染病流行、突发重大伤亡事故以及其他严重威胁人民生命健康的紧急情况时，不服从卫生行政部门调遣的；

（十二）发生医疗事故或者发现传染病疫情，患者涉嫌伤害事件或者非正常死亡，不按照规定报告的。

第三十八条 医师在医疗、预防、保健工作中造成事故的，依照法律或者国家有关规定处理。

第三十九条 未经批准擅自开办医疗机构行医或者非医师行医的，由县级以上人民政府卫生行政部门予以取缔，没收其违法所得及其药品、器械，并处十万元以下的罚款；对医师吊销其执业证书；给患者造成损害的，依法承担赔偿责任；构成犯罪的，依法追究刑事责任。

第四十条 阻碍医师依法执业，侮辱、诽谤、威胁、殴打医师或者侵犯医师人身自由、干扰医师正常工作、生活的，依照治安管理处罚条例的规定处罚；构成犯罪的，依法追究刑事责任。

第四十一条 医疗、预防、保健机构未依照本法第十六条的规定履行报告职责，导致严重后果的，由县级以上人民政府卫生行政部门给予警告；并对该机构的行政负责人依法给予行政处分。

第四十二条 卫生行政部门工作人员或者医疗、预防、保健机构工作人员违反本法有关规定，弄虚作假、玩忽职守、滥用职权、徇私舞弊，尚不构成犯罪的，依法给予行政处分；构成犯罪的，依法追究刑事责任。

第六章 附 则

第四十三条 本法颁布之日前按照国家有关规定取得医学专业技术职称和医学专业技术职务的人员，由所在机构报请县级以上人民政府卫生行政部门认定，取得相应的医师资格。其中在医疗、预防、保健机构中从事医疗、预防、保健业务的医务人员，依照本法规定的条件，由所在机构集体核报县级以上人民政府卫生行政部门，予以注册并发给医师执业证书。具体办法由国务院卫生行政部门会同国务院人事行政部门制定。

第四十四条 计划生育技术服务机构中的医师，适用本法。

第四十五条 在乡村医疗卫生机构中向村民提供预防、保健和一般医疗服务的乡村医生，符合本法有关规定的，可以依法取得执业医师资格或者执业助理医师资格；不具备本法规定的执业医师资格或者执业助理医师资格的乡村医生，由国务院另行制定管理办法。

第四十六条 军队医师执行本法的实施办法，由国务院、中央军事委员会依据本法的原则制定。

第四十七条 境外人员在中国境内申请医师考试、注册、执业或者从事临床示教、临床研究等活动的，按照国家有关规定办理。

第四十八条 本法自1999年5月1日起施行。

中华人民共和国行政复议法

（1999年4月29日第九届全国人大常委会第九次会议通过
中华人民共和国主席令〔1999〕16号 1999年4月29日公布
自1999年10月1日起施行）

目　录

第一章　总则
第二章　行政复议范围
第三章　行政复议申请
第四章　行政复议受理
第五章　行政复议决定
第六章　法律责任
第七章　附则

第一章　总　　则

第一条　为了防止和纠正违法的或者不当的具体行政行为，保护公民、法人和其他组织的合法权益，保障和监督行政机关依法行使职权，根据宪法，制定本法。

第二条　公民、法人或者其他组织认为具体行政行为侵犯其合法权益，向行政机关提出行政复议申请，行政机关受理行政复议申请、作出行政复议决定，适用本法。

第三条　依照本法履行行政复议职责的行政机关是行政复议机关。行政复议机关负责法制工作的机构具体办理行政复议事项，履行下列职责：

（一）受理行政复议申请；

（二）向有关组织和人员调查取证，查阅文件和资料；

（三）审查申请行政复议的具体行政行为是否合法与适当，拟订行政复议决定；

（四）处理或者转送对本法第七条所列有关规定的审查申请；

（五）对行政机关违反本法规定的行为依照规定的权限和程序提出处理建议；

（六）办理因不服行政复议决定提起行政诉讼的应诉事项；

（七）法律、法规规定的其他职责。

第四条　行政复议机关履行行政复议职责，应当遵循合法、公正、公开、及时、便民的原则，坚持有错必纠，保障法律、法规的正确实施。

第五条　公民、法人或者其他组织对行政复议决定不服的，可以依照行政诉讼法的规定向人民法院提起行政诉讼，但是法律规定行政复议决定为最终裁决的除外。

第二章　行政复议范围

第六条　有下列情形之一的，公民、法人或者其他组织可以依照本法申请行政复议：

（一）对行政机关作出的警告、罚款、没收违法所得、没收非法财物、责令停产停业、暂扣或者吊销许可证、暂扣或者吊销执照、行政拘留等行政处罚决定不服的；

（二）对行政机关作出的限制人身自由或者查封、扣押、冻结财产等行政强制措施决定不服的；

（三）对行政机关作出的有关许可证、执照、资质证、资格证等证书变更、中止、撤销的决定不服的；

（四）对行政机关作出的关于确认土地、矿藏、水流、森林、山岭、草原、荒地、滩涂、海域等自然资源的所有权或者使用权的决定不服的；

（五）认为行政机关侵犯合法的经营自主权的；

（六）认为行政机关变更或者废止农业承包合同，侵犯其合法权益的；

（七）认为行政机关违法集资、征收财物、摊派费用或者违法要求履行其他义务的；

（八）认为符合法定条件，申请行政机关颁发许可证、执照、资质证、资格证等证书，或者申请行政机关审批、登记有关事项，行政机关没有依法办理的；

（九）申请行政机关履行保护人身权利、财产权利、受教育权利的法定职责，行政机关没有依法履行的；

（十）申请行政机关依法发放抚恤金、社会保险金或者最低生活保障费，行政机关没有依法发放的；

（十一）认为行政机关的其他具体行政行为侵犯其合法权益的。

第七条　公民、法人或者其他组织认为行政机关的具体行政行为所依据的下列规定不合法，在对具体行政行为申请行政复议时，可以一并向行政复议机关提出对该规定的审查申请：

（一）国务院部门的规定；

（二）县级以上地方各级人民政府及其工作部门的规定；

（三）乡、镇人民政府的规定。

前款所列规定不含国务院部、委员会规章和地方人民政府规章。规章的审查依照法律、行政法规办理。

第八条　不服行政机关作出的行政处分或者其他人事处理决定的，依照有关法律、行政法规的规定提出申诉。

不服行政机关对民事纠纷作出的调解或者其他处理，依法申请仲裁或者向人民法院提起诉讼。

第九条　公民、法人或者其他组织认为具体行政行为侵犯其合法权益的，可以自知道该具体行政行为之日起六十日内提出行政复议申请；但是法律规定的申请期限超过六十日的除外。

因不可抗力或者其他正当理由耽误法定申请期限的，申请期限自障碍消除之日起继续计算。

第十条　依照本法申请行政复议的公民、法人或者其他组织是申请人。

有权申请行政复议的公民死亡的，其近亲属可以申请行政复议。有权申请行政复议的公民为无民事行为能力人或者限制民事行为能力人的，其法定代理人可以代为申请行政复议。有权申请行政复议的法人或者其他组织终止的，承受其权利的法人或者其他组织可以申请行政复议。

同申请行政复议的具体行政行为有利害关系的其他公民、法人或者其他组织，可以作为第三人参加行政复议。

公民、法人或者其他组织对行政机关的具体行政行为不服申请行政复议的，作出具体行政行为的行政机关是被申请人。

申请人、第三人可以委托代理人代为参加行政复议。

第十一条 申请人申请行政复议，可以书面申请，也可以口头申请；口头申请的，行政复议机关应当当场记录申请人的基本情况、行政复议请求、申请行政复议的主要事实、理由和时间。

第十二条 对县级以上地方各级人民政府工作部门的具体行政行为不服的，由申请人选择，可以向该部门的本级人民政府申请行政复议，也可以向上一级主管部门申请行政复议。

对海关、金融、国税、外汇管理等实行垂直领导的行政机关和国家安全机关的具体行政行为不服的，向上一级主管部门申请行政复议。

第十三条 对地方各级人民政府的具体行政行为不服的，向上一级地方人民政府申请行政复议。

对省、自治区人民政府依法设立的派出机关所属的县级地方人民政府的具体行政行为不服的，向该派出机关申请行政复议。

第三章 行政复议申请

第十四条 对国务院部门或者省、自治区、直辖市人民政府的具体行政行为不服的，向作出该具体行政行为的国务院部门或者省、自治区、直辖市人民政府申请行政复议。对行政复议决定不服的，可以向人民法院提起行政诉讼；也可以向国务院申请裁决，国务院依照本法的规定作出最终裁决。

第十五条 对本法第十二条、第十三条、第十四条规定以外的其他行政机关、组织的具体行政行为不服的，按照下列规定申请行政复议：

（一）对县级以上地方人民政府依法设立的派出机关的具体行政行为不服的，向设立该派出机关的人民政府申请行政复议；

（二）对政府工作部门依法设立的派出机构依照法律、法规或者规章规定，以自己的名义作出的具体行政行为不服的，向设立该派出机构的部门或者该部门的本级地方人民政府申请行政复议；

（三）对法律、法规授权的组织的具体行政行为不服的，分别向直接管理该组织的地方人民政府、地方人民政府工作部门或者国务院部门申请行政复议；

（四）对两个或者两个以上行政机关以共同的名义作出的具体行政行为不服的，向其共同上一级行政机关申请行政复议；

（五）对被撤销的行政机关在撤销前所作出的具体行政行为不服的，向继续行使其职权的行政机关的上一级行政机关申请行政复议。

有前款所列情形之一的，申请人也可以向具体行政行为发生地的县级地方人民政府提出行政复议申请，由接受申请的县级地方人民政府依照本法第十八条的规定办理。

第十六条 公民、法人或者其他组织申请行政复议，行政复议机关已经依法受理的，或者法律、法规规定应当先向行政复议机关申请行政复议、对行政复议决定不服再向人民法院提起行政诉讼的，在法定行政复议期限内不得向人民法院提起行政诉讼。

公民、法人或者其他组织向人民法院提起行政诉讼，人民法院已经依法受理的，不得申请行政复议。

第四章 行政复议受理

第十七条 行政复议机关收到行政复议申请后，应当在五日内进行审查，对不符合本法规定的行政复议申请，决定不予受理，并书面告知申请人；对符合本法规定，但是不属于本机关受理的行政复议申请，应当告知申请人向有关行政复议机关提出。

除前款规定外，行政复议申请自行政复议机关负责法制工作的机构收到之日起即为受理。

第十八条 依照本法第十五条第二款的规定接受行政复议申请的县级地方人民政府，对依照本法第十五条第一款的规定属于其他行政复议机关受理的行政复议申请，应当自接到该行政复议申请之日起七日内，转送有关行政复议机关，并告知申请人。接受转送的行政复议机关应当依照本法第十七条的规定办理。

第十九条 法律、法规规定应当先向行政复议机关申请行政复议、对行政复议决定不服再向人民法院提起行政诉讼的，行政复议机关决定不予受理或者受理后超过行政复议期限不作答复的，公民、法人或者其他组织可以自收到不予受理决定书之日起或者行政复议期满之日起十五日内，依法向人民法院提起行政诉讼。

第二十条 公民、法人或者其他组织依法提出行政复议申请，行政复议机关无正当理由不予受理的，上级行政机关应当责令其受理；必要时，上级行政机关也可以直接受理。

第二十一条 行政复议期间具体行政行为不停止执行；但是，有下列情形之一的，可以停止执行：

（一）被申请人认为需要停止执行的；

（二）行政复议机关认为需要停止执行的；

（三）申请人申请停止执行，行政复议机关认为其要求合理，决定停止执行的；

（四）法律规定停止执行的。

第五章　行政复议决定

第二十二条 行政复议原则上采取书面审查的办法，但是申请人提出要求或者行政复议机关负责法制工作的机构认为有必要时，可以向有关组织和人员调查情况，听取申请人、被申请人和第三人的意见。

第二十三条 行政复议机关负责法制工作的机构应当自行政复议申请受理之日起七日内，将行政复议申请书副本或者行政复议申请笔录复印件发送被申请人。被申请人应当自收到申请书副本或者申请笔录复印件之日起十日内，提出书面答复，并提交当初作出具体行政行为的证据、依据和其他有关材料。

申请人、第三人可以查阅被申请人提出的书面答复、作出具体行政行为的证据、依据和其他有关材料，除涉及国家秘密、商业秘密或者个人隐私外，行政复议机关不得拒绝。

第二十四条 在行政复议过程中，被申请人不得自行向申请人和其他有关组织或者个人收集证据。

第二十五条 行政复议决定作出前，申请人要求撤回行政复议申请的，经说明理由，可以撤回；撤回行政复议申请的，行政复议终止。

第二十六条 申请人在申请行政复议时，一并提出对本法第七条所列有关规定的审查申请的，行政复议机关对该规定有权处理的，应当在三十日内依法处理；无权处理的，应当在七日内按照法定程序转送有权处理的行政机关依法处理，有权处理的行政机关应当在六十日内依法处理。处理期间，中止对具体行政行为的审查。

第二十七条 行政复议机关在对被申请人作出的具体行政行为进行审查时，认为其依据不合法，本机关有权处理的，应当在三十日内依法处理；无权处理的，应当在七日内按照法定程序转送有权处理的国家机关依法处理。处理期间，中止对具体行政行为的审查。

第二十八条 行政复议机关负责法制工作的机构应当对被申请人作出的具体行政行为进行审查，提出意见，经行政复议机关的负责人同意或者集体讨论通过后，按照下列规定作出行政复议决定：

（一）具体行政行为认定事实清楚，证据确凿，适用依据正确，程序合法，内容适当的，决定维持；

（二）被申请人不履行法定职责的，决定其在一定期限内履行；

（三）具体行政行为有下列情形之一的，决定撤销、变更或者确认该具体行政行为违法；

决定撤销或者确认该具体行政行为违法的，可以责令被申请人在一定期限内重新作出具体行政行为：

1. 主要事实不清、证据不足的；
2. 适用依据错误的；
3. 违反法定程序的；
4. 超越或者滥用职权的；
5. 具体行政行为明显不当的。

（四）被申请人不按照本法第二十三条的规定提出书面答复、提交当初作出具体行政行为的证据、依据和其他有关材料的，视为该具体行政行为没有证据、依据，决定撤销该具体行政行为。

行政复议机关责令被申请人重新作出具体行政行为的，被申请人不得以同一的事实和理由作出与原具体行政行为相同或者基本相同的具体行政行为。

第二十九条 申请人在申请行政复议时可以一并提出行政赔偿请求，行政复议机关对符合国家赔偿法的有关规定应当给予赔偿的，在决定撤销、变更具体行政行为或者确认具体行政行为违法时，应当同时决定被申请人依法给予赔偿。

申请人在申请行政复议时没有提出行政赔偿请求的，行政复议机关在依法决定撤销或者变更罚款，撤销违法集资、没收财物、征收财物、摊派费用以及对财产的查封、扣押、冻结等具体行政行为时。应当同时责令被申请人返还财产，解除对财产的查封、扣押、冻结措施，或者赔偿相应的价款。

第三十条 公民、法人或者其他组织认为行政机关的具体行政行为侵犯其已经依法取得的土地、矿藏、水流、森林、山岭、草原、荒地、滩涂、海域等自然资源的所有权或者使用权的，应当先申请行政复议；对行政复议决定不服的，可以依法向人民法院提起行政诉讼。

根据国务院或者省、自治区、直辖市人民政府对行政区划的勘定、调整或者征用土地的决定，省、自治区、直辖市人民政府确认土地、矿藏、水流、森林、山岭、草原、荒地、滩涂、海域等自然资源的所有权或者使用权的行政复议决定为最终裁决。

第三十一条 行政复议机关应当自受理申请之日起六十日内作出行政复议决定；但是法律规定的行政复议期限少于六十日的除外。情况复杂，不能在规定期限内作出行政复议决定的，经行政复议机关的负责人批准，可以适当延长，并告知申请人和被申请人；但是延长期限最多不超过三十日。

行政复议机关作出行政复议决定，应当制作行政复议决定书，并加盖印章。

行政复议决定书一经送达，即发生法律效力。

第三十二条 被申请人应当履行行政复议决定。

被申请人不履行或者无正当理由拖延履行行政复议决定的，行政复议机关或者有关上级行政机关应当责令其限期履行。

第三十三条 申请人逾期不起诉又不履行行政复议决定的，或者不履行最终裁决的行政复议决定的。按照下列规定分别处理：

（一）维持具体行政行为的行政复议决定，由作出具体行政行为的行政机关依法强制执行，或者申请人民法院强制执行；

（二）变更具体行政行为的行政复议决定，由行政复议机关依法强制执行，或者申请人民法院强制执行。

第六章　法律责任

第三十四条　行政复议机关违反本法规定，无正当理由不予受理依法提出的行政复议申请或者不按照规定转送行政复议申请的，或者在法定期限内不作出行政复议决定的，对直接负责的主管人员和其他直接责任人员依法给予警告、记过、记大过的行政处分；经责令受理仍不受理或者不按照规定转送行政复议申请，造成严重后果的，依法给予降级、撤职、开除的行政处分。

第三十五条　行政复议机关工作人员在行政复议活动中，徇私舞弊或者有其他渎职、失职行为的。依法给予警告、记过、记大过的行政处分；情节严重的，依法给予降级、撤职、开除的行政处分；构成犯罪的，依法追究刑事责任。

第三十六条　被申请人违反本法规定，不提出书面答复或者不提交作出具体行政行为的证据、依据和其他有关材料。或者阻挠、变相阻挠公民、法人或者其他组织依法申请行政复议的，对直接负责的主管人员和其他直接责任人员依法给予警告、记过、记大过的行政处分；进行报复陷害的，依法给予降级、撤职、开除的行政处分；构成犯罪的，依法追究刑事责任。

第三十七条　被申请人不履行或者无正当理由拖延履行行政复议决定的，对直接负责的主管人员和其他直接责任人员依法给予警告、记过、记大过的行政处分；经责令履行仍拒不履行的，依法给予降级、撤职、开除的行政处分。

第三十八条　行政复议机关负责法制工作的机构发现有无正当理由不予受理行政复议申请、不按照规定期限作出行政复议决定、徇私舞弊、对申请人打击报复或者不履行行政复议决定等情形的，应当向有关行政机关提出建议，有关行政机关应当依照本法和有关法律、行政法规的规定作出处理。

第七章　附　　则

第三十九条　行政复议机关受理行政复议申请，不得向申请人收取任何费用。行政复议活动所需经费，应当列入本机关的行政经费，由本级财政予以保障。

第四十条　行政复议期间的计算和行政复议文书的送达，依照民事诉讼法关于期间、送达的规定执行。

本法关于行政复议期间有关“五日”、“七日”的规定是指工作日，不含节假日。

第四十一条　外国人、无国籍人、外国组织在中华人民共和国境内申请行政复议，适用本法。

第四十二条　本法施行前公布的法律有关行政复议的规定与本法的规定不一致的，以本法的规定为准。

第四十三条　本法自1999年10月1日起施行。1990年12月24日国务院发布、1994年10月9日国务院修订发布的《行政复议条例》同时废止。

中华人民共和国公益事业捐赠法

（1999年6月28日第九届全国人大常委会第十次会议通过
中华人民共和国主席令〔1999〕19号　1999年6月28日公布
自1999年9月1日起施行）

目　录

第一章　总则
第二章　捐赠和受赠
第三章　捐赠财产的使用和管理
第四章　优惠措施
第五章　法律责任
第六章　附则

第一章　总　　则

第一条　为了鼓励捐赠，规范捐赠和受赠行为，保护捐赠人、受赠人和受益人的合法权益，促进公益事业的发展，制定本法。

第二条　自然人、法人或者其他组织自愿无偿向依法成立的公益性社会团体和公益性非营利的事业单位捐赠财产，用于公益事业的，适用本法。

第三条　本法所称公益事业是指非营利的下列事项：

（一）救助灾害、救济贫困、扶助残疾人等困难的社会群体和个人的活动；

（二）教育、科学、文化、卫生、体育事业；

（三）环境保护、社会公共设施建设；

（四）促进社会发展和进步的其他社会公共和福利事业。

第四条　捐赠应当是自愿和无偿的，禁止强行摊派或者变相摊派，不得以捐赠为名从事营利活动。

第五条　捐赠财产的使用应当尊重捐赠人的意愿，符合公益目的，不得将捐赠财产挪作他用。

第六条　捐赠应当遵守法律、法规，不得违背社会公德，不得损害公共利益和其他公民的合法权益。

第七条　公益性社会团体受赠的财产及其增值为社会公共财产，受国家法律保护，任何单位和个人不得侵占、挪用和损毁。

第八条　国家鼓励公益事业的发展，对公益性社会团体和公益性非营利的事业单位给予扶持和优待。

国家鼓励自然人、法人或者其他组织对公益事业进行捐赠。

对公益事业捐赠有突出贡献的自然人、法人或者其他组织，由人民政府或者有关部门予以表彰。对捐赠人进行公开表彰，应当事先征求捐赠人的意见。

第二章　捐赠和受赠

第九条　自然人、法人或者其他组织可以选择符合其捐赠意愿的公益性社会团体和公益性非营利的事业单位进行捐赠。捐赠的财产应当是其有权处分的合法财产。

第十条　公益性社会团体和公益性非营利的事业单位可以依照本法接受捐赠。

本法所称公益性社会团体是指依法成立的，以发展公益事业为宗旨的基金会、慈善组织等社会团体。

本法所称公益性非营利的事业单位是指依法成立的，从事公益事业的不以营利为目的的教育机构、科学研究机构、医疗卫生机构、社会公共文化机构、社会公共体育机构和社会福利机构等。

第十一条　在发生自然灾害时或者境外捐赠人要求县级以上人民政府及其部门作为受赠人时，县级以上人民政府及其部门可以接受捐赠，并依照本法的有关规定对捐赠财产进行管理。

县级以上人民政府及其部门可以将受赠财产转交公益性社会团体或者公益性非营利的事业单位；也可以按照捐赠人的意愿分发或者兴办公益事业，但是不得以本机关为受益对象。

第十二条　捐赠人可以与受赠人就捐赠财产的种类、质量、数量和用途等内容订立捐赠协议。捐赠人有权决定捐赠的数量、用途和方式。

捐赠人应当依法履行捐赠协议，按照捐赠协议约定的期限和方式将捐赠财产转移给受赠人。

第十三条　捐赠人捐赠财产兴建公益事业工程项目，应当与受赠人订立捐赠协议，对工程项目的资金、建设、管理和使用作出约定。

捐赠的公益事业工程项目由受赠单位按照国家有关规定办理项目审批手续，并组织施工或者由受赠人和捐赠人共同组织施工。工程质量应当符合国家质量标准。

捐赠的公益事业工程项目竣工后，受赠单位应当将工程建设、建设资金的使用和工程质量验收情况向捐赠人通报。

第十四条　捐赠人对于捐赠的公益事业工程项目可以留名纪念；捐赠人单独捐赠的工程项目或者主要由捐赠人出资兴建的工程项目，可以由捐赠人提出工程项目的名称，报县级以上人民政府批准。

第十五条　境外捐赠人捐赠的财产，由受赠人按照国家有关规定办理入境手续；捐赠实行许可证管理物品，由受赠人按照国家有关规定办理许可证申领手续，海关凭许可证验放、监管。

华侨向境内捐赠的，县级以上人民政府侨务部门可以协助办理有关入境手续，为捐赠人实施捐赠项目提供帮助。

第三章　捐赠财产的使用和管理

第十六条　受赠人接受捐赠后，应当向捐赠人出具合法、有效的收据，将受赠财产登记造册，妥善保管。

第十七条　公益性社会团体应当将受赠财产用于资助符合其宗旨的活动和事业。对于接受的救助灾害的捐赠财产，应当及时用于救助活动。基金会每年用于资助公益事业的资金数额，不得低于国家规定的比例。

公益性社会团体应当严格遵守国家的有关规定，按照合法、安全、有效的原则，积极实现捐赠财产的保值增值。

公益性非营利的事业单位应当将受赠财产用于发展本单位的公益事业，不得挪作他用。

对于不易储存、运输和超过实际需要的受赠财产，受赠人可以变卖，所取得的全部收入，应当用于捐赠目的。

第十八条 受赠人与捐赠人订立了捐赠协议的，应当按照协议约定的用途使用捐赠财产，不得擅自改变捐赠财产的用途。如果确需改变用途的，应当征得捐赠人的同意。

第十九条 受赠人应当依照国家有关规定，建立健全财务会计制度和受赠财产的使用制度，加强对受赠财产的管理。

第二十条 受赠人每年度应当向政府有关部门报告受赠财产的使用、管理情况，接受监督。必要时，政府有关部门可以对其财务进行审计。

海关对减免关税的捐赠物品依法实施监督和管理。

县级以上人民政府侨务部门可以参与对华侨向境内捐赠财产使用与管理的监督。

第二十一条 捐赠人有权向受赠人查询捐赠财产的使用、管理情况，并提出意见和建议。对于捐赠人的查询，受赠人应当如实答复。

第二十二条 受赠人应当公开接受捐赠的情况和受赠财产的使用、管理情况，接受社会监督。

第二十三条 公益性社会团体应当厉行节约，降低管理成本，工作人员的工资和办公费用从利息等收入中按照国家规定的标准开支。

第四章　优惠措施

第二十四条 公司和其他企业依照本法的规定捐赠财产用于公益事业，依照法律、行政法规的规定享受企业所得税方面的优惠。

第二十五条 自然人和个体工商户依照本法的规定捐赠财产用于公益事业，依照法律、行政法规的规定享受个人所得税方面的优惠。

第二十六条 境外向公益性社会团体和公益性非营利的事业单位捐赠的用于公益事业的物资，依照法律、行政法规的规定减征或者免征进口关税和进口环节的增值税。

第二十七条 对于捐赠的工程项目，当地人民政府应当给予支持和优惠。

第五章　法律责任

第二十八条 受赠人未征得捐赠人的许可，擅自改变捐赠财产的性质、用途的，由县级以上人民政府有关部门责令改正，给予警告。拒不改正的，经征求捐赠人的意见，由县级以上人民政府将捐赠财产交由与其宗旨相同或者相似的公益性社会团体或者公益性非营利的事业单位管理。

第二十九条 挪用、侵占或者贪污捐赠款物的，由县级以上人民政府有关部门责令退还所用、所得款物，并处以罚款；对直接责任人员，由所在单位依照有关规定予以处理；构成犯罪的，依法追究刑事责任。

依照前款追回、追缴的捐赠款物，应当用于原捐赠目的和用途。

第三十条 在捐赠活动中，有下列行为之一的，依照法律、法规的有关规定予以处罚；构成犯罪的，依法追究刑事责任：

（一）逃汇、骗购外汇的；

（二）偷税、逃税的；

（三）进行走私活动的；

（四）未经海关许可并且未补缴应缴税额，擅自将减税、免税进口的捐赠物资在境内销售、转让或者移作他用的。

第三十一条 受赠单位的工作人员，滥用职权，玩忽职守，徇私舞弊，致使捐赠财产造成重大损失的，由所在单位依照有关规定予以处理；构成犯罪的，依法追究刑事责任。

第六章 附 则

第三十二条 本法自1999年9月1日起施行。

全国人大常委会关于取缔邪教组织、防范和惩治邪教活动的决定

（1999年10月30日第九届全国人大常委会第十二次会议通过）

为了维护社会稳定，保护人民利益，保障改革开放和社会主义现代化建设的顺利进行，必须取缔邪教组织、防范和惩治邪救活动。根据宪法和有关法律。作如下决定：

一、坚决依法取缔邪教组织，严厉惩治邪教组织的各种犯罪活动。邪教组织冒用宗教、气功或者其他名义，采用各种手段扰乱社会秩序，危害人民群众生财产安全和经济发展，必须依法取缔，坚决惩治。人民法院、人民检察院和公安、国家安全、司法行政机关要各司其职，共同做好这项工作。对组织和利用邪教组织破坏国家法律、行政法规实施，聚众闹事，扰乱社会秩序，以迷信邪说蒙骗他人，致人死亡，或者奸淫妇女、诈骗财物等犯罪活动，依法予以严惩。

二、坚持教育与惩罚相结合，团结、教育绝大多数被蒙骗的群众，依法严惩极少数犯罪分子。在依法处理邪教组织的工作中，要把不明真相参与邪教活动人同组织和利用邪教组织进行非法活动、蓄意破坏社会稳定的犯罪分子区别开来。对受蒙骗的群众不予追究。对构成犯罪的组织者、策划者、指挥者和骨干分子，坚决依法追究刑事责任；对于自首或者有立功表现的，可以依法从轻、减轻或者免除处罚。

三、在全体公民中深入持久地开展宪法和法律的宣传教育，普及科学文化知识。依法取缔邪教组织。惩治邪教活动，有利于保护正常的宗教活动和公民的教信仰自由。要使广大人民群众充分认识邪教组织严重危害人类、危害社会的实质，自觉反对和抵制邪教组织的影响，进一步增强法制观念，遵守国家法律。

四、防范和惩治邪教活动，要动员和组织全社会的力量，进行综合治理。各级人民政府和司法机关应当认真落实责任制，把严防邪教组织的滋生和蔓延，防范和惩治邪教活动作为一项重要任务长期坚持下去，维护社会稳定。

中华人民共和国民办教育促进法

（2002年12月28日第九届全国人大常委会第三十一次会议通过
自2003年9月1日起施行）

目　　录

第一章　总则
第二章　设立
第三章　学校的组织与活动
第四章　教师与受教育者
第五章　学校资产与财务管理
第六章　管理与监督
第七章　扶持与奖励
第八章　变更与终止
第九章　法律责任
第十章　附则

第一章　总　　则

第一条　为实施科教兴国战略，促进民办教育事业的健康发展，维护民办学校和受教育者的合法权益，根据宪法和教育法，制定本法。

第二条　国家机构以外的社会组织或者个人，利用非国家财政性经费，面向社会举办学校及其他教育机构的活动，适用本法。本法未作规定的，依照教育法和其他有关教育法律执行。

第三条　民办教育事业属于公益性事业，是社会主义教育事业的组成部分。

国家对民办教育实行积极鼓励、大力支持、正确引导、依法管理的方针。

各级人民政府应当将民办教育事业纳入国民经济和社会发展规划。

第四条　民办学校应当遵守法律、法规，贯彻国家的教育方针，保证教育质量，致力于培养社会主义建设事业的各类人才。

民办学校应当贯彻教育与宗教相分离的原则。任何组织和个人不得利用宗教进行妨碍国家教育制度的活动。

第五条　民办学校与公办学校具有同等的法律地位，国家保障民办学校的办学自主权。

国家保障民办学校举办者、校长、教职工和受教育者的合法权益。

第六条　国家鼓励捐资办学。

国家对为发展民办教育事业做出突出贡献的组织和个人，给予奖励和表彰。

第七条　国务院教育行政部门负责全国民办教育工作的统筹规划、综合协调和宏观管理。

国务院劳动和社会保障行政部门及其他有关部门在国务院规定的职责范围内分别负责有关的民办教育工作。

第八条 县级以上地方各级人民政府教育行政部门主管本行政区域内的民办教育工作。

县级以上地方各级人民政府劳动和社会保障行政部门及其他有关部门在各自的职责范围内，分别负责有关的民办教育工作。

第二章 设 立

第九条 举办民办学校的社会组织，应当具有法人资格。

举办民办学校的个人，应当具有政治权利和完全民事行为能力。

民办学校应当具备法人条件。

第十条 设立民办学校应当符合当地教育发展的需求，具备教育法和其他有关法律、法规规定的条件。

民办学校的设置标准参照同级同类公办学校的设置标准执行。

第十一条 举办实施学历教育、学前教育、自学考试助学及其他文化教育的民办学校，由县级以上人民政府教育行政部门按照国家规定的权限审批；举办实施以职业技能为主的职业资格培训、职业技能培训的民办学校，由县级以上人民政府劳动和社会保障行政部门按照国家规定的权限审批，并抄送同级教育行政部门备案。

第十二条 申请筹设民办学校，举办者应当向审批机关提交下列材料：

（一）申办报告，内容应当主要包括：举办者、培养目标、办学规模、办学层次、办学形式、办学条件、内部管理体制、经费筹措与管理使用等；

（二）举办者的姓名、住址或者名称、地址；

（三）资产来源、资金数额及有效证明文件，并载明产权；

（四）属捐赠性质的校产须提交捐赠协议，载明捐赠人的姓名、所捐资产的数额、用途和管理方法及相关有效证明文件。

第十三条 审批机关应当自受理筹设民办学校的申请之日起三十日内以书面形式作出是否同意的决定。

同意筹设的，发给筹设批准书。不同意筹设的，应当说明理由。

筹设期不得超过三年。超过三年的，举办者应当重新申报。

第十四条 申请正式设立民办学校的，举办者应当向审批机关提交下列材料：

（一）筹设批准书；

（二）筹设情况报告；

（三）学校章程、首届学校理事会、董事会或者其他决策机构组成人员名单；

（四）学校资产的有效证明文件；

（五）校长、教师、财会人员的资格证明文件。

第十五条 具备办学条件，达到设置标准的，可以直接申请正式设立，并应当提交本法第十二条和第十四条（三）、（四）、（五）项规定的材料。

第十六条 申请正式设立民办学校的，审批机关应当自受理之日起三个月内以书面形式作出是否批准的决定，并送达申请人；其中申请正式设立民办高等学校的，审批机关也可以自受理之日起六个月内以书面形式作出是否批准的决定，并送达申请人。

第十七条 审批机关对批准正式设立的民办学校发给办学许可证。

审批机关对不批准正式设立的，应当说明理由。

第十八条　民办学校取得办学许可证，并依照有关的法律、行政法规进行登记，登记机关应当按照有关规定即时予以办理。

第三章　学校的组织与活动

第十九条　民办学校应当设立学校理事会、董事会或者其他形式的决策机构。

第二十条　学校理事会或者董事会由举办者或者其代表、校长、教职工代表等人员组成。其中三分之一以上的理事或者董事应当具有五年以上教育教学经验。

学校理事会或者董事会由五人以上组成，设理事长或者董事长一人。理事长、理事或者董事长、董事名单报审批机关备案。

第二十一条　学校理事会或者董事会行使下列职权：

（一）聘任和解聘校长；

（二）修改学校章程和制定学校的规章制度；

（三）制定发展规划，批准年度工作计划；

（四）筹集办学经费，审核预算、决算；

（五）决定教职工的编制定额和工资标准；

（六）决定学校的分立、合并、终止；

（七）决定其他重大事项。

其他形式决策机构的职权参照本条规定执行。

第二十二条　民办学校的法定代表人由理事长、董事长或者校长担任。

第二十三条　民办学校参照同级同类公办学校校长任职的条件聘任校长，年龄可以适当放宽，并报审批机关核准。

第二十四条　民办学校校长负责学校的教育教学和行政管理工作，行使下列职权：

（一）执行学校理事会、董事会或者其他形式决策机构的决定；

（二）实施发展规划，拟订年度工作计划、财务预算和学校规章制度；

（三）聘任和解聘学校工作人员，实施奖惩；

（四）组织教育教学、科学研究活动，保证教育教学质量；

（五）负责学校日常管理工作；

（六）学校理事会、董事会或者其他形式决策机构的其他授权。

第二十五条　民办学校对招收的学生，根据其类别、修业年限、学业成绩，可以根据国家有关规定发给学历证书、结业证书或者培训合格证书。

对接受职业技能培训的学生，经政府批准的职业技能鉴定机构鉴定合格的，可以发给国家职业资格证书。

第二十六条　民办学校依法通过以教师为主体的教职工代表大会等形式，保障教职工参与民主管理和监督。

民办学校的教师和其他工作人员，有权依照工会法，建立工会组织，维护其合法权益。

第四章　教师与受教育者

第二十七条　民办学校的教师、受教育者与公办学校的教师、受教育者具有同等的法律地位。

第二十八条　民办学校聘任的教师，应当具有国家规定的任教资格。

第二十九条 民办学校应当对教师进行思想品德教育和业务培训。

第三十条 民办学校应当依法保障教职工的工资、福利待遇，并为教职工缴纳社会保险费。

第三十一条 民办学校教职工在业务培训、职务聘任、教龄和工龄计算、表彰奖励、社会活动等方面依法享有与公办学校教职工同等权利。

第三十二条 民办学校依法保障受教育者的合法权益。

民办学校按照国家规定建立学籍管理制度，对受教育者实施奖励或者处分。

第三十三条 民办学校的受教育者在升学、就业、社会优待以及参加先进评选等方面享有与同级同类公办学校的受教育者同等权利。

第五章　学校资产与财务管理

第三十四条 民办学校应当依法建立财务、会计制度和资产管理制度，并按照国家有关规定设置会计帐簿。

第三十五条 民办学校对举办者投入民办学校的资产、国有资产、受赠的财产以及办学积累，享有法人财产权。

第三十六条 民办学校存续期间，所有资产由民办学校依法管理和使用，任何组织和个人不得侵占。

任何组织和个人都不得违反法律、法规向民办教育机构收取任何费用。

第三十七条 民办学校对接受学历教育的受教育者收取费用的项目和标准由学校制定，报有关部门批准并公示；对其他受教育者收取费用的项目和标准由学校制定，报有关部门备案并公示。

民办学校收取的费用应当主要用于教育教学活动和改善办学条件。

第三十八条 民办学校资产的使用和财务管理受审批机关和其他有关部门的监督。

民办学校应当在每个会计年度结束时制作财务会计报告，委托会计师事务所依法进行审计，并公布审计结果。

第六章　管理与监督

第三十九条 教育行政部门及有关部门应当对民办学校的教育教学工作、教师培训工作进行指导。

第四十条 教育行政部门及有关部门依法对民办学校实行督导，促进提高办学质量；组织或者委托社会中介组织评估办学水平和教育质量，并将评估结果向社会公布。

第四十一条 民办学校的招生简章和广告，应当报审批机关备案。

第四十二条 民办学校侵犯受教育者的合法权益，受教育者及其亲属有权向教育行政部门和其他有关部门申诉，有关部门应当及时予以处理。

第四十三条 国家支持和鼓励社会中介组织为民办学校提供服务。

第七章　扶持与奖励

第四十四条 县级以上各级人民政府可以设立专项资金，用于资助民办学校的发展，奖励和表彰有突出贡献的集体和个人。

第四十五条 县级以上各级人民政府可以采取经费资助，出租、转让闲置的国有资产等措施对民办学校予以扶持。

第四十六条　民办学校享受国家规定的税收优惠政策。

第四十七条　民办学校依照国家有关法律、法规，可以接受公民、法人或者其他组织的捐赠。

国家对向民办学校捐赠财产的公民、法人或者其他组织按照有关规定给予税收优惠，并予以表彰。

第四十八条　国家鼓励金融机构运用信贷手段，支持民办教育事业的发展。

第四十九条　人民政府委托民办学校承担义务教育任务，应当按照委托协议拨付相应的教育经费。

第五十条　新建、扩建民办学校，人民政府应当按照公益事业用地及建设的有关规定给予优惠。教育用地不得用于其他用途。

第五十一条　民办学校在扣除办学成本、预留发展基金以及按照国家有关规定提取其他的必需的费用后，出资人可以从办学结余中取得合理回报。取得合理回报的具体办法由国务院规定。

第五十二条　国家采取措施，支持和鼓励社会组织和个人到少数民族地区、边远贫困地区举办民办学校，发展教育事业。

第八章　变更与终止

第五十三条　民办学校的分立、合并，在进行财务清算后，由学校理事会或者董事会报审批机关批准。申请分立、合并民办学校的，审批机关应当自受理之日起三个月内以书面形式答复；其中申请分立、合并民办高等学校的，审批机关也可以自受理之日起六个月内以书面形式答复。

第五十四条　民办学校举办者的变更，须由举办者提出，在进行财务清算后，经学校理事会或者董事会同意，报审批机关核准。

第五十五条　民办学校名称、层次、类别的变更，由学校理事会或者董事会报审批机关批准。

申请变更为其他民办学校，审批机关应当自受理之日起三个月内以书面形式答复；其中申请变更为民办高等学校的，审批机关也可以自受理之日起六个月内以书面形式答复。

第五十六条　民办学校有下列情形之一的，应当终止：

（一）根据学校章程规定要求终止，并经审批机关批准的；

（二）被吊销办学许可证的；

（三）因资不抵债无法继续办学的。

第五十七条　民办学校终止时，应当妥善安置在校学生。实施义务教育的民办学校终止时，审批机关应当协助学校安排学生继续就学。

第五十八条　民办学校终止时，应当依法进行财务清算。

民办学校自己要求终止的，由民办学校组织清算；被审批机关依法撤销的，由审批机关组织清算；因资不抵债无法继续办学而被终止的，由人民法院组织清算。

第五十九条　对民办学校的财产按照下列顺序清偿：

（一）应退受教育者学费、杂费和其他费用；

（二）应发教职工的工资及应缴纳的社会保险费用；

（三）偿还其他债务。

民办学校清偿上述债务后的剩余财产，按照有关法律、行政法规的规定处理。

第六十条　终止的民办学校，由审批机关收回办学许可证和销毁印章，并注销登记。

第九章　法律责任

第六十一条　民办学校在教育活动中违反教育法、教师法规定的，依照教育法、教师法的有关规定给予处罚。

第六十二条　民办学校有下列行为之一的，由审批机关或者其他有关部门责令限期改正，并予以警告；有违法所得的，退还所收费用后没收违法所得；情节严重的，责令停止招生、吊销办学许可证；构成犯罪的，依法追究刑事责任：

（一）擅自分立、合并民办学校的；

（二）擅自改变民办学校名称、层次、类别和举办者的；

（三）发布虚假招生简章或者广告，骗取钱财的；

（四）非法颁发或者伪造学历证书、结业证书、培训证书、职业资格证书的；

（五）管理混乱严重影响教育教学，产生恶劣社会影响的；

（六）提交虚假证明文件或者采取其他欺诈手段隐瞒重要事实骗取办学许可证的；

（七）伪造、变造、买卖、出租、出借办学许可证的；

（八）恶意终止办学、抽逃资金或者挪用办学经费的。

第六十三条　审批机关和有关部门有下列行为之一的，由上级机关责令其改正；情节严重的，对直接负责的主管人员和其他直接责任人员，依法给予行政处分；造成经济损失的，依法承担赔偿责任；构成犯罪的，依法追究刑事责任：

（一）已受理设立申请，逾期不予答复的；

（二）批准不符合本法规定条件申请的；

（三）疏于管理，造成严重后果的；

（四）违反国家有关规定收取费用的；

（五）侵犯民办学校合法权益的；

（六）其他滥用职权、徇私舞弊的。

第六十四条　社会组织和个人擅自举办民办学校的，由县级以上人民政府的有关行政部门责令限期改正，符合本法及有关法律规定的民办学校条件的，可以补办审批手续；逾期仍达不到办学条件的，责令停止办学，造成经济损失的，依法承担赔偿责任。

第十章　附　　则

第六十五条　本法所称的民办学校包括依法举办的其他民办教育机构。

本法所称的校长包括其他民办教育机构的主要行政负责人。

第六十六条　在工商行政管理部门登记注册的经营性的民办培训机构的管理办法，由国务院另行规定。

第六十七条　境外的组织和个人在中国境内合作办学的办法，由国务院规定。

第六十八条　本法自2003年9月1日起施行。1997年7月31日国务院颁布的《社会力量办学条例》同时废止。

中华人民共和国行政许可法

（2003 年 8 月 27 日第十届全国人大常委会第四次会议通过
中华人民共和国主席令〔2003〕7 号　2003 年 8 月 27 日公布
自 2004 年 7 月 1 日起施行）

目　录

第一章　总则
第二章　行政许可的设定
第三章　行政许可的实施机关
第四章　行政许可的实施程序
　第一节　申请与受理
　第二节　审查与决定
　第三节　期限
　第四节　听证
　第五节　变更与延续
　第六节　特别规定
第五章　行政许可的费用
第六章　监督检查
第七章　法律责任
第八章　附则

第一章　总　　则

第一条　为了规范行政许可的设定和实施，保护公民、法人和其他组织的合法权益，维护公共利益和社会秩序，保障和监督行政机关有效实施行政管理，根据宪法，制定本法。

第二条　本法所称行政许可，是指行政机关根据公民、法人或者其他组织的申请，经依法审查，准予其从事特定活动的行为。

第三条　行政许可的设定和实施，适用本法。

有关行政机关对其他机关或者对其直接管理的事业单位的人事、财务、外事等事项的审批，不适用本法。

第四条　设定和实施行政许可，应当依照法定的权限、范围、条件和程序。

第五条　设定和实施行政许可，应当遵循公开、公平、公正的原则。

有关行政许可的规定应当公布；未经公布的，不得作为实施行政许可的依据。行政许可的实施和结果，除涉及国家秘密、商业秘密或者个人隐私的外，应当公开。

符合法定条件、标准的，申请人有依法取得行政许可的平等权利，行政机关不得歧视。

第六条 实施行政许可，应当遵循便民的原则，提高办事效率，提供优质服务。

第七条 公民、法人或者其他组织对行政机关实施行政许可，享有陈述权、申辩权；有权依法申请行政复议或者提起行政诉讼；其合法权益因行政机关违法实施行政许可受到损害的，有权依法要求赔偿。

第八条 公民、法人或者其他组织依法取得的行政许可受法律保护，行政机关不得擅自改变已经生效的行政许可。

行政许可所依据的法律、法规、规章修改或者废止，或者准予行政许可所依据的客观情况发生重大变化的，为了公共利益的需要，行政机关可以依法变更或者撤回已经生效的行政许可。由此给公民、法人或者其他组织造成财产损失的，行政机关应当依法给予补偿。

第九条 依法取得的行政许可，除法律、法规规定依照法定条件和程序可以转让的外，不得转让。

第十条 县级以上人民政府应当建立健全对行政机关实施行政许可的监督制度，加强对行政机关实施行政许可的监督检查。

行政机关应当对公民、法人或者其他组织从事行政许可事项的活动实施有效监督。

第二章 行政许可的设定

第十一条 设定行政许可，应当遵循经济和社会发展规律，有利于发挥公民、法人或者其他组织的积极性、主动性，维护公共利益和社会秩序，促进经济、社会和生态环境协调发展。

第十二条 下列事项可以设定行政许可：

（一）直接涉及国家安全、公共安全、经济宏观调控、生态环境保护以及直接关系人身健康、生命财产安全等特定活动，需要按照法定条件予以批准的事项；

（二）有限自然资源开发利用、公共资源配置以及直接关系公共利益的特定行业的市场准入等，需要赋予特定权利的事项；

（三）提供公众服务并且直接关系公共利益的职业、行业，需要确定具备特殊信誉、特殊条件或者特殊技能等资格、资质的事项；

（四）直接关系公共安全、人身健康、生命财产安全的重要设备、设施、产品、物品，需要按照技术标准、技术规范，通过检验、检测、检疫等方式进行审定的事项；

（五）企业或者其他组织的设立等，需要确定主体资格的事项；

（六）法律、行政法规规定可以设定行政许可的其他事项。

第十三条 本法第十二条所列事项，通过下列方式能够予以规范的，可以不设行政许可：

（一）公民、法人或者其他组织能够自主决定的；

（二）市场竞争机制能够有效调节的；

（三）行业组织或者中介机构能够自律管理的；

（四）行政机关采用事后监督等其他行政管理方式能够解决的。

第十四条 本法第十二条所列事项，法律可以设定行政许可。尚未制定法律的，行政法规可以设定行政许可。

必要时，国务院可以采用发布决定的方式设定行政许可。实施后，除临时性行政许可事项外，国务院应当及时提请全国人民代表大会及其常务委员会制定法律，或者自行制定行政法规。

第十五条 本法第十二条所列事项，尚未制定法律、行政法规的，地方性法规可以设定行政许可；尚未制定法律、行政法规和地方性法规的，因行政管理的需要，确需立即实施行政许可的，省、自治区、直辖市人民政府规章可以设定临时性的行政许可。临时性的行政许可实施满一年需要继续实施的，应当提请本级人民代表大会及其常务委员会制定地方性法规。

地方性法规和省、自治区、直辖市人民政府规章，不得设定应当由国家统一确定的公民、法人或者其他组织的资格、资质的行政许可；不得设定企业或者其他组织的设立登记及其前置性行政许可。其设定的行政许可，不得限制其他地区的个人或者企业到本地区从事生产经营和提供服务，不得限制其他地区的商品进入本地区市场。

第十六条 行政法规可以在法律设定的行政许可事项范围内，对实施该行政许可作出具体规定。

地方性法规可以在法律、行政法规设定的行政许可事项范围内，对实施该行政许可作出具体规定。

规章可以在上位法设定的行政许可事项范围内，对实施该行政许可作出具体规定。

法规、规章对实施上位法设定的行政许可作出的具体规定，不得增设行政许可；对行政许可条件作出的具体规定，不得增设违反上位法的其他条件。

第十七条 除本法第十四条、第十五条规定的外，其他规范性文件一律不得设定行政许可。

第十八条 设定行政许可，应当规定行政许可的实施机关、条件、程序、期限。

第十九条 起草法律草案、法规草案和省、自治区、直辖市人民政府规章草案，拟设定行政许可的，起草单位应当采取听证会、论证会等形式听取意见，并向制定机关说明设定该行政许可的必要性、对经济和社会可能产生的影响以及听取和采纳意见的情况。

第二十条 行政许可的设定机关应当定期对其设定的行政许可进行评价；对已设定的行政许可，认为通过本法第十三条所列方式能够解决的，应当对设定该行政许可的规定及时予以修改或者废止。

行政许可的实施机关可以对已设定的行政许可的实施情况及存在的必要性适时进行评价，并将意见报告该行政许可的设定机关。

公民、法人或者其他组织可以向行政许可的设定机关和实施机关就行政许可的设定和实施提出意见和建议。

第二十一条 省、自治区、直辖市人民政府对行政法规设定的有关经济事务的行政许可，根据本行政区域经济和社会发展情况，认为通过本法第十三条所列方式能够解决的，报国务院批准后，可以在本行政区域内停止实施该行政许可。

第三章　行政许可的实施机关

第二十二条 行政许可由具有行政许可权的行政机关在其法定职权范围内实施。

第二十三条 法律、法规授权的具有管理公共事务职能的组织，在法定授权范围内，以自己的名义实施行政许可。被授权的组织适用本法有关行政机关的规定。

第二十四条 行政机关在其法定职权范围内，依照法律、法规、规章的规定，可以委托其他行政机关实施行政许可。委托机关应当将受委托行政机关和受委托实施行政许可的内容予以公告。

委托行政机关对受委托行政机关实施行政许可的行为应当负责监督，并对该行为的后果承担法律责任。

受委托行政机关在委托范围内，以委托行政机关名义实施行政许可；不得再委托其他组织或者个人实施行政许可。

第二十五条 经国务院批准，省、自治区、直辖市人民政府根据精简、统一、效能的原则，可以决定一个行政机关行使有关行政机关的行政许可权。

第二十六条 行政许可需要行政机关内设的多个机构办理的，该行政机关应当确定一个机构统一受理行政许可申请，统一送达行政许可决定。

行政许可依法由地方人民政府两个以上部门分别实施的，本级人民政府可以确定一个部门受理行政许可申请并转告有关部门分别提出意见后统一办理，或者组织有关部门联合办理、集中办理。

第二十七条 行政机关实施行政许可，不得向申请人提出购买指定商品、接受有偿服务等不正当要求。

行政机关工作人员办理行政许可，不得索取或者收受申请人的财物，不得谋取其他利益。

第二十八条 对直接关系公共安全、人身健康、生命财产安全的设备、设施、产品、物品的检验、检测、检疫，除法律、行政法规规定由行政机关实施的外，应当逐步由符合法定条件的专业技术组织实施。专业技术组织及其有关人员对所实施的检验、检测、检疫结论承担法律责任。

第四章　行政许可的实施程序

第一节　申请与受理

第二十九条 公民、法人或者其他组织从事特定活动，依法需要取得行政许可的，应当向行政机关提出申请。申请书需要采用格式文本的，行政机关应当向申请人提供行政许可申请书格式文本。申请书格式文本中不得包含与申请行政许可事项没有直接关系的内容。

申请人可以委托代理人提出行政许可申请。但是，依法应当由申请人到行政机关办公场所提出行政许可申请的除外。

行政许可申请可以通过信函、电报、电传、传真、电子数据交换和电子邮件等方式提出。

第三十条 行政机关应当将法律、法规、规章规定的有关行政许可的事项、依据、条件、数量、程序、期限以及需要提交的全部材料的目录和申请书示范文本等在办公场所公示。

申请人要求行政机关对公示内容予以说明、解释的，行政机关应当说明、解释，提供准确、可靠的信息。

第三十一条 申请人申请行政许可，应当如实向行政机关提交有关材料和反映真实情况，并对其申请材料实质内容的真实性负责。行政机关不得要求申请人提交与其申请的行政许可事项无关的技术资料和其他材料。

第三十二条 行政机关对申请人提出的行政许可申请，应当根据下列情况分别作出处理：

（一）申请事项依法不需要取得行政许可的，应当即时告知申请人不受理；

（二）申请事项依法不属于本行政机关职权范围的，应当即时作出不予受理的决定，并告知申请人向有关行政机关申请；

（三）申请材料存在可以当场更正的错误的，应当允许申请人当场更正；

（四）申请材料不齐全或者不符合法定形式的，应当当场或者在五日内一次告知申请人需要补正的全部内容，逾期不告知的，自收到申请材料之日起即为受理；

（五）申请事项属于本行政机关职权范围，申请材料齐全、符合法定形式，或者申请人按照本行政机关的要求提交全部补正申请材料的，应当受理行政许可申请。

行政机关受理或者不予受理行政许可申请，应当出具加盖本行政机关专用印章和注明日期的书面

凭证。

第三十三条 行政机关应当建立和完善有关制度，推行电子政务，在行政机关的网站上公布行政许可事项，方便申请人采取数据电文等方式提出行政许可申请；应当与其他行政机关共享有关行政许可信息，提高办事效率。

第二节 审查与决定

第三十四条 行政机关应当对申请人提交的申请材料进行审查。

申请人提交的申请材料齐全、符合法定形式，行政机关能够当场作出决定的，应当当场作出书面的行政许可决定。

根据法定条件和程序，需要对申请材料的实质内容进行核实的，行政机关应当指派两名以上工作人员进行核查。

第三十五条 依法应当先经下级行政机关审查后报上级行政机关决定的行政许可，下级行政机关应当在法定期限内将初步审查意见和全部申请材料直接报送上级行政机关。上级行政机关不得要求申请人重复提供申请材料。

第三十六条 行政机关对行政许可申请进行审查时，发现行政许可事项直接关系他人重大利益的，应当告知该利害关系人。申请人、利害关系人有权进行陈述和申辩。行政机关应当听取申请人、利害关系人的意见。

第三十七条 行政机关对行政许可申请进行审查后，除当场作出行政许可决定的外，应当在法定期限内按照规定程序作出行政许可决定。

第三十八条 申请人的申请符合法定条件、标准的，行政机关应当依法作出准予行政许可的书面决定。

行政机关依法作出不予行政许可的书面决定的，应当说明理由，并告知申请人享有依法申请行政复议或者提起行政诉讼的权利。

第三十九条 行政机关作出准予行政许可的决定，需要颁发行政许可证件的，应当向申请人颁发加盖本行政机关印章的下列行政许可证件：

（一）许可证、执照或者其他许可证书；

（二）资格证、资质证或者其他合格证书；

（三）行政机关的批准文件或者证明文件；

（四）法律、法规规定的其他行政许可证件。

行政机关实施检验、检测、检疫的，可以在检验、检测、检疫合格的设备、设施、产品、物品上加贴标签或者加盖检验、检测、检疫印章。

第四十条 行政机关作出的准予行政许可决定，应当予以公开，公众有权查阅。

第四十一条 法律、行政法规设定的行政许可，其适用范围没有地域限制的，申请人取得的行政许可在全国范围内有效。

第三节 期　限

第四十二条 除可以当场作出行政许可决定的外，行政机关应当自受理行政许可申请之日起二十日内作出行政许可决定。二十日内不能作出决定的，经本行政机关负责人批准，可以延长十日，并应当将延长期限的理由告知申请人。但是，法律、法规另有规定的，依照其规定。

依照本法第二十六条的规定，行政许可采取统一办理或者联合办理、集中办理的，办理的时间不得超过四十五日；四十五日内不能办结的，经本级人民政府负责人批准，可以延长十五日，并应当将延长期限的理由告知申请人。

第四十三条 依法应当先经下级行政机关审查后报上级行政机关决定的行政许可，下级行政机关应当自其受理行政许可申请之日起二十日内审查完毕。但是，法律、法规另有规定的，依照其规定。

第四十四条 行政机关作出准予行政许可的决定，应当自作出决定之日起十日内向申请人颁发、送达行政许可证件，或者加贴标签、加盖检验、检测、检疫印章。

第四十五条 行政机关作出行政许可决定，依法需要听证、招标、拍卖、检验、检测、检疫、鉴定和专家评审的，所需时间不计算在本节规定的期限内。行政机关应当将所需时间书面告知申请人。

第四节　听　　证

第四十六条 法律、法规、规章规定实施行政许可应当听证的事项，或者行政机关认为需要听证的其他涉及公共利益的重大行政许可事项，行政机关应当向社会公告，并举行听证。

第四十七条 行政许可直接涉及申请人与他人之间重大利益关系的，行政机关在作出行政许可决定前，应当告知申请人、利害关系人享有要求听证的权利；申请人、利害关系人在被告知听证权利之日起五日内提出听证申请的，行政机关应当在二十日内组织听证。

申请人、利害关系人不承担行政机关组织听证的费用。

第四十八条 听证按照下列程序进行：

（一）行政机关应当于举行听证的七日前将举行听证的时间、地点通知申请人、利害关系人，必要时予以公告；

（二）听证应当公开举行；

（三）行政机关应当指定审查该行政许可申请的工作人员以外的人员为听证主持人，申请人、利害关系人认为主持人与该行政许可事项有直接利害关系的，有权申请回避；

（四）举行听证时，审查该行政许可申请的工作人员应当提供审查意见的证据、理由，申请人、利害关系人可以提出证据，并进行申辩和质证；

（五）听证应当制作笔录，听证笔录应当交听证参加人确认无误后签字或者盖章。

行政机关应当根据听证笔录，作出行政许可决定。

第五节　变更与延续

第四十九条 被许可人要求变更行政许可事项的，应当向作出行政许可决定的行政机关提出申请；符合法定条件、标准的，行政机关应当依法办理变更手续。

第五十条 被许可人需要延续依法取得的行政许可的有效期的，应当在该行政许可有效期届满三十日前向作出行政许可决定的行政机关提出申请。但是，法律、法规、规章另有规定的，依照其规定。

行政机关应当根据被许可人的申请，在该行政许可有效期届满前作出是否准予延续的决定；逾期未作决定的，视为准予延续。

第六节　特别规定

第五十一条 实施行政许可的程序，本节有规定的，适用本节规定；本节没有规定的，适用本章其他有关规定。

第五十二条 国务院实施行政许可的程序，适用有关法律、行政法规的规定。

第五十三条 实施本法第十二条第二项所列事项的行政许可的，行政机关应当通过招标、拍卖等公平竞争的方式作出决定。但是，法律、行政法规另有规定的，依照其规定。

行政机关通过招标、拍卖等方式作出行政许可决定的具体程序，依照有关法律、行政法规的规定。

行政机关按照招标、拍卖程序确定中标人、买受人后，应当作出准予行政许可的决定，并依法向中标人、买受人颁发行政许可证件。

行政机关违反本条规定，不采用招标、拍卖方式，或者违反招标、拍卖程序，损害申请人合法权益的，申请人可以依法申请行政复议或者提起行政诉讼。

第五十四条 实施本法第十二条第三项所列事项的行政许可，赋予公民特定资格，依法应当举行国家考试的，行政机关根据考试成绩和其他法定条件作出行政许可决定；赋予法人或者其他组织特定的资格、资质的，行政机关根据申请人的专业人员构成、技术条件、经营业绩和管理水平等的考核结果作出行政许可决定。但是，法律、行政法规另有规定的，依照其规定。

公民特定资格的考试依法由行政机关或者行业组织实施，公开举行。行政机关或者行业组织应当事先公布资格考试的报名条件、报考办法、考试科目以及考试大纲。但是，不得组织强制性的资格考试的考前培训，不得指定教材或者其他助考材料。

第五十五条 实施本法第十二条第四项所列事项的行政许可的，应当按照技术标准、技术规范依法进行检验、检测、检疫，行政机关根据检验、检测、检疫的结果作出行政许可决定。

行政机关实施检验、检测、检疫，应当自受理申请之日起五日内指派两名以上工作人员按照技术标准、技术规范进行检验、检测、检疫。不需要对检验、检测、检疫结果作进一步技术分析即可认定设备、设施、产品、物品是否符合技术标准、技术规范的，行政机关应当当场作出行政许可决定。

行政机关根据检验、检测、检疫结果，作出不予行政许可决定的，应当书面说明不予行政许可所依据的技术标准、技术规范。

第五十六条 实施本法第十二条第五项所列事项的行政许可，申请人提交的申请材料齐全、符合法定形式的，行政机关应当当场予以登记。需要对申请材料的实质内容进行核实的，行政机关依照本法第三十四条第三款的规定办理。

第五十七条 有数量限制的行政许可，两个或者两个以上申请人的申请均符合法定条件、标准的，行政机关应当根据受理行政许可申请的先后顺序作出准予行政许可的决定。但是，法律、行政法规另有规定的，依照其规定。

第五章 行政许可的费用

第五十八条 行政机关实施行政许可和对行政许可事项进行监督检查，不得收取任何费用。但是，法律、行政法规另有规定的，依照其规定。

行政机关提供行政许可申请书格式文本，不得收费。

行政机关实施行政许可所需经费应当列入本行政机关的预算，由本级财政予以保障，按照批准的预算予以核拨。

第五十九条 行政机关实施行政许可，依照法律、行政法规收取费用的，应当按照公布的法定项目和标准收费；所收取的费用必须全部上缴国库，任何机关或者个人不得以任何形式截留、挪用、私分或者变相私分。财政部门不得以任何形式向行政机关返还或者变相返还实施行政许可所收取的费用。

第六章　监督检查

第六十条　上级行政机关应当加强对下级行政机关实施行政许可的监督检查，及时纠正行政许可实施中的违法行为。

第六十一条　行政机关应当建立健全监督制度，通过核查反映被许可人从事行政许可事项活动情况的有关材料，履行监督责任。

行政机关依法对被许可人从事行政许可事项的活动进行监督检查时，应当将监督检查的情况和处理结果予以记录，由监督检查人员签字后归档。公众有权查阅行政机关监督检查记录。

行政机关应当创造条件，实现与被许可人、其他有关行政机关的计算机档案系统互联，核查被许可人从事行政许可事项活动情况。

第六十二条　行政机关可以对被许可人生产经营的产品依法进行抽样检查、检验、检测，对其生产经营场所依法进行实地检查。检查时，行政机关可以依法查阅或者要求被许可人报送有关材料；被许可人应当如实提供有关情况和材料。

行政机关根据法律、行政法规的规定，对直接关系公共安全、人身健康、生命财产安全的重要设备、设施进行定期检验。对检验合格的，行政机关应当发给相应的证明文件。

第六十三条　行政机关实施监督检查，不得妨碍被许可人正常的生产经营活动，不得索取或者收受被许可人的财物，不得谋取其他利益。

第六十四条　被许可人在作出行政许可决定的行政机关管辖区域外违法从事行政许可事项活动的，违法行为发生地的行政机关应当依法将被许可人的违法事实、处理结果抄告作出行政许可决定的行政机关。

第六十五条　个人和组织发现违法从事行政许可事项的活动，有权向行政机关举报，行政机关应当及时核实、处理。

第六十六条　被许可人未依法履行开发利用自然资源义务或者未依法履行利用公共资源义务的，行政机关应当责令限期改正；被许可人在规定期限内不改正的，行政机关应当依照有关法律、行政法规的规定予以处理。

第六十七条　取得直接关系公共利益的特定行业的市场准入行政许可的被许可人，应当按照国家规定的服务标准、资费标准和行政机关依法规定的条件，向用户提供安全、方便、稳定和价格合理的服务，并履行普遍服务的义务；未经作出行政许可决定的行政机关批准，不得擅自停业、歇业。

被许可人不履行前款规定的义务的，行政机关应当责令限期改正，或者依法采取有效措施督促其履行义务。

第六十八条　对直接关系公共安全、人身健康、生命财产安全的重要设备、设施，行政机关应当督促设计、建造、安装和使用单位建立相应的自检制度。

行政机关在监督检查时，发现直接关系公共安全、人身健康、生命财产安全的重要设备、设施存在安全隐患的，应当责令停止建造、安装和使用，并责令设计、建造、安装和使用单位立即改正。

第六十九条　有下列情形之一的，作出行政许可决定的行政机关或者其上级行政机关，根据利害关系人的请求或者依据职权，可以撤销行政许可：

（一）行政机关工作人员滥用职权、玩忽职守作出准予行政许可决定的；

（二）超越法定职权作出准予行政许可决定的；

（三）违反法定程序作出准予行政许可决定的；

（四）对不具备申请资格或者不符合法定条件的申请人准予行政许可的；

（五）依法可以撤销行政许可的其他情形。

被许可人以欺骗、贿赂等不正当手段取得行政许可的，应当予以撤销。

依照前两款的规定撤销行政许可，可能对公共利益造成重大损害的，不予撤销。

依照本条第一款的规定撤销行政许可，被许可人的合法权益受到损害的，行政机关应当依法给予赔偿。依照本条第二款的规定撤销行政许可的，被许可人基于行政许可取得的利益不受保护。

第七十条 有下列情形之一的，行政机关应当依法办理有关行政许可的注销手续：

（一）行政许可有效期届满未延续的；

（二）赋予公民特定资格的行政许可，该公民死亡或者丧失行为能力的；

（三）法人或者其他组织依法终止的；

（四）行政许可依法被撤销、撤回，或者行政许可证件依法被吊销的；

（五）因不可抗力导致行政许可事项无法实施的；

（六）法律、法规规定的应当注销行政许可的其他情形。

第七章 法律责任

第七十一条 违反本法第十七条规定设定的行政许可，有关机关应当责令设定该行政许可的机关改正，或者依法予以撤销。

第七十二条 行政机关及其工作人员违反本法的规定，有下列情形之一的，由其上级行政机关或者监察机关责令改正；情节严重的，对直接负责的主管人员和其他直接责任人员依法给予行政处分：

（一）对符合法定条件的行政许可申请不予受理的；

（二）不在办公场所公示依法应当公示的材料的；

（三）在受理、审查、决定行政许可过程中，未向申请人、利害关系人履行法定告知义务的；

（四）申请人提交的申请材料不齐全、不符合法定形式，不一次告知申请人必须补正的全部内容的；

（五）未依法说明不受理行政许可申请或者不予行政许可的理由的；

（六）依法应当举行听证而不举行听证的。

第七十三条 行政机关工作人员办理行政许可、实施监督检查，索取或者收受他人财物或者谋取其他利益，构成犯罪的，依法追究刑事责任；尚不构成犯罪的，依法给予行政处分。

第七十四条 行政机关实施行政许可，有下列情形之一的，由其上级行政机关或者监察机关责令改正，对直接负责的主管人员和其他直接责任人员依法给予行政处分；构成犯罪的，依法追究刑事责任：

（一）对不符合法定条件的申请人准予行政许可或者超越法定职权作出准予行政许可决定的；

（二）对符合法定条件的申请人不予行政许可或者不在法定期限内作出准予行政许可决定的；

（三）依法应当根据招标、拍卖结果或者考试成绩择优作出准予行政许可决定，未经招标、拍卖或者考试，或者不根据招标、拍卖结果或者考试成绩择优作出准予行政许可决定的。

第七十五条 行政机关实施行政许可，擅自收费或者不按照法定项目和标准收费的，由其上级行政机关或者监察机关责令退还非法收取的费用；对直接负责的主管人员和其他直接责任人员依法给予行政处分。

截留、挪用、私分或者变相私分实施行政许可依法收取的费用的，予以追缴；对直接负责的主管人员和其他直接责任人员依法给予行政处分；构成犯罪的，依法追究刑事责任。

第七十六条 行政机关违法实施行政许可，给当事人的合法权益造成损害的，应当依照国家赔偿法的规定给予赔偿。

第七十七条 行政机关不依法履行监督职责或者监督不力，造成严重后果的，由其上级行政机关或者监察机关责令改正，对直接负责的主管人员和其他直接责任人员依法给予行政处分；构成犯罪的，依法追究刑事责任。

第七十八条 行政许可申请人隐瞒有关情况或者提供虚假材料申请行政许可的，行政机关不予受理或者不予行政许可，并给予警告；行政许可申请属于直接关系公共安全、人身健康、生命财产安全事项的，申请人在一年内不得再次申请该行政许可。

第七十九条 被许可人以欺骗、贿赂等不正当手段取得行政许可的，行政机关应当依法给予行政处罚；取得的行政许可属于直接关系公共安全、人身健康、生命财产安全事项的，申请人在三年内不得再次申请该行政许可；构成犯罪的，依法追究刑事责任。

第八十条 被许可人有下列行为之一的，行政机关应当依法给予行政处罚；构成犯罪的，依法追究刑事责任：

（一）涂改、倒卖、出租、出借行政许可证件，或者以其他形式非法转让行政许可的；

（二）超越行政许可范围进行活动的；

（三）向负责监督检查的行政机关隐瞒有关情况、提供虚假材料或者拒绝提供反映其活动情况的真实材料的；

（四）法律、法规、规章规定的其他违法行为。

第八十一条 公民、法人或者其他组织未经行政许可，擅自从事依法应当取得行政许可的活动的，行政机关应当依法采取措施予以制止，并依法给予行政处罚；构成犯罪的，依法追究刑事责任。

第八章　附　　则

第八十二条 本法规定的行政机关实施行政许可的期限以工作日计算，不含法定节假日。

第八十三条 本法自 2004 年 7 月 1 日起施行。

本法施行前有关行政许可的规定，制定机关应当依照本法规定予以清理；不符合本法规定的，自本法施行之日起停止执行。

二、行政法规

中华人民共和国归侨侨眷权益保护法实施办法

（国务院令〔1993〕118号　1993年7月19日发布施行）

第一条　根据《中华人民共和国归侨侨眷权益保护法》的规定，制定本办法。

第二条　归侨、侨眷的身份，由其户籍所在地的县级或者县级以上地方人民政府侨务部门根据其所在工作单位、街道办事处或者乡、民族乡、镇人民政府出具的证明审核认定；必要时可以由我国驻外国的外交代表机关、领事机关或者归国华侨联合会组织提供协助。

同华侨、归侨有长期抚养关系的其他亲属，其侨眷身份可以由公证机关出具抚养公证后审核认定。

第三条　华侨要求回国定居的，由本人向我国驻外国的外交代表机关、领事机关或者外交部授权的其他驻外机关提出申请，也可以由本人或者经由其国内亲属向拟定居地的市、县公安机关提出申请，由省、自治区、直辖市公安机关按照国家有关规定核发回国定居证明。

第四条　地方人民政府和有关部门对回国定居的华侨，应当按照国家有关规定给予安置。

第五条　中华全国归国华侨联合会及其地方组织按照其章程开展活动，维护归侨、侨眷的合法权益。

归侨、侨眷可以依法组织其他社会团体，进行适合归侨、侨眷需要的合法活动。

归侨、侨眷社会团体的合法权益以及按照其章程所进行的合法活动，受法律保护；其依法拥有的财产，任何组织或者个人不得侵占、损害。

第六条　国家对安置归侨的农场、林场等企业，采取适当措施给予扶持。

国家专项分配给安置归侨的农场、林场等企业的资金和物资，地方人民政府和有关部门应当专项安排、专款专用。

第七条　安置归侨的农场、林场等企业合法使用的国有土地、山林、滩涂、水面及其他自然资源，企业依法享有使用权，其合法权益及其拥有的生产资料、经营的作物、生产的产品受法律保护，任何组织或者个人不得侵占、损害。

安置归侨的农场、林场等企业与其他组织或者个人之间发生土地或者其他自然资源权属争议时，争议各方应当协商解决；协商不成的，依照有关法律、法规的规定处理。

第八条　安置归侨的农场、林场等企业根据实际情况设置学校和医疗保健机构的，地方人民政府在教师、医务人员的配备、培训等方面给予支持和帮助；国家在设备、经费等方面给予扶助。

第九条　归侨、侨眷可以依法以各种形式投资兴办工商企业，其合法权益受法律保护。

归侨、侨眷投资兴办工商企业，投资开发荒山、荒地、滩涂，或者从事农业、林业、牧业、副业、渔业生产，地方人民政府应当给予支持。

归侨、侨眷接受境外亲友赠与的小型生产工具，直接用于工农业生产、加工、维修的，以及经批准进口的优良种苗、种畜、种禽、种蛋，按照国家有关规定办理。

第十条 归侨、侨眷在国内兴办公益事业，地方人民政府和有关部门应当给予支持，其合法权益受法律保护。

归侨、侨眷接受境外亲友赠与的物资，直接用于公益事业的，由举办该项公益事业的组织提出申请，经有关主管部门核准，享受减征或者免征关税的待遇。

第十一条 国家保护归侨、侨眷在国内私有房屋的所有权。归侨、侨眷对其私有房屋，依法享有占有、使用、处分和收益的权利，任何组织或者个人不得侵犯。

第十二条 租赁归侨、侨眷的私有房屋，须由出租人和承租人签订租赁合同，并到房屋所在地的房产管理机关登记备案。租赁合同终止时，承租人应当将房屋退还出租人。

第十三条 国家建设依法征用土地，需要拆迁归侨、侨眷私有房屋的，拆迁单位必须持国家规定的批准文件、拆迁计划和拆迁方案，向县级或者县级以上地方人民政府房屋拆迁主管部门提出拆迁申请，经批准并取得房屋拆迁许可证后，方可拆迁。拆迁单位应当按照国家有关规定给予相应补偿和妥善安置。

第十四条 归侨学生、归侨子女和华侨在国内的子女报考义务教育后的各类学校，地方招生部门应当按照国家有关规定结合本地区实际情况给予适当照顾。

第十五条 国家机关、社会团体和国有企业事业单位招用职工时，在同等条件下，应当优先录用归侨学生、归侨子女和华侨在国内的子女。

归侨学生、归侨子女和华侨在国内的子女组织起来就业和自谋职业的，有关部门应当给予扶持。

第十六条 归侨、侨眷可以申请自费出国学习。

归侨、侨眷具有大学或者大学以上学历申请自费出国学习的，按照国家有关规定给予适当照顾。

第十七条 归侨、侨眷自费出国学习，本人属于在职职工的，自获准离境之日起，可以保留公职一年；属于高等学校在校学生的，其学籍按照国家有关规定办理。

归侨、侨眷自费出国学习学成回国，要求国家安排工作的，可以于距毕业日期半年以前与我国驻外国的外交代表机关、领事机关联系，办理有关登记手续；其工作安排，由国家教育主管部门或者人事部门按照同类同等学历的公派出国学习人员的有关规定办理。

第十八条 侨汇是归侨、侨眷的合法收入，其所有权受法律保护，并依法享受有关免税的待遇，任何组织或者个人不得侵占、克扣、延迟支付、强行借贷或者非法冻结、没收。

第十九条 归侨、侨眷用侨汇购买和建设的住宅，其所有权、使用权受法律保护。

地方人民政府和有关部门对归侨、侨眷使用侨汇建设住宅的，可以在建设用地、建筑材料、施工力量等方面给予照顾。

第二十条 国家依法保护归侨、侨眷与境外亲友的联系和往来，任何组织或者个人不得非法限制和干涉。

归侨、侨眷的通信自由和通信秘密受法律保护，任何组织或者个人不得非法开拆、隐匿、毁弃、盗窃归侨、侨眷的邮件。归侨、侨眷的给据邮件丢失、损毁、内件短少的，邮政部门应当依法赔偿或者采取补救措施。

第二十一条 归侨、侨眷因私事申请出境的，其所在工作单位应当及时提出意见；其户口所在地的市、县公安机关应当自收到出境申请之日起三十日内，偏僻、交通不便地区在六十日内，作出批准或者不批准的决定，通知申请人。

申请人在前款规定期间没有接到审批结果通知的，有权查询，受理部门应当作出答复；申请人认为不批准其出境不符合有关法律、法规规定的，有权向上一级公安机关提出申诉，受理机关应当作出处理和答复。

归侨、侨眷因境外直系亲属病危、死亡或者限期处理境外财产等特殊情况急需出境时，公安机关应当根据申请人提供的有效证明优先办理。

第二十二条 国家机关、社会团体和国有企业事业单位的归侨、侨眷职工和离休、退休、退职的归侨、侨眷职工出境探亲的，按照国家有关规定办理。其所在工作单位和有关部门不得因其正常出境探亲而作出损害其权益的规定。

第二十三条 国家机关、社会团体和国有企业事业单位的归侨、侨眷职工申请出境定居的，其所在工作单位应当在该职工取得定居国（地区）入境签证后，为其办理离职手续；按照国家有关规定发给离职金。

国家机关、社会团体和国有企业事业单位的离休、退休、退职的归侨、侨眷职工出境定居后，应当每年向原工作单位提供一份由我国驻外国的外交代表机关、领事机关出具的或者当地公证机关出具的经我国驻外国的外交代表机关、领事机关认证的本人生存证明，其离休金、退休金、退职金继续发放。

本条第一款和第二款所列职工的工作单位和有关部门不得因其正常出境定居而作出损害其权益的规定。

第二十四条 集体所有制企业事业单位的归侨、侨眷职工和离休、退休、退职的归侨、侨眷职工的出境探亲、定居待遇，由省、自治区、直辖市人民政府参照国有企业事业单位同类人员的待遇，结合本地区情况作出规定。

第二十五条 归侨、侨眷经批准出境探亲或者定居的，可以按照国家有关规定兑换一定数额的外汇；出境定居的，其离职金、离休金、退休金、退职金等可以按照国家有关规定兑换外汇汇出或者携带出境。

第二十六条 我国驻外国的外交代表机关、领事机关根据我国缔结或者参加的国际条约或者国际惯例，保护归侨、侨眷在境外的正当权益。

归侨、侨眷需要在境外处分财产或者接受遗产、遗赠、赠与的，有关部门和我国驻外国的外交代表机关、领事机关应当提供协助，必要时可以接受委托代办有关事宜。

归侨、侨眷在国外有养老金、退休金、抚恤金等需要领取的，我国驻外国的外交代表机关、领事机关应当协助办理有关手续，并接受委托代领代转有关款项。

归侨、侨眷将其在境外的财产调入国内的，按照国家有关规定办理；其财产转换成外汇调入国内的，依法享受有关免税的待遇。

第二十七条 归侨、侨眷的合法权益受到侵犯的，归侨、侨眷有权要求有关主管部门依法处理，或者依法向人民法院提起诉讼。

第二十八条 国家工作人员损害归侨、侨眷权益的，由其所在工作单位或者上级主管机关责令改正或者给予行政处分；情节严重，构成犯罪的，依法追究刑事责任。

第二十九条 省、自治区、直辖市可以根据《中华人民共和国归侨侨眷权益保护法》和本办法以及国家有关规定，制定实施办法。

第三十条 本办法由国务院侨务办公室负责解释。

第三十一条 本办法自发布之日起施行。

中华人民共和国个人所得税法实施条例

（国务院令〔1994〕142 号　1994 年 1 月 28 日发布施行）

第一条　根据《中华人民共和国个人所得税法》（以下简称税法）的规定，制定本条例。

第二条　税法第一条第一款所说的在中国境内有住所的个人，是指因户籍、家庭、经济利益关系而在中国境内习惯性居住的个人。

第三条　税法第一条第一款所说的在境内居住满一年，是指在一个纳税年度中在中国境内居住三百六十五日。临时离境的，不扣减日数。

前款所说的临时离境，是指在一个纳税年度中一次不超过三十日或者多次累计不超过九十日的离境。

第四条　税法第一条第一款、第二款所说的从中国境内取得的所得，是指来源于中国境内的所得；所说的从中国境外取得的所得，是指来源于中国境外的所得。

第五条　下列所得，不论支付地点是否在中国境内，均为来源于中国境内的所得：

（一）因任职、受雇、履约等而在中国境内提供劳务取得的所得；

（二）将财产出租给承租人在中国境内使用而取得的所得；

（三）转让中国境内的建筑物、土地使用权等财产或者在中国境内转让其他财产取得的所得；

（四）许可各种特许权在中国境内使用而取得的所得；

（五）从中国境内的公司、企业以及其他经济组织或者个人取得的利息、股息、红利所得。

第六条　在中国境内无住所，但是居住一年以上五年以下的个人，其来源于中国境外的所得，经主管税务机关批准，可以只就由中国境内公司、企业以及其他经济组织或者个人支付的部分缴纳个人所得税；居住超过五年的个人，从第六年起，应当就其来源于中国境外的全部所得缴纳个人所得税。

第七条　在中国境内无住所，但是在一个纳税年度中在中国境内连续或者累计居住不超过九十日的个人，其来源于中国境内的所得，由境外雇主支付并且不由该雇主在中国境内的机构、场所负担的部分，免予缴纳个人所得税。

第八条　税法第二条所说的各项个人所得的范围：

（一）工资、薪金所得，是指个人因任职或者受雇而取得的工资、薪金、奖金、年终加薪、劳动分红、津贴、补贴以及与任职或者受雇有关的其他所得。

（二）个体工商户的生产、经营所得。是指：

1. 个体工商户从事工业、手工业、建筑业、交通运输业、商业、饮食业、服务业、修理业以及其他行业生产、经营取得的所得；

2. 个人经政府有关部门批准，取得执照，从事办学、医疗、咨询以及其他有偿服务活动取得的所得；

3. 其他个人从事个体工商业生产、经营取得的所得：

4. 上述个体工商户和个人取得的与生产、经营有关的各项应纳税所得。

（三）对企事业单位的承包经营、承租经营所得，是指个人承包经营、承租经营以及转包、转租取得的所得，包括个人按月或者按次取得的工资、薪金性质的所得。

（四）劳务报酬所得，是指个人从事设计、装潢、安装、制图、化验、测试、医疗、法律、会计、咨询、讲学、新闻、广播、翻译、审稿、书画、雕刻、影视、录音、录像、演出、表演、广告、展览、技术服务、介绍服务、经纪服务、代办服务以及其他劳务取得的所得。

（五）稿酬所得，是指个人因其作品以图书、报刊形式出版、发表而取得的所得。

（六）特许权使用费所得，是指个人提供专利权、商标权、著作权、非专利技术以及其他特许权的使用权取得的所得；提供著作权的使用权取得的所得，不包括稿酬所得。

（七）利息、股息、红利所得，是指个人拥有债权、股权而取得的利息、股息、红利所得。

（八）财产租赁所得，是指个人出租建筑物、土地使用权、机器设备、车船以及其他财产取得的所得。

（九）财产转让所得，是指个人转让有价证券、股权、建筑物、土地使用权、机器设备、车船以及其他财产取得的所得。

（十）偶然所得，是指个人得奖、中奖、中彩以及其他偶然性质的所得。

个人取得的所得，难以界定应纳税所得项目的，由主管税务机关确定。

第九条　对股票转让所得征收个人所得税的办法，由财政部另行制定，报国务院批准施行。

第十条　个人取得的应纳税所得，包括现金、实物和有价证券。所得为实物的，应当按照取得的凭证上所注明的价格计算应纳税所得额；无凭证的实物或者凭证上所注明的价格明显偏低的，由主管税务机关参照当地的市场价格核定应纳税所得额。所得为有价证券的，由主管税务机关根据票面价格和市场价格核定应纳税所得额。

第十一条　税法第三条第四项所说的劳务报酬所得一次收入畸高，是指个人一次取得劳务报酬，其应纳税所得额超过二万元。

对前款应纳税所得额超过二万元至五万元的部分，依照税法规定计算应纳税额后再按照应纳税额加征五成；超过五万元的部分，加征十成。

第十二条　税法第四条第二项所说的国债利息，是指个人持有中华人民共和国财政部发行的债券而取得的利息所得；所说的国家发行的金融债券利息，是指个人持有经国务院批准发行的金融债券而取得的利息所得。

第十三条　税法第四条第三项所说的按照国家统一规定发给的补贴、津贴，是指按照国务院规定发给的政府特殊津贴和国务院规定免纳个人所得税的补贴、津贴。

第十四条　税法第四条第四项所说的福利费，是指根据国家有关规定，从企业、事业单位、国家机关、社会团体提留的福利费或者工会经费中支付给个人的生活补助费；所说的救济金，是指国家民政部门支付给个人的生活困难补助费。

第十五条　税法第四条第八项所说的依照我国法律规定应予免税的各国驻华使馆、领事馆的外交代表、领事官员和其他人员的所得，是指依照《中华人民共和国外交特权与豁免条例》和《中华人民共和国领事特权与豁免条例》规定免税的所得。

第十六条　税法第五条所说的减征个人所得税，其减征的幅度和期限由省、自治区、直辖市人民政府规定。

第十七条　税法第六条第一款第二项所说的成本、费用，是指纳税义务人从事生产、经营所发生的各项直接支出和分配计入成本的间接费用以及销售费用、管理费用、财务费用；所说的损失，是指纳税义务人在生产、经营过程中发生的各项营业外支出。

从事生产、经营的纳税义务人未提供完整、准确的纳税资料，不能正确计算应纳税所得额的，由主管税务机关核定其应纳税所得额。

第十八条 税法第六条第一款第三项所说的每一纳税年度的收入总额，是指纳税义务人按照承包经营、承租经营合同规定分得的经营利润和工资、薪金性质的所得；所说的减除必要费用，是指按月减除八百元。

第十九条 税法第六条第一款第五项所说的财产原值，是指：

（一）有价证券，为买入价以及买入时按照规定交纳的有关费用；

（二）建筑物，为建造费或者购进价格以及其他有关费用；

（三）土地使用权，为取得土地使用权所支付的金额、开发土地的费用以及其他有关费用；

（四）机器设备、车船，为购进价格、运输费、安装费以及其他有关费用；

（五）其他财产，参照以上方法确定。

纳税义务人未提供完整、准确的财产原值凭证，不能正确计算财产原值的，由主管税务机关核定其财产原值。

第二十条 税法第六条第一款第五项所说的合理费用，是指卖出财产时按照规定支付的有关费用。

第二十一条 税法第六条第一款第四项、第六项所说的每次收入，是指：

（一）劳务报酬所得，属于一次性收入的，以取得该项收入为一次；属于同一项目连续性收入的，以一个月内取得的收入为一次。

（二）稿酬所得，以每次出版、发表取得的收入为一次。

（三）特许权使用费所得，以一项特许权的一次许可使用所取得的收入为一次。

（四）财产租赁所得，以一个月内取得的收入为一次。

（五）利息、股息、红利所得，以支付利息、股息、红利时取得的收入为一次。

（六）偶然所得，以每次取得该项收入为一次。

第二十二条 财产转让所得，按照一次转让财产的收入额减除财产原值和合理费用后的余额，计算纳税。

第二十三条 二个或者二个以上的个人共同取得同一项目收入的，应当对每个人取得的收入分别按照税法规定减除费用后计算纳税。

第二十四条 税法第六条第二款所说的个人将其所得对教育事业和其他公益事业的捐赠，是指个人将其所得通过中国境内的社会团体、国家机关向教育和其他社会公益事业以及遭受严重自然灾害地区、贫困地区的捐赠。

捐赠额未超过纳税义务人申报的应纳税所得额百分之三十的部分，可以从其应纳税所得额中扣除。

第二十五条 税法第六条第三款所说的在中国境外取得工资、薪金所得，是指在中国境外任职或者受雇而取得的工资、薪金所得。

第二十六条 税法第六条第三款所说的附加减除费用，是指每月在减除八百元费用的基础上，再减除本条例第二十八条规定数额的费用。

第二十七条 税法第六条第三款所说的附加减除费用适用的范围，是指：

（一）在中国境内的外商投资企业和外国企业中工作的外籍人员；

（二）应聘在中国境内的企业、事业单位、社会团体、国家机关中工作的外籍专家；

（三）在中国境内有住所而在中国境外任职或者受雇取得工资、薪金所得的个人；

（四）财政部确定的其他人员。

第二十八条 税法第六条第三款所说的附加减除费用标准为三千二百元。

第二十九条 华侨和香港、澳门、台湾同胞，参照本条例第二十六条、第二十七条、第二十八条的规定执行。

第三十条 在中国境内有住所，或者无住所而在境内居住满一年的个人，从中国境内和境外取得的所得，应当分别计算应纳税额。

第三十一条 税法第七条所说的已在境外缴纳的个人所得税税额，是指纳税义务人从中国境外取得的所得，依照该所得来源国家或者地区的法律应当缴纳并且实际已经缴纳的税额。

第三十二条 税法第七条所说的依照税法规定计算的应纳税额，是指纳税义务人从中国境外取得的所得，区别不同国家或者地区和不同应税项目，依照税法规定的费用减除标准和适用税率计算的应纳税额；同一国家或者地区内不同应税项目的应纳税额之和，为该国家或者地区的扣除限额。

纳税义务人在中国境外一个国家或者地区实际已经缴纳的个人所得税税额，低于依照前款规定计算出的该国家或者地区扣除限额的，应当在中国缴纳差额部分的税款；超过该国家或者地区扣除限额的，其超过部分不得在本纳税年度的应纳税额中扣除，但是可以在以后纳税年度的该国家或者地区扣除限额的余额中补扣。补扣期限最长不得超过五年。

第三十三条 纳税义务人依照税法第七条的规定申请扣除已在境外缴纳的个人所得税税额时，应当提供境外税务机关填发的完税凭证原件。

第三十四条 扣缴义务人在向个人支付应税款项时，应当依照税法规定代扣税款，按时缴库，并专项记载备查。

前款所说的支付，包括现金支付、汇拨支付、转帐支付和以有价证券、实物以及其他形式的支付。

第三十五条 自行申报的纳税义务人，应当向取得所得的当地主管税务机关申报纳税。从中国境外取得所得，以及在中国境内二处或者二处以上取得所得的，可以由纳税义务人选择一地申报纳税；纳税义务人变更申报纳税地点的，应当经原主管税务机关批准。

第三十六条 自行申报的纳税义务人，在申报纳税时，其在中国境内已扣缴的税款，准予按照规定从应纳税额中扣除。

第三十七条 纳税义务人兼有税法第二条所列的二项或者二项以上的所得的，按项分别计算纳税。在中国境内二处或者二处以上取得税法第二条第一项、第二项、第三项所得的，同项所得合并计算纳税。

第三十八条 税法第九条第二款所说的特定行业，是指采掘业、远洋运输业、远洋捕捞业以及财政部确定的其他行业。

第三十九条 税法第九条第二款所说的按年计算、分月预缴的计征方式，是指本条例第三十八条所列的特定行业职工的工资、薪金所得应纳的税款，按月预缴，自年度终了之日起三十日内，合计其全年工资、薪金所得，再按十二个月平均并计算实际应纳的税款，多退少补。

第四十条 税法第九条第四款所说的由纳税义务人在年度终了后三十日内将应纳的税款缴入国库，是指在年终一次性取得承包经营、承租经营所得的纳税义务人，自取得收入之日起三十日内将应纳的税款缴入国库。

第四十一条 依照税法第十条的规定，所得为外国货币的，应当按照填开完税凭证的上一月最后一日中国人民银行公布的外汇牌价，折合成人民币计算应纳税所得额。依照税法规定，在年度终了后汇算清缴的，对已经按月或者按次预缴税款的外国货币所得，不再重新折算；对应当补缴税款的所得部分，按照上一纳税年度最后一日中国人民银行公布的外汇牌价，折合成人民币计算应纳税所得额。

第四十二条 税务机关按照税法第十一条的规定付给扣缴义务人手续费时，应当按月填开收入退还书发给扣缴义务人。扣缴义务人持收入退还书向指定的银行办理退库手续。

第四十三条 个人所得税纳税申报表、扣缴个人所得税报告表和个人所得税完税凭证式样，由国家税务总局统一制定。

第四十四条 税法和本条例所说的纳税年度，自公历一月一日起至十二月三十一日止。

第四十五条 1994 纳税年度起，个人所得税依照税法以及本条例的规定计算征收。

第四十六条 本条例由财政部会同国家税务总局解释。

第四十七条 本条例自发布之日起施行。1987 年 8 月 8 日国务院发布的《中华人民共和国国务院关于对来华工作的外籍人员工资、薪金所得减征个人所得税的暂行规定》同时废止。

社会力量办学条例

（国务院令〔1997〕226号
1997年7月31日发布　自1997年10月1日起施行）

第一章　总　　则

第一条　为了鼓励社会力量办学，维护举办者、学校及其他教育机构、教师及其他教育工作者、受教育者的合法权益，促进社会力量办学事业健康发展。制定本条例。

第二条　企业事业组织、社会团体及其他社会组织和公民个人利用非国家财政性教育经费，面向社会举办学校及其他教育机构（以下称教育机构）的活动，适用本条例。

第三条　社会力量办学事业是社会主义教育事业的组成部分。各级人民政府应当加强对社会力量办学工作的领导，将社会力量办学事业纳入国民经济和社会发展规划。

第四条　国家对社会方量办学实行积极鼓励、大力支特、正确引导、加强管理的方针。

第五条　社会力量应当以举办实施职业教育、成人教育、高级中等教育和学前教育的教育机构为重点。国家鼓励社会力量举办实施义务教育的教育机构作为国家实施义务教育的补充。国家严格控制社会力量举办高等教育机构。

社会力量不得举办宗教学校和变相宗教学校。

第六条　社会力量举办教育机构，不得以营利为目的。

第七条　任何组织或者个人不得以社会力量办学为名向企业事业组织和个人摊派教育费用。

第八条　国家保障社会力量举办的教育机构的合法权益。

社会力量举办的教育机构依法享有办学自主权。

第九条　社会力量举办的教育机构应当遵守法律、法规，坚持社会主义的办学方向，贯彻国家的教育方针，保证教育、教学质量。

第十条　社会力量举办的教育机构及其教师和学生依法享有与国家举办的教育机构及其教师和学生平等的法律地位。

第十一条　国务院教育行政部门负责全国社会力量办学工作的统筹规划、综合协调和宏观管理。

国务院教育行政部门、劳动行政部门和其他有关部门在国务院规定的职责范围内负责有关的社会力量办学工作。

县级以上地方各级人民政府有关部门根据省、自治区、直辖市人民政府规定的职责，负责有关的社会力量办学工作。

第十二条　对在社会力量办学中做出突出贡献的组织和个人，给予奖励。

第二章　教育机构的设立

第十三条　申请举办教育机构的单位，应当具有法人资格；申请举办教育机构的个人，应当具有政治权利和完全民事行为能力。

实施国家教育考试、职业资格考试和技术等级考试等的考试机构，不得举办与其考试业务相关的教育机构。

第十四条 设立教育机构，应当具备教育法、职业教育法规定的基本条件。

实施高等学历教育的学校的设置标准，由国务院教育行政部门制定；其他教育机构的设置标准，由省、自治区、直辖市人民政府分类制定。

第十五条 举办实施学历教育和文化补习、学前教育、自学考试助学的教育机构，由县级以上人民政府教育行政部门按照国家规定的审批权限审批；举办实施以职业技能为主的职业资格培训、技术等级培训的教育机构，举办实施劳动就业职业技能培训的教育机构，由县级以上人民政府劳动行政部门按照国家规定的审批权限审批，并抄送同级教育行政部门备案；举办其他教育机构，经有关行政主管部门按照国家规定的审批权限审核同意后，由同级教育行政部门审批。

第十六条 申请举办教育机构的，举办者应当向审批机关提交下列材料：

（一）申办报告；

（二）举办者的资格证明文件；

（三）拟任校长或者主要行政负责人以及拟聘教师的资格证明文件；

（四）拟办教育机构的资产及经费来源的证明文件；

（五）拟办教育机构的章程和发展规划；

（六）审批机关要求提供的其他材料。

联合举办教育机构的，还应当提交联合办学协议书。

第十七条 审批教育机构应当以教育机构的设立条件、设置标准为依据，并符合国家利益和社会公共利益以及合理的教育结构和布局的要求。

申请举办实施学历教育的教育机构的，审批机关于每年第三季度前受理，于第二年四月底前以书面形式答复；申请举办其他教育机构的，审批机关应当自受理申请之日起三个月内，以书面形式答复。

第十八条 审批机关对批准设立的教育机构发给办学许可证。办学许可证由国务院教育行政部门制定式样，由国务院教育行政部门和劳动行政部门按照职责分工分别组织印制。教育机构取得办学许可证后，应当依照有关社会力量举办非企业单位登记的行政法规登记，方可开展教育、教学活动。

第十九条 教育机构不得设立分支机构。

第二十条 教育机构的名称应当确切表示其类别、层次和所在行政区域；未经国务院教育行政部门或者劳动行政部门按照职责分工予以批准，不得冠以“中华”、“中国”、“国际”等字样。

第三章 教育机构的教学和行政管理

第二十一条 教育机构可以设立校董会。校董会提出校长或者主要行政负责人的人选，决定教育机构发展、经费筹措、经费预算决算等重大事项。

校董会由举办者或者其代表、教育机构工作人员的代表和热心教育事业、品行端正的社会人士组成，其中三分之一以上董事应当具有五年以上教育、教学经验。

首批董事由举办者推选，以后的董事按照校董会规程推选。董事经审批机关核准后聘任。

国家现职工作人员不得兼任教育机构的董事；但是，因特殊需要，经县级以上人民政府或者其有关部门委派的除外。

第二十二条 教育机构的校长或者主要行政负责人负责教学和其他行政管理工作。

教育机构的校长或者主要行政负责人的任职条件，参照国家举办的同级同类教育机构的校长或者主要行政负责人的任职条件执行，但是年龄可以适当放宽。

教育机构的校长或者主要行政负责人的人选，设立校董会的，由校董会提出；不设立校董会的，由举办者提出，经审批机关核准后聘任。

第二十三条 担任教育机构的董事、校长或者主要行政负责人和担任总务、会计、人事职务的人员之间，实行亲属回避制度。

第二十四条 教育机构的教师和其他教育工作者有权依照工会法建立工会组织，维护其合法权益。

第二十五条 教育机构按照国家有关规定，自主聘任教师和其他教育工作者。教育机构聘任的教师应当符合国家规定的教师资格和任职条件。教育机构应当对其聘任的教师加强政治思想教育和业务培训。

教育机构聘任教师和其他教育工作者，应当与其签订聘任合同。

教育机构聘任外籍教师，按照国家有关规定办理。

第二十六条 教育机构按照国家有关招生的规定，自主招生。

教育机构的招生简章和广告，须经审批机关审查后，方可发布。

教育机构招收境外学生，按照国家有关规定办理。

第二十七条 教育机构按照国家有关规定，自主决定专业设置。

第二十八条 教育机构的教学内容应当符合宪法、法律和法规的规定。

社会力量举办的中小学，应当按照国务院教育行政部门和所在省、自治区、直辖市人民政府教育行政部门制定的课程计划和教学大纲的要求实施教育、教学，选用的教材应当经省、自治区、直辖市人民政府教育行政部门审定。

第二十九条 教育机构应当充分利用社会公共教育设施、设备和资料，并充分借助广播电视大学和广播电视学校的作用，开展教育教学活动，提高教育教学质量。

第三十条 教育机构应当按照国家有关规定，建立并执行学籍和教学管理制度。

第三十一条 经批准实施学历教育的学校的学生，完成学业，考试合格的，由所在学校按照国家有关规定颁发学历证书。

其他教育机构的学生完成学业，由所在教育机构发给培训证书或者其他学业证书，注明所学课程和考试成绩，并可以按照国家有关规定参加职业资格考试或者技术等级考试，考试合格的，取得相应的职业资格证书或者技术等级证书。

第三十二条 教育机构刻制印章，应当持办学许可证和审批机关出具的证明，向所在地县级以上人民政府公安机关办理审批手续。

教育机构应当将其印章式样报审批机关和公安机关备案。

第三十三条 教育行政部门、劳动行政部门和其他有关部门应当加强对社会力量办学工作的监督管理。县级以上地方各级人民政府应当加强对本行政区域内教育机构的办学水平、教育质量的督导评估。

任何行政部门对教育机构实施监督管理，不得收取费用。

第四章 教育机构的财产、财务管理

第三十四条 教育机构应当依法建立财务、会计制度和财产管理制度，并按照行政事业单位会计制度规定设置会计账簿。

第三十五条 教育机构按照国家有关规定收取费用。

教育机构的收费项目和标准，由该教育机构提出，经审批机关审核提出意见，由财政部门、价格管理部门按照职责分工，根据该教育机构的教育、教学成本和接受资助的实际情况核定。

第三十六条 教育机构在存续期间，可以依法管理和使用其财产，但是不得转让或者用于担保。

任何组织和个人不得侵占教育机构的财产。

第三十七条 教育机构应当确定各类人员的工资福利开支占经常办学费用的比例，报审批机关备案。

教育机构的积累只能用于增加教育投入和改善办学条件，不得用于分配，不得用于校外投资。

第三十八条 教育机构应当在每一会计年度终了时制作财务会计报告，并根据审批机关的要求委托社会审计机构对其财务会计状况进行审计，报审批机关审查。

第五章 教育机构的变更与解散

第三十九条 教育机构改变名称、性质、层次，应当报审批机关批准；变更其他事项，应当报审批机关备案。

第四十条 教育机构合并，应当进行财产清查和财务结算，并由合并后的教育机构妥善安置原在校学生。

第四十一条 教育机构有下列情形之一的，应当解散：

（一）教育机构的校董会或者举办者根据教育机构的章程规定，要求解散的；

（二）因故无法开展正常的教育、教学活动的。

教育机构解散，由审批机关核准。

第四十二条 教育机构解散时，应当妥善安置在校学生，审批机关可以予以协助。实施义务教育的教育机构解散时，审批机关应当安排在校接受义务教育的学生继续就学。

第四十三条 教育机构解散，应当依法进行财产清算。

教育机构清算时，应当首先支付所欠教职员工的工资及社会保险费用；教育机构清算后的剩余财产，返还或者折价返还举办者的投入后，其余部分由审批机关统筹安排，用于发展社会力量办学事业。

第四十四条 审批机关对核准解散的教育机构应当予以公告，并通知其交回办学许可证和印章，予以封存。

第六章 保障与扶持

第四十五条 县级以上各级人民政府有关部门应当依照有关法律、法规的规定，对社会力量办学给予扶持。

第四十六条 县级以上各级人民政府教育行政部门、劳动行政部门和其他有关部门对社会力量举办的教育机构在业务指导、教研活动、教师管理、表彰奖励等方面，应当与对国家举办的教育机构同等对待。

第四十七条 教育机构建设需要使用土地的，县级以上地方各级人民政府应当根据国家有关规定和实际情况，纳入规划，按照公益事业用地办理，并可以优先安排。

第四十八条 教育机构的教师和其他教育工作者的工资、社会保险和福利，由教育机构依法予以

保障。

专任教师在教育机构工作期间，应当连续计算教龄。

第四十九条 社会力量举办的教育机构的学生在升学、参加考试和社会活动等方面，依法享有与国家举办的教育机构的学生平等的权利。

教育机构的学生就业，实行面向社会、平等竞争、择优录用的原则，用人单位不得歧视。

第七章 法律责任

第五十条 在社会力量办学活动中，违反教育法规定的，依照教育法的有关规定给予处罚。

第五十一条 举办者虚假出资或者在教育机构成立后抽逃出资的，由审批机关责令改正；拒不改正的，处应出资金额或者抽逃资金额二倍以下的罚款；情节严重的，由审批机关责令停止招生、吊销办学许可证。

第五十二条 伪造、变造和买卖办学许可证的，由公安机关依照治安管理处罚条例予以处罚；构成犯罪的，依法追究刑事责任。

第五十三条 教育机构超过经核定的项目和标准滥收费用的，由审批机关责令限期退还多收的费用，并由财政部门、价格管理部门依照有关法律、法规予以处罚。

第五十四条 教育机构不确定各类人员的工资福利开支占经常办学费用的比例或者不按照确定的比例执行的，或者将积累用于分配或者校外投资的，由审批机关责令改正，并可以给予警告；情节严重或者拒不改正的，由审批机关责令停止招生、吊销办学许可证或者予以接管。

第五十五条 教育机构管理混乱、教育教学质量低下，造成恶劣影响的，由审批机关限期整顿，并可以给予警告；情节严重或者经整顿仍达不到要求的，由审批机关责令停止招生、吊销办学许可证或者予以接管。

第五十六条 审批机关滥用职权、徇私舞弊的，或者对所批准的教育机构疏于管理，造成严重后果的，对负有直接责任的主管人员和其他直接责任人员依法给予行政处分；构成犯罪的，依法追究刑事责任。

行政部门在对教育机构实施监督管理中收取费用的，退回所收费用；对负有直接责任的主管人员和其他直接责任人员依法给予行政处分。

第八章 附 则

第五十七条 社会力量举办不设立独立机构的培训活动，参照本条例执行。

第五十八条 境外的组织、个人在中国境内办学和合作办学由国务院另行制定办法，不适用本条例。

第五十九条 本条例施行前依照法律、法规和规章批准成立或者登记注册的社会力量举办的教育机构，可以继续保留。依照本条例规定应当办理办学许可证的，应当补办办学许可证；其中不完全具备本条例规定的条件的，应当在规定的限期内达到本条例规定的条件。

第六十条 本条例自 1997 年 10 月 1 日起施行；其中本条例第十八条第二款自有关社会力量举办非企业单位登记的行政法规施行之日起施行。

国务院关于国家行政机关和企业事业单位社会团体印章管理的规定

（1999 年 10 月 31 日国务院发布）

1993 年国务院印发的《国务院关于国家行政机关和企业事业单位印章的规定》（国发〔1993〕21 号），对于规范和加强国家行政机关和企业事业单位、社会团体印章的管理工作，起到了重要的作用。但是，随着政府机构的变化，有些条款已不再适用。为进一步规范和加强国家行政机关和企业事业单位、社会团体印章管理，现对国家行政机关和企业事业单位、社会团体印章的制发、收缴和管理规定如下：

一、国家行政机关和企业事业单位、社会团体的印章为圆形，中央刊国徽或五角星。

二、国务院的印章，直径六厘米，中央刊国徽，国徽外刊机关名称，自左而右环行，由国务院自制。

三、各省、自治区、直辖市人民政府和国务院办公厅、国务院各部委的印章，直径五厘米，中央刊国徽、国徽外刊机关名称，自左而右环行，由国务院制发。

四、国务院直属机构、办事机构的印章，正部级单位的直径五厘米，副部级单位的直径四点五厘米，中央刊国徽，国徽外刊机关名称，自左而右环行，由国务院制发。

五、国务院直属事业单位的印章，正部级单位的直径五厘米，副部级单位的直径四点五厘米，经国家机构编制管理部门认定具有行政职能的单位的印章中央刊国徽，没有行政职能的单位的印章中央刊五角星，国徽或五角星外刊单位名称，自左而右环行,，由国务院制发。

六、国务院议事协调机构和临时机构的印章，直径五厘米，中央刊五角星，五角星外刊机关名称，自左而右环行，由国务院制发。

七、国务院部委管理的国家局的印章，直径四点五厘米，中央刊国徽，国徽外刊机关名称，自左而右环行，由国务院制发。

八、国务院部委的外事司（局）的印章，直径四点二厘米，中央刊国徽，国徽外刊机关名称，自左而右环行。由国务院制发。

国务院部门的内设机构和所属事业单位，法定名称中冠“中华人民共和国”或“国家”的单位的印章，直径四点二厘米，中央刊国徽，国徽外刊单位名称，自左而右环行，由国务院制发。

九、自治州、市、县级（县、自治县、县级市、旗、自治旗、特区、林区，下同）和市辖区人民政府的印章，直径四点五厘米，中央刊国徽，国徽外刊机关名称，自左而右环行，由省、自治区、直辖市人民政府制发。

十、地区（盟）行政公署的印章，直径四点五厘米，中央刊五角星，五角星外刊机关名称，自左而右环行，由省、自治区人民政府制发。

十一、乡（镇）人民政府的印章，直径四点二厘米，中央刊五角星，五角星外刊机关名称，自左而右环行，由县级人民政府制发。

十二、驻外国的大使馆、领事馆的印章，直径四点二厘米，中央刊国徽，国徽外刊机关名称，自左而右环行。由外交部制发。

十三、国家行政机关内设机构或直属单位的印章，直径不得大于四点五厘米，中央刊五角星，五角星外刊单位名称，自左而右环行或者名称前段自左而右环行、后段自左而右横排，分别由国务院各部门和地方各级国家行政机关制发。

十四、企业事业单位、社会团体的印章，直径不得大于四点五厘米，中央刊五角星，五角星外刊单位名称，自左而右环行。制发办法由公安部会同有关部门另行制定。

十五、国家行政机关和企业事业单位、社会团体印章所刊名称，应为法定名称。如名称字数过多不易刻制，可以采用规范化简称。地区（盟）行政公署的印章，冠省（自治区）的名称。自治州、市、县级人民政府的印章，不冠省（自治区、直辖市）的名称。市辖区人民政府的印章冠市的名称，乡（镇）人民政府的印章，冠县级行政区域的名称。

十六、实行民族区域自治的地方人民政府的印章，可以并刊汉字和相应的民族文字。

十七、印章所刊汉字，应当使用国务院公布的简化字，字体为宋体。

十八、印章的质料，由制发机关根据实际需要确定。

十九、各省、自治区、直辖市人民政府和国务院各部委、各直属机构印制文件时使用的套印印章、印模，其规格、式样与正式印章等同，由国务院制发。

二十、国务院有关部委外事用的火漆印，直径四点二厘米，中央刊国徽，国徽外刊机关名称，自左而右环行，由国务院制发。

二十一、国务院的钢印，直径四点二厘米，中央刊国徽，国徽外刊机关名称，自左而右环行，由国务院自制。

地方外事机构、驻外使领馆钢印的规格、式样，由外交部制定。

其他确需使用钢印的单位，其钢印直径不得大于四点二厘米，不得小于三点五厘米，中央刊五角星，五角星外刊单位名称，自左而右环行，报经其印章制发机关批准后刻制。

二十二、国家行政机关和企业事业单位、社会团体的其他专用印章（包括经济合同章、财务专用章等），在名称、式样上应与单位正式印章有所区别，经本单位领导批准后可以刻制。

二十三、印章制发机关应规范和加强印章制发的管理，严格办理程序和审批手续。国家行政机关和企业事业单位、社会团体刻制印章，应到当地公安机关指定的刻章单位刻制。

二十四、国家行政机关和企业事业单位、社会团体的印章，如因单位撤销、名称改变或换用新印章而停止使用时，应及时送交印章制发机关封存或销毁，或者按公安部会同有关部门另行制定的规定处理。

二十五、国家行政机关和企业事业单位、社会团体必须建立健全印章管理制度，加强用印管理，严格审批手续。未经本单位领导批准，不得擅自使用单位印章。

二十六、对伪造印章或使用伪造印章者，要依照国家有关法规查处。如发现伪造印章或使用伪造印章者，应及时向公安机关或印章所刊名称单位举报。具体的印章社会治安管理办法，由公安部会同有关部门制定。

二十七、过去有关印章管理的规定，如有与本规定不一致的，以本规定为准。

附件：印章规格式样（略）

三、部门规章

企业名称登记管理规定

（国家工商行政管理局令〔1991〕7号
1991年5月6日公布　自1991年9月1日起施行）

第一条　为了加强企业名称管理，保护企业的合法权益，维护社会经济秩序，制定本规定。

第二条　本规定适用于中国境内具备法人条件的企业及其他依法需要办理登记注册的企业。

第三条　企业名称在企业申请登记时，由企业名称的登记主管机关核定。企业名称经核准登记注册后方可使用，在规定的范围内享有专用权。

第四条　企业名称的登记主管机关（以下简称登记主管机关）是国家工商行政管理局和地方各级工商行政管理局。登记主管机关核准或者驳回企业名称登记申请，监督管理企业名称的使用，保护企业名称专用权。

登记主管机关依照《中华人民共和国企业法人登记管理条例》，对企业名称实行分级登记管理。外商投资企业名称由国家工商行政管理局核定。

第五条　登记主管机关有权纠正已登记注册的不适宜的企业名称，上级登记主管机关有权纠正下级登记主管机关已登记注册的不适宜的企业名称。

对已登记注册的不适宜的企业名称，任何单位和个人可以要求登记主管机关予以纠正。

第六条　企业只准使用一个名称，在登记主管机关辖区内不得与已登记注册的同行业企业名称相同或者近似。

确有特殊需要的，经省级以上登记主管机关核准，企业可以在规定的范围内使用一个从属名称。

第七条　企业名称应当由以下部分依次组成：字号（或者商号，下同）、行业或者经营特点、组织形式。

企业名称应当冠以企业所在地省（包括自治区、直辖市，下同）或者市（包括州，下同）或者县（包括市辖区，下同）行政区划名称。

经国家工商行政管理局核准，下列企业的企业名称可以不冠以企业所在地行政区划名称：

（一）本规定第十三条所列企业；

（二）历史悠久、字号驰名的企业；

（三）外商投资企业。一第八条企业名称应当使用汉字，民族自治地方的企业名称可以同时使用本民族自治地方通用的民族文字。

企业使用外文名称的，其外文名称应当与中文名称相一致，并报登记主管机关登记注册。

第九条 企业名称不得含有下列内容和文字：

（一）有损于国家、社会公共利益的；

（二）可能对公众造成欺骗或者误解的；

（三）外国国家（地区）名称、国际组织名称；

（四）政党名称、党政军机关名称、群众组织名称、社会团体名称及部队番号；

（五）汉语拼音字母（外文名称中使用的除外）、数字；

（六）其他法律、行政法规规定禁止的。

第十条 企业可以选择字号。字号应当由两个以上的字组成。

企业有正当理由可以使用本地或者异地地名作字号，但不得使用县以上行政区划名称作字号。

私营企业可以使用投资人姓名作字号。

第十一条 企业应当根据其主营业务，依照国家行业分类标准划分的类别，在企业名称中标明所属行业或者经营特点。

第十二条 企业应当根据其组织结构或者责任形式，在企业名称中标明组织形式。所标明的组织形式必须明确易懂。

第十三条 下列企业，可以申请在企业名称中使用“中国”、“中华”或者冠以“国际”字词：

（一）全国性公司；

（二）国务院或其授权的机关批准的大型进出口企业；

（三）国务院或其授权的机关批准的大型企业集团；

（四）国家工商行政管理局规定的其他企业。

第十四条 企业设立分支机构的，企业及其分支机构的企业名称应当符合下列规定：

（一）在企业名称中使用“总”字的，必须下设三个以上分支机构；

（二）不能独立承担民事责任的分支机构，其企业名称应当冠以其所从属企业的名称，缀以“分公司”、“分厂”、“分店”等字词，并标明该分支机构的行业和所在地行政区划名称或者地名，但其行业与其所从属的企业一致的，可以从略；

（三）能够独立承担民事责任的分支机构。应当使用独立的企业名称，并可以使用其所从属企业的企业名称中的字号；

（四）能够独立承担民事责任的分支机构再设立分支机构的，所设立的分支机构不得在其企业名称中使用总机构的名称。

第十五条 联营企业的企业名称可以使用联营成员的字号，但不得使用联营成员的企业名称。联营企业应当在其企业名称中标明“联营”或者“联合”字词。

第十六条 企业有特殊原因的，可以在开业登记前预先单独申请企业名称登记注册。预先单独申请企业名称登记注册时，应当提交企业组建负责人签署的申请书、章程草案和主管部门或者审批机关的批准文件。

第十七条 外商投资企业应当在项目建议书和可行性研究报告批准后，合同、章程批准之前，预先单独申请企业名称登记注册。外商投资企业预先单独申请企业名称登记注册时，应当提交企业组建负责人签署的申请书、项目建议书、可行性研究报告的批准文件，以及投资者所在国（地区）主管当局出具的合法开业证明。

第十八条 登记主管机关应当在收到企业提交的预先单独申请企业名称登记注册的全部材料之日起，十日内作出核准或者驳回的决定。

登记主管机关核准预先单独申请登记注册的企业名称后，核发《企业名称登记证书》。

第十九条 预先单独申请登记注册的企业名称经核准后，保留期为一年。经批准有筹建期的，企业名称保留到筹建期终止。在保留期内不得用于从事生产经营活动。

保留期届满不办理企业开业登记的，其企业名称自动失效，企业应当在期限届满之日起十日内将《企业名称登记证书》交回登记主管机关。

第二十条 企业的印章、银行帐户、牌匾、信笺所使用的名称应当与登记注册的企业名称相同。从事商业、公共饮食、服务等行业的企业名称牌匾可适当简化，但应当报登记主管机关备案。

第二十一条 申请登记注册的企业名称与下列情况的企业名称相同或者近似的，登记主管机关不予核准：

（一）企业被撤销未满三年的；

（二）企业营业执照被吊销未满三年的；

（三）企业因本条第（一）、（二）项所列情况以外的原因办理注销登记未满一年的。

第二十二条 企业名称经核准登记注册后，无特殊原因在一年内不得申请变更。

第二十三条 企业名称可以随企业或者企业的一部分一并转让。

企业名称只能转让给一户企业。企业名称的转让方与受让方应当签订书面合同或者协议，报原登记主管机关核准。

企业名称转让后，转让方不得继续使用已转让的企业名称。

第二十四条 两个以上企业向同一登记主管机关申请相同的符合规定的企业名称，登记主管机关依照申请在先原则核定。属于同一天申请的，应当由企业协商解决；协商不成的，由登记主管机关作出裁决。

两个以上企业向不同登记主管机关申请相同的企业名称，登记主管机关依照受理在先原则核定。属于同一天受理的，应当由企业协商解决；协商不成的，由各该登记主管机关报共同的上级登记主管机关作出裁决。

第二十五条 两个以上的企业因已登记注册的企业名称相同或者近似而发生争议时，登记主管机关依照注册在先原则处理。

中国企业的企业名称与外国（地区）企业的企业名称在中国境内发生争议并向登记主管机关申请裁决时，由国家工商行政管理局依据我国缔结或者参加的国际条约的规定的原则或者本规定处理。

第二十六条 违反本规定的下列行为，由登记主管机关区别情节，予以处罚：

（一）使用未经核准登记注册的企业名称从事生产经营活动的，责令停止经营活动，没收非法所得或者处以两千元以上、两万元以下罚款，情节严重的，可以并处；

（二）擅自改变企业名称的，予以警告或者处以一千元以上、一万元以下罚款，并限期办理变更登记；

（三）擅自转让或者出租自己的企业名称的，没收非法所得并处以一千元以上、一万元以下罚款；

（四）使用保留期内的企业名称从事生产经营活动或者保留期届满不按期将《企业名称登记证书》交回登记主管机关的，予以警告或者处以五百元以上、五千元以下罚款；

（五）违反本规定第二十条规定的，予以警告并处以五百元以上、五千元以下罚款。

第二十七条 擅自使用他人已经登记注册的企业名称或者有其他侵犯他人企业名称专用权行为的，被侵权人可以向侵权人所在地登记主管机关要求处理。登记主管机关有权责令侵权人停止侵权行为，赔偿被侵权人因该侵权行为所遭受的损失，没收非法所得并处以五千元以上、五万元以下罚款。

对侵犯他人企业名称专用权的，被侵权人也可以直接向人民法院起诉。

第二十八条 对登记主管机关根据本规定作出的具体行政行为不服的，当事人可以在收到通知之日起十五日内向上一级登记主管机关申请复议。上级登记主管机关应当在收到复议申请之日起三十日内作出复议决定。对复议决定不服的，可以依法向人民法院起诉。

逾期不申请复议，或者复议后拒不执行复议决定，又不起诉的，登记主管机关可以强制更改企业名称，扣缴企业营业执照，按照规定程序通知其开户银行划拨罚没款。

第二十九条 外国（地区）企业可以在中国境内申请企业名称登记注册。

外国（地区）企业应当向国家工商行政管理局提出企业名称登记注册的申请，并提交外国（地区）企业法定代表人签署的申请书、外国（地区）企业章程和企业所在国（地区）主管当局出具的合法开业证明。登记主管机关应当在收到外国（地区）企业申请名称登记注册的全部材料之日起三十日内作出初步审查，通过初审的，予以公告。外国（地区）企业名称的公告期为六个月，在此期间无异议或者异议不成立的，予以核准登记注册，企业名称保留期为五年。登记主管机关核准登记注册外国（地区）企业名称后，应当核发《企业名称登记证书》。外国（地区）企业名称登记注册后需要变更或者保留期届满要求续展的，应当重新申请登记注册。

第三十条 在登记主管机关登记注册的事业单位及事业单位开办的经营单位的名称和个体工商户的名称登记管理，参照本规定执行。

第三十一条 本规定施行前已经核准登记注册的企业名称，准予继续使用，但严重不符合本规定的，应予纠正。

第三十二条 《企业名称登记证书》由国家工商行政管理局统一印制。

第三十三条 本规定由国家工商行政管理局负责解释。

第三十四条 本规定自 1991 年 9 月 1 日起施行。1985 年 5 月 23 日国务院批准、1985 年 6 月 15 日国家工商行政管理局公布的《工商企业名称登记管理暂行规定》同时废止。

社会力量办学印章管理暂行规定

（国家教育委员会、公安部令〔1991〕17号
1991年8月21日发布施行）

第一条 为了保护社会力量办学的合法权益，加强对社会力量办学印章的管理，根据《国务院关于国家行政机关和企业、事业单位印章的规定》制定本规定。

第二条 本规定所称社会力量办学，系指具有法人资格的国家企业事业组织、民主党派、人民团体、集体经济组织、社会团体，以及经国家批准的私人办学者举办的各级各类学校和教育培训机构（包括在社会上独立设置的补习、辅导、进修等教育组织，下简称学校）。政府机关及其职能部门、法院、检察院等直接举办或间接举办的面向社会（本单位以外）招生的非学历教育学校的印章，也按本规定管理。

第三条 学校用印章行使规定范围内权力，履行规定范围内的职责，并对由其产生的行为后果承担法律责任。

第四条 学校须经所在地的县级以上（含县级，下同）人民政府的教育行政部门根据有关规定批准后，方可刻制印章。各级各类补习班、辅导班、培训班、进修班等，不得刻制印章。

第五条 学校刻制印章，必须持教育行政部门出具的证明，到所在地的县级以上公安机关办理审批手续，经批准后，方可到指定的刻字社或工厂刻制。

第六条 学校印章的样式、尺寸。

一、学校及其所属职能机构的印章一律为圆形。

二、高等学校印章的直径为四点二厘米，其所属职能机构印章的直径为四厘米。中等（含中等）以下学校印章的直径为四厘米，其所属职能机构印章的直径为三点八厘米。

三、各级各类学校钢印的直径一律为三点六厘米。

四、学校印章所刊名称自左而右环行，中心部位刊五角星或校徽。

五、学校职能机构印章自左而右环行学校名称，职能机构名称垂直于学校名称自左而右横向排列，中心部位一律空白。

第七条 学校及其职能机构的印章所刊名称、刻章枚数，须以教育行政部门出具的证明为准，其他组织和个人不得擅自变动。

第八条 印章印文使用宋体汉字和国务院公布的简化字。民族自治地区的学校印章，应并刊汉字和当地通用的民族文字。印章文字较多，不易刻制清晰时，可适当采用通用的简称。

第九条 学校不刻制外文印章，确需刻制外文印章的，由省、自治区、直辖市教育行政部门批准。

第十条 学校印章须报教育行政部门和公安机关备案，并由教育行政部门正式行文启用。

第十一条 学校应建立健全印章管理制度，由学校法人代表指定专人保管印章，使用印章应严格审批。

第十二条 学校更改名称，应将原印章交到批准办学的教育行政部门，刻制新印章按本规定执行。

第十三条 印章丢失，须向同意和批准刻制印章的教育行政部门和公安机关报告，并声明作废。刻制新印章按本规定重新申请。

第十四条 学校终止办学，须将学校印章及所属全部职能机构的印章交到批准办学的教育行政部门封存。

第十五条 学校被停办，由批准办学的教育行政部门收缴印章，对拒不交出者，由教育行政部门提请公安机关收缴。

第十六条 各级教育行政部门应对学校印章造册登记，留存印底；对收缴和学校呈交的印章，应报请公安机关予以销毁。

第十七条 对未经教育行政部门同意和公安机关批准，擅自刻制学校印章者，由公安机关处以五百元罚款，并收缴其非法刻制的印章。

第十八条 对未经公安机关批准，私自承制学校印章的工厂、刻字社或个人，由公安机关按《中华人民共和国治安管理处罚条例》第二十五条第二项的规定予以处罚。

第十九条 丢失印章和违反规定使用印章，应追究保管人员和学校负责人的责任；造成严重后果的，依法惩处。

第二十条 各地可根据本规定制定具体实施细则。

第二十一条 本规定由国家教育委员会和公安部负责解释。

第二十二条 本规定自发布之日起施行。

医疗机构管理条例

（自1994年9月1日起施行）

第一章 总 则

第一条 为了加强对医疗机构的管理，促进医疗卫生事业的发展，保障公民健康，制定本条例。

第二条 本条例适用于从事疾病诊断、治疗活动的医院、卫生院、疗养院、门诊部、诊所、卫生所（室）以及急救站等医疗机构。

第三条 医疗机构以救死扶伤，防病治病，为公民的健康服务为宗旨。

第四条 国家扶持医疗机构的发展，鼓励多种形式兴办医疗机构。

第五条 国务院卫生行政部门负责全国医疗机构的监督管理工作。

县级以上地方人民政府卫生行政部门负责本行政区域内医疗机构的监督管理工作。

中国人民解放军卫生主管部门依照本条例和国家有关规定，对军队的医疗机构实施监督管理。

第二章 规划布局和设置审批

第六条 县级以上地方人民政府卫生行政部门应当根据本行政区域内的人口、医疗资源、医疗需求和现有医疗机构的分布状况，制定本行政区域医疗机构设置规划。

机关、企业和事业单位可以根据需要设置医疗机构，并纳入当地医疗机构的设置规划。

第七条 县级以上地方人民政府应当把医疗机构设置规划纳入当地的区域卫生发展规划和城乡建设发展总体规划。

第八条 设置医疗机构应当符合医疗机构设置规划和医疗机构基本标准。

医疗机构基本标准由国务院卫生行政部门制定。

第九条 单位或者个人设置医疗机构，必须经县级以上地方人民政府卫生行政部门审查批准，并取得设置医疗机构批准书，方可向有关部门办理其他手续。

第十条 申请设置医疗机构，应当提交下列文件：

（一）设置申请书；

（二）设置可行性研究报告；

（三）选址报告和建筑设计平面图。

第十一条 单位或者个人设置医疗机构，应当按照以下规定提出设置申请：

（一）不设床位或者床位不满100张的医疗机构，向所在地的县级人民政府卫生行政部门申请；

（二）床位在100张以上的医疗机构和专科医院按照省级人民政府卫生行政部门的规定申请。

第十二条 县级以上地方人民政府卫生行政部门应当自受理设置申请之日起30日内，作出批准或者不批准的书面答复；批准设置的，发给设置医疗机构批准书。

第十三条 国家统一规划的医疗机构的设置，由国务院卫生行政部门决定。

第十四条 机关、企业和事业单位按照国家医疗机构基本标准设置为内部职工服务的门诊部、诊所、卫生所（室），报所在地的县级人民政府卫生行政部门备案。

第三章　登　　记

第十五条　医疗机构执业，必须进行登记，领取《医疗机构执业许可证》。

第十六条　申请医疗机构执业登记，应当具备下列条件：

（一）有设置医疗机构批准书；

（二）符合医疗机构的基本标准；

（三）有适合的名称、组织机构和场所；

（四）有与其开展的业务相适应的经费、设施、设备和专业卫生技术人员；

（五）有相应的规章制度；

（六）能够独立承担民事责任。

第十七条　医疗机构的执业登记，由批准其设置的人民政府卫生行政部门办理。

按照本条例第十三条规定设置的医疗机构的执业登记，由所在地的省、自治区、直辖市人民政府卫生行政部门办理。

机关、企业和事业单位设置的为内部职工服务的门诊部、诊所、卫生所（室）的执业登记，由所在地的县级人民政府卫生行政部门办理。

第十八条　医疗机构执业登记的主要事项：

（一）名称、地址、主要负责人；

（二）所有制形式；

（三）诊疗科目、床位；

（四）注册资金。

第十九条　级以上地方人民政府卫生行政部门自受理执业登记申请之日起45日内，根据本条例和医疗机构基本标准进行审核。审核合格的，予以登记，发给《医疗机构执业许可证》；审核不合格的，将审核结果以书面形式通知申请人。

第二十条　医疗机构改变名称、场所、主要负责人、诊疗科目、床位，必须向原登记机关办理变更登记。

第二十一条　医疗机构歇业，必须向原登记机关办理注销登记。经登记机关核准后，收缴《医疗机构执业许可证》。医疗机构非因改建、扩建、迁建原因停业超过1年的，视为歇业。

第二十二条　床位不满100张的医疗机构，其《医疗机构执业许可证》每年校验1次；床位在100张以上的医疗机构，其《医疗机构执业许可证》每3年校验1次。校验由原登记机关办理。

第二十三条　《医疗机构执业许可证》不得伪造、涂改、出卖、转让、出借。

《医疗机构执业许可证》遗失的，应当及时申明，并向原登记机关申请补发。

第四章　执　　业

第二十四条　任何单位或者个人，未取得《医疗机构执业许可证》，不得开展诊疗活动。

第二十五条　医疗机构执业，必须遵守有关法律、法规和医疗技术规范。

第二十六条　医疗机构必须将《医疗机构执业许可证》、诊疗科目、诊疗时间和收费标准悬挂于明显处所。

第二十七条　医疗机构必须按照核准登记的诊疗科目开展诊疗活动。

第二十八条 医疗机构不得使用非卫生技术人员从事医疗卫生技术工作。

第二十九条 医疗机构应当加强对医务人员的医德教育。

第三十条 医疗机构工作人员上岗工作，必须佩带载有本人姓名、职务或者职称的标牌。

第三十一条 医疗机构对危重病人应当立即抢救。对限于设备或者技术条件不能诊治的病人，应当及时转诊。

第三十二条 未经医师（士）亲自诊查病人，医疗机构不得出具疾病诊断书、健康证明书或者死亡证明书等证明文件；未经医师（士）、助产人员亲自接产，医疗机构不得出具出生证明书或者死产报告书。

第三十三条 医疗机构施行手术、特殊检查或者特殊治疗时，必须征得患者同意，并应当取得其家属或者关系人同意并签字；无法取得患者意见时，应当取得家属或者关系人同意并签字；无法取得患者意见又无家属或者关系人在场，或者遇到其他特殊情况时，经治医师应当提出医疗处置方案，在取得医疗机构负责人或者被授权负责人员的批准后实施。

第三十四条 医疗机构发生医疗事故，按照国家有关规定处理。

第三十五条 医疗机构对传染病、精神病、职业病等患者的特殊诊治和处理，应当按照国家有关法律、法规的规定办理。

第三十六条 医疗机构必须按照有关药品管理的法律、法规，加强药品管理。

第三十七条 医疗机构必须按照人民政府或者物价部门的有关规定收取医疗费用，详列细项，并出具收据。

第三十八条 医疗机构必须承担相应的预防保健工作，承担县级以上人民政府卫生行政部门委托的支援农村、指导基层医疗卫生工作等任务。

第三十九条 发生重大灾害、事故、疾病流行或者其他意外情况时，医疗机构及其卫生技术人员必须服从县级以上人民政府卫生行政部门的调遣。

第五章 监督管理

第四十条 县级以上人民政府卫生行政部门行使下列监督管理职权：

（一）负责医疗机构的设置审批、执业登记和校验；

（二）对医疗机构的执业活动进行检查指导；

（三）负责组织对医疗机构的评审；

（四）对违反本条例的行为给予处罚。

第四十一条 国家实行医疗机构评审制度，由专家组成的评审委员会按照医疗机构评审办法和评审标准，对医疗机构的执业活动、医疗服务质量等进行综合评价。

医疗机构评审办法和评审标准由国务院卫生行政部门制定。

第四十二条 县级以上地方人民政府卫生行政部门负责组织本行政区域医疗机构评审委员会。

医疗机构评审委员会由医院管理、医学教育、医疗、医技、护理和财务等有关专家组成。评审委员会成员由县级以上地方人民政府卫生行政部门聘任。

第四十三条 县级以上地方人民政府卫生行政部门根据评审委员会的评审意见，对达到评审标准的医疗机构，发给评审合格证书；对未达到评审标准的医疗机构，提出处理意见。

第六章　罚　　则

第四十四条　违反本条例第二十四条规定，未取得《医疗机构执业许可证》擅自执业的，由县级以上人民政府卫生行政部门责令其停止执业活动，没收非法所得和药品、器械，并可以根据情节处以 1 万元以下的罚款。

第四十五条　违反本条例第二十二条规定，逾期不校验《医疗机构执业许可证》仍从事诊疗活动的，由县级以上人民政府卫生行政部门责令其限期补办校验手续；拒不校验的，吊销其《医疗机构执业许可证》。

第四十六条　违反本条例第二十三条规定，出卖、转让、出借《医疗机构执业许可证》的，由县级以上人民政府卫生行政部门没收非法所得，并可以处以 5000 元以下的罚款；情节严重的，吊销其《医疗机构执业许可证》。

第四十七条　违反本条例第二十七条规定，诊疗活动超出登记范围的，由县级以上人民政府卫生行政部门予以警告、责令其改正，并可以根据情节处以 3000 元以下的罚款；情节严重的，吊销其《医疗机构执业许可证》。

第四十八条　违反本条例第二十八条规定，使用非卫生技术人员从事医疗卫生技术工作的，由县级以上人民政府卫生行政部门责令其限期改正，并可以处以 5000 元以下的罚款；情节严重的，吊销其《医疗机构执业许可证》。

第四十九条　违反本条例第三十二条规定，出具虚假证明文件的，由县级以上人民政府卫生行政部门予以警告；对造成危害后果的，可以处以 1000 元以下的罚款；对直接责任人员由所在单位或者上级机关给予行政处分。

第五十条　没收的财物和罚款全部上交国库。

第五十一条　当事人对行政处罚决定不服的，可以依照国家法律、法规的规定申请行政复议或者提起行政诉讼。当事人对罚款及没收药品、器械的处罚决定未在法定期限内申请复议或者提起诉讼又不履行的，县级以上人民政府卫生行政部门可以申请人民法院强制执行。

第七章　附　　则

第五十二条　本条例实施前已经执业的医疗机构，应当在条例实施后的 6 个月内，按照本条例第三章的规定，补办登记手续，领取《医疗机构执业许可证》。

第五十三条　外国人在中华人民共和国境内开设医疗机构及香港、澳门、台湾居民在内地开设医疗机构的管理办法，由国务院卫生行政部门另行制定。

第五十四条　本条例由国务院卫生行政部门负责解释。

第五十五条　本条例自 1994 年 9 月 1 日起施行。1951 年政务院批准发布的《医院诊所管理暂行条例》同时废止。

社会福利性募捐义演管理暂行办法

（民政部令〔1994〕2号　1994年11月30日发布施行）

第一条　为实施对社会福利性募捐义演的管理，维护捐赠者和受捐赠者的合法权益，保证社会福利性募捐义演的健康发展，制定本办法。

第二条　本办法所称社会福利性募捐义演，系指社会各界为帮助社会救济对象、支援灾区、扶持贫困地区的发展和援救其他突发性灾害中遭遇困难的人们募集款物而举办的不以营利为目的的演出活动。

第三条　义务演出活动必须遵守国家有关法规和政策，同时受国家法律保护并享受国家有关政策优惠。

第四条　国家专门从事社会福利性事业的机关、社会团体及其他有关组织可以单独申请举办社会福利性募捐义演。其他机关、团体、企事业单位或个人申请举办社会福利性募捐义演，必须与受捐单位联合举办。

第五条　中央国家机关、全国性社会团体和其他组织举办的社会福利性募捐义演，向民政部提出申请；

地方各级国家机关、社会团体和其他组织及个人举办的社会福利性募捐义演，向当地省级民政部门提出申请。经民政部门审查同意后，按照现行演出法规的规定报文化行政管理部门审批。

第六条　申办社会福利性募捐义演者，应向民政部门提交以下材料：

（一）申请书。

（二）申办单位的介绍信或申办个人的有效身份证件。

（三）银行或国家认可的会计师事务所开具的资信证明。

（四）演出计划、募集款物使用计划、活动经费预算计划。

第七条　义演主办单位应设立专门机构负责接收和管理捐赠款物和其他收入，单独立户，专帐管理。

义演主办单位接受捐赠款物，要给捐赠者开具收据和捐赠证书。

第八条　义演所得收入，包括捐赠款物、广告赞助及门票声像等收入，必须按国家财会制度进行结算；

经审计部门审计和公证部门公证后，除必要的成本支出外，必须全部移交受捐单位。

第九条　受捐单位应按募集款物使用计划和捐赠者的捐赠意向，具体落实款物用项，并由民政部门负责检查使用情况。捐赠款物的使用情况应当通过新闻媒体或其他形式向社会公布，接受社会公众的监督。

第十条　参加义演的演职员在排练和演出期间，除必要的生活补贴（交通、食宿）外，不应领取报酬。

第十一条　未经民政、文化行政管理部门批准，任何单位和个人不得举办社会福利性募捐义演，违者由当地民政部门会同文化行政管理部门予以查处，没收全部违法所得，用于社会福利事业。

第十二条　募捐义演的主办单位和受捐单位均不得挪用、私分捐赠款物，违者由民政部门报请有关部门依法查处。

第十三条 其他有关社会福利募捐性的义卖、义展、义赛、义诊、义画等活动，参照本办法执行。

第十四条 本办法由民政部负责解释。

第十五条 本办法自发布之日起施行。

事业单位财务规则

（财政部令〔1996〕8号　1996年10月22日发布　自1997年1月1日起施行）

第一章　总　　则

第一条　为了规范事业单位的财务行为，加强事业单位财务管理，提高资金使用效益，保障事业单位健康发展，制定本规则。

第二条　本规则适用于各级各类国有事业单位（以下简称事业单位）的财务活动。

第三条　事业单位财务管理的基本原则是：执行国家有关法律、法规和财务规章制度；坚持勤俭办事业的方针；正确处理事业发展需要和资金供给的关系，社会效益和经济效益的关系，国家、集体和个人三者利益的关系。

第四条　事业单位财务管理的主要任务是：合理编制单位预算，如实反映单位财务状况；依法组织收入，努力节约支出；建立健全财务制度，加强经济核算，提高资金使用效益；加强国有资产管理，防止国有资产流失；对单位经济活动进行财务控制和监督。

第五条　事业单位的财务活动在单位负责人的领导下，由单位财务部门统一管理。

第二章　单位预算管理

第六条　事业单位预算是指事业单位根据事业发展计划和任务编制的年度财务收支计划。

事业单位预算由收入预算和支出预算组成。

第七条　国家对事业单位实行核定收支、定额或者定项补助、超支不补、结余留用的预算管理办法。

定额或者定项补助标准根据事业特点、事业发展计划、事业单位收支状况以及国家财政政策和财力可能确定。定额或者定项补助可以为零。

少数非财政补助收入大于支出较多的事业单位，可以实行收入上缴办法。具体办法由财政部门会同有关主管部门制定。

第八条　事业单位参考以前年度预算执行情况，根据预算年度的收入增减因素和措施，测算编制收入预算；根据事业发展需要与财力可能，测算编制支出预算。

事业单位预算应当自求收支平衡，不得编制赤字预算。

第九条　事业单位根据年度事业计划，提出预算建议数，经主管部门审核汇总报财政部门核定（一级预算单位直接报财政部门，下同）。事业单位根据财政部门下达的预算控制数编制预算，由主管部门汇总报财政部门审核批复后执行。

第十条　事业单位预算在执行过程中，国家对财政补助收入和从财政专户核拨的预算外资金一般不予调整。但是，上级下达的事业计划有较大调整，或者根据国家有关政策增加或者减少支出，对预算执行影响较大时，事业单位可以报请主管部门或者财政部门调整预算；非财政补助收入部分需要调增或者调减的，由单位自行调整并报主管部门和财政部门备案。

收入预算调整后，相应调增或者调减支出预算。

第三章　收入管理

第十一条　收入是指事业单位为开展业务及其他活动依法取得的非偿还性资金。

第十二条　事业单位收入包括：

（一）财政补助收入，即事业单位从财政部门取得的各类事业经费。

（二）上级补助收入，即事业单位从主管部门和上级单位取得的非财政补助收入。

（三）事业收入，即事业单位开展专业业务活动及其辅助活动取得的收入，其中：按照国家有关规定应当上缴财政的资金和应当缴入财政专户的预算外资金，不计入事业收入；从财政专户核拨的预算外资金和部分经核准不上缴财政专户管理的预算外资金，计入事业收入。

（四）经营收入，即事业单位在专业业务活动及其辅助活动之外开展非独立核算经营活动取得的收入。

（五）附属单位上缴收入，即事业单位附属独立核算单位按照有关规定上缴的收入。

（六）其他收入，即上述规定范围以外的各项收入，包括投资收益、利息收入、捐赠收入等。

第十三条　事业单位的各项收入全部纳入单位预算，统一核算，统一管理。

第四章　支出管理

第十四条　支出是指事业单位开展业务及其他活动发生的资金耗费和损失。

第十五条　事业单位支出包括：

（一）事业支出，即事业单位开展专业业务活动及其辅助活动发生的支出，包括工资、补助工资、职工福利费、社会保障费、助学金、公务费、业务费、设备购置费、修缮费和其他费用。

（二）经营支出，即事业单位在专业业务活动及其辅助活动之外开展非独立核算经营活动发生的支出。

（三）对附属单位补助支出，即事业单位用财政补助收入之外的收入对附属单位补助发生的支出。

（四）上缴上级支出，即实行收入上缴办法的事业单位按照规定的定额或者比例上缴上级单位的支出。

第十六条　事业单位在开展非独立核算经营活动中，应当正确归集实际发生的各项费用数；不能归集的，应当按照规定的比例合理分摊。

经营支出应当与经营收入配比。

第十七条　事业单位从财政部门和主管部门取得的有指定项目和用途并且要求单独核算的专项资金，应当按照要求定期向财政部门或者主管部门报送专项资金使用情况；项目完成后，应当报送专项资金支出决算和使用效果的书面报告，接受财政部门或者主管部门的检查、验收。

第十八条　事业单位可以根据开展业务活动及其他活动的实际需要，实行内部成本核算办法。

第十九条　事业单位的支出应当严格执行国家有关财务规章制度规定的开支范围及开支标准；国家有关财务规章制度没有统一规定的，由事业单位规定，报主管部门和财政部门备案。事业单位的规定违反法律和国家政策的，主管部门和财政部门应当责令改正。

第五章　结余及其分配

第二十条　结余是指事业单位年度收入与支出相抵后的余额。

经营收支结余应当单独反映。

第二十一条 事业单位的结余（不含实行预算外资金结余上缴办法的预算外资金结余），除专项资金按照国家规定结转下一年度继续使用外，可以按照国家有关规定提取职工福利基金，剩余部分作为事业基金用于弥补以后年度单位收支差额；国家另有规定的，从其规定。

第六章 专用基金管理

第二十二条 专用基金是指事业单位按照规定提取或者设置的有专门用途的资金。

第二十三条 专用基金包括：

（一）修购基金，即按照事业收入和经营收入的一定比例提取，在修缮费和设备购置费中列支（各列 50%），以及按照其他规定转入，用于事业单位固定资产维修和购置的资金。

（二）职工福利基金，即按照结余的一定比例提取以及按照其他规定提取转入，用于单位职工的集体福利设施、集体福利待遇等的资金。

（三）医疗基金，即未纳入公费医疗经费开支范围的事业单位，按照当地财政部门规定的公费医疗经费开支标准从收入中提取，并参照公费医疗制度有关规定用于职工公费医疗开支的资金。

（四）其他基金，即按照其他有关规定提取或者设置的专用资金。

第二十四条 各项基金的提取比例和管理办法，国家有统一规定的，按照统一规定执行；没有统一规定的，由主管部门会同同级财政部门确定。

第七章 资产管理

第二十五条 资产是指事业单位占有或者使用的能以货币计量的经济资源，包括各种财产、债权和其他权利。

第二十六条 事业单位的资产包括流动资产、固定资产、无形资产和对外投资等。

第二十七条 流动资产是指可以在一年以内变现或者耗用的资产，包括现金、各种存款、应收款项、预付款项和存货等。

前款所称存货是指事业单位在开展业务活动及其他活动中为耗用而储存的资产，包括材料、燃料、包装物和低值易耗品等。

事业单位应当建立、健全现金及各种存款的内部管理制度，应当对存货进行定期或者不定期的清查盘点，保证帐实相符。对存货盘盈、盘亏应当及时调帐。

第二十八条 固定资产是指一般设备单位价值在五百元以上、专用设备单位价值在八百元以上，使用期限在一年以上，并在使用过程中基本保持原有物质形态的资产。单位价值虽未达到规定标准，但是耐用时间在一年以上的大批同类物资，作为固定资产管理。

固定资产一般分为六类：房屋和建筑物；专用设备；一般设备；文物和陈列品；图书；其他固定资产。主管部门可以根据本系统具体情况制定各类固定资产明细目录。

第二十九条 事业单位固定资产报废和转让，一般经单位负责人批准后核销。大型、精密贵重的设备、仪器报废和转让，应当经过有关部门鉴定，报主管部门或者国有资产管理部门、财政部门批准。具体审批权限由财政部门会同国有资产管理部门规定。

固定资产的变价收入应当转入修购基金；但是，国家另有规定的除外。

第三十条 事业单位应当定期或者不定期地对固定资产清查盘点。年度终了前应当进行一次全面清查盘点。

第三十一条 无形资产是指不具有实物形态而能为使用者提供某种权利的资产，包括专利权、商标权、著作权、土地使用权、非专利技术、商誉以及其他财产权利。

事业单位转让无形资产，应当按照有关规定进行资产评估，取得的收入除国家另有规定的外计入事业收入。事业单位取得无形资产发生的支出，应当计入事业支出。

第三十二条 对外投资是指事业单位利用货币资金、实物、无形资产等方式向其他单位的投资。

事业单位对外投资，应当按照国家有关规定报经主管部门、国有资产管理部门和财政部门批准或者备案。

以实物、无形资产对外投资的，应当按照国家有关规定进行资产评估。

第八章 负债管理

第三十三条 负债是指事业单位所承担的能以货币计量，需要以资产或者劳务偿还的债务。

第三十四条 事业单位的负债包括借入款项、应付款项、暂存款项、应缴款项等。

应缴款项包括事业单位收取的应当上缴财政预算的资金和应当上缴财政专户的预算外资金、应缴税金以及其他按照国家有关规定应当上缴的款项。

第三十五条 事业单位应当对不同性质的负债分别管理，及时清理并按照规定办理结算，保证各项负债在规定期限内归还。

第九章 事业单位清算

第三十六条 事业单位发生划转撤并时，应当进行清算。

第三十七条 事业单位清算，应当在主管部门和财政部门、国有资产管理部门的监督指导下，对单位的财产、债权、债务等进行全面清理，编制财产目录和债权、债务清单，提出财产作价依据和债权、债务处理办法，做好国有资产的移交、接收、划转和管理工作，并妥善处理各项遗留问题。

第三十八条 划转撤并的事业单位清算结束后，经主管部门审核并报国有资产管理部门和财政部门批准，其资产分别按照下列办法处理：

（一）因隶属关系改变，成建制划转的事业单位，全部资产无偿移交，并相应划转事业经费指标。

（二）转为企业管理的事业单位，全部资产扣除负债后，转作国家资本金。

（三）撤销的事业单位，全部资产由主管部门和财政部门核准处理。

（四）合并的事业单位，全部资产移交接收单位或者新组建单位，合并后多余的国有资产由主管部门和财政部门核准处理。

第十章 财务报告和财务分析

第三十九条 财务报告是反映事业单位一定时期财务状况和经营成果的总结性书面文件。

事业单位应当定期向主管部门和财政部门以及其他有关的报表使用者提供财务报告。

第四十条 事业单位报送的年度财务报告包括资产负债表、收支情况表、有关附表以及财务情况说明书。

第四十一条 财务情况说明书，主要说明事业单位收入及其支出、结余及其分配、资产负债变动的情况，对本期或者下期财务状况发生重大影响的事项，以及需要说明的其他事项。

第四十二条 财务分析的内容包括预算执行、资产使用、支出状况等。

财务分析的指标包括经费自给率、人员支出与公用支出分别占事业支出的比率、资产负债率等。事业单位可以根据本单位的业务特点增加财务分析指标。

第十一章 附 则

第四十三条 国家对事业单位基本建设投资的财务管理，按照国家有关规定办理。

第四十四条 接受国家经常性资助的非国有事业单位和社会团体，依照本规则执行；其他非国有事业单位和社会团体，可以参照本规则执行。

第四十五条 下列事业单位或者事业单位的特定项目，执行《企业财务通则》和同行业或者相近行业企业财务制度，不执行本规则：

（一）纳入企业财务管理体系的事业单位和事业单位附属独立核算的生产经营单位；

（二）事业单位经营的接受外单位要求投资回报的项目；

（三）经主管部门和财政部门批准的具备条件的其他事业单位。

第四十六条 行业特点突出，需要制定行业事业单位财务管理办法的，由国务院财政部门会同有关主管部门根据本规则制定。省、自治区、直辖市人民政府可以根据本规则结合本地区实际情况制定具体财务管理办法。

第四十七条 本规则自1997年1月1日起施行。1989年1月5日国务院批准、1989年1月26日财政部发布的《关于事业单位财务管理的若干规定》同时废止。

附件：

事业单位财务分析指标

1. 经费自给率

衡量事业单位组织收入的能力和满足经常性支出的程度。计算公式为：

经费自给率 =（事业收入 + 经营收入 + 附属单位上缴收入 + 其他收入）×（事业支出 + 经营支出）÷100%

支出中因特殊原因需要扣除的项目，应经财政部门批准。

2. 资产负债率

衡量事业单位利用债权人提供资金开展业务活动的能力，以及反映债权人提供资金的安全保障程度。计算公式为：

资产负债率 = 负债总额 ÷ 资产总额 ×100%

3. 人员支出、公用支出占事业支出的比率

衡量事业单位事业支出结构。计算公式为：

人员支出比率 = 人员支出 ÷ 事业支出 ×100%

公用支出比率 = 公用支出 ÷ 事业支出 100%

上述公式中人员支出包括工资、补助工资、职工福利费、社会保障费和助学金；公用支出包括公务费、业务费、设备购置费、修缮费和其他费用。

出版物印刷管理规定

（新闻出版署令〔1997〕9号　1997年8月18日发布施行）

第一章　总　　则

第一条　为了加强出版物印刷管理，维护出版者和出版物印刷经营者的合法权益，制止非法印刷活动，促进社会主义精神文明和物质文明建设，根据《出版管理条例》和《印刷业管理条例》，制定本规定。

第二条　凡从事出版物印刷经营活动，必须遵守本规定。

本规定所称出版物，包括报纸、期刊、书籍、地图、年画、图片、挂历、画册及音像制品、电子出版物的装帧封面等。

本规定所称印刷经营活动，包括排版、制版、印刷、装订等经营活动。

第三条　出版者和出版物印刷经营者必须遵守国家有关法律、行政法规及规章进行出版物印刷经营活动，提高产品质量，满足社会需求。

禁止印刷含有反动、淫秽、迷信内容和国家明令禁止出版、印制的其他内容的出版物。

第四条　新闻出版署依照《印刷业管理条例》负责印刷业的监督管理工作；省、自治区、直辖市新闻出版局依照所在地省、自治区、直辖市人民政府的授权，监督管理本行政区域内的印刷业，并负责本规定的实施。

第二章　出版物印刷企业的设立

第五条　国家实行出版物印刷经营许可制度。未经批准，任何单位和个人不得从事出版物印刷经营活动。

第六条　出版物印刷企业分为书刊印刷国家级定点企业，书刊印刷省级定点企业，出版物印刷许可企业，出版物排版、制版、装订专项许可企业。

第七条　设立专营或兼营出版物印刷企业，应当具备下列条件：

（一）有企业的名称、章程；

（二）有确定的业务范围；

（三）有生产经营场所和必要的设备等生产经营条件；

（四）有适应业务范围需要的组织机构和人员；

（五）符合国家有关法律、行政法规规定的其他条件。

审批设立出版物印刷企业除依照前款规定外，还应当符合国家有关出版物印刷企业总量、结构和布局的规划。

第八条　申请设立专营或兼营出版物印刷企业，应当按以下程序办理：

（一）向所在地省、自治区、直辖市新闻出版局提出申请，并报送下列文件、资料：

1. 申请书和可行性研究报告；

2. 企业章程；

3. 企业主管部门的申报意见；

4. 经营场地（所）证明；

5. 法定代表人证明；

6. 资金（资产）证明。

（二）经所在地省、自治区、直辖市新闻出版局审核批准，取得出版物印制许可证。

（三）按照国家有关规定，持出版物印制许可证向公安部门申请，经核准，取得特种行业许可证。

（四）按照国家有关规定，挣出版物印制许可证、特种行业许可证向工商行政管理部门申请注册登记，取得营业执照后，方可印刷出版物。

（五）对取得《出版物印制许可证》的企业，经所在地省、自治区、直辖市新闻出版局审批，可确定为书刊印刷省级定点企业，并颁发《书刊印刷省级定点企业证书》；对书刊印刷省级定点企业，经所在地省、自治区、直辖市新闻出版局审核，报新闻出版署审批，可确定为书刊印刷国家级定点企业，并颁发《书刊印刷国家级定点企业证书》。

第九条 设立印刷出版物的中外合资经营企业、中外合作经营企业应当按以下程序办理：

（一）合资、合作企业中方应当向所在地省、自治区、直辖市新闻出版局提出申请，并报送下列文件、资料：

1. 申请书和可行性研究报告；

2. 合同和章程；

3. 董事长、副董事长、董事人选名单；

4. 中方主管部门的申报意见；

5. 外商投资者资信证明及身份证明。

（二）经所在地省、自治区、直辖市新闻出版局审核，报新闻出版署审批后，依法办理其他手续。

第十条 禁止设立外商独资经营的出版物印刷企业。

第十一条 出版物印刷企业变更主要登记事项、停业、转业、合并、联营、分立或迁移，须经所在地省、自治区、直辖市新闻出版局审批，并向原办理登记的公安部门、工商行政管理部门办理变更登记、注销登记。

第三章 出版物的印刷管理

第十二条 印刷出版物实行印刷合同制度。对出版物每一个印刷品种，出版单位与出版物印刷企业都应当按照国家有关规定签订印刷合同。

第十三条 书刊印刷国家级定点企业和书刊印刷省级定点企业可承接印刷全国范围内的出版物；出版物印刷许可企业可承接印刷所在地省、自治区、直辖市行政区内的出版物，经所在地省、自治区、直辖市新闻出版局批准，可承接印刷其他省、自治区、直辖市行政区内的出版物；出版物排版、制版、装订专项许可企业一般只能承接所在地省、自治区、直辖市行政区内出版物的排版、制版、装订业务，确需承接所在地省、自治区、直辖市行政区外出版物的排版、制版、装订业务的，必须经所在地和有关的省、自治区、直辖市新闻出版局协商并共同批准。

第十四条 出版单位委托印刷出版物必须遵守以下规定：

（一）出版单位必须按照国家有关规定在委托印刷的出版物上刊载出版单位的名称、地址、书号、刊号、版号、条形码、出版日期、刊期、承接印刷企业的真实名称和地址，以及其他有关事项。

（二）出版单位只能委托出版物印刷企业印刷出版物。

（三）出版单位委托所在地书刊印刷国家级定点企业和书刊印刷省级定点企业印刷图书、期刊，必须向承接印刷企业开具由新闻出版署统一监制的《图书、期刊印制委托书》（以下简称《委托书》）；委托印刷报纸，必须向承接印刷企业出示报纸登记证及出具委托印刷证明；委托印刷报纸、期刊增版或增刊，必须向承接印刷企业出示报纸、期刊登记证及委托印刷证明，并出具所在地省、自治区、直辖市新闻出版局的批准文件或准印证。

（四）出版单位委托所在地出版物印刷许可企业和出版物排版、制版、装订专项许可企业印刷出版物，必须经所在地省、自治区、直辖市新闻出版局批准，并办理前款规定的手续。

（五）出版单位跨省、自治区、直辖市委托印刷出版物，还须经本出版单位所在地和承接印刷企业所在地省、自治区、直辖市新闻出版局批准。

（六）出版单位委托印刷中学小学教科书必须到由省、自治区、直辖市新闻出版局指定的出版物印刷企业印刷。

（七）出版单位委托印刷出版物的排版、制版、印刷、装订各工序不能在同一出版物印刷企业内完成的，必须分别向各承接印刷企业开具《委托书》。

（八）出版单位申请到境外印尉时，由所在地省、自治区、直辖市新闻出版局审核，报新闻出版署审批，并按规定办理有关手续。

第十五条　非出版单位委托印刷内部资料性出版物，须经省、自治区、直辖市新闻出版局批准。

第十六条　出版物印刷企业承接印刷出版物必须遵守以下规定：

（一）书刊印刷国家级定点企业和书刊印刷省级定点企业承接所在地出版单位委托印刷的图书、期刊，必须验证并收存出版单位加盖公章的《委托书》；承接出版单位委托印刷的报纸，必须验证出版单位的报纸登记证并收存该出版单位的委托印刷证明；承接出版单位委托印刷的报纸、期刊增版或增刊，除验证登记证及收存委托印刷证明外，还必须验证并收存所在地省、自治区、直辖市新闻出版局的批准文件或准印证。

（二）出版物印刷许可企业和出版物排版、制版、装订专项许可企业承接所在地出版单位委托印刷的出版物，须验证并收存所在地省、自治区、直辖市新闻出版局的批准文件及前款规定的手续。

（三）出版物印刷企业承接印刷所在地非出版单位委托印刷的内部资料性出版物，须验证并收存所在地省、自治区、直辖市新闻出版局核发的准印证。

（四）出版物印刷企业跨省、自治区、直辖市承接印刷出版物，还必须验证并收存出版单位所在地和本印刷企业所在地省、自治区、直辖市新闻出版局的批准文件。

（五）出版物印刷企业承接境外出版物印刷业务的，须持有境外出版单位出具的有关著作权的合法证明文件，并经所在地省、自治区、直辖市新闻出版局批准；印刷的出版物必须全部运输出境，不得在境内发行。

（六）出版物印刷企业从出版单位承接的印刷业务，不得擅自委托给其他印刷企业印刷，不得将出版单位委托印刷的出版物的型版及底片出租、出借、出售或者以其他任何方式转让给其他单位或者个人。

（七）出版物印刷企业不得销售、擅自加印或者接受第三人委托加印受委托印刷的出版物。

（八）出版物印刷企业不得承接未经省、自治区、直辖市新闻出版局批准的非出版单位委托印刷的内部资料性出版物。

第十七条　出版物印刷企业不得编印、征订、销售出版物，不得假冒或者盗用他人名义印刷、销售出版物，不得盗印出版物。

第十八条 出版物印刷企业必须接受所在地省、自治区、直辖市新闻出版局的监督检查和年度核验。

第十九条 《出版物印制许可证》、《书刊印刷国家级定点企业证书》、《书刊印刷省级定点企业证书》由新闻出版署监制，省、自治区、直辖市新闻出版局核发。

第四章 罚 则

第二十条 未经批准，擅自委托和承接印刷出版物的，由所在地省、自治区、直辖市人民政府规定的县级以上地方人民政府负责新闻出版的行政部门责令停止非法活动或停产停业，没收所印刷的出版物和从事非法活动的主要专用工具、设备以及违法所得，并处所印刷的出版物总定价二倍以上十倍以下的罚款。

第二十一条 出版单位有下列行为之一的，由省、自治区、直辖市新闻出版局根据情节轻重，给予警告、没收出版物，并处出版物总定价二倍以上十倍以下的罚款，情节严重的，由原发证机关吊销许可证：

（一）委托非出版物印刷企业印刷出版物的；

（二）不提供符合国家规定的印刷出版物的有关证明的；

（三）其他违反有关规定的。

第二十二条 出版物印刷企业有下列行为之一的，由省、自治区、直辖市人民政府规定的县级以上地方人民政府负责新闻出版的行政部门根据情节轻重，给予警告、没收出版物和违法所得，并处所印刷的出版物总定价二倍以上十倍以下的罚款，情节严重的，由原发证机关吊销许可证：

（一）不按规定承接印刷出版物的；

（二）擅自将出版单位委托印刷的出版物委托他人印刷或非法承接印刷他人委托的出版物的；

（三）假冒、盗用他人名义印刷、销售出版物的；

（四）盗印他人出版物的；

（五）非法加印或者销售委托印刷的出版物的；

（六）编印、征订、销售出版物的；

（七）擅自将出版单位委托印刷出版物的型版及底片出租、出借、出售或者以其他任何方式转让他人的；

（八）未经批准，承接境外出版物印刷的；

（九）其他违反有关规定的。

第五章 附 则

第二十三条 中学小学教科书印制管理办法，由各省、自治区、直辖市新闻出版局根据本规定的原则制定。

第二十四条 本规定自发布之日起施行。

内部资料性出版物管理办法

（新闻出版署署长令〔1997〕10号
1997年12月30日发布自1998年1月1日起施行）

第一条 为了加强内部资料性出版物的管理，根据《印刷业管理条例》和《出版物印刷管理规定》，制定本办法。

第二条 凡从事内部资料性出版物委印和承印活动，必须遵守本办法。

本办法所称内部资料性出版物，是指在本系统、本行业、本单位内部，用于指导工作、交流信息的非卖性成册、折页或散页印刷品，不包括机关公文性的简报等信息资料。

第三条 对内部资料性出版物的委印和承印，实行核发《内部资料性出版物准印证》（以下简称《准印证》）管理。未经批准取得《准印证》，任何单位和个人不得从事内部资料性出版物的委印和承印活动。

第四条 委托印刷内部资料性出版物，应当向所在地省、自治区、直辖市新闻出版局提出申请，申请书应当注明编印目的、内容、发送对象、印张数、印刷期数、册数、开本等，经审核批准，领取《准印证》后，方可从事委印活动。

第五条 内部资料性出版物不得使用“××报”、“××刊”或“××杂志”等字样，必须注明“内部资料，免费交流”。印刷时，应在明显位置完整地印出“内部资料准印证”编号，不得省略或假冒、伪造。内部资料性出版物所设的有关机构，不具有法人资格。

第六条 内部资料性出版物严格限定在本系统、本行业、本单位内部交流，不得收取任何费用，不得刊登广告，不得在社会上征订发行，不得传播到境外，不得拉赞助或搞有偿经营性活动，不得用《准印证》出版其他出版物，不得与外单位以“协办”之类形式进行印刷发行等。

第七条 内部资料性出版物不得刊载下列内容：

（一）反对宪法确定的基本原则的；

（二）危害国家的统一、主权和领土完整的；

（三）危害国家的安全、荣誉和利益的；

（四）煽动民族分裂，侵害少数民族风俗习惯，破坏民族团结的；

（五）泄露国家秘密的；

（六）宣扬淫秽、迷信或者渲染暴力，危害社会公德和民族优秀文化传统的；

（七）侮辱或者诽谤他人的；

（八）法律、法规规定禁止的其他内容的。

第八条 出版单位和非出版单位委托印刷经批准的内部资料性出版物，必须安排在出版物印刷企业印刷。

第九条 出版物印刷企业承接所在地出版单位和非出版单位委托印刷的内部资料性出版物，须验证并收存所在地省、自治区、直辖市新闻出版局核发的准印证。

出版物印刷企业必须将承接印刷的内部资料性出版物样本及时送交所在地新闻出版行政机关备案。

第十条 《准印证》按一种内部资料一证的原则核发，其中委印单位对以成册形式印制的内部资料，一次性使用有效；连续性散页、折页内部资料的《准印证》有效期为六个月，期满须重新核发。委印和承印单位应当严格按《准印证》核准项目印制，严禁擅自更改《准印证》核准项目。

第十一条 《准印证》由各省、自治区、直辖市新闻出版局统一制作。

第十二条 委印单位有下列行为之一的，由省、自治区、直辖市人民政府规定的县级以上地方人民政府负责新闻出版的行政部门根据情节轻重，给予警告，或者处一千元以下的罚款；以营利为目的从事下列行为的，处三万元以下罚款：

（一）委印单位未经省、自治区、直辖市新闻出版局批准委印内部资料性出版物的；

（二）委印单位委托非出版物印刷企业印刷内部资料性出版物的；

（三）委印单位违反本办法第五条、第六条规定，委印内部资料性出版物的；

（四）委印本办法第七条禁止内容的内部资料性出版物的；

（五）其他违反有关规定的。

第十三条 出版物印刷企业未按本规定承印内部资料性出版物及违反其他有关规定的，由省、自治区、直辖市人民政府规定的县级以上地方人民政府负责新闻出版的行政部门根据情节轻重，给予警告，有违法所得的处三万元以下罚款，无违法所得的处一万元以下罚款。

第十四条 本办法自 1998 年 1 月 1 日起施行。本办法施行前制定的有关内部资料、内部报刊管理的文件及核发的准印证一律废止。

社会力量设立科学技术奖管理办法

（科学技术部令〔1999〕3号　1999年12月26日发布施行）

第一条　为了鼓励社会力量支持科学技术事业，加强对社会力量设立科学技术奖（以下称社会力量设奖）的规范管理，根据《国家科学技术奖励条例》，制定本办法。

第二条　社会力量设奖是指国（境）内外企业事业组织、社会团体及其他社会组织和个人利用非国家财政性经费或者自筹资金，面向社会设立的经常性的科学技术奖。

前款所称科学技术奖是指以在科学研究、技术创新与开发、科技成果推广应用和实现高新技术产业化等方面取得成果或者做出贡献的个人、组织为奖励对象而设立和开展的奖励活动。

第三条　社会力量设奖是我国科学技术奖励工作的组成部分。各级人民政府及其科学技术行政部门对社会力量设奖应当大力支持、积极引导、规范管理，保证社会力量设奖的有序运作。

第四条　社会力量设奖应当遵守中华人民共和国宪法、法律，符合国家科学技术政策。有利于促进我国科学技术进步和经济、社会的协调发展。

第五条　社会力量设奖应当建立科学、民主的评审程序，实行公开授奖制度。

第六条　科学技术部管理全国社会力量设奖工作。国家科学技术奖励工作办公室负责日常工作。

第七条　社会力量设奖应当办理登记手续。

社会力量设立的面向全国或者跨省、自治区、直辖市的科学技术奖由科学技术部审批。

社会力量设立的地方性科学技术奖，由所在省、自治区、直辖市科学技术行政部门审批，报科学技术部备案。

第八条　社会力量设奖的名称应当科学、确切，与其设奖宗旨相符合。面向全国的社会力量设奖，奖励名称冠以“中华”、“中国”、“全国”、“国际”等字样的，应当经科学技术部批准。地方性社会力量设奖的名称，不得冠以“中华”、“中国”、“全国”、“国际”等字样。

第九条　凡涉及国防、国家安全领域的保密项目及其完成人，不得申报、推荐参加社会力量设奖的评审。

已解密或者不保密的国防、国家安全领域的项目及其完成人申报、推荐参加社会力量设奖的评审，应当按照国家有关保密法律、法规规定进行审查，并经省、军级以上主管部门批准同意。

第十条　申请设立科学技术奖的组织或者个人应当向审批机关提交下列材料：

（一）申请报告；

（二）奖励办法或者章程草案；

（三）设奖组织或者个人的基本情况；

（四）承办组织及其负责人的情况；

（五）评审机构组成人员情况；

（六）办公场所使用权证明；

（七）奖励经费来源证明；

（八）审批机关要求提供的其他材料。

第十一条　审批机关对所提交的申请文件进行审查、核实，并于接到登记申请后五十日内给予答复。

第十二条 审批机关对批准的社会力量设奖，发给由科学技术部统一制作的《社会力量设立科学技术奖登记证书》。

社会力量设奖需要成立基金管理组织的，在领取《社会力量设立科学技术奖登记证书》后，按照国家有关规定办理。

第十三条 经登记的社会力量设奖及其组织、评审机构在中国境内享有依法开展科学技术奖励活动和在公开出版物、媒体上如实宣传报道的权利，不受任何组织和个人非法干涉。

第十四条 社会力量设奖及其组织、评审机构应当严格按照登记的奖励范围开展活动。

第十五条 已登记的社会力量设奖，有下列情形之一的，应当向审批机关申请办理变更登记手续：

（一）更改奖励名称；

（二）修改奖励办法或者章程；

（三）更换设奖机构或者日常办事机构负责人；

（四）变更办公场所。

第十六条 审批机关在接到变更申请之日起三十日内，对变更事项进行审查，办理变更手续。

第十七条 社会力量设奖由于下列原因终止科学技术奖励活动的，应当向审批机关申请注销登记，并交回《社会力量设立科学技术奖登记证书》和有关印章。

（一）完成社会力量设奖章程规定宗旨的；

（二）自行解散的；

（三）分立、合并的；

（四）由于其他原因终止的。

第十八条 社会力量设奖登记、变更、注销的情况，由审批机关予以公告。

第十九条 社会力量设奖及其组织、评审机构有下列情形之一的，由审批机关视情节轻重给予责令改正警告、限期停止活动、撤销登记等处罚：

（一）涂改、出租、出借《社会力量设立科学技术奖登记证书》或者印章的；

（二）超出章程规定的宗旨和奖励范围进行活动的；

（三）自取得《社会力量设立科学技术奖登记证书》之日起一年内未开展科学技术奖励授奖活动的。

第二十条 社会力量设奖在申请登记时弄虚作假，骗取登记的，由审批机关予以撤销，并收回《社会力量设立科学技术奖登记证书》和有关印章。

第二十一条 社会力量设奖在奖励活动中不得收取任何费用。

经登记的社会力量设奖，在科学技术奖励活动中收取费用的，由审批机关没收所收取的费用，并处以所收取费用的一倍以上三倍以下的罚款。

未经登记，擅自进行科学技术奖励活动或者被撤销登记的设奖机构继续以评奖名义进行活动的，由审批机关予以取缔，并没收非法所得。

第二十二条 参与社会力量奖及其评审的组织和个人，不得以任何方式泄露窃取候选人和候选单位的技术秘密、剽窃其科技成果。

第二十三条 审批机关的工作人员滥用职权、徇私舞弊、玩忽职守的，由所在单位或者上级主管部门给予行政处分；构成犯罪的，依法追究刑事责任。

第二十四条 社会力量设奖机构应当以年报的形式向审批机关报告科学技术奖励情况。

第二十五条 本办法自发布之日起施行。

本办法发布前已实施的社会力量设奖，应当自本办法发布之日起六个月内依照本办法补办登记手续；逾期未补办登记手续的，不得继续从事科学技术奖励活动。

社会福利机构管理暂行办法

（民政部令〔1999〕19号　1999年12月30日发布施行）

第一章　总　　则

第一条　为了加强对社会福利机构的管理，促进社会福利事业的健康发展，根据有关法律，制定本办法。

第二条　本办法所称社会福利机构是指国家、社会组织和个人举办的，为老年人、残疾人、孤儿和弃婴提供养护、康复、托管等服务的机构。

第三条　社会福利机构应当遵守国家法律、法规和政策，坚持社会福利性质，保障服务对象的合法权益。

第四条　社会福利机构享受国家有关优惠政策。

第五条　国务院民政部门负责指导全国社会福利机构的管理工作。县级以上地方人民政府民政部门是社会福利机构的业务主管部门，对社会福利机构进行管理、监督和检查。

第二章　审　　批

第六条　县级以上地方人民政府民政部门应当根据本行政区域内社会福利事业发展需要，制定社会福利机构设置规划。

社会福利机构的设置应当符合社会福利机构的设置规划和社会福利机构设置的基本标准。

第七条　依法成立的组织或具有完全民事行为能力的个人（以下称申办人）凡具备相应的条件，可以依照本办法的规定，向社会福利机构所在地的县级以上人民政府民政部门提出举办社会福利机构的筹办申请。

第八条　申办人申请筹办社会福利机构时，应当提交下列材料：

（一）申请书、可行性研究报告；

（二）申办人的资格证明文件；

（三）拟办社会福利机构资金来源的证明文件；

（四）拟办社会福利机构固定场所的证明文件。

申办人应当持以上材料，向社会福利机构所在地的县级以上人民政府民政部门提出申请，由受理申请的民政部门进行审批。

香港、澳门、台湾地区的组织和个人，华侨以及国外的申办人采取合资、合作的形式举办社会福利机构，应当向省级人民政府民政部门提出筹办申请。并报省级人民政府外经贸部门审核。

第九条　民政部门应当自受理申请之日起三十日内，根据当地社会福利机构设置规划和社会福利机构设置的基本标准进行审查，作出同意筹办或者不予同意筹办的决定，并将审批结果以书面形式通知申办人。

第十条　经同意筹办的社会福利机构具备开业条件时，应当向民政部门申请领取《社会福利机构设置批准证书》。

第十一条 申请领取《社会福利机构设置批准证书》的机构，应当符合社会福利机构设置的下列基本标准：

（一）有固定的服务场所、必备的生活设施及室外活动场地；

（二）符合国家消防安全和卫生防疫标准，符合《老年人建筑设计规范》和《方便残疾人使用的城市道路和建筑物设计规范》；

（三）有与其服务内容和规模相适应的开办经费；

（四）有完善的章程，机构的名称应符合登记机关的规定和要求；

（五）有与开展服务相适应的管理和服务人员，医务人员应当符合卫生行政部门规定的资格条件，护理人员、工作人员应当符合有关部门规定的健康标准。

第十二条 申请领取《社会福利机构设置批准证书》时，应当提交下列文件：

（一）申请《社会福利机构设置批准证书》的书面报告；

（二）民政部门发给的社会福利机构筹办批准书；

（三）服务场所的所有权证明或租用合同书；

（四）建设、消防、卫生防疫等有关部门的验收报告或者审查意见书；

（五）验资证明及资产评估报告；

（六）机构的章程和规章制度；

（七）管理人员、专业技术人员和护理人员的名单及有效证件的复印件以及工作人员的健康状况证明。

（八）要求提供的其他材料。

第十三条 民政部门自受理申请之日起三十日内，对所报文件进行审查，并根据社会福利机构设置的基本标准进行实地验收。合格的，发给《社会福利机构设置批准证书》；不合格的，将审查结果以书面形式通知申办人。

第十四条 申办人取得《社会福利机构设置批准证书》后，应当到登记机关办理登记手续。

第三章 管 理

第十五条 社会福利机构应当与服务对象或者其家属（监护人）签订服务协议书，明确双方的责任、权利和义务。

社会组织和个人兴办以孤儿、弃婴为服务对象的社会福利机构，必须与当地县级以上人民政府民政部门共同举办；社会福利机构收养孤儿或者弃婴时，应当经民政业务主管部门逐一审核批准，并签订代养协议书。

第十六条 社会福利机构应当建立健全各项规章制度和服务标准。

各项规章制度和服务标准应当张榜公布，并报民政部门备案。

第十七条 社会福利机构应当在每年三月三十一日前，提交本年度的工作报告和下一年度的工作计划。

第十八条 社会福利机构中不具备上岗资格的护理人员、特教人员应当接受岗前培训，经考核合格后持证上岗。

第十九条 社会福利机构应当加强财务管理，其收益应当按照国家的有关政策规定分配使用，自觉接受财政、审计、监察等部门的监督。

第二十条 社会福利机构的资产受国家法律保护，任何组织和个人不得侵占。社会福利机构将其

所属的固定资产租赁或者转让时，须经民政部门和登记机关同意后，办理有关手续。

第二十一条 社会福利机构应当严格按照公益事业捐赠法的规定开展捐赠活动。不得接受任何带有政治性等附加条件的捐赠。

第二十二条 社会福利机构在对外交往中应当遵守国家的有关法律、规定，严格履行报批手续。

第二十三条 社会福利机构变更章程、名称、服务项目和住所时，应当报民政部门审批。更换主要负责人，应当报民政部门备案。

第二十四条 社会福利机构分立、合并或者解散，应当提前三个月向民政部门提出申请，报送有关部门确认的清算报告及相关材料，并由民政部门报请当地政府对其资产进行评估和处置后，办理有关手续。

第二十五条 县级以上人民政府民政部门应当定期对社会福利机构的工作进行年度检查。

第四章 法律责任

第二十六条 民政部门对社会福利机构的审批和年检工作实行政务公开，有违反国家有关法律、法规和本办法规定的，视情节轻重，对直接责任人给予批评教育、行政处分，构成犯罪的依法追究刑事责任。

第二十七条 社会福利机构有下列情形之一的，由民政部门根据情况给予警告、罚款，直至建议登记管理机关取缔或者撤销登记，并按管理权限对直接责任人给予批评教育、行政处分，构成犯罪的依法追究刑事责任。

（一）违反国家关于老年人、残疾人和孤儿权益保护的法律法规，侵害服务对象合法权益的；

（二）未取得《社会福利机构设置批准证书》擅自执业的；

（三）年检不合格，限期整改后仍不合格的；

（四）进行非法集资的；

（五）未办理变更手续，其活动超出许可范围的；

（六）其他违法行为。

第五章 附　　则

第二十八条 本办法实施前已经执业的社会福利机构，应当在本办法实施后的6个月内，按照本办法的规定，向县级以上民政部门提出申请，补领《社会福利机构设置批准证书》。

第二十九条 本办法自发布之日起施行。

中介服务收费管理办法

（2000 年 1 月 3 日）

第一章　总　　则

第一条　为适应建立和完善社会主义市场经济体制的要求，规范中介机构收费行为，维护中介机构和委托人的合法权益，促进中介服务业的健康发展，根据《中华人民共和国价格法》，制定本办法。

第二条　本办法适用于中华人民共和国境内独立执业、依法纳税、承担相应法律责任的中介机构提供中介服务的收费行为。

根据法律、法规规定代行政府职能强制实施具有垄断性质的仲裁、认证、检验、鉴定收费，不适用本办法。

第三条　本办法所称的中介机构是指依法通过专业知识和技术服务，向委托人提供公证性、代理性、信息技术服务性等中介服务的机构。

（一）公证性中介机构具体指提供土地、房产、物品、无形资产等价格评估和企业资信评估服务，以及提供仲裁、检验、鉴定、认证、公证服务等机构。

（二）代理性中介机构具体指提供律师、会计、收养服务，以及提供专利、商标、企业注册、税务、报关、签证代理服务等机构；

（三）信息技术服务性中介机构具体指提供咨询、招标、拍卖、职业介绍、婚姻介绍、广告设计服务等机构。

第四条　中介机构实施收费必须具备下列条件：

（一）经政府有关部门批准，办理注册登记，取得法人资格证书；

（二）在有关法律、法规和政府规章中规定，须经政府有关部门或行业协会实施执业资格认证，取得相关市场准入资格的，按规定办理；

（三）依法进行税务登记，取得税务登记证书；

（四）未进行企业注册登记的非企业法人需向价格主管部门申领《收费许可证》。

第五条　中介机构提供服务并实施收费应遵循公开、公正、诚实信用的原则和公平竞争、自愿有偿、委托人付费的原则，严格按照业务规程提供质量合格的服务。

按照法律、法规和政府规章规定实施的中介服务，任何部门、单位和个人都不得以任何方式指定中介机构为有关当事人服务。

第六条　中介服务收费实行在国家价格政策调控、引导下，主要由市场形成价格的制度。

（一）对咨询、拍卖、职业介绍、婚姻介绍、广告设计收费等具备市场充分竞争条件的中介服务收费实行市场调节价；

（二）对评估、代理、认证、招标服务收费等市场竞争不充分或服务双方达不到平等、公开服务条件的中介服务收费实行政府指导价；

（三）对检验、鉴定、公证、仲裁收费等少数具有行业和技术垄断的中介服务收费实行政府定价。

法律、法规另有规定的，从其规定。

第二章　收费管理权限的划分

第七条　国务院价格主管部门负责研究制定中介服务收费管理的方针政策、收费标准核定的原则，以及制定和调整重要的政府定价或政府指导价的中介服务收费标准。

国务院其他有关业务主管部门或全国性行业协会等社会团体应根据各自职责，协助国务院价格主管部门做好中介服务收费监督和管理工作。

第八条　省、自治区、直辖市人民政府价格主管部门负责国家有关中介服务收费管理的方针政策的贯彻落实，制定分工管理的政府定价或政府指导价的中介服务收费标准。

省级以下其他有关业务部门或同级行业协会等社会团体应根据各自职责，协助本级价格主管部门做好中介服务收费管理工作。

第九条　实行政府定价、政府指导价的分工权限和适用范围，按中央和省级价格主管部门颁布的定价管理目录执行。定价目录以外的中介服务项目，实行市场调节价。

第十条　对实行市场调节价的中介服务收费，政府价格主管部门应进行价格政策指导，帮助中介机构做好价格管理工作。

第三章　收费标准的制定

第十一条　制定中介服务收费标准应以中介机构服务人员的平均工时成本费用为基础，加法定税金和合理利润，并考虑市场供求情况制定。

法律、法规和政府规章指定承担特定中介服务的机构，其收费标准应按照补偿成本、促进发展的非营利的原则制定。

中介服务收费标准应体现中介机构的资质等级、社会信誉，以及服务的复杂程度，保持合理的差价。

第十二条　实行市场调节价的中介服务收费标准，由中介机构自主确定。实施服务收费时，中介机构可依据已确定的标准，与委托人商定具体收费标准。

第十三条　价格主管部门制定或调整政府定价、政府指导价的中介服务收费标准，应认真测算、严格核定服务的成本费用，充分听取社会各方面的意见，并及时向社会公布。

第四章　收费行为的规范

第十四条　应委托人的要求，中介机构实施收费应与委托人签订委托协议书。委托协议书应包括委托的事项、签约双方的义务和责任、收费的方式、收费金额和付款时间等内容。

第十五条　中介机构向委托人收取中介服务费，可在确定委托关系后预收全部或部分费用，也可与委托人协商约定在提供服务期间分期收取或在完成委托事项后一次性收取。

第十六条　中介机构应在收费场所显著的位置公布服务程序或业务规程、服务项目和收费标准等，实行明码标价，自觉接受委托人及社会各方面的监督，不得对委托人进行价格欺诈和价格歧视。

第十七条　中介机构的行业协会等社会团体以及中介机构之间不得以任何理由相互串通，垄断或操纵服务市场，损害委托人的利益。

第十八条 中介机构要严格执行国家有关收费管理的法规和政策，不得违反规定设立收费项目、扩大收费范围、提高收费标准。

第十九条 中介机构不得以排挤竞争对手或者独占市场为目的，低于本单位服务成本收费，搞不正当竞争。

第二十条 委托人可自主选择中介机构提供服务，中介机构不得强制或变相强制当事人接受服务并收费。

第五章 法律责任

第二十一条 因中介机构过错或其无正当理由要求终止委托关系的，或因委托人过错或其无正当理由要求终止委托关系的，有关费用的退补和赔偿事宜依据《合同法》办理。

第二十二条 中介机构与委托人之间发生收费纠纷，由所在地业务主管部门或行业协会协调处理，委托人对业务主管部门或行业协会的处理有异议的，可申请所在地价格主管部门协调处理，当事双方或其中一方对行政机关或行业协会协调处理仍有异议的，可协议申请仲裁或依法向人民法院起诉。

第二十三条 中介机构违反本办法规定，有下列行为之一的，由价格主管部门依据《价格法》和《价格违法行为行政处罚规定》予以查处：

（一）不符合本办法规定的收费条件，实施收费的；

（二）违反收费管理权限，自立收费项目，自定收费标准收费的；

（三）擅自提高收费标准、扩大收费范围、增加收费频次、超越收费时限收费的；

（四）违反已签定的协议（合同）实施收费的；

（五）违反自愿原则，与行政机关或行使行政职能的事业单位、行业组织联合下发文件或协议，强制或变相强制委托人购买指定产品或接受指定服务并收费的；

（六）公证性的中介机构提供虚假服务成果收费的；

（七）未按规定实行明码标价或对委托人进行价格欺诈、价格歧视的；

（八）违反规定相互串通，垄断或操纵服务市场，损害委托人利益的；

（九）违反规定搞不正当价格竞争，以低于本单位服务成本收费的；

（十）其它违反本规定的收费行为。

第六章 附　　则

第二十四条 省、自治区、直辖市人民政府价格主管部门可依据本办法结合本地实际制定实施细则。

第二十五条 本办法由国家计委负责解释。

第二十六条 本办法自发布之日起实施。

救灾捐赠管理暂行办法

（民政部令〔2000〕22号　2000年5月12日发布施行）

第一章　总　　则

第一条　为了规范救灾捐赠活动，加强救灾捐赠款物的管理，保护捐赠人、救灾捐赠受赠人和灾区受益人的合法权益，根据《中华人民共和国公益事业捐赠法》，制定本办法。

第二条　在发生自然灾害时，自然人、法人或者其他组织向救灾捐赠受赠人捐赠财产，用于支援灾区、帮助灾民的，适用本办法。

第三条　本办法所称救灾捐赠受赠人包括：

（一）县级以上人民政府民政部门；

（二）经县级以上人民政府民政部门认定具有救灾宗旨的公益性社会团体。

法律、行政法规另有规定的除外。

第四条　救灾捐赠应当是自愿和无偿的，禁止强行摊派或者变相摊派，不得以捐赠为名从事营利活动。

第五条　救灾捐赠款物的使用范围：

（一）解决灾民无力克服的衣、食、住、医等生活困难；

（二）紧急抢救、转移和安置灾民；

（三）灾民倒塌房屋的恢复重建；

（四）捐赠人指定的与救灾直接相关的用途；

（五）其他直接用于救灾方面的必要开支。

第六条　国务院民政部门负责管理全国救灾捐赠工作。

县级以上地方人民政府民政部门负责管理本行政区域内的救灾捐赠工作。

第七条　在发生特大自然灾害情况下，国务院民政部门组织开展跨省（自治区、直辖市）或者全国性救灾捐赠活动，县级以上地方人民政府民政部门组织实施。

在本行政区域发生较大自然灾害情况下，经同级人民政府批准，县级以上地方人民政府民政部门组织开展本行政区域内的救灾捐赠活动，但不得跨区域开展。

县级以上人民政府民政部门统一组织救灾捐赠工作，各系统、各部门只能在本系统、本单位内组织救灾捐赠活动。

第八条　对于在救灾捐赠中有突出贡献的自然人、法人或者其他组织，县级以上人民政府民政部门可以予以表彰。对捐赠人进行公开表彰，应当事先征求捐赠人的意见。

第二章　接受捐赠

第九条　县级以上人民政府民政部门接受救灾捐赠款物，根据工作需要可以指定专门机构或者设立临时机构组织实施。

乡（镇）人民政府、城市街道办事处受县（县级市、市辖区）人民政府委托，可以组织代收本行政区域内村民、居民及驻在单位的救灾捐赠款物。

第十条 救灾捐赠受赠人应当向社会公布其名称、地址、银行账号等。

第十一条 自然人、法人或者其他组织可以向救灾捐赠受赠人捐赠其有权处分的合法财产。

法人或者其他组织捐赠其自产或者外购商品的，应当提供相应的发票及证明物品质量的资料。

第十二条 救灾捐赠受赠人接受救灾捐赠款物时，应当确认银行票据，当面清点现金，验收物资。

捐赠人所捐款物不能当场兑现的，救灾捐赠受赠人应当与捐赠人签订载明捐赠款物种类、质量、数量和兑现时间等内容的捐赠协议。

捐赠人捐赠的药品、生物化学制品应当符合国家医药监督管理和卫生行政部门的有关规定。

第十三条 救灾捐赠受赠人接受救灾捐赠款物后，应当向捐赠人出具凭证。

第十四条 国务院民政部门负责制定全国统一的救灾捐赠接受凭证格式，省级人民政府民政部门负责制作。

第十五条 救灾捐赠情况由县级以上人民政府民政部门向社会公布。

第三章 境外救灾捐赠

第十六条 国务院民政部门负责对境外通报灾情，表明接受境外救灾捐赠的态度，确定受援区域。

未经国务院民政部门批准，任何部门、单位和个人不得对境外通报灾情或者呼吁救灾援助，法律、行政法规另有规定的除外。

第十七条 国务院民政部门负责接受境外对中央政府的救灾捐赠。

县级以上地方人民政府民政部门负责接受境外对地方政府的救灾捐赠。

经认定具有救灾宗旨的公益性社会团体可以接受境外救灾捐赠，但应当报民政部门备案。

法律、行政法规另有规定的除外。

第十八条 救灾捐赠受赠人接受的外汇救灾捐赠款应当全部结售给指定的外汇银行。

第十九条 境外救灾捐赠物资的检验、检疫、免税和进境，按照国家的有关规定办理。

第二十条 对免税进口的救灾捐赠物资不得以任何形式转让、出售、出租或者移作他用。

第四章 救灾捐赠款物的管理和使用

第二十一条 救灾捐赠受赠人应当对救灾捐赠款指定账户，专项管理；对救灾捐赠物资建立分类登记表册。

第二十二条 经认定具有救灾宗旨的公益性社会团体接受救灾捐赠款物的情况应当报民政部门，由民政部门负责统计汇总、制定分配方案，法律、行政法规另有规定的除外。

第二十三条 在国务院民政部门组织开展的跨省（自治区、直辖市）或者全国性救灾捐赠活动中，县级以上地方人民政府民政部门应当将接受的救灾捐赠款逐级上划，将接受的救灾捐赠物资清单分批逐级上报，由国务院民政部门统一分配、调拨。

第二十四条 县级以上地方人民政府民政部门组织开展救助本行政区域灾区的救灾捐赠活动，接受的救灾捐赠款物由县级以上地方人民政府民政部门负责分配、调拨，并报上一级人民政府民政部门备案。

第二十五条 国务院民政部门负责调拨的救灾捐赠物资，属境外捐赠的，其运抵口岸后的运输等费用由受援地区负担；属境内捐赠的，由捐赠方负担。

县级以上地方人民政府民政部门负责调拨的救灾捐赠物资，运输、临时仓储等费用由地方同级财政负担。

第二十六条 救灾捐赠款物由县级以上人民政府民政部门根据灾情和灾区实际需求，统筹平衡，统一调拨分配。

对捐赠人指定救灾捐赠款物用途或者受援地区的，应当按照捐赠人意愿使用。在捐赠款物过于集中同一地方的情况下，经捐赠人同意，省级以上人民政府民政部门可以调剂分配。发放救灾捐赠款物时，应当坚持民主评议、登记造册、张榜公布、公开发放等程序，做到账目清楚，手续完备、制度健全，并向社会公布。

县级以上人民政府民政部门应当会同监察、审计等部门及时对救灾捐赠款物的使用发放情况进行监督检查。

捐赠人有权向救灾捐赠受赠人查询救灾捐赠财产的使用、管理情况，并提出意见和建议。对于捐赠人的查询，救灾捐赠受赠人应当如实答复。

第二十七条 对灾区不适用的境内救灾捐赠物资，经捐赠人书面同意，报省级人民政府民政部门批准后可以变卖。

变卖救灾捐赠物资应当由省级人民政府民政部门统一组织实施。

变卖救灾捐赠物资所得款必须作为救灾捐赠款管理、使用，不得挪作他用。

第二十八条 可重复使用的救灾捐赠物资，县级以上地方人民政府民政部门应当及时回收、妥善保管，作为地方救灾物资储备。

第二十九条 救灾捐赠物的接受及分配、使用情况应当按照国务院民政部门规定的统计标准进行统计，并接受审计、监察等部门和社会的监督。

第五章　附　　则

第三十条 开展义演、义赛等救灾募捐活动按照国家的有关规定办理。

第三十一条 本办法自发布之日起施行。

中外合资中外合作职业介绍机构设立管理暂行规定

（劳动和社会保障部、国家工商行政管理总局令〔2001〕14号
2001年10月9日发布　自2001年12月1日起施行）

第一条　为规范中外合资、中外合作职业介绍机构的设立，保障求职者和用人单位的合法权益，根据劳动法、中外合资经营企业法和中外合作经营企业法的有关规定，制定本规定。

第二条　设立从事职业介绍的中外合资、中外合作机构应当按照本规定执行。

第三条　劳动保障行政部门、外经贸行政部门和工商行政管理部门在各自职权范围内负责中外合资、中外合作职业介绍机构的审批、登记、管理和监督检查工作。

设立中外合资、中外合作职业介绍机构应当经省级人民政府劳动保障行政部门（以下简称省级劳动保障行政部门）和省级人民政府外经贸行政部门（以下简称省级外经贸行政部门）批准，并到企业住所地国家工商行政管理总局授权的地方工商行政管理局进行登记注册。

不得设立外商独资职业介绍机构。

外国企业常驻中国代表机构和在中国成立的外国商会不得在中国从事职业介绍服务。

第四条　中外合资、中外合作职业介绍机构应当依法开展经营活动，其依法开展的经营活动受中国法律保护。

第五条　中外合资、中外合作职业介绍机构可以从事下列业务：

（一）为中外求职者和用人单位提供职业介绍服务；

（二）提供职业指导、咨询服务；

（三）收集和发布劳动力市场信息；

（四）经省级劳动保障行政部门或其授权的地市级劳动保障行政部门同意，举办职业招聘洽谈会；

（五）经省级劳动保障行政部门或其授权的地市级劳动保障行政部门核准的其他服务项目。

中外合资、中外合作职业介绍机构介绍中国公民出境就业和外国企业常驻中国代表机构聘用中方雇员按照国家有关规定执行。

第六条　申请设立中外合资、中外合作职业介绍机构应当具备以下条件，并应按本规定第七条至第十条规定的程序办理审批手续：

（一）申请设立中外合资、中外合作职业介绍机构的外方投资者应是从事职业介绍的法人，在注册国有开展职业介绍服务的经历，并具有良好信誉；

（二）申请设立中外合资、中外合作职业介绍机构的中方投资者应是具有从事职业介绍资格的法人，并具有良好信誉；

（三）拟设立的中外合资、中外合作职业介绍机构应具有不低于三十万美元注册资本，有三名以上具备职业介绍资格的专职工作人员，有明确的业务范围、机构章程、管理制度，有与开展业务相适应的固定场所、办公设施，主要经营者应具有从事职业介绍服务工作经历。

第七条　设立中外合资、中外合作职业介绍机构，应依法向拟设立企业住所地省级外经贸行政部门提出申请，并呈报申请设立中外合资、中外合作职业介绍机构的有关文件。

省级外经贸行政部门在接到申请后，应将其中下列文件转交同级劳动保障行政部门：

（一）中、外双方各自的登记注册证明（复印件）；

（二）主要经营者的资历证明（复印件）和简历；

（三）拟任专职工作人员的简历和职业资格证明；

（四）住所使用证明；

（五）拟开展经营范围的文件；

（六）法律、法规规定的其他文件。

第八条 省级劳动保障行政部门接到按本规定第七条规定转来的申请文件后，应在十五日内作出答复。符合条件的，应出具同意设立中外合资、中外合作职业介绍机构的证明文件；不符合条件的，应当说明理由，并将上述文件退回省级外经贸行政部门。

第九条 省级外经贸行政部门接到同级劳动保障行政部门同意设立中外合资、中外合作职业介绍机构的证明文件后，应在三十日内作出批准或不批准的决定。予以批准的，发给中外合资、中外合作企业批准证书；不予批准的，应通知申请者。

第十条 获得批准的申请者，自接到中外合资、中外合作企业批准证书之日起三十日内，到拟设立企业住所所在地国家工商行政管理总局授权的地方工商行政管理局申请登记注册，并应于登记注册之日起十日内，到省级劳动保障行政部门或其授权的地市级劳动保障行政部门办理备案手续。

第十一条 中外合资、中外合作职业介绍机构投资者变更、股权比例发生变化或设立分支机构，应按本规定的审批程序经原审批机关审批同意后，到工商行政管理部门办理相关变更登记手续，并到劳动保障行政部门办理变更备案手续。

第十二条 中外合资、中外合作职业介绍机构的管理适用《劳动力市场管理规定》和外商投资企业的有关管理规定。

第十三条 香港特别行政区、澳门特别行政区投资者在内地以及台湾地区投资者在大陆投资设立中外合资、中外合作的职业介绍机构，参照本规定执行。

第十四条 本规定自2001年12月1日起施行。

机关、团体、企业、事业单位消防安全管理规定

（公安部令〔2001〕61号　2001年11月14日发布
自2002年5月1日起施行）

第一章　总　　则

第一条　为了加强和规范机关、团体、企业、事业单位的消防安全管理，预防火灾和减少火灾危害，根据《中华人民共和国消防法》，制定本规定。

第二条　本规定适用于中华人民共和国境内的机关、团体、企业、事业单位（以下统称单位）自身的消防安全管理。

法律、法规另有规定的除外。

第三条　单位应当遵守消防法律、法规、规章（以下统称消防法规），贯彻预防为主、防消结合的消防工作方针，履行消防安全职责，保障消防安全。

第四条　法人单位的法定代表人或者非法人单位的主要负责人是单位的消防安全责任人，对本单位的消防安全工作全面负责。

第五条　单位应当落实逐级消防安全责任制和岗位消防安全责任制，明确逐级和岗位消防安全职责。确定各级、各岗位的消防安全责任人。

第二章　消防安全责任

第六条　单位的消防安全责任人应当履行下列消防安全职责：

（一）贯彻执行消防法规，保障单位消防安全符合规定，掌握本单位的消防安全情况；

（二）将消防工作与本单位的生产、科研、经营、管理等活动统筹安排，批准实施年度消防工作计划；

（三）为本单位的消防安全提供必要的经费和组织保障；

（四）确定逐级消防安全责任，批准实施消防安全制度和保障消防安全的操作规程；

（五）组织防火检查，督促落实火灾隐患整改，及时处理涉及消防安全的重大问题；

（六）根据消防法规的规定建立专职消防队、义务消防队；

（七）组织制定符合本单位实际的灭火和应急疏散预案，并实施演练。

第七条　单位可以根据需要确定本单位的消防安全管理人。消防安全管理人对单位的消防安全责任人负责，实施和组织落实下列消防安全管理工作：

（一）拟订年度消防工作计划，组织实施日常消防安全管理工作；

（二）组织制订消防安全制度和保障消防安全的操作规程并检查督促其落实；

（三）拟订消防安全工作的资金投入和组织保障方案；

（四）组织实施防火检查和火灾隐患整改工作；

（五）组织实施对本单位消防设施、灭火器材和消防安全标志的维护保养，确保其完好有效，确

保疏散通道和安全出口畅通；

（六）组织管理专职消防队和义务消防队；

（七）在员工中组织开展消防知识、技能的宣传教育和培训，组织灭火和应急疏散预案的实施和演练；

（八）单位消防安全责任人委托的其他消防安全管理工作。

消防安全管理人应当定期向消防安全责任人报告消防安全情况，及时报告涉及消防安全的重大问题。

未确定消防安全管理人的单位，前款规定的消防安全管理工作由单位消防安全责任人负责实施。

第八条 实行承包、租赁或者委托经营、管理时，产权单位应当提供符合消防安全要求的建筑物，当事人在订立的合同中依照有关规定明确各方的消防安全责任；消防车通道、涉及公共消防安全的疏散设施和其他建筑消防设施应当由产权单位或者委托管理的单位统一管理。

承包、承租或者受委托经营、管理的单位应当遵守本规定，在其使用、管理范围内履行消防安全职责。

第九条 对于有两个以上产权单位和使用单位的建筑物，各产权单位、使用单位对消防车通道、涉及公共消防安全的疏散设施和其他建筑消防设施应当明确管理责任，可以委托统一管理。

第十条 居民住宅区的物业管理单位应当在管理范围内履行下列消防安全职责：

（一）制定消防安全制度，落实消防安全责任，开展消防安全宣传教育；

（二）开展防火检查，消除火灾隐患；

（三）保障疏散通道、安全出口、消防车通道畅通；

（四）保障公共消防设施、器材以及消防安全标志完好有效。

其他物业管理单位应当对受委托管理范围内的公共消防安全管理工作负责。

第十一条 举办集会、焰火晚会、灯会等具有火灾危险的大型活动的主办单位、承办单位以及提供场地的单位，应当在订立的合同中明确各方的消防安全责任。

第十二条 建筑工程施工现场的消防安全由施工单位负责。实行施工总承包的，由总承包单位负责。分包单位向总承包单位负责，服从总承包单位对施工现场的消防安全管理。

对建筑物进行局部改建、扩建和装修的工程，建设单位应当与施工单位在订立的合同中明确各方对施工现场的消防安全责任。

第三章 消防安全管理

第十三条 下列范围的单位是消防安全重点单位，应当按照本规定的要求，实行严格管理：

（一）商场（市场）、宾馆（饭店）、体育场（馆）、会堂、公共娱乐场所等公众聚集场所（以下统称公众聚集场所）；

（二）医院、养老院和寄宿制的学校、托儿所、幼儿园；

（三）国家机关；

（四）广播电台、电视台和邮政、通信枢纽；

（五）客运车站、码头、民用机场；

（六）公共图书馆、展览馆、博物馆、档案馆以及具有火灾危险性的文物保护单位；

（七）发电厂（站）和电网经营企业；

（八）易燃易爆化学物品的生产、充装、储存、供应、销售单位；

（九）服装、制鞋等劳动密集型生产、加工企业；

（十）重要的科研单位；

（十一）其他发生火灾可能性较大以及一旦发生火灾可能造成重大人身伤亡或者财产损失的单位。

高层办公楼（写字楼）、高层公寓楼等高层公共建筑，城市地下铁道、地下观光隧道等地下公共建筑和城市重要的交通隧道。粮、棉、木材、百货等物资集中的大型仓库和堆场，国家和省级等重点工程的施工现场，应当按照本规定对消防安全重点单位的要求，实行严格管理。

第十四条 消防安全重点单位及其消防安全责任人、消防安全管理人应当报当地公安消防机构备案。

第十五条 消防安全重点单位应当设置或者确定消防工作的归口管理职能部门，并确定专职或者兼职的消防管理人员；其他单位应当确定专职或者兼职消防管理人员，可以确定消防工作的归口管理职能部门。

归口管理职能部门和专兼职消防管理人员在消防安全责任人或者消防安全管理人的领导下开展消防安全管理工作。

第十六条 公众聚集场所应当在具备下列消防安全条件后，向当地公安消防机构申报进行消防安全检查，经检查合格后方可开业使用：

（一）依法办理建筑工程消防设计审核手续，并经消防验收合格；

（二）建立健全消防安全组织，消防安全责任明确；

（三）建立消防安全管理制度和保障消防安全的操作规程；

（四）员工经过消防安全培训；

（五）建筑消防设施齐全、完好有效；

（六）制定灭火和应急疏散预案。

第十七条 举办集会、焰火晚会、灯会等具有火灾危险的大型活动，主办或者承办单位应当在具备消防安全条件后，向公安消防机构申报对活动现场进行消防安全检查，经检查合格后方可举办。

第十八条 单位应当按照国家有关规定，结合本单位的特点，建立健全各项消防安全制度和保障消防安全的操作规程，并公布执行。

单位消防安全制度主要包括以下内容：消防安全教育、培训；防火巡查、检查；安全疏散设施管理；消防（控制室）值班；消防设施、器材维护管理；火灾隐患整改；用火、用电安全管理；易燃易爆危险物品和场所防火防爆；专职和义务消防队的组织管理；灭火和应急疏散预案演练；燃气和电气设备的检查和管理（包括防雷、防静电）；消防安全工作考评和奖惩；其他必要的消防安全内容。

第十九条 单位应当将容易发生火灾、一旦发生火灾可能严重危及人身和财产安全以及对消防安全有重大影响的部位确定为消防安全重点部位，设置明显的防火标志，实行严格管理。

第二十条 单位应当对动用明火实行严格的消防安全管理。禁止在具有火灾、爆炸危险的场所使用明火；因特殊情况需要进行电、气焊等明火作业的，动火部门和人员应当按照单位的用火管理制度办理审批手续，落实现场监护人，在确认无火灾、爆炸危险后方可动火施工。动火施工人员应当遵守消防安全规定，并落实相应的消防安全措施。

公众聚集场所或者两个以上单位共同使用的建筑物局部施工需要使用明火时，施工单位和使用单位应当共同采取措施，将施工区和使用区进行防火分隔，清除动火区域的易燃、可燃物，配置消防器材，专人监护，保证施工及使用范围的消防安全。

公共娱乐场所在营业期间禁止动火施工。

第二十一条 安全疏散指示标志和应急照明设施，保持防火门、防火卷帘、消防安全疏散指示标志、应急照明、机械排烟送风、火灾事故广播等设施处于正常状态。

严禁下列行为：

（一）占用疏散通道；

（二）在安全出口或者疏散通道上安装栅栏等影响疏散的障碍物；

（三）在营业、生产、教学、工作等期间将安全出口上锁、遮挡或者将消防安全疏散指示标志遮挡、覆盖；

（四）其他影响安全疏散的行为。

第二十二条 单位应当遵守国家有关规定，对易燃易爆危险物品的生产、使用、储存、销售、运输或者销毁实行严格的消防安全管理。

第二十三条 单位应当根据消防法规的有关规定，建立专职消防队、义务消防队，配备相应的消防装备、器材，并组织开展消防业务学习和灭火技能训练，提高预防和扑救火灾的能力。

第二十四条 单位发生火灾时，应当立即实施灭火和应急疏散预案，务必做到及时报警，迅速扑救火灾，及时疏散人员。邻近单位应当给予支援。任何单位、人员都应当无偿为报火警提供便利，不得阻拦报警。

单位应当为公安消防机构抢救人员、扑救火灾提供便利和条件。

火灾扑灭后，起火单位应当保护现场，接受事故调查，如实提供火灾事故的情况，协助公安消防机构调查火灾原因，核定火灾损失，查明火灾事故责任。未经公安消防机构同意，不得擅自清理火灾现场。

第四章　防火检查

第二十五条 消防安全重点单位应当进行每日防火巡查，并确定巡查的人员、内容、部位和频次。其他单位可以根据需要组织防火巡查。巡查的内容应当包括：

（一）用火、用电有无违章情况；

（二）安全出口、疏散通道是否畅通，安全疏散指示标志、应急照明是否完好；

（三）消防设施、器材和消防安全标志是否在位、完整；

（四）常闭式防火门是否处于关闭状态，防火卷帘下是否堆放物品影响使用；

（五）消防安全重点部位的人员在岗情况；

（六）其他消防安全情况。

公众聚集场所在营业期间的防火巡查应当至少每二小时一次；营业结束时应当对营业现场进行检查，消除遗留火种。医院、养老院、寄宿制的学校、托儿所、幼儿园应当加强夜间防火巡查，其他消防安全重点单位可以结合实际组织夜间防火巡查。

防火巡查人员应当及时纠正违章行为，妥善处置火灾危险，无法当场处置的，应当立即报告。发现初起火灾应当立即报警并及时扑救。

防火巡查应当填写巡查记录，巡查人员及其主管人员应当在巡查记录上签名。

第二十六条 机关、团体、事业单位应当至少每季度进行一次防火检查，其他单位应当至少每月进行一次防火检查。检查的内容应当包括：

（一）火灾隐患的整改情况以及防范措施的落实情况；

（二）安全疏散通道、疏散指示标志、应急照明和安全出口情况；

（三）消防车通道、消防水源情况；

（四）灭火器材配置及有效情况；

（五）用火、用电有无违章情况；

（六）重点工种人员以及其他员工消防知识的掌握情况；

（七）消防安全重点部位的管理情况；

（八）易燃易爆危险物品和场所防火防爆措施的落实情况以及其他重要物资的防火安全情况；

（九）消防（控制室）值班情况和设施运行、记录情况；

（十）防火巡查情况；

（十一）消防安全标志的设置情况和完好、有效情况；

（十二）其他需要检查的内容。

防火检查应当填写检查记录。检查人员和被检查部门负责人应当在检查记录上签名。

第二十七条 单位应当按照建筑消防设施检查维修保养有关规定的要求，对建筑消防设施的完好有效情况进行检查和维修保养。

第二十八条 设有自动消防设施的单位，应当按照有关规定定期对其自动消防设施进行全面检查测试，并出具检测报告，存档备查。

第二十九条 单位应当按照有关规定定期对灭火器进行维护保养和维修检查。对灭火器应当建立档案资料，记明配置类型、数量、设置位置、检查维修单位（人员）、更换药剂的时间等有关情况。

第五章 火灾隐患整改

第三十条 单位对存在的火灾隐患，应当及时予以消除。

第三十一条 对下列违反消防安全规定的行为，单位应当责成有关人员当场改正并督促落实：

（一）违章进入生产、储存易燃易爆危险物品场所的；

（二）违章使用明火作业或者在具有火灾、爆炸危险的场所吸烟、使用明火等违反禁令的；

（三）将安全出口上锁、遮挡，或者占用、堆放物品影响疏散通道畅通的；

（四）消火栓、灭火器材被遮挡影响使用或者被挪作他用的；

（五）常闭式防火门处于开启状态，防火卷帘下堆放物品影响使用的；

（六）消防设施管理、值班人员和防火巡查人员脱岗的；

（七）违章关闭消防设施、切断消防电源的；

（八）其他可以当场改正的行为。

违反前款规定的情况以及改正情况应当有记录并存档备查。

第三十二条 对不能当场改正的火灾隐患，消防工作归口管理职能部门或者专兼职消防管理人员应当根据本单位的管理分工，及时将存在的火灾隐患向单位的消防安全管理人或者消防安全责任人报告，提出整改方案。消防安全管理人或者消防安全责任人应当确定整改的措施、期限以及负责整改的部门、人员，并落实整改资金。

在火灾隐患未消除之前，单位应当落实防范措施，保障消防安全。不能确保消防安全，随时可能引发火灾或者一旦发生火灾将严重危及人身安全的，应当将危险部位停产停业整改。

第三十三条 火灾隐患整改完毕，负责整改的部门或者人员应当将整改情况记录报送消防安全责任人或者消防安全管理人签字确认后存档备查。

第三十四条 对于涉及城市规划布局而不能自身解决的重大火灾隐患，以及机关、团体、事业单位确无能力解决的重大火灾隐患，单位应当提出解决方案并及时向其上级主管部门或者当地人民政府报告。

第三十五条 对公安消防机构责令限期改正的火灾隐患，单位应当在规定的期限内改正并写出火灾隐患整改复函，报送公安消防机构。

第六章 消防安全宣传教育和培训

第三十六条 单位应当通过多种形式开展经常性的消防安全宣传教育。消防安全重点单位对每名员工应当至少每年进行一次消防安全培训。宣传教育和培训内容应当包括：

（一）有关消防法规、消防安全制度和保障消防安全的操作规程；

（二）本单位、本岗位的火灾危险性和防火措施；

（三）有关消防设施的性能、灭火器材的使用方法；

（四）报火警、扑救初起火灾以及自救逃生的知识和技能。

公众聚集场所对员工的消防安全培训应当至少每半年进行一次，培训的内容还应当包括组织、引导在场群众疏散的知识和技能。

单位应当组织新上岗和进入新岗位的员工进行上岗前的消防安全培训。

第三十七条 公众聚集场所在营业、活动期间，应当通过张贴图画、广播、闭路电视等向公众宣传防火、灭火、疏散逃生等常识。

学校、幼儿园应当通过寓教于乐等多种形式对学生和幼儿进行消防安全常识教育。

第三十八条 下列人员应当接受消防安全专门培训：

（一）单位的消防安全责任人、消防安全管理人；

（二）专、兼职消防管理人员；

（三）消防控制室的值班、操作人员；

（四）其他依照规定应当接受消防安全专门培训的人员。

前款规定中的第（三）项人员应当持证上岗。

第七章 灭火、应急疏散预案和演练

第三十九条 消防安全重点单位制定的灭火和应急疏散预案应当包括下列内容：

（一）组织机构，包括：灭火行动组、通讯联络组、疏散引导组、安全防护救护组；

（二）报警和接警处置程序；

（三）应急疏散的组织程序和措施；

（四）扑救初起火灾的程序和措施；

（五）通讯联络、安全防护救护的程序和措施。

第四十条 消防安全重点单位应当按照灭火和应急疏散预案，至少每半年进行一次演练，并结合实际不断完善预案。其他单位应当结合本单位实际，参照制定相应的应急方案，至少每年组织一次演练。

消防演练时，应当设置明显标识并事先告知演练范围内的人员。

第八章 消防档案

第四十一条 消防安全重点单位应当建立健全消防档案。消防档案应当包括消防安全基本情况和消防安全管理情况。消防档案应当详实，全面反映单位消防工作的基本情况，并附有必要的图表，根据情况变化及时更新。

单位应当对消防档案统一保管、备查。

第四十二条 消防安全基本情况应当包括以下内容：

（一）单位基本概况和消防安全重点部位情况；

（二）建筑物或者场所施工、使用或者开业前的消防设计审核、消防验收以及消防安全检查的文件、资料；

（三）消防管理组织机构和各级消防安全责任人；

（四）消防安全制度；

（五）消防设施、灭火器材情况；

（六）专职消防队、义务消防队人员及其消防装备配备情况；

（七）与消防安全有关的重点工种人员情况；

（八）新增消防产品、防火材料的合格证明材料；

（九）灭火和应急疏散预案。

第四十三条 消防安全管理情况应当包括以下内容：

（一）公安消防机构填发的各种法律文书；

（二）消防设施定期检查记录、自动消防设施全面检查测试的报告以及维修保养的记录；

（三）火灾隐患及其整改情况记录；

（四）防火检查、巡查记录；

（五）有关燃气、电气设备检测（包括防雷、防静电）等记录资料；

（六）消防安全培训记录；

（七）灭火和应急疏散预案的演练记录；

（八）火灾情况记录；

（九）消防奖惩情况记录。

前款规定中的第（二）、（三）、（四）、（五）项记录，应当记明检查的人员、时间、部位、内容、发现的火灾隐患以及处理措施等；第（六）项记录，应当记明培训的时间、参加人员、内容等；第（七）项记录，应当记明演练的时间、地点、内容、参加部门以及人员等。

第四十四条 其他单位应当将本单位的基本概况、公安消防机构填发的各种法律文书、与消防工作有关的材料和记录等统一保管备查。

第九章 奖 惩

第四十五条 单位应当将消防安全工作纳入内部检查、考核、评比内容。对在消防安全工作中成绩突出的部门（班组）和个人，单位应当给予表彰奖励。对未依法履行消防安全职责或者违反单位消防安全制度的行为，应当依照有关规定对责任人员给予行政纪律处分或者其他处理。

第四十六条 违反本规定，依法应当给予行政处罚的，依照有关法律、法规予以处罚；构成犯罪的，依法追究刑事责任。

第十章 附 则

第四十七条 公安消防机构对本规定的执行情况依法实施监督，并对自身滥用职权、玩忽职守、徇私舞弊的行为承担法律责任。

第四十八条 本规定自2002年5月1日起施行。本规定施行以前公安部发布的规章中的有关规定与本规定不一致的，以本规定为准。

内部会计控制规范——基本规范（试行）

财会〔2001〕41号

第一章　总　　则

第一条　为了促进各单位内部会计控制建设，加强内部会计监督，维护社会主义市场经济秩序，根据《中华人民共和国会计法》（以下简称《会计法》）等法律法规，制定本规范。

第二条　本规范所称内部会计控制是指单位为了提高会计信息质量，保护资产的安全、完整，确保有关法律法规和规章制度的贯彻执行等而制定和实施的一系列控制方法、措施和程序。

第三条　本规范适用于国家机关、社会团体、公司、企业、事业单位和其他经济组织（以下统称单位）。

第四条　国务院有关部门可以根据国家有关法律法规和本规范，制定本部门或本系统的内部会计控制规定。

各单位应当根据国家有关法律法规和本规范，结合部门或系统的内部会计控制规定，建立适合本单位业务特点和管理要求的内部会计控制制度，并组织实施。

第五条　单位负责人对本单位内部会计控制的建立健全及有效实施负责。

第二章　内部会计控制的目标和原则

第六条　内部会计控制应当达到以下基本目标：

（一）规范单位会计行为，保证会计资料真实、完整。

（二）堵塞漏洞、消除隐患，防止并及时发现、纠正错误及舞弊行为，保护单位资产的安全、完整。

（三）确保国家有关法律法规和单位内部规章制度的贯彻执行。

第七条　内部会计控制应当遵循以下基本原则：

（一）内部会计控制应当符合国家有关法律法规和本规范，以及单位的实际情况。

（二）内部会计控制应当约束单位内部涉及会计工作的所有人员，任何个人都不得拥有超越内部会计控制的权力。

（三）内部会计控制应当涵盖单位内部涉及会计工作的各项经济业务及相关岗位，并应针对业务处理过程中的关键控制点，落实到决策、执行、监督、反馈等各个环节。

（四）内部会计控制应当保证单位内部涉及会计工作的机构、岗位的合理设置及其职责权限的合理划分，坚持不相容职务相互分离，确保不同机构和岗位之间权责分明、相互制约、相互监督。

（五）内部会计控制应当遵循成本效益原则，以合理的控制成本达到最佳的控制效果。

（六）内部会计控制应随着外部环境的变化、单位业务职能的调整和管理要求的提高，不断修订和完善。

第三章 内部会计控制的内容

第八条 内部会计控制的内容主要包括：货币资金、实物资产、对外投资、工程项目、采购与付款、筹资、销售与收款、成本费用、担保等经济业务的会计控制。

第九条 单位应当对货币资金收支和保管业务建立严格的授权批准制度，办理货币资金业务的不相容岗位应当分离，相关机构和人员应当相互制约，确保货币资金的安全。

第十条 单位应当建立实物资产管理的岗位责任制度，对实物资产的验收入库、领用、发出、盘点、保管及处置等关键环节进行控制，防止各种实物资产被盗、毁损和流失。

第十一条 单位应当建立规范的对外投资决策机制和程序，通过实行重大投资决策集体审议联签等责任制度，加强投资项目立项、评估、决策、实施、投资处置等环节的会计控制，严格控制投资风险。

第十二条 单位应当建立规范的工程项目决策程序，明确相关机构和人员的职责权限，建立工程项目投资决策的责任制度，加强工程项目的预算、招投标、质量管理等环节的会计控制，防范决策失误及工程发包、承包、施工、验收等过程中的舞弊行为。

第十三条 单位应当合理设置采购与付款业务的机构和岗位，建立和完善采购与付款的会计控制程序，加强请购、审批、合同订立、采购、验收、付款等环节的会计控制，堵塞采购环节的漏洞，减少采购风险。

第十四条 单位应当加强对筹资活动的会计控制，合理确定筹资规模和筹资结构、选择筹资方式，降低资金成本，防范和控制财务风险，确保筹措资金的合理、有效使用。

第十五条 单位应当在制定商品或劳务等的定价原则、信用标准和条件、收款方式等销售政策时，充分发挥会计机构和人员的作用，加强合同订立、商品发出和账款回收的会计控制，避免或减少坏账损失。

第十六条 单位应当建立成本费用控制系统，做好成本费用管理的各项基础工作，制定成本费用标准，分解成本费用指标，控制成本费用差异，考核成本费用指标的完成情况，落实奖罚措施，降低成本费用，提高经济效益。

第十七条 单位应当加强对担保业务的会计控制，严格控制担保行为，建立担保决策程序和责任制度，明确担保原则、担保标准和条件、担保责任等相关内容，加强对担保合同订立的管理，及时了解和掌握被担保人的经营和财务状况，防范潜在风险，避免和减少可能发生的损失。

第四章 内部会计控制的方法

第十八条 内部会计控制的方法主要包括：不相容职务相互分离控制，授权批准控制、会计系统控制、预算控制、财产保全控制、风险控制、内部报告控制、电子信息技术控制等。

第十九条 不相容职务相互分离控制要求单位按照不相容职务相分离的原则，合理设置会计及相关工作岗位，明确职责权限，形成相互制衡机制。

不相容职务主要包括：授权批准、业务经办、会计记录、财产保管、稽核检查等职务。

第二十条 授权批准控制要求单位明确规定涉及会计及相关工作的授权批准的范围、权限、程序、责任等内容，单位内部的各级管理层必须在授权范围内行使职权和承担责任，经办人员也必须在授权范围内办理业务。

第二十一条 会计系统控制要求单位依据《会计法》和国家统一的会计制度，制定适合本单位的会计制度，明确会计凭证、会计账簿和财务会计报告的处理程序，建立和完善会计档案保管和会计工作交接办法，实行会计人员岗位责任制，充分发挥会计的监督职能。

第二十二条 预算控制要求单位加强预算编制、执行、分析、考核等环节的管理，明确预算项目，建立预算标准，规范预算的编制、审定、下达和执行程序，及时分析和控制预算差异，采取改进措施，确保预算的执行。

预算内资金实行责任人限额审批，限额以上资金实行集体审批。严格控制无预算的资金支出。

第二十三条 财产保全控制要求单位限制未经授权的人员对财产的直接接触，采取定期盘点、财产记录、账实核对、财产保险等措施，确保各种财产的安全完整。

第二十四条 风险控制要求单位树立风险意识，针对各个风险控制点，建立有效的风险管理系统，通过风险预警、风险识别、风险评估、风险分析、风险报告等措施，对财务风险和经营风险进行全面防范和控制。

第二十五条 内部报告控制要求单位建立和完善内部报告制度，全面反映经济活动情况，及时提供业务活动中的重要信息，增强内部管理的时效性和针对性。

第二十六条 电子信息技术控制要求运用电子信息技术手段建立内部会计控制系统，减少和消除人为操纵因素，确保内部会计控制的有效实施；同时要加强对财务会计电子信息系统开发与维护、数据输入与输出、文件储存与保管、网络安全等方面的控制。

第五章 内部会计控制的检查

第二十七条 单位应当重视内部会计控制的监督检查工作，由专门机构或者指定专门人员具体负责内部会计控制执行情况的监督检查，确保内部会计控制的贯彻实施。内部会计控制检查的主要职责是：

（一）对内部会计控制的执行情况进行检查和评价。

（二）写出检查报告，对涉及会计工作的各项经济业务、内部机构和岗位在内部控制上存在的缺陷提出改进建议。

（三）对执行内部会计控制成效显著的内部机构和人员提出表彰建议，对违反内部会计控制的内部机构和人员提出处理意见。

第二十八条 单位可以聘请中介机构或相关专业人员对本单位内部会计控制的建立健全及有效实施进行评价，接受委托的中介机构或相关专业人员应当对委托单位内部会计控制中的重大缺陷提出书面报告。

第二十九条 国务院财政部门和县级以上地方各级人民政府财政部门应当根据《会计法》和本规范，对本行政区域内各单位内部会计控制的建立和执行情况进行监督检查。

第六章 附 则

第三十条 本规范由财政部负责解释。

第三十一条 本规范自发布之日起施行。

内部会计控制规范——货币资金（试行）

（财会〔2001〕41 号）

第一章　总　　则

第一条　为了加强对单位货币资金的内部控制和管理，保证货币资金的安全，根据《中华人民共和国会计法》和《内部会计控制规范——基本规范》等法律法规，制定本规范。

第二条　本规范所称货币资金是指单位所拥有的现金、银行存款和其他货币资金。

第三条　本规范适用于国家机关、社会团体、公司、企业、事业单位和其他经济组织（以下统称单位）。

第四条　国务院有关部门可以根据国家有关法律法规和本规范，制定本部门或本系统的货币资金内部控制规定。

各单位应当根据国家有关法律法规和本规范，结合部门或系统的货币资金内部控制规定，建立适合本单位业务特点和管理要求的货币资金内部控制制度，并组织实施。

第五条　单位负责人对本单位货币资金内部控制的建立健全和有效实施以及货币资金的安全完整负责。

第二章　岗位分工及授权批准

第六条　单位应当建立货币资金业务的岗位责任制，明确相关部门和岗位的职责权限，确保办理货币资金业务的不相容岗位相互分离、制约和监督。

出纳人员不得兼任稽核、会计档案保管和收入、支出、费用、债权债务账目的登记工作。

单位不得由一人办理货币资金业务的全过程。

第七条　单位办理货币资金业务，应当配备合格的人员，并根据单位具体情况进行岗位轮换。

办理货币资金业务的人员应当具备良好的职业道德，忠于职守，廉洁奉公，遵纪守法，客观公正，不断提高会计业务素质和职业道德水平。

第八条　单位应当对货币资金业务建立严格的授权批准制度，明确审批人对货币资金业务的授权批准方式、权限、程序、责任和相关控制措施，规定经办人办理货币资金业务的职责范围和工作要求。

第九条　审批人应当根据货币资金授权批准制度的规定，在授权范围内进行审批，不得超越审批权限。

经办人应当在职责范围内，按照审批人的批准意见办理货币资金业务。对于审批人超越授权范围审批的货币资金业务，经办人员有权拒绝办理，并及时向审批人的上级授权部门报告。

第十条　单位应当按照规定的程序办理货币资金支付业务。

（一）支付申请。单位有关部门或个人用款时，应当提前向审批人提交货币资金支付申请，注明款项的用途、金额、预算、支付方式等内容，并附有效经济合同或相关证明。

（二）支付审批。审批人根据其职责、权限和相应程序对支付申请进行审批。对不符合规定的货币资金支付申请，审批人应当拒绝批准。

（三）支付复核。复核人应当对批准后的货币资金支付申请进行复核，复核货币资金支付申请的批准范围、权限、程序是否正确，手续及相关单证是否齐备，金额计算是否准确，支付方式、支付单位是否妥当等。复核无误后，交由出纳人员办理支付手续。

（四）办理支付。出纳人员应当根据复核无误的支付申请，按规定办理货币资金支付手续，及时登记现金和银行存款日记账。

第十一条 单位对于重要货币资金支付业务，应当实行集体决策和审批，并建立责任追究制度，防范贪污、侵占、挪用货币资金等行为。

第十二条 严禁未经授权的机构或人员办理货币资金业务或直接接触货币资金。

第三章 现金和银行存款的管理

第十三条 单位应当加强现金库存限额的管理，超过库存限额的现金应及时存入银行。

第十四条 单位必须根据《现金管理暂行条例》的规定，结合本单位的实际情况，确定本单位现金的开支范围。不属于现金开支范围的业务应当通过银行办理转账结算。

第十五条 单位现金收入应当及时存入银行，不得用于直接支付单位自身的支出。因特殊情况需坐支现金的，应事先报经开户银行审查批准。

单位借出款项必须执行严格的授权批准程序，严禁擅自挪用、借出货币资金。

第十六条 单位取得的货币资金收入必须及时入账，不得私设“小金库”，不得账外设账，严禁收款不入账。

第十七条 单位应当严格按照《支付结算办法》等国家有关规定，加强银行账户的管理，严格按照规定开立账户，办理存款、取款和结算。

单位应当定期检查、清理银行账户的开立及使用情况，发现问题，及时处理。

单位应当加强对银行结算凭证的填制、传递及保管等环节的管理与控制。

第十八条 单位应当严格遵守银行结算纪律，不准签发没有资金保证的票据或远期支票，套取银行信用；不准签发、取得和转让没有真实交易和债权债务的票据，套取银行和他人资金；不准无理拒绝付款，任意占用他人资金；不准违反规定开立和使用银行账户。

第十九条 单位应当指定专人定期核对银行账户，每月至少核对一次，编制银行存款余额调节表，使银行存款账面余额与银行对账单调节相符。如调节不符，应查明原因，及时处理。

第二十条 单位应当定期和不定期地进行现金盘点，确保现金账面余额与实际库存相符。发现不符，及时查明原因，做出处理。

第四章 票据及有关印章的管理

第二十一条 单位应当加强与货币资金相关的票据的管理，明确各种票据的购买、保管、领用、背书转让、注销等环节的职责权限和程序，并专设登记簿进行记录，防止空白票据的遗失和被盗用。

第二十二条 单位应当加强银行预留印鉴的管理。财务专用章应由专人保管，个人名章必须由本人或其授权人员保管。严禁一人保管支付款项所需的全部印章。

按规定需要有关负责人签字或盖章的经济业务，必须严格履行签字或盖章手续。

第五章 监督检查

第二十三条 单位应当建立对货币资金业务的监督检查制度，明确监督检查机构或人员的职责权限，定期和不定期地进行检查。

第二十四条 货币资金监督检查的内容主要包括：

（一）货币资金业务相关岗位及人员的设置情况。重点检查是否存在货币资金业务不相容职务混岗的现象。

（二）货币资金授权批准制度的执行情况。重点检查货币资金支出的授权批准手续是否健全，是否存在越权审批行为。

（三）支付款项印章的保管情况。重点检查是否存在办理付款业务所需的全部印章交由一人保管的现象。

（四）票据的保管情况。重点检查票据的购买、领用、保管手续是否健全，票据保管是否存在漏洞。

第二十五条 对监督检查过程中发现的货币资金内部控制中的薄弱环节，应当及时采取措施，加以纠正和完善。

第六章 附　　则

第二十六条 本规范由财政部负责解释。

第二十七条 本规范自发布之日起施行。

第四部分

考察报告精选

加拿大、美国结社立法情况

中国社团研究会一行五人，于1990年4月15日至5月3日对加拿大和美国社团情况进行了专题考察。现将考察的情况简要汇报如下：

一、社团的概念与现状

资本主义国家一般把整个社会组织分为三大类：一是政府机构，二是营利性公司、企业，三是非营利组织。因此，无论是美国还是加拿大，他们说的社会团体是指政府和营利公司以外的所有非官方机构，既包括我们所说的各种学会、协会、研究会等组织，也包括学校、医院、博物馆、文艺团体等组织。加、美一般把社团主要分为两大类：一类是指慈善团体，即为社会公益而活动的组织，另一类称为非营利组织团体，是指为某一特定问题或本团体成员利益进行服务和辩护的组织，如妇女组织、民族性组织、联谊性组织、娱乐性组织、职业性组织等。

美、加社会团体的范围比我国社团的范围大，包括着像我国事业单位一类的社会团体。加拿大有慈善团体6万多个，非营利性团体6万多个，美国联邦没有类似我国社团的统计数字，据一些社团统计约有40多万个。另外，还有许多自发成立，也自发解散，不申请法人登记和免税登记的松散型团体或一次活动的团体。这类非法人社团的数量政府不掌握。

二、美、加朝野对社会团体的态度

美、加政府包括学者普遍认为，社团的作用主要是提供“漏洞”的社会服务。这种“漏洞”即是政府和私人公司不能满足的社会需求。因此，政府对社团兴办的社会事业，从税收和社会环境方面创造使其积极发展的条件。

美国非营利组织研究机构和这方面的学者们普遍认为，美国社团的作用，一是上面所说的提供“漏洞”的社会服务；二是进行辩护。这里的所谓“辩护”，就是指通过游说和宣传来影响或改变政府政策和社会舆论。很多大的社团把总部设在华盛顿，就是为了有利进行辩护活动。影响公共政策和改变社会，一是向议员和政府游说；二是通过教育活动使人们明确社会发展中的问题，影响人们的观念和社会行为，以制约政府的立法和政策。近10年来，美国专门研究社团问题和专门为社团服务的社团大批涌现，如“全美独立部门”、“全美基金会委员会”、“全美非营利部门辩护研究中心”一类的大团体，在美国社会生活中的作用越来越大。过去人们自愿发起成立社团多是为填补政府在某项社会生活领域中功能的不足，而现在成立大的团体，则主要是为了影响政府的决策和立法。美国和加拿大联邦税法限制社团进行院外活动，但是比较大的社团的主要任务都是搞院外活动。“全美非营利部门辩护研究中心”的任务就是提供社团进行院外活动的技巧。据介绍，现在美国各大学普遍设立了专门研究社团的机构，在哥伦比亚大学、纽约私立大学、约翰霍普金斯大学、伯格利加州大学等还设立了非营利法律的课程。这些研究机构互相沟通情况，从不同角度研究社会团体问题。

三、团体成立的程序

成立具有法人资格的慈善团体和非营利团体均须经过法人登记和免税登记。

加拿大的法人登记是依据1975年颁布的联邦公司法，在联邦和省两级登记。在联邦，由“消费者和商业事务部”主管，该部也管营利公司的登记。无论是本国人还是外国人，只要年满18岁，理事会最少五人，理事最少三人，有证明理事精神正常，没有破产的公证书，所用名称与已登记团体名称不重复，章程表述的活动宗旨只要不是主张暴力，交申请费500加元，就可经承办人员审核批准。

如承办人员遇到疑难问题审批不了再逐级上报请示。法律规定，部长有权拒绝任何团体成立，但从没有使用过此项权力。法律还规定，发起人对不批准不服，可向法院起诉。

法人登记批准后，再向联邦税务局和省税务局申请免税登记。税务登记的程序比较复杂，须提交章程、申请文件（注明活动内容、理事会成员情况、房地产等），交纳500加元申请费，然后填张表格待批，一般须3~5个月才能批准。批准为慈善团体后可免交两种税，一是本团体所有收益，均可免交所得税；二是捐赠人持慈善团体开具的收款单据，可免交联邦和地方所得税，即在本人税前支捐款数额。非营利团体经免税登记后，该团体只能免交本团收益的所得税，捐赠人不能得到免税优待。

美国的社团成立程序同加拿大的相同之处，都是分为法人登记和免税登记两步。所不同的是，联邦政府不管法人登记，只管免税登记，法人登记在州一级，且各州的法律规定也很不相同。纽约州最严也最复杂，申请成立社团，先须经政府有关业务部门批准后方可向司法厅申请法人登记。司法厅审批很简单，只要其目的不是为了犯罪和进行政治活动，承办人员签批后送当地法院注册，最后交州务卿备案就称成立。加利福尼亚州比纽约州简单些，法人登记同加拿大的程序大体相同。马理兰州和其他州更简单。

取得法人资格后，须向联邦税务局和州税务局申请免税登记。联邦税法根据非营利机构的宗旨、任务分别给予不同的免税待遇。其中，相当于加拿大的慈善团体，可免所得税，即指捐赠人持这些团体的收款单据可在税前列支捐赠款额。各州税务部门也按联邦的规定办理。其他非营利团体只可免本团体收益的所得税。

四、对团体的监督管理

加拿大联邦政府管理社团的部门一是消费者商业事务部。管理的手段，一是登记和注销登记，二是规定团体提交年度活动报告：一年不交报告，发通知催交；两年不交年度报告提出警告；三年不交报告由部长在报纸上宣告解散。三是如发现其活动不合宗旨也可解散。

二是税务局。税法规定吊销免税登记证的情形有四种：一是不交年度报告；二是活动内容与宗旨严重不一致；三是把获得的捐赠款转移给其他团体；四是进行院外活动的费用超过总收入10%。发现这些问题的手段：一是税务部门不定期对社团财务情况进行审计；二是靠举报；三是把团体在税务部门的档案向社会公开，任何人都有权在税务局查阅任何团体的档案。

三是国内事务部。该部公民事务司下设义务活动处，协调社团同政府各部门的关系，着重是为社团服务的，每年拨给社团部分活动经费，但没有处罚的职能。另外，政府的各部门都提供与该部门业务相关的团体一些资助。

美国联邦政府只从税收上进行管理，其他政府部门对社团无管理权，只有资助或不资助的权利。多数州管理社团的机构是司法厅，州税务局也从税收上进行管理，各业务部门有资助或不资助的权力。

州的司法厅主要管社团的违反宗旨的非法活动和内部的贪污、私分资金的问题。对贪污和私分资金问题，只处理负责人，不处罚社团。处罚的手段：一是追回贪污、私分款归还社团，二是撤消其负责人或责任人职务。处罚的程序是以公诉人身份向法院起诉，法院判决后由司法厅执行。对违反宗旨活动的问题，协同税务部门，一是吊销免税证书，严重的由司法厅长宣布解散，或与其他同类团体合并。发现问题主要是靠提交年度报告、举报和财务审计。平时，司法厅和税务局不干涉团体内部事务。

除政府部门依法对社团进行管理外，社会团体管理社会团体是一个重要特点。因为社会团体间互有服务、资助、依存和竞争关系，在他们彼此合作前要了解一下对方的情况。这种要求税务和司法部门都难以满足的。于是，各种评价性团体、收集信息数据的团体应运而生，专门为团体和个人提供某一团体的各种情况的资料。纽约有一个叫“全国慈善信息局”的团体，收集了全国400多个大的团体的全部资料数据，并建立了一套评价社团内部管理好坏的标准，每年对400多个团体做出合标准和不合标准的书面评价，向社会发行。还有一个“基金会中心”的团体，将全美3万多基金会的情况资料都收集在计算机中，任何人只要付费，就能在该中心查阅到任何一个基金会的全部情况。由社会团体管理社会团体，比政府管理社会团体的作用和效果更好。

五、美国学者对社团定义和分类的见解

普遍认为，其性质表现为五个特点：①是非政府机构；②是个正式机构，不是2~3人在咖啡馆喝咖啡；③自治的；④不把利润分配给成员，可以进行与其宗旨相关的营利活动；⑤为公共利益而活动。

认为社团可以分为为会员服务的和为公共利益服务的两类。为会员服务的，如各种联谊组织、互助组织等。为公共利益服务的，也就是慈善组织，又可分为三类：一是非营利部门内部专门的财政中间人即私人基金会和公共基金会，共3万多个；二是教会，收入主要来自个人捐款，全美国有各种教会30多万个；三是服务和研究团体，每年开支2000多亿美元，收入有政府的资助、基金会的项目资助、个人的捐款和营利的收入。

六、几点启示

（一）加强对社团的管理是国家的基本职能之一。这也是世界各国通行的一条原则。所谓大多数资本主义国家对社团采取追惩制的管理方式是以讹传讹的一种错误认识。

（二）美、加在法律上对结社都没有严格的限制，但他们通过多种形式，严格掌握着社团的各种倾向。他们管理的形式最少有以下五种：一是双重的登记批准；二是税收的控制；三是法律的监督；四是年度的审计；五是政治活动的限制。我们是社会主义国家，在我们的立法中要尽可能地把完备的民主形式和民主实质结合起来，形成我们自己的特色。

（三）加强对社团的审计、监督是社团管理的重要职责。社团的非营利性是社团社会性的重要标志。因此，加强对社团的审计监督是保障社团非营利性的主要手段。美国各州的社团管理部门除管理社团的违法社会活动外，还配备了强有力的审计队伍，审计和监督社团内部贪污和私分问题，并有权责令社团撤换负责人，没收非法收入和罚款等。这也应该是我们对社团进行抽查和年审的一项主要内容。

（四）社团是社会发展和进步的重要社会支柱。对社团政治活动进行限制是保证社团健康发展和社会稳定繁荣的重要措施。美、加两国都对社团政治活动进行了限制，规定社团进行政治活动的费用不能超过总开支的10%，超出者，吊销免税资格。美国一些学者也建议我们立法时写上不得进行反政府活动的内容。

瑞士、德国、捷克三国社团立法与管理情况

1990年11月30日至12月16日，刘宝琦、伊建年、孙之虁、魏定仁、史明德一行五人，赴瑞士、德国、捷克斯洛伐克三国对社团立法与管理情况进行了考察。考察的主要情况如下：

一、对社会团体的认识

“社会团体”一词在瑞士和德国的含义甚广，它几乎就是通常人们所讲的“非营利组织”的范畴，只是由于党派在政治上色彩浓厚，社会上反映敏感才被排除在外。作为“非营利组织”与公司、企业等营利组织的重要区别在于其目的是满足社会的某种需求，而不是尽可能地获得更多的利润。

社会团体在社会组织的形式上分为国家形式和私人形式。国家形式多为公共事业机构，如医院、学校、博物馆、剧院等，与我国所称的“事业单位”有相似之处；私人形式则包括各种社会、经济、文化等方面团体，如工会、职业行会、消费者组织、兴趣爱好者组织、俱乐部等，也还包括一些自助、互助团体。但在国家和私人形式之间，不排除还存有半私人半国家形式的组织，称其为半私人半国家形式仅仅是考虑到私人组织与国家某个部门就某一方面有着经济上的往来，类同与民办官助形式。

社会团体在这些国家里，按照其人员的组成、活动的范围和社会上的作用也分为联邦性（全国性）和地方性两种及经济、文化、政治、福利等几类团体。这里的联邦性社会团体明显标志是可用国家名称命名，而地方性社会团体则不允许。经济类社会团体包括经济联合会、工会、职业行会、消费者组织等等；文化类社会团体包括文化团体组织、体育团体、兴趣爱好者组织、俱乐部等等；政治类社会团体虽不包括政党，但包括公民团体组织、自然、环境保护组织等等；福利类社会团体包括救济机构、自助团体等等。正是这些不同层次、不同类型且数量众多的社会团体在国家中构成一个无形的网，它把人与人、集体与集体的能力和力量结合起来，去完成社会上各项任务，去解决各方面的问题，起着相当重要而巨大的作用。所以，瑞士人和德国人都爱自豪地讲：我们的国家是个社团的国家，没有社团，国家的事情就做不好，也做不成。

在这些自称为社团国家的国度里，人们究竟怎样认识社会团体？不妨引用瑞士弗尔堡大学讲师罗施女士为其下的定义来说明。她讲：社会团体为有共同思想的人联合起来的组织，他们有着共同的利益，他们结为团体的作用大于个人的力量。其特征：（一）不以获得利润为目的，其目的是在于满足社会的某一种需求；（二）其工作是由各成员进行，不存在着所谓“顾客关系”；（三）“产品”是集体性的，而且服务于整体，具体的个人不从中得到物质的好处；（四）财政来源于会费，有时来源于服务收费；（五）多数成员为义务性的，其劳动是无偿的；（六）组织工作没有具体经济指标。

二、对社会团体的立法

瑞士和德国同欧洲其他一些国家大体相同，社会团体的产生与发展历史较为悠久，数量也较多，所以较早就在社会团体方面有所立法，对社会团体法律地位予以确认。

瑞士1848年在宪法第56条规定了公民结社的自由权。在民法中规定了“旨在从事政治、宗教、科学、文艺、福利、娱乐或其他非经济任务的协会，并在章程中阐明愿结为团体的意愿，可成为协会”。同时，进一步规定，申请结社者提出书面申请，国家发给证书以及获得社团形式法人的程序；对于非法的、不道德的协会不准登记成为法人，而其财产可被国家没收。对于社会团体组织及其具体活动的规范要求，在瑞士社会法中也有一些相关条文进行法律规范。

德国的法律在对社会团体的立法上相对更为完整。在联邦一层次不仅宪法上对公民结社自由权有所保护，而且在民法中还专门设立结社法章节来具体规范社会团体的成立及其活动，同时在一些行政立法中也都从各自角度予以约束，分别来对社会团体组织活动进行监督管理。作为一个联邦制的国家，德国还运用地方自治性强的特点，强化社会团体在法律范围内的自治意识，以地方立法的方法，运用公众舆论监督来制约社会团体的违法行为和活动。

捷克斯洛伐克的社会团体立法较晚，50 年代颁布过公民结社方面的法律，1990 年 1 月先后形成并颁布了《结社法》和《政党法》，对于社会团体和党派组织的成立和活动在法律上分别有所规定。如果有 1000 人签名，才能提出成立政党的申请；社会团体不能从事政治活动等等。经过近一年时间的法律实施，将要采取措施对某些法律条款加以修订（如原只规定了成立政党的条件，而没有解散政党的措施等等），以力求使其适应现行制度的需要。

三、社会团体法律地位的确认

在瑞士，社会团体要在社会上得到法律地位，成为法人，要具备一定条件并按照法律规定履行必要的法律手续。首先是组成社会团体的成员共同遵守的章程，该章程必须说明社会团体成立的目的、活动手段及其组织形式等等；再次是社会团体要有个理事会作为核心机构，并以此决定社会团体的活动，对各成员负责。具备这些条件后，联邦规模的社会团体可向联邦司法部申请登记，地方规模的社会团体则向州政府的司法部门申请登记。联邦司法部对社会团体审查批准登记后，发给登记证书以证明其具备了法人资格并取得了法律地位。

德国的情况与瑞士大体相同，所区别点有三：一是社会团体的成立要求在七人以上；二是社团是否愿意成为法人，也就是是否登记由社团自行决定，登记的社团则具有法人资格，否则即没有；三是登记机关是在联邦县级法院。根据德国的法律规定，履行登记手续后，依法成为法人的社团享有维护自身名誉和利益的控告权，特别是可以凭据社团登记的这一合法性去申请减免捐税等优待，故社会团体一般均履行登记手续，以在法律地位上得到应有的确立和保护。

捷克斯洛伐克根据《结社法》和《政党法》的规定，对于社会团体也是采取登记来确定其法律地位的。由于捷克斯洛伐克是两个民族共和国组成，故登记管理机关是由两个民族共和国的内务部负责。据捷克内务部介绍，现该部登记的有 55 个政党，实际上有 100 多个，甚至有的人要搞啤酒党，想用喝酒人多的优势达到某种目的。社会团体 3500 多个。其登记程序，只需社会团体筹备委员会提交申请书和其章程即可，对于横跨两个民族共和国活动的社会团体在其中一个民族共和国内务部登记后，仅向另一个民族共和国内务部提交一份章程即可。在结社基本人数的三人中，要求必须有一成年人，这一要求也就在于已取得法律地位的社会团体真正可以负起法律责任。

四、社会团体登记的双重监督

对于社会团体登记的监督有两个方面：一方面社会团体的登记机关对于社会团体的登记进行依法监督，另一方面社会团体对于社会团体登记机关的工作也进行着社会监督。

社会团体登记机关对于社会团体登记的监督表现在以下五个方面：

（1）为保证国家的利益和安全，对于违反宪法和法律规定的社会团体不允许登记，其非法进行的活动也将被禁止。具体表现在德国、捷克，目前均有新纳粹法西斯主义社团组织被拒绝登记。

（2）对于符合国家法律要求，具备社会团体成立条件的社会团体准予登记，确认法律地位。

（3）对于改变社团名称、章程和宗旨、业务范围的社会团体，需要向登记机关送一份报告。

（4）办理社会团体解散手续，包括自行解散或被政府明令解散的社会团体。

（5）建立社会团体登记表格（亦可称档案），进行年度统计，一定限度地向社会公告或提供社会服务。

社会团体对于社会团体登记机关的工作的监督也集中于以下三点：

（1）只要具备社会团体成立条件就可以申请社会团体登记，只要不是违反宪法和法律的社会团体申请，如无充分理由，社会团体登记机关不能随意拒绝登记。

（2）在规定的时间内寻求可否登记的答复。如捷克斯洛伐克法律中规定，社会团体申请如果40天之内登记局没有给予任何答复，社会团体就视为自动成立。

（3）对于社会团体登记机关作出不予登记或处罚的决定不同意或不服，社会团体可依照法律程序提起诉讼，以取得行政法院的裁决。

社会团体与社会团体登记机关相互之间的双重监督，虽然在形式和内容上不像一般法律规定的那样措辞强硬，但两者间的这种互相制约和监督，在保证社会团体合法权益和依法对社会团体实施登记方面确有实际必要，起到了社会管理的客观效果。

五、社会团体的组织形式

社会团体的组建在形式上是民主和自由的，其成员在其内部也表现为平等，权利和义务并不根据成员的财产多少而有差异。社会团体的最高权利机构是会员会议。负责决定社团内部大事。例如（1）决定章程或修改章程；（2）选举管理或监督机构；（3）进行预算或决算决定的通过；（4）决定费用的使用或分配；（5）社会团体的变更和解散。具体决策机构为理事会（有的称常务理事会），其成员多采用民主原则选举，任期一般四年，可连选连任，对于社会团体的重大活动具有决策权。社会团体下设日常办事机构或办事机构负责具体事务性工作，加强内外部的联系。其人员组成有三种情况，一种是业余职业者，按中国通俗讲法“兼职人员”，这种情况在社会公益性比较强的社团中比较多见；另一种是专职人员，即在社会团体中获取一定报酬，以社会团体工作为自己的职业；还有一种是社会团体根据活动需要而临时（长期或短时间）招聘的人员，在招聘期内在社会团体中获得一定的报酬。在访问中，我们所接触的社会团体，有的仅有1名专职工作人员，有的则达到280人，甚至加上办事机构的临时雇员达到2000多人。他们实际上管理着很多实体（类似我国的事业单位）。社会团体的基础是会员，社会团体的主要活动也是依靠每个会员去落实。社会团体成员也分为个人会员和团体会员，每个会员要交纳会费，会费每个协会视会员具体情况而定。以瑞士为例，有的协会按参加企业的规模确定交费，小的交250瑞士法郎（合60多美元），大的可达2万瑞士法郎；有的协会是根据参加企业的职工数量收费，如瑞士机械制造商协会，按每人30瑞士法郎收取其成员单位会费。

社会团体自身设置分有四个层次，即会员会议、理事会、办事机构和会员，但这并不是社会团体的全部组织形式。一般情况下，社会社团下面还有不同的分支组织——专门分会。这种分支组织有些是按照其内部分工设置的，如瑞士机械制造商协会，下设有机床、纺织机械等20多个分会，协会640多个成员单位分门别类地分散在这20多个分会中去活动，协调内部各种关系：有些则是按照地域分别设置，如瑞士红十字会，在各州、市就设立了69个分支组织，基本实现一地一会，构成全联邦活动网络。一些特殊的社会团体还有国外设立分支组织或办事机构，以扩大活动地域和影响力，如德国诺曼基金会就在相当数量的国家和地区设有代表处，以加强对外联络和多方合作，形成其世界范围活动的“窗口”。

社会团体中就组织形式而言，基金会与协会也有不同。协会是以人组成的团体，而基金会则是以物化了的人（财产或资金）织成的团体，确切地说是一笔财产（资金）的使用管理机构。所以基金会组织没有会员会议，没有会员，只有理事会和办事机构。基金会的制度与协会相比民主稍差，带有专制性，即谁出钱，谁就任职。在国外个人和教会办的基金会较多，其理事会一般设一个主席、一个副主席，下设常务委员会。负责具体事务。主席多为终身，其他成员可连选连任。在活动上一定要依照提供基金者的意愿行事，一般表现为固定的、不可改变的组织形式。

六、社会团体与政府的关系

社会团体以其特殊的社会作用，广泛的社会化活动，良好的社会效果自社会团体产生以来就越来越被政府部门所认识，彼此有着程度不同的联系。他们称之为伙伴关系。

（一）由于社会团体代表着整个社会或某一方面的利益，参加了政府的某些方面的工作。如德国工人福利会产生于德国工人运动之中，建会70多年，有6000多个机构，专职工作人员80多万，负责所有从儿童到老人（包括外国移民）的福利救济工作，具有着广泛的社会活动领域。政府对其比较重视，不仅在经费上给予支持和帮助，在生活上提供方便，而且把这方面的部分工作直接交由他们负责，所有议会上的法律的通过，也都请他们参加听证会，发现意见，施加影响，以改变和创造整个社会条件。

（二）由于社会团体广泛的社会活动，起到了政府与公众的联系中介作用，对政府工作提供了帮助。如瑞士消费者论坛虽然工作人员不多，且多为妇女，但他们监督市场价格，交流市场信息，进行消费咨询，出版宣传品，接受消费者投诉，与公众各界有着密切的联系。同时，他们进行商品比较、评价价格公平性、制定索赔标准，与企业界、商业界的关系也很密切。作为这样一个中介团体组织，政府方面通过其热心工作了解到了公众关心的问题，听到了对于这方面立法的要求，帮助解决了许多市场上敏感的纠纷争议，某种程度上起到了稳定市场，促进流通的作用，双方实现了合作。

（三）由于社会团体的自助和互助性，政府的一些事务性工作委托其落实。绝大多数的社会团体都在某个方面某种程度地接受了政府部门给予的专项经费并承担某个专项任务。如社会福利性工作、社会咨询服务性活动、教育培训活动乃至于国外举办展览等等。虽然政府拨付的经费是很少的，甚至是象征性的，但以此为启动和工作基础，社会上的影响是很大的，特别是在瑞士、德国等联邦制的国家里，其加强社会公众与政府部门、利益集团之间的关系的实际意义更大。

（四）由于社会团体的社会性和群体利益的结合，其活动对政府工作起着某些拾遗补缺的作用。社会团体不论是个人发起组织还是教会等发起组织，他们都为实现其宗旨任务而努力地工作。如在人力上，德国工人福利会的成员占全国人口1%，有各种机构6000多个，所举办某项活动可谓有相当之规模，产生相当的社会效果。在财力上，德国天主教福利基金会成员交会费、教会财产的增值以及各方面的捐赠，每年可提供社会福利救济等方面资金1000亿马克。其与政府的关系，正如德国在《社会法》中规定：“国家要同私人的以及公益的团体合作，这些团体必须要服务于公共事业团体的利益，同时要尊重自主权和自己目的的完成。”

七、值得进一步研究的问题

在社会团体的问题上，有些问题是带有共性的，也是值得进一步深入研究的。这次考察，我们发现有几个问题很值得探讨。

（一）对社会团体的理论研究比较薄弱，不成系统。目前，社会团体在各个国家都很多，但社会团体的作用等方面尚缺乏综合性研究，特别是学术研究，社团工作与政府管理存在着某种程度的脱节，在各自观点上都存有片面性，有碍于对社会团体历史、现状及其发展趋势的整体认识。我国社会团体研究工作起步虽晚，但如果充分利用制度上的优越性，加强协同作战功能，在这方面作出成绩和贡献并不落后。

（二）对社会团体的立法还有待完善。目前，在社会团体的立法有三种情况，一种是单行法，如捷克《结社法》、《政党法》；另一种是系统法，如德国在一系列法规里涉及社会团体，按每一个法规的要求从某一个立法角度来规范社会团体及其活动；还有一种是在国家宪法或某部法律中提到社会团体，但对其活动等再没有更进一步的法律规定。从我们访问的三国社会团体立法情况看，这三种立法状况都有。但它们在社会团体法律执行问题上，如社会团体不登记如何对待、社会团体登记的条件、社会团体的法律责任及社会团体违法活动的处理等方面都有待于进一步加以完善。

（三）对社会团体作为非营利性组织与营利性组织活动的界限确定尚不很明确。在商品经济迅速发展的国度里，“营利”与“盈利”在不断地接近和等同。非营利组织可不可以从事某些营利活动成了个不大不小的争议问题。有的人认为，非营利团体就不能从事营利活动，只能从事公益性活动；有的人认为，非营利团体可以从事某些营利性活动，如有偿服务等，这些收入须要用于公益事业之中；还有人认为，非营利团体可以从事营利活动，但必须不是为其成员的私利，不是直接从事贸易活动，直接加入流通领域。但这个问题不论是社会团体工作人员本身，还是政府部门官员，就连瑞士、德国的法院也没有解决这个争议问题，成为社会悬案。

（四）对社会团体法人与非法人的活动限定没有法律规定。从《民法》的规定角度，社会团体成为法人要具备一些条件并且向政府登记。这样社会团体取得了法人地位就将与其他非法人的社会团体在活动上，特别是在法律地位上有所区别。但是事实上，法人团体除了登记和某些免税待遇外，没有感觉他们与非法人团体有何不同。有人讲，法人团体可以直接起诉或应诉，但非法人团体也可以以个人的名义完成这些程序，就法律责任上也都可履行。所以，这个问题没有很好解决，我们所到三国都有一些不登记的社会团体在社会上活动并自然组合和消亡，政府部门也仅能熟视无睹，不闻不问了。

日本社团立法及管理情况

为了解和借鉴世界各国社团立法方面的有益经验，进一步做好我国的结社立法工作，1990 年 2 月 23 日至 3 月 3 日，中国社团研究会代表团赴日本对该国社团立法、社团活动及管理等方面情况进行了考察。

一、关于社会团体的认定与现状

在日本，社会团体的概念主要指的是公益法人。日本政府和社会一致认为，公益法人应同时具有以下特征：一是公益性，该组织必须是以实现非特定多数人的利益为目的，进行与公益有关的事业；二是非盈利性，该组织产生创造的收益，不得在组织成员中瓜分，当该组织因各种情况需要解散时，其财产、资金不返还个人，应转移给社会中事业相同的类似组织。三是限于社团或财团，所谓“社团”一般是指人的集合体，由数人组成，有自己的目标、宗旨、组织机构。所谓“财团”通常是指为了达到某种目的而捐赠、筹集的财产、资金的集合体；四是经过主管省厅许可和登记机关的登记。在认定中，对依专门法律成立的特殊法人中，具有公益法人特征的，也被视为公益法人范围。尽管从广义上讲，学校、社会福利等组织也具有公益性，但由于其有特殊性，则根据专门法被分别认定为学校法人、社会福利法人等。由此可以看出，日本国家的公益法人实际类似于我国的社会团体，在公益法人中他们指的财团法人则类似于我国社会团体中的基金会。

日本公益法人的设立和活动一般是按行政区域为单位进行，可分为国所管（全国性的），地方所管（都、道、府、县、市、町、村）。地方所管的公益法人可以团体会员的身份申请加入国所管公益法人组织。

从日本各种公益法人设立的形态看，可大致分为三类：

（一）国家办的。组织从事公益事业的项目是国家确定的，经费几乎全部由国家预算中立项支出，组织领导人由政府行政主管省厅的大臣任命，工作人员配置和待遇根据国家公务员规定进行。这类组织基本是公益性的特殊法人，目前日本的特殊法人有 90 多个，其中属于公益性的约为 30 多个，如日本学术振兴会、国际交流基金会等。其本身不具有行政职能，只是根据法律确定的事业项目，通过自身的活动，促进和推动事业任务的落实或完成。

（二）国家与民间相结合的，也被称为行政补完型。这类组织在资金成分上既有民间的，同时政府也给予一定资助，他们大都在政府部门的指导下设立，而且不少政府的有关负责人员或退休人员被派往到这类组织任职。这种形式的公益法人以地方居多，如一些文化体育设施，政府部门投入一定资金建成后，交给公益法人运用民间形式进行管理。

（三）民间办的。这类公益法人有两种情况，一是由社会中个人或企业出资，设立的公益法人，如日本三得利公司出资办的“三得利文化财团”。这种情况多为财团法人，由于有企业或个人的支持，在资金、财产方面较为优厚。二是靠会费和开展收益活动等取得收入，支付活动经费，基本是社团法人，一般得不到政府的补助金，只是政府在委托其完成某项工作时才提供一定的资金。

日本公益法人的大量涌现与该国经济的振兴和政府的扶持密切相关，伴随着日本 60 年代经济的迅速发展，许多公益性事业引起社会广泛关注，同时国家在公益事业方面需要不断加以完善，以使社会在协调的状态下运行。公益法人组织的出现不仅表现出公民参与社会管理的意识和愿望，而且集中了社会个人、企业等民间渠道的资金和人才，在推进国内各项公益事业的开展及国际交流等方面显示了重要作用。政府在开展公益事业方面受到财力、人力等条件限制的情况下，为了发挥民间活力，适时对各类公益法人采取了积极的扶持政策，促进了公益法人的发展。目前，日本共有各类公益法人组织 24041 个，其中社团法人 11602 个，财团法人 12439 个；国所管的 6841 个，地方所管的 17200 个。据日本东京都公益法人管理课负责人介绍和预测，目前日本公益法人仍处于发展的趋势，而且这种发展以地方居多，将进入一个地方公益法人时代。

二、关于公益法人方面法律法规的特点

早在 1946 年日本国公布的宪法中规定保障公民结社的自由。现实中对公民结社行为的调整主要是通过民法加以实现的。因此，日本的公益法人也称为民法法人。随着日本公益法人的发展，国家在立法方面愈加关注，规范的内容日臻完善，从整体上看这些法律法规的形成具有以下特点：

（一）初步建立了同民法相衔接的法律法规体系

日本民法作为基本法律，尽可能地对公益法人的行为作出全面的规范。1987 年日本公布的民法中有 69 条涉及公益法人的条文，对公益法人设立的程序和条件，权利义务、登记、管理及解散后财产的处理等内容作出规范。在此基础上，国家通过制定专门法律，对推进社会公益事业中有特殊性的团体予以确认，使这类团体在设立和活动中有明确的法规依据。同时，国家的税法对公益法人开展经营活动的收益及其他可享受减免税待遇问题单独作出规范。为了促进各类公益法人发展和管理的统一化，国家发布公益法人会计基准，对公益法人的财务也作出相应规定。这些法律法规的形成将公益法人的各种行为纳入了法制化轨道。

（二）民法规定的原则层层得到具体化

在民法的实施中，政府主管省厅根据民法确定的权限和职责，普遍制定了各种规则，使民法规定的原则得到具体化。在国家一级政府主管省厅分别制定了公益法人设立许可审查基准、公益法人运营指导监督基准，公益法人登记规则等。地方政府根据地方自治法和中央政府主管省厅机关委任的权限，制定出相应的规定。有些地方政府在对公益法人提供补助经费方面，为克服地方行政领导换届产生随意性，也专门制定了有关办法。中央政府主管省厅和地方政府各种基准和规则还要在社团法人的定款和财团法人的寄附行为中加以体现，使各类公益法人在活动中做到有章可循。

（三）法律法规的修改补充增强了可操作性

日本国的民法及有关公益法人方面的法律法规随着时间推移，一般都作过多次的修改，仅通商产业省公布的公益法人措置令施行规则就先后修改过 6 次。经过修改的法律法规不仅反映了各时期公益法人设立、活动、管理等方面的变化，而且表明了国家对各时期公益法人的基本态度，从而使这些法律法规更加符合政府的需要和公益法人活动的实际，为公益法人的发展和管理提供了较为明确的依据。

三、关于公益法人的设立与管理

日本公益法人的设立变更、直至撤消均是由政府的主管省厅负责的。主管省厅按照各自的职权范围对公益法人进行管理和监督，法务省或下属登记机关办理法人的设立、变更和撤消等登记手续。

政府主管省厅是指申请设立者从事的公益事业与政府的有关省厅管辖的业务有着必然的联系。当申请从事的公益事业涉及到两个以上政府主管省厅、或既有省厅又有地方都道府县时，则由涉及的部门组成“共管”。在地方是由各省厅按照许可认可临时措置法的规定，通过“机关委任”的地方支分部长、都道府县知事和教育委员会行使职权的。

在实施管理中，为了使各类公益法人的管理具有统一性，国家还专门成立了以总理府二把手为议长，政府 22 个主管省厅官房长为成员的公益法人指导监督联络会议。负责协调各省厅之间、省厅与

地方知事和教育委员会之间的关系及有关事宜；针对公益法人发展中存在的问题，从宏观上提出对策；加强对地方工作的指导。地方各都道府县之间也建立了公益法人事务课长会议制度，根据需要定期或不定期召开不同内容的会议，进行研究和交流，不断提高地方公益法人行政管理水平，促进相互联系和协调。

日本国家对公益法人的管理主要由三个部分组成：（一）设立许可（批准），这本身包括三个阶段工作，一是设立相谈，申请设立者与主管省厅就设立的目的、事业种类规模、资金资产状况、干部职员情况面谈，主管省厅进行初步审查。如果没有完成目的的足够资金或者只是把人群集合起来没有资金都不会被批准的。外国人设立公益法人组织，也受民法的调整，并通过同样设立程序。二是设立准备阶段，设立者根据初步审查的要求，提供定款或寄附行为等书面材料，接受主管省厅公益法人设立准备委员会的审查。三是设立批准阶段，经过主管省厅政长官审批，即可向设立者发出设立许可指令书，设立者接到指令书之日为公益法人设立之日。根据日本民法45条规定，法人批准设立后两个星期，必须到章程或寄附行为规定法人所在地的法务省或其办事处进行设立登记。（二）日常管理。公益法人每年3月份均要向主管省厅提供事业报告书、决算书等材料，接受审查。公益法人的定款或寄附行为中的内容如有变动，需得到主管省厅的批准办理变更手续。为了准确掌握公益法人运营中财务收支、资产等方面的状况，主管省厅还可采取立入检查，要求提供书面材料等方式对所管公益法人进行检查。（三）违法行为的处罚。政府主管省厅对公益法人违法行为处罚的依据主要是民法的规定和公益法人的定款及寄附行为，公益法人从事事业目的以外的活动及用于内部管理资金超过资金总额的50%等情况时，政府主管省厅可视具体情节，予以劝告，对于情节严重的也可令其解散，并告之登记机关给予撤消登记。根据民法的规定，公益法人在进行活动中给他人造成损害时，只承担民事责任，其不具有刑事犯罪能力，在以法人名义实施犯罪行为时，原则上只对行为者加以处罚。对三年未进行活动的法人称为“休眠法人”，目前也被列为整理的主要对象。

四、关于对公益法人的减免税待遇

目前，日本公益法人的经费来源主要是，会费、社会捐赠、政府补助金、开展经营活动的收益。由于国家对上述项目采取的税收政策不一样，因此公益法人在财务方面要分别设立两套会计账簿。会费、社会捐赠、政府补助金属于一般会计类，经营活动的收益则属收益会计类。

根据日本法人税法和法人税法施行令规定，公益法人寄附金、会费等收入原则上不作为纳税的范围，只有开展收益事业时才承担交纳法人税的义务。所谓收益事业，是指法人税法规定的事业，并且设置了固定场所和持续经营。收益事业的范围主要有33种：1. 物品贩卖业、2. 不动产贩卖业、3. 贷款业、4. 租赁业、5. 不动产租赁业、6. 制造业、7. 通信业、8. 运输业、9. 仓储业、10. 承包业、11. 印刷业、12. 出版业、13. 照相业、14. 会场出租业、15. 旅馆业、16. 料理业及其他饮食业、17. 周旅业、18. 代理业、19. 经纪业、20. 批发业、21. 矿业、22. 采石业、23. 澡堂业、24. 理发业、25. 美容业、26. 演艺业、27. 游艺场业、28. 游览行业、29. 医疗保健业、30. 技艺传授业、31. 停车场业、32. 信用业、33. 让渡业、提供工业所有权和著作权。上述项目虽然是泛指普通法人的，但是国家对公益法人经营以上33种项目没有任何禁止，只是要求公益法人选择的经营项目要与其事业宗旨、目的有着必然联系，而且在税收上给予了优惠的政策。如果普通法人经营税法中规定的33种之内项目，要按收入的37.5%税率纳法人税，而公益法人经营上述项目取得的收入其中有30%部分不用纳税，剩下的70%只按27%的税率纳税。在公益法人财务账目转换中，公益法人按规定纳税后才可转入一般会计账目中，公益法人在开展经营活动中，如经营税法规定的33种以外项目，就不用交纳法人税了。

此外，日本政府在赠与税、印纸税、消费税、登记税等方面，针对公益法人的实际，也制定了优惠的标准，同时明确，在涉及公益法人纳税事项中，如政府负责财务的大藏省长官认为对推动社会公益事业能取得明显效益的，也可予以免税待遇。

五、关于公益法人的组织结构

日本公益法人是按照民法和经政府主理省厅认可的定款或寄附行为设立的。因此，目前各类公益法人在组织结构方面较为统一规范，体现了较强的管理意识。

根据日本民法规定，公益法人的机关应是理事、监事、会员大会。社团法人依据定款，一般都设置了会长、副会长、专务理事、监事、评议员等职务。日本公益法人在组织结构方面的明显特点是设立了监事和评议员。监事的主要任务是对公益法人的业务状况、财产运营和会计处理及其他事业执行情况进行监察，及时发现存在的问题，保障法人的健康发展。因此，这一职务的设立十分重要，不设置监事的定款或寄附行为便得不到政府主管省厅的认可。监事的资格与理事相同，是经民主选举产生的，但也有政府主管省厅派出的人员担任。目前，日本公益法人中一般设2—3名监事的情况居多。评议员是对财团法人设立的职务，因为财团法人没有会员，也没有会员大会的类似机构，设立评议员的目的是通过评议员对财团重要业务活动提供咨询，促进事业的正确发展。评议员通过民主选举产生，一般都是对某项事业具有较丰富经验人担任。

六、考察的几点思考

（一）建立宏观调控机构，有利于社团发展和管理的运行

日本国家对公益法人设立、登记、管理同我国的社团管理体制有相似之处，所不同的是该国政府主管省厅管理的职权要更大一些。我国社团管理的实践表明，这种体制的建立是有利于加强对社会团体的指导和管理的。但是，在某些方面易产生部门意识。日本政府建立以总理府次长和政府各省厅官房长为成员的公益法人指导监督联络会议的作法，对于克服实际工作中产生的部门意识，增强法律法规执行中的一致性，克服随意性是十分有益的。由于我国在社团管理中缺少高层次宏观调控的行政机构，使实际工作受到不同程度的影响，尤其是在协调部门间关系方面更是这样，同时也给各项宏观决策增加了难度，如对管理型协会问题的解决。因此，从我国社团发展和管理的实际看，建立一个较高层次的社团管理协调机构是十分必要的。

（二）以社团法人与非法人的界定应坚持我国的国情

从整体上看，日本国家在公益法人管理方面的法律法规是比较健全的，但是也有薄弱环节。在现实中存在着一些未有主管省厅，也未经登记的任意团体，被认定为非法人资格。这些任意团体不愿受政府的监督，政府因缺少法律依据也不能对其施行有效的管理，只能任其盲目发展。任意团体同公益法人的区别在于不能得到政府的补助金和享受有关减免税待遇。我国目前施行的是对社会团体统一登记制度，社会团体经核准登记后方可开展业务活动，这对社团的发展和管理纳入法制化有着积极的作用。在界定社团法人与非法人中，主要是依据我国民法中规定法人的四个条件，对社团的资金财产、承担民事责任的能力等内容加以区别。由于各类社团情况不一，统一确定硬性标准有一定难度，目前还未有明确的界定标准。因此，也是我国结社立法中需要统一考虑解决的问题。由于世界各国的国情不同，在解决这一问题中既要参考各国的作法，更应符合本国的实际。我国目前实行的统一登记制度是符合我国国情的，在肯定这一作法的同时，对社团法人与非法人加以界定是十分必要的。否则，非法人社团超出自己的民事行为能力进行民事往来，尤其是经济方面的往来，又不能独立承担民事责任，会给社会经济秩序带来严重影响。尽管界定这一问题比较复杂，但是只要解决的方法得当，符合实际，定能将这方面的认识推向深入并逐步得到解决。

（三）国家应允许社会团体开展一些经营性活动，并给予适当减免税待遇

日本国家对公益法人开展经营性活动是允许的，只是规定经营项目要与公益法人的宗旨有必然联系，取得的收入不能超出事业的规模，不得在会员中私分。而且还对公益法人开展经营性活动的收入给予了较优惠的税收政策。随着公益法人事业的开拓，规模的扩大，收益事业取得的收入在其经费支出中所占比例愈来愈大。1991 年日本体育协会全年需事业预算资金 43.9 亿，基金利息只有 0.5 亿元，靠政府补助占预算资金 34.5%，社会捐助占预算资金 20%，剩下的 45% 主要是通过开展收益事业和国家减免税完成的。这一数字表明，开展收益事业和享受减免税待遇已成为公益法人经费支出的重要保证。

目前，我国的社会团体仅靠会费、社会捐助取得的收入十分有限，国家对社会团体的经费资助逐年减小，社会团体因经费不足生存和发展十分困难。从我国社会团体发展的实践看，他们通过自身的活动，对推动社会政治、经济、文化的发展和国际间交流方面显示了重要的作用。随着我国改革的深入，经济的发展，人民对各类社会公益事业的改善和提高将产生更高层次的需求，发展社会公益事业，既需要集中社会民间财力、物力、人力，同时也需要国家一定资金的投入，而社会团体则是聚集民间人、财、物，发展社会公益事业的有效途径。社会团体在发展社会公益事业的同时，国家通过立法允许其开展与其宗旨相关的经营性活动，并在税收方面给予适当优惠待遇，不仅可以给社团的发展注入活力，而且对促进社会公益事业的发展将产生积极的作用。

当然，对社会团体开展经营性活动还要通过法律法规形式加以规范，使其在法律许可的范围内进行，并保证社会团体开展经营性活动的收益最终返回社会公益事业上。

英国、意大利社团情况

中国社团研究会一行五人于10月11日至10月20日对英国、意大利的社团立法和社团现状进行了考察。现将这两个国家的有关情况报告如下：

一、关于社团的成立

这次考察的意大利、英国，与我们以前考察的国家对社团成立的要求与做法都不尽相同。我们以前考察的国家如日本、德国、新加坡等国一般地讲，国家都有法律明确规定，要求成立社团都要经国家指定的机关进行登记，获得批准，才能开展活动。

这两个国家从总体来说，强调人人有结社自由，除英国的慈善组织外，其余社团的成立都不要求到政府登记，基本是采取追惩制的办法，人人都可以自由组织各种团体。

意大利政府没有主管社团的专门机构。人们组织社团可以随意成立。只要有三个人，有章程、就可以成立社团，但是，在实际生活中有的社团为了便于社会交往，他们在组建时，自己找一个律师事务所的一位律师作一个公证，如这个律师认为其组织具备法人资格，同意这个组织的组成，就在这个组织给律师的文件上加盖一个公章，退给社团，然后社团把律师加盖公章的文件，送到法院备案，这就是有了法律文件。社团找的律师和送交备案的法院，都没有固定的划分，社团可随意找。因此，意大利究竟有多少社团也无法统计，现在也没有单位或个人研究这项工作。据有的人预测，全国约有二万三千多个。

英国把社团分为两大类：一类为志愿者组织，一类为慈善组织。在英国成立志愿者组织，可以随意成立，有三个人，有自己的章程，只要不向政府要钱，他们的活动，政府不加干涉。在英国成立慈善组织的社团，根据1960年通过的法律，必须到政府进行登记，获得批准，才能开展活动。所谓慈善组织，也就是为推进教育、宗教，促进医疗、卫生，进行救济、帮助穷人以及对促进社会的公益活动有益的有关社会组织。据英国政府登记慈善组织的有关人士介绍，现在全国已登记的慈善组织有17万个左右。据估计志愿者组织有35万个左右。

英国内政部下设两个机构，一个叫慈善委员会，负责慈善组织登记和监督。另一个叫志愿者组织服务部，但这个组织机构不是对志愿者组织进行登记和监督的机构。

慈善委员会是全国慈善组织进行登记和监督的主管部门。慈善委员会在全国共有三个这样的机构，总部设在伦敦，下设两个分支机构：一个设在利物浦，一个设在普屯。这三个机构，共有工作人员600人，在伦敦总部有250人。慈善组织的登记，不分级别，不分地区，全国各地慈善组织的社团到哪一个机构登记都可以。申请成立慈善方面的社团的程序是，首先由发起人向慈善委员会提出书面申请，慈善委员会根据申请人的申请，对这个组织进行审查，如果认为这个组织有能力进行这项工作，就发给这个组织一个表格，这就意味着组织可以批准。这个组织填好表格，送回慈善委员会，慈善委员会审查同意，通知申请人已被批准并将这些材料输送到计算机里。

慈善委员会认为申请的组织没有能力负责这方面的工作，也可拒绝批准。据他们统计，每年新成立的大概有4000个左右。没有批准的大概有100个左右，当然，如果得不到批准，他们也可以向慈善委员会上面的五人小组提出申诉，五人小组为最后裁定。

慈善委员会对这方面的社团进行登记外，他们的职责还有对这些社团进行监督，进行年检，甚至他们还可以撤换社团领导人。他们对社团监督主要是五个方面的内容：（1）检查宗旨、目的，即这

个组织成立不是为个人谋取私利；（2）管理是否混乱；（3）是否参加政治活动（在英国慈善组织社团不准参加政治活动）；（4）是否滥用筹集来的款项；（5）是否正确使用政府免税的款项。

英国政府为什么要对慈善组织社团进行登记，一个是因为慈善组织主要是利用筹集来的资金，从事慈善方面的社会公益活动，一个组织有没有能力和能不能正确利用筹集来的资金为社会服务；另外，政府对慈善组织的收入包括捐款都是进行免税优惠的，这些组织是否正确利用这些条件，为社会服务，政府是要审查和监督的。

二、关于社团的法律地位和社会作用

在这两个国家，政府鼓励并支持人们去组建或从事社团活动。他们认为政府不可能满足社会各方面的需求，需要各类社团从事各种社会活动，以满足社会各方面的需求。二次大战以后，随着经济的发展，这些国家的慈善组织和志愿者组织也逐步发展起来。在实践中政府认为这些组织也是有效益的，并具有灵活性，在社会公益事业方面为社会做了许多事情，过去由政府承办的事项逐步转向由社团去办。政府工作人员，特别是在地方政府的工作人员也逐步转到这些机构（组织）去工作。如英国的律师协会，从1950年建立，现在已有会员57000名，该会庞大执行委员会下面有九个委员会和六个工作部门，有550名工作人员，他们负责全英国的律师注册、培训，并对律师的工作进行监督，这些工作完全由律师协会承担，政府并不介入。政府只是负责法律、政策方面的制定。

政府对民间组织的支持和鼓励表现在：一是对人们组建社团不加以限制，只有在这些社团违反法律规定时，才依法去处理。二是政府每年从财政经费中拨出大量经费来支持这些社团的活动。英国政府去年提供27亿英镑支持社团的活动，并且政府对企业公司和个人向慈善组织捐赠的款项免税。在意大利，全国财政对社团的支持款项没有统计，但仅外交部一家对外援助项目支持社团的款项每年达到30亿美元。三是政府为这些社团的活动提供法律保护和必要设施。

社团是独立的组织机构，不隶属于哪个政府部门，他们的活动不须向政府请示报告，只有当社团向政府申请款项时才与政府发生关系，才接受政府的监督管理。社团向政府申请款项也是分口进行的，对外援助的款项须向外交部申请，教育方面的款项须向教育部申请。据意大利外交部有关部门介绍，目前向外交部申请款项，在国际上活动的社团有120多个。如果一个社团要得到外交部援外项目的款项，外交部能不能批准，主要是掌握四个条件：①要有一个申请报告；②要提供社团由律师公证的文件；③要有成立三年的活动历史；④要有能力在国际上进行活动。如外交部认为这个社团有能力承担，就可以同意。这时社团就与政府签订合同，得到这个项目的款项。政府对社团执行这个项目进行监督。其他社团如得到政府款项，无论在国际上的款项，还是在国内开展活动的项目，还是社团本身的经费，只要是从政府得到的，这时，政府才对这个社团财务进行监督，社团每年也必须向政府进行年度报告。如果一个社团的经费不是从政府得到的，社团就与政府没有任何关系，社团活动无须向政府报告，政府也不检查社团的工作。

三、关于社团能否开展经营性活动问题

关于社团能否开展经营性活动问题，这两个国家都无法律规定。但大多数社团和大多数人都认为，社团是民间非营利组织，不宜开办经营性公司，否则，不但会影响他们从事公益性活动，而且有很大的危险性。因为他们开展活动的经费和专职工作人员的费用，主要来源于社会捐助、政府资助。当然，也有少数社团，也有少数人主张社团可以办一些经营性公司，但他们主张开办这些公司不是为了个人牟利，这些公司的盈利应全部返回到社团用于社会公益事业。基于这个原因，很多社团认为，这样挣来的钱，不如到社会筹集来的钱保险，可以不承担风险，因此，在实践上，社团办经营性公司也是极少数。如果社团开办经营性的公司，只要到工商部门登记，政府也是允许的。同时他们认为社团开展咨询服务，收取费用，这是理所当然的事，这类活动不属于经营性活动，名称也可叫公司，但不是经营性公司。

四、关于社团免税问题

对开展社会公益活动的经费收入，国家予以免税优待，体现了国家对这项事业的支持。据有关部门介绍，随着国家经济发展，国家有义务帮助穷人，促进社会发展，因此，国家为了鼓励广大群众去从事公益性事业，一方面从财政中直接拨出一部分经费予以支持，同时，也从税收上实行优惠。在英国对社团实行税收优惠政策，也是实行区别的原则，国家减免税优待，并不是所有社团都实行税收优待。国家只是对慈善组织才实行税收上的优惠。同时也规定了许多限制：①成立这些组织，要到政府慈善机构登记，经过审查同意，才能成立，这样，才能享受税收优惠；②这些组织成立后，要接受登记机关的监督，并要向这些机关报告年度财务；③这些组织不准参加政治性活动，以保障这些组织规定的宗旨任务的实现。

国家对慈善组织实行税收优惠，现在实行两种办法：①是税前优惠。这就是捐款人向慈善组织捐助的款项是在税收以前向慈善组织捐助，即国家对捐款人捐助的款项不征所得税，如一个人收人为10 万英镑，捐助人向慈善组织捐助 2 万元，那么，他本人只要向国家交纳 8 万元中的所得税。②是实行税后捐助，慈善机构再从国家将捐助人捐助款项的税金再取回来，如前例，一个人一年收入为10 万英镑，这个人决定将 2 万元捐助给慈善组织，那么这个人必须按 10 万元向国家交纳所得税，那就退回国家收取的税金也包括了捐助人向慈善组织捐助的 2 万元的税金。捐助实际向慈善组织交纳1.8 万元，其余 2 千元，慈善组织再从国家税金中取回。这两种办法都是捐助人向慈善组织捐助的款项，应包括向国家交纳的税金。也就是说，这部分税金应归慈善组织，而不是给国家，也不是给个人。这两种办法比较前一种办法，计算起来简便，手续也简单，因此，现在英国又颁布了法令，基本上是实行第一种办法，当然，第二种办法还有一些地方也在执行。

考察新加坡、泰国社团立法、管理情况的报告

今年6月30日至7月14日，中国社团研究会代表团一行四人，对新加坡和泰国的社会团体立法和管理情况进行了考察。在考察期间，我们同有关部门、大专院校的专家学者和不同类型的社会团体，广泛地进行了交流和探讨。现就几个主要问题简要报告如下：

一、关于对社会团体的界定

新加坡和泰国华人较多，又与中国同属东方文化渊源。因此，对社会团体的许多问题在认识上比较接近，但由于国情毕竟不同，也确有差异。

从概念来说，这两个国家社会团体一词也有广义和狭义之分。从广义上来说，社团这个概念，范畴较广，它包括三个部分，一是政党，二是公司、企业；三是非营利性组织。从狭义上来说，社会团体就是指非营利组织。学校虽然也属于非营利性组织，但由于具有特殊性，所以学校不是社团，纯属社团性质的非营利组织大体分为十九大类：

1. 社区团体；2. 经济团体；3. 职工团体；4. 专业团体；5. 教育团体；6. 体育团体；7. 学术团体；8. 艺术团体；9. 同乡团体；10. 宗族团体；11. 宗教团体；12. 武术团体；13. 医药团体；14. 福利团体；15. 联谊团体；16. 互助团体；17. 老年团体；18. 妇女团体；19. 国际团体。

新加坡在形式上又把社会团体分为官办社团和民办社团。所谓官办社团就是指国家为了某项事业的需要由国家出面组织的一种社团。这种社团的领导成员是由国家任命，资金是由国家拨给，任务是由国家规定。例如：新加坡人民协会（简称人协），亦称半官方机构。人协最高权力机构为董事会，董事会主席为李光耀，副主席为李炯才（是总理公署高级政务部长），秘书兼财政部长为李宗严（新加坡政府高级部长），董事有五位，三位是政府部长，两位是议会议员。新加坡政府创办这样机构的缘由正如李光耀所说的那样：“人民可以不必和人民行动党那样的政党，或是社会福利厅那样的政府部门公开发生关系；但是他们可以和半独立和半官方的法定机构打成一片。人协的宗旨，是要使谨慎和几乎独立自足的各社会和社区集团在超越种族、语言、宗教和文化隔阂的场合聚会在一起。”这清楚地表明了新加坡政府创办这样半官方的机构，就是为了通过这样的机构来联络、团结各阶层群众。也就是说，这样的机构是政府联系各方面群众的中间环节和重要途径。

民办社团是这两个国家社团主要形式。所谓民办社团，就是人民群众中有共同愿望和共同需要的一部分人而自愿组合的一种社会组织。这种社会团体组织成员的加入和退出是完全出于个人的自愿，领导人是采取民主的方式选举产生的，经费是会员的捐助和自谋的收益。这些收益不在成员中分配，领导人员也不领取报酬，专职工作人员除外，这些民办团体，可以说是名目繁多，非常活跃，把各阶层人士都网络其中，是人民生活中的重要一环，几乎每个成年人都与社团发生关系，有的一个人甚至参加几十个社团，新加坡仅有260多万人口，就有4600多个社团，这些社团的组织和发展，正如《新加坡社团大观》介绍的那样，不但对于社会的经济科学技术的发展，加强文化的交流，促进人际关系的改善及国际间的交往，而且对于提高人民生活水平都起了积极作用。例如：泰国中华总商会已有80多年的历史，是泰国华人和华侨组织中历史最悠久的全国性组织，它已成为泰国政府与华人、华侨商人的中间桥梁，它协助政府执行各种有关国计民生的事务，在社会各项事务中发挥了重要作用。

二、关于社团的立法

新加坡和泰国都属于大陆法系类型国家，这两个国家的社团又都比较活跃，而且又涉及到方方面面。因此，这两个国家的政府对社团的立法都比较关注。

泰国早在 1942 年就在《国家文化法》中对申请成立社团的基本条件、社团章程、会员、会员的权利与义务、组织机构、财产及资产以及章程的修改和解散社团作了详细的规定。泰国 1978 年颁布的宪法更进一步确认了人民结社的权利，宪法第 37 条规定：“人民享有组织建立协会、工会、联合会、合作社或其他社团的自由”。并规定：“协会、工会、联合会、合作社或其他社团的组织、建立、活动和解散应依照法律规定进行。”

新加坡对社团的立法比泰国更加完备，并且根据社团的不同性质，采取分别立法的原则加以调整。1960 年 7 月 1 日新加坡立法议会专门通过了“人民协会法令”，人民协会这个官办的社团就是根据这个法令而成立的。

新加坡早在 1946 年就开始实行工会法令，准许工人经注册成立工会，中间几经变化，直到 1982 年新加坡国会又通过新的职工会法令。职工会法令明确规定：职工会团体不属于社团法调整的范畴。职工团体在劳工部登记注册。

新加坡 1966 年就正式颁布了《社团法》，专门对大量的民间社团进行规范。以后又于 1970 年、1982 年、1985 年作了三次修正，这个社团法规定的比较详细，全文有 38 条，14000 字，对社团的注册、终止、解散、变更及违法行为的处罚作了详细的规定。

三、关于社团登记

从社团登记的追惩制和预防制来说，新加坡和泰国都属于预防制国家，成立社团到有关部门办理登记注册手续，既是确认合法社团和非法社团的界限，也是组建社团必经的法律程序。

这两个国家都有专门的社团登记注册机构，在新加坡叫社团注册官，设置于政府内务部之下，在泰国，社团注册则隶属于警察局管辖，这两个国家都有法律规定，凡成立社团必须到政府进行登记注册，否则就是非法社团。

在新加坡对非法社团进行处理的规定不但具体而且处罚的比较严格。新加坡社团法第 14 条规定：“任何社团，若非注册社团，应视为非法社团”。而且对非法社团作了具体的处罚规定：（1）管理或协助管理非法社团的处 5 年以下监禁；（2）作为非法社团成员或参加非法社团会议的，提供非法社团或开会的地点处 3000 新元以下或 3 年以下监禁或二罚并处；（3）使用暴力威胁或恐吓诱使他人成为非法社团成员，处 4000 新元以下或 4 年以下监禁或二罚并处；（4）向非法社团捐款的或印刷、出版、展出、出售或邮送非法社团材料的处 2000 新元以下或 2 年以下监禁或二罚并处。

在泰国申请成立社团至少必须具备 10 个条件，这就是：（1）至少要有 3 名发起人；（2）要填写注册许可证申请表；（3）要有章程；（4）要有组织发起人会议报告；（5）要有社团所在地的地图和照片；（6）要有社团所在土地使用许可证及办事处户口复印件；（7）要有工作保证书；（8）要有全体发起人身份证复印件；（9）要有全体发起人的户口证；（10）要有全体发起人的履历，在新加坡要成立社团向政府提供登记注册的要件也基本和泰国差不多，只是在发起人数新加坡至少要有 10 人以上。

新加坡社团登记注册的另一个特点是，凡学校学生组织的社团也要到政府进行登记注册。所谓学生社团，是指在校学习的学生组织社团，这类社团学校教师不能参加，社会上人员也不能参加。但这类社团可以学生社团的名义参加社会上的各种活动。这类社团在登记注册前，登记注册官通过内部事先征求校方的意见，然后注册官才决定允许或不允许登记注册。

新加坡和泰国在申请成立社团时虽然要求提供的材料比较多，但在政府批准时一般还是比较宽松的，没有特别理由，只要材料具备，政府都会批准，这也是造成两个国家的社团多的原因之一。

但新加坡社团法规定，有下列情形之一的，政府有权拒绝申请社团的登记注册，（1），社团的规章政府难以管理和控制的；（2）社团可能被用以达到非法目的或有损新加坡公共和平、福利或良好秩序的目的；（3）注册申请不符合社团法规定的；（4）社团的注册与国家利益相悖的；（5）名称相同相似的。

新加坡和泰国社团一经登记，即要在报刊上公告，并成为法人。它的合法活动受法律保护，并可以社团名义开办公司，取得合法收入，而且如果这个社团的收入有一半以上来源于会员会费，可以免交所得税。

四、关于社团管理

新加坡和泰国政府与社团关系不像西方国家那样认为是一种伙伴关系。在这两个国家来说是一种管理与被管理关系。政府对社团进行行政管理是属于政府职责，社团接受政府管理是应尽的义务。从实质上说，政府履行行政职能对社团进行管理，恐怕这是世界上通行的一种原则。

所谓管理，包括三个部分：一是登记注册管理（在前面已经作了介绍）；二是注册后的日常管理；三是对违法社团的处罚。

新加坡和泰国政府对社团的管理从形式讲一般地表现得比较宽松，也就是说平时社团的一般活动，政府不作干涉。但从政府对社团活动规范的原则来说却是比较严格的。政府对社团的日常管理表现在以下几个方面：1．凡在政府登记注册的社团都必须在该社团登记的宗旨范围内进行活动，不能进行章程规定以外的任何活动；如有违反，政府必予追究；2．不能以社团的名义进行任何政治活动，凡以社团名义搞政治活动的，政府必然会出面干涉；3．每个社团的财务负责人只能任期一年，也就是说社团财务负责人是一年一换；4．社团注册官可以在任何时候命令任何社团提供有关社团的信息、情况和材料；5．社团每年应向登记注册官提供工作报告和财务情况报告；6．政府有专人每年对社团的财务进行监督和检查；7．社团事项的变更及解散必须及时向政府报告；8．社团分支机构的建立也须经政府登记注册官同意；9．对违法社团行为政府有权包括按照社团法的规定进行处罚。

当然社团对政府的管理也可进行反向监督，一般讲申请成立社团，只要材料具备，如无其他理由，登记机关是不能随意拒绝的，如果社团申请被拒绝，社团可在30日内向登记管理机关的部长提起上拆，部长的决定为最终决定。

五、几点启示

（一）针对社团的不同情况，应分别立法、加以规范

因为社团本身就是一个多方面的混合体，在我国实际上存在着官办社团和民办社团之分，这在世界上许多国家都有类似的情况，这些社团无论是在人员任用上、资金来源上还是活动方式上都和民办社团有区别，因此拟用一个法规把所有社团的活动都加以规范，就会给实际工作造成一定的难度。新加坡就是根据社团的不同性质，分别立法，使不同类型的社团都能纳入法治轨道。在我们国家已有类似做法，例如工会已有工会法、工商联有组织通则，但是这是过去各个部门根据自己需要而拟定的法规。因此，目前在拟定结社法时，需要统筹考虑哪些社团是结社法调整的对象，哪些是应该排除的，这样有利于今后的社团管理。

（二）社团能否搞营利活动，需要进一步明确

社团本身是非营利组织，能否搞营利活动，这在世界各国的理论界是一个争论的问题，但在实际执行中，各国的情况并非一样。在新加坡和泰国，政府实际上是允许社团从事营利活动的，只要它们到工商登记就行了，所得收益不能在成员中分利，只能用于社团本身的活动或从事公益活动，这是这些社团得以存在的重要经济基础。在我国中央已三令五申，社团不能经商办企业，但同时又强调经费要自理。如果社团经费要自理，仅靠会费收入是难以生存下去的。因此社团能否经营，不仅仅是涉及到社团经费来源问题，涉及到社团能否生存下去的问题，而且是涉及到中央的方针政策的大问题，因此，立法时需要进一步加以明确。

（三）加强对社团的财务监督应是社团管理的重要职责之一

社团经费的合理使用，是社团发挥作用的重要保证。新加坡和泰国政府对社团经费的监督至少有三条规定：一是社团每年必须向政府报告一次财务收支情况；二是政府设专人对社团的财务进行监督审计；三是社团财务负责人必须一年一换，不能连任。我国社团经费的收支情况普遍存在问题，有的甚至相当混乱，经济上出问题的不少。对社团进行财务监督，应作为社团管理的一项重要工作，采取相应的措施，以保证社团经费合理使用。

日本民间非营利组织状况考察报告

应日本国外务省的邀请，以民政部民间组织管理局局长吴忠泽博士为团长的中国民政部考察团一行6人于1999年2月23日至3月4日对日本进行了考察，比较全面地了解了日本民间非营利组织的状况，基本达到了考察的预期目的。

一、日本有关民间非营利组织的立法情况

日本有关民间非营利组织的法律法规非常齐全，基本将各类民间非营利组织纳入了法律法规调整范围，形成了一个完整的民间非营利组织管理的法律法规体系。这个体系的基础是日本的民法，在民法中，对公益法人（含财团法人、社团法人）的登记、管理等都作出了规范。除这些基本法律之外，国家还根据政治、经济形势和促进某一项事业的需要，对一些特定类型的民间非营利组织制定了专门的法律，如《商工会议所法》、《商工会法》，《促进特定非营利活动法》，《中小事业、企业法》，《宗教法人法》等。日本有关民间非营利组织的立法情况体现了两个特点：一是相关法律较多；二是法律规定非常具体、详尽，具有较强的可操作性，确保了政府对民间非营利组织的依法有序管理，也使各类民间非营利组织有了活动的准则。

此外，在日本，未经登记的市民活动团体（也称任意团体）约有8.6万个。由于日本的民法对成立社团法人的条件要求很高，很多从事公益活动的任意团体难以达到民法要求的社团要求的社团法人条件。日本发生阪神大地震后，许多市民活动团体志愿从事救助、捐赠和恢复重建工作，给了政府很大的触动。在社会各界的要求下，日本政府于去年制定了《促进特定非营利活动法》这一特别法，目的是在不修改民法的情况下，通过这部特别法，使这些市民团体可以取得法人资格，从而在社会公益事业中充分发挥作用。依据《促进特定非营利活动法》成立的法人团体称为特定非营利团体法人。这部法律对从事公益活动的市民团体取得法人资格基本没有什么严格的条件限制，只要按规定申请，经有关部门的批准后依法登记即可。这使不具备民法规定的社团法人条件的团体，也可取得法人资格。尽管在登记时没有什么条件限制，但这类团体取得法人资格前，要将本团体的情况及每年的事业报告和财务报告向社会公开两个月，接受社会的监督。

从日本有关民间非营利组织的立法情况看，国家对民间非营利组织在经济和社会发展中的作用有充分的认识，在有关民间非营利组织的立法方面投入很大精力，力图通过立法确立民间非营利组织的法律地位，加强对民间非营利组织的管理，规范其行为，从而促进民间非营利组织在国家的经济和社会发展中发挥积极作用。

二、日本政府对民间非营利组织管理的特点

日本对具有法人资格的民间非营利组织的管理体制从形式上看采取了业务主管部门和登记管理机关双重管理的体制，比如依据民法成立社团法人或财团法人，首先要经过与其事业内容相关的业务主管部门批准，然后统一到登记机关即法务省的登记所登记。由于特定非营利团体法人的活动内容比较宽泛，其业务主管部门难以确定，因此，将特定非营利团体法人的主管职能统一划归经济企划厅。近来，日本有削弱中央权力，增强地方权力的趋势，监督权限逐渐下放到地方政府。目前，跨地区的特定非营利团体法人由经济企划厅批准和监督管理，在某一行政区域内的特定非营利团体由都、道、府、县地方政府批准和监督管理。登记仍由法务省的登记所和法务省设在各地的登记所登记。

但从实质上看，日本对具有法人资格的民间团体实际上实行的是批准制，申请设立具有法人资格的民间团体只要经过业务主管部门批准，法务省就一定会登记，因此登记只是一种形式。日本的法务省的登记所是一个综合的登记机关，他不仅登记具有法人资格的民间团体，也负责登记各类公司企业、学校法人、医院法人等，其职能一是赋予这些组织法人地位；二是将这些组织登记的资料公开供社会查询，满足社会需求。因此，日本的业务主管部门的职权非常大，他不仅具有批准设立具有法人资格的民间团体的权利，还负责对经其批准的民间团体的监督管理。

日本政府积极支持民间非营利组织的发展，一是将政府应该做的一些事交给相关的民间非营利组织去做，政府对承担这些工作的民间非营利组织给予资助；二是允许民间非营利组织开展经营活动。日本民法对非营利性的界定是，如果某团体不把收益在成员中分配，就是非营利性团体。因此，日本允许民间非营利组织从事贸易、销售等多种经营活动，但规定民间非营利组织的经营活动应是附属活动，且其收入不应成为主要收入。开展经营活动的收入与会费收入和捐赠、资助收入分开计账。经营活动的收入中20%部分可以免税，转入一般收入部分。其余事业收入部分要按37.5%的比例纳税。通过这些措施，对民间非营利组织起到了极大的扶持作用。

三、日本民间非营利组织发挥作用情况

日本现有依据民法成立的社团法人12618个，财团法人13471个，市民活动团体约8.6万个。这些团体的业务内容涉及经济、科学、文化卫生、环境保护、社会福利和社会公益事业等方方面面，在日本的经济和社会发展中发挥着积极的作用。如由512个城市的商工会议所联合而成的日本商工会议所，作为代表日本小企业的一个综合性的工商业团体，积极向政府提出有关中小企业发展对策等方面的建议和要求；多方位为中小企业服务，为中小企业收集有关贸易、投资、技术协作等方面的信息，提供商务机会；向中小企业提供有关改善经营及金融、税务方面的指导；培养工商人才，负责有关工商方面人才资格考试；开展民间国际交流。这些活动都极大地促进了日本中小企业的发展，成为名副其实的社会中介组织。日本的民间非营利组织尤其在社会公益事业方面发挥着很大的作用，不仅仅是专门从事公益事业的团体，就连商工会议所、行业协会等经济类的团体也都在积极从事社会公益事业，如大阪商工会议所就专门设有“文化振兴委员会”、“绿化推进委员会”、“提高城市文明特别委员会”，还为配合大阪市申办2008年奥运会设立了“大阪奥林匹克申办特别委员会。”

四、体会和建议

（一）通过这次考察，我们对日本有关民间非营利组织的立法和管理有以下体会：

1. 日本有关民间非营利组织管理的法律法规和政策不是一成不变的，而是能够随着政治经济形势的发展和变化，不断地修改或调整有关民间非营利组织管理的法律法规和政策，或制定新的法律法规，以促进民间非营利组织在经济和社会发展中充分发挥作用。《促进特定非营利活动法》的出台就是一个很好的例证。

2. 日本在有关民间非营利组织的信息公开方面做得非常好，不仅法务省将已登记的民间非营利组织的登记情况向全社会公开，各业务主管省厅也对前来申请成立具有法人资格的民间非营利组织的公民和组织公开各种法律法规、政策资料和有关登记程序方面的资料，并提供办理登记的材料范例。已经取得法人资格的民间非营利组织的年度事业报告和财务报告也要向社会公布，供社会公开查询。这一方面有利于社会和公民了解各类民间非营利组织的情况，便于与这些组织进行交往，也便于社会对其进行监督；其次是为申请成立具有法人资格的民间非营利组织提供了很大的方便。

3. 日本对外国人社会团体的管理的政策非常宽松，在日本的外国人结社非常方便，开展各项活动也不受限制，实行的是完全的国民待遇。

（二）借鉴日本民间非营利组织的立法和管理情况，我们提出以下建议：

1. 要进一步建立健全我国有关社团管理的法律、法规、政策体系。一是要结合我国政治、经济发展的实际，尤其是适应社会主义市场经济体制的要求，进一步加快我国有关社团管理的立法工作，对不符合当前实际情况的法律、法规如《基金会管理办法》要进行修改。在立法过程中要考虑对不同类型的社会团体的分类指导，可分别制定一些专门的法律、法规，以规范行业协会和商会的行为，促进其在我国的经济发展中充分发挥作用。同时，法律法规和政策不能一经制定就一成不变，要根据政治、经济形势的发展和社会团体发展的实际及时进行调整。二是政府要通过立法和制定优惠政策，积极扶持社会团体发展，尤其是对从事社会公益事业和对经济发展具有积极促进作用的民间团体，更应加大扶持力度。扶持社会团体的发展的政策应集中在政府职能转变、政府对民间团体的资金补贴和税收优惠上，同时应对社会团体从事经营活动在政策上适当放宽限制，只要社会团体确保其非营利性质即可。三是立法中要使法律、法规的内容具体和具有可操作性，不能过于原则。

2. 要进一步强化业务主管单位的职能。我国的社会团体数量非常多，登记管理机关的工作任务繁重，但登记管理机关的力量却很薄弱。建议今后应进一步强化业务主管单位在社团管理方面的职能，在社会团体成立的审批、对社会团体的监督和日常管理以及对违纪社团的处罚方面给予业务主管单位更大的权限，以发挥业务主管单位对职能范围内的业务熟悉、与本业务范围内的社会团体在人、财、物方面有着密切联系的优势，强化对社会团体的管理。

3. 加快社会团体信息公开的步伐。有关社会团体的信息是社会的公有财富，随着我国民主法制建设的发展和社会主义市场经济体制的建立，社会团体信息公开已成为大势所趋，社会上也对此有迫切需求。我们在这方面应学习日本的经验，尽快创造条件，将社会团体的信息公之于众，供社会公开查询。这样有利于社会各界与社会团体进行交往，也有利于社会对社会团体的监督。

4. 鉴于我国对外开放不断深入，外国人在华结社的呼声日益高涨，我们应尽快出台《在华外国人社会团体登记管理条例》。制定这个条例要适合我国的国情，将我国的政治和社会稳定、国家安全放在第一位来考虑，对外国人在华的结社行为要严格管理，不能像日本那样随意化。

美国、澳大利亚非营利组织管理工作考察报告

一、考察活动的情况

应美国亚洲基金会的邀请，我们一行五人于1997年11月29日至12月15日（共15天）赴澳大利亚和美国，对这两个国家的非营利组织管理工作进行了考察。在澳大利亚的布鲁斯班和墨尔本，我们访问了澳大利亚证券委员会、昆士兰州税收办公室、昆士兰州司法局、澳大利亚税收办公室、澳大利亚慈善事业办公室、澳大利亚华人健康促进会、合伙律师事务所和会计师事务所。在美国的旧金山和华盛顿，我们访问了美国亚洲基金会、美国亚洲律师联谊会、加利福尼亚洲司法局、旧金山东华医院（民办医院）、美国国内税收服务局、非营利研究与咨询机构（独立部门）、国家首都地区联合之路、美国国际非营利法律研究中心、美国国务院法律事务特殊项目办公室和世界银行。期间，我们与两国政府有关官员、专家学者以及非营利组织的管理人员，进行了广泛的接触和认真的座谈，初步了解并掌握了两国非营利组织的管理情况。

美国亚洲基金会为此作了精心的组织安排。整个考察活动体现了涉及面广、信息量大和专业性强的特点。我们所到之处，均受到热情友好的接待。考察活动富有成效，取得了成功。

二、美、澳两国非营利组织的基本状况

（一）非营利组织形成庞大的整体规模

美、澳两国将社会组织大致分成三大类，一是政府机构；二是营利机构，包括各类企业、商业及律师事务所、会计师事务所、营利性医院、营利性学校等；三是非营利组织，包括社会团体、基金会、各类慈善公益组织、非营利性学校、非营利性医院等。目前美国注册的非营利组织有100多万个，每年大约新增6万个。澳大利亚注册的非营利组织有10万个。此外，这两个国家还有大量的不注册的不具有法人地位的非营利组织，美国估计有100万个，澳大利亚估计有30万个。经过长期的发展，美、澳两国非营利组织整体结构比较合理，涉及社会生活的各个方面。美国现有私营医院5000个，私营大学2000个，民间基金会45000个。非营利组织的资金运作量越来越大。美国加州现有公益性非营利组织8万个，总资产达1050亿美元，1996年接受捐款450亿美元。两国非营利组织创造的产值占国民经济的比重正在逐年提高。近几年两国非营利组织出现了新的发展态势，一是国际化。有的非营利组织组建了非营利组织国际组织，或加入非营利组织国际组织，尤其是慈善活动正变成一种国际行为。二是标准化。一些组织已自行制订非营利组织的国际基本标准。三是营利化。两国政府鼓励非营利组织向营利机构转变，据说这是因为营利机构通常提供的服务比政府所办机构和非营利组织好，政府又能减少资助，增加税收。

（二）有关非营利组织的法律比较健全

美、澳两国已建立起一套比较完整的非营利组织法律体系，有的法律规定可上溯近百年，而且至今还在不断补充完善。两国没有专门的非营利组织管理法律，对非营利组织的各种行为的规定均置于相关的法律之中，繁多而细致。大部分人无暇顾及而依靠律师，所以两国有很多法律服务机构。两国适用非营利组织的法律有宪法、税法、商法或公司法等。美、澳两国都是联邦制，州有独立的立法权。各州关于非营利组织的法律规定略有不同，但都是联邦法律的延伸，切合了本州实际。

（三）非营利组织形成了自律机制

美、澳两国非营利组织在自我管理的同时，也十分注重自我约束。自律机制的形成得益于三个方

面，一是法律明晰、具体、可依；二是社会行为的规范和舆论的监督带动了非营利组织的自律。三是同业组织促进了非营利组织的自律。两国有大量的同业组织。把非营利组织组织起来进行行业规范，管理手段十分有效。

（四）非营利组织发挥了积极的作用

一是促进了经济的发展，成为国民经济的有机整体。二是提供了多样化的社会服务。美国自七十年代起，非营利组织就承担了大部分社会服务性工作，远远超出政府提供的。这些服务通常带有社会福利性质，深受群众欢迎，满足了社会需求。三是使政府精简了机构，减轻了负担，帮助政府了解民情，管理社会，为政府决策提供参谋咨询服务，顺应了“大社会、小政府”的目标。

访问期间，我们也听到来自政府与非营利组织各自不同的声音。政府有关部门认为目前法律尚有漏洞，尤其是税收减免条款界定不严密，指责一些非营利组织钻空子。部分非营利组织则抱怨政府有关部门管得过严，程序复杂。社会各界对非营利组织的免税是否公平至今争论不休。不过政府有关部门与非营利组织对这些问题都很重视，均表示要加强信任与合作，不断改进和完善管理水平。

三、美、澳两国非营利组织的主要管理方法

（一）登记与注销

在澳大利亚，全国性非营利组织注册由联邦财政部下属的证券委员会负责，该委员会在各州设有机构。地方性非营利组织在州司法局注册。注册的法律依据主要是商法和税法。成立非营利组织要有名称、章程、办公地点和5个以上的成员，没有注册资金的限制。名称不能含糊不清，章程需3/4以上的成员通过，理事会成员至少3人并由选举产生。秘书长和司库必须专职，秘书长的国籍不限，但需在澳大利亚长期居住。成立非营利医院、学校等机构，事先需报请政府有关部门审查同意。非营利组织可以自由选择申请注册全国性或地方性机构。注册全国性机构条件较高，要求较严，费用较大。地方性机构可以跨州设立分支机构，但需在外州注册。非营利组织要在章程中明确规定理事会和全体大会的次数、时间和形式，还要规定选举办法，理事会成员需2至3人提名，理事长要一年一换。全国性非营利组织的领导人变动要经过批准，办理变动手续，并且收费；地方性非营利组织变更理事会成员，必须在一个月内向州司法局备案。外国非营利组织与本国非营利组织的登记管理基本相同，要求秘书长或司库必须长期在本地居住（即当地人），注册登记一般在联邦证券委员会，不实行国与国对等原则。非营利组织注销或兼并前，由证券委员会指定注册会计师进行财务审计，剩余财产由法院判决移交同类非营利组织，然后收回法人证书。如资不抵债，由指定注册会计师向法庭起诉，由法庭判处。如果营利机构兼并非营利组织，非营利组织的财产不得私分，需用于与宗旨相同的事业，或存入银行。

在美国，注册非营利组织是在公司法和税法等有关法律规定下进行的，具体方法各州不尽相同。非营利组织可以自由选择是否注册，不登记的不具有法人资格，不能享受免税待遇。注册的非营利组织由州税务局审定是否享有免税资格。州务卿办公室（亦称政府办公室）负责批准，然后由司法局进行注册登记，颁发法人证书。非营利医院、学校等机构先注册登记取得法人资格，然后经政府有关部门审查批准，领取执业证书。非营利组织如不满意州税务局的审定意见，可以申诉。州税务局和州务卿办公室对非营利组织的章程审定得非常严格。要求章程明确规定：

（1）所有经营服务收入全部用于宗旨相关的事业；（2）机构终止时将全部剩余财产转交同类组织；（3）机构董事长、秘书长的产生方式，举行会议的时间、地点及方式。非营利组织可以接受邮寄方式的捐赠，但不能跨州集资。非营利组织如在外州开展活动或在外州设立分支机构，应在外州注册，分支机构名称前要冠以母体全称。外国非营利组织与本国非营利组织在登记管理方面是一样的，不仅可以享受税收减免待遇，而且所筹资金可以寄往国外。非营利组织注销时，需在60日内将账目查清，然后向州务卿办公室报告，如果非营利组织不提供任何材料，司法局将通知税务局取消免税资格，并对其资产进行清理评估。资不抵债将由司法局将现存财产冻结，注销名称。

（二）财政与税务

1. 政府财政支持。美、澳两国非营利组织只要经注册取得法人地位，就有资格取得政府的资助。由于两国政府均主要不直接从事社会公益事业，而是委托给非营利组织，因此非营利组织可以从政府那里申请得到社会公益事业的项目资金。政府的资助方式不是简单的拨款，而是采取项目招标。非营利组织每年要精心选择项目，作出翔实的项目报告。项目内容符合政府的意愿，方能得到批准。项目确定后，政府要与非营利组织签订项目合作协议，并随时对其进行监控管理。项目结束后，非营利组织要进行总结，政府验收评估。

2. 税收减免支持。在澳大利亚，联邦税务局负责对非营利组织的所得税减免。地方税务局负责对非营利组织的土地税、财产税、销售税的减免。从事教育、宗教、公益、福利、慈善、科技类的非营利组织享受免税。非营利组织接受捐款和会费收入免征所得税。一般非营利组织从事一些与宗旨相关的经营服务性活动，如基金会与商店为慈善共同销售某种商品等，收入是免税的。但要求所有免税的收入必须用于与章程所规定的宗旨相符的事业，不能分给任何成员。在美国，联邦税务局负责对非营利组织的所得税和财产税减免。非营利组织免税必须符合联邦税法的规定。有30种情况的非营利组织可以享受免税。非营利组织主要分成两大类，第一类是公益性机构。在公益性机构条款下，宗教、慈善、文化、科技、环保、保护儿童和动物等机构可以免税；向公益性非营利组织捐赠等可免所得税。第二类是互益性机构。在互益性机构条款下，工会、农会、商会、娱乐俱乐部、联谊性社团、殡仪公司、信用合作社、退伍军人协会、农民食品合作社、房产协会等机构，只免一部分税种，但不能免捐赠税。

（三）监督管理

1. 政府监督管理

澳大利亚对非营利组织处罚的机构有两个，一是登记机关，二是法院。处罚手段分为罚款、终止活动和判刑等。多数情况下，政府采取终止活动的处罚。登记机关有权撤消非营利组织的理事长，暂停非营利组织的工作。

美国对非营利组织管理的主要政府部门有：登记机关、税务机关、审计机关和政府有关主管机关。政府机关的管理人员经常到非营利组织检查，并对非营利组织的有关报告进行审查。有33个州由司法部门负责对非营利组织的财产进行监督管理，他们拥有仲裁权、处罚权和起诉权，以确保非营利组织行为规范。此外。美国政府还委托国家慈善信息局、人类慈善咨询服务组织和宗教财务委员会等机构，制订相应的管理标准，评估非营利组织的运营情况，对非营利组织进行监督管理。

美国政府对非营利组织的管理是多方面的，有许多严格的具体规定和限制。这里仅举几例。

——关于政治限制。慈善机构不可有大量的游说活动，不可为政治竞选而活动。其他非营利组织亦不能将钱直接用于个人参与竞选。向党派或从事政治游说机构捐款，捐款人和被捐款人均不免所得税，受捐机构还应公布捐款人和资金使用情况。

——关于商业限制。非营利组织从事一些经营活动可以免税，但机构本身应具有免税地位。短期活动可以免税，长期活动可能不免；收入用于与宗旨相关的事业可以免，用于无关的不免税。民间基金会不得拥有企业，不得投资与董事会成员有利益关系的项目，对单个企业股权的拥有比例不得超过26%，一般最低要将5%的当年资产（包括基金、不动产、投资收入及利息）用于公益性活动和项目支出。

——关于税务管理。联邦税务局制订了非营利组织的自查标准，先由非营利组织自查，然后联邦税务局通过计算机，每年按1~2%的比例抽查（大约2万个非营利组织），检查的主要内容是年度财务报告，重点单位是民间基金会。非营利组织应如实反映活动项目、财务支出以及资产经营损益情况。联邦税务局通过严格审定，认可其下一年度的免税资格，如发现问题，将分别采取罚款、取消免税资格等处罚措施或由登记机关取消设立资格。

——关于财务审计。美国非营利组织虽然是非营利性质的，但其年度财务报告与营利机构一样，要求很严，标准很高，内容涉及现金收支、财产、债务、证券、抵押等，尤其是对集资的财务管理，要求更严。为此，政府专门指定美国注册公共会计事务所和财务标准董事会，对非营利组织的财务进行管理。

2. 同业组织监督管理

澳、美两国有众多的非营利组织的同业组织，它既帮助非营利组织维护合法权益，为非营利组织服务，同时又帮助政府监督管理非营利组织，促进非营利组织的自律。可以说，它在一定程度上弥补了政府管理力量的不足，在政府与非营利组织之间起桥梁作用。美国华盛顿非营利研究与咨询机构（独立部门）就是一个比较典型的非营利组织的同业组织。它采取会员制，至今有715个非营利组织成为该组织的成员。该组织热心帮助非营利组织与政府加强合作，向政府反映非营利组织的愿望和建议，开展信息交流和社会调查，研究非营利组织的发展趋势，促进非营利组织的行为规范。每个月，按国家慈善信息局制定的行业标准，在专门刊物上公布会员的评估结果，让社会知晓和监督。这就给所有会员单位造成很大的心理压力。如严重违纪，将被开除。

3. 社会监督管理

澳大利亚证券委员会将非营利组织的有关材料输入计算机，免费供社会查询。美国政府也向社会公开非营利组织的有关资料档案，尤其公开公益性非营利组织的财务税收状况。此外，新闻媒体的舆论监督作用很大，效果很好。两国新闻媒体常有此类报道。五年前美国联合之路总裁由于薪水过高并牵连其他丑闻，被新闻界曝光，最后被判入狱，成为轰动一时的新闻。一些非营利组织私下抱怨新闻界好事宣传不够，丑事紧抓不放，对新闻界敬而远之，足见新闻舆论监督的威力。

四、我国与美、澳两国主要登记管理方式的比较

（一）关于分类

美、澳两国将非营利组织按服务对象和利益取向分成公益性和互益性两大类，为社会公众服务的为公益性（其中包括慈善和社会福利）。为内部组织成员服务的为互益性。政府的管理主要考虑这两方面的因素，如给这两类机构不同的免税待遇等。至于非营利组织的其他多种形态，就连学术界也很少研究。非营利组织分类的简化，带来管理上的便捷高效。改革开放以来，我国社团蓬勃发展之后，又出现了许多其他形态的民间组织，如“民办非企业单位”、“职工持股会”、“消费合作社”和农村互助组织（“储粮会”、“储金会”）等。目前我国尚未形成能包容这些多种组织形态的科学概念。由于未抓住本质特征，使这些组织的分类有越来越细的趋势，如分门别类制订单一的管理法规，势必造成繁乱的局面。

（二）关于法人

主要有两点不同。一是美、澳两国非营利组织只要注册登记一律为法人，不具有法人资格的不需要注册登记，法人与非法人的权利与义务明显不同，如免税待遇就不一样。我国注册登记的社团可以是法人，也可以是非法人。目前地、县一级许多注册登记的社团为非法人。二是在登记程序上，美、澳两国非营利组织先取得法人资格，然后以法人的身份开立账户、租借房屋，从筹备阶段即开始承担法律责任，最后由登记管理机关批准成立并颁发证书。如已获得法人资格的非营利组织未能开业运行，其法人资格也就失去意义。政府认为，取得法人资格而未开业，并未对社会产生危害，因此可以不去理睬。我国社团在成立登记时，应先满足法定条件，如要有资金、场地、一定的组成人员等等，并获得有关业务主管部门的批准，最后才由登记管理机关确认法人资格。

（三）关于预审与追惩

美、澳两国没有过多申请设立非营利组织的法律规定，政府初期主要审查是否具有非营利性质，他们认为，公民自由设立各类组织，是宪法自由精神的体现，是“人权”的标志。但只要机构一经注册成立，面对的是非常严厉的法律规定。政府有关部门运用最先进的手段进行监督，处罚手段很强硬。相比较，我国目前比较重视设立条件，成立前的审查比较严格，成立后的管理明显薄弱，处罚不利。

（四）关于业务管理部门

与我国社团和民办非企业单位的“有关业务主管部门”概念对应，美、澳两国“有关业务主管部门”的法律地位不明确，政府有关部门审查的机构范围和承担的监管责任比较小，仅限于教育、医疗等专业性强并且直接关系民生的非营利组织。此外，美、澳两国成立非营利组织没有担保单位，非营利组织与营利机构一样，均自我承担法人所应承担的全部责任。我国有明确的“有关业务主管部门”的法律概念，业务主管部门除了负责事先审查社团和民办非企业单位的成立申请外，管理的事务比较多。

（五）关于组织章程

美、澳两国政府对非营利组织的设置条件、日常运作、监督管理等具体规定大多不写在法律的明处，而是将其置于规范的章程中，一般在非营利组织的筹备阶段向其提供章程范本，让非营利组织自我约束。比如，要求非营利组织的章程规定领导人不得实行终身制，要进行经常性的选举，年龄超过72岁要经董事会批准；承诺本机构不以营利为目的；机构的领导人年薪不得高于同类机构领导人的年薪水平，等等。这就使章程内容更具体，更有自主意识，把政府的意志变为非营利组织的自我行为。我国《社会团体登记管理条例》第十一条对社团章程仅要求载明“名称、宗旨、经费来源、组织机构、负责人产生的程序和职权范围、章程的修改程序、终止程序”。至于社团对这些事项作怎样的规定，没有明确而具体的要求，一部分社团章程随意化，甚至有意埋下不轨行为的伏笔，造成管理上的漏洞。

（六）关于分级管理

美、澳两国实行联邦和州两级负责制，州以下部门不再管理非营利组织。联邦政府对非营利组织不作统一规定，各州管理方式不尽相同。我国实行分级管理体制，中央、省、地、县各级均有管理职责，实行统一的管理。

五、启示和建议

美、澳两国在非营利组织管理上的成功经验，对我们正在制订的《社会团体登记管理条例（修改稿）》、《民办非企业单位登记管理暂行条例》、《外国人社会团体登记管理暂行条例》及相关配套政策法规，加强和改善对非营利组织的管理，有一定的启示。

（一）政府不能放松对非营利组织的管理

美、澳两国经济比较发达，法律健全，社会行为普遍规范，但其政府半个世纪以来，从未放松对非营利组织的管理，相反，是作为一项很重要的政府职能予以加强。其管理的主要特征如下：1、政府管理为主，社会监督为辅；2、政府管理的主要内容是法律建设和行政监控；3、政府管理的目标是维护国家利益和社会发展；4、政府管理由多部门组成，权力合理分配、相互制约；5、政府管理的各项措施具体，手段先进。两国实践表明，政府强有力的管理，是非营利组织发展的根本。由于历史和现实的原因，一段时间以来，我们的管理工作滞后了，与美、澳两国相比，不是严了，而是松了。不久前，中央作出加强社会团体和民办非企业单位管理的决定，党的十五大提出要培育和发展社会中介组织，这些决策是及时的，正确的，必将对我国社会主义现代化建设产生积极而深远的影响，我们要很好地理解和贯彻。在1998年全国民政厅局长会议上，多吉才让部长指出，对于民间组织要采取培育发展与监督管理并重的方针，这完全符合我国民间组织的发展状况，也符合世界各国政府采取的普遍管理原则。我们要按照部党组的要求、把培育社会中介组织与政府转变职能、促进经济和社会发展紧密结合起来，高度重视非营利组织的社会功能，全面加强对非营利组织的科学管理，加大立法和执法的力度，维护国家行政管理的权威。力争通过几年踏实艰苦的创业，把我国非营利组织的管理水平提高到一个新的阶段。

（二）把握和处理好非营利组织的非营利性质

对非营利组织非营利性质的界定非常重要，它将直接影响非营利组织的发展。事实上，大部分非营利组织并非不营利，这是生存使然。某些商业行为并不影响非营利组织的属性，这也是不争事实。美、澳两国非营利组织的资金来源大致有三个渠道，一是自主经营收入，二是社会捐赠和资助，三是政府的项目资助。其中自主经营收入是资金来源的主要渠道，而且正成为发展趋势。美国非营利组织的资金，平均有50%来自经营收入，剩下的来自社会捐赠（9%）和政府的项目资助（40%），有的非营利组织甚至高额营利。问题的关键在于对盈利的资金如何管理。美、澳两国的做法是：1、明确非营利组织的财产所有权归社会所有，个人不得侵占；2、非营利组织可以开展与宗旨一致的经营活动，但全部所得必须用于与宗旨相关的事业或捐献给社区慈善事业，任何人不得分红；3、机构终止后，剩余财产转移给同类机构，个人不得瓜分。我们认为，这些做法较好地规范了非营利组织的经营活动，保证了非营利组织的非营利性质，值得借鉴。建议进行我国非营利组织组织体系的研究，争取在名称、性质、范围等方面基本与国际社会接轨。在登记管理工作中要注意区别社会服务组织的成立动机。社会组织可以自主选择营利性质和非营利性质。凡欲营利分配的，实行工商登记，并科以税赋。要在政策法规上，规定非营利组织不得开展与宗旨无关的经营活动，经营收入不得私分，剩余资产转移给同类组织。要求非营利组织按政策法规规定，在章程中载明财产的性质、使用原则和范围、注销后的处理方法。

（三）政府应给予非营利组织财政和税收减免支持

美、澳两国对非营利组织采取了“放水养鱼”的办法，一方面，给予非营利组织必要的财政资助和税收减免，另一方面，要求非营利组织在享受这些条件的同时，向社会提供低偿或无偿服务，以此作为报答。如美国旧金山东华医院，1995年州政府为其免了50%的税收，该院则向社会提供了340万美元的免费医疗服务。可谓国家让之以税，社会得之以利，机构得以发展。我国非营利组织整体发育比较晚，资金来源匮乏，运作成本很高。为使非营利组织充分发挥作用。并鉴于我国目前的财政情况，建议进行社会福利事业管理及财政拨款方式改革的尝试，将政府举办的社会福利事业单位转给社会中介组织承办。政府有关部门通过严格的审查，与选定的社会中介组织直接签订项目合作协议，将财政款项拨给社会中介组织。通过这一尝试，探索培育社会中介组织、转变政府职能的有效方式。此外，国家要进一步研究非营利组织的税收减免政策，关于企业所得税和个人所得税的减免规定应更易于操作。

（四）促进非营利组织自律机制的形成

自律管理是非营利组织管理走向成熟的标志。为此，需要我们长期地做大量的基础性工作。借鉴美、澳两国的做法，建议：1、加快社会团体组织通则、财务制度的研订，规范非营利组织的章程，对非营利组织的内部管理制度要具体化、标准化、合法化。对法律上不便明示的有关问题，如最高年龄限制等，通过非营利组织章程进行自我规范。今后不论是非营利组织的成立登记还是日常监督管理，应以审查章程为重点。2、规范法人管理。目前我国社团非法人状况比较混乱。我们认为，公民可以自由选择法人和非法人，只要注册的非营利组织都应是法人。实行法人登记制，将使非营利组织独立承担民事责任，规范自身行为，有利于政府统一管理。3、培育和建立一批同业组织，形成普遍的行业自律和互律。4、建立非营利组织的社会监督机制。在建立健全财务会计管理办法的基础上，加强社会审计监督。对基金会等公益慈善性组织的财务管理要作为重点，定期或不定期地进行稽核，将其结果向社会公开，允许公众进行检查监督。非营利组织的年检资料和公益慈善机构领导人的收入应公布于众。充分发挥新闻舆论的监督作用。5、开展非营利组织管理标准化的研究。完善年度检查的内容，使之简捷、系统，可操作性强。建立一套计算机识别分析的评估指标体系。

（五）大力开展非营利组织的研究和宣传工作

在美、澳两国，社会上拥有众多的非营利组织研究人员，其中不乏专家、教授，信息交流十分活跃。我国在这方面相对薄弱。建议今后条件成熟时，出版非营利组织年鉴，编纂研究书刊，与高校科研机构进行项目合作，开展业务知识培训。要本着以我为主、为我所用的原则，开展非营利组织管理的国际学术交流。访问期间，我们一方面深感两国政府、一些国际组织和有关非营利组织对我国非营利组织的关注。如美国国务院近期已启动根据江泽民主席与克林顿总统会谈议定的中美法律合作项目，他们对我国的行业协会和基金会的立法管理很感兴趣。另一方面，深感我们与美、澳两国在各自非营利组织发展状况上的相互陌生。建议今后积极稳妥地开展研究合作项目；参加必要的国际会议；选派政治与业务过硬的干部出国考察或作短期培训；在三个条例出台后的适当时候，举办中外非营利组织管理座谈会。通过请进来、走出去的积极方式，学习国外成功经验，同时也宣传我们自己。

菲律宾NGO管理与发展

一、菲律宾NGO发展概况

（一）菲律宾NGO发展的社会背景

菲律宾位于亚洲东南部，总人口7470万人，其中60%是农村人口。主要人种为马来人和印度人。行政区划设置分为省市镇村。全国有73个省、60个市和1500个镇。1521年，菲律宾被西班牙人发现，统治了近400年。1898年西班牙人退出后，美国人统治了菲律宾。直到1946年独立。虽然独立，但美国仍在菲律宾建立了军事基地。

菲律宾实行总统领导制，三权分立，但政治经济权实际控制在几个家族手中。这个国家的财富高度集中，全国有50%的资产集中在10个家族手中，21%的农地掌握在0.5%的地主手中。众议院中有2/3的议员为贵族或有贵族血统，有的贵族几代拥有上层政治权力。在200个众议院议席中，有116人拥有土地、45人拥有房地产、18人为建筑业垄断者。理论上这个国家有强有力的公务员来管理国家，但政府的能力比较弱。

菲律宾属发展中国家，经济尚不发达，生产力比较低下，行业结构没有调整好，竞争能力差，失业人数多，出口的产品大多是原材料，附加值低，许多产业造成生态环境的破坏。

菲律宾是一个多民族的国家，民族冲突多，再加上贫困的原因，常引起战争，全国长期处于内乱状态，民众的生活比较困苦。

菲律宾的NGO正是在这样的社会背景下诞生的，其目的是帮助解决社会贫困问题，促进人们参与社会文化生活，推进民主，发展经济。由于美国和其他西方国家的直接帮助扶持，菲律宾NGO在短时间得以迅速发展。

（二）菲律宾NGO发展历史

菲律宾NGO初始也与西方国家一样，大多数是教会的延续，其行为主要出于慈善动机。但研究菲律宾NGO的发展历史，应当聚焦在八十年代。这个时期对菲律宾NGO的发展起到了至关重要的作用。

1972年至1986年，菲律宾进入了被称为独裁统治的时期，人们较少自由，政府不承认NGO，不与NGO合作。不少政府官员认为，NGO将会推翻政府的领导。NGO因此不能自由地参政议政，活动只限于教育、宗教等少数领域。1986年，菲律宾爆发了全国性起义，独裁政府被推翻，阿基诺总统上台，国家和民众有了广泛民主的空间，政府开始鼓励NGO发展。因此有的学者称1986年是菲律宾NGO历史上的里程碑。从这时起，NGO数量急剧增加，有时一夜之间就会冒出许多。与此同时，西方国家开始插手菲律宾，向菲律宾输出“民主”，并且向菲律宾NGO资助巨额资金。大量的资金纷至沓来，这无异于火上加油，加速了菲律宾NGO数量上的火爆态势。一时间全国各地的NGO犹如雨后春笋。

菲律宾的NGO开始的目标是为社会弱势群体提供服务，随着社会的变革，NGO逐步转向更广泛的社会活动范围，如带头反对马克斯总统，帮助工人讨回工资，帮助农民讨回土地，实际上形成了工人和农民的政治运动。1986年马克斯政权解体。在这场政治运动中，不论是左派资本家还是右派共产党，都得到了NGO的支持和参与，NGO的活动非常活跃。马克斯政府的后期，公开承认了NGO

的社会地位。这是NGO第一次被政府所承认。社会也很自然地认可了NGO。因此，菲律宾的学者认为，这是菲律宾历史上的一次革命，也是NGO的一次革命。

在后来的阿基诺总统时期，NGO发展的步伐更大，活动范围延伸边远地区，分工越来越明确和细致，规模逐步壮大。1986年至1996年，是菲律宾NGO发展最快的时期。人们普遍认为NGO的行为更加灵活和有效。目前，菲律宾的NGO已发展到3万个，实际数量可能还要多一些。NGO的数量呈至今仍上升趋势。NGO在国家经济和社会发展中起到了重要作用。

（三）菲律宾NGO的界定和分类

1988年，菲律宾全国经济发展委员正式给NGO定义，即NGO是民办的、非营利的、自愿的社会组织。NGO旨在促进社会、经济的发展，主要为社会公众提供一些基本的社会服务。只要符合这个定义的，就可称为NGO。

菲律宾NGO的类型有宗教组织、行业协会、福利团体、基金会、联合会、网络、人民团体，以及包含服务性、中介性、非股份制的NGO等等。

人民组织包括工会、农会、合作社等自治性的群众组织。其成员主要是来自基层民众，他们为了保护自身的利益而自发成立起来，如与资本家讨价还价等等。一从严格定义的角度上看，非政府组织必须以公益为主要目的，而人民组织不以公益为目的，不提供社会福利，是自己帮助自己的互益性组织。

行业协会的成员不来自基层群众，而是由律师、会计师、商人等特定人群组成，大多数是职业人员。他们集中起来进行行业信息交流，制定行业规范，做一些善事。如菲律宾扶轮社就属此类组织。

福利团体包括宗教团体和基金会等。福利团体发展到现在，已从慈善领域延伸到社会发展领域，如在穷人中搞宣传，让人们认识到为什么贫困，怎样解困脱贫。相对于人民组织而言，福利团体是典型的公益性社会组织。

菲律宾NGO最具特色的是联合会和网络组织。一定数量的NGO组成了NGO的联合会，而一定数量的联合会又组成NGO的网络组织，众多的地方性网络组织又组成了全国性的网络组织。大家为了相同的目的走到一起，沟通信息，自我评估，建立行业行为准则，游说国会，解决共同面临的问题。

非股份制NGO属NGO的一种，有些类似我国的民办非企业单位，其范围涉及慈善、宗教、教育、文化、社区服务等领域。根据法律规定，非股份制非营利组织的收入不得作为奖金在成员中私分，其盈利所得必须用于宗旨相关的活动。非股份制NGO要遵守NGO管理的有关法律，一些特定行业还要遵守行业规定，如教育类非股份制NGO既要遵守教育行业的法律和特殊政策的规定，又要遵守NGO法的有关条款。

二、菲律宾NGO基本管理制度

（一）菲律宾NGO法律概述

菲律宾法律融合了西班牙和美国的法律，大体上说也是大陆法系国家。菲律宾NGO管理带有西班牙和美国的色彩，但是近十年来，已基本上用的是美国的模式。菲律宾NGO受宪法的保护。由于法律的鼓励，因此菲律宾NGO发展很快，迅速形成了一个不容忽视的强大的社会群体。

自1986年《军管法》废除以来，在亚太地区，菲律宾NGO法律框架的发展最为顺利。总体上看，菲律宾没有NGO专门的法律，有关NGO管理的法律散见在各种法律中。涉及NGO管理的法律主要有：《宪法》、《公司法》、共和国第7160法案、总统第902—A号令、《税收法》和《海关法》等等。

1987 年菲律宾《宪法》确认了 NGO 在国家中的社会地位。《宪法》第 2 条第 23 款规定：“国家鼓励促进符合国家法律的非政府、社区及部门组织的发展。”《宪法》第 8 条还对这些组织的作用和权力进行了下述规定：“国家尊重独立的人民团体的作用，鼓励公民以民主的方式通过和平合作手段追求和保护其合法利益以及理想。不得剥夺公民及人民团体在一定程度上有效参与各级社会、政治和经济决策的权利。国家将依据法律，促进建立足够的咨询机构。”《宪法》鼓励 NGO 参加各类社会发展活动。1991 年的《地方政府法》确定了地方政府管理 NGO 的职责。《税收法》和《海关法》规定了 NGO 享受特殊税收待遇的权利。《新民法典》规定了 NGO 的权利与义务。

1988 年，菲律宾国家计委颁发了一个法律文件，对 NGO 参加社会发展活动作了具体规定，明确了 NGO 与政府的合作原则。

菲律宾的许多法律都有鼓励 NGO 发挥作用的条款，有的法律还有 NGO 承担政府部分职能的规定。如 1986 年卫生部强调了 NGO 在卫生保健中的作用，第一次以法律的形式规定 NGO 要参与卫生保健工作。这就推动了 NGO 在卫生保健领域的发展。1989 年 11 月菲律宾卫生部第一次召开了 NGO 卫生保健全国大会，致力于卫生保健的 NGO 参加了大会，会议进一步确立了政府与 NGO 的合作伙伴关系。这一行动，实际上是落实法律精神。

（二）菲律宾 NGO 公约

为了便于 NGO 自律，菲律宾政府于 1991 年第一次制定了 NGO 行业自律准则公约，内容涉及职业道德和行业标准，强调正确处理好以下几方面的关系：1. 与人民的关系。NGO 要为人民的利益服务，珍惜人民的权利，深入社区，向人民学习；2. 与政府的关系。NGO 要与政府相配合，遵守国家的宪法和法律。3. 与捐赠者的关系。尊重捐赠者的权益，确保捐赠项目和捐赠资金真实、透明。4. 与职员的关系。要平等、公正。菲律宾政府要求 NGO 要认真严肃地履行公约，不要落空。这是政府监督 NGO，促进 NGO 自我管理的好方法。

（三）关于政治和经济方面的强制性规定

菲律宾政府重视对 NGO 的活动管理。在政治方面，菲律宾法律规定，NGO 尤其是那些由政府资助和享有免税待遇的 NGO，不得以任何捐助资助等形式，影响国会选举和政府公职人员的选举。

在经济活动方面，菲律宾法律规定，NGO 必须围绕慈善、宗教、教育、行业、文化、科学、公共服务等领域开展活动。不得直接或间接地将资产，包括红利分配或转移到成员或其亲属手中。不得将任何资产、收入或本金用于除宗旨以外的活动。如果由于 NGO 的本身的活动而获得了盈利收入，那么这笔收入将用于促进该组织实现其宗旨的活动。NGO 在没有足够的保证金或借贷的情况下，不得将收入和资产借出。

菲律宾禁止 NGO 直接参与任何具有商业目的的活动或直接从事商业活动，不得高价或低价购买任何债券或资产。NGO 可以从事其章程中明确规定或与其宗旨相关的营利性活动，但不得以商业或经营为主要目的。在此前提下，NGO 可以用一定数量的资金，在银行定期储蓄、购买股票和国库券等，用于资金增值；可以购置完全用于维持其活动和实现其宗旨的土地或其他资产为由，合法地进行商业投资，但需要上税。

（四）政府年度拨款制度

菲律宾政府年度拨款法案规定，在政府不宜出面或耗资太多的情况下，政府有关部门应当向与己义务相关的 NGO 提供资助，让 NGO 来开展活动。为此，政府有关部门还制定了相关行业社会服务的标准，符合这一标准的 NGO 方可得到政府有关部门的资助。

（五）NGO 自我管理

菲律宾政府不干预 NGO 的内部管理。这固然有政府放手，让社会监督，发挥市场的调节作用的理由。但有的菲律宾学者却认为，政府自身大量的行政事务无力处理，故不能顾及 NGO。这是政府慵懒、效率低下、行政能力弱化的表现。许多 NGO 抱怨政府采取撒手的政策，不关心 NGO 的发展。所以大量的社会事务历史地落在 NGO 的身上，NGO 只能自己管理自己。这体现了一种社会平衡，更体现了 NGO 的历史责任感。

考察菲律宾 NGO 的内部管理制度，其内容与各国 NGO 基本无异，如 NGO 的最高权力机构是理事会，理事会成员一般不得领取报酬，等等。这里不再赘述。菲律宾 NGO 自我管理有特色的内容，如前所述，是网络组织。

如同上市公司一样，NGO 要对社会负责。建立自律性的网络组织，实行行业管理，规范同业之间的行为，是菲律宾 NGO 自我管理的一个重要方式。一些 NGO 从目标宗旨、组织性质、价值观念等方面，开始“物以类聚”，自觉走到一起。如菲律宾非政府组织网络协调发展委员会，就是一个全国性的网络组织，它的下面有 3000 多个 NGO。NGO 的网络组织的主要职能，就是要监督 NGO 按公约办事。我们认为，这是 NGO 自我管理的好方式。

三、NGO 的登记制度

（一）NGO 登记的背景

NGO 的兴起也带来一些假 NGO，如有些政客为拉选票成立所谓的 NGO，给穷人一点饭吃，选举结束后，这类 NGO 也就死亡了；有些人为了偷逃税成立了 NGO；有的商业企业建立了以营利为目的的 NGO；有的 NGO 成立缺乏必要的条件，目的性也不明确，早上成立，晚上便消失，等等。为了避免这些假 NGO，维护合法 NGO 的权益，加强对 NGO 的管理，菲律宾政府决定加大对 NGO 登记管理的力度。根据菲律宾新税法第 34 章，菲律宾专门制定了 NGO 的鉴定机构——国家证券委员会，要求所有 NGO 到国家证券委员会登记注册。经正式登记的 NGO，才有权享受税收优惠和政府资助的待遇。捐款人可以通过证券委员会颁布的信息，选择接受捐赠的 NGO，以及捐赠项目和规模。

（二）菲律宾 NGO 登记与认可制度

总体看，菲律宾对 NGO 法律登记制度比较宽松。菲律宾的法律并不像新加坡那样，强制 NGO 登记。

菲律宾对 NGO 实际登记和认可两种制度。登记和认可具有不同作用。登记是在 NGO 符合法律的规定后，以法律的形式授予 NGO 法人地位。而认可则是对 NGO 符合以某种特殊服务为目的的组建标准而给予的官方承认。

与不少国家相同，菲律宾允许 NGO 不进行注册登记。登记与不登记，完全取决于 NGO 自身的意愿。不登记的 NGO（包括人民团体），虽然他们也有负责人、办公室和资金，但却无法拥有法人地位；虽然可以在不受政府的干预下开展活动，但不能享受免税待遇；虽然为社会提供了各种公益服务，但很少能获得社会的承认。他们基本上得不到政府的资助。政府允许未经登记的 NGO 参与地方政府部门举办的一些活动，其目的是促进政府与 NGO 的对话与合作，建立伙伴关系。只有在希望获得法人资格以便享受到法定优惠待遇的情况下，NGO 才会进行正式登记。不登记的 NGO 事先要准备好应付民事责任。不登记的 NGO 如果以正式组织的名义行使权力就会受到政府部门的起诉，并通过检察长和诉讼官员在相关级别的法院对该组织所有或任何一名成员提起诉讼。如果法院作出其侵犯正式组织的判决，那么这些成员将被驱逐出 NGO，不再享有成员资格。

（三）菲律宾NGO登记的基本步骤

菲律宾证券委员会是管理NGO的政府职能部门。依据法律，该机构拥有对NGO的监督权、管理权。在行使权力时，该委员可得到政府其他机构，如卫生、教育等部门的支持，并可委任有关政府机构代为行使管理权和监督权。

证券委员会负责登记注册NGO，同时也登记注册有限责任公司。向证券委员会申请注册登记NGO，可选择快捷程序或普通程序。其提交的材料与我国基本一样。所不同的是，菲律宾NGO的申请者还需递交名称的说明以及遵守NGO有关管理制度的承诺。成立基金会事先需有50000比索的本金。如果是基金信托组织，还需公证人员的公证。公证人员对NGO拥有监督权。如果成立教育类的非营利组织，还必须获得政府教育部门的许可证，然后到证券委员会注册登记。

证券委员会在收到申请者的全部文件后，对其进行审查以作出这些文件是否符合法律的规定。主要看目标宗旨、组织结构、董事会、资金管理办法、财务人员、办事程序、员工社会保障、监事会、是否加入网络等等。如果不符合，证券委员会将通过与该组织的代表召开会议的形式，向申请人提出改进意见。对不符合上述条件，宗旨明显不符合国家宪法、法律、法令和社会道德标准的NGO申请者，证券委员会拒绝批准登记。不服的申请者可提出复议和行政诉讼。申请者被批准后即获得法人资格。在证券委员会登记注册的NGO并不能享受免税待遇。需要免税的NGO，还需向税务部门申请。税务部门负责审查NGO的免税资格。基金会在国家税务局登记注册。

（四）菲律宾NGO登记制度的改革

20世纪80年代初，菲律宾的NGO发展迅猛，涉及各个领域。但哪些是合法的NGO，社会上难以辨认。政府拟对NGO采取不免税政策，如社会慈善捐赠不免税、NGO接受土地捐赠也不能免税等。当时西方捐赠似乎疯了似的，滚滚流进菲律宾。政府意识到，如不给予NGO联合起来，要求政府考虑予以NGO免税优惠。政府提出，给予NGO以免税待遇，就要有一个权威部门认证，保证NGO身份的合法性。这6个NGO与财政部国家税务局讨论达成共识。1998年菲律宾政府决定对现行NGO登记管理方式进行改革。为了严格登记管理工作，使NGO取信社会，更好地服务社会，菲律宾政府成立了菲律宾非政府组织登记注册委员会，专门负责享受免税待遇的NGO的登记注册。主要任务是：1. 调动NGO的积极性，提高NGO的服务水平，促进NGO的健康发展；2. 促进NGO与政府的关系，密切合作伙伴关系；3. 建立NGO认证制度，受理对NGO的注册申请，并对其进行评估，合法的NGO将获得该委员会颁发的证书；4. 鼓励个人和私营业者通过减免税收，向NGO捐赠财产，参与社会发展；5. 简化NGO的登记手续和办理税收手续，提高工作效率和审批的准确性。

这个委员会的性质属NGO，它不是取代政府，而是承担政府转移的部分NGO登记注册的职能，主要负责NGO减免税的审查。国家税务局有4人在该委员会工作。这个机构实行垂直领导体系，在地方有派出机构，代表国家行使权力。从中央到地方，有100名左右的自愿工作者。除车旅费外，这些工作人员所有出差费用均自理。

改革方案规定，新成立NGO的一般步骤是：如果成立全国性的NGO，要向菲律宾非政府组织登记注册委员会递交申请和有关材料，说明组织机构和董事会、章程、资金来源渠道、资金管理方式。如果成立省一级的NGO，要递交两封申请书，一封申请递交给菲律宾非政府组织登记注册委员会，另一封申请递交给省发展委员会，并附上有关材料。这个委员会设在省长办公室里。给发展委员会递交申请，目的是让发展委员会知道在哪些地方开展项目。发展委员会在收到NGO的申请信和全部材料后，回信确认材料齐全。

随后，非营利组织登记注册委员会派出3人认证工作小组，进行为期3天的实地考察，与社区服务对象、董事会成员座谈，主要了解拟成立的 NGO 的宗旨、任务、组织结构、资金来源、非营利性、公益性、公众可信度、财务管理方式以及项目可行性。通过实地调查，3 人小组作出是否登记的决定。认证官员独立工作。认证官员在下去检查前先看申请材料，然后到申请者所在地检查核实，写出调查报告。报告要分析申请者的优势和存在的问题，并首先在报告上打出分数，提出是否准予登记的初步意见。不同意成立的，要说明原因，并提出改进意见。这份评估调查报告要递交给 NGO 登记注册委员会的董事会，最后由董事会决定是否批准申请者登记。董事会一般由 9 人组成。每个月至少开一次审批会议。表决时要有网络组织、NGO 的代表和税务局的代表参加。董事会表决实行投票制，每个董事会成员根据认证检查小组报告的情况打出分数，采取 5 分制。得 4—5 分的申请者，可获得 3—4 年的活动期；得 3—4 分的申请者，可获得 3 年的活动期。获得 3 分以下的申请者，委员会不予批准登记。NGO 获得准许登记后，必须在 6 个月内开展活动，否则将被注销。董事会同意后，将签署书面文件，委员们要在书面签字，然后将这份文件送税务局。不享受免税待遇的不在规定之列。NGO 注册登记时要交纳 10000 比索的登记费，规模小的 NGO 可以交 3000 比索。此经费用于支付认证官员（3 人小组）的车旅费。全国有 600 个经培训的认证官员。

菲律宾政府认为，这种方法还不尽完善，尚在摸索之中，具体程序有待进一步改进。

四、菲律宾 NGO 的税收制度

（一）菲律宾 NGO 的免税规定

完全从事宗教、慈善、科学、体育、文化、卫生、康复、退伍军人救助活动，以促进社会福利发展为目的的合法 NGO，可在证券委员会批准其组织章程后 90 天内，通过向当地财政官员及其下属的登记管理部门提交有关文件，申请获得免税受赠组织资格，享受免交所得税待遇。如果 NGO 利用其资产从事以营利为目的的活动，无论这些活动是否与其宗旨有直接或间接关系，从中获得的收益都必须缴纳所得税。

（二）慈善捐赠税收减免规定

为了促进 NGO 的发展，菲律宾政府对税收法进行了改革。新的税收改革法律于 1998 年 1 月 1 日生效，扩大了对慈善捐助的减税范围。该法律鼓励单位组织和公民个人资助 NGO。在此之前，只有公司捐赠慈善组织才可以享受减税 3% 的待遇，而私人捐赠则无此待遇。新的法律颁布后，公民个人捐赠慈善机构可享受的减税 10%，公司可享受的减税比例增加到 5%。该法案还规定，个人或公司的某些捐赠资助，如向宗教捐赠，可作为特殊，享受 100% 的捐赠免税待遇。但接受捐赠的 NGO 必须是公益性组织，并且在税收年度后的两个半月内支出或分配的捐赠资产，其管理性支出应控制在总收入的 30% 以内。

（三）对 NGO 税收减免的管理

虽然菲律宾政府制定捐赠所得税减免的法律规定与世界上多数国家相似，但其管理是比较严格的，有一整套严密的制度。NGO 每接受一笔捐赠，都必须向政府有关部门报告。并且必须在税收年度结束之后的第 4 个月前的 15 天之内，就上一年收到的所有捐赠情况向国家财政部门提交年度总报告，而且要附上所得税申报书。NGO 的年度报告书非常详细，如收入清单、捐款人姓名地址、开展活动情况、没有将捐款用于会员内部分配的证明、项目完成报告等等。年度报告书不符合有关法律规定，非营利组织将被取消免税待遇。凡一次捐款超过 1000 比索的捐款人，必须在收到受赠人的接受捐款证明后的 30 天内，通报财政官员。逾期将受理免税申请。NGO 在接受了捐赠后，必须在当年（最多可延期三个月）将捐赠的财产再捐赠于社会。如果数额太大，一时捐不出去，可向国家税务局申请延期，最长可延至 5 年。NGO 解散后，财产必须转移给合法的宗旨相似的 NGO。

五、NGO与政府的合作伙伴关系

（一）关于合作伙伴的认识

菲律宾政府认为，与NGO建立合作伙伴关系，其优势在于，NGO可以直接深入基层，了解民意。NGO所代表的意见，一般具有普遍的代表性。如果政府出台新的政策，NGO是最好的宣传者。由于NGO深入基层，项目实施速度快，效率高。同时也能将政府的温暖直接送到基层。甚至有人认为NGO是政府的有机组成部分。当然，菲律宾政府认为NGO也有弱势。由于NGO有广泛的代表性，在某些问题上要达成一致很困难，政府往往要说服很多人，要花费很长时间。有时讨论来讨论去，结果不是所希望的，最后不得不回到原来最初的方案上来，由此形成的文件很厚。此外有的NGO的财务可信度不好，需要政府的审计。

（二）政府与NGO协调机制

菲律宾NGO与政府的合作伙伴关系是宪法规定的。政府要与任何利益群体合作。我们考察了菲律宾国家经济发展委员会，其职能类似我国的计委，主要负责制定国家5年经济发展计划，指导实施，并进行评估。该委员会在全国各地设有15个办公室，每个办公室负责7～10个省，主要对项目进行协调。在国家经济发展委员会最高决策机构中设有董事会。董事会由各部的部长和总统组成，总统担任董事会会长。董事会的一项重要工作，就是制定全国NGO发展政策。

不久，菲律宾政府第一次将NGO确定为合作伙伴。在国家发展项目中一定要有NGO的参与。NGO不仅参与论证，而且还可参与项目实施，政府要向NGO提供资金。NGO实际上已经成为国家经济和发展中的一个有机组成部分，与政府一道，共同承担社会经济发展责任。

同时，菲律宾各地方还颁布法案，要求政府在制定政策时要有NGO的参与。政府规定，各级政府部门的项目办公室，要有NGO的代表。如在菲律宾卫生部环境与自然保护司，就有一位NGO的代表。他代表NGO的利益群体，参与项目论证研究，行使法律赋予他的权力。

（三）选择标准

中央政府和地方政府在众多的NGO中挑选中意的合作伙伴，其标准是：有广泛的会员基础，有能力实现宗旨和任务，有一贯良好的表现。据了解，在实际遴选工作中，政府不可能逐一筛选，而是有重点的考察。考察时要注重NGO的发展历史，通过查看记录，可以了解NGO的实际工作能力。同时要考察NGO的目标以及为实现目标而制定的方案。NGO要有管理能力，主要是资金管理能力。不是所有的NGO都有很多钱，钱少不一定不能工作，关键是要有信誉。财务管理要严格守法，要有良好的审计报告。非营利性是一个重要标准，资金和红利不能私分，工作人员的薪金要合理，行政支出不得超出募集总资金的20～30%。此外还要看NGO募集资金的能力，这是NGO生命力的主要体现。原则上政府鼓励支持NGO直接向社会募集资金。

政府认定NGO合作伙伴不是终身制，如果NGO努力工作，符合政府的遴选标准，NGO的合作伙伴关系将继续保留，否则将予以终止。

（四）多种多样的合作方式

总体看，NGO与政府合作的形式有多种，一是可以以个人名义做项目顾问，或承担某些项目细节，或提供服务；二是帮助论证项目；三是参与到政府部门中去工作；四是在项目进行中进行监督评议。

据介绍，凡世界首脑会议，菲律宾总统一定要带NGO的代表一起参加，这在世界上是少有的。此外，菲律宾NGO还可参加世界许多国际会议，如菲律宾NGO可参加是否允许中国加入WTO的有关会议，并可在会上表决。

（五）合作成效

我们考察后认为，菲律宾政府与 NGO 合作成效是显著的，NGO 与政府已经形成了相互依存的关系有力地促进了社会的进步与发展。

这里我们举两个实地考察的例子。

卫生部作了一个分析，从 1910 年卫生部成立至 1990 年，每年的卫生保健项目基本是一样的，如年年建厕所。除了建厕所，就不知搞什么项目。卫生部既不了解民意，也没有让 NGO 或参与项目。因此群众意见很大，项目没有做到群众满意。如果将卫生保健项目交给社区群众参与，由于技术性强，老百姓也不知怎么做。所以，将社区卫生保健项目交给 NGO 去做是最合适的。1991 年，菲律宾卫生部将社区卫生保健职能全部转移给地方政府，由地方政府再交给 NGO 去做。这项工作一直深入到村，这是政府不可能做到的。很快社区卫生保健工作迅速在全国开展起来。NGO 知道哪些项目是群众最急需的，所有卫生保健项目均让群众满意。为了保证遴选出合格胜任的 NGO，1993 年，菲律宾卫生部成立了 NGO 认证委员会，所有经这个委员会认证的 NGO，方具有接受卫生部项目的资格。认证一次 3 年有效，认证的主要标准是看这个 NGO 是否具备项目的组织能力。通过合作，一批 NGO 的能力得到加强，促进了地方政府与 NGO 的合作关系。

另一个例子是马尼拉郊区居民拆迁项目。该项目将马尼拉城市中的 1500 户居民搬迁至马尼拉郊区。项目工程浩大，如平整土地，在新址上建立功能配套齐全的居民小区，包括马路、学校、住宅、商业网点等等，还要组织居民搬迁，帮助政府发放和管理居民的借贷款，住房分配。整个项目的组织工作几乎全部由 NGO 承担，现场见不到政府官员。

六、菲律宾 NGO 与国际社会的关系

（一）国际社会全面关注 NGO

近十几年来，NGO 不论是在发达国家，还是在发展中国家，都得到的迅速发展，社会地位不断提高。NGO 的能动作用、NG0 与政府的关系等许多问题，引起了世界的广泛关注。里约热内卢世界首脑会议专题讨论了 NGO 的发展问题，呼吁各国重视 NGO 的发展，加强 NGO 与政府的合作，政府要与 NGO 保持正常的渠道，为 NGO 的发展创造条件。1982 年世界银行成立了 NGO 委员会，专门研究和解决 NGO 问题，以期促进 NGO 的发展。

有鉴于此，一些国际组织和西方财团开始将资金援助转向 NGO，其数量越来越大。通过资金援助这一杠杆，推动政府与 NGO 的合作。许多 NGO 资金援助组织的援助先决条件是，项目必须有 NGO 的参加。NGO 的参与度，决定了援助的规模。这已经成为一种趋势。我们在这次考察中，特意考察了亚洲开发银行。该行致力于 NGO 的能力建设，为此提供了有力的支持。1990 年该行援助 NGO 的资金比例占全部援助金的 7%，到了 1999 年扩大到 52%，这种趋势还在继续扩大。资金援助的目标是，促进政府与 NGO 的合作，扩大 NGO 的社会参与度，培育 NGO 的独立意识，帮助 NGO 积累开展项目的经验，提高 NGO 自身的工作效率，在社会发展中起到更加积极的作用。亚洲开发银行在菲律宾有许多项目。这些项目均有 NGO 参与。

与 NGO 合作的范围很广，既有参与贫困地区的扶贫项目，也有参与制定行业发展的项目。亚洲银行认为，这种合作是非常有效的，NGO 提出了许多很好的建议。由于 NGO 的积极参与，扩大了亚洲开发银行与菲律宾的合作范围。世界银行近几年也加大了与 NGO 合作的力度，帮助 NGO 参与社区工作。

（二）资金援助原则

西方资金援助组织援助原则，一是非政府组织，二是不以营利为目的。这是合作的基础。资金用途主要是为贫困群体和社区群众服务。

这项援助组织主要关注：1. NGO 的发展，独立于政府的非政府组织，以人道的合作为目的。业务包括，减轻灾难，帮助穷人脱贫致富，促进社区发展。接受援助的 NGO 类型主要有两类，一是操作型 NGO，主要承担项目。二是宣传型 NGO，主要影响公众意识与观念。但也有在这二者之间的 NGO，属混合型 NGO。合作 NGO 的类型没有固定模式，随具体项目而定。合作的范围有三方面，一是通过贷款、技术输出开展项目；二是以国家为援助对象；三是帮助制定发展政策。

（三）菲律宾 NGO 与海外援助组织的关系

菲律宾 NGO 的经费来源主要有政府资助、国内捐赠和国外捐赠。一般说，捐款人向 NGO 捐款有三种方式。一是捐款人通过非政府渠道向 NGO 捐款。第二是捐款人通过政府有关部门向 NGO 提供资金，由政府部门的 NGO 的项目管理委员会进行评议审批。第三是外国捐款人直接向 NGO 捐款。资金很少直接拨给 NGO，而是向项目拨付资金。通过实施项目资金，NGO 可获得工作经费，进而获得自身发展。

我们在考察中了解到，菲律宾 NGO 接受了大量海外资金援助，有的完全是在使用海外资金。国外援助方式有以下几种：一是由政府直接接受海外援助，主要由 NGO 实施。这些援助组织有 PACAP、全球环境保护组织、加拿大地方项目基金、日本小额贷款项目、日本海外协力财团、美国援助基金、美国民间自愿组织等等。二是政府与 NGO 共同接受海外援助。这些援助组织有亚洲开发银行、农业微型企业发展项目、世界银行第三世界农村发展计划、农民和土地改革信贷资金等等。三是 NGO 直接接受海外援助，政府不干预。主要援助组织有欧盟非政府组织发展委员会等等。菲律宾政府对国外捐赠持鼓励和支持政策，但实行政府部门统一管理。NGO 欲获取外国的项目资金，需经国家经济发展局批准。

近几年，西方援助 NGO 的资金大量流向非洲、俄罗斯等地。西方援助俄罗斯 NGO，加速了苏联的解体。而菲律宾 NGO 所得到的资金就越来越少。

西方资金的流入，虽然在一定程度上帮助了菲律宾的社会发展项目，但也有许多资金流人反政府的 NGO 手中，培植了一批反政府、主张民族分裂的社会力量。这些组织也就成为社会不稳定因素。因此，有的学者认为，菲律宾是没有灵魂的国家。

七、菲律宾 NGO 的社会作用

（一）积极参加社会发展项目

菲律宾的每个政府部门在制定和实施社会发展项目时，一般都设 NGO 代表机构或有 NGO 的代表。这些 NGO 的代表与政府官员一道研究、论证项目，并监督实施。如菲律宾从中央到地方（镇）的经济发展委员会，均有 NGO 的代表，他们参加中央和地方经济发展计划的制定。外援项目也由 NGO 论证。世界银行、亚洲开发银行等组织在菲律宾的援助发展项目，事先由菲律宾的 NGO 进行审查，提出意见，有的还参与项目的实施和评估。菲律宾的学者认为，这一做法体现了政府决策的民主程度，有利于政府简政放权。但也有的学者认为，政府的工作程序本来就不够简化，现在让众多的 NGO 参与，又增加了许多程序，政府处于无能地位，显得有些滑稽。

（二）开展扶贫济困活动

菲律宾的经济比较落后，贫困人口很多。许多 NGO 自觉承担发展经济的责任，致力于帮助穷人增加财富。他们在全国范围内，深入基层，接触民众，开展了扶贫助困的工作，有的向农民传授技术；有的帮助贫困户推广市场；有的游说政府，制定有利于贫困群体的政策。小到一个村庄，大到跨省区。可以说，菲律宾几乎所有的扶贫项目都是由 NGO 组织实施的，有的扶贫项目资金超过上千万元。菲律宾 NGO 界常以此为骄傲。他们认为菲律宾 NGO 参与项目扶贫是一种创造，为发展中国家既提供了成功的经验，也提供了失败的教训。有的学者还引用哲人的话，宁可点燃一支蜡烛，也不要诅咒黑暗。NGO 虽小，但却是照亮黑暗的蜡烛。菲律宾 NGO 在政府之外扮演着为社会服务的角色。

（三）帮助政府拖减国际金融机构债务

近几十年，菲律宾大量接受世界银行、亚洲开发银行等组织的援助，借贷了巨额资金。由于种种原因，相当一部分难以偿还。菲律宾的 NGO 可以非政府特有的身份，帮助政府向这些金融组织讨价还价，并取得实效。

（四）参政议政

在议员、总统选举时，NGO 代表某一群体的利益积极反映民意，提出具体项目要求，考查他们的施政纲领，向他们施加群体压力。如在选举中，NGO 代表了不同的利益群体，既是会议代表，又是 NGO 的代表。在外交事务上，虽然 NGO 不能制定国家政策，但可以参与制定的过程，传播国际上的有关信息，提出建议，对菲律宾签署的国际协议进行监督。

澳大利亚 NGO 管理与发展

一、澳大利亚 NGO 概述

（一）NGO 发展简明历史

欧洲人来澳大利亚定居是从 1788 年一个英国的罪犯充军地开始的，在其后的一个世纪中，教堂及其社会福利机构是澳大利亚主要的非营利组织，逐渐地，非宗教的非营利组织以公益性团体的形式出现了，他们对疾病、失业和无家可归者提供帮助。19 世纪非宗教的非营利组织出现并得到发展，他们采取了社区俱乐部、孤儿院、残疾人服务组织、商业协会和业余爱好与体育协会等形式，努力从事社会慈善事业。20 世纪 70 年代初，在儿童入托、市民咨询服务等社会福利服务方面提供帮助的以社区为基础的小型团体发展很快。这是在社会福利水平提高的背景下出现的。70 年代后期，澳大利亚的社会福利水平有所下降，这对许多 NGO 的发展很有影响。90 年代至今，澳大利亚的经济有了很大的发展，NGO 也得到了很好的发展环境。

（二）性质与规模

NGO 在澳大利亚社会中具有显著的特点，虽然它们通俗的名称有很多，诸如“不以营利为目的”、“慈善组织”、“协会”、“俱乐部”、“学会”或者“基金会”等等，但这类组织的共同特点是，不同于政府部门和营利组织。目前澳大利亚正式注册的各类 NGO 有 10 万个，没有注册的不具有法人地位的 NGO 估计有 30 万个，甚至可能比正式登记的 NGO 要多。象许多国家一样，澳大利亚的 NGO 多方面地参与澳大利亚的社会生活，提供了非常广泛的社会福利、文化、体育和社区服务，在社会中发挥着独特的、十分重要的作用，已经成为社会生活的一部分。比如，澳大利亚 NGO 提供的医院病床占全国的八分之一，各种护理之家床位占全国的三分之一，学校教育设施占全国的四分之一。

澳大利亚的 NGO 是相当独立的。既不与政党同盟，又不与政府一体。他们的一个很重要的工作目标是，代表特定群体的利益，影响并且参与政府的政策制定；同时通过与政党的合作，来影响政党的纲领和目标。因此，澳大利亚许多 NGO 的工作非常活跃。NGO 往往得到一定群体的支持和拥护。

（三）法律渊源和特色

澳大利亚 NGO 法律源自英国，深受英国法律的影响，有的条款是直接照抄过来的，自然属英美法系。近 20 年来，澳大利亚的法律又逐渐受到了美国法律的影响，特别是在行政法等领域。澳大利亚 NGO 法律环境总体上比较宽松，有利于 NGO 的发展，其 NGO 的登记制度和税收制度颇受 NGO 界的推崇。

澳大利亚是由州和地区组成的联邦。宪法权力在州政府和联邦政府之间有所划分。澳大利亚州政府与联邦政府均可制定 NGO 的法律。地方政府虽受联邦政府的管辖，但自主权很大，再加上各地方政府行使职能也很不一样，因此对 NGO 管理的程度以及相关的法律法规差别很大，如 NGO 的财产评估和服务、建筑物的场地使用以及卫生保健方面的法规，各州就很不同。由于多年来联邦政府和地方政府一直重视 NGO 的法律制定和修订工作，常年积累下来，有关 NGO 的法律就有许多。这也是澳大利亚 NGO 法律的特色之一。不过，近几年澳大利亚各州也在尝试州之间 NGO 法律的协调。如不久前各州同意将互助合作协会的法律规范一致起来。

（四）行政管理举要

澳大利亚 NGO 行政处罚手段分为罚款、终止活动和判刑等。多数情况下，政府采取终止活动的处罚。登记机关有权撤消 NGO 的理事长，暂停非政府组织的工作。

澳大利亚 NGO 每三个月要向政府财政部门递交一份工作报告，每年则要递交工作计划。政府财政部门将审议这些报告，同意的达成书面协议，并予以拨款。当然政府财政部门有权在任何时候停止拨款，不需要任何理由。澳大利亚 NGO 必须向政府登记机关提交年度报告，包括年度中的重大决策，领导人的变更以及查账员的辞职或调动等。这些文件，大多是公开的，以利社会的监督。由于 NGO 的数量大量增多，澳大利亚 NGO 的资金显得越来越少，而且这种资源在一定的时间里是相对有限的。鼓励 NGO 慈善捐赠并加强管理，能使 NGO 获得更多的社会资源。澳大利亚除个别地方外，不仅要有监督管理基金募集的行政机构，而且有相关的法律，内容涉及广泛，包括道路交通、捐卖、抽签、幸运游戏等等。

澳大利亚政府与 NGO 的合作，通常是通过合同的方式予以确定。如澳大利亚的社会福利全部由 NGO 具体组织实施。政府通过与 NGO 签订合同，将社会福利事务交给 NGO 操作。

二、澳大利亚 NGO 的主要形式

澳大利亚 NGO 的主要形式有：正式登记的 NGO、不登记的 NGO、慈善信托和有担保的有限公司。这些形式的 NGO 在政府哪个部门登记，取决于 NGO 的组织形态。不同的组织形态有不同的登记管理方式。

（一）正式登记的 NGO

正式登记的 NGO 具有法人资格。

澳大利亚政府由联邦、州和地方政府组成。澳大利亚联邦没有 NGO 的全国统一的登记法规。每个州的 NGO 登记管理的法律既有相同的，又有不同的，有的甚至差别很大。每个州和地方均有允许建立正式登记的 NGO 的法律。

每个州和地方都有一个登记机关，一般设在司法部内，通常由一位部长负责这个部门的工作。大多数法规对会员的最少数量、登记费、宗旨和章程有明确要求，同时还要求填写完备的申请书等等。登记机关有权拒绝 NGO 的成立申请，不过很少发生这样的事。

在政治方面，澳大利亚各州的法律都规定，NGO 不得为非法目的成立，有的地方还特别规定不得成立以政治为目的的社团。在经济方面，各州和地方都规定，NGO 不得以营利为目的，禁止在会员中私分财产，全部利润要用于与宗旨相符的事业。也有的州不允许 NGO 参加任何经营活动。

与中国一样，澳大利亚的 NGO 内部设理事会。理事会由年度的会员大会选举产生，但也有的州规定可以由外部的机构派代表组成。理事会成员任期一般为一年，许多地方允许理事会成员延期担任。理事会对本团体的工作负责。大多数州和地方规定 NGO 每年要向政府有关部门报送财务审计报告，但不同的是，有的州还要求 NGO 将审计过的账单交政府有关部门保管，以便公众检查。澳大利亚 NGO 的章程中，普遍规定了会员的权利，以及会员权利受到侵害时的解决办法。如果发生争议，会员甚至可以要求法院强制执行。澳大利亚有的州制定了 NGO 的会计和审计的标准，这对于 NGO 的财务管理是非常有用的。正式登记的 NGO 要在章程中明确规定理事会和全体大会的次数、时间和形式，还要规定选举办法，理事会成员需 2 至 3 人提名。变更理事会成员，必须在一个月内向州司法局备案。

澳大利亚的 NGO 可以自行解散。各州规定，财产清算标准，可参照公司法的规定执行。每个州的法律对剩余财产的规定是极不相同的。在昆士兰和维多里亚州，可以按照团体章程规定或者会员通过的专门决议来处理剩余财产，而在其他州，任何处置方案，都要得到法院批准，而且有些情况下政府要严格管理。NGO 注销或兼并前，由指定注册会计师进行财务审计，剩余财产由法院判决移交同类NGO，然后收回法人证书。如资不抵债，由指定注册会计师向法院起诉，有法院判决。如果营利组织兼并NGO，NGO的财产不得私分，需用于与其宗旨相同的事业，或存人银行。为了在登记时容易取得免税资格，大多数NGO在章程中规定，解散时将剩余财产移交给同类具有免税资格的NGO。

鉴于各州地方NGO法规差别较大，有的专家和学者提出统一全国NGO登记管理的法律，在条件尚不成熟的情况下，先统一主要登记管理内容。

（二）不登记的NGO

所谓不登记NGO属非正式结社的NGO，是指人们可以为实现某个目的，自发地成立社团组织，不需要任何法律手续，只要意见一致，即使未表述，也可以建立。

不登记的NGO不具备法人资格，可以用全体成员的名义签订合同，但要由个人承担法律责任。还可扩大到民事侵权责任。

不登记的NGO其活动和组织形式的范围很广，大多数是互益性团体，从非正式的消闲俱乐部到大型的宗教和政治组织。许多澳大利亚的政党是非正式结社的NGO。除按社团法律登记的社团外，有的NGO并不是按照社团法律进行登记的，这些NGO有的是依照其他特定法案设立的，它们往往是一些很老的组织，在社团法出台之前就已经存在，或者是英国女皇特许成立的。有一点类似于我国“自成立之日起即具备法人资格的社团”。不过这些依照社团法以外法案成立的NGO，现在数量很少。

不登记的NGO大量存在的主要原因，是法律没有明确NGO一定要注册，在现实社会中，非正式NGO也就可以自由建立。有很多NGO起初是以非正式的NGO的形式成立的，但很快就到政府登记机关进行登记。近年来，不登记的NGO有向登记方面发展的趋势，原因是非正式NGO在财产权、民事权等方面不受国家法律的保护。

不登记的NGO由于它的非正式的性质和地位，不受任何专门法律的约束。这种组织具有成立容易、运作费用低的特点。政府允许不登记的NGO的存在，给公民结社提供了灵活的、便利的途径，满足了公民一般结社的需求。但是任何正式的文件中，如宪法和权力法案中都没有明确记载它的地位。

不登记的NGO不得以非法目的成立，而且在其章程中要具有强制性分配其收入的条款，以便被视为非营利机构。它也可以从事商业活动，但如果它将红利分配给其成员，就有变成营利组织可能，那么就要受到相应的处理。不登记的NGO按照其章程的规定，可以参与以影响立法和以选举为目的的活动。选举活动和候选人员要遵守选举法。

不登记的NGO由于不受法律的管辖，所以往往特别需要自律，建立健全各项规章制度。但这种自律并不是个个不登记NGO都做得好的，如有的就不向公众提供所得税报告，有的内部管理混乱，争议不少，有的理事会缺乏责任等等。

澳大利亚公司法对不登记的NGO有限制措施，禁止成立多于20个人、为团体或其成员谋取利益的不登记NGO。是否为成员谋取利益，澳大利亚证券委员会有一个指标，看其资产、年收入和雇员的多少。不登记NGO，如果需跨州开展活动，需向公司法协调机构和澳大利亚证券委员会办理登记手续。这些限制性条款，迫使不登记NGO采取法人登记形式。

没有法律规定不登记的NGO的资金使用方式，但一般地都将其资产的一定比例用于本社团的目标等等。不登记的NGO内部管理也没有法律规定。

不登记NGO的领导成员，通常是通过会员会议投票选举出来的，任期一般一年至三年。也有的会员是终生的。理事会以上成员如果不能胜任，通常会受到章程的制裁。根据章程的规定，理事会成员如破产、患精神病、犯了严重罪行等，全体会员可以在会员大会上，予以罢免。如需要复议，法院一般是不会介入的。

不登记的 NGO 一般都在其章程中规定了解散的程序。如果不登记的 NGO 的成员一致同意解散，他们还可以制定解散的程序。如果解散的决定是由多数表决通过的，且章程中规定有解散程序，则必须按该程序办理。

（三）慈善信托

澳大利亚 NGO 的另一个特点是有慈善信托组织种类。慈善信托组织是从英国移植而来的，但是与英国又有所不同。慈善性信托是一种要求接受财产的人要公正地管理所托管的财产，实现捐赠者要求用于慈善的目的。通常情况下，慈善信托形式常常是基金会。慈善信托与社团法人不同，但是，可以采取社团实体的形式管理这笔财产。

慈善信托组织不必向任何州的行政部门登记。但是由于其他原因，如为了纳税和募集公众资金，他们可能被要求到不同的权威部门去登记。成立慈善信托比成立非正式结社的团体在法律上要求更严格。大多数涉及不动产的慈善信托，都必须以书面的法律文书。从法律的角度看，如不按正规手续办理成立登记手续，慈善信托很难开展活动。

澳大利亚的法律允许慈善信托进行投资，可以从事与其宗旨有关的商业活动，例如，一个托管的学校可以收取教育费，一个保护历史建筑的托管可以收取门票费，但是这些受委托人不得从中牟取私利。

受托人在办理受托关系后，可成立慈善信托管理机构。受托人可以是终生从事信托工作，但必须对受托工作负责。受托人员可以在托管资金中报销工作费用。任何个人均可对受托人的行为提出质疑，但必须得到州检察总长的批准。

慈善信托在澳大利亚是 NGO 类结构中最保密的形式，责任制度几乎完全落在了受托人身上。这种个人资产的隐私性处理方式，更能被不愿声张的富人所接受。加上慈善信托管理不严格和不规范，最难管理慈善信托组织的是如何保证它的活动符合慈善的目标，许多澳大利亚人认为，慈善信托存在着危险。正因为此，澳大利亚政府正在准备对税法进行修改，以杜绝某些拥有高额财富的人将慈善信托作为逃税的工具。

（四）有担保的有限公司

有担保的有限公司是澳大利亚 NGO 的特色。澳大利亚社团是在公司法下成立的，联邦政府规定在公司法下允许非营利社团注册，并且通常采取有担保的有限公司形式。这种形式是从英国的公司法中继承下来的，其成员要提供一定数量的担保金，以便在社团解散时偿还债务。一旦该组织解散并无力偿还债务时，其成员要保证缴纳一定数量的资金。保证金的数额一般很少，是象征性的，在 2～100 澳元之间。许多老一点的 NGO 都采取这种组织形式。

成立有担保的有限公司需作全国性 NGO 注册，向澳大利亚证券委员会提交申请。澳大利亚证券委员会为联邦财政部所属，该委员会在各州设有机构，负责执行公司法，是负责全国性 NGO 登记的政府部门。注册成立有担保的有限公司，需有名称、章程、办公地点、5 个发起人、3 个负责人（其中有 2 个人是澳大利亚本土的居民），还要填写有关表格，缴纳公司登记费，没有注册资金的限制。名称不能含糊不清，章程需 3/4 以上的成员通过，秘书长和司库必须专职，秘书长的国籍不限，但需在澳大利亚长期居住。董事长（会长）必须具备以下条件：自然人；18 岁以上；非破产、非无力偿还债务、非被救济者；非被法庭传讯过或有澳大利亚证券委员会禁止情形；无违宪行为。有担保的有限公司由董事会管理。其董事会产生的选举程序，比许多结社团体的规定灵活得多。通常董事由公司的成员提名，并在年度大会上投票选举产生，董事的任期 3 年。也可以多数票撤消董事。董事会的成员对组织负责，承担个人责任。如有违法，董事们可能受到民事和刑事的处罚。有担保的有限公司要将年度报告和经审计的财务文件上报澳大利亚证券委员会，由该委员会将此信息提交公众监督检查。

登记前，澳大利亚证券委员会向申请者提供章程范本。和其他形式的 NGO 一样，有担保的有限公司不能在会员中分配财产，向社会募集资金将受到严格管制。

此外，联邦证券委员会还负责外国 NGO 的登记。外国 NGO 与本国 NGO 的登记管理基本相同，要求秘书长或司库必须长期在本地居住（即当地人）。

三、NGO 的税收制度

（一）中央与地方税种

澳大利亚有很多税种，法律规定了社会组织的纳税范围。澳大利亚的联邦、州以及市政当局均可向 NGO 征税，故澳大利亚税制分为中央税和地方税。地方税包括州和地方。各自征税的税种是，联邦政府征收国税，如所得税、资本增值税、小额优惠税、批发销售税、各种执照税、员工及家属福利税、买卖税等；州政府从联邦政府征收的税中分得一部分税金，并且征收州税，如房地产税、工作收入税以及印花税；市政当局则征收财产税以及服务费等。

由于 NGO 的非营利性质，许多 NGO 可以免交各种税、费以及政府其他部门的各种征收费用。NGO 的这种免税的定义及豁免的程度经常变化调整。1997 年 8 月联邦政府对税收系统进行调查，提出对现行税收制度，如消费税等要进行改革。但一般来说，人们对任何税赋及其改革都抱着不欢迎的态度。

（二）NGO 的免税制度

澳大利亚享受所得税免税的 NGO 类型组织是非常广泛的。凡属下列情形的，均可申请免税：宗教、科学、慈善或公共教育机构；公共非营利性医院；医学救助机构；工会及雇主协会；音乐、艺术、科学、体育或文学团体、社区服务组织；航空、农业、牧场、园艺、葡萄栽培、制造业或工业发展协会；通过公共大学或医院以自愿或委托方式建立的以公共慈善为目的的或从事科学发展研究的基金会，等等。符合上述条件的 NGO 可以享受免税待遇。也就是说，并不是所有的 NGO 都可免税，有些 NGO 要纳税，有些则可免税。NGO 如需免税，必须注册为免税种类的慈善公益性等性质的 NGO，互益性的 NGO 不能免税，从事游说的 NGO 不能免税。在免税的 NGO 当中，有的是慈善组织，有的不是慈善组织。

NGO 在免税前必须首先确认自己为非营利性的慈善组织。与西方国家不同的是，澳大利亚 NGO 可以每年自我评定是否免交所得税。实际情形是，大多数 NGO 要求澳大利亚税务局，每年在他们自我评估的基础上再进行审议，以便决定他们是否免税，因为如果获得政府的批准，NGO 税收将更具有权威性，也更准确。对未获得批准免交所得税的 NGO，可以就近到澳大利亚税务局所属的地区办公室进行申请免交所得税。澳犬利亚税务局负责对所有 NGO 的免交所得税申请进行审查，以确保 NGO 自我评估的准确性。这也就是说，NGO 要想免税，首先需自我确定符合免税条件，然后政府再加以认定。

不过，是否免税以及免税幅度，还视具体情况而定。具体免税情形相当复杂，免税的幅度不一样。如果全部收入都是用于与宗旨相关的事业或推动 NGO 事业的，则是免税的。慈善信托不交所得税，因为它每年要将其收入的 85% 捐出去。这样做既可使这种慈善托管机构不必为少交税而冒风险，又可防止它积累资金。如集邮俱乐部的非营利性收入超过 416 澳元的部分就要纳税。其他一些 NGO 纳税或超出或低于这一标准。如钓鱼竞赛协会和舞蹈协会都是免税的，而普通消遣性钓鱼俱乐部和交谊舞协会是不能免税的。许多澳大利亚学者对此大惑不解，认为免税定义不清。看来只有税务官员才能说得清楚。

与包括我国在内的众多国家相比，澳大利亚 NGO 不仅可以从事与自身宗旨有关的经济活动，而且还可从事与自身业务无关的商业活动。允许商业活动，条件是商业活动所得用于更广泛的非营利目标。这在世界上是非常少见的。体现了澳大利亚非营利税收宽松的一面。

澳大利亚法律规定，捐赠慈善事业，企业和个人当年可以免所得税。个人所得税税率为 30%。对 NGO 捐赠，现金、财产或可交易的股票等均可。但对遗产捐赠有限制性规定。非政府组织接受捐款和会费收入免征所得税。一般非政府组织从事一些与宗旨相关的经营服务性活动，如基金会与商店为慈善共同销售某种商品等，收人是免税的。但要求所有免税的收入必须用于与章程所规定的宗旨相符合的事业，不能分给任何成员。

（三）NGO 税收存在的问题

就法律而言，澳大利亚 NGO 免税制度是世界上最宽松的，优惠的 NGO 的税收制度，有利于 NGO 的发展。澳大利亚 NGO 税收方面的问题是：

1. 联邦体制使 NGO 缺乏统一的管理制度，能够接受慈善捐赠的收捐人范围很小，不能适用澳大利亚的国情。

2. 各州 NGO 免税规定不一。如澳大利亚 NGO 地方税的税种、税率均不相同。虽然澳大利亚免税的 NGO 无需提交纳税报表，但 NGO 向其他政府机构上交税务报表，则取决于 NGO 的自愿。有担保的有限责任公司需向澳大利亚证券委员会提交年报和财务审计报告，正式登记的 NGO 是否提交报告取决于所在州的法律，慈善信托组织是否必须向政府机构提交报税法律并无统一规定。再如，澳大利亚法律不允许公众查阅税务报表以及公开慈善信托组织的经营业务状况。而在某些州、省，公众可查阅登记正式登记的 NGO 的报表以及有担保的有限责任公司向证券委员会提交的年报。但在近几十年的实践中，澳大利亚人对 NGO 定义不清、法律不完善、不兼容甚至矛盾的状况深感不满，普遍要求进行协调、统一，制定全国一致的 NGO 管理法律。

3. 偷税漏税。宽松的税制对 NGO 来说，当然是好事，但对国家来说，未必是好事。澳大利亚税务部门的官员告诉我们，NGO 偷税漏税相当多，因此他们常为优惠的 NGO 税收制度所带来的纳税诈骗行为苦恼。有很多学者指出，这种免税制度，不可避免地导致偷逃税收，并且造成企业、营利性社会福利机构与 NGO 事实上的不平等。因此社会上要求限制对 NGO 无关的商业收入免税进行改革的呼声很高。

澳大利亚对待 NGO 免税经历了一个宽泛的有限度的管理阶段。近 10 年中，根据州政府与联邦政府之间达成的协议，澳大利亚政府对政府结构和经济机构进行了重大的改革。近几年，澳大利亚政府又着手对 NGO 免税制度进行改革。1997 年以前，只要是慈善机构，不论在世界哪个地方，均可免税。此后，对税法进行了修改。规定慈善机构免税的资金必须在澳大利亚本地开支。2000 年 7 月 1 日澳大利亚实行了新税制，对买卖税进行改革，将买卖税改为商品与服务税，10% 的税率。新税制涉及全民，当然包括 NGO。其改革的幅度之大是多年少有的。因此引起了举国上下的关注。

澳大利亚政府与 NGO 配合，不断修改有关 NGO 的法律，并取得成果，使之越来越具有澳大利亚的特点。但是，要进行 NGO 有关法律的改革难度很大。有人认为，澳大利亚当前最重要的一项工作，就是不断对 NGO 管理的法律进行改革。

（四）新税制的内容

澳大利亚政府于 2000 年 7 月 1 日实行新税制。新税制的内容比较广泛，如修订了印花税、商品与服务税等等，其本质在于强调征税，从制度上来看严格了许多。而对于 NGO 来说，主要的还是消

费税。与我们考察目的有关的是 NGO 税收，故与 NGO 无关的税收改革，本文从略。

新税制与旧税制相比有很大区别。新税制前，NGO 提供的服务是免税的，慈善机构提供的所有非成本性服务也是免税的。非商品性物品也是免税的。新税制后，NGO 的任何服务都要上税；NGO 购买物品要向物主交税；NGO 经商办企业，不能享受免税待遇，尽管将营业利润用于慈善事业。

在制定新税制时，澳大利亚政府既要防止 NGO 偷税漏税，又要考虑到 NGO 的特殊性，给予一定的扶持，于是想出了一个退税的办法。即新税制对所有社会组织一视同仁，尽管 NGO 属慈善机构，但是 NGO 在购买物品还是要上消费税。但与其他社会组织不同的是，NGO 可以退税。每个月，NGO 的财务人员要填一张表格交给政府，要求政府退税。政府则对 NGO 的开支进行审查。如确属慈善机构，政府可以将税款退给 NGO。为了顺利实施新税制，政府给每个 NGO 颁发一个组织机构代码。政府花巨资培训 NGO 的财务人员，指导和帮助 NGO 退税。而对于 NGO 来说，则需要有一个专职的财务人员。

新税制对不同性质 NGO 的免税尺度是不一样的。有的 NGO 年收入超过 10 万澳元，就要在新税制下重新注册，按 10% 的税率纳税；而少于 10 万澳元的可以作为慈善机构注册，享受免税待遇。如果注册成为非营利性援助组织（公众筹款机构），年收入需 200 万澳元。援助组织可以设立分支机构，但必须有自己独立的账号和资金管理委员会。如分支机构每年收入未超过 10 万澳元，那么该分支机构也不要注册。

四、NGO 新税制的评估

澳大利亚的新税制是复杂的，而人们对新税制的心情也是复杂的，因为新税制涉及澳大利亚所有组织和个人的切身利益，尤其是低收人者。澳大利亚总理霍华德也承认，对新税制所引起的巨大的社会反响始料未及。我们在澳大利亚访问期间，适逢旧税制与新税制更替交接。新税制实行的当天，澳大利亚全国许多地方进行了示威游行，不少人情绪激动。据说澳大利亚总理霍华德已提前跑到英国避一避风头。

但总体上看，澳大利亚新税制利大于弊，消极因素被限制在最低。一些 NGO 认为，新税制总体上对国家的发展有利，对 NGO 的发展有利，如新税制有利于阻止 NGO 偷税漏税，不会对 NGO 的工作人员就业造成不利影响。对非 NGO 群体而言，有利于高纳税的老年人，只有极少数贫困群体的生活受到一定影响。从长远看，人们还是受益的。尽管新税制使 NGO 的工作增添了一些麻烦，但国家保护 NGO 的意图是很明显的，是扶持 NGO 发展的，NGO 应当以国家利益为重。

也有人持不同意见。一些 NGO 宣称自己并不偷税漏税，新税制使自己成了受害者。有的抱怨，今后生意人生存困难，NGO 生存则更难了。有的则抱怨，新税制使 NGO 的管理成本更高，要花更多的精力和人力。在老税制时，NGO 只要表明自己是慈善机构就可免税。新税制对澳大利亚的 NGO 来说，至少多了一个管理层。一部分 NGO 对新税制的看法是，应该改革收入税，而不应该改革消费税。一个国家对消费商品进行税收，对大多数公民来说是很不利的。低收入的人，其收入除用于衣食后所剩无几，再科以税收，无疑是雪上加霜，这样穷人则更加困苦，社会显得不平等。许多高收入者则不在乎这些税收，而且新税制可能给高收入者提供了偷税漏税的机会。在修订新税制的过程中，许多 NGO 坚持要求政府对高收入者实行更为严格的税收制度。但是这些组织认为他们的努力失败了。因此 NGO 与政府的关系比较紧张。

关于对美国基金会的考察与思考

为了吸取发达国家有关基金会管理方面的有益经验，完成好《基金会登记管理条例》的修订起草工作，2000年8月15日至24日，以民政部民间组织管理局副局长陈光耀为团长的考察团一行5人，赴美国的华盛顿、纽约、旧金山等地，就基金会有关问题进行了考察，先后与美国国会众院的财政委员会、纽约州司法厅、美国基金会联合会、美国非营利组织信息中心、美国亚洲基金会、美国国际教育协会、美国福特基金会、洛克菲勒基金会和岭南基金会及美国加州非营利机构律师事务所等单位的有关负责人进行座谈，现将考察的主要情况介绍如下：

（一）美国基金会的简要概况

美国的基金会分为两种形式，即公立基金会和私立基金会。公立基金会主要是指，其资金来源是多元化的基金会，一是来自于政府资助和项目拨款，政府交给基金会任务或项目时，一般都给予基金或项目资金的支持；二是接受捐赠，在这项收入中，个人捐赠占85%，来自公司或其他企业的捐赠占15%；三是自身的创收，包括投资收益、编辑刊物和提供其他有偿服务，如美国亚洲基金会。私立基金会主要指资金来源是由某个独立企业或某个家族提供的，其最初领导人，大多由家族成员或亲戚、朋友组成，如洛克菲勒兄弟基金会等。据介绍，目前美国有5万多个基金会，其中有500个基金超过1亿美元，有50个基金超过10亿美元，最大的是比尔盖茨基金会，基金超过200亿美元。

依据美国有关法律，公益性机构可免税，又可减免为其捐赠者的相应税金。但要取得这一资格，该组织必须依照规定要求，在州的司法部门登记后，向美国国税局申请非营利组织免税登记，且接受上述两机关的监督管理。

美国国会众议院的财政委员会负责非营利机构法律的起草。该委员会负责人介绍，委员会共有37名成员，有关基金会组织的法律，就是由他们起草，并经国会众议院同意后提交总统批准实施的。

在美国，对基金会实施依法管理的是两个部门。第一个管理部门是各州的司法部门。各州的司法厅按照联邦和州法具体负责基金会的注册，并对之进行监督管理。据纽约州司法厅厅长威廉·约瑟逊先生介绍，该厅下设非营利组织登记管理处，具体承担辖区内非营利组织的登记管理工作，处里工作人员中有19名律师、6名会计师。另外，州司法厅在辖区内设有若干个办事处，这些办事处只负责非营利组织的登记咨询业务，不承办登记。

各州对基金会的法律要求，主要是有关募捐的各项规定。尽管各州的法律不尽相同，但对基金的募集，都作了两项基本一致的规定。这就是：其一，要保证募集到的资金，能够根据捐赠人的意向，用于公益或慈善的目的；其二，要保证公众能够获得对使用捐赠的有关决定的准确可靠的信息。很显然，这一立法的目的在于，保障善款能够按原来的目的使用，并能得到公众的广泛监督。

第二个管理部门就是美国国税局。该局的主要职能是征税和执行与征税相关的所有法律。美国的基金会等公益、慈善组织取得免税待遇和税收方面的监督均由该部门负责。基金会申请获取免税资格，要填写国税局提供的1023表，并随同该表一起向国税局提交本组织的章程和有关文件。其中要详细填写机构的目标、活动内容以及资产来源。当所有文件及所要求的资料全部无误地提交，经美国国税局审定确认后，便发给裁定书，即时则承认这个机构为符合501（C）（3）法规规定的免税单位。公民为公益或慈善组织提供捐款或捐赠的，也要向其申报，以获得减免税的优惠。例如，公民将继承的遗产捐赠给基金会等公益组织，可以免交37%～55%的个人遗产税。所以，联邦国税局机构庞大，据称有10万众。从美国《税收法》可以看出，国家对从事社会公益、慈善事业的捐赠，是持积极的态度。由于这种法律的支持，使美国的非营利公益、慈善机构显得非常活跃。有资料介绍，1996年美国人对非营利机构的捐款，大约在1500亿美元以上，这些捐款，几乎80%（约1200美元）来自于个人，其中的100亿以上是个人遗产。

美国有关法律对非营利组织的认定标准归纳起来主要把握以下几点：A. 该组织是为实现一定目标成立的，这个目标应是慈善、宗教、扶贫救助、文化及其他有关的公益事业；B. 该宗旨服务的对象是社会化的，不是为特定少数人服务的；C. 该组织不应有股东，不能进行私人分红或从中获取好处；D. 该组织的资金限制用于竞选活动。

（二）关于基金会条例修订中几个较大问题的考察

我们这次考察，重点了解了在起草修订基金会管理条例工作中遇到的争议较大的几个问题，概括如下：

1. 关于基金会能否购买股票或拥有企业股权等问题

美国法律容许基金会将资金进入投资市场，但要求基金会的投资必须保持慎重，事先要作投资分析，并坚持多元化的投资结构，不能将资金都投入在一个项目上。为了防止盲目投资的风险，通常情况下，基金会都委托专业的金融投资机构操作，大的基金会还聘用投资顾问。同时，基金会的投资要严格遵守《特殊交易法》的规定，不允许基金会投资在与该基金会领导成员有关的企业及其项目上，防止基金会的领导成员利用职权获取个人利益。据亚洲基金会主管项目的副会长戈登·海恩先生的介绍，该基金会本身不搞创收的业务，但其资金可以通过投资组合进入市场，并且拥有部分股权。福特基金会、洛克菲勒基金会等也同样如此。据介绍，其基金积累的大量增加，与这一时期美国经济持续繁荣所形成的良好投资市场有关。

美国的法律虽然对基金会的经商办实体没有作出限制，但国税局将其经商活动区分为与业务相关和不相关，并在税收征管上给予不同的待遇。基金会开展与业务相关的经营活动，可免交15%—40%的所得税，如超出相关的业务范围，则要同其他商业或企业一样交纳所得税。据介绍，基金会的经营活动，可以设立独立的实体，也可以不是独立的实体，但都要实行独立核算。为了在公众面前保持良好形象，非营利组织都会注意自己的经营创收所占的比例，如果超过其资金总额的15%，就会令人怀疑，因为非营利组织的主业是从事公益或慈善事业，要是将大部分资金和精力用来创收，则很难令人信服其还会是公益性的非营利组织。果真这样，不仅会失去公众的信任，也很容易失去非营利组织的免税资格。

2. 关于基金会设立分支机构的问题

美国联邦政府及各州的法律，对基金会设立分支机构问题，没有作出任何限制，同时也不限制基金会在国外设立相应机构从事公益或慈善活动。对于设不设分支机构，主要由基金会理事会根据自身的规模和活动需要等具体情况确定。现实当中，美国绝大多数基金会很少设立分支机构，也有个别的设立了分支机构，如福特基金会就设立了若干分会。

3. 关于基金会可否从募集的资金中提取一定的工作成本问题

美国的法律容许基金会从捐款中支取一定比例的运营费，即我们所说的行政开支。基金会运作成本比例由基金会与捐赠者协商确定，所提取的运营费一般都不超过捐赠资金的10%。美国基金会为提高信誉和公众知名度都尽量降低成本，使更多的基金投入公益事业，绝大多数都低于这个比例，一般在5%—7%左右。如福特基金会平均每年行政开支只占5%。美国亚洲基金会因捐款者不一样，而百分比不同，对此，基金会采取内部分摊、平衡的方式计划开支。它的行政开支，占整个年度预算的

10% 左右。其他基金会所介绍的情况，也大致如此。美国的法律虽没有对基金会从捐款中提取一定运营费的比例作出限制，但法律上所要求其保持透明度，则会使之得到社会各界的评估，因为行政经费的开支多少，体现了该组织的行政效率，由此将影响到它的社会信誉，也将影响到今后它是否能继续获得更多的捐赠。不难判断，每个捐赠者都希望把更多的钱用于公益或慈善事业。实际上，这种法律规范的透明度所营造的公众评估和监督机制，要比通过法条限制，更具有约束力。

4. 关于基金会的领导成员可否容许政府官员兼职的问题

美国法律对此没有作出限制，但美国的《利益冲突法》已经作出了限制政府官员利用特权为个人牟取私利的种种规定。藉以这种法律上的要求，有些基金会以自律的方式，通过章程作出了相应规定。如福特基金会就在自己的章程中规定，基金会的任何领导成员，一旦出任政府官员，则应辞去基金会中的职务。公立基金会因为有一部分本来就是由政府发起的，所以有一些是政府官员兼职，比如有的市市长就兼任基金会理事，但按照《利益冲突法》，政府官员虽在基金会中兼职也不能以任何名义拿任何报酬，反而要对自己所担负的那部分职务负相应责任。据纽约州司法厅厅长介绍，有关法律还规定，基金会不得为政府部门捐款，或为政府官员发放差旅费等。

5. 关于基金会每年用于资助的金额应占多少比例问题

目前美国的基金会基本上是以不成文的约定俗成，每年至少用于公益事业的资金占总资产的 5%（资产总额包括现金、股票、债券等，不包括固定资产）。基金会资产总额是每月内部核算一次，不断进行调整平衡，最终以每年财务审计结束得出的实际数据为准。基金会每年都应将资助情况在国税局要求填写的 990 报表中体现，并通过自己网站公诸于众。美国非营利信息中心也会及时将报表及有关详细资料、社会反馈情况等收集成册和上非营利机构信息网，同时进行相应的效益评估，供社会各界掌握，包括政府主管机关即司法厅和联邦国税局了解。

6. 关于基金会内部组织机构及监事机构组成和职责

美国基金会大大小小有数万个，大的基金会资产上百亿美元，人员有近百个，不仅本国有机构，而且分布于其他国家，而小的基金会只有 3 人组成。因此，机构设置也大相径庭。但所有的基金会都是由理事会领导。大规模基金会内部组成机构由十几至二十个理事组成，下设若干个部门或分会，理事会中还设若干个监督小组。一般如下：1. 财政小组，此机构与基金会内部的财务部不同，它是由部分理事和财务专家组成，负责所有财务监督。2. 审计小组，由一些理事和审计专家组成，负责基金募集、增值、投资等各个环节的审计，投资比较大的基金项目是一月一审，属于内部审计。3. 项目审查小组，负责项目质量以及项目执行情况监督，包括在美国以外的项目质量监督（不同于基金会内部的项目部）。4. 筹款小组，负责监督筹款规范的运作。5. 理事会提名小组，负责新一届理事的提名考核。6. 常务决策小组（相当于我们的常务理事会，但人数不多），一般由会长、执行会长（相当于常务副会长或秘书长）及几个理事组成，开会较多，负责日常决策。基金会每年召开 3—4 次理事会，在此基础上常务决策小组再开 3 ~ 4 次会议，研究日常工作。

美国的基金会虽然没有专门的监事机构，但上述 1、2、3、4 个小组都是具有监事职能的机构。其科学之处在于这些机构都是由具有该方面专长的理事或专家组成，而且有一定监督职权。基金会的理事会，既是它的决策者，又是它的监督者。一般来说，美国基金会的理事会成员，大多都是企业界、学术界的成功之士或有威望的社会名流，是在基金会不拿薪水的志愿者。例如，象福特基金会这样的私立基金会，其理事会经过多次自我更新后，现在的理事已不再跟原来的家族有任何关系。据福特基金会副会长介绍，福特基金会现有理事成员 18 人，每届任期 6 年，最多可连任一届。基金会的所有重大决策均由理事会决定。诸如基金会的会长和副会长等重要职务的人选、储备金的动用、重大项目的拨款，以及投资方向等等，都是由理事会决定的。基金会的章程要求，每次召开理事会都要及时通知所有的理事，并且对会议作出详细记录。尽管基金会的理事是无薪职的志愿者，但如果基金会出问题，同样要负法律责任。这就要求所有的理事要对基金会的监督负起责任，并不是挂名的。

7. **基金会的行业自律机制**

自律在美国社会中是一个极为普遍的概念。它是为了维护整体也包括自身形象的社会认同。人们无论从事营利或非营利的各项活动，首先是选择自律的形式。可以说，自律存在于美国的各行各业。我们所走访的美国基金会联合会；就是一个基金会的自律组织。据联合会负责人介绍，该联合会现有会员 1900 多家，美国举足轻重的大的基金会都是其核心成员。它的主要任务就是代表基金会与政府沟通以及制定基金会的各项工作标准。其所制定的标准概括了优质管理的基本要求、健全的理事会政策、适宜地募集基金以及完整的财务预算制度等等。这些标准或称行规，对美国基金会的活动起到了重要的自律作用，也为社会评估提供了依据。另外，会计标准化协会从行业自律角度，也制定了营利组织会计与非营利组织会计的工作标准，而基金会的财务会计人员则要遵守非营利组织会计执业标准。

8. **关于基金会的监督与处罚**

联邦国税局和各州司法部门作为非营利性组织的执法机关，对非营利机构的监督手段，一是要求非营利机构每年按时提交年度报表，二是公众或内部人员的举报，三是新闻媒体的“曝光”。

凡法律上认可的非营利机构每年均须填写联邦国税局规定的年度报告表（即 990 表），以报告该组织的活动及财务状况。根据州法，有些州政府还要求提交其他的年度信息。990 表是这次考察当中，我们经常听人说起的一个重要表格。该表内容十分详细，它几乎包括了各州的执法和管理人员共同需要的大量信息，其中甚至包括了每个非营利机构最高席位的 5 名领导人的全年收人。国税局的监督重点，就是检查该组织及其成员有没有违法牟利行为。一旦发现疑点，州司法厅、国税局都将提出审计。

公众舆论和传媒的“曝光”，也为政府对非营利机构的监督，提供了重要的信息资源。在美国，有很多起非营利组织的不轨行为，都是由于被新闻机构揭露出丑闻，而受到追究的。据纽约州的司法官员讲，他们如此少量的工作人员不可能对数以万计的非营利机构实施具体的全面的监督，惟一有效的方法，就是让工作人员从各种传媒当中，收集有关信息，一旦发现关于非营利机构的违规报道，便随之立案调查。

依据法律，公众有权对免税机构提出查询的要求。在受到要求时，免税机构应提供最近 3 年的 990 表以及申请表（1023）的复印件，便于公众监督。对于故意使公众监督失误者则施以 5000 美元的罚金。在我们考察中可以看到，基本上每个基金会都将年度财务情况上网供公众查询。美国非营利组织信息中心的一项主要职能就是收集信息上网，供社会查询并对之进行社会评估。正是由于这种社会舆论和大众传媒所形成的监督机制，则促使基金会的所有活动趋于规范。

总之，美国的非营利组织数量庞大，无论是国税局还是州司法厅都不可能全顾及到，所以大量的监督，是靠公众和新闻媒体。

国税局对基金会违规的处罚，主要是依据情节对责任人和组织处以不同额度的罚金。其最大的处罚就是取消该组织的免税资格。

依据有关法律，各州司法厅的长官可以是任何一个所辖基金会的当然理事，并有权解散理事会或罢免某个理事。如果违规者不服处罚，有权起诉，最后以法院的判决为准。起诉费用必须由个人承担，不能用基金会的资金，除非胜诉。

据纽约州司法厅长和注册处官员介绍，国税局与司法部门对基金会这类免税机构的违规行为，在实施处罚上是有差异的，国税局则偏重于对组织及责任人的罚款，包括取消免税资格，以征得更多的税金，而司法部门则更倾向于追究个人责任，以保证该组织更好地从事公益或慈善活动。

（三）关于对《基金会管理条例》有关条款的修改意见

美国基金会在立法及管理和自律方面有很多经验，虽然美国基金会的管理模式是在美国经济、文化及习惯的特定环境下形成的，对中国这样的发展中国家来说，不能照搬照取，但是他们的有些经验具有共性，有借鉴之处。美国基金会现在的发展情况，在一定程度上可折射出我国基金会将来的发展趋势。现就我们考察后认为对立法工作有帮助的几个问题，意见如下：

1. 关于基金会能否购买股票及拥有股权和办实体的问题

我们认为，为了促进基金会更好地发展，在目前利息相对低的情况下，也应部分允许基金会买股票和部分拥有企业股权，以使基金得到进一步增值。为了防止风险过大，对基金会购买股票应有一定限制，即应多元化投资，限制将基金全部投在购买某种股票上，而且购买股票的资金不能超过基金总额50%，并规定基金会购买股票应委托专业证券公司代理（即代客理财），其余应存于银行或购买国债等，作为风险储备金。

基金会可以办与自己业务有关的实体。根据目前允许社团办实体但应当在工商注册企业法人或领取营业执照以及在民政部门注册民办非企业单位的政策，既然基金会也属于社团法人的一种，也应当允许其投资办实体，但由于我国目前对基金会非营利组织税收配套政策还不完善，在纳税优惠等问题上还处在探索阶段，以及基金会本身运营体制不是很规范的情况下，还只能允许兴办与其业务有关的实体。在基金会条例中可以原则上允许兴办与基金会业务有关的实体，至于如何具体操作，由于情况复杂，建议另行用政策性文件规定解决，在基金会条例上不作详细规定。

2. 关于基金会设立分支机构的问题

建议应允许。这样可便于一些基金会为从事公益事业，进行资金募集、项目论证、财务监督和专家咨询等活动，但与社团一样也不得设立地域性分支机构，避免形成上下垂直领导体系。

3. 关于基金会接受资助、捐赠的资金能否从中支付运作成本问题

总的精神是允许，但应有限制条件。即：应明确按照捐赠方的要求确定运作成本比例，同时考虑我国基金会与美国相比运作不很规范，自律机制一时还难以完备的情况，对运作成本还应规定一个上限比例，以约束基金会无限制提高运作成本。因此，建议在按照协议外，增加全年平均运作成本比例最高不超过项目经费的7%。这与美国的5%—10%相比是中等水平，比较符合中国国情。可以一方面防止基金会浪费成本，另一方面可以防止捐赠方（尤其是国有企业）的捐赠行为不规范和从中拿回扣，而造成税收和国有资产流失，保证绝大部分捐赠用于公益事业。

4. 关于基金会能否允许政府工作人员兼职问题

由于目前我国财务审计刚刚开始，体制改革，许多工作还不成熟，社团的会计制度财政部与民政部正在研究制定，从分析看，近几年内也不可能建立很完善的基金税收制度、财务制度和自律机制，很难保证政府现职人员在基金会中兼职不拿报酬。同时也为了避免政府现职人员利用职权来影响基金会的资金募集，因此建议不允许政府现职人员在基金会兼职。

5. 关于基金会每年用于资助公益事业的数额比例问题

建议以上一年底的资金总额（固定资产除外）10%用于次年的资助金额。中国的基金会做不到美国基金会那样内部一月一核算，但必须每年自己审核一遍，由法定审计机构审计一次，以法定审计的资产总额数为准。

6. 关于建立基金会的内部监督机构问题

鉴于我国基金会规模大小不等，且内部自律机制不健全的情况下为防止基金运作偏差而造成的难以弥补的损失，建议凡成立基金会都至少应邀请与之宗旨业务相关的社会各界专家组成监事会，监事会不负责具体工作，只负责项目论证、资金筹集或资助运作过程监管、财务内审、增值资金的投资结构审定和监督基金会领导者民主决策等职责。监事会只对全体理事会负责，不由会长或秘书长个人领导。

7. 关于管理体制问题

建议设立中央（民政部）和省（民政厅）两级（含计划单列市，但不含省会、副省级市）登记管辖权。省里批准的由上一级核准，民政部批准的报国务院核准。与之对应，业务主管单位也是中央、省两级。美国也是两级，但业务是分开的。注册基金会在州一级，联邦不注册，因各州法律不同。由于税权集中在联邦税局，税法是统一的，各州都没有免税权的确认资格，所以所有非营利性免税资格统一由联邦税局认定。

（四）几点思考

1. 应积极扶持公益性、慈善性基金会组织

我国的基金会是在实行改革开放以后发展起来的。虽然为时不长，但已初步显示了它在社会发展中的积极作用。它们通过民间渠道聚集社会财力资源，开展赈灾扶贫、捐资助学、助弱扶残、环境保护等活动，并积极推动科学、文化、教育、体育等公益事业的发展，加快了社会主义精神文明建设。随着人民生活水平的不断提高，整个社会对社会公益福利事业的需求也进一步增加，为了适应这种社会发展的客观需要，更有必要发挥基金会组织的特殊功能，募集海内外及社会各界力量的财物资源，以调解经济发展中的不平衡，并具体落实公益事业的运作，造福人民。因此，对基金会的发展应给予积极的扶持。

当然，对基金会在我国现阶段的发展，要持积极而又慎重的态度。我国尚处在社会主义初级阶段，国情决定总体经济发展水平低，尤其在向社会主义市场经济的转轨时期，国有企业正在改制过程中，人民生活虽有很大改善，但同发达国家比，仍属低收入，人们之间的收入差距也较大。因此，基金会的发展要从国情出发，数量不宜发展过快，其寻求捐赠资源应重点面向国内先富起来的人和海外华人、华侨及国际友好人士及慈善组织。在美国，没有一笔数额较大的基金，完全靠向社会公众募捐的基金会很少，绝大多数基金会都有一笔相当数额的基金，只有少量的社会捐赠，这同我国的情况相反。因此，基金会发展的数量，要与社会经济发展和人民收入水平相适应，要以社会能接受和容纳的程度为前提，稳步发展。但鉴于美国的经验，应允许和鼓励不向社会募捐的私立（或独立）基金会和企业（包括国营、民营、个体企业）基金会以及为社区公益事业基金会的发展。

当然，扶持公益性基金会也需要规范，必须让基金会有能力致力于公益事业，而非形同虚设或成为一个营利性机构。基金会的发展不应有“相同相似社团禁止成立”的限制，因为所有的基金会不外在社会科技、福利、文化、体育、卫生等几个方面，大部分性质在一定程度上相同相似，都从事慈善、福利和促进社会进步的事业。但应禁止名称相同的基金会同时存在，否则会引起混淆和侵权行为。

2. 加强法规政策引导，促进基金会有序发展

加强法规政策指导，使赞助、捐赠规范化、有序化。目前，社会上的一些企业、事业单位可以随心所欲地赞助任何一个组织或一项活动，缺乏法律、法规的约束，这种捐赠行为的无序，其结果造成一些急需支持和发展的事业得不到资助，而一些无关紧要的事情，却因关系或有公职人员支持等因素而获得相当的资金支持，从而使社会资金流动偏离了方向。因此，有必要加强法规，政策导向，规范赞助、捐赠行为，使一切对社会的捐赠（或资助）都应通过基金会去实现。这不仅有利于基金会和社会公益事业的发展，而且有利于整个社会的思想道德水平的提高，有利于社会的进步。为了使重新修订后的《基金会管理条例》颁布后能得到有效地贯彻实施，达到规范基金会的行为目的，在条例颁布后应尽快制定一系列地配套政策。这些政策包括：《基金会接受捐赠和社会募捐管理办法》、《基金会会计制度》、《基金会基金增值税收减免的有关规定》、《基金会开展经营活动的有关规定》、《基金会名称命名管理办法》和《基金会年检、审计的若干规定》等。

要给予基金会税收优惠政策的倾斜。基金会所从事的是公益性、福利性的工作，与政府造福人民的本质是一致的。国家对其予以税收优惠，不仅是扶持，同时也是一种导向。为了鼓励社会各界积极参与公益事业，要对捐赠者也应给予减免税的优惠，目前这种减税幅度太低，仅为3%，建议应适当地调高。同时对基金会的基金增值、海外捐赠物资关税等也应给予相应的减免税优惠。

3. 加大对基金会的监管力度

根据我国政府机构改革精神以及参考美国对基金会管理的做法，建议对基金会年检方式进行改革，政府机关（包括批准机关和业务主管单位）每年要求基金会只提供两种材料，即（1）全年接受捐赠、投资、增值、资助、行政开支、活动情况和负责人收益情况报表；（2）审计机构审计报告，并汇集和上网，鼓励基金会内部监督和社会公益监督与新闻舆论监督。

政府管理机关的工作重心，应转移为重在查处违规行为。机构改革后的政府机关人员精简，如果过多地管理基金会日常事务，必然无暇或无力查处违法行为，这使违法行为得不到及时查处，会使基金会互相仿效，起不到限制和禁止作用，只有查处几个并全面曝光，包括对负责人的免职，以至于撤消该基金会，才会对其他基金会起警戒作用，促使基金会规范运作，严格按照章程开展活动。也就是把基金会的年检和监督（包括揭露内部违法）等工作，更多地依靠审计机构、行业自律、内部自律、社会公众监督和新闻舆论监督来实现。管理机关的中心任务除了培育基金会发展和引导基金会建立自律机制外，应转到查处罢免负责人和对基金会组织的处罚，这可用很少的人管理今后逐渐增多的基金会组织。

4. 应加快建立基金会的自律机制

我国的基金会作为公益性组织，其资金来源取自于社会各界，如果没有公众的信任则不能生存。因此，信任就是其赖以生存的基础。它的活动不仅要受到法律的制约，而且同时置身于公众和新闻媒体的监督之下，一旦有少数组织的不轨行为遭到揭露或“曝光”，便会给所有非营利组织的形象造成影响。因此，就组织的整体而言就需要有行业自律。在我国，目前很多基金会理事会的理事是形同虚设，一年也没参加一、二次会议，也不负什么责任，许多事情都是会长或秘书长等少数几个人说了算。这是非常不合理的，也容易出问题，必须加以纠正。因此必须培育基金会的自律组织和自律机制。我国并不一定非要成立像美国基金会联合会和美国非营利中心那样的组织，但必须有相应的组织做这些工作，牵头制定基金会行业标准和行为规范。中国社团研究会就是负责研究社团问题的社团组织。在中国，既然基金会并不叫财团法人而定性为社团法人，那么中国社团研究会应该也司以履行上述职能。建议将中国社团研究会更名为中国社团联合会，下设基金工作委员会，由该委员会牵头会同其他基金会制定行规行约，履行自律行为和开展行业评估、报表汇总、信息沟通和经验交流等工作。用社团来引导和规范社团本身（包括基金会）的行为，这比政府作规定或出面要求社团这样做那样做要好得多。它可以逐步地培养和建立行业自律体系，帮助政府对社团进行行之有效的指导和管理。

美国、加拿大非营利组织考察报告

2002年9月4—18日，以民政部党组成员、民间组织管理局局长李本公为团长的民政部非营利组织考察团一行9人，对加拿大和美国进行了为期两周的考察。其间，访问了有关政府官员、渥太华金色老年中心、福特基金会、美国基金会联合会、约翰斯·霍普金斯大学非营利组织研究中心、芝加哥教育研究会、洛杉矶美以美医院等单位，重点了解了美国非营利组织登记和税收制度，基金会运作方式，非营利组织全球发展趋势，与我国民办非企业单位相关的非营利组织的运作机制等问题，也了解了加拿大非营利组织的登记制度。访问富有成效，达到了预期的目的。

一、美国的登记管理制度

1. 法律背景

美国是一个普通法系国家，尽管有一部成文宪法，但是非营利部门的法律地位是不定型、不系统的，法律体系显得有些凌乱。但有一条是肯定的：在本质上设立非营利组织的权利被认为是公民生而具有的，而不是由政府权力机关所“恩赐”的特权。

美国对非营利组织，采取了一系列与税收相关的州政府和国家法令规定来管理。总的来讲，非营利组织的法律基点是由州政府法令和联邦法典中的税收条例所决定的。各州有它们自己的税收权力，联邦政府的要求是获得免税权的实体必须是法律规定的“组织”。

2. 资格认定

美国非营利组织的组建有两个步骤。首先，非营利组织需在州政府（包括哥伦比亚特区）获得它的基本法律地位，然后在联邦政府获得其作为免税组织的特殊地位。在过去50年中，非营利组织的发展稳固了其正式的法律根基，并且从联邦税收机构获得了作为免税机构的特殊地位。

就目前的组织地位而言，美国的非营利组织可以采取非营利公司、非公司社团和信托组织等3种不同形式。

3. 宗旨类型

在美国，任何一个组织，只要是为了追求某一宗旨，不在所有者和董事之间分配利润，一般都符合州法律对非营利组织的要求。非营利资格须通过联邦税法的检验。联邦税法规定了一系列的组织宗旨，一个组织只有为了这些宗旨而奋斗，才能达到联邦免税的要求。因为联邦税收通常高于地方税收，所以获得联邦免税权对组织来讲，尤显重要。特别是，许多州在税收方面是遵从联邦税法的规定的。

美国的非营利组织，按其宗旨可分为以下几类：（1）以慈善为宗旨的非营利组织；（2）一般会员组织，像商业团体、商会、贸易委员会、工会和农业组织、雇工地方协会、社会俱乐部业主协会等；（3）友爱和团结组织，如受益人协会、兄弟会、姊妹会和老兵协会等；（4）为了雇工的利益而建立的组织，包括法律服务组织、教师退休基金组织、黑人利益委托组织等等；（5）以互助和合作为宗旨的组织，包括一些慈善保险公司、殡葬公司、信用联盟、农民会合作社等；（6）还有一些宗旨各不相同，也被授予了免税权利的组织，包括美国一些特定的媒介公司、免税的持股公司和政治组织等等。

4. 其他要求

除了满足州法律划分非营利组织的一般要求和联邦法律免税条例规定的宗旨因素外，非营利组织还应符合其他一些规定。州法律要求组织的理事会成员数要有一个最大限额，也就是最多不能超过多少人，当然，最少可以是1个人。为了满足联邦免税的要求，一个实体应当是一个独立的、有明确奋斗目标的组织，而不是无组织的个人的总和。这意味着在实践中，这个实体应当有组织章程（比如公司条例）、管理规定、银行账户和定期选举的领导人员。

5. 登记程序

在建立免税的非营利组织过程中，存在着两步独立的登记程序。

（1）组织地位。首先，应当获得作为独立的实体而存在的地位。这可以通过建立一个机构（在非公司组织的情况下）或在州法律的许可下建立一个公司的方式取得。后者的程序包括向意欲开展业务的州司法部长递交公司报告。报告的内容通常包括明确阐述公司的宗旨和公司条例、公司开展业务的主要地点、公司的职员、表明组织结构和运营规则的公司章程。只要这些条件达到州公司法的最低要求，那么申请就会被批准。

（2）免税地位。一个获得非营利资格的组织不会自动享受联邦税法规定的免税权利。只有申请并达到了联邦税法规定的特殊免税要求后，才能获得这一权利。在美国，免税组织包括的范围要比非营利组织所涵盖的范围广。慈善组织和为雇佣工人谋利益的非营利组织，按照其宗旨很自然地享有联邦国内税收部门规定的免税权。其他的想获取免税权的组织，可向所在地的国内税务局提交申请书。不同类型的申请书可申请建立不同的免税实体。这些申请的内容通常要求包括活动陈述、组织条例和章程的副本和目前的财务状况说明等。在慈善组织的申请书中，还要求包括下列信息：组织资金的来源、组织的基金支持开展的项目、组织的管理者、组织开展的服务等等。国内税务局将依据这些组织递交的材料，来决定是否给予免税地位并签发证明。在受到不公正的待遇时。非营利组织可以将国内税务局的决定上诉诉讼办公室，甚至上诉法庭。

二、美国非营利组织的税收制度

在美国，个人、公司等都要缴纳联邦以及州和地方政府征收的所得税、地方税等。地方税包括零售税、使用税、有形财产税、无形财产税和实际财产税。联邦法律和州法律都给予各种类型的非营利组织减免税待遇。

1. 非营利组织的税收规定

（1）联邦所得税法

联邦法典第26卷“国内税收法典”第501条款规定了25种类型的机构可以免联邦所得税。如第501（c）条款规定了下列组织为免税的非营利组织。

501（c）（1）国会法案批准成立的公司，包括联邦信用联盟在内。

501（C）（2）免税的持股公司。

501（C）（3）宗教、教育、慈善、科技与文学组织以及那些为公共安全进行试验，促进国内与国际体育事业和防止虐待儿童与动物的组织，这当中还包括私人基金会。

501（c）（4）公民团体、社会福利组织和各地雇员协会。这些组织旨在促进社会福利事业、教育和娱乐事业。

501（C）（5）劳工、农业和园艺组织。这是一些旨在促进改善工作条件，提高产量和效率的教育与公益组织。

501（C）（6）工商团体、商会、不动产商会以及其他旨在改善一个或数个行业工作条件的组织。

501（c）（7）提供娱乐和创造社会环境的社交与娱乐俱乐部。

501（c）（8）向会员提供抚恤金、伤病和事故补偿金的互助组织。

501（C）（9）志愿雇员互益组织（包括从前被列入501（C）（10）条的联邦雇员受益组织），该组织负责向会员提供抚恤金与伤病、事故补偿金。

501（c）（10）国内互助团体与协会。这些组织将其收入捐赠给其他慈善互助组织，而不向自己的会员提供501（C）（8）中各项补偿金。

501（c）（11）教师退休金协会。

501（c）（12）包括慈善人寿保险协会、互助排灌组织、合作电话公司等按行业划分的互助组织。

501（C）（13）殡葬公司，即为成员办理埋葬和其他丧葬事务的公司。

501（c）（14）负责向成员提供贷款的国家特许信用联盟、互助储备基金。

501（c）（15）按成本向成员提供保险的互助保险公司或协会（只限于毛收入在5万美元以下的机构）。

501（C）（16）在推销和采购等方面支持农业生产活动的互助组织。

501（c）（17）为支付补偿失业报酬救济金的补偿失业救济信托基金。

501（c）（18）通过退休金计划向会员提供福利金的雇员退休信托基金，该基金会成立于1959年6月2日。

501（c）（19）退休军人协会或其他组织。

501（c）（20）预付佣金的团体法律服务信托基金。

501（c）（21）矽肺信托基金是为实施“矽肺法案”提供赔偿金的基金。

非营利组织完成注册登记后，要到税务局申请免税登记，填写1023号免所得税申请登记表。

慈善组织提供的服务大大减轻了政府的负担，如果没有慈善组织来承担，政府就必须履行这些责任。因此应给予这些组织免征所得税以鼓励其发展。其中有些非营利组织如贸易组织、商业组织和职业联合会；协会和其他一些劳工组织各种各样的互利合作实体，比如信誉协会和乡村电力合作社；兄弟和老兵组织等等，他们之所以被免税，是因为这些组织的运营是在其成员的指导下进行的，社会则间接地从这些组织中获益。

联邦所得税法中所指“免税”或“免税地位”并不是免一切所得税，“免税”组织一般情况下可以免所得税，但是对不相关的商业收入、私人基金组织的净投资收入、社会俱乐部非成员收入等是要征收所得税的。

（2）州法律

关于所得税。在大多数情况下，州法律在免税方面参照联邦法律。在许多州，一个享受免联邦所得税的组织，也会享受免州法律规定的所得税。

关于其他税。对零售税和使用税，通常比所得税的免税要求严格得多。例如，任何以“教育”为目的的非营利组织都可以免所得税。但是，同时还免零售税和使用税的则只能是学校（学校、学院和大学）。同样，有形财产和无形财产的免税通常有更多更为严格的标准和要求。不动产的免税只有很少一部分非营利组织能够申请到，达到其要求和标准更为困难。

2. 向国内非营利组织捐赠的税收规定

美国联邦所得税法除给予非营利组织免所得税等规定以外，还规定了向几类特殊的非营利组织捐赠时，不论捐赠现金还是物品，捐赠人享受减免一定的所得税。

（1）联邦所得税法

美国联邦所得税法中包括一系列复杂的条款，某些特定非营利组织是所谓的“慈善组织”。向慈善组织捐赠，捐赠者可从其应纳税所得额中扣除相应的部分。享受这一优惠的捐赠人可以是个人、公司或信托公司。

美国联邦所得税法中对慈善捐赠减免税予以许多限制（对赠与税和遗产税的减免没有限制）。例如个人捐赠的情况，一般对减免额限制在占其调节净收入的50%；对于公司一般为占公司税前净收入的10%。这些是用来限制在一个纳税年内慈善捐赠的减免税数量。但是，在大多数情况下，“超额”的减免税数额可被往后顺延，用在下一个纳税年中。

美国“国内税收法典”第170条就捐赠人、捐赠物、受赠对象、所享受的优惠等给予了详细的规定。如捐赠的是货币还是财产，而财产也有各种形式；受赠对象是公共慈善机构还是私人基金会，这些都影响是否予以减免税或减免多少税额。

（2）州法律

州法律规定慈善捐赠可以享受税法的减免税待遇。整体来讲，在联邦税法规定中享受减免税权的慈善捐赠同样在州税法的规定中也享受减免税权。但是，在有些情况下，州法律规定了一些要享受减免税权必须遵守的额外规定和要求。此外，州法律的遗产税法通常不适用于慈善组织。

三、加拿大的登记管理制度

1．法律背景

《宪法法案》是加拿大的最高法规，该法案在全国范围内实施，通过《权利宪章》（作为宪法的组成部分）保障公民拥有普遍权利和自由。在遵守《宪法法案》前提下，任何公民都有结社、组建公司和基金会等权利。

作为一个联邦国家，加拿大既有国家议会又有各省和各地区的议会。因而非营利组织的成立，既可以依据各种各样的地方法规，也可以依据联邦立法。此外，宪法在联邦与地方政府之间作了权力划分。如地方政府具有规范诸如教育、医疗等方面事务的权力，而税收权却属于联邦政府。但由于在加拿大注册慈善机构等非营利组织的税收特权是由《所得税法案》授予的，而该法案是在全国范围内实施的联邦法规，它是依据普通法未定义慈善机构并由此判定是否向组织授予税收特权。因而对大多数慈善机构来说，税法构成了其最主要的法律环境。

2．资格认定

（1）组织类型

在加拿大主要有两种慈善机构：经营性慈善机构和慈善基金会。法律规定，经营性慈善机构可以采取3种组织形式：非公司社团、公司或信托组织。而慈善基金会只有两种组织形式：信托组织或者公司。慈善基金会可以转成经营性慈善机构，反之则不行，由于经营性慈善机构不能将超过其收入的50%转移给其他慈善机构，所以它不能转成慈善基金会形式。将两种慈善机构的法律待遇与税收待遇区别开来，是非常重要的。

《所得税法案》中所说的“注册的慈善机构”既包括“经营性慈善机构”又包括“慈善基金会”。《所得税法案》中的“非营利性组织”不属于慈善机构。加拿大的非营利性组织其自身收入是免税的，但捐赠者向“非营利组织”捐赠时，不能享受减免税优惠，而捐赠给慈善组织则可以享受一定的减免税优惠。就税收而言，非营利性组织不如“注册的慈善机构”优惠，在其他规定上，多数慈善机构同非营利性组织没有什么差别。

如前所述，一个经营性慈善机构可以具有3种组织形式。第一种形式是非公司社团。这类组织不需具有法人身份，也不需要在法院或政府部门注册。然而它必须有章程和细则，尽管对此没有最低限度的要求。

经营性慈善组织可以以信托组织的形式建立。当慈善组织选择信托组织的形式时，它必须以慈善为惟一宗旨因为加拿大不认可非慈善性的信托组织。信托组织不是法人，但依《所得税法案》可将其视为法人。在魁北克省，依据魁北克民法典第1270条，信托组织必须作为“社会信托组织”而建立。

经营性慈善组织还可以是企业。在加拿大，绝大多数慈善机构是作为社团或非股份资本企业出现的。可以依据联邦法规即《加拿大公司法案》，成立非股份资金企业，这种企业可以在所有加拿大10个省份和地区经营。此外，所有省份都设有管理企业的合法机关，各省的法规都可能极不相似。

（2）宗旨类型

非营利组织的目标必须与慈善、教育、爱国、社会或公共福利相关。唯一的限制是，组织的主要目标不能是从事商务经营、职业活动或是其他盈利活动。在非营利组织从事某些方面的事业时要事先经过主管部门的同意。如经营大学或医院，须经政府部门负责人事先认可。在一些省，只有获得这类认可，这种社团才能成立，而且有关该社团章程和细则的任何后续变动都需经过负责部门的认可。

《所得税法案》对试图逃税的组织实施另外一项管制。尤其是经营性慈善机构不能从事商务活动，而且必须将其全部资源用于慈善活动。政府非常重视将发展非营利组织与满足国家在某些方面的需要相结合。例如，以前加拿大以推进艺术为惟一目标的慈善组织的注册中存在着法律问题。因为这类组织主要是由艺术家本人经营的，它不符合法律对于慈善机构的定义。

1991年，加拿大政府本着有利于非营利组织和国家艺术发展的目的，由负责促进文化活动的政府主管部门将此类机构命名为“国家艺术服务组织”并修改了《所得税法案》，从而使这类组织获得与注册慈善机构同样的待遇。如，捐赠者向国家艺术服务组织捐赠与向注册慈善机构捐赠所获得的税收优惠是一样的。

（3）其他要求

加拿大的所有企业组织法都要求非营利组织具有举办者与董事。成立时创建人人数，据不同法规规定3—1人不等。至于信托组织，不要求有举办者，管理信托组织的是有法律责任的托管人。

多数法规对以公司形式注册的组织名称进行了规定。要求不能重名。但一些省的法规要求在全国范围内进行名称审查，而另一些省级法规只要求在本省范围内进行审查。名称审查不包括非公司形式的社团或信托组织。

建立基金会不受最低资金额限制。但这并不是说取一个“某某基金会”的名字，就是基金会了。只有那种不直接通过慈善活动获得捐赠的慈善机构，在法律上才被称为“基金会”。

3. 登记程序

在加拿大法律中不存在对非公司社团的登记程序，这类社团也不能成为法人。因而它也无法保护其成员或董事不承担社团的债务。此外，也不存在有关慈善性信托组织登记的正式规定，而是一旦契约签订而且托管人确定了财产价值，那么信托组织就成立了。

成立公司性质的非营利组织，必须向政府负责该类公司登记的部门提出申请。而在各省这种部门的名称各不相同，通常是由专门负责非营利性公司成立事项的部门来管理。政府官员必须确认社团的章程和细则达到了企业组织法中有关成员、董事和其他方面的最低规定。如果满足了以上条件，公司就可以合法成立，而政府无权因为不喜欢这些组织的目标或组织本身而不予注册。但是如前所述，如果组织目标涉及了另一部门，那么在成立之前应先获得该部门的同意。登记费用由50到几百加元不等。公司成员与董事个人不对公司合法行为负责也不承担公司债务。

加拿大税务局给予已注册的非营利组织税收优惠。申请书非常简单而且无需缴纳登记费用。经营性慈善组织与慈善基金会的申请书是一样的。区别在于组织的既定活动，是否需要对其主要活动进行审批以及组织基金是否只有惟一来源，这些会使加拿大税务局决定该组织是经营性慈善组织还是慈善基金会。申请者需要呈送有关其活动和预算的报告，以确认组织活动是否正当并能确保遵守目标。加拿大各地的申请都由设在渥太华的一个办公部门处理。

税收登记需要通过两次检测。首先，所有组织寻求税收优惠的税收项目都应使组织具有慈善机构的特征；其次，组织所进行的活动都是法律所规定的慈善活动。

四、几个值得借鉴的做法

美国加拿大的民间组织管理工作有较长的历史，形成了许多好的制度和经验。虽然半月的考察时间不长，我们的收获却很大，受到了很多启发，他们很多很好的做法值得我们学习借鉴。我们可以在近期的工作中可以借鉴的，有以下三个方面：

第一，民间组织管理工作需要和税务、社会保障等部门密切配合。

美国非营利性民间组织的活动是和税务部门密切联系在一起的，管理也主要由税务部门进行。美国的民间机构获得了非营利组织的免税地位后，其活动就由税务部门来监管，税务部门可以随时抽查非营利性机构的经营情况，以此来确定民间组织是否可以继续拥有免税地位。如，美国的民办医院，没有固定的医生，医院只提供必要的医疗设备，由有执业资格的医生和医院签订合同，合同医生利用医院的设备为患者服务。患者就诊，需要提供自己的社会保障号码，医院和医生收取的费用，直接和社会保障部门发生关系。没有税务部门和社会保障部门，民间非营利性组织的管理就无从谈起。我国的民间组织管理，应该借鉴这样的做法，一方面要与税务部门制定非营利性组织的免税政策，在民政部门登记后，民间非营利性组织应该接受登记管理机关、业务主管单位和社会各界的监督，特别是要接受税务部门的监管。这样不仅可以避免工商行政管理部门查处民政部门登记的民办非企业单位的问题，更有利于民间组织的规范管理。

第二，制定政策，促使民间组织的活动、财务状况更加透明，利于社会监督。

在美国加拿大考察期间，我们发现两国民间组织的活动、特别是财务状况，都对社会公开，具有很大的透明度。到任何一个民间组织去，我们都可以很轻易地拿到该民间组织上年度的活动情况和财务报表，可以清晰地了解该民间组织活动的大致情况。美国福特基金会等一些较大的民间组织，还把自己的活动、财务情况印成多种文字，供不同国籍的来访者取用。我国在这方面还有很大差距。即使是一个社会公信度很好的非营利性组织，一般公众也不能或者很难了解其活动，更不用说拿到其财务报表、了解其财务活动状况了。更有甚者，一些民间组织对登记管理机关年检时要求的财务审计也颇有微词，以为是加重了他们的负担。今后，登记管理机关应该制定政策，要求民间组织公开其活动、财务状况，以利用社会各界对他们的监督，形成良好的民间组织社会监督网络，促使民间组织提高自律意识和自律水平，从而提高整个民间组织的素质，使之发挥更加积极的作用。

第三，正确认识基金会进行资金运作的做法。

以前，我们对美国的基金会了解不够，以为美国的基金会分为两种形式，一是可以对社会公开募集资金的，叫公共基金会；二是不可以对社会公开募集资金的，叫私人基金会。通过这次考察，我们了解到，美国的基金会都是由个人或者企业等捐资建立的，都不可以对社会募集资金。基金会资金的保值增值是通过资金运作（投资企业或者股票）实现的。基金会（Foundation）自己不直接管理项目，而是把资金交由慈善组织（Chafity）投人公益项目，从而达到公益目的。这和我国现行的基金会运作方式很不一样。我国的基金会的基金的增值，大多是靠在社会公开募集资金，很少靠基金会自己的资金运作来实现。在这方面，美国基金会的经验值得借鉴，在制定有关政策的时候，既要考虑我国的国情，也要考虑国际上已有的经验。

德国民间组织管理工作考察报告

2002年11月23日至12月19日，民政部民间组织管理局按照国家外国专家局的培训项目要求，组织了17名民政干部赴德国考察非营利组织发展与管理的情况。在德国期间，考察团访问了部分非营利组织和有关行政机关，就德国非营利组织的法律登记制度、行政管理体制、非营利组织内部运行方式和发挥社会作用等情况进行了广泛的交流。通过考察，我们了解到德国非营利组织管理与发展的一些基本情况，学到了好的管理经验，考察取得圆满成功。

本篇考察报告分为德国非营利组织、德国行业协会商会和启示建议三部分。

一、德国非营利组织

（一）非营利组织的基本状况

在欧洲，德国的非营利组织比较发达。据有关资料统计，德国大约有30万个非营利组织。德国的非营利组织是德国社会的重要组成部分，它不仅满足了人们的各方面需要，还形成了重要的经济力量，对于经济和社会发展做出了重大的贡献。我们现有能查到的资料表明，早在1995年，德国非营利组织（不包括宗教团体）的经济规模就达到944亿美元，占国家GDP的3.9%，并且提供了相当于144万个的全职工作岗位，占全国非农业就业的5%左右，服务行业就业的12%。

德国的非营利组织不仅范围广，而且类型很多，如果作简明扼要的分类，分为互益性和公益性两大类。公益性组织涵盖了医疗、环保、教育、体育、文化等领域，是德国社会福利服务事业的重要支柱。互益性组织以行业协会和商会最为突出，这类组织在经济协调和宏观管理等方面发挥了不可代替的作用，也是我国当前建立社会主义市场经济体制过程当中大家最为关心的。

德国公益性组织的主体是社会福利服务，主要类型是社会服务、卫生保健和教育事业。在德国各种类型的非营利组织中，社会福利服务组织的就业份额是最大的，占德国所有非营利组织就业人数的4/5，其中教育领域占整个德国非营利组织就业人数的近12%。究其原因，很大程度上源于政府对社会福利服务采取直接补贴和社会保险的社会公共政策。德国的社会福利服务是高度专业化的组织，市民性不强，从奖金来源上看，呈现出“准政府”性质，其运作几乎与政府机构已经没有很明显的区别了，这类组织有些类似于我国的事业单位或民办非企业单位。

除了社会福利服务组织外，德国还有许多会员制的非营利组织，其运作主要依赖于会费收入和志愿者的投入，具有很强的市民性，类似于我国的社会团体。

（二）非营利组织的行政管理制度

德国没有专门从事民间组织的行政管理机关。非营利组织与营利组织一样，成立注册到警署办理程序性手续。非营利组织登记手续比较简单，基本的条件是：人数7人以上、不违反宪法、有章程、明确解散后财产的归属，达到这些条件，即可获得法律登记。非营利组织可在注册地以外的城市设立代表机构，跨地区活动。一般来说，非营利组织跨地区活动，当地政府要对其财务状况进行审查。外国人可在德国设立非营利组织。我们考察了一个在德国的土耳其少数民族组成的团体。这个团体的宗旨和业务符合政府的资助方向，因此获得了政府的定期资助。

德国政府在审查非营利组织成立条件时，特别强调公益性组织解散后的财产去向，要求在章程中明确规定收缴政府，或转移给同类非营利组织。我们在黑森州朗根市的一个地方法院，随意提取了一个名为“奥芬巴赫县厄立特里亚难民自救协会”的章程，规定如该协会解散，剩余财产平分两份，分别转给“德国厄立特里亚救济机构”和“厄立特里亚红十字会”，以帮助厄立特里亚难民。

德国政府对非营利组织管理注重追惩和奖励。一般情况下，政府不干预非营利组织的内部具体事务，有关部门只检查从政府领取资助的非营利组织的财务和项目执行情况，违法的非营利组织由司法部门负责解决。对有贡献的非营利组织，政府予以物质和精神的褒奖，如法兰克福市政府每年对在非营利组织岗位上有贡献的人进行表彰；在非营利组织中，连续10年从事公共服务的人，将得到政府提供优惠奖励，如免费使用国家办的游泳馆等。这种行政管理方式，大大减少了政府管理人员的数量，如朗根市政府只有2人负责管理非营利组织承担政府资助的项目，管理的效果也很好。

德国非营利组织行政管理也面临着挑战。现在国家立法改革的讨论热点主要集中在对基金会的法制管理、企业及个人捐赠的减税优惠、非营利组织是国家服务产业中发展最为迅速的一个部门，这些领域的重要法治改革很重要，任何改革都将对非营利组织的发展产生深远的影响。

（三）非营利组织的资金与项目运作

德国非营利组织的资金主要来源，一是会费，二是组织活动的收入，三是企业和个人捐款，四是各级政府补贴。不同的非营利组织，资金来源是不一样的。如德国社会福利服务组织的主要资金来自政府拨款，其比例就几乎占了德国非营利组织总收人的2/3。私人基金会等慈善组织来自政府的资金就很少。其他如职业协会、工会、环境协会、文化协会等社会团体的收入，主要靠会员交费和房屋出租及各种售票构成。

德国各级政府每年都有许多资金用于社会福利项目，但这些项目不是政府亲自去做，而是采取招标的方式，让非营利组织去实施。如黑森州朗根市政府每年财政有4700—4800万欧元，用于社会福利服务的资金大约有200万欧元，约占财政总资金的4.3%，基本上都安排给非营利组织。非营利组织要获得政府的项目资金，应向政府有关部门递交详细的项目申请书和实施计划。政府在审查时，主要评审非营利组织的目的、能力以及项目设计实施的合理性，最后由市议会来决定。

和其他国家一样，德国的非营利组织可享受比较广泛的税收优惠。非营利组织可以接受社会捐款。公司和个人向公益性机构捐款，可以从所得税中扣除。

通过非营利组织的项目资金的运作实践，德国政府认识到，非营利组织与政府是相辅相成的关系，共同为社会做事，二者的目的是一样的。非营利组织可以帮助政府减少社会事务工作的负担，帮助联系企业与公民，进而提高政府的工作效率。德国政府还发现，政府机构运作社会福利服务事务方面的成本比较高，非营利组织在这些方面比政府更具效率，这是因为：第一，政府将社会福利服务的工作交给非营利组织，可以使公民更有社会责任感，激发非营利组织和广大公民的能动性；第二，非营利组织在政府资助的基础上，还可再向社会募集资金，甚至垫入自有资金，这就做大了项目资金的“蛋糕”，也使非营利组织有更强的社会责任感；第三，非营利组织可充分利用社会上丰富的人力资源，组织和调动更多的志愿者参与项目建设，进而大大降低了项目成本。

（四）非营利组织内部管理的一些特点

我们对“奥芬巴赫县厄立特里亚难民自救协会”的章程进行了分析。该章程共分为九部分：目的与任务、公共福利、会员资格、会员的义务、协会的组织机构、全体大会、董事会、董事会的任务、协会的解散。值得我们借鉴的是，协会章程规定了每个会员要利用一些业余时间无偿为协会工作，这就体现出协会的群众性和参与性，并且可减少协会的工作成本。协会章程还规定了会员资格终止的方式，同时规定全体会员大会的时间和理事任期只有一年，这是保持协会经久活力的有效办法。

在协会章程的签字文件上，我们看到不仅有董事会成员的签名，而且会长还要证明他们是当面签字的。签字文件上还有附上董事会成员的个人信息，如出生年月、何地发的身份证、身份证码、居住地点等，以便于行政管理。最后这份文件还要公证。

据介绍，德国所有非营利组织的内部管理制度，大多如此。

（五）基金会

德国有许多基金会，可以由私人创立、机构创立，也可由政府创立，大致分为公立基金会和私立基金会两类。

公立基金会的设立由当地议会批准，主要承担政府赋予的任务。经费预算可为2年制，本金可以动用。董事会里至少要有一名来自政府部门的代表，以监督政府利益的落实情况。监事会由政府有关人员和金融家组成。政府对公立基金会的投资采取严管措施，规定80%应购买政府发行的债券，其中购买二级市场的债券，因为政府债券比其他债券收益高20%，并且风险比较小。基金会的投资计划由州政府批准，财政部门对其进行日常监管。

私立基金会设董事会和监事会，负责人由自己选出，政府不指派。一般情况下，私立基金会在进行项目筹资时，自己要承担三分之一左右的资金，这将使私立基金会在项目实施时更具有公益性的特点。情况表明，如果私立基金会的项目资金全部靠别人捐赠，而不使用一部分自有资金，那么这部分募集来的资金，就比较容易被截留一部分成为"小金库"。私立基金会在资金的使用上有比较大的自由度。

公立基金会和私立基金会都必须保持公益性。一般情况下，公立基金会政治上更加柔和，主要替政府向社会提供的公共服务产品。私立基金会筹集资金相对来说比较容易，使用上也容易满足该机构的公益意愿。

二、德国行业协会和商会

（一）行业协会和商会简要背景

在德国各类非营利组织中，尤以经济领域里的各种管理性组织——行业协会和商会——最为活跃，其组织和管理体制特点比较突出。

德国是市场经济比较发达的国家之一，但政府没有专门从事工业管理的机构。在整个市场经济运行机制中，从中央到地方，从系统到部门，分布着众多的行业协会和商会。从组织形式来看，行业协会重行业联合，这类组织的成员以行业为主，多带有自愿性；商会重本地区企业的联合，会员不分行业，国家法律制度规定企业必须参加商会，各地区、各州分别建立商会，最后在联邦一级形成最高级组织，从而在全国范围内形成了纵横交错，既有分工又能相互协调的组织网络。德国行业协会和商会的组织程度很高。据统计，企业主加入各种行业协会的比例达90%以上；几乎所有的企业都加入了商会。政府正是通过这些组织与所有企业发生联系，实现那支"看不见的手"的作用。行业协会和商会已成为德国市场经济运行机制中不可缺少的组成部分，也是德国有特色的政治制度。

德国行业协会和商会制度具有悠久的历史，可以追溯到十六世纪，甚至更早。这种制度的产生与发展有着广泛的社会背景，一般学者认为它有赖于法律制度、行政制度和公民的协作精神。随着德国工商自由政策的实施和工业化进程的影响，德国已经在十九世纪初步形成了少数相对统一的行业协会组织。在以后的一个世纪中，各种企业一直保持着加入行业协会和商会的传统。第二次世界大战后，德国在尚未摆脱盟军占领的情况下，其经济迅速恢复和发展，很大的程度上得益于这些具有高度统一性、自治性及组织能力较强的社会中介组织。这些组织在德国的经济、社会、政治、文化、科学等领域内的发挥了巨大的作用。

德国的行业协会和商会的能力建设，经历了一个由弱到强的过程。早期的职能仅局限于为本会成员在市场上争夺最大的份额和最佳的利润，以后逐渐扩大，开始面向国家、公众和其他利益团体，在更大的范围内谋求其成员政治、经济和社会各方面的利益，进而成为国家发展机器的一个主要组成部分。

（二）《德国工商会法》简介

1956 年，前联邦德国制定了《德国工商会法》。该法明确了德国工商会法律地位、性质、权利与义务、组织与行为，对促进商会的健康发展起着重要的作用。

该法规定工商会是公法团体，在无特别规定的情况下，只要是符合会员条件的公法人、私法人及部分自然人均为工商会的会员。工商会的任务是代表于工商会区域内并属于工商会的工商经营者的全部利益，促进工商经济的发展，权衡并协调每一个工商行业或企业的经济利益。工商会的主要任务是：通过建议、报告及评估，向政府部门提供咨询并支持其工作；同时维护诚实商人的规矩和习惯。主要职责是：建立旨在促进工商经济及各工商行业发展的机构及设施，管理并支持其工作；在遵循现行法规，特别是职业培训法的情况下，采取措施促进并实施商人及工商业职业的培训；负责出具产地证书以及其他有关经济往来的证明，等等。

该法规定，工商会在没有其补偿途径的情况下，根据预算计划规定及会员会费的法规，工商会的活动经费主要靠会费，所收入的基本会费，按经济、节约的原则使用，每年要制定预算计划。工商会可以对外提供场地、设施和服务，收取一定的费用。

该法规定，工商会的权力机构是全体会员代表大会，全体大会的成员由商会会员选举产生。全体大会选举商会主席及章程所规定的主席团其他成员。商会主席是主席团的主席，负责召集全体大会并任大会主席。全体大会任命商会总干事长。商会主席和总干事长在法律上和业务上代表工商会。

该法还规定，州法律可就事项制定补充规定；全体大会关于章程、选举、会费的有关决定，需经过州政府机关的批准。

（三）行业协会和商会的主要运作方式

内外协调。行业协会和商会是由诸多企业组成的，因此每个企业的自身利益不尽一致。一般说，行业协会和商会往往从宏观经济考虑问题，着眼长远；而其成员则更多地是从本企业或本行业的立场出发，尽力维护自己的利益。因此，行业协会和商会首要的任务就是内部协调，尽可能保持内部统一，用一个声音对外。在实际工作中，要想取得每一次对外协调的成功，都必须协调好内部意见，尽可能的统一大家的利益，消除或减少利益上的差异和冲突。协调方式可以是双向的，既可以针对成员企业出现的问题进行协商、调解，也可以主动地提出一些意见和建议，然后在内部成员之间取得一致。比较多的工作是协调本成员中内部的劳资纠纷和产品价格。此外，德国的行业协会和商会还致力于做好对外协调工作，处理好企业与国家机构、企业与公共关系、本国企业和外国企业以及协调同其他社会团体之间的关系，使自身利益与国家的宏观经济目标相一致。对外协调的一项很重要的工作是反倾销和应诉。在协调外部关系的过程中，行业协会竭力避免在公众中间造成这样的印象，即协会是某一方面局部和特殊利益的代表，而是尽量让公众认为自己的组织是国家整体利益的一个组成部分。今天德国的众多企业之所以能成为欧洲乃至世界最具竞争力的“航空母舰”，很大程度得于行业协会和商会的内部外部协调机制。

影响决策。在国家决策与立法过程中，单个企业的呼声往往是微弱的，以致被忽略。而行业协会和商会代表的是众多企业的利益，作为一个利益整体，他们可以经常同政府讨论有关法律和政策，反映会员利益和要求，甚至给政府提出一些建议和批评，在国家决策与立法中维护会员或行业的利益，所以影响力比较大。如今，增强在国家决策与立法中的发言分量，已经成为各行业协会和商会工作的重点。事实上，德国已将行业协会和商会为国家行政和立法工作提供政策建议合法化，规定政府各部门制定法令时应请有关协会参加，各协会的有关成员可以在联邦一级的部门中以顾问、专业委员会成员或专家身份工作。从整体上看，德国行业协会和商会影响和参与宏观决策的主要工作支持；派人渗透决策和立法部门，直接进入决策层次，加强发言份量；以集会等形式，对有关当局施加政治压力。从这个意义上看，德国行业协会和商会已经成为政府的合作伙伴。

行业自律。德国行业协会和商会都有各自明确的利益目标，都代表了不同组织的利益。为了维护自身利益和自身形象，每个行业协会和商会都特别注重自己的行为和专业操作的规范，依照章程行使权力，依靠各种制度规范行为。如有会员违背自律原则，要受到相应的处罚。自律机制的形成得益于以下因素：一是有法可依；二是社会监督；三是自身利益的驱动；四是大量的同业组织的竞争。

组织服务。德国行业协会和商会均将服务作为组织的重要宗旨，努力为会员提供多方面的服务，服务内容具体，方法规范，操作专业。如德国几乎每一家行业协会和商会都拥有自己的新闻出版部门，向公众披露有关会员的信息，同时及时收集社会上的信息反馈给会员；大多数行业协会和商会都有公共关系部门，拥有一定数量的公共关系专家，根据需要开展经济外交，推进国际经济交往；不少行业协会和商会还设立了产业和技术开发部门，组织经济信息和先进管理方法的交流，指导和推动行业标准的应用。

德国行业协会和商会之所以能为会员提供有效的服务，受到会员的拥护和支持，主要有以下三方面的原因：

一是健全的内部运作机构。许多行业协会和商会内设机构比较完善，致力于为会员提供服务。如上所述，仅法兰克福工商会的分支机构就有百个。值得一提的是，德国工商大会还积极设立海外机构，以协助成员开拓国际市场。德国工商大会在我国工商部门注册了北京代表处，同时在华的德国商人还在我部注册了中国德国商会，该组织也隶属于德国工商大会。这些遍布世界的德国商会组织，目的明确，分工细致，手段专业，经常向会员提供来自世界各国的政治、经济情况，协助他们在世界市场上寻找商机，帮助解决投资、经营中的实际问题。

二是建立广泛的信息渠道。较大的行业协会和商会都设有法律咨询、政策研究、市场调研和信息处理等专业机构，并且与知名经济研究所、基金会及相关政策研究机构形成共同研究体。这样，行业协会和商会就能对宏观经济形势和本部门的情况进行有效的跟踪、调查，做出客观评估，帮助会员企业及时进行策略调整。

三是做企业利益的忠实代表。虽然在德国经济生活中行业协会和商会很多，但几乎每个组织都千方百计地履行职责，努力使自己成为会员企业利益的忠实代言人。在政府组织谈论政策、反倾销斗争以及世贸组织谈判中，特别是劳资谈判，行业协会和商会的代表都在场，根据内外部环境变化，迅速采取应对措施，必要时直接与政府、议会、党派、经济组织和社会团体进行游说和对话，争取最大利益，受到会员企业的欢迎和拥戴。

（四）法兰克福工商会介绍

谈到法兰克福工商会，必须先介绍一下德国工商大会，因为法兰克福工商会隶属于德国工商大会。

德国工商大会成为于1949年，总部在波恩，目前统领全国72个地方性工商会和32个外贸商会，下设16个专业委员会，代表着150多万家工商企业，是全国工商会的最高组织。诸多的地方工商会汇合在全国工商大会的旗帜下，形成了一个覆盖全国、联系世界的庞大的网络管理系统，具有强大的权威性和调控力。

法兰克福工商会下设81个分会，15专业委员会，98个常务理事，200个固定工作人员，兼职专家、学者共有3000人，是法兰克福第三大协会。与其他地区的工商会一样，法兰克福工商会实行强制性入会的原则。只要企业登记注册了，就必须到商会来登记，成为商会的一个会员。不管是大公司还是小公司，每一个企业只有一票，大家享受平等的权利和义务。

法兰克福工商会最高权力机构是会员代表大会。董事会设董事长、常务董事长和副董事长。董事会有决定权，负责商会的领导工作。董事长、常务董事长有权代表商会与有关部门单位签署法律文件。董事会下面有专业委员会，其下还有专业小组。专业委员会有许多兼职的专家、学者，但不拿工资。

工商会的经费主要由会费、政府资助和培训收入组成，但会费占总收入的45%～50%左右。由于会员是强制性人会的，因此工商会的经费也就有了稳固的保障。收费的标准大体上有三种，一是按企业当年净利润或产值来交，以1万欧元净利润或10万欧元的产值为界，低于此标准的可不交，超过的递增缴纳。会费交纳方式执行法定程序，即通过银行划账的办法，不必企业自行缴纳。会员当年净利润或产值不必通知工商会，会费是通过税务机关计算机系统计算核定，自动由银行划拨到工商会的账户里。二是企业人数，如有20～500人固定职工的企业，每年交250欧元会费；三是附加会费，这主要是针对大型企业，如奔驰汽车公司一年交200万欧元。由此可以看出，企业规模越大、产值越多，缴纳的会费就越多。但目前德国经济状况不好，实际会费缴纳情况不理想，各企业都在想办法少交会费。2002年，法兰克福工商会共有7.3万会员，年会费收入2500～3000万欧元。

商会要按照政府的要求，每年要做年度财务报告，当年如有节余的经费要存起来，防备将来经济不景气时使用。如果连续多年经费有节余，就降低会费标准。除了会费收入外，工商会还要进行有偿服务，如举办讲座、培训考试、验收发证等，以提高经济收入水平。工商会的财政原则是不产生赤字，不以营利为目的。财务要公开，让所有的会员都知道。过去工商会的财务状况可以不向社会公开，但现在各类协会的趋势是对外公开，为此法兰克福工商会建立了一套内部结算系统，自我控制，自我检查。在这种情况下，工商会工作人员的工资就要合理化和透明化。法兰克福工商会规定，董事长、常务董事长的工作开支可在会费中支出；部门负责人的薪金由工作性质和业绩决定，经董事会批准；小组长的工资由部门负责人共同决定。这样的规定大家比较能接受。

从法律上看，工商会是非政府组织，与普通社团的区别在于工商会承担了一部分政府赋予的职能。法兰克福工商会为成员单位的服务是多方面的，有些工作原来是政府的，如举办职业培训考试和发证，承担企业从事国家项目报告申请的审查，颁发企业出口许可证。由此看来，工商会是政府经济管理和服务的有力助手，其作用是不可替代的。

三、启示与建议

（一）大力发展公益性民间组织

从德国的情况看，公益性组织占了民间组织的很大比例，其实其他发达国家民间组织的发展状况也是这样，这是国家经济和社会发展的必然趋势。当前我国正在建立社会主义市场经济体制，政府转移出来的部分职能，可以交给民间组织去实施，而广大民间组织也有这个积极性，社会也有需求。因此发展公益性民间组织的时机很好，应当成为我国民间组织培育发展工作的重点。在发展公益性组织的过程中，德国政府相关的政策导向值得借鉴。凡公益性项目，个人举办的积极性应当充分考虑，只要个人可办的，就鼓励依法举办。这样做不仅能减轻国家的负担，而且能体现以民为本的执政思想。近几年，各级民间组织登记管理机关经过艰苦工作，目前已登记了11万多个民办非企业单位，基金会1268个，还有相当一部分公益性质的社会团体。有了“量”，更要有“质”。下一步，我们应当投入足够的力量，研究公益性民间组织如何发挥社会作用的问题，积极和有关部门配合，探索各种有效

的运行机制，包括税收、财政支持、项目投招标、集募资金和评估等，努力创造良好的社会发展环境，不断提高公益性民间组织能力建设的整体水平，使我国公益性民间组织真正发挥应有的社会作用。

（二）对行业协会和商会的管理实行国家立法

目前我国行业协会和商会的有关法律制度不够健全。1998 年国务院颁布的《社会团体登记管理条例》侧重于登记，对行业协会和商会来说，大体只是解决了一“准生”的问题。行业协会和商会目前面临的诸多问题，《社会团体登记管理条例》显然针对性不够，如行业协会和商会的业务主管单位如何划定？行业协会和商会的地位与作用、权利与义务如何确定？行业协会和商会有何独特的内部管理方式？行业协会和商会需要哪些扶持政策？我国行业协会和商会是否规定会员强制人会？等等。实际看来，行业协会和商会与一般意义上的社会团体，在行政管理方面应当区别对待，分类指导。立法跟不上，行业协会和商会就不能健康发展。建议有关部门继续抓紧行业协会和商会的立法工作。我们要积极配合，深入研究行业协会和商会的立法工作。我们积极配合，深入研究行业协会和商会登记管理的新情况、新问题，弄清我国特性，理出思路，在立法过程中发挥参谋助手作用，将民政部确定的培育发展行业协会和商会的目标落到实处。

（三）改革现行社会团体会费制度

我国目前社会团体的会费标准是 1992 年制订的，动因是制止当时社会上的“三乱”现象，标准很低。十多年来我国经济和社会发生了很大的变化，当年制订社会团体会费标准的历史背景已发生了很大变化。许多年来，广大社会团体通过各种渠道和方式向政府有关部门反映会费太低，强烈要求提高会费标准。我们的调查结果表明，会费标准低是限制我国社会团体发挥作用的重要原因，与我国社会发展的要求是不相符的。我们应当尊重非营利组织的特性，吸收德国等国家协会会费制度的通常做法与成功经验，尽快改革我国社会团体的会费制度。建议有关部门取消现行标准，改由社会团体根据实际情况自行制订。社会团体在制订会费标准时要充分履行民主程序，经全体会员大会的讨论通过，然后写入章程，并报登记管理机关核实。有关部门要加强社会团体会费使用情况的监督。要统一使用财政部门监制、社会团体登记管理机关发放的会费发票。民政部门要制订社会团体会费管理的办法，将社会团体会费的收入和使用情况，纳入日常管理范畴，并作为年检重要内容。

（四）强化民间办会机制

由于体制的原因，我国行业协会和商会大多是从原政府部门分离出来的，行业协会和商会的主要负责人基本上由行政干部或离退休的老干部担任，工作机制难以适应新形势的要求。德国这方面的经验值得借鉴。建议有关部门共同研究行业协会和商会的组织机构以及规范的工作制度，逐步推行民间自主办会，注意培养行业认可的领导人，使更多的企业家担任会长，减少政府官员兼职。要促使行业协会和商会工作制度化，根据需要及时召开会员大会和理事会，加快主要领导岗位的人员轮换。要制订行业协会和商会吸引人才的办法，培养高素质的专职工作人员，建立稳定的专业队伍。

（五）关注商会的发展

有迹象表明，在目前民间组织管理工作中，行业协会的重视程度优于商会。许多地方商会发展的组织特征和管理方式研究不够深入。个别地方以不同所有制、地缘关系甚至宗亲血缘关系作为设立商会的标准。是否可以设立跨地区的民间商会或者分会，也急需政策规范。建议学习德国政府对商会的管理办法，加大我国商会登记管理制度的研究力度，统筹安排，科学规划，遵守惯例，创新制度，使我国商会的发展符合国家经济和社会的实际需要，发挥应有的社会作用。

关于澳大利亚、印度尼西亚社团情况的考察报告

我们应澳大利亚维多利亚州华人社团联合会及印度尼西亚社会事务部的邀请，于7月5日至24日先后对澳大利亚和印度尼西亚两国社团现状及社团登记管理的有关情况进行了考察。在此期间，我们同两国政府的有关行政官员、法律界人士、社团领袖、居住国部分华人组织的代表，以及一些社会福利组织等，进行了广泛的接触。通过接触，不仅使我们了解了两国有关社团登记管理的基本概况和社团活动的现状，同时，还沟通了双方关系，建立了联系渠道，为今后双方的进一步合作与交流奠定了基础。现就两国的社团管理情况概述如下：

一、澳大利亚的基本情况

澳大利亚国家的历史不长，其社会由当地及来自世各地的140多个民族所组成。基于这一现状，自1979年初以来，历届政府都把发展多元文化作为国家稳定和发展的国策。在这种背景下，社会团体作为该国各民族社区的主体，参与社会生活，既成为政府与各族民众联系的渠道和纽带，也是各种社会事务的载体，因而得到澳大利亚各州政府的普遍鼓励与支持。州政府设立的民族事物委员会负责同该州的各民族社团的联系。据介绍，这个机构的主要任务就是为州长在民族事务方面提供政策建议和决策咨询。而其各种信息来源及与各民族的联系渠道，就是各民族社团。维多利亚州民族事务委员负责人指出，澳大利亚是个多元文化的国家，要使各个民族融于一体共同为国家的发展发挥作用，就是尊重各民族的文化特点，即保护具有不同文化的少数民族免受歧视和伤害，并都应平等地得到公共服务。因而政府鼓励各民族成立社团。他认为，这些社团的存在很有意义。其一，通过这些社团可以了解社会情况，倾听各民族民众的呼声，以为政府制定政策提供咨询建议；其二，通过这些社团组织，不仅可以加强各民族的团结，同时还可以使各民族之间达到相互了解和交融；其三，通过这些民族社团，特别是那些商会一类的组织，加强同各民族母体国的经济贸易联系。很显然，澳洲政府对各民族社团的鼓励与支持完全是从政治和经济的需要出发的。

尽管政府对社团的支持与鼓励是普遍的，但其对社团的经济资助则是有选择的。在各社团的经费方面基本靠自己去筹集解决。社团的筹资渠道很多，既有来自个人的或企业的，也有来自政府方面的。民族事务委员会有时起牵线搭桥的作用，帮助资助方与被资助方取得联系，提供背景资料等。如果社团向政府申请资助，只有它所要开展的项目符合政府的发展计划，它才会得到政府的项目资助，而且要向政府提供资金使用的情况报告，并接受审计。如资金使用不当，政府要将原资金撤回。同时，如果这个社团经费确有困难，则政府在人头费、办公经费方面也给予适当资助。

澳大利亚政府对社团的管理是宏观的，社团登记程序简便，形式标准化、规范化，社团年检是有重点的，对社团的监督是全社会的。

据澳大利亚法律界有关人士介绍，澳大利亚属于西方发达国家，市场经济为时已久，其国家法律较为完备，因此，社团的行为同时受着各种法律、法规的调整和规范。国家对社团的管理，主要是依法而治，宏观管理。

由于政府对社团采取普遍鼓励与支持的态度，因此社团登记的手续是简便的，形式上完全标准化、规范化。澳大利亚作为联邦制国家，各州都有独立的立法。对于社团全国没有统一的法律规定，但每个州都有自己的有关社团的条例或规定。据维多利亚州负责社团注册的官员介绍，该州于1971

年颁布了社团条例，又于1993年颂布了社团法规。该官员介绍，本州政府的社团注册机关，是设在州司法部贸易与商业办公室里面的一个处。该办公室共分两个处，一个处负责营利性组织（公司或企业）的注册，另一个处则负责注册非营利性组织（即社团）。这个处包括处长在内，共有5名官员，负责全州所有社团的登记注册，其中还包括办公地址设在本地区的全国性社团。也就是说，每个州政府只设有一个社团注册机关。对于社团的成立登记，澳各州政府在条例上都没有严格的限制，只要不危害国家利益，名称不相同就可以了，也没有注册资金的要求。

社团注册登记，只要求提交：登记申请表、社团章程、社团公职人员（public officer）、财务人员等情况资料。这些资料，完全统一印制成表格，在书店公开出售。如果成立社团，只需将买到的表格，按要求填好后，直接送达或寄到社团注册机关，经审查符合规定，便予以登记注册。注册机关的具体承办人员即是社团注册官。社团证书只要他的签字便可生效。各州社团条例还特别规定，每个社团必须有一个定居在本州，年龄在18岁至72岁的人员担任社团的pubic officer，即社团公职人员（就其职责来说，近似于我国社团的法定代表人）。根据规定，由该人负责向机关报告所在社团的有关情况，如每年按规定应提交的财务报表、社团领导机构成员的变更情况等。如果这名公职人员发生变更，则要在14天内向注册机关提出申请。另外，社团的注册费用，维多利亚州规定为70澳元，财务年检费为30澳元。就社团的年检而言，各州条例大都规定，社团每年在一定的时间内上报财务收支表，除此以外，未作其他事项的规定。如发现社团的财务收支有问题，则由注册机关所在部门设立的调查办公室负责处理。可见，对社团的检查是有重点的，其重点，主要在于社团财务的收支情况。在澳大利亚，如果说，对社团的成立是不加限制的话，那么它对社团的监督则是全社会的。社团的档案资料，对社会公开，任何一个社会成员都可以到社团注册机关，查阅他想要了解的社团档案材料。广泛的社会监督机制，保证了社团宏观管理的有效性。从实际考察中我们还发现，澳大利亚社团注册机关的办公手段是现代化的，具体地说，每人的工作主要是靠微机处理。而社团形式的标准化与规范化，也进一步为微机的使用提高了效率。仅以维多利亚州注册机关为例，这一机构中仅有5人，但却登记注册了2.9万多个社团，而且保持着良好的动作状态。首都堪培拉特别行政区，工作人员3人，仅1名注册官，其登记注册社团2900余个。因为在澳大利亚全国没有统一的社团注册机关，各州只掌握自己州已注册社团的数字，因此全国社团的总数不得而知。但按已知的社团数字与当地人口比例来推算，全国社团数量大约有20万个左右。这一数字与全国人口1700万而言，也是相当可观的。

二、印度尼西亚的基本情况

各业务主管部门审批社团并负责指导、监督，内务部统一备案，宏观管理。

在印度尼西亚，我们分别听取了社会事务部与内务部主管社团登记的官员，以及雅加达首都特区社会事务局和设在万隆市的西爪洼省社会事务所主要行政官员的介绍，并且实地接触和考察了大量社会福利团体及其所创办的社会福利机构。总的印象是，印度尼西亚作为一个具有东方文化色彩的发展中国家，目前在发展经济的同时，也在大力发展社会福利事业，以提高人民的生活水平，摆脱贫因。因此政府倡导全社会致力于社会公益及福利事业，并把社团作为社区发展的重要力量，在业务主管部门指导下，发挥作用，一般说来，印尼政府对成立社团也没有过多的限制，只是强调不得危害国家安全。据内务部政治事务司社区参与发展处处长介绍，政府十分重视各种社会组织的作用，特别是社团的作用。为此，政府于1990年颁布了有关社团登记管理的规定。该规定强调，全国所有社团都必须登记，不登记视为不合法，不能容许公开集会和出版刊物。该规定，明确了社团应遵循的标准和所具有的各项权利与义务。根据这一规定，社会团体成立登记、业务指导和日常监督由各业务主管部门负责，而内务部负责统一备案、宏观管理。到目前为止，在内务部备案的全国各类大大小小社团共达

35万多个，这与印尼人口总数比例而言，也是个不小的数字。另据印尼社会事务部社会发展援助局社团处负责官员介绍，现在该处登记的属本部业务领域的各种社团多达4500个，其中有160个为全国性社团。业务主管部门不仅负责社团登记的具体操作，同时还要对这些社团进行业务指导和培训，以提高社团的质量、专业化服务和管理技能，并协调与加强各社团之间的联系与合作。社团监督和管理，主要是通过咨询与会议的形式。据有关官员介绍，社团可以与政府官员对话，省市政府的主要官员也可以直接找社团进行座淡，通过这种直接交流进行监督管理；或通过政策指导进行监督管理。例如，政府官员出席社团召开的会议并讲话等等。另外，还规定，社团半年要向管理机关提交活动情况报告和活动计划报告；如社团领导成员或地址发生变更也要及时报告；同时对社团财务预算也实行监督。

关于社团的经费问题，一般说来，政府很少进行资助，主要靠社团自身去筹集。据介绍，社团为非营利组织，政府对其所开展的社会福利或公益事业的收入是免税的，并要求其自力更生。只有当其所投入的项目与国家计划相吻合时，政府则视为合作伙伴而通过业务主管部门予以资助。政府认为，社团取得资金的渠道是多方面的，既可以来自国际上的，也可以来自国内的一些单位或个人。

由于本次考察是受印尼社会事务部的邀请，因此，我们在考察中还接触了大量的社会事务部业务范围内的社会福利组织及其创办的福利机构。据西爪洼省社会事务办公室主任介绍，印尼的社会福利事业大部分由社团来办，在该省社会福利事业包括孤儿园、养老院、残疾院等，政府办了28个，社团办了273个。这些社团组织承担了大量的社会福利及公益方面的工作，资金来自于社会各界，不仅减轻了国家财政负担同时也节约了政府从事该方面管理的大量人力。这对我们来说也是一种借鉴。

三、几点思考

（一）社团是志愿者的组织

本次澳大利亚、印度尼西亚之行，先后走访了两国许多社团。通过实际接触，我们感觉到，尽管上述两国的政治、文化、历史背景有很大差异，经济发展水平也才相差甚远，社团登记和管理的方式也有着很多不同，但是，这两国社团的存在形式却是相同的。这就是，它们都不是官办的，是真正非官方的民间组织。在这两个国家政府现职官员不组织和参加社团，社团是非政府人员的志愿者结成的社会群体。尽管每个社团的成立都有着自己特定的宗旨和任务，即有的是从社会公益或福利需要出发而主动结合的，有的是从行业或商贸利益出发而形成的，有的是从个人兴趣爱好出发而自发组织的等等。然而，凡此种种，无一不是志愿者的联合。所以，它们很少有对政府的依赖，表现了更多的自主性。事实上，正是由于社团的参与者都是志愿者这一基本前提，才保证了所有社团领导机构的产生及其决策，必然要以民主协商的原则来实现，而这也正是现代社团所普遍具有的民间性特征之一。另外，这些志愿者在社团中任职或是承担某项工作，大都是出于一种义务感的支配，而不是把它作为一种纯粹的谋生手段或谋财取利之道。这也进一步保证了社团的非营利性本质。同时，也只有这种志愿性，才能使社团自身保持着它的凝聚力和生命力。真正意义的现代化社团应是志愿者的联盟。特别是那些社会公益和福利团体，因为志愿者本身就包含着一种主动为社会做贡献的精神。这也是我们要积极倡导的。从我们的现实出发和国家及民族利益的需要考虑，官办和非官办社团的存在是客观的也是必要的，但从总体上讲民间性社团组织，应是社团的主体，也是今后社团发展的主要导向，更是我们社团登记管理机关为之努力的一项长期的任务。

（二）社团管理应是宏观的，社团监督应是全社会的

鉴于两国社团管理的经验，认为，现代化、科学化的社团管理，应是宏观的。我们都知道，社团的发展是与经济发展同步进行的，这是因为，经济发展所引起社会分工的不断细化，给社团造成了愈

来愈大的活动空间，从而也导致了其数量的与日俱增。然而社团的运作是与整个社会的运作联系在一起的，要使整个社会运作有序地进行，就必然要求国家法制化程度的完善与提高。因此说，现代化的社团管理，应是利用法律、法规进行调控和规范的宏观方式，这也是时代发展的必然要求和趋势。如果面对众多的社团，政府以有限的人力去进行事无巨细的具体管理，则只会处处显得无能为力。同时，也是一种不科学的、落后的人治表现。并且由于这种落后管理方式本身所具有的主观随意性，很容易造成某些人为的混乱，不仅不能使社团得到健康的发展和保持有序的运作，而且还会引起许多意想不到的社会矛盾。以往的实践经验，也已有所证明。所以说，政府社团管理的基本职能只能是依法宏观调控。我国目前正处在向社会主义市场经济转轨的过程中，在这一时期，无论是社团的发育，还是社团管理，都还很不成熟。在这种情况下，要做好社团管理工作，首先要做好两方面的工作，即一是抓紧制定以《结社法》为主体的各项法律、法规，完善法律制度；一是强化社团的自律机制，指导、培育社团的守法意识，提高社团的质量。这就是说，只有建立系统、完备的法律体系，社团活动才有法可依，才能保证社团正常有序地运作，才真正具备了宏观管理的前提。然而，宏观管理并不是抽象的，它还要与具体指导相结合。所谓指导，就是指对社团进行法律和政策的指导。因为有了可遵循的法律、法规，不等于会变成社团自觉守法的行为。所以还要辅之于必要的指导和培训，以提高社团素质。这种指导（培训），不仅对社团在政策上和法律上会起到导向作用，同时，对于管理机关来说，也是一种进行调查研究的机会，通过这个机会可以随时就出现的普遍性问题，做出新的政策调整。

再有，现代化的管理离不开现代化的办公手段。在现代化的系列办公设备正日益进入各种管理领域的今天，同样应在社团管理中得到充分地应用。这些现代工具的运用不仅可以提高我们的工作效率，而且可改变我们传统的思维模式，而使业务素质进一步得到提高。

最后还认为，社团的档案资料应向社会公开，而不应作为一种部门专利。社团资料向社会透明、公开，是社团监督的需要。因为，社团的人员构成及其活动本身就是社会的，它理应受到全社会的广泛监督。这种监督不但具有普遍性，而且更具有可靠性。因此说，这种政府的宏观调控与社会的广泛监督相呼应，才是真正现代的社团管理模式。

（三）社团应当在社会公益和社会福利事业中充分地发挥作用

随着各国经济的发展，以及整个国际社会向前推进，许多公益事业和福利事业，愈来愈引起人们的普遍关注。各国政府也都把发展完善本国的公益和福利事业作为国家发展的重要目标，而给予更多的投入。然而政府在开展公益和福利事业上往往会受到人力、财力等各种因素的限制，于是便注意发挥民间社团组织的作用，对社团采取积极支持和鼓励的态度。关于这一点，澳大利亚和印度尼西亚两国基本一样，并且很值得我们借鉴。实际上，随着我国经济的发展，人民对各类社会公益及福利事业的改善与提高，将会提出更高的要求，并且会表现出更积极的参与意识。例如，在“希望工程”与“捐资助学”方面，人们就表现出了极大的热情。在这种情况下民政部门作为社会公益和福利事业的主管部门，应当很好地利用自身优势，把人们的参与愿望和积极热情，集结起来，通过社团组织加以发挥。这就需要我们在政策和法律上引导和保护社团去开展社会公益和福利事业，以使更多的社团动员、组织、宣传群众，最终达到利用社会的力量把社会的事业搞好。

考察团成员：陈金　罗康鹏　张洪昌　徐汉宗　顾一强　古俊贤（执笔）

思考与建议

一、部分中国 NGO 的建议

根据协议，我们于 2000 年在北京举行座谈会。参加座谈会的有部分在北京的全国性 NGO 负责人和有关政府部门的代表。会上，民政部民间组织管理局副局长、代表团团长孙伟林向大家详细介绍了访问澳大利亚、菲律宾 NGO 管理和发展的情况，交流了访问心得。与会人员就如何进一步加强中国 NGO 管理工作，促进 NGO 健康发展，进行了认真讨论。

二、我们的思考

（一）NGO 的同业自律是 NGO 管理的有效形式

在多年的实践中菲律宾 NGO 管理吸取了世界一些地方比较先进的管理经验。政府积极支持 NGO 自律管理，让大家相互监督，自己管理自己。NGO 自律管理有多种形式，成立 NGO 之间的同业组织，如网络组织、各种联合会等等，就是其中最重要的形式之一。为此，菲律宾政府甚至把 NGO 加入网络或同业组织作为登记时的必备前提条件。

NGO 同业组织介于政府管理层和 NGO 之间，在政府与 NGO 之间起到联络、协调、中介的作用。NGO 同业组织。其宗旨是为 NGO 会员服务的。这些利益共同体，是 NGO 组织的互益性延伸。这种联合，有利于资源的再开发和整合，有利于 NGO 的自我管理和自律，有利于 NGO 的信息交流和长远发展。在菲律宾社会上，进一步扩大了 NGO 的组织规模，壮大了 NGO 的阵营，提高了 NGO 社会地位，使 NGO 的社会作用更进一步显现出来。实践证明，这种方式对加强 NGO 的管理是极为有效的。当然，这种组织有时也作为 NGO 利益的代言人，时常与政府发生争执，有的甚至成为政府的反对派。因此菲律宾政府有时颇感头疼。

以往我们接触过大量 NGO 的同业组织，但这次考察，NGO 网络组织给我们留下了全新的印象。国际社会普遍认为，NGO 网络组织的大量出现，是 NGO 发展到一定程度的产物，是 NGO 成熟的表现形式之一。菲律宾经济尚不发达，社会组织呈多元化趋势，各种势力、各种关系盘根错节，而各类 NGO 都能愿意齐聚在网络组织之下，并且形成全国性的网络组织，这是一个值得注意的社会现象。很大程度上说明，分散的单体 NGO 在激烈的市场竞争中处于劣势，难以取得进步和发展。因此 NGO 必然相互谋求沟通及利益共同，谋求自身发展。另一方面，也多少反映了政府行政管理的弱化。政府所能提供的环境还不能满足 NGO 的发展需要。NGO 在联合中，寻求社会支持和自我帮助，壮大自己的阵势，以替代政府行政管理的弱势。在菲律宾政府行政管理比较弱化的情况下，联合会和网络起到了自我帮助、自我管理的效能。

目前我国的 NGO 管理主要途径除了行政管理外，同业之间的自律和互律很少。NGO 之间很少相互交往，信息不够畅通，相互间得不到有效的激励。更有甚者在相互拆台。这在一定程度上使自己陷于闭守状态，限制了自身发展，削弱了 NGO 的社会作用。另一方面，也加重了政府行政管理力量的投人。从管理学的角度看，NGO 的管理应该是行政管理、互律管理和自我管理三位一体。单纯地加大政府行政管理的力量，而忽视 NGO 之间的互动作用，是不能取得最佳效能的。所以，鼓励建立 NGO 的自律组织，完善 NGO 的管理体制，是加强 NGO 自我管理、相互监督的好方法，对促进我国 NGO 的健康发展，具有现实意义和战略意义。

建立NGO自律组织的意义还在于，它符合我国政府职能转变的需要。NGO普遍建立了自律机制，能够减轻政府管理的压力，提高政府行政管理的效率，并且在一定程度上还可减少不必要的行政干预。但是，我们应该看到，我国目前要普遍建立起NGO的自律性组织的条件尚不成熟，如在同一行政区域相同相似的社会团体逐步减少，有影响力的适合NGO自律组织工作的公众人物少，NGO的观念需要改变，社会可接受程度尚待时日。在行业标准、法律程序、机构设置等方面都存在许多问题。既然同业组织不失为自我管理的好形式，那么我们在今后的工作中就要加强NGO自我管理的研究，不断探索NGO实现自我约束、自我管理、自我发展的好途径。

（二）参与社会发展是NGO的发展方向

在世界NGO发展史上，里约热内卢世界首脑会议是一次非常重要的会议。会议明确提出NGO要为社会发展服务。这就为NGO的发展指明了方向。

近半个世纪以来，世界各国一方面在普遍精简政府机构，另一方面，随着经济的发展，社会服务业的需求空前增长。大量的社会发展事务历史性地落在NGO的肩上。NGO参与社会发展，成为人类社会的趋势。正是NGO的广泛参与，所以推动了社会的文明和进步。

从世界各国的情况看，NGO参与社会发展的内容是相当广泛的，如扶贫、救灾、社会福利、社区服务以及公共事务等等。形式也多种多样，有的直接参与政府工作计划，有的参与项目论证和制定，有的则直接独立实施项目。NGO与其说是在参与社会发展项目，不如说是在社会可持续发展中扮演重要角色。NGO在开展社会发展项目中，实践着自己的宗旨，找到了自己的位置，提高了社会地位，更重要的是宣传和培育人们的可持续发展意识，推动了社会的可持续发展，让人们看到社会发展的美好希望。不论是发达国家还是发展中国家，NGO是社会发展的主要力量。正因为如此，有一些国家将NGO作狭义定义时，只称NGO为开展社会福利和社会服务的组织。

菲律宾NGO社会实践的一个非常重要的内容是为社区民众服务。菲律宾政府鼓励和引导NGO朝社区服务方向发展。政府资助NGO有一个很重要的条件，即NGO每年的活动必须以社区为基础。这对于解决社区群众的困难，促进社区的安定团结，缓解政府在社区中的力量不足，帮助政府树立形象，具有重要意义。这一点值得我国借鉴。

我国正在进行社会主义市场经济体制的建设。社会发展已被提到重要位置上来。随着人民群众生活水平的提高，向着更加富裕的小康生活迈进，社会服务需求急剧扩大，人民群众对社会服务的需求越来越迫切。近几年改革的情况已经表明，社会服务业是新兴的领域。随着住房、医疗、养老等制度改革的逐步深化，以及企事业单位社会职能的逐步转移，社会结构发生了较大的变化，“单位人”开始向“社会人”转变，居民对社区以及社会服务业的依赖性越来越强。今后五到十年，社会服务业将成为着重研究和解决的重大战略性、宏观性、政策性问题。可以预计未来几年将会有更多的社会力量不断介入社会服务业。NGO参与社会服务势在必行。

非营利组织与营利性组织是社会组织中的两个重要组成部分，其社会分工也越来越明显，并日趋合理。非营利组织在现代社会中已占据了重要位置。营利组织代替不了非营利组织，当然非营利组织也代替不了营利组织。非营利组织的生命力在于向社区、向社会提供亲情服务。目前我国非营利组织发展的态势很好，法律上已无障碍，非营利组织赖以生存的经济基础也已具备。据统计，我国非营利组织已有近百万个。现在的问题是，我们应该如何引导NGO去开辟新的服务领域，找到NGO与社会的最佳结合点。显然，NGO参与社区服务是最好的选择。在参与社区服务中，NGO将实现自己的使命感和责任感，获得新的活力。

在这方面，我国不论与发达国家还是一些发展中国家相比，还有很大的差距。目前我国社会服务的水平总体还比较低，社会服务所留下的空间很大。NGO 总量虽多，但结构不够合理。从事社会服务的公益性社团不多，能真正发挥作用的基金会和公众筹款机构寥寥无几。许多社会服务工作没有人做。就拿民政工作来说，救灾、扶贫等许多事情仍主要由政府承担。因此我们认为，NGO 在社会服务领域中是大有可为的。政府要倡导 NGO 参与社会服务工作，鼓励 NGO 在社区服务业中发挥作用。在这方面尚有许多工作可做。

（三）NGO 发展与管理必须从国情出发

近几十年来，菲律宾 NGO 的发展一直是西方国家赞扬的楷模，是西方国家精心培育的典型，号称“东方的民主橱窗”。的确，菲律宾 NGO 发展很快，帮助政府做了很多工作，在国家社会中发挥了积极的作用。一般理论认为，NGO 的发展与国家经济和社会的发展水平密切相关。但近几年菲律宾经济并不发达，甚至有所下降，社会发展也不快，NGO 发展的社会环境并不好。那么为什么菲律宾 NGO 会在短短几十年里，能集聚巨大的社会活动能力，异军突起，迅速成为不可取代的社会力量？通过考察我们认为，菲律宾 NGO 的发展史与外来侵略、西方培植和政府腐败有关，并且在发展过程中充满了挑战，其隐患随处可见。

菲律宾的 NGO 是在殖民地时代发展起来的，因此，带有浓厚的殖民色彩。菲律宾的殖民地历史比较长。从 1565 年起菲律宾即为西班牙的殖民地，1898 年美西战争后，又为美国的殖民地。1942 年又被日本占领。在殖民地时代，旧的社会结构遭到了破坏，但是新的结构并没有建立起来。殖民统治者并没有努力建立一种集权的、理性化的管理体系。二战结束后再度受到美国的统治。1946 年 7 月菲律宾宣告独立，从此菲律宾处于长期混乱的局面。西班牙近 350 年的殖民统治留下了天主教，而美国的殖民统治却留下了西方的政治制度和社会价值观念。菲律宾独立后，实现了美国式的民主政治。美国人帮助制定宪法，两党制、总统制、议会选举制等等，都是从美国那里移植而来的。长期而又复杂的殖民地统治，使菲律宾传统大大异化，社会的凝聚力降低，社会力量分解。殖民地最显著的作用就是瓦解了政府的作用，以便外来势力统治，社会控制系统大大削弱。菲律宾原有的意识形态逐步被分解。在很长时间里，菲律宾政府被外来势力所钳制，作用得不到发挥，新与旧、现代与传统之间的冲突加剧，成为国家内部的主要冲突，因此削弱了政府的能力，导致非政府组织的崛起。也可以说，非政府组织的兴起是社会力量的综合平衡的结构。在政府留下的真空中，非政府组织得到发展和壮大。从另一个方面看，非政府组织弥补了政府力量的不足。刺激了 NGO 的发展。如果没有 NGO 的作用，菲律宾的社会将是一个残疾的社会。

实际上在表明民主的外表下，菲律宾充满了权力摩擦、关系网络和腐败。这样，在民主制度的外表下，国家事实上处于一种缺乏整合的高度的分散状态。无政府主义、宗派主义、地方主义盛行一时，国家官僚系统的扩大无助于解决这些社会问题。只是增加了一个吞食社会生机的集团。腐败导致了人们更加信任 NGO。这样 NGO 的兴起起到了协调各利益群体的需要，也满足了社会各阶层的利益。但是菲律宾的 NGO 的发展到现在，已经由社会服务形态变成政治工具，与政治运动分不开了。

菲律宾 NGO 是西方国家培养起来的。NGO 要获得发展，离不开经费的支持。从菲律宾的目前的财政状况看，政府由于经济困难，不可能给 NGO 以更多的资金支持，许多 NGO 均不同程度地面临生存的困难。菲律宾的 NGO 能够支撑到今天，主要是靠西方国家的供养。西方对菲律宾 NGO 的支持，固然也给菲律宾 NGO 带来一些先进的管理理念，但更多的是带来经济上的依赖性和政治上的奴性，说菲律宾 NGO 仰人鼻息是不为过的。有些 NGO 因得不到西方经费的支持，而陷入窘境，甚至死亡。当然，西方的援助者们是不愿看到这种情景的。但起码目前是欲罢不能的。我们在访问中了解到，有的西方基金会的代表告诉我们，十几年来，他们大把大把的资金注入菲律宾 NGO，实际上加大了菲律宾NGO对西方资金的依赖性。他们早就想撤出菲律宾，抽回资金，但考虑到中断资金援助就等于中断菲律宾NGO的生命，故也只好硬撑下去。这些基金会的首脑们感慨到，这种民主什么时候才能长大，才会有尽头呢？看来为了培植这种典型，有的西方国家是下了血本的。三思之后，他们依旧该割肉的割肉，该放血的放血。

我国改革开放二十年，已经取得了巨大的成就。近十几年，我国NGO领域改革开放也进入了新阶段。许多NGO在参与社会事务的同时，努力拓宽业务领域，在国际上积极寻找合作伙伴。在对外合作交往中增长了知识，扩大了视野，学到了许多先进的管理经验，引进了许多资金和技术，促进了国家和社会的发展。总结我国对外开放特别是NGO对外交往的历史，我们深深感到，对外开放必须从自己的国情出发，独立自主，自力更生，有批判地吸收，有借鉴地发展。在NGO管理工作上，我们应当进一步扩大对外联络，甚至在一些方面还可以更加开放一些，吸取一切有用的东西为我所用，但绝不能照搬照抄，单纯依赖外援。

（四）NGO管理工作必须不断改革创新

澳大利亚NGO税收政策一直被世界各国称道。的确，这个国家采取了相当优惠的措施，对NGO税收予以减免，给NGO创造了宽松的税收环境。就连澳大利亚人对此也常引以骄傲。在新税制实行之前，澳大利亚NGO免税一直实行自我评估。在这种体制下，NGO免税是非常宽松的，只要是NGO组织，就很容易获得免税待遇。这在一定程度上刺激了NGO的发展。多年来，国际上有许多NGO研究组织对澳大利亚NGO免税环境盛赞有佳，认为澳大利亚NGO免税的法律，是对国际NGO发展法律的贡献。而在其他国家，NGO免税必须经过税务局的审批，由于条件严格，并不是所有NGO都可免税。

但是盛名之下，澳大利亚政府也早已察觉这里面的弊病，如果改革将涉及的NGO的切身利益以及澳大利亚NGO税收的美誉度。但澳大利亚政府冲破阻力，立志改革。目前我们还很难对澳大利亚政府推出的新税制进行全面评价，但有一点可以肯定，新税制对NGO纳税来说是严格了许多。从税收的具体情形看，这是向西方学习的产物。由此我们看出，澳大利亚政府在NGO税收制度的改革中，既充分考虑本国的实际情况，又注意学习西方NGO管理的先进经验，做到税制宽松有度。

NGO的税收政策在NGO管理中占有极其重要的位置，它可以成为行政管理的调节杠杆。如果NGO违反了非营利法则。政府将免除其免税待遇。免税实际上支撑着NGO的发展。而NGO一旦不能享受免税待遇，其生存就很困难。给NGO免税待遇，能体现政府对NGO发展的支持，也是政府的财政政策的义务。其目的是促进NGO的发展，同时也是增加免税的透明度，防止偷逃税收的行为。当然我国NGO的发展尚处于初级阶段。现阶段我国NGO的税收问题一步解决是不现实的。应该说，我们国家对公益事业捐赠非常重视，企业所得税法规定，内资企业公益事业捐赠可免年应纳税额的3%，个人捐赠公益事业可免纳税额的30%。但是现行的法律法规存在理解难、操作难、社会不知晓和扶持力度不够等问题。对此我们要予以重视。今后我们要积极研究和探索促进NGO发展的有效方法，在实践中寻找NGO税收减免的有效方法。如进一步扩大免税比例，建议将个人和企业所得税合并，均可免百分之百，允许企业税前列支。

同样，菲律宾政府对NGO的管理工作也保持了经常性的改革。如在NGO是否可以开展营利活动问题上，菲律宾就在不断探索之中。菲律宾的学者提出，政府应当允许NGO在遵守有关NGO不得从事与其宗旨无关的商业活动的规定的前提下，开展一些能够为其自身发展带来经济收益的活动，法律应当允许NGO开辟多种创收渠道。这种呼声在菲律宾很高。据了解，菲律宾政府已着手研究改革方案。

这次考察我们还接触到许多新东西，如慈善托管。慈善托管对我国来说，绝大多数人比较陌生。由于我国有关法律尚无明确规定，多数人的个人资产积累十分有限，再加上个人财产处置方式缺乏引导，所以目前尚无人实践慈善托管。今后我们要在工作中注意研究慈善托管的社会环境，继续了解慈善托管的实务。

我国 NGO 的发展历史比西方发达国家晚了近百年，各项管理制度还很不健全。还应当看到，我国在社会转型过程中，包括 NGO 行政管理在内的诸多改革，难度很大。但不论道路如何艰难，我们要向澳大利亚和菲律宾那样，必须保持动态性的改革态势。只有坚定地走改革的道路，我国 NGO 管理工作才会获得新的更大的发展。

三、几点建议

随着我国社会主义市场经济体制的日益完善和人民群众社会物质文化需求的不断增加，我国 NGO 将蓬勃发展。面对这一形势，我们借鉴这次考察国的经验，提出以下建议：

1. 探索新时期双重管理体制具体有效形式，加强对重大问题的研究，尤其要研究解决一管就死、一放就乱的问题，充分发挥双重管理体制的积极作用。

2. 对 NGO 的自我管理方式重点加以研究，并加以引导和利用，丰富和完善我国 NGO 自律的有效途径，让 NGO 的自我管理在整个 NGO 管理环节中发挥更大的作用。

3. 民间组织要走与经济社会协调发展、共同促进的道路。围绕经济建设中心，发展民间组织。

4. 探索 NGO 有序政治参与的途径，引导人民群众依法管理自己的事情，从而发展社会主义民主政治，推进决策的科学化、民主化。

5. 支持在社区中建立更多的公益性社会组织，鼓励 NGO 参与社区服务业。发挥社会公益组织在社会保障对象管理和服务方面的作用。

6. 研究 NGO 筹资、增值办法，探索鼓励企业和社会力量向社会公益组织捐赠的有效方法，培育社会公益机构的支持组织。

7. 建立民间组织社会服务评估和监督体系，鼓励公众上网查询民间组织信息，发挥社会监督作用。

8. 加快法制建设尽快与有关部门研究制订民间组织的人事、工资、组织、税收、财务、员工社会保障等管理办法，为 NGO 的进一步发展创造一个好的法律环境。

9. 鼓励出国考察，研究 NGO 发展和管理规律，吸收国际上先进的管理经验，开拓管理思路，探索民间组织管理新途径，提高管理水平。

附 录:

五十年代我国社团管理珍贵历史资料

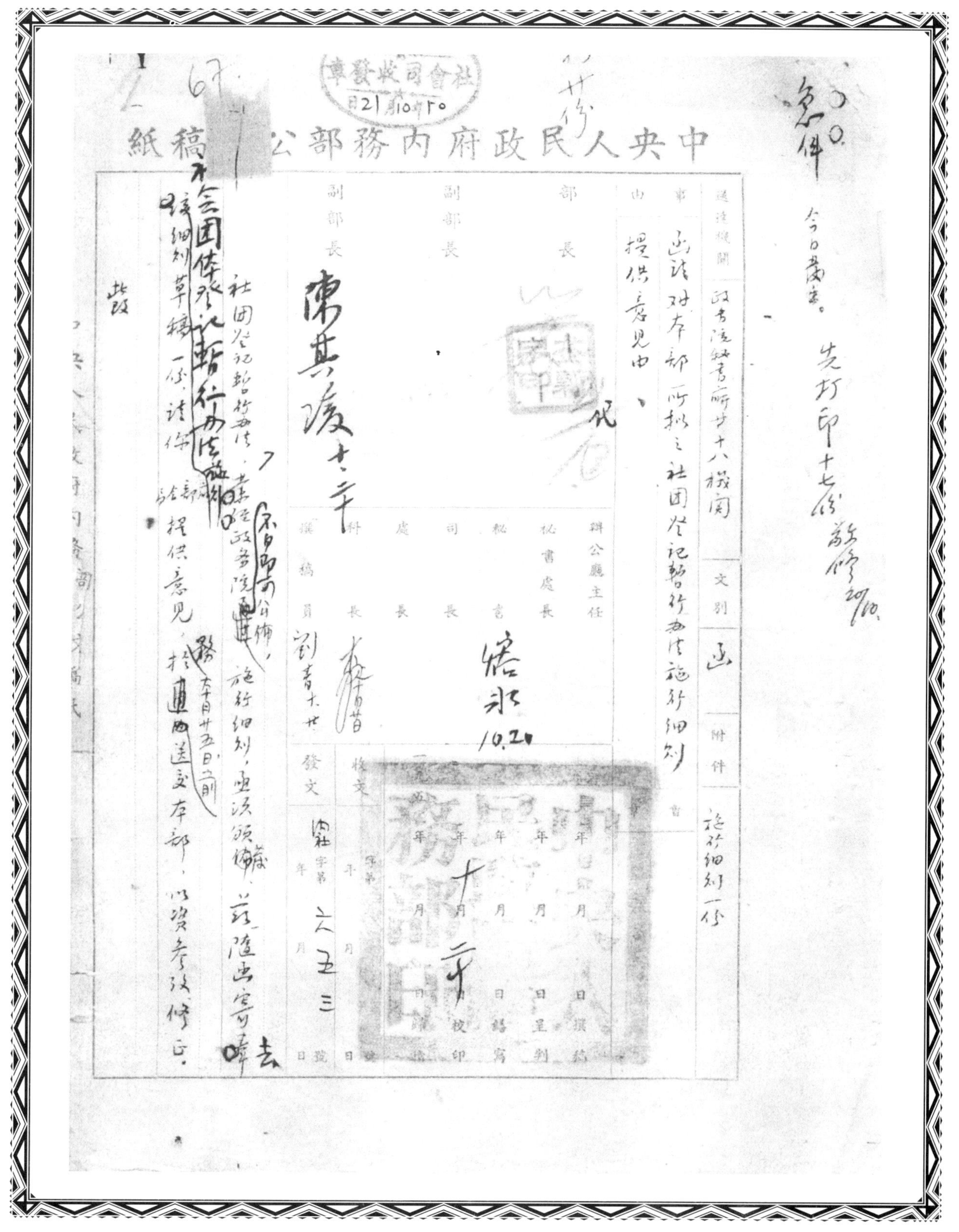

中央人民政府内務部公文稿紙

受文機關	事由	部長	副部長	副部長
政務院秘書廳	函送对本部所拟之社团登记暂行办法施行细則提供意見由			陳其瑗

辦公廳主任	秘書處長	秘書	司長	處長	科長	撰稿員
						劉

文別	附件
函	施行细則一份

發文 / 收文 / 撰稿 / 呈判 / 繕寫 / 校印 / 蓋發：年 月 日

有關部門密切聯系，會商處理。如對天主教、基督教等宗教團體，在已成立宗教事務處的地區，應先與該處洽商辦理。

三、全國性社會團體在各地之分設團體，按社會團體登記暫行辦法第十一條規定，應向本部申請登記，但爲便於掌握情況及簡化手續起見，本部決定授權省（市）以上主管社會團體登記機關代爲辦理登記手續，並頒發登記證，登記後應呈報本部備案。凡經本部批准登記之全國性社會團體，概由本部按期在政府公報上發表，不另行文通知。

四、爲照顧交通不便的情況，施行細則未明文規定各舊有社會團體補行申請成立登記手續的期限，但原則上是要從速辦理的，因此，自代電到達之日起，各地舊有的社會團體應在三個月內辦理補行申請成立登記手續，不應再遲。

五、各省市辦理社會團體登記工作的情況，在登記開始後應每兩個月作報告一次。工作中發現的問題和經驗，隨時見告。

21

☆ 會議文件 ☆

中央人民政府內務部代電

內社字第一〇七號
一九五一年四月二十一日

關於辦理社會團體登記工作的應注意事項

社會團體登記暫行辦法施行細則，業經本部於一九五一年三月二十三日公佈施行，各級人民政府在執行時應注意：

一、根據共同綱領第五條及第七條的規定，辦理社會團體登記一方面是為了保護人民的集會結社自由；另方面也是為了防止和鎮壓一切反革命份子的活動。因此，在辦理社會團體登記手續時，必須分別情況，慎重處理。對已查明無政治問題，辦理較好之進步團體，應儘先批准；對政治面貌不清者，應飭令詳報材料，待查明後處理；對有反動確證者，應立予解散，並依「懲治反革命條例」處理。批准之原則應以其政治面貌為主，無政治問題，但辦理不善或組織不健全者，可依具體情況，視其可起之作用及改進之程度等，批准或從緩批准。

二、社會團體登記工作是鞏固人民民主專政的重要工作之一，同時又是相當複雜而且細緻的工作。各級主管社會團體登記部門，必須經常注意調查研究各該社會團體的情況及其動態，並與各

57

急件

内务部催很急，请拟早发出。

再送薰阁核。秘班

此件俟收至李秘书长核示后，即全部退还过去，再由陶秘书长审核。

中央人民政府政务院	厅 局 / 厅 室 批农稿
收文机关	内务部
事由	「社会团体登记暂行办法施行细则」准予公布施行。
附件	
核	
拟稿	希贤 二、六

二月十五日内优字第十二号「社会团体登记暂行办法施行细则」准予公布施行。

抄致

政法委员会

（政务院）

拟稿	送核	签发	缮写	校对	发出
二月廿六日十时	月 日 时	月 日 时	月 日 时	月 日 时	月 日 时

发文 字第 号

归档 第 号

校对

26×19 1--10000 中央人民政府政务院稿纸

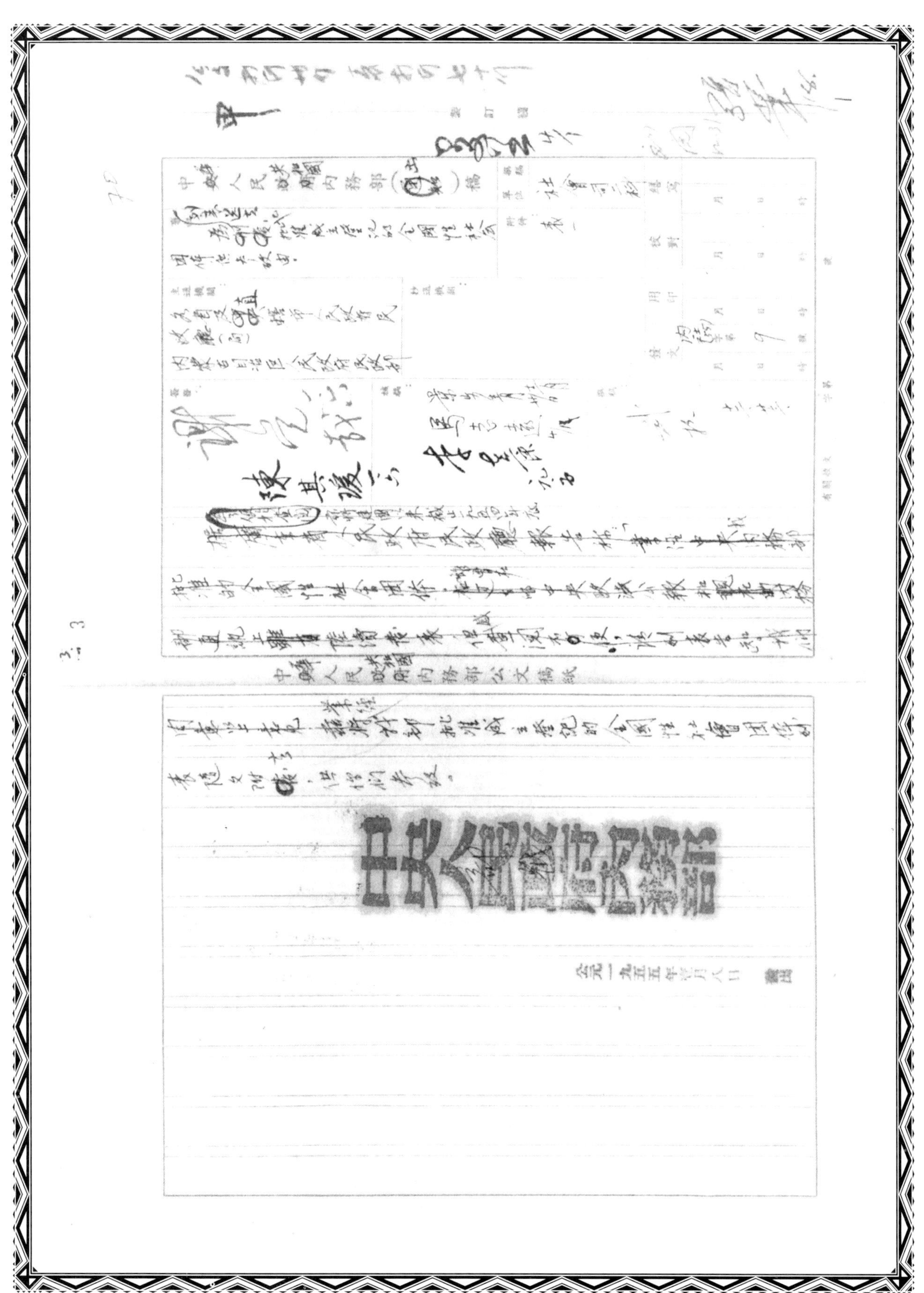

中央人民政府内务部公文稿纸

公元一九五五年 月 日

打印 2
會發 1

67

中華人民共和國內務部發文稿紙

簽發：[illegible] 十廿九

核稿：[illegible] 10.27

承辦單位 民政司三科
和擬稿人：[illegible] 10.27

發送：中國基督教三自愛國运动委員会

附件：社字字第001号社会团体登记证书一件

打字：

校對：

發文：内民 (56) 字第 1620 號 年 月 日

你会1956年7月10日来函，补列申请成立登记，已经我部8月1日内民(56)字第1084号函告批准，兹随文附发社字字第001号社会团体登记证书一件，希你会收执。

[illegible]

中華人民共和國內務部辦公廳

1956年10月30日

99

中華人民共和國內務部發文稿紙

簽發：謝覺哉 十月卅

核稿：吴思宏 十廿九

主辦單位和擬稿人：民政司

事由：准予……成立登记的批复

發送機關：中华全国归国华侨联合会

附件：社人字第001号社会团体登记证书一件

打字：　　校對：

發文 内民 字第 1627 號 年 月 日封發

1956年10月19日全侨(56)字第001号来文及附件均悉。关于你会申请成立登记问题，经审核，准予登记，并随文附发社人字第001号社会团体登记证一件。

部

中华人民共和国内务部 1956年11月1日

抄送：中华人民共和国华侨事务委员会

打印	2
實發	1

88 10

中華人民共和國內務部發文稿紙

簽發： 谢觉哉 十二月卅日	核稿： 吴思宏 十二、廿九 李 呈 [illegible] 30/12 主辦單位和擬稿人：[illegible] 12.29 民三科 郭文波 29/12

張 敏 29/12

事由：关于同意中国金属学会成立登记的批函。

發送機關： 中華全國自然科学專門学会联合会	附件： 社学字第004号社会团体登记证一件

打字： 校对：

發文 内民(56)字第1936號 年 月 日封發

1956年12月25日(56)联会字第827号来函及附件均悉。同意中国金属学会申请成立登记。现随文附发社学字第004号社会团体登记证，请转交该会为荷。

部 [illegible] 30日

（印章：中華人民共和國內務部）

434

120

茲將福建省關於社會團体登記工作中幾項決定和对會館同鄉會的處理意見，抄發各地參考。

附同我部按語

中央人民政府内務部
月　日

附：

『福建省關於辦理社會團体登記工作情況簡報』

(一)、(二)項從略。

(三)、對幾個具体問題的決定。

通过有關機関團体的座談會和民政幹部工作會議，我們反覆說明社會團体登記的意義和基本精神，並具体研究以下幾個問題作出決定：

(1)、根据上級指示的精神，現有社會團体要求在下半年普遍進行登記，但本省有些縣份目前正在全面土地改革期中，所以幹部力量的組織存在重大困難，為解決這一問題，我們採取：「1、全面開始，限期登記，分別認真審查，慎重批准發証。」的原則，現有社會團体逾期不申請登記，可以停止其活動，至審查批准則不受此期限的限制。2、政府内部採取適當的分工，一般原則是按社會团体的性質由其業務有關的主管部门審查，使審查工作易於進行。3、对進步团体盡量簡化登記手續，（如工會、中蘇友協等）。

（内務部按：各地之工會团体依照社會团体登記暫行办法施行細則第三條之前項之規定，应由其上級組織審核批准後，向當地人民政府備案，而非登記。）

（2）對於農、青、婦三種团体，也依照工會的辦法，委托其上級組織審查，由各們系統採取整頓組織和辦理登記相結合的方針去進行。

（按：農民協會应办理登記手續。民主青年聯合會、民主婦女聯合會亦須備案，而非登記。）

（3）、各地中蘇友好協會的基層組織單位繁多，組織較為廣泛渙散。因而我們規定暫由縣市以上的分會呈報備案不作正式登記。鄉和街的婦代會委員會雖有婦聯的一般組織，但未發展會員，只是通过代表来聯系婦女群衆，也有少數鄉（街）过去曾成立婦联會，但組織極不健全。所以亦暫採備案的办法，使幹部精力得集中於處理落後和反動团体。

(ム)、基督教、天主教等宗教团体，依照他的名称多為全國性团体的分支团体，或為全省性的团体，而其下教區牧區的活動範圍往々和行政區劃不相一致，如衛理公會的「沙、明、永教區」，沙縣屬於南平專署管轄，明溪、永安則屬永安專署管轄。我們考慮這些团体的總部並未經过批准登記，目前還不能認為係全國性或全省性組織的一部份，因而規定一律向各該团体所在地的市縣政府申請登記。這樣也可以防止某些团体利用地區管轄不一致，而故意逃避登記的現象。

(内務部按：全國性或地方性社會团体的分支团体，在其全國或地方性總會未批准登記前，应暫緩批准登記。)

(四)、一點意見：

關於會館和同鄉會的整理，福州市苐正在着手進行，目前還缺乏經驗，但考慮這些团体整理後，如果以同鄉會的名義登記備案，則宗派色彩將持久不能

消除，所以我们准备按下列原则进行：

(1)、争取各该团体的进步份子，或就工农青妇各团体中发现该籍的积极份子，组织整理委员会。

(2)、整理工作着重清查财产，由委员会加以登记管理，但不进行会员的登记。

(3)、以市县为单位，尽量动员当地各同乡会或会馆的整理委员会联合组织福利事业协会，将财产收益投入社会福利事业，联合方式仍依据自觉自愿的原则，或全部联合成立一个协会，或部份联合成立两三个协会。

(4)、不愿联合或规模较大的可以单独存在，但也同样改组为福利协会，（如广东会馆改组为××市粤联福利协会）并逐步提高这些团体成员的政治觉悟，达到联合组织的目的。

（按：会馆整理要重实质，名称不一定要更改。）

~~註：以上的按语是中央人民政府内务部社会司加的~~

中華人民共和國內務部批准成立登記的全國性社會团体

社會團体名称	負責人姓名	批准日期	登記證字號	社會團体名称	負責人姓名	批准日期	登記證字號
中華婦女節制協會	劉王立明	1951.3.16.	社人字第00011號	中國微生物學會	湯飛凡	1951.5.8.	社學字第00317號
抗美援朝華北總分會	聶真	1951.5.18.	社人字第00012號	中國林學會	梁希	1951.5.8.	〃 00318號
中國回民文化協進會	劉格平	1953.6.25.	社人字第00014號	中國心理學會	潘菽	1951.5.8.	〃 00319號
中國防痨協會	宋健暨	1951.6.4.	社益字第00101號	中國植物病理學會	戴芳瀾	1951.5.8.	〃 00320號
中國紅十字會總會	李德全	1951.8.27.	社益字第00102號	中國氣象學會	竺可楨	1951.7.7.	〃 00322號
中國盲人福利會	謝覺哉	1953.9.8.	社益字第00103號	中國土壤學會	宋達泉	1951.7.27.	〃 00323號
中華全國自然科學專門學會聯合會	李四光	1950.12.5.	社學字第00301號	中國人民外交學會	張奚若	1951.12.8.	〃 00324號
中華全國科學技術普及協會	梁希	1950.12.5.	社學字第00302號	中國米邱林學會	樂天宇	1952.2.8.	〃 00325號
中國金融學會	南漢宸	1950.12.5.	社學字第00303號	中國機械工程學會	石志仁	1952.1.11.	〃 00326號
中華全國世界語協會	胡愈之	1950.12.5.	社學字第00304號	中國數學會	華羅庚	1952.1.11.	〃 00327號
中華護士學會	沈元暉	1951.2.17.	社學字第00305號	中國古生物學會	楊鍾健	1953.9.28.	〃 00328號
中國社會科學各研究會聯合辦事處	范文瀾	1951.2.22.	社學字第00306號	中國解剖學會	馬文昭	1953.10.	〃 00329號
中國物理學會	周培源	1951.2.27.	社學字第00307號	中國土木工程學會	茅以昇	1953.12.	〃 00330號
中國化學會	侯德榜	1951.2.27.	社學字第00308號	中國紡織工程學會	陳維稷	1954.8.4.	〃 00331號
中國地質學會	李四光	1951.2.27.	社學字第00309號	中國佛教協會	圓瑛	1953.6.20	社宗字第00401號
中國地理學會	竺可楨	1951.2.27.	社學字第00310號	中國伊斯蘭教協會	鮑爾漢	1953.6.30	〃 00402號
中國植物學會	錢崇澍	1951.2.27.	社學字第00311號				
中華醫學會	傅連暲	1951.3.9.	社學字第00312號				
中國海洋湖沼學會	孫雲鑄	1951.3.15.	社學字第00313號				
中國藥學會	李維楨	1951.5.8.	社學字第00314號				
中國昆蟲學會	陳世驤	1951.5.8.	社學字第00315號				
中國動物學會	李汝祺	1951.5.8	社學字第00316號				

中華人民共和國内務部一九五五年批准成立登記的全國性社会团体

社会团体名称	負責人	批准日期	登记证字號
中國畜牧獸医学会	陈凌風	一九五五年四月六日	社字第〇〇壹號
中國建築学会	周荣鑫	一九五五年五月二十五日	社字第〇〇贰號
中國國際貿易促進委員会	南漢宸	一九五五年十二月二十日	社他字第〇〇壹號

174

会议文件

北京市會館財產管理暫行辦法

北京市人民政府
一九五〇年九月十二日

第一條 爲保護本市會館財產，特制定本辦法管理之。

第二條 各種會館財產，應由各該地旅京同鄉組織會館財產管理委員會（以下簡稱管委會）負責保管經理。管委會得以省爲單位，聯合各該省之郡縣等會館，組成之。

第三條 管委會設委員若干人，由該地旅京同鄉選任之。並由委員中互選主任委員一人，處理經常事務，委員每年改選一次，得連選連任。

第四條 管委會得視業務上之需要，僱用事務員若干人。

第五條 管委會之籌備及管委會成立時，須報經民政局核准備案。申請時，須將管委會負責人姓名簡歷、現在與各黨派團體的關係，已登記的同鄉清册、組織章程財產清單、及收支計算書各二份，一併呈送備查。

第六條 管委會負有清理保管所屬會館財產、修建房屋、舉辦公益事業及納稅之責。

第七條 管委會對該會館財產，不得出賣轉贈典當抵押及其他變相的處分。

第八條 管委會對住用會館房屋及使用其基地者，均應收取合理之租金。

第九條　管委會對該會館財產之收支，每年應按期向旅京同鄉公告，並呈報民政局備查。

第十條　管委會委員改選或有更替時，應呈報民政局備查。

第十一條　管委會對該會館財產有營私舞弊情事時，得由旅京同鄉檢舉報由民政局依法懲處。

第十二條　某會館財產如已無人主持者，得由政府代管。

第十三條　各省市縣人民政府如願管理其在本市而屬於該省、市、或縣籍之會館者，均得與本市主管機關洽商辦理。

第十四條　本辦法自公佈之日施行。其有未盡事宜隨時修訂之。

179

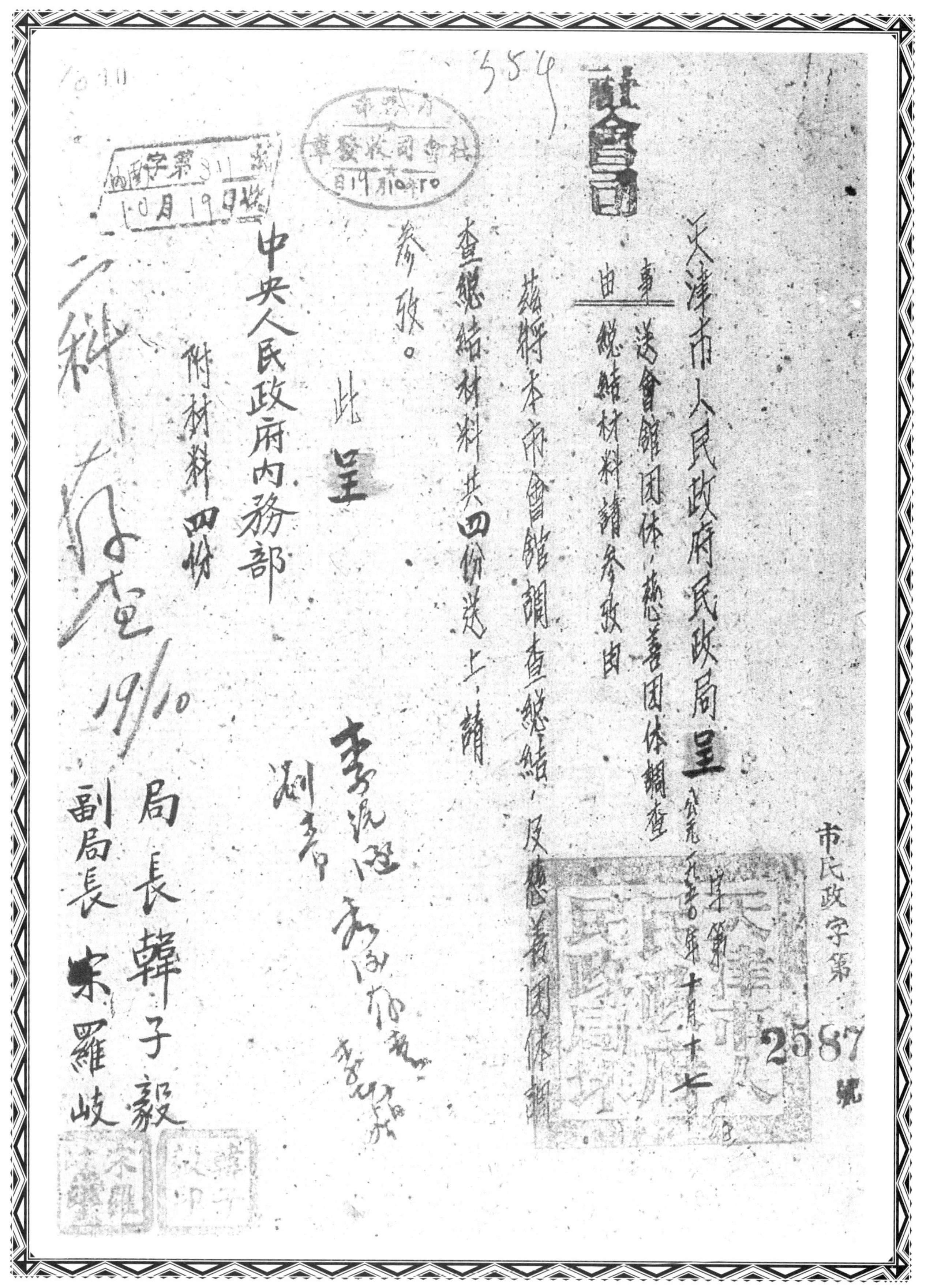

簽呈

天津市人民政府民政局呈

市民政字第2587號

事由：送會館团体、慈善团体調查總結材料請參致由

茲將本市會館調查總結、及慈善团体調查總結材料共四份送上，請

參致。

此呈

中央人民政府内務部

附材料四份

局長 韓子毅

副局長 宋羅岐

过去的盐商和现在各行業的經理股東等，隨着時代的演变，軍閥官僚已得成歷史名詞，而目前天津市的慈善团体的實權，都為商人所掌握了。

（二）基本性質

这些团体名義上都是以「撫卹老幼救济貧苦」為宗旨，並用某些「神佛」牌位來集中人們的信仰，實际上不过是藉以攏絡群众騙取金錢，以維繫、鞏固、提高少数幾個人的社会地位而已。具体来說：

1. 軍閥政客落魄後為了隱藏自己，就以慈善事業来改頭換面，於是創社立会拜佛誦經，真所謂「放下屠刀立地成佛」，这樣既可隱藏自己的罪惡面貌，又可以「慈善家」来欺騙人民而從事社会活動。

2. 資本家們是想借「善人」或「慈善家」的名義，多少拿出一些剝削收入来舉辦一些慈善事，如施診、施賑、恤嫠等以獲得一定的社会地位，另一方面，这些人員中間又有其因經營行業不同的矛盾，和互爭雌雄的領袖慾，所以就另立門户，以擴大自己行業的聲势。如紅卍字会的会員馬献之另組黃卍字会，又如該紅卍字会十一區辦事處的陳雲亭等發起改組為紅卍字会天津縣分会都是这個意思。

（三）辦理的業务：

由於他們的性質，就决定了它們所舉辦的福利事業是很少的，可分為臨時性的，如施賑、恤嫠、開粥廠等，經常性的，如紅卍字会的殘老所、育幼院、施診所及紅、黃、藍卍字会、崇善東社的學校，其中帶有生產性的事業，过去只有紅卍字会的育幼院有簡單的織布機和織袜機，其他團体則别無生產工具，上述这些業務除學校仍在繼續辦理外，其餘有的已長時期停頓，如崇善東社的救济工作已十餘年未進行，大部已陷於「苟延殘喘」的狀態。

过去的鹽商和現在各行業的經理股東等，隨着時代的演變，軍閥官僚已將成歷史名詞，而目前天津市的慈善团体的實權，都為商人所掌握了。

(二)基本性質

这些团体名義上都是以「撫卹老幼救濟貧苦」為宗旨，並用某些「神佛」「牌位」來集中人們的信仰，實際上不过是藉以攏絡群衆騙取金錢，以維繫、鞏固、提高少數幾個人的社会地位而已。具体来說：

1. 軍閥政客落魄後為了隱藏自己，就以慈善事業來改頭換面，於是創社立会拜佛誦經，真所謂「放下屠刀立地成佛」，这樣既可隱藏自己的罪惡面貌，又可以「慈善家」來欺騙人民而從事社会活動。

2. 資本家們是想借「慈善人」或「慈善家」的名義，多少拿出一些剝削收入來舉辦一些慈善事如施診、施賑、恤嫠等以獲得一定的社会地位，另一方面，这些人員中間又有其因經費行業不同的矛盾，和互爭雌雄的領袖慾，所以就另立門户，以擴大自己行業的聲勢如紅卍字会的会員馬献之另組黃卍字会，又如該紅卍字会十一處辦事處的陳雲亭等發起改組為紅卍字会天津縣分会，都是这個意思。

(三)辦理的業务

由於他們的性質，就決定了它們所舉辦的福利事業是很少的，可分為臨時性的，如施賑、恤嫠、開粥廠等，經常性的，如紅卍字会的殘老所、育幼院、施診所及紅、黃、藍卍字会、崇善東社的學校。其中帶有生產性的事業，过去只有紅卍字会的育幼院有簡單的幾架織布機和織襪機，其他團体則別無生產工具。上述这些業務除學校仍在繼續辦理外，其餘有的已長時期停頓，如崇善東社的救濟工作已十餘年未進行，大部已陷於苟延殘喘的狀態。

13

四、在歷史上所起的作用：

1. 有利於人民的福利[illegible]……雖然創辦的動機也是為了他們自己，但是確[illegible]人民的作用，並且在群衆中亦有其一定的影響，特別是成豆最[illegible]為了防止兒童傳染天花，倡施種牛痘，並培養種痘人材，這個工作在[illegible]及政府不注意的當時，對幼兒的保健上是有着一定成績的，直到現在[illegible]附近居民中還留有深刻的印象。只可惜他不知改進，一貫的保留着封建迷信的性質，遂被時代所遺棄了。

2. 宣傳迷信，愚弄人民，這些团体的共同特点是在会址内都沒有佛堂並供着各种神佛，[illegible]崇奉東嶽，供有銅佛。藍卍字会、正宗救濟会等都供着各种不同名稱的老祖，不僅如此，紅藍卍字會及正宗救濟会等還經常扶乩，製造謠言，欺騙群衆，（查封黃道後已絕跡）很可能肯他們是指揮和領導農村会道門活動的大本營。

3. 是統治階級統治人民的工具：

統治階級為了鞏固自己的反動政權，就以這些慈善团体作麻醉人民統治人民的工具，一方面用封建道德和迷信來愚昧群衆，一方面利用特務進行反革的宣傳，如紅卍字會的李春陽在敵偽時給日寇作過翻譯，王玉任給日本稿过外会，黃卍字會的薛蘭亭曾有大漢奸王揖唐、周佛海等奇過貿結並替他們大量的發展會道，以培養自己的爪牙。當時凡佩帶[illegible]团体證章者，即可到處通行毫無留難。於此即可証明他們有敵寇關係的[illegible]日本投降後，蔣匪帮踏入中國，他們又取得了委辦代辦的名義展開了從未有[illegible]

以[illegible]進行會[illegible]幾[illegible]自己的新行業的勢力，就借劇

20

一社」「[illegible]會」來達到此目的，並且實際上[illegible]係以便利他們的活動，如藍十字會在敵偽時期甚麼的非常迅速也反映着當時畸形的兴隆。

五、財產狀況：

1.財產來源：一般的可分叁類：一類是由董事及會員等自身捐募而購置的，如紅、黃、藍十字(會等)一類是私人捐贈的(但部分也屬第一類)如保赤堂等一類是租借的如五宗救濟會等財產數字：各慈善團体財產一覽表　一九五〇.九

團体名稱	不動產 樓房	不動產 平房	不動產 土地	動產 現款	動產 股票	備考
紅十字會蘇分會	所	三所	義地六畝		78股	
[illegible]蘇分會		64間	地基 11.788			校產589間文在內
藍十字會		102間	[illegible]663			
黃十字會			公墓壹處			
保赤堂		73間	義地一處			另備濟社係一個組织
常善東社		11[illegible]間	1.58			
附註	1.各團体財產因[illegible]未能作精確統計。 2.本[illegible]係租賃借用之財產不經列入 3.經費來源有徵收會費、個人捐助、向外募集等三種方式，並有用房租來維持的，現在收會費及募捐的均已停止，各別的是靠自己捐納，如紅、黃十字會有財產的都靠租金收入以維持開支。					

14

六、现状：

1.各团体负责人心存观望，因为他们已经感觉到今后想要存在就必须认清办事，不能再假冒为善，过样作法不是他们的本意，公开表示不干，又怕政府没收财产，没有财产的想政府对过去都干为甚现在都不干了，有此顾虑，便形成了敷衍一时的现象，如红卍字会天津县分会还提出了希望政府代为子弟兴办学校，并请政府协助领导来探听政府的口气。

2.有附设学校的团体，对学校均不负责，完全由学校自己在那里坚苦支撑，如黄卍字会的树人小学，崇善东社小学都是如此，有财产收益的团体大部收入作了职工的生活费用。

3.福利事业虽都告停顿，迷信色彩仍浓厚的保留，如红卍字会还不时有到那里磕头的。

七、处理意见：

1.愿意继续办理慈善事业，并有财产基础和群众基础者，予以改组在救济分会领导下进行救济福利事业的工作。

2.无存在基础，应自行宣布解散，其财产在政府指导下由其原董事会或会员议定，此类团体如有学校或保育等附属事业，该团体解散后，财产可由附属事业使用，但均应视为公共财产。

3.团体解散后之职工给以适当之安置。

4.凡属私人捐赠之财产不论年代远近均应视为公产。

5.对租借之房屋于团体解散后所取消其手续，如现为学校等事业借用者，可由[illegible]单位与原房主另行协议。

22

陈副司长

(1) 电

3.

天津市各会馆同乡会调查初步总结(共十单位)

民政局印 一九五〇·一〇

一、江蘇會館

沿革：江蘇會館成立迄今，已六十六年，遠在前清光緒十三年（一八八七）
由於南北交通發達，津市成為商業重心，江蘇人來津經商者日衆，而
當時江蘇籍的大官僚，如吳大澂、季士周、盛宣懷等倡議，經向同鄉殷募
集資金萬餘兩（其初硬性規定為府屬州縣每年百兩，五年為止，其
通官吏捐款金百（[illegible]，以後改為自願）購建東門外廢鹽街舊戲館
也閒成立了江蘇會館，嗣有水會公所互換，城內倉敖東地址，並加購西池空
地建築會館（即現址）由[illegible]主其事，每年演戲、設宴、聚會、聯歡，其成
立目的，表面說是為了聯絡友誼，團結互助，發展共同福利，而其實是由少
數上層份子互相勾結利用，謀求個人在政治上和經濟上的便利，竟作了
他們爭取權勢地位的工具。

民國二年（一九一三）以經費不足，楊味雲（財政次長）特捐五百元，從此開始向
同鄉募集特捐，其後由陳洪濚、孫仲英倡議，乃先後在三義莊（即今汕
頭路）購建義園，自廟村購建公墓，亦經同鄉停柩殯葬等事宜。至於
經常的救濟事業，該館始終未舉辦，對於社會沒起什麼好的作用相
反地，還助長了封建統制的滋長，因為他是官僚政客與商人共同組織的
屬於封建地域性兼商業性的團体。

二、組織及人員

1、董事會——初為值年制，董事六人，由會館發起人担任或捐定之，多為官
僚政客，其後歷屆董事會選舉，只是形式而不民主，例如章程上規定
凡滿卅五歲社會團体之領袖、工商業商號職員、特別捐助者或其嫡
系子孫始有被選舉權，於此能明董事职位為少數上層人物所把
持，如過去主持人中有[illegible]等都是所謂社會名流

合，原则上已无存在之必要。

2、但以其目前之具体情况看，房屋尚完好（除部分傢俱残缺外）尚有一定的收入，一定的组织形式，和代理负责人，且还有些会员，若能适当管理并充分使用其现有力量到救济福利事业上去，对人民将是有利的，所以应将现已腐朽的领导机构加以改组，重新拟定业务计划。新机构应包括各阶层会员及进步会员，在救济分会领导之下，向社会救济福利事业方向发展。

二、浙江会馆

1、天津解放前的情况

1、历史沿革——明时即有"浙江乡祠"是供祀王阳明的祠堂，地址在现在的东马路乐善好施胡同户部街，是从来浙江粮商运漕粮至津的聚会的处所。至清光绪十二年由严信厚（候补道长芦盐运使）、张振起（铁路总办）、王铭槐（华俄洋行华经理）等人发起以浙江乡祠为基础在同乡中捐款购买了左近的房屋正式成立浙江会馆。

该会馆成立的目的在名义上是联络乡谊，解决同乡纠纷，资助同乡返里，辅助同乡遇灾等慈善事业，但实际上是以以上事情为号召而达到少数官僚大商人培养个人势力或贪污自肥的封建地域组织。

该会的组织形式最初是值年制，在巨商大贾中选出十二个为值年，每人轮值一个月，至民国十二年时改为董事制，人数由十二个增至十多人，在十多人中选出董事长一人。解放前的董事会董事有周宗良（恒利金店经理），张昌卿（恒兴金店经理），叶星海（永兴洋行华经理）等。

2、会员数目及成份职业——解放前会员数目最高时有二、一〇四人，且浙江人籍

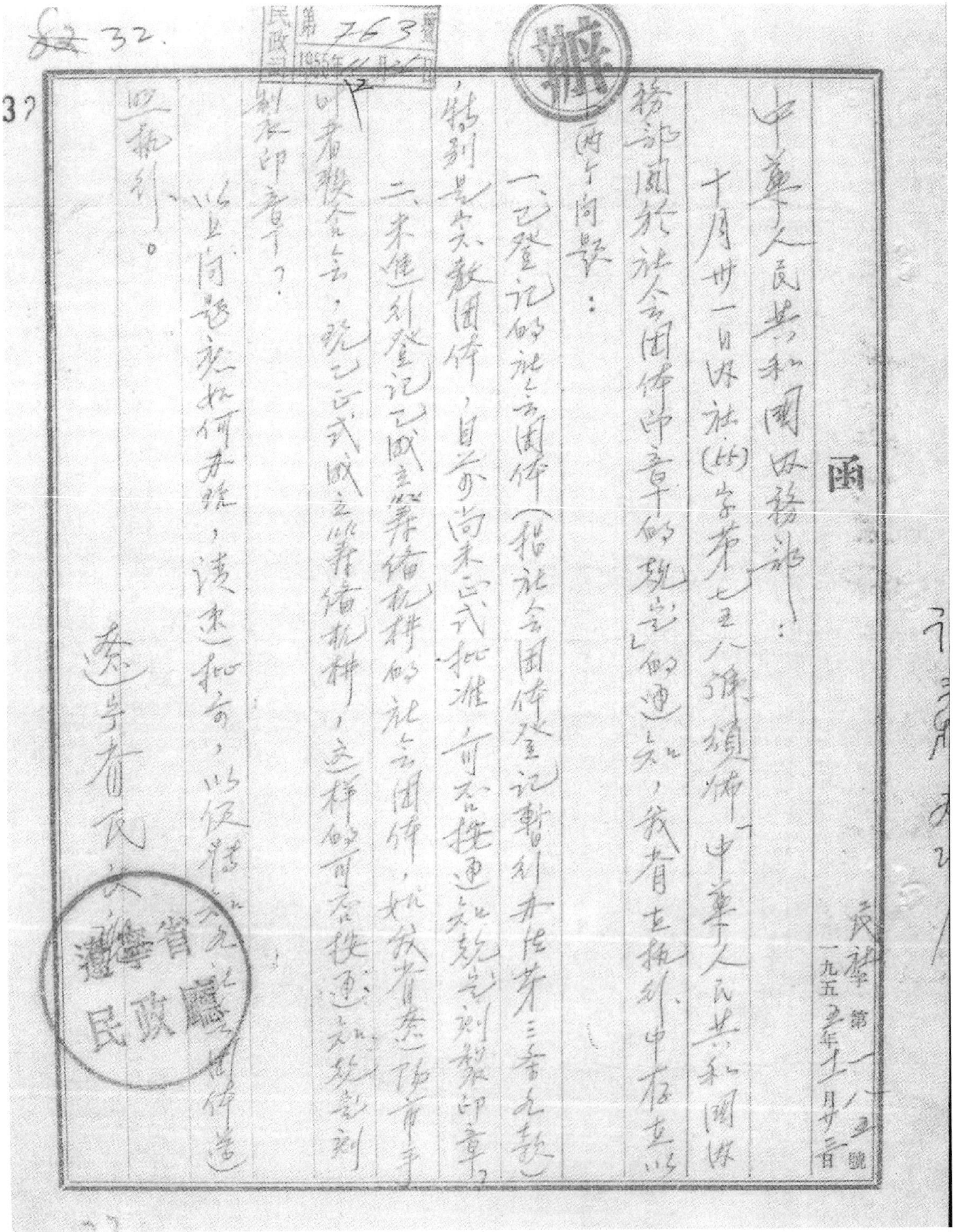

32.

37

函

民社字第一八五號
一九五五年十一月廿三日

中華人民共和国内務部：

十月卅一日内社(55)字第七五八號頒佈「中華人民共和国内務部關於社会團体印章的規定」的通知，我省在執行中存在以下兩个问题：

一、已登记的社会团体（指社会团体登记暫行办法第三条九款）特别是宗教团体，目前尚未正式批准前否按通知规定刻製印章？

二、未進行登记已成立籌備机构的社会团体，如我省慈善防痨手[illegible]者联合会，既已正式成立籌備机构，这样的可否按通知规定刻制木印章？

以上问题应如何办理，请速批示，以便轉知各有关团体遵照執行。

遼寧省民政厅

39

為呈報社團登記管理情況由 （總發第1055號）民字第 號 一九五〇年六月三日

案奉 鈞部五月二十四日內社字第三一九號函開：「將社團登記辦理情況彙報本部」一案。本府現已整理完畢。惟內容不够具體，僅能供作參考。理合檢同附件備文呈送

鑒核

謹呈

中央人民政府內務部長

附呈：社團登記管理材料一份

表格四種

大連市人民政府

市長 毛達恂

副市長 朱新陽

（タイプ用紙第二號乙）

一、社團登記辦法：

本府對社團登記辦法，曾擬就草案一份，（另附）但始終未能公佈實行，對社團之登記，按下列各項審查之。

㈠一般社團，不論工業、商業、衛生、學術之別，其宗旨應以協助政府發展新民主々義的政治、經濟、文化、建設新大連、增進社團成員與廣大人民之福利爲目的。

㈡宗教慈善團體，在人民宗教信仰自由的原則下，應不妨害人民利益，遵從政府法令。

㈢各種社團在成立前須有五人以上之發起，申明理由，（舊有社團須附呈沿革）連同發起人履歷書呈請政府審查，認爲合格後成立籌委會，政府並派員協助進行籌備工作。

㈣籌委會負責起草章程，開始籌備工作半月後（根據具體情況可延長或縮短之）始得召開會員大會並有半數以上出席正式成立團體，通過章程草案，選舉負責人，連同被選者履歷書及會員名冊呈報政府備案，方爲正式成立。

二、登記結果及總統計

由一九四五年十二月各社會團體相繼成立，目前有四十一個工商業團體、五個衛生團體、三個學術團體、四個宗教慈善團體、業已向政府登記備案

關於社團方面工作報告

本市社團登記工作尚未開始，僅在主管單位組織幹部進行業務學習，登記工作有待建區成立後，並待無錫市社團登記工作經驗介紹後，開始進行，目前已開始着手整理舊有社會公益團體，作了情況初步了解與整理計劃，謹特分成二部份報告如下：

本市擁有舊有社會公益團體壹百二十三個，分有同鄉會館三十九個，同業公所六十五個，地方救濟性的會五個，施材會一個，施藥廠二個，苦兒院二個，清節堂一個，紅卍字會一個，道義會一個，以及普益社，青年會，樂群社，隱賢會，保嬰局，濟急局各一個。

創辦時期：公所、會館、清節堂等大都在滿清時期與北洋軍閥時期，紅卍字會、青年會、樂群社等在國民党反動時期，道義會創在敵僞時期。

創辦人與經辦人：最初大都是官僚政客，（如安徽會館、湖南會館是李鴻章、曾國藩一手創辦）地主（如清節堂是地主陳夔然五代相傳經辦的）富商（如同業公所大都為富裕商人把持），基督教會（如青年會、浸會孤兒院等），甚至亦有反革命份子（如育幼院為反革命份子李亞西創辦），與封

18

61　收字第50号
6月20日收

社會司　　　　　　　　　　　　　　第四號

謝部長：

內社字第三一二號函已收到。關於一九四九年十一月十五日內社字第十二號函詢「我市對社會團體登記處理情形」之通知我市未見。茲將我市現有社會團體調查材料送上。請查收指示！

謹呈

鞍山市人民政府民政局

二科
6.21日

62

一、宗教情況：

(1)本市現有天主教一處，基督教三處（地址：千山：天主教一處、基督教一處，鐵西：一處、沙河一處），他們的活動是公開的。

(2)歷史：天主教成立十八餘年了，基督教有二處亦成立十八餘年，一處是八一五光復前成立的，該市道教的來源是遠在光緒二六年，一個英國人來開辦的。

(3)內部組織：天主教1、神父（於本年一月廿九日故）、2、修女、3、教徒。基督教1、牧師、2、傳道師、3、信徒。

現有人員據不完全的統計有一六〇餘人。

(4)活動情況：在該市一九四八年二月解放時，由於他們對我人民政府的政策不瞭解，當時停止了他們的活動，各自靜坐其家，後來我人民政府正式成立和共同綱領的規定宗教信仰自由，所以他們才又開始活動了。

/每週禮拜召開一次會議，謂之坐禮拜；2每逢節日（指他們西節）召開大會。會議內容：上課、傳道、唱歌。他們已對我人民政府有了認識，如：千山天主教堂裏的修女，在政府徵召買公債時，她將自己所存下的儲蓄拿出，認購公債。

二、一貫道的活動情況：

(1)該市在去年八月反動黨團登記時並結合進行了反迷信運動，逮捕了會首點傳師及壇主一次一貫道總壇會，同時逮捕了首要份子四十二名，其中有一貫道三九人，其餘的是九宮道，大同佛教會）。根據不完全的統計，一貫道的道徒約計四、三〇〇餘人，大小頭子九二人。

(2)具體的活動情況：因在去年經過一次打擊後，活動更秘密了。據該壇主、點傳師已中了迷魔的毒素是有歷史基礎的頑固不化的頭子，他們說：「政府就是魔鬼，我們是神仙，還魔的魔

1

搞，不僅是一次，還有三災八難呢！」，活動的幾個特點：

1.短小精幹：在半夜三更個時間幾個人在研究，採取機密的行動。

2.集中在邊沿區：市內的公安工作抓的緊，他們便乘機竄到市郊區或特別偏僻的地區。

3.繼續活動的是些頑固不化的份子，大部是採取傳書，互相之間（道徒）姓名、住址皆不瞭解（註：怕政府破獲）。

(3)造謠生事：據我們所了解的，他們在暗地裏散佈的謠言說什麼：「第三次世界大戰，要起來啦」「日本進攻安東」「美國在大連登陸」「五月節前後蘇聯來東北，只要抱住佛大腿，就能得好啊！」「七、八月天事要來到了——到那時所有的人都得死，只有信一貫道的不能死，我們就都就都穿上討衣了」將來真龍天子要出世是姓栗的。」青洋普救，天事將要好轉，」「鼠尾虎頭，大道宏展」等等的謠言，利用各種的方式，並對道徒們說：我們已有四、五年的進行了，仍要繼續信道吃素啊！

(4)我們對今後的管理意見：

1.加强與派出所相結合，對這些頭子們，按特殊戶來管理。

2.對道徒的活動發現後進行偵察審訊，必要時予以逮捕。

《中国民间组织年志》首卷(2004)刊登单位名录

单位名称	地址	电话	邮编
中国计划生育协会	北京市朝阳区芍药居35号楼9楼	010-84657973	100029
中国人权研究会	北京市朝内大街199号503室	010-65592378	100010
中国总会计师协会	北京市西城区三里河南横街1号	010-68552205	100820
中国内部审计协会	北京市西城区展览路北露园2号	010-68327326	100037
中国钱币学会	北京市西城区西交民巷22号	010-66053034	100031
中国营养学会	北京市宣武区广内大街6号枫桦豪景A座5单元1601室	010-83554781	100053
广东省慈善总会	广州市越华路118号	020-83327722	510030
揭阳市榕城区受德慈善会	广东省揭阳市榕城西湖慈善大楼	0663-8625138	522000
玉林市花卉协会	广西玉林市人民政府	0775-2825781	537000
宋庆龄基金会	北京市朝阳区安贞西里26号浙江大厦A12层1221室	010-64450982	100029
中国青少年发展基金会	北京市东城区交道口南大街后圆恩寺甲1号	010-64078332	100009
中国机床工具工业协会	北京市宣武区莲花池东路102号天莲大厦12层	010-63345030	100055
中国房地产估价师与房地产经纪人学会	北京市三里河路15号中建大厦B座9001室	010-88083151	100037
中国国际科学和平促进会	北京市海淀区学院南路86号东506室	010-82357992	100081

单　位　名　称	地　　　　址	电　　　话	邮　编
中国和平利用军工技术协会	北京市海淀区花园路7号新时代大厦7层	010－82803270	100088
中国国际公共关系协会	北京市阜外大街7号1601室	010－68095783	100037
中国交通运输协会	北京市宣武区广安门内大街315号信息大厦B座6层	010－63691493	100053
中国安全防范产品行业协会	北京市海淀区阜成路16号航天大厦13层	010－68767872	100037
中国教育学会	北京市西单大木仓胡同35号	010－66063759	100816
中国老教授协会	北京市清华大学东门外学研大厦B907财务部收	010－ 62780629	100084
全国高等学校计算机教育研究会	重庆市沙坪坝区沙正街174号重庆大学A区计算机学院	023－65111365 013032362505	400044
中国电力规划设计协会	北京市西城区安德路65号	010－62006281	100011
中国书画家协会广州办事处	广州市广州大道北1521号恒隆大厦B座908室	020－87247208	510515
中国执业药师协会	北京市西城区北礼士路甲38号	010－66162320	100810
世界医学气功学会	北京市朝阳区北三环东路十一号	010－64454227	100029
历道证券博物馆	上海市浦东银城东路139号	021 － 68634518－8308	200120
北京市注册税务师协会	北京市宣武区白广路北口德源胡同2号	010－63555521	100053
北京注册会计师协会	北京市海淀区三里河路21号甘家口大厦10层	010－88392929	100037
山西省慈善总会	太原市漪汾街9号山西民政大厦	0351－6387143	30027
山西省福建商会	太原市万柏林区漪兴路1号904座	0351－3173290	30027

单 位 名 称	地 址	电 话	邮 编
内蒙古自治区温州总商会	呼和浩特市温州步行街办公楼二层	13804745235	10030
大连(中国)稻草输出协会	大连市中山区人民路39号1801室	0411－82633282	116011
本溪市建筑业联合会	辽宁省本溪市平山区师范街12号	0414－2166160	117000
哈尔滨工业大学实验中学	哈尔滨市香坊区公滨路467号	0451－55669316	150036
上海市社会福利企业协会	上海市新华路272弄10号	021－62825636	200052
江苏省电力行业协会	南京市中山路249号	025－83328272	210008
宁波经济建设促进协会	宁波市县前街61号市政府大院	0574－87182795	315000
宁波市鄞州区慈善总会	宁波市江东百丈南路18号人寿大楼6楼	0574－87835299	315040
安徽省慈善协会	合肥市霍邱路87号	0551－2622867	230061
江西省公路学会	南昌市广场南路136号	0791－6243968	330003
江西省浙江企业联合会	南昌市抚河中路19号华财大厦A152－3室	0791－6690423	330009
山东出入境检验检疫协会	青岛市市南区荣成路26号	0532－3885951	266071
河南省慈善总会	郑州市政四街4号	0371－5900763	450003
长沙市教育基金会	长沙市伍家井34号	0731－4438616	410005
广东省注册税务师协会	广州市中山二路35号之二	020－37631117	510080
广东省青少年发展基金会	广州市东山区寺贝通津一号大院13号楼	020－87661033	510080

单 位 名 称	地 址	电 话	邮 编
广东省税务学会	广州市中山二路35号之二税务大楼12楼	020－37632888－1203	510080
广东潮人海外联谊会	广州市天河区体育东路148号6楼	020－38879255	510620
四川省教育基金会	成都市陕西街26号	028－8611816	610041
贵州省慈善总会	贵阳市中华北路240号	0851－6859056	550004
西藏慈善总会	拉萨市北京中路81号	0891－6833335	850001
北京大学教育基金会	北京大学镜春园75号	010－62758589	100871
长江技术经济学会	武汉市解放大道1863号	027－82828221	430010
大连海事大学校友总会	大连市凌海路1号	0411－84723322	116026
国际粉体检测与控制联合会(IFMCGM)	沈阳市东北大学321信箱	024－23891977、53685464	110004
华侨茶业发展研究基金会	北京市东城区王府井大街茶厂胡同58号403室(商务部离退休干部局办公楼)	010－65240614	100006
陇海兰新经济促进会	西安市北院门159号(市政府大院)	029－87296961	710007
全国预算会计研究会	北京市复兴门外三里河财政部内	010－68552289	100820
清华大学教育基金会	清华大学动振小楼	010－62783964	100084
援助西藏发展基金会	拉萨市林廓西路36号	0891－6836043	850000
中国国际交流协会	北京市海淀区万寿路4号院	010－83907341	100846
中国国际跨国公司研究会	北京市朝阳东三环南路19号联合国际大厦6层	010－87665158	100021

单 位 名 称	地 址	电 话	邮 编
中国国际文化传播中心	北京市建国路99号	010 - 65816688 - 2423	100020
中国文艺演出物资协会	北京市雍和宫大街戏楼胡同一号	010 - 64016258	100037
中国工合国际委员会	北京市朝阳区芍药居路20号吉利家园3号楼805室	010 - 84623495	100029
中国太平洋学会	北京市大惠寺8号	010 - 68410613	100861
中华慈善总会	北京市西城区二龙路甲33号新龙大厦	010 - 65081856	100032
中国社会工作协会	北京市朝阳区白家庄路甲6号	010 - 65081856	100020
中国自行车协会	北京市东长安街6号213室	010 - 65124336	100740
中国糖业协会	北京市阜外大街乙22号	010 - 68396506	100833
中国钨业协会	北京市复兴路乙12号1119室	0791 - 6227936	330046
中国模具工业协会	北京市海淀区首体南路20号国兴家园4号楼505室	010 - 68994451	100044
中国注册税务师协会	北京市宣武区枣林前街68号	010 - 63543728	100053
中国建筑业协会	北京市三里河路9号	010 - 68393088	100835
中国水利电力医学科学技术学会	北京市宣武区白广路二条1号	010 - 63415301	100761
中国农村财政研究会	北京市西城区三里河南三巷3号	010 - 68551988	100082
中国土工合成材料工程协会	天津市河北区金钟河大街238号	022 - 26768852	300250
中国石油企业协会	北京市西城区六铺坑街6号	010 - 62383617	100724

单位名称	地址	电话	邮编
中国石化审计学会	北京市朝阳区惠新东街甲6号	010－64998475	100029
中国力学学会	北京市北四环西路15号	010－62559588	100080
中国惯性技术学会	北京市阜成路8号航天科工集团公司	010－66350967	100830
中国民(私)营经济研究会	北京市朝阳区华严北里甲1号健翔小区C4座	010－82013892	100029
中国海关学会	北京市东城区建国门内大街6号	010－65195798	100730
中国监察学会	北京市宣武区广安门南街甲2号	010－83983156	100053
中国劳动学会	北京市朝阳区惠新西街17号	010－64941247	100029
中国棉纺织行业协会	北京市东长安街12号	010－85229315	100742
中国肉类协会	北京市西城区复兴门内大街45号东楼7楼	010－ 66095185	100801
中国化工情报信息协会	北京市安定门外小关街53号化信大厦B座415室	010－64413714	100029
中国拍卖行业协会	北京市西城区月坛北街25号财务部收	010－82260708	100834
中国电工技术学会	北京市三里河路46号	010－68595808	100823
中国电子音响工业协会	上海市瑞金南路458弄1号101—102室	021－64186251	200032
中国化学与物理电源行业协会	天津市南开区凌庄子道18号	022－23959268	300381
中国工业气体工业协会	北京市朝阳区太郊亭东四环南路1号	010－85898605	100022
中国热处理行业协会	北京市海淀区学清路18号	010－62913079	100083

单 位 名 称	地 址	电 话	邮 编
中国耐火材料行业协会	北京市北京南站成铭宾馆 618 室	010 – 63156401	100054
中国物资再生协会	北京市月坛北街 25 号	010 – 68392896	100834
中国轮胎翻修利用协会	北京西城区月坛北街 25 号	010 – 68392948	100834
中国公路勘察设计协会	北京市东四前炒面胡同 33 号	010 – 65250914	100010
中国道路交通安全协会	北京市西城区群力胡同 9 号	010 – 66511412	100035
中国工作犬管理协会	南京市安德门 130 号	025 – 52881191	210012
中国有色金属工业协会钛业分会	北京市新街口外大街 2 号	010 – 62012102	100088
中国延安精神研究会	北京市西黄城根北街 9 号	010 – 63095735	100017
中国食文化研究会	北京市西城区车公庄大街 6 号北京市委党校二号楼 208 室	010 – 68005719	100044
中国煤炭职工思想政治工作研究会	北京市和平里北街 21 号	010 – 64463717	100713
中国文化艺术发展促进会	北京市东城区朝内大街 203 号	010 – 64012152	100010
中国东方文化研究会	北京市月坛北街 25 号院 2 号楼 2127 – 2128 室	010 – 68348909	100834
中国诗酒文化协会	北京市东城区北河沿大街 83 号	010 – 84018486	100009
中国小说学会	天津师范大学文学院	022 – 23614795	300073
中国朝鲜语学会	吉林省延吉市公园路 977 号延边大学内	0433 – 2733407	133002
中华医学会	北京市东城区东四西大街 42 号	010 – 65257876	100710

单 位 名 称	地 址	电 话	邮 编
中国老年学学会	北京市东城区安定门外大街甲57号	010－84112925	100011
中国殡葬协会	北京市宣武区白广路7号	010－63568169	100053
中国假肢协会	北京市宣武区白广路7号	010－63558578	100053
中国性学会	北京市海淀区学院路38号北大医学部内中国性学会	010－82802494	100083
中德医学协会	武汉市航空路13号	027－83692918	430030
中国人类工效学学会	北京大学医学部内中国人类工效学会	010－82801533	100083
中国畜牧业协会	北京市朝阳区农展北路55号B段4层	010－65918833	100026
北京市旅游行业协会	北京市建外大街28号旅游大厦	010－85162288	100022
八达岭长城文化艺术协会	北京市延庆八达岭特区	010－69121236	102112
天津市保险行业协会	天津市和平区岳阳道88号福泰温泉公寓C－205	022－23124352	300051
天津市华夏未来文化艺术基金会	天津市河西区体院北环湖中道3号	022－23516670	300060
天津市自行车行业协会	天津市和平区营口道71号	13132203993	300041
河北省信息协会	石家庄市合作路312号	0311－8615070	050051
河北省民用品维修行业协会	石家庄市体育南大街316号	0311－8636607	050021
承德市影视艺术家协会	河北省承德市双桥区广电路120号	0314－2072075	067000
山西省电力行业协会	太原市南万墙12号	0351－4012632	030001

单位名称	地址	电话	邮编
内蒙古自治区财政学会	呼和浩特市大学西路满都海西巷	0471－3386886	010020
内蒙古国际公共关系协会	呼和浩特市新华大街1号	0471－4607093	010050
内蒙古儿童基金会	呼和浩特市迎宾南路20号煤田地质科研所院内	0471－6289615	010020
大连市建筑行业协会	大连市西岗区长春路245号	0411－82480743	116013
长春市见义勇为基金会	长春市人民大街2627号	0431－8928954	130051
辽宁省抚顺市供热协会	辽宁省抚顺市长春街南2号	0413－8262812	113006
辽阳市保险行业协会	辽宁省辽阳市中心路102号	0419－4133171	111000
普兰店市特种粮研究会	辽宁省普兰店市来河镇兴隆堡村示范农场	0411－83472859	116200
吉林省慈善总会	长春市新发路666号	0431－2708388	130051
黑龙江省银行业协会	哈尔滨市南岗区红军街10号金融大厦	0451－53602609	150001
黑龙江省地方石油协会	哈尔滨市动力区54号8楼	0451－82642318	150040
黑龙江省企业管理协会\企业家协会\工业经济联合会	哈尔滨市香坊区民航路5号	0451－82306057	150090
上海市注册税务师协会	上海市胶洲路58号1001－1004室	021－62533789	200040
上海市银行同业公会	上海市浦东南路379号12层A座	021－68869673	200120
上海市青少年发展基金会	上海市进贤路219号	021－62539230	200020
上海市茶叶学会	上海市曲阳路189号茶括园大楼511室	021－65178888	200437

单　位　名　称	地　　　　址	电　　　话	邮　编
上海市计算机用户协会	上海市常德路812弄德安大厦3号602室	021－62987039	200040
江苏省保险行业协会	南京市中山东路18号国际贸易中心2111室	025－84791446	210005
江苏省建筑行业协会	南京市云南路31－1苏建大厦3楼	025－83231240	210008
正德职业技术学院	南京市江宁开发区将军大道18号	025－52111076	211100
连云港市法院离退休工作者协会	江苏省连云港市新浦区朝阳中路8号	0518－5418885	222001
浙江省农业技术推广基金会	杭州市武林路437号农发大厦11楼	0571－85813020	310006
浙江省建筑业行业协会	杭州市莫干山路425号瑞祺大厦5楼	0571－81956258	310005
杭州市企业法律工作协会	杭州市体育场路596号7楼	0571－85117023	310007
杭州市食品工业协会	杭州市环城东路23－6	0571－87224756	310009
宁波市教育学会	宁波市和义路129号	0574－87255083	315000
浙江省宁海县慈善总会	浙江省宁海县城关县前街18号(县府大院2号楼)	0574－65502063	315600
金华市建筑业协会	浙江省金华市丹溪路1223号金宇大厦11楼	0579－2477156	321017
安徽省医学会	合肥市永红路15号	0551－2828670	230061
福建省税务学会	福州市铜盘路30号	0591－87840097	350003
泉州市电力行业协会	福建省泉州市温陵路南段电业大楼	0595－22181159	362000
江西省房地产业协会	南昌市省政府大院内江西省建设厅房地产处	0791－6259410	330046

单位名称	地址	电话	邮编
江西省企业联合会/江西省企业家协会	南昌市政府大院北二路100号	0791－6293801	330046
江西省建设工程勘察设计协会	南昌市省政府大院省建设厅内	0791－6223782	330046
江西省福建商会	南昌市洪城路2号国贸广场B区M层001室	0791－6493622	330002
山东省慈善总会	济南市历下区南新街1号	0531－6128078	250012
山东省社会工作协会（山东民政学会）	济南市南新街1号	0531－6045384	250012
山东省烹饪协会	济南市经十路86号翰林大酒店六楼	0531－6185652	250014
青岛市慈善总会	青岛市延安三路117号甲6楼	0532－3884343	266071
青岛市保险行业协会	青岛市香港中路100号中商大厦506室	0532－5929703	266071
济南市保险行业协会	济南市经七路386号（房金大厦九层）	0531－7905920	250021
潍坊市建筑业协会	山东省潍坊市新华路95号	0536－8890587	261041
泰安市企业联合会	山东省泰安市市政大楼C9003室	0538－6991603	271000
湖北省道路运输协会	武汉市汉口新华路36号	027－83462425	430022
湖北省襄樊市机动车驾驶员协会	湖北省襄樊市前进路29号	0710－3270829	441000
湖南省电力行业协会	长沙市劳动西路471号	0731－5386303	410007
湖南涉外经济学院	长沙市国家高新技术产业开发区麓合园	0731－8127325	410205
广东省内部审计协会	广州市天河区广和路226号	020－85593026	510620

单 位 名 称	地 址	电 话	邮 编
广东保险学会	广州市天河广利路73路503室	020－85582536	510620
广东省地方税收研究会	广州市天河北路600号	020－85299084	510630
广东省国际税收研究会	广州市天河北路600号	020－85299004	510630
广东省拍卖业协会	广州市东风中路300号之一金安大厦19楼C室	020－83646171－168	510030
广东省见义勇为基金会	广州市黄华路97号	020－83119122	510050
广东省律师协会	广州市下塘西路5号	020－83503355	510091
广东渔船船东互保协会	广州市同福东南村路10号	020－28377312	510222
深圳建筑业协会	深圳市福田区红荔西路7024号鲁班大厦写字楼23楼	0755－83190120	518034
广州市建筑业联合会	广州市小北路113号九楼	020－83542798	510045
佛山市地方税收研究会	广东省佛山市人民西路12号	0757－82139333	528000
清远市税务学会	广东省清远市新城十八号区半环北路	0763－3865223	511518
玉林市林业产业协会	广西玉林市人民东路449号	0775－2834852	537000
海南省公路学会	海口市大同路22号	0898－66740177	570102
海南省经济发展联合会	海口市龙华路17号财盛大厦14楼	0898－62215857	570102
重庆市建筑业协会	重庆市渝中区菜园坝外滩商城4号楼3楼	023－63663993	400014
重庆市福建商会	重庆市渝州路79号新科楼四楼7—9号	023－68604194	400041

单 位 名 称	地 址	电 话	邮 编
重庆中华食文化研究会	重庆市高新区南方花园 B 区明珠楼 1—3 号	023 – 66529526	400039
四川省注册税务师协会	成都市滨江东路 266 号	028 – 86734502	610021
四川省卫生协会四川省医院管理协会	成都市文庙西街 99 号三单元三楼	028 – 86132810	610041
四川省闽南商业联合会	成都市一环路北三段二号	028 – 88198168	610081
乐山市教育基金会	四川省乐山市市中区柏杨路 29 号	0833 – 2446067	614000
乐山市电力行业协会	四川省乐山市海棠路 4 号	0833 – 2162775	614000
绵阳市电力行业协会	四川省绵阳市剑地路西段 16 号	0816 – 2432351	621000
广元市药学会	四川省广元市文化路 34 号	0839 – 3263886	628017
贵州省注册税务师协会	贵阳市省政府大院 6 号楼	0851 – 6906085	550004
贵州省建筑业协会暨建设监理协会	贵阳市延安西路 2#	0851 – 5948066	550003
贵州省安顺市建筑装饰协会	贵州省安顺市客车西站二期建材市场二楼	0853 – 3344115	561000
云南省慈善总会	昆明市白云路 538 号	0871 – 4145493	500224
云南省农村致富技术函授大学	昆明市护国路 32 号九楼	0871 – 3165347	650021
云南省大众流域管理研究及推广中心	昆明市气象路 133 号	0871 – 4182395	650034
云南大地跨境民族文化研究交流中心	昆明市西华小区 2 – 8 – 2 – 102	0871 – 4148459	650032
云南省税务学会	昆明市白塔路 304 号	0871 – 3113996	650051

单　位　名　称	地　　　　址	电　　话	邮　编
西藏自治区登山协会	拉萨市林廓东路 10 号	0891－6333687	850000
陕西省宏观经济学会	西安市西安新城大院省计委研究所	029－87291875	710004
陕西延安育英中学	陕西省延安市区南十里铺	0911－8265103	716000
甘肃省建筑业联合会	兰州市静宁路 305 号建设大厦 8 楼	0931－8459334	730030
青海省注册税务师协会	西宁市文化街 11 号	0971－8227903	810000
青海省国际税收研究会	西宁市长江路 41 号	0971－8266168	810000
新疆注册税务师协会	乌鲁木齐市民主路 79 号三楼	0991－2338286	830002
新疆维吾尔自治区建筑业协会	乌鲁木齐市光明路 26 号建设大厦 11 楼	0991－8862881	830002
新疆生产建设兵团十二师三坪家园敬老院	乌鲁木齐市三坪农场屯坪路	0991－3966316	830032
新疆生产建设兵团工程咨询协会	乌鲁木齐市前进街 21 号	0991－2630137	830002
新疆生产建设兵团护理学会	乌鲁木齐市光明路 15 号	0991－2890326	830002
新疆生产建设兵团农八师石河子焊接学会	新疆石河子市 7 小区柴油机厂内	0993－2058055	832000
新疆生产建设兵团农二师二十四团养猪协会	新疆和硕县农二师二十四团	13709954835	841204
中国马克思主义哲学史学会	中国人民大学静园 17 楼 30 号	010－62511539	100872
中国老年保健医学研究会	北京市东单大华路 1 号北京医院内	010－65132266－4009	100730
中国朝鲜族音乐研究会	吉林省延吉市爱丹路 89 号	0431－2912493	133000

单 位 名 称	地 址	电 话	邮 编
中华诗词学会	北京市西城区太平桥大街4号9层	010－65129265	100810
中国收藏家协会	北京东城区五四大街29号	010－64012635	100009
中国印章行业协会	北京市宣武区北纬路45号日升源写字楼209室	010－67271040	100050
周信芳艺术研究会	上海市东平路9号上海京剧院综合楼1402室	021－64286624	200031
湖南省报业协会	长沙市营盘东路38号	0731－4302566	410005
青海省国际标准舞协会	西宁市五四西路一号	0971－6306845	810008

图书在版编目(CIP)数据

中国民间组织年志/中国民间组织年志编辑委员会. —北京：中国社会出版社，2005.8

ISBN 7-5087-0529-7

Ⅰ. 中...　Ⅱ. 中...　Ⅲ. 社会团体—概况—中国　Ⅳ. D66

中国版本图书馆CIP数据核字(2005)第058529号

书　　名：中国民间组织年志
编　　者：中国民间组织年志编辑委员会
策　　划：民政部档案馆　中国社团研究会
　　　　　北京世纪起点文化发展有限公司
责任编辑：陈贵红
制　　作：北京盛兰时代图文制作有限公司
　　　　　北京人画启迪图文制作中心

印刷装订：北京盛兰兄弟印刷装订有限公司
经　　销：各地新华书店
开　　本：210×285(mm) 1/16
印　　张：90.5
字　　数：1500千
版　　次：2005年8月第1版
印　　次：2005年8月第1次印刷

书　　号：ISBN7-5087-0529-7/D.240
定　　价：860.00元